2025년 개정판 ————

통으로 읽는 세법

공인회계사
경영학박사 이상준 저

'부동산 세금 + α'에 대한 체계적 이해

KB193145

저자 소개

이상준

1962년 경남 마산 출생. 연세대학교 경영학과를 졸업하고 창원대학교 대학원 경영학과에서 재무론을 공부했다(경영학 박사). 1986년부터 39년째 공인회계사로 일하고 있다. 2008년 7월부터 2017년 6월까지 한울회계법인 제2대 대표이사를 3연임(9년)했고, 현재 경남 창원에서 한울회계법인 경남본부 대표직을 맡고 있다. 저서로는 『문학·역사·철학자들의 여행법』(2018), 『교육을 해부한다: 대안교육에서 미국유학까지』(2018), 『아! 대한민국: 들불은 피어오르며 운다』(2018), 『햇빛에 가려진 달빛의 역사』(2020) 등이 있으며, 회계 및 세무와 관련된 여러 논문을 썼다.

1. 현재
• 한울회계법인 대표 공인회계사, 세무사(현)
• 창원대학교 경영학과 겸임교수(현, 재무론 전공)
• (재)경남미래교육재단 감사(현)
• 경남교육청 민간투자사업(BTL) 심의위원(현)
• (재)우과장학재단 감사(현)
• 경남사회복지공동모금회(사랑의열매) 감사(현)
• 창원지방검찰청 범죄피해자지원센터 감사(현)
• 마산지방법원 민사조정위원회 감사(현)
• (사)경남오페라단 감사(현)
• Bob Pierce Honor Club-World Vision(현)

2. 경력
• 대한적십자사 경남지부 재정감독·상임위원(2016~2021년)
• KBS창원방송총국 시청자위원장(2017년)
• 경상남도 출자·출연기관 운영 심의위원(2016~2019년)
• 창원지역 공인회계사회 회장
• 창원상공회의소 상공위원
• 창원지방법원 회생사건 정리위원
• 경상남도 지방세심의위원
• 창원세무서 납세자권익존중위원
• 사회복지법인 선린복지재단/풀잎마을 감사
• 경남신문 세무칼럼 집필위원
• 창원시 바둑협회 회장
• 창원시골프협회 고문
• 창원대 기성회 이사·감사
• 창원시 과세적부심사위원

3. 박사학위논문
「스톡옵션의 결정요인과 경제적 효과에 관한 실증적 연구」(창원대학교 대학원 경영학과, 2006년 12월)

서문

1986년부터 공인회계사로서 사회에 발을 디딘 지 어언 38년이 흘렀다. 1981년 대학공부를 위해 상경했으나 새로운 군부독재에 저항하는 시대였기 때문에 사회와 호흡하며 틈틈이 책과 씨름하던 그 시절이 주마등처럼 스쳐 지나간다.

전두환·노태우 등 신군부의 핵심세력들은 정치·사회뿐만 아니라 회계·세무 분야를 포함하여 대한민국 경제의 방향 설정에도 엄청난 영향을 미쳤다. 회계감사분야를 보면 한국은 1981년까지는 '배정제'(지금은 '감사인 지정제'로 부름. 정부가 외부감사인, 즉 회계법인이나 공인회계사를 지정)였고, 전두환 군사정권 초기시절인 1982년 이후부터는 '자유선임제'(감사를 받는 기업이 도리어 외부감사인을 선임)로 바꿨다[당시 한국공인회계사회 회장은 고려대학교 경영학과 조익순 교수(1980~1982 한국공인회계사회 회장, 1924~2019 향년 94세)였고, 그는 2016년 11월 14일 '회계인 명예의 전당'의 첫 헌액인으로 선정되기도 했다. 정권의 정당성이 희박한 신군부가 감시받기 싫어하는 재계와 죽이 척척 맞아 일사천리로 밀어붙여 바꿔버린 것이다(물론 '지배받는 지배자'[1][2][3]의 대명사인 수많은 학자와 관료들이 '지식 소매상'이 되어 시녀노릇으로 힘을 보탰다). 개인이든 기업이든 감시받는 것을 좋아할 자는 아무도 없다. 이때 좋은 본보기로 등장한 것이 미국의 회계 감사제도였다. 미국은 크게 보면 줄곧 '자유선임제'를 시행해오고 있다. 그러나 미국과 한국은 소유구조나 경영방식이 확연하게 다르므로 이런 차이를 무시하고 미국의 제도를 도입하는 것은 몸에 맞지 않는 옷을 입는 것과 다를 바 없다. 미국은 그 시절이나 지금이나 주로 전문경영자

---

1) 『지배받는 지배자: 미국 유학과 한국 엘리트의 탄생』 김종영, 돌베개, 2015, p.20~23.
   프랑스의 사회학자 피에르 부르디외(Pierre Bourdieu, 1930~ 2002)는 계층이론에서 '지배받는 지배자'라는 용어로 '지식인'을 설명했다. 그에 따르면 현대 사회의 지배층은 자본가 계층과 지식인 계층으로 양분되어 있다. 이 중에서도 경제적 영역을 지배하는 자본가 계층이 문화적 영역을 지배하는 지식인 계층보다 우위에 있다. 자본주의 사회에서는 돈이 지식보다 우선한다는 것이다. 지식인은 지배층에 속하지만 이런 이유로 지배층이면서도 지배를 받는 모순적인 집단이다.
2) 『지식인(Vita Activa 개념사 27)』 이성재, 책세상, 2012, p.72~74.
   영혼도 없이 지식 좀 있다고 온갖 군림을 다하면서 돈과 권력 앞에서는 한없이 나약해지고 시녀노릇만 하는 지식인을 이르는 말이 '지배받는 지배자'다. 프랑스 사회학자 피에르 부르디외가 만든 용어인 '지배받는 지배자'는, 공인회계사·변호사·교수·박사는 물론이고 입법부(국회의원)·사법부(법원·검찰·경찰)·행정부 공무원 등 각 분야의 전문 지식인들이 해당 분야에서는 지배자의 위치에 있으나, 권력과 재벌과 특히 돈 앞에서는 자본의 지배를 받는 노예가 되어 자본가들의 배를 불려주기 위해 편법수단까지 동원하며 혼신의 노력을 하고 있는 상황에 정확하게 들어맞는다.
3) 『아틀라스의 발: 포스트식민 상황에서 부르디외 읽기』 이상길, 문학과지성사, 2018, p.28, 202~203.

체제이기 때문에 정부·금융기관·사회단체 등 외부정보이용자뿐만 아니라, 해당 기업의 대주주도 전문경영인을 철저히 감시해야 하는 구조다. 그렇기 때문에 '자유선임제'라도 전문경영인과 대립적인 위치에 있는 외부감사 선임위원회가 해당 기업의 감사를 가장 철저히 할 수 있는 외부감사인을 선임한다. 그러나 한국은 미국과 정반대로 소유경영 체제이므로 기업의 오너가 경영을 좌지우지하는 것이다(이에 더해 사외이사나 내부감사도 주로 오너의 지인들로 구성돼 있어 사실상 감시의 사각지대일 수밖에 없다. 오늘날에는 관련 법령에서 규제하고 있는 친인척 등 특수관계인 보다 친구·동창·선후배·은사나 제자 등이 훨씬 더 가깝지 않은가! 그러니 무슨 감시·감독이 똑바로 되겠는가!). 이런 극단적인 경영방식의 차이를 무시하고 단지 미국의 제도라고 '자유선임제'를 도입해버린 것이다. 아니 이미 갈 길을 정해놓고 미국의 사례를 수단으로 이용하였다고 보는 게 맞을 것이다. 경영체제가 반대이므로 감시체제도 그에 걸맞게 반대가 돼야 함에도 불구하고, 이를 무시하고 가고 싶은 길을 가버린 것이다. 감사받아야 할 자가 자기를 감사할 외부감사인을 선택하는 우스운 일이 벌어져버렸고, 그 흐름은 지금까지도 이어져오고 있다. 한 번 생각해보라. 세무조사를 받을 기업에게 세무조사요원을 선택할 수 있는 권한을 준다면, 조사를 얼렁뚱땅 대충하고 넘어갈 사람을 선택하지 원칙에 입각해서 철저히 조사할 사람을 선택할 기업이 과연 있겠는가. 여기에 한술 더 떠 조사수수료까지 기업이 부담하는 경우에는 어떠하겠는가! 이것이 바로 '자유선임제'에 의한 외부감사인 선임방식이다. 감시·견제라는 본연의 감사목적은 애써 외면해버리고, '감사'라는 특수한 성격은 무시해버리고, 자유경쟁이라는 자본주의 생리만 강조하여 탄생한 것이 '자유선임제'이다. 외부감사인이 감사대상 기업의 눈치를 봐야 하는 '자유선임제'하에서, 기업은 외부감사인을 마음대로 주무르면서 온갖 회계부정을 저지를 수 있게 됐다. '경제의 파수꾼(감시인)'이 없는 회계현장은 엉망진창이 돼버렸다. 그로 인해 대한민국의 회계투명성은 세계 꼴찌에 등극했다. 결론적으로 전두환은 5·18광주혁명 당시 수천 명[4]의 국민들만 죽인 게 아니라 대한민국 '경제의 파수꾼'(공인회계사)도 죽여버렸고 '기업을 총괄적으로 표현하는 언어'인 대한민국 회계를 엉망으로 만들어버렸다(총칼이 두려워서, 돈에 눈이 멀어서, 권력과 재벌의 힘 앞에 무릎 꿇은 학자·관료·회계전문가(공인회계사·회계법인은 물론이고 특히 한국공인회계사회) 등 '지배받는 지배자'들 또한 이 책임에서 자유로울 수 없다). 이에 더해 신군부 세력들은 미국에게서 군사정부를 승인받는 대가로 대한민국의 핵 주권마저 완전 포기하여, 대한민국은 미국의 영원한 시녀노릇밖에 할 수 없는 처지로 전

---

4) 4천 명 이상이 군인들의 총칼에 희생된 것으로 알려지고 있으나 여전히 사망자·실종자 수 등이 정확히 파악되지 않고 있다. 이에 문재인 정부가 들어선지 10개월 만에 '5·18 민주화운동 진상규명을 위한 조사위원회법'이 국회를 통과했고(2018.2.28.), 9월 14일부터 특별조사위원회가 출범토록 했다. 특별법에 따르면 조사위의 활동 기간은 2년이며, 1년 씩 2회에 걸쳐 연장할 수 있다.
조사위원은 상임위원 3명을 포함하여 9명으로 구성하되 국회의장 추천 1명, 여당 추천 4명, 야당 추천 4명(이 중 제10야당 몫은 3명)이다. 그러나 국민의힘(당시 자유한국당)은 4개월 동안 시간을 질질 끌다가 2019.1.14. '극우'로 알려진 3인(권태오·이동욱·차기환)을 추천하였다. 이에 5·18 민주화운동 관련단체와 언론 등이 다시 강력하게 문제를 제기하여 권태오를 이종협으로 교체했다. 문재인 대통령은 2019.12.26. 9명의 조사위원을 임명했고, 위원장은 송선태 전 5·18기념재단 상임이사(더불어민주당 추천)가 선출됐다.

락했고,[5)6)7)] 핵무기를 가진 동북아시아 주변국들의 눈치를 보기만 하는 나약하고 예쁜(?) 그러나 힘은 없는 '토끼'가 돼버렸다.[8)9)]

[대한민국 회계투명성 꼴찌! 코리아 디스카운트 규모는 9.3%?]

국제경영개발대학원(IMD, International Institute for Management Development)은 스위스 로잔(Lausanne)에 있는 사립대학교인데, 매년 세계 경제 분야에서 핵심적인 역할을 하는 나라를 대상으로 매년 6월, 국가경쟁력순위(IMD World Competitiveness Rankings)를 『세계경쟁력연감(World Competitiveness Yearbook)』으로 발표한다. IMD가 2024년 6월 18일 발표한 내용을 보면, 국가경쟁력 평가 대상 67개국(2024년 푸에르토리코·가나·나이지리아, 2023년 쿠웨이트, 2022년 바레인, 2021년 보츠와나를 추가하여 총 69개국이지만, 2024년 순위는 전쟁 중인 러시아·우크라이나를 제외한 67개국 기준임) 중 한국이 2024년 20위로 8단계 상승[←28위(2023)←27위(2022)←23위(2021·2020, 코로나19 반영)←28위(2019)←27위(2018)←29위(2017·2016)]했다. 참고로 2024년 GDP기준 한국의 경제순위는 세계 13위(←2023년 14위)이며[10], 1인당 GDP기준으로는 36,000달러로 세계 29위(←2023년 33위)이고, 아시아(중동 포함)에서는 6위(←2023년 8위)다[11]. 국가경쟁력 순위 20위가 전체 GDP 기준보다는 한참 떨어지지만, 1인당 GDP 기준보다는 높으니까 그건 또 그럴만하다고 치자.

문제는 한국 회계정보의 신뢰성과 투명성은 세계 최하위권이라는 사실이다. IMD가 같이 발표한 한국 기업의 '기업효율성 분야(2024년 23위←2023·2022년 33위)〉경영관행(28위←35위)' 중 '회계감사 적절성' 부문에서 2024년 41위[←47위(2023)←53위(2022)←37위(2021, 순위 상승은 '주기적 감사지정제, 표준감사시간제, 내부회계관리제도 감사' 등이 도입된 '신 외부감사법'의 본격 시행 반영)←46위(2020)←61위(2019)←62위(2018)←63위(2017, 꼴찌)[12]]로 하위권이다. 그러나 국가경쟁력순위에는 정치권을 포함하여 온 나라가 떠들썩한 데 비해, 회계투명성 꼴찌라는 심각성은 한국공인회계사회 (당시) 최중경 회장이나 안영균 부회장과 같이 회계업계 종사자들만이 주로 거론할 뿐이다. 이게 어찌 공인회계사들만의 문제이겠는가. 회계부정과 분식회계 등으로 시장이 왜곡되면 경제정책이나 국가신인도 등에 치명적인 악영향을 끼치게 되는 바(2011년 기준 '코리아 디스카운트'는 9.3%라는 견해도 있다)[13], 그 부담은 고스란히 국민의 몫이 돼버린다.

---

5) 『108가지 결정: 한국인의 운명을 바꾼 역사적 선택』 함규진 편저, 페이퍼로드, 2008, p.414~420. 참조.
6) 『우리도 핵을 갖자: 핵 없는 대한민국, 북한의 인질 된다』, 송대성, 기파랑, 2016, p.166~167.
7) 『백곰, 하늘로 솟아오르다: 박정희 대통령의 핵개발 비화』 심융택, 기파랑, 2013.
8) 『강대국 국제정치의 비극: 미중 패권경쟁의 시대(The Tragedy of Great Power Politics, 2001·2014)』 존 J. 미어셰이머, 김앤김북스, 2017, p.27·204·527.
9) 『부의 미래(Revolutionary Wealth, 2006)』 앨빈 토플러, 청림출판, 2006, p.493. 참조.
10) 〈국제통화기금(IMF) 세계경제전망보고서(WEO)〉 등
11) IMF 자료(카타르, 싱가포르, 이스라엘, UAE, 브루나이, 대한민국, 대만, 일본 순)
12) 연합뉴스 2018.6.4. 〈안영균 한국공인회계사회 부회장 "신뢰성 세계 꼴찌 회계 바로 세워야"〉
13) 『한국인만 모르는 다른 대한민국: 하버드대 박사가 본 한국의 가능성』 Emanuel Pastreich(이만열), 21세기북스, 2013, p.29~30. 〈코리아 디스카운트 규모: 9.3%〉

  코리아 디스카운트 규모는 놀랄 정도로 크다. 한국무역협회 통계를 보면 2011년 한국의 수출 규모는 금액 기준으로 5560억 달러(약 625조 원)이다. 그런데 한국이 국제 사회에서 당하는 디스카운트 비율은 평균 9.3% 정도이다. 수출액 기준으로 계산하면 58조 원에 해당한다. 간단히 말해 한국 기업이 물건을 잘 만들어 팔고도 코리아 디스카운트 때문에 58조 원을 덜 받았다는 이야기다.
  한국 정부가 전 세계 개발도상국에 지원하는 대외원조 규모는 2011년에 약 11억 달러(약 1조 2000억 원)였다. 만약 코리아 디스카운트 현상이 없어서 한국이 추가로 받을 수 있었던 돈 58조 원을 모두 대외원조에 사용했다면 어떨까? 한국은 3년 이내에 지구촌 최대의 구세주가 될 수 있었을 것이다.
  {2024년 한국 수출액은 6,838억 달러(957조 원)로 세계 6위다. 여기에 4%만 적용해도 38조 원이 코리아 디스카운트 규모다.}

한국의 회계투명성이 하위 수준이라는 심각성을 인식하고 점점 외부감사인의 독립성이 확보될 수 있는 환경이 만들어지고 있어 그나마 다행이다. 2018년 11월 1일 시행된 「주식회사 등의 외부감사에 관한 법률」(약칭 '외감법')에서는, 사업연도 개시일로부터 4개월 이내로 일률적이었던 감사인 선임기한을 회사의 특성에 따라 대폭 앞당겼다. 즉, 해당 회계연도에 대한 외부회계감사를 종료하기 전에 차기 회계연도에 대한 외부회계감사계약을 체결하도록 개정하여, 소위 감사계약을 염두에 둔 '봐주기식 감사(Opinion Shoping)'의 환경에서 상당히 벗어날 수 있도록 했다. 감사계약을 체결한 회사는 계약체결일로부터 2주 이내에 증권선물위원회에 '감사인 선임보고'를 하여야 한다.(외감법 12조②) 외감법의 주요개정내용은 다음과 같다.

첫째, 사업연도말 자산총액이 2조원 이상인 주권상장법인은 사업연도 개시일 이전에 감사인을 선임해야 한다(2024년 감사계약의 경우 2023.12.31.까지 감사계약 체결).(외감법 10조①) 또한 연속하는 3개 사업연도의 감사인을 동일 감사인으로 선임해야 한다.(외감법 10조③)

둘째, 위 이외의 주권상장법인, 대형비상장법인(자산총액 5천억원←1천억원 이상. 2023.1.1. 개시 사업연도분부터 적용) 및 금융회사는 사업연도 개시일부터 45일 이내에 감사인을 선임하되, 3개 사업연도의 감사인을 동일 감사인으로 선임해야 한다.(외감법 10조①③)

셋째, 위 이외의 일반회사는 사업연도 개시일부터 45일 이내에 감사인을 선임하되, 3개 사업연도의 감사인을 동일 감사인으로 선임해야 하는 의무규정은 없다.(외감법 10조①③)

넷째, 처음 외부감사대상이 되는 회사는 사업연도 개시일로부터 4개월 이내에 감사인을 선임한다(종전 일률적으로 적용했던 방식).(외감법 10조②)

다섯째, 2020년부터 시행되는 '주기적 감사인 지정제'다. 상장회사와 소유·경영 미분리 대형비상장법인에게 적용되는데, 기업이 외부감사인을 6년간 자유선임하면 이후 3년간은 금융위원회 산하 증권선물위원회가 강제로 지정하는 제도로 일종의 '배정제'와 유사하다.(외감법 11조②~⑦) 2020년부터 매년 220개 기업에 단계적으로 지정된다.

저자가 장황하게 회계현실을 설명하는 이유가 있다. 이 책이 다루는 세법도 회계의 한 영역이며, 특히 기업의 세무는 회계에서 출발하므로 회계지식은 무엇보다 중요하고, 더 나아가 사회·경제의 변화추이에도 늘 관심을 두고 있어야 하기 때문이다. 회계나 세무는 기업의 살림살이를 숫자로 표현하는 것이므로 그동안 한국 경제에 강력한 파장을 몰고 온 굵직한 경제사건과 맞물려 있다. 일례로 다음의 몇 가지를 들 수 있다.

첫째, 금융실명제와 부동산실명제를 전격 도입함에 따라 세법도 개정됐다. 김영삼 대통령은 1993년 8월 12일 '금융실명제'를 도입하였고, 2년 후인 1995년 7월 1일부터는 '부동산실명제'까지 전격 도입하여, 우리나라에 뿌리 깊은 관행으로 내려온 차명재산에 대한 제재가 시작되었다. 그 이전에는 차명 등으로 인하여 공평한 조세정의가 실현되지 못하고, 지하경제나 편법과 탈세 등이 난무하였다.

이와 관련하여 1997년 1월 1일 이후 적용된 상속세 및 증여세법이 전면 개정됐고, 부동산실명제 실시에 따라 부동산에 대하여는 명의신탁 약정이 무효화되었으므로 부동산(토지·건물) 명의신탁에 대한 증여의제 과세제도를 폐지하였다(대신 「부동산 실권리자명의 등기에 관한 법률」에 따라 과징금 부과).(당시 상증법 32조의2→1998.12.28. 41조의2→2003.12.30. 상증법 45조의2로 변경)

둘째, 1997년 IMF 사태와 2008년 미국발 '서브프라임 모기지(Subprime Mortgage)'로 인한 세계금융위기로 인하여 부도가 속출하자, 화의·법정관리·워크아웃(기업개선작업, Work Out) 등 기업·개인의 구조조정 관련 내용들(현행 「채무자 회생 및 파산에 관한 법률」에서 규정)이 기업회계기준과 세법에 대폭 반영되었다.

셋째, 국경 없는 세상이 된 지금은 전 세계가 하나의 경제단위처럼 되어가고 있다. 한국은 2024년 12월 31일 현재 세계 96개국과 조세조약(「소득에 대한 조세의 이중과세회피와 탈세방지를 위한 협정」)을 맺고 있다. 세계 주요국들과는 모두 조세조약이 체결되어 있는 것이다.

세계화 현상에 따라 나타난 '플랫폼 효과(Platform Effect)'를 보자. 구글 등 ICT(Information and Communication Technology, 정보통신기술) 기업들은 세계적인 네트워크를 통해 마치 기차역의 대합실처럼 부를 독식하며 빨아들이고 있다. 이에 따라 '디지털세(Digital Tax 또는 Google Tax) 논란'이 뜨거운 화두가 되고 있다. '디지털세'란 다국적 IT기업의 독과점 및 조세회피 문제를 해결하기 위해 부과하는 세금과 이들이 사용하는 콘텐츠에 대해 부과하는 이용 요금을 통틀어 일컫는 말이다. 처음 논쟁이 구글을 대상으로 시작되어 '구글세'라 부르기도 하지만, 구글·페이스북·에어비앤비 등 글로벌 ICT 기업들에 대한 과세문제도 동일한 연장선상에 있다. 그러나 세계 각국이 이런 ICT 기업에 대해 과세하기란 매우 어렵다. 가장 큰 장벽은 세계적인 공감대가 형성되어야 한다는 점이며, 더 나아가 미국 등 상대국의 보복도 무시할 수 없기 때문이다.

구글(Google)은 지식재산권 관련 세금 제도가 미약한 아일랜드에 있는 자회사가 상당수 지식재산권을 보유하게 하고, 세계 각국에서 벌어들인 수익을 지적재산권에 대한 로열티 명분으로 이 자회사에 몰아줌으로써 법인세를 적게 내는 방식을 쓰는 대표적인 글로벌 정보통신기술 기업이다. 이에 따라 〈디지털세 2023년 발효: 130개국 디지털세 도입 합의〉에 이르렀다.[14] 경제협력개발기구(OECD), 주요 20개국(G20) 등이 합의한 디지털세는, 다국적기업이 해외에 고정 사업장을 운영하지 않더라도 매출이 발생한 곳에 세금을 내도록 하는 방안이다. 적용 대상은 연결 매출액 200억유로(약 27조원) 및 이익률 10% 이상 기준을 충족하는 글로벌 다국적기업이다.

한국에서도 '디지털세' 과세를 위한 방안을 모색했으나 역시 수많은 난제에 부딪혔다. 특히, 국내에 진출한 해외기업 대부분은 '공시(公示)'나 '외부감사'의무가 없는 유한회사로 운영되고 있어

---

14) 여러 매체 2021.7.3., 10.11., 11.1. 등 〈금융업과 채굴업을 제외한 대부분 업종으로 대상 확대〉
15) 《매일경제》 2020.4.27. 〈신외감법 비웃는 외국계 기업: 실적공개 피하려 꼼수〉 ; 《동아일보》 2020.12.9.
   2020년부터 유한회사까지 감사보고서 공시대상이 확대되자 일부 외국계 기업들이 회사등기를 유한회사·주식회사에서 유한책임회사로 변경하는 편법을 동원하고 있다. 아디다스코리아, 월트디즈니컴퍼니코리아, 이베이코리아(옥션·G마켓), 딜리버리히어로코리아(배달의민족), 마이크로소프트5673코리아, 구찌코리아 등이다.

국내 매출액 규모나 수익 구조를 파악하기 어렵다는 점도 문제다. 그러나 2020년부터는 유한회사도 일정규모 이상인 경우 외부감사 대상으로 법을 정비한 것은 그나마 다행이다.(『주식회사 등의 외부감사에 관한 법률』(일명 '외감법'), 2019.11.1. 이후 개시하는 사업연도부터 적용, 외감법 4조, 외감령 5조)[15]

그리고 마침내 2019년 7월 1일부터 해외 IT기업에 부가가치세를 과세하도록 세법이 개정됐다. '디지털세'에 대한 과세의 첫발을 내딛은 것이다.(2018.12.31. 개정 부가가치세법 53조의2, 2019.7.1. 공급하는 분부터 적용, 부칙 9조) 하지만 법인세·소득세에 대한 과세는 앞으로도 수많은 난관에 봉착할 것으로 보여 그리 만만하지가 않다.

위에서 지난 40여 년 동안 대한민국의 정치·경제와 회계·세무 분야를 간략하게 살펴보았다. 세상이 국제화되고 복잡해져가기 때문에 관련 회계·세무도 점점 더 복잡해질 수밖에 없다. 공부하는 수밖에는 어쩔 도리가 없다. 단 두 눈을 똑바로 뜨고 '세상이 가고 있는 길'과 '가야만 하는 길'에 대한 의식은 항상 가지면서 말이다.

저자가 회계학과 동행한 세월이 어느덧 40년이다. 회계·세법은 그 원리를 모르면 이해하기 어렵다는 점에서 마치 수학과 유사하다. 그동안의 공부에 실무경험을 더하여 '체계적'이고 '손에 잡히는', 그러나 '결코 가볍지 않은' 세법을 써야한다는 의지는 늘 가지고 있었다. 미약하나마 이 책으로 결실을 맺게 됐다. 이 책에서는 관련 주제에 대해 '국세와 지방세'뿐만 아니라 '법인세·소득세와 상속세·증여세', '양도소득세와 상속세·증여세'등을 같이 해설하여, 특히 전체적인 맥락을 이해하는데 주안점을 두었다.

'몰입'의 대가 칙센트미하이(Mihaly Csikszentmihalyi, 1934~)는 그의 저서 『몰입의 즐거움』(1997)에서 "복잡성을 억눌러서 자꾸 단순한 것으로 토막 내는 게 악마의 주특기다"는 말을 강조하고 있다.[16] 다양한 사고를 하는 것을 막고 생각을 편협하게 하도록 만드는 게 바로 악마와 같다는 말이다. 하는 수 없다. 각자 자신이 '악마의 저주'에서 벗어나야 한다. 그러기 위해서는 단편적이고 편협한 지식보다는 세금 지식을 넓고 깊게 체계적으로 알아야만 하는 것이다. '소 잃고 외양간 고친다'는 속담도 있듯이, 어떤 세금문제가 발생했을 경우 세무전문가의 도움을 받을 때에도, 본인 스스로가 어느 정도의 세금 지식을 가지고 있어야 한 차원 더 높은 대처가 가능하다. 더 나아가 본인이 무장되어 있다면 '소를 잃을', 즉 '세금 다툼'에 노출될 가능성 자체가 적을 것이다.

이제는 세금 이야기 속으로 들어가 보자.

조세(租稅), 즉 세금(稅金)은 여러 가지로 정의할 수 있으나 대략 다음과 같다. "조세란 ①국가

---

16) 『몰입의 즐거움(Finding Flow, 1997)』 칙센트미하이, 해냄출판사, 2010, p.194.
생명의 흐름과 개인을 갈라놓는 것은 과거와 자아에 연연하고, 타성이 주는 안일함에 매달리는 태도다. 악마를 뜻하는 'Devil'이란 단어의 어원에서도 그 점을 확인할 수 있다. 'Devil'은 '떼어내다''동강내다'란 뜻을 가진 그리스어 'Diabollein'에서 온 말이다. 복잡성을 억눌러서 자꾸 단순한 것으로 토막 내는 게 악마의 주특기다.

또는 지방자치단체 등의 공법상 단체가 ②재정수입을 조달할 목적으로 ③과세요건을 충족하는 일반인(개인 또는 단체)에게 ④반대급부로서가 아니라 비보상적으로 강제 부과하는 ⑤금전급부다."

앞 ①은 과세주체를 구분한 것으로, 우리나라의 세법체계는 과세주체를 중심으로 하여 국세와 지방세를 중심으로 분류하여 적용하고 있다. 국세(법률은 기획재정부에서 입안)는 내국세와 관세로 나눠지며, 내국세의 관할청은 국세청(→지방국세청→세무서)이고 관세의 관할청은 관세청(→세관)이다. 지방세(법률은 행정안전부에서 입안)는 광역자치단체가 관할하는 특별시·광역시·도세와, 기초자치단체가 관할하는 시·군·구로 나뉜다. 따라서 국세인 양도소득세·부가가치세 등의 관할청은 세무서이며, 지방세의 관할청은 광역과 기초자치단체로 구분되는 바, 취득세 등은 광역자치단체이고 재산세 등은 기초자치단체이다. 국세는 13개(상속세와 증여세는 각각 계산), 지방세는 11개인 바, 관세까지 포함하면 세금의 종류는 총 25개다.

아마 벌써부터 머리가 띵할지도 모르겠다. 그만큼 세금은 종류도 많고 규정도 복잡하기 때문에 일반인들이 체계적으로 이해하기는 힘들다. 하기야 천재 물리학자인 알베르트 아인슈타인도 "세상에서 가장 이해하기 어려운 것은 소득세다"라고 말했다고 하니 세금이 복잡한 것은 틀림없는 사실이다. 국회의 인사청문회 때마다 거의 예외 없이 단골메뉴로 등장하는 것이 고위공직자의 세금탈루 의혹이다. 그만큼 세금은 부담스럽기도 하지만, 훗날 비수가 되어 자신을 겨냥하는 무서운 존재라는 점도 결코 잊어서는 안 된다.

시중에서 유통되는 세법 관련 서적은 크게 전문가나 전공자들을 대상으로 한 높은 수준의 어려운 책, 일반인들을 대상으로 하는 가벼운 책으로 나뉜다. 공인회계사·세무사 또는 이들 시험을 대비하는 수험생, 회사의 경리·회계·세무 부서의 담당자들 및 과세관청의 세무공무원들은 주로 전문가용 책을 읽지만 그리 만만하지 않다. 그러나 보통사람들은 이 수준 높은 세법 책을 이해하기가 힘들다. 반면 일반인들이 상식 수준에서 읽는 것은 가벼운 수준의 세금 책이지만, 이들 책은 관련 규정이나 판례 등의 근거자료가 미약하기 때문에 좀 더 깊은 수준으로 확장해나가기가 어렵다. 사실 종류도 많고 복잡한 세법을 넓게 그리고 깊게 해설하기는 쉽지 않다.

이 책은 일반인들은 물론이고 세무전문가들까지 대상으로 썼다. 즉, 법인세, 상속세 및 증여세를 포함한 국세·지방세의 전 분야를 대상으로 세무전문가·기업실무자 및 공인회계사·세무사 시험대비용으로 사용할 수 있도록 상당히 깊은 내용까지 다뤘다. 세금의 기본적인 내용은 물론이고 중요한 항목은 전문가 수준까지 확장하여 해설했다. 저자가 35년이 넘는 세월동안 공인회계사로서의 길을 꾸준하게 걸어오면서 체득한 세법 지식을 가급적 쉽고 체계적으로 해설하고자 했다. 세법은 딱딱하고 어려운 개념이 많다. 그러므로 이 책을 집필하면서 가장 주안점을 둔 것은 '어떻게 하면 딱딱한 세법을 가급적이면 쉽고 체계적으로 해설할 수 있을까'였다. 이 책의 밑바탕에 흐르는 '명제'는 "숲을 본 뒤에 나무를 본다"이다. 이 명제를 근간으로 한 본서의 특징은 구체적으로 다음과 같다.

첫째, 단순하게 법조문·유권해석·판례 등을 나열하는 방식에서 탈피하여, 도표 등을 통해 전체적인 내용을 먼저 이해할 수 있도록 했다. 그리고 관련 지식을 확장하는 데 도움을 주기 위해 법조문·유권해석·판례 등의 핵심요지를 강조했으며 관련 근거도 병기했다.

둘째, 국세와 지방세는 과세주체는 다르지만 과세방식에 있어서는 유사한 경우도 많다. 따라서 국세기본법·지방세기본법 등 공통적인 분야는 국세와 지방세를 같이 해설하여 이해의 효율성을 높였다. 또한 각 세목에서도 관련되는 국세나 지방세의 내용을 함께 해설하여 큰 틀을 파악하는 데 도움을 주고자 했다.

셋째, '디지털세' '비영리법인 및 종중 등과 관련 세금' '공익법인 관련 세금' 등 사회적으로 주목받고 있는 세금 분야도 체계적으로 다뤘고, 중요한 보도자료 등을 같이 소개하여 좀 더 피부에 와 닿게 했다.

넷째, 실무적으로 자주 접하게 되는 부분 및 이해하기 어려운 부문에는 관련되는 다른 세법 조문·유권해석·판례뿐만 아니라 사례 등을 풍부하게 실어 세밀한 이해가 가능하도록 했다. 특히, 제6장 상속세와 증여세 분야 중 2019년부터 여타 다른 증여와는 반대로 증여자(명의신탁자)에게 증여세 납세의무를 부여한 '명의신탁재산의 증여의제'뿐만 아니라 '상속에 대한 「민법」 규정'의 체계적인 해설, '공익법인에 대한 사후관리', '가업승계와 가업상속 분야' '종합부동산세(국세)와 토지분 재산세(지방세)' 등은 요즈음 많은 화두가 되고 있지만 이해하기 어려운 내용도 많은 바, 지면을 많이 할애하여 비중 있게 다루었다.

제품이나 서비스 개발 프로젝트의 핵심 일정구성과 Event 관리를 위해 널리 사용되고 있는 PERT-CPM은(경영학에서는 '수리계획론' 및 '생산관리론'에서 주로 다룸), 미 해군이 개발한 PERT(Program Evaluation and Review Technique)와 듀퐁이 개발한 CPM(Critical Path Method)을 조합하여 구성한 일정관리 기법이다. PERT-CPM에서도 가장 난해하고 시간이 많이 소요되는 항목을 개선하는 것이 핵심이듯이, 세법 분야도 마찬가지여서 이해하기 어려운 항목은 부딪힐 때마다 발목을 잡게 된다. 어려운 분야일수록 더 깊이 파헤쳐 완벽하게 이해할 필요가 있는 바, 각 세목에서 어렵게 여겨지는 부분은 가급적 넓고 깊게 해설했다.

다섯째, 지방세 중 취득세에 대한 지면을 대폭 할애했다. 취득세는 빈번하게 접하는 세목이 아닌 만큼 상대적으로 덜 중요시하는 경향이 있으나 세금부담 자체가 크기 때문에 매우 중요한 세금이다. 불행하게도 취득세를 이해하는 것이 그렇게 만만하지 않다. 특히, 주물과 종물의 과세문제, 계약해제에 따른 납세의무(토지거래허가구역 내 조건부 거래 포함), 재건축·재개발 등 주택조합의 납세의무, 명의신탁 및 명의신탁해지에 따른 과세문제, 과점주주 간주취득세, 전면 개편된 취득세 과세표준(2023년 시행), 2020년 8월 12일부터 대폭 강화된 주택 취득세 중과세(8%, 12%)→2022년 12월 21일부터 일부 완화(4%, 6%)하는 개정(안)은 백지화, 과밀억제권역 내의 법인의 본점·주사무소 설치 및 공장 신·증설에 대한 취득세 중과세(구 취득세분 3배 중과세), 대도시 내 법인의 설립·지점 등 설치·전입 및 공장 신·증설에 대한 취득세 중과세(구 등록세분 3배 중과세), 사치성재산에 대한 취득세 중과세(구 취득세분 5배 중과세) 등을 대표적인 예로 들 수 있다. 그럼에도 불구하고 국세에 비해 지방세 특히 취득세를 체계적으로 해설한 책이 드물다. 본서는 이들 분야를 포함하여 복잡한 취득세 규정을 논리적으로 해설하는 데도 주안점을 두었다.

여섯째, 사적인 견해는 가급적 배제하고 공적인 견해를 중심으로 해설했다. 세무조사든 조세불복에서든 과세여부는 세법·유권해석·판례 등 공적인 근거에 의해 결정된다. 자칫 사적 견해를 앞세우다보면 오히려 혼란을 초래할 수 있기 때문에, 공적견해에 대한 부연설명이나 취지에 대한 설명 등 꼭 필요한 경우 이외에는 사적인 견해는 배제했다(물론, 법령 조문뿐만 아니라 유권해석이나 판례 등 공적인 근거를 모두 병기했다). "창조는 편집이다"[17]는 말도 있듯이, 큰 틀에서 들여다보면 공적인 견해들만으로도 세법의 흐름이나 맥락을 논리적으로 짚어나가기에 충분하다.

일곱째, 모든 내용은 현재까지 개정된 세법에 맞추었다. 특히, 비교적 최근 (2024년)부터 새로 적용되는 개정내용은 컬러표시를 하여 강조했다.

"소득 있는 곳에 세금 있다"는 조세원칙도 있듯이, 현대 경제사회를 살아가는 모든 사람은 세금과는 불가분의 관계에 놓여 있다. 그러므로 세금에 대한 지식은 많을수록 경제적인 불이익을 당할 가능성이 적다. '절세(節稅)'와 '탈세(脫稅)'라는 말이 있다. '절세'는 세법의 내용을 정확하게 알고 더 나아가 세금을 '법의 테두리 내'에서 합리적으로 줄이는 것을 말한다. 그러나 '탈세'는 세법을 어기면서까지 막무가내 식으로 세금을 줄이거나 내지 않는 것을 말한다. 이 경우 훗날 위법 사실이 발각되어 본래의 세금뿐만이 아니라 엄청난 가산세까지 부담하는 것은 물론이고, 더 나아가 「조세범 처벌법」과 「조세범 처벌절차법」 등에 따라 세금의 몇 배에 해당하는 벌금·과태료를 추가로 부담하고 형사별적인 구속까지 되어 파탄의 지경에 처할 가능성도 있다. 덤으로 「국세기본법」과 「지방세기본법」 등에 따라 체납세금이 5천만원(지방세는 3천만원)이 넘으면 출국금지를 당하게 되고, 1년간 체납세액이 2억원(지방세는 1천만원)이 넘으면 명단공개까지 되면서 '명예의 전당'(?)에도 오르게 된다.

"아는 것이 힘이다"는 명언은 세금 분야에도 정확하게 들어맞는 말이다. 체계적인 세금 지식을 통해 여러분의 경제가 선순환하기 바란다.

그리고 충북 제천에서 여러모로 바쁜 와중에도 불구하고 이 책에서 다루는 「민법」, 특히 상속세 및 증여세 분야에 대한 자문과 내용까지 조언을 아끼지 않은 처남 권종원 변호사에게도 큰 빚을 졌다. 세상의 향기를 위한 길에 동참하자는 자형의 말에 기꺼이 응해준 고마움을 말로는 다 표현할 수 없다.

---

17) 「에디톨로지(Editology): 창조는 편집이다」, 김정운, 21세기북스, 2014, p.4~7.

Contents
대목차

Contents
목차

제1장 세금에 대한 기본적 내용

제2장 종합소득세와 퇴직소득세

제4장 법인세

제5장 부가가치세의 핵심

제6장 상속세 및 증여세

제7장 종합부동산세

제8장 농어촌특별세

제9장 취득세

제10장 등록면허세

제11장 재산세

제12장 기타 지방세

제13장 지방세특례제한법

일러두기

이 책의 내용 중 관계법령 등은 다음과 같이 '약어'로 표시하였다.

1. 법·령·규칙의 표시(세법 이외의 법·령·규칙은 「 」로 표시함)

   법법: 법인세법 ; 조특법: 조세특례제한법

   법령: 법인세법 시행령 ; 조특령: 조세특례제한법 시행령

   법칙: 법인세법 시행규칙 ; 조특칙: 조세특례제한법 시행규칙

2. 기본통칙(국세: 국세청 해석기준 ; 지방세: 행정안전부 해석기준) 등 표시

   법통: 법인세법 기본통칙 ; 상증통: 상속세 및 증여세법 기본통칙

   지기예: 지방세기본법 운영 예규(2019.5.31.까지 기본통칙) ; 지예: 지방세법 운영 예규 (2019.5.31.까지 기본통칙)

   소집: 소득세집행기준 ; 양도집: 양도소득세집행기준 ; 법집: 법인세집행기준 ; 부가집: 부가 가치세집행기준 ; 상증집: 상속세 및 증여세 집행기준 ; 종부집: 종합부동산세집행기준

3. 판례·심판결정례 등의 표시

   헌재: 헌법재판소 판례

   대법: 대법원 판례

   조심: 조세심판원의 심판결정례 ; 국심: 국세심판원(2007년까지) 심판결정례

   국심사: 국세청 국세 심사결정례

   행심사: 행정안전부 지방세 심사결정례

4. 예규 등 유권해석의 표시: 발표 당시의 표시대로 인용

   재소득 ***, 재산 상속 ***, 서면4팀 *** 등

   행자부 세정 ***, 행안부 세정 ***, 행안부 지방세운영과 *** 등

5. 이 책의 일련번호

   제1장, **01**, (1), 1), ①, A, 가, 1, ⓐ, · 의 순으로 분류하였다.

제1장
세금에 대한 기본적 내용

01 세금의 종류와 세법 체계

(1)세금의 성격별 분류

조세(租稅), 즉 세금(稅金)은 여러 가지로 정의할 수 있으나 대략 다음과 같다. "조세란 ①국가 또는 지방자치단체 등의 공법상 단체가 ②재정수입을 조달할 목적으로 ③과세요건을 충족하는 일반인(개인 또는 단체)에게 ④반대급부로서가 아니라 비보상적으로 강제 부과하는 ⑤금전급부다."

조세에 대한 위의 정의는 대원칙이므로 세금의 성격별로 일부 예외는 있다. 일례로 위 '⑤금전급부'가 원칙이지만 과세대상이 된 물건으로 세금을 납부하는 '물납(物納)'제도도 있다.(상증법 73조에 따른 상속세·증여세, 지법 117조에 따른 재산세 등)

세금(조세)은 과세주체(과세권자), 조세의 전가유무, 과세대상, 과세표준의 종류, 세율구조 및 조세수입의 용도 등에 따라 여러 가지로 분류된다. 이를 도표로 요약 정리하면 다음과 같다.

분류기준	종류	내용	해당 세금
과세주체	국세	국가가 부과징수하는 것	모든 국세, 관세
	지방세	지방자치단체가 부과징수하는 것	모든 지방세
조세 전가 유무	직접세	타인에게 전가 않음(납세자=담세자)	아래 간접세 이외의 모든 조세
	간접세	타인에게 전가함(납세자≠담세자)	국세: 부가가치세, 개별소비세, 주세, 교통·에너지·환경세, 인지세, 증권거래세 지방세: 담배소비세, 지방소비세
과세대상	인세 (人稅)	소득이나 재산이 귀속되는 사람(人)을 중심으로 인적 사항을 고려하여 과세하는 조세	국세: 소득세, 법인세, 종합부동산세 지방세: 재산세, 주민세, 지방소득세 등
	물세 (物稅)	물건 또는 행위(소비행위·영업행위 등) 등에 착안하여 과세하는 조세	국세: 상속세 및 증여세, 인지세, 지방세: 취득세, 재산세(토지분 이외) 등
독립된 세원 존재 여부 (세원독립성)	독립세 (獨立稅)	독자적 세원에 대하여 조세 부과	국세: 소득세, 법인세 등 지방세: 취득세, 재산세 등
	부가세 (附加稅)	독립된 세원이 없이 다른 조세 (독립세)에 부가하여 과세하는 조세	국세: 교육세, 농어촌특별세 지방세: 지방교육세
과세표준의 종류	종가세 (從價稅)	가액을 기준으로 과세하는 조세	소득세 등 대부분 조세 주세(탁주·맥주 이외, 2020년부터)
	종량세 (從量稅)	수량·면적·건수 등을 기준으로 과세하는 조세	주세(탁주·맥주, 2020년부터), 등록면허세(면허분), 주민세 (개인분·사업소분), 담배소비세 등

제1장 제2장 제3장 제4장 제5장 제6장 제7장 제8장 제9장 제10장 제11장 제12장 제13장 제14장

세율 구조	정액세	정액세	과세표준의 크기에 관계없이 세금이 일정	등록면허세(면허분), 주민세(개인분) 등
	정률세	비례세	과세표준 증가비율=세금 증가비율	취득세
		누진세	과세표준 증가비율<세금 증가비율	소득세, 종합부동산세, 재산세
		역진세	과세표준 증가비율>세금 증가비율	없음
세율 적용방법	일정세율		세법에서 일정액·일정률로 고정	소득세, 법인세 등
	표준세율		세법에서 규정한 세율로 통상 적용. 특별 사유시 과세권자가 가감 조정.	취득세, 등록면허세(부동산등기), 재산세, 주민세 등
	제한세율		세법에서 규정한 세율로 통상 적용. 상·하한선 범위 내 탄력 조정.	조세조약상 제한세율 재산세(도시지역분) 상한선
조세수입의 용도	목적세		세금을 특정목적으로만 사용	국세: 교육세, 농어촌특별세 교통·에너지·환경세 지방세: 지역자원시설세, 지방교육세
	일반세		세금을 일반 재정지출에 사용	위 이외 모든 조세

(보충1)과세주체와 과세객체

과세주체란 조세를 부과하는 국가 또는 지방자치단체를 말한다. 따라서 공공단체 등이 공공사업에 필요한 경비를 충당하기 위하여 부과하는 공과금 등은 조세가 아니다.

그리고 과세객체란 세금부과의 대상이 되는 목적물 또는 과세물건을 말한다. 하지만 벌금·과태료 등은 재정수입 목적이 아닌 「조세범처벌법」 또는 「행정법」 「형법」상의 법률위반에 대해 제재를 목적으로 하므로 조세에 해당하지는 않는다.

(보충2)직접세와 간접세

직접세는 수입과 소득을 과세대상으로 하는 수득세(收得稅)와(소득세, 법인세 등), 재산을 과세대상으로 하는 재산세(財産稅)로(상속세·증여세, 종합부동산세, 재산세 등) 다시 세분된다.

간접세는 소비행위를 중심으로 하는 소비세(消費稅)와(부가가치세, 개별소비세, 교통·에너지·환경세, 주세 등), 재화나 용역의 취득·변경·이전에 대해 과세하는 유통세(流通稅)로(인지세, 증권거래세, 취득세, 등록면허세 등) 다시 세분된다.

(보충3)누진세 알아보기

누진세는 단순누진세와 초과누진세로 현행 누진세는 모두 초과누진세이다.

〈사례〉500만원까지는 10%, 500만원 초과시는 20%일 경우 과세소득이 520만원인 경우.

단순누진세 세금=520만원×20%=104만원. 세후소득=520만원-104만원=416만원

{ 만일 500만원인 경우 세후소득은 450만원(=500-50만원)이므로 모순이 발생한다. }

초과누진세 세금=500만원×10%+(520-500)만원×20%=54만원. 세후소득=520만원-54만원=466만원

　세금 정책은 정권을 무너뜨릴 정도로 국민들에게는 첨예의 관심사이다.

〈실패한 거위털 뽑기〉[1]라는 제목의 신문기사를 보자.

---

1) 오리털과 거위털은 뽑는 방법이 다르다. 오리털은 오리를 죽인 후 뽑지만, 거위털은 거위가 살아 있는 상태에서 부분적으로 채취하는 것이 보통이다.
    거위는 부화 후 12~14주가 지나면 털갈이 시기가 돼 털을 뽑을 수 있다. 거위털은 처음으로 채취한 지 12~14주가 지나면 다시 자라난다. 한 번에 뽑을 수 있는 털의 양(깃털+솜털)은 210g 정도다.

〈실패한 거위털 뽑기〉(《경향신문》 2018.12.4.)
영국 최초의 여성 총리 마거릿 대처는 최장기 집권(1979~1990년) 기록을 세우며 '철의 여인'으로 불렸다. 감세가 포함된 신자유주의정책을 추진했던 그가 실각한 계기는 아이러니하게도 세금 부과다. 1980년대 말 영국은 성장이 둔화되고 재정은 악화되는 등 '대처리즘'의 한계가 드러나기 시작했다. 이에 대처는 재정 확보를 위해 '인두세'로 불리는 지방세를 도입했다. 기존 영국의 지방세는 땅이나 집 소유자들에게 재산의 정도에 따라 누진적으로 부과되는 부동산세가 있었다. 하지만 인두세는 모든 성인들에게 같은 금액이 부과됐다. 따라서 저소득층의 세율이 더 높은 '역진세'다. 인두세 반대 시위가 전국에서 벌어졌다. 대처 정부는 학생이나 저소득층 세금은 줄여 주겠다고 했지만 반발은 가라앉지 않았다. 결국 집권 보수당 내에서는 대처를 내세워 총선에서 승리하기 어렵다는 분위기가 형성됐고, 대처는 총리직에서 물러났다.
정부의 조세정책과 관련된 흔한 경구로 "거위털은 아프지 않게 뽑아야 한다"는 말이 있다. 방한용 구스다운을 만들기 위해 거위털(세금)을 뽑더라도 거위(납세자)가 안 아프게 해야 지속가능하다는 의미다. 프랑스 절대왕정의 전성기를 이끈 루이 14세 시절 재상 콜베르가 한 말이다. 콜베르는 악화된 재정문제를 해결하기 위해 면세특권을 누리던 가짜 귀족들을 솎아내고, 소금세와 포도주세 등도 올렸다. 대신 그는 농민과 비귀족들만 부담하던 재산세(타유세)는 삭감해 '거위'의 고통을 덜어주는 정책도 병행했다.
지금 프랑스에서 그 '거위'들의 반발로 대혼란이 벌어지고 있다. 지난 1년간 유류세를 대폭 올린 에마뉘엘 마크롱 대통령이 내년 1월에도 추가 인상 계획을 밝히자 시민들이 '노란 조끼'를 입고 저항하고 있다. 유류세는 역진세까지는 아니지만 부자나 가난한 사람이나 똑같이 내는 세금이다. 파리에서는 시위대의 화염병과 경찰의 최루탄, 물대포가 날아다니며 방화와 약탈까지 벌어지고 있다고 한다. 집권 초 80%에 달하던 마크롱 대통령의 지지율은 25%까지 급락했다. 마크롱 대통령은 국제 유가 추이에 따라 유류세 추가 인상 폭과 시점을 조정하겠다고 한발 물러섰지만 성난 민심을 되돌릴 수 있을지는 미지수다.(김준기 논설위원) (결국 마크롱 대통령은 유류세 추가 인상안을 철회하겠다고 발표했다.)

이에 더해 부유세(富裕稅, 일정액 이상의 자산 또는 소득이 있는 사람에게 비례·누진적으로 과세하는 조세제도)까지 강화해야 된다는 시위가 들불처럼 번지고 있는 프랑스의 시위를 〈'노란 조끼'에 놀란 프랑스 정부…부유세 축소도 재검토〉란 제목으로 보도한 신문기사도 보자.

〈'노란 조끼'에 놀란 프랑스 정부…부유세 축소도 재검토〉(《조선일보》 2018.12.6.)
프랑스 '노란 조끼' 시위가 유류세 인상 반대를 넘어 에마뉘엘 마크롱 정부의 정책 전반에 대한 시위로 번지자 5일(현지 시각) 프랑스 정부는 "지난해 단행한 '부유세 축소' 정책을 재검토하겠다"고 밝혔다.
벵자맹 그리보 프랑스 정부 대변인은 이날 프랑스 라디오 채널 RTL에 출연해 "부동산과 고급 미술품 거래에만 한정 적용키로 했던 '자산에 대한 연대세(ISF)' 정책을 수정 검토하겠다"고 말했다. ISF는 일종의 부유세다.
프랑스 공영 프랑스텔레비지옹은 "부유세 축소 철회 검토 발언은 노란 조끼의 분노를 잠재우기 위한 방안"이라고 분석했다.
마크롱 정부는 지난해 10월 부유세 개편을 추진하며, 부유세 부과대상을 부동산과 고급 미술품 거래 등에만 한정하고, 요트·수퍼 카·귀금속 등은 제외하기로 했다. 이후 부유세는 부동산자산세(IFI)로 축소·개편됐다.

제1장
제2장
제3장
제4장
제5장
제6장
제7장
제8장
제9장
제10장
제11장
제12장
제13장
제14장

부유세는 1980년대 프랑수아 올랑드 정부 시절 사회딩이 재정 직자를 타개하고 세수를 늘리기 위한 명목으로 신설됐다. 부동산·주식·보험·사치품 등 자산 합계가 130만유로(약 17억원) 이상인 개인에 대해 매년 보유액에 따라 0.5%에서 최고 1.8%의 세금을 물리는 내용이 골자다.

마크롱 정부는 프랑스 경제 활성화를 이유로 부유세를 축소 개편했다. 당시 마크롱 정부는 "부유세 때문에 프랑스를 떠나는 자산가와 기업가의 투자를 유치하기 위한 방침"이라고 설명했다.

서민 계층과 좌파 진영은 강력 반발했다. 최상류층에 세금 회피 수단을 제공할 수 있다는 것이다. "부자를 위한 감세 정책" "부자를 위한 대통령" 등 비판의 목소리는 거세졌다.

마크롱 정부의 유류세 인상 정책을 반대해 촉발된 '노란 조끼' 시위대도 부유세 축소 철회를 강력히 요구했다. 지난달 17일부터 이어진 노란 조끼 시위는 점차 폭력 시위로 비화됐다. 1968년 일어난 68혁명 이후 가장 수위가 높은 폭력 시위로 평가된다.

결국 프랑스 정부는 유류세 부분에서 두 손을 들었다. 전날 에두아르 필리프 프랑스 총리는 대국민 담화를 통해 "유류세, 전기료·가스요금 인상 계획을 6개월간 연기한다"고 발표했다. 그럼에도 노란 조끼 시위가 잦아들지 않자, 부유세 축소 정책의 재검토 의사를 추가로 밝힌 것이다.(이선목 기자)

(그러나 시위는 여기서 그치지 않고 부자들의 편을 들어주는 마크롱 대통령에 대한 퇴진운동으로까지 확산됐다.)

부유세는 말 그대로 부자증세이지만 경제에 미치는 여러 파장들 때문에 그리 만만하지가 않다. 〈부유세〉라는 제목의 신문기사를 통해 부유세의 의미를 알아보자.

〈부유세〉(《서울경제》 2018.12.6.)

2014년 미국에서 출판된 경제학 서적 한 권이 세계적으로 열띤 부유세 논쟁을 불러일으켰다. 바로 토마 피케티 파리경제대 교수의 『21세기 자본』이었다. 아마존닷컴 베스트셀러에도 올랐던 이 책에서 피케티 교수는 사회적 불평등을 해소하기 위해 누진세율 구조를 갖는 글로벌 부유세를 도입해야 한다고 주장했다. 반면 그레고리 맨큐 하버드대 교수 등 주류 경제학자들은 "정부가 할 일은 계약이나 소유권 규칙을 살펴보는 것이지 재산 분배가 아니다"라면서 누진적 소비세를 대안으로 제시했다.

부유세는 20세기 초반에 주로 유럽에서 등장한 것으로 국가의 세입 증대보다 부를 공평하게 분배해 사회 정의를 실현하겠다는 목적이 강하다. 1911년 소득세와 합산하는 방식으로 부유세를 처음 도입한 스웨덴은 보험과 연금은 제외하되 임금·자본소득의 25배를 초과할 수 없도록 과세 대상 재산에 상한선을 두기도 했다. 하지만 스웨덴은 소비가 위축되는 등 경기에 악영향을 미치자 2004년 상속세를 폐지한 데 이어 2008년에는 부유세를 아예 없앴다. 독일은 '절세 이주'를 견디지 못해 부유세를 폐지했고 핀란드도 사회민주당 집권 시절에 부유세를 접어야만 했다.

2012년 프랑스에서는 유럽 최고의 부호인 베르나르 아르노 루이비통 회장의 벨기에 귀화 소식으로 한바탕 난리를 겪어야 했다. 그가 사회당 정부의 부유세를 모면하려고 국적까지 바꾸려고 한다는 관측이 무성했기 때문이다.

프랑스 국민배우인 제라르 드파르디외는 세금 폭탄을 피해 프랑스 국적을 포기하고 아예 러시아 시민권을 취득하기도 했다. 결국 프랑수아 올랑드 정부는 세수 증대 효과가 미미한 데 반해 기업과 부유층의 '세금 망명'을 초래하는 등 부작용이 크다는 이유로 2년 만에 부유세를 폐지해야 했다.

프랑스 정부가 '노란 조끼'의 시위에 직면해 연료세 인상을 철회한 데 이어 부유세 부활까지 검토하고 있다는 소식이다. 무거운 세금 때문에 해외로 탈출한 기업들을 유인하겠다며 부자 감세를 추진한 데 따른 역풍이 거세졌기 때문이다. 하지만 무리한 세제개혁을 진행하느라 국민 모두를 증세 대상으로 삼았다는 점에서 정책의 실효성에 대한 비판도 나오고 있다. 본격적인 개혁의 성과가 나오기 전에 프랑스의 경기 상황이 나빠졌다는 사실은 집권세력의 큰 부담으로 작용하고 있다. 에마뉘엘 마크롱 대통령의 리더십이 본격적인 시험대에 오른 것이다.(정상범 논설위원)

한편, 미국은 의료보험 등 일부 분야에서 부유세를 시행하고 있는데, 미국의 프로야구시장에서는 2002년부터 부유세(Luxury Tax) 부과 규정을 운영하고 있다. 이는 어떤 구단 선수들의 연봉 총액이 일정액을 초과할 경우 초과한 금액의 일정 비율만큼 부유세를 부과하는 것이다. 실제로 미국 프로야구 구단 가운데 가장 부자 구단인 '뉴욕 양키스'는 거의 매년 부유세를 물고 있으며, 양키스의 라이벌 구단인 '보스턴 레드 삭스'도 3년 연속 부유세를 부과 받고 있다. 미국이 프로야구구단에 '부유세'를 부과한 내용을 보도한 신문기사는 이렇다.

〈**월드시리즈 우승 보스턴, 부유세 135억원 부과**〉(《이데일리》 2018.12.16.)

−MLB 사무국 기준 연봉 초과 팀에 부유세 부과

−보스턴 1095만 달러, 워싱턴 238만 달러 벌금

2018년 미국 메이저리그 월드시리즈 우승팀 '보스턴 레드 삭스'(Boston Red Sox)가 부유세 1095만1091 달러(약 135억6000만원)를 내게 됐다.

AP통신과 미국 스포츠 전문 매체 ESPN은 16일(한국시간) "메이저리그 사무국이 보스턴과 '워싱턴 내셔널스'에 부유세를 부과했다"며 "보스턴은 1095만1091달러, 워싱턴은 238만6097달러를 내야 한다"고 보도했다. 부유세는 팀 연봉이 일정 기준선을 넘어가면 해당 구단에 부과하는 일종의 벌금이다. 전력 평준화를 위한 균등경쟁세라고도 불린다.

2018년 부유세 납부 기준 팀 연봉은 1억9700만 달러다. 보스턴의 팀 연봉은 2억3950만 달러였다. 워싱턴은 2억500만 달러로 지급 기준을 넘겼다.

메이저리그 사무국은 또 올해부터 부유세 납부 기준 팀 연봉이 4000만 달러를 초과할 때 부유세와 함께 아마추어 드래프트 지명도 10순위 뒤로 미루는 규정을 적용하고 있다. 4250만 달러를 초과한 보스턴이 징계를 받는 첫 구단이 돼 내년 아마추어 드래프트 10순위 밖으로 밀려 난다.

보스턴이 부유세를 내는 건 이번에 세 번째다. 2004년 314만8962달러, 2007년 606만4287달러의 부유세를 냈다.

2013년부터 2017년까지 5시즌 연속 부유세를 냈던 로스앤젤레스 다저스는 올해 팀 연봉이 1억9500만 달러에 머물면서 6년 만에 부과를 면했다.(주영로 기자)

참고로 2019년 1월 22~25일(현지시간) 스위스 다보스에서 열린 세계경제포럼 연차총회(World Economic Forum Annual Meeting 2019, WEF·다보스포럼)가 미국발 보호무역, 차이나리스크에 따른 글로벌 경제하강 우려와 부상하는 포퓰리즘 속의 세계화라는 숙제만 남긴 채 쓸쓸히 막을 내렸다. 빈부격차와 조세의 불평등에 대한 민낯을 보자.

〈[글로벌 경제] "억만장자 26명, 세계 인구 절반의 부 소유"〉(KBS News 2019.1.28.)

(조항리 아나운서)부의 대물림과 소득 불평등 문제, 우리 사회가 가장 먼저 풀어야 할 숙제 중 하나죠. 그렇다면 다른 나라들은 어떨까요?

국제 구호개발기구 옥스팜(Oxfam: Oxford Committee for Famine Relief)이 최근 발표한 보고서를 봤더니 그동안 전 세계적인 '빈익빈 부익부' 현상은 점점 더 심해진 것으로 나타났습니다.

세계 최고 갑부는 누구일까요? 아마존 최고경영자인 제프 베조스(Jeffrey Preston Bezos, 1964~)입니다. 1,370억 달러, 152조원을 보유한 것으로 알려졌죠.

우리와 상관없는 이야기라고 생각할 수도 있겠지만 실제로 2017년 3월부터 1년간 전 세계 억만장자 숫자는 165명으로 늘어났습니다. 이틀에 한 명꼴로 억만장자가 생겨난 겁니다. 같은 기간 이들의 재산은 9천억 달러, 1,003조원으로 하루에 2조8천억 원씩 재산을 불린 것으로 조사됐습니다.

(앵커)2008년 금융위기 이후 억만장자 숫자가 두 배 가까이 늘어났다고 하죠. 그렇다면 다른 계층들의 소득은 어떻습니까?

(답변)세계 전체 인구의 절반을 차지하는 하위 50%, 38억 명 정도 되는데요. 이들의 재산은 모두 합해 1조 3,700억 달러(약 1,528조원)로, 1년 새 오히려 11%나 줄었습니다.

"(억만장자들이 부를 늘리는 동안) 학교에 다니지 못하는 아이들이 2억6천2백만 명이며 매년 1억 명의 사람들이 의료비를 감당할 수 없어 빈곤으로 몰립니다."(위니 비아니마, 옥스팜 총재)

앞서 제가 빈익빈 부익부 현상이 심해지고 있다, 이렇게 말씀드렸는데 바로 이 통계 때문입니다. 가장 부유한 26명이 세계 전체 인구의 절반(약 38억 명)의 부를 소유한 것으로 드러났습니다.

옥스팜은 보고서에서 감세 정책을 빈부 격차를 벌리는 결정적인 요소로 지목했습니다. 미국 등 선진국의 개인소득세를 보더라도 평균 최고세율이 1970년 62%에서 2013년 38%로 떨어졌습니다. 경기 부양 목적을 이유로 세계 각국이 잇따라 세금을 깎아주거나 면제해주고 있기 때문입니다.

"(더 심각한 문제는) 기업들은 해외로 세금을 회피하는 방식을 이용하여 납부를 피하고 있습니다. 이 때문에 서비스에 필요한 자금을 제대로 받지 못하고 있습니다."(바사니 발로이, 옥스팜 정책연구 담당자)

특히, 상위 억만장자 서른 명 가운데 18명이 미국인인데요. 트럼프 대통령은 취임 이후 미국의 법인세율을 35%에서 21%로 낮췄고, 개인소득세 역시 일부 구간 세율을 하향 조정했습니다.

미국은 세계에서 가장 부유한 나라지만, 빈부 격차 또한 큽니다. 전체 인구의 12%, 약 4천만 명이 빈곤에 허덕이는 것으로 나타났습니다. (…)캘리포니아 주 전체에선 10명 가운데 4명이 빈곤층에 속하는 것으로 집계됐는데요. 현지 매체는 수십만 명의 억만장자가 사는 캘리포니아가 디킨스(Dickensian), 열악한 사회 환경에 처해 있다고 전했습니다.

(앵커)그럼, 옥스팜이 제안한 경제적 불평등을 완화하는 방안이 뭡니까?

(답변)옥스팜은 보고서에서 각국의 조세체계 개편 필요성을 제기했는데요, 상위 1%의 재산에 0.5%의 추가 세금을 물리면 약 2억6천만 명의 아이들에게 교육 기회를 제공할 수 있다고 설명했습니다.

(…)지난주에 폐막한 다보스포럼에서 부유세에 관한 논의가 일부 있었는데요, 먼저 불씨를 당긴 건 바로 미국 민주당 소속 코르테스 의원입니다. 그녀는 한 방송 프로그램에 출연해 소득이 천만 달러, 110억원을 넘을 경우 최고세율 70%의 부유세를 도입해야 한다고 주장했습니다.

이러한 주장에 대해 다보스에 참석한 기업인과 재계 인사들 대부분은 난색을 보였습니다. 증세는 곧 생산성 저하로 이어져 경제 성장을 떨어뜨릴 수 있다고 지적했습니다.

워싱턴포스트에 따르면 미국 상위 1%의 세금 부담은 재산의 3.2%에 그치고 있지만, 하위 99%의 세금

부담은 7.2%에 이릅니다.(…)

이번 포럼에서는 소득 불평등 문제를 어떻게 다룰 것인지가 핵심 의제 중 하나였지만, 나흘간의 일정 동안 아무런 결과도 내놓지 못했습니다. 다보스포럼 참석자를 보면 억만장자들이 많습니다. 알리바바의 마윈 회장, 블랙스톤의 슈워츠먼 회장 등이 스위스를 찾았죠.

블룸버그통신에 따르면, 지난 2009년 다보스포럼에 참석했던 주요 인사 12명의 재산이 지난 10년간 195조원가량 증가한 것으로 나타났습니다. 특히, 페이스북 CEO인 저커버그의 경우 지난 10년간 재산이 1,800% 넘게 늘었습니다. AFP통신은 포럼 참석자들의 전세기 이용이 지난해보다 더 늘었다고 꼬집었는데요.

'부자들의 잔치'라는 비난을 올해도 피하기가 어려울 것으로 보입니다.(조항리 아나운서)

그리고 우리나라의 교통위반 벌금은 세금은 아니지만 성격상 간접세·정액세와 유사하다. 부자들의 경우 몇 만원에 불과한 벌금이 무서워서 교통법규를 준수하지는 않는다. 그들에게 교통위반 벌금은 소위 '껌값'에 불과할 뿐이다. 그러나 만일 교통위반 벌금은 소득수준과 연계시켜 '비례세' 방식으로 부과한다면 부자들도 벌금의 무게를 크게 느낄 것이다. 일례로 스위스의 경우 교통법규를 어기면 소득수준에 따라 벌금이 부과되는데, 과속으로 10억원에 가까운 벌금을 낸 운전자가 있을 정도다. 김경집 교수가 〈핀란드의 '노블레스 오블리주 법'〉이라는 제목으로 쓴 아래의 글도 시사하는 바가 크다.[2]

〈핀란드의 '노블레스 오블리주 법'〉(김경집 교수)

한 사회가 건강하게 유지될 수 있는 기둥 가운데 하나는 바로 '노블레스 오블리주(Nobless Oblige)'다. 이 말은 프랑스어로 '고귀한 신분(귀족)'이라는 노블레스와 '책임이 있다'라는 오블리주가 합해진 것이다. 188년 프랑스 정치가 가스통 피에르 마르크(Gaston Pierre Marc)가 처음 사용한 것으로 '높은 사회적 신분에 상응하는 도덕적 의무'를 뜻한다. 사회 고위층 인사에게는 높은 수준의 도덕적 의무가 요구된다는 의미다. 예전 우리 식으로 말하자면 '양반은 양반답게 처신해야 한다'라는 말과 상통한다.

핀란드에는 다른 나라에 없는 매우 특별한 법이 있는데, 흔히 '노블레스 오블리주 법'이라고 부른다고 한다. 사회 지도층은 보통 사람들보다 더 높은 수준의 도덕적 의무를 실천해야 한다는, 그래야 사회가 발전하고 경제 활동도 더 윤택해진다는 조세철학의 산물이다. 그 법에 따르면 모든 벌금은 소득 수준에 따라 차등 부과된다. 그래서 백만장자인 야코 리촐라가 운전해서 속도 규정을 어기자 50만 마르카(우리 돈으로 약 8700만원)의 벌금을 부과했다. 그러나 그는 그 법이 없어져야 한다고 주장하지 않았으며 국민들도 그걸 시비하지 않았다. 그건 일종의 사회적 의견이며 약속이 되었기 때문이다.

유럽의 귀족이나 미국의 상류층들이 대부분 국민들로부터 비판과 질시의 대상이 되지 않고 고마운 이웃으로 여겨지고 있는 것은 바로 그러한 솔선수범 때문일 것이다. 그에 반해 우리는 '노블레스 No-오블리주', 즉 상류층으로 진입하는 건 바로 의무를 벗어날 수 있는 권력과 기회를 획득한 것으로 착각한다. 그들은 의무는 '최선을 다해' 회피하고 권리는 권한 이상으로 탐닉한다. 이쯤 되면 '노블레스 오블리주'가 아니라 '노블레스 말라드(Noblesse Malade)'의 수준이다. 병들고 부패한 귀족이다. 재벌들뿐 아니라 정치적 고위직도 마찬가지다. 공직자 청문회는 그런 민낯을 고스란히 드러내 시민들을 분노케 만든다.

말이 나온 김에 소위 '셀레브리티(Celebrity, 유명인)'들의 '석극적 노블레스 오블리주'를 강조한 『가난한 집 맏아들』(2012)[3]과 『유전자 로또』(2021)의 내용을 소개한다.[4] 글의 요지는, 남으로부터 도움을 받지 않고 성공했더라도 그럴만한 자질(두뇌, 외모나 탁월한 스포츠용 신체자질 등)을 타고났기 때문에, 그 자체가 '은총'을 받은 것이니 도움을 받은 의미는 비슷하다는 것이다. 그래서 '은혜를 갚는 의미'에서도 '사회에 대한 책임의식'을 가져야 한다는 것이다.

<적극적 노블레스 오블리주> (유진수 교수)

대중의 인기를 한 몸에 받는 인기 연예인과 스포츠 스타들 그리고 자수성가한 사람들. 피나는 노력과 훈련으로 현재의 성공을 이룬 그들을 보면, 그들이 남들보다 특별한 혜택을 받거나 다른 사람들에게 피해를 준 일이 없으므로(즉, 자기 혼자 고생해서 이룬 것이므로) 적어도 특혜를 받은 기업이나 부자들에게 주어진 도덕적 의무로부터 자유로울 수 있다고 생각할 수 있다.

그러나 사실은 다르다. 정부로부터 받은 특혜는 없을지 모르지만 태어날 때부터 갖춘 남들보다 훌륭하고 개성 있는 외모와 끼 등이 그들이 받은 특혜다. 대중들이 연예인 및 스포츠 스타들에게 열광하는 이유는, 그들이 갖춘 능력이 누구나 다 가진 것이 아니기 때문이다.

인기 연예인과 스포츠 스타가 아니라도 자수성가한 사람들은 많다. 혼자의 노력으로 고시에 합격해 유명 로펌에서 많은 연봉을 받는 변호사가 된 사람, 여러 금융 자격증을 독학으로 따서 치열한 경쟁을 뚫고 펀드매니저가 된 사람, 창의적 사고와 깊이 있는 사색을 바탕으로 베스트셀러 작가가 된 사람들도 있다.

이러한 사람들의 성공도 그들이 특별한 능력을 가졌기 때문에 가능했을 것이다. 예를 들어 어떤 사람은 지적인 능력이 뛰어나 성공했을 수도 있다. 논리적 사고력이 뛰어나거나, 수학적 능력이 뛰어나거나, 대단한 기억력을 갖고 있는 등 지적인 능력에도 여러 가지가 있다. 그런데 이러한 능력들은 누구에게나 있는 것이 아니다. 따라서 소수만이 선택받은 능력으로 성공한 사람은 자신에게 그러한 능력이 주어진 것에 감사해야 한다. 그 대상이 부모든 신이든 자연이든, 그 밖의 무엇이든 말이다. 그리고 성공에 대한 감사에서 그치면 안 된다. 그와 같은 능력을 받지 못해 성공으로부터 소외된 다른 사람들과 성공의 열매를 나누어야 한다. 이것이 능력을 타고 나서 성공한 사람들의 도덕적 의무, 즉 노블레스 오블리주다.

비록 다른 사람들의 희생 위에서 성공한 것은 아니더라도 '능력'을 타고난 성공한 사람들도 특혜를 받았다는 점에서 '도덕적 의무'를 가져야 한다. 이는 '적극적 노블레스 오블리주'인 것이다.

2) 『교양의 발견』 이근철, 한국경제신문사, 2018, p.88. 및 『김경집의 통찰력 강의』, 김경집, 동아시아, 2018, p.44~45.

3) 『가난한 집 맏아들』 유진수, 한국경제신문사, 2012, p.154~156.

4) 『유전자 로또: DNA가 사회적 평등에 중요한 이유(The Genetic Lottery: Why DNA Matters for Social Equality, 2021)』 캐스린 페이지 하든(Kathryn Paige Harden, 텍사스대 심리학 교수), 에코리브르, 2023, p.책소개, 25~37, 제12장.

> **〈유전학과 평등주의〉(캐스린 페이지 하든)**
>
> 더 평등한 사회를 위해 "불평등을 어떻게 하면 개선할 수 있을까" 하는 문제를 놓고 치열한 논의와 토론이 필요하다. 불평등이 공정한지 불공정한지를 논의할 때 흔히 떠오르는 주제가 '기회의 평등'이라는 개념이다. 그렇다면 정확히 무엇을 '기회'로 간주해야 하고, 기회가 평등하려면 무엇을 갖추어야 할까?
>
> 일반적으로 기회의 평등이란 출생 환경과 상관없이 모든 사람이 건강하고 만족스러운 삶을 영위할 기회를 지니는 것이다. 다시 말해 기회의 평등이 있는 사회는 출생의 우연이 한 사람의 운명을 결정짓지 않는 사회다. 하지만 기회의 평등이라는 관점에 따르면, 현재 우리 사회의 불평등을 보여주는 각종 통계는 처참하기 이를 데 없다. 이 책에서 예로 드는 미국도 마찬가지다. 2018년 소득 분포 상위 25%에 속하는 가정의 청년들은 소득 분포 하위 25%에 속하는 가정의 청년들보다 대학을 졸업할 가능성이 거의 4배나 더 높았다. 부유한 미국인은 62%가 24살까지 학사 학위를 딴 데 비해, 가난한 미국인은 16%만 24살까지 학사 학위를 땄다.
>
> 공정한 불평등과 불공정한 불평등의 차이점을 생각해보면, 불공정한 불평등이란 특권을 가지고 태어나거나 가난한 환경에서 태어나는 것처럼 한 개인이 통제할 수 없는 출생의 우연과 엮여 있는 불평등이라고 많이들 구분하곤 한다.
>
> 그런데 성인의 불평등과 상관관계가 있는 출생의 우연이 하나 더 있다. 그건 태어날 때의 사회 환경이 아니라, 바로 우리의 '유전자'다. 이 책에서 본격적으로 다루는 주제다. 따라서 이 책에서는 유전자와 교육 결과의 관계가 사회의 불평등을 이해하는 데 실증적·도덕적으로 대단히 중요하다는 점을 내세운다. 사람이 부유한 가족이나 가난한 가족에게서 태어나는 것처럼, '특정한 유전 변이 세트'를 지니고 태어나는 것은 '출생 로또'의 결과다. 부모를 고를 수 없는 것처럼, 부모가 물려준 환경이나 유전자도 선택할 수 없다. 유전자 로또의 결과는 사회 계급과 마찬가지로 사회의 거의 모든 부분에서 누가 더 많이 받고 누가 덜 받는지를 좌우하는 제도적 힘이다. 이런 유전적 차이는 정책개발뿐만 아니라 개인이 세상을 바라보는 마음가짐에도 매우 비중 있게 반영되어야 한다!

(2)세법 체계

1)세법체계 전반

우리나라의 세법 체계는 과세주체를 중심으로 하여 국세와 지방세로 크게 분류하고 있다. 국세(법률은 기획재정부에서 입안)는 내국세와 관세로 나눠지며, 내국세의 관할청은 국세청(→지방국세청→세무서)이고 관세의 관할청은 관세청(→세관)이다. 지방세(법률은 행정안전부에서 입안)는 광역자치단체가 관할하는 특별시세·광역시세·도세와, 기초자치단체가 관할하는 시세·군세·구세로 나뉜다. 법령의 범위 안에서 광역자치단체 또는 기초자치단체에서 제정한 조례도 세금에 영향을 미친다. 따라서 국세인 양도소득세·부가가치세 등의 관할청은 세무서이며, 지방세의 관할청은 광역과 기초자치단체로 구분되는 바, 취득세 등은 광역자치단체, 재산세 등은 기초자치단체이다. 국세는 13개(상속세 및 증여세를 각각 계산), 지방세는 11개인 바, 관세까지 포함하면 세금의 종류는 총 25개다. 이를 도표로 보자.

대구분	세목	관할청	관련세법
국세	관세	기획재정부-관세청-세관	관세법
	내국세 13개	기획재정부-국세청-지방국세청-세무서	13개 세목별 각각의 법률로 규정 (상속세 및 증여세는 1개의 법률)
지방세	지방세 11개	행정안전부-특별시·광역시·도와 시·군·구	11개 지방세는 지방세법에서 일괄 규정

[우리나라 현행 세법 체계]

구분	분류	세금 종류	개별세법	공통세법
관세	직접세	관세	관세법	조세특례제한법 (외국인투자 등)
내국세	직접세	소득세	소득세법	국세기본법 국세징수법 조세특례제한법[*1] 조세범 처벌법 조세범 처벌절차법 국제조세조정에 관한 법률 국세와 지방세의 조정 등에 관한 법률
		법인세	법인세법	
		상속세 및 증여세	상속세 및 증여세법	
		종합부동산세	종합부동산세법	
		농어촌특별세(목적세)	농어촌특별세법	
		교육세(금융·보험 수입금액에 부과)(목적세)	교육세법	
	간접세	부가가치세	부가가치세법	
		개별소비세	개별소비세법	
		주세	주세법	
		교통·에너지·환경세(목적세)	교통·에너지·환경세법	
		증권거래세	증권거래세법	
		인지세	인지세법	
		교육세(개별소비세·주세 등에 부과)(목적세)	교육세법	
지방세	보통세	취득세	지방세법	지방세기본법 지방세징수법 지방세특례제한법[*1] (지방세 감면 규정) 조세특례제한법 (외국인투자)[*2] 국세와 지방세의 조정 등에 관한 법률
		등록면허세		
		레저세		
		담배소비세		
		지방소비세		
		주민세		
		지방소득세		
		재산세		
		자동차세		
	목적세	지역자원시설세		
		지방교육세		

*1 비과세와 감면의 차이

세금혜택은 크게 비과세와 감면으로 구분된다. 비과세제도의 경우에는 납세의무 성립 자체를 배제하는 이 지만, 감면제도는 일단 납세의무는 성립하되 그 성립한 납세의무를 전제로 한 세금의 납부의무를 전부 혹은 부분적으로 면하게 한다는 점에서 성격상 차이가 있다. 따라서 감면에 대해서는 사후관리(추징규정) 조건이 붙는 경우가 많다.

비과세는 해당 개별세법에서 규정하고 있으며, 감면은 조세특례제한법(국세)·지방세특례제한법(지방세)·

감면조례(지방세)에서 규정하고 있다. 감면은 일정한 절차와 양식에 따라 신청을 하여야 적용하며, 비과세는 일정한 경우에만 절차·신청이 필요하다(감면·비과세 신청이 늦어진 경우 감면·비과세 사실이 확인되면 추후라도 감면·비과세 가능함). 즉, 양도소득세 1세대 1주택 비과세를 적용받기 위해서는 거주주택 비과세 관련서류(장기임대주택·장기어린이집: 소령 155조⑳~㉔), 1세대 1주택 특례적용신고서(조합원입주권 소유자: 소령 156조의2⑫~⑭ ; 분양권 소유자: 소령 156조의3⑨~⑪), 농어촌주택 관련 비과세특례신고서(일반주택: 소령 155조⑬⑭ ; 조합원입주권: 소령 156조의2⑭ ; 분양권: 소령 156조의3⑪)를 제출해야 한다. 그리고 '납세자의 협력의무'(국기법 81조의17, 지기법 79조)도 있으므로, 만일 양도소득세 납부에 대한 안내문을 받았을 경우 비과세일지라도 해명자료를 제출하는 건 당연하다.

구분	비과세	감면
관련법령	개별세법(소득세법, 지방세법 등)	조특법, 지특법, 감면조례
신고의무	일부 있음	모두 있음
사후관리(추징규정)	없음	있음과 없음이 혼재

*2 외국인투자자 등에 대한 조세특례(조세특례제한법 5장)

외국인투자에 대한 법인세·소득세 감면은 2019년부터 폐지했고{2018.12.31.까지 조세감면을 신청한 것까지만 감면, 2018년 개정 조특법 121조의2②, 지특법 153조(지방소득세 감면도 같음)}, 지방세인 취득세·재산세 감면은 2020년부터 폐지했다(2019.12.31.까지 조세감면을 신청한 것까지만 감면, 2019년 개정 조특법 121조의2④).

☞ 외국인투자자에 대한 취득세·재산세 감면은 2020년부터 각 시·도 감면조례에 따라 감면됨.

따라서 조세특례제한법 5장에는 사실상 '(자본재 관련) 관세 등의 면제'(조특법 121조의3)와 '증자의 감면규정'(조특법 121조의4)만 남아 있으며, 나머지 조문은 이미 감면된 조세에 대한 사후관리 등에 관한 규정이다.

2) 지방세의 구분

[지방세의 세목(보통세와 목적세 구분)과 지방자치단체의 세목]

구분		보통세	목적세
특별시세 광역시*[3]	특별시세 광역시세	취득세, 레저세, 담배소비세, 지방소비세, 주민세*[2], 지방소득세, 자동차세	지역자원시설세 지방교육세
	구세	등록면허세, 재산세*[1]	–
도	도세	취득세, 등록면허세, 레저세, 지방소비세	지역자원시설세 지방교육세
	시·군세	담배소비세, 주민세, 지방소득세, 재산세, 자동차세	–
특별자치시	특별자치시세	취득세, 등록면허세, 레저세, 담배소비세, 지방소비세, 주민세, 지방소득세, 재산세, 자동차세	지역자원시설세 지방교육세

*1 서울특별시 재산세의 2원화: 일부는 직접 귀속, 일부는 형평고려 재배분(지기법 9조)

과세대상	지방세 세목	특별시세	자치구세	법조문
선박·항공기	구 재산세만 과세		O	지기법 9조①
토지·건축물·주택	구 재산세분	50%	50%	지기법 9조②
	구 도시계획세분(현 도시지역분)	O		지기법 9조③

가. 2011.1.1.부터 재산세로 흡수된 종전의 도시계획세(특별시·광역시세였으며, 도 지역은 시·군세였음)
    분이 서울특별시에서는 특별시세로 그대로 남고, 광역시에서는 구세로 전환됨.(구 도시계획세 세율:
    0.15%. 다만, 조례에 의해 0.23%까지 조정 가능. 2010.12.27. 폐지되기까지의 구 지법 237조 ☞ 현재
    '재산세 도시지역분'으로 과세)
나. 종전 재산세만 과세되던 선박·항공기에 대한 분(시·군·구세)은 자치구세로 함.
다. 위 이외의 재산세는 서울특별시세와 자치구세로 공동과세함.(50%:50% 배분)
    2008.1.1.부터 서울특별시 자치구 간의 재정불균형 상태를 해소하기 위해 자치구의 재산세를 '특별시
    및 구세인 재산세'로 하여 공동과세하도록 했다.(2007.7.20. 구 지법 6조의2 신설. 2008.1.1.부터 시행,
    2007.7.20. 개정 지법 부칙 1조 단서 및 2조)
라. 특별시분 재산세의 교부(서울특별시세분 50%도 자치구에 전액 교부함. 즉 서울시는 50%의 재산세를
    각 자치구의 형평에 맞게 배분만 하는 역할임.)(지기법 10조)
    ①특별시장은 9조①②의 특별시분 재산세 전액을 관할구역의 구에 교부하여야 한다.
    ②1항에 따른 특별시분 재산세의 교부기준 및 교부방법 등 필요한 사항은 구의 지방세수(地方稅收) 등
      을 고려하여 특별시의 조례로 정한다. 다만, 교부기준을 정하지 아니한 경우에는 구에 균등 배분하여
      야 한다.
    ③1항과 2항에 따라 특별시로부터 교부받은 재산세는 해당 구의 재산세 세입으로 본다.
*2 광역시 주민세의 2원화: 주민세(개인분)은 광역시세, 주민세(사업소분·종업원분)은 구세.(지기법 11조)
*3 광역시의 군(郡) 지역에서는 도세를 광역시세로 함.(지기법 8조①본문 단서)
    따라서 광역시의 군 지역은 도세처럼 구분한다는 뜻임(도세→광역시세, 시·군세→군세).

구분		보통세	목적세
광역시 (군지역 특례)	광역시세	취득세, 등록면허세, 레저세, 지방소비세	지역자원시설세 지방교육세
	군세	담배소비세, 주민세, 지방소득세, 재산세, 자동차세	–

(보충)세목의 전환·폐지·신설

2000.1.1. 지방세분 교육세(국세)가 지방교육세(지방세)로 전환됨.

2005.1.1. 종합토지세(지방세)를 폐지하고 종합부동산세(국세)를 신설.

2010.1.1. 사업소세·농업소득세를 폐지하고,
          종전 '주민세' 중 '소득할 주민세'를 '지방소득세'로 별도 세목을 신설했으며,
          지방소비세를 신설(국세인 '부가가치세'의 일부를 지방세로 전환한 것임).

2011.1.1. 지방세법이 지방세기본법·지방세징수법(2017년 분할)·지방세특례제한법·지방세법으로 4분할되
          면서 종전 16개의 세목을 11개로 간소화하였고 세법 조문체계를 전면 개편. 2010년까지는 취득세와
          등록세가 별도 세목이었으며, 이들 각각은 다시 일반세율과 중과세율로 구분하여 세율을 적용하였
          음. 그러나 2011년부터 취득세는 취득세와 등록세를 취득세로 통합하였고, 다만 면허세 가운데 취득
          을 원인으로 하는 등록세는 기존의 취득세와 통합하여 취득세로, 취득을 원인으로 하지 않는 등록세
          는 기존의 면허세와 통합하여 등록면허세로 이름이 바뀌었음.

3) 취득·보유·양도행위별 적용되는 부동산 등 관련세금

[취득·보유·양도행위별 부동산 등 관련세금 체계]

구분	분류	세금 종류	적용 요약	취득	보유	양도
관세	직접세	관세	수입(차량, 선박 등)	O		
내국세	직접세	소득세	임대소득(보유), 양도		O	O
		법인세	임대소득(보유), 양도		O	O
		상속세 및 증여세	취득, 보유(공익법인)	O	△	
		종합부동산세	매년 6.1. 현재 소유자		O	
		농어촌특별세(목적세)	취득: 취득, 등록면허세 보유: 종부세 ×20% 양도: 소득·법인세 감면	O	O	O
		교육세(금융·보험 수입금액에 부과)(목적세)	금융·보험 수입금액 ×0.5%		N/A[*2]	
	간접세	부가가치세	매입, 정기신고, 매출	O	O	O
		개별소비세	특정 입장·유흥·영업		N/A	
		주세	주류 제조·수입		N/A	
		교통·에너지·환경세	석유류 제조·수입		N/A	
		증권거래세	주식·지분 양도		N/A	
		인지세	취득계약서, 양도계약서	O		O
		교육세(개별소비세·주세 등에 부과)(목적세)	개별소비세·교통세·주세 등에 10~30% 과세		N/A	
지방세	보통세	취득세	취득 및 등기·등록	O		
		등록면허세	등기·등록(등록, 면허분)	O		
		레저세	경륜·경정·경마·소싸움		N/A	
		담배소비세	담배 제조·수입		N/A	
		지방소비세	재화·용역공급, 재화수입		N/A	
		주민세	개인분·사업소분·종업원분		O	
		지방소득세	소득세·법인세×10%[*1]		O	O
		재산세	6.1. 부동산·선박·항공기		O	
		자동차세	차량·건설기계 소유자		N/A	
	목적세	지역자원시설세	건축물·선박, 특정자원·시설		O	
		지방교육세	등록세분, 재산세 20%	O	O	

[*1] **지방소득세:** 2010년 신설(구 소득할 주민세와 종업원할 사업소세를 흡수)했지만, 독립세로 전환한 것은 2014년 1월 1일부터임.

즉, 2014년부터 지방소득세는 지방세법에 따라 과세표준과 세율을 독자적으로 적용하여 세액을 산출하는 독립세 방식으로 변경됐다. 이는 중요한 의미를 내포하는 바, 과세표준과 세액에 대한 결정권(즉, 세무조사권)을 국세청과 별도로 지방자치단체가 가질 수 있는 근거를 마련한 것이다. 그러나 지방소득세의 세율만 보더라도 2014년부터 각 소득종류별 세율을 지방세법에서 별도로 복잡하게 규정하고 있는데, 그 실질내용은 해당 소득세·법인세 세율의 10%이다. 독립세로 전환되어 불가피한 것인지는 모르겠지만 이것만으로도 매우 혼란스럽다.

[*2] **N/A:** 부동산 취득·보유·양도와 무관한 세금

(3)세금과 관련된 법률(세금 관련 사이트 포함)

세금과 관련된 법률(조세법), 즉 '세금의 법원(法源)'은 크게 성문법(成文法)과 불문법(不文法)으로 구분할 수 있다. 성문법이란 문자로 표시되고 일정한 형식과 절차에 따라 제정되는 법을 말하며, 성문법이 아닌 법을 불문법이라 한다. 조세법은 납세자에게 세금을 부과·징수하는 근거가 되므로 국민의 재산권을 침해하는 성질을 가진다. 이런 중요성 때문에 조세법에 있어서는 '조세법률주의'를 최고의 근거원리로 하고 있으므로, 관습법 등 불문법은 적용될 여지가 적다.

지금 세상은 포털사이트·SNS 등을 통해 온갖 정보가 넘쳐나고 있다. 이들 중에는 쓰레기 같은 정보도 많지만 잘 활용하면 양질의 최신 정보를 손쉽게 얻을 수도 있다. 세금 분야도 마찬가지다. 특히 아래의 공식사이트에서 얼마든지 최신 세무 관련 정보를 알 수 있다.

- **국가법령정보센터: http://www.law.go.kr/**
  2010.1.5.부터 법제처가 제공하는 대한민국법령 통합정보사이트.
  - 법령: 현행법령, 연혁법령, 근대법령, 최신법령, 조약, 영문법령 등
  - 자치법규: 현행자치법규, 필수조례 정비현황 등
  - 행정규칙(훈령·예규·고시): 현행행정규칙, 대통령훈령 등, 지방세관계법 운영 예규(2022.10.31.) 등
  - 판례·해석 등: 판례, 헌재결정례, 법령해석례, 행정심판례, 최신관례 등
  - 별표·서식, 학칙·규정 등
- **국세법령정보시스템: '키워드'로 검색하거나 '국세청 홈페이지' 또는 '홈택스'를 통해 연결가능.**
  2006.11.17.부터 국세청이 제공하는 국세관련 법령사이트.
  - 홈(Home): 국세청 보도자료, 주요세무 일정, 세목별 요약정보(각종세율/고시/이자율)
  - 법령: 조세법령, 조세조약, 기본통칙, 세법집행기준, 고시, 훈령, 개정(된)세법 해설, 최신개정(된)법령 등
  - 질의·판례: 헌재(헌법재판소 결정), 관례, 심판청구, 심사청구, 자문사례, 질의회신
  - 조문별정보: 법조문별, 주제별
  - 별표·서식: 별표, 법령서식, 훈령서식 등
  - 전자도서관: 발간책자, e-book{『2023 주택과 세금』(2023.4.14.) 등}
  - 게시판: 공지사항, 개선의견, 세법해석질의안내, 재산평가심의사례 등
- **국세청 홈페이지: https://nts.go.kr/ 대표번호 126(콜센터), 홈택스·국세법령정보시스템으로 자동 연결**
  - 알림·뉴스: 보도자료, 조간스크랩, 공지사항, 고시·공고, 국세매거진 등
  - 국민소통: 규제혁신, 온라인민원, 신고센터, 국민참여
  - 국세신고안내: 〈개인신고안내〉종합소득세, 주택임대소득, 종교인소득, 부가가치세, 사업장현황신고, 연말정산, 원천세, 양도소득세, 『주택세금 100문100답』(2020.9.), 상속증여세 등
    〈법인신고안내〉법인세, 공익법인, 부가가치세, 원천세, 연말정산, 종교인소득 등
  - 국세정책/제도: 사업자등록 안내, 근로·자녀장려금, 명의신탁주식 실소유자 확인안내, 착한임대인 세액공제 제도, 국제조세정보 등
  - 정보공개: 고액상습체납자 등 명단공개

- **국세청 홈택스(세무도우미)**: https://www.hometax.go.kr/ 대표번호 126
  국세청홈페이지·국세법령정보시스템으로 자동 연결
  - 세금종류별 서비스(우측 바로가기)〉공익법인 공시: 공익법인 결산서류 등 공시 및 열람, 50%한도·10%한도기부금단체 공개, 전자기부금영수증 발급(2021년 기부금부터 적용)
  - 조회/발급: 전자(세금)계산서, 현금영수증, 연말정산, 세금 신고납부, 사업자 상태, 세무대리정보, 근로장려금·자녀장려금, 기준시가 조회, 기타조회, 「주택세금 100문100답」(2020.9.) 등
  - 민원증명
  - 신청/제출: 사업자등록증 신청/정정 등
  - 신고/납부: 각종 세금 신고납부
  - 상담/제보: 국세법령 개정의견, 현금영수증·신용카드 민원신고, 탈세제보 등
  - 세무대리/납세관리: 기장수임서비스(수임납세자 정보조회), 신고대리 정보조회, 납세관리인 등
  - 모의계산(양도소득세·증여세·연말정산·퇴직소득 등 자동계산 등), 공인인증센터, 고객센터
- **기획재정부**: http://www.moef.go.kr 내국세·관세법을 관할하는 최고부처.
  - 정보공개, 뉴스, 정책, 통계 등
  - 법령:
  소관법령: 법제처·법령정보센터 바로가기, 최근개정(된) 법령 바로보기
  훈령·예규
  고시·공고·지침
  입법·행정예고(각각의 국세법령 개정안 등)
  조세조약: 메인메뉴에서 '조세조약' 검색하면 최신자료 확인 가능
  영문법령정보
  법령자료실: 국가회계편람 발간, 비영리법인 현황(기획재정부 관할) 등
- **행정안전부**: http://www.mois.go.kr 지방세법을 관할하는 최고부처.
  - 정보공개, 뉴스·소식 등
  - 참여·민원: 온라인 민원신청→'안심상속 원스톱 서비스'(사망자 재산조회 통합신청) 등
  - 정책자료: 법령정보(행정안전부 관장 법률 정보)→입법·행정 예고(지방세법령 개정안 등), 훈령·예규·고시, 법령자료실(행정안전부 관할 법령)
- **지방세법령정보시스템**: 2015년 1월부터 한국지방세연구원
  (243개 지방자치단체가 출연·연구하는 공동연구기관으로 2011년 개원)이 제공, 지방세관련 법령사이트('올타': OLTA, Online Local Tax Act, 지방세 법규해석 정보시스템, http://www.olta.re.kr).
  OLTA는 종전 행정안전부 법규(해석) 정보시스템의 단점을 보완하고, 독자적인 지방세 전문 DB를 마련하기 위해 연구원에서 자체 개발한 시스템.
  - 법령정보: 지방세 관계 법령(주요법령, 지방세관계법 운영 예규 등), 지자체 조례, 최신 개정법령
  - 판례와 해석: 헌재결정례, 법원판례, 심판결정례, 심사결정례, 법제처해석, 유권해석 등
  - 자료마당: 전자도서관(E-Book), 시가표준액조정기준, 참고자료(지방세법령 개정내용 및 적용요령), 지방세포럼, 홍보자료 등
  - 알림마당: 공지사항, 지방세상담안내, FAQ

제1장 제2장 제3장 제4장 제5장 제6장 제7장 제8장 제9장 제10장 제11장 제12장 제13장 제14장

- **위택스. https://www.wetax.go.kr/ 고객센터 110**
  행정안전부가 제공하는 인터넷 지방세 납부 시스템
  − 지방세(취득세·등록면허세 등) 신고·납부·환급신청 및 부가서비스
  − 지방세정보: 지방세 안내, 시가표준액 조회, 지방세 미리계산해보기, 지방세자료실(지방세 서식
  · 지방세통계연감), 지방세 개정안내, 은닉재산신고
- **국토교통부: http://www.molit.go.kr 부동산 투기정책 등을 관할하는 최고부처.**
  투기과열지구(「주택법」 63조)·조정대상지역(「주택법」 63조의2) 등 공고
  − 정보공개, 실거래가 공개시스템, 뉴스·소식 등
  − 정보마당: 법령정보(국토교통부 관장 법률 정보)→행정규칙(훈령·예규·고시) 등
- **대한민국 정부 대표포털: 정부24 홈페이지 www.gov.kr/ 대표번호 1588−2188**
  분야별 정부서비스, 민원24, 정책, 기관정보, 어린이정부, 나의생활정보, 민원신청→'안심상속 원스톱
  서비스'(사망자 재산조회 통합신청) 등, 고객센터

---

1)성문법(成文法)

①헌법(憲法)

다른 법률과 마찬가지로 「헌법」은 세법의 '최고법원(最高法源)'이다. 「헌법」에서 "모든 국민은 법률이 정하는 바에 의하여 납세의 의무를 진다"(38조)고 하고, "조세의 종목과 세율은 법률로 정한다"(59조)라고 규정하고 있는 바, 법률에 근거하지 않은 부과·징수는 최고법원(法源)인 「헌법」을 위배하는 것으로 무효의 사유에 해당한다.

②법률(法律)

「헌법」의 조세법률주의에 따라 납세의무자·과세대상·과세표준·세율 등 과세요건은 모두 법률로 규정하여야 한다. 이에 따라 법률은 조세법의 가장 중요한 법원이 된다. 현행 우리나라의 조세에 관한 법률은 국세는 관세법, 13개 세목별 개별세법(상속세 및 증여세법은 1개의 법률)과 6개의 일반 공통세법(국세기본법·국세징수법·조세특례제한법·조세범 처벌법·조세범 처벌절차법·국세와 지방세의 조정 등에 관한 법률)이다. 지방세는 11개 세목을 일괄적으로 규정하고 있는 지방세법과 4개의 일반 공통세법(지방세기본법·지방세징수법·지방세특례제한법·국세와 지방세의 조정 등에 관한 법률)이다.

조세특례제한법은 주로 내국세에 대한 특례를 규정하고 있지만, '제5장 외국인투자 등에 관한 조세특례'에서 관세뿐만 아니라 취득세·재산세의 감면 규정을 두고 있으므로 관세와 지방세와도 관련되어 있다. 그리고 '지방세기본법 153조(국세기본법 등의 준용)'에서는 "지방세의 부과·징수에 관하여 이 법 또는 지방세관계법에서 규정한 것을 제외하고는 국세기본법과 국세징수법을 준용한다"라고 하여, 국세기본법과 국세징수법을 원용하도록 규정하고 있다.

③명령(命令)

조세의 부과·징수에 관한 기본적 사항은 법률로 규정해야 되지만 그 세부적인 사항을 일일이 법률에서 규정하기는 어렵다. 따라서 법률에 근거하여 행정안전부가 그 세부사항을 규정하게 되는데, 이를 시행령(施行令)이라 부르며 '대통령령 제00호'로 공표한다.

④규칙(規則)과 조례(條例)

조세를 관할하는 각부 장관은 법률과 시행령에서 위임한 세부사항을 시행규칙(施行規則)으로 규정한다. 관세와 내국세로 대별되는 국세의 시행규칙은 기획재정부에서, 지방세의 시행규칙은 행정안전부에서 공표한다.

그리고 지방세기본법 5조(지방세의 부과·징수에 관한 조례)에 의하면 "지방자치단체는 지방세의 세목(稅目), 과세대상, 과세표준, 세율, 그 밖에 지방세의 부과·징수에 관한 사항을 정할 때에는 이 법 또는 지방세관계법에서 정하는 범위에서 조례로 정하여야 한다"(①항)고 하고, "지방자치단체의 장은 조례의 시행에 따르는 절차와 그 밖에 조례 시행에 필요한 사항을 규칙으로 정할 수 있다"(②항)라고 하여, 조례와 규칙이 중요한 법원(法源)임을 규정하고 있다.

⑤훈령(訓令)

훈령은 국세는 국세청이, 지방세는 행정안전부가 제정하는 것으로 상위의 법률, 시행령, 시행규칙 등에서 위임받은 범위 내에서만 효력을 발하는 행정내부 규칙이다.

국세에 관한 훈령으로는 '법인세 사무처리규정'과 '성실납세 협약제도 사무처리규정' 등 세목별로 여러 종류가 있고, 지방세는 '지방세관계법규해석에관한민원업무처리지침' '지방세물납·분납처리지침' 등이 있다. 훈령은 공식적인 법원성(法源性)은 없다.

⑥기본통칙(基本通則, 지방세는 운영 예규), 세법집행기준, 예규(例規)·통첩(通牒) 등

기본통칙은 세금의 집행 관할청이 공표한 해석기준인데, 국세는 국세청이, 지방세는 행정안전부가 제정한 것이다. 지방세 기본통칙은 2019.6.1.부터 '지방세관계법 운영 예규'로 명칭이 변경됐다.(2019.5.31. 명칭 및 내용 개정, '국가법령정보센터→행정규칙(훈령·예규·고시)→첨부파일'을 통해 내용 검색 가능)

세법집행기준도 기본통칙과 비슷한 성격인데, 현재 국세 세목별 집행기준('국세기본법 집행기준' 등)이 제정되어 있다.

예규는 하급관청이 직무를 함에 있어서 기본적이고 일반적인 사항을 상급관청이 명령·지시하는 것을 말하고, 통첩은 세부적·구체적 사항을 지시하는 것을 말하지만, 양자가 엄격히 구분되지는 않으므로 통상 예규·통첩이라 부른다.

훈령과 마찬가지로 기본통칙 등도 공식적인 법원성이 없으므로 훗날 조세소송 등 다툼이 있을 경우, 판결 등으로 다른 결정이 날 수도 있다. 그러나 과세관청의 세무행정 집행의 기준이 되므로 실무에서는 우선 이를 기준으로 과세여부를 판단한다.

⑦조세조약(「소득에 대한 조세의 이중과세회피와 탈세방지를 위한 협정」)

조약이란 문서에 따라 국가 간의 합의를 말하며 헌법의 규정에 따라 조세조약도 조세법의 법원(法源)을 이룬다. 조세조약은 그 주목적이 당사국간의 호혜평등에 입각하여 동일 소득에 대한 국제적인 이중과세 방지와 탈세를 막기 위해 맺는다.

조세조약은 한국 세법보다 상위법적인 효력을 갖는다. 따라서 한국 세법과 조세조약이 다를 경우 조세조약을 따라야 한다. 그러나 조세조약의 기본 취지가 '국제적 이중과세 방지'이므로 세금을 더 확장할 수는 없다. 따라서 조세조약이 적용될 경우 조세조약과 한국 세법에서 정한 과세소득과 세율 등을 적용할 경우, 이 둘의 교집합 부분(즉 둘 중 납세자에게 유리한 규정)이 적용되는 것이다.

2024년 말 현재 우리나라는 96개국과 조세조약을 맺고 있다.

2)불문법(不文法)

①판례(判例)

판례는 재판의 선례를 말하는 것이다. 법원의 판례는 추상적인 법규의 내용을 구체화하고 그 내용을 보충하므로 성문법의 해석기준을 제시한다고 할 수 있다.

법원의 판결은 당해 사건만을 구속할 뿐 다른 사건에는 직접 영향을 미치지 않으므로 판례의 법원성 유무에 대한 논란은 있다. 대법원 판례는 '선판례존중의 원칙'에도 불구하고 '대법원합의체의 판결'(대법관 전체 수의 2/3 이상으로 구성)에 의하여 변경될 수 있는 것이므로(법원조직법 7조①3호) 엄밀히 말하면 대법원 판례가 법원(法源)이 될 수는 없다. 그러나 선판례는 그 후의 유사·동종의 사건 판결에 큰 영향을 미치므로 사실상 구속력을 인정할 수 있으며, 그러한 의미에서 조세법에 있어서도 판례의 법원성을 경시할 수 없다.

②관습법(慣習法)

관습법이란 관습 중 법적 규범으로 인정될 만큼 법적 확신을 얻은 것을 말한다. 조세법에서는 조세법률주의의 원칙이 최우선적으로 적용되므로, 관습법을 조세법의 법원으로 인정할 것인가에 대해서는 논란이 있다. 세법은 "조세행정의 관행이 일반적으로 납세자에게 받아들여진 후에는 그 해석이나 관행에 따라 행위 또는 계산은 정당한 것으로 보며, 새로운 해석이나 관행에 의하여 소급하여 과세되지 아니한다"(국기법 18조③, 지기법 20조③)고 규정하고 있으므로 관습법의 존재를 인정하고 있는 듯이 보인다.

    그러나 이와 같은 조세법의 규정은 관습법의 존재를 인정한 것이라기보다는 신의성실의 원칙에 근거하여 신뢰의 이익을 보호하는 데 그 취지가 있는 것이라고 하겠다.

③조리(條理)

    조리는 사물의 이치·도리를 말하는 것으로 사람의 이성·사회정의에 근거하여 합리적이라 생각되는 규범을 말한다. 이와 같은 조리는 경우에 따라서 사회적 타당성, 정의, 법에 있어서의 체계적 조화 등으로 표현되기도 한다.

    다른 사법(私法)과 달리 조세법에서는 조세법률주의가 가장 강력한 기조인 바, 조세법에서 조리는 법원(法源)이 될 수 없다.

제1장 제2장 제3장 제4장 제5장 제6장 제7장 제8장 제9장 제10장 제11장 제12장 제13장 제14장

02 세금에 공통으로 적용되는 기본적 내용들

세금에 관한 기본적 내용은 국세 중 관세는 관세법 제1장 총칙에서, 내국세 13개는 국세의 공통세법 중 국세기본법·국세징수법·조세범 처벌법·조세범처벌절차법에서, 지방세 11개는 지방세의 공통세법 중 지방세기본법·지방세징수법에서 규정하고 있다.

국세(관세는 관세법 제1장)와 지방세의 기본적 내용은 다음 표와 같다.

기본적 내용	국세		지방세	
1. 총칙	국세기본법		지방세기본법	
통칙		1장 1절		1장 1절
기간과 기한		1장 2절		1장 4절
서류의 송달		1장 3절		1장 5절
인격(개인, 단체)		1장 4절		국세 준용(153조)
2. 세금 부과와 세법 적용				
세금 부과의 원칙		2장 1절		1장 3절(17~19조)
세법 적용의 원칙		2장 2절		1장 3절(20~22조)
3. 납세의무				
납세의무의 성립과 확정		3장 1절		2장 1절(34~36조)
납세의무의 승계		3장 2절		2장 2절(41~43조)
연대납세의무		3장 3절		2장 2절(44조)
납세의무의 소멸		3장 4절		2장 1절(37~40조)
4. 세금과 일반채권의 관계				
세금의 우선		4장 1절		5장
제2차 납세의무		4장 2절		2장 2절(45~48조)
물적 납세의무		4장 3절		국세 준용(153조)
5. 과세				
관할관청		5장 1절		1장 2절
수정신고, 경정 등 청구		5장 2절		3장(49~51조)
가산세의 부과와 감면		5장 3절		3장(52~59조)
6. 세금환급금, 환급가산금		6장		4장
7. 심사와 심판				
통칙(전반 내용)		7장 1, 2절		7장(89조)
심사(이의신청, 심사청구)		7장 3절		7장(90~100조)
심판(심판청구)		7장 4절		7장(90~100조)
8. 납세자의 권리				
과세전적부심사 등		7장의 2		6장
납세자권리, 세무조사 등		7장의 2		6장
9. 징수	국세징수법		지방세징수법	
총칙		1장		1장
징수절차(납부고지서 등)		2장 1절		2장 1절
징수유예		2장 2절		2장 2절
독촉		2장 3절		2장 3절
: 가산금, 중가산금 등	국세기본법	5장 3절	지방세기본법	3장(55조)
10. 강제징수(압류·매각 등)	국세징수법	3장	지방세징수법	3장
11. 세법위반에 대한 처벌	조세범처벌법	전체조문	지방세기본법	8장

03 담세자(납세의무자)와 납세자, 원천징수 등

(1)담세자(납세의무자)와 납세자

'납세의무자'란 세법에 따라 세금을 납부할 의무(세금을 징수하여 납부할 의무는 제외)가 있는 자를 말한다.(국기법 2조9호, 지기법 2조①11호) 이를 일반적으로 담세자(擔稅者)라 부른다.

'납세자'란 납세의무자(연대납세의무자와 납세자를 갈음하여 납부할 의무가 생긴 경우의 제2차 납세의무자 및 보증인을 포함)와 세법에 따라 세금을 징수하여 납부할 의무를 지는 자(국세의 원천징수자와 지방세의 특별징수자)를 말한다.(국기법 2조10호, 지기법 2조①12호)

| 납세자 | 담세자(납세의무자) | 원래의 납세의무자
연대납세의무자
제2차 납세의무자*
납세보증인 |
| | 원천징수의무자(국세) 및 특별징수의무자(지방세) | |

* 제2차 납세의무자

'제2차 납세의무자'란 납세자가 납세의무를 이행할 수 없는 경우에 납세자를 갈음하여 납세의무를 지는 자를 말한다.(국기법 2조11호, 지기법 2조①13호)

(2)원천징수(국세)와 특별징수(지방세)

'원천징수(源泉徵收)' 및 '특별징수(特別徵收)'란 세법에 따라 원천징수(또는 특별징수)의무자가 (수입금액 또는 소득금액을 지급할 때에 소정의 세율을 적용하여 계산한 세액을) 징수하고 이를 과세관청에 납부하는 것을 말한다.(국기법 2조3호, 지기법 2조①20호)

소득이 소득자에게 귀속되기 전인 발생원천에서 세금을 징수한다고 하여 원천징수(지방세는 특별징수)라고 부르며, 소득 등을 지급하면서 징수해야 할 의무를 지는 자를 원천징수의무자(또는 특별징수의무자)라 한다.

원천징수에는 다음과 같이 두 가지 종류가 있는 바, 이들의 의미는 완전히 다르다.(소법 14조)

①완납적 원천징수

원천징수만으로 모든 납세의무가 종결되는 것이다.

제1장 제2장 제3장 제4장 제5장 제6장 제7장 제8장 제9장 제10장 제11장 제12장 제13장 제14장

{예: 금융소득종합과세 대상(연간 2천만원 이하)이 아닌 개인의 이자소득(비영업대금의 이익 포함) 및 배당소득(상장·비상장법인 모두 포함)에 대한 원천징수│제2장 04 (2)① 참조}

(보충)2004년 귀속분부터: 비영업대금의 이익 및 비상장법인 배당소득도, 금융기관 이자 및 상장법인 배당처럼 동일하게 취급하여 종합과세 여부 판단.(소법 62조, 2003.12.30. 개정 소득세법 부칙 1·2조)

②예납적 원천징수

　장래에 확정될 세액을 미리 징수하는 의미밖에 없으므로, 과세기간이 종료된 후에는 원천징수된 소득까지 포함하여 종합소득에 대한 세액을 계산하고, 이렇게 산출된 세액에서(예납적으로) 원천징수된 세액을 기납부세액으로 공제하여 추가 납부세액을 계산하는 방식이다.

　종합과세대상 금융소득이 2천만원을 초과하는 경우 '초과분 금액'을 종합과세한다.(소법 62조)

{예: 개인의 이자소득(비영업대금의 이익 포함) 및 배당소득(상장·비상장법인 모두 포함) 중 연간 2천만원 초과되는 소득에 대한 원천징수, 법인의 금융기관 이자 원천징수, 근로소득 원천징수}

③분리과세소득과 종합과세소득

　'완납적 원천징수'되는 소득을 '분리과세소득'이라 부르며, '예납적 원천징수'되는 소득을 '종합과세소득(또는 합산과세소득)'이라 부른다. 또한 지방세법은 징수방법을 '보통징수'와 '특별징수'로 구분하는데, 보통징수는 일반적인 고지서(또는 자진신고납부)에 따라 징수를 말하고 특별징수는 원천징수를 말한다.

[원천징수대상 소득](소법 127조)

원천징수 대상소득	내용
이자소득(원천징수 세율)	모두 해당{금융기관 이자(15.4%, 지방소득세 포함), 비영업대금의 이익(27.5%)}
배당소득*	모두 해당(상장법인·비상장법인 배당금 모두 해당)
연금소득	모두 해당
근로소득*	국내 관련소득은 모두 해당. 단, 외국기관, 국외거주 비거주자·외국법인으로부터 받는 소득 중 국내비용으로 계상되지 않는 것은 제외
퇴직소득	모두 해당. 단, 원천징수대상이 아닌 근로소득자가 받는 퇴직소득은 제외
일정한 사업소득	접대부·댄서 등이 받는 소득 중 아래 이외는 원천징수 제외│제2장 04(3)1) 참조}
봉사료	식대·주대 등에서 봉사료가 공급가액의 20% 초과시 특례(사업자가 원천징수납부하고, 접대부 등은 별도사업자로서 소득세 확정신고함, 소령 184조의2)
기타소득*	위 이외의 봉사료, 뇌물 등, 가상자산소득은 원천징수 제외│제2장 04(3)2) 참조}
금융투자소득	일정한 금융소득은 원천징수 제외(2025년 시행→폐지)
양도소득	원천징수대상 소득이 아님

*원천징수세액 반기별 신고납부 승인: 직전연도의 상시고용인원이 20명 이하인 사업자(소법 128조, 소령 186조)

(보충1)원천징수 소득세·지방소득세 각각 10원 미만은 절사함(「국고금단수계산법」)

(보충2)원천징수세액 소액부징수(국세, 지방세)

이자소득: 개인 귀속(소액부징수 없음), 법인 귀속(천원 미만 부징수)(소법 86조1호, 법법 73조①본문 괄호)
배당소득: 개인 귀속(천원 미만 부징수), 법인 귀속(원천징수대상 소득 아님)(소법 86조1호, 법법 73조①)
지급명세서 제출: 소득귀속 연도의 다음연도 2월 말까지 제출(원천징수 소액부징수 포함)

(3) 직접세와 간접세, 그리고 '거래징수'

앞에서 세금의 전가 유무에 따라 직접세와 간접세로 구분된다고 해설한 바 있다. 직접세는 '납세자=담세자' 즉 세금을 타인에게 전가하지 않는 것으로 소득세·법인세 등 대부분의 세금이 해당되고, 간접세는 '납세자≠담세자' 즉 세금을 타인에게 전가하는 것으로 부가가치세·주세 등이 대표적이다.

납세자는 다시 담세자와 원천징수의무자(지방세 특별징수의무자)로 나뉜다. 직장인의 경우 근로소득을 회사가 원천징수하여 세무서에 회사가 납부하는 방식이므로, 이 경우 '납세자(회사)≠담세자(근로소득자)'이므로 간접세로 보아야 하는지에 대한 의문이 들 수 있다.

얼핏 보기에는 그렇게 생각할 수도 있지만 소득세는 엄연히 직접세인 바, 이 점을 이해하기 위해서는 한 단계 더 깊은 이해가 필요하다. 한마디로 말해서 회사는 (절차적 편리상) 근로소득자를 대신하여 세금 신고납부를 대행해주는 심부름 정도의 의미만 가진다고 보면 된다. 즉 회사가 근로소득자들 개인별 신고를 대행해주고 있을 뿐, 실제 신고납부의 실체는 근로소득자 개개인인 것이다. 따라서 경제적 실질은 '납세자(근로소득자, 단지 회사는 신고납부 대행)=담세자(근로소득자)'이므로 직접세가 되는 것이다(누진세율도 개인별 소득 규모에 따라 차등적용하는 것은 당연). 금융기관의 이자소득 등에 대한 원천징수도 같은 논리라고 보면 된다.

그러나 간접세의 대표격인 부가가치세·주세 등은 의미가 다르다. 우리가 물건을 살 때에는 부가가치세를 부담하며, 음주를 할 경우에는 주세까지 부담한다. 근로소득세나 부가가치세·주세를 부담하는 것은 근로소득자나 소비자이다. 하지만 납세자의 지위가 다르다. 근로소득세를 원천징수하는 회사는 근로자를 대신하여 세금의 신고납부를 도와주는 의미이므로 사실상 '납세자=담세자'인 것과 달리, 고객에게 받은 부가가치세·주세를 신고납부하는 경제적 주체가 물건을 공급한 가게·주점이므로 사실상 '납세자≠담세자'인 것이다. 물론 부가가치세·주세를 신고납부할 때 매출액 리스트가 첨부되지만 이것은 세액계산의 근거 등을 위한 자료의 의미가 큰 것이지 고객을 대신하여 신고납부를 대행한다는 의미는 적다(다만 부가가치세는 매출세액과 매입세액이 거래징수되므로 이를 상호 검증하는 의미는 있다). 따라서 부가가치세·주세 등은 간접세이다.

이와 같이 원천징수와 거래징수는 그 의미상 차이가 크다. '원천징수'는 담세자의 신고납부 편의를 위해 소득 지급자가 대행해주는 의미라서 여전히 '직접세'인 데 반해, '거래징수'는 담세자의 세금을 징수하여 징수자 명의로 신고납부하기 때문에 '간접세'로 분류되는 것이다.

제1장
제2장
제3장
제4장
제5장
제6장
제7장
제8장
제9장
제10장
제11장
제12장
제13장
제14장

04 세금 부과와 세법 적용의 원칙

(1)세금 부과의 원칙

세금 부과의 원칙이란 국가·지방자치단체가 과세권의 행사, 즉 조세채권을 확정시키는 과정에서 준수되어야 할 원칙을 말하는 것으로 조세 법률관계를 명확하게 하고 국민의 재산권을 보장하기 위하여 국세기본법(국세)과 지방세기본법(지방세)에서 기본사항으로 규정하고 있다.

그리고 국세기본법과 개별세법과의 우선관계를 보면, 특별법적 성격이 있는 개별세법이 일반법적 성격의 국세기본법에 우선한다. 이와 관련되는 개별세법 규정으로는 법인세법 4조, 국제조세조정에 관한 법률 2조의2, 개별소비세법 1조⑧, 인지세법 3조④ 등이 있다.

1)실질과세의 원칙

실질과세의 원칙은 '경제적 관찰법'이라고도 하며 과세를 함에 있어서 형식과 실질이 다른 경우에는 실질에 따라서 과세해야 한다는 원칙으로서 '소득 귀속자의 실질과세'와 '거래내용의 실질과세' 및 '경제적 내용의 실질과세'로 나누어볼 수 있다.

①소득귀속자의 실질과세
과세의 대상이 되는 소득·수익·재산·행위 또는 거래의 귀속이 명의일 뿐이고 사실상 귀속되는 자가 따로 있을 때에는 사실상 귀속자를 납세의무자로 하여 세법을 적용한다.(국기법 14조①, 지기법 17조①)
【공부상 명의자와 실질소유자가 다른 경우】(국기통 14-0…4)
공부상 등기·등록 등이 타인의 명의로 되어 있더라도 사실상 당해 사업자가 취득하여 사업에 공하였음이 확인되는 경우에는, 이를 그 사실상 사업자의 사업용자산으로 본다.
[사업소용 건축물의 소유자와 사업주가 다른 경우]
건축물의 소유자에게 '사업소분 주민세'의 제2차 납세의무를 지울 수 있음.(지법 75조②)

②거래내용의 실질과세
세법 중 과세표준의 계산에 관한 규정은 소득·수익·재산·행위 또는 거래의 명칭이나 형식에 관계없이 그 실질 내용에 따라 적용한다.(국기법 14조②, 지기법 17조②)

【거래의 실질내용 판단기준】(국기통 14-0…5)
거래의 실질내용은 형식상의 기록내용이나 거래명의에 불구하고 상거래 관습, 구체적인 증빙, 거래당시의 정황 및 사회통념 등을 고려하여 판단한다.

③경제적 내용의 실질과세

제3자를 통한 간접적인 방법이나 둘 이상의 행위 또는 거래를 거치는 방법으로 이 법 또는 세법의 혜택을 부당하게 받기 위한 것으로 인정되는 경우에는 그 경제적 실질 내용에 따라 당사자가 직접 거래를 한 것으로 보거나 연속된 하나의 행위 또는 거래를 한 것으로 보아 세법을 적용한다.(국기법 14조③)

2)신의·성실의 원칙

납세자가 그 의무를 이행할 때에는 신의에 따라 성실하게 하여야 한다. 세무공무원이 직무를 수행할 때에도 또한 같다.(국기법 15조, 지기법 18조) 이 신의·성실의 원칙은 납세자 측에게는 물론이거니와 과세권자 측에게도 적용되는 것이다.

[공적견해 표명과 신의·성실의 원칙](대법 2008두19659, 2011.5.13. 선고)
일반적으로 조세법률 관계에서 과세관청이 납세자에게 신뢰의 대상이 되는 공적인 견해를 표명한 경우 그에 반하는 과세관청의 행위에 대하여는 신의성실의 원칙이 적용될 수 있지만, 이는 과세관청이 공적인 견해를 표명할 당시의 사정이 그대로 유지됨을 전제로 하는 것이 원칙이다. 따라서 사후에 그와 같은 사정이 변경된 경우에는 그 공적 견해는 더 이상 납세자에게 신뢰의 대상이 된다고 보기 어려운 만큼 특별한 사정이 없는 한 과세관청이 그 견해표명에 반하는 처분을 하더라도 신의성실의 원칙에 위반된다고 할 수 없다.

3)근거과세의 원칙

납세의무자가 세법에 따라 장부를 갖추어 기록하고 있는 경우에는 과세표준의 조사와 결정은 그 장부와 이에 관계되는 증거자료에 의하여야 한다. 그리고 세금을 조사·경정할 때 장부의 기록 내용이 사실과 다르거나 장부의 기록에 누락된 것이 있을 때에는, 그 부분에 대해서만 정부·지방자치단체가 조사한 사실에 따라 결정할 수 있다.(국기법 16조, 지기법 19조)

4)조세감면의 사후관리

정부는 세금을 감면한 경우에 그 감면의 취지를 성취하거나 정책을 수행하기 위하여 필요하다고 인정하면, 세법이 정하는 바에 따라 감면한 세액에 상당하는 자금 또는 자산의 운용 범위를 정할 수 있다. 그리고 운용 범위를 벗어난 자금 또는 자산에 상당하는 감면세액은 세법에서 정하는 바에 따라 감면을 취소하고 징수할 수 있다.(국기법 17조)

(2)세법 적용의 원칙

세법 적용의 원칙이란 과세권 행사, 즉 세법상의 법률효과 발생을 목적으로 한 법의 해석 및 적용의 과정에서 준수되어야 할 원칙을 말하는 것으로, 과세의 공평과 납세자 재산권의 부당침해 방지를 위하여 과세에 관한 기본사항의 하나로 국세기본법(국세)과 지방세기본법(지방세법)에서 규정하고 있다.

그리고 국세기본법과 개별세법과의 우선관계를 보면, '국세 부과의 원칙'에서는 특별법적 성격이 있는 개별세법이 일반법적 성격의 국세기본법에 우선한다고 앞서 설명한 바 있다. 그러나 '세법 적용의 원칙'에서는 이와 반대로, 국세기본법이 개별세법에 우선한다.

1)세법 해석의 기준: 납세자 재산권의 부당한 침해 금지

세법을 해석·적용할 때에는 과세의 형평과 해당 조항의 합목적성에 비추어 납세자의 재산권이 부당하게 침해되지 아니하도록 하여야 한다.(국기법 18조①, 지기법 20조①)

2)소급과세 금지

세금을 납부할 의무(세법에 징수의무자가 따로 규정되어 있는 세금의 경우에는 이를 징수하여 납부할 의무)가 성립한 소득, 수익, 재산, 행위 또는 거래에 대해서는 그 성립 후의 새로운 세법에 따라 소급하여 과세하지 아니한다.(국기법 18조②, 지기법 20조②)

그리고 세법의 해석이나 조세행정의 관행이 일반적으로 납세자에게 받아들여진 후에는 그 해석이나 관행에 따라 행위 또는 계산은 정당한 것으로 보며, 새로운 해석이나 관행에 의하여 소급하여 과세되지 아니한다.(국기법 18조③, 지기법 20조③)

【세법해석의 기준】(국기통 18-0…1, 지기예 20-2)

위에서 "해석이나 조세행정의 관행이 일반적으로 납세자에게 받아들여진 후"라 함은 성문화의 여부와 관계없이 행정처분의 선례가 반복됨으로써 납세자가 그 존재를 일반적으로 확신하게 되는 것을 말하며 명백히 법령 위반인 경우는 제외한다.

[세법 개정에 따라 소급적용하는 것이 위헌인지 여부] 부진정소급과세는 합헌!

일시적 1세대 2주택 요건이나 비과세 요건을 강화한 후, 현재 주택을 보유한 자에게
개정된 세법을 적용하면 헌법에서 금지하는 소급과세에 해당할까?

1. 「대한민국 헌법」 13조②

"모든 국민은 소급입법에 의하여 참정권의 제한을 받거나 재산권을 박탈당하지 아니한다."

2. 진정소급(眞正遡及)과세와 부진정소급(不眞正遡及)과세

1) 진정소급과세

이미 납세의무가 성립하여 완결이 된 사건에 대하여 개정된 세법을 적용하여 소급과세하는 것을 말한다.

예를 들어 주택을 양도하고 양도 당시 세법에 따라 기본세율(6~42%)로 양도소득세를 신고·납부하였는데, 이후 양도소득세를 중과하는 것으로 개정한 후 이미 신고·납부가 끝난 자에게 개정된 중과세율을 소급적용하여 세금을 추가로 징수한다면 '진정소급과세'에 해당한다.

2) 부진정소급과세

기간과세 세목에 있어서 새로운 법률시행 전에 발생하였으나 그 시행시점까지 아직 완결되지 아니하고 있는 사실에 대한 소급과세를 말한다.

양도소득세를 강화하는 방향으로 세법을 개정한 후 세법 개정 당시 보유중인 자산을 양도할 때 개정된 세법을 적용하는 것이 이에 해당한다.

3. 진정소급과세는 위헌, 반면 부진정소급과세는 합헌

1)본 주제의 경우

진정소급과세에 해당하려면 이미 납세의무가 성립한 사건에 대해 개정된 세법을 적용하여 과세가 이루어져야 한다. 양도소득세의 납세의무는 보유중인 자산을 양도할 때 성립하므로, 세법을 개정하여 개정 이후 양도하는 자산에 대해 개정세법을 적용하는 것은 진정소급과세에 해당하지 않는다.

2)헌법재판소가 판단하는 부칙 의미

조세법의 영역에 있어서는 국가가 조세·재정정책을 탄력적·합리적으로 운용할 필요성이 매우 큰 만큼 납세의무자가 현재의 세법이 변함없이 유지되리라고 기대하거나 신뢰할 수 없는 게 원칙이기 때문에 부칙 조항이 신뢰보호원칙에 위반된다고 할 수도 없다.

이와 같이 헌법재판소는 세법은 조세행정의 필요에 따라 얼마든지 변경할 수 있고, 국가 세수확보나 지방자치단체의 재원 충실을 도모하고자 하는 것은 공익적 가치로서 개정 전 세법 규정이 적용될 것이라는 납세자의 신뢰를 보호하는 가치보다 높다고 명확하게 표현하였다. 그게 조세영역이라는 것이다. 이를 달리 표현하면 세금은 국고주의가 강하게 작용하는 영역이라고 할 수 있을 것이다.

3)헌법재판소의 판결요지(2012헌바105, 2014.7.24. 선고) 구 법법 72조② 부당환급

「헌법」 13조②은 소급과세금지원칙을 규정하고 있고 새로운 입법으로 과거에 소급하여 과세하거나 이미 납세의무가 존재하는 경우에도 소급하여 중과세하는 것은 「헌법」에 위반된다(현재 2012.12.27. 2011헌바132 등 참조). 한편 소급입법은 신법이 이미 종료된 사실관계에 작용하는지 아니면 현재 진행 중에 있는 사실관계에 작용하는지에 따라 '진정소급입법'과 '부진정소급입법'으로 구분되고, 진정소급입법은 「헌법」적으로 허용되지 않는 것이 원칙이며 특단의 사정이 있는 경우에만 예외적으로 허용될 수 있다(현재 2008. 5. 29. 2006헌바99 등 참조). ☞ 드물게 '진정소급과세'로 보아 위헌결정이 된 판결임.

4)부진정소급과세로 보아 합헌결정을 내린 사례들

 −2017헌바455, 2018.12.27.(2014헌바372, 2016.7.28. 판례 인용): 부가가치세 경정

 −2017헌바517, 2018.11.29.: 양도소득세 계산 시 장기보유특별공제 강화(소법 95조)

 −2016헌바347, 2018.6.28.: 특수관계법인 간 거래의 이익 증여(상증법 45조의3)

 −2002헌바71, 2003.4.24.: 지방세법상 '재판상 화의'에 대해 실거래가액 과표 불인정

3)세무공무원의 재량의 한계

세무공무원이 재량으로 직무를 수행할 때에는 과세의 형평과 해당 세법의 목적에 비추어 일반적으로 적당하다고 인정되는 한계를 엄수하여야 한다.(국기법 19조, 지기법 21조)

제1장
제2장
제3장
제4장
제5장
제6장
제7장
제8장
제9장
제10장
제11장
제12장
제13장
제14장

4)기업회계의 존중

세무공무원이 세금의 과세표준을 조사·결정할 때 해당 납세자가 계속하여 적용하고 있는 기업회계 기준 또는 관행으로서 일반적으로 공정·타당하다고 인정되는 것을 존중하여야 한다. 다만, 세법에 특별한 규정이 있는 것은 그러하지 아니하다.(국기법 20조, 지기법 22조)

더 나아가 2018년 1월 1일부터는 "「주식회사 등의 외부감사에 관한 법률」에 따른 감사의견, 외부감사 실시내용 등 회계성실도 자료 등을 고려하여 세무조사 대상자를 선정토록"(국기법 81조의6②1호) 하는 규정을 추가하여, 기업회계기준에 따른 회계처리의 중요성을 강조했다. 여기서 잠시 외부감사를 살펴보고 가자.

['회계감사'는 무엇일까?]

말 그대로 회계처리를 '기업회계기준'등 제반 규정에 맞게 했는지를 감사하는 것이다. 감사는 크게 기업의 내부 기관인 '내부감사(또는 감사위원회)'와 외부에서 감사하는 '외부감사'가 있다. 내부감사는 '회계감사'뿐만 아니라 회계분야 외의 업무가 정당하게 처리됐는지도 감사('업무감사')한다. 외부감사는 주로 나라에서 인정하는 일정한 자격(공인회계사)을 갖춘 사람에게 그 권한이 주어진다. 주로 법인형태('회계법인')이며 개인들의 경우 몇몇 공인회계사들이 회계감사를 하기 위해 일종의 카르텔과 같은 '감사반'을 이뤄 감사를 실시한다. 회계법인이나 감사반(이하 '회계법인'이라 통칭한다), 공인회계사의 자격, 공인회계사로서 지켜야 할 의무와 벌칙 등은 「공인회계사법」에 규정되어 있다. 그리고 '외부감사'는 사회적 파장 등을 고려하여 일정 규모 이상의 주식회사(2020년부터는 유한회사도 해당)를 그 대상으로 하며 근거 법률은 「주식회사 등의 외부감사에 관한 법률」(보통 줄여서 '외감법'이라 부른다)이다.[5] 상장법인(코스닥 포함)은 모두 외부감사 대상이며, 비상장법인의 경우 직전 사업연도 말 자산총액이 120억원 이상인 경우가 해당된다(2017.10.31. 법 개정으로 2019년부터는 100억원 이상으로 대상을 확대했으나 한 번 시행되지도 못하고, 2018.8.1. 다시 120억원으로 완화해버렸다). 다만 비상장법인의 경우 자산총액이 120억원 이상이더라도 매출액·부채총액·종업원 수 등을 고려하여 일부는 외부감사대상에서 제외시키고 있다.[6]

외부감사를 수행한 후 표명하는 감사의견의 종류는 적정의견·한정의견·부적정의견·의견거절 이렇게 4가지 종류가 있다.[7] '적정의견'은 사소한 것 외에는 기업회계기준(또는 국제회계기준, IFRS) 등을 준수한 경우에 표명하는데, "회사의 재무제표는(…) 기업회계기준에 따라 중요성의 관점에서 공정하게 표시하고 있습니다"라고 표현한다. '한정의견'은 규정을 위배한 회계처리가 있지만 그렇다고 하여 회사의 재무제표가 완전히 엉터리라고는 볼 수 없는 경우에 표명하는데, "회사의 재무제표는 한정의견근거문단에 기술된 사항이 미치는 영향을 제외하고는(…) 기업회계기준에 따라 중요성의 관점에서 공정하게 표시하고 있습니다"라고 표현한다. '부적정의견'은 규정을 위배한 회계처리가 미치는 영향이 크기 때문에 회사의 재무제표가 전체적으로 엉터리라고 볼 수밖에 없는 경우에 표명하는데, "회사의 재무제표는 부적정의견근거문단에 기술된 사항의 유의성으로(…) 기업회계기준에 따라 공정하게 표시하고 있지 않습니다"라고 표현한다. '의견거절'은 회사가 감사에 비협조적이거나 증거자료를 제시하지 않는 등 정상적인 감사절차를 수행하지 못했기 때문에 회사의 재무제표가 맞는지 틀린지를 판단할 수 없는 경우에 표명하는데, "회사의 재무제표는 의견거절근거문단에 기술된 사항의 유의성으로 감사의견의 근거가 되는 충분하고 적합한 감사증거를 입수할 수 없었습니다. 따라서 우리는 회사의 재무제표에 대하여 의견을 표명하지 않습니다"라고 표현한다. 예를 들어 연말에 재고실사를 하러 중요한 창고에 갔는데 회사 직원들이 없어 재고실사를 하지 못했을 경우, 다른 감사증거로 다행히 확증할 정도가 되면 모르겠으나(쉽지 않다) 이 경우 의견거절을 표명하게 되는 것이다.

'분식회계(粉飾會計, Window Dressing Settlement)'는 회사의 실적을 좋게 보이도록 하기 위해 회사 자산이나 이익을 회계처리 기준에 어긋나는 방법으로 처리해 사실과 다른 재무제표를 만드는 것을 말한다. 실제보다 이익을 부풀리는 행위가 대부분이다. 하지만 세금 부담이나 근로자들의 임금 인상요구, 매출처에서 납품단가가 깎이는 불이익 등을 피하기 위해 이익을 줄이는 경우도 있다. '부실감사'는 회사가 공시하는 재무제표에 대한 감사의견 표명이 잘못된 경우이다. 예를 들어 한정의견을 적정의견으로 표명하거나, 부적정의견 또는 의견거절 표명을 해야 함에도 이를 한정의견이나 적정의견으로 표명하여 결과적으로 봐주기 식 감사가 돼버린 상황을 말한다. 적정의견을 받지 못한 회사는 대내외적으로 회계신뢰도가 땅에 떨어져 회사의 전체 이미지까지 추락돼버린다. 또한 금융기관의 대출이자율 결정에도 반영되며, 상장회사의 경우 증권시장 퇴출 여부의 판정에도 영향을 줄 정도로[8] 감사의견은 중요한 것이다.

---

5) 종전 「주식회사의 외부감사에 관한 법률」을 「주식회사 등의 외부감사에 관한 법률」로 명칭 변경.

6) 「주식회사 등의 외부감사에 관한 법률」(외감법) 4조, 외감법시행령 2조.
   (2017.10.31. 개정→2018.8.1. 시행, 2018.11.1. 재개정)
   《(자산총액이 120억원 이상인 경우에도) 외부감사 제외되는 회사》(2018.11.1. 시행)
   다음 기준 중 3개 이상을 만족시키는 경우와, 최초로 설립된 회사.
   가. 직전 사업연도 말의 자산총액 120억원 미만
   나. 직전 사업연도 말의 부채총액 70억원 미만
   다. 직전 사업연도 매출액 100억원 미만
   라. 직전 사업연도 말의 종업원(파견근로자는 제외) 100명 미만
   단, 자산총액 또는 매출액이 500억원 이상인 회사는 소규모 회사로 인정하지 않고 외부감사 의무 부과(2,000여 개 회사 해당).

7) 「2016년 감사편람」「감사보고서 작성사례」, 한국공인회계사회, 2016.11, p.553~560.

8) 「유가증권시장상장규정 및 시행세칙」(KRX, 한국거래소)
   외부감사 결과 '의견거절' 또는 '부적정의견' 판정을 받은 기업의 경우 곧바로 상장폐지 됨. 또 '한정의견'인 기업은 관리종목에 지정하고 2차례 연속 '한정의견' 판정을 받으면 상장폐지됨.

제1장 제2장 제3장 제4장 제5장 제6장 제7장 제8장 제9장 제10장 제11장 제12장 제13장 제14장

05 납세의무의 성립, 확정, 소멸

(1)납세의무의 성립시기

1)의의

납세의무의 성립은 각 세법이 정하는 과세요건이 충족하는 때에 성립한다. 즉 과세물건이 납세의무자에게 귀속됨으로써 세법이 정하는 바에 따라 과세표준의 계산 및 세율의 적용이 가능하게 되는 시점에 납세의무가 성립하는 것이며 4대 과세요건의 구체적인 내용은 다음과 같다.(국기법 21조, 지기법 34조)

①납세의무자

세법에 의하여 조세를 납부할 의무가 있는 자를 말하며, 이러한 납세의무자는 법률상의 의무자로서, 재정학상의 납세자와는 다르다. 납세자는 납세의무자뿐만 아니라 원천징수(지방세 특별징수)의무자까지 포함하는 개념이므로 납세의무자보다 더 넓은 개념이다.

03(1)에서 전술한 바 있듯이, '납세자'란 납세의무자(연대납세의무자와 납세자를 갈음하여 납부할 의무가 생긴 경우의 제2차 납세의무자 및 보증인을 포함)와 세법에 따라 세금을 징수하여 납부할 의무를 지는 자(국세의 원천징수자와 지방세의 특별징수자)를 말한다.(국기법 2조10호, 지기법 2조①12호)

납세자	담세자(납세의무자)	원래의 납세의무자 연대납세의무자 제2차 납세의무자 납세보증인
	원천징수의무자(국세) 및 특별징수의무자(지방세)	

②과세물건

조세법규가 과세의 대상으로 정하고 있는 물건·행위 또는 사실을 말한다.

③과세표준

세법에 의하여 직접적으로 세액 산출의 기초가 되는 과세물건의 수량(종량세) 또는 가액(종가세)을 말한다.

④세율

과세표준에 대한 세액의 비율로서 종가세의 경우에는 세율이 백분비·천분비 등으로 표시되며, 종량세의 경우에는 세율이 금액으로 표시된다.

2)납세의무 성립시기의 원칙

성립시기	구분	세목	내용
과세사실 발생	국세	상속·증여세	상속이 개시되거나, 증여에 의해 재산을 취득할 때
		인지세	과세문서를 작성하는 때
		증권거래세	해당 매매거래가 확정되는 때
		개별소비세 등	과세물품을 제조장에서 반출하거나 판매하는 때 등
	지방세	취득세	과세물건을 취득하는 때
		등록면허세	등록분: 재산권 등을 등기·등록하는 때 면허분: 면허를 받은 때와 납기가 있는 달의 1일
과세기준일 성립	국세	종합부동산세	과세기준일(매년 6월 1일)
	지방세	재산세	과세기준일(매년 6월 1일)
		지역자원시설세	소방분의 경우 과세기준일(매년 6월 1일, 지법147조②)
		주민세	사업소분: 과세기준일(매년 7월 1일) 개인분: 과세기준일(매년 8월 1일)
과세기간 종료, 유량(流量, flow)조세	국세	소득세	과세기간이 끝날 때(12월 31일 또는 사망·출국일)
		법인세	과세기간이 끝나는 때(사업연도 종료일) 청산소득에 대한 법인세: 해당법인이 해산할 때
		부가가치세	과세기간이 끝나는 때 수입재화의 부가가치세: 세관장에게 수입신고 시
부가세 (附加稅)	국세	교육세	국세에 부과: 해당 국세의 납세의무가 성립할 때 금융보험업자 수입금액에 부과: 과세기간 종료시
		농어촌특별세	본세의 납세의무가 성립하는 때
	지방세	지방교육세	본세의 납세의무가 성립하는 때
		지방소득세*	본세(소득세·법인세)의 납세의무가 성립하는 때
		주민세	종업원분의 경우, 종업원에게 급여를 지급하는 때
		지방소비세	부가가치세의 납세의무가 성립하는 때
가산세	국세·지방세		국세·지방세의 법정신고기한이 경과한 때

*지방소득세는 2014.1.1부터 독립세가 됐지만, 납세의무 성립 등 대부분은 본세를 따름.

3)납세의무 성립시기의 예외

구분	납세의무 성립시기
원천징수하는 소득세·법인세	소득금액 또는 수입금액을 지급하는 때
특별징수하는 지방소득세	그 과세표준이 되는 소득세·법인세를 원천징수하는 때
중간예납하는 소득세·법인세 또는 예정신고기간·예정부과기간에 대한 부가가치세	중간예납기간 또는 예정신고기간·예정부과기간이 끝나는 때
납세조합 징수 소득세 또는 예정신고납부하는 소득세	과세표준이 되는 금액이 발생한 달의 말일
수시부과하여 징수하는 조세	수시부과할 사유가 발생한 때

* 수시부과(隨時賦課)

과세관청은 과세의 시간적 단위인 과세기간이 종료하고 세법에서 정한 신고기간을 기다려서 조세채권의 확정권을 행사해야 한다. 그러나 조세의 포탈 우려가 있는 경우 등에는 신고기한이 도래하기 전이라도 과세관청이 과세표준과 세액을 경정할 수 있는 바, 이를 수시부과처분이라 한다. 수시부과의 사유는 다음과 같다. {소법 82조, 법법 69조, 부가법 57조, 지법 61조(담배소비세), 지법 98조(개인지방소득세) }

1. 신고를 하지 아니하고 본점 등을 이전한 경우(법령 108조①1호)
2. 사업장의 이동이 빈번한 경우 또는 사업장의 이동이 빈번한 지역에 사업장이 있을 경우(부가령 103조①1·2호)
3. 사업부진이나 그 밖의 사유로 장기간 휴업 또는 폐업 상태에 있는 때로서 조세를 포탈할 우려가 있다고 인정되는 경우(국세·지방세 공통 적용)
4. 그 밖에 조세를 포탈할 우려가 있다고 인정되는 상당한 이유가 있는 경우(국세·지방세 공통 적용)

　수시부과의 결정은 사업장 관할세무서장(사업자 외의 자에 대하여는 납세지 관할세무서장)이 한다. 지방세에 대한 수시부과의 결정은 지방자치단체장이 하도록 규정하고 있으나(지령 96조), 2019.12.31.까지는 국세의 수시부과결정권자의 결정을 따른다.(2014.1.1. 개정 지법 부칙 13조②)

(2)납세의무의 확정

1)의의

　납세의무의 확정이라 함은 이미 성립한 납세의무에 대하여 세법이 정하는 바에 따라 납세의무자 또는 과세관청이 일정한 행위나 절차를 거쳐서 과세표준과 세액을 구체적으로 확정하는 것을 말한다. 과세요건이 충족되면 비로소 납세의무가 존재하게 된다. 그러나 '과연 과세요건이 충족되었는가', '충족되었다면 그 내용은 무엇인가'는 아직 확인되지 않기 때문에 이 단계의 납세의무는 단지 추상적인 존재일 뿐이어서 이에 관하여 아직 과세관청이 징세권을 행사할 수 없고 납세의무자도 이를 납부할 수가 없다. 이러한 추상적 납세의무에 관하여 그 과세요건의 충족여부 및 내용을 확인하는 이른바 '확정'이 이루어짐으로써 비로소 납세의무는 구체적인 것으로 전환되며 이행해야 하는 조세채무가 되는 것이다.

2)납세의무 확정의 방식(국기법 22조, 지기법 35조)

　납세의무의 확정은 크게 세 가지로 나뉜다.

　첫째, 납세의무의 성립과 동시에 그 세액이 확정되는 조세로, 국세의 경우 인지세, 원천징수하는 소득세·법인세, 지방세의 경우 특별징수하는 지방소득세가 이에 해당한다.

　둘째, 부과과세제도에 의해 확정되는 조세인데, 이는 납세의무 확정의 권한을 과세권자에게만 부여하고 있다. 국세의 경우 상속증여세·종합부동산세(원칙임, 신고납부방식을 선택하지 않은 경우)·농어촌특별세(부과부분)가 있고, 지방세의 경우 재산세·지역자원시설세(소방분 부분)·지방교육세(고지부분)가 이 방식에 의해 확정된다.

셋째, 신고납세제도에 의해 확정되는 조세인데, 납세의무자가 세법이 정하는 바에 따라 과세표준과 세액을 국가·지방자치단체에 신고함으로써 납세의무가 확정되는 조세다.(국기법 22조 ①, 지기법 35조①1호) 이 방식은 조세 확정의 권한을 1차적으로 납세의무자에게 부여하고, 과세권자의 확정권은 제2차적·보충적 위치에 있는 것이다. 국세의 경우 소득세·법인세·종합부동산세(예외임, 신고납부방식을 선택한 경우)·부가가치세·개별소비세·증권거래세·주세·교육세·농어촌특별세(신고부분) 등이 있으며, 지방세의 경우 취득세·등록면허세(등록분)·지방소비세·주민세(재산분)·지방소득세·지역자원시설세(특정자원분 및 특정시설분 부분)·지방교육세(신고부분) 등이 이 방식에 의해 확정된다.

[부과과세제도와 신고납세제도의 비교]

구분		부과과세제도	신고납세제도	
의의		과세권자에게만 조세채권 확정권 부여	(1차적) 납세의무자에게 조세확정권 부여	(2차적) 무신고·부당신고시 과세권자가 확정
조세확정절차	주체	과세권자	원칙: 납세의무자	예외: 과세권자
	시기	결정통지서(납부고지서) 도달시	신고서 제출시	결정통지서(납부고지서) 도달시
	절차	과세표준과 세액 결정	과세표준과 세액 신고	과세표준과 세액 결정
탈세범으로 처벌시기		고지서 납부기한이 지나야 처벌가능	신고납부기한이 지나면 즉시 처벌할 수 있음	
세금탈루에 대한 조치		세액추징	세액추징 및 처벌	
조사권 성질		과세권자의 권한이며 의무	과세권자의 순수한 권한	
세금 과오납에 대한 처리	과다세금	과세권자가 조사결정에 의하여 이를 직권으로 시정해야 하며, 그렇지 않을 경우 경정청구 및 불복절차를 통해 구제가능	납세자는 경정청구 및 불복절차를 통해 구제가능	
	과소세금	직권시정 및 수정신고	수정신고 및 기한 후 신고	
세목	국세	상속증여세·종합부동산세(원칙임, 신고납부방식을 선택하지 않은경우)·농어촌특별세(부과부분)	소득세·법인세·종합부동산세(예외임, 신고납부방식을 선택한 경우)·부가가치세·개별소비세·증권거래세·주세·교육세·농어촌특별세(신고부분) 등	
	지방세	재산세·지역자원시설세(소방분 부분)·지방교육세(고지부분)	취득세·등록면허세(등록분)·지방소비세·주민세(사업소분 및 종업원분)·지방소득세·지역자원시설세(특정자원분 및 특정시설분)·지방교육세(신고부분) 등	

제1장 제2장 제3장 제4장 제5장 제6장 제7장 제8장 제9장 제10장 제11장 제12장 제13장 제14장

(3)납세의무의 소멸

성립 또는 확정된 납세의무는 여러 가지 원인에 의해 소멸하는데, 그 구체적인 사유는 다음과 같다.(국기법 26조, 지기법 37조)

①납부

본연의 납세의무자는 물론이고 납세의무 승계자, 연대납세의무자, 제2차 납세의무자, 납세보증인 등에 따라 납부로도 납세의무는 소멸한다.

②충당

납세자가 초과 납부한 세금을 환급(국세환급금·지방세환급금)할 때 그 권리자에게 다른 미납세금이 있는 경우, 그 환급할 세액을 '국세 및 강제징수비'(지방세는 '지방자치단체의 징수금')과 상계시키는 것을 말한다.

③부과취소

유효하게 행해진 부과처분을 당초 처분시점으로 소급하여 효력을 상실시키는 처분을 말한다. 이 경우 처음부터 부과처분이 없었던 것으로 본다.

④부과제척기간의 만료

제척기간은 일정한 권리에 대하여 그 권리를 행사할 수 있는 법적 기간이다. 따라서 조세채권의 부과제척 기간이 끝날 때에는 납세의무도 소멸된다.

⑤조세징수권 소멸시효의 완성

조세의 징수를 목적으로 하는 국가(지방자치단체)의 권리는 이를 행사할 수 있는 때부터 5년 동안 행사하지 아니하면 소멸시효가 완성된다. 단, 국세는 5억원 이상인 경우에는 10년인데, 5억원 이상 여부는 가산세를 제외한 금액을 기준으로 적용한다(2020.1.1. 이후 신고 또는 고지하는 분부터 적용).

소멸시효에 관하여는 세법에 특별한 규정이 있는 것을 제외하고는 「민법」에 따른다.(국기법 27조, 지기법 39조)

이러한 조세징수권의 소멸시효는 조세부과 제척기간과는 달리 '시효정지' '시효중단'이 적용된다.

[조세부과 제척기간과 조세징수권 소멸시효]
납세의무 성립→부과권→납세의무 확정(변경)→징수권→납세의무 소멸
↕   ↕
제척기간   소멸시효

06 세금을 계산하는 방법

(1)과세표준의 계산

과세표준=소득금액('익금−손금' 또는 '수입금액−필요경비')−소득공제 등

과세표준(課稅標準)은 산출세액 계산의 기준이 된다. 종가세 중 소득에 대해 과세하는 세금 (소득세·법인세 등)의 과세표준은 일반적으로 소득금액(과세소득)에서 세법상 일정한 공제액(소득공제 등)을 차감한 금액이다. 그리고 종량세의 경우에는 과세행위 자체(입장행위 등)가 과세표준이 된다.

(2)산출세액의 계산

산출세액(算出稅額)=과세표준 ×세율

(3)결정세액의 계산

결정세액(決定稅額)=산출세액−공제·감면세액

(4)총결정세액의 계산

총결정세액(總決定稅額)=산출세액−공제·감면세액+가산세

총결정세액은 한마디로 납세의무자가 부담하게 되는 세금의 총액이다.

(5)납부세액의 계산

납부세액(納付稅額)=결정세액−기납부세액

기납부세액은 예납적 원천징수세액뿐만 아니라 중간예납 등을 통해 미리 납부한 세금이므로, 당연히 납부할 세액에서 차감되어야 함을 나타내고 있다.

07 세법을 위반했을 경우에 받게 되는 불이익

(1)납세의무의 승계

1)법인의 합병으로 인한 납세의무의 승계

법인이 합병한 경우 합병 후 존속하는 법인(흡수합병) 또는 합병으로 설립된 법인(신설합병)은 합병으로 소멸된 법인(피합병법인)에 부과되거나 그 법인이 납부할 '국세 및 강제징수비'[지방세는 '지방자치단체의 징수금'(지방세(가산금 포함) 및 강제징수비로 국세와 일치←지방세와 가산금 및 강제징수비를 합한 개념, 2024.1.1. 납세의무성립 분부터 적용. 지기법 2조①22호, 2020.12.29. 개정(2021년 말 재개정) 지기법 부칙 1조5호]이라 칭함] 등의 징수금을 납부할 의무를 진다.(국기법 23조, 지기법 41조)

2)상속으로 인한 납세의무 승계

①상속받은 한도 내에서 납세의무 승계

상속이 개시된 때에 그 상속인(상증법에 따른 수유자를 포함) 또는 민법에 규정된 상속재산 관리인은 피상속인(사망자)에게 부과되거나 그 피상속인이 납부할 국세(또는 지방세) 및 강제징수비를 상속으로 받은 재산의 한도에서 납부할 의무를 진다.(국기법 24조①, 지기법 42조①)

여기서 피상속인에게 부과되거나 그 피상속인이 납부할 조세 등은 상속 개시 당시 과세요건이 충족되어 납세의무가 성립하였지만 아직 확정되지 아니하였거나, 납세의무가 확정되었지만 아직 납부·징수가 이루어지지 아니한 세금 등을 말한다.

> **['대법 2008두10904, 2011.3.24. 선고'에서 본, '납세의무 승계'의 의미]**
> 이 사건은 남편이 비상장주식을 발행법인에 양도하고 양도소득세 등 약 12.7억원을 신고납부를 완료하였는데, 발행법인이 양수한 자기주식을 소각하면서 남편에게 의제배당 규정을 적용하여, 당초 신고납부한 양도소득세보다 훨씬 큰 약 22억원의 배당소득세를 부과한 사건이다. 남편이 이 사건 소송 중에 사망하자 아내가 소송을 진행했다. 그런데 시흥세무서는 종합소득세(배당소득)에서 남편이 기납부한 양도소득세를 충당 후 차액을 고지하였다. 이에 아내는 의제배당에 대한 다툼은 별론으로 하고, 남편이 납부한 양도소득세는 충당할 것이 아니라 환급해달라고 주장했던 것이다.
> 그러나 대법원은 원심(고등법원)과 달리, 추징되는 세금에 충당한 것은 법률에 반하지 않는 것으로 해석하여 세무서의 손을 들어주었다. 이 과정에서 본문의 내용을 이 법조문의 취지임을 대법원은 밝히고 있다.

【상속으로 인한 납세의무 승계 범위】(국기통 24-0…1, 지기예 42-1)

상속으로 인한 납세의무의 승계는 피상속인이 부담할 제2차 납세의무도 포함하며, 이러한 제2차 납세의무의 승계에는 반드시 피상속인의 생전에 국세징수법 7조(현 지방세징수법 15조←구 지방세기본법 제45조)에 따른 납부고지가 있어야 하는 것은 아니다.

②상속포기를 했더라도 상속인의 사망 보험금을 받을 때에는 상속재산으로 간주하여 납세의무승계
　　납세의무 승계를 피하면서 재산을 상속받기 위하여 다음 각 호의 어느 하나에 해당하는 경우로서 피상속인의 사망으로 인하여 보험금(상속가액으로 보는 상증법 8조의 보험금)을 받는 자는 상속인으로 보고, 보험금을 상속받은 재산으로 보아 납세의무 승계규정을 적용한다.(국기법 24조②: 국세는 2015.1.1. 상속이 개시되는 것부터 적용 ; 지기법 42조②: 지방세는 2021.1.1. 이후 상속이 개시되는 것부터 적용)
　　1. 상속인이 「민법」 1019조①에 따른 한정승인(2025.1.1. 상속개시분부터) 또는 포기를 한 경우
　　2. 국세 및 강제징수비를 체납한 피상속인이 해당 보험의 보험료를 납입한 경우. 다만, 상속받은 재산으로 보는 보험금은 피상속인이 체납한 기간의 비율로 안분계산한 금액으로 한다.(2025.1.1. 상속개시분부터 국세만 적용, 국기법 부칙 3조)
　　즉 피상속인의 사망으로 인한 보험금청구권은 상속인들의 고유재산이므로(다음 판례 참조), 이를 악용하여 「민법」상 상속포기를 하여 사망자의 체납된(또는 체납될) 세금은 승계하지 않고 보험금만 받아가는 모순(조세회피)을 방지하기 위해 신설된 규정이다.

[수익자를 특정하지 않아도 보험금은 상속인의 고유재산이다](대법 2003다29463, 2004.7.9. 선고)

피보험자의 사망에 따른 상속인의 보험금 청구 권리는 보험계약의 효력으로 당연히 생기는 것으로 상속재산이 아니라 상속인의 고유재산이라고 할 것이며, 이는 수익자 지정을 미리 해놓은 경우나, 미처 해놓지 못한 경우도 마찬가지이다.

[보험청구권은 상속인들의 고유재산이다](대법 2000다31502, 2001.12.28. 선고)

생명보험의 보험계약자가 스스로를 피보험자로 하면서, 수익자는 만기까지 자신이 생존할 경우에는 자기 자신을, 자신이 사망한 경우에는 '상속인'이라고만 지정하고 그 피보험자가 사망하여 보험사고가 발생한 경우, 보험청구권은 상속인들의 고유재산으로 보아야 할 것이고, 이를 상속재산이라 할 수 없다.

(보충)교통사고 손해배상금은 보험금(고유재산)이 아니라 '상속재산'임에 유의. 단, 상속·증여세 과세는 않음.

[사망보험금에 대한 조세부담 여부](피상속인=피보험자인 경우)

계약자*	수익자(자녀 등)	상황	상속세 과세여부	관련규정
상속인	상속인	보험금 수령	과세제외	상증법 8조
피상속인 (사망자)	상속인	보통 보험금	과세	
		사고로 인한 위자료성 보험금	과세제외	재산상속 46014-120, 2001.2.1. 등
		상속포기		상증법 8조
		상속포기했지만 보험금은 수령했을 경우(보험청구권은 상속인들의 고유재산이므로 가능)	피상속인의 모든 체납세금은 승계	국기법 24조② 지기법 42조②(2021.1.1. 상속 분부터 적용)

* 보험계약자에는 실질납부자도 포함됨.
(보충1)위자료로 받은 재산의 증여재산 포함 여부(상증집 4-0-7)
이혼 등에 의하여 정신적 또는 재산상 손해배상의 대가로 받는 위자료는 조세포탈의 목적이 있다고 인정되는 경우를 제외하고는 이를 증여로 보지 아니한다.
(보충2)사고로 인한 위자료 성격의 보험금은 상속·증여로 보지 않음. (재산상속 46014-120, 2001.2.1. 등)

③상속으로 인한 납세의무 승계에도 연대납부의무 부과
　상속인이 2명 이상일 때에는 각 상속인은 피상속인에게 부과되거나 그 피상속인이 납부할 국세(또는 지방세) 및 강제징수비를 「민법」에 따른 상속분(다음 각 호의 경우에는 국기령 11조④, 지기령 21조④으로 정하는 비율)에 따라 나누어 계산한 국세(또는 지방세) 및 강제징수비를 상속으로 받은 재산의 한도에서 연대하여 납부할 의무를 진다. 이 경우 각 상속인은 그들 중에서 피상속인의 국세(또는 지방세) 및 강제징수비를 납부할 대표자를 정하여 관할 세무서장(또는 지방자치단체장)에게 신고하여야 한다.(국기법 24조③, 지기법 42조③)
　1. 상속인 중 수유자가 있는 경우
　2. 상속인 중 「민법」 1019조①에 따라 상속을 포기한 사람이 있는 경우
　3. 상속인 중 「민법」 1112조에 따른 유류분을 받은 사람이 있는 경우
　4. 상속으로 받은 재산에 보험금이 포함되어 있는 경우
　여기서는 상속으로 인해 납세의무(사망자의 체납세금 등)를 승계할 경우에 대해 연대납부의무를 부과한다는 내용이며, 공동상속·증여로 인해 발생하는 상속세·증여세에 대해 상속인·수증자가 지게 되는 연대납세의무는 상속세 및 증여세법에 규정되어 있다.(상증법 3조의2③, 4조의2⑥)

3)연대납세의무

①공유물 등의 연대납세의무
　공유물(지방세는 공동주택 공유물은 제외), 공동사업 또는 그 공동사업에 속하는 재산에 관계되는 국세(또는 지방세) 및 강제징수비는 공유자 또는 공동사업자가 연대하여 납부할 의무를 진다.(국기법 25조①, 지기법 44조①)

②법인의 분할 또는 분할합병 시 연대납부의무
　법인이 분할되거나 분할합병되는 경우 분할되는 법인에 대하여 분할일 또는 분할합병일 이전에 부과되거나 납세의무가 성립한 국세(또는 지방세) 및 강제징수비는 ㉠분할되는 법인, ㉡분할 또는 분할합병으로 설립되는 법인, ㉢분할되는 법인의 일부가 다른 법인과 합병하여 그 다른 법인이 존속하는 경우 그 다른 법인('존속하는 분할합병의 상대방 법인')이 연대하여 납부할 의무를 진다.(국기법 25조②, 지기법 44조②)

법인이 분할 또는 분할합병으로 해산하는 경우 해산하는 법인에 부과되거나 그 법인이 납부할 국세(또는 지방세) 및 강제징수비는 '분할로 승계된 재산가액을 한도로'(국세는 2019.1.1, 지방세는 2021.1.1.부터 범위 축소) ㉠분할 또는 분할합병으로 설립되는 법인, ㉡존속하는 분할합병의 상대방 법인이 연대하여 납부할 의무를 진다.(국기법 25조③, 지기법 44조③)

③「채무자 회생 및 파산에 관한 법률」에 따라 신회사 연대납세의무
   법인이 「채무자 회생 및 파산에 관한 법률」 215조에 따라 신회사를 설립하는 경우 기존의 법인에 부과되거나 납세의무가 성립한 국세(또는 지방세) 및 강제징수비는 신회사가 연대하여 납부할 의무를 진다.(국기법 25조④, 지기법 44조④)

④연대납세의무자의 1인에게만 한 납부고지의 효력
   연대납세의무자의 상호연대관계는 이미 확정된 조세채무의 이행에 관한 것이지 조세채무 자체의 확정에 관한 것은 아니므로, 연대납세의무자라 할지라도 각자의 구체적 납세의무는 개별적으로 확정함을 요하는 것이다. 따라서 구체적 납세의무 확정의 효력발생요건인 부과처분의 통지가 연대납세의무자 각자에게 개별적으로 있어야 하므로 연대납세의무자의 1인에 대하여 납부고지를 하였다고 하더라도, 이로써 다른 연대납세의무자에게도 부과처분의 통지를 한 효력이 발생한다고 할 수는 없다.(대법 96다31697, 1998.9.4. 선고)

⑤「민법」상 연대의무규정 준용
   국세(또는 지방세) 및 강제징수비를 연대하여 납부할 의무에 관하여는 「민법」 413~416조, 419조, 421조, 423조 및 425~427조의 규정을 준용한다.(국기법 25조의2, 지기법 44조⑤)

4)제2차 납세의무

①제2차 납세의무 내용
   제2차 납세의무는 본래의 납세의무자의 재산에 대하여 강제징수를 하여도 그 징수할 금액이 부족하다고 인정되는 경우에, 그 본래의 납세의무자와 특수한 관계에 있는 자에 대하여 보충적 납세의무를 지게 하여 납세의무자의 범위를 확장하는 제도이다.(국기법 38~41조, 지기법 45~48조)
   그런데 출자자 등에 대한 제2차 납세의무는 1차에 한한다. 법인에 대한 제2차 납세의무자로 과점주주만을 규정하고 있을 뿐 그 법인의 과점주주인 법인('1차 과점주주')이 제2차 납세의무자로서 체납한 국세 등에 대하여 1차 과점주주의 과점주주('2차 과점주주')가 또다시 제2차 납세의무를 진다고 규정하고 있지 않기 때문이다. 따라서 2차 과점주주가 단지 1차 과점주주의 과점주주라는 사정만으로 1차 과점주주를 넘어 2차 과점주주에게까지 제2차 납세의무를 지울 수 없다. (대법 2018두36110, 2019.5.16. 선고)

제1장
제2장
제3장
제4장
제5장
제6장
제7장
제8장
제9장
제10장
제11장
제12장
제13장
제14장

제2차 납세의무	청산인 등	출자자[2~5]	법인	사업양수인
주된 납세의무자	해산하여 청산한 법인	납세의무 성립일 현재 무한책임사원과 과점 주주를 둔 법인	납부기간 종료일 현재 무한책임 사원과 과점주주	사업양도인
제2차 납세의무자 (사업양수인 중 ①② 요건은 2019.2.12. 사업양수자부터 적용, 국기령 부칙 1조)	①청산인 ②잔여재산을 분배·인도받은 자	①무한책임사원(합명회사 사원, 합자회사 무한책임사원) ②과점주주[*1] (50% 초과 소유자) 등 ③과점조합원 (영농·영어조합법인, 2025.1.1. 납세의무 성립분부터 적용)	법인	사업양수인 중 ①양도인과 특수관계인 ②양도인의 조세회피 목적으로 사업을 양수한 자
요건	①법인의 해산 ②잔여재산의 분배·인도 ③법인재산으로 징수 부족	①주된 납세의무자가 법인일 것 ②주된 납세의무자 재산으로 징수 부족	①무한책임사원과 과점주주 재산으로 징수부족 ②외국법인 주식으로 압류 등 제한 ③소유주식 등의 매각 불가능 또는 양도의 제한	①양도인 재산으로 징수 부족 ②사업의 포괄적 양도양수 ③당해 사업에 관한 조세
제2차 납세의무 대상 조세	납세의무 성립과 관계없이 법인이 납부할 모든 조세	성립 및 확정 조세	납부기한 (신고·고지)이 종료한 조세	양도일 이전에 확정된 조세
제2차 납세의무의 한도	다음이 한도임 ①청산인: 분배·인도 재산가액 ②분배·인도받은 자: 각자 받은 재산가액	과점주주·조합원에 대한 제2차 납세의무 성립일의 징수 부족액×(출자자 각자의 주식금액/발행주식총액)	징수부족액 범위 내에서 소유주식·출자지분에 상당하는 순재산가액 한도 내	징수부족액 중 양수한 재산가액 한도 내

[*1] 과점주주 범위확대 '51% 이상→50% 초과': 국세 2007, 지방세 2008년부터 적용.(지기법 46조, 구 지기법 22조)

[*2] 출자자의 제2차 납세의무가 국세(2021년부터)·지방세 모두 상장법인(코스피·코스닥)에게는 적용되지 않음. 다만 국세는 2015.1.1.~2020.12.31. 납세의무 성립분은 상장법인에게도 적용됨.(국기령 20조, 지기령 24조)

[*3] 【주주】(국기통 39-0…1, 14-0…3 ; 지기예 46-2))

'주주'라 함은 주식의 소유자로서 주주명부 등에 기재유무와 관계없이 사실상 주주권을 가진 자를 말하며, 주권의 발행 전에 주식 또는 주주권이 양도된 경우에는 그 양수인을 말함.

즉, 임의로 등재된 명의상 주주는 주주권리를 행사하지 않았을 경우 세법상 주주가 아님.(국기통 14-0…3)

[*4] 【과점주주의 요건】(국기통 39-0…2 ; 지기예 46-3)

1. 법인의 주주에 대하여 제2차 납세의무를 지우기 위해서는 과점주주가 주금을 납입하는 등 출자한 사실이 있거나 주주총회에 참석하는 등 운영에 참여하여 그 법인을 실질적으로 지배할 수 있는 위치에 있음을 요하며, 형식상 주주명부에 등재되어 있는 것만으로는 과점주주라 할 수 없다.

2. 어느 특정주주와 그 친족·기타 특수관계에 있는 주주들의 소유주식의 합계 또는 출자액의 합계가 해당 법인의 발행주식 총수 또는 출자총액의 50%를 초과하게 되면, 특정주주를 제외한 여타 주주들 사이에 친족·기타 특수관계가 없더라도 그 주주들 전원을 과점주주로 본다.(아래 *5와 중복으로 2023.12. 삭제)

[*5] 【과점주주의 판정】(국기통 39-0…3 ; 지기예 46-4)

과점주주의 판정은 국세의 납세의무성립일 현재 주주 또는 유한책임사원과 그 친족·기타 특수관계에 있는 자의 소유주식 또는 출자지분을 합계하여 그 점유비율이 50%를 초과하는 자를 계산하는 것이며, 이 요건에 해당되면 당사자 개개인 전부가 과점주주임.(하지만 제2차 납세의무 한도는 체납액 중 '각자의 소유지분비율' 만큼임. 헌재 97헌가13, 1998.5.28. 결정 ; 1998.12.28. 개정 국기령)

②특수관계인의 범위(국기법 2조20호, 국기령 1조의2, 지기법 2조34호, 지기령 2조)

'특수관계인'이란 본인과 다음의 어느 하나에 해당하는 관계에 있는 자를 말한다. 이 경우 본인도 그 특수관계인의 특수관계인으로 본다.

가. 혈족·인척 등으로 정하는 친족관계

    1. 4촌(←6촌) 이내의 혈족(2023년부터 축소)

    2. 3촌(←4촌) 이내의 인척(2023년부터 축소)

    3. 배우자(사실상의 혼인관계에 있는 자를 포함)

    4. 친생자로서 다른 사람에게 친양자(일반적인 양자와 달리 '친양자'는 친가와의 관계가 완전히 단절되며 법적 요건과 가정법원을 통한 절차가 있음. 민법 908조의2~908조의8)인 경우에는 입양된 자 및 그 배우자·직계비속

    5. 혼외출생자 생부·모. 단 생계를 유지하는 자 또는 생계를 함께하는 자로 한정(2023년부터 신설)

    【사돈은 「민법」 개정으로 1991년부터는 특수관계인에 해당하지 않음】

    종전에는 사돈도 인척으로 보았으나 개정 「민법」에서는 '혈족의 배우자의 혈족'이므로 해당 없음.

나. 임원·사용인 등으로 정하는 경제적 연관관계

  1. 임원과 그 밖의 사용인

    【임원과 그 밖의 사용인의 범위】[국기통 39-20…2(2019.12.23. 삭제) ; 지기예 2…시행령2-2]

    법인의 특정주주 1인과 사용인·기타 고용관계에 있지 않고 단순히 당해 법인의 사용인·기타 고용관계에 있는 주주는 그 특정주주 1인과 지기령 2조②1호의 사용인·기타 고용관계에 있는 자에 해당하지 아니함.

  2. 본인의 금전이나 그 밖의 재산으로 생계를 유지하는 자

    【'생계를 유지하는 자'의 의미】[국기통 39-20…3(2019.12.23. 삭제) ; 법통 2-2…1② ; 지기예 2…시행령2-3]

    해당 주주 등으로부터 급부를 받는 금전·기타의 재산수입과 급부를 받는 금전·기타의 재산운용에 의하여 생기는 수입을 일상생활비의 주된 원천으로 하고 있는 자를 말함.

  3. 제1호 및 제2호의 자와 생계를 함께하는 친족

    【'생계를 함께하는 자'의 의미】[국기통 39-20…4(2019.12.23. 삭제) ; 법통 2-2…1① ; 지기예 2…시행령2-4]

    주주 등 또는 생계를 유지하는 자와 일상생활을 공동으로 영위하는 친족을 말하며, 동거여부는 불문함.

다. 주주·출자자 등으로 정하는 경영지배관계

  1. 본인이 개인인 경우

    ⓐ본인이 직접 또는 그와 친족관계 또는 경제적 연관관계에 있는 자를 통하여 법인의 경영에 대하여 지배적인 영향력을 행사하고 있는 경우 그 법인

ⓑ본인이 직접 또는 그와 친족관계, 경제적 연관관계 또는 ⓐ의 관계에 있는 자를 통하여 법인의 경영에 대하여 지배적인 영향력을 행사하고 있는 경우 그 법인

> 본인이 특정 법인의 주식을 1주라도 보유하고 있지 않더라도 그와 친족관계에 있는 자가 그 특정법인에 30% 이상 출자한 경우, 본인과 그 특정법인 사이에도 국기령 1조의2③1호 가목에서 정하는 경영지배관계에 따른 특수관계가 성립하는 것임.(기획재정부 조세법령-759, 22.7.15.)
> ☜1주라도 보유해야 한다는 심판결정례: 조심 2020서2247, 2021.12.14. ; 2019중3517, 2021.3.22. 결정

2. 본인이 법인인 경우

ⓐ개인 또는 법인이 직접 또는 그와 친족관계 또는 경제적 연관관계에 있는 자를 통하여 본인인 법인의 경영에 대하여 지배적인 영향력을 행사하고 있는 경우 그 개인 또는 법인

ⓑ본인이 직접 또는 그와 경제적 연관관계 또는 ⓐ의 관계에 있는 자를 통하여 어느 법인의 경영에 대하여 지배적인 영향력을 행사하고 있는 경우 그 법인

ⓒ본인이 직접 또는 그와 경제적 연관관계, ⓐ 또는 ⓑ의 관계에 있는 자를 통하여 어느 법인의 경영에 대하여 지배적인 영향력을 행사하고 있는 그 법인

ⓓ본인이 「독점규제 및 공정거래에 관한 법률」에 따른 기업집단에 속하는 경우 그 기업집단에 속하는 다른 계열회사 및 그 임원

위 '경영지배관계'의 1호 각 목, 2호 ⓐ~ⓒ목의 규정을 적용 시 다음 요건에 해당하면 해당 법인의 경영에 대하여 지배적인 영향력을 행사하고 있는 것으로 본다.(국기령 18조의2, 20조, 지기령 24조)

1. 영리법인인 경우

ⓐ법인의 발행주식총수 또는 출자총액의 50%(지방세도 50%) 이상을 출자한 경우

ⓑ임원의 임면권의 행사, 사업방침의 결정 등 법인의 경영에 대하여 사실상 영향력을 행사하고 있다고 인정되는 경우

2. 비영리법인인 경우

ⓐ법인의 이사의 과반수를 차지하는 경우

ⓑ법인의 출연재산(설립을 위한 출연재산만 해당한다)의 50%(지방세도 50%←30%, 2023부터 적용) 이상을 출연하고 그중 1인이 설립자인 경우

(2)수정신고, 경정 등의 청구, 기한 후 신고

신고 유형	내용	신고불성실가산세 감면
수정신고	법정신고기한까지 신고한 경우로서 세금을 과소 신고한 경우(추가납부)	2년 이내: 90~10% 감면 [이어지는 (3)2)⑤ 참조]
경정 등의 청구	법정신고기한까지 신고한 경우로서 세금을 과다 신고한 경우(환급)	해당 없음
기한 후 신고	법정신고기한까지 신고하지 아니한 경우, 기한이 지난 후 신고하는 경우	6개월 이내: 50, 30, 20% 감면 [이어지는 (3)2)⑤ 참조]

1) 수정신고

과세표준신고서를 법정신고기한까지 제출한 자 및 기한후과세표준신고서(국기법 45조의3①, 지기법 51조③)를 제출한 자는 다음의 어느 하나에 해당할 때에는 관할 세무서장이 각 세법에 따라 해당 조세의 과세표준과 세액을 결정 또는 경정하여 통지하기 전으로서 조세부과제척기간(특례부과제척기간 제외)이 끝나기 전까지 과세표준수정신고서를 제출할 수 있다.(국기법 45조, 지기법 49조)

1. 과세표준신고서 또는 기한후과세표준신고서에 기재된 과세표준 및 세액이 세법에 따라 신고하여야 할 과세표준 및 세액에 미치지 못할 때
2. 과세표준신고서 또는 기한후과세표준신고서에 기재된 결손금액 또는 환급세액이 세법에 따라 신고하여야 할 결손금액이나 환급세액을 초과할 때
3. 원천징수의무자의 정산 과정에서의 누락, 세무조정 과정에서의 누락 등 대통령령으로 정하는 사유로 불완전한 신고(즉, 세액 과소 신고)를 하였을 때(경정 등의 청구를 할 수 있는 경우는 제외)

① 수정신고에 대한 불복청구

수정신고와 함께 세액을 자진납부하고 처분청이 수령한 행위는 과세처분으로 볼 수 없어 불복대상이 될 수 없으므로(대법 88누1837, 1990.2.27. 선고), 수정신고분에 대하여 경정청구(국기법 45조의2①본문, 지기법 50조①본문)의 절차를 취하여 거부처분이 있어야 불복절차를 취할 수 있다.

② 수정신고에 대한 가산세 감면

수정신고에 대한 가산세는 과소신고가산세에 대해서만 감면하는 것이며, 과세표준과 세액을 경정할 것을 미리 알고 과세표준수정신고서를 제출한 경우에는 감면하지 아니한다. 감면율은 수정신고한 시점이 지연될수록 줄어든다.(국기법 48조②1호, 지기법 57조②1호)

구체적인 내용은 이어지는 (3) 2) ⑤ '가산세 감면 등' 참조

③ 수정신고의 효력

국세의 수정신고는 당초의 신고에 따라 확정된 과세표준과 세액을 증액하여 확정하는 효력을 가진다. 따라서 국세의 수정신고는 당초 신고에 따라 확정된 세액에 관한 권리·의무관계에 영향을 미치지 아니한다.(국기법 22조의2, 2019.1.1. 시행 ; 지기법 35조의2, 2021.1.1. 시행)

이 규정은 종전에 일부 이견이 있던 부분에 대해 법률로 명확하게 규정한 것이다. 수정신고는 당초의 세액을 증액하여 신고하는 것인데, 이 수정신고로 인해 신고내용 전체를 당초신고일이 아니라 수정신고일로부터 기산하게 되면 세법에서 정한 기한에 대한 혼선이 생길 가능성이

크다. 따라서 수정신고를 했을 경우 이미 신고한 부분에 대한 기산일은 그 신고일이고, 증액되는 부분에 한하여 수정신고일이 기산일이 된다는 점을 분명히 한 것이다.

다음의 경정청구에 대한 것도 마찬가지다.

2)경정 등의 청구

①일반적인 경정청구

'과세표준신고서를 법정신고기한까지 제출한 자', '기한후과세표준신고서를 제출한 자'(2020년 시행) 및 '종합부동산세를 부과·고지받은 납세자'(제⑥항, 2023.1.1. 이후 경정청구하는 분부터 적용, 부칙 4조③)는 다음에 해당할 때에는 최초신고 및 수정신고한 조세의 과세표준 및 세액의 결정 또는 경정(更正)을 법정신고기한이 지난 후 5년 이내에 관할 세무서장(지방자치단체장)에게 청구할 수 있다.(국기법 45조의2①본문·⑥, 지기법 50조①본문)

1. 과세표준신고서 또는 기한후과세표준신고서 등에 기재된 과세표준 및 세액(각 세법에 따라 결정 또는 경정이 있는 경우에는 해당 결정 또는 경정 후의 과세표준 및 세액을 말한다)이 세법에 따라 신고하여야 할 과세표준 및 세액을 초과할 때
2. 과세표준신고서 또는 기한후과세표준신고서 등에 기재된 결손금액, 세액공제액(2025.1.1. 결정 또는 경정청구분부터 적용, 국기법 부칙 7조) 및 환급세액(각 세법에 따라 결정 또는 경정이 있는 경우에는 해당 결정 또는 경정 후의 결손금액, 세액공제액 및 환급세액을 말한다)이 세법에 따라 신고하여야 할 금액보다 적을 때

②부과고지(결정 또는 경정으로 인하여 세금 증가)에 대한 경정청구

다만, 결정 또는 경정으로 인하여 증가된 과세표준 및 세액에 대하여는 해당 처분이 있음을 안 날(처분의 통지를 받은 때에는 그 받은 날)부터 3개월(지방세는 90일, 아래 같음) 이내(법정신고기한이 지난 후 5년 이내로 한정한다)에 경정을 청구할 수 있다.(국기법 45조의2①단서, 지기법 50조①단서) 또한 재경정청구 권한에 대하여 별도의 규정이 없으므로, 경정처분이 있는 경우에는 그 경정처분에 대한 재경정청구를 3개월 이내(법정신고기한이 지난 후 5년 이내로 한정)에 할 수 있다.

다음과 같은 사항에 대해 여기서 말하는 결정 또는 경정처분이 행해질 것이다.
1. 위 1) 수정신고에 대한 결정
2. 위 2) ① 일반적인 경정청구에 대한 결정
3. 과세관청이 자체적으로 통보한 결정(세금 증액이 대부분이며 일부 감액도 있을 수 있음)
4. 위 1~3에 대해 재경정청구한 것에 대한 결정

그리고 이 경정청구와 동시에 불복청구(이의신청, 심사청구 또는 심판청구)도 가능하다. 과세관청은 조세의 소멸시효가 끝나지 않은 기간에는 부과통지 결정을 할 수 있으므로, 법정신고기한 5

년이 지난 후 받은 결정에 대해서는 경정청구가 불가능하므로 결국 불복절차를 취할 수밖에 없다.

* **[조세의 소멸시효]**(국세기본법 26조 및 26조의2, 지방세기본법 38조. 후술하는 **09** 참조)

국세의 소멸시효: 5~10년이며, 상속증여세의 경우 거짓신고 또는 누락의 경우에는 15년이지만, 누락한 상속증여재산이 50억원을 초과할 경우에는 소멸시효가 주된 납세자 사망시까지 사실상 무한대이다(즉, 언제든지 누락사실을 알게 된 날로부터 1년 안에 부과할 수 있다. 국기법 26조의2④단서).

지방세의 소멸시효: 5~10년

③후발적 경정청구

과세표준신고서를 법정신고기한까지 제출한 자 또는 조세의 과세표준 및 세액의 결정을 받은 자는 다음 사유가 발생하였을 때에는 위 ①에서 규정하는 기간(5년)에도 불구하고 그 사유가 발생한 것을 안 날부터 3개월(지방세는 90일, 2020년 경정청구분 부터) 이내에 결정 또는 경정을 청구할 수 있다.(국기법 45조의2②·국기령 25조의2, 지기법 50조②·지기령 30조)

1. 최초의 신고·결정 또는 경정에서 과세표준 및 세액의 계산 근거가 된 거래 또는 행위 등이 그에 관한 소송에 대한 판결(판결과 같은 효력을 가지는 화해나 그 밖의 행위를 포함) 또는 심사청구(감사원 포함)·심판청구 결정에 의하여 다른 것으로 확정되었을 때

   {**조세심판원 결정을 반영**: 기획재정부는 불인정(법령해석기본−212, 2017.10.23. ; 조세법령운용과−310, 2022.3.23.), 조세심판원은 인정(조심 2016중1104, 2016.6.23. ; 조심 2021서3176, 2022.1.14. 결정)}

2. 소득이나 그 밖의 과세물건의 귀속을 제3자에게로 변경시키는 결정 또는 경정이 있을 때

3. 조세조약에 따른 상호합의가 최초의 신고·결정 또는 경정의 내용과 다르게 이루어졌을 때

4. 결정 또는 경정으로 인하여 그 결정 또는 경정의 대상이 된 과세표준 및 세액과 연동된 다른 세목(같은 과세기간으로 한정)이나 다른 과세기간(같은 세목으로 한정)의 과세표준 또는 세액이 세법에 따라 신고하여야 할 과세표준 또는 세액을 초과할 때

5. 최초의 신고·결정 또는 경정을 할 때 과세표준 및 세액의 계산 근거가 된 거래 또는 행위 등의 효력과 관계되는 관청의 허가나 그 밖의 처분이 취소된 경우

6. 최초의 신고·결정 또는 경정을 할 때 과세표준 및 세액의 계산 근거가 된 거래 또는 행위 등의 효력과 관계되는 계약이 해제권의 행사에 의하여 해제되거나 해당 계약의 성립 후 발생한 부득이한 사유로 해제되거나 취소된 경우

7. 최초의 신고·결정 또는 경정을 할 때 장부 및 증거서류의 압수, 그 밖의 부득이한 사유로 과세표준 및 세액을 계산할 수 없었으나 그 후 해당 사유가 소멸한 경우

8. 5~7까지의 규정과 유사한 사유에 해당하는 경우

④원천징수(특별징수−지방소득세) 대상자의 경정청구 및 분리과세 소득에 대한 경정청구

원천징수(지방소득세 특별징수, 2019년부터 적용) 대상자가 소득세·법인세 또는 지방세를 납

부하고 지급명세서를 제출기한까지 제출한 경우에는 경정청구가 가능하다. 그리고 거주자의 분리과세되는 이자·배당·연금·기타소득에 대해서도 원천징수의무자 및 원천징수대상자의 경정청구도 가능하다.(국기법 45조의2④, 2020.1.1. 시행)

1. 신고내용이 세법에 따라 신고하여야 할 과세표준 및 세액을 초과할 때
2. 세법에 따라 신고하여야 할 환급세액보다 적을 때

⑤처리기한

2개월. 다만, 청구를 한 자가 2개월 이내에 아무런 통지를 받지 못한 경우에는 통지를 받기 전이라도 그 2개월이 되는 날의 다음 날부터 이의신청, 심사청구, 심판청구 또는 「감사원법」에 따른 심사청구를 할 수 있다.(국기법 45조의2③, 지기법 50조③)

⑥경정 등의 효력

세법에 따라 당초 확정된 세액을 증가시키는 경정은 당초 확정된 세액에 관한 권리·의무관계에 영향을 미치지 아니한다.

세법에 따라 당초 확정된 세액을 감소시키는 경정은 그 경정으로 감소되는 세액 외의 세액에 관한 권리·의무관계에 영향을 미치지 아니한다.(국기법 22조의3, 지기법 36조)

3)기한 후 신고

①내용

법정신고기한까지 과세표준신고서를 제출하지 아니한 자는 관할 세무서장(지방자치단체장)이 세법에 따라 해당 조세의 과세표준과 세액(가산세 포함)을 결정하여 통지하기 전까지 기한후과세표준신고서를 제출할 수 있다.(국기법 45조의3①, 지기법 51조①)

기한후과세표준신고서를 제출한 자로서 세법에 따라 납부하여야 할 세액이 있는 자는 그 세액을 납부하여야 한다.(국기법 45조의3②, 지기법 51조②)

기한후과세표준신고서를 제출한 경우 관할 세무서장(지방자치단체장)은 세법에 따라 신고일로부터 3개월 이내에 해당 조세의 과세표준과 세액을 결정하여 신고인에게 통지하여야 한다.(국세·지방세 모두 3개월 이내에 결정뿐만이 아니라 신고인에게 '통지'하도록 하여 납세자의 편의를 도모함. 2019.1.1.부터 적용) 다만, 그 과세표준과 세액을 조사할 때 조사 등에 장기간이 걸리는 등 부득이한 사유로 신고일로부터 3개월 이내에 결정할 수 없는 경우에는 그 사유를 신고인에게 통지하여야 한다.(국기법 45조의3③, 지기법 51조③)

②기한 후 신고에 대한 가산세 감면

기한 후 신고에 대한 가산세는 과소신고가산세에 대해서만 감면하는 것이며, 과세표준과 세액을 경정할 것을 미리 알고 기한후과세표준신고서를 제출한 경우에는 감면하지 아니한다. 감면율은 기한 후 신고한 시점이 지연될수록 줄어든다.(국기법 48조②2호, 지기법 57조②2호)

구체적인 내용은 이어지는 (3) 2) ⑤'가산세 감면 등' 참조

(3)가산세와 가산금 부과

1)가산세와 가산금의 차이

가산세(加算稅)란 세법이 규정하는 의무의 성실한 이행을 확보하기 위하여 그 세법에 의하여 산출한 세액에 가산하여 징수하는 금액을 말한다. 세금마다 세액을 계산하는 방식이나 따라야 할 절차가 다를 수밖에 없다. 그러므로 각 세법마다 가산세에 대한 규정을 두고 있다. 그러나 무신고가산세, 과소신고·초과환급신고가산세, 납부지연가산세(←국세는 2020년, 지방세는 2021년부터 '납부불성실·환급불성실가산세'에서 명칭 변경), 원천징수(특별징수) 등 납부지연가산세는 세목은 달라도 유사성이 있으므로, 국세는 2007년부터 국세기본법(2006.12.30. 국기법 개정)에서, 지방세는 2011년부터 지방세기본법(2010.3.31. 지기법 분할제정)에서 공통적으로 규정하고 있으며 나머지의 여러 가산세는 해당 세법에서 각각 규정하고 있다.

세법에서 규정하고 있는 가산세의 성격은 다음과 같다.

첫째, 가산세란 세법에서 규정하는 의무의 성실한 이행을 확보하기 위하여 세법에 따라 산출한 세액에 가산하여 징수하는 금액을 말한다(가산금도 포함). (국기법 2조4호, 지기법 2조①23호)

둘째, 국가 또는 지방자치단체의 장은 세법에서 규정한 의무를 위반한 자에게 세법에서 정하는 바에 따라 가산세를 부과할 수 있다.(국기법 47조①, 지기법 52조①)

셋째, 가산세는 해당 의무가 규정된 세법의 해당 조세의 세목(稅目)으로 한다. 다만, 해당 조세를 감면하는 경우에는 가산세는 그 감면대상에 포함시키지 아니하는 것으로 한다.(국기법 47조②, 지기법 52조②)

넷째, 가산세는 납부 세액에 가산 또는 환급 세액에서 공제한다.(국기법 47조③, 지기법 52조③)

한편, 가산금(加算金)은 체납세금의 징수효과를 높이기 위해 부과하는 징벌적 이자의 성격이 짙다. 따라서 가산세와 가산금은 별개이며 성격이 다르다. 그러나 가산금은 '납부지연가산세'와 경제적으로는 유사한 성격이므로 2020년[지방세는 2024.1.1., 2020.12.29. 개정(2021.12.28. 재개정) 지기법 부칙 1조5호]부터 '납부지연가산세'로 통합했다. 또한 관련조문도 징수법(국징법 21조, 지징법 30조)에서 기본법(국기법 47조의4①3호, 지기법 55조①3호)으로 이관하여, 종전의 고지서상 납부기일을 넘기면 3%를 부과하던 가산금의 율은 가산세란 이름으로 계속 징수한다.

['국세'에서 가산세의 명칭 변경과 가산세 이자율 변경 및 적용시점]

구분	가산세 명칭	가산세율(가산세 이자율)
2019.2.11.까지	납부불성실·환급불성실가산세	1일 3/10,000(연 10.95%)
2019.2.12.~2019.12.31	납부불성실·환급불성실가산세	1일 25/100,000(연 9.125%)
2020.1. 1.부터	납부지연가산세	1일 25/100,000(연 9.125%)
2022.2.15.부터	납부지연가산세	1일 22/100,000(연 8.030%)

(보충1)2018.12.31. 국세징수법 21조를 삭제하여 국세기본법 47조의4로 이관하였으나 1년 유예 후 2020. 1.1.부터 시행함. 따라서 가산금이라는 용어와 '납부불성실·환급불성실가산세'라는 용어도 2019년까지는 그 대로 사용함.(2018.12.31. 개정 국기법 부칙 11조, 국징법 부칙 3조)

그러나 '납부지연가산세'(국기법 47조의4) 및 원천징수 등 납부지연가산세(국기법 47조의5)의 가산세 이자율 은 인하했음. 즉 2019.2.11.까지는 종전의 1일 3/10,000(연 10.95%)로, 2019.2.12.부터는 1일 25/100,000(연 9.125%)로 각각 구분하여 계산해야 함.(2019.2.12. 개정 국기령 27조의4 및 부칙 9조)

(보충2)지방세는 법·령·규칙이 2018.12.31. 동시에 개정되어 개정이자율은 2019.1.1.부터 곧바로 적용함. 가산세 이자율(지기령 34조), 가산금(3%, 지징법 30조), 중가산금(월 0.75%, 지징법 31조)을 국세 와 별개로 규정하고 있는데 지방세의 납부지연가산세 이자율은 2022.6.7.부터 1일 22/100,000(연 8.03%)로 인하.(2022.6.7. 개정 지기령 34조) 그러나 환급가산금 이율{2024.3.22. 이후 기간분부터 연 3.5%←2.9%(2023.3.20.)←1.2%에서 인상은 지방세(지기령 43조②)에서 국세(국기령 43조의3②, 국기칙 19 조의3)를 준용함.

따라서 2020년(지방세는 2024.1.1.)부터는 가산금과 중가산금이 '가산세'에 통합되었다. 그리 고 체납액의 징수순서는 강제징수비, 본세(국세·지방세), 가산세 순이다.(국징법 3조, 지징법 4조)

[가산금(지방세 중가산금 포함)의 명칭 및 가산금 이자율 변경 요약]

구분	국세		지방세	
	납부기한 경과 (가산금)	경과 후 매1개월 (중가산금)	납부기한 경과 (가산금)	경과 후 매1개월 (중가산금)
2011.4.3.까지	기한경과시 3% (국징법 21조)	매월 1.2% 가산 (국징법 22조)	기한경과시 3% (지징법 30조)	매월 1.2% 가산 (지징법 31조)
2011.4.4.부터	가산금 통합(국징법 21조로 통합)		개정 없음	개정 없음
2019.1.1.부터	기한경과시 3%	월 1.2%→0.75%	기한경과시 3%	월 1.2%→0.75%
2020.1.1.부터 (이자상당가산액 에도 적용)	가산세로 일원화(국기법 47조의4)		가산세로 일원화 (2024.1.1.부터, 지기법 55조)	
	기한경과시 3%	월 0.75%(연 9%) →연 9.125%로↑	기한경과시 3%	월 0.75% 유지
2022.2.15.부터	기한경과시 3%	연 9.125→8.03%	기한경과시 3%	연 9%(월 0.75%)
2024.1.1.부터	위와 같음	위와 같음	위와 같음	연 7.92%(월 0.66%)

2)공통적으로 규정한 가산세

①무신고가산세(국기법 47조의2, 지기법 53조)

A. 부정행위가 없는 경우

1. 법인세와 복식부기의무자의 소득세

Max { 무신고납부세액 ×20%, 수입금액 ×7/10,000 }

2. 위 1 외의 국세와 **지방세**

무신고납부세액 ×20%

3. 부가가치세(영세율과세표준이 있는 경우)

무신고납부세액 ×20% + 영세율과세표준 ×0.5%

B. 부정행위가 있는 경우

1. 법인세와 복식부기의무자의 소득세

Max { 무신고납부세액 ×40%(60%*), 수입금액 ×14/10,000 }

2. 위 1 외의 국세와 **지방세**

무신고납부세액 ×40%(국세의 역외거래 60%*)

3. 부가가치세(영세율과세표준이 있는 경우)

무신고납부세액 ×40%(60%*) + 영세율과세표준 ×0.5%

* 역외거래에서 발생한 부정행위에 대해서는 60%를 적용한다.

[무신고 또는 과소신고·초과환급신고가산세가 적용되지 않는 경우](국기법 47조의2)

1. 부가가치세법 45조③ 단서에 따른 대손세액(공급자가 대손세액공제를 받은 경우 공급받은 자도 매입세액에서 차감)에 상당하는 부분에 대해서는 가산세를 적용하지 않음.
2. 예정신고 및 중간신고에 대해서도 무신고가산세 등이 부과되는데, 다만, 이렇게 부과된 부분에 대해서는 확정신고와 관련하여 가산세를 적용하지 않음.(이중부과 제외, 국기법 47조의2⑤, 47조의3⑥)
3. 장부의 기록·보관 불성실가산세(소법 81조의5, 법법 75조의3)와 중복적용시 큰 것 하나만 적용.

---

②과소신고·초과환급신고가산세(국기법 47조의3, 지기법 54조)

A. 부정행위가 없는 경우

1. 법인세·소득세·부가가치세 등 국세와 **지방세**

과소신고납부세액 등 ×10%

2. 부가가치세 영세율과세표준 과소신고 시

과소신고납부세액 등 ×10% + 과소신고영세율과세표준 ×0.5%

B. 부정행위가 있는 경우

1. 법인세와 복식부기의무자의 소득세(ⓐ+ⓑ)

　ⓐ부정과소신고가산세

　　Max { 부정과소신고납부세액 등×40%(역외거래 60%),

　　부정과소신고된 과세표준 관련 수입금액 ×14/10,000 }

　ⓑ일반과소신고가산세

　　일반과소신고납부세액 등 ×10%

2. 위 1 외의 국세와 **지방세**(ⓐ+ⓑ)

　ⓐ부정과소신고가산세

　　부정과소신고납부세액 등 ×40%(국세의 역외거래 60%)

　ⓑ일반과소신고가산세

　　일반과소신고납부세액 등 ×10%

3. 부가가치세 영세율과세표준 과소신고 시(ⓐ+ⓑ)

　ⓐ부정과소신고가산세

　　부정과소신고납부세액 등 ×40%(역외거래 60%)

　ⓑ일반과소신고가산세

　　일반과소신고납부세액 등 ×10% +과소신고 영세율과세표준 ×0.5%

[과소신고·초과환급신고가산세가 적용되지 않는 경우](국기법 47조의3④)

1. 다음 각 목의 어느 하나에 해당하는 사유로 상속세·증여세 과세표준을 과소신고한 경우

　가. 신고 당시 소유권에 대한 소송 등의 사유로 상속재산 또는 증여재산으로 확정되지 아니하였던 경우

　나. 상증법 18조~23조, 23조의2, 24조, 53조 및 54조에 따른 공제의 적용에 착오가 있었던 경우

　다. 상증법 60조②③ 및 66조에 따라 평가한 가액으로 과세표준을 결정한 경우 및 부담부증여의 양도소득세 과세표준을 과소신고한 경우(2024년 신설. 다만 부정행위로 상속세 및 증여세의 과세표준 및 세액을 신고한 경우는 제외, 2023년 상속증여분부터 적용) ☞ '납부지연가산세'도 제외(국기법 47조의4③6호)

　라. 법인세법 66조에 따라 법인세 과세표준 및 세액의 결정·경정으로 상증법 45조의3(특수관계법인과의 거래를 통한 이익의 증여의제), 45조의4(특수관계법인으로부터 제공받은 사업기회로 발생한 이익의 증여의제) 및 45조의5(특정법인과의 거래를 통한 이익의 증여의제)의 규정에 따른 증여의제이익이 변경되는 경우(부정행위로 인하여 법인세의 과세표준 및 세액을 결정·경정하는 경우는 제외함)

2. 부가세법 45조③단서가 적용되는 경우(사업자가 대손세액공제를 하지 아니하여 세무서장이 경정한 경우)

3. 제1호 라목에 해당하는 사유로 소법 88조2호에 따른 주식 등의 취득가액이 감소된 경우

---

③납부지연가산세(2019년(지방세는 2020년)까지 납부불성실·환급불성실가산세, 국기법 47조의4, 지기법 55조)

A. 인지세(아래 B호)를 제외한 국세와 **지방세**

1. 가산세 계산액(ⓐ+ⓑ)

　ⓐ과소납부세액·초과환급세액 ×경과일수[납부고지일~고지서상 납부기한일 제외, 고지서상 납부기

한 다음날~납부일{국징법 13조(지징법 25조의2, 2021년 신설)에 따라 납부기한 등을 연장한 경우 그 연장기간은 제외은 5년 한도} × 22/100,000(연 8.03%){지방세는 2022.6.6.까지분은 25/100,000(연 9.125%)}{지방세는 구 중가산금(월 0.75%→0.66%, 2024.1.1.부터 인하)을 구분 계산, 지기법 55조①4회}

ⓑ법정납부기한까지 미납·과소납부세액 × 3%(즉, 구 가산금 상당액)

2. 가산세 한도액{국세·지방세 공통적용, 아래 ④원천징수(특별징수) 등 납부지연가산세에도 적용}

'납부고지서상 납부기한 다음날~실제납부일'의 기간에 대한 가산세(구 중가산금)는 5년으로 한정하며(국기법 47조의4⑦·47조의5④, 지기법 55조←지징법 31조①), 납부고지서상 고지세액이 납부고지서별·세목별로 국세는 150만원(2021년까지는 100만원, 지방세 45만원) 미만인 경우에는 이 가산세(구 중가산금)는 적용하지 않는다.(국기법 47조의4⑧·47조의5⑤, 지기법 55조)

3. 가산세 한도액(지방세에만 적용)

2015.5.18. 이후 부과하는 분부터 납부지연가산세(2020년까지는 납부불성실·환급불성실가산세)는 과소납부·초과환급 세액의 75%를 한도로 한다.(지기법 55조①단서)

B. 인지세(계속적·반복적 작성 문서 중 신청에 의해 익월 10일 납부 가능함)

미납부세액·과소납부세액의 3개월 이내 1배, 3~6개월은 2배, 6개월 초과 시에는 3배 (2020년까지는 기간 불문 3배. 2023년부터 '부동산소유권 이전증서'에 대해서는 가산세 부과제외☜분양계약일이 아니라 등기 시 납부하던 관행, 가산세 부과가 전무한 현실 등을 감안)

④원천징수(지방소득세 특별징수) 등 납부지연가산세(국기법 47조의5, 지기법 56조)

Min { 미납부세액·과소납부세액 ×50%(단, ⓐ금액과 ⓑ 중 법정납부기한 다음날~납부고지일 기간분 금액을 합한 금액은 10%), ⓐ+ⓑ }

ⓐ미납부세액·과소납부세액 ×3%

ⓑ미납부세액·과소납부세액 ×미납일수{납부고지일~고지서상 납부기한일 제외, 고지서상 납부기한 다음날~납부일{국징법 13조(지징법 25조의2, 2021년 신설)에 따라 납부기한 등을 연장한 경우 그 연장기간은 제외은 5년 한도} ×22/100,000(연 8.03%){지방세는 2022.6.6.까지분은 25/100,000(연 9.125%)}

⑤가산세 감면 등

1. 정당한 사유가 있을 경우 가산세 부과 제외

정부(지방자치단체장)은 세법에 따라 가산세를 부과하는 경우, 그 부과의 원인이 되는 사유가 기한연장 사유에 해당하거나 납세자가 의무를 이행하지 아니한 데 대한 정당한 사유가 있는 때에는 해당 가산세를 부과하지 아니한다.(국기법 48조①, 지기법 57조①)

【가산세 감면배제】(국기집 48-0-6)

조세포탈을 위한 증거인멸 목적 또는 납세자의 고의적인 행동에 의하여 기한연장 사유(국기법 6조 ①)가 발생한 경우에는 가산세 감면규정을 적용하지 아니한다.

제1장 제2장 제3장 제4장 제5장 제6장 제7장 제8장 제9장 제10장 제11장 제12장 제13장 제14장

【정당한 사유에 해당여부】(국기집 48-0-4~5)

A. 정당한 사유에 해당하는 경우

ⓐ법률의 오해나 부지를 넘어 세법해석상의 의의(疑意) 가 있는 경우(대법 2002두66, 2002.8.23. 선고)

ⓑ행위 당시에는 적법한 의무 이행이었으나 사정 변경으로 인해 소급적으로 부적법한 것이 되어 외관상 의무 이행이 없었던 것처럼 된 경우(대법 86누460, 1987.10.28. 선고)

B. 정당한 사유로 보지 아니한 사례

ⓐ세법의 부지·착오

ⓑ세무공무원의 잘못된 설명을 믿고 그 신고납부 의무를 이행하지 아니하였다 하더라도, 그것이 관계법령에 어긋나는 것임이 명백한 경우

[정당한 사유에 해당여부(취득세)]

A. 【정당한 사유에 해당하는 경우】(지기예 57-2, 2016.3.18. 신설, 2019.5.31. 법조문 변경)

ⓐ납세자가 수분양자의 지위에서 과세물건을 취득하고 법정신고기한까지 과세표준신고서를 제출하였으나 추후 분양자의 공사비정산 등으로 인해 수정신고를 하는 경우에는, 이에 따른 과소신고가산세와 납부지연가산세를 부과하지 않는다.

ⓑ납부불성실가산세를 가산하여 납부의 고지를 하였으나 기재사항 누락으로 위법한 부과처분이 되어 당초의 고지를 취소하고 다시 고지를 하는 경우에는 추가로 늘어나는 기간에 대한 납부지연가산세는 부과하지 아니한다.

B. 정당한 사유로 보지 아니한 사례(조심 20145지1089, 2015.10.27. 결정)

공사비정산 등으로 수정신고를 하는 경우에는 정당한 사유가 있는 것이므로 가산세를 감면하는 것이 타당할 것으로 판단되나, 건축물의 공사비 증액분과 관련한 취득세액을 경정 통지하기 전에 그 과세표준과 세액을 수정신고 하였다고 하더라도, 이러한 사실만으로 가산세를 면할 만한 정당한 사유가 있다고 보기 어렵다.

2. 수정신고에 대한 가산세 감면

수정신고에 대한 가산세는 과소신고가산세에 대해서만 감면하는 것이며, 과세표준과 세액을 경정할 것을 미리 알고 과세표준수정신고서를 제출한 경우에는 감면하지 아니한다. 감면율은 다음과 같이 수정신고한 시점이 지연될수록 줄어든다.(국기법 48조②1호, 지기법 57조②1호)

수정신고 한 시점	2019년까지 감면율	2020년부터 감면율
법정신고기한 경과 후 1개월 이내	50%	90%
법정신고기한 경과 후 1개월~3개월 이내		75%
법정신고기한 경과 후 3개월~6개월 이내		50%
법정신고기한 경과 후 6개월~1년 이내	20%	30%
법정신고기한 경과 후 1년~1년6개월 이내	10%	20%
법정신고기한 경과 후 1년6개월~2년 이내		10%

3. 기한 후 신고에 대한 가산세 감면

기한 후 신고에 대한 가산세는 과소신고가산세에 대해서만 감면하는 것이며, 과세표준과 세액을 경정할 것을 미리 알고 기한후과세표준신고서를 제출한 경우에는 감면하지 아니한다. 감면율은 기한 후 신고한 시점이 지연될수록 줄어든다.(국기법 48조②2호, 지기법 57조②2호)

기한 후 신고 한 시점	2019년까지 감면율	2020년부터 감면율
법정신고기한 경과 후 1개월 이내	50%	50%

법정신고기한 경과 후 1개월~3개월 이내	20%	30%
법정신고기한 경과 후 3개월~6개월 이내		20%

4. 해당 가산세의 50%를 감면하는 경우(국기법 48조②3호, 지기법 57조②3호)

ⓐ과세전적부심사 결정·통지기간에 그 결과를 통지하지 아니한 경우(결정·통지가 지연됨 해당 기간에 부과되는 가산세만 해당)

ⓑ세법에 따른 제출, 신고, 가입, 등록, 개설의 기한이 지난 후 1개월 이내에 해당 세법에 따른 제출 등의 의무를 이행하는 경우(제출 등의 의무위반에 대하여 세법에 따라 부과되는 가산세만 해당)

ⓒ세법에 따른 예정신고기한 및 중간신고기한까지 예정신고 및 중간신고를 하였으나 무신고·과소신고·초과환급신고한 경우로서 확정신고기한까지 과세표준을 수정하여 신고한 경우(과세표준과 세액을 경정할 것을 미리 알고 과세표준신고를 하는 경우는 제외)

{양도소득에 대한 개인지방소득세 예정신고기한 이후 확정신고기한까지 과세표준신고 및 수정신고한 경우에도 이 조항에 따라 감면됨. '지방세'에만 적용되는 경우임.}

⑥가산세 한도(국세만 해당)

아래 사유로 인한 가산세에 대해서는 그 의무위반의 종류별로 각각 5천만원(중소기업이 아닌 기업은 1억원)을 한도로 한다(해당 의무를 고의적으로 위반한 경우 제외).(국기법 49조)

1. 소득세법 관련: 영수증수취명세서 불성실가산세(81조), 사업장현황 신고불성실가산세(81조의3), 증명서류 수취불성실가산세(81조의6), 기부금영수증 불성실가산세(81조의7), 계산서 등 제출불성실가산세(81조의10), 지급명세서 제출불성실가산세(81조의11), 특정외국법인의 유보소득계산명세서 제출불성실가산세(81조의13)

2. 법인세법 관련: 주주 등 명세서 제출 불성실가산세(75조의2), 기부금영수증 발급·작성·보관 불성실가산세(75조의4), 증명서류 수취 불성실 가산세(75조의5), 지급명세서 제출 불성실 가산세(75조의7), 계산서 등 제출 불성실 가산세(75조의8), 특정외국법인의 유보소득계산명세서 제출 불성실 가산세(75조의9)

3. 부가가치세법 60조 관련: 미등록가산세(①), 매출세금계서 지연발급가산세(②1호), 매출세금계서 지연전송가산세(②3호), 매출세금계서 미전송가산세(②4호), 매출세금계서 부실기재가산세(②5호), 신용카드매출전표 지연매입세액공제가산세(⑤), 매출세금계산서합계표 관련 가산세(⑥), 매입세금계산서합계표 관련 가산세(⑦), 현금매출명세서 또는 부동산임대가액명세서 관련 가산세(⑧)

4. 상속세 및 증여세법 78조 관련: 보고서 미제출 및 불분명가산세(③), 세무확인서 보고의무 미이행 또는 장부작성·비치의무·회계감사 미이행가산세(⑤, 외부전문가의 세무확인에 대해서만 한도특혜를 적용하고, 외부감사 미이행에 대해서는 한도특혜 적용 제외), 지급명세서 미제출·불분명가산세(⑫⑬), 특정공익법인의 의무이행신고 위반 가산세(⑭)

제1장
제2장
제3장
제4장
제5장
제6장
제7장
제8장
제9장
제10장
제11장
제12장
제13장
제14장

5. 조세특례제한법 관련: 창업자금에 대한 증여세 과세특례에 따른 창업자금 사용명세서 미제출·불분명가산세(조특법 30조의5⑤) 및 세금우대자료 미제출가산세(조특법 90조의2①)

3) 가산금과 중가산금

가산금(加算金)은 체납세금의 징수효과를 높이기 위해 부과하는 징벌적 이자의 성격이 짙다. 따라서 가산세와 가산금은 별개이며 성격이 다르다. 앞에서 살펴본 바와 같이 가산세에도 납부지연을 방지하는 의미에서의 납부지연가산세가 있으나 이것은 각 개별세법에서 규정한 법정기한 내에 납부하여야 한다는 규정을 위반한 데 대한 제재조치이다(초점을 개별세법의 여러 의무사항 중 하나인 납부규정을 성실히 이행하지 않은 데 둔 것이다). 그러나 가산금은 개별세법 적용 이후의 절차상 내용으로서 초점을 오로지 징수율 제고에 두고 있다는 점이다.

한편, 가산금(加算金)은 체납세금의 징수효과를 높이기 위해 부과하는 징벌적 이자의 성격이 짙다. 따라서 가산세와 가산금은 별개이며 성격이 다르다. 그러나 가산금은 '납부지연가산세'와 경제적으로는 유사한 성격이므로 국세는 2020년(지방세는 2024.1.1.)부터 '납부지연가산세'로 통합했다. 그리고 가산금과 중가산금(지방세)의 납부지연가산세로의 완전 통합은 2020.1.1.(지방세는 2024.1.1.)부터 완결됐지만, 가산세를 계산할 때의 이자율[2022.2.15. 이후분은 1일당 22/100,000(연 8.03%), 2019.2.12.~2022.2.14. 기간분은 1일당 25/100,000(연 9.125%) 적용, 국기령 27조의4] 및 가산금 이자율[2019.1.1. 이후분 이자는 종전 월 1.2%(연 14.4%)에서 월 0.75%(연 9%), 2020.1.1.~2022.2.14. 기간분은 1일당 25/100,000(연 9.125%), 2022.2.15. 이후분은 1일당 22/100,000(연 8.03%) 적용, 국기령 27조의4]과 달리 지방세의 가산세 이자율[1일당 22/100,000(연 8.03%), 2022.6.7. 개정 지기령 34조]은 2022.6.7.분부터 인하됐다. 또한 관련조문도 징수법(국징법 21조, 지징법 30조)에서 기본법(국기법 47조의4①3호, 지기법 55조①3호)으로 이관하여, 종전의 고지서상 납부기일을 넘기면 3%를 부과하던 가산금의 율은 가산세란 이름으로 계속 징수한다.

따라서 2020년(지방세는 2024.1.1.)부터는 가산금과 중가산금이 '가산세'에 완전 통합되었다. [하지만 국세와 달리 지방세는 구 중가산금(월 0.66%)은 별도 계산하는 방식을 유지. 지기법 55조①4호] 그리고 체납액의 징수순서는 강제징수비, 본세(국세·지방세), 가산세 순이다.(국징법 3조, 지징법 4조)

한편, '납부고지서상 납부기한 다음날~실제납부일'의 기간에 대한 가산세(구 중가산금)는 5년으로 한정하며(국기법 47조의4⑦·47조의5④, 지기법 55조①4호←지징법 31조①), 납부고지서에 따른 고지세액이 납부고지서별·세목별로 국세는 150만원(지방세는 45만원) 미만인 경우에는 이 가산세(구 중가산금)는 적용하지 아니한다.(국기법 47조의4⑧·47조의5⑤, 지기법 55조①4호)

국세의 '원천징수 등 납부지연가산세' 및 지방세의 '모든 가산세'는 국가, 지방자치단체, 지방자치단체조합에 대하여는 적용하지 아니한다.(국기법 47조의5③3호, 지기법 55조①본문 후단←지징법 30조 단서)

가산세(구 가산금과 중가산금 포함)는 개별세법과 공통세법을 기준으로 하여 다음과 같이 구분 요약할 수 있다.

[납부지연가산세{구 가산금·중가산금(국세는 2011.4.4. 가산금에 통합) 포함}의 구분]

지방세(2024년 1월 1일부터): ← 가 산 세 →	← 가산세(구 가산금·중가산금)→
국 세(2020년 1월 1일부터): ← 가 산 세 →	← 가산세(구 가산금·중가산금)→

			세금								
←과세기간→		결산	확정								
납세의무의	성립 (∩ 발생)	=	과세기간 종료일	신고 (∩ 1차 확정)	조사결정 (∩ 2차 확정)	통지	고지	납기	독촉장	납기	압류	공매	충당
←추상적 납세의무 발생→			납세의무 확정	← 징 수 →				←임의적 징수→		← 강제적 징수 → (구 체납처분)[1][2][3]	
개별세법 및 공통세법(국세기본법, 지방세기본법)								국기법·국징법, 지기법·지징법			

[1] 강제징수(2021년부터 국세만 용어변경)←2020년까지는 체납처분(滯納處分):
조세의 징수절차 중 임의적 징수(고지, 독촉)를 제외한 강제적 징수절차(압류, 공매, 충당)를 말한다. 또한 강제징수비란 강제징수에 관한 규정에 따라 재산의 압류·보관·운반과 공매에 소요된 비용을 말한다.(국징법 3장, 지징법 3장)
'체납액'이란 체납된 국세(지방세) 및 강제징수비를 포함한다.(국징법 2조①4호, 지징법 2조①2호) 또한 체납액에는 본래 납세자로서의 체납액뿐만 아니라 제2차 납세의무, 납세보증인의 의무(국징법 18조4호←2020년까지는 국기법 29조5호, 지기법 65조5호)에 따라 조세체납액이 포함된다.(국징통 107-0…3 ; 지징예 26-2)
[2] 38기동대(38 Tax Collection Division): 각 지방자치단체 및 국세청·세무서에도 세금징수조직 운영 중.
정식명칭은 '서울시 38세금징수과'. 사무실은 서울특별시청 서소문별관 1동 10층에 있다. 2001년 8월에 창설되었고 2012년에 정식 명칭이 개편되었으나 일반인들에겐 '38기동대'라는 별칭이 더 잘 알려져 있다.
대중적인 인식과는 달리 (지방세 징수조직이므로) 국세청이 아닌 서울특별시에 소속해 있다. 하위 기관으로 서울특별시 25개 자치구 징수과(세무2과)에 38세금징수팀이 있다. 교양 프로그램인 '좋은나라 운동본부'에서 이들의 모습을 담은 프로그램을 방영하여 대중들에게 인지도가 높아졌다.(출처 나무위키)
[3] 『스웨덴 국세청 성공스토리: 두려운 기관에서 사랑받는 서비스 기관으로(2015)』레나르트 위트베이 외 1, 세상, 2020, p.35·82.
강제집행은 세수 증대의 수단을 넘어 장기적으로는 납세자 태도에 영향을 끼친다는 점이 부각되었다.(p.35)
"모든 구성원이 자발적으로 공정하게 자기 몫의 책임을 감당하는 사회." 스웨덴 국세청의 비전이다.(p.82)

(4)관허사업의 제한, 출국금지 요청, 명단공개 등

1)관허사업의 제한

세무서장(지방자치단체장)은 납세자가 조세를 체납하였을 때에는 허가·인가·면허 및 등록과 그 갱신이 필요한 사업의 주무관서에 그 납세자에 대하여 그 허가 등을 하지 아니할 것을 요구할 수 있다.

세무서장(지방자치단체장)은 허가 등을 받아 사업을 경영하는 자가 조세를 3회 이상 체납한 경우로서 그 체납액이 500만원(지방세는 30만원) 이상일 때에는 그 주무관서에 사업의 정지 또는 허가 등의 취소를 요구할 수 있다(다만 정당한 사유가 있는 경우에는 제외).(국징법 112조, 지징법 7조)

2)체납 자료의 제공

세무서장(지방자치단체장)은 조세징수 또는 공익(公益) 목적을 위하여 필요한 경우로서 신용정보회사 또는 신용정보집중기관 등이 아래 체납자의 인적사항 및 체납액에 관한 자료를 요구한 경우에는 이를 제공할 수 있다. 다만, 이의신청·심사청구 또는 심판청구 및 행정소송이 계류 중인 경우, 사업에 현저한 손실을 입거나 사업이 중대한 위기에 처한 경우에는 체납자료를 제공하지 아니한다. 그리고 국세는 2013년부터 결손처분 자료는 제공하지 않지만, 지방세는 결손처분액 중 지방세징수권 소멸시효가 남아 있는 금액은 체납액으로 보아 제공한다.(국징법 110조, 지징법 9조)

1. 체납발생일로부터 1년이 지나고 체납액이 500만원 이상인 자
2. 1년에 3회 이상 체납하고 체납액이 500만원 이상인 자

3)출국금지의 요청

국세청장(또는 지방자치단체장)은 정당한 사유 없이 5천만원 이상(지방세는 2018.6.27.부터 3천만원)의 조세를 체납한 자 중 아래에 해당하는 사람으로서, 관할 세무서장(또는 지방자치단체장)이 압류·공매, 담보 제공, 보증인의 납세보증서 등으로 조세채권을 확보할 수 없고, 강제징수를 회피할 우려가 있다고 인정되는 사람에 대하여 법무부장관에게 출국금지를 요청하여야 한다.(국징법 113조, 지징법 8조)

1. 배우자 또는 직계존비속이 국외로 이주(국외에 3년 이상 장기체류 중인 경우를 포함한다)한 사람
2. 출국금지 요청일 현재 최근 2년간 미화 5만 달러 상당액 이상을 국외로 송금한 사람
3. 미화 5만 달러 상당액 이상의 국외자산이 발견된 사람

4. 국세기본법(지방세기본법)에 따라 명단이 공개된 고액·상습체납자

5. 출국금지 요청일을 기준으로 최근 1년간 체납된 국세가 5천만원 이상인 상태에서(2025.2.28. 삭제) 사업 목적, 질병 치료, 직계존비속의 사망 등 정당한 사유 없이 국외 출입 횟수가 3회 이상이거나 국외 체류 일수가 6개월 이상인 사람

6. 국세징수법 30조(지방세징수법 39조)에 따라 사해행위(詐害行爲) 취소소송 중이거나 국세기본법(지방세기본법)에 따라 제3자와 짜고 한 거짓계약에 대한 취소소송 중인 사람

4)고액·상습체납자 등의 명단 공개

①국세의 경우

국세청장은 비밀유지(국기법 81조의13, 국조법 57조)에도 불구하고 아래에 해당하는 자의 인적사항 등을 공개할 수 있다. 다만, 체납된 국세가 이의신청·심사청구 등 불복청구 중에 있거나 최근 2년간 체납액의 50%(←30%, 2021년 명단 공개분부터 확대적용) 이상을 납부한 경우[9], 회생계획인가로 회생계획에 의해 세금을 납부하고 있는 경우, 재산상황과 미성년자 여부 등을 고려하여 실익이 없는 경우에는 공개하지 아니한다.(국징법 114조 및 국기법 85조의5←국기법 85조의5)

1. 체납발생일부터 1년이 지난 국세가 2억원(5억원→2016.3.1. 3억원→2017.1.1. 2억원으로 범위 확대) 이상인 체납자의 인적사항, 체납액 등(2021년 부터 국징법 114조)

2. 불성실기부금수령단체의 인적사항, 국세추징명세 등(이하 국기법 85조의5)

3. 조세포탈범(「조세범 처벌법」에 따른 포탈세액 등이 연간 2억원 이상인 자)의 인적사항, 포탈세액 등(2014년부터 시행)

4. 「특정범죄 가중처벌 등에 관한 법률」 8조의2에 따라 세금계산서 교부의무 등을 위반하여 가중처벌된 자(허위 기재금액 30억원 이상임. 이어지는 (5)7) 참조)

5. 해외금융계좌정보의 신고의무자(잔액 5억원 초과자임. 국조법 53조, 국조령 92조③)로서 신고기한 내에 무신고·과소신고 금액이 50억원을 초과하는 자의 인적사항, 신고의무 위반금액 등

   (보충)[해외금융계좌 신고의무](국제조세조정에 관한 법률 53조)

   가. 신고의무자: 해외금융계좌를 보유한 거주자·내국법인의 매월말 기준 1회라도 잔액 5억원 초과자

   나. 신고의무 위반 시 과태료

   계좌신고의무자가 신고기한까지 해외금융계좌정보를 신고하지 아니하거나 과소 신고한 경우에는 해당금액의 10~20%(20억원 한도)→ 10%(10억원 한도)에 상당하는 과태료를 부과(국조법 90조, 국조령 147조, 2025.1.1. 신고분부터)

---

9) ≪한국일보≫ 2019.10.4. 〈고액상습 체납자가 명단공개 두려워하지 않는 이유는?〉
체납액 30%만 내면 비공개 권한, 2018년 159명 허점 악용
"체납액 기준 50%, 상환잔액 10억원으로 개정을"(더불어민주당 김정호 의원)→2021년부터 2년간 50%로 개정

[단독] 해외도피 고액 체납자 2천여명…징수 연평균 3명꼴

(연합뉴스TV 2022.10.15. 나경렬 기자)

[앵커] 세금 안 내려고 갖가지 방법을 동원하는 체납자들 참 많습니다. 당국의 고강도 조사에 덜미가 잡히는 경우가 있지만, 체납자가 해외로 도피하는 경우는 얘기가 다릅니다. 이들이 안 낸 세금이 800억원에 이르는데, 징수는 사실상 이뤄지지 못하는 것으로 나타났습니다. 나경렬 기자의 단독보도입니다.

[기자] 국세청은 고액 체납자를 특별 관리하고 있습니다. 이름은 물론 나이, 직업, 주소까지 홈페이지에 공개하고, 현장 수색 등 고강도 조사에도 나서고 있습니다.

하지만 체납된 세금 징수율은 5%에도 미치지 못하고 있습니다. 2020년 기준 고액 체납자들의 체납액은 51조 1천억원, 징수한 금액은 2조4천억원에 그쳤습니다.

그런데 고액 체납자들이 해외로 도피하는 경우, 문제는 더 심각해집니다. 체납금 징수가 사실상 불가능한 상황이기 때문입니다.

지금까지 확인된 해외 도피 고액 체납자는 모두 2,508명, 체납금은 792억원에 달합니다. 그런데 최근 5년 동안 해외 도피 고액 체납자의 세금을 징수한 경우는 15건, 연평균 3건에 그치는 것으로 나타났습니다.

징수 금액도 평균 4억 7천만원밖에 되지 않습니다. 징수율이 1%도 되지 않는 겁니다.

국세청은 '다자간 조세행정 공조협약'을 맺고 징수 공조를 요청하고 있는데 협약이 유명무실한 탓에 세금 징수가 제대로 이뤄지지 않고 있는 겁니다. 146개국이 참여하고 있지만 대부분 자국 내 제한 규정을 두고 있어 실질적인 공조가 가능한 나라는 63개국밖에 되지 않는다는 게 국세청 설명입니다.

징수 공조의 실효성을 높일 대안 마련이 필요하다는 지적이 나옵니다.

"주요국가들과는 긴밀한 양자 협약을 체결해서 징수공조가 가능하도록 해야 합니다. 세금 안 내고 외국으로 도망간다는 말은 이제 옛말이 되도록 만들어야죠."(양기대 더불어민주당 의원)

국세청은 효과적인 해외 징수가 가능하도록 공조국을 확대하는 한편, 체납자에 대한 출국 규제를 강화해 나갈 계획이라고 밝혔습니다.

[못 받은 국세 100조원 돌파…체납액 전국 1위 지역은 강남] (여러 매체 2023.3.31.)[10][11][12][13]

국세 누계체납 102.5조원, 85%는 받기 어려운 '정리보류' 체납액

작년 세수 1위는 남대문세무서…세금 19조원은 납세유예 지원

정부가 받아내지 못한 국세 체납액이 작년 말 기준으로 100조원을 돌파했다. 국세 체납액이 가장 많이 쌓여있는 지역은 서울 강남이다. 작년 세금을 가장 많이 걷은 세무서는 서울 남대문세무서였다.

국세청이 31일 공개한 2023년 1분기 국세통계에 따르면, 2022년 12월 31일 기준 국세 누계 체납액은 102조5천억원이다. 2021년 말 99조9천억원이던 국세 누계 체납액은 2조6천억원 늘어 100조원을 넘어섰다.

국세 체납액 중 징수 가능성이 높은 '정리중 체납액'은 15.2%인 15조6천억원에 그쳤다. 나머지 84.8%인 86조9천억원은 체납자에게 재산이 없거나 체납자가 행방불명된 경우, 강제 징수를 진행했으나 부족한 경우 등 사실상 징수가 어려운 '정리보류 체납액'이다.

전국에서 누계 체납액이 가장 많은 지역은 서울 강남이다. 133개 세무서 중 강남세무서가 2조3천42억원으로 체납액 1위를 기록했다. 이어 용인세무서(2조2천806억원), 삼성세무서(2조2천565억원), 서초세무서(2조2천386억원), 역삼세무서(2조2천286억원) 순이다.

누계 체납액 중 36.0%(27조9천억원)로 가장 큰 비중을 차지한 세목은 부가가치세다. 소득세(30.8%·23조
8천억원), 양도소득세(15.5%·12조원), 법인세(11.9%·9조2천억원)가 그 뒤를 이었다.

한편 2022년 12월 15일, 국세청은 2022년 고액·상습체납자 6940명, 불성실 기부금 수령단체 31개, 조세
포탈범 47명의 인적 사항 등을 국세청 홈페이지(nts.go.kr)에 공개했다.

조세전문가들은 악질 체납자를 줄이기 위해선 지금보다 더 강력한 제재를 가해야 한다고 밝히고 있다. '고
액·상습 체납자 명단공개' 같은 제도로는 악질적인 체납자를 근절시키기에 한계가 있다는 것이 이유다.
이 제도는 체납자의 인적 사항을 공개해 자진 납부를 유도한다는 취지로 지난 2012년 시행됐다. 그리고
10년이 지났지만 명단공개 후 자진납부율이 30%를 밑돌 정도로 저조하다. 징수 금액은 더욱 낮아 제도
실효성에 의문마저 들 정도다.

10) 《동아일보》 2021.1.1. 〈전두환 미납추징금 21억 추가환수, 전체 추징액 2205억중 970억 남아〉 ☞ 867억원 미납
전두환 전 대통령은 1997년 대법원에서 내란 및 뇌물수수 등의 혐의로 추징금 2205억 원을 확정 받았지만 추징금 납부를 미뤄
왔다. 검찰은 전 전 대통령의 서울 서대문구 연희동 자택에 대해서도 공매 처분하려고 했지만 전 전 대통령 측은 대통령 재임 기
간 축적한 범죄수익과 무관하다는 이유로 법정 다툼을 벌였다. 결국 그는 2021.11.23. 90세의 일기로 생을 마감했다.
전체 추징 선고액 2205억 원 중 58%인 1283억 원이 집행됐고 922억 원이 미납된 상태다. ☞ 2024년 55억을 환수하면 867억
원이 미납(환수율 60.7%)된다. 더 이상 환수는 불가능한 것으로 판단된다.
한편 그의 손자 전우원(Chun Woowon, 1996~, 2남 전재용의 차남) 씨가 2023년 3월 13일, 미국 뉴욕에서 난데없이 SNS에 나
타나 할아버지 전 대통령은 '학살자'이고, 가족들은 할아버지가 남긴 거액의 비자금으로 호화생활을 하고 있다고 폭로했다. 4월 7
일, 그의 친모 최정애 씨(전재용의 두 번째 부인, 1992 결혼~2007 이혼)도 SBS '궁금한 이야기 Y'에서 귀국한 전우원 씨와 동행
취재하며 "연희동 저택에 5명 넘게 있던 비서들이 목동의 아파트 한 채씩을 다 받아 갔다"고 전두환의 비자금을 폭로하는 등 귀
추가 주목된다.

11) 『지식 e (8)』 EBS역사채널e, 2013, p.81~85. 〈끝나지 않은 5월〉
1993년 김영삼 대통령의 문민정부가 출범했다. 1995년 검찰은 "성공한 쿠데타는 처벌할 수 없다"면서 전두환·노태우 등 신군부
인사들을 불구속기소했다가 여론이 악화되자 1996년 1월 내란과 반란 등의 혐의로 구속하고 광주항쟁 진상규명과 함께 제5공화
국 비리수사를 진행했다. 1997년 4월 전두환 대통령은 반란수괴·반란모의참여 등의 혐의로 무기징역과 추징금 2205억원을 선
고받았다. 1997년 12월 22일 '지역감정 해소 및 국민대화합'의 명분으로 특별사면되어 구속 2년 만에 풀려났다. 당시까지 납부한
추징금은 532억원이고 나머지 1673억원은 "통장에 29만원밖에 없어서" 미납했다.

12) 《조선일보》 2013.9.11. 〈노태우 총 추징금 2628억원 전액을 납부 완료〉
2013년 박근혜 정부에 들어서 검찰의 전두환 일가에 대한 대대적인 비자금조사와 재산압류, 전 씨 일가의 재산관리인인 처남 이
창석(62세)의 구속(조세법처벌법) 등 전방위적인 압력에 굴복해 9월 10일 미납금 전액을 납부키로 발표했다. 미납추징금은 압류
된 재산으로 충당하고 부족분은 전 씨의 3남 1녀가 분담하는 형식이다.
한편 검찰은 그간 문제가 됐던 양도소득세 부분은 "추징금 환수 뒤 차후에 (전 씨 일가 측에) 부과되는 문제"라며 환수 작업과는
직접적인 관계가 없다고 설명했다. 다만 검찰은 전 씨측 입장을 고려해 과세 당국과 협의를 통해 과세 원칙을 훼손하지 않는 범위
내에서 부동산 건별로 양도소득세를 합리적으로 조정하는 방안을 고민하겠다는 입장이다. 반면, 노태우 대통령은 2013년 9월 4
일 미납추징금 231억원을 납부하여 총 추징금 2628억원 전액을 납부 완료했다.
(이상준: 이들의 추징금에 대해 1997년 4월부터 그간의 이자 등의 기회비용은 왜 거론이 되지 않는지? **이자나 가산금만 해도 수
천억원은 족히 될 것인데.**)

13) 《뉴스페이퍼》 2018.5.10. 〈전재국 시공사 매각, 전두환 미납 추징금 환수될지 주목〉
전두환 일가가 소유하고 있던 출판사 '시공사'를 전자카드 제조업체인 바이오스마트(현 'AMS바이오')가 인수했다. 이에 따라 전
두환 전 대통령의 장남 전재국 씨는 회장직에서 물러난다. 지난 4일 시공사가 공시한 작년 감사보고서에 따르면 주식 매각 전 전
씨 일가의 시공사 지분율은 66.49%로, 이 중 50.3%가 전재국 씨의 지분이었다. 시공사의 작년 매출액은 275억원, 영업이익은
20억원이었다. ☞ **법원은 "시공사가 6년 동안 56억9300만원을 국가에 지급하라"는 강제조정 결정을 내렸다.**

②지방세의 경우

  지방자치단체장은 비밀유지(지기법 86조)에 불구하고 체납 발생일로부터 1년이 지난 조세 (결손처분하였으나 지방세징수권 소멸시효가 완성되지 아니한 지방세 포함)가 1천만원 이상(종전 3천만원 →2016.1.1. 1천만원으로 범위 확대→2021.1.1. 지방자치단체별 기준 적용 시 광역권내 합산. 2022.2.3. 전국 합산으로 범위 확대, 지징법 11조의2제2호)인 체납자에 대해서는 지방세심의위원회의 심의를 거쳐 그 인적사항 및 체납액 등을 공개할 수 있다. 다만, 체납된 지방세가 이의신청·심판청구 등 불 복청구 중이거나 기타 부득이한 사유가 있는 경우에는 체납정보를 공개할 수 없다.

  또한 체납정보 공개의 기준이 되는 최저 금액은 1천만원 이상 3천만원 이하의 범위에서 조례 로 달리 정할 수 있다.(지징법 11조. 2016년까지는 지기법 140조)

5)고액·상습체납자에 대한 감치 신청

  과세관청(세관장, 지방자치단체장 포함)은 다음 요건을 모두 충족한 자에 대해 30일의 범위 내에서 검사에게 감치를 신청할 수 있다.(국징법 115조, 관세법 116조의4, 2020.1.1. 이후 국세 체납분 부터 적용 ; 지징법 11조의4, 2022.7.28. 이후 지방세 체납분부터 적용)
1. 조세(관세 포함)를 3회 이상 체납, 체납 1년 경과, 체납액 합계 2억원(지방세는 5천만원) 이상
2. 체납조세(관세 포함) 납부능력이 있음에도 불구하고 정당한 사유 없이 체납
3. 조세(관세 포함)정보공개심의위원회 의결로 감치 필요성 인정

6)탈세제보 포상금[14]

①국세의 경우

  국세청장은 아래에 해당하는 자에게 20억원(아래 1호 해당자에게는 40억원. 2호 해당자에게는 30억원, 2022년부터 인상)의 범위에서 포상금을 지급할 수 있다. 다만, 탈루세액, 부당하게 환급·공 제받은 세액, 은닉재산의 신고를 통하여 징수된 금액이 5천만원 미만 또는 해외금융계좌 신고의 무 불이행에 따른 과태료가 2천만원 미만인 경우 또는 공무원이 그 직무와 관련하여 자료를 제공 하거나 은닉재산을 신고한 경우에는 포상금을 지급하지 아니한다. 2024년부터는 무·과소신고 및 납부지연가산세 추징액까지 포함하여 포상금을 산출한다. (국기법 84조의2, 국기령 65조의4)

---

14) 이와 별도로 '회계부정신고 포상금'(「주식회사 등의 외부감사에 관한 법률」 28조⑤, 시행령 33조 근거)도 있다. 회계부정신고 포 상금은 2006년부터 외부감사 대상회사(2017.11.1.부터 상장회사에서 확대적용)의 회계정보 관련 부정행위를 신고(상장회사 는 금융위원회, 나머지 외감법인은 한국공인회계사회에 신고)한 자에게 포상금을 지급하고 있다. 이 포상금 개인별 총액한도는 2017.11.1.부터 1억원에서 10억원으로 늘인 후, 다시 2023년부터 20억원(자산총액 5천억원 이상 기업)으로 확대했다. 2012년 전체 신고 건수는 16건으로 시작해 2020년 92건, 2021년 125건, 2022년 130건, 2023년 141건, 2024년 179건 등으 로 매년 늘어나는 추세. 회계부정 관련 포상금 지급건수와 금액은 2020년 12건(4억8천400만원), 2021년 5건(2억2천860만 원), 2022년 3건(7천만원), 2023년 8건(2억5천100만원), 2024년 7건(4억700만원) 등이다.

1. 조세를 탈루한 자에 대한 탈루세액 또는 부당하게 환급·공제받은 세액을 산정하는 데 중요한 자료를 제공한 자

[탈루세액 포상금 지급률]

탈루세액 등	지급률
5천만원~5억원	20%
5억원 ~20억원	1억원 + 5억원 초과액의 15%
20억원~30억원	3억 2500만원 + 20억원 초과액의 10%
30억원 초과	4억 2500만원 + 30억원 초과액의 5%

부가가치세 탈루세액 계산: 조세범 처벌법 10조①~④항에 따라 세금계산서 발급의무 위반의 경우에는 공급가액에 부가가치세율을 적용하여 계산한 세액의 30%를 탈루세액으로 본다.(국기령 65조의4①)

2. 체납자의 은닉재산을 신고한 자

[은닉재산 포상금 지급률]

신고한 은닉재산에서 징수한 금액	지급률
5천만원~5억원	20%
5억원 ~20억원	1억원 + 5억원 초과액의 15%
20억원~30억원	3억 2500만원 + 20억원 초과액의 10%
30억원 초과	4억 2500만원 + 30억원 초과액의 5%

3. 신용카드로 결제를 거부하거나 사실과 다르게 매출전표를 발급한 신용카드가맹점을 신고한 자(건당 5천원 미만 결제는 제외)

4. 현금영수증의 발급을 거부하거나 사실과 다르게 발급한 현금영수증가맹점을 신고한 자(건당 5천원 미만 결제는 제외)

[신용카드·현금영수증 포상금 지급금액(연간 200→100만원 한도)](2025.2.28. 개정)

신용카드·현금영수증 결제 거부금액	지급금액
5천원~ 5만원	1만원
5만원~250→125만원	거부금액의 20%
250→125만원 초과	50→25만원

5. 현금영수증가맹점은 건당 10만원 이상을 공급할 경우 무조건(상대방이 요구하지 않더라도) 현금영수증을 발급해야 하는데, 이를 위반한 사업자를 신고한 자

6. 타인의 명의를 사용하여 사업을 경영하는 자를 신고한 자(2022년 포상금 인상: 신고 건별 100→200만원, 국기령 65조의4⑯, 2022.2.15. 개정)

7. 해외금융계좌 신고의무(국제조세조정에 관한 법률 53조) 위반행위를 적발하는 데 중요한 자료를 제공한 자

8. 타인 명의로 되어 있는 법인·복식부기의무자의 금융자산을 신고한 자

②지방세의 경우

지방자치단체의 장은 아래에 해당하는 자에게 예산의 범위에서 포상금을 지급할 수 있다. 이 경우 포상금은 1억원을 초과할 수 없다. 다만, 탈루세액은 3천만원, 징수금액은 1천만원 미만인 경우 또는 공무원이 그 직무와 관련하여 자료를 제공하거나 은닉재산을 신고한 경우에는 포상금을 지급하지 아니한다.(지기법 146조, 지기령 82조)

1. 지방세를 탈루한 자의 탈루세액 또는 부당하게 환급·감면받은 세액을 산정하는 데 중요한 자료를 제공한 자

[탈루세액 포상금 지급률]

탈루세액 등	지급률
3천만원~1억원	15%
1억원~5억원	1500만원 + 1억원 초과액의 10%
5억원 초과	5500만원 + 5억원 초과액의 5%

2. 은닉재산을 신고한 자

[은닉재산 포상금 지급률]

신고한 은닉재산에서 징수한 금액	지급률
1천만원~5천만원	15%
5천만원~1억원	750만원 + 5천만원 초과액의 10%
1억원 초과	1250만원 + 1억원 초과액의 5%

3. 버려지거나 숨은 세원(稅源)을 찾아내어 부과하게 한 자
4. 행정안전부령으로 정하는 체납액 징수에 기여한 자
5. 위에 준하는 경우로서 지방자치단체장이 지방세 징수에 특별한 공적이 있다고 인정하는 자

7) **벌칙**(국기법 9장: 2019년부터 「조세범 처벌법」의 '과태료' 규정에서 이관)

①직무집행 거부 등에 대한 과태료

관할 세무서장은 세법의 질문·조사권 규정에 따른 세무공무원의 질문에 대하여 거짓으로 진술하거나 그 직무집행을 거부 또는 기피한 자에게 2천만원(지방세는 5백만원) 이하의 과태료를 부과·징수한다.(국기법 88조, 2018.12.31. 신설)

[지방세는 131조의2를 2011.12.31. 신설하여 2012년부터 시행하고 있음. 다만, 지방세의 과태료는 5백만원 이하임. 2016.12.27. 지방세 조문 개편하여 현재 지기법 108조①2호에 규정.]

②금품 수수 및 공여에 대한 과태료

관할 세무서장 또는 세관장은 세무공무원에게 금품을 공여한 자에게 그 금품 상당액의 2배 이상 5배 이하의 과태료를 부과·징수한다. 다만, 「형법」 등 다른 법률에 따라 형사처벌을 받은 경우에는 과태료를 부과하지 아니하고, 과태료를 부과한 후 형사처벌을 받은 경우에는 과태료 부과를 취소한다.(국기법 89조, 종전 조법법 16조⑤에서 이관)

(5)조세범 처벌

「조세범 처벌법」(지방세는 지방세기본법 8장)은 세법을 위반한 자에 대한 '형벌' {'과태료'는 국기법 9장(벌칙)으로 이관. 2019.1.1. 시행} 에 관한 사항을 규정하여 세법의 실효성을 높이고 국민의 건전한 납세의식을 확립함을 목적으로 한다. 「조세범 처벌법」에서 '조세'란 관세를 제외한 국세를 말하므로(조범법 2조), 지방세는 지방세기본법에서 조세범 처벌 규정을 별도로 두고 있다. (지기법 8장)

「조세범 처벌법」에서는 조세포탈, 면세유의 부정유통 등, 강제징수 면탈, 장부의 소각·파기, 세금계산서 발급의무 위반, 명의대여 행위 등에 대해 '형벌'로 보아 처벌 규정을 두고 있다. 그리고 조세포탈과 세금계산서 교부의무에 대해서는 그 위반 정도가 일정 금액 이상인 경우 「특정범죄 가중처벌 등에 관한 법률」(「특가법」)상 가중처벌하는 규정도 두고 있다.

「조세범 처벌법」은 범칙행위에 대해 엄벌하는 형사벌적 성격의 법이다. 관련 세법에서 의무 위반으로 인해 부담하는 가산세 등의 불이익과는 별도로 적용되는 것이므로 세법을 위반했다고 하여 무조건 이 법이 적용되는 것은 아니다. 위법 행위의 횟수·기간·정도 등 제반 변수를 고려하여 이 법의 적용 여부를 결정하는 것이다. 이를 반영하듯 "이 법에 따른 범칙행위에 대해서는 국세청장·지방국세청장 또는 세무서장(또는 지방자치단체장 등)의 고발이 없으면 검사는 공소(公訴)를 제기할 수 없다"(조범법 21조, 지기법 111조)로 규정하여, 이 법을 적용할지 여부를 과세관청의 판단에 맡기고 있다. 그러나 「특가법」상 조세포탈에 대해서는 고소·고발이 없어도 공소를 제기할 수 있다.(특가법 16조) 발생빈도가 높은 몇 가지만 살펴보자.

['현금영수증 미발급' 및 '세무공무원에게 금품 제공'에 따른 과태료 규정 이관]

1. 현금영수증 발급의무 위반: 2019.1.1.부터는 50%의 과태료에서 20%의 가산세로 완화하여 해당 세법에 이관(소법 81조의⑪3호 및 법법 75조의6②3호)
2. 세무공무원에게 금품을 제공한 자에 대해서는 '과태료'를 엄하게 부과하는 행정질서 벌: 2019.1.1.부터 국기법으로 이관(9장 국기법 89조)

---

1)조세포탈(조범법 3조, 지기법 102조)

'사기나 그 밖의 부정한 행위'로써 조세를 포탈하거나 조세의 환급·공제를 받은 자는 2년 이하의 징역 또는 포탈세액, 환급·공제받은 세액의 2배 이하에 상당하는 벌금에 처한다. 다만, 다음에 해당하는 경우에는 3년 이하의 징역 또는 포탈세액 등의 3배 이하에 상당하는 벌금에 처한다.

　가. 포탈세액 등이 3억원 이상이고, 그 포탈세액 등이 신고·납부하여야 할 세액(납세의무자의 신고에 따라 정부가 부과·징수하는 조세의 경우에는 결정·고지하여야 할 세액을 말한다)의 30% 이상인 경우

나. 포탈세액 등이 5억원 이상인 경우

위의 죄를 범한 자에 대해서는 정상(情狀)에 따라 징역형과 벌금형을 병과할 수 있고, 상습적으로 범한 자는 형의 1/2을 가중한다. 그리고 국세기본법에 따라 법정신고기한이 지난 후 2년 이내에 수정신고를 하거나 법정신고기한이 지난 후 6개월 이내에 기한 후 신고를 하였을 때에는 형을 감경할 수 있다.

여기서 '사기나 그 밖의 부정한 행위'란 다음에 해당하는 행위로서 조세의 부과와 징수를 불가능하게 하거나 현저히 곤란하게 하는 적극적 행위를 말한다.

1. 이중장부의 작성 등 장부의 거짓 기장
2. 거짓 증빙 또는 거짓 문서의 작성 및 수취
3. 장부와 기록의 파기
4. 재산의 은닉, 소득·수익·행위·거래의 조작 또는 은폐
5. 고의적으로 장부를 작성하지 아니하거나 비치하지 아니하는 행위 또는 계산서, 세금계산서또는 계산서합계표, 세금계산서합계표의 조작
6. 전사적 기업자원 관리설비의 조작 또는 전자세금계산서의 조작
7. 그 밖에 위계(僞計)에 따라 행위 또는 부정한 행위

2)세금계산서 발급의무 위반(조범법 10조)

①세금계산서 발급자

세금계산서(전자세금계산서 포함)를 작성하여 발급하여야 할 자와 매출처별세금계산서합계표를 제출하여야 할 자가 다음에 해당하는 경우에는 1년 이하의 징역 또는 공급가액에 부가가치세의 세율을 적용하여 계산한 세액의 2배 이하에 상당하는 벌금에 처한다.

1. 세금계산서를 발급하지 아니하거나 거짓으로 기재하여 발급한 경우
2. 거짓으로 기재한 매출처별세금계산서합계표를 제출한 경우

②세금계산서 발급받는 자

세금계산서를 발급받아야 할 자와 매입처별세금계산서합계표를 제출하여야 할 자가 통정하여 다음에 해당하는 행위를 한 경우에는 1년 이하의 징역 또는 매입금액에 부가가치세의 세율을 적용하여 계산한 세액의 2배 이하에 상당하는 벌금에 처한다.

1. 세금계산서를 발급받지 아니하거나 거짓으로 기재한 세금계산서를 발급받은 경우
2. 거짓으로 기재한 매입처별세금계산서합계표를 제출한 경우

③무거래(無去來)에 세금계산서 등 수수

재화 또는 용역을 공급하지 아니하거나 공급받지 아니하고 다음에 해당하는 행위를 한 자는 3년 이하의 징역 또는 그 세금계산서·계산서에 기재된 공급가액이나 매출처별세금계산서합계표·매입처별세금계산서합계표에 기재된 공급가액 또는 매출처별계산서합계표·매입처별계산서합계표에 기재된 매출·매입금액에 부가가치세의 세율을 적용하여 계산한 세액의 3배 이하에 상당하는 벌금에 처한다.

1. 부가가치세법에 따른 세금계산서를 발급하거나 발급받은 행위
2. 소득세법 및 법인세법에 따른 계산서를 발급하거나 발급받은 행위
3. 부가가치세법상 매출·매입처별 세금계산서합계표를 허위 기재
4. 소득세법·법인세법상 매출·매입처별계산서합계표를 허위 기재

이 행위를 알선하거나 중개한 자도 같은 형에 처한다. 이 경우 세무를 대리하는 세무사·공인회계사 및 변호사가 이 행위를 알선하거나 중개한 때에는 해당 형의 1/2을 가중한다. 이 죄를 범한 자에 대해서는 정상(情狀)에 따라 징역형과 벌금형을 병과할 수 있다.

3)명의대여행위 등(조범법 11조, 지기법 106조)

조세의 회피 또는 강제집행의 면탈을 목적으로 타인의 성명을 사용하여 사업자등록을 하거나 타인 명의의 사업자등록을 이용하여 사업을 영위한 자는 2년 이하의 징역 또는 2천만원 이하의 벌금에 처한다. 그리고 명의대여자는 1년 이하의 징역 또는 1천만원 이하의 벌금에 처한다.

4)현금영수증 발급의무의 위반

①현금영수증 미발급자

[현금영수증 미발급 가산세](소법 81조⑪, 법법 75조의6②, 2019.1.1. 시행)
사업자가 다음 각 호의 어느 하나에 해당하는 경우에는 다음 각 호의 구분에 따른 금액을 해당 과세기간의 결정세액에 더한다.
1. 소법 162조의3①(법법 117조의2①)을 위반하여 현금영수증가맹점으로 가입하지 아니하거나 그 가입기한이 지나서 가입한 경우: 가입하지 아니한 기간(미가입기간)의 수입금액(현금영수증가맹점 가입대상인 업종의 수입금액만 해당하며, 계산서 및 부가법 32조에 따른 세금계산서 발급분 등 수입금액은 제외)의 1%.

> 2. 현금영수증 발급을 거부하거나 사실과 다르게 발급하여 소법 162조의3⑥(법법 117조의2⑥) 후단에 따라 관할 세무서장으로부터 통보받은 경우(현금영수증의 발급대상 금액이 건당 5천원 이상인 경우만 해당하며, 아래 3호에 해당하는 경우는 제외, 2019.1.1. 시행): 통보받은 건별 발급거부 금액 또는 사실과 다르게 발급한 금액(건별로 발급하여야 할 금액과의 차액을 말함)의 5%(건별로 계산한 금액이 5천원에 미달하는 경우에는 5천원으로 함)
>
> 3. 현금영수증 의무발행기준에 해당하는 경우: 소법 162조의3④(법법 117조의2④)을 위반하여 현금영수증을 발급하지 아니한 경우(「국민건강보험법」에 따른 보험급여의 대상인 경우 등은 제외): 미발급금액의 20%(착오나 누락으로 인하여 거래대금을 받은 날부터 7일 이내에 관할 세무서에 자진 신고하거나 현금영수증을 자진 발급한 경우에는 10%)

(보충)현금영수증 의무발행기준: 건당 10만원(부가가치세 포함). (소법 162조의3④, 법법 117조의2④)
현금영수증가맹점으로 가입하여야 하는 사업자 중 〈현금영수증 의무발행업종〉(소령 별표 3의3)을 영위하는 사업자는 건당 거래금액(부가가치세액을 포함)이 10만원 이상인 재화 또는 용역을 공급하고 그 대금을 현금으로 받은 경우에는 상대방이 현금영수증 발급을 요청하지 아니하더라도 현금영수증을 발급하여야 한다. 다만, 사업자등록을 한 자에게 재화 또는 용역을 공급하고 계산서 또는 세금계산서를 교부한 경우에는 현금영수증을 발급하지 아니할 수 있다.

A. 2018년까지(조범법 15조)

현금영수증 의무발행기준(건당 10만원 이상)에 해당하는 거래에 대해, 현금영수증을 발급하지 아니한 거래대금의 50%에 상당하는 과태료를 부과한다. 다만, 해당 거래가 「국민건강보험법」에 따른 보험급여의 대상인 경우에는 그러하지 아니한다.

이 과태료를 부과받은 자에 대해서는 현금영수증 미발급가산세(소법 81조⑪2호, 법법 76조⑫2호, 부가법 60조②2호 및 ⑥2호)를 적용하지 아니한다.

B. 2019년부터(소법 81조⑪3호, 법법 75조의6②3호)

50%라는 과태료 폭탄에 대한 헌법재판소의 합헌결정은 있었지만(전원재판부 2013헌바56, 2015.7.30.: 2014년 7월부터는 건당 30만원→10만원 이상으로 의무발행기준이 강화됐는데 이 결정은 종전 30만원 기준에 대한 것임), 그간 민원이 빗발치는 등의 문제를 개선하기 위해 「조세범 처벌법」에서 개별세법으로 이관하여 50%의 과태료를 20%의 가산세로 부과한다.(소법 81조⑪3호, 법법 75조의6②3호 신설)

②현금영수증 미발급자 등 신고 포상금(국기법 84조의2)

> 1. 현금영수증의 발급을 거부하거나 사실과 다르게 발급한 현금영수증가맹점을 신고한 자 (건당 5천원 미만 결제는 제외)

[신용카드·현금영수증 포상금 지급금액(연간 200만원 한도)]

신용카드·현금영수증 결제 거부금액	지급금액
5천원~ 5만원	1만원
5만원~250만원	거부금액의 20%
250만원 초과	50만원

2. 현금영수증가맹점은 건당 10만원 이상을 공급할 경우 무조건(상대방이 요구하지 않더라도) 현금영수증을 발급해야 하는데, 이를 위반한 사업자를 신고한 자에게는 연간 20억 원 (탈루세액의 15~5% 구간별 계산)을 한도로 포상금 지급

5)금품 수수 및 공여(조범법 16조)

①금품수령 공무원

세무공무원이 그 직무와 관련하여 금품을 수수(收受)하였을 때에는 「국가공무원법」 제82조에 따른 징계절차에서 그 금품 수수액의 5배 내의 징계부가금 부과 의결을 징계위원회에 요구하여야 한다.

②금품 제공자

관할 세무서장 또는 세관장은 세무공무원에게 금품을 공여한 자에 대해서는 그 금품 상당액의 2~5배의 과태료를 부과한다. 다만, 「형법」 등 다른 법률에 따라 형사처벌을 받은 경우에는 과태료를 부과하지 아니하고, 과태료를 부과한 후 형사처벌을 받은 경우에는 과태료 부과를 취소한다.

6)실무상 적용

「조세범 처벌법」에는 위와 같이 조세범칙 행위에 대한 처벌규정을 두고 있으나, 세무조사를 할 때마다 일일이 사기·부정행위를 했는지 여부를 따져서 처벌하지는 않는다. 세법을 잘 알지 못해서 세금을 추징당한 사람을 전부 처벌할 경우, 정부와 국민 사이에 마찰만 생길 뿐 아니라 전과자를 양산하는 결과를 초래하기 때문이다. 그래서 실무적으로는 악의적이거나 고의로 거액을 탈세한 경우 또는 국가의 경제 질서를 위협하는 조세범에 대해서만 검찰에 고발하여 처벌하도록 하고 있다.

①조세범칙조사심의위원회의 심의

지방국세청장 또는 세무서장은 조세포탈(「조세범 처벌법」 3조)에 해당하는 조세범칙사건에 대하여 조세범칙조사를 실시하려는 경우에는 조세범칙조사심의위원회의 심의를 거쳐야 한다. 다

만, 성실신고 방해행위(「조세범 처벌법」 9조①각호) 중 하나에 해당하는 경우에는 위원회의 심의를 거치지 아니할 수 있다.(「조세범 처벌절차법」 7조②)

②조세범칙조사 대상의 선정

　지방국세청장 또는 세무서장은 다음 중 하나에 해당하는 경우에는 조세범칙조사를 실시하여야 한다.(「조세범 처벌절차법」 7조①)

1. 조세범칙행위 혐의자를 처벌하기 위하여 증거수집 등이 필요한 경우
2. 연간 조세포탈 혐의금액 등이 아래에서 정하는 금액 이상인 경우
　　[조세범칙조사 대상금액](「조세범 처벌절차법 시행령」 6조)

1. 연간 조세포탈 '혐의금액' 또는 '혐의비율'이 다음 표 이상인 경우

연간 신고수입금액	연간 조세포탈 혐의금액	연간 조세포탈 혐의비율
100억원 이상	20억원 이상	15% 이상
50억원 이상 100억원 미만	15억원 이상	20% 이상
20억원 이상 50억원 미만	10억원 이상	25% 이상
20억원 미만	5억원 이상	

2. 조세포탈 예상세액이 연간 5억원 이상인 경우

7)조세범에 대한 가중처벌(「특정범죄 가중처벌 등에 관한 법률」)

①조세포탈의 가중처벌(특가법 8조)

　1. 포탈세액 등이 연간 10억원 이상인 경우에는 무기 또는 5년 이상의 징역
　2. 포탈세액 등이 연간 5억원 이상 10억원 미만인 경우에는 3년 이상의 유기징역

　이 경우에는 그 포탈세액 등의 2배 이상 5배 이하에 상당하는 벌금을 병과한다. 이 죄에 대한 공소는 국세청장·지방국세청장·세무서장(지방자치단체장 등)의 고소·고발이 없는 경우에도 제기할 수 있다.(특가법 16조)

②세금계산서 교부의무 위반 등의 가중처벌(특가법 8조의2)

　영리를 목적으로 무거래 세금계산서 등을 수수하거나 알선·중개한 자(조범법 10조③④)는 다음에 따라 가중처벌한다.

　1. 공급가액 등의 합계액이 50억원 이상인 경우에는 3년 이상의 유기징역
　2. 공급가액 등의 합계액이 30억원 이상 50억원 미만인 경우에는 1년 이상의 유기징역

　이 경우 공급가액 등의 합계액에 부가가치세의 세율을 적용하여 계산한 세액의 2배 이상 5배 이하의 벌금을 병과한다.

08 납세자 권리구제절차

(1)과세전적부심사

①청구대상

다음에 해당하는 통지를 받은 자는 통지를 받은 날부터 30일 이내에 통지를 한 세무서장·지방국세청장(지방자치단체장)에게 과세전적부심사(課稅前適否審査)를 청구할 수 있다.(국기법 81조의15①②, 지기법 88조①②) 다만, 법령과 관련하여 국세청장의 유권해석을 변경하여야 하거나 새로운 해석이 필요한 경우 등에 대해서 국세는 국세청장에게 청구할 수 있으나(국기법 81조의15②단서), 지방세는 과세전적부심사 대상이 되지 않는다.(지기법 88조③4호, 지기령 58조⑤1호) 또한 국세의 경우 청구금액이 10억원 이상이면 국세청장에게 청구하여야 한다.(국기령 63조의15①4호)

1. 세무조사 결과에 따라 부족한 세액을 과세하는 경우
2. 업무감사 결과(현지에서 시정조치하는 경우 포함)에 따라 과세예고통지하는 경우
3. 세무조사에서 확인된 해당 납세자 외의 자에 대한 과세자료 및 현지 확인조사에 따라 과세예고통지하는 경우(지방세는 비과세·감면신청 반려 또는 비과세·감면한 세액 추징 포함)
4. 납부고지하려는 세액이 1백만원(지방세는 30만원) 이상인 경우의 과세예고통지. 다만, 감사원의 시정요구에 따라 과세처분하는 경우로서 시정요구 전에 과세처분 대상자가 감사원의 지적사항에 대한 소명안내를 받은 경우는 제외

②청구대상에서 제외되는 것

1. 납부기한 전 징수(국징법 9조) 또는 수시부과의 사유가 있는 경우
2. 「조세범 처벌법」 위반으로 고발 또는 통고처분하는 경우
3. 세무조사 결과 통지 및 과세예고 통지를 하는 날부터 국세부과 제척기간의 만료일까지의 기간이 3개월 이하인 경우(부과제척기간이 임박하여 한 부과처분은 과세전적부심사청구권을 박탈한 절차상 하자임. 조심 2023인9521, 2024.3.21. 결정 등)
4. 국제조세 조정에 관한 법률에 따라 조세조약을 체결한 상대국이 상호합의 절차의 개시를 요청한 경우(국기령 63조의15③, 지기령 58조⑤2호)
5. 재조사 결정(국기법 65조①3호 단서, 81조의15⑤2호 단서)에 따라 조사를 하는 경우(국기령 63조의15③)

③결과 통지

과세전적부심사 청구의 결과(기각 또는 인용)를 청구를 받은 날부터 30일 이내에 청구인에게 통지하여야 한다.(국기법 81조의15④) 지방세는 30일 범위 내에서 1회 한정하여 연장할 수 있다.(지기법 88조④단서)

제1장 제2장 제3장 제4장 제5장 제6장 제7장 제8장 제9장 제10장 제11장 제12장 제13장 제14장

(2)이의신청 · 심사청구 · 심판청구 · 행정소송

①납세자 권리구제절차 요약도(지방세는 곧바로 행정소송 제기도 가능→2021년부터 폐지)

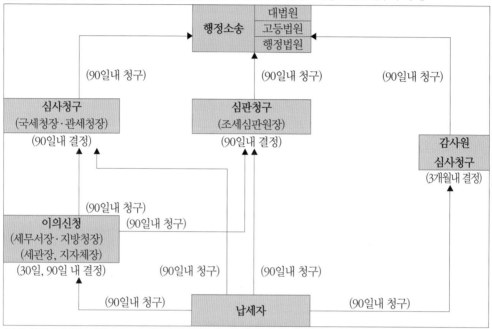

(보충1)청구기간은 처분 또는 결정통지를 받은 날로부터 계산함. 단, 결정통지를 받지 못한 경우에는 결정기간이 경과한 날로부터 계산함. 국세청장·관세청장에게 제기한 심사청구나 조세심판원장에게 제기한 심판청구의 경우 법정 처리기한인 90일 이내 결정을 통지받지 못할 경우 납세자는 곧바로 행정소송을 제기할 수 있다. 그러나 감사원에 제기한 심사청구에 대해서는 3개월 이내 결정이 내려지지 않을 경우 곧바로 행정소송을 제기할 수 있는 규정이 없다.(감사원법 46조, 46조의2)

(보충2)국세(지방세)기본법상 불복절차와 감사원법에 따라 심사청구와의 관계: ⓐ와 ⓑ 중 선택
 ⓐ국세(지방세)기본법에 따라 불복절차. 즉, 이의신청(생략가능)→심사청구 또는 심판청구
 ⓑ감사원법에 따라 심사청구

(보충3)국세는 전심주의를 강제하지만, 지방세는 임의 전심주의를 채택하고 있음(→2021년 폐지).
따라서 지방세는 2020년까지는 이의신청 등을 거치지 않고 곧바로 행정소송을 제기할 수 있었으며, 이의신청 후 곧바로 행정소송을 제기할 수도 있었음.(국기법 56조, 지기법 100조)

(보충4)지방세 심사청구(2021년부터 폐지)와 심판청구 특징
광역자치단체장(특별시장·광역시장·도지사·특별자치도지사)의 결정에 대한 불복청구는 심판청구(조세심판원장)를 해야 하며, 기초자치단체장(시장·군수·구청장)의 결정에 대한 불복청구는 심사청구(광역자치단체장) 또는 심판청구(조세심판원장) 모두 가능했음.→2021년부터 심판청구로 일원화(지기법 91조)
그리고 지방세의 경우 시·도 심사청구제도는 시·군·구세만 대상으로 하고 있어 권리구제 기능이 미미하고, 불복절차의 불균형을 초래하므로 2021년부터 폐지했다.(국기법 56조③, 65조②, 81조 ; 지기법 91조②후단)

(보충5)행정법원
종전에는 행정심판과정 자체를 법원의 제1심으로 보고 이에 불복하는 소는 바로 고등법원의 관할로 하였으나,

1998년 3월부터는 행정법원을 설치하여 행정심판을 거쳤는지 여부에 관계없이 행정소송은 원칙적으로 제1심을 지방법원급의 행정법원의 관할로 하였다. 그러나 지금은 서울행정법원만 설치되어 있고 서울행정법원의 관할구역이 아닌 지역에서의 행정법원의 권한에 속하는 사건은 해당지방법원 본원이 관할하고 있다.

현재 서울행정법원의 관할구역은 서울특별시에 국한되고, 과거 서울행정법원이 관할했던 여타 지역(경기도의 의정부시·동두천시·구리시·남양주시·고양시·양주시·파주시·연천군·포천군·가평군 및 강원도의 철원)은 각 지방법원본원이 담당하고 있다.

②구제절차의 담당기관 및 해당기간

구분		이의신청	심사청구	심판청구
청구기관	국세	세무서장·지방국세청장	국세청장	조세심판원장
	지방세	지방자치단체장	광역자치단체장*	
불복청구서 제출기관	국세	소관세무서장·지방국세청장에게 직접, 또는 세무서장 거쳐 제출	소관세무서장을 거쳐 국세청장에게 제출	소관세무서장을 거쳐 조세심판원장에게 제출
	지방세	청구기관장에 직접, 또는 관할지자체장을 거쳐 제출	좌동	좌동
청구기간		90일 이내	90일 이내	90일 이내
보정기간		20일 이내	20일 이내	상당한 기간
결정	국세	30일 이내, 단, 납세자가 항변시 60일	90일 이내	90일 이내
	지방세	90일 이내	90일 이내	90일 이내

* 지방세는 심사청구제도 폐지(지기법 89조, 2021년부터 시행). 「감사원법」상 심사청구 제기는 가능.

(보충)정보통신망을 이용한 불복청구('국기법'만 신설)(국기법 60조의2, 2018.12.31. 신설)

1. 이의신청인, 심사청구인 또는 심판청구인은 국세청장 또는 조세심판원장이 운영하는 정보통신망을 이용하여 이의신청서, 심사청구서 또는 심판청구서를 제출할 수 있다.

2. 제1항에 따라 이의신청서, 심사청구서 또는 심판청구서를 제출하는 경우에는 국세청장 또는 조세심판원장에게 이의신청서, 심사청구서 또는 심판청구서가 전송된 때에 이 법에 따라 제출된 것으로 본다.

☞지방세도 심판청구는 사이버심판접수 가능: 2023년 사이버접수는 내국세 1,768, 관세 84, 지방세 1,990건임.

③조세불복의 대상

세법에 따른 처분으로서 위법·부당한 처분을 받거나 필요한 처분을 받지 못함으로 인하여 권리·이익을 침해당한 자는 그 처분의 취소·변경을 청구하거나 필요한 처분을 청구할 수 있다. 다만 조세범 처벌절차법에 따른 통고처분, 감사원법에 따라 심사청구를 한 처분이나 그 심사청구에 대한 처분, 세법에 따른 과태료 부과처분에 대해서는 그러하지 아니하다.(국기법 55조, 지기법 89조)

　1. 불복의 대상

　• 필요한 처분을 받지 못한 경우(국기통 55-0…3, 지기예 89-2)

　　–공제·감면신청에 대한 결정

　　–국세(지방세)의 환급

　　　－사업자등록신청에 대한 등록증 교부

　　　－허가·승인

　　　－압류해제

　　　－경정 등의 청구에 대한 결정

　　• 부과처분

　　• 경정청구 거부처분

　　• 징수처분, 강제징수

　　　[강제징수에 대한 불복](국기통 55-0…7, 지기예 89-6)

　　　납세자 재산의 압류·매각·청산(배분)의 강제징수는 불복청구의 대상임. 강제징수로 압류한 재산이 제3자 소유인 경우 제3자도 압류처분에 대해 불복청구 가능.

　　• 주류도매면허취소처분(대법 2001두1727, 2009.9.24. 선고)

　　• 세무조사결정(대법 2009두23617·23624, 2011.3.10. 선고)

　　• 기한후 신고에 대한 결정(대법 2013두6633, 2014.10.27. 선고)

　　• 법인에 대한 소득금액변동통지(대법 2002두1878, 2006.4.20. 전원합의체 판결)

> **[판시사항(경정결정신청거부처분취소): 과세관청의 소득처분에 따른 소득금액
> 변동통지가 항고소송의 대상이 되는 조세행정처분인지 여부(적극)] 판결요지**
>
> (대법 2002두1878, 2006.4.20. 전원합의체 판결)
>
> 과세관청의 소득처분과 그에 따른 소득금액변동통지가 있는 경우 원천징수의무자인 법인은 소득금액변동통지서를 받은 날에 그 통지서에 기재된 소득의 귀속자에게 당해 소득금액을 지급한 것으로 의제되어 그때 원천징수하는 소득세의 납세의무가 성립함과 동시에 확정되고, 원천징수의무자인 법인으로서는 소득금액변동통지서에 기재된 소득처분의 내용에 따라 원천징수세액을 그다음 달 10일까지 관할 세무서장 등에게 납부하여야 할 의무를 부담하며, 만일 이를 이행하지 아니하는 경우에는 가산세의 제재를 받게 됨은 물론이고 형사처벌까지 받도록 규정되어 있는 점에 비추어 보면, 소득금액변동통지는 원천징수의무자인 법인의 납세의무에 직접 영향을 미치는 과세관청의 행위로서, 항고소송의 대상이 되는 조세행정처분이라고 봄이 상당하다.

　2. 불복의 대상이 아닌 것

　　• 강제징수를 하기 전의 독촉 및 최고

　　• 제2차 납세의무자의 지정통지

　　• 공매의 통지

　　• 개인에 대한 소득금액변동통지

④불복청구가 집행에 미치는 효력

가. 국세의 경우(국기법 57조)

이의신청 또는 심판청구는 세법에 특별한 규정이 있는 것을 제외하고는 해당 처분의 집행에 효력을 미치지 아니한다. 다만, 해당 재결청(裁決廳)이 처분의 집행 또는 절차의 속행 때문에 이의신청인, 심사청구인 또는 심판청구인에게 중대한 손해가 생기는 것을 예방할 필요성이 긴급하다고 인정할 때에는 처분의 집행 또는 절차 속행의 전부 또는 일부의 정지(이하 '집행정지'라 함)를 결정할 수 있다.(국기법 57조①, 2018.12.31. 단서 신설)

재결청은 집행정지 또는 집행정지의 취소에 관하여 심리·결정하면 지체 없이 당사자에게 통지하여야 한다.(국기법 57조②, 2018.12.31. 신설)

나. 지방세의 경우(지기법 99조, 지기령 66조)

이의신청 또는 심판청구는 그 처분의 집행에 효력이 미치지 아니한다. 다만, 압류한 재산에 대해서는 이의신청 또는 심판청구의 결정이 있는 날부터 30일까지(지기령 66조) 그 공매처분을 보류할 수 있다.(지기법 99조)

(3) 부당이득반환청구 소송(민사소송)

조세의 잘못된 부과처분이 있었으나 위의 불복기간이 경과하여 더 이상 심판청구 등을 제기할 수 없는 경우, 차선의 구제수단으로 국가·지방자치단체를 상대로 부당이득(「민법」741조)반환 청구를 고려해볼 필요가 있다. (지방세도 별도소송 제기해야 함. 지방세정책과−1908, 2021.4.29.)

부당이득반환청구 소송은 그 사실을 안 날로부터 10년 이내에 청구함이 원칙이지만(「민법」162조), 행위의 목적에 따라 단기소멸시효가 적용되므로 유의해야 한다. 만일 상행위를 목적으로 한다면 「상법」상 단기소멸시효(5년)가 적용되며, 조세채권의 경우 '환급금의 소멸시효'가 5년이므로(국기법 54조, 지기법 64조), 이 단기소멸시효 이내에 부당이득반환청구 소송을 해야 한다.

그리고 잘못된 부과처분이 있었다고 하여 무조건 부당이득반환청구를 통해 세금을 돌려받을 수 있는 것은 아니다. 그 처분이 '당연무효'에 해당하는 경우에 한하여 부당이득반환청구를 인정받을 수 있다.

법원은 과세처분의 무효를 극히 제한적으로만 인정한다는 점을 알아야 한다. 대법원에서는 '중대명백설'을 채택하여 과세처분의 하자가 당연무효인지 아니면 취소사유인지를 판단한다. 중대명백설에 따르면 과세처분의 하자가 첫째, 법규의 중대한 부분을 위반한 '중대'한 것으로서, 둘째, 객관적으로 '명백'하여야만 무효사유가 된다. 이러한 '중대명백'의 기준을 충족하기 위해서는 사실적 측면에서는 추가적인 사실관계의 조사 없이 과세대상 여부를 확인할 수 있어야 하고, 법률적 측면에서는 법령 규정의 적용 여부에 관한 해석상 다툼이 없어야 한다는 것이 대법원의 일관된 태도이다.(대법 2017다242409, 2018.7.19. 선고 '과세처분의 당연무효 인정기준 사건'; 대법 2018다287287, 2019.4.23. 선고 등 참조)

09 조세의 소멸시효

(1)조세의 부과제척기간과 조세징수권의 소멸시효

조세의 소멸시효는 크게 제척기간과 조세징수권의 소멸시효로 나뉜다. '조세의 부과제척기간'은 조세를 부과할 수 있는 기간을 말하며 조세채권의 행사가능기간이다. '조세징수권 소멸시효'는 국가(또는 지방자치단체)가 조세징수권을 장기간 행사하지 않는 경우 그 징수권을 소멸시키는 제도이다.

[조세부과 제척기간과 조세징수권 소멸시효]

납세의무 성립→부과권→납세의무 확정(변경)→징수권→납세의무 소멸
↕   ↕
제척기간   소멸시효

[조세의 부과제척기간과 조세징수권의 소멸시효 비교]

구분	조세의 부과제척기간	조세징수권의 소멸시효
개념	과세관청(국가, 지방자치단체)이 조세를 부과할 수 있는 기간	과세관청이 조세징수권을 장기간 행사하지 않는 경우 징수권 소멸
대상	과세관청의 부과권(형성권의 일종)	과세관청의 징수권(청구권의 일종)
기간	5년, 7년, 10년, 15년, 사망시까지	5년, 10년
기산일	조세를 부과할 수 있는 날	조세징수권을 행사할 수 있는 날
중단과 정지	없음	징수권 행사로 인해 중단 징수권 행사가 불가능한 기간에는 정지
기간만료의 효과	장래를 향해 부과권 소멸 결손처분 불필요	기산일에 소급하여 징수권 소멸 결손처분 필요

(2)조세의 부과제척기간

①국세(국기법 26조의2)

구분	내용		제척기간
일반 세금	'역외거래'의 정의: 국제거래(국조법 2조①1호) 및 거래당사자 양쪽이 거주자(내국법인과 외국법인의 국내사업장 포함)인 거래로서 국외에 있는 자산의 매매·임대차, 국외에서 제공하는 용역과 관련된 거래		
	사기·부정행위[2]로 조세포탈 또는 환급·공제받은 경우 (법인세법상 소득처분으로 인한 소득·법인세 포함)	역외거래	15년
		국내거래	10년
	부정행위로 세금계산서·계산서 미발급 등에 대한 가산세		10년
	법정신고기한까지 과세표준신고서 미제출 (역외거래는 2019년부터 적용)	역외거래	10년[1]
		국내거래	7년[1]
	위 이외의 경우(과소신고 등)(역외거래는 2019년부터 적용)	역외거래	7년[1]
		국내거래	5년[1]

구분	내용	제척기간
상속세·증여세*3 (누락재산 50억원 이하)	사기·부정행위로 상속세·증여세 포탈하거나 환급·공제받은 경우	15년
	법정신고기한까지 과세표준신고서 미제출	
	법정신고기한까지 과세표준신고서 제출하였으나, 거짓신고·누락신고한 경우(그 거짓신고·누락신고한 부분만 해당)*4	
	위 이외의 경우	10년
상속·증여세 (고액특례)*5	부정행위로 상속세·증여세를 포탈한 경우. 다만, 상속인이나 증여자 및 수증자가 사망한 경우와 포탈 재산가액 합계액이 50억원 이하는 제외. 사실상 납세의무자(제2차 납세의무자 포함) 사망시까지 부과 가능!	사실을 안 날부터 1년

*1 이월결손금 공제(2021.1.1. 신고 분부터 15년←10년 이내 분) 및 이월세액공제 시: 공제한 과세기간 법정신고기한부터 1년까지 연장됨(국기법 26조의2③, 이월세액공제는 2025.1.1. 공제액부터 적용)

*2 '사기·부정행위'란 다음에 해당하는 행위로서 조세의 부과와 징수를 불가능하게 하거나 현저히 곤란하게 하는 적극적 행위를 말한다.(조범법 3조⑥)

1. 이중장부의 작성 등 장부의 거짓 기장   2. 거짓 증빙 또는 거짓 문서의 작성 및 수취
3. 장부와 기록의 파기   4. 재산의 은닉, 소득·수익·행위·거래의 조작 또는 은폐
5. 고의적으로 장부를 작성하지 아니하거나 비치하지 아니하는 행위 또는 계산서, 세금계산서 또는 계산서합계표, 세금계산서합계표의 조작   6. 조특법 5조의2 제1호에 따른 전사적 기업자원관리설비의 조작 또는 전자세금계산서의 조작
7. 그밖에 위계(僞計)에 의한 행위 또는 부정한 행위

*3 부담부 증여 시 양도소득세 및 지방세의 부과제척기간 연장
부담부 증여 시 증여세와 함께 양도소득세·지방세가 과세되는 경우 증여세에 대해 적용되는 제척기간으로 양도소득세 및 지방세(10년)의 제척기간을 연장함.(국기법 26조의2④본문 단서, 지기법 38조①2호 가목)

*4 상속세·증여세의 거짓신고·누락신고의 개념(국기령 12조의2②)
1. 상속재산가액 또는 증여재산가액에서 가공(架空)의 채무를 빼고 신고한 경우
2. 권리의 이전이나 그 행사에 등기 등(등기, 등록, 명의개서 등)이 필요한 재산을 상속인 또는 수증자의 명의로 등기 등을 하지 아니한 경우로서 그 재산을 상속재산 또는 증여재산의 신고에서 누락한 경우
3. 예금, 주식, 채권, 보험금, 그 밖의 금융자산을 상속재산 또는 증여재산의 신고에서 누락한 경우

*5 상속세·증여세의 고액포탈(재산 50억원) 특례가 적용되는 경우(국기법 26조의2⑤)
1. 제3자의 명의로 되어 있는 피상속인 또는 증여자의 재산을 상속인이나 수증자가 취득한 경우(즉, 보유여부와 무관. ←2019.12.31.까지: 보유하고 있거나 그 자의 명의로 실명전환을 한 경우)
2. 계약에 따라 피상속인이 취득할 재산이 계약이행기간에 상속이 개시됨으로써 등기·등록 또는 명의개서가 이루어지지 아니하고 상속인이 취득한 경우
3. 국외에 있는 상속재산이나 증여재산을 상속인이나 수증자가 취득한 경우
4. 등기·등록 또는 명의개서가 필요하지 아니한 유가증권, 서화(書畵), 골동품 등 상속재산 또는 증여재산을 상속인이나 수증자가 취득한 경우
5. 수증자의 명의로 되어 있는 증여자의 「금융실명거래 및 비밀보장에 관한 법률」에 따른 금융자산을 수증자가 보유하고 있거나 사용·수익한 경우
6. 상속세 및 증여세법에 따른 비거주자인 피상속인의 국내재산을 상속인이 취득한 경우
7. 명의신탁재산의 증여의제(상증법 45조의2)에 해당하는 경우(2020.1.1.부터 적용)
8. 국내가상사업자를 통하지 않고 가상자산을 상속·증여받은 경우(2023.1.1. 가상자산 상속·증여분부터 적용)
(보충)정당한 이유 없이 장기간과세를 미루어 오다가 부과제척기간 임박을 이유로 과세예고통지와 동시에 한 양도소득세 부과

처분은 납세자의 과세전적부심사청구권을 침해하여 절차상 중대한 하자가 있으므로 위법함.(조심 2022서7132, 2023.4.10. 결정)

② 지방세 (지기법 38조)

구분	제척기간
사기·부정행위로 지방세를 포탈·환급·경감받는 경우	10년
1. 상속·증여를 원인으로 취득하는 경우 2. 「부동산 실권리자명의 등기에 관한 법률」 2조1호에 따른 명의신탁 약정으로 실권리자가 사실상 취득하는 경우 3. 법인의 주식·지분을 타인명의로 취득함으로써 해당 주식·지분의 실권리자가 되어 과점주주(지법 7조⑤)에 해당하게 된 경우 (2017.3.27.까지 5년→2017.3.27.부터 납세의무성립분은 10년으로 강화)	10년
법정신고기한까지 과세표준신고서를 제출하지 아니한 경우 (2015.12.31. 이전 법정신고기한 내에 소득세·법인세·부가가치세 과세표준 신고서 미제출로 해당 지방소득세·지방소비세를 부과할 수 없는 경우 포함)	7년
위 이외의 경우	5년

(보충)과점주주 간주취득세에서 명의신탁·명의신탁해지에 따른 취득시기

1. 과세관청과 조세심판원: 명의신탁 사실이 '명백하게 입증'되면 명의신탁시점에 취득한 것으로 보지만, 그렇지 못하면 명의신탁 해지시점에 실소유자가 취득한 것으로 해석

(1)지방세운영과-3127, 2010.7.22.

법인의 주식 또는 지분을 취득함으로써 과점주주가 된 경우에 과점주주 간주취득세 납세의무가 성립되지만, 명의신탁 해지로 인하여 주식의 명의를 회복하는 것은 취득에 해당하지 않으므로, 그에 따라 과점주주가 되는 경우에는 과점주주 간주취득세 납세의무가 성립되었다고 볼 수 없으나, 명의신탁임이 명백하게 입증이 되어야 함.

(2)조심 2016지1274, 2017.2.13. 결정요지(유사 결정 사례: 감사원 2016심사642, 2016.12.15. ; 감사원 2015심사668, 2016.8.18. ; 조심 2017지0016, 2017.10.30. ; 조심 2016지1282, 2017.8.9. ; 조심 2017지0352, 2016.8.18. 등)

청구인들은 쟁점주식이 명의신탁이라는 '사실을 입증할 수 있는 자료를 제출한 사실이 없고', 설령 명의신탁된 주식이었다 하더라도 명의신탁을 해지하고 실제 소유자 명의로 주주명부를 개서하고 주권을 넘겨받았다면 실제 소유자가 당해 주식을 '취득'한 것으로 보아야 할 것이므로, 경정청구를 거부한 처분은 잘못이 없음.

2.대법원: (명의신탁 해지 시점이 아니라) 명의신탁을 하는 시점에 실소유자가 사실상 취득한 것으로 해석

(대법 2009두7448, 2010.8.20. ; 2013두17671, 2013.12.12. ; 2014두10943, 2017.6.14. ; 2015두39217, 2015.6.11. ; 2011두26046, 2016.3.10. ; 2018두49376, 2018.11.9. 선고 외 다수)

③조세쟁송 등으로 인한 특례부과제척기간(예외 제척기간)

다음에 따른 기간이 지나기 전까지 경정결정이나 그 밖에 필요한 처분을 할 수 있다.

(국기법 26조의2②③⑤→⑥⑦⑧, 지기법 38조②③)

1. 이의신청, 심사청구, 심판청구, 「감사원법」에 따른 심사청구 또는 「행정소송법」에 따른 소송에 대한 결정이나 판결이 확정된 경우: 결정 또는 판결이 확정된 날부터 1년

1의2. 제1호의 결정이나 판결이 확정됨에 따라 그 결정 또는 판결의 대상이 된 과세표준 또는 세액과 연동된 다른 세목(같은 과세기간으로 한정)이나 다른 과세기간(같은 세목으로 한정)의 과세표준 또는 세액의 조정이 필요한 경우: 결정 또는 판결이 확정된 날부터 1년

1의3. 뇌물, 알선수재·배임수죄에 의하여 받는 금품(소법 21조①23·24호) 소득으로 「형사소송법」에 따른 소송에 대한 판결이 확정된 경우: 판결이 확정된 날부터 1년(2022년부터 적용)

　🖎형법상 뇌물·알선수재·배임수재 등의 범죄에 대해 '몰수'나 '추징'된 경우에는 실질소득이 없으므로 소득세를 과세하지 않음.(소통 21-0···6, 2019.12.23. 신설 ; 대법 2014두5514, 2015.7.16. 선고)

　　→ 횡령금은 국가의 당연 몰수·추징 대상이 아니므로, 이를 반환했더라도 후발적 경정청구 사유에 해당하지 않음.(대법 2021두35346, 2024.6.17. 선고)

2. 조세조약에 부합하지 아니하는 과세의 원인이 되는 조치가 있는 경우 그 조치가 있음을 안 날부터 3년 이내(조세조약에서 따로 규정하는 경우에는 그에 따른다)에 그 조세조약의 규정에 따른 상호합의가 이루어진 경우: 상호합의 절차의 종료일부터 1년

3. 경정청구(후발적 경정청구 포함) 또는 「국제조세조정에 관한 법률」에 따른 경정청구·조정권고가 있는 경우: 경정청구일·조정권고일부터 2개월

4. 제3호에 따른 경정청구 또는 조정권고가 있는 경우 그 경정청구 또는 조정권고의 대상이 된 과세표준 또는 세액과 연동된 다른 과세기간의 과세표준 또는 세액의 조정이 필요한 경우: 경정청구일·조정권고일부터 2개월

5. 최초의 신고·결정 또는 경정에서 과세표준 및 세액의 계산 근거가 된 거래 또는 행위 등이 그 거래·행위 등과 관련된 소송에 대한 판결(판결과 같은 효력을 가지는 화해나 그 밖의 행위를 포함)에 의하여 다른 것으로 확정된 경우: 판결이 확정된 날부터 1년

6. 역외거래와 관련하여 제척기간이 지나기 전에 「국제조세조정에 관한 법률」에 따라 조세정보를 외국의 권한 있는 당국에 요청하여 요청한 날부터 2년이 지나기 전까지 조세정보를 받은 경우: 조세정보를 받은 날부터 1년(2019년부터 적용, 국기법 26조의2②6호→⑥6호)

7. 위 규정에도 불구하고 위 1.호의 조세 불복청구에 대한 결정 또는 판결에 의하여 다음의 어느 하나에 해당하게 된 경우에는 당초의 부과처분을 취소하고 그 결정 또는 판결이 확정된 날부터 1년 이내에 다음 각 호의 구분에 따른 자에게 경정이나 그 밖에 필요한 처분을 할 수 있다.

　가. 명의대여 사실이 확인된 경우: 실제로 사업을 경영한 자

　나. 재산의 실질 귀속자와 명의자가 다른 사실이 확인된 경우: 재산의 실질 귀속자(2023년 시행)

④조세의 부과제척기간 기산일(국기령 12조의3, 지기령 19조)

구분		제척기간 기산일
원칙	과세표준과 세액을 신고하는 조세	과세표준 신고기한 다음날 (중간예납·예정신고기한·수정신고기한은 제외)
	신고의무 없는 조세 (종합부동산세·인지세, 재산세 등)	납세의무 성립일
예외	원천징수(특별징수) 또는 납세조합에 부과하는 조세	해당 원천징수액(특별징수액) 또는 납세조합징수세액의 법정 납부기한 다음 날
	과세표준신고기한 또는 법정납부기한 연장 시	연장된 기한의 다음 날
	공제·면제·비과세 또는 낮은 세율의 적용 등에 따른 세액을 의무불이행 등의 사유로 징수하는 경우	공제세액 등을 징수할 사유가 있는 사유가 발생한 날

(3)조세징수권의 소멸시효

①소멸시효(국기법 27조, 지기법 39조)

조세의 징수를 목적으로 하는 국가(지방자치단체)의 권리는 이를 행사할 수 있는 때부터 5년 동안 행사하지 아니하면 소멸시효가 완성되지만, 국세가 5억원(지방세는 5천만원) 이상인 경우에는 10년이다. 이 경우 국세 5억원 이상 여부는 가산세를 제외한 금액을 기준으로 적용한다(국세는 2020.1.1, 지방세는 2024.1.1. 이후 신고 또는 고지하는 분부터 적용, 2020.12.29. 개정 지기법 부칙 1조4호).

소멸시효에 관하여는 세법에 특별한 규정이 있는 것을 제외하고는 「민법」에 따른다.

②소멸시효 기산점(국기령 12조의4, 지기령 20조)

구분		제척기간 기산일
원칙	과세표준과 세액을 신고하는 조세	법정납부기한 다음 날
	과세표준과 세액을 결정·경정·수시부과결정하는 경우 납부고지한 세액	고지에 따라 납부기한 다음 날
예외	원천징수(특별징수)의무자 또는 납세조합으로부터 징수하는 조세로서 납부고지한 세액	고지에 따라 납부기한 다음 날
	인지세로 납부고지한 인지세액	
	원칙적인 기산일 중 법정신고납부기한이 연장되는 경우	연장된 기한의 다음 날

③소멸시효의 중단과 정지(국기법 28조, 지기법 40조)

A. 시효의 중단

'시효의 중단'이라 함은 시효의 진행 중에 어떤 사유의 발생으로 인하여 이미 경과한 기간의 효력이 소멸되어버리고 그 중단사유가 해소된 후에 그때부터 새로이 시효가 진행되는 것을 말한다.

중단된 소멸시효는 아래 기간이 지난 때부터 새로 진행한다.

1. 납부고지: 고지한 납부기간
2. 독촉: 독촉에 의한 납부기간

   시효중단의 효력이 있는 독촉은 국세징수법 10조①에 의거 납기경과 후 10일(←구 국징법 23조①에 의거 납기경과 후 15일) 내에 발부한 것으로 1회에 한하는 것임.(징세 46101-1576, 2000.11.14.)

3. 교부청구: 교부청구 중의 기간
4. 압류: 압류해제까지의 기간

시효의 중단 사유는 다음과 같다.

1. 납부고지
2. 독촉

시효중단의 효력이 있는 독촉은 국세징수법 10조(2020년까지 23조①)에 의거 납기경과 후 10일(2008년까지 15일)내에 발부한 것으로 1회에 한하는 것임.(징세 46101-1576, 2000.11.14.)

지방세징수권의 소멸시효가 중단되는 납부의 독촉은 독촉장 또는 납부최고서만 해당되고 체납세액고지서는 체납세액 징수를 위한 과세관청의 독려과정에 해당하는 것이어서, 이는 소멸시효 중단사유에 해당하지 않음.(지방세분석과-1032, 2013.5.29.)

3. 교부청구: 교부청구는 납세자의 재산에 대하여 타기관의 강제환가절차가 개시된 경우 해당 재산의 환가대금 중에서 조세채권을 징수하고자 관계집행기관에 대하여 그 배당을 요구하는 강제징수 절차를 말한다.(국징법 59조, 지징법 66조)

4. 압류: 단, 압류금지재산 또는 제3자의 재산을 압류한 경우로서 압류를 즉시 해제하는 경우에는 소멸시효가 중단되지 않음(국기법 28조①4호, 2024.1.1. 시행 ; 지기법 40조①, 2025.1.1. 시행)

세무공무원이 국세징수법 36조(2020년까지 26조)에 의하여 체납자의 가옥·선박·창고 기타의 장소를 수색하였으나, 압류할 목적물을 찾아내지 못하고 수색조서를 작성하는 데 그친 경우에도 소멸시효 중단의 효력이 있음.(대법 2000다12419, 2001.8.21. 선고)

가등기에 기한 본등기를 한 경우 그 사이에 이루어진 등기의 효력은 상실되므로, 본등기로 압류등기가 말소된 경우 그날부터 새로이 소멸시효가 진행됨.(서울고법 2008누18016, 2009.5.29. 판결, 대법확정)

세법상 시효중단 사유에 '승인'이 규정되어 있지 않다는 점에서, 민법상 시효중단 사유(청구, 압류 또는 가압류, 가처분, 승인) 중 '승인'(기한후신고·수정신고 등의 신고행위와 채무금의 일부 변제, 이자지급, 담보제공 등이 승인에 해당됨)은 시효중단 사유로 볼 수 없다.

B. 시효의 정지

'시효의 정지'는 시효의 진행이 일시적으로 정지, 즉 멈추는 것을 말한다. 시효정지의 경우에는 이미 경과한 시효기간은 그대로 효력을 가지고 정지 후에 새로이 진행된 기간과 합산하여 시효기간을 계산한다. 즉 일정한 기간 동안 시효의 완성을 유예하는 것을 말하며, 이 경우에는 그 정지사유가 종료한 후 다시 잔여 시효기간이 경과하면 소멸시효가 완성된다.(국기통 28-0…3, 지기예 40-2)

조세징수권의 소멸시효는 아래에 해당하는 기간에는 진행되지 않는다.

1. 세법에 따른 분납기간·연부연납기간
2. 납부고지의 유예, 납부기한 등 연장, 징수 유예
3. 압류·매각의 유예
4. 사해행위 또는 채권자대위소송 진행 중인 기간(다만, 소송이 각하·기각 또는 취하된 경우에는 효력이 없음)

   (보충)과세전적부심사를 청구함에 따라 적부심의 심리가 진행 중이라고 하여 조세징수권의 소멸시효가 진행되지 않는다고 볼 수 없음.(대법 2014누8650, 2016.12.1. 선고)

5. 체납자가 국외에 6개월 이상 계속 체류하는 경우 해당 국외 체류 기간

10 조세와 일반채권의 관계

(1) 「민법」상 채권과 물권의 이해

「민법」에서 물권(物權)이라 함은, 물건에 대한 배타적 지배권인 소유권, 지상권·지역권·전세권 등의 용익물권(用益物權), 유치권(留置權, 전당포 등의 경우)·질권(예금 등에 설정)·저당권 등의 담보물권, 점유권을 총칭하여 부르는 개념이다. 물권은 채권과 같이 재산권의 하나이지만 일반적으로 다음의 점에서 채권과 다르다.

첫째, 채권은 어느 특정인(채권자-임차인)이 다른 특정인(채무자-임대인)에 대하여 일정한 행위(예: 가옥을 인도하여 이용하도록 하는 행위)를 청구할 수 있는 권리이나, 물권은 물건을 직접, 즉 타인의 아무런 행위도 거치지 않고 지배할 수 있는 권리이다. 즉, 물권에는 배타성이 있으나 채권에는 없다.

둘째, 물권은 물상청구권(物上請求權)으로 모든 사람에게 주장할 수 있으나, 채권은 원칙적으로 특정인(채무자)에 대하여서만 주장할 수 있다.

셋째, 동일물상에 내용이 대립하는 2개 이상의 물권이 함께 있을 때에는 먼저 성립한 물권이(선순위 인정), 또 채권과 물권이 함께 있을 때에는 물권이 우선한다(물권의 우선적 효력).

채권에는 '채권자 평등주의'가 적용되므로 시간적 선순위를 인정하지 않는다. 그러므로 채권에 대한 시간적 선순위를 인정받기 위해 저당 등의 담보물권을 이용할 수밖에 없는 것이다. 가장 단순한 예를 살펴본 후, 「민법」과 「민사소송법」에 규정되어 있는 강제집행과 관련한 부분을 간략하게 해설하겠다.

[채권과 물권 이해를 위한 기본 사례]

내용	채권만 존재하는 경우	채권에 물권담보가 존재
채무자 홍길동의 채무현황	2월 5일: 갑에게서 6천만원 차입, 담보 없음	A상가 담보 제공
	4월 6일: 을에게서 2천만원 차입, 담보 없음	무담보(담보제공 없음)
	6월 8일: 병에게서 2천만원 차입, 담보 없음	A상가 담보 제공
빚잔치	A상가 처분액 7천만원으로 빚잔치(청산)	갑: 1순위 담보권자로 전액
	채권자 평등주의로 시간 선순위 인정되지 않음	병: 2순위로 남은 1천만원
배당결과	각자 70%씩 변제받음(채권자 평등주의) (갑 4.2천만원, 을 1.4천만원, 병 1.4천만원)	담보권자 순위별 우선변제 (갑 6천만원, 병 1천만원)

①물권(선순위 우선주의)

물권은 특정한 물건을 점유·사용·처분할 수 있는 권리로서 누구에게나 주장할 수 있는 권리이다. 「민법」에서는 다음과 같은 8가지만 인정하고 임의로 만들지 못하게 되어 있다.

[물권의 분류]

(보충)물권화된 채권
- 부동산임차권
- 소유권이전(청구권, 담보)가등기

②채권(채권자 평등주의, 순위 없음)

　채권자가 채무자에게만 특정권리를 주장할 수 있을 뿐이다(대인청구권임).

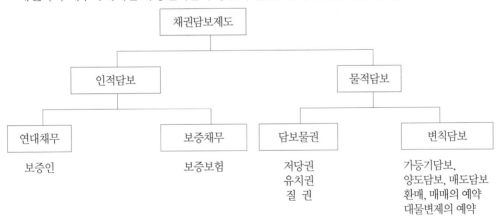

(보충)담보물권:「민법」중 담보물권 편
　　　변칙담보:「가등기담보 등에 관한 법률」

[전세권과 임차권의 차이]

구분	전세권	임차권
권리성격	물권	채권
대 가	전세금 지급	월세 또는 보증금 지급
공 시	등기 필수	부동산은 등기 가능
전대, 권리양도	주인 동의 없이 가능	주인 동의 없으면 불가
대상물 관리의무자	전세권자	임대인
전세금, 보증금 환수방법	경매신청	채권자로서의 권리만 있음

③경매 뒤 자동 말소되는 권리

  1. 저당권·근저당권

  2. 압류·가압류

  3. 소유권이전담보가등기

  4. 말소기준권리 뒤에 설정된 지상권·지역권·전세권·가등기·가처분·환매등기·임차권

  5. 말소기준권리보다 앞선 전세권이라도 아래의 경우는 말소된다.

  −전세권자가 경매를 신청한 경우

  −존속기간 약정이 없거나 경매등기일 이후 6개월 이내에 만료될 경우

  6. (말소기준권리가 없는 경우) 경매신청등기보다 뒤에 설정된 지상권·지역권·전세권·가등기·가처분·환매등기·임차권

[연대보증제도 폐지]2023년까지는 공공기관·은행권 기존 대출·보증에서도 폐지

'금융의 연좌제'로 불렸던 제3자 연대보증제도가 2023년이면 금융 공공기관(신용보증기금·기술보증기금·중소벤처기업진흥공단, 지역신용보증재단 등)에서 완전히 사라지게 된다.

그동안 공공 부문에서 단계적으로 축소해오던 것을 모든 법인에게 적용하기로 하고 2023년까지는 기존 대출과 보증에서도 폐지하기로 했기 때문이다.

• **연대보증제도 단계적 축소로 사실상 전면 폐지…2023년이면 기존 대출에서도 사라져**

2012년 5월 금융위원회는 금융 공공기관과 은행권의 연대보증 제도를 폐지해, 개인기업은 원칙적으로 연대보증을 금지했고 법인기업은 오너인 법인대표자 1인에게만 연대보증을 세울 수 있도록 제한했다.

2014년부터는 우수창업자 등에 대해, 2018년 4월에는 업력에 관계없이 모든 법인대표자에 대해 금융 공공기관의 연대보증도 면제해주었다. 이에 연대보증이 적용되고 있는 기존 대출 및 보증에 대해서는 2018년부터 오는 2023년까지 5년간 단계적으로 폐지된다. 이로써 그동안 단계적으로 축소돼왔던 제3자 연대보증제도는 사실상 전면 폐지의 길을 걷게 됐다.

• **연혁**

①은행

 2008년: 개인대출 연대보증 폐지

 2012년: 개인사업자대출 연대보증 폐지, 법인대출 제한적 허용(오너인 대표자 1인만 허용)

 2013년: 연대보증 폐지 전면 도입

② 제2금융권(상호저축은행, 상호금융, 여신전문금융회사, 보험회사)

  2013년: 연대보증 폐지 전면 도입

③ 대부업계

  2016년: 연대보증 폐지에 자율적으로 동참

  2019년: 금융위 등록 대부업자 개인(개인사업자 포함)의 대출계약에 대해 연대보증 폐지(법인대출은 제한적 허용)

④「금융소비자보호법」제정(2021.3.25. 시행): 대출 연대보증 입보 제한 명문화

종전에는 금융감독원 감독하에 금융기관들이 사규 등을 변경하여 연대보증을 금지해 왔으나 구속력이 약했음. 이 법 제정으로 연대보증제도는 사실상 금지됐고, 예외적인 아래의 경우(시행령 15조)에만 제3자 연대보증을 허용함.

－분양대금을 지급하기 위해 대출을 받는 경우 분양사업자 및 해당 건물의 시공사

－개인사업자: 사업자등록에 기재된 공동대표자

－법인: 해당 법인의 대표이사 또는 무한책임사원, 최대지분 소유자

      해당 법인의 의결권 있는 주식의 30% 초과 소유자, 채무자의 계열회사

      PF대출인 경우 사업장의 개발 수익을 공유하는 시행사·시공사

－조합·단체: 조합·단체의 대표자

[사례]

전세권자가 전세금을 돌려받기 위해 경매를 신청하여 7,200만원에 낙찰되었을 때 다음과 같은 시간 순으로 권리가 설정되었다면 어떻게 배당될까?(단, 경매비용 200만원)

ⓐ2020년 1월 20일 전세권 1,500만원

ⓑ2021년 5월 10일 저당권 3,000만원

ⓒ2022년 2월 23일 임차권   700만원(소액보증금 해당, 확정일자 없음)

ⓓ2022년 3월 11일 임차권 2,800만원(확정일자 없음)

ⓔ2022년 5월 3일 가압류   300만원

ⓕ2022년 9월 21일 가압류   900만원

〈풀이〉

내 용	금 액(만원)
ⓒ소액임차보증금	700
ⓐ전세권	1,500
ⓑ저당권	3,000
순위배당 계	5,200
ⓓ임차권 (1,800×2,800/4,000)	1,260
ⓔ가압류 (1,800×300/4,000)	135
ⓕ가압류 (1,800×900/4,000)	405
비율배당 계	1,800
총 계	7,000

(2)조세우선권의 제한

1)조세우선권의 원칙

'국세(또는 지방세) 및 강제징수비'는 다른 공과금이나 그 밖의 채권에 우선하여 징수한다.(국기법 35조①, 지기법 71조①)

강제징수비는 국세징수법(지방세징수법) 중 강제징수에 관한 규정에 따른 재산의 압류·보관·운반·매각에 든 비용(매각을 대행시키는 경우 그 수수료 포함)을 말한다.(국기법 2조6호, 지기법 2조25호)

2)조세우선권의 예외

앞의 원칙은 선언적인 원칙이며 세부적으로는 다음과 같은 예외를 두고 있으므로 조세와 다른 채권과의 우선순위는 여기서 설명하는 순서에 따라야 하는 것이다. 먼저 조세와 일반채권과의 우선순위를 요약해보면 이렇다.

[조세와 일반채권과의 우선순위표]

구분	채권 종류별 상황			순위
강제징수비	선집행자 강제징수비(국세든 지방세든 무관)			1순위
	당해집행자 강제징수비			2순위
소액임차보증금(주택·상가건물), 최종 3개월 임금 및 최종 3년간 퇴직금, 재해보상금				3순위
담보채권(확정일자 받은 채권 포함), 조세채권 등 상황	담보가 앞설 경우	담보가 늦을 경우	담보채권 없는 경우	
	당해세*	당해세*	기타 임금 등	4순위
	담보 선순위 채권	당해세 이외 조세	당해세	5순위
	(조세가 임금에 양보)	담보 후순위 채권	당해세 이외 조세	6순위
기타 임금 등 채권	기타 임금 등	기타 임금 등	(조세가 임금에 양보)	7순위
	당해세 이외 조세	(공란)	(공란)	8순위
일반채권	일반채권	일반채권	일반(무담보)채권	9순위

* 당해세(상속세·증여세 및 종합부동산세, 재산세·지방교육세 등) 몫을 주택임차보증금에 양보(2023.4.1. 시행)
임대인 변경 시 종전 임대인에게 각 권리보다 앞서는 세금 체납이 있었던 경우에 한하여만 그 한도금액 내에서 변경된 임대인의 체납국세를 우선 징수하되, 해당 '재산'에 부과된 종합부동산세에 대해서는 그 한도금액과 상관 없이 우선 징수.(국기법 35조③) 또한 경매·공매 시 2023년 4월 1일부터 해당 '주택'에 부과된 상속세·증여세 및 종합부동산세, 5월 4일부터 재산세 및 지역자원시설세 등의 법정기일이 임차인의 확정일자보다 늦은 경우, 그 배분 예정액에 한하여 주택임차보증금에 먼저 배분할 수 있음.(국기법 35조⑦, 지기법 71조⑥)
(사례)경매낙찰 3억2천만원. 선순위 은행저당권 1억원, 전세보증금 2억원, 종합부동산세 5천만원
종전 배당: 1순위 종부세 5천만원, 2순위 은행저당권 1억원, 전세보증금 1억7천만원
개정 배당: 1순위 전세보증금 5천만원, 2순위 은행저당권 1억원, 전세보증금 1억5천만원, 종부세 2천만원

(보충)조세채권을 양보했을 때 근로자에게 귀속될 경우에는(기타 임금 등 채권) 양보하지만, 조세를 양보했을 때 후순위 담보 채권자에게 귀속될 경우에는 양보하지 않는다는 논리이다.

①선집행 강제징수비의 우선(국세든 지방세든): 1순위

　체납액 징수를 하는 과정에서 불가피하게 발생하는 비용이므로 최우선적으로 충당한다. 국세·지방세를 불문하고 선집행하는 강제징수비가 우선이다. 이 사항을 '조세우선의 예외' 중 하나로 명시한 세법규정은 이렇다.
　　－지방세나 공과금의 강제징수을 할 때 그 강제징수금액 중에서 국세 및 강제징수비를 징수하는 경우의 그 지방세나 공과금의 강제징수비(국기법 35조①1호)
　　－국세 또는 공과금의 강제징수를 하여 그 강제징수금액에서 지방자치단체의 징수금을 징수하는 경우의 그 국세 또는 공과금의 강제징수비(지기법 71조①1호)

②집행비용 우선: 2순위

　강제집행·경매·파산절차 등에 의하여 재산의 매각에 있어서 그 매각대금 중에 '국세 및 강제징수비'(지방세는 지방자치단체의 징수금)를 징수하는 경우에는 그 강제집행·경매·파산절차에 소요된 비용이 체납세금 등보다 우선한다.(국기법 35조①2호, 지기법 71조①2호)

③소액임차보증금, 최종 3개월분의 임금 및 재해보상금 우선: 3순위

　소액임차보증금, 최종 3개월분의 임금 및 재해보상금 사이의 우선순위는 같은 순위로 보아야 하며, 그 채권액에 따라 안분 배당하여야 할 것이다.

　A. 임금채권의 우선변제(근로기준법 38조)

　다음의 어느 하나에 해당하는 채권은 사용자의 총재산에 대하여 질권·저당권 또는 「동산·채권 등의 담보에 관한 법률」에 따른 담보권에 따라 담보된 채권, 조세·공과금 및 다른 채권에 우선하여 변제되어야 한다.(근기법 38조②)
　1. 최종 3개월분의 임금
　2. 재해보상금

　B. 「주택임대차보호법」·「상가건물 임대차보호법」상 소액임차보증금 중 일정액(국기법 35조①4호, 지기법 71조①4호)

　우선변제를 받기 위해서는 공매공고일 이전에 「주택임대차보호법」 3조 또는 「상가건물 임대차보호법」 3조에 의한 대항력을 갖추어야 한다.(국기통 35-0…15②, 지기예 71-12)
　1. 「주택임대차보호법」 8조의 경우(2021.5.11. 및 2023.2.21. 시행령 10조·11조 개정)

우선변제권 상한선은 주택 및 대지가액의 1/2이다(소액임차인 간 배당은 같은 순위).

ⓐ서울특별시: 1억6500만원(←1억5000만원) 중 5500만원(←5000만원)

ⓑ「수도권정비계획법」에 따른 과밀억제권역(서울특별시 제외), 세종특별자치시, 용인·화성·김포시: 1억4500만원(←1억3000만원) 중 4800만원(←4500만원)

ⓒ광역시(「수도권정비계획법」에 따른 과밀억제권역에 포함된 지역과 군지역은 제외), 안산·광주·파주·이천·평택: 8500만원(←7000만원) 중 2800만원(←2300만원)

ⓓ그 밖의 지역: 7500만원(←6000만원) 중 2500만원(←2000만원)

2. 「상가건물 임대차보호법」 14조의 경우(2018.1.26. 시행령 6조·7조 개정)

주택과 달리 상가에 대해서는 '환산보증금'[15]이 법정액 이하이어야만 「상가건물 임대차보호법」을 적용받는다. 우선변제권 상한선은 상가 및 대지가액의 1/2이다. 소액임차인 간 배당순위는 대항력 취득시기(전입 일자)와 관계없이 무조건 같은 순위다.

ⓐ서울특별시: 6천5백만원 중 2천2백만원

ⓑ「수도권정비계획법」에 따른 과밀억제권역(서울특별시 제외): 5천5백만원 중 1천9백만원

ⓒ광역시(「수도권정비계획법」에 따른 과밀억제권역에 포함된 지역과 군지역은 제외), 안산시·용인시·김포시·광주시: 3천8백만원 중 1천3백만원

ⓓ그 밖의 지역: 3천만원 중 1천만원

④당해세 우선, 조세의 법정기일 전에 담보되어 있는 채권 우선: 4순위

조세는 저당이나 압류 등을 하지 않더라도 법정기일에 물권상 권리(즉 순위)를 인정한다는 규정이다. 따라서 조세의 법정기일 이전에 담보 등이 설정된 채권은 조세에 우선하지만(당해세는 여기 ④ 중에서 가장 우선함. 국기통 35-18…1), 그 이후에 담보설정된 채권은 채권 발생일이 조세의 법정기일보다 시간적으로 앞선다 하더라도 조세에 우선순위가 있다.

즉, 조세 법정기일 전에 전세권·질권·저당권 설정을 등기·등록한 사실이나 「주택임대차보호법」·「상가건물 임대차보호법」에 따른 대항요건과 확정일자를 갖춘 사실이 증명되는 재산을 매각할 때, 그 매각금액 중에서 국세(또는 지방세)를 징수하는 경우의 그 전세권·질권·저당권에 의하여 담보된 채권이나 확정일자를 갖춘 임대차계약증서 또는 임대차계약서상의 보증금이

---

15) 뉴스1 2018.11.27. 〈「상가건물 임대차보호법」 적용 환산보증금 범위 추가 확대한다: 현재 적용대상 90%→95% 확대 제도개선〉
⇒2019.4.2. 〈주요상권의 상가임차인 95%가 법의 보호를 받도록 시행령 개정(법 2조, 시행령 2조)
환산보증금이란 「상가건물 임대차보호법」의 적용을 받을 수 있는 일종의 기준금액으로 보증금과 월세 환산액(월세×100, 부가가치세 제외)을 합한 금액이다. 환산보증금을 초과하는 상가 임차인에 대해서는 건물주가 보증금과 월세를 올리는 데 제한(인상률 5% 이하)을 두지 않는다. 즉 비싼 보증금과 월세를 지불하는 부자 상인을 제외하고, 영세상인을 보호한다는 취지에서 도입된 제도다. 조세우선권의 예외 혜택을 적용받는 대상도 일단 이 범위 내의 임차인이어야 함은 물론이다.
정부는 2018년 1월 시행령 제2조를 개정해 지역별 환산보증금을 50% 인상했고, 2019년 4월 2일자로 다시 인상했다. 서울이 6억1천만원→9억원, 서울을 제외한 수도권 과밀억제권역 및 부산이 5억원→6억9천만원, 부산·인천을 제외한 광역시나 경기·안산·용인·김포·광주 등은 3억9천만원→5억4천만원, 그 밖의 지역은 2억7천만원→3억7천만원이다.

우선한다[당해세, 즉 그 재산에 대하여 부과된 국세(또는 지방세)는 이들 중 가장 우선.](국기법 35조③3호, 지기법 71조①3호)

임대인 변경 시에는 종전 임대인에게 각 권리보다 앞서는 세금 체납이 있었던 경우에 한하여만 그 한도금액 내에서 변경된 임대인의 체납국세를 우선 징수하되, 해당 '재산'에 부과된 종합부동산세에 대해서는 그 한도금액과 상관 없이 우선 징수한다.(국기법 35조③) 또한 경매·공매 시 2023년 4월 1일부터 해당 '주택'에 부과된 상속세·증여세 및 종합부동산세, 5월 4일부터 재산세 및 지역자원시설세 등의 법정기일이 임차인의 확정일자보다 늦은 경우, 그 배분 예정액에 한하여 주택임차보증금에 먼저 배분할 수 있다.(국기법 35조⑦, 지기법 71조⑥)

> **[임차인의 미납세금 열람제도 개선]**(2023.4.1. 시행. 국징법 109조, 국징령 97조 ; 지징법 6조, 지징령 8조)
> 임차인의 미납세금 열람기간을 임대차계약 전부터 임대차기간 시작일(←임대차계약일)까지로 확대하고, 전국(←관할) 세무서·지자체에서 열람할 수 있도록 하며, 임대차계약을 체결한 임차인의 경우 임대차 기간 시작일까지는 임대인(임차보증금 1천만원 초과)의 동의 없이도 임대인의 미납세금 등을 열람할 수 있도록 함.
> ☞ 2024.7.10.부터 공인중개사는 중개 시 체납세금 및 선순위 세입자 등도 설명해야 함.(「공인중개사법 시행령」 21조)

당해세(當該稅)는 해당 재산을 보유하고 있는 것 자체에 담세력을 인정하여 부과하는 조세를 말하며 (대법 2001다44376, 2003.1.10. 선고), 국세의 경우 상속세·증여세·종합부동산세이고(국기법 35조③←⑤) 지방세는 재산세·자동차세(소유에 대한 자동차세만 해당)·지역자원시설세(소방분만 해당)·지방교육세(재산세와 자동차세에 부과되는 것만 해당)이다.(지기법 71조⑤)

[조세의 법정기일 판단]

조세채권의 종류	조세의 법정기일
과세표준과 세액의 신고에 따라 납세의무가 확정되는 조세 { 중간예납하는 법인세와 예정신고납부하는 부가가치세 및 소득세(양도소득과세표준 예정신고하는 경우로 한정)를 포함 }	신고일
과세표준과 세액을 정부(지방자치단체)가 결정·경정 또는 수시부과 시	납부고지서의 발송일
원천징수(특별징수)의무자나 납세조합으로부터 징수하는 조세와 인지세	납세의무의 확정일
가산금	고지세액의 납부기한이 지난 날
2차 납세의무자(보증인 포함)의 재산에서 조세를 징수하는 경우	납부고지서의 발송일
양도담보재산에서 조세를 징수하는 경우	납부고지서의 발송일
납세자의 재산을 압류한 경우에 그 압류와 관련하여 확정된 세액	압류등기일·등록일
신탁재산에서 부가가치세 등을 징수하는 경우	납부고지서의 발송일

⑤임금 등 채권 우선: 5순위

사용자의 재산을 매각·추심(推尋)할 때 그 매각금액·추심금액 중에서 국세(또는 지방세) { 당해세, 즉 그 재산에 대하여 부과된 국세(또는 지방세)는 제외 } 를 징수하는 경우에 「근로기준법」·「근로자퇴직급여 보장법」에 따라 국세(또는 지방세)에 우선하여 변제되는 임금·퇴직금·재해보상금, 그 밖에 근로관계로 인한 채권이 우선한다.(국기법 35조①5호, 지기법 71조①5호)

> **[임금채권의 우선변제](「근로기준법」 38조)**
> ① 임금, 재해보상금, 그 밖에 근로관계로 인한 채권은 사용자의 총재산에 대하여 질권·저당권 또는
> 「동산·채권 등의 담보에 관한 법률」에 따른 담보권에 따라 담보된 채권 외에는 조세·공과금 및 다른
> 채권에 우선하여 변제되어야 한다. 다만, 질권·저당권 또는 「동산·채권 등의 담보에 관한 법률」에 따른
> 담보권에 우선하는 조세·공과금에 대하여는 그러하지 아니하다.
> ② 제1항에도 불구하고 다음 각 호의 어느 하나에 해당하는 채권은 사용자의 총재산에 대하여 질권·저당권
> 또는 「동산·채권 등의 담보에 관한 법률」에 따른 담보권에 따라 담보된 채권, 조세·공과금 및 다른
> 채권에 우선하여 변제되어야 한다.
> 1. 최종 3개월분의 임금
> 2. 재해보상금

3) 조세채권 사이의 우선관계

조세 등과 다른 공과금이나 그 밖의 기타채권과의 관계와는 다르게, 조세채권 상호간에는 원칙적으로 평등하게 징수하는 것이 원칙이다. 하지만 조세채권 상호간의 우선순위를 결정하는 다음 두 가지의 조건을 고려해야 한다.

① 담보 우선주의
납세 담보물을 매각한 때에는 압류 우선주의에도 불구하고 그 국세(또는 지방세) 및 강제징수비는 매각대금 중에서 다른 국세(또는 지방세) 및 강제징수비에 우선하여 징수한다.(국기법 37조, 지기법 74조)

② 압류 우선주의
강제징수에 따라 납세자의 재산을 압류한 경우에 다른 국세(또는 지방세) 및 강제징수비의 교부청구(참가압류)가 있을 때에는 압류에 관계되는 국세(또는 지방세) 및 강제징수는 교부청구한 국세(또는 지방세) 및 강제징수비에 우선한다.(국기법 36조, 지기법 73조)

4) 사례
① 임금채권 등의 우선변제(국기집 35-0-12, 국기통 35-0…16, 지기예 71-13)
국세(또는 지방세) 및 강제징수비와 임차인의 보증금 중 일정액, 임금채권 등 다른 채권과의 우선순위에 관하여는 세법(국기법 35조와 지기법 71조①4·5호), 「주택임대차보호법」 8조, 「근로기준법」 38조, 「근로자퇴직급여 보장법」 12조의 규정을 종합하여 판단하여야 하는바, 그 우선순위는 다음과 같다.(국기집 35-0-12, 2018.8.22. 개정)
1. 압류재산에 세법(국기법 35조와 지기법 71조①3호)에 규정하는 조세의 법정기일 전에 질권 또는 저당권에 의하여 담보된 채권이 있는 경우
   (1순위) 임차인의 보증금 중 일정액, 최종 3월분의 임금과 최종 3년간의 퇴직금 및 재해보상금

(2순위)질권 또는 저당권에 의하여 담보된 채권

(3순위)최종 3월분 이외의 임금 및 기타 근로관계로 인한 채권

(4순위)조세

(5순위)일반채권

2. 압류재산에 조세의 법정기일 이후에 질권·저당권에 의하여 담보된 채권이 있는 경우

(1순위)임차인의 보증금 중 일정액, 최종 3월분의 임금과 최종 3년간의 퇴직금 및 재해보상금

(2순위)국세

(3순위)질권 또는 저당권에 의하여 담보된 채권

(4순위)최종 3월분 이외의 임금 및 기타 근로관계로 인한 채권

(5순위)일반채권

3. 압류재산에 질권 또는 저당권에 의하여 담보된 채권이 없는 경우

(1순위)임차인의 보증금 중 일정액, 최종 3월분의 임금과 최종 3년간의 퇴직금 및 재해보상금

(2순위)최종 3월분 이외의 임금 및 기타 근로관계로 인한 채권

(3순위)국세

(4순위)일반채권

②사례

㈜乙은 경기침체로 인해 부도가 났고, 매입거래처인 ㈜甲은 채권을 회수하기 위해 ㈜乙 소유 토지의 경매를 신청하였다. 공매에 대하여 배당을 청구한 채권이 다음과 같을 경우에 배당의 우선순위는?

[채권자 등의 구성 내용]

ⓐ공매를 위한 감정평가 비용 등

ⓑ거래처 ㈜甲의 매출채권

ⓒ종업원의 최종 3개월간 임금

ⓓ종업원의 직전 4~6개월간의 임금

ⓔA은행 대출금(토지에 근저당 설정 등기일: 2019.9.9.)

ⓕ공매 토지에 대한 2019년 종합부동산세(신고일: 2019.12.14.)

ⓖB상호저축은행 대출금(토지에 근저당 설정 등기일: 2020.2.12.)

ⓗ제15기(2019.1.1.~2019.12.31.) 법인세(신고일: 2020.3.31.)

[배당순위]

1순위: ⓐ강제집행·경매 절차에 든 비용(공매를 위한 감정평가 비용 등)

2순위: ⓒ종업원의 최종 3개월간 임금

3순위: ⓕ그 재산에 부과된 세금(공매 토지에 대한 2019년 종합부동산세)

4순위: ⓔ국세 법정기일보다 근저당 설정일이 빠른 A은행 대출금

5순위: ⓖ국세 법정기일보다 근저당 설정일이 빠른 B상호저축은행 대출금

6순위: ⓓ일반임금채권(직전 4~6개월간 임금은 피담보채권보다 후순위임)

7순위: ⓗ조세(법인세-제15기 신고일: 2020.3.31.)

8순위: ⓑ일반채권(거래처 ㈜甲의 매출채권)

11 서류의 송달

(1)송달의 장소(국기법 8조, 지기법 28조)

①세법에서 규정하는 서류는 그 명의인(수신인으로 지정되어 있는 자)의 주소, 거소(居所), 영
업소 또는 사무소(전자송달인 경우에는 명의인의 전자우편주소)에 송달한다.

②연대납세의무자에게 서류를 송달할 때에는 그 대표자를 명의인으로 하며, 대표자가 없을 때
에는 연대납세의무자 중 국세를 징수하기에 유리한 자를 명의인으로 한다. 다만, 납부의 고
지와 독촉에 관한 서류는 연대납세의무자 모두에게 각각 송달하여야 한다.

③상속이 개시된 경우 상속재산관리인이 있을 때에는 그 상속재산관리인의 주소 또는 영업소
에 송달한다.

④납세관리인이 있을 때에는 납부의 고지와 독촉에 관한 서류는 그 납세관리인의 주소 또는 영
업소에 송달한다.

⑤교도소·구치소 또는 국가경찰관서의 유치장에 체포·구속 또는 유치(留置)된 자에게 할 송
달은 해당 교도소장·구치소장 또는 국가경찰관서의 장에게 한다. { 2019년부터 국세만 신설 시
행. 2018년까지는 주소지 송달이 원칙이었으며, 만일 주소가 불명인 경우와 대신 받아야 할 자가 없는 경우
에는 (예외적으로) 그 사람이 수감되어 있는 교도소 등에 서류를 송달할 수 있었음. 국기통 8-0…6(삭제) ;
지기예 30-4(삭제), 지기법 28조⑤ 신설, 2025.1.1. 송달분부터 적용 }

그리고 위의 송달을 받을 자가 주소 또는 영업소 중에서 송달받을 장소를 정부에 신고한 경우에
는 그 신고된 장소에 송달하여야 한다. 이를 변경한 경우에도 또한 같다.(국기법 9조, 지기법 29조)

(2)서류 송달의 방법(국기법 10·11조, 지기법 30·33조)

서류 송달은 교부, 우편 또는 전자송달의 방법으로 한다. 그리고 일정 사유에 해당할 경우 공
시송달하여 14일이 지나면 서류송달이 된 것으로 본다.

서류송달의 경우에 송달받아야 할 자가 주소 또는 영업소를 이전하였을 때에는 주민등록표
등으로 이를 확인하고 이전한 장소에 송달하여야 한다. 서류를 교부하였을 때에는 송달서에 수
령인이 서명 또는 날인하게 하여야 한다. 이 경우 수령인이 서명 또는 날인을 거부하면 그 사실
을 송달서에 적어야 한다.

교부송달·우편송달의 경우에 송달할 장소에서 서류를 송달받아야 할 자를 만나지 못하였을

때에는 그 사용인이나 그 밖의 종업원 또는 동거인으로서 사리를 판별할 수 있는 사람에게 서류를 송달할 수 있으며, 서류를 송달받아야 할 자 또는 그 사용인이나 그 밖의 종업원 또는 동거인으로서 사리를 판별할 수 있는 사람이 정당한 사유 없이 서류 수령을 거부할 때에는 송달할 장소에 서류를 둘 수 있다(이를 '유치송달'이라고도 하며 교부송달·우편송달에서의 세부집행방법 중 하나임).(국기법 10조④ 및 국기통 10-0…4, 지기법 30조③ 및 지기예 30-8)

①우편송달

납부의 고지·독촉·강제징수 또는 세법에 따른 정부의 명령에 관계되는 서류의 송달을 우편으로 할 때에는 등기우편으로 하여야 한다. 다만, 소득세 중간예납세액의 납부고지서 및 부가가치세 납부고지서로서 50만원 미만에 해당하는 납부고지서는 일반우편으로 송달할 수 있다.

②교부송달

교부에 의한 서류 송달은 해당 행정기관의 소속 공무원이 서류를 송달할 장소에서 송달받아야 할 자에게 서류를 교부하는 방법으로 한다. 다만, 송달을 받아야 할 자가 송달받기를 거부하지 아니하면 다른 장소에서 교부할 수 있다.

③전자송달

전자송달은 서류를 송달받아야 할 자가 신청한 경우에만 한다. 다만, 납부고지서가 송달되기 전에 납세자가 세법이 정하는 바에 따라 세액을 자진납부한 경우 납부한 세액에 대해서는 자진납부한 시점에 전자송달을 신청한 것으로 본다.

그리고 국세정보통신망의 장애로 전자송달을 할 수 없는 경우나 일정한 사유가 있는 경우에는 교부 또는 우편의 방법으로 송달할 수 있다.

④공시송달

서류를 송달받아야 할 자가 아래에 해당하는 경우에는 서류의 주요 내용을 공고한 날부터 14일이 지나면 서류 송달이 된 것으로 본다.
1. 주소 또는 영업소가 국외에 있고 송달하기 곤란한 경우
2. 주소 또는 영업소가 분명하지 아니한 경우
3. 서류를 등기우편으로 송달하였으나 수취인이 부재중(不在中)인 것으로 확인되어 반송됨으로써 납부기한 내에 송달이 곤란하다고 인정되는 경우
4. 세무공무원이 2회 이상 납세자를 방문[처음 방문한 날과 마지막 방문한 날 사이의 기간이 3일(기간을 계산할 때 공휴일 및 토요일은 불산입) 이상이어야 한다. 국세는 2020년, 지방세는 2021년 시행]해 서류를 교부하려고 하였으나 수취인이 부재중인 것으로 확인되어 납부기한까

제1장 제2장 제3장 제4장 제5장 제6장 제7장 제8장 제9장 제10장 제11장 제12장 제13장 제14장

지 송달이 곤란하다고 인정되는 경우(국기령 7조의2, 지기령 18조)

공시송달에 따른 공고는 아래에 게시·게재하여야 한다. 이 경우 국세정보통신망을 이용하여 공시송달을 할 때에는 다른 공시송달 방법과 함께 하여야 한다.

1. 국세정보통신망 또는 지방세정보통신망
2. 세무서(지방자치단체 포함)의 게시판이나 그 밖의 적절한 장소
3. 해당 서류의 송달 장소를 관할하는 특별자치시·특별자치도·시·군·구(자치구를 말함)의 홈페이지, 게시판이나 그 밖의 적절한 장소
4. 관보 또는 일간신문

(3)송달의 효력 발생(국기법 12조, 지기법 32조)

송달하는 서류는 송달받아야 할 자에게 도달한 때부터 효력이 발생한다. 다만, 전자송달의 경우에는 송달받을 자가 지정한 전자우편주소에 입력된 때(국세 또는 국가관세종합정보망, 지방세정보통신망에 저장하는 경우에는 저장된 때)에 그 송달을 받아야 할 자에게 도달한 것으로 본다.

(4)송달 지연에 따른 납부기한 연장(국기법 7조, 지기법 31조)

납부고지서, 독촉장을 송달한 경우에 다음 각 호의 어느 하나에 해당하는 경우에는 도달한 날부터 14일이 지난 날을 납부기한으로 한다.

1. 도달한 날에 이미 납부기한이 지난 경우
2. 도달한 날부터 14일(지방세는 7일) 이내에 납부기한이 되는 경우

다만, 위 규정에도 불구하고 납기전 징수(국징법 9조, 지징법 22조)에 따른 고지의 경우 아래에 해당하는 날을 납부기한으로 한다.

1. 고지서가 납부기한 전에 도달한 경우: 납부기한 만료일
2. 고지서가 납부기한이 지난 후에 도달한 경우: 고지서가 도달한 날

12 인격: 개인·단체의 구분, 종중 및 주택조합·재건축조합 세금 등

(1)개인과 단체

자연인은 개인으로 법인은 법인으로서 세법의 적용을 받지만, '법인격이 없는 단체'는 상황에 따라 개인으로도 간주되고 법인으로도 간주되기도 하여 세법의 적용을 받게 된다. 이것도 각 세법마다 일률적인 것이 아니고, 세법마다 약간씩 차이를 두고 있다.

개인은 국내 거주상황에 따라 거주자(居住者)와 비거주자(非居住者)로 나뉜다. 우리나라를 포함한 대부분의 나라는 '국적지' 기준이 아니라 '거주지' 기준으로 세법을 적용한다. 따라서 외국인이라 하더라도 거주요건(국내에 '1과세기간 동안' 또는 '계속하여'(2026.1.1. 시행) 183일 이상 거주 등)을 충족하면 내국인과 동일하게 세법의 적용을 받게 되는 것이다. 법인은 본점 소재지에 따라 내국법인(內國法人)과 외국법인(外國法人)으로, 사업의 영리성에 따라 영리법인(營利法人)과 비영리법인(非營利法人)으로 나눠진다. 영리법인은 원천을 가리지 않고 이익이 발생된 분에 대해 원칙적으로 납세의무가 있지만(순자산증가설=전체이익과세), 비영리법인은 수익사업으로 세법에서 열거한 것과 관련한 이익에 대해서만 납세의무가 있다(소득원천설=열거이익과세).(법법 4조③)

거주자와 내국법인은 국내외원천소득에 대해 한국에서 납세의무가 있다. 이 경우 국외원천소득에 대해 외국에서 부담한 세금은 '외국납부세액공제'로 한국의 세금에서 공제를 하여 국제적 이중과세를 방지하고 있다. 비거주자와 외국법인은 국내원천소득에 대해서만 우리나라에서 납세의무가 있다(마찬가지로 거주자·내국법인의 국외원천소득에 대해 그 외국에서 세금부담을 한다). 우리나라의 과세방식과 마찬가지로, 비거주자·외국법인은 그들의 거주지국·본점소재지국에서 한국의 소득을 포함하여 신고납부를 하고 한국에서 납부한 세금을 '외국납부세액공제' 방식으로 공제받을 것이다.

그리고 국제거래에 있어서 어느 나라를 거주지국으로 보아야 할지, 어느 나라의 원천소득으로 봐야 할지 등에 대해 국가 간 다툼이 생길 수 있는 바, 이를 해결하기 위해 조세조약(「소득에 대한 조세의 이중과세회피와 탈세방지를 위한 협정」)을 맺는다. 2024년 말 현재 한국은 96개국과 조세조약을 맺고 있다.

제1장 제2장 제3장 제4장 제5장 제6장 제7장 제8장 제9장 제10장 제11장 제12장 제13장 제14장

(2)비영리조직(법인 아닌 단체 포함)에 대한 세법상 취급

1)법인으로 보는 단체

①당연의제법인

　당연의제법인은 세법상 특별한 절차가 없이 당연히 법인으로 간주되는 단체를 말한다. 법인(법인세법에 따른 내국법인 및 외국법인)이 아닌 사단, 재단, 그 밖의 단체('법인 아닌 단체') 중 아래의 어느 하나에 해당하는 것으로서 수익을 구성원에게 분배하지 아니하는 것은 법인으로 보아 국세기본법과 개별세법을 적용한다.(국기법 13조①)

　　1. 주무관청의 허가 또는 인가를 받아 설립되거나 법령에 따라 주무관청에 등록한 사단, 재단, 그 밖의 단체로서 등기되지 아니한 것
　　2. 공익을 목적으로 출연(出捐)된 기본재산이 있는 재단으로서 등기되지 아니한 것

②승인의제법인

　승인의제법인은 세무서장의 승인을 얻어 법인으로 간주되는 단체를 말한다. 따라서 유사한 업무와 조직을 갖추고 있더라도, 승인 등을 받았는지 여부에 따라 법인 여부도 결정된다는 점이 앞의 당연의제법인과의 차이다.

　당연의제법인 외의 '법인 아닌 단체' 중 아래의 요건을 모두 갖춘 것으로서 대표자나 관리인이 관할 세무서장에게 신청하여 승인을 받았을 경우 법인으로 보아 국세기본과 세법을 적용한다.(국기법 13조②)

1. 사단, 재단, 그 밖의 단체의 조직과 운영에 관한 규정(規程)을 가지고 대표자나 관리인을 선임하고 있을 것
2. 사단, 재단, 그 밖의 단체 자신의 계산과 명의로 수익과 재산을 독립적으로 소유·관리할 것
3. 사단, 재단, 그 밖의 단체의 수익을 구성원에게 분배하지 아니할 것

　그리고 승인의제법인은 그 신청에 대하여 관할 세무서장의 승인을 받은 날이 속하는 과세기간과 그 과세기간이 끝난 날부터 3년이 되는 날이 속하는 과세기간까지는 소득세법상 거주자 또는 비거주자로 변경할 수 없다.(다만, 위의 요건에 미달하여 승인취소를 받는 경우는 제외).(국기법 13조③)

③세금에 대한 의무의 이행과 대표자 등의 신고

　당연의제법인과 승인의제법인의 국세에 관한 의무는 그 대표자나 관리인이 이행하여야 하며, 대표자나 관리인을 선임하거나 변경한 경우에는 관할 세무서장에게 신고하여야 한다. 만일 신고를 하지 아니한 경우에는 관할 세무서장은 그 단체의 구성원 또는 관계인 중 1명을 국세에 관한 의무를 이행하는 사람으로 지정할 수 있다.(국기법 13조④⑤⑥)

④사례 검토

A. 종중의 사례
가. 고유번호증 발급
고유번호증은 법인 등기가 되어 있지 않은 단체 중 '독립된 하나의 단체'로 세무서가 승인한 증서다. 고유번호증 신청을 위해서는 종중 규약과 종중구성원 명부 등이 필요하며, 단체명·대표자·주사무소 소재지 등이 고유번호증에 표시되어 발급된다.

나. 부동산등기용 등록번호 등록증명서
종중명의로 부동산을 등기하기 위해 지방자치단체에서 발급하는 서류다. (「부동산등기법」 49조 및 「법인 아닌 사단·재단 및 외국인의 부동산등기용 등록번호 부여절차에 관한 규정」 8조에 따라 발급)
위 고유번호증과 이 등록증명서 중 어느 것을 먼저 신청해도 상관없지만, 이 두 증서의 내용이 일치해야 하므로, 뒤에 나머지 증서를 신청할 경우 먼저 발급받은 증서의 사본을 같이 제출해야 한다.

다. 종중에 대한 세법 적용
1. 세무서 승인에 따라 비영리법인으로 간주
당연의제법인 외의 '법인 아닌 단체'(종중도 여기 해당) 중 일정 요건을 모두 갖춘 것으로서 대표자나 관리인이 관할 세무서장에게 신청하여 승인을 받았을 경우 법인으로 보아 국세기본과 세법을 적용한다. (국기법 13조②)
2. 각 사업연도의 소득: 비영리법인은 수익사업으로 열거된 소득에서 발생한 이익만 과세
비영리법인은 수익사업으로 세법에서 열거한 것과 관련한 이익에 대해서만 납세의무가 있다(소득원천설=열거이익과세). (법법 4조①1호·③)
3. 토지등 양도소득: 앞 2.와 별도로 과세여부 판단
종중이 소유한 농지·임야는 2005.12.31. 이전에 취득한 것은 '토지등 양도소득' 과세대상이 아니다. (법법 4조①3호·55조의2②3호, 법령 92조의5③4호·92조의6④6호)
4. 전답과 임야에 대한 세법 적용의 차이
• 전답을 대여 또는 이용하게 함으로써 생긴 소득은 수익사업
종중명의의 전답을 임대하여 경작하게 하고 수곡을 받아 종중에 사용하더라도 이는 수익사업으로 본다. (법통 4-3…3 제1호 마목) 그러므로 종중 구성원이 경작했을 경우에만 수익사업으로 보지 않는 것이다.
또한 수익사업에 사용된 고정자산의 처분으로 인해 생긴 소득도 수익사업으로 보며, 고유목적사업에 사용되는 고정자산이라 하더라도 처분일 현재 계속하여 3년 이상 직접 사용했

을 경우에만 수익사업에서 제외된다.(법령 3조②) 따라서 종중 구성원이 처분일 현재 3년 이상 계속하여 직접 경작하던 전답을 매각하였을 경우에만 '각 사업연도 소득' 계산 시 비수익사업으로 보아 양도소득으로 보지 않는다.

물론 위 '다.1. 세무서 승인에 따라 비영리법인으로 간주' 요건에 충족되어야 하는 전제하에서다. 이 이외의 경우에는 개인으로 보아 양도소득세 납세의무가 발생한다.

[종중의 시제비용 충당 등을 위한 종중원 경작은 대리경작이 아님]

(조심 2024인737, 2024.9.10. ; 2017서4228, 2017.11.29. ; 2016중3961, 2017.1.23. 결정 등)

종중원들이 쟁점 농지의 소재지에 거주하면서 쟁점농지에서 직접 농작물을 경작한 사실에 대해서 이견이 없는 점, 쟁점농지에서 농사를 지은 종중원들이 종중에 지급한 금원은 '종중의 시제비용' 등에 충당하기 위한 용도로 사용되었음이 종중결산서에 나타나는 점 등에 비추어 청구종중이 쟁점농지를 대리경작하였다기보다는 종중의 책임 하에 쟁점농지를 '자경'하였다고 봄이 합리적이다.

[종중의 책임 없이 단순히 종중원이 경작한 것은 대리경작·위탁경작에 해당]

(국가 승소, 대법 2016두38754, 2016.7.14. 선고 ; 대법 2015두49009, 2015.11.26. '심리불속행' 기각)

종중의 책임과 계산 아래 농지를 경작하는 경우에는 '직접 경작'으로 볼 수 있으나, '영농비용' 등에 대한 종중의 책임과 계산 없이 단순히 대리경작·위탁경작을 한 경우는 직접 경작에 해당한다고 볼 수 없다.

• 임야는 별다른 조건이 없어 자유롭다

전답과는 달리 임야에 대해서는 특별한 규정이 없기 때문에, 위 '다.1. 세무서 승인에 따라 비영리법인으로 간주' 요건만 충족된다면(보유한 기간이 3년 이상이어야 함), 종중 묘지가 있는 임야 매각에 대해 각 사업연도 소득 계산 시 비수익사업으로 보아 양도소득으로 보지 않는다.

[법인으로 보는 단체로 승인을 받은 종중의 임야 양도소득세 납세의무]

(조심 2016중3854, 2017.2.20. ; 조심 2015중0569, 2015.5.7.도 같음)

청구종중의 경우 법인으로 보는 단체로 승인통지를 받은 이후 그 승인취소통지를 받지 아니하여 쟁점토지를 양도할 당시 법인에 해당하는 점 등에 비추어, 처분청이 청구종중을 소득세법상 1거주자로 보아 쟁점토지의 양도에 대하여 양도소득세를 과세한 이 건 처분은 잘못이 있음.

즉, 청구종중이 소득세법상 1거주자로 보아 양도소득세를 신고하였다 하더라도, 세법상 적용은 비영리법인으로 보아야 하며, 종중 묘지가 있는 이 건 임야 매각은 비수익사업이므로 양도소득세의 납세의무가 없다고 판시함.

[종중명의 임야·전답 양도 시, 양도소득세 비과세 적용 여부](법통 4-3…3 제1호 마목)

토지 특징(처분일부터 소급하여 연속)		세무서 승인받은 종중	세무서 승인 없는 종중
임야	3년 이상 소유(법령 3조②)	비과세	X
	3년 미만 소유	X	X
전답	종중 책임 하에 종원 직접 경작 — 3년 계속 경작	비과세	X
	종중 책임 하에 종원 직접 경작 — 3년 미만 경작	X	X
	임대(대리경작)	X	X

(보충1)'토지등 양도소득'에 대한 과세는 별개임: 양도차익의 10%(미등기 양도는 40%)

2005.12.31.까지 취득한 농지·임야에 대해서는 경작 여부를 불문하고 '토지등 양도소득세' 과세제외함.(법법 55조의2①3호, 법령 92조의5③4호·92조의6④6호) 이 경우 법률의 규정 등에 의하여 양도당시 취득에 관한 등기가 불가능한 토지등은 미등기 토지로 보지 않음.(법령 92조의2⑤1호)

(보충2)'(사업소득이 없는) 비영리내국법인'의 자산양도소득세 대한 신고 특례(법법 62조의2, 법령 99조의2)

'사업소득이 없는 비영리법인'은 자산양도소득에 대하여 아래 중 하나를 선택할 수 있다.

1. 법인세법의 규정에 한 법인세[토지 등 양도소득에 대한 법인세(법법 55조의2) 포함]를 신고·납부하는 방법: 이 경우 취득가액은 장부가액이 원칙이지만, 1990.12.31.까지 취득한 토지 등은 1991.1.1. 현재 상증법 60조와 61조①에 따른 평가액이 크면 큰 것을 인정함(법법 55조의2⑥)
2. 소득세법의 규정에 의한 양도소득세 상당액을 법인세[토지 등 양도소득에 대한 법인세를 포함하되, 소법 104조④(지정지역 비사업용토지는 +20% 세율추가) 세율 적용대상은 제외]로 납부하는 방법(법칙 서식 57호의2)

B. 법인으로 보는 단체 예시(국기집 13-0-3)

법인으로 보는 단체로 인정한 사례	법인으로 보는 단체로 인정 않은 사례
1. 공동주택 입주자대표회의(공동주택 관리기구) 2.「근로자의주거안정과목돈마련지원에관한법률」12조에 의하여 설치된 주택금융신용보증기금 3.「사회간접자본시설에대한민간투자법」30조에 의하여 설치된 산업기반신용보증기금과「근로자의주거안정과목돈마련지원에관한법률」12조에 의하여 설치된 ○○기금 4.「중소기업창업지원법」규정에 의하여 결성된 조합 5. 설립 후 설립신고만을 필하고 법인 설립등기하지 아니한 노동조합 6.「주택건설촉진법」44조에 따라 설립인가 받아 설립된 재건축조합'	1.「영유아보육법」의 규정상 보육시설 2.「변호사법」상 설립된 법무조합 3.「산업발전법」상 기업구조조정조합 4.「근로기준법」에 따라 설립된 우리사주조합 5. 시 교육청에 등록된 학교형태의 평생교육시설인 골프학교 6「여신전문금융업법」에 의거 신기술 사업 금융회사가 업무집행조합원으로 운영하는 '신기술사업투자조합'

* 구 주택건설촉진법은「도시 및 주거환경정비법」('도정법', 2003.7.1. 시행, 2002.12.30. 제정)과 주택법」(2003.11.30. 시행)으로 분할됨. 재건축조합은 2003.7.1.부터는 '도정법' 38조에 의해 법인설립이 강제됐음.

2)개인으로 보는 단체

'법인으로 보는 단체' 이외의 단체는 개인으로 보아 소득세법을 적용하며, 상황별로 공동사업자로 보거나 1거주자로 보아 소득세법을 적용한다.

거주자 또는 비거주자로 보는 법인 아닌 단체에 대해서는 다음의 구분에 따라 법을 적용한다.(소법 2조③, 소령 3조의2)

1. 구성원 간 이익의 분배방법이나 분배비율이 정하여져 있거나 사실상 이익이 분배되는 것으로 확인되는 경우: 공동으로 사업을 영위하는 것으로 보아 구성원별로 과세(공동사업자 방식)
2. 구성원 간 이익의 분배방법·비율이 정하여져 있지 않거나 확인되지 않는 경우: 해당 단체를 1거주자 또는 1비거주자로 보아 과세(1거주자 방식)

(보충)동업기업에 대한 조세특례(Partnership Taxation, 조특법 제10절의3: 100조의14~26, 2009.1.1. 시행)

동업기업(민법·상법상 조합, 합명·합자, 회계·법무법인 등)을 도관(導管, Pass-through Entity)으로 보아 동업기업에서 발생한 소득에 대해 동업기업 단계에서는 과세하지 않고, 구성원인 동업자에게 귀속시켜 동업자 별로 과세하는 제도임.

3)비영리조직(법인 아닌 단체 포함)에 대한 세법 적용 총괄표

구 분		법인세법			소득세법	상속세 및 증여세법
내용	해당단체	각 사업연도소득*1	토지등양도	청산소득		
Ⅰ. 법인세법 2~4조 규정 1. 법인으로 등기한 영리사단법인	주식회사 유한회사 합자회사 합명회사	전부 과세	0	0	x	자산수증익 등으로 법인세 과세
2.「민법」32조에 따라 설립된 법인	장학재단 종교재단 (등기필)	비영리법인: 수익사업 부문만 과세 (법법 4조① 3호) 조합법인: 더 낮은 세율 적용 (조특법 72조)	0	x	해당 없음	비영리법인(상증법 3조의2, 4조의2) 수익사업부문은 법인세로 과세되므로 해당 없음. 비수익사업부문은 법인세 과세되지 않으므로 상속세·증여세 과세.
3.「사립학교법」에 따라 설립된 법인	각종 사립학교		0	x		
4. 특별법에 따라 설립된 법인으로서 「민법」32조 규정과 유사 목적 가진 법인	재건축조합, 의료법인 등		0	x		
Ⅱ. 국세기본법 제13조 규정 1. 법인으로 보는 단체(당연의제법인) : 세무서에서 '고유번호증' 발급함. ①주무관청의 허가·인가를 받아 설립되거나 법령에 따라 주무관청에 등록한 사단, 재단, 그 밖의 단체로서 등기되지 아니한 것	주택금융 신용보증기금		0	x		
②공익을 목적으로 출연된 기본재산이 있는 재단으로서 등기되지 아니한 것	장학재단 종교재단 (등기미필재단)		0	x		
2. 법인으로 보는 단체(승인의제법인) 세무서장의 승인을 얻은 경우에 한해 법인으로 인정*2 : 세무서에서 '고유번호증' 발급함.	종중, 교회·절, 친목단체 ㅇㅇ협회		0	x		
3. 법인으로 보지 않는 단체 등기되지 아니한 단체 중 당연의제법인·승인의제법인에 해당하지 않는 단체	보육시설 우리사주조합, 평생교육시설의 골프학교	해당 없음			1거주자 또는 공동사업	
Ⅲ. 국가, 지방자치단체 등	경상남도	세금 없음(법법 3조②, 상증법 12·46조)				

*1 **미환류소득에 대한 법인세**(2018년 귀속분부터: 조특법 100조의32, 2015~2017: 법법 56조, 2025년 말 종료)
법인세법에서 조세특례제한법상 투자·상생협력촉진세제로 대체하여 과세를 강화한 후(미사용소득의 10%→20% 세율), 각 사업연도 종료일 현재 자기자본이 500억원을 초과하는 법인(중소기업 제외)은 2022년 말로 일몰종료하고 상호출자제한 기업집단에 속하는 법인을 대상으로 하는 법인세임. 제4장 01 참조
*2 **교회의 세법상 인격**(대법 97누17261, 1999.9.7. 선고)
법인격 없는 사단은 법인격 없는 재단과는 달리 주무관청의 허가를 받아 설립된 것이 아니라면 세법의 적용에 있어서 법인으로 볼 수 없으며, 교회의 재산은 교인들의 총유(總有)에 속하고 교인들은 각 교회활동의 목적범위 내에서 총유권의 대상인 교회재산을 사용·수익할 수 있다 할 것이므로 법인격 없는 재단이라고 볼 수도 없음. 단, '대표자·관리인이 세무서장에게 승인을 얻은 단체에 해당하는 경우'에는 법인세법상 비영리법인에 해당함.

(3)주택건설 관련 조합별 납세의무 등 총괄 검토

1)관련규정 전반

조합을 통해 주택 등을 건설하는 방법은 재건축조합 및 소규모재건축조합, 재개발조합, 주택조합으로 구분되며, 각각에게 적용되는 근거법령과 세법도 다르다. 우선 이들의 차이를 간략하게 요약하면 아래와 같다.

도시개발사업은 「도시개발법」에 따라 시행하며, 「도시 및 주거환경정비법」에 따른 정비사업으로서 도시환경정비사업·주택재개발사업·주택재건축사업이 시행되며, 소규모재건축조합은 「빈집 및 소규모주택 정비에 관한 특례법」에 따르며 주택조합(지역·직장·리모델링주택조합)은 「주택법」에 따라 시행된다.

(보충) 구 주택건설촉진법은 「도시 및 주거환경정비법」('도정법', 2003.7.1. 시행, 2002.12.30. 제정)과 주택법(2003.11.30. 시행)으로 분할됨. 재건축조합은 2003.7.1.부터는 '도정법' 38조에 의해 법인설립이 강제됐음.

2)주택조합 등과 관련한 국세

①정비사업조합에 대한 과세특례 원칙(조특법 104조의7)

2003.6.30. 이전에 「주택건설촉진법」 44조①에 따라 조합설립의 인가를 받은 재건축조합으로서 「도시 및 주거환경정비법」 38조에 따라 법인으로 등기한 조합('전환정비사업조합'이라 함)에 대해서는 법인세법 3조에도 불구하고 전환정비사업조합 및 그 조합원을 각각 소득세법 87조① 및 같은 법 43조③에 따른 공동사업장 및 공동사업자로 보아 소득세법을 적용한다. 다만, 전환정비사업조합이 법인세법 60조에 따라 해당 사업연도의 소득에 대한 과세표준과 세액을 납세지 관할 세무서장에게 신고하는 경우 해당 사업연도 이후부터는 그러하지 아니하다.(조특법 104조의7①)

다음 각 호의 어느 하나에 해당하는 조합(이하 '정비사업조합'이라 함)에 대해서는 법인세법 2조에도 불구하고 비영리내국법인으로 보아 법인세법(고유목적사업준비금(법법 29조)은 제외)을 적용한다. 이 경우 전환정비사업조합은 위 ①항 단서에 따라 신고한 경우만 해당한다.(조특법 104조의7②)
1. 「도시 및 주거환경정비법」 35조에 따라 설립된 조합(전환정비사업조합을 포함)
2. 「빈집 및 소규모주택 정비에 관한 특례법」 23조에 따라 설립된 조합(2022.1.1. 이후 설립된 조합부터 적용, 2021.12.28. 개정 조특법 부칙 19조)

②정비사업조합의 수익사업의 범위(조특령 104조의4)

정비사업조합이 「도시 및 주거환경정비법」 또는 「빈집 및 소규모주택 정비에 관한 특례법」에 따라 해당 정비사업에 관한 관리처분계획에 따라 조합원에게 종전의 토지를 대신하여 토지 및 건축물을 공급하는 사업은 법인세법 4조③에 따른 수익사업이 아닌 것으로 본다.

③정비사업조합의 조합원 공급분에 대한 부가가치세 과세제외(조특법 104조의7③)

정비사업조합이 「도시 및 주거환경정비법」 또는 「빈집 및 소규모주택 정비에 관한 특례법」에 따라 해당 정비사업에 관한 공사를 마친 후에 그 관리처분계획에 따라 조합원에게 공급하는 것으로서 종전의 토지를 대신하여 공급하는 토지 및 건축물(해당 정비사업의 시행으로 건설된 것만 해당함)은 부가가치세법 9조 및 10조에 따른 재화의 공급으로 보지 아니한다.

④정비사업조합의 제2차 납세의무(조특법 104조의7④)

정비사업조합이 관리처분계획에 따라 해당 정비사업의 시행으로 조성된 토지 및 건축물의 소유권을 타인에게 모두 이전한 경우로서 그 정비사업조합이 납부할 국세 또는 강제징수비를 납부하지 아니하고 그 남은 재산을 분배하거나 인도한 경우에는 그 정비사업조합에 대하여 강제징수를 집행하여도 징수할 금액이 부족한 경우에만 그 남은 재산의 분배 또는 인도를 받은 자가 그 부족액에 대하여 제2차 납세의무를 진다. 이 경우 해당 제2차 납세의무는 그 남은 재산을 분배 또는 인도받은 가액을 한도로 한다.

3)주택건설 관련 조합별 지방세 납세의무 [취득세 납세의무자 제9장 02 (3)4'내용 참조할 것]

①지방세 관련규정 전반 및 도시개발사업·재개발사업

첫째, 주택재개발사업에 대한 지방세 감면은 2011년 1월 1일부터는 지방세특례제한법(지특법 74조)으로 이관하여 비과세에서 감면으로 전환하였다. 도시개발사업은 「도시개발법」에 따라 시행하며, 「도시 및 주거환경정비법」에 따른 정비사업으로서 도시환경정비사업·주택재개발사업·주택재건축사업이 시행되며, 소규모재건축조합은 「빈집 및 소규모주택 정비에 관한 특례법」에 따르며 주택조합(지역·직장·리모델링주택조합)은 「주택법」에 따라 시행된다.

[주택건설 관련 조합별 차이 요약]

구분	내용	형태	근거법률	지방세법/시행령
재건축조합	도시기반이 양호한 지역	법인	도정법 38조	7조⑧, 9조③ / 20조⑦
소규모재건축	위와 같음	법인	소정법 56조	7조⑧, 9조③ / 20조⑦
재개발조합	도시기반이 불량한 지역	법인	도정법 38조	7조④⑯, 지특법 74조 / 20조⑥
소규모재개발	위와 같음	법인	소정법 56조	7조④⑯, 지특법 74조 / 20조⑥
주택조합[*1]	지역·직장·리모델링조합	개인	주택법 2장2절	7조⑧ / 20조⑦전단

*1 주택조합은 '법인' 형태로 설립은 불가하므로 결국 공동사업자 방식을 적용받게 됨.

1. 주택조합(「주택법」 2조11호)은 법인으로 설립할 수 있다는 규정이 없으므로 법인설립등기를 할 수 없으며, 법인설립등기를 한 것은 등기소 직권으로 말소등기를 함.(대법원 등기 3402-385, 1995.5.18.)

2. 주택조합은 「민법」상 조합이 아닌 비법인사단에 해당하며, 「민법」상 법인에 관한 규정 중 법인격을 전제로 하는 규정을 제외하고 「민법」의 규정을 적용함.(대법 97다49398, 1999.10.22.)

(보충)나머지 조합은 모두 법인형태만 가능함.(「도정법」 38조 ; 「소정법」 56조: 「도정법」 준용)

　　조합은 법인으로 한다. (재건축조합은 2003.7.1.부터 개정 「도정법」에 따라 법인설립 강제)

　　지방세법이 지방세 4법{지방세기본법·지방세징수법(2017년 분할)·지방세법·지방세특례제한법}으로 분리되어 2011년 1월 1일부터 시행되면서(법률의 전면개정은 2010.3.31.이지만 시행은 2011.1.1.부터임), 재개발조합에 대한 지방세 감면은 지방세특례제한법으로 이관하였다. 즉 구 지방세법(2010.12.31.까지 시행) 109조③(토지수용 등에 따른 환지 등 취득세 비과세, 현행 지특법 74조①) 및 127조의2②(등록세 비과세, 현행 지특법 74조①)에서 비과세하였으나, 2011.1.1.부터는 지방세특례제한법상 감면규정{50(2019년까지는 75)~100% 감면}을 적용해왔다.

　　그런데 "'도시개발사업'과 '재개발사업'의 시행으로 '환지계획 등에 따른 취득부동산'에 대해서는 취득세를 면제"(지특법 74조①)해오다, 2023년부터는 "「도시개발법」에 따른 도시개발사업과 「도시 및 주거환경정비법」에 따른 정비사업의 시행으로 사업 대상 부동산의 소유자(상속인을 포함)가 환지계획 또는 관리처분계획에 따라 공급받거나 토지상환채권으로 상환받는 건축물은 그 소유자가 원시취득한 것으로 보며, 토지의 경우에는 그 소유자가 승계취득한 것으로 본다. 이 경우 토지는 당초 소유한 토지보다 초과한 면적에 해당하는 부분에 한정하여 취득한 것으로 본다"(지법 7조⑯) 및 "「도시개발법」에 따른 환지 방식에 의한 사업 시행으로 토지의 지목을 사실상 변경한 경우 환지계획에 따른 환지에 대해서는 조합원이, 체비지 또는 보류지에 대해서는 사업시행자가 지목변경에 따라 취득한 것으로 본다"(지법 7조④후단 신설)로 법령을 이관·정비했다.(도시개발사업·주거환경개선사업 관련 사업자 및 취득자에 대한 나머지 감면특례는 여전히 지특법 74조③~⑤에서 규정하고 있음.)

　　특히, 감면은 비과세와 달리 감면신청 등 형식적인 절차도 필요하지만, 감면된 세액을 사후에 추징하는 규정도 있어 감면의 요건이 훨씬 까다롭다.

[감면된 취득세의 추징](지특법 178조)

부동산에 대한 감면을 적용할 때 지방세특례제한법에서 특별히 규정한 경우를 제외하고는 다음의 어느 하나에 해당하면 그 해당 부분에 대해서는 감면된 취득세를 추징한다.('임대'는 직접사용에서 제외로 명문화, 지특법 2조⑱호)

1. 정당한 사유 없이 그 취득일부터 1년이 경과할 때까지 해당 용도로 직접 사용하지 아니하는 경우

2. 해당 용도로 직접 사용한 기간이 2년 미만인 상태에서 매각·증여하거나 다른 용도로 사용하는 경우

[지방세 감면 특례의 제한: 최소납부제](지특법 177조의2)

①지방세특례제한법에 따라 취득세 또는 재산세가 면제(지방세 특례 중에서 세액감면율이 100%인 경우와 세율경감률이 세율 전부를 감면하는 것)되는 경우에는 이 법에 따른 '취득세' 또는 '재산세'의 면제규정에도 불구하고 85%에 해당하는 감면율(지법 13조①~④의 세율은 적용하지 아니한 감면율을 말함. 즉, 중과되는 경우에는 일반세율을 적용한 세액의 85%만 감면된다는 뜻임)을 적용한다.

다만, 다음 각 호의 어느 하나에 해당하는 경우에는 그러하지 아니하다.

제1장
제2장
제3장
제4장
제5장
제6장
제7장
제8장
제9장
제10장
제11장
제12장
제13장
제14장

지방세법에 따라 산출한 취득세 및 재산세 세액이 다음의 어느 하나에 해당하는 경우 등

취득세: 200만원 이하(2022년부터 연부취득, 1년 이내 동일인에게 취득, 1년 이내 연접부동산 취득은 합산)

재산세: 50만원 이하(세부담 상한을 적용하기 이전의 산출액을 말함)

②지방자치단체 감면조례로 취득세 또는 재산세를 면제하는 경우에도 위 ① 규정을 따른다. 다만, 조세특례제한법의 위임에 따른 감면은 그러하지 아니하다.

③위 ②에도 불구하고 ①의 적용 여부와 시기는 해당 지방자치단체의 감면조례로 정할 수 있다.

　　[지방세 감면 특례의 제한에 관한 적용례](2017.12.26. 개정 지특법 부칙 7조, 개정 지특법 177조의2)

　　지방세 감면 특례의 제한(지특법 177조의2①)의 개정규정은 다음 각 호의 구분에 따른 시기부터 적용한다.

　　1. 74조③4호·5호(현 ④3호, 주거환경개선사업의 취득세 100% 면제): 2019년 1월 1일

　　2. 74조①(재개발사업의 '환지계획 등에 따른 취득부동산' 취득세 100% 면제): 2020, 2021년만 적용

둘째, 도시개발사업으로 건축한 주택을 환지처분에 의해 취득하는 부동산에 대한 취득시기는 '취득시기' 부문에서 별도로 규정하여 사업초기에 취득세를 부담하는 문제를 해결하고 있다. 즉, "건축물을 건축 또는 개수하여 취득하는 경우에는 사용승인서(「도시개발법」 51조①에 따른 준공인가증, 「도시 및 주거환경정비법 시행령」 74조에 따른 준공인가증 및 그 밖에 건축 관계 법령에 따른 사용승인서에 준하는 서류를 포함한다)를 내주는 날(사용승인서를 내주기 전에 임시사용승인을 받은 경우에는 그 임시사용승인일을 말하고, 사용승인서 또는 임시사용승인서를 받을 수 없는 건축물의 경우에는 사실상 사용이 가능한 날을 말한다)과 사실상의 사용일 중 **빠른 날**을 취득일로 본다."(지령 20조⑥, 2019.5.31. 개정)

셋째, 주택조합 및 재건축조합·소규모재건축조합의 '조합원용 부동산' 취득에 대한 과세문제는 특례규정(지법 7조⑧)을 적용받으므로 해결이 된다. 주택조합의 '비조합원용 토지'에 대한 취득시기는 "사용검사를 받은 날(「주택법」 49조)로 규정"(지령 20조⑦전단)하여 취득세 납부시기를 합리적으로 조정하고 있다.

넷째, 그러나 재건축조합·소규모재건축조합의 '비조합원용 토지'에 대한 취득시기는 "소유권이전 고시일의 다음 날"에 그 토지를 취득한 것으로 본다.(지령 20조⑦후단)

②주택조합과 재건축조합·소규모재건축조합의 경우

주택조합(「주택법」 11조)과 재건축조합(「도시 및 주거환경정비법」 35조③) 및 소규모재건축조합(「빈집 및 소규모주택 정비에 관한 특례법」 23조)('주택조합 등')이 해당 조합원용으로 취득하는 조합주택용 부동산(공동주택과 부대시설·복리시설 및 그 부속토지를 말함)은 그 조합원이 취득한 것으로 본다. 다만, 조합원에게 귀속되지 아니하는 부동산('비조합원용 일반분양분 부동산'을 말함 – 저자 주)은 제외한다.(지법 7조⑧, 지령 11조의2, 2021.12.31. 신설)

2009년 1월 1일부터는 주택조합 등이 취득하는 부동산 중 조합원에게 귀속되지 않는 '일반분양분 부동산은 취득세 과세대상에 해당됨을 명확히 규정'함으로써 지방세 과세의 사각지대가 발생하지 않도록 했다. 개정규정은 2009.1.1. 이후 최초로 납세의무가 성립하는 분부터 적용한다.(2008.12.31. 개정 지법 부칙 3조) 개정법령 조문은 다음과 같다.

- 납세의무자(2010.3.31. 지기법 제정으로 전면개편 전 구 지법 105조⑩, 현행 지법 7조⑧)
- 취득세 비과세(구 지법 110조1호, 현행 지법 9조③)
- 취득시기 보완(구 지령 73조⑤ 신설, 현행 지령 20조⑦)

'신탁'에 따른 취득세 비과세 규정을 같이 이해할 필요가 있다.

신탁(「신탁법」에 따른 신탁으로서 신탁등기가 병행되는 것만 해당)으로 인한 신탁재산의 취득으로서 다음의 어느 하나에 해당하는 경우에는 취득세를 부과하지 아니한다. 다만, 신탁재산의 취득 중 주택조합 등과 조합원 간의 부동산 취득 {'금전신탁(조합원 부담금)으로 조합이 취득하는 부동산'을 말하며, 조합용으로 배정될 부분에 대한 조합원용 기존 부동산의 신탁은 비과세임. 왜냐하면 조합원소유 토지를 조합에 이전(신탁)할 경우에는 조합원이 취득한 것으로 보기 때문에(지법 7조⑧본문), 자기소유 토지를 자기가 다시 취득하는 경우로서 과세되지 않는 것임. 다만, 승계조합원은 토지지분에 대한 취득세 납세의무 있음. - 저자 주} 및 **'주택조합 등의 비조합원용 부동산 취득'**은 제외한다.(지법 9조③, 지령 11조의2)

1. 위탁자로부터 수탁자에게 신탁재산을 이전하는 경우
2. 신탁의 종료로 수탁자로부터 위탁자에게 신탁재산을 이전하는 경우
3. 수탁자가 변경되어 신수탁자에게 신탁재산을 이전하는 경우

주택조합 등의 사업진행 과정상 조합과 조합원 간에는 부동산소유권 이전이 빈번하게 발생한다. 예를 들어 사업초기 조합원 소유 토지를 조합에 신탁하는 경우, 사업이 완료된 후 신탁된 토지를 다시 조합원에게 이전하는 경우, 그리고 완성된 주택을 조합이 원시취득한 후 이를 다시 조합원에게 이전하는 경우 등이다. 그런데 이들 각각의 취득행위 시마다 취득세를 부과하게 되면 중복과세 문제와 엄청난 조세저항이 발생할 수 있다. 따라서 "조합이 취득하는 '조합원용 부동산'은 조합원이 취득한 것으로 본다"(지법 7조⑧본문)라고 규정함으로써 이러한 중복과세의 문제를 해결하였다. 주택조합에 대해 이중과세 방지를 명확하게 하기 위한 '납세의무자'특례규정은 1997.10.1.부터(1997.8.30. 개정) 시행해오고 있다.

그리고 주택조합의 비조합원용 부동산에 대해서는, "다만, 비조합원용 일반분양분 부동산에 대해서는 조합(법인, 「도정법」 38조)이 취득하는 것으로 본다."(지법 7조⑧본문 단서)라고 규정하여 조합을 납세의무자로 하고 있지만, "주택조합의 '조합원으로부터 취득하는 토지' 중 '비조합원용 부동산'에 대한 '취득시기'를 사용검사를 받은 날(「주택법」 49조)로 규정"(지령 20조⑦전단)하여 취득세 납부시기를 합리적으로 조정하고 있다.

재건축조합에 대한 납세의무자와 취득시기(지령 20조⑦후단) 규정도 주택조합과 유사하다. 이를 표로 요약하면 아래와 같다.

[주택조합 등이 취득하는 부동산의 납세의무와 취득시기 요약]

구분	조합원용 부동산		비조합원용 부동산	
	납세의무자	취득시기(지령 20조⑦)	납세의무자	취득시기
부동산 등 신탁	조합원: 비과세 (지법 9조③)	주택조합: 사용검사일 재건축: 소유권이전고시 익일	주택조합 재건축조합	조합원용과 같음

금전 신탁	조합원: 과세 (지법 9조③)	주택조합: 사용검사일 재건축: 소유권이전고시 익일	주택조합 재건축조합	잔금일과 등기일 중 빠른 날

(보충1)소유권이전고시:「도시 및 주거환경정비법」

준공검사(「도정법」83조③④)→이전고시(「도정법」86조②): 관리처분계획사항 등 분양자 통보

(보충2)2009.1.1. 시행되는 내용의 핵심: 일반분양분 부동산에 대한 취득세 부과근거 마련.

조합원으로부터 신탁받은 토지: 모두 비과세→비조합원용(일반분양용) 부분은 과세로 전환

주택조합 등이 취득하는 부동산 중 조합원에게 귀속되지 않는 일반분양분 부동산이 취득세 과세대상에 해당됨을 명확히 규정함으로써, 지방세 과세의 사각지대가 발생하지 않도록 함.

(행안부 지방세법 개정취지, 2009.1.1. 이후 납세의무성립 분부터 적용, 지법 부칙 3조)

(보충3)재건축조합에 대한 비과세 적용.(행안부 지방세운영과-1659, 2010.4.23.)

주택조합 등이 '금전신탁'으로 토지를 취득하여 조합아파트를 신축하는 경우에는 토지를 신탁받은 경우와 달리 조합에 당초 취득 시 비조합원용 토지에 해당하는 취득세가 함께 과세되고, 소유권이전고시 시점에는 조합원용과 비조합원용 토지가 확정될 뿐 대지권 변동이 없으므로 취득세 납세의무가 별도로 성립되지 않는 것임.

따라서 재건축조합아파트 사업부지 중 조합원이 신탁한 토지와 조합이 금전신탁 받아 취득한 토지가 혼재되어 있다면 동 조합이 소유권이전고시 익일에 취득하는 비조합원용에 대한 취득세는 비조합원분 전체토지(12,200㎡)에서 토지신탁분(46,256㎡)과 금전신탁분(1,308㎡) 토지면적 비율에 따라 안분한 면적(11,865㎡)으로 과세하는 것이 타당함.

[본 유권해석의 해설]

A: 토지신탁분 중 조합원분(비과세)	C: 토지신탁분 중 비조합원분	토지신탁분(46,256㎡)
B: 금전신탁분 중 조합원분	D: 금전신탁분 중 비조합원분	금전신탁분 (1,308㎡)
조합원분(35,364㎡)	비조합원분(12,200㎡)	**전체토지 (47,564㎡)**

A: 납세의무자는 조합원(비과세됨), 취득시기는 소유권이전고시 익일(재건축)·사용검사일(주택조합)
B: 납세의무자는 조합원, 취득시기는 소유권이전고시 익일(재건축)·사용검사일(주택조합)
C: 납세의무자는 조합, 취득시기는 소유권이전고시 익일(재건축)·사용검사일(주택조합)
D: 납세의무자는 조합, 취득시기는 잔금일과 등기일 중 빠른 날(재건축·주택조합 동일)

(보충4)취득세 등 부과처분취소: 지방세법 개정의 뜻(대법 2011두532, 2013.1.10. 선고 등)

2008.12.31. 개정된 지방세법(2010.3.31. 전부 개정되기 전의 것. 이하 '개정 법'이라고 함)과 2008.12.31. 개정된 지방세법 시행령(2010.7.6. 개정되기 전의 것. 이하 '개정 시행령'이라고 함) 규정의 문언 내용과 개정 경위, 그리고 '주택조합 등이 조합원으로부터 신탁받은 금전으로 매수하여 그 명의로 소유권이전등기를 마친 조합주택용 부동산'은, 조합원용인지 또는 비조합원용인지를 가리지 아니하고 구 지방세법(2008.12.31. 개정되기 전의 것. 이하 '구법') 110조1호 본문이 적용되는 '신탁등기가 병행되는 신탁재산'에 해당하지 아니하여 그 취득에 대하여는 구법 110조1호 단서의 규정과 관계없이 취득세가 부과되었던 점 등을 고려하면,

개정 법 110조1호 단서가 그 본문 적용의 배제대상으로 '주택조합 등의 비조합원용 부동산 취득'을 추가한 것은 종전의 관련 법령상 취득세 부과대상이 아니었던 "주택조합 등이 조합원으로부터 조합주택용으로 신탁에 의하여 취득하면서 '신탁등기를 병행한 부동산' 중 비조합원용 부동산의 취득"에 대하여 그 본문의 적용을 배제함으로써 취득세 부과대상으로 삼기 위한 것이고, 개정 시행령 73조⑤은 이 경우의 납세의무의 성립시기를 정한 것이다.

따라서 거기에 해당하지 아니하는 "주택조합 등이 조합원으로부터 '신탁받은 금전으로 매수'하여 그 명의로 소유권이전등기를 마친 조합주택용 부동산 중 비조합원용 부동산의 취득"의 경우에는 개정 법 110조1호 단서의 개정과 개정 시행령 73조⑤의 신설에도 불구하고 여전히 주택조합 등이 사실상의 잔금지급일 또는 등기일 등에 이를 취득한 것으로 보아 취득세를 부과하여야 하고, 개정 시행령 73조⑤에서 규정한 「주택법」 29조에 따른 사용검사를 받은 날 등'에 주택조합 등이 이를 취득한 것으로 보아 취득세를 부과할 것은 아니다.

(보충5)재건축조합의 신탁재산 취득시기 등도 참조(대법 2015두47065, 2015.9.3. 선고)

(보충6)승계조합원은 토지지분에 대해 취득세 납세의무 있음(행안부 지방세운영과-816, 2017.10.30.)

[도시개발사업의 근거 법률]

- 2003.7.1.:「도시 및 주거환경정비법」(약칭 '도정법')으로 정비사업 통합

  구「주택건설촉진법」은 '도정법'(2003.7.1. 시행, 2002.12.30. 제정)과「주택법」(2003.11.30. 시행, 2003.5.29. 제정)으로 분할됨.

  재건축조합은 2003.7.1.부터는 '도정법' 38조에 의해 법인설립이 강제됐음.

- 2012.2.1.: '도정법'에 주거환경관리사업과 가로주택정비사업 방식을 새로 도입(2조)

  주거환경관리사업: 지방자치단체 등이 정비기반시설 및 공동이용시설을 설치하고 토지등 소유자가 스스로 주택을 보전·정비·개량

  가로주택정비사업: 노후·불량 건축물이 밀집한 가로구역에서 종전의 가로를 유지하면서 소규모로 주거환경을 개선하는 방식

- 2018.2.9.:「빈집 및 소규모주택 정비에 관한 특례법」(약칭 '소정법') 분할 신설(2017.2.8. 제정)

  주택재개발사업·도시환경정비사업(도정법)→'재개발사업'(도정법)으로 통합

  가로주택정비사업(도정법)·빈집정비사업(농어촌정비법)→'소정법'으로 이관

  소규모 주택재건축사업(도정법)→소규모 재건축사업('소정법')

  　　소규모 재건축사업: 사업시행구역의 면적 1만㎡ 미만, 200세대 미만, 노후·불량비율 2/3 이상

  자율주택정비사업 신설: 단독주택 및 다세대주택을 스스로 개량·건설하기 위한 사업

  　　　　　모두 단독주택인 경우 10호, 기타의 경우 20세대 미만

  　　　　(소정법 2조①3호 가목, 소정령 3조①1호)

- 2021.9.21.: '소정법'을 개정하여 '소규모재개발사업' 신설(2021.7.20. 개정)

  소규모재개발사업: 역세권·준공업지역에서 소규모(면적 5,000㎡ 미만)로 주거환경·도시환경 개선

정비사업 구분		도정법		소정법	
		2018.2.8.까지	2018.2.9.부터	2018.2.9.부터	2021.9.21.부터
주택재개발사업		O	재개발 사업 / 중·대규모	–	–
도시환경정비사업		O	재개발 사업 / 소규모	–	이관받음
주택 재건축	중·대규모	O	O	–	–
	소규모	O	–	이관받음	O
주거환경개선사업		O	주거환경개선사업	–	–
주거환경관리사업		O		–	–
가로주택정비사업		O	–	이관받음	O
자율주택정비사업		–	–	신설	O
빈집정비사업		「농어촌정비법」	–	이관받음	O

(보충)「전통시장 및 상점가 육성을 위한 특별법」(약칭 '전통시장법'): 시장정비사업

「중소기업의 구조개선 및 경영안정 지원을 위한 특별조치법」(1997.1.13. 제정) →「중소기업의 구조개선과 재래시장 활성화를 위한 특별 조치법」(2002.1.26.) →「재래시장 육성을 위한 특별법」(2004.10.22.) →「재래시장 및 상점가 육성을 위한 특별법」(2006.10.29.) → 현재의「전통시장 및 상점가 육성을 위한 특별법」(2010.7.1. 시행, 2009.12.30. 개정) ☞ 조합원 의제취득 미적용, 그 대신 시장정비사업에 대한 감면(지특법 83조)

[정비사업의 진행절차 및 세무상 이슈]

정비구역 지정 → 조합설립추진위원회 구성 → 조합설립 인가 → 사업시행 인가 → 분양신청 → 관리처분계획 인가 → 철거 및 착공 → 준공인가 → 확정측량 → 조합 해산 및 청산

1. **조합설립추진위원회**: 법인격이 없는 비법인사단이지만 '비영리내국법인'(승인의제법인)으로 간주됨
   1) 비법인사단이지만 법인의 실체를 인정(대법 2009다22419, 2012.4.12. 선고)
      '도정법'상 추진위원회가 행한 업무가 사후에 관계 법령의 해석상 추진위원회의 업무범위에 속하지 아니하여
      효력이 없다고 하더라도, 설립된 조합에 모두 포괄승계된다고 봄이 타당함.('주민총회결의 무효확인'의 소)
   2) '도정법'상 조합설립추진위원회는 국세기본법 13조 규정에 따라 법인으로 보는 단체로 간주하며, 해당
      조합설립추진위원회가 행한 업무와 관련된 권리와 의무를 정비사업조합이 포괄승계하는 경우에는 그
      조직을 변경하는 것으로 본다.(국세청 부가-748, 2009.2.24. ; 서면3팀-1507, 2007.5.16.)
   ☞ 조합설립추진위원회는 국세기본법 13조에 따라 비영리내국법인으로 간주됨.
      법인세: 각사업연도소득(수익사업 부문)과 토지등 양도소득에 대해 법인세 과세
            수익사업과 목적사업으로 구분경리하여야 함.
      부가가치세: 신규로 부가가치세 과세사업을 개시하고자 하는 경우에는 사업자등록을 하여야 함.
2. **조합설립 인가**: '도정법' 또는 '소정법'(소정법상 조합은 2022.1.1. 설립된 조합부터 적용)에 따른 조합은 조
   합원과는 별개인 비영리내국법인으로 의제.(조특법 104조의7②)
   1) 법인세: 목적사업(조합원 분양분)과 수익사업으로 구분경리. 조합설립추진위원회와 같음.
   • 조합의 공통손금 안분기준은 가액보다 '면적기준'이 더 타당함(대법 2008두17479, 2011.7.14. 선고)
      정비사업조합의 경우 조합원 분양분은 일반분양분보다 낮은 가액(대략 일반분양가의 85%수준)으로 공
      급된다. 따라서 수입금액 또는 매출액 기준으로 안분하면 상대적으로 일반분양분에 많은 원가가 배부되
      어 법인세 부담액이 줄어드는 효과가 발생한다. 따라서 수익비용 대응원칙상으로는 일견 수입금액 기준
      이 타당해 보일 수 있으나, 실제 건설공사 투입현황을 감안하면 면적기준으로 안분하는 것이 타당하다.
   • 사업기간 중에는 추산신고, 최종 확정 시 정산신고(서면법인 2017-210, 2017.07.20. ; 서면 인터넷방문
      상담2팀-1693, 2006.9.7.)
      일반분양수입(수익사업)과 조합원분양수입(기타의 사업)에 대한 공통손금 안분계산 시 법인세법 시행규
      칙 76조⑥단서 규정에 따라 매출액 기준을 적용하는 것이 불합리한 경우, 공통손금의 비용항목에 따라
      국세청장이 정하는 작업시간·사용시간·사용면적 등의 기준에 의하여 사업연도별로 동일한 방법으로
      안분계산하여 각사업연도의 공통손금을 신고하는 것임.
      다만, 안분계산비율이 수시로 변동하는 경우에는 그 비율이 최종 확정되는 날이 속하는 사업연도의 법인
      세신고 시 이전 각사업연도의 공통손금을 정산하여 신고하는 것임.
   2) 부가가치세: 조합원 분양분(공급으로 보지 않음, 즉 비과세)과 국민주택규모 이하 공급분(면세) 및 과세
      사업 비중으로 안분, 과세사업 부문에 대한 매입세액만 공제함.
   3) 취득세: 주택조합등이 조합원용으로 취득하는 조합주택용 부동산은 그 조합원이 취득한 것으로 보고,
      비조합원용 부동산은 조합이 취득한 것으로 보아 취득세 납세의무를 부담함.

2022년까지(지특법 74조①②)	2023년부터(지방세법 7조④후단·⑯)
○재개발사업·도시개발사업 관련 과세체계 및 감면을 지방세특례제한법에서 규정	○재개발사업·도시개발사업 관련 과세체계는 지방세법에서 납세의무자·취득원인을 규정하고, 지방세특례제한법에서 감면을 규정
○재개발사업·도시개발사업 관련 취득세를 조합원이 취득하는 부동산가치의 증가액에 대해 과세하고 있으나, 과세대상(건축물·토지) 및 취득원인(원시·승계·지목변경)별 과세 불분명	○재개발사업·도시개발사업 관련 취득세 과세를 건축물, 토지, 지목변경 등 과세대상별로 구분 -건축물: 원시취득으로 과세 -토지: 증가한 면적에 대해 과세

2022년까지(지특법 74조①②)	2023년부터(지방세법 7조④후단·⑯)
※원조합원: 다음 청산금을 내지 않는 한 취득세 면제(성격이 유사한 재건축사업은 건축물에 대해 원시취득으로 과세(지법 7조⑧, 9조③) ☞ 형평성문제) • 사업종료 후 취득하는 부동산 평가가액-당초 보유한 부동산 평가가액의 차이 • 평가차액을 시가표준액으로 안분하여 토지와 건축물 구분하여 과세 ※승계조합원: 승계취득가액 차감 후 과세	−지목변경(도시개발사업): 환지면적 기준 지목변경 과세 ※ 2023.1.1. 취득분부터 적용(법 부칙 2조) ※ 도시개발사업으로 취득하는 토지의 과세표준 명확화(지령 18조의4①3·4호 및 ②), 2023.3.14. 신설. 제9장 05④② 참조 ※ 재개발사업의 경우 조합을 설립하여 조합원 재산의 신탁절차 없이 사업시행자를 별도로 정하여 사업을 진행하는 것이 일반적인 데 반해, 재건축사업은 조합에 조합원 기본부동산를 신탁한 후 조합이 수탁자 겸 사업시행자가 되기 때문에 조합원분에 대한 이중과세 방지 목적으로 지방세법 7조⑧에 조합원이 취득한 것으로 보는 간주규정을 따로 두었던 것임.
○청산금으로 추가 납입하는 금액에 대해서는 취득세 과세 ※재개발사업의 경우 1가구 1주택자는 면적별로 감면(지특법 74조⑤3호)	○청산금을 내지 않더라도 건축물에 대해 원시취득으로 과세하되, 1가구 1주택자는 면적별로 감면 감면비율: 전용면적 60㎡ 이하 75%, 60~85㎡ 이하 50% 감면 ☞즉 청산금이 없어도 과세로 전환되나, 1가구 1주택 혜택은 받을 수 있고, 청산금이 건축물 가액보다 큰 사람은 법 개정으로 혜택을 봄. ※과세·감면방식 변경 적용대상은 2023.1.1. 이후 환지계획인가 또는 관리처분인가를 받은 사업부터(그 이전 인가분은 2025년까지 종전규정) 적용

4)양도소득세(조합원): 조합원의 현물출자는 일련의 환지처분으로 보아 양도소득세 과세 않음.(소법 88조1호 가목)
• 도정법 48조에 의한 '관리처분계획의 변경 없이' 당초 관리처분계획과 다르게 분양받을 주택이 변경되는 경우에는 교환으로 보아 양도소득세가 과세되나, '관리처분계획의 변경에 따라' 분양받을 주택이 변경되는 경우에는 양도에 해당하지 아니함.(재산세과-765, 2009.04.17. ; 서면4팀-187, 2005.01.26.)
  따라서, 관리처분계획에 의한 '동·호수 추첨이 완료'되어 입주권을 취득한 이후 해당 조합원입주권을 조합에 반납하고 타조합원의 개인사정으로 취소된 입주권으로 대체하는 경우 양도에 해당한다. 또한, 주택재개발사업의 관리처분계획에 따라 취득한 조합원입주권의 '동·호수를 다른 조합원과 교환'하는 경우에도 '입주권의 양도에 해당'하므로 양도소득세 '과세대상'이다.
• 지역주택조합은 (정비사업조합과 달리) 비영리법인이 아니므로 조합원이 부동산 소유권을 조합에 이전하는 경우 양도로 보며, 조합 가입비 등을 필요경비에 산입 불가.(사전-2022-법규재산-1096, 2023.4.19.)
3. **관리처분계획 인가**: 종전의 토지·건축물의 소유권과 소유권 이외의 권리(지상권, 전세권, 임차권, 저당권 등)를 정비사업으로 조성된 대지·건축시설에 대한 권리로 변환시켜 배분하는 일련의 계획을 말함.
• 정비사업조합의 종전부동산 현물출자 시기와 평가액: '2020.11.24.' 전·후 구분
  조세심판원은 조합에 현물출자된 부동산의 취득시기를 관리처분계획 인가일로 보았고(조심 2020전1335, 2020.11.23. 결정), 기획재정부도 2020.11.24. 이후 관리처분계획이 인가되는 분부터 종전부동산의 현물출자 시점을 관리처분계획 인가고시일과 신탁등기일 중 빠른 날로 유권해석(기획재정부 재산세제과-1024, 2020.11.24.).
  이에 따라 2020.11.24. 이후 관리처분계획이 인가된 정비사업은 관리처분계획인가 고시일과 신탁등기일 중 빠른날을 기준으로 감정평가한 가액을 건설용지로 처리하는 것이 가능함. 다만 2020.11.23. 이전

관리처분계획이 인가된 정비사업은 종전 예규에 의해 여전히 조합설립인가일 또는 출자한 토지의 신탁 등기접수일 중 빠른날이 현물출자 시기가 된다고 해석함.(서면-2020-법령해석법인-5272, 법령해석과-1709, 2021.05.13.)

- 양도소득세: '관리처분계획 인가고시일'~준공일(사용승인일) 기간은 조합원입주권으로 봄.(소법 89조① 4호) ☞ '주택과 조합원입주권을 소유한 경우 1세대 1주택의 특례'(소령 156조의2, 제3장 04(2)2)⑫ 참조)
- 취득세·재산세: '주택 멸실'~준공일(사용승인일) 기간은 토지로 봄.(지령 20조⑥)

4. 이주, 철거, 착공 및 주택의 공급

- 조합원 무이자 이주비: 정비사업조합이 관리처분계획에 따라 조합원의 이주비를 금융기관으로부터 차입하여 무이자로 대여하는 경우, 조합원을 대신하여 해당조합이 사업비에서 지출하는 이주비 이자비용 중 '수익사업부문 상당액'은 부당행위계산 부인(법법 52조) 또는 손금의 범위(법법 19조)에 따라 해당 조합의 손금에 해당하지 않고, 법법 67조 및 법령 106조①1호에 따라 해당 조합원에게 배당소득으로 소득 처분되는 것임.(기준법령해석 법인 2019-485, 2019.10.17.)

<무이자 이주비 회계/세무처리 사례>(수익사업 : 비수익사업= 40% : 60% 가정)

구분	수익사업부문(조합)	조합원
회계처리 1)이주비 차입 2)이자 대납	조합원과 금융기관과의 차입으로 회계처리 없음 차)이자비용 1,000 대)예금 등 1,000	조합원 이자부담 없음
세무조정	이자비용 400 (손금불산입, 배당) 이자비용 600 (손금불산입, 기타)	조합원 배당소득 처분
원천징수 등	**배당소득의 지급시기:** 법인의 소득금액을 신고함에 있어서 처분되는 (인정)배당은 해당 법인의 과세표준 및 세액의 신고일 또는 수정신고일에 지급한 것으로 보아 원천징수함.(소법 131조②, 소령 290조, 소집 131-190-1) **원천징수영수증 교부:** 각 조합원에게 원천징수영수증(지방소득세 포함 15.4% 원천징수) 교부의무 있음. 단, 배당소득금액이 100만원 이하인 경우에는 미교부 가능.(소법 133조) **지급명세서 제출:** 이자소득·배당소득 등을 지급한 경우 다음연도 2월 말까지 지급명세서를 제출해야 함.(소법 164조, 법법 120조) 미제출 또는 내용불비 시 해당금액의 1% 가산세 부과.(소법 81조의11, 법법 75조의7)	

- 상환의무 없는 이주비: 정비사업조합의 수익사업 부문에서 상환의무 없이 지급받는 이주비는 배당소득(소법 17조①1호)임.(기획재정부 조세법령-879, 2020.7.17.)
- 조합원 이사비(=주거이전촉진비): 관리처분계획인가시점~철거시점까지 지급되는 조합원이사비는 통상 200만원~1,000만원 내외로 무상지급됨. 재원은 조합원출자금(조합원분양선수금)과 일반분양을 통한 수익사업잉여금으로 구성되어 있으며(소득-579, 2010.05.18.), 수익사업잉여금 재원 부분은 배당소득임.(사전법령해석 소득 2017-673, 2017.12.14.)
- 조합원 주거이전비: 현금청산 대상 조합원(통상 2개월분)과 세입자(통상 4개월분)에게 지급되는 것으로, 과세대상이 아님.(원천-479, 2011.8.10. ; 소득-4028, 2008.11.3.)

5. 조합의 해산 및 청산

- 청산소득에 대한 법인세: 정비사업조합은 비영리법인으로 간주되므로 없음.(서면2팀-904, 2004.4.28.)
- 해산으로 인한 잔여재산 분배 시: 당해 조합의 주식·출자·자본을 취득하기 위하여 소요된 금액을 초과하는 경우 그 초과금액은 의제배당(소법 17조②3호)에 해당함.

4)주택건설 관련 조합별 회계감사

①재건축·재개발조합(「도시 및 주거환경정비법」 112조, 시행령 88조)

시장·군수 등 또는 토지주택공사 등이 아닌 사업시행자는 다음의 어느 하나에 해당하는 시기에 외부감사인(「주식회사 등의 외부감사에 관한 법률」 2조7호 및 9조)의 회계감사를 받아야 하며,[16] 그 감사결과를 회계감사가 종료된 날부터 15일 이내에 시장·군수 등 및 해당 조합에 보고하고 조합원이 공람할 수 있도록 하여야 한다. 다만, 지정개발자가 사업시행자인 경우 2호 및 3호에 해당하는 시기에 한정한다.

1. 34조④에 따라 추진위원회에서 조합으로 인계되기 전 7일 이내
   (인계되기 전까지 지출 확정된 금액의 합이 3억5천만원 이상인 경우)
2. 50조⑦에 따른 사업시행계획인가의 고시일부터 20일 이내
   (사업시행계획인가 고시일 전까지 지출 확정된 금액이 7억원 이상인 경우)
3. 83조①에 따른 준공인가의 신청일부터 7일 이내
   (준공인가 신청일까지 지출 확정된 금액이 14억원 이상인 경우)

②소규모재건축·재개발조합(「빈집 및 소규모주택 정비에 관한 특례법」 54조③)

일례로 소규모재건축사업은 다음의 요건을 모두 충족한 지역이 대상이다.(소정령 3조3호)
가. 해당 사업시행구역의 면적이 1만㎡ 미만일 것
나. 노후·불량건축물의 수가 해당 사업시행구역 전체 건축물 수의 2/3 이상일 것
다. 기존주택의 세대수가 200세대 미만일 것
시장·군수 등 또는 토지주택공사 등이 아닌 사업시행자는 외부감사인(「주식회사 등의 외부감사에 관한 법률」 2조7호 및 9조)의 회계감사를 받아야 한다.
소규모주택정비사업의 감독 등(외부감사 포함)에 관하여는 「도시 및 주거환경정비법」 111조 등을 준용한다.(소정법 56조)

③주택조합(지역·직장·리모델링주택조합)(「주택법」 14조③, 시행령 26조)

주택조합은 회계감사를 받아야 하며, 그 감사결과를 관할 시장·군수·구청장에게 보고하고, 인터넷에 게재하는 등 해당 조합원이 열람할 수 있도록 하여야 한다.(「주택법」 14조③)
주택조합은 다음의 어느 하나에 해당하는 날부터 30일 이내에 외부감사인(「주식회사 등의 외부감사에 관한 법률」 2조7호 및 9조)의 회계감사를 받아야 한다.(「주택법 시행령」 26조①)

---

16) 2020년 12월 9일 「도시 및 주거환경정비법」이 개정되어, 조합원이나 토지소유자 1/5 이상이 사업 시행자에게 외부 회계감사를 요청하는 경우 바로 외부 감사를 시행함.(2021.7.1. 시행)

1. 법 11조에 따른 주택조합 설립인가를 받은 날부터 3개월이 지난 날
2. 법 제5조에 따른 사업계획승인(사업계획승인 대상이 아닌 리모델링인 경우에는 법 66조②에 따른 허가)을 받은 날부터 3개월이 지난 날
3. 법 49조에 따른 사용검사 또는 임시 사용승인을 신청한 날

　회계감사를 한 자는 회계감사 종료일부터 15일 이내에 회계감사 결과를 관할 시장·군수·구청장과 해당 주택조합에 각각 통보하여야 한다.(「주택법 시행령」 26조③)

(4)비영리회계기준 총괄 [17]

　비영리법인의 수익사업에 대한 법인세는 제4장 02(법인세 납세의무자) 내용을 참조하고, 공익법인 출연재산의 상속세 및 증여세 과세가액 불산입 등 특례는 제6장 02(3)4)'(상속세)와 제6장 04(4)'(증여세) 내용을 참조할 것.

1)적용

　2017년 7월 20일에 제정·공표된 비영리조직회계기준은 종류에 관계없이 모든 비영리조직에 공통적으로 적용되는 일반원칙을 수립하는데 의의가 있음을 고려할 때, 특정 법률의 정의에 얽매일 필요 없이 **비영리 특성을 갖는 모든 조직이 적용할 수 있도록** 하는 것이 바람직하므로 회계기준 적용대상 비영리조직의 범위를 '일반적 정의'에 근거하여 설정.(기준 2조)
　법률에 따라 의무적으로 적용되는 회계기준이 아니므로 실제 적용은 비영리조직의 자발적 선택에 맡겨지지만, 비영리회계실무에 점진적으로 수용, 확산될 것으로 기대함.

2)제정 배경 및 경과

　한국회계기준원(원장: 김의형)은 비영리조직 회계투명성 제고의 토대를 마련하기 위해 비영리조직회계기준을 2017.7.20. 제정·공표함.
□ 비영리조직의 공익사업활성화와 이를 뒷받침하는 건전한 기부문화 조성을 위해서는 비영리조직의 회계투명성 제고가 필요하다는 사회적 인식이 높아지는 가운데, 이에 부응하기 위해 회계기준원은 2013년 4월에 전담팀 신설을 시작으로 비영리조직회계기준 제정에 착수.
ㅇ 회계기준원이 2003년 3월에 발표한 '비영리조직의 재무제표 작성과 표시 지침서'를 참조하

---

17) 본 내용은 한국회계기준원이 2017.7.20. 발표한 「비영리조직회계기준 해설서」에서 발췌한 것임.
　공익법인(상증법 50조의4, 16조①)은 기획재정부가 2017.12.7. 제정·공표한 '공익법인회계기준'을 적용함.

여, 비영리조직회계기준전문위원회 구성·논의, 심포지엄 개최, 업종별 현장방문, 적용가능성 현장 테스트, 공개초안 발표 및 의견수렴, 회계기준자문위원회의 자문, 회계기준위원회의 최종심의·의결(2017.7.20.)을 거쳐 공표함.

■ 주요 특징

□ 이번에 발표한 비영리조직회계기준의 주요 특징은 다음과 같음.

① 영리를 목적으로 하지 않고 사회 전체의 이익이나 공동의 이익을 목적으로 하는 모든 종류의 비영리조직에 적용 가능

② 감독이나 세무 목적에 국한되지 않고 비영리조직의 다양한 이해관계자들의 정보수요를 공통적으로 충족시킬 수 있는 필요 최소한의 기본정보를 체계적이고 이해 가능한 방식으로 제공하는 일반목적 재무제표가 작성되도록 함

③ 비영리조직이 작성해야 할 재무제표의 종류와 명칭을 **'재무상태표, 운영성과표, 현금흐름표, 주석'**으로 통일

④ 비영리조직이 지출하는 비용에 대한 정보를 비영리조직이 순수 고유목적사업을 수행하는 데 지출하는 비용과 이를 지원하는 활동(일반관리활동 및 모금활동)에 지출하는 비용으로 구분하여 표시

□ 일반정보이용자가 비영리조직의 재무제표를 더 쉽게 이해할 수 있게 되어 비영리조직의 재무보고가 한층 개선될 것으로 기대.

ㅇ 비영리조직의 사업이 얼마나 효율적·효과적으로 이루어지는지에 관한 정보를 제공하여 투명성이 제고되고 기부와 같은 의사결정을 하는 데 도움을 줌

ㅇ 서로 다른 업종의 비영리조직 간에도 재무제표가 비교 가능해짐

3) 일반목적 재무제표

□ 현재 비영리조직의 재무제표 작성목적이 **'감독기관에 대한 제출용도에 치중'**되어 있으며, 감독기관은 비영리조직의 재무제표 작성을 돕기 위하여 개별적으로 규칙을 제정하여 비영리조직에게 제공하고 있으므로 **'일반목적의 재무제표는 실제 작성되지 아니하는 실정'**임.

구분	회계규칙	근거법률
사학기관	사학기관 재무·회계규칙에 대한 특례규칙	사립학교법
사회복지기관	사회복지법인 및 사회복지시설 재무·회계규칙	사회복지사업법
의료기관	의료기관 회계기준 규칙	의료법
학술장학기관	N/A	공익법인의 설립·운영에 관한 법률[1]
문화예술단체[2]	N/A	N/A
종교단체(기독교)	교회회계와 재무처리기준[3]	N/A

*1 학자금·장학금 지급, 학술 및 자선에 관한 사업을 목적으로 하는 법인을 '공익법인'으로 규정(2조). 동법 시행령에서는 동 시행령에서 특별히 규정하는 경우를 제외하고는 기업회계의 원칙에 따라 처리하도록 회계원칙을 설정(시행령 22조)

*2 2012년 문화체육관광부가 예술경영지원센터와 공동으로 외부전문가에게 관련 회계기준연구용역을 의뢰하여 최종보고서를 접수하였으나 아직 정부차원에서의 회계기준 발표는 없음

*3 한국기독교회협의회가 제정하였으며(2013.11.18.), 비영리조직회계기준 공개초안(회계기준원, 2013.11.14.)과 유사한 내용을 포함

○ 상속세 및 증여세법에서 위와 같은 비영리조직(동법에서는 '공익법인'이라 칭함)이 국세청 인터넷 홈페이지에 표준화된 양식에 따라 작성된 결산서류(재무상태표와 운영성과표를 포함)를 공시하고 일반인이 그 결과를 열람할 수 있도록 제도를 규정하고 있는바,

− 이 제도에 따라 공시되는 재무제표는 관할 감독기관의 정보수요에 구속되는 것이 아니므로 일반목적 재무제표에 가까운 성격을 지닌다고 볼 수도 있음

− 그러나 세법에 규정된 제도이므로 세무당국의 정보수요에 치중한 측면(예: 고유목적사업 재무제표와 수익사업 재무제표를 별도 작성, 고유목적사업준비금과 그 전입액의 인식)이 있어 완전한 형태의 일반목적 재무제표라 하기 어려움

4) 비영리회계기준 적용대상 비영리조직의 범위

□ 일반적으로 이해되는 비영리조직의 범위와 각종 법률에서 정의하는 비영리조직의 범위들 간에는 차이가 존재.

① 일반적 정의

□ 비영리조직(또는 비영리단체, 비영리기관)은 '소유주나 주주를 위해서 자본의 **이익을 추구하지 않는 대신에 그 자본으로 어떠한 목적을 달성하는 조직**'으로서 다음 두 가지 유형으로 나눌 수 있음(출처: 위키백과)

1. 영리를 목적으로 하지 않고, 또한 **'사회 전체의 이익'**을 목적으로 하는 단체

− 조직 예: 사회적지원활동단체, 학교·병원·간호시설·직업훈련시설·묘지 등의 운영단체 등

− 법인 예: 재단법인, 사단법인, 학교법인, 사회복지법인, 직업훈련법인, 종교법인 등

  * 단, 실질적으로 공동의 이익을 목적으로 하는 동창회·사업자단체 등에 대해서도, 공익성을 주장하여 재단법인·사단법인 등으로 된 사례도 다수 존재

2. 영리를 목적으로 하지 않고, **'공동의 이익'**을 목적으로 하는 단체

− 조직 예: 동창회, 동호회, 사업자단체 등

− 법인 예: 중간법인(中間法人), 의료법인, 사업조합 등

②「민법」 – 비영리법인

□ 학술, 종교, 자선, 기예, 사교 기타 영리 아닌 사업을 목적으로 하는 사단 또는 재단으로서 주무관청의 허가를 얻고 그 주된 사무소의 소재지에서 설립등기를 함으로써 성립한 법인(민법 32조·33조)

③법인세법 – 비영리법인

□ 다음 중 하나에 해당하는 내국법인(법법 2조2호)

 1. 「민법」 32조에 따라 설립된 법인

 2. 「사립학교법」이나 그 밖의 특별법에 따라 설립된 법인으로서 「민법」 32조에 규정된 목적과 유사한 목적을 가진 법인(대통령령으로 정하는 조합법인 등이 아닌 법인으로서 그 주주·사원 또는 출자자에게 이익을 배당할 수 있는 법인은 제외)

 3. 국세기본법 13조에 따른 법인으로 보는 단체

 – 법인이 아닌 사단, 재단, 그 밖의 단체 중 주무관청의 허가 또는 인가를 받아 설립되어 법령에 따라 주무관청에 등록하였지만 법인으로 등기는 되지 아니한 것

 – 법인이 아닌 사단, 재단, 그 밖의 단체 중 주무관청의 허가·인가·등록도 필하지는 않았지만 소정의 요건을 충족하고 대표자나 관리인이 관할 세무서장에게 신청하여 승인을 받은 것

④상속세 및 증여세법 – 공익법인

□ 다음 중 하나의 사업을 영위하는 법인(상증령 12조)

공익유형	설립근거법
교육	사립학교법 등
학술·장학	공익법인의 설립·운영에 관한 법률
사회복지	사회복지사업법
의료	의료법
문화예술	문화예술진흥법
종교	민법, 기타 특별법 등

○ 상속세 및 증여세법에서는 사업연도 종료일로부터 4개월 이내에 국세청 인터넷 홈페이지에 스스로 결산서류(재무상태표와 운영성과표를 포함)를 공시하고 일반인이 그 결과를 열람할 수 있도록 제도화(2007년말 신설, 상증법 50조의3)

○ 동법에 따라 결산서류공시의무가 있는 공익법인('공시의무 공익법인')(상증령 43조의3) '종교의 보급 기타 교화에 현저히 기여하는 사업을 영위하는 공익법인'(특정공익법인은 의무적) 외의 모든 공익법인은 공시의무가 있다. 다만, 과세기간 또는 사업연도의 종료일 현재 재무상태표상 총자산가액의 합계액이 5억원 미만이고, 해당 과세기간 또는 사업연도의 수입금액이 3억원 미만인 공익법인은 간편양식을 사용한다.(2020.1.1. 이후 개시 사업연도부터 적용)

위반 시 '자산총액×0.5%'의 가산세(상증법 78조⑪)를 부담하지만, 간편양식 사용 법인은 2022.12.31.까지 개시한 사업연도분의 공시에 대해서는 가산세를 부과하지 않는다.

※ 2023년말 현재 공익법인은 총 39,916개(11,727개 공시)

{출처: 국가통계포털(KOSIS)〉국내통계〉주제별통계〉정부·재정〉국세통계〉법인세〉공익법인현황}

구분	종교	사회복지	교육	학술·장학	예술·문화	의료	기타	합계
ⓐ 가동법인	21,747	5,445	1,949	4,001	1,653	1,083	4,038	39,916
ⓑ 공시법인	–	3,084	1,844	2,790	917	1,099	1,993	11,727
비율(ⓑ÷ⓐ)	0%	56%	95%	70%	55%	100%	48%	29%

⑤「공익법인의 설립·운영에 관한 법률」 – 공익법인

□ 재단법인이나 사단법인으로서 사회 일반의 이익에 이바지하기 위하여 학자금·장학금 또는 연구비의 보조나 지급, 학술, 자선에 관한 사업을 목적으로 하는 법인(공익법인의 설립·운영에 관한 법률 2조)

【각 법률에 따른 비영리조직의 범위 비교】

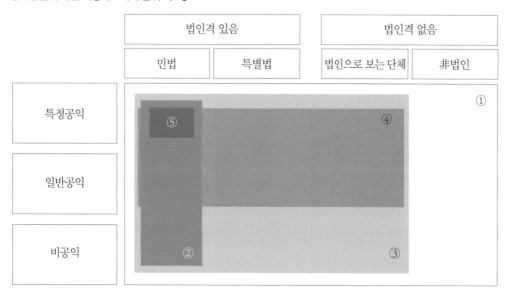

① 일반적 정의

②「민법」상 비영리 법인

③ 법인세법상 비영리법인

④ 상속세 및 증여세법상 공익법인

⑤「공익법인의 설립·운영에 관한 법률」상 공익법인

제2장
종합소득세와 퇴직소득세

01 소득세 전반사항

(1)소득세 납세자

①거주자와 비거주자

거주자와 비거주자는 소득세법상 납세의무가 있다. 거주자는 소득세법에서 열거한 소득에 대해, 비거주자는 국내원천소득으로 규정한 소득에 대해서만 납세의무가 있다.

구분	거주자[1]	비거주자
구분기준(소법 1조의2①)	국내에 주소[2]를 두거나 183일[3] 이상의 거소를 둔 개인	거주자가 아닌 개인
과세대상 소득(소법 3조)	소득세법에서 열거한 '국내+국외'원천 소득	'국내'원천소득

[1] 거주자: 국내에 '주소'를 두거나 '183일 이상의 거소'를 둔 사람 규정. (소법 1조의2①1호, 상증법 2조8호)

①변천과정(소득세법상 거주자 개념 중 '거소' 기준)

1. 2014년까지: 국내에 '2과세기간에 걸쳐 1년 이상'의 거소를 둔 자.

2. 2015~2017년: **'2과세기간에 걸쳐'** 183일 이상(소령 4조③, 2015.2.3. 개정)

{개정이유: 해외거주자를 가장한 탈세 방지를 위하여 거주자 판정 시 미국·영국·독일 등 대부분의 OECD 국가에서 (2과세기간 중) 183일 기준을 적용하고 있는 점 등을 감안하여, 거주자 판정기준을 1년 이상에서 183일 이상으로 **강화**하였음(기획재정부). '2과세기간 중' 183일이란 뜻임, 『2015년 개정세법해설』 국세청, p.119}

3. **2018년부터: '1과세기간 동안' 183일 이상의 거소로 완화**(소령 4조③, 2018.2.13. 개정)

{개정이유: 재외동포의 국내투자 촉진. '1과세기간 동안' 183일이란 뜻임, 『2018년 개정세법해설』, p.113 }

4. 2026.1.1.부터: '계속하여' 183일 이상의 거소를 둔 경우 추가(소령 4조③, 2025년 개정)

②현행규정

1. 소득세법: '1과세기간 동안' 또는 '계속하여' 183일 이상의 거소(소령 4조③, 2026.1.1. 시행)

2. 상속세 및 증여세법: 2016년부터 '1년 이상 거소'→**'183일 이상 거소'로 강화**하여 소득세법 규정과 일치(상증법 2조8호, 2015.12.15. 개정 상증법 부칙 1조). 그러나 2018년부터 '1과세기간 동안 183일 이상'의 거소로 다시 완화된 소득세법 규정은 적용되지 않음.(상증법 2조①에서 소령 4조③만을 준용하지 않기 때문)

상증법에서도 거주자 판정을 위한 주소 또는 거소 등에 대해서는 소령 2조(주소와 거소의 판정)·4조(거주기간의 계산. 단 ③은 제외)·2조의2(거주자 또는 비거주자가 되는 시기)·3조(해외현지법인 등의 임직원 등에 대한 거주자 판정)에 따르며, 추가로 "비거주자가 국내에 영주를 목적으로 귀국하여 국내에서 사망한 경우에는 거주자로 본다."(상증령 2조, 2016.2.5. 개정)

[2] 주소 등의 판정: 국적이나 외국영주권 등의 형식적인 것보다 실질로 판단(소령 2조①④)

주소는 국내에서 생계를 같이하는 가족 및 국내에 소재하는 자산의 유무 등 생활관계의 객관적 사실에 따라 판정한다. ☞ 해외유학에 따른 '기러기가족'의 경우 국내에 생계를 책임지는 가족이 있으므로 '거주자'로 봄.

[3] 거주기간의 계산(소령 4조)

1. 국내에 거소를 둔 기간은 입국하는 날의 다음 날부터 출국하는 날까지로 한다.
2. 국내에 거소를 두고 있던 개인이 출국 후 다시 입국한 경우에 생계를 같이하는 가족의 거주지나 자산소재지 등에 비추어 그 출국목적이 관광, 질병의 치료 등으로서 명백하게 일시적인 것으로 인정되는 때에는 그 출국한 기간도 국내에 거소를 둔 기간으로 본다.
3. 국내에 거소를 둔 기간이 '1과세기간 동안'(←'2과세기간에 걸쳐', 2018.2.13. 개정) 또는 '계속하여' 183일 이상인 경우에는 국내에 183일 이상 거소를 둔 것으로 본다.(2026.1.1. 부터 시행)
4. 「재외동포의 출입국과 법적 지위에 관한 법률」 2조에 따른 재외동포가 입국한 경우 생계를 같이하는 가족의 거주지나 자산소재지 등에 비추어 그 입국목적이 관광, 질병의 치료, 병역의무의 이행, 그 밖의 친족 경조사 등 사업의 경영 또는 업무와 무관한 사유에 해당하여, 그 입국한 기간이 명백하게 일시적인 것으로 인정되는 때에는 해당 기간은 국내에 거소를 둔 기간으로 보지 아니한다.

(보충1) 외국인 단기거주자의 국내원천소득 특례(소법 3조①)

해당 과세기간 종료일 10년 전부터 국내에 주소나 거소를 둔 기간의 합계가 5년 이하인 외국인 거주자에게는 과세대상 소득 중 국외에서 발생한 소득의 경우 국내에서 지급되거나 국내로 송금된 소득에 대해서만 과세한다.

(보충2)국내에 주소가 있는 것으로 보는 경우(소령 2조)

1. 계속하여 183일 이상 국내에 거주할 것을 통상 필요로 하는 직업을 가진 때
2. 국내에 생계를 같이하는 가족이 있고, 그 직업 및 자산상태에 비추어 계속하여 183일 이상 국내에 거주할 것으로 인정되는 때
3. 외국을 항행하는 선박 또는 항공기의 승무원의 경우 그 승무원과 생계를 같이하는 가족이 거주하는 장소 또는 그 승무원이 근무기간 외의 기간 중 통상 체재하는 장소가 국내에 있는 때(그러나 그 장소가 국외에 있는 때에는 해당 승무원의 주소가 국외에 있는 것으로 봄)
4. 거주자나 내국법인의 국외사업장 또는 해외현지법인(내국법인이 100%를 직접 또는 간접 출자한 경우에 한정) 등에 파견된 임원·직원이나 국외에서 근무하는 공무원(소령 3조)

(보충3)국내에 주소가 없는 것으로 보는 경우

1. 국외에 거주 또는 근무하는 자가 외국국적을 가졌거나 외국법령에 의하여 그 외국의 영주권을 얻은 자로서 국내에 생계를 같이하는 가족이 없고 그 직업 및 자산상태에 비추어 다시 입국하여 주로 국내에 거주하리라고 인정되지 아니하는 때(소령 2조④) 그러므로 해외유학에 따른 '기러기가족'의 경우 국내에 생계를 책임지는 가족이 있으므로 '거주자'로 봄.
2. 주한외교관과 그 외교관의 세대원 가족(다만, 대한민국국민 제외)(소통 1-0…3, 1호)
3. 한미행정협정 1조에 의한 합중국군대의 구성원·군무원 및 그들의 가족(단, 합중국의 소득세를 회피할 목적으로 국내에 주소가 있다고 신고한 경우는 제외)(소통 1-0…3, 2호)

(보충4)거주자 또는 비거주자가 되는 시기(소령 2조의2)

A. 비거주자가 거주자로 되는 시기
 1. 국내에 주소를 둔 날
 2. 국내에 주소를 가지거나 국내에 주소가 있는 것으로 보는 사유가 발생한 날
 3. 국내에 거소를 둔 기간이 183일이 되는 날
B. 거주자가 비거주자로 되는 시기
 1. 거주자가 주소 또는 거소의 국외 이전을 위하여 출국하는 날의 다음 날
 2. 국내에 주소가 없거나 국외에 주소가 있는 것으로 보는 사유가 발생한 날의 다음 날

(보충5)비거주자→거주자 전환시, 거주자가 된 전날까지와 거주자가 된 날부터를 각각 과세기간으로 봄(소법 5조③, 2026년 시행)

②법인으로 보지 아니하는 단체

국세기본법 13조①에 따른 법인 아닌 단체 중 '법인으로 보지 아니하는 단체'는 다음과 같이 소득세 납세의무를 진다.(소법 2조③, 소령 3조의2)

해당 단체를 1거주자 또는 1비거주자로 간주	공동사업자로 보아 구성원별 과세
구성원 간 이익의 분배방법이나 분배비율이 정해져 있지 않거나 확인되지 않는 경우	구성원 간 이익의 분배방법·비율이 정해져 있거나 사실상 이익이 분배되는 경우

③소득세 원천징수세액에 대한 납세의무

아래에 해당하는 자는 소득세법에 따라 원천징수한 소득세를 납부할 의무가 있다.(소법 2조②)

1. 거주자
2. 비거주자
3. 내국법인
4. 외국법인의 국내지점·국내영업소(출장소 등 유사한 것 포함)
5. 그 밖에 소득세법에서 정한 원천징수의무자

④특수한 경우의 납세의무(소법 2조의2)

1. 공동사업: 공동사업에 관한 소득금액을 계산하는 경우에는 해당 공동사업자별로 납세의무를 진다. 다만, 소득세법 43조③에 따라 주된 공동사업자에게 합산과세되는 경우, 그 합산과세되는 소득금액에 대해서는 주된 공동사업자의 특수관계인은 손익분배비율에 해당하는 그의 소득금액을 한도로 주된 공동사업자와 연대하여 납세의무를 진다.
2. 상속: 소득세법 44조(상속의 경우 소득금액 구분 계산)에 따라 피상속인의 소득금액에 대해서 과세하는 경우에는 그 상속인이 납세의무를 진다.
3. 우회양도 부당행위 '양도간주' 규정: 소득세법 101조②에 따라 증여자가 자산을 직접 양도한 것으로 보는 경우 그 양도소득에 대해서는 증여자와 증여받은 자가 연대하여 납세의무를 진다.

```
              a                        b
 A     →   특수관계인에게 증여(주식포함) →   특수관계인이 10년 이내 타인 등에게 양도
  └──────     (1인 또는 다수)                          ▲──┘
                           c
```

a행위: 특수관계인에게 증여세 과세
b행위: 특수관계인이 양도소득세를 납부했지만, 결국 c거래로 판정되어 충당·환급됨(제3장 02 참조)
c행위: A가 직접 타인에게 양도한 것으로 보아 'A'에게 양도소득세를 과세하는 경우(2023년부터 10년)
　　　(a거래 증여세 + b거래 양도소득세 〈 c거래 양도소득세)
　　　(a거래에 대해 특수관계인이 당초 납부했던 증여세도 환급됨. 소법 101조③)
　　　헌법재판소의 헌법불합치 결정으로 환급됐음. (헌재 2000헌바28, 2003.7.24.)
양도소득세 연대납부의무: 이 경우 A와 특수관계인이 c거래에 대해 연대납부의무 있음.(소법 2조의2)

4. 원천징수되는 소득: 소득세법 127조에 따라 원천징수되는 소득으로서 종합소득과세표준에
   합산되지 아니하는 소득이 있는 자는 그 원천징수되는 소득세에 대해서 납세의무를 진다.
5. 신탁재산 귀속소득: 신탁재산에 귀속되는 소득은 그 신탁의 수익자(수익자가 특별히 정해
   지지 아니하거나 존재하지 아니하는 경우에는 신탁의 위탁자 또는 그 상속인)에게 귀속되는
   것으로 본다.
6. 공동소유자산의 양도: 공동으로 소유한 자산에 대한 양도소득금액을 계산하는 경우에는 해
   당 자산을 공동으로 소유하는 각 거주자가 납세의무를 진다.(2018.1.1. 신설)

(2)소득세의 과세기간

원칙: 매년 1월 1일부터 12월 31일까지
거주자가 사망한 경우: 매년 1월 1일부터 사망일까지
거주자가 비거주자로 된 경우: 매년 1월 1일부터 출국일까지

(3)소득세의 특징

소득세는 개인(법인으로 보지 않는 단체 포함)의 소득을 과세대상으로 하여 부과되는 직접국
세인 동시에 소득이 귀속되는 사람(人)을 중심으로 과세된다는 점에서 인세(人稅)이다. 인세로
서의 소득세 특징은 아래의 몇 가지를 들 수 있다.

①개인별과세
종합소득세는 소득의 종합단위(과세단위)를 기준으로 하여 개인별과세, 부부합산과세 및 세
대합산과세로 구분할 수 있는데, 과세단위가 달라지면 가족별 소득구성에 따라 세금부담정도
가 달라진다. 현행 소득세법에서는 개인별과세를 원칙으로 한다.
2002년까지는 이자소득·배당소득·부동산(임대)소득을 '자산소득'이라 하여 주된 소득자의
실질소득으로 보아 주된 소득자에게 합산과세하였다.(2002년 말 개정 전 소법 61조①, 구 소령 121
조) 그러나 헌법재판소의 위헌결정(헌재 2001헌바82, 2002.8.29.)에 따라 소득세법도 개정되어 지
금은 개인별과세로 완전히 정착됐다. 다만 지금도 세법을 위반하면서 타인명의를 사용하는 등
의 경우에는 '실질과세의 원칙'(국기법 14조) 및 공동사업합산과세(특수관계인간 공동사업으로서 조
세회피혐의가 있는 경우 등, 소법 43조③)에 따라 실질소득자에게 과세하는데, 이것은 세법 위반에
대한 제재이므로 다른 차원의 문제다.

②인적공제제도

소득세법에서는 납세자의 형편 등을 고려하여 기본공제(본인·배우자·부양가족공제), 추가공제(경로우대·장애자·부녀자·한부모 공제) 등의 인적공제와 특별공제를 규정하고 있다.

③주소지 과세제도

소득세법에서는 주소지를 납세지로 하여 과세함을 원칙으로 하고 예외적으로 소득발생지를 납세지로 하고 있다.(소법 6조, 소령 5조)

{비거주자의 납세지는 국내사업장소재지→국내원천소득 발생지 순서임}

④열거주의과세(소득원천설)

법인세(순자산증가설)와 달리 소득세(소득원천설)는 소득세법에서 과세대상으로 열거한 소득만이 과세된다. 예를 들어 개인(대주주 등 특정주주는 과세)의 상장주식 양도차액은 과세소득으로 열거되어 있지 않으므로 소득세의 납세의무가 없다{2025년부터는 소액주주 상장주식 과세표준 5천만원 초과분도 과세(소법 87조의18, 소령 150조의 24)→폐지. 증권거래세는 소득에 대한 세금이 아니고 일종의 거래세 성격이다}.

구분	소득세	법인세
과세 대상	열거된 소득만 과세(열거주의)	순자산증가(즉, 이익)에 대해 모두 과세
채택 학설	소득원천설(所得源泉說)	순자산증가설(純資産增加說)

⑤종합과세와 분류과세

소득세법은 과세소득을 크게 종합소득, 퇴직소득, 양도소득, 금융투자소득(소법 2장의2: 소법 27조의2~27조의 27, 2025년 시행→폐지)으로 크게 3종류로 '분류'하여 과세하고 있다.

종합소득은 이자·배당·근로·사업·연금·기타소득의 6가지로 구분하여 이를 인별로 합산하여 소득공제를 한 후, 소득금액의 크기에 따라 8단계 초과누진세율(6~45%)을 적용하여 과세한다.

[소득종류별 과세방법 및 적용기준]

과세방법	소득종류	적용기준
종합과세	이자소득	금융소득으로 통칭해서 부르는데, 연간 2천만원 초과시 초과분은 종합과세하고, 그 이하인 경우에는 원천징수로 납세의무 종결.
	배당소득	
	근로소득	급여·상여금·제 수당 등
	사업소득	제반 사업 관련 소득. 산림소득 및 부동산임대 소득도 포함.
	연금소득	공적연금소득: 무조건 종합과세
		사적연금소득: 연간 1천5백만원 초과하면 종합과세(2023년 부터 분리과세 선택 가능)
	기타소득[1]	소득금액(60% 등의 필요경비 공제 후)을 기준으로 연간 3백만원 초과하면 종합과세(3백만원 이하인 경우 종합과세 선택가능)
분류과세	퇴직소득	퇴직소득(퇴직연금 일시금 등)에 대해서는 종합소득에 합산하지 않고 별도 과세
	양도소득[2]	양도소득에 대해서는 종합소득에 합산하지 않고 별도 과세
	금융투자소득[2][3]	자본시장법상 금융투자상품(증권(채권 포함)·파생상품 관련 소득. 단, 원본손실 가능성이 없는 소득은 제외(예금, 채권 이자, 저축성 보험 등)

*1 가상자산(비트코인 등)은 2027년부터 기타소득으로 20% 분리과세. 2026.12.31.까지 취득한 가상자산에 대한 의제취득가액은 2027.1.1. 0시 기준 가상자산거래소가 공시한 평균가액으로 함.

*2 2025년 귀속분부터 소액주주·대주주 상장주식 및 비상장주식 양도차익은 모두 금융투자소득으로 분류과세함. 상장주식·비상장주식(중소기업·중견기업 주식을 장외매매거래로 양도하는 경우에 한함)의 양도차익 중 5천만원, 기타 비상장주식은 250만원 초과분을 과세.(금융투자소득 기본공제, 소법 87조의18) 2023~24년은 양도소득세. ☞폐지·환원하기로 발표(2024.1.2. 윤석열 대통령, 폐지 확정.)

*3 2025년 귀속분부터 20%(3억원 초과는 25%) 세율로 분류과세하고 5년간 이월공제(손익통산)를 허용함. →폐지

(보충1)금융소득 종합과세(綜合課稅)와 분리과세(分離課稅)(소법 62조){후술하는 04 (2)① 참조}

소득세는 징수방법에 따라 종합과세방법과 분리과세방법으로 나누어볼 수도 있다.

종합과세방법이란 소득의 원천별로 각 소득을 합산하여 과세표준과 세액을 계산하는 방법을 말하며, 분리과세방법이란 각 소득이 발생할 때마다 개별적으로 과세하는 것을 말한다.

이자소득{비영업대금의 이익(27.5% 원천징수) 포함} 및 배당소득(상장·비상장법인 배당금 모두 포함)의 경우 지급받을 때 예외 없이 원천징수를 당하게 되지만, 연간 2천만원이 넘지 않으면 이미 징수당한 원천징수로 납세의무가 종결된다. 이것을 '분리과세방법'이라 하며, 이 원천징수는 결과적으로 '완납적 원천징수'가 된다.

그러나 연간 2천만원이 넘으면 '2천만원 초과분'에 대해서는, 이미 원천징수 당한 소득까지 합산하여 종합소득세를 계산한 후 원천징수 당한 세액을 기납부세액으로 공제하게 된다. 이것을 '종합과세방법'이라 하며, 이 원천징수는 결과적으로 '예납적 원천징수'가 된다.

이 경우 분리과세소득(결과적으로 '완납적 원천징수')이 될지, 아니면 종합과세소득(결과적으로 '예납적 원천징수')이 될지는 소득세 과세기간(매년 1월 1일~12월 31일)이 지난 후 결정될 것이다.

(보충2)산림소득(山林所得)을 분류과세에서 사업소득으로 편입

종합소득·퇴직소득·양도소득·산림소득의 4가지로 분류하여 과세하던 방식에서 2007년부터는 산림소득은 종합소득 중 사업소득에 포함시켰다.(소법 4조①) 산림소득은 조림기간이 5년 이상인 입목(立木)의 벌채·양도로 인한 소득을 말한다.(소법 23조를 2007년 귀속분부터 삭제, 개정 소법 12조2호마목 및 19조①1호에서 규정)

그러나 소득세법 개정 전후를 불문하고 임지(林地)의 양도는 양도소득세의 과세대상이다.

(보충3)일시재산소득을 기타소득으로 편입

2007년 귀속분부터는 종합소득 중 별도소득으로 규정하였던 일시재산소득을 기타소득으로 통합했다. 개정 전에는 광업권·어업권·산업재산권·상표권·영업권·지하수개발권 등 각종 권리의 양도로 인한 소득은 일시재산소득으로, 대여로 인한 소득은 기타소득으로 구분해서 과세하였으나, 2007년 귀속분부터는 대여·양도로 인한 소득을 모두 기타소득으로 통합했다.(소법 20조의2를 2007년 귀속분부터 삭제, 개정 소법 21조①7호에서 규정)

그리고 이축권(개발제한구역의 건축물로서 공익사업의 시행에 따라 철거되는 경우 허가를 받아 이축하는 행위에 관한 권리)도 기타소득으로만 과세하였으나, 2020.1.1. 이후 양도 분부터는 부동산과 분리되어 거래되기 어려운 이축권의 특성을 반영하여 과세방법을 합리적으로 개선했다. 즉, 양도소득세로 과세하는 것을 원칙으로 하고, 이축권 가액을 별도로 평가하여 신고하는 경우에는 기타소득으로 과세한다.(소법 94조①4호 마목 신설)

⑥신고납세제도

현행 소득세법은 예정신고·확정신고제도를 두어 납세자 스스로 과세표준과 세액을 신고납부하도록 규정하고 있다. 하지만 납세자의 신고납부는 1차적으로 확정하는 의미인 바, 과세표준·세액계산 등의 오류가 있을 경우에는 과세권자가 2차적으로 결정하여 경정하게 된다.

(4)종합소득세 세금계산 구조

종합소득금액	개인별 '종합과세'되는 이자·배당·근로·사업·연금·기타소득 합계		
	{ '소득금액'은 비용, 즉 필요경비를 공제한 후의 이익 개념임. 따라서 근로소득금액은 '총급여(비과세소득은 제외)-근로소득공제'이고, 연금소득금액은 '총연금액(분리과세 연금소득은 제외)-연금소득공제'임.(소법47조, 47조의2) }		
(-)소득공제	인적공제	기본공제: 본인·배우자·추가공제	
		추가공제: 경로우대·장애인·부녀자·한부모	
	특별소득공제		
	주택담보노후연금이자 비용공제		
	연금보험료공제		
	조세특례제한법상 소득공제	개인연금저축	
		중소기업창업투자조합출자	
		신용카드 등 사용금액(현금영수증 포함)	
		소기업·소상공인 공제부금	
		주택마련저축	
		우리사주조합출자자에 대한 소득공제	
		우리사주조합 기부금	
		목돈 만드는 전세 이자 상환액	
		장기집합투자증권저축	
		고용유지 중소기업 근로자 소득공제	
종합소득 과세표준			
산출세액	(×)세율(6~45%의 7단계 초과누진세율)(2021년 귀속분부터 10억 이상은 45% 세율적용)		
	(-)세액공제·감면	배당세액공제	
		기장세액공제	
		외국납부세액공제	
		재해손실세액공제	
		근로소득세액공제	
		자녀세액공제	
		연금계좌세액공제	
		특별세액공제(보험료·의료비·교육비·기부금)	
		납세조합공제 등	
결정세액	(+)가산세	무신고가산세(국기법 47조의2)	
		과소신고·초과환급신고가산세(국기법 47조의3)	
		납부지연가산세(국기법 47조의4)	
		무기장가산세 등(소법 81조)	
총결정세액	(-)기납부세액	원천징수·중간예납세액 등	
납부할 세액			

02 소득세의 계산특례

(1)소득금액계산의 특례

1)부당행위계산의 부인

납세지 관할 세무서장 또는 지방국세청장은 배당소득(출자공동사업자의 배당소득만 해당), 사업소득 또는 기타소득이 있는 거주자의 행위 또는 계산이 그 거주자와 특수관계인과의 거래로 인하여 그 소득에 대한 조세 부담을 부당하게 감소시킨 것으로 인정되는 경우에는 그 거주자의 행위 또는 계산과 관계없이 해당 과세기간의 소득금액을 계산할 수 있다.(소법 41조①)

①특수관계인의 범위

구분	특수관계인의 범위(국기령 1조의2①② 및 ③1호)
친족	1. 4촌(←6촌) 이내의 혈족(2023년부터 축소)
	2. 3촌(←4촌) 이내의 인척(2023년부터 축소)
	3. 배우자(사실상 혼인관계에 있는 자를 포함)
	4. 친생자로서 다른 사람에게 친양자 입양된 자 및 배우자·직계비속
	5. 혼외출생자의 생부·모. 단 생계를 유지하는 자 또는 생계를 함께하는 자로 한정(2023년부터 신설)
경제적 연관관계	6. 임원과 그 밖의 사용인
	7. 본인의 금전이나 그 밖의 재산으로 생계를 유지하는 자
	8. 위 5 및 6의 자와 생계를 함께하는 친족
경영 지배관계	9. 본인이 직접 또는 그와 친족관계 또는 경제적 연관관계에 있는 자를 통하여 법인의 경영에 대하여 지배적인 영향력을 행사하고 있는 경우 그 법인
	10. 본인이 직접 또는 그와 친족관계, 경제적 연관관계 또는 8의 관계에 있는 자를 통하여 법인의 경영에 대하여 '지배적인 영향력'*을 행사하고 있는 경우 그 법인

* 지배적인 영향력

가. 영리법인인 경우: 법인의 발행주식총수 또는 출자총액의 30% 이상을 출자한 경우와 임원 임면권의 행사, 사업방침의 결정 등 법인의 경영에 대하여 사실상 영향력을 행사하고 있다고 인정되는 경우.

나. 비영리법인의 경우: 법인 이사의 과반수를 차지하는 경우와 법인의 출연재산(설립을 위한 출연재산만 해당)의 30% 이상을 출연하고 그중 1인이 설립자인 경우.

②조세 부담을 부당하게 감소시킨 것으로 인정되는 경우

조세 부담을 부당하게 감소시킨 것으로 인정되는 경우는 다음과 같다. 다만, 1~3호 및 5호 (1~3호에 준하는 행위만 해당함)는 시가와 거래가액의 차액이 3억원 이상이거나 시가의 5%에

상당하는 금액 이상인 경우만 해당한다.(소령 98조②)

1. 특수관계인으로부터 시가보다 높은 가격으로 자산을 매입하거나(고가양수) 특수관계인에게 시가보다 낮은 가격으로 자산을 양도한(저가양도) 경우
2. 특수관계인에게 금전이나 그 밖의 자산 또는 용역을 무상 또는 낮은 이율 등으로 대부하거나 제공한 경우. 다만, 직계존비속에게 주택을 무상으로 사용하게 하고 직계존비속이 그 주택에 실제 거주하는 경우는 제외한다.
3. 특수관계인으로부터 금전이나 그 밖의 자산 또는 용역을 높은 이율 등으로 차용하거나 제공 받는 경우
4. 특수관계인으로부터 무수익자산을 매입하여 그 자산에 대한 비용을 부담하는 경우
5. 그 밖에 특수관계인과의 거래에 따라 해당 과세기간의 총수입금액 또는 필요경비를 계산할 때 조세의 부담을 부당하게 감소시킨 것으로 인정되는 경우

③시가의 개념

고가양수 또는 저가양도한 경우, 시가의 산정에 관하여는 법인세법 시행령 89조①②의 규정을 준용한다.(소령 98조③)

1. 해당 거래와 유사한 상황에서 해당 거주자가 특수관계인 외의 불특정다수인과 계속적으로 거래한 가격 또는 특수관계인이 아닌 제3자 간에 일반적으로 거래된 가격이 있는 경우에는 그 가격(상장법인 주식은 한국거래소의 최종시세가액)에 따름
2. 시가가 불분명한 경우에는 다음 순서로 계산한 금액을 시가로 본다.

자산	시가의 범위
주식 등	상증법 38~39조의 3, 61~66조의 규정 및 조세특례제한법 101조 준용
위 이외의 자산	(1순위)감정평가업자가 감정한 가액이 있는 경우는 그 가액(감정가액이 2 이상인 경우에는 그 평균액. 2018.4.1.부터 기준시가 10억원 이하는 1개의 감정평가 가능, 상증령 49조⑥). 단, 주식 등은 제외하며, (개인)감정평가사의 감정은 감정한 가액이 5억원 이하인 경우로 한정함. → 5억원 초과 시에도 적용함.(2019.2.12. 개정, 법령 89조②1호)
	(2순위)상증법 38~39조의3, 61~66조의 규정 및 조특법 101조 준용

2)비거주자 등과의 거래에 대한 소득금액 계산의 특례

우리나라가 조세의 이중과세 방지를 위하여 체결한 조약('조세조약')의 상대국과 그 조세조약의 상호 합의 규정에 따라 거주자가 국외에 있는 비거주자 또는 외국법인과 거래한 그 금액에 대하여 권한 있는 당국 간에 합의를 하는 경우에는 그 합의에 따라 납세지 관할 세무서장 또는 지방국세청장은 그 거주자의 각 과세기간의 소득금액을 조정하여 계산할 수 있다.(소법 42조)

3)공동사업에 대한 소득금액 계산의 특례

①정상적인 공동사업의 경우

　사업소득이 발생하는 사업을 공동으로 경영하고 그 손익을 분배하는 공동사업(경영에 참여하지 아니하고 출자만 하는 '출자공동사업자'가 있는 공동사업을 포함)의 경우에는 공동사업장을 1거주자로 보아 공동사업장별로 그 소득금액을 계산한다.(소법 43조①)

　공동사업에서 발생한 소득금액은 약정된 손익분배비율(약정된 손익분배비율이 없는 경우에는 지분비율)에 따라 공동사업자별로 분배한다.(소법 43조②) 그리고 공동사업장에서 발생한 결손금도 손익분배비율에 따라 각 공동사업자별로 분배하고, 각 공동사업자는 분배된 결손금을 소득세법의 결손금 공제방법에 따라 자신의 종합소득에서 공제한다.(소통 45-0···1)

②특수관계인 간의 공동사업으로서 조세회피 혐의가 있는 경우

　거주자 1인과 특수관계인(국기령 1조의2①~③)이 공동사업자에 포함되어 있는 경우로서 손익분배비율을 거짓으로 정하는 등 아래 사유가 있는 경우에는 위 ①에도 불구하고 그 특수관계인의 소득금액은 '주된 공동사업자'의 소득금액으로 본다.(소법 43조③)

1. 공동사업자가 소득세법 70조④의 규정에 의하여 제출한 신고서와 첨부서에 기재한 사업의 종류, 소득금액내역, 지분비율, 약정된 손익분배비율 및 공동사업자간의 관계 등이 사실과 현저히 다른 경우
2. 공동사업자의 경영참가, 거래관계, 손익분배비율 및 자산·부채 등의 재무상태 등을 감안할 때 조세를 회피하기 위하여 공동사업을 하는 것이 확인되는 경우

이 경우 주된 소득자의 판정은 다음 순서에 의한다.(소법 43조③, 소령 100조⑤)

1. 손익분배비율이 큰 자
2. 손익분배비율이 같은 경우에는 공동사업소득 외의 종합소득이 많은 자
3. 공동사업소득 외의 종합소득이 같은 경우에는 해당 사업에 대한 종합소득과세표준을 신고한 자. 다만, 공동사업자 모두가 해당 사업에 대한 종합소득과세표준을 신고하였거나 신고하지 아니한 경우에는 납세지관할세무서장이 정하는 자로 한다.

4)상속의 경우 소득금액 구분계산

　피상속인의 소득금액에 대한 소득세로서 상속인에게 과세할 것과 상속인의 소득금액에 대한 소득세는 구분하여 계산하여야 한다.

　연금계좌의 가입자가 사망하였으나 그 배우자가 연금 이외 수령 없이 해당 연금계좌를 상속

으로 승계하는 경우에는 위 규정에도 불구하고 해당 연금계좌에 있는 피상속인의 소득금액은 상속인의 소득금액으로 보아 소득세를 계산한다.(소법 44조)

5)결손금 및 이월결손금의 공제

사업자가 비치·기록한 장부에 의하여 해당 과세기간의 사업소득금액을 계산할 때 발생한 결손금은 그 과세기간의 종합소득과세표준을 계산할 때 근로소득금액·연금소득금액·기타소득금액·이자소득금액·배당소득금액에서 순서대로 공제하는 것이 원칙이다.(소법 45조①) 단, 결손금 및 이월결손금을 공제할 때 해당 과세기간에 결손금이 발생하고 이월결손금이 있는 경우에는 그 과세기간의 결손금을 먼저 소득금액에서 공제한다(해당 과세기간 소득 우선 통산).(소법 45조⑥) 그러나 '부동산업 및 임대업'에 대해서는 특례(결손금은 통산 불가, 이익은 통산)가 있다.(소법 45조②③)

[결손금과 이월결손금의 공제순서](소집 45-0-1)

구분	결손금의 공제순서	이월결손금*의 공제순서
부동산임대업 외 사업소득 (주거용 건물임대업은 포함)	근로, 연금, 기타, 이자, 배당소득금액에서 순차적으로 공제	사업, 근로, 연금, 기타소득금액, 이자 및 배당소득금액에서 순차적으로 공제
부동산임대업 (주거용 건물임대업은 제외)	다음 연도로 이월함	부동산임대업의 소득금액에서만 공제

* 공제가능한 결손금은 2020년 신고분까지는 10년, 2021.1.1. 신고 결손금부터는 15년으로 연장됨.

[결손금 공제사례](금액단위: 천원)

소득종류			부동산임대업 결손		부동산임대업 흑자	
			소득금액	공제후 결손금(△)	소득금액	공제후 결손금(△)
사업 소득	부동산 임대업	상가 등	△15,000	△15,000	15,000	4,000
		주택	△1,000	0	△1,000	0
	기타 사업소득		10,000	9,000	△10,000	0
기타소득(종합과세분)			13,000	13,000	13,000	13,000
차가감계			7,000	7,000	17,000	17,000
결손금 공제방식			상가 등 임대 결손금은 공제불가, 주택임대 결손금은 공제됨		부동산임대업이라도 이익금은 다른 소득의 결손금에서 공제(통산)됨	

①'부동산업 및 임대업'에 대한 특례

A. 부동산업 및 임대업의 범위

종전에는 '부동산임대업'이라는 명칭으로 하여 사업소득과 별개로 규정하였으나, 개정 소득세법에 따라 2010년 귀속분부터는 '부동산업 및 임대업'이라는 명칭으로 사업소득으로 귀속시켰다.(소법 18조는 삭제, 소법 19조①12호) 그러나 결손금 및 이월결손금 공제방법 등에서 특례를 두어 달리 취급하고 있다.

['부동산업 및 임대업'의 소득으로 보는 사례]
1. 미등기부동산 임대소득도 포함됨(소통 19-0···7, 소집 19-0-4)
2. 소유부동산을 (제3자)담보제공하고 사용대가를 받는 것도 포함됨(소통 19-0···8)
3. 광고(탑)용으로 토지·건물 등을 임대하고 받는 대가도 포함됨(소통 19-0···9)
4. 부동산매매 목적으로 취득한 부동산의 일시적 대여소득도 포함됨(소통 19-122···1)
5. 거주자가 자동판매기 설치운영업자에게 자동판매기 설치장소를 장기간 대여하고 받는 대가는 부동산임대업에 해당(소집 19-0-5 ③)
6. 임대사업자의 주차장운영 수입금액의 구분: 사업자가 기계식 주차장치가 설치된 건물을 임대하고 임대료 외에 유지비·관리비 등의 명목으로 지급받는 주차료 등의 금액은 이를 부동산임대업에서 발생하는 소득으로 본다. 다만, 주차장운영업이 부동산임대업과 객관적으로 구분되는 경우에는 주차 관련 수입금액은 주차장운영업의 총수입금액에 산입한다.(소집 19-0-6)
7. 사업자가 부동산 또는 부동산상의 권리 등을 대여하고 보증금 또는 전세금을 받아 은행에 예입하거나 채권을 취득하여 받는 이자 등은 부동산임대업에 따른 사업소득의 총수입금액에 산입하지 아니하고 이자소득으로 본다.(소통 25-53···1)
  그러나 공익사업(「공익사업을 위한 토지 등의 취득 및 보상에 관한 법률」 4조)과 관련하여 지역권·지상권(지하 또는 공중에 설정된 권리를 포함)을 설정하거나 대여함으로써 발생하는 소득은 '부동산업 및 임대업' 소득에서 제외한다.(소법 19조①12호 단서)

B. 부동산임대업의 결손금과 이월결손금은 부동산임대업에서만 공제
  부동산임대업(결손금 공제 부분에서는 '주거용'은 제외)에서 발생한 결손금은 다른 종합소득 금액에서 공제하지 않고, 이월시켜 그 후 15년(2020년까지 신고한 결손금, 즉 2019년 귀속분까지는 10년)간 부동산임대업에서 발생한 소득금액에서만 공제한다. 다만, 2014년 귀속분부터 '주거용 건물 임대업'은 소득분류는 '부동산업 및 임대업'이지만 결손금 공제특례(불리)는 적용하지 않고 다른 사업소득과 동일하게 공제하는 혜택을 주고 있다.(소법 45조②③)
  결손금 및 이월결손금 공제특례(불리)가 적용되는 부동산임대업의 범위는 다음과 같다.(소법 45조②)
  1. 부동산 또는 부동산상의 권리를 대여하는 사업
  2. 공장재단 또는 광업재단을 대여하는 사업
    (보충)공장재단과 기계시설의 대여(소통 45-0···3)
    공장의 토지 또는 건물에 설치된 기계·기구 등의 시설이 공장재단에서 분리되어 공장재단과 기계 등 시설을 별도로 임대한 경우에는 공장재단은 부동산임대업에서 발생하는 소득이며, 기계 등 시설의 임대는 임대업에서 발생하는 소득으로 본다.

3. 채굴에 관한 권리를 대여하는 사업으로서 광업권자·조광권자 또는 덕대('광업권자 등')가 채굴 시설과 함께 광산을 대여하는 사업을 말한다. 다만, 광업권자 등이 자본적 지출이나 수익적 지출의 일부 또는 전부를 제공하는 것을 조건으로 광업권·조광권 또는 채굴에 관한 권리를 대여하고 덕대 또는 분덕대로부터 분철료를 받는 것은 제외한다.(소령 101조②)

②부동산임대업 외의 사업에서 발생한 결손금과 이월결손금

A. 부동산임대업의 (이익이 발생한 경우) 소득금액에서도 공제 가능

부동산임대업 외의 사업에서 발생한 결손금은 부동산임대업의 소득금액에서 먼저 공제하고 (사업소득의 큰 범위 속의 소득이므로), 미공제분은 근로소득금액·연금소득금액·기타소득금액·이자소득금액·배당소득금액에서 공제한다.(소법 45조③)

B. 금융소득금액(이자·배당)에서 공제할 경우 특례

'종합과세'되는 이자·배당소득에서 결손금·이월결손금을 공제할 때('분리과세' 금융소득은 결손금 공제와 해당사항 없음), 14%의 세율이 적용되는 부분과 기본세율 적용부분으로 구분하여, 14% 세율이 적용되는 부분에서는 공제할 수 없으며, 기본세율이 적용되는 부분에서는 결손금·이월결손금을 공제할 수 있으나 사업자가 그 소득금액의 범위에서 공제여부 및 공제금액을 선택할 수 있다.(소법 45조⑤)

C. 중소기업의 결손금소급공제

부동산임대업 외의 사업에서 발생한 결손금은 우선 다른 종합소득금액에서 공제하고(해당 과세기간 소득 우선 통산), 남은 미공제 결손금은 다음과 같이 처리한다.
1. 결손금소급공제: 중소기업인 경우 직전 과세기간으로 소급공제가 가능함(소법 85조의2) 중소기업의 2021년 결손금에 한하여 직전 2개 과세연도 소급공제를 한시적 허용(조특법 8조의4).
2. 이월공제: 소급공제 받지 않은 결손금은 그 후로 이월하여 15년(2020년까지 신고한 결손금, 즉 2019년 귀속분까지는 10년)간 사업소득금액·근로소득금액·연금소득금액·기타소득금액·이자소득금액·배당소득금액에서 공제한다. 여러 연도에서 이월결손금이 발생된 경우에는 공제기간 이내 분 중 먼저 발생된 것부터 공제한다.(소법 45조③)

③추계 시 이월결손금 공제의 배제

해당 과세기간의 소득금액에 대해 추계신고(소법 160·161조에 따라 비치·기록한 장부와 증명서류에 의하지 아니한 신고)를 하거나 추계조사결정(소법 80조③단서)하는 경우에는 결손금·이월결손금 공제를 적용하지 아니한다. 다만, 천재지변이나 그 밖의 불가항력으로 장부나 그 밖의 증명서류가

멸실되어 추계신고를 하거나 추계조사결정을 하는 경우에는 그러하지 아니하다.(소법 45조④)

6)채권 등에 대한 소득금액 계산의 특례

거주자가 채권 등의 발행법인으로부터 해당 채권 등에서 발생하는 이자·할인액을 지급(전환사채의 주식전환, 교환사채의 주식교환 및 신주인수권부사채의 신주인수권행사 ―신주 발행대금을 해당 신주인수권부사채로 납입하는 경우만 해당― 의 경우를 포함)받거나 해당 채권 등을 매도하는 경우에는 거주자에게 그 보유기간별로 귀속되는 이자 등 상당액을 해당 거주자의 이자소득으로 보아 소득금액을 계산한다.(소법 46조①) 한편 해당 채권의 중도매매로 인하여 발생한 손실은 해당 거주자의 이자소득금액 계산 시 차감할 수 없다.(소집 46-0-1)

거주자가 해당 채권 등을 보유한 기간을 입증하지 못하는 경우에는 원천징수기간의 이자 등 상당액이 해당 거주자에게 귀속되는 것으로 보아 소득금액을 계산한다.(소법 46조②)

7)중도 해지로 인한 이자소득금액 계산의 특례

종합소득과세표준 확정신고 후 예금 또는 신탁계약의 중도 해지로 이미 지난 과세기간에 속하는 이자소득금액이 감액된 경우 그 중도 해지일이 속하는 과세기간의 종합소득금액에 포함된 이자소득금액에서 그 감액된 이자소득금액을 뺄 수 있다. 다만, 과세표준 및 세액의 경정(更正)을 청구(국기법 45조의2)한 경우에는 그러하지 아니하다.(소법 46조의2)

(2)총수입금액 계산의 특례

1)복식부기의무자의 사업용 유형자산(토지·건물 제외) 양도소득

사업용 유형자산 중 토지·건물의 양도로 인한 소득은 양도소득세로 과세된다. 이 외의 사업용 유형자산의 양도차손익은 일부 사업자만 사업소득계산 시 반영되는 것이다.

즉, 2018년 귀속분부터는 '복식부기의무자'가 차량운반구·기계장치 등 사업용 유형자산(토지·건물 제외)을 양도함으로써 발생하는 소득은 사업소득에 포함된다. 2017년까지는 감가상각비는 필요경비로 산입됐으나, 처분으로 인한 양도차손익은 사업소득금액 계산 시 제한적으로만 반영하였다. 그러나 2018년 귀속분부터는 모든 '복식부기의무자'의 양도차손익이 사업소득금액 계산 시 반영된다. 즉, 처분가액은 총수입금액으로 산입하고(소법 19조①20호), 처분당시 세무상 장부가액(감가상각비 중 업무무관금액이 있는 경우 그 금액은 장부가액에서 차감)은 필요경비로 산입한다.(소령 55조①7호의2)

[사업용 유형자산(토지·건물 제외) 처분손익의 사업소득금액 반영흐름]

> 2015년 귀속분까지: 모든 사업자는 사업소득금액 계산 시 반영하지 않음
>
> 2016년 귀속: 성실신고확인대상자의 '업무용승용차' 처분손익만 반영
>
> 2017년 귀속: 모든 복식부기의무자(성실신고확인대상자 포함)의 '업무용승용차' 처분손익만 반영
>
> 2018년 귀속분부터: 모든 복식부기의무자(성실신고확인대상자 포함)의 **사업용 유형자산(토지·건물은**
> **양도소득세로 과세되므로 제외)** 처분손익 반영
>
> ☞**사업용 유형자산 처분가액**: 성실신고대상 판정시 수입금액에 제외(2020.2.11. 이후 신고분부터 적용),
> 복식부기의무자 판정시 수입금액에도 제외(소령 143조④·208조⑤, 2000년 귀속분부터 적용)

2)간주임대료(임대보증금에 대한 이자성격)의 총수입금액 산입

①간주임대료 과세요건(소법 25조①)

거주자가 부동산 또는 그 부동산상의 권리 등을 대여하고 보증금·전세금 또는 이와 유사한 성질의 금액을 받은 경우에는 아래의 요건을 충족하는 경우에 한하여 간주임대료를 사업소득 금액을 계산할 때에 총수입금액에 산입한다.

구분	간주임대료 과세요건
주택과 주택부수토지의 임대	3주택 이상을 소유하고 해당 주택의 보증금 등 합계액이 3억원을 초과하는 경우
그 밖의 부동산 등 임대	무조건 간주임대료 계산

(보충1)주택부수토지의 범위(소령 8조의2②)

주택에 딸린 토지로서 아래에 해당하는 면적 중 넓은 면적을 한도로 함.

1. 건물의 연면적(지하층 면적, 지상층의 주차장용 면적, 피난안전구역 및 주민공동시설의 면적은 제외)
2. 건물 정착면적의 10배[도시지역(수도권 포함)은 5배]. {2022년부터 양도소득세 비과세대상 주택 부수토지가 수도권 주거·상업·공업지역은 3배(녹지지역 5배)로 강화된 규정은 임대소득계산 시에는 적용 않음.}

(보충2)간주임대료 과세여부 판정을 위한 3주택 계산 시 주택 범위 축소(소법 25조①단서)

주거의 용도로만 쓰이는 면적이 1호 또는 1세대당 40㎡(2017·2018년은 60㎡, 2016년까지는 85㎡) 이하인 주택으로서 해당 과세기간의 기준시가가 2억원(2018년 귀속분까지는 3억원) 이하인 주택은 2026.12.31.까지는 주택 수에 포함하지 않음.

(보충3)주택수의 계산방법(소령 8조의2③④)

A. 주택수의 계산

1. 다가구주택은 1개의 주택으로 보되, 구분 등기된 경우에는 각각을 1개의 주택으로 계산
   {다가구주택은 건물등기부등본에 각 동별로 표시되어 있고, 각 호별로 구분 등기되어 있지 아니하므로, 국민 주택규모를 초과하는 각 동을 각각 하나의 주택으로 보아 그 보증금등에 대해 종합소득세를 과세한 이 건 처 분은 잘못이 없음. ☞ 즉 다가구주택에 대해 임대소득 과세 시에는 각 호별이 아니라 건물 전체를 기준으로 주택규모 및 주택수를 계산함. 조심 2016중3116, 2016.10.12. 결정}
2. 공동소유의 주택은 지분이 가장 큰 자의 소유로 계산하되, 지분이 가장 큰 자가 2인 이상인 경우에는 각각의 소유로 계산. 다만, 지분이 가장 큰 자가 2인 이상인 경우로서 그들이 합의하여 그들 중 1인을 해당 주택의 임대수입의 귀속자로 정한 경우에는 그의 소유로 계산

그러나 최대지분 보유자가 아니더라도 해당 주택의 '본인 몫' 임대소득이 연 600만원(간주임대료는 제외, 소칙 5조의2) 이상이거나, 공시가격 12억원(←9억원, 2023년 귀속분부터 적용) 초과 주택의 지분율이 30%를 초과할 경우에는 보유주택 수에 합산함(간주임대료 뿐만 아니라 월세 임대소득 판정 시에도 적용함. 2020년 귀속분부터)

3. 임차 또는 전세 받은 주택을 전대하거나 전전세하는 경우에는 해당 임차 또는 전세 받은 주택을 임차인 또는 전세 받은 자의 주택으로 계산

4. 본인과 배우자가 각각 주택을 소유하는 경우에는 이를 합산

B. 겸용주택의 주택 부분의 판정

주택과 부가가치세가 과세되는 사업용 건물이 함께 설치되어 있는 경우 그 주택과 주택부수토지의 범위는 아래의 구분에 따른다. 이 경우 주택과 주택부수토지를 2인 이상의 임차인에게 임대한 경우에는 각 임차인의 주택 부분의 면적(사업을 위한 거주용은 제외)과 사업용건물 부분의 면적을 계산하여 각각 적용한다.

1. 주택 부분의 면적이 사업용건물 부분의 면적보다 큰 때에는 그 전부를 주택으로 본다. 이 경우 해당 주택의 주택부수토지의 범위는 위 (보충1)과 같다.

2. 주택 부분의 면적이 사업용건물 부분의 면적과 같거나 그보다 작은 때에는 주택 부분 외의 사업용건물 부분은 주택으로 보지 아니한다. 이 경우 해당 주택의 주택부수토지의 면적은 총토지면적에 주택 부분의 면적이 총건물면적에서 차지하는 비율을 곱하여 계산하며, 그 범위는 위 (보충1)과 같다.

②간주임대료 계산식(소령 53조③④)

총수입금액에 산입할 금액은 아래의 구분에 따라 계산한다. 이 경우 총수입금액에 산입할 금액이 '0'보다 적은 때에는 없는 것으로 보며, 적수의 계산은 매월 말 현재의 보증금 등의 잔액에 경과일수를 곱하여 계산할 수 있다.

A. 주택과 주택부수토지를 (함께) 임대하는 경우

1. 추계신고·추계결정 이외의 경우

(보증금 등−3억원)의 적수×60%÷365(윤년 366)×정기예금 이자율(2024년 귀속분부터 3.5%, 2023년 2.9%, 2021~22년 귀속 1.2%)−보증금 등에서 발생한 금융수익(수입이자와 할인료·수입배당금만 해당. 유가증권처분이익·신주인수권처분이익은 제외)

2. 추계신고·추계결정의 경우

(보증금 등−3억원)의 적수×60%÷365(윤년 366)×정기예금 이자율(2024년 귀속분부터 3.5%, 2023년 귀속 2.9%)

B. 위 A 외의 부동산과 부동산에 관한 권리를 임대한 경우

1. 추계신고·추계결정 이외의 경우

(보증금 등 적수−건설비적수)의 적수×60%÷365(윤년 366)×정기예금 이자율−보증금 등에서 발생한 금융수익

2. 추계신고·추계결정의 경우

보증금 등 적수×60%÷365(윤년 366)×정기예금 이자율

통으로 읽는 세법 | 183

[주택 임대소득 과세요건 및 과세방법]

과세요건(주택 수 기준)			과세방법(수입금액 기준)[*5]	
주택수[*1]	월세	보증금	수입금액	과세방법
1주택	비과세[*2]	비과세[*3]	2천만원 이하	종합과세와 분리과세 중 선택
2주택	과세		2천만원 초과	종합과세
3주택 이상		간주임대료 과세[*4]		

*1 보유주택 수는 부부 합산하여 계산. 앞 (보충3) 참조.
*2 기준시가 12억원(←9억원, 2022년까지) 초과 및 국외소재 주택 임대소득은 1주택자도 과세. 아래 (보충1) 참조.
*3 고가주택(기준시가 12억원 초과) 2주택자의 보증금 등이 12억원을 초과하는 경우 간주임대료 과세(2026년 시행)
*4 소형주택(전용면적 40㎡, 기준시가 2억원 이하)은 2026년까지 간주임대료 과세제외. 앞 (보충2) 참조.
*5 귀속연도의 익년 2월 10일까지 관할세무서에 사업장현황신고[주택임대소득은 부가가치세법상 면세이므로
   (부가법 26조①12호) 월세수입 등 신고] 해야 함.{소법 78조. 후술하는 06 (3) 참조}

(3)세액계산 등의 특례

1)(소액)주택임대소득에 대한 세액계산 특례(2019년 귀속분부터 시행)

　분리과세 주택임대소득이 있는 거주자의 종합소득 결정세액은 아래 세액 중 하나를 선택하여 적용한다.(소법 64조의2를 2014.12.23. 신설하여 2016년 귀속분부터 시행하려다가 다시 2년 연장하여 2019년 귀속분부터 시행: 2014년 개정법 부칙 1조)
1. 분리과세 주택임대소득을 종합과세할 경우의 종합소득 결정세액
2. 분리과세 주택임대소득에 대한 사업소득금액×14% + 분리과세 주택임대소득 외의 종합소득 결정세액

　분리과세 주택임대소득만 있는 사업자라도 '사업자등록의무'뿐만 아니라(소법 168①), '소득세 확정신고'도 하여야 하며(소법 70조②), 임대료 증가율이 5% 이하여야 한다(소령 122조의2②3호). 그리고 분리과세 주택임대소득에 대해서는 중간예납 의무가 없다.(소령 123조, 2021.1.1. 이후 중간예납하는 분부터 적용)

(보충1)비과세 주택임대소득과 분리과세 주택임대소득
A. 과세요건: 비과세주택임대소득(소법 12조2호 나목)
1. 주택(주택부수토지 포함) 1개를 소유한 자의 주택임대소득 {다만, 기준시가가 12억원(과세기간 종료일 또는 해당주택 양도일 기준. 소령 8조의2⑤)을 초과하는 주택 및 국외에 소재하는 주택의 임대소득은 과세}
2. 해당 과세기간에 주거용 건물 임대업 수입금액의 합계액이 2천만원 이하인 자의 주택 임대소득(2018년 귀속분까지만 비과세)
B. 과세방법(수입금액 기준=A.1+A.2): 분리과세 주택임대소득(소법 14조③7호, 소령 8조의2, 20조②③)
　과세대상에 해당하는 주택임대소득(연간 2천만원 이하인 자, 부부라도 합산하지 않고 각각 기준임)은 2019년 귀속분부터는 과세로 전환하되, 종합과세하지 않고 분리과세 선택가능.

분리과세소득만 있는 경우 배우자공제 대상자에 해당함(소법 50조).

(보충2)분리과세 주택임대소득에 대한 사업소득금액이란?(소법 64조의2, 소령 122조의2)

1. 분리과세 주택임대소득 '이외의 종합소득금액'이 2천만원 이하인 경우

   사업소득금액 = 총수입금액 - 총수입금액×60%(임대주택미등록자 50%) - 400만원(임대주택미등록자 200만원)

2. 분리과세 주택임대소득 '이외의 종합소득금액'이 2천만원 초과하는 경우

   사업소득금액 = 총수입금액 - 총수입금액×60%(임대주택미등록자 50%)

(보충3)단기임대(4년) 및 '아파트' 장기일반 매입임대(8년)는 폐지하고, 그 외 장기임대는 의무기간을 8→10년으로 연장함. 2020.7.10.까지 등록된 임대주택은 임대기간이 끝나면 자동 말소되고(임대의무기간 전이라도 스스로 말소가능하고 의무기간 미충족시 감면세금 추징 않음), 말소 때까지는 기존의 세금혜택 유지.(2020년 7·10 부동산 대책, 2020.8.18. 소법, 2020.10.7. 소령 개정)→85㎡ 이하 APT 10년 장기임대 복원(2023년부터?)

2)부동산매매업자에 대한 세액계산의 특례(비교과세)

부동산 양도소득은 사업성이 없으면 양도소득이고(일반인은 보통 여기에 해당함), 사업성이 있으면 사업소득(부동산매매업)으로 보아 과세하는 것이 원칙이다. 그러나 높은 양도소득세율이 적용되는 자산을 사업성 있게 양도한 경우, 일시적으로 양도하는 보통사람들보다 오히려 낮은 종합소득세를 부담하는 모순이 발생된다. 따라서 비록 사업성이 있는 경우라 하더라도 일정한 부동산 양도소득은 종합소득세로 분류는 되지만, 그 세액계산은 기본세율에 의한 세액(종합소득세 방식)과 양도소득세율에 의한 방식(양도소득세 방식)에 의한 세액 중 많은 금액으로 하는 특례(불리)를 둔 것이다.(소법 64조①)

①부동산매매업의 범위

부동산매매업이란 한국표준산업분류에 따른 비주거용 건물건설업(건물을 자영건설하여 판매하는 경우만 해당)과 부동산 개발 및 공급업을 말한다. 다만, 한국표준산업분류에 따른 주거용 건물 개발 및 공급업(구입한 주거용 건물을 재판매하는 경우는 부동산매매업에 해당함)은 제외한다.(소령 122조①)

[겸용주택의 주택 및 주택부수토지 범위]

{부동산매매업자는 상세히 규정: 부동산매매업 판정 시(소령 122조④) ; 실수요자 혜택지원 분야: 간주임대료 계산(소령 8조의2③④), 양도소득세 비과세*(소령 154조③④), 주택임대 부가가치세 면세(부가법 26조①12)}

구분		종합소득(부동산매매업)		실소유자 세금 혜택지원 분야
		건물부분	토지부분	
하나의 매매 단위	주택면적>주택 이외 면적	전체를 주택	전체 주택부속토지	주택면적>이외 면적 ⇨전체를 주택 주택면적≤이외 면적 ⇨주택부분만 주택 (하나의 매매단위에 대한 방식과 같음)
	주택면적≤주택 이외 면적	주택부분만 주택	면적비율로 안분	
각각의 매매 단위	주택×10%≥주택 이외 면적	전체를 주택	전체 주택부속토지	
	주택×10%<주택 이외 면적 (=주택<이외 면적×10)	주택부분만 주택	면적비율로 안분	

* 양도소득세에서 겸용주택에 대한 비과세 판정

하나의 건물이 주택과 주택 외의 부분으로 복합되어 있는 경우와 주택에 딸린 토지에 주택 외의 건물이 있는 경우에는 그 전부를 주택으로 본다.(단, 12억원 초과 고가주택은 주택부분만 주택으로 봄. 2022.1.1. 양도분부터 적용 ☞ 9→12억원 고가주택 인상은 2021.12.8. 양도분부터 적용)

다만, 주택의 연면적이 주택 외의 부분의 연면적보다 적거나 같을 때에는 주택 외의 부분은 주택으로 보지 아니한다. 이 경우에 주택에 딸린 토지는 전체 토지면적에 주택의 연면적이 건물의 연면적에서 차지하는 비율을 곱하여 계산한다.(소령 154조③④)

> 주택면적 〉주택 이외 면적 ⇒ 전부 주택으로 간주. 단, 12억원 초과 고가주택은 주택부분만 주택으로 봄.
> (소령 160조①본문 괄호, 2022.1.1. 양도분부터 적용, 2020.2.11. 개정 소령 부칙 1조·42조)
> 주택면적 ≤ 주택 이외 면적 ⇒ 주택부분만 주택으로 간주
> **[겸용주택의 고가주택 판정]**(국세청: '양도소득세 월간 질의 Top10', 2022년 4월호, 양도집 89-156-3)
> 주택면적 〉주택 이외 면적 ⇒ 전체 주택가액 기준. 단, 1세대 1주택 비과세 규정이 적용되지 않는 경우에는 주택 이외의 부분을 제외한 가액 기준(서일 46014-11115, 2003.8.20.)
> 주택면적 ≤ 주택 이외 면적 ⇒ 주택 이외의 부분을 제외한 주택부분 가액 기준

[부동산매매업 등의 업종구분](소통 64-122…1, 2019.12.23. 개정)

1. 부동산의 매매(건물을 신축하여 판매하는 경우를 포함) 또는 그 중개를 사업목적으로 나타내어 부동산(부동산을 취득할 수 있는 권리를 포함)을 매매하거나 사업상의 목적으로 부가가치세법상 1과세기간(6개월) 내에 1회 이상 부동산을 취득하고 2회 이상 판매하는 경우(2019.12.23. 삭제)

2. 자기의 토지 위에 상가 등을 신축하여 판매할 목적으로 건축중인 「건축법」에 의한 건물과 토지를 제3자에게 양도한 경우

3. 토지를 개발하여 주택지·공업단지·상가·묘지 등으로 분할판매하는 경우(「공유수면매립법」제26조의 규정에 의하여 소유권을 취득한 자가 그 취득한 매립지를 분할하여 양도하는 경우 포함)

   다만, 부동산매매·저당·임대 등에 따라 행하는 부동산 감정업무를 수행하는 사업은 부동산 감정평가업으로 본다.

   그리고 부동산매매업의 구분에 있어 토지의 개발이라 함은 일정한 토지를 정지·분합·조성·변경 등을 함으로써 해당 토지의 효용가치가 합리적이고 효율적으로 증진을 가져오게 되는 일체의 행위를 말한다.

   "근린생활시설과 주택이 함께 있는 건물을 상속받아 그 건물 전체를 다세대주택으로 증·개축하여 판매함으로써 발생하는 소득은 부동산매매업에서 발생하는 소득에 해당한다."(소집 19-0-9 ④)

> **[주택신축판매사업의 범위: '부동산매매업'이 아니라 '건설업'으로 봄]**(종전 소통 19-5)
> **이 규정의 변천사:**(참고 「세무사신문」 669호 2016.2.4., 〈주택신축판매업〉 김정식 세무사)
> -1977.4.20. 주택신축판매업을 건설업으로 '시행령'에 명확히 규정(당시 소령 33조②)
> -1994.12.22. 소득세법 전면개정하면서 '소득세법'에서도 명확히 규정(당시 소법 19조①6호)
> -2009.12.31. 소득세법 개정하면서 위 규정을 삭제, 시행령도 삭제(2010.2.18. 당시 소령 32조), 통칙도 삭제(2011.3.21. 통칙 19-5). 이에 관하여 관계당국은 개정 이유에 대한 명확한 설명이 없음.
> -'주택신축판매업'은 신설된 당시부터 「한국표준산업분류」(통계청 고시)와 맞지 않게 세법에서 규정되었고 그 후 수차례 세법 개정 시에도 조세정책적으로 해석·적용하여 왔던 바, 관련 법령·통칙이 삭제된 지금도 이 내용은 참고할 만한 가치가 크다.
> **이 통칙의 내용:**
> 1. 1동의 주택을 신축하여 판매하여도 건설업으로 본다.
> 2. 건설업자에게 도급을 주어서 주택을 신축하여 판매하여도 건설업으로 본다.

제1장 제2장 제3장 제4장 제5장 제6장 제7장 제8장 제9장 제10장 제11장 제12장 제13장 제14장

> 3. 종전부터 소유하던 자기의 토지 위에 주택을 신축하여 주택과 함께 토지를 판매하는 경우 그 토지의 양도로 인한 소득은 건설업의 소득으로 본다. 다만 토지의 면적이 주택이 정착된 면적의 5배(도시지역 밖의 토지는 10배)를 초과하는 부분에 대하여는 건설업으로 보지 아니한다.
> 4. 시공 중인 주택을 양도하는 경우에는 그 주택의 시공정도가 「건축법」에 의한 건축물에 해당하는 때에는 건설업으로 본다.
> 5. 신축한 주택이 판매되지 아니하면 판매될 때까지 일시적으로 일부 또는 전부를 임대한 후 판매하는 경우에도 당해 주택의 판매사업은 건설업으로 본다.

②비교과세 대상

부동산매매업자의 종합소득금액에 아래 자산(중과세대상 주택 등)의 매매차익이 포함된 경우에만 비교과세한다.(소법 64조①)
1. 비사업용 토지(소법 104조①8호)
2. 미등기자산(소법 104조①10호)
3. 조정대상지역 내 주택의 입주자로 선정된 지위(조합원입주권 제외)(소법 104조①4호). 단, 1세대가 보유하고 있는 주택이 없는 경우로서 양도 당시 다른 주택의 입주권이 없으면서 양도자가 30세 이상이거나 배우자가 있는 경우(양도자가 미성년자인 경우는 제외하며, 배우자가 사망하거나 이혼한 경우는 포함)는 제외(소령 167조의6) (2018.4.1. 양도분부터 적용)
4. 조정대상지역 내 양도소득세 중과대상 주택(소법 104조⑦각호) (2018.4.1. 양도분부터 적용)

③비교과세
아래의 산출세액 중 큰 것을 종합소득 산출세액으로 한다.(소법 64조①)
1. 종합소득 산출세액
2. 중과대상 주택 등 매매차익×양도소득세 세율+(종합소득 과세표준−중과대상 주택 등 매매차익)×기본세율
  '중과대상 주택 등 매매차익'은 매매가액에서 필요경비(취득가액·자본적 지출·양도비용)와 장기보유특별공제(위 ② 중 1. 비사업용토지만 공제) 및 양도소득기본공제(위 ② 중 2. 미등기자산은 제외)를 차감한 금액이다.(소령 122조②)

3)부동산매매업자의 토지 등 매매차익예정신고·납부와 중간예납

①부동산매매업자의 토지 등 매매차익예정신고·납부(모든 부동산매매업자에게 적용)

A. 예정신고 규정
1. 부동산매매업자는 토지 또는 건물의 매매차익과 그 세액을 매매일이 속하는 달의 말일부터

2개월이 되는 날까지 예정신고·납부를 하여야 한다. 토지 등의 매매차익이 없거나 매매차손이 발생하였을 때에도 신고는 해야 한다.(소법 69조①④, 소집 69-0-1)

(보충)예정신고에 대한 무신고가산세 등 적용

예정신고 및 중간신고에 대해서도 무신고가산세(국기법 47조의2) 또는 과소신고·초과환급신고가산세(국기법 47조의3)가 부과되는데, 다만, 이렇게 부과된 부분에 대해서는 확정신고와 관련하여 가산세를 적용하지 아니한다.(이중적용 배제, 국기법 47조의2⑤, 47조의3⑥)

2. 토지 등 매매차익 예정신고할 때에는 '양도소득기본공제'는 매매차익 계산 시 적용하지 않는다.{확정신고 시 세액계산 특례(양도소득세 계산방식)에는 공제하여 계산}

3. 토지 등 매매차익 예정신고 납부한 경우에도 종합소득과세표준 확정신고의무가 있으므로 확정신고를 하지 않은 경우에는 예정신고한 토지 등 매매차익도 무신고한 소득금액으로 보고 신고불성실가산세를 적용한다.

4. 토지 등 매매차익 예정신고 시 토지 등 매매가액에서 공제받은 '장기보유특별공제액'은 부동산매매업자가 종합소득과세표준 확정신고 시에 필요경비에 산입하지 않는다.

{소집 69-0-1 ④, 확정신고 시 세액계산 특례(양도소득세 계산방식)에는 공제하여 계산}

B. 예정신고납부세액 계산방법

토지 등 매매차익 예정신고납부세액은 다음과 같이 양도소득세 계산방법을 준용하여 계산한다.(소법 69조③, 소령 129조, 소집 69-128-1)

1. 토지 등 매매차익 =

매매가액 − 양도자산의 필요경비(취득가액·자본적지출액·양도비용)

– 토지 등 건설자금에 충당한 금액의 이자

– 토지 등의 매도로 인하여 법률에 따라 지급하는 공과금

– 장기보유특별공제액

(보충1)양도자산 필요경비의 세부내용(소령 128조①, 163조①~⑤)

• 취득원가: 현재가치할인차금을 포함하되 부당행위계산에 의한 시가초과액은 제외하고, 소유권 확보를 위한 소송비용·화해비용 등은 포함함

• 자본적지출액, 용도변경·개량·이용편의비용, 개발부담금, 재건축부담금, 수익자부담금, 장애철거비용, 도로시설비 등

• 과세표준신고서 및 계약서 작성비용, 공증비용, 인지대, 소개비 등 양도비용

(보충2)평가증을 한 경우(소령 128조②)

토지 등을 평가증하여 장부가액을 수정한 때에는 그 평가증액을 제외한 장부가액으로 매매차익을 계산한다.

2. 산출세액 = 토지 등 매매차익 × 양도소득세율(일반세율 또는 중과세율, 다만 2년 미만 단기 양도자산은 기본세율을 적용함)

[부동산매매업의 종합소득세(사업소득)와 양도소득세 비교]

구분	부동산매매업의 종합소득세(사업소득)		양도소득세
	매매차익예정신고	확정신고 시 비교과세	
납세의무자	부동산매매업을 영위하는 개인사업자		개인
부동산매매 행태	계속적·반복적: 부가가치세법상 1과세기간(6개월) 내에 1회 이상 부동산을 취득하고 2회 이상 판매하는 경우 등		일시적·비반복적: 비사업성 전제. 일반인이 양도하는 경우
소득분류	종합소득세(합산과세)		양도소득세(분류과세)
양도·취득가액	실지거래가액기준		실지거래가액기준 원칙
양도소득세 방식에서 양도차익 계산시 공제항목	건설자금이자		건설자금이자(자가건설)
	필요경비		필요경비
	장기보유특별공제	장기보유특별공제	장기보유특별공제
	해당 없음	양도소득기본공제	양도소득기본공제
적용세율(2015년 부터 양도소득세도 비교과세함)	양도소득세율	세액 Max {양도소득세율, 종합소득세율 적용}	예정신고: 양도소득세율 확정신고: 비교과세 (소법 104조⑤) 제3장 11 (3) 참조
신고납부	예정신고·납부	확정신고·납부	예정 및 확정신고·납부

②부동산매매업자의 소득세 중간예납(사업소득이 있는 모든 자에게 적용)

　부동산매매업자가 중간예납기간 중에 매도한 토지·건물에 대하여 토지 등 매매차익 예정신고·납부를 한 경우에는 중간예납기준액의 1/2에 해당하는 금액에서 그 신고·납부한 금액을 뺀 금액을 중간예납세액으로 한다. 이 경우 토지 등 매매차익예정신고·납부세액이 중간예납기준액의 1/2을 초과하는 경우에는 중간예납세액이 없는 것으로 한다.(소법 65조⑩)

[부동산 관련 소득세의 업종별 차이]

구분		예정신고납부	중간예납	확정신고납부	비교과세
종합소득 (사업)	부동산임대업	X	O	O	X
	부동산업(부동산매매업)	O	O	O	O
	건설업(주택신축판매 등)	X	O	O	X
양도소득(2015년 비교과세 시행)		O	X	O	O

03 비과세소득

(1)비과세 이자소득 및 배당소득(소법 12조1호)

공익신탁법에 따른 공익신탁의 이익, 조합 등 출자금에 대한 배당소득 비과세·분리과세(조특법 88조의5 참조)

[과세하지 않는 저축성 보험차익](소법 16조①9호, 소령 25조)

구분	2013.2.14.까지 가입분	2013.2.15.~2017.3.31. 가입분	2017.4.1. 이후 가입분
보험기간 10년 이상 저축성보험	한도 없음	1. 일시납: 2억원 이하 2. 월적립식: 한도 없음	1. 일시납: 1억원 이하 2. 월적립식: 월 150만원 이하
종신형 연금보험	과세 제외	과세 제외	과세 제외

(2)비과세 사업소득(소법 12조2호)

①논·밭의 임대(소법 12조2호 가목)

논·밭을 작물 생산에 이용하게 함으로써 발생하는 소득

②주택임대(소법 12조2호 나목)

1. 주택(주택부수토지 포함) 1개를 소유한 자의 주택임대소득{다만, 기준시가가 12억원(←9억원, 2022.12.31.까지)을 초과하는 주택 및 국외에 소재하는 주택의 임대소득은 과세}
2. 연간 주거용 건물 임대업 수입금액의 합계액이 2천만원 이하인 자의 주택 임대소득(2019년 귀속분부터는 과세로 전환하되, 종합과세하지 않고 분리과세 선택가능, 소법 14조③7호)

[소형주택 (1호 이상) 임대사업자에 대한 세액감면](조특법 96조, 조특령 96조)

1. 대상자 및 세액감면율(2호 이상 임대하는 자에게만 축소)

내국인이 소형 임대주택을 2호 이상 임대하는 경우에는 2025년 12월 31일 이전에 끝나는 과세연도까지 해당 임대사업에서 발생한 소득에 대한 소득세 또는 법인세의 20%(2020년 귀속분까지는 30%)[임대주택 중 「민간임대주택에 관한 특별법」 2조4호에 따른 공공지원민간임대주택 또는 같은 법 2조5호에 따른 장기일반민간임대주택의 경우에는 50%(2020년 귀속분까지는 75%)]에 상당하는 세액을 감면한다. (2019.2.12. 이후 임대차계약을 체결하거나 갱신하는 분부터는 임대료 증가율이 5% 이하여야 함.)

2. 소형주택의 범위

국민주택규모(전용면적 85㎡ 이하. 단 지방의 읍면지역은 100㎡ 이하)인 주택(주거에 사용하는 오피스텔 포함) 및 부속토지의 기준시가 합계액이 해당 주택의 임대개시일 당시 6억원(2015년까지는 3억원)을 초과하지 아니할 것. 다가구주택일 경우에는 가구당 전용면적을 기준으로 판단함.

3. 세부사항

1)사업자등록 2)추계신고 시에도 적용하며, 최저한세 대상임

3)농어촌특별세 과세됨(감면된 소득세·법인세의 20%. 농특세법 5조①5호)

4. 감면율: 2호 이상 임대하는 경우(등록된 임대주택에서 발생한 소득의 산출세액 기준)

구분*	의무 임대 기간	감면율	
		2020년까지	2021년부터
건설임대주택	4년 이상→폐지(2020.7.11. 등록분부터)	30%	20%
매입임대주택	4년 이상→폐지(2020.7.11. 등록분부터)	30%	20%
공공지원민간임대주택 장기일반민간임대주택	8년→10년, 아파트 장기일반매입임대는 폐지 6년 단기민간임대주택(「민간임대주택법」상 아파트 제외) 허용(2025.6.4. 시행)	75%	50%

* 단기임대(4년) 및 '아파트' 장기일반 매입임대(8년)는 폐지하고, 그 외 장기임대는 의무기간을 8→10년으로 연장함. 2020.7.10.까지 등록(신청)된 폐지유형 임대주택은 임대기간이 끝나면 자동 말소되고(자진말소도 가능) 의무임대기간 미충족시에도 말소 때까지는 기존의 세금혜택 유지{양도소득세(법인 포함)와 달리 자진말소시 의무기간 1/2 충족 불필요}(2020년 7·10 부동산 대책)

(보충)착한 임대인(상가 임대료 인하 임대사업자) 세액공제(2020~2025년 귀속분, 조특법 96조의3)

세액공제율: 임대료 인하액의 70%(종합소득금액이 1억원 초과시 50%)

③농어가부업(소령 9조) 및 어로·양식어업(소령 9조의5)

농·어민이 부업으로 경영하는 축산·고공품(藁工品)제조·민박·음식물판매·특산물제조·전통차제조·양어, 어로어업 및 그 밖에 이와 유사한 활동에서 발생한 아래의 소득

1. 시행령 별표 1의 농가부업규모의 축산에서 발생하는 소득

2. 농가부업규모 외의 소득(양식어업 소득은 3.호에 추가, 2024년 귀속분부터) 중 연 3천만원

3. 어로어업(연근해어업과 내수면어업, 2020년 귀속분부터 적용) 또는 양식어업(2024년 귀속분부터 적용)에서 발생한 소득금액의 합계액 중 연 5천만원(초과 시에도 5천만원까지는 비과세)

④전통주제조(소령 9조의2)

수도권 밖의 읍·면지역에서 제조함으로써 발생하는 소득으로서 소득금액의 합계액이 연 1200만원 이하인 것(☞1200만원 초과 시 전액과세)

⑤산림소득(소령 9조의3)

조림기간 5년 이상인 임지(林地)의 임목(林木)의 벌채 또는 양도로 발생하는 소득으로서 연 600만원 이하의 금액(☞600만원 초과 시에도 600만원까지 비과세)

⑥작물재배업 소득(소령 9조의4)

1. 농업 중, 곡물 및 기타식량작물재배업: 소득세법 19조①1호 괄호

2. 그 밖의 작물재배업에서 발생하는 소득으로서 해당 과세기간의 수입금액의 합계액이 10억원 이하의 소득은 비과세. 수입금액이 10억원 초과 시 비과세금액은 다음과 같이 계산함.

$$\text{그 밖의 작물재배업에서 발생하는 소득} \times \frac{10억원}{수입금액}$$

(3)비과세 근로소득과 퇴직소득(소법 12조3호)

구분		내용
학자금 (소령 11조)	사용자 지급분	본인 학자금: 요건 충족 시 비과세 자녀 학자금: 무조건 근로소득
	사내근로복지기금 지원금	본인·자녀 모두 소득세·증여세 비과세
실비변상적 급여(소령 12조)		자가운전보조금 등: 요건 충족 시 비과세
국외근로소득(소령 16조)		월 100~500만원(2024년 부터) 비과세
야간근로수당 등(소령 17조)		생산직 근로자로서 일정 요건 충족 시
식사대(소령 17조의2)		사내급식 비제공 등 요건 충족 시 월 10→20만원 이하
직무발명보상금(소령 17조의3)		연 700만원(2023귀속분까지는 연 500만원) 이하
사용자부담 사회보험료(소법 12조3호 너목)		건강보험·고용보험·노인장기요양보험 등
출산지원금, 보육급여(소법 12조3호 머목)		출산지원금 전액 및 6세이하 자녀 보육료로서 월 20만원 이하
배상금·보상금·위자료, 군 근무 관련, 사회보험 관련 등의 비과세가 있음		

(4)비과세 연금소득(소법 12조4호)

구분	비과세 연금소득
유족연금 등	유족연금·장애연금·장해연금·상이연금·연계노령유족연금 등
산재연금	「산업재해보상보험법」에 따라 받는 각종 연금
국군포로 연금	「국군포로의 송환 및 대우 등에 관한 법률」에 따라 받는 연금

(보충)국민연금에 대한 종합소득세(연금소득)와 퇴직소득의 과세범위: 2002.1.1.이후 납입분과 관련한 연금수령액에 대해서만 과세(2001.12.31.까지 납입분에 대한 것은 과세 제외)(후술하는 **07** 퇴직소득세 참조)

A. 2001.12.31.까지 국민연금에 대한 과세방식

국민연금 납입액: 소득공제 불인정(2001년 1년은 납입액의 50%만 소득공제 인정)

국민연금 수령시: 퇴직소득(일시금수령 방식) 또는 종합소득의 연금소득(연금수령 방식)에서 과세 제외

B. 2002.1.1.(과세기준일)부터: 연금납입 소득공제 인정, 연금수령 과세

1. 2000.12.29. 소득세법 51조의3(연금보험료공제) 신설

2001년에 납입한 국민연금보험료에 대해서는 납입액의 50%를 소득공제하였다.(2000년 개정 소법 부칙 7조)

2. 2002.1.1.(과세기준일)부터: 연금납입 소득공제 인정, 연금수령 과세

2002.1.1.부터는 국민연금납입액 전액을 소득공제대상으로 인정하는 대신, 이날 이후 불입한 납입액에 대한 국민연금수령액에 대해서는 퇴직소득(일시금수령 방식) 또는 종합소득의 연금소득(연금수령 방식)으로 과세하는 방식으로 전면 개정됐다. 이 전환점이 되는 2002.1.1.을 '과세기준일'이라고 부른다.(소령 40조①)

(5)비과세 기타소득(소법 12조5호 및 소법 84조)

①직무발명보상금

　종업원 등 또는 대학의 교직원이 퇴직한 후에 지급받는(산학협력단 포함, 2024년 귀속분부터) 직무발명보상금으로서 연 500만원(해당 과세기간에 소법 12조3호 어목에 따라 비과세되는 금액이 있는 경우에는 500만원에서 해당 금액을 차감한 금액으로 함, 2018년까지는 300만원) 이하의 금액(소령 18조②)

②서화 및 골동품 양도(소법 12조5호 바·사목){과세 제외: 이어지는 04 (3) 2) 참조}
1.「문화재보호법」에 따라 국가지정문화재로 지정된 서화·골동품의 양도로 발생하는 소득
2. 서화·골동품을 박물관 또는 미술관에 양도함으로써 발생하는 소득

③상금(소법 12조5호 나·다목)
1.「국가보안법」에 따라 받는 상금과 보로금
2.「상훈법」에 따라 훈장과 관련하여 받는 상금과 부상

④정착금과 지원금
1.「국가유공자 등 예우 및 지원에 관한 법률」또는「보훈보상대상자 지원에 관한 법률」에 따라 받는 보훈급여금·학습보조비 및「북한이탈주민의 보호 및 정착지원에 관한 법률」에 따라 받는 정착금·보로금(報勞金)과 그 밖의 금품(소법 12조5호 가목)
2.「국군포로의 송환·대우 법률」에 따라 국군포로가 받는 위로지원금과 그 밖의 금품(소법 12조5호 마목)

⑤종교인소득

　종교인소득 중 학자금, 식사대, 실비변상적 성질의 급여 등 일정한 소득은 비과세(소령 19조)

⑥기타소득의 과세최저한

　아래의 기타소득에는 소득세를 과세하지 않는다.(소법 84조)

구분	내용
승마투표권·승자투표권·소싸움경기투표권·체육진흥투표권의 환급금	권별로 권면에 표시된 금액의 합계액이 10만원 이하이고 아래 어느 하나에 해당 -적중한 개별투표당 환급금이 10만원 이하인 경우 -단위투표액당 환급금이 단위투표금액의 100배 이하이면서 적중한 개별투표당 환급금이 200만원 이하인 경우
슬롯머신 등의 당첨금품	건별로 200만원 이하인 경우
복권 당첨금	건별로 200만원(←2022년까지는 건별 5만원) 이하인 경우
그 밖의 기타소득금액	매 건마다 기타소득금액이 5만원 이하인 경우 (연금계좌에서 연금 외 수령시는 제외: 분할인출 과세회피 방지)

04 종합소득 과세표준의 계산

(1)흐름도 및 전반사항

[종합소득에 대한 세액계산 흐름도] (소법 15조)

구분	계산과정
종합소득금액	=Σ이자·배당·사업·근로(근로소득공제 후)·연금·기타소득금액 {소득금액(이익개념)=총수입금액(비과세·분리과세 제외)−필요경비 }
종합소득 과세표준	=종합소득금액−종합소득공제
종합소득 산출세액	=종합소득 과세표준×기본세율(6~45% 8단계 초과누진세율)
종합소득 결정세액	=종합소득 산출세액−세액공제 및 감면
종합소득 총결정세액	=종합소득 결정세액+가산세(소득세법·국세기본법)
납부할 세액	=총결정세액−기납부세액(수시·예정·중간예납·원천징수 등)

　　종합소득금액에는 비과세소득(앞 본장 03절 참조)뿐만 아니라 분리과세소득도 포함되지 않는다. 분리과세소득은 종합소득 과세표준에 합산하지 않고, (완납적) 원천징수 등으로 납세의무가 종결되기 때문이다.(소법 14조③)

　　'소득금액'이라는 용어는 소득(수입금액)에서 필요경비를 차감한 '이익'과 유사한 개념이다.

①소득세 계산특례에 유의

　　종합소득세 계산에 있어서 앞서 설명한 바 있는(앞 본장 02절 참조) 특례사항 등도 추가로 고려하여야 한다.

[소득세의 계산특례 항목]

구분	내용	관련법령
소득금액 계산의 특례	부당행위계산의 부인	소법 41조
	비거주자 등과의 거래에 대한 소득금액 계산의 특례	소법 42조
	공동사업에 대한 소득금액계산의 특례	소령 100조
	상속의 경우 소득금액의 구분계산	소법 44조
	결손금 및 이월결손금의 공제	소법 45조
총수입금액 계산의 특례	복식부기의무자의 사업용고정자산(차량 등) 양도소득	소법 19조①20호
	간주임대료의 총수입금액 산입	소법 25조①
	가사용 재고자산 등의 총수입금액 계산 특례	소법 25조②
세액계산의 특례	(소액)주택임대소득 세액계산 특례(2019년 귀속분부터)	소법 64조의2
	부동산매매업에 대한 세액계산 특례(양도세 비교과세)	소법 64조
	부동산매매업에 대한 토지 등 매매차익 예정신고납부	소법 69조
	직장공제회 초과반환금에 대한 세액계산 특례	소법 63조
	금융소득 종합과세 시 세액계산의 특례	소법 62조

②기타소득의 성격

기타소득은 소득세법에서 열거된 것만 기타소득으로 본다. 그리고 기타소득과 다른 소득이 중복되는 경우에는 다른 소득으로 본다.

[사업소득과 기타소득의 구분](소집 21-0-10)

구분	사업소득	기타소득
개념	개인이 영리를 목적으로 자기의 계산과 책임하에 계속적·반복적으로 행하는 활동을 통해 얻는 소득	이자·배당·사업·근로·연금·퇴직·양도소득 외에 소득세법 21조에서 열거하는 소득
판단 기준	1)독립성: 다른 사업자에게 종속·고용되지 아니하고 자기책임과 계산 하에 사업을 경영하는 것 2)계속·반복성: 동종의 활동을 계속적·반복적으로 행하는 것 3)영리목적성: 사업을 경제적 이익을 얻기 위한 의도를 가지고 행하는 것	사업 활동으로 볼 수 있을 정도의 계속성·반복성 없이 일시적·우발적으로 발생하는 소득

[근로소득과 기타소득의 구분](소집 21-0-3)

사원이 업무와 관계없이 독립된 자격에 의하여 사내에서 발행하는 사보 등에 원고를 게재하고 받는 대가는 일시적 문예창작품에 의한 기타소득에 해당함.

[주식 양도 시 배당소득과 양도소득의 구분]

주식의 양도가 자산거래인 주식 양도에 해당하는지(양도소득세), 아니면 자본거래인 주식소각이나 자본환급에 해당하는지(배당소득)는 거래의 내용과 당사자의 의사를 기초로 판단해야 하지만, 실질과세의 원칙상 단순히 계약서의 내용이나 형식에만 의존할 게 아니라, 당사자의 의사와 계약체결의 경위, 대금의 결정방법, 거래의 경과 등 거래의 전체 과정을 실질적으로 파악해야 한다.(대법 2016두49525, 2019.6.27. 선고 ; 2015두48433, 2015.12.10. 선고 ; 2012두27091, 2013.5.9. 선고 등 다수)

(2)분리과세소득

분리과세소득은 종합소득 과세표준에 합산하지 않고, 원천징수 등으로 납세의무가 종결되는 것을 말한다.(소법 14조③)

그리고 원천징수에는 다음과 같이 두 가지 종류가 있는 바, 이들의 의미는 완전히 다르다.(소법 14조)

1. 완납적 원천징수

원천징수만으로 모든 납세의무가 종결되는 것이다.

{예: 금융소득종합과세 대상(연간 2천만원)이 아닌 개인의 금융기관 이자 및 상장·비상장법인 배당소득에 대한 원천징수}

2. 예납적 원천징수

장래에 확정될 세액을 미리 징수하는 의미밖에 없으므로, 과세기간이 종료된 후에는 원천징수된 소득까지 포함하여 종합소득에 대한 세액을 계산하고, 이렇게 산출된 세액에서 (예납적으로) 원천징수된 세액을 기납부세액으로 공제하여 추가 납부세액을 계산하는 방식.

　{예: 개인의 이자 및 상장·비상장법인 배당소득 중 연간 2천만원 초과되는 소득에 대한 원천징수, 법인의 금융기관 이자 원천징수, 근로소득 원천징수 }

①분리과세 금융소득(이자소득과 배당소득)

　개인의 이자(비영업대금의 이익 포함) 및 배당소득(상장·비상장법인 배당 모두 포함) 중 연간 2천만원 이하의 소득은 원천징수로 납세의무가 종결된다.(소법 14조③6호)

　그리고 법원보증금 등의 이자와 직장공제회 초과반환금(소법 14조③3호, 62조), 조세특례제한법에 따라 분리과세되는 소득(소법 14조③5호) 등도 분리과세한다.

　또한 비실명금융소득은 최고율로 과세하기 위해 45% 세율로 원천징수하며(소법 129조②), 이것으로 납세의무는 종결되는 분리과세방식을 취하고 있다.(소법 14조③3호)

[비상장법인의 배당소득과 금융득종합과세의 과세방식 변천사]

{소법 14조(과세표준)·62조(이자소득 등 세액계산 특례)·127~129조(원천징수), 지법 103조의13(특별징수)}
- 2001년 귀속분부터: 금융소득종합과세 도입, 금융이자·상장배당소득 연간 4천만원 초과분.
- 2004년 귀속분부터: 비영업대금의 이익 및 비상장법인 배당소득도, 금융기관 이자 및 상장법인 배당처럼 4천만원으로 종합과세여부 판단.(2003.12.30. 개정 소득세법 62조, 부칙 1·2조)
- 2005년 귀속분부터: 원천징수세율 인하 15(소득할 주민세 특별징수 포함 16.5)%→14(15.4)%

금융소득종합과세는 이자·배당소득의 합계액이 연간 4천만원을 초과하는 경우, 초과분에 대해 종합과세하는 제도이다. 예컨대 근로소득이 5천만원이고 이자소득이 6천만원이라면, 이자소득 중 4천만원에 대해서는 14%(비영업대금의 이익은 25%)의 세율로 분리과세(비영업대금의 이익 및 비상장법인 배당소득은 2004년 귀속분부터)하고, 초과분 2천만원은 근로소득과 합산하여 종합과세 하는 방식이다.

이때 금융소득 4천만원 초과 여부를 따질 때에는 비과세저축·세금우대저축·분리과세저축 등의 이자·배당은 계산 대상에서 제외된다. 즉 이자소득이 6천만원이라도 이 중 분리과세 대상 이자소득이 2천만원 포함돼 있다면 종합과세 대상에서 제외된다는 뜻이다.

금융소득이 4천만원에 미달하면 원칙적으로 종합과세 대상이 되지 않기 때문에 세무서에 별도로 신고하지 않아도 된다. 이미 금융회사에서 이자를 지급할 때 소득세 15.4%(주민세 1.4% 포함)를 원천징수한 것으로 과세가 종결된 것으로 보기 때문이다.

2003년까지는 금융소득이 4천만원을 넘지 않아도 항상 종합과세되는 것들이 있었다. 비영업대금의 이익(사채 이자 등, 원천징수세율 25%), 상장법인 주식의 대주주 배당, 비상장법인의 배당 등 세 가지는 소득 크기에 관계없이 다른 종합소득과 합산하여 종합과세됐다. 이를 '당연종합과세대상'이라고 불렀다.

그런데 2004년 발생하는 소득부터는 이 세 가지에 대한 당연종합과세 제도가 폐지됐다. 이에 따라 당연종합과세 금액도 일반 금융소득과 같이 취급돼, 오직 4천만원을 넘느냐 넘지 않느냐의 기준만 적용된다.
- 2010년 귀속분부터: '소득할 주민세'가 '지방소득세'로 명칭 변경.(지법 8장)
  지자체의 재정확충을 위해 '지방소득세'와 '지방소비세'를 도입하면서 명칭 변경.
- 2013년 귀속분부터: 금융소득종합과세 기준금액이 4천만원에서 2천만원으로 개정되어 대상자 확대.
  2천만원 초과되면 '초과분' 금융소득에 대해 종합과세 적용함.(소법 62조)

②분리과세 사업소득: (소액)주택임대소득 특례(2019년 귀속분부터 시행)

분리과세 주택임대소득이 있는 거주자의 종합소득 결정세액은 아래 세액 중 하나를 선택하여 적용한다.(소법 64조의2를 2014.12.23. 신설하여 2016년부터 시행하려다가 다시 2년 연장하여 2019년 귀속분부터 시행: 2014년 개정법 부칙 1조)

1. 분리과세 주택임대소득을 종합과세할 경우의 종합소득 결정세액
2. 분리과세 주택임대소득에 대한 사업소득금액×14% + 분리과세 주택임대소득 외의 종합소득 결정세액

③분리과세 근로소득: 일용근로자의 근로소득(소법 14조③2호)

근로소득공제: 일 10만원(소법 47조②)

세율: 6%(소법 129조①4호)

근로소득 세액공제: 산출세액의 55%(소법 59조③)

④분리과세 연금소득(소법 14조③9호, 64조의 4, 2023년 신설적용)

구분		분리과세 연금소득의 범위
무조건 분리과세	이연퇴직소득	이연퇴직소득을 연금 수령하는 경우의 연금소득
	천재지변 등 부득이한 사유로 소정의 요건을 갖추어 인출하는 연금소득	다음 어느 하나에 해당하는 사유가 발생하여 연금계좌에서 인출하려는 사람이 해당 사유가 확인된 날부터 6개월 이내에 그 사유를 확인할 수 있는 서류를 갖추어 연금계좌를 취급하는 금융회사 등(연금계좌취급자)에게 제출하는 경우 가. 천재지변 나. 연금계좌 가입자의 사망 또는 해외이주 다. 연금계좌 가입자 또는 그 부양가족[법 제50조에 따른 기본공제대상이 되는 사람(소득의 제한은 받지 않음)으로 한정]이 질병·부상에 따라 3개월 이상의 요양이 필요한 경우 　　인출한도=의료비와 간병비용+본인의 휴직 또는 휴업일수×150만원 　　　　(1개월 미만은 1개월로 함) 라. 연금계좌 가입자가 「채무자 회생 및 파산에 관한 법률」에 따른 파산의 선고 또는 개인회생절차개시의 결정을 받은 경우 마. 연금계좌취급자의 영업정지, 영업 인·허가의 취소, 해산결의 또는 파산선고
	의료목적 인출	소령 40조의2③1·2호를 충족한 연금계좌 가입자가 의료비(본인을 위한 의료비에 한정)를 연금계좌에서 인출하기 위하여 해당 의료비를 지급한 날부터 6개월 이내에 의료비영수증 등을 연금계좌취급자에게 제출하는 경우
선택적 분리과세	사적연금소득	위 외의 연 1200만원 이하인 사적연금소득은 납세자의 선택에 따라 저율분리과세(3~5% 세율) 또는 종합과세.(2023부터 세율 15% 분리과세 선택가능) 1500만원 초과 시에도 15%세율 분리과세 또는 종합과세 선택가능.(2024년 시행)

⑤분리과세 기타소득(소법 14조③8호, 64조의3)

구분		분리과세 기타소득의 범위
무조건 분리과세	승마투표권 환급 금 등	「한국마사회법」에 따른 승마투표권, 「경륜·경정법」에 따른 승자투표권, 「전통소 싸움경기에 관한 법률」에 따른 소싸움경기투표권 및 「국민체육진흥법」에 따른 체 육진흥투표권의 구매자가 받는 환급금(발생 원인이 되는 행위의 적법 또는 불법 여부는 고려하지 아니함)(소령 21조2호)
	슬롯머신 당첨금 품 등	슬롯머신(비디오게임 포함) 및 투전기, 그 밖에 이와 유사한 기구를 이용하는 행 위에 참가하여 받는 당첨금품·배당금품 또는 이에 준하는 금품(소령 21조3호)
	서화·골동품 양도	서화·골동품의 양도로 발생하는 소득(소법 14조③8호 다목, 소령 41조⑭) 단, 사업장 등 물적시설(인터넷 시설 포함) 또는 사업자등록 시 사업소득(2021년 부터 적용, 소령 41조⑱)
	복권 당첨금	「복권 및 복권기금법」 2조에 따른 복권 당첨금(8호 라목)
	사적연금의 연금 외 수령	연금계좌에서 공제받은 금액과 운용수익을 연금 외 수령하는 경우의 소득(소법 14조③8호 나목)
	가상자산소득 (2027부터 과세)	비트코인 등의 양도·대여 소득 중 연간 250만원을 공제하고 초과분은 20% 세율 로 분리과세(소법 64조의3②)
선택적 분리과세	연 300만원 이하 의 기타소득금액	무조건 분리과세대상과 무조건 종합과세대상 기타소득이 아닌 기타소득 중 원천 징수된 소득은 기타소득금액(필요경비 공제 후)이 연 300만원 이하인 경우에는 종합과세와 분리과세를 선택할 수 있음(소법 14조③8호 가목) 퇴직자가 받는 직무발명보상금 중 비과세금액(연 500만원) 초과분(2020년 시행)
무조건 종합과세	뇌물 등*	뇌물·알선수재·배임수재로 인한 금품: 원천징수 없음
	기타	기타소득으로 열거된 것(소법 221조) 중 위 분리과세 이외 분: 20% 세율로 원천 징수 후 종합과세함(소법 14조③8호, 129조①6호)

* 다만, 형법상 뇌물·알선수재·배임수재 등의 범죄에 대해 '몰수'나 '추징'된 경우에는 실질소득이 없으므로 소
득세 과세 않음.(소통 21-0…6, 2019.12.23. 신설 ; 대법 2014두5514, 2015.7.16. 선고) 사기 등 불법행위 손
해배상금은 '위약금·배상금과 달라', 기타소득도 아님.(국세청 서면 2020-법령해석소득-4710, 2021.6.30.)

(3) 필요경비

1) 사업소득의 필요경비

사업소득의 필요경비는 해당 과세기간의 총수입금액에 대응하는 비용으로서 일반적으로 용
인되는 통상적인 것의 합계액으로 한다.(소법 27조①)

사업소득의 필요경비는 개인기업에 대한 세무상 비용이므로 법인세법상의 손금과 유사하
다. 따라서 대손충당금, 감가상각비, 퇴직급여충당금, 기업업무추진비, 기부금 등에 대한 세법
상 인정범위와 한도를 규정하고 있다. 업무무관지출이나 가사관련경비 등 사적 경비가 필요경
비로 인정되지 않는 것은 당연하다. 특히 사업소득금액 계산 시 사업자 본인의 급여 등 인건비
는 필요경비에 산입하지 않는다. 다만 사업자 본인의 사회보험료 중 국민건강보험료와 노인장
기요양보험료 및 고용·산재보험료(2024년 부터 적용)는 필요경비로 인정하며(소령 11조의2, 11조
의3), 국민연금보험료는 소득공제(소법 51조의3) 대상이므로 필요경비에 산입하지 않는다.

[사업자 본인의 인건비와 보험료 등 소득세법상 처리]

구분	세법상 처리	관련규정
인건비 등	필요경비 불산입	소득세 과세 후 본인귀속
국민건강보험료*, 장기요양·고용·산재보험료	필요경비 산입	소령 11조의2, 11조의3
국민연금보험료	종합소득공제	소법 51조의3

* 종합소득금액(금융소득종합과세금액 포함)이 2천만원(←3400만원, 2022년 8월까지) 넘거나 사업소득이 있으면 피부양자 자격이 인정되지 않고, 지역가입자로 전환됨.(「국민건강보험법 시행규칙」 별표 1의2)

[사업소득의 원천징수: 징수 다음달 10일까지 납부](소법 127·128조)

1. 원천징수대상 사업소득: 부가가치세법상 면세하는 의료보건 용역과 혈액(부가령 35조), 부가가치세법상 면세 인적용역(부가령 42조)⇒지급액의 3%(지방소득세 포함 3.3%) 원천징수.
2. 봉사료(소령 184조의 2)⇒해당 사업자가 지급액의 5%(지방소득세 포함 5.5%) 원천징수.
   사업자(법인 포함)가 아래에 해당하는 용역을 제공하고 그 공급가액(간이과세자는 공급대가)과 함께 특정 용역(부가령 42조1호 바목)을 제공하는 자의 봉사료를 계산서·세금계산서·영수증·신용카드 매출전표 등에 그 공급가액과 구분하여 적는 경우(봉사료를 자기의 수입금액으로 계산하지 아니한 경우만 해당)로서 그 구분하여 적은 봉사료금액이 공급가액의 20%를 초과하는 경우의 봉사료를 말함.
   −음식·숙박용역, 안마시술소·이용원·스포츠마사지업소 및 이와 유사한 장소에서 제공하는 용역
   −과세유흥장소(개별소비세법 1조④)에 따른 과세유흥장소에서 제공하는 용역
3. 사업소득 원천징수 후 연말정산방식으로 과세표준 확정신고 시(소법 144조의2)
   연말정산 사업은 아래에 해당하는 자로서 간편장부대상자가 받는 해당 사업소득을 말함. 다만 ⓑⓒ의 사업자가 받는 사업소득은 해당 사업소득의 원천징수의무자가 연말정산을 한 것만 해당됨.
   ⓐ독립된 자격으로 보험가입자의 모집 및 이에 부수되는 용역을 제공하고 그 실적에 따라 모집수당을 받는 자.
   ⓑ「방문판매 등에 관한 법률」에 의하여 방문판매업자를 대신하여 방문판매업무를 수행하고 그 실적에 따라 수당 등을 받거나 후원방문판매조직에 판매원으로 가입하여 후원방문판매업을 수행하고 수당 등을 받는 자
   ⓒ독립된 자격으로 일반 소비자를 대상으로 사업장을 개설하지 않고 음료품을 배달하는 계약배달 판매 용역을 제공하고 판매실적에 따라 판매수당 등을 받는 자

2)기타소득의 필요경비(소법 37조, 소령 87조)

구분	필요경비
승마투표권·승자투표권 등의 환급금	구입한 투표권 단위투표금액의 합계액
슬롯머신(비디오게임 포함)의 당첨금품 등	당첨당시에 투입한 금액
공익사업 관련 지역권·지상권 설정·대여료	총수입금액의 60%(2019.1.1. 이후 지급)
일시적 인적용역제공대가	총수입금액의 70%(2018.4.1.~12.31.)
원고료·인세·창작품 대가	총수입금액의 80%(2018.3.31.까지 지급)
광업권·어업권·산업재산권·산업정보, 산업상 비밀, 상권·영업권(점포임차권 포함), 토사석 채취권리, 지하수 개발·이용권 등의 양도·대여료	다만, 실제 소요된 경비가 위 비율을 초과할 경우에는 그 초과금액도 필요경비로 인정함.

구분	필요경비
공익법인 및 순위경쟁대회의 상금·부상	총수입금액의 80%(상가입주지체상금 0%)
위약금·배상금 중 주택입주지체상금	실제경비가 초과시 초과금액도 인정
서화·골동품의 양도로 발생하는 소득* 단, 사업장 등 물적시설(인터넷 시설 포함) 또는 사업자등 록 시 사업소득(2021년부터 적용, 소령 41조⑱)	총수입금액의 80%(2020년부터 1억까지는 90%) 10년 이상 보유분은 90% (실제경비가 초과시 실제기준 인정)
그 밖의 기타소득(사례비, 재산권 알선수수료 등)	필요경비 확인액 인정

* 과세대상 서화·골동품: 아래의 서화·골동품 이외의 예술품(조각작품 등)은 제외(소법 21조②, 소령 41조⑭)

개당·점당 또는 조(2개 이상이 함께 사용되는 물품으로서 통상 짝을 이루어 거래되는 것)당 양도가액이 6천 만원 이상인 것. 다만, 양도일 현재 생존해 있는 국내 원작자의 작품은 제외.

가. 회화, 데생, 파스텔(손으로 그린 것에 한정하며, 도안과 장식의 가공품은 제외) 및 콜라주와 이와 유사한 장식판

나. 오리지널 판화·인쇄화 및 석판화

다. 골동품(제작 후 100년을 넘은 것에 한정한다)

[기타소득에 대한 원천징수: 징수 다음달 10일까지 납부](소법 127조①, 128조)

1. 원천징수 제외 소득
   - 봉사료(소령 184조의2에 따라 사업소득으로 원천징수 되지 않는 나머지 봉사료는 원천징수 대상 아님)
   - 계약의 위약 또는 해약으로 인하여 받는 위약금·배상금(계약금이 위약금·배상금으로 대체되는 경우만 해당)
   - 뇌물 또는 알선수재 및 배임수죄에 따른 소득
2. 원천징수세율(소법 129조①6호)
   ⓐ복권당첨금·승마투표권·승자투표권·소싸움경기투표권·체육진흥투표권, 슬롯머신 등을 이용하는 행위에 참가하여 받는 당첨금 중 소득금액이 3억원을 초과하는 경우⇒그 초과금액의 30%(지방소득세 포함 33%), 미달금액은 20%(지방소득세 포함 22%)
   ⓑ소기업·소상공인이 폐업 또는 해산, 공제가입자가 사망, 공제에 가입한 법인의 대표자에 대한 지위 상실, 만 60세 이상으로 공제부금 납입월수가 120개월 이상인 공제 가입자가 공제금의 지급을 청구로 수령하는 소가업·소상공인 공제부금의 해지일시금의 기타소득⇒15%(지방소득세 포함 16.5%)
   ⓒ연금계좌세액공제를 받은 연금계좌에서 연금외로 수령하는 기타소득⇒15%(지방소득세 포함 16.5%)
   ⓓ그 밖의 기타소득⇒20%(지방소득세 포함 22%)
   ⓔ종교인소득(기타소득 선택, 소령 202조④)⇒종교인소득 간이세액표 해당란의 세액 기준 원천징수함.

[종교인 소득(비과세소득 제외)에 대한 필요경비](2018년 시행, 소령 87조3호)

종교관련 종사자가 받은 금액	필요경비
2천만원 이하	종교관련 종사자가 받은 금액×80%
2천만원~4천만원	1600만원 + (2000만원 초과분×50%)
4천만원~6천만원	2600만원 + (4000만원 초과분×30%)
6천만원 초과	3200만원 + (6000만원 초과분×20%)

(보충)종교인소득은 기타소득(종교인) 또는 근로소득 중 선택하여 신고·납부 가능

근로소득이 아니라 기타소득 방식을 선택할 경우 이 표의 필요경비 공제를 적용함.

제1장 제2장 제3장 제4장 제5장 제6장 제7장 제8장 제9장 제10장 제11장 제12장 제13장 제14장

〈종교인에 소득세 200억 걷고 근로장려금 2000억 내줄 판〉(「중앙일보」 2019.1.31. 및 수정보완)

−종교인 80% 면세 대상으로 예측, 근로장려금 1년 새 3.2배로 증액

−종교인 수입은 적고, 공제는 많아, '되로 받고 말로 주는' 현실 눈 앞

−국고로 종교 활동 지원하는 결과, 기획재정부는 "향후 개선하면 될 일"

지난해부터 종교인도 소득세를 내게 됐다. 2018년 소득과 그중에서 공제될 부분을 따져 올해 정산하게 된다. 따라서 이제 종교인도 근로소득자나 사업소득자처럼 근로소득과 연동된 국고 보조금을 받을 수 있다. 그중 하나가 근로장려금이다. 정부의 소득주도 성장 정책으로 근로장려금 대상자 범위와 액수가 커졌다. 예산 규모로 3.2배가 됐다. 이에 따라 올해 종교인에게 지급될 근로장려금 총액이 종교인 소득세 총액의 열 배가 될 수도 있다는 예측이 나온다. 국가의 세수 측면에서 보면 '되로 받고 말로 주는' 셈이다. 종교 활동을 정부가 지원하는 결과가 빚어진다는 지적이 제기될 수 있는 부분이다.

종교인 과세 시행 전에 국회 예산정책처가 재정 수입과 지출을 예상해 봤다. 전체 종교인 수는 23만 3000명으로 추산했다. 그중 80%는 수입이 적어 소득세 면세 범위에 들 것으로 봤다. 실제로 소득세를 내게 되는 종교인은 5만 명에도 이르지 않을 것으로 예측됐다. 종교인 소득세 총액 추정액은 181억원이었다. 그런데 종교인이 과세 대상에 포함됨에 따라 정부가 지급하게 될 근로장려금은 737억원으로 계산됐다. 556억원(737억원−181억원)의 세수 감소 효과가 발생한다는 시나리오가 나왔다.

[연도별 근로장려금 등 지급규모 및 현황]{출처: 국가통계포털〉주제별통계〉정부·재정〉국세통계}

지급연도	근로·자녀장려금[*1] 지급총액(억원)	소득{()는 자녀장려금[*2]} 상한선(단위: 만원)		
		맞벌이가구	홑벌이가구	단독가구
2019	5조 299	3600(4000)	3000(4000)	2000(−)
~	(4,946,410가구)	3600(4000)	3000(4000)	2000(−)
2024	5조 6000	3800(7000)	3200(7000)	2200(−)
2025	5조 8000 ?[*3]	4400(7000)	3200(7000)	2200(−)

*1 근로장려금 최대지급액은 2023.1.1. 이후 신청·정산분부터 맞벌이가구 330만원(←300만원), 홑벌이가구 285만원(←260만원), 단독가구 165만원(←150만원)으로 상향.

　근로장려금 최소지급액이 2020년부터는 최저소득구간(총급여액이 맞벌이가구 800만원, 홑벌이가구 700만원, 단독가구 400만원미만)의 경우 3→10만원으로 인상.(조특법 100조의5①, 100조의7③전단)

*2 자녀장려금은 자녀 1인당 최대 100(←80, 2023.1.1. 이후 개시하는 과세기간에 대한 자녀장려금을 환급하는 경우부터 적용)만원을 지급하는데, 소득상한선은 7000만원임.(조특법 100조의27~31)

*3 2024년 소득분은 2024년 12월/2025년 6월 및 8월에 정산지급.

(보충)근로장려금·자녀장려금을 받을 수 있는 대상

소득귀속연도 6월 1일 기준 부동산·전세보증금·자동차·예금 등 가구원 전체의 재산 합계액(부채는 차감하지 않음)이 2억 4천만원(←2억원, 2023.1.1. 이후 신청분부터 확대, 2022.12.31. 개정 조특법 부칙 19조) 미만.

종교계에서는 소득세 면세 비율이 80%가 아니라 90% 안팎이 될 수 있다는 얘기가 나온다. 이처럼 '되로 받고 말로 주는' 현상이 빚어진 데는 크게 두 가지 원인이 있다. 하나는 종교인에게 받을 세금이 많지 않다는 점이다. 일반적으로 종교인들의 수입이 적고, 세금을 매기는 방식도 일반 근로소득자나 사업소득자보다 납세자 측에 유리하기 때문에 그렇다. '되로 받게' 된 이유다. 한국고용정보원 자료에 따르면 목사 연 소득의 중윗값(전체를 서열화했을 때 중간에 있는 수치)이 3054만원이다. 그 수치가 가톨릭 신부는 1651만원, 수녀는 1261만원이다. 승려는 자료가 없다.

종교인들은 일반 근로소득자와 달리 '기타소득'으로 국세청에 수입을 신고할 수 있다. 종교계 일각에서

성직자의 일을 '근로'로 규정해서는 안 된다고 주장해 생긴 일이다. 기타소득으로 신고하면 평균적으로 소득공제액이 많아진다. '말로 주게' 된 다른 하나의 이유는 근로장려세제(EITC) 확대 때문이다. 정부는 소득 재분배를 강화하겠다는 취지로 근로장려금 지급 대상 범위와 지급액을 늘렸다. 소득주도 성장 정책의 한 부분이다.

EITC는 저소득 근로자가 '수입이 이 정도밖에 안 될 바에야 차라리 일을 그만두고 실업수당을 받는 게 낫겠다'고 생각하지 않도록 캐나다 등에서 도입한 제도다. 노동에 따른 수입을 늘려 근로 의욕을 북돋고 실업자를 줄이는 게 본래 목적이다. 성직자에게 '근로를 포기하지 않도록 정부 보조금을 준다'는 것에는 논란의 소지가 있다. 김선택 한국납세자연맹 대표는 "EITC를 종교인에게 적용하는 것 자체도 옳지 않지만, 종교인 수입이 투명하게 파악되지 않는 상태에서 신고된 수입을 기준으로 장려금을 주는 것은 더욱 납득할 수 없다. 결국 '유리알 지갑'인 근로소득자에게서 세금을 걷어 실제로는 수입이 꽤 있는 종교인까지 도와주는 셈이 된다"고 말했다. 종교인 과세 방식이 특혜라고 주장하는 한국납세자연맹은 지난해 현행 소득세법이 헌법에 위배된다며 헌법소원을 제기했다. (전원재판부 2018헌마319, 2020.7.16., 각하결정: 소득세법 시행령 제12조 제18호 등 위헌확인)

〈종교인 1인당 세금 13만3천원 납부…실효세율 0.7%〉(「한국세정신문」 2022.10.10. 김유리 기자)

2020년 귀속 종교인 과세 실효세율이 근로소득자의 1/8 수준인 0.7%에 불과한 것으로 나타났다. 근로소득자 실효세율 5.9%보다 매우 낮은 수준이다.

2020년 한해 9만명의 종교인이 1조 6,661억원의 소득을 신고했는데, 이들의 납부세액은 120억원에 그쳤다. 종교인 1인당 납부세액은 13만3천원이었다. 전체 근로자 1,949만명의 납부세액은 44조 1,640억원으로 1인당 평균세액은 227만원이었다.(…)

3)필요경비성 공제

①근로소득공제(소법 47조)

해당 과세기간 총급여액	근로소득공제액
500만원 이하	총급여액×70%
500만원~1500만원	350만원 + (총급여액– 500만원)×40%
1500만원~4500만원	750만원 + (총급여액–1500만원)×15%
4500만원~1억원	1200만원 + (총급여액–4500만원)×5%
1억원 초과	1475만원 + (총급여액–1억원)×2%

(보충1)일용근로자: 1일 15만원 공제(2019년 귀속분부터 종전 10만원에서 인상, 소법 47조②)

(보충2)근로기간이 1년 미만인 근로자의 경우: 과세기간이 1년 미만이거나 과세기간 중 근로기간이 1년 미만인 경우 월할 계산하지 않고 해당금액 전액을 공제.(소집 47-0-1)

(보충3)근로소득공제 상한액: 2000만원. 즉 총급여액 3억6000만원 초과분은 공제불가.(2020귀속분부터)

②연금소득공제(소법 47조의2)

연금소득이 있는 거주자에 대해서는 해당 과세기간에 받은 총연금액(분리과세연금소득은 제외)에서 아래 표에 규정된 금액을 공제한다. 다만, 공제액이 900만원을 초과하는 경우에는 900만원을 한도로 공제한다.

총연금액(분리과세 연금소득 제외)	공제액
350만원 이하	전액공제
350만원~700만원	350만원 + 350만원 초과금액×40%
700만원~1400만원	490만원 + 700만원 초과금액×20%
1400만원 초과	630만원 + 1400만원 초과금액×10%

(4)종합소득공제

　거주자의 종합소득공제에는 인적공제(기본공제·추가공제), 연금보험료공제, 주택담보노후연금 이자비용공제, 특별공제(보험료공제·주택자금공제)와 조세특례제한법상 소득공제가 있다.

1)인적공제

①기본공제
　거주자(자연인만 해당)는 기본공제대상자 1명당 150만원을 기본공제로 하여 종합소득금액에서 공제한다.(소법 50조) 기본공제는 자연인에 한하여 적용하므로 법인이 아닌 단체(종중·동창회 등)는 기본공제를 적용하지 않는다.
　인적공제의 소득금액(필요경비·필요경비성 공제를 차감 후 금액) 요건은 종합소득금액·퇴직소득금액·양도소득금액(장기보유특별공제도 차감 후 금액)을 합산하지만(재경부 소득 46073-12, 2000.1.16.), 분리과세소득(선택적용 포함. 1200만원 이하의 사적연금, 2000만원 이하의 주택임대소득, 300만원 이하의 기타소득, 2000만원 이하의 금융소득)은 제외되므로 공제대상자에 해당된다.

구분	대상자		요건	
			나이요건 (장애인 제외)	소득금액요건
본인공제	해당 거주자 본인		-	-
배우자공제	배우자(법률혼만 적용)		-	연간소득금액 100만원 이하 또는 총급여 500만원 이하
부양가족 공제	거주자와 생계를 같이하는 부양가족으로서 거주자 (또는 배우자)와 우측표의 관계에 있는 자	직계존속(계부·계모 포함)	60세 이상	연간소득금액이 100만원 이하인 자
		직계비속(의붓자녀 포함), 입양자	20세 이하	
		위탁아동	-	
		직계비속·입양자와 그 배우자가 모두 장애인인 경우 그 배우자	-	
		형제자매	60세 이상, 20세 이하	
		국민기초생활수급자	-	

②추가공제

기본공제대상자 중에 추가공제자가 있는 경우에 그 사람에 대한 기본공제와 추가공제를 같이 받을 수 있으며, 추가공제의 요건과 공제액은 아래표와 같다. 다만, 부녀자공제와 한부모공제에 모두 해당하는 경우에는 한부모공제만 적용한다.(소법 51조)

종류	공제요건	연간 공제액
장애인공제	기본공제대상자 중 장애인이 있는 경우	공제인원수×연 100만원
경로우대자공제	기본공제대상자 중 경로우대자(70세 이상)가 있는 경우	공제인원수×연 100만원
부녀자공제	해당 과세기간의 종합소득금액이 3천만원 이하인 거주자 중 아래의 어느 하나에 해당하는 사람 -본인이 배우자 있는 여성인 경우 -배우자 없는 여성으로서 기본공제대상 부양가족이 있는 세대주인 경우	연 50만원
한부모공제	해당 거주자가 배우자가 없는 사람으로서 기본공제대상자인 직계비속 또는 입양자가 있는 경우	연 100만원

2)연금보험료공제

종합소득이 있는 거주자가 공적연금관련법에 따른 기여금 또는 개인부담금(연금보험료)을 납입한 경우에는 해당 과세기간의 종합소득금액에서 그 과세기간에 납입한 연금보험료를 공제한다. 다만, 소득공제가 종합소득금액을 초과하면 연금보험료공제를 하지 않는다.(소법 51조의3)

3)주택담보노후연금 이자비용공제

연금소득이 있는 거주자가 아래에 해당하는 주택담보노후연금을 받은 경우에는 그 받은 연금에 대해서 해당 과세기간에 발생한 이자비용 상당액을 해당 과세기간 연금소득금액에서 공제한다. 이 경우 공제할 이자 상당액이 200만원을 초과하는 경우에는 200만원을 공제하고, 연금소득금액을 초과하는 경우 그 초과금액은 없는 것으로 한다.(소법 51조의4)
1. 「한국주택금융공사법」에 따른 주택담보노후연금보증을 받아 지급받거나 같은 법에 따른 금융기관의 주택담보노후연금일 것
2. 주택담보노후연금 가입 당시 담보권의 설정대상이 되는 소득세법 99조①에 따른 주택(연금소득이 있는 거주자의 배우자 명의의 주택을 포함)의 기준시가가 9억원 이하일 것

4)특별소득공제(소법 52조)

특별소득공제에는 보험료공제와 주택자금공제가 있는데, 이 둘 모두 근로소득이 있는 거주자(일용근로자 제외)에게만 적용한다.

제1장 제2장 제3장 제4장 제5장 제6장 제7장 제8장 제9장 제10장 제11장 제12장 제13장 제14장

①보험료공제

거주자가 해당 과세기간에 「국민건강보험법」 「고용보험법」 「노인장기요양보험법」에 따라 근로자가 부담하는 보험료를 지급한 경우 그 금액을 해당 과세기간의 근로소득금액에서 공제한다.(소법 52조①)

그리고 근로자가 지역가입자로서 납부한 보험료도 보험료공제를 받을 수 있다.(서면1팀-476, 2004.3.26.)

②주택자금공제

[주택자금공제 소득공제액과 한도액]

구분		근거법령	소득공제액	소득공제 한도액
ⓐ주택마련 저축	청약저축	조특법 87조	납입액×40%	ⓐ+ⓑ=400만원(2023년) ⓐ+ⓑ+ⓒ=800만원(2024년) (2000만원, 1800만원, 600만원 한도 있음. 상환기간·방식에 따라)
	주택청약저축			
ⓑ주택임차차입금 원리금상환액		소법 52조④	원금상환액×40%	
ⓒ장기주택저당차입금 이자상환액*		소법 52조⑤	이자상환액 전액	

* 장기주택저당차입금 이자상환액 소득공제 대상 확대
  무주택자, 1주택자의 '주택' 취득자금: 4→5억원(2019년)→6억(2024년부터 확대)
  무주택자의 '주택분양권' 취득자금: 4→5억원(2021년)→6억(2024년부터 확대)

5)종합소득공제의 배제 및 특례

①종합소득공제의 배제

분리과세이자소득, 분리과세배당소득, 분리과세연금소득, 분리과세기타소득만이 있는 자에 대해서는 종합소득공제를 적용하지 아니한다.

그리고 과세표준확정신고를 하여야 할 자가 소득공제를 증명하는 서류를 제출하지 아니한 경우에는 기본공제 중 거주자 본인에 대한 기본공제와 표준세액공제만을 공제한다. 다만, 과세표준확정신고 여부와 관계없이 그 서류를 나중에 제출한 경우에는 그러하지 아니하다.(소법 54조)

②공동사업자에 대한 소득공제 특례

연금보험료공제·기부금특별공제 또는 조세특례제한법에 따른 소득공제를 적용하거나 세액공제를 적용하는 경우 '공동사업 합산과세규정'(소법 43조③)에 따라 소득금액이 주된 공동사업자의 소득금액에 합산과세되는 특수관계인이 지출·납입·투자·출자 등을 한 금액이 있으면 주된 공동사업자의 소득에 합산과세되는 소득금액의 한도에서 주된 공동사업자가 지출·납입·투자·출자 등을 한 금액으로 보아 주된 공동사업자의 합산과세되는 종합소득금액 또는 종합소득산출세액을 계산할 때에 소득공제 또는 세액공제를 받을 수 있다.(소법 54조의2)

6)조세특례제한법상 소득공제 종합한도

거주자의 종합소득에 대한 소득세를 계산할 때 아래의 공제금액 및 필요경비의 합계액이 2500만원을 초과할 경우에는 그 초과액은 없는 것으로 한다.(조특법 132조의2)

①특별소득공제의 주택자금공제(소법 52조, 조특법 87조②)

②중소기업창업투자조합 출자 등에 대한 소득공제{벤처기업 등에 출자한 경우 등 공제율 100%·70%·30% 적용대상은 제외(조특법 16조①)}

③소기업·소상공인 공제부금에 대한 소득공제(조특법 86조의3)

④청약저축 등에 대한 소득공제(조특법 87조②)

⑤우리사주조합출자에 대한 소득공제(조특법 88조의4①)

⑥장기집합투자증권저축에 대한 소득공제(조특법 91조의16)

⑦신용카드 등(현금영수증 포함) 사용금액에 대한 소득공제(조특법 126조의2)

[신용카드 등 사용금액 소득공제](2025.12.31.까지 연장, 조특법 126조의2)

현금영수증 제도란 소비자가 현금과 함께 현금영수증 전용카드, 카드, 휴대폰번호 등을 제시하면 가맹점은 현금영수증을 발급하고 현금결제 건별 내역은 국세청에 통보되는 제도. 현금영수증 이용 시 혜택에는 신용카드·직불카드·선불카드와 합산하여 일괄적으로 소득공제 혜택이 적용된다.

즉, 근로소득이 있는 거주자(일용근로자 제외)가 법인(외국법인 국내사업장 포함) 또는 사업자(비거주자의 국내사업장 포함)로부터 재화·용역을 공급받고 지급한 시용카드 등 사용금액(중고차 구입금액 중 10% 포함)의 연간 합계액이(연간 소득금액이 100만원 이하인 배우자 또는 직계존비속 명의의 신용카드 등 사용금액도 포함 가능), 총급여액의 25%를 초과하는 경우 그 초과금액에 다음의 비율에 해당하는 금액을 공제한다. (현금영수증 등 사용내역은 국세청 홈택스에서 조회·발급이 가능함)

구분	공제율	비고
①도서·공연·박물관·미술관·영화관람료 사용분(2023.4~12) 수영장·체력단련장 시설 이용료(2025.7.1.~ 사용분)	30(40)%	총급여 7천만원 이하자만 적용
②대중교통 이용분	40(80)%	2022.7.1~2023.12.31 이용분은 80%
③전통시장 사용분	40(80)%	2024.7.1.~12.31. 사용분은 80%
④현금영수증·체크카드 사용분(위 ①~③ 제외)	30%	
⑤신용카드 사용분(위 ①~④ 제외)	15%	
전년보다 5% 이상 증가 사용액의 10%(2023년 사용분은 20%) 추가공제(한도 100만원)		

〈공제한도〉 급여수준 및 항목별 차등→통합, 단순화(2023년부터)

과세연도		2024년		2025년부터	
총급여		7천만원 이하	7천만원 초과	7천만원 이하	7천만원 초과
기본공제 한도		300만원	250만원	300만원	250만원
추가 공제 한도	도서 등	300만원	–	300만원	–
	대중교통		200만원		200만원
	전통시장				
	전년 대비 증가분	100만원		100만원	

05 종합소득세액의 계산

(1)기본세율(소법 55조)

과세표준	세율		누진공제액
1400만원 이하	6%		–
1400만원~5000만원	840,000 +	1400만원 초과액×15%	1,260,000
5000만원~8800만원	6,240,000 +	5000만원 초과액×24%	5,760,000
8800만원~1억5천만원	15,360,000 +	8800만원 초과액×35%	15,440,000
1억5천만원~3억원	37,060,000 + 1억5천만원 초과액×38%		19,940,000
3억원~5억원	94,060,000 +	3억원 초과액×40%	25,940,000
5억원~10억원	174,060,000 +	5억원 초과액×42%	35,940,000
10억원 초과(2021년 귀속분부터 적용)	384,060,000 +	10억원 초과액×45%	65,940,000

(계산)과세표준 4억원의 산출세액=94,060,000+(4억−3억)×40%=134,060,000(≡4억×40%−누진공제액 25,940,000)

(보충)외국인근로자는 일정기간 종합소득세율(6~45%) 대신 단일세율(19%, 비과세·감면 미적용) 선택 가능(조특법 18조의2). 외국인기술자 소득세 감면(5년, 18조). 내국인 우수 인력의 국내복귀 소득세 감면(10년, 18조의3).

(2)최저한세(조특법 132조②③)

①최저한세의 의의

최저한세(minimum tax)란 납세자의 감면 등을 적용받은 후의 세액이 일정 수준에 미치지 못하는 경우 그 미달하는 세액에 대해서는 감면 등을 적용하지 않는 제한규정이다. 모든 소득을 과세대상으로 하는(순자산증가설) 법인은 물론이고(조특법 132조①), 개인의 경우 사업소득에 대한 소득세에 대하여 최저한세를 적용한다(조특법 132조②).

또한 거주자의 종합소득세를 계산할 때 '소득세 소득공제 등의 종합한도'를 연간 2500만원으로 제한하고 있으며(조특법 132조의2), '양도소득세 감면의 종합한도'를 '농지의 대토로 인한 감면'은 연간 1억원, '나머지 감면 등'은 5년간 합계하여 2억원만 감면하고(조특법 133조①), '영농자녀 등이 증여받는 농지 등에 대한 감면'의 한도액도 5년간 1억원으로 제한하고 있다(조특법 133조②).

②개인에 대한 최저한세(조특법 132조②③)

사업소득이 있는 거주자와 국내사업장(Permanent Establishment, PE)에서 발생한 사업소득이 있는 비거주자가 기본대상이다. 다만, 부동산임대업의 경우 (감면조문이 없으므로 최저한세 규제를 적용받을 여지가 거의 없지만) '중소기업창업투자조합 출자 등에 대한 소득공제'(조특법 16조)를 적용받는 경우에만 해당 부동산임대업에서 발생한 소득은 최저한세 대상이 된다.

최저한세가 적용되어 납부하여야 할 소득세는 다음 중 큰 금액이 된다.

1. 최저한세액 = 각종 감면 전 사업소득에 대한 '산출세액' × 최저한세율
2. 각종 감면 후 소득세액

ⓐ최저한세율

과세표준	세율
3000만원 이하	35%
3000만원 초과	45%

거주자가 사업소득 외 다른 종합소득이 있는 경우에는 아래 산식에 따라 사업소득에 대한 산출세액을 계산한다.

$$\text{사업소득에 대한 산출세액} = \text{종합소득산출세액} \times \frac{\text{사업소득금액}}{\text{종합소득금액}}$$

ⓑ각종 감면 전 사업소득에 대한 산출세액

각종 감면 전 사업소득에 대한 감면세액이란 법에서 열거한 최저한세 적용대상인 준비금과 소득공제(조특법 132조②1·2호)를 적용하지 아니한 사업소득에 대한 산출세액을 말한다.

각종 감면 전 사업소득 = 과세표준 + 최저한세 대상 준비금 + 최저한세 대상 소득공제

ⓒ각종 감면 후 소득세액

각종 감면 후 소득세액이란 각종 감면 등을 적용한 후의 소득세액을 말한다. 그러나 최저한세와 비교하여야 할 항목이므로, 최저한세와 관계없이 적용 가능한 조세지원제도(소득세법상 공제·감면 등 제도와 최저한세 적용대상으로 열거되지 않은 조세특례제한법상 감면 등)는 적용하지 않은 금액을 말한다. 다시 말해서 최저한세가 적용되지 않는 조세지원항목의 공제를 하지 않은 상태에서의 감면 후 소득을 계산하여 최저한세와 비교한 후, 그 다음 단계에서 이를 공제해야 최저한세와 무관하게 납세자에게 그 혜택이 제공되기 때문이다.

만일 최저한세 적용대상으로 열거된 감면 등과 그 밖에 최저한세 대상으로 열거되지 아니한 감면 등이 동시에 적용되는 경우에는, 그 적용 순위는 최저한세 대상으로 열거된 감면 등을 먼저 적용하여 감면한다.(조특법 132조③) 이 규정은 납세자에게 불리하지만 법이 명시적으로 규정하고 있기 때문에 따를 수밖에 없다. 하지만 이 원칙을 제외하고는 기업이 임의로 감면배제항목을 선택할 수 있다.(제도46012-10465, 2001.4.7.)

그리고 납세자의 소득세 또는 법인세신고(수정신고 및 경정청구 포함)를 경정하는 경우에는 아래 순서에 따라 감면을 배제한다.(조특령 126조⑤)

－준비금의 손금산입

–손금산입 및 익금불산입

–세액공제(이월공제세액이 있는 경우 나중에 발생한 것부터 적용함. 납세자 불리)

–법인세 또는 소득세 면제 및 감면

–소득공제 및 비과세

[최저한세 적용 대상 조세지원제도 유형]

단계	최저한세 적용 대상(조특법 132조②)	
과세표준 계산	준비금(1호)	연구·인력개발준비금의 손금산입
	손금산입 및 소득공제(2호)	2호에서 열거한 지원항목들
결정세액 계산	세액공제(3호)	3호에서 열거한 세액공제 항목들
	세액감면(4호)	4호에서 열거한 세액감면 항목들

(보충)생계형 창업중소기업 및 청년창업중소기업의 과밀억제권역 내 창업으로 인한 100% 감면분과 추가 감면은 최저한세 과세대상에서 제외함.(조특법 6조①⑥⑦, 2018.5.29.이 속하는 과세연도분부터 적용함.)

(3)소득세법상 세액공제(소법 56~59조의4)

1)배당세액공제(소법 56조, 소령 116조의2)

①배당세액공제를 하는 이유: 법인세와 소득세의 이중과세 방지(10%←11%, 2023년 귀속분까지)

배당은 법인의 이익잉여금(=Σ사업연도별 당기순이익−Σ배당 등으로 이미 사외유출된 잉여금)을 재원으로 한다. 그런데 법인의 당기순이익은 법인세를 부담한 후의 금액이므로 결과적으로 법인세와 배당소득세의 이중과세문제가 발생하는 것이다. 이를 그림으로 설명하면 다음과 같다.

[세전이익의 귀속자 분석]		
A(사내유보)	B(법인세)	
C(배당액)	D(법인세)(Gross-up)	
세후이익	세금	

법인 세전이익×{ 1−t(법인세율) } = 법인 세후이익

{ 법인 세전이익 = 1/(1−t) × 법인 세후이익

1/(1−t) = (1−t+t)/(1−t) = 1 + t/(1−t)이므로 }

't/(1−t)'가 배당가산(Gross-up)이 된다.

법인세율이 9%면 t/(1−t) = 0.09/0.91 ≒ 0.10(10%)

2023년부터 법인세율이 9%(과세표준 2억원까지), 19%(200억원까지), 21%(3000억원까지), 24%(3000억원 초과)임을 고려하면 가장 최소한의 혜택만 주고 있다고 볼 수 있다.

배당세액공제의 논리는 실제 배당금액은 C이지만 만일 법인세를 부담하지 않았더라면 'C+D(Gross-up)' 금액이 배당됐을 것이므로, 법인세로 납부한 D금액을 배당소득자가 납부한 소득세로 간주한다는 뜻이다.

배당소득세 납세자 측면에서는 'D(Gross-up)' 금액이 클수록 유리하다. 즉,

1. Gross-up 적용하지 않을 경우의 배당소득세=C(배당액)×소득세율
2. Gross-up 적용할 경우의 배당소득세= { C(배당액)+D(Gross-up) } ×소득세율 - D(Gross-up)
$$= C(배당액)×소득세율 - D×(1-소득세율)$$
따라서 'Gross-up을 적용'하면 'D×(1-소득세율)'만큼 소득세가 감소하기 때문에 D가 클수록 유리해지는 것이다.

[소득세 최고세율(10억원 초과 45%) 구간의 배당에 따른 소득세 부담세율]

$$\begin{aligned}
배당소득세 &= 배당액×소득세율 - D×(1 - 소득세율) \\
&= 배당액×45\% - 배당액×10\%×(1 - 45\%) \\
&= 배당액×\{45\% - 10\%×(1 - 45\%)\} \\
&= 배당액×39.5\%\{지방소득세(소득세의 10\%) 가산하면 43.45\%임\}
\end{aligned}$$

②배당세액공제액(배당액의 11%)(소법 17조③)

종합소득금액에 배당가산(Gross-up)된 배당소득이 합산되어 있는 경우에는 '배당가산액(Gross-up)'을 배당세액공제로 공제한다.(소법 56조①)

만일 이자소득 등이 종합과세기준금액(2천만원)을 초과하는 경우 종합과세기준금액은 '이자소득→배당가산(Gross-up) 대상이 아닌 배당소득→배당가산 대상인 배당소득'의 순서에 따라 계산한다.(소령 116조의2) 즉 종합과세되는 소득에 가급적 배당가산되는 배당소득을 포함시키지 않으려는 의도가 깔려 있는 바, 이중과세방지보다는 징세에 더 무게를 두고 있는 것이다.

③금융소득에 대한 종합과세시 세액계산 특례(소법 62조)

금융소득이 2천만원을 초과하는 경우 금융소득을 전액 종합과세하되, 2천만원까지는 14% 세율을 적용하고, 2천만원 초과액에는 기본세율을 적용한다. 금융소득 2천만원 초과여부 판단시 출자공동사업자의 배당소득은 제외하며, 배당가산(Gross-up)대상 배당소득이 있는 경우 Gross-up을 하기 전의 배당소득금액으로 판단한다.

한편 금융소득에 최소한 원천징수세액을 부담시키기 위하여 기본세율에 의한 세액과 원천징수세율에 의한 세액을 비교하여 그 중 큰 금액을 종합소득 산출세액으로 한다.(소법 62조)

1. 일반산출세액

    2천만원×14% + (종합소득 과세표준-2천만원)×기본세율

2. 비교산출세액

    금융소득금액×원천징수세율 + (기타 종합소득금액-소득공제)×기본세율

    (음수이면 '0'으로 함)

(보충)금융소득금액의 범위

이 산식에서 '금융소득금액'은 종합소득과세표준에 합산된 이자소득(비영업대금 이익 포함)과 배당소득(상장·비상장법인 배당 등)을 말하므로 Gross-up을 하기 전의 금액이며, 사업소득 결손금과 종합소득공제를 공제하지 아니한 금액이다. 출자공동사업자 배당소득금액은 금융소득종합과세대상 금융소득이 아니므로 이 금융소득에 포함되지 않음은 물론이다.

2)기장세액공제(소법 56조의2, 소령 116조의3)

간편장부대상자가 과세표준확정신고를 할 때 복식부기에 따라 기장(記帳)하여 소득금액을 계산하고 기업회계기준을 준용하여 작성한 재무상태표·손익계산서와 그 부속서류, 합계잔액 시산표 및 조정계산서를 제출하는 경우에는 아래금액을 종합소득 산출세액에서 공제한다.

(공제액 계산식)

$$종합소득\ 산출세액 \times \frac{사업소득금액}{종합소득금액} \times 20\% \ (한도액: 연\ 100만원)$$

다만, 다음의 어느 하나에 해당하는 경우에는 기장세액공제를 적용하지 아니한다.
1. 비치·기록한 장부에 의하여 신고하여야 할 소득금액의 20% 이상을 누락하여 신고한 경우
2. 기장세액공제와 관련된 장부 및 증명서류를 해당 확정신고기간 종료일부터 5년간 보관하지 아니한 경우. 다만, 천재지변·전쟁·화재·도난 등 부득이한 사유에 해당하는 경우에는 그러하지 아니하다.

3)전자계산서 발급 전송에 대한 세액공제(소법 56조의3, 소령 116조의4)

사업장별 총수입금액이 3억원 미만인 사업자가 전자계산서를 2027년 12월 31일까지 발급 (전자계산서 발급명세를 발급일의 다음날까지 국세청장에게 전송하는 경우로 한정)하는 경우에는 전자계산서 발급 건수에 200원을 곱한 금액을 해당 과세기간의 사업소득에 대한 종합소득산출세액에서 공제할 수 있다(연 100만원 한도).(2022.7.1. 이후 공급하는 재화 또는 용역에 대한 전자계산서 발급분부터 적용, 2021.12.8. 개정 소법 부칙 2조 ☞2015.7.1.~2018.12.31. 기간은 사업장 규모에 관계없이 시행된 후 재도입)

4)외국납부세액공제(소법 57조, 소령 117조)

①소득세법상 외국납부세액의 공제방식

거주자의 종합소득금액에 포함된 국외원천소득에 대하여 원천지국과 거주지국에서 소득세가 이중과세되므로 이를 조정하기 위하여 외국납부세액의 '세액공제제도'와 '필요경비산입제도'를 두고 있었다.(소법 57조①)

그러나 2021.1.1. 이후 개시하는 과세연도부터 '필요경비산입제도'를 폐지하여 '세액공제방식'만 가능하다.

② 외국납부세액의 범위

구분	내용
직접 외국 납부 세액	직접외국납부세액은 거주자가 국외원천소득에 대하여 부담한 소득세 및 그 부가세액(가산세·가산금은 제외)을 말함. 이 경우 소득세란 개인의 소득금액을 과세표준으로 하여 과세된 세액을 말하지만, 소득 외의 수입금액 기타 이에 준하는 것을 과세표준으로 하여 과세된 세액도 포함함(소령 117조①). 외국세액을 납부한 때의 기준환율 또는 재정환율에 따라 환산함(소칙 60조②)
의제 외국 납부 세액	국외원천소득이 있는 거주자가 조세조약의 상대국에서 국외원천소득에 대하여 소득세를 감면받은 경우, 그 감면세액 상당액은 해당 조세조약이 정하는 범위 안에서 외국납부세액공제 대상이 되는 외국납부세액으로 봄.(소법 57조③) 조세조약에서는 '간주외국납부세액(Tax Sparing Credit)'이라는 용어를 사용하는데, 세금감면혜택을 받은 거주자에게 귀속시키기 위한 규정이다. 만일 이 규정이 없다면 외국에서 감면받은 대신 한국에서 세금을 납부하는 결과가 되므로(기납부한 외국납부세액이 없으므로) 이 모순을 해결하기 위한 규정임.
간접 외국 납부 세액	거주자의 종합소득금액 또는 퇴직소득금액에 외국법인으로부터 받는 이익의 배당이나 잉여금의 분배액('수입배당금액'이라 함)이 포함되어 있는 경우로서 그 외국법인의 소득에 대하여 해당 외국법인이 아니라 출자자인 거주자가 직접 납세의무를 부담하는 일정 요건을 갖춘 경우에는 그 외국법인의 소득에 대하여 출자자인 거주자에게 부과된 외국소득세액 중 해당 수입배당금액에 대응하는 금액은 세액공제 대상이 되는 외국소득세액으로 봄. 이 '간접외국납부세액공제(Indirect Foreign Tax Credit)' 규정도 국제거래에서 이중과세를 방지하기 위한 목적임.(소법 57조④)

(보충) 상세한 내용은 '제4장 법인세법 03(3)2)' 부문을 참조할 것.

③ 외국납부세액공제(소법 57조①1호)

외국납부세액공제를 선택하는 경우에는 종합소득 산출세액에서 공제하되 그 한도는 다음과 같다.

$$\text{한도액: 종합소득 산출세액} \times \frac{\text{국외원천소득금액}}{\text{종합소득금액}}$$

공제한도액을 초과하는 외국납부세액은 해당 과세기간의 다음 과세기간부터 10년(←5년. 2021.1.1. 이후 신고시 5년 경과되지 않은 분부터는 10년으로 연장) 이내에 종료하는 각 과세기간에 이월하여 그 이월되는 과세기간의 공제한도 범위 내에서 공제받을 수 있다.(소법 57조②)

④ 필요경비산입(2021.1.1. 이후 개시하는 과세연도부터 폐지)

2020년 귀속분 까지는 사업소득에 대한 외국납부세액은 납세자의 선택에 따라서 사업소득의 필요경비에 산입할 수도 있었다.(소법 57조①2호, 소령 117조⑥)

제1장 / 제2장 / 제3장 / 제4장 / 제5장 / 제6장 / 제7장 / 제8장 / 제9장 / 제10장 / 제11장 / 제12장 / 제13장 / 제14장

5)재해손실세액공제(소법 58조, 소령 118조)

사업자가 해당 과세기간에 천재지변이나 그 밖의 재해로 인하여 사업용 자산총액의 20% 이상에 해당하는 자산을 상실하여 납세가 곤란하다고 인정되는 경우에는 다음과 같이 계산한 금액(상실된 자산의 가액을 한도)을 그 세액에서 공제한다. 재해상실비율 계산 시 분자·분모의 자산가액에는 토지의 가액은 제외한다.

구분	재해손실세액공제액
재해발생일 현재 미납부 소득세	사업소득에 대해 부과되지 아니한 소득세와 부과된 소득세로서 미납된 금액(가산금 포함) × 재해상실비율
재해발생일이 속하는 과세기간의 소득세	재해발생일이 속하는 과세기간의 사업소득에 대한 소득세액 × 재해상실비율

6)근로소득세액공제(소법 59조)

①상용근로자의 근로소득세액공제(소법 59조①②)
[세액공제액]

근로소득에 대한 종합소득 산출세액	근로소득세액공제액
130만원 이하	산출세액 × 55%
130만원 초과	715,000원 + (산출세액-130만원) × 30%

[한도액]

총급여액	한도액
3300만원 이하	74만원
3300만원~7000만원	74만원 - {(총급여액-3300만원)×8/1,000} (단, 66만원보다 적은 경우에는 66만원)
7000만원~1억2000만원	66만원 - {(총급여액-7000만원)×1/2} (단, 50만원보다 적은 경우에는 50만원)
1억2000만원 초과	50만원 - {(총급여액-1억2000만원)×1/2} (단, 20만원보다 적은 경우에는 20만원)

②일용근로자의 근로세액공제액(소법 59조 ③)
일용근로자는 근로소득에 대한 산출세액의 55%를 세액공제한다. 일용근로자는 근로소득세액공제의 한도액이 없다.

7)자녀세액공제(소법 59조의2)

종합소득이 있는 거주자의 기본공제대상자에 해당하는 자녀(입양자 및 위탁아동을 포함) 및 손자녀(2023년 귀속분부터 적용)로서 만8세 이상의 사람(2019~2022년 귀속분은 7세 미만의 취학아동 제외)에 대해서는 다음의 구분에 따른 금액을 종합소득산출세액에서 공제한다.

구분	자녀세액공제(개정된 세액공제액은 2025년 귀속분부터 적용)
자녀수에 따른 자녀세액공제	첫째: 연 15만원→25만원
	둘째: 연 20만원→30만원
	셋째 이후: 연 30만원/1인당→연 40만원/1인당
출산·입양 세액공제	해당 과세기간에 출산하거나 입양신고한 공제대상 자녀가 있는 경우
	그 자녀가 첫째인 경우: 연 30만원
	그 자녀가 둘째인 경우: 연 50만원
	그 자녀가 셋째 이상인 경우: 연 70만원

(보충1)2019~2022년 귀속분은 만7세 이상의 자녀만 세액공제→2023년부터 만8세 이상으로 조정

(참고: 2022년부터 아동수당 지급대상이 만8세 미만으로 확대됨.「아동수당법」4조)

아동수당(매월 10만원) 지급의 대상이 만8세로 조정됨에 따라 자녀세액공제대상도 조정함.(2018년 귀속분까지는 연령제한 없이 기본공제대상 자녀가 공제대상이었음.)

(보충2)혼인에 대한 세액공제: 2026.12.31.까지 혼인신고분 50만원(1회로 한정)(조특법 92조)

8) 연금계좌세액공제(소법 59조의3, 64조의4 신설, 소령 40조의2, 118조의2~3)

종합소득이 있는 거주자가 연금계좌에 납입한 금액(과세가 이연된 퇴직소득과 다른 연금계좌에서 이체된 금액 제외)에 대하여 다음과 같이 계산한 연금계좌세액공제액을 종합소득 산출세액에서 공제한다. 연금계좌세액공제액이 종합소득 산출세액을 초과하는 경우 초과액은 없는 것으로 한다.(소법 59조의3①)

[세액공제 대상(연금저축+퇴직연금) 납입한도] 확대 및 소득금액 기준 합리화(2023년부터)

총급여액(종합소득금액)	세액공제 대상 납입한도(연금저축 납입한도)	세액공제율
5500만원(4500만원) 이하	900만원(연금저축 납입한도는 600만원)	15%
5500만원(4500만원) 초과		12%

(보충1)연금저축계좌 납입한도(기본): 전 금융기관 합산 1800만원(연금저축+퇴직연금).

　　　 퇴직연금=확정기여형퇴직연금(DC형, 단 사용자부담분은 제외=즉 개인 추가분), 개인형퇴직연금(IRP)

(보충2)ISA(개인종합자산관리) 만기 시 연금계좌 전환 시 세액공제 추가: 전환금액의 10%(300만원 한도)(2020년 납입분부터 적용)

(보충3)1주택(종전주택 기준시가 12억원 이하인 주택에 한정) 고령가구(부부 중 1인 60세 이상)가 가격이 더 낮은 주택으로 이사한 경우 그 차액 추가(1억원 한도)(2023년 주택 양도분부터 적용)

(보충4)부부합산 1주택 이하자인 기초연금수급자가 10년 이상 장기보유한 부동산(주택·건물·토지) 양도차액을 양도일부터 6개월 이내 납입 시 추가(1억원 한도)(2025년 주택 양도분부터 적용)

(보충5)연 1200만원→1500만원(2024년) 이하인 사적연금소득은 납세자의 선택에 따라 저율분리과세(3~5% 세율) 또는 종합과세 선택가능→1500만원(1200만원) 초과 시에도 15%세율 분리과세 또는 종합과세 선택가능.(2023년 시행, 소법 14조③9호, 앞 04(2)④ 참조)

제1장 제2장 제3장 제4장 제5장 제6장 제7장 제8장 제9장 제10장 제11장 제12장 제13장 제14장

214 | 제2장 종합소득세와 퇴직소득세

9)특별세액공제(소법 59조의4)

특별세액공제는 보험료세액공제·의료비세액공제·교육비세액공제 및 기부금세액공제가 있다. 이 중 보험료세액공제·의료비세액공제·교육비세액공제는 근로소득(일용근로자 제외)이 있는 거주자에게만 적용하는 세액공제이지만(소법 59조의4), 조세특례제한법상 성실사업자(조특법 122조의3) 또는 성실신고확인대상자로서 성실신고확인서를 제출한 자는 의료비세액공제·교육비세액공제를 적용한다.(조특법 122조의3①)

> (보충)2014년 귀속분부터 보험료·의료비·교육비 및 기부금에 대해 소득공제방식→세액공제방식으로 전환: 소득공제는 과세표준에서 공제되는 금액이므로 높은 세율이 적용되는 고소득자에게 더 유리한 방식이다. 그러나 이를 세액공제로 전환하면 소득의 크기와 무관하게 일률적으로 공제세율을 적용한 금액을 세액공제함으로써 결국 고소득자의 세금공제 효과가 줄어들게 된 것이다.

①보험료세액공제

근로소득자(일용근로자 제외)가 보장성보험료를 지급한 경우에는 장애인전용보장성보험료와 일반보장성보험료를 구분하여 각각 100만원을 한도로 납입액의 12%(장애인전용보장성보험료는 15%)를 해당 과세기간의 종합소득 산출세액에서 공제한다.(소법 59조의4①)

구분	공제대상	공제한도액	세액공제율
장애인전용보장성보험료	기본공제대상자 중 장애인을 피보험자 또는 보험수익자로 하는 보험료	연 100만원 한도	15%
일반보장성보험료	기본공제대상자를 피보험자로 하는 보장성보험료	연 100만원 한도	12%

(보충)보장성보험의 범위
만기에 환급되는 보험금이 납입보험료를 초과하지 아니하는 보험으로서 보험계약 또는 보험료납입영수증에 보험료공제대상임이 표시된 보험을 말함(소칙 61조의3)

②의료비세액공제

근로소득자(일용근로자 제외)가 기본공제대상자(나이 및 소득의 제한이 없음)를 위하여 지출한 의료비에 대하여 15%{미숙아 및 선천성이상아를 위한 의료비는 20%(2022년 귀속분부터 적용), 난임시술비는 30%(2021년까지 20%)}의 의료비세액공제를 받을 수 있다. 의료비 지출대상자는 기본공제대상인 가족관계만 있으면 충분하며, 나이 및 소득금액의 제한은 없다.(소법 59조의4②)

구분	의료비 내용	세액공제대상 금액
일반의료비	기본공제대상자를 위하여 지급한 의료비 (특정의료비 및 난임시술비는 제외)	일반의료비−총급여액 × 3% (연 700만원 한도)

특정의료비	거주자, 과세기간 개시일 현재 6세 이하인 사람(2024년 시행), 과세기간 종료일 현재 65세 이상인 사람, 장애인 및 건강보험선정특례자(중증질환자·희귀난치성질환자·결핵환자)를 위하여 지급한 의료비	특정의료비−일반의료비가 총급여액의 3%에 미달하는 경우 그 미달액
미숙아 및 선천성 이상아 의료비	보건소장 또는 의료기관의 장이 미숙아 출생으로 특별한 의료적 관리와 보호가 필요하다고 인정하는 치료, 선천성이상 질환 치료비	미숙아 등 의료비−일반의료비와 특정의료비가 총급여액의 3%에 미달하는 경우 그 미달액
난임시술비	「모자보건법」에 따른 보조생식술에 소요되는 비용 등	난임시술비−위 모든 의료비가 총급여액의 3%에 미달 시 그 미달액

(보충1)산후조리원 비용을 의료비에 추가함(한도 1회당 200만원): 2019년부터 신설 시행.

　　총급여 7천만원 이하인 근로소득자(사업소득금액이 6천만원 이하인 성실사업자 및 성실신고확인대상자 포함. 조특법 122조의3, 조특령 117조의3)가 지출한 것(소령 118조의5①7호)(2024년 소득요건 삭제)

(보충2)실손의료보험금은 공제대상 의료비에서 차감(보험금은 연말정산간소화서비스에서 제공, 소령 118조의5①본문)

③교육비세액공제

　　근로소득자(일용근로자 제외)가 기본공제대상자(나이의 제한을 받지 아니함)인 본인·배우자·직계비속(직계존속은 제외되지만 직계존속이라도 장애인 특수교육비는 공제대상)·입양자·위탁아동·형제자매를 위하여 교육비를 지출한 경우에 공제대상 교육비의 15%를 교육비세액공제 받을 수 있다. 교육비세액공제대상자는 나이에는 제한이 없으나 소득에는 제한(장애인은 제한 없음)이 있다.(소법 59조의4③)

A. 공제대상 교육기관

교육기관(외국유학의 경우 정규학교이면 공제대상임)	대상자	
	본인	부양가족
대학원(원격대학 및 학위취득과정 또는 대학원에 1학기 이상 등록)	O	X
대학교, 평생교육시설, 학점인정기관, 학위취득과정 등	O	O
유치원, 초·중·고등학교, 고등학교졸업 이하의 학력인정 평생교육시설	O	O
어린이집, 학원과 체육시설(월단위 교습과정으로서 주 1회 이상 교육)	X	O
「근로자직업능력개발법」에 따른 직업능력개발훈련비 본인 수강료	O	X
기본공제대상자인 장애인(소득금액 제한 없음)을 위하여 아래기관에 지급하는 장애인특수교육비(2.는 과세종료일 현재 18세 미만만 적용) 1. 사회복지시설 및 재활교육 비영리법인 2. 장애인 발달재활서비스기관 3. 위와 유사한 외국에 있는 시설 또는 법인	O	O

B. 교육비의 범위

　　교육비세액공제 대상금액 = 교육비총계 − 학자금·장학금(소득세·증여세 비과세분)

(보충)학자금대출 원리금상환액의 교육비 범위

거주자 본인의 학자금대출(등록금에 대한 대출에 한정함)의 원리금 상환에 지출한 교육비만 해당된다. 여기에는 대출금 상환 연체로 인하여 추가로 지급하는 금액, 학자금대출의 원리금 중 감면·면제받은 금액, 지방자치단체·공공기관 등으로부터 학자금을 지원받아 상환한 금액은 제외한다.

또한 부양가족이 학자금대출을 받아 지급하는 교육비는 공제대상 교육비에서 제외하고, 그 부양가족이 학자금대출의 원리금을 상환할 때 교육비세액공제를 적용한다.

C. 교육비세액공제 한도액(본인은 교육비세액공제 한도가 없음)

구분	교육비세액공제 한도액	
	본인	부양가족(1명당 한도)
대학원생	15% 전액 세액공제	본인만 공제대상
대학생·원격대학생·학위취득과정에 있는 자		(900만원 한도)×15%
유치원생, 초·중·고등학생		(300만원 한도)×15%
초등학교 취학 전 아동	해당 없음	(300만원 한도)×15%
직업능력개발훈련비 본인 수강료	15% 전액 세액공제	본인만 공제대상
학자금대출 원리금상환액		본인만 공제대상
장애인특수교육비		15% 전액 세액공제

④기부금세액공제(소법 34조, 59조의4④, 61조②, 조특법 58조, 76조)

세금혜택이 있는 기부금은 크게 소득세법(법인은 법인세법 24조)에서 규정한 것과 조세특례제한법상 정치자금기부금(사업자를 포함한 '개인'만 해당, 조특법 76조, 「정치자금법」 59조) 고향사랑기부금법(사업자를 포함한 '개인'만 해당, 조특법 58조, 「고향사랑기부금법」. 2023.1.1. 시행)으로 나뉜다.

그리고 거주자 중 사업소득만 있는 자, 사업소득이 없는 자, 사업소득과 그 밖의 종합소득이 있는 자 등으로 구분하여 그 적용을 달리하고 있다.

A. 기부금의 명의 요건(특례기부금·일반기부금은 배우자·부양가족 명의의 기부도 인정)

구분	기부금 명의
특례(구 법정)기부금과 일반(구 지정)기부금 (사업소득자의 필요경비 인정요건임)	기본공제대상자(나이제한 없으며, 다른 거주자가 기본공제를 받은 사람 제외)가 지출한 기부금
우리사주조합기부금과 정치자금기부금	본인 명의만 해당

B. 기부금 공제방법

[공제원칙: 연말정산대상자는 세액공제만 인정하고, 사업소득자는 필요경비 산입 가능]

구분		기부금 공제방법
사업소득만 있는 자	연말정산대상 사업자	기부금세액공제만 적용
	그 밖의 사업자	기부금을 필요경비에 산입(세액공제 적용불가)
사업소득과 그 밖의 종합소득이 있는 자		사업소득의 필요경비에 산입할 수도 있고, 필요경비에 산입한 기부금 외의 기부금은 '사업소득 외'의 산출세액에서 기부금세액공제 적용가능(즉, 납세자 선택에 따름) (서면법규-1267, 2014.12.2)
사업소득이 없는 자(근로소득만 있는 자 등)		기부금세액공제만 적용

C. 정치자금기부금의 공제방법과 공제액: 한도규정·이월공제 없음

정치자금기부금은 한도규정이 없으며 이월공제규정도 없다.(조특법 76조)

정치자금기부금	소득세법상 세무처리방법	
10만원 이하분	기부금액 × 100/110을 세액공제	
10만원 초과분	비사업자	10만원 초과액이 3000만원 이하: 기부금액×15% 세액공제
		10만원 초과액이 3000만원 초과: 기부금액×25% 세액공제
	사업자	'소득금액−이월결손금' 한도로 필요경비 산입(세액공제 불가)

(보충)10만원 이하분 정치자금기부금에 대한 '세액공제방식'의 탄생과정과 변천사

2004.3.12. 신설: 당시 이슈가 됐던 한나라당(이회창 총재) 불법자금 차떼기 사건 이후 정치자금을 양성화한다는 취지에서 종전의 소득공제에서 세액공제로 변경. 소득세에 대한 지방소득세(2010.1.1. 개정 전 '소득할 주민세'로 소득세의 10% 과세)까지 감안하면 기부액의 110%를 세금에서 공제받는 효과 발생.

2006.12.30. 개정: 공제율을 100/110로 조정하여 기부액만큼만 공제(100%=100/110+10/110)

D. 고향사랑기부금의 공제방법과 공제액: 이월공제 없음(2023.1.1. 시행)

「고향사랑기부금법」(일명 '고향세')은 주민이 자신의 주소지 이외의 자치단체(고향 등)에 기부하면 세액공제 혜택과 함께 자치단체는 지역특산품 등을 답례품(기부액의 30% 범위에서 최대 100만원 한도)으로 제공하는 제도다. 기부자는 자신의 주소지 관할 자치단체 이외의 자치단체에 연간 2000만원(2023~24년은 500만원)까지 기부할 수 있다. 지역주민에게 부담으로 작용하지 않기 위해 주소지 관할 자치단체에는 기부할 수 없다.(조특법 58조, 「고향사랑기부금법」. 2023.1.1. 시행)

고향사랑기부금	소득세법상 세무처리방법(기부금 한도: 연간 2000만원←500만원)	
10만원 이하분	기부금액 × 100/110을 세액공제	
10만원 초과분	비사업자	10만원 초과액이 1990만원 이하: 기부금액×15% 세액공제
	사업자	'소득금액−이월결손금' 한도로 필요경비 산입(세액공제 불가)

E. 소득세법상 기부금(소법 34조, 59조의4④⑧)

1. 기부금 공제한도(세액공제방식의 경우 '한도내 지출액 × 세액공제율'을 세액공제함)

구분	공제대상 기부금액(기부금 지출액 중 '이 한도액만큼만 기부금'으로 인정)
특례기부금 (구 법정기부금)	기준소득금액[2]−이월결손금 (참고)특례기부금 종류: 소법 34조② 및 법법 24조② 1. 법인세법상 특례(50%한도)기부금(2020년까지 법정기부금) 2. 특별재난지역 및 특례기부금단체 자원봉사용역=봉사일수×8만원 + 직접비용(유류대 등)
우리사주[1] 조합기부금	(기준소득금액[2]−정치자금기부금공제액[3]−고향사랑기부금공제액−특례기부금공제액 　　　　　　　−우리사주조합기부금공제액−이월결손금) × 30%
일반기부금 (구 지정기부금)	• 종교단체기부금이 없는 경우: (기준소득금액[2]−정치자금기부금공제액[3]−고향사랑기부금공제액−특례기부금공제액 　　　　　　　−우리사주조합기부금공제액−이월결손금) × 30% • 종교단체기부금이 있는 경우: ⓐ + ⓑ ⓐ(기준소득금액[2]−정치자금기부금공제액[3]−고향사랑기부금공제액−특례기부금공제액 　　　　　　　−우리사주조합기부금공제액−이월결손금) × 10% ⓑMin { (기준소득금액[2]−정치자금기부금공제액[3]−고향사랑기부금공제액−특례기부금공제액 　　　　−우리사주조합기부금공제액−이월결손금) × 20%, 종교단체 외의 일반기부금 }

제1장 제2장 제3장 제4장 제5장 제6장 제7장 제8장 제9장 제10장 제11장 제12장 제13장 제14장

*1 우리사주조합기부금(전액필요경비 또는 30% 세액공제)와 우리사주조합출자소득공제

　　우리사주조합기부금은 우리사주조합원이 아닌 자의 우리사주조합에 대한 기부금을 말함(조특법 88조의4⑬).

　　우리사주조합원이 우리사주를 취득하기 위하여 우리사주조합에 출자하는 경우에는 우리사주조합기부금 규정을 적용하지 않고, 우리사주조합출자소득공제를 적용하여 출자금액과 400만원(벤처기업은 1500만원) 중 적은 금액을 근로소득금액에서 공제함(조특법 88조의4①).

*2 기준소득금액 = 종합소득금액 + 필요경비에 산입한 기부금 - 원천징수세율 적용 금융소득

*3 정치자금기부금공제액: 위 산식에서는 정치자금 중 10만원 초과분을 말함.

2. 세액공제율 적용대상금액(소법 59조의4④전단)

　　특례기부금, 우리사주조합기부금 및 일반기부금 공제액-기부금 중 필요경비 산입액

3. 기부금세액공제액 금액(소법 59조의4④후단)

　세액공제율 적용대상금액 × 15%(30%: 2019년 지출분부터 1천만원 초과분에 대해 적용)

　{2024년 지출분 중 3천만원 초과분은 10% 추가 공제, 즉 40%. 2021~2022년 지출분은 금액 무관 5%p 인상하여 20%(35%) 세액공제. 2021.1.1. 기부분부터 적용, 소법 59조의4⑧ 2021.12.8. 신설, 부칙 4조}

　단, 한도액 = 종합소득 산출세액 × $\dfrac{\{\text{종합소득금액}-\text{사업소득금액}\}}{\text{종합소득금액}}$

　(종합소득 산출세액: 필요경비에 산입한 기부금이 있으면 사업소득에 대한 산출세액에서 공제함)

4. 기부금한도초과액의 이월공제(소법 34조⑤, 59조의4④, 62조②)

　　한도초과시 특례기부금과 일반기부금이 함께 있으면 특례기부금을 먼저 공제한다.

　　또한 거주자의 기부금한도초과액은 10년간(←5년, 2018년 귀속분부터 확대) 이월하여 이후 사업연도 기부금 한도 내에서 (당해연도 지출 기부금보다) 우선하여 필요경비에 산입하거나 세액공제 한다.(이월분 우선공제 규정은 2020.1.1. 이후 신고분부터 적용함. 사업소득 필요경비 이월공제: 소법 34조⑤ ; 기부금세액공제 이월공제: 소법 59조의4④, 61조②)

　　조세특례제한법상 기부금인 정치자금기부금·고향사랑기부금·우리사주조합기부금은 이월공제규정이 없다.

구분	이월공제 기간
정치자금기부금	이월공제 없음
고향사랑기부금	이월공제 없음
특례(구 법정)기부금	2019.1.1. 신고분부터: 10년, 2018.12.31.까지 신고분: 5년
우리사주조합기부금	이월공제 없음
일반(구 지정)기부금	2019.1.1. 신고분부터: 10년, 2018.12.31.까지 신고분: 5년

(보충1)기부금 이월공제 { 2019년 신고분(2018년 귀속분도 해당)부터는 5→10년으로 연장 }

이월공제기간: 특례(구 법정)기부금·일반(구 지정)기부금 한도초과액은 10년간 이월공제하며(필요경비 산입

이월공제: 소법 34조⑤ ; 세액공제 이월공제: 소법 61조②), 2019.1.1. 이후 과세표준을 신고하거나 연말정산하는 분부터 적용. 그리고 2013.1.1. 이후 지출한 기부금에 대해서도 적용 (2018.12.31. 개정 소법 부칙 3조)

(보충2)기존의 장학, 학술, 문화·예술단체 등도 2021.1.1. 이후 일반기부금단체로 지정하는 경우부터 국세청장(주사무소 또는 본점 관할세무서장 포함)(←종전 주무관청에서 변경)의 추천을 받아 기획재정부장관이 지정·고시하여야만 일반기부금단체로 인정. 단, 사회복지법인·의료법인·종교법인 등은 당연기부금단체이므로 지정·고시와 무관.

(법령 39조①1호 바목 및 상증령 12조, 2018.2.13. 개정 법령 부칙 16조 및 상증령 부칙 12조. 법칙 18조의3)

(보충3)학교발전기금은 국가·지방자치단체에 지출한 기부금에 해당(법인 46012-3609, 1999.9.30. ; 법통 24-0···2)

⑤표준세액공제

표준세액공제는 다음과 같이 근로소득자, 소득세법상 성실사업자(소령 118조의8①), 그 밖의 사람으로 구분하여 적용한다.(소법 59조의4⑨)

구분	표준세액공제
근로소득이 있는 거주자로서 특별소득공제, 특별세액공제, 월세액공제(조특법 95조의2)를 신청 않은 자	13만원
소득세법상 성실사업자로서 의료비·교육비세액공제를 신청 않은 사업자	12만원
근로소득이 없는 거주자로서 종합소득이 있는 자(성실사업자 제외)	7만원

(4)세액의 감면(소법 59조의5)

종합소득금액 중 다음 어느 하나의 소득이 있을 때에는 종합소득 산출세액에서 그 세액에 해당 근로소득금액 또는 사업소득금액이 종합소득금액에서 차지하는 비율을 곱하여 계산한 금액 상당액을 공제한다.

1. 정부간의협약에 따라 우리나라에 파견된 외국인이 그 양쪽 또는 한쪽 당사국의 정부로부터 받는 급여
2. 거주자 중 대한민국의 국적을 가지지 아니한 자가 다음의 선박과 항공기의 외국항행사업으로부터 얻은 소득. 다만 그 거주자의 국적지국에서 대한민국 국민이 운용하는 선박과 항공기에 대해서도 동일한 면세를 하는 경우에만 해당한다.(소령 119조의2)
   - 외국항행만을 목적으로 하는 정상적인 업무에서 발생하는 소득
   - 사업자가 소유하는 선박 또는 항공기가 정기용선계약 또는 정기용기계약(나용선계약 또는 는 나용기계약 제외)에 의하여 외국을 항행함으로써 발생하는 소득

06 종합소득세의 신고와 납부 등

(1)중간예납(소법 65조)

해당 과세기간의 종합소득세의 중간예납세액은 원칙적으로 직전 과세기간의 세액을 기준으로 고지를 하지만(아래표 참조), 예외적으로 중간예납추계액을 중간예납세액으로 하여 납세지 관할 세무서장에게 신고하여야 한다.

[납부고지에 의한 중간예납 내용]

구분	내용
대상자	종합소득이 있는 거주자
중간예납기간	해당연도 1.1~6.30.
중간예납기준액	직전 과세기간 종합소득세의 50%(1천원 미만 단수 버림)
중간예납 고지서 통지기간	해당연도 11.1~11.15.(분할납부시 분할 세액으로 납부고지)
중간예납 납부기한	해당연도 11.30.
소액부징수	중간예납세액이 50만원 미만(2021년 귀속분까지는 30만원)(소법 86조 4호)

그리고 부동산매매업자가 중간예납기간 중에 매도한 토지·건물에 대하여 토지 등 매매차익 예정신고·납부를 한 경우에는 중간예납기준액의 1/2에 해당하는 금액에서 그 신고·납부한 금액을 뺀 금액을 중간예납세액으로 한다. 이 경우 토지 등 매매차익예정신고·납부세액이 중간예납기준액의 1/2을 초과하는 경우에는 중간예납세액이 없는 것으로 한다.(소법 65조⑩)

(보충1)부동산매매업자의 토지 등 매매차익예정신고·납부
부동산매매업자는 토지 또는 건물의 매매차익과 그 세액을 매매일이 속하는 달의 말일부터 2개월이 되는 날까지 예정신고·납부를 하여야 한다. 토지 등의 매매차익이 없거나 매매차손이 발생하였을 때에도 신고는 해야 한다.(소법 69조①④, 소집 69-0-1)

(보충2)예정신고에 대한 무신고가산세 등 적용
예정신고 및 중간신고에 대해서도 무신고가산세(국기법 47조의2) 또는 과소신고·초과환급신고가산세(국기법 47조의3)가 부과되는데, 다만, 이렇게 부과된 부분에 대해서는 확정신고와 관련하여 가산세를 적용하지 아니한다.(이중적용 배제, 국기법 47조의2⑤, 47조의3⑥)

(2)종합소득세 과세표준 확정신고(소법 70~77조)

1)확정신고 대상자

해당 과세기간의 종합소득금액·퇴직소득금액·양도소득금액이 있는 거주자는 다음 연도 5월 1일부터 5월 31일(성실신고확인대상자는 6월 30일)까지 납세지 관할 세무서장에게 그 과세표준과 세액을 신고하여야 하는데, 이를 과세표준 확정신고라고 한다. 해당 과세기간의 과세표준이 없거나 결손금이 있는 경우에도 확정신고를 하는 것이 원칙이다.(소법 70조①, 71조①, 110조①)

다만 다음에 해당하는 거주자는 과세표준 확정신고를 하지 아니할 수 있다.(소법 73조①)

구분	비고
연말정산대상 사업소득만 있는 자(보험모집인·방문판매업자·계약배달자 등)	연말정산 하지 않은 경우: 확정신고 의무있음
근로소득만 있는 자(2인 이상으로부터 받은 소득의 경우 합산신고 했을 경우)	
공적연금소득만 있는 자	
퇴직소득만 있는 자(2인 이상으로부터 받은 소득의 경우 합산신고 했을 경우)	
원천징수되는 기타소득으로서 종교인소득만 있는 자(2018년 귀속분부터 과세)	
연말정산되는 사업소득과 퇴직소득만 있는 자	
근로소득과 퇴직소득만 있는 자	
공적연금소득과 퇴직소득만 있는 자	
분리과세대상 이자소득·배당소득·기타소득·연금소득만 있는 자	
위 칸에 해당하는 자들로서 분리과세대상 이자·배당·기타·연금소득만 있는 자	
수시부과한 경우 수시부과 후 추가로 발생한 소득이 없는 자	

2)확정신고기간(기한)

구분		확정신고기간(기한)
원칙	성실신고 이외	다음 연도 5.1.~5.31.(소법 70조)
	성실신고자	다음 연도 5.1.~6.30.(성실신고확인서 제출시)(소법 70조의2)
특례	사망 시	사망일이 속하는 달의 말일부터 6개월 이내(이 기간 중 상속인이 주소·거소의 국외이전을 위해 출국하는 경우: 출국일 전날)
	국외이전 시	출국일 전날까지(소법 74조)

3)성실신고확인서 제출

①성실신고확인서의 제출

해당 과세기간의 수입금액이 아래 규모 이상인 사업자는 종합소득 과세표준 확정신고를 할 때에 비치·기록된 장부와 증명서류에 의하여 계산한 사업소득금액의 적정성을 세무사(세무사법에 따라 등록한 공인회계사 포함)·세무법인·회계법인이 확인하고 작성한 성실신고확인서를 제출하여야 한다.(소법 70조의2)

수입금액은 사업용 유형자산 처분에 따른 수입금액은 제외되며(2020.2.11. 이후 신고분부터 적용, 부칙 12조), 아래 1. 또는 2.에 해당하는 업종을 영위하는 사업자 중 [시행령 별표 3의3(현금영수증 의무발행 업종)]에 따른 사업서비스업을 영위하는 사업자는 1.과 2.의 기준 대신 3.의 기준(5억원)을 적용한다.(소령 133조①)

구분	수입금액기준
1.농업·임업 및 어업, 광업, 도매 및 소매업(상품중개업 제외), 부동산 매매업(소법 122조①), 그 밖에 아래에 해당하지 아니하는 사업	15억원 (2017년까지는 20억원)
2. 제조업, 숙박 및 음식점업, 전기·가스·증기 및 공기조절 공급업, 수도·하수·폐기물처리·원료재생업, 건설업(비주거용 건물 건설업은 제외, 주거용 건물 개발 및 공급업은 포함), 운수업 및 창고업, 정보통신업, 금융 및 보험업, 상품중개업	7억5천만원 (2017년까지는 10억원)
3. 부동산 임대업(소법 45조②), 부동산업(부동산매매업 제외), 전문·과학 및 기술 서비스업, 사업시설관리·사업지원 및 임대서비스업, 교육 서비스업, 보건업 및 사회복지 서비스업, 예술·스포츠 및 여가 관련 서비스업, 협회 및 단체, 수리 및 기타 개인 서비스업, 가구내 고용활동	5억원

(보충1)업종 겸영 시 기장의무 판정: 주업종 외의 수입금액을 환산하여 주업종과 합산

위 1.~3.의 업종을 겸영하거나 사업장이 2개 이상인 경우에는 아래 식과 같이 주업종(수입금액이 가장 큰 업종)의 수입금액으로 환산한 금액을 주업종의 수입금액에 더하여 기장의무를 판정함(소령 208조⑦)

$$주업종의 수입금액 + 주업종외 업종의 수입금액 \times \frac{주업종에 대한 수입금액 기준}{주업종외 업종에 대한 수입금액기준}$$

(보충2)성실신고확인대상자 판정 수입금액: 해당 과세기간의 수입금액 기준으로 판단함(소령 133조①)

기장의무(복식부기의무자 또는 간편장부대상자 여부), 외부세무조정대상 여부의 판단은 직전 과세기간의 수입금액을 기준으로 함.

추계 시 단순경비율 적용대상자의 판단은 직전 과세기간의 수입금액 및 해당 과세기간 수입금액(복식부기의무자 기준에 미달해야 함) 요건을 모두 충족하여야 함.

(보충3)성실신고확인대상자 판단 시 유의사항

• 성실신고확인대상사업자를 판정함에 있어 해당 과세기간의 수입금액 합계액에는 조세특례제한법 100조의 18에 따라 동업기업으로부터 배분받은 소득금액에 해당하는 수입금액은 포함하지 아니함.(법규소득 2013-214, 2013.7.1.)

• 공동사업장은 공동사업장의 (전체) 수입금액을 기준으로 판단하므로 수입금액을 공동사업자의 손익분배비율로 나누어 판단하는 것은 아님.(서면 2015-소득-0627, 2015.5.21.)

• 해당 과세기간 중에 단독사업을 공동사업으로 변경한 경우 단독사업장의 수입금액과 공동사업장의 수입금액을 구분하여 각각 성실신고대상인지를 판단함.(서면-2015-소득-0627, 2015.5.21.)

• 구성원이 동일한 공동사업장이 2 이상인 경우에는 공동사업장 전체의 수입금액 합계액을 기준으로 판단함.

(소득세과-182, 2012.3.6.)

②세무사 등의 선임신고(2019년 귀속 신고분부터 삭제, 2020.2.11. 개정 소령 133조⑤)

③자기확인 금지

세무사가 성실신고확인대상사업자에 해당하는 경우에는 자신의 사업소득금액의 적정성에 대하여 해당 세무사가 성실신고확인서를 작성·제출해서는 안 된다.(소령 133조④)

④성실신고확인서 제출시 혜택

1. 확정신고기한 연장: 성실신고확인대상사업자가 성실신고확인서를 제출하는 경우에는 확정신고기한을 5월 31일에서 6월 30일로 1개월 연장한다.(소법 70조의2②)
2. 성실신고 확인비용에 대한 세액공제: 성실신고확인대상사업자가 성실신고확인서를 제출하는 경우에는 성실신고확인에 직접 사용한 비용의 60% 해당액(연 120만원 한도, 2017년까지는 연 100만원)을 사업소득(부동산임대업에서 발생한 소득 포함)에 대한 소득세에서 공제한다.(조특법 126조의6①, 조특령 121조의6①)
3. 의료비세액공제와 교육비세액공제 허용: 성실신고확인대상사업자가 성실신고확인서를 제출한 경우에는 2026년 12월 31일까지 지출한 의료비와 교육비에 대하여 '의료비등 세액공제'{의료비·교육비 지출액×15%(미숙아·선천성이상아 의료비 20%, 난임시술비 30%)} 및 '월세액공제'{월세지급액×15%(과세표준에 합산되는 종합소득금액이 6000만원 이하) 또는 17%(총급여 5500만원 이하이고 종합소득금액이 4500만원 이하, 조특법 95조의2)}를 적용받을 수 있다.(조특법 122조의3)
(보충)과소신고(경정 및 수정신고 포함)한 사업소득금액이 10%(위 3호는 20%) 이상인 경우: 세액공제액을 추징하고 3년간 성실신고사업자에 대한 세액공제를 하지 아니함.(조특법 122조의3⑤⑥, 126조의6②③)

⑤성실신고확인서 미제출시 불이익

1. 가산세 부과(소법 81조의2←81조⑬, 수입금액×0.02% 산식은 2022년 귀속분부터 시행)

$$\text{Max}\{\text{종합소득 산출세액} \times \frac{\text{제출하지 아니한 사업소득금액}}{\text{종합소득금액}} \times 5\%, \text{사업소득 수입금액} \times 0.02\%\}$$

2. 세무조사 선정: 성실신고확인서를 제출하지 아니한 경우에는 정기선정에 의한 조사 외에 세무조사를 할 수 있다.(국기법 81조의6③1호)

4)확정신고·자진납부(소법 76·77조)

거주자는 해당 과세기간의 아내 세액을 과세표준 확정신고기한까지 관할 세무서 또는 한국은행·체신관서에 납부하여야 한다.(소법 76조)

납부할 세액= 종합소득(퇴직소득) 산출세액−공제·감면세액−기납부세액

그리고 중간예납·예정신고 또는 확정신고에 따라 납부할 세액이 각각 1천만원을 초과할 경우에는 납부기한이 지난 날부터 2개월 이내에 분납할 수 있다.(소법 77조) 다만, 가산세와 감면분 추가납부세액은 분납대상 세액에 포함하지 않는다.(소집 77-140-1②)

납부할 세액	최대 분납가능금액
1천만원~2천만원	납부할 세액 – 1천만원
2천만원 초과	납부할 세액 × 50%

(보충)소액부징수: 아래의 경우 해당 소득세를 징수하지 않는다.(소법 86조, 소집 86-0-1)

구분	소액부징수 금액기준
원천징수세액(이자소득에 대한 원천징수세액은 징수) 납세조합의 징수세액	1,000원 미만
중간예납세액	50만원(2021년 귀속분까지는 30만원) 미만

(3)사업장 현황신고

1)사업장 현황신고

①사업장 현황신고(소법 78·79조)

사업자(해당 과세기간 중 사업을 폐업 또는 휴업한 사업자 포함)는 사업장 현황신고서를 해당 과세기간의 다음 연도 2월 10일까지 사업장 소재지 관할 세무서장에게 제출하여야 한다. 다만, 다음의 어느 하나에 해당하는 경우에는 사업장 현황신고를 한 것으로 본다.(소법 78)

1. 사업자가 사망하거나 출국함에 따라 소득세법 74조가 적용되는 경우(과세표준확정신고의 특례: 출국일 전날까지 과세표준 신고)
2. 부가가치세법상 사업자가 같은 예정신고와 납부(부가법 48조)·확정신고와 납부(부가법 49조)· 예정부과와 납부(부가법 66조) 또는 간이과세자의 신고와 납부(부가법 67조)조에 따라 신고한 경우. 다만, 사업자가 부가가치세법상 과세사업과 면세사업 등을 겸영(兼營)하여 면세사업 수입금액 등을 신고하는 경우에는 그 면세사업 등에 대하여 사업장 현황신고를 한 것으로 본다.

> **['면세사업자 수입금액신고'에서 용어 변경](1999.1.1.부터 용어 변경)**
> 부가가치세법에 따라 신고하는 사업자는 제외되므로(위 2호에 따라), '사업장 현황신고'는 부가가치세 면세사업자에 대한 수입금액신고 등 제반 현황신고의 확장 선상에 있는 것이다.

사업장이 2 이상인 사업자는 각 사업장별로 사업장현황신고를 하여야 한다.(소령 141조③) 그리고 공동으로 사업을 경영하는 경우에는 대표공동사업자가 해당 공동사업장의 사업장현황신고서를 작성하여 제출하는 것이며, 이에 대표자 및 구성원 각각의 사업장현황신고서를 별지로 작성하여 부표로 제출하여야 한다.(소통 78-0…2)

[사업장현황신고를 하지 아니하는 사업자](소통 78-0…1)

다음 중 어느 하나에 해당하는 자는 사업장현황신고를 하지 아니할 수 있다.

1. 납세조합에 가입하여 수입금액을 신고하는 자
2. 담배·연탄·복권·우표·인지·우유 소매사업자
3. 보험모집인

사업장 현황신고를 받은 사업장 소재지 관할 세무서장 또는 지방국세청장은 그 사업장의 현황을 조사·확인하거나 이에 관한 장부·서류·물건 등의 제출 또는 그 밖에 필요한 사항을 명할 수 있다.(소법 79조)

②사업장 현황신고에 포함되어야 사항

사업장 현황신고를 하여야 하는 사업자는 다음 각 호의 사항이 포함된 신고서를 제출하여야 한다.

1. 사업자 인적 사항
2. 업종별 수입금액 명세
3. 수입금액의 결제수단별 내역
4. 계산서·세금계산서·신용카드매출전표 및 현금영수증 수취내역
5. 임차료·매입액 및 인건비 등 비용 내역
4. 그 밖에 사업장의 현황과 관련된 사항으로서 기획재정부령(소칙 100조, 일반서식 종류들)으로 정하는 사항

[영구출국·이민 등의 경우 사업장 현황신고]

①매출·매입처별 계산서합계표 제출의무(소법 163조⑤, 소령 212조①)

사업자는 매출·매입처별 계산서합계표를 사업장 현황신고 기한까지 사업장 소재지 관할 세무서장에게 제출하여야 한다. 다만, 다음의 어느 하나에 해당하는 계산서의 합계표는 제출하지 아니할 수 있다.

1. 세관장이 발행한 계산서를 발급받은 수입자는 그 계산서의 매입처별 합계표
2. 전자계산서를 발급하거나 발급받고 전자계산서 발급명세를 국세청장에게 전송한 경우에는 매출·매입처별 계산서합계표

②매입처별 세금계산서합계표 제출(소법 163조의2)

사업장 현황신고를 하여야 하는 사업자 또는 소득세법 74조가 적용되는 경우(과세표준확정신고의 특례: 출국일 전날까지 과세표준 신고)의 그 상속인이나 출국하는 거주자가 재화 또는 용역을 공급받고 부가가치세법상 세금계산서를 발급받은 경우에는 사업장 현황신고기한(74조가 적용되는 경우에는 같은 조에 따른 과세표준확정신고기한)까지 매입처별 세금계산서합계표를 사업장 소재지 관할 세무서장에게 제출하여야 한다.

2)사업장 현황신고 불성실 가산세 및 계산서합계표 관련 가산세 등

①사업장 현황신고 불성실 가산세(소법 81조의3←81조⑥)

   의료업·수의업·약사업을 경영하는 사업자에게만 가산세가 부과되며 가산세는 다음과 같다.
무신고·미달신고 수입금액의 0.5%

②계산서 등 제출 불성실 가산세(소법 81조의10제2호←81조③2호)

   매출·매입처별 계산서합계표를 제출하지 아니한 경우 또는 제출한 합계표에 기재하여야 할 사항의 전부 또는 일부가 기재되지 아니하거나 사실과 다르게 기재된 경우(매출·매입처별 계산서합계표의 기재 사항이 착오로 기재된 경우로서 교부하였거나 교부받은 계산서에 따라 거래사실이 확인되는 분과 2%의 가산세율이 적용되는 미발급·위장발급 분의 매출가액 또는 매입가액은 제외): 공급가액의 0.5%. 다만, 지연제출(제출기한이 지난 후 1개월 이내에 제출)하는 경우에는 공급가액의 0.3%.

2018년 귀속부터 복식부기의무자의 사업용 유형자산(부동산 제외) 양도가액도 수입금액에 포함해 신고해야 한다. ☞ 다만, 성실신고대상(2019 귀속분부터) 및 복식부기의무자(2020 귀속분부터) 판정시 수입금액에는 제외

즉, 2018년 귀속분부터는 '복식부기의무자'가 차량운반구·기계장치 등 사업용 유형자산(토지·건물 제외)을 양도함으로써 발생하는 소득은 사업소득에 포함된다. 2017년까지는 감가상각비는 필요경비로 산입됐으나, 처분으로 인한 양도차손익은 사업소득금액 계산 시 제한적으로만 반영하였다. 그러나 2018년 귀속분부터는 모든 '복식부기의무자'의 양도차손익이 사업소득금액 계산 시 반영된다. 즉, 처분가액은 총수입금액으로 산입하고(소법 19조①20호), 처분당시 세무상 장부가액(감가상각비 중 업무무관금액이 있는 경우 그 금액은 장부가액에서 차감)은 필요경비로 산입한다.(소령 55조①7호의2)

[사업용 유형자산(토지·건물 제외) 처분손익의 사업소득금액 반영 흐름]

2015년 귀속분까지: 모든 사업자는 사업소득금액 계산 시 반영하지 않음

2016년 귀속: 성실신고확인대상자의 '업무용승용차' 처분손익만 반영

2017년 귀속: 모든 복식부기의무자(성실신고확인대상자 포함)의 '업무용승용차' 처분손익만 반영

2018년 귀속분부터: 모든 복식부기의무자(성실신고확인대상자 포함)의 **사업용 유형자산(토지·건물은 양도소득세로 과세되므로 제외)** 처분손익 반영

☞**사업용 유형자산 처분가액**: 성실신고대상 판정시 수입금액에 제외(2020.2.11. 이후 신고분부터 적용. 소령 133조①, 부칙 12조), 복식부기의무자 판정시 수입금액에도 제외(2020년 귀속분부터 적용. 소령 143조④·208조⑤, 부칙 2조·22조)

---

③매입처별 세금계산서합계표 제출·불성실 가산세(소법 81조의10제3호←81조③3호)

   매입처별 세금계산서합계표를 제출하지 아니하거나 제출한 경우로서 그 매입처별 세금계산서합계표에 기재하여야 할 사항의 전부 또는 일부가 기재되지 아니하거나 사실과 다르게 기재

된 경우(매입처별 세금계산서합계표의 기재 사항이 착오로 기재된 경우로서 교부하였거나 교부받은 계산서에 따라 거래사실이 확인되는 분과 2%의 가산세율이 적용되는 미발급·위장발급 분의 매출가액 또는 매입가액은 제외): 공급가액의 0.5%. 다만, 지연제출(제출기한이 지난 후 1개월 이내에 제출)하는 경우에는 공급가액의 0.3%.

(4)과세표준의 결정·경정과 징수 및 환급

1)과세표준의 결정 및 경정(소법 80조)

①결정·경정 사유

납세지 관할 세무서장 또는 지방국세청장은 과세표준확정신고를 하여야 할 자가 그 신고를 하지 아니한 경우에는 해당 거주자의 해당 과세기간 과세표준과 세액을 결정한다.(소법 80조①) 과세표준과 세액의 결정 또는 경정은 과세표준확정신고기일부터 1년 내에 완료하여야 한다. 다만, 국세청장이 조사기간을 따로 정하거나 부득이한 사유로 인하여 국세청장의 승인을 얻은 경우에는 그러하지 아니하다.(소령 142조②)

납세지 관할 세무서장 또는 지방국세청장은 과세표준확정신고를 한 자(2호 및 3호의 경우에는 과세표준확정신고를 하지 아니한 자를 포함)가 다음의 어느 하나에 해당하는 경우에는 해당 과세기간의 과세표준과 세액을 경정한다.(소법 80조②)

1. 신고 내용에 탈루 또는 오류가 있는 경우
2. 소득세를 원천징수한 내용에 탈루 또는 오류가 있는 경우로서 원천징수의무자의 폐업·행방불명 등으로 원천징수의무자로부터 징수하기 어렵거나 근로소득자의 퇴사로 원천징수의무자의 원천징수 이행이 어렵다고 인정되는 경우
3. 근로소득자 소득·세액 공제신고서를 제출한 자가 사실과 다르게 기재된 영수증을 받는 등 부당한 방법으로 종합소득공제 및 세액공제를 받은 경우로서 원천징수의무자가 부당공제 여부를 확인하기 어렵다고 인정되는 경우
4. 매출·매입처별 계산서합계표 또는 지급명세서의 전부 또는 일부를 제출하지 아니한 경우
5. 다음의 어느 하나에 해당하는 경우로서 시설 규모나 영업 상황으로 보아 신고 내용이 불성실하다고 판단되는 경우
－사업용계좌를 이용하여야 할 사업자가 이를 이행하지 아니한 경우
－사업용계좌를 신고하여야 할 사업자가 이를 이행하지 아니한 경우
－신용카드가맹점 가입 요건에 해당하는 사업자가 정당한 사유 없이 「여신전문금융업법」에 따른 신용카드가맹점으로 가입하지 아니한 경우

－신용카드가맹점 가입 요건에 해당하여 가맹한 신용카드가맹점이 정당한 사유 없이 신용카드
에 의한 거래를 거부하거나 신용카드매출전표를 사실과 다르게 발급한 경우
－현금영수증가맹점 가입대상사업자가 정당한 사유 없이 가맹점으로 가입하지 아니한 경우
－현금영수증가맹점으로 가입한 사업자가 정당한 사유 없이 현금영수증을 발급하지 아니하거
나 사실과 다르게 발급한 경우

②재경정

　납세지 관할 세무서장·지방국세청장은 과세표준과 세액을 결정·경정한 후 그 결정·경정에
탈루·오류가 있는 것이 발견된 경우에는 즉시 그 과세표준과 세액을 다시 경정한다.(소법 80조④)

③결정·경정방법

　납세지 관할 세무서장·지방국세청장은 해당 과세기간의 과세표준과 세액을 결정·경정하는 경우
에는 장부나 그 밖의 증명서류를 근거로 하여야 한다. 다만, 일정한 사유로 장부나 그 밖의 증명서류
에 의하여 소득금액을 계산할 수 없는 경우에는 소득금액을 추계조사결정할 수 있다.(소법 80조③)

2)추계결정 및 경정(소령 143조)

①추계조사 사유(소령 143조①)

　다음의 어느 하나에 해당하는 사유로 장부나 그 밖의 증명서류에 의하여 소득금액을 계산할
수 없는 경우에는 추계조사하여 결정한다.
1. 과세표준을 계산함에 있어서 필요한 장부·증빙서류가 없거나 중요한 부분이 미비·허위인 경우
2. 기장의 내용이 시설규모·종업원수·원자재·상품 또는 제품의 시가·각종 요금 등에 비추어
허위임이 명백한 경우
3. 기장의 내용이 원자재사용량·전력사용량 기타 조업상황에 비추어 허위임이 명백한 경우

②인적공제와 특별소득공제 가능

　과세표준을 추계결정 또는 경정하는 경우, 소득금액에서 인적공제(소법 50·51조)와 특별소득
공제(소법 52조)를 하여 과세표준을 계산한다.(소령 143조②)

③추계조사방법(소령 143조③)

　소득금액의 추계결정 또는 경정을 하는 경우에는 다음 각 호의 방법에 따른다.

A. 기준경비율 방법

구분	소득금액
간편장부 대상자 (뒷쪽④ 아래표 미만)	소득금액: Min { 가, 나 } 가. 수입금액 - 주요경비(매입비용+임차료+인건비) −(수입금액×기준경비율) 나. {(수입금액−일자리안정자금)×(1−단순경비율)} × 배율(2020년 귀속분부터 2.8←2.6배, 소칙 67조)
복식부기 의무자 (뒷쪽④ 아래표 이상)	소득금액: Min {가, 나} 가. 수입금액-주요경비(매입비용+임차료+인건비)−(수입금액×기준경비율)×1/2 나. {(수입금액−일자리안정자금)×(1−단순경비율)} × 배율(2020년 귀속분부터 3.4←3.2배, 소칙 67조)

(보충1)기준경비율 적용대상자는 2028.1.1.(3년 재연기) 이후 개시하는 과세기간부터는 '위 표의 나. 방법'(단순경비율 계산방법에 일정 배율을 곱하는 방법)은 적용 불가.(소령 143조③1호 단서, 2025.2.28. 개정)

(보충2)수입금액

사업과 관련하여 국가 등으로부터 받은 보조금과 장려금, 부가가치세법에 따라 공제받은 신용카드매출전표, 복식부기의무자의 사업용 유형자산 양도가액 등 발행공제액은 수입금액에 포함.(소령 144조③) 다만, 단순경비율 방법 적용 시 고용유지 지원장려금은 제외.(2020.2.11. 과세표준 결정·경정분부터 적용, 소령 143조③1의2)

(보충3)주요경비: 매입비용(고정자산은 제외), 고정자산 임차료, 인건비로 대별됨.(소령 143조③1호)

구분	범위	증빙서류
매입비용	재화의 매입, 외주가공비, 운송업의 운반비	−법정증빙서류 −법정증빙서류 수취의무가 없는 경우: 영수증 등 (주요경비지출명세서 첨부)
고정자산 임차료	사업에 직접 사용하는 고정자산을 임차하고 지출하였거나 지출할 임차료	
인건비	종업원의 급여·임금 등, 일용근로자의 임금, 퇴직급여	−원천징수영수증 −부득이한 사유 시: 인적사항 확인, 서명날인한 증빙서류 등

B. 단순경비율 방법(단순경비율 적용대상자산 적용가능, 소령 143조③단서)

(수입금액−일자리안정자금)×(1−단순경비율)

(보충)단순경비율 적용대상자의 경우 단순경비율 또는 기준경비율에 의한 신고를 할 수 있으나, 기준경비율 적용대상자의 경우 단순경비율에 의한 신고를 할 수 없음.(서일 46011−10662, 2003.5.27.)

C. 소득률에 의한 방법(연말정산사업소득자만 적용가능)

수입금액 × 연말정산소득률(=1−단순경비율, 소령 201조의11④, 소칙 94조의2)

D. 동업자권형방법 또는 직전과세기간의 소득률에 의한 방법

기준경비율 또는 단순경비율이 결정되지 아니하였거나 천재지변 기타 불가항력으로 장부 기타 증빙서류가 멸실된 때에는 기장이 가장 정확하다고 인정되는 동일업종의 다른 사업자의 소득금액을 참작하여 그 소득금액을 결정 또는 경정하는 방법. 다만, 동일업종의 다른 사업자가 없는 경우로서 과세표준확정신고 후에 장부 등이 멸실된 때에는 소득세법 70조의 규정에 의한 신고서 및 그 첨부서류에 의하고 과세표준확정신고 전에 장부 등이 멸실된 때에는 직전과세기간의 소득률에 의하여 소득금액을 결정 또는 경정한다.

E. 기타 국세청장이 합리적이라고 인정하는 방법

④단순경비율 적용대상자(소령 143조④)

1. 해당 과세기간에 신규로 사업을 개시한 사업자 또는
2. '직전' 과세기간의 수입금액(결정 또는 경정으로 증가된 수입금액을 포함하며, 사업용 유형자산 처분에 따른 수입금액도 포함)의 합계액이 다음 각 목의 금액에 미달하는 사업자로서,

구분	수입금액
농업·임업 및 어업, 광업, 도매 및 소매업(상품중개업 제외), 부동산매매업, 그 밖에 아래에 해당되지 아니하는 사업	6000만원
제조업, 숙박 및 음식점업, 전기·가스·증기 및 공기조절 공급업, 수도·하수·폐기물처리·원료재생업, 건설업(비주거용 건물 건설업은 제외하고, 주거용 건물 개발 및 공급업을 포함), 운수업 및 창고업, 정보통신업, 금융 및 보험업, 상품중개업	3600만원
부동산 임대업, 부동산업(부동산매매업 제외), 전문·과학 및 기술서비스업, 사업시설관리·사업지원 및 임대서비스업, 교육서비스업, 보건업 및 사회복지서비스업, 예술·스포츠 및 여가 관련 서비스업, 협회 및 단체, 수리 및 기타 개인서비스업(퀵서비스배달원, 대리운전기사 등은 3600만원, 2023년 귀속분부터 적용), 가구 내 고용활동	2400만원

'다만, 해당' 과세기간의 수입금액이 다음의 복식부기의무자 해당 수입금액에 미달해야만 단순경비율 적용대상이 되며, 그 이상이 될 경우 적용불가(2019.1.1. 이후 개시하는 과세기간부터 적용, 소령 143조④단서, 2018.2.13. 개정 소령 부칙 13조)

[복식부기의무자: '직전' 과세기간의 수입금액 기준](소법 160조②③, 소령 208조⑤, 소칙 95조의2)

구분	수입금액
농업·임업 및 어업, 광업, 도매 및 소매업(상품중개업 제외), 부동산매매업, 그 밖에 아래에 해당되지 아니하는 사업	3억원
제조업, 숙박 및 음식점업, 전기·가스·증기 및 공기조절 공급업, 수도·하수·폐기물처리·원료재생업, 건설업(비주거용 건물 건설업은 제외), 부동산 개발 및 공급업(주거용 건물 개발 및 공급업에 한정), 운수업 및 창고업, 정보통신업, 금융 및 보험업, 상품중개업, 욕탕업	1억5천만원
부동산 임대업, 부동산업(부동산매매업 제외), 전문·과학 및 기술서비스업, 사업시설관리·사업지원 및 임대서비스업, 교육서비스업, 보건업 및 사회복지서비스업, 예술·스포츠 및 여가 관련 서비스업, 협회 및 단체, 수리 및 기타 개인서비스업가구 내 고용활동	7500만원

⑤기준경비율과 단순경비율의 고시 및 적용(소령 145조 ③)

추계결정 및 경정(소법 80조, 소령 143조③)을 위한 기준경비율과 단순경비율은 당해 과세기간

에 대한 과세표준확정신고기간 개시(익년 5월 1일) 1개월 전까지 확정하고 고시하여야 한다.

(소령 145조 ③)

(보충)[실제업종에 대한 기준경비율 또는 단순경비율 적용](소통 80-143…2)
소법 80조③단서 및 소령 143조의 규정에 위하여 기준경비율 또는 단순경비율을 적용하는 데 있어서, 사업자 등록상의 업종과 실제 업종이 상이한 경우에는 실제의 업태와 종목에 대한 경비율을 적용한다.

[2024년 귀속 기준경비율 고시(2025.3. 국세청장) 및 발간책자] 중 발췌

4. 기준경비율 및 단순경비율에 의한 소득금액 계산방법

가. 기준경비율에 의한 소득금액 계산방법

소득금액 = 수입금액 – 주요경비(매입비용+임차료+인건비)–(수입금액×기준경비율)

- 단, 복식부기의무자는 기준경비율의 1/2만 인정, 소령 143조 근거
- 기준경비율에 따라 계산한 소득금액이 단순경비율에 따라 계산한 소득금액에 배율(간편장부대상자 2.8←2.6배, 복식부기의무자 3.4←3.2배. 2019년 귀속분부터 02.p씩 인상)을 곱하여 계산한 금액 이상인 경우에는 그 배율을 곱하여 계산한 방법으로 할 수 있음(2028년 귀속분부터는 폐지, 소령 143조③1호 단서)
- 주요경비의 범위 및 증명서류의 종류는 '국세청 고시 제2021-5호(2021.4.9.)「매입비용·임차료의 범위와 증명서류의 종류 고시」' 참조.

나. 단순경비율에 의한 소득금액 계산방법

소득금액 = (수입금액–일자리안정자금) × (1–단순경비율)

5. 업종별 기준경비율 및 단순경비율 적용례

가. 업종별 기준경비율 및 단순경비율은 사업장별, 종목구분별(코드번호 단위)로 해당 수입금액에 적용한다.

나. 공동사업자에 대한 기준경비율 및 단순경비율은 사업장별 총수입금액에 적용한다.

다. 인적용역 제공사업자(94****)의 단순경비율(기본율·초과율) 적용

인적용역 제공사업자에 대한 단순경비율은 수입금액이 4천만원까지는 기본율을 적용하고, 4천만원을 초과하는 금액에 대하여는 초과율을 적용한다.

라. 일반율과 자가율의 적용구분

(1)기준경비율의 자가율 적용

자가사업자에게 기준경비율을 적용하는 경우에는 기준경비율의 일반율에 업종 구분 없이 0.4를 가산하여 적용한다.(아래 '(3)'의 업종은 제외한다)

(2)단순경비율의 자가율 적용

자가사업자에게 단순경비율을 적용하는 경우에는 단순경비율의 일반율에 업종 구분 없이 0.3을 차감하여 적용한다.(아래 '(3)'의 업종은 제외한다)

---

⑥장부의 기록·보관 불성실가산세(소법 81조의5, 가산세 규정: 제1장 07(3)2) 참조)

사업자(소규모사업자: 신규 사업개시자, 직전 과세기간 사업소득이 4,800만원 미달자, 연말정산대상 사업자는 제외, 소령 147조①·132조④)가 장부를 비치·기록하지 아니하였거나 미달한 경우에는 '미달 비치·기록비율×종합소득산출세액의 20%'를 가산세로 부과한다.

07 퇴직소득세

(1)퇴직소득세 과세의 변천사와 퇴직소득세 계산

1)1988.1.1.~2001.12.31.: 연금납입 소득공제 불인정, 연금수령 과세제외

①국민연금법의 시행

우리나라의 연금제도에는 현재 국민연금뿐만 아니라, 직역연금(職域年金)으로 통칭하는 공무원연금·군인연금·사립학교교직원연금 등이 있다. 국민연금제 또는 기업부담이 가중된다는 점, 퇴직금제도와 연금제도가 상호조정된 이후에 실시하여야 한다는 점, 실업인구가 많은 우리나라와 같은 경우 노후소득보장보다는 실업문제의 해결이 선행되어야 한다는 점 등을 이유로, 1973년「국민복지연금법」제정 이후 15년간 그 시행이 보류되어 왔다.

그러나 그동안의 지속적인 경제성장과 물가의 안정 등 실시여건이 성숙되고 인구의 급속한 노령화와 사회적 위험의 증대 등 제도의 필요성이 절박하여짐에 따라 1986년 12월 기존의「국민복지연금법」을「국민연금법」으로 전면 개정하여 1988년 1월 1일부터 시행(시행 당시 10인 이상 사업장)하게 되었고, 이후 여러 차례의 개정을 거쳐 오늘에 이르고 있다.

②국민연금에 대한 과세방식

국민연금 납입액: 소득공제 불인정

국민연금 수령시: 퇴직소득(일시금수령 방식) 또는 종합소득의 연금소득(연금수령 방식)에
　　　　　　　서 과세 제외

2)2002.1.1.(과세기준일)부터: 연금납입 소득공제 인정, 연금수령 과세

①2000.12.29. 소득세법 51조의3(연금보험료공제) 신설

국민연금보험료공제 규정을 신설하여 2001년에 납입한 국민연금보험료에 대해서는 납입액의 50%를 소득공제하였다.(2000년 개정 소법 부칙 7조)

②2002.1.1.(과세기준일)부터: 연금납입 소득공제 인정, 연금수령 과세

2002.1.1.부터는 국민연금납입액 전액을 소득공제대상으로 인정하는 대신, 이날 이후 불입한 납입액에 대한 국민연금수령액에 대해서는 퇴직소득(일시금수령 방식) 또는 종합소득의 연

금소득(연금수령 방식)으로 과세하는 방식으로 전면 개정됐다. 이 전환점이 되는 2002.1.1.을 '과세기준일'이라고 부른다.(소령 40조①)

③이 당시의 퇴직소득세 계산방식: **연분연승법**(당시 소법 14조⑥, 55조②)

  1. 퇴직소득공제: 정률공제 + 근속연수공제

    정률공제 = 퇴직소득금액 × 40%

    근속연수공제 = 현행과 같음(당시 소법 48조)

  2. 퇴직소득 과세표준 = 퇴직급여액(비과세 퇴직소득 제외)−퇴직소득공제

  3. 퇴직소득 산출세액 = {(퇴직소득 과세표준 ÷ 근속연수) × 기본세율 } × 근속연수

3)2012.1.1. 소득세법상 임원퇴직소득 한도액 신설(소법 22조③)

  2011.12.31. 퇴직시 지급할 퇴직소득 상당액과 2012.1.1. 이후의 퇴직소득액을 구분하여 한도계산 시 고려한다.

[소득세법상 임원퇴직소득 한도액](2011년까지 임원퇴직소득 한도액은 별도로 합산)

$$\text{퇴직 직전 3년간 총급여의 연환산액} \times \frac{1}{10} \times 2\text{배(2019년까지 기간분은 3배)} \times \frac{2012.1.1. \text{ 이후 근무월수}}{12}$$

(보충1) 다음의 **법인세법상 임원퇴직급여 한도액**(법령 44조④) 적용 후 **소득세법상 임원퇴직소득 한도액**을 추가로 적용.

1. 정관 또는 정관에서 위임된 퇴직급여(퇴직위로금 등을 포함) 지급규정이 있는 경우: 규정 금액

2. 제1호 외의 경우: 퇴직 전 1년간 총급여액 × 1/10 × 근속연수(1년 미만은 월수로 계산, 1개월 미만은 절사)

(보충2)**2011.12.31. 퇴직시 지급할 임원 퇴직소득 상당액: 아래 중 택1**(소령 42조의2, 2015.2.3. 신설)

1. 퇴직소득금액×2011년까지 근무기간/전체 근무기간

2. 2011년 12월 31일 현재의 임원퇴직금 지급규정에 따른 퇴직금

4)2013.1.1.~2015.12.31.: 5개월 환산 근속연수법 적용

  2013.1.1. 소득세법 55조②을 개정하여 5개월 환산 근속연수법을 적용하였는 바, 이 경우 종전보다 훨씬 높은 세율이 적용되므로 퇴직소득세의 증세효과가 매우 크다.

  1. 퇴직소득공제: 정률공제 + 근속연수공제(종전과 같음)

    정률공제 = 퇴직소득금액 × 40%

    근속연수공제 = 현행(2016.1.1. 개정 소법)과 같음(당시 소법 48조)

  2. 퇴직소득 과세표준 = 퇴직급여액(비과세 퇴직소득 제외)−퇴직소득공제

  3. 퇴직소득 산출세액 =

    [{ (퇴직소득 과세표준 ÷ 근속연수) × 5 } × 기본세율] ÷ 5 × 근속연수

(보충)5개월 환산 근속연수법의 의미

{ (퇴직소득 과세표준 ÷ 근속연수) × 5 } = {퇴직소득 과세표준 × (5 / 근속연수)}

5)2016.1.1.~현재: 정률공제 삭제, 환산급여액·환산급여공제액 도입, 12개월(1년) 환산 근속연수법 적용.(2014.12.23. 소법 개정, 2016.1.1. 시행)
다만, 2019년까지는 퇴직소득 산출세액 특례 적용(2020년부터 전면적용)

①퇴직소득세 계산구조 개정(소법 48조, 55조②)

1. 퇴직소득금액 = 퇴직급여액(비과세 퇴직소득 제외, 소법 12조3호)

2. 퇴직소득 과세표준 = ⓐ환산급여액 - ⓑ환산급여공제액

　ⓐ환산급여액 = (퇴직소득금액 - 근속연수공제) ÷ 근속연수 × 12

[근속연수공제] 2023년 퇴직분부터 대폭 인상(소법 48조①1호)

근속연수	근속연수공제	근속연수공제(2023년부터 퇴직자)
5년 이하	30만원 × 근속연수	100만원×근속연수
5년 ~ 10년	150만원 + 50만원 × (근속연수 - 5년)	500만원+200만원×(근속연수 - 5년)
10년 ~ 20년	400만원 + 80만원 × (근속연수 - 10년)	1500만원+250만원×(근속연수 -10년)
20년 초과	1200만원 + 120만원 × (근속연수 - 20년)	4000만원+300만원×(근속연수 -20년)

(보충)근속연수: 근로를 제공하기 시작한 날 또는 퇴직소득 중간지급일의 다음 날부터 퇴직한 날까지로 함. 다만, 퇴직급여를 산정할 때 근로기간으로 보지 않는 기간은 근속연수에서 제외함. 근로연수 계산 시 1년 미만의 기간은 1년으로 봄.(소령 105조①) 단, 납세자의 선택에 따라 중간지급분과 합산하여 신고 가능.(소법 148조)

　ⓑ환산급여공제액(소법 48조①2호)

환산급여액	환산급여공제액
8백만원 이하	환산급여의 100%
8백만원 ~ 7천만원	800만원 + 8백만원 초과분의 60%
7천만원 ~ 1억원	4520만원 + 7천만원 초과분의 55%
1억원 ~ 3억원	6170만원 + 1억원 초과분의 45%
3억원 초과	1억 5170만원 + 3억원 초과분의 35%

3. 퇴직소득 산출세액 = (퇴직소득 과세표준 × 기본세율) × 근속연수 ÷ 12

②퇴직소득 산출세액 특례

　2016.1.1.~2019.12.31.의 기간 동안 퇴직한 경우에는 퇴직소득 산출세액을 계산함에 있어 퇴직소득 산출세액을 아래 표의 퇴직일이 속하는 과세기간에 해당하는 계산식에 따른 금액으로 한다.(2014.12.23. 개정 소법 부칙 25조)

퇴직연도	퇴직소득 산출세액(종전규정: 2015.12.31.까지 연도별 세법규정)
2016년	종전규정에 따른 산출세액 × 80% + 개정규정에 따른 산출세액 × 20%

2017년	종전규정에 따른 산출세액 × 60% + 개정규정에 따른 산출세액 × 40%
2018년	종전규정에 따른 산출세액 × 40% + 개정규정에 따른 산출세액 × 60%
2019년	종전규정에 따른 산출세액 × 20% + 개정규정에 따른 산출세액 × 80%

(보충)2012.12.31. 이전 근무를 시작하여 2013.1.1. 이후 퇴직한 자에 대한 경과규정

2012.12.31. 이전 근무를 시작하여 2013.1.1. 이후 퇴직한 자의 경우 해당 퇴직소득 과세표준에 2012.12.31.까지의 근속연수를 전체 근속연수로 나눈 비율을 곱하여 계산한 금액에 대해서는 종전규정에 따라 다음과 같이 산출세액을 계산함(2013.1.1. 개정 소법 부칙 22조)

$$\text{2012.12.31. 이전 과세표준} = \text{퇴직소득 과세표준} \times \frac{\text{2012.12.31. 이전 근속연수}}{\text{전체 근속연수}}$$

〈2012.12.31. 이전 퇴직소득 산출세액 계산〉{앞의 변천사 (1) 2) 참조}

퇴직소득 산출세액 = (퇴직소득 과세표준 ÷ 근속연수) × 기본세율 × 근속연수

(2)퇴직소득의 범위

1)공적연금 관련법에 따라 받는 일시금(소법 22조①)

①국민연금(국민연금과 직역연금의 연계연금 포함)

「국민연금법」 또는 「국민연금과 직역연금의 연계에 관한 법률」에 따른 반환일시금은 다음 각 목의 금액 중 적은 금액

1. 과세기준일(2002.1.1., 소령 40조①) 이후 납입한 기여금 또는 개인부담금(사용자부담분을 포함)의 누계액과 이에 대한 이자 및 가산이자
2. 실제 지급받은 일시금에서 과세기준일 이전에 납입한 기여금 또는 개인부담금을 뺀 금액

②직역연금(職域年金)

직역연금은 공무원·군인·사립학교교직원 등과 같은 직업을 가진 사람들이 가입 대상인 연금을 말한다. 이 연금의 퇴직소득의 범위는 아래 산식과 같다.

$$\text{과세기간 일시금 수령액} \times \frac{\text{과세기준일 이후 기여금 납입월수}}{\text{총기여금 납입월수}}$$

2)사용자부담금을 기초로 하여 현실적인 퇴직을 원인으로 지급받는 소득

사용자부담금을 기초로 하여 현실적인 퇴직을 원인으로 지급받는 소득은 퇴직소득으로 본다. 따라서 명예퇴직하는 임직원에게 추가 지급하는 퇴직위로금도 퇴직소득에 해당한다.

다만, 임원인 경우에는 먼저 법인세법의 임원퇴직급여 한도규정{앞의 변천사 (1)3) 보충 참조, 법

령 44조④)을 적용하여 한도초과액을 손금불산입하여 상여로 처분하므로 근로소득으로 본다. 그 다음 법인세법상 퇴직급여 한도액 이내 금액은 다시 소득세법상 임원퇴직소득 한도규정(소법 22조③)을 적용하여 한도초과액을 근로소득으로 보는 것이다.

2012.1.1. 소득세법상 임원퇴직소득 한도액이 신설되었기 때문에, 2011.12.31. 퇴직시 지급할 퇴직소득 상당액(법인세법상 임원퇴직금 한도 내의 금액은 소득세법에서도 퇴직소득으로 인정)과 2012.1.1. 이후의 퇴직소득액(법인세법상 임원퇴직금 한도 내의 금액이더라도, 소득세법에서 다시 임원퇴직금 한도규정을 적용하여 이 범위내의 금액만 퇴직소득으로 인정)을 구분하여 한도계산 시 고려해야 한다.

[소득세법상 임원퇴직소득 한도액](소법 22조③, 2012.1.1. 한도 신설)

1. 임원 퇴직소득 한도액

$$\text{퇴직 직전 3년간 총급여}^{*1}\text{의 연환산액}^{*2} \times \frac{1}{10} \times 2\text{배(2019년까지 기간분은 3배)} \times \frac{2012.1.1. \text{ 이후 근무월수}^{*3}}{12}$$

2. 임원퇴직금 한도초과액

$$(\text{임원퇴직급여} - 2011.12.31. \text{ 퇴직시 지급할 퇴직소득}^{*4}) - \text{임원 퇴직소득 한도액}$$

---

*1 총급여: 근로소득에서 인정상여, 퇴직함으로써 받는 소득으로서 퇴직소득이 아닌 소득과 비과세소득을 제외함.

국내에서 과세되지 않는 국외에서 지급받는 근로소득은 국내에서 지급받는 금액 상당액까지는 총급여에 포함.(2020년 이후 지급분부터, 소령 42조의2)

*2 연환산액: 퇴직한 날부터 소급하여 3년(근무기간이 3년 미만이면 해당 근무기간) 동안 지급받은 총급여액의 연평균환산액을 말함.

*3 2012.1.1. 이후 근무기간: 개월 수로 환산하며, 1개월 미만은 1개월로 봄.

*4 2011.12.31. 퇴직시 지급할 퇴직소득:

$$\text{퇴직소득} \times \frac{2011.12.31. \text{ 이전 근무기간(1개월 미만은 1개월로 봄)}}{\text{전체 근무기간}}$$

다만, 2011.12.31에 정관의 위임에 따른 임원 퇴직급여지급규정이 있는 법인의 임원의 경우에는 2011.12.31에 퇴직한다고 가정할 때 해당 규정에 따라 지급받을 퇴직소득금액으로 할 수 있음.(소령 42조의2⑥)

3)그 밖의 퇴직소득(소령 42조의2④)

1. 공적연금관련법에 따른 일시금을 지급하는 자가 퇴직소득의 일부 또는 전부를 지연하여 지급하면서 지연지급에 대한 이자를 함께 지급하는 경우 해당 이자
2. 「과학기술인공제회법」에 따라 지급받는 과학기술발전장려금
3. 「건설근로자의 고용개선 등에 관한 법률」에 따라 지급받는 퇴직공제금
4. 종교관련종사자가 현실적인 퇴직을 원인으로 종교단체로부터 지급받는 소득
5. 2016.1.1. 이후 가입한 소기업·소상공인 공제부금으로부터 지급받는 소득(조특법 86조의3③)

4)퇴직판정의 특례(소령 43조)

①퇴직으로 보지 않는 경우

아래의 어느 하나에 해당하는 사유가 발생하였으나 퇴직급여를 실제로 받지 아니한 경우는 퇴직으로 보지 아니할 수 있다.(소령 43조①)

1. 종업원이 임원이 된 경우
2. 합병·분할 등 조직변경, 사업양도, 직·간접으로 출자관계에 있는 법인으로의 전출 또는 동일한 사업자가 경영하는 다른 사업장으로의 전출이 이루어진 경우
3. 법인의 상근임원이 비상근임원이 된 경우
4. 비정규직 근로자(기간제근로자 또는 단시간근로자를 말함)가 정규직 근로자로 전환된 경우 (2020.2.11. 이후 퇴직 분부터 적용. 2020개정 소령 부칙 6조)

②퇴직소득 중간지급

계속근로기간 중에 아래의 어느 하나에 해당하는 사유로 퇴직급여를 미리 지급받은 경우(임원인 근로소득자를 포함하며(법령 44조, 법칙 22조 참조), '퇴직소득중간지급'이라 함)에는 그 지급받은 날에 퇴직한 것으로 본다.(소령 43조②)

1. 「근로자퇴직급여 보장법 시행령」 3조①에 따른 중간정산 사유에 해당하는 경우
2. 「근로자퇴직급여 보장법」 8조에 따라 퇴직연금제도가 폐지되는 경우

(보충)납세자의 선택(중간지급분 원천징수영수증 제출 시)에 따라 중간지급분과 최종 퇴직소득을 합산하여 정산.(소법 148조)

(3)퇴직소득세 원천징수 및 확정신고 등

1)퇴직소득의 수입시기(소령 50조②)

구분	수입시기
일반적인 경우	퇴직일
「국민연금법」에 따른 일시금과 「건설근로자의 고용개선 등에 관한 법률」 14조에 따라 지급받는 퇴직공제금	소득을 지급받은 날(분할지급의 경우 최초 지급받는 날)
소기업·소상공인공제에서 발생 소득(조특법 86조의3②)	실제 소득을 받는 날

2)퇴직소득에 대한 원천징수(소법 146~148조)

원천징수의무자가 퇴직소득을 지급할 때에는 그 퇴직소득과세표준에 원천징수세율을 적용

하여 계산한 소득세를 징수한다.(소법 146조①)

[퇴직소득 원천징수시기에 대한 특례](소법 147조)

구분	원천징수 특례시기
해당 연도 1월~11월 사이에 퇴직한 사람의 퇴직소득을 해당 과세기간의 12.31.까지 지급하지 않은 경우	해당 연도 12월 31일
해당 연도 12월에 퇴직한 사람의 퇴직소득을 다음 연도 2월 말까지 지급하지 아니한 경우	다음 연도 2월 말일

(보충1) 공적연금 관련법에 따라 받는 일시금에 따른 퇴직소득에 대해서는 이 규정을 적용하지 아니함.

(보충2) 이연퇴직소득에 대한 원천징수 제외규정 있음(소법 146조, 소령 202조)

　　　퇴직일 현재 연금계좌에 있거나 연금계좌로 지급되는 등의 경우 퇴직소득을 '연금 외 수령'하기 전까지는 원천징수하지 아니함.

3)퇴직소득세 확정신고(소법 71조)

　퇴직소득세는 다음 연도 5.1.부터 5.31.까지 확정신고를 하여야 한다.

　다만, 퇴직소득을 원천징수로 종결하는 경우에는 확정신고를 하지 않아도 된다. 즉, 과세기간 동안 한 번의 퇴직소득을 지급받은 경우에는 원천징수의무자가 원천징수함으로써 퇴직소득세의 납세의무는 종결할 수 있는 것이다.

['해고무효소송 화해금' 과세대상 아니다: 퇴직소득도 기타소득도 아닌 과세제외 소득]
(대법 2018다237237 및 2018다286390, 2022.3.31. 선고 ; 《법률신문》 2022.4.27. 박수연 기자)
"사례금에 해당 안 돼 원천징수는 잘못" 원심확정

해고 처분에 반발해 회사를 상대로 소송을 낸 근로자가 법원의 화해 권고 결정을 받아들여 회사로부터 받은 화해금에는 세금을 물릴 수 없다는 판결이 확정됐다.

대법원 민사3부(주심 노정희 대법관)는 한국퀄컴이 A씨를 상대로 "화해금 5억원 중 3억9000만원은 이미 지급했고, 나머지 1억1000만원은 원천징수대상으로 공제했으므로, 이에 대한 강제집행은 불허돼야 한다"며 낸 청구이의소송(2018다237237)에서 사실상 원고패소 판결한 원심을 최근 확정했다.

1·2심은 "해고무효확인소송 중 화해가 이뤄졌다면 화해금은 근로자가 해고무효인 청구를 포기하는 대신 받기로 한 '분쟁해결금'으로 봐야 한다"면서 "조세법의 엄격한 해석상 이를 소득세법상 위약금과 배상금으로 보기 어렵고, 과세대상이 되는 근로소득, 퇴직소득, 기타소득 중 어느 것에도 해당되지 않는다"고 밝혔다.

이어 "위약금이나 배상금, 부당이득 반환 시 지급받는 이자 등 분쟁과 관련해 지급된 화해금이나 재산권과 관련된 분쟁에서 지급된 화해금은 소득세법상 과세대상이 되는 기타소득인 '사례금'으로 볼 수도 있지만, 현대 자본주의 사회에서 근로계약 관계가 가지는 중요성과 특수성, 해고무효확인소송이 가지는 사안의 중대성 등을 고려할 때 근로자가 해고무효확인소송의 청구를 포기하는 대가로 받은 화해금은 (비과세대상인) '분쟁해결금'으로 봐야 한다"고 판결했다. 대법원도 이 같은 원심을 확정했다.

제3장
양도소득세

제1장
제2장
제3장
제4장
제5장
제6장
제7장
제8장
제9장
제10장
제11장
제12장
제13장
제14장

01 양도소득세의 의의와 특징

(1) 양도소득세의 의의

양도소득세는 개인이 비사업적으로 부동산 등을 양도할 때 과세되는 조세이다. 앞 종합소득세에서 설명한 바와 같이, '개인' '사업자'가 매매용부동산(재고자산이 됨. 주택이든 상가든 세액계산 방법만 다를 뿐임)을 양도할 경우에는 양도소득세가 아니라 종합소득세(사업소득)가 과세된다.

양도소득세는 보유기간 중의 가격상승액을 담세력으로 포착하여 세원을 확보하는 국세이며, 물가의 안정과 투기성거래의 근절에 그 주안점을 두고 있다.

(2) 양도소득세의 특징

양도소득세는 개인이 대가를 받고 양도하는, 즉 유상이전에 대해 과세하는 것이며(소법 3장), 법인의 경우에는 주택·별장·비사업용토지에 한해서 '각 사업연도 소득에 대한 법인세'에 추가하여 '토지 등 양도소득에 대한 법인세'를 과세한다(법법 55조의2).

양도소득세에 대한 큰 특징은 다음과 같다.

첫째, 개인의 사업성·계속성 없이 일시적·비반복적 양도에 대해 과세한다.

둘째, 대가를 받고 양도하는 유상이전에 대해 과세한다.

셋째, 등기·등록 등 형식적 요건에 관계없이 사실상 이전되는 경우에 과세한다.

넷째, 양도소득은 종합소득·퇴직소득·금융투자소득(2025년 시행→폐지)에 합산하지 않고 '분류' 과세한다.

다섯째, 종합소득세와 마찬가지로 신고납부방식의 국세이며, 관할청은 주소지관할 세무서이다. 다만, 주소지가 없는 경우에는 거소지로 한다(비거주자는 국내사업장 소재지).

여섯째, 양도자별 양도소득의 크기에 따라 누진세율을 적용하므로 인세(人稅)다.

[부동산 이전 경우별 과세구분]

구분		유상이전		무상이전	
		사업적 이전	비사업적 이전	상속 원인	증여 원인
개인		종합소득세	양도소득세	상속세	증여세
법인	영리	법인세(각 사업연도소득)	법인세(토지 등 매매차익)	법인세	법인세
	비영리	법인세	법인세	상속세	증여세

02 양도의 정의

(1)양도로 보는 경우

양도소득세는 유상으로 사실상 이전되는 경우에 과세되는 세금인 바, 아래에서 구체적으로 열거되지 않은 경우에도 거래내용의 실질에 따라 '양도'로 간주하게 된다.

자산의 유상이전은 어떤 행위에 보상이 따르는 것을 말하므로, 현금으로 대가를 받는 것은 물론이고, 조합원의 지위를 취득하거나 채무의 면제 등 자산을 이전하고 보상을 받는 것은 자산의 유상이전으로 '양도'에 해당된다.

1)유상양도

'양도'란 자산에 대한 등기 또는 등록과 관계없이 매도, 교환, 법인에 대한 현물출자 등을 통하여 그 자산을 유상(有償)으로 사실상 이전하는 것을 말한다. 신탁자산의 경우 신탁 설정 시 양도로 보지 않고 신탁재산 양도 시 위탁자를 양도자로 보아 과세하되, 위탁자의 지배를 벗어나는 경우에 한해 신탁 설정 시에도 양도로 본다.(소법 88조1호 다목, 94조①6호, 2021년부터 명확히 함)

①교환, 법인에 대한 현물출자, 대물변제, 경매·공매, 위자료 지급 등(소법 88조1호)

이 유형들은 양도자의 자산이 '현금화 과정'을 거친 후, 목적용도에 충당되었다고 보는 논리가 바탕에 깔려 있어, 양도로 보는 것이다.

[양도로 보는 논리]

구분	양도로 보는 논리
교환	자산을 교환상대방에게 '양도' 즉시 대금을 받아 취득자금에 사용했다는 논리
법인에 대한 현물출자[*1]	법인에게 자산을 '양도' 즉시 대금을 받아 금전출자했다는 논리
대물변제[*2], 경매 등	자산을 '양도' 즉시 대금을 받아 채무변제 등에 충당했다는 논리
위자료지급[*3~6]	자산을 배우자에게 '양도' 즉시 대금을 받아 위자료로 지급했다는 논리

[*1] 법인이 아닌 공동사업체에 현물출자한 경우에도 양도임(소통 88-0…2, 재일 46014-707, 1996.03.15. 이후)

'등기에 관계없이' 현물출자한 날 또는 등기접수일 중 빠른 날에 해당 토지 등 '전체'가 유상양도된 것으로 봄.

[*2] 유류분권리자가 유증받은 부동산 대신 현금으로 반환받은 경우 양도소득세 과세:

부동산으로 '반환받은 즉시 양도'라는 논리임(국세청 재산상속 46014-778, 2000.6.28.)

법원판결에 의하여 유류분권리자가 유증을 받은 자로부터 당해 유증받은 부동산 대신 현금으로 반환받는 경우, 유류분권리자가 상속받은 재산을 양도한 것으로 보아 양도소득세가 과세됨.

[*3] 재산분할(협의 또는 재판상 이혼 불문)로 소유권이 이전되는 것은 양도로 보지 않음(소통 88-0…1④)

혼인 중에 형성된 실질적인 부부공동재산을 재산분할청구권의 행사(「민법」839조의2)에 따라 소유권이 이전되는 것은, '본인의 실질적 자산을 명의만 원상복구'하는 것으로 보기 때문에 양도로 보지 않음.

*4 위자료로 받은 재산의 증여재산 포함 여부(상증집 4-0-7)

이혼 등에 의하여 정신적 또는 재산상 손해배상의 대가로 받는 위자료는 조세포탈의 목적이 있다고 인정되는 경우를 제외하고는 이를 증여로 보지 아니한다.

*5 사고로 인한 위자료 성격의 보험금은 증여로 보지 않음.(재산상속 46014-120, 2001.2.1. 등)

*6 재산분할 또는 위자료 수수에 따른 과세요약(지급받는 측: 증여세뿐만 아니라 종합소득세도 없음)

구분	지급하는 측	지급받는 측	양도시 취득시기
재산분할	양도로 보지 않음	본인 몫 회수(구 등록세분 부담, 세율의 특례 적용)	당초 취득시점#
위자료 수수	양도 간주(양도세 부담)	대물취득(취득제세 부담)	대물 취득시점

재산분할에 따른 취득세는 필요경비 아님.(조심 2010서154, 2010.11.16. ; 대법 2002두6422, 2003.11.14.)

②배우자·직계존비속 간 양도 시 '증여 추정'(상증법 44조)

배우자 또는 직계존비속에게 양도한 재산은 양도자가 그 재산을 양도한 때에 그 재산의 가액을 배우자 등이 증여받은 것으로 추정하여 이를 배우자 등의 증여재산가액으로 한다.(상증법 44조①)

다만, 해당 재산이 아래의 어느 하나에 해당하는 경우에는 양도로 본다.(상증법 44조③)

1. 법원의 결정으로 경매절차에 따라 처분된 경우

2. 파산선고로 인하여 처분된 경우

3. 국세징수법에 따라 공매(公賣)된 경우

4. 「자본시장과 금융투자업에 관한 법률」에 따른 증권시장을 통하여 유가증권이 처분된 경우. 다만, 불특정 다수인 간의 거래에 의하여 처분된 것으로 볼 수 없는 경우는 제외.

5. 배우자 등에게 대가를 받고 양도한 사실이 명백히 인정되는 아래의 경우

　－권리의 이전이나 행사에 등기·등록을 요하는 재산을 서로 교환한 경우

　－당해 재산의 취득을 위하여 이미 과세(비과세 또는 감면받은 경우를 포함) 받았거나 신고한 소득금액 또는 상속 및 수증재산의 가액으로 그 대가를 지급한 사실이 입증되는 경우

　－당해 재산의 취득을 위하여 소유재산을 처분한 금액으로 그 대가를 지급한 사실이 입증되는 경우

양도소득세는 '양도차익'에 대해 세금계산을 하는 데 비해, 증여세는 '증여가액 전체'에 대해 세금계산을 하므로, 일반적으로는 증여로 볼 때 세금이 더 많다. 따라서 증여세를 회피하기 위해 양도로 가장하는 것을 방지하기 위해 '증여추정' 규정을 둔 것이다. 하지만 배우자 등과의 거래일지라도 위의 단서처럼 확실히 양도로 볼 수 있는 경우에는 양도로 인정한다. 이 경우 증여 추정에 대한 입증책임은 과세관청에 있다.(대법 92누5546, 1992.7.28. 선고 등)

(보충)입증책임: 입증으로 목적을 달성하고자 하는 측에서 그 사실에 대한 입증책임이 있음.

1. 배우자·직계존비속 간 양도 시 증여 추정(상증법 44조): 과세관청에게 입증책임 있음.

2. 배우자·직계존비속 간 부담부 증여(상증법 47조): 수증자에게 입증책임 있음.(대법 2002두950, 2003.10.23. 선고 등)

3. 명의신탁 과점주주의 입증책임: 명의자 또는 실제 주주에게 입증책임 있음.

제1장 제2장 제3장 제4장 제5장 제6장 제7장 제8장 제9장 제10장 제11장 제12장 제13장 제14장

원칙적으로 법령에 규정된 과세요건사실의 존재에 대한 입증책임은 과세관청에 있으나, 과세요건사실로 추정되는 사실이 밝혀지면 상대방이 과세요건사실이 존재하지 않거나 다른 특별한 사정이 있음을 입증하여야 함.(대법 2006두8068, 2008.9.25. ; 대법2006두19501, 2008.10.23. 선고 등)

지방세법상 과점주주에 대한 취득세 과세에서 처분청으로서는 과점비율이 증가된 사실을 주식이동상황명세서 등 자료에 의하여 이를 입증하면 되고(다만, 위 자료 등에 따른 사람이 주주로 등재된 경우에도 실은 실제 주주가 따로 있으면서 명의신탁하였다는 등의 사정이 있는 경우에는 단지 그 명의만을 기준으로 과세할 수는 없지만), 이는 그 명의자나 실제 주주가 증명하여야 함.(대법 2003두1615, 2004.7.9. 선고 ; 감사원 2016심사642, 2016.12.15. ; 감사원 2015심사668, 2016.8.18. ; 조심 2017지0016, 2017.10.30. ; 조심 2016지1282, 2017.8.9. ; 조심 2017지0352, 2016.8.18. 결정 등)

2)특수관계인을 이용한 양도

①특수관계인에게 양도 후, 특수관계인이 당초양도인의 배우자 등에게 3년 이내에 다시 양도한 경우 '증여추정'('증여추정 배제' 요건은 앞 ②와 같음. 상증법 44조②③)

방금 해설한 바와 같이 배우자 등에게 양도할 경우, 증여세를 회피하기 위해 양도로 가장하는 것을 방지하기 위해 '증여추정' 규정을 둔 것이다. 이 규정을 피하기 위해 특수관계인(상증령 2조의2)을 거래에 끼워 넣어 '증여추정'을 피하려는 의도를 방지하기 위하여 본 규정을 둔 것이다.

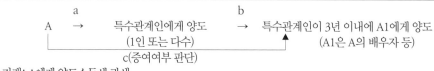

a거래: A에게 양도소득세 과세
b거래: 특수관계인이 양도소득세를 납부했지만, 결국 c거래로 판정되어 충당·환급됨
c거래: **A가 직접 A1(A의 배우자 등)에게 증여한 것으로 보는 경우**
　　(a거래 양도소득세 + b거래 양도소득세) ≤ c거래 증여세
　　A(a거래)와 특수관계인(b거래)이 당초 납부했던 양도소득세는 환급됨.
증여세 연대납부의무: A는 c거래에 대해 증여세 연대납부의무 있음.(상증법 4조의2⑥)

(보충)배우자·직계존비속 간 양도 시 양도사실이 입증되어 증여로 추정되지 않은 경우라도 부당행위계산부인(소법 101조①)에 따라 소득세나 저가양수·고가양도에 따른 증여세(상증법 35조)가 과세될 수 있음. 저·고가양수도에 따른 증여는 시가와 대가와의 차액이 시가의 30% 이상이거나 그 차액이 3억원 이상이 되면 증여세가 과세됨.

②배우자·직계존비속 간 증여재산에 대한 필요경비 계산 특례(이월과세)(소법 97조의2)

배우자 또는 직계존비속 간에 증여를 이용하여 양도소득세를 회피하는 것을 방지하기 위해 이월과세규정을 두고 있으므로, 이 이월과세 규정은 조세의 부담을 부당히 감소시킬 목적이 없을지라도 적용하기 때문에 아래 '③부당행위계산부인' 규정과는 별개로 적용된다. 하지만 이 규정을 적용하여 계산한 양도소득 결정세액이 오히려 적을 경우에는 이 규정을 적용하지 않는 것은 당연하다.(소법 97조의2②3호)

A. 이월과세 적용요건

거주자가 양도일부터 소급하여 10년(←5년, 2022년까지 증여분. 2025년부터 배우자·직계존비속에게 주식 등 증여는 1년, 소법 97조의2) 이내에 그 배우자(양도 당시 혼인관계가 소멸된 경우를 포함하되, 사망으로 혼인관계가 소멸된 경우는 제외) 또는 직계존비속으로부터 증여받은 자산의 양도차익을 계산할 때 적용한다.

이월과세 요건 판단 시 10년은 등기부에 기재된 소유기간에 따라 계산한다.(소법 97조의2③)

B. 이월과세 적용대산자산

이 이월과세가 적용되는 자산의 범위는 다음과 같다.(소령 163조의2①)
1. 토지·건물 또는 특정시설물이용권
2. 부동산을 취득할 수 있는 권리(분양권·조합원입주권 등)(2019년 양도분부터 적용, 소령 163조의2①)
3. 주식 등(2025년 증여분부터 적용)

C. 이월과세 배제되는 경우

다음의 어느 하나에 해당하는 경우에는 이월과세규정을 적용하지 아니한다.(소법 97조의2②)
1. 사업인정고시일부터 소급하여 2년 이전에 증여받은 경우로서 「공익사업을 위한 토지 등의 취득 및 보상에 관한 법률」이나 그 밖의 법률에 따라 협의매수 또는 수용된 경우
2. 이월과세 적용으로 비과세되는 1세대 1주택(같은 호에 따라 양도소득의 비과세대상에서 제외되는 고가주택(이에 딸린 토지를 포함)을 포함)의 양도에 해당하게 되는 경우(예를 들어, 증여자의 취득시기를 적용할 경우 1세대1주택 비과세 요건이 충족되는 경우 등-저자 주)

> 이월과세 적용에 따른 조세회피를 방지하기 위해, 양도소득세 이월과세가 적용되어 수증자가 1세대 1주택자로 비과세가 되는 경우 부당행위계산부인 규정이 적용됨. 단, 동일세대원으로부터 수증받는 경우에는 이월과세를 적용함.(양도집 97의2-0-2)(부동산-0911, 2011.10.26. 국세청 예규도 같음)

3. 이월과세규정을 적용하여 계산한 양도소득 결정세액이 이월과세규정을 적용하지 아니하고 계산한 양도소득 결정세액보다 적은 경우

D. 이월과세 적용방법
1. 양도소득세 납세의무자: 수증자(소법 97조의2①)
2. 취득시기 등: 증여자의 취득시기를 기준으로 양도소득세의 취득가액, 장기보유특별공제의 보유기간, 세율을 판단한다.(소법 95조④(장기보유특별공제 기간), 97조의2①본문, 104조②(세율적용 시 기간)) 그러나 자본적 지출과 양도비용은 이월과세하지 않으므로 수증자의 것을 적용한다.
3. 증여세 산출세액: 증여세 산출세액은 양도자산의 필요경비로 공제한다.(소법 97조의2①단서) 그리고 증여받은 자산의 일부를 양도한 경우에는 다음과 같이 계산한 금액을 양도자산의 필요경비로 본다.(소령 163조의2②)

$$\text{양도한 자산에 대한 증여세} = \text{증여세 산출세액} \times \frac{\text{양도한 자산의 증여세 과세가액}}{\text{증여세 과세가액}}$$

E. 가업상속공제를 적용받은 자산에 대한 이월과세(소법 97조의2④)

구분	내용
적용요건	2014.1.1. 이후 상속받아 가업상속공제가 적용된 자산을 양도하는 경우
이월과세 적용방법	1. 양도차익 계산 시 취득가액은 아래 금액을 합하여 계산(소법 97조의2④) ⓐ피상속인의 취득가액 × 해당 자산가액 중 가업상속공제적용률 ⓑ상속개시일 현재 해당 자산가액 × (1 - 가업상속공제적용률) 2. 장기보유특별공제: 가업상속공제가 적용된 비율에 해당하는 자산(ⓐ)의 경우에는 피상속인이 해당자산을 취득한 날부터 기산함(소법 95조④)
이월과세 후 가업상속공제 요건 위반 시 상속세 추징세액	**가업상속요건을 위반하여 상속세를 부과할 때 과다납부한 양도소득세 공제:** 가업상속공제요건을 위반하여 상속세를 부과할 때 가업상속공제를 받은 자산의 이월과세 규정에 따라 납부하였거나 납부할 양도소득세가 있는 경우에는, 양도소득세를 과다납부한 결과가 나오기 때문에 아래의 양도소득세 상당액을 상속세 산출세액에서 공제함. 다만, 공제한 해당 금액이 '-'인 경우에는 '0'으로 봄.(상증법 18조의2⑩, 상증령 15조㉑) {이월과세를 적용한 양도소득세(소법 97조의2④ 적용)-이월과세 미적용 양도소득세(소법 97조 적용, 취득가액을 상속개시일 현재의 시가로 계산한 양도소득세를 말함)}×기간별추징률

(보충1)가업상속공제 적용률 = $\dfrac{\text{가업상속공제금액}}{\text{가업상속재산가액합계액}}$

가업상속공제가 적용된 자산별 가업상속공제금액은 가업상속공제금액을 상속개시 당시의 해당 자산별 평가액을 기준으로 안분하여 계산함.(소령 163조의2③)

(보충2)기간별추징률: 5년 이내 100%(상증법 18조의2⑤, 상증령 15조⑮, 2023.1.1. 개정)

[배우자·직계존비속 간 증여재산에 대한 이월과세 흐름도]

```
                a                            b
  A    →    배우자 등에게 증여(주식 제외)   →   배우자 등이 10년 이내 타인 등에게 양도
                (직계존비속 포함)
         └──────────────────────────────────────────┘
                              c
```

a행위: 배우자 등이 증여세를 납부했지만, 결국 c거래로 판정되어 필요경비에 산입됨.

b행위: 배우자 등이 양도소득세를 납부했지만, 결국 c거래로 판정되어 재계산하게 됨.

c행위: A가 직접 타인에게 양도한 것처럼 계산하여, '배우자 등'에게 양도소득세를 과세
　　　(이월과세규정을 적용하여 계산한 양도소득 결정세액이 이월과세규정을 적용하지 아니하고 계산한 양도소득 결정세액보다 적은 경우 등: 이월과세 적용배제)
　　　(a거래에 대해 배우자 등이 당초 납부했던 증여세는 **필요경비**에 산입됨.)
　　　(이 규정에 따라 당초 증여자가 직접 양도한 것으로 보는 경우, 당초 증여자를 기준으로 취득일·취득 가격·보유기간·장기보유특별공제·양도소득기본공제·세율을 적용함.)

양도소득세 연대납부의무: A와 배우자 등이 c거래에 대해 소득세 연대납부의무는 **없음.**

증여세 연대납세의무: A와 배우자 등이 a거래에 대해 증여세 연대납부의무는 **있음.**(상증법 4조의2⑥)

☞주식 등을 배우자·직계존비속으로부터 증여받아 1년 이내에 양도(양도 당시 이혼한 경우를 포함) 시에도 이월과세 적용됨(소법 97조의2, 2025년 증여분부터 적용)

③특수관계인에게 증여한 후, 특수관계인이 10년 이내에 양도한 경우(우회양도 부당행위계산 부인 '양도간주')(앞 ② '배우자·직계존비속 간 증여재산에 대한 이월과세' 적용시는 제외. 소법 101조②)

거주자가 특수관계인에게 자산을 증여한 후 그 자산을 증여받은 자가 그 증여일부터 10년 (←5년, 2022년까지 증여분) 이내에 다시 타인에게 양도한 경우로서, 제1호에 따른 세액이 제2호에 따른 세액보다 적은 경우에는 증여자가 그 자산을 직접 양도한 것으로 본다. 다만, 양도소득이 해당 수증자에게 실질적으로 귀속된 경우에는 그러하지 아니하다.

1. 증여받은 자의 증여세(상속세 및 증여세법에 따른 산출세액에서 공제·감면세액을 뺀 세액) 와 양도소득세(소득세법에 따른 산출세액에서 공제·감면세액을 뺀 결정세액)를 합한 세액
2. 증여자가 직접 양도하는 경우로 보아 계산한 양도소득세

이 규정에 따라 증여자가 자산을 직접 양도한 것으로 보는 경우 그 양도소득세에 대해서는 증여자와 증여받은 자가 연대하여 납세의무를 진다.(소법 2조의2)

[우회양도 부당행위계산부인 '양도간주' 흐름도]

```
                        a                          b
A    →    특수관계인에게 증여(주식 포함)    →    특수관계인이 10년 이내 타인 등에게 양도
               (1인 또는 다수)
                        └───────────────── c ─────────────────┘
```

a행위: 특수관계인에게 증여세 과세.
b행위: 특수관계인이 양도소득세를 납부했지만, 결국 c거래로 판정되어 충당·환급됨.
　　　(만일 이 양도소득세를 사실상 증여자인 A가 부담한 경우에는 이를 증여자 A의 기납부세액으로 공제함. 서면5팀 -261, 2006.9.27. 등)
c행위: A가 직접 타인에게 양도한 것으로 보아 'A'에게 양도소득세를 과세하는 경우
　　　(a거래 증여세 + b거래 양도소득세 〈 c거래 양도소득세)
　　　(a거래에 대해 특수관계인이 당초 납부했던 증여세는 환급됨. 소법 101조③,
　　　 헌법재판소의 헌법불합치 결정으로 환급됐음. 헌재 2000헌바28, 2003.7.24.)
　　　(이 규정에 따라 당초 증여자가 직접 양도한 것으로 보는 경우, 당초 증여자를기준으로 취득일·취득 가격·보유기간·장기보유특별공제·양도소득기본공제·세율을 적용함.)
양도소득세 연대납부의무: 이 경우 A와 특수관계인이 c거래에 대해 연대납부의무 있음.(소법 2조의2)

(보충1)특수관계가 소멸된 경우 적용 제외(서면4팀-1194, 2007.4.11. ; 재산 46014-444, 2000.4.8.)
증여 당시에는 특수관계에 있으나 양도 당시에는 사망 등으로 인해 특수관계가 소멸된 경우, 또는 증여 당시에는 특수관계에 있지 아니하나 양도 당시에 특수관계가 성립된 경우에는 양도소득세의 부당행위계산의 부인 규정(소법 101조②)이 적용되지 아니함.

(보충2)5년(2023년부터 10년) 내에 수용될 경우에도 적용됨(서면4팀-3538, 2006.10.26.)
특수관계인으로부터 증여받은 자산이 그 증여일로부터 5년(2023년부터 10년) 이내에 협의매수 또는 수용되는 경우에도 양도소득세 부당행위계산 부인 규정이 적용됨.

(보충3)5년(2023년부터 10년) 내에 법인전환(조특법 32조)될 경우에도 적용됨
필요경비 계산특례(법규-182, 2014.3.4.) 및 부당행위계산부인 적용(서면4팀-1328, 2008.5.30.).

(보충4)특수관계법인에게 증여한 자산에 대해서도 적용됨(서면4팀-2110, 2007.7.10.)
거주자가 특수관계법인에게 증여한 자산을 당해 법인이 수증일로부터 5년(2023년부터 10년) 이내에 양도하는 경우에도 증여자가 해당 자산을 직접 양도한 것으로 보아 양도소득세 부당행위계산 부인 규정이 적용됨.

제1장 제2장 제3장 제4장 제5장 제6장 제7장 제8장 제9장 제10장 제11장 제12장 제13장 제14장

④고가 양수, 저가 양도 등에 대한 부당행위계산부인(소법 101조①)

납세지 관할 세무서장 또는 지방국세청장은 양도소득이 있는 거주자의 행위 또는 계산이 그 거주자의 특수관계인과의 거래로 인하여 그 소득에 대한 조세 부담을 부당하게 감소시킨 것으로 인정되는 경우에는 그 거주자의 행위 또는 계산과 관계없이 해당 과세기간의 소득금액을 계산할 수 있다.

특수관계인의 범위는 국세기본법 시행령 1조의2①② 및 ③1호에 따른 특수관계인을 말한다.

{제2장 02 (1) 1)참조}

A. 조세의 부담을 부당하게 감소시킨 것으로 인정되는 경우

'조세의 부담을 부당하게 감소시킨 것으로 인정되는 경우'란 아래의 어느 하나에 해당하는 때를 말한다. 다만, 시가와 거래가액의 '차액이 3억원 이상'이거나 '시가의 5%'에 상당하는 금액 이상인 경우로 한정한다.(2021.1.1. 양도 분부터 상장주식을 불특정다수인간 장내거래 시에는 적용하지 않음. 소령 167조③⑦, 법령 88조③도 같음)

1. 특수관계인으로부터 시가보다 높은 가격으로 자산을 매입하거나 특수관계인에게 시가보다 낮은 가격으로 자산을 양도한 때
2. 그 밖에 특수관계인과의 거래로 해당 연도의 양도가액 또는 필요경비의 계산 시 조세의 부담을 부당하게 감소시킨 것으로 인정되는 때

B. 부당행위계산 적용 방법

특수관계인과의 거래에 있어서 토지 등을 시가를 초과하여 취득(고가양수)하거나 시가에 미달하게 양도(저가양도)함으로써 조세의 부담을 부당히 감소시킨 것으로 인정되는 때에는, 그 취득가액 또는 양도가액을 시가에 의하여 계산한다.(소령 167조④)

C. 시가의 범위

시가는 상속세 및 증여세법 60~66조와 동법시행령 49~63에 따른다.(소령 167조⑤)

[시가: 상속세 및 증여세법에 따라 평가한 가액 등]

시가라 함은 양도일 또는 취득일 전후 각 3개월 이내(상증법과 달리 적용)에 이루어진 아래의 가격을 말함.
– 당해 자산의 매매가격(상장주식은 평가기준일 전·후 2개월 평균액)
– 감정평가가액의 평균액(2018.4.1.부터 기준시가 10억원 이하는 1개의 감정평가 가능, 상증령 49조⑥)
– 공매사실이 있는 경우 그 공매가격
– 수용사실이 있는 경우 그 보상가격
– 위의 가격이 2 이상인 경우에는 양도일 또는 취득일 기준으로 가장 가까운 날의 가격

D. 부당행위계산부인의 적용 배제

개인과 법인 간에 재산을 양수·양도하는 경우로서 그 대가가 법인세법상 부당행위계산부인 규정이 적용되지 아니하는 경우에는 양도소득 부당행위계산부인 규정을 적용하지 아니한다.

다만, 거짓 그 밖의 부정한 방법으로 양도소득세를 감소시킨 경우에는 적용한다.(소령 167조⑥)

[부당행위계산 부인규정의 세법상 조정]

1. 법인세법과 소득세법의 조정: 소령 167조⑥ 규정에 의해 모순 방지

상장주식 시가의 경우 법인세법은 최종시세가액(법령 89조①)이지만 소득세법은 상증법을 준용하므로 평가기준일 전·후 2개월 평균액(소령 167조⑤)이다. 이 경우 최종시세가액을 시가로 보아 법인세법상 부당행위계산 부인규정이 적용되지 않았으면 소득세법도 이를 준용하게 된다.(대법 2016두43411, 2020.6.18. 선고 판례 참조)

2. 소득세법, 법인세법과 상속세 및 증여세법의 조정

재산을 양수하거나 양도하는 경우로서 그 대가가 법인세법 52조②의 시가에 해당하여 그 거래에 대하여 부당행위계산부인(소법 101조①, 법법 52조①) 규정이 적용되지 아니하는 경우에는,(비록 상증법상 저고가양수도 인정 '기준금액'을 벗어나더라도-저자 주) 상증법상 '저고가양수도에 따른 이익의 증여' 규정을 적용하지 아니한다.(상증법 35조③)

3. '동일인 귀속소득'에 대한 소득세와 증여세 이중과세 방지

법인세법상 부당행위계산 부인규정에 따라 특수관계인에게는 상여·배당·기타소득 등으로 소득처분되어 소득세가 과세되므로(법령 106조①1호, 법통 67-106…6 ; 67-106…8), 증여세는 과세되지 않는다.(상증법 4조의2③)

E. 부당행위계산 부인(양도자)과 증여세(수증자)의 이중과세 여부

특수관계인 간의 저가양도로 보아 양도인에게는 양도소득세를 부과하는 동시에, 양수인에게는 증여의제하여 증여세를 부과하는 것은 이중과세에 해당하지 않는다.(대법 2012두10932, 2012.9.13., 2012두3200, 2012.6.14.(다음 쪽 박스 해설 참조), 2002두12458, 2003.5.13. 선고 등 다수)

['저·고가 양수도'에 따른 양도소득세와 증여세 과세를 이중과세로 보지 않는 논리]

소득세·법인세와 상속·증여세의 관계를 잠시 살펴보자. 영리내국법인은 '순자산증가설'에 따라 모든 소득에 대해 법인세로 과세가 되므로 상속·증여세의 납세의무가 없지만(상증법 3조의2①, 4조의2①), 개인(개인으로 보는 단체 포함)과 비영리법인·외국법인은 '소득원천설'에 따라 열거된 소득에 대해서만 소득세·법인세를 부담하게 되므로 이 과세에서 누락된 부분을 상속·증여세로 과세하는 것이다. 그렇다고 하더라도 동일 소득에 대해 소득세·법인세와 상속·증여세를 모두 과세하는 것은 '이중과세 금지원칙'에 위배된다. 따라서 상속세 및 증여세법에서는 "증여재산에 대하여 수증자에게 소득세법에 따른 소득세 또는 법인세법에 따른 법인세가 부과되는 경우에는 증여세를 부과하지 아니한다. 소득세 또는 법인세가 비과세되거나 감면되는 경우에도 또한 같다"(상증법 4조의2③)라고 규정하여 이중과세를 피하고 있다.

이 상속세 및 증여세법의 규정은 '동일한 수증자'가 동일소득에 대하여 소득세와 증여세를 부담하지 않는다는 점을 명시한 것이다. 그러나 부당행위계산 부인으로 양도소득세는 양도자가 부담하게 되며, 증여세는 수증자가 부담하게 되므로 ('동일인'에 대한) 이중과세 문제와는 성격이 좀 다른 것이다. 일례로 위 ③우회양도 부당행위계산부인 '양도간주'(소법 101조②)에 대해서는 특수관계인이 증여세를 부담하고 5년 내 양도함으로서 다시 (당초 증여자인 A가 양도소득세를 부담하지만 '사실상 동일인이') 양도소득세를 부담하기 때문에, 증여세는 환급토록 헌법재판소가 헌법불합치 결정을 내린 것이다.(헌재 2000헌바28, 2003.7.24. 결정으로 소득세법 101조③ 신설)

"소득세법 101조②에 따라 증여자에게 양도소득세가 과세되는 경우에는 당초 증여받은 재산에 대해서는 상속세 및 증여세법의 규정에도 불구하고 증여세를 부과하지 않는다."(소법 101조③)

[상속세 및 증여세법상 보충적 평가액의 시가성과 자산의 고가양도에 따른 소득세와 증여세의 이중과세문제(대판 2012.6.14, 2012두3200을 중심으로)]

(이중교 연세대로스쿨 교수 「저스티스」 통권 제132호, 2012.10, p.291~318 중 '초록')

세법은 자산의 평가에 있어서 객관적으로 거래되는 합리적인 가액, 즉 시가에 따라 과세하는 것을 원칙으로 하고 있으나, 시가를 찾을 수 없다고 하여 과세를 포기할 수 없으므로 그럴 경우에는 상속세 및 증여세법(이하 '상증법') 60조③이 정한 보충적 평가방법에 따라 평가한 가액, 즉 보충적 평가액에 따라 과세하는 체계를 유지하고 있다. 2010.1.1. 개정 전 상증법 하에서는 보충적 평가액이 시가에 해당하는지 여부에 대하여 논란이 있었으나, 최근에 선고된 대판 2012.6.14, 2012두3200(이하 '대상판결')은 최초로 상증세법의 보충적 평가액이 시가에 해당한다고 판단하였다. 비록 보충적 평가액을 시가로 간주하는 명시적 규정이 존재하지 않았으나 상증세법에 의한 재산평가체계상 보충적 평가액이 차지하는 지위와 현실적으로 수행하는 기능을 고려하여 타당한 결론을 도출한 것으로 본다. 2010.1.1. 개정된 상증법 60조③은 아예 보충적 평가액을 시가로 간주하는 규정을 두어 논란의 여지를 없앴다.

상증법상 보충적 평가액의 시가성을 인정하면 대상판결의 사안은 자산을 고가양도한 경우에 해당하여 양도소득세와 증여세의 이중과세가 문제된다. 판례는 특수관계인에게 자산을 저가양도한 경우 양도소득세와 증여세는 납세의무의 성립요건과 시기 및 납세의무자를 서로 달리하는 것이어서 양도인에 대한 양도소득세 부과처분과 양수인에 대한 증여세 부과처분이 이중과세금지원칙에 위배되지 않는다고 일관되게 판시하였다.

그동안 양도소득세와 증여세의 납세의무자가 동일인인 자산의 고가양도의 경우 양도인에 대한 증여세와 양도소득세의 부과처분이 이중과세금지원칙에 위배되는지 여부에 대한 판례는 없었다. 대상판결은 상증법 2조②(현재 3조의2①, 4조의2①)이 양도소득세와 증여세의 중복적용을 배제하는 특별한 규정에 해당하지 않음을 재차 확인하면서 과세관청이 보충적 평가액과 실지양도가액의 차액 부분에 대하여 증여세를 부과하고 그 평가액을 양도가액으로 하여 양도소득세를 부과한 것은 이중과세금지원칙에 위배되지 않는다고 최초로 판시하였다. 양도소득세와 증여세의 납세의무자가 다른 저가양도의 경우와 달리 양도소득세와 증여세의 납세의무자가 동일한 고가양도의 경우 반드시 이중과세의 조정이 필요한 점, 세법상 고가양도의 경우를 특정하여 이중과세를 조정하는 방법을 규정하고 있지 않은 점(☞소법 96조③을 2007.12.31. 신설하여 해결−저자 주) 등에 비추어 보면, 상증법 2조②에 따라 이중과세를 조정하지 않고 증여의 실질을 가지고 있는 실지양도가액과 시가의 차액부분에 대하여 증여세를 과세하고 보충적 평가액을 양도가액으로 하여 양도소득세를 과세하는 방법으로 이중과세를 조정하였다고 하여 위법하다고 할 수는 없다. 따라서 대상판결의 결론은 타당하나, 과세관청이 이미 이중과세를 조정하는 방법으로 과세처분을 하여 고가양도의 경우 이중과세의 조정이 필요한지 여부에 대한 직접적인 판단이 이루어지지 못한 아쉬움이 있었다.

☞ 고가양도 및 저가양수 시 양도소득세와 증여세의 납세의무자가 동일인이므로 이중과세 조정함(저자 주)

가. 고가양도: 아래 어느 하나에 해당하면 그 가액을 양도실거래가액으로 함.

(소법 96조③, 2007.12.31. 신설)

　　1. 특수관계법인에게 고가양도하여 해당 거주자에게 상여·배당 등으로 처분된 금액이 있는 경우

　　2. 특수관계법인 외의 자에게 고가양도하여 해당 거주자에게 상증법 35조에 따라 증여세가 과세된 경우: 양도가액−증여재산가액

나. 저가양수: 위 가.와 같은 논리를 적용하여 취득실거래가액으로 함.(소령 163조⑩, 2008.2.22. 신설)

　　단, 2호의 경우 대부분의 상속·증여가 적용대상이며, 취득가액=실제취득가액+상속·증여재산가액

3)부담부 증여(負擔附贈與)

①일반적인 관계에서의 부담부 증여(소법 88조①, 소령 151조③, 159조)

부담부 증여란 증여자의 채무를 수증자(受贈者)가 인수하는 경우를 말하는데, 증여가액 중 그 채무액에 해당하는 부분은 양도로 보아 증여자에게 양도소득세를 과세하며, 증여가액 중 채무액을 초과하는 부분은 증여로 보아 수증자에게 증여세가 과세된다.

이전되는 채무부분을 양도로 보는 것은 앞서 설명한 대물변제와 같은 논리이다. 즉, 증여자는 채무부분을 수증자에게 이관시킨 것인 바, 이에 해당하는 금액은 유상양도에 해당하며, 수증자 측면에서도 부담한 채무를 초과하는 증여가액만이 실제 증여라고 보는 것이다.

부담부 증여에 대한 양도차익 계산할 때 양도가액을 기준시가(상증법 61조①②⑤)로 산정한 경우에는 취득가액도 기준시가로 산정한다.(소령 159조①1호)

②배우자 또는 직계존비속 간의 부담부 증여(상증법 47조③)

배우자 또는 직계존비속 간의 부담부 증여{배우자·직계존비속 간 양도 시 증여 추정(상증법 44조) 포함}에 대해서는 수증자가 증여자의 채무를 인수한 경우에도 그 채무액은 수증자에게 인수되지 아니한 것으로 '추정'한다.(예전에는 아예 '간주'로 못 박았으나, 헌법재판소의 위헌판결로 인해 '추정'으로 완화된 것이다. 헌재 91헌가5, 1992.2.25. 선고)

다만, 그 채무액이 국가 및 지방자치단체에 대한 채무 등 객관적으로 인정되는 아래의 경우(상증령 10조①)에는 그러하지 아니하다.(상증령 36조②)

1. 국가·지방자치단체 및 금융회사 등에 대한 채무는 해당 채무임을 확인할 수 있는 서류
2. 이 외의 자에 대한 채무는 채무부담계약서, 채권자확인서, 담보설정 및 이자지급에 관한 증빙 등에 의하여 그 사실을 확인할 수 있는 서류

(보충1)부담부 증여 시 채무인수에 대한 입증책임(대법 2002두950, 2003.10.23. 선고)

일반적으로 제3자 앞으로 근저당권이 설정된 부동산을 직계존속으로부터 증여받은 경우 이로써 수증자가 바로 근저당권부 채무를 면책적으로 인수한 것으로 보아 증여재산가액에서 공제되는 채무, 즉 '증여자의 채무로서 수증자가 실제로 부담하는 사실이 입증된 것'이라고 볼 수 없고, 이러한 경우 **'수증자'**가 채무를 면책적으로 인수하였다거나 그 후 수증자 자신이 출재(出財)에 의해 변제하였다는 점에 대한 입증책임을 부담하는 것이다.

(보충2)입증책임: 입증으로 목적을 달성하고자 하는 측에 사실에 대한 입증책임 있음.

1. 배우자·직계존비속 간 양도 시 증여 추정(상증법 44조): 과세관청에 입증책임 있음.
2. 배우자·직계존비속 간 부담부 증여(상증법 47조): 수증자에게 입증책임 있음.

(대법 2002두950, 2003.10.23. 선고 등)

3. 명의신탁 과점주주의 입증책임: 명의자 또는 실제 주주에게 입증책임 있음.

원칙적으로 법령에 규정된 과세요건사실의 존재에 대한 입증책임은 과세관청에 있으나, 과세요건사실로 추정되는 사실이 밝혀지면 상대방이 과세요건사실이 존재하지 않거나 다른 특별한 사정이 있음을 입증하여야 함.(대법 2006두8068, 2008.9.25. ; 대법2006두19501, 2008.10.23. 선고 등)

> 이 건의 경우 명의신탁을 입증할 수 있는 명확한 증거가 존재한다고 볼 수 없으므로, 쟁점주식을 이전받은 것이 명의신탁 해지에 따라 실질주인 B가 주주명부상의 명의를 회복한 것에 불과하다는 청구인들의 주장은 인정받기 어렵다.(감사원 2016심사642, 2016.12.15. ; 감사원 2015심사668, 2016.8.18. ; 조심 2017지0016, 2017.10.30. ; 조심 2016지1282, 2017.8.9. ; 조심 2017지0352, 2016.8.18. 결정 등)

[부담부 증여에 대한 세법 적용](취득세도 같은 논리임)

구분	내용		세금 부담
배우자·직계존비속 간의 부담부 증여	전체를 증여추정		채무부담분 포함, 전체에 증여세 과세(수증자)
	채무인수액 입증	채무부담분	양도소득세 과세(증여자)
		초과증여부분	증여세 과세(수증자)
기타 자와의 부담부 증여	채무부담분		양도소득세 과세(증여자)
	초과증여부분		증여세 과세(수증자)

(보충1)증여재산을 초과하는 채무를 인수하면, 초과액은 수증자가 증여자에게 증여한 것임.

수증자가 인수한 채무액이 증여재산가액을 초과하는 경우에는 당해 초과하는 금액에 대하여 상증법 36조(채무면제 등에 따른 증여)에 따라 수증자가 증여자에게 증여한 것으로 본다.(상속증여-2215, 2015.12.1.)

(보충2)부담부 증여와 취득세 납세의무(지법 7조⑪⑫)

"증여자의 채무를 인수하는 부담부 증여의 경우에는 그 채무액에 해당하는 부분은 부동산 등을 유상으로 취득한 것으로 본다. 다만, 배우자 또는 직계존비속으로부터 부동산 등의 부담부 증여의 경우에는 ⑪항을 적용한다."(지법 7조⑫, 2017.12.26. 단서 신설)

즉, 배우자·직계존비속 간의 부담부 증여가 아닌 경우에는 원칙적으로 채무인수부분만 유상양도로 인정하지만, 배우자·직계존비속 간의 부담부 증여인 경우에는 ⑪항에 따라 유상양도분과 무상양도분을 증빙자료 등으로 파악하여 그 실질에 따라 정확히 과세한다는 의미임.

[부담부 증여의 경우 과세가액 계산 사례]

> 취득가액 9천만원의 토지를 아들에게 증여하였다. 이 토지의 시가는 3억원이고, 2억원의 은행부채에 대해 담보제공되고 있으며, 이 부채도 아들이 인수하는 조건으로 증여하였다. 이 경우 과세가액의 구분은?
> (1)과세가액의 구분
>   3억원 중: 2억원 부분은 양도소득세 과세대상, 1억원 부분은 증여세 과세대상이 됨.
> (2)과세가액의 계산
>   ①증여세 과세가액: 1억원 (= 3억원 - 2억원)
>   ②양도소득세 과세가액: 1억 4천만원 {= 2억원-(9천만원×2억원/3억원)}

③**고가주택을 부담부 증여한 경우: 전체금액을 기준으로 고가주택 여부 판정**

'고가주택(2021.12.8. 양도분부터는 9억원→12억원으로 확대)의 판정'은 그 주택(부수토지 포함)의 전체 이전, 그 일부 이전, 부담부 증여 이전 등 이전방식에 관계없이 '1주택의 전체가액'을 기준으로 한다. 따라서 부담부 증여로 이전된 주택이 1세대 1주택 비과세 요건을 갖춘 경우에는 고가주택의 양도차익 산식에 따라, 부담부 증여분 양도차익→과세되는 고가주택분 양도차익→과세분 장기보유특별공제액 등을 계산한다.(서면4팀-1526, 2004.9.24.)

(2)양도로 보지 않는 경우

1)환지처분 및 보류지 충당(소법 88조1호 가목)

'환지처분'이란 「도시개발법」에 따른 도시개발사업, 「농어촌정비법」에 따른 농업생산기반 정비사업, 그 밖의 법률에 따라 사업시행자가 사업완료 후에 사업구역 내의 토지 소유자 또는 관계인에게 종전의 토지 또는 건축물 대신에 그 구역 내의 다른 토지 또는 사업시행자에게 처분할 권한이 있는 건축물의 일부와 그 건축물이 있는 토지의 공유지분으로 바꾸어주는 것(사업 시행에 따라 분할·합병 또는 교환하는 것을 포함)을 말한다.(소령 152조①②)

'보류지(保留地)'란 위 사업시행자가 해당 법률에 따라 일정한 토지를 환지로 정하지 아니하고 아래의 토지로 사용하기 위하여 보류한 토지를 말한다.

1. 해당 법률에 따른 공공용지
2. 해당 법률에 따라 사업구역 내의 토지소유자 또는 관계인에게 그 구역 내의 토지로 사업비용을 부담하게 하는 경우의 해당 토지인 체비지

2)지적경계선 변경을 위한 토지의 교환(소법 88조1호 나목)

아래의 요건을 모두 충족하는 교환은 양도로 보지 아니한다.(소령 152조 ③)

1. 토지 이용상 불합리한 지상 경계를 합리적으로 바꾸기 위하여 「공간정보의 구축 및 관리 등에 관한 법률」이나 그 밖의 법률에 따라 토지를 분할하여 교환할 것
2. 위에 따라 분할된 토지의 전체 면적이 분할 전 토지의 전체 면적의 20%를 초과하지 아니할 것

이 규정을 적용받는 토지소유자는 토지 교환이 위의 요건을 모두 충족하였음을 입증하는 자료를 납세지 관할 세무서장에게 제출하여야 한다.(소령 152조④⑤)

3)양도담보(讓渡擔保)(소령 151조①②)

채무자가 채무의 변제를 담보하기 위하여 자산을 양도하는 계약을 체결한 경우에 아래의 요건을 모두 갖춘 계약서의 사본을 양도소득 과세표준 확정신고서에 첨부하여 신고하는 때에는 이를 양도로 보지 아니한다.

1. 당사자 간에 채무변제를 담보하기 위하여 양도한다는 의사표시가 있을 것
2. 당해 자산을 채무자가 원래대로 사용·수익한다는 의사표시가 있을 것
3. 원금·이율·변제기한·변제방법 등에 관한 약정이 있을 것

　　다만, 위의 규정에 의한 계약을 체결한 후 위의 요건에 위배하거나 채무불이행으로 인하여 당해 자산을 변제에 충당한 때에는 그때에 이를 양도한 것으로 본다.

4) 명의신탁해지(소통 88-0…1①)

　　'법원의 확정판결'에 의하여 신탁해지를 원인으로 소유권이전등기를 하는 경우에는 양도로 보지 아니한다.

「부동산 실권리자명의 등기에 관한 법률」(약칭 **「부동산실명법」**) 제정(1995.7.1. 시행)

(1) 명의신탁약정 무효: 1995.7.1. 이후 명의신탁약정은 무효(「부동산실명법」 4조).
　　　　　　　다만, 배우자간·종중 등은 예외인정(「부동산실명법」 8조)

(2) 「부동산실명법」상 규제대상: 명의신탁(계약명의신탁, 등기명의신탁)과 장기 미등기

① 계약명의신탁(명의신탁약정은 무효임. 그러나 거래상대방이 선의이면 등기는 유효)

　　원소유자(매도자)로부터 부동산을 매입 시 원소유자는 명의신탁자가 있다는 사실을 모르는 상태에서 명의수탁자와 직접 계약을 체결하여 명의수탁자에게 등기를 이전해주는 경우임.

　[대법원은 "A씨가 B씨에게 명의만 빌려 소유권 등기를 한 것은 「부동산실명법」을 위반해 무효인 만큼 이 약속을 위반해 아파트를 팔아도 횡령죄가 성립할 수 없다(사기죄만 인정)"고 봤다. 신탁 부동산을 마음대로 처분하면 횡령죄가 성립한다고 판시한 대법원 기존판례를 모두 변경했다. "「부동산실명법」을 위반한 명의신탁은 「형법」상 보호 대상이 아니라는 점을 선언"한 데 의미가 있다. 대법 2016도18761, 2021.2.18. 선고] ☜**중간생략등기형(3자간) 명의신탁도 같음**(대법 2014도6992, 2016.5.19. 선고)

② 등기명의신탁(명의신탁약정·등기 모두 무효. 다만, 명의신탁자와의 매매계약은 유효)

　　등기명의신탁은 원소유자로부터 명의신탁자가 부동산을 매입하면서 등기만 수탁자명의로 하는 것으로, 일반적으로 2자 간(명의신탁자와 명의수탁자)의 경우보다는 3자 간(원소유자, 명의신탁자와 명의수탁자)에 주로 발생함.

③ 장기 미등기

　　등기신청 지연 기간이 3년을 초과하면 장기 미등기에 해당돼 과태료가 아닌 「부동산실명법」 위반에 따른 과징금이 부과되는데, 「부동산실명법」 시행(1995.7.1) 이전에 부동산을 사놓고 자신의 명의로 등기하지 않고 있는 장기 미등기 부동산을 가지고 있는 사람은 1998.6.30.까지 실명전환하여야 과징금 부과에서 제외됨.(「부동산실명법」 10조)

(3) 과징금 부과: 명의신탁자 등에게 부동산가액의 30% 이내 과징금 부과(법 5조③).
　　다만, 조세포탈이나 법령제한 회피목적 아닌 경우 50% 감경(시행령 3조의 2, 별표)

(4) 과징금 부과기준: 과징금부과율 합계(아래 1호+2호) × 그 부동산가액(시행령 별표)

　1. 부동산평가액을 기준으로 하는 과징금 부과율

부동산평가액	과징금 부과율
5억원 이하	5%
5억~30억원	10%
30억원 초과	15%

　2. 의무위반 경과기간을 기준으로 하는 과징금 부과율

의무위반 경과기간	과징금 부과율
1년 이하	5%
1년~2년	10%
2년 초과	15%

☞ 「부동산실명법」을 위반하여 무효인 명의신탁약정에 따라 등기했더라도, 명의신탁자가 명의수탁자를 상대로 그 등기의 말소를 구할 수 있다.(대법 2013다218156 전원합의체 판결, 2019.6.20. 선고)

[양도소득세 부과처분취소](대법원 2016두43091, 2016.10.27. 선고)

【판시사항】
[1] 명의신탁약정이 3자 간 등기명의신탁인지 또는 계약명의신탁인지 구별하는 기준
[2] 구 소득세법 104조①2의3호, 구 소득세법 시행령 167조의3①에서 말하는 '1세대 3주택 이상에 해당하는 주택'인지 판단하는 경우, 3자 간 등기명의신탁관계에서 명의신탁자가 명의신탁한 주택을 명의신탁자가 소유하는 것으로 보아 주택수를 산정하여야 하는지 여부(적극)

【판결요지】
[1] 명의신탁약정이 3자 간 등기명의신탁인지 아니면 계약명의신탁인지의 구별은 계약당사자가 누구인가를 확정하는 문제로 귀결되고, 계약명의자인 명의수탁자가 아니라 명의신탁자에게 계약에 따른 법률효과를 직접 귀속시킬 의도로 계약을 체결한 사정이 인정된다면 명의신탁자가 계약당사자이므로, 이 경우의 명의신탁관계는 3자 간 등기명의신탁으로 보아야 한다.(대법 2010다52799, 2010.10.28. 선고 참조)
[2] 구 소득세법(2009.12.31. 개정되기 전의 것) 104조①2의3호, 구 소득세법 시행령(2009.12.31. 개정되기 전의 것) 167조의3①에서 말하는 '1세대 3주택 이상에 해당하는 주택'인지 여부를 판단할 때, 3자 간 등기명의신탁관계에서 명의신탁자가 명의신탁한 주택은 명의신탁자가 소유하는 것으로 보아 주택수를 산정하여야 한다. 그 이유는 다음과 같다.
위 조항은 투기 목적의 주택 소유를 억제하여 주택 가격의 안정과 주거생활의 안정을 도모하려는 취지에서 양도소득세를 중과세하는 것으로 다주택 보유에 따른 담세력을 근거로 한다.
그런데 3자 간 등기명의신탁의 경우 명의신탁약정과 그에 따른 수탁자 명의의 등기는 무효이나 매도인과 명의신탁자 사이의 매매계약은 여전히 유효하다. 따라서 명의신탁자는 매도인에게 매매계약에 기한 소유권이전소유권이전등기를 청구할 수 있고, 소유권이전등기청구권을 보전하기 위하여 매도인을 대위하여 무효인 명의수탁자 명의 등기의 말소를 구할 수도 있다.(대법 2001다61654, 2002.3.15. 선고 참조)
또한 매도인과 명의신탁자 사이의 매매계약이 유효한 이상 명의신탁자로부터 매매대금을 전부 수령한 매도인은 소득세법상 양도소득세 납세의무를 부담하게 되고, 이후 명의신탁자가 자신의 의사에 따라 부동산을 양도할 경우 양도소득에 대한 납세의무는 명의신탁자가 부담하여야 한다.
이와 같이 3자 간 등기명의신탁관계에서는 명의신탁자가 대상 주택을 지배·관리하면서 사실상 이를 처분할 수 있는 지위에 있고 처분에 따른 소득의 귀속주체가 된다는 점에서, 투기 목적의 주택 소유를 억제하려는 위 조항의 입법 취지 등을 고려할 때 위 조항의 적용에서는 명의신탁자가 대상 주택을 소유하는 것으로 봄이 옳다.
【참조조문】「민법」103조

[취득세 등 부과처분취소](대법 2012두28414, 2017.7.11. 선고)

【판시사항】
[1] 구 지방세법 105조②(납세의무자 규정으로 현행 지법 7조②)에서 정한 '사실상 취득'의 의미 / 계약명의신탁에 의하여 부동산의 등기를 매도인으로부터 명의수탁자 앞으로 이전한 경우, 매매대금을 부담한 명의신탁자에게 취득세 납세의무가 성립하는지 여부(소극, 즉 명의수탁자가 취득세 납세의무자임)
[2] 타인을 통하여 부동산을 매수하면서 매수인 명의를 타인 명의로 하기로 한 경우, 그 명의신탁관계는 계약명의신탁에 해당하는지 여부(원칙적 적극)

【판결요지】
[2] 명의신탁약정이 3자 간 등기명의신탁인지 아니면 계약명의신탁인지를 구별하는 것은 계약당사자를 확정하는 문제로서, 타인을 통하여 부동산을 매수하면서 매수인 명의를 그 타인 명의로 하기로 하였다면, 계약명의자인 명의수탁자가 아니라 명의신탁자에게 계약에 따른 법률효과를 직접 귀속시킬 의도로 계약을 체결하였다는 등의 특별한 사정이 없는 한, 그 명의신탁관계는 계약명의신탁에 해당한다고 보아야 한다.(대법 자, 2013스133, 2013.10.7. 결정 참조)

5)매매원인무효로 소유권이 환원되는 경우

①법원의 판결에 의한 원인무효(소통 88-0…1②)

매매원인 무효의 소(訴)에 의하여 그 매매사실이 원인무효로 판시되어 환원될 경우에는 양도로 보지 아니한다.

②사기행위 등으로 소유권이전 말소등기를 한 경우(재산 46014-77, 2000.1.18.)

아래의 조건이 만족되는 경우에는 당초 부동산양도신고 여부에 불구하고 자산의 양도로 보지 않는다.

1. 매매원인 무효의 소에 의하여 그 매매사실이 원인무효로 판시되어 소유권이 환원되는 경우와, 무효의 소는 제기하지 아니하였으나 어느 일방의 사기행위 등 당초 매매계약 내용에 명백한 하자로 인하여 매매원인이 무효가 될 만한 사유가 발생하여 매매계약이 해제되었음이 형사사건 판결내용 등에 의하여 확인되고,
2. 당초 부동산의 소유권이전등기의 말소등기가 경료되는 경우.

③제3취득자가 있어 원상회복이 불가능한 경우(잔금청산여부 불문)(국가 패소, 대법 2011두31082, 2012.11.19., 대법 2010두25152, 2011.5.25., 대법 88누8609, 1989.7.11. 선고 등)

매매계약은 해제조건의 성취로 인하여 그 효력이 소급하여 상실하였다 할 것이므로 양도소득세의 과세요건인 자산의 양도가 있었다고 볼 수 없고, 부동산에 관한 제3의 취득자가 있어 원상회복이 이행불능이 됨으로써 취득하게 된 손해배상채권이나 반환하지 않은 일부 매매대금을 부동산의 양도로 인한 소득이라고 볼 수 없다.

④형질변경 때문에 합의해제(국가 패소, 대법 92누17884, 1993.5.11. 선고)

형질변경 문제 때문에 양도계약을 합의해제하여 말소등기까지 경료하였다면, 계약의 이행으로 인한 물권변동 효과는 '소급적'으로 '소멸'되므로 양도소득세의 과세대상이 되는 양도는 처음부터 없었던 것으로 보아야 한다.

⑤사실상 잔금청산이 되지 않은 경우(소유권이전등기 이후 환원등기 포함)

A. 소유권이전등기도 되지 않은 경우

1. 소유권이전등기 전에 어음부도로 당초계약이 해지되는 경우(재산 46014-1187, 2000.10.5.)

부동산의 매매에 대하여 매매대금의 청산일 전에 소유권이 이전되는 경우에는 소유권이전등기접수일이 양도·취득시기가 되고, 소유권이전등기가 경료되지 않은 상태에서 매매대금의 일부로 받은 어음이 부도처리 되어 결제되지 못하고 당초계약이 해지되었다면, 이는 자산양도에 해당되지 않는다.

2. 중개인이 매매대금 일부를 횡령한 경우(광주지법 2007구합2012, 2008.1.31.)

중개인에게 교부한 매매대금 일부를 중개인이 횡령한 경우 양도인에게 '지급'되었다고 볼 수 없으며, 자산의 대금이 '사회통념상 거의 전부 지급'되었다고 볼 만한 사정이 있는 경우에만 자산이 양도된 것으로 볼 수 있는 것이다.

B. 소유권이전등기 한 후, '잔금미납에 따른 환원등기'로 원상복구 된 경우

부동산에 대한 매매계약을 체결하면서 매수인 앞으로 미리 소유권이전등기를 경료하였는데 매수인이 잔대금지급채무를 이행하지 아니하여 매도인이 매매계약을 해제하였다면, 위 매매계약은 그 '효력이 소급하여 상실'되었다고 할 것이므로 매도인에게 양도소득세를 부과처분한 것은 위법이다.(국가 패소, 대법 2016두56400, 2017.2.23., 대법 2015두45717, 2015.10.15., 대법 86누4237, 1987.2.24. 선고 등)

⑥잔금청산 후 단순합의로 원소유자에게 이전하는 경우: **쌍방양도에 해당**(재일 01254-669, 1992.3.17.)

부동산을 매매하고 '대금청산 전'에 소유권이전등기가 경료된 후 거래당사자 간의 '합의로 인한 계약해제'로 소유권이 당초 소유자에게 '환원'되는 경우에는 이를 양도로 보지 않는다.

이 경우 '대금의 청산절차를 거친 사실상의 유상양도'인 것을 재차 원소유자에게 이전하는 것은 이를 '각각 별개의 양도'로 보는 것이다.

제1장 제2장 제3장 제4장 제5장 제6장 제7장 제8장 제9장 제10장 제11장 제12장 제13장 제14장

6)토지거래허가를 받지 아니한 상태에서 매매대금이 지급된 경우

> **「국토의 계획 및 이용에 관한 법률」**(2002.2.4.법률 제6655호로 신규제정)
>
> 본래 우리나라 토지관련 법령 체계는 도시지역에 대하여는 「도시계획법」을, 비도시지역에 대하여는 「국토이용관리법」을 적용하는 이원적 체계였다.
> 그런데 김영삼 정부 당시 비도시지역의 '준농림지역'에 대한 규제완화로 비도시지역에서 엄청난 난개발이 이루어졌다. 또한 「도시계획법」에 의한 개발행위도 「도시계획법」이나 「건축법」에서 정한 건축물의 용도·건폐율·용적률만 맞으면 허가를 해주었다. 그 외에도 많지만 이러한 이유들로 인하여 전 국토가 난개발로 몸살을 앓게 되자 정부에서는 '국토관리체계를 일원화'하고, '선계획, 후개발' 체계로 관리하기 위하여 「도시계획법」과 「국토이용관리법」을 통합해서 「국토의 계획 및 이용에 관한 법률」(약칭 '국토계획법')이 탄생하게 된 것이다.
> **「부동산 거래신고 등에 관한 법률」**(2014.1.28.「공인중개사법」과 분할제정)
> 토지거래허가구역의 지정 및 허가구역 내 토지에 대한 허가 등 절차적 사항은 「부동산 거래신고 등에 관한 법률」제4장(10조~23조)에서 규정하고 있음.

①매매계약이 확정적으로 무효가 되는 경우(본 건 거래 성사 불가): 경매절차로 제3자에게 소유권이 이전돼버린 경우(대법 2016두45981, 2016.9.29. 선고)

매매계약대상 부동산이 토지거래허가가 나지 않은 상태에서 경매절차로 제3자에게 소유권이 이전됨으로써(본 건 매매계약은 성사되기 불가능해져버렸으므로), 이 매매계약은 확정적으로 무효가 된다.

②허가일 이전에 매매대금이 지급되고 오로지 허가만을 기다리는 경우: 일단 '양도가 아니며' 허가를 득하면 양도·취득시기는 잔금청산일로 소급됨

1. 토지거래허가구역 내에서의 매매계약 등 거래계약은 과세관청의 허가를 받아야만 효력이 발생하므로, 매매대금이 먼저 지급되어 양도인이 이를 보관하고 있다 하더라도 자산의 양도에 해당되지 아니한다.(양도집 88-151-3)

2. 토지거래계약 허가구역 내에 있는 토지를 매수하고 잔금을 지급한 후 토지거래계약 허가를 받거나 토지거래계약 허가구역에서 해제된 경우 사실상 토지를 취득한 시점은 '토지거래허가를 받거나' '토지거래허가구역에서 해제된 때'라고 보아야 한다.

   따라서 원고가 토지거래허가를 받지 아니한 채 이 사건 각 조합에게 이 사건 현장인수계약에 따른 현장인수대금을 지급한 것만으로 이 사건 각 토지를 취득하였다고 판단하여 이루어진 이 사건 부과처분은 위법하다.(대법 2013두18018, 2014.1.23. 선고)

3. 「국토이용관리법」상의 토지거래허가구역 내에서의 매매계약 등 거래계약은 관할관청의 허가를 받아야만 그 효력이 발생하며, 허가를 받기 전에는 물권적 효력은 물론 채권적 효력도 발생하지 아니하여 무효라 할 것이고, 소득세법은 양도소득에 있어 자산의 양도라 함은 그 자산이 유상으로 사실상 이전되는 것을 말한다고 규정하고 있어 경제적인 측면에서만 양도소득을 파악하여 이득의 지배관리나 향수를 하고 있는 지위에 있는 것만으로 양도소득이 있다고 판단하여서는 아니 된다.

따라서 토지거래허가를 받지 아니한 상태에서 단지 그 매매대금이 먼저 지급되어 매도인이 이를 보관하고 있다 하여 이를 두고 양도소득의 과세대상인 자산의 양도에 해당한다거나 자산의 양도로 인한 소득이 있었다고 할 수는 없다.(국가 패소, 대법 98두5811, 2000.6.13. 선고)

4. 「국토이용관리법」상 토지거래허가구역 내의 토지에 관하여 장차 허가를 받을 것을 전제로 매매계약을 체결하여 그 대금을 청산한 다음 허가를 받아 소유권이전등기를 마친 경우에, 비록 그 매매계약은 허가를 받을 때까지는 법률상 미완성의 법률행위로서 소유권 등 권리의 이전에 관한 계약의 효력이 전혀 발생하지 아니하지만 일단 허가를 받으면 그 계약은 소급하여 유효한 계약이 된다.

따라서 양도소득 산정의 기준이 되는 토지의 양도 시기는 소득세법의 각 규정에 의하여 대금청산일이 분명한 이상 등기접수일이 아니라 '대금청산일'이라고 할 것이다.(국가 패소, 대법 97누12754, 1998.2.27. ; 97누5145, 1997.6.27. 선고 ; 재경부 재산 46014-2198, 1998.1.20.)

[허가일 이전에 매매대금이 지급되고 오로지 허가만 기다리는 경우의 양도소득세 정리]

1. 양도·취득 시기는 원칙적으로 잔금청산일로 소급하여 적용함

토지거래허가구역 내에서 허가를 받기 전에 양도대금을 청산한 경우에도 거래계약의 효력은 발생하지 아니하지만, 그 이후 허가를 받은 경우에는 그 계약은 소급하여 유효한 계약이 됨.
따라서 허가일이 아니라 잔금청산일을 기준으로 양도가액, 장기보유특별공제, 세율 등을 적용함.(서면4팀-3734, 2006.11.10.)

2. 양도소득세 예정·확정신고기한은 허가일(해제일)을 기준으로 적용함

토지거래허가일(또는 해제일)이 속하는 달의 말일부터 2개월을 예정신고기한으로 하고, 허가일이 속하는 연도의 다음연도 5월 31일을 확정신고기한으로 함.(소법 105·110조①괄호)

3. 양도소득세 부과제척기간의 기산일은 허가일(해제일)을 기준으로 적용함

토지거래허가구역 내의 토지거래계약에 따른 매매대금이 청산된 후 토지거래계약이 확정적으로 유효하게 된 경우, 양도소득세 부과 제척기간의 기산일:
자산의 양도에 따른 양도소득세 부과의 제척기간은 원칙적으로 그 과세표준확정신고 기한이 종료하는 시점의 다음날인 자산의 양도 시기 다음 연도 6월 1일부터 진행한다. 하지만, 토지거래허가구역 내의 토지거래계약이 허가를 받지 아니하여 무효의 상태에 있다면 단지 매매대금이 먼저 지급되어 양도인이 이를 보관하고 있다 하여도 이를 두고 양도소득세 과세대상인 자산의 양도에 해당한다거나 자산의 양도로 인한 소득이 있었다고 할 수 없으므로, 이와 같은 경우의 양도인은 소득세법 110조① 소정의 당해 연도의 양도소득금액이 있는 거주자가 아니어서 과세표준확정신고 의무가 없고, 그 후 토지거래허가구역의 지정이 해제되는 등의 사유로 토지거래계약이 확정적으로 유효가 된 때에 양도인에게 비로소 자산의 양도로 인한 소득이 있게 되는 것이다. 따라서 양도인은 토지거래계약이 확정적으로 유효가 된 다음 연도 5월 1일~5월 31일까지 과세표준확정신고를 하여야 하고, 양도소득세 부과의 제척기간은 그 다음날부터 진행한다.(국가 승소, 대법 2001두9776, 2003.7.8. 선고)

4. 법인세법상 그 처분손익의 귀속시기는 토지거래허가일이 아닌 대금청산일이 속하는 사업연도임

토지거래허가구역내 토지의 양도와 관련한 양도시기에 대하여 양도소득세 규정과 달리 법인세법상으로는 별도의 예외 규정이 없는 점 등을 고려하여 대금청산일을 처분손익의 귀속시기로 판단하였으며 만약에 토지거래가 불허되어 매매계약이 해제되면 경정청구 등의 절차를 통해 구제받을 수 있으므로 납세자 입장에서 부당하지 않음.(조심 2022서133, 2022.04.19. 결정)

③허가일 이전에 매매대금이 지급되고 단순히 허가를 기다리는 수준을 넘어선 경우(양도대금 수수뿐만 아니라 소유권이전등기까지 마친 경우 등): '양도에 해당하며' 양도·취득시기는 잔 금청산일임

1. 토지거래허가구역 내의 토지를 허가 없이 매도한 경우 그 매매계약 및 전매계약이 무효라고 하더라도 소유권이전등기가 말소되지 아니한 채 남아 있고 매매대금도 매수인 또는 제3자에 게 반환되지 아니한 채 그대로 보유하고 있는 때에는 예외적으로 매도인 등에게 양도소득세 를 과세할 수 있다.(양도집 88-151-4)

2. 토지거래허가를 받지 않고 미등기전매를 한 경우에도 제3자 명의로 소유권이전등기가 마쳐 졌고 매매대금도 반환되지 않았다면 양도소득세 과세대상이다.(국가 승소, 대법 2016두40764, 2016.8.25. 선고)

3. 「국토계획법」(「국토의 계획 및 이용에 관한 법률」)이 정한 토지거래허가구역 내 토지를 매도하고 대금을 수수하였으면서도 토지거래허가를 배제하거나 잠탈할 목적으로 매매가 아닌 증여 가 이루어진 것처럼 가장하여 매수인 앞으로 증여를 원인으로 한 이전등기까지 마친 경우 또 는 토지거래허가구역 내 토지를 매수하였으나 그에 따른 토지거래허가를 받지 않고 이전등 기를 마치지도 않은 채 토지를 제3자에게 전매하여 매매대금을 수수하고서도 최초 매도인이 제3자에게 직접 매도한 것처럼 매매계약서를 작성하고 그에 따른 토지거래허가를 받아 이전 등기까지 마친 경우, 이전등기가 말소되지 않은 채 남아 있고 매도인 또는 중간 매도인이 수 수한 매매대금도 매수인 또는 제3자에게 반환하지 않은 채 그대로 보유하고 있는 때에는 예 외적으로 매도인 등에게 자산의 양도로 인한 소득이 있다고 보아 양도소득세 과세대상(미등 기 양도자산으로 과세: 국심 2009중254, 2009.5.13. 결정)이 된다고 보는 것이 타당하다.

   이와 달리, 위와 같은 예외적인 경우에도 자산의 양도에 해당하지 아니하여 그로 인한 소득 이 양도소득세 과세대상이 되지 아니한다는 취지로 판시한 판결(대법 전원합의체 95누18383, 1997.3.20. 선고, 대법 98두5811, 2000.6.13. 선고) 등의 견해는 이 판결의 견해에 저촉되는 범위에 서 이를 변경한다.(국가 승소, 대법 2010두23644, 2011.7.21. 선고)

4. 매도인이 제3자에게 직접 매도한 것처럼 매매계약서를 작성하고 그에 따른 토지거래허가를 받아 이전등기까지 마친 경우에, 그 등기가 말소되지 아니한 채 남아 있고 중간의 매도인이 수수한 매매대금도 제3자에게 반환하지 아니한 채 그대로 보유하고 있을 때에는, 예외적으 로 '중간의 매도인'에게 자산의 양도로 인한 소득이 있다고 보는 것이다.(국가 승소, 대법 2011두 29229, 2014.1.29. 선고)

7)공유물의 분할

①공유물 분할의 과세 원칙

　공동소유의 토지를 소유지분별로 단순히 분할하거나 공유자 '지분변경 없이' 2개 이상의 공유토지로 분할하였다가 그 공유토지를 소유지분별로 단순히 재분할하는 경우에는 양도로 보지 아니한다. 이 경우 공동지분이 변경되는 경우에는 '변경되는 부분은 양도'로 본다.(소통 88-0···1③)

[연접한 필지의 토지 공유지분을 정리한 경우]

2인 이상이 공동으로 소유하던 1필지 또는 연접된 2필지 이상의 토지를 각각 1인 단독소유로 '공유물분할'하는 것은 양도로 보지 아니하는 것이다.(법인-2274, 2016.9.13., 재산 46014-1012, 2000.8.18., 대법 95누5653, 1995.9.5. 선고)

②연접하지 않는 필지의 토지 공유지분을 정리한 경우: 쌍방양도로 간주.

　연접하지 않은 2필지 이상의 토지를 각각 1인 단독소유를 목적으로 서로의 지분을 정리하는 것은, 각 필지의 자기지분 '감소분'과 다른 필지의 자기지분 '증가분'이 '교환'되는 것으로서 이는 양도에 해당한다.(법인-2274, 2016.9.13., 재산-656, 2009.3.30., 재산 46014-1012, 2000.8.18.)

[연접하지 않은 여러 필지의 토지를 지분정리하여 단독소유로 하는 경우](양도집 88-0-3)

연접하지 않은 2필지 이상의 공유 토지를 단독소유 목적으로 서로의 지분을 정리하는 것은 각 필지별 자기 지분 감소분과 다른 필지의 자기 지분 증가분이 교환되는 자산의 양도에 해당된다.

③주택과 상가로 구성된 공유물을 구분등기한 경우의 양도 판단기준

　주택과 상가로 구성된 공유물인 건물을 주택과 상가로 구분하여 등기하면서 주택은 공유자 중 1명의 소유로 하고, 상가는 계속하여 공유하되 구분의 등기 전·후 주택과 상가의 지분 합계가 변동되지 아니한 경우에는 '양도'에 해당하지 아니하는 것이며, 그 구분의 등기 전·후의 지분변동이 있었는지 여부는 그 '가액'을 기준으로 판단하는 것이다.(기재부 재산-573, 2011.4.21.)

　여러 개의 공유물을 일괄 합병 및 분할하여 단독소유권을 취득하는 경우, 그 '가액'을 기준으로 '양도' 여부를 판단한다.(기재부 부동산-178, 2012.3.29.)

8)이혼 시 재산분할청구권 행사로 소유권이 이전되는 경우(소통 88-0···1④)

　이혼으로 인하여 혼인 중에 형성된 부부공동재산을 「민법」에 따라 재산분할하는 경우에는 양도로 보지 아니한다.

9)본인소유 자산을 경매·공매로 자기가 재취득하는 경우(소통 88-0···1⑤)

　소유자산을 경매·공매로 인하여 자기가 재취득하는 경우에는 양도로 보지 아니한다.

03 양도소득세의 과세대상(소법 94조, 소령 157조~159조의2)

구분	과세대상	내용
토지와 건물	토지	지적공부에 등록하여야 할 지목에 해당하는 것. 지적공부상 지목에 관계없이 '사실상 용도'에 따라 판정. 다만, 사실상의 지목이 불분명한 경우에는 공부상의 지목에 의함.
	건물	건물(지붕과 벽·기둥이 있는 것) 및 건물에 부속된 시설물과 구축물. 공부상 용도보다 사실상 용도에 따라 판정.
부동산에 관한 권리	부동산을 취득할 수 있는 권리 (등기·등록 여부와 관련 없음)	계약 또는 법률상 부동산 취득원인이 발생하였으나 그 취득시기가 도래하기 전의 권리. 부동산 취득권리 예시(소통 94-0…1) -건물이 완성되는 때에 그 건물과 이에 딸린 토지를 취득할 수 있는 권리(아파트당첨권 등) -지방자치단체·한국토지공사가 발행하는 토지·주택상환채권 -부동산매매계약을 체결한 자가 계약금만 지급한 후 양도하는 권리
	지상권 (등기·등록 여부와 관련 없음)	개인의 토지에 건물 기타 공작물이나 수목을 소유하기 위하여 그 토지를 사용할 권리(「민법」 279조). 지상권은 「민법」상 채권이 아니라 용익물권으로서 등기를 한 경우에만 대항력이 있음.(과세는 등기·등록여부 불문)
	전세권 (등기·등록 여부와 관련 없음)	전세금을 지급하고 타인의 부동산을 점유하여 그 부동산의 용도에 좇아 사용·수익하며, 그 부동산에 대하여 후순위권리자 기타 채권자보다 전세금 우선변제를 받을 수 있는 권리(「민법」 303조). 전세권은 「민법」상 채권이 아니라 용익물권으로서 등기를 한 경우에만 대항력이 있음.(과세는 등기·등록여부 불문)
	'등기된' 부동산 임차권	부동산 임차권이란 임대차계약에 의하여 사용료를 지급하고 타인의 물건을 사용할 수 있는 권리(「민법」 618조).
주식 또는 출자 지분	상장주식[5] (유가증권시장· 코스닥시장·코넥스시장)	-대주주[3]가 양도하는 주식(주식의 포괄적 교환·이전 등은 제외) -유가증권·코스닥·코넥스 시장 외에서 장외거래하는 경우 -해외주식(외국법인 발행, 외국 증시에 상장된 주식)(2020년 이관) -국내주식 양도차익 중 과세표준 5천만원 초과분(2025년부터 과세→폐지)
	증권예탁증권[5]	자본시장법상 지분증권을 예탁받은 자가 그 증권이 발행된 국가 외의 국가에서 발행한 것으로 그 예탁받은 증권에 관련된 권리가 표시된 것
	비상장주식[5]	**아래 기타자산 해당주식: 기타자산 규정 우선적용(누진세 적용)** 기타자산 아닌 비상장주식은 이 규정 적용하여 과세. 단, 중소기업·중견기업의 소액주주가 장외주식시장에서 양도하는 경우에는 과세제외함.
기타 자산	특정 주식 등[*1] — 부동산 80% 이상 법인의 주식 등	**아래 요건을 모두 충족하는 법인의 주식은 단 1주만 양도해도 기타자산으로 과세(소령 94조①4호 라목, 소령 158조⑧, 소칙 76조)** -골프장·스키장·휴양콘도·전문휴양시설업 영위업종 -부동산비율(직·간접[*4] 보유법인의 부동산보유비율 합산)이 80% 이상인 법인
	특정 주식 등[*1] — 과점주주 법인 주식 등[*2]	아래 요건을 모두 충족하는 법인의 주식은, 과점주주(50% 이상→초과로 개정, 2020.2.11. 양도 분부터)가 3년간 총발행주식의 50% 이상을 과점주주 외의 자에게 양도하는 경우 기타자산으로 과세 -합산기간 중 최초로 양도하는 날 현재 부동산비율이 50% 이상 -합산기간 중 최초로 양도하는 날 현재 50% 이상의 주식 보유
	사업용 고정자산과 함께 양도하는 영업권	다만, '토지, 건물 또는 부동산에 관한 권리'와 함께 양도하지 '않는' 영업권은 '기타소득'으로 과세

구분	과세대상	내용
기타 자산	이축권	다만, 이축권 가액을 별도로 평가하여 구분 신고하는 경우에는 기타소 득으로 과세(2020.1.1. 양도 분부터 적용)
	특정시설물 이용권·회원권	골프·스키장·콘도미니엄·헬스클럽회원권 등을 말함. 시설물이용권이 주된 내용이 되는 법인의 주식·출자지분 포함.
파생 상품*5	2016.1.1. 이후부터 과세	코스피200선물, 코스피200옵션, 미니코스피200선물과 미니코스피 200옵션, 코스피200ELW, 해외 파생상품시장에서 거래되는 파생상품
신탁 수익권	2021년부터 과세	단, 「자본시장법」(110·189조) 상 수익증권 양도는 제외되며, 신탁재산 의 지배·통제권이 사실상 이전되는 경우는 신탁재산 자체의 양도임

*1 80%·50% 비율계산: Max[장부가액, 기준시가]로 계산하며, 이 경우 장부가액은 '세무계산상 장부가액'이므로 자산의 평가와 관련하여 익금·손금에 산입한 금액을 가감함.(기재부 재산-343, 2013.5.16. ; 서면-2022-법규재산-0469, 2022.3.17.)

*2 과점주주법인 주식 등 양도 시 누진세율 적용범위 확대(소령 158조②)

2019.1.1.부터는 과점주주가 과점주주 외의 자에게 50% 이상 양도한 주식 등 중에서, 과점주주 외의 자에게 양도하기 전에 '과점주주 간에 양도·양수'한 주식 등도 기타자산으로 보아 누진세율을 적용함.(과점주주 외의 자에게 50% 이상을 양도한 경우 해당주식 중에서, 과점주주 간 거래된 주식에 대해 누진세율을 적용하여 조세회피를 방지하기 위해 개정)

*3 대주주(법인 제외)의 범위: 기준일은 직전사업연도 종료일(합병·분할·신설법인은 설립등기일)(소령 157조, 167조의8)

구분		대주주(지분율 또는 시가총액 중 어느 하나를 갖춘 자, 종목별 기준임)					
		2018.4.1.~2020.3.31.		2020.4.1.~2023.12.31.		2024.1.1.부터	
		지분율	시가총액	지분율	시가총액	지분율	시가총액
상장 주식	유가증권시장	1% 이상	15억 이상	1% 이상	10억 이상	1% 이상	50억 이상
	코스닥시장	2% 이상	15억 이상	2% 이상	10억 이상	2% 이상	50억 이상
	코넥스시장	4% 이상	10억 이상	좌동		4% 이상	50억 이상
비 상장 주식	장외주식시장에 거래되는 벤처기업	4% 이상	40억 이상	좌동			
	중소·중견기업	4% 이상	15억 이상	4% 이상	10억 이상	좌동	
	그 밖의 비상장법인	4% 이상	15억 이상	4% 이상	10억 이상		

(적용1) 시가총액은 특수관계인분 포함(2023년부터 상장주식 非최대주주는 제외) 금액을 말함.(소령 157조⑦)

1. 주권상장법인 주식 등의 경우에는 주식 등의 양도일이 속하는 사업연도의 직전사업연도 종료일 현재의 최종 시세가액. 다만, 직전사업연도 종료일 현재의 최종시세가액이 없는 경우에는 직전거래일의 최종시세가액.

2. 위 외의 주식 등의 경우에는 기준시가 규정(소령 165조④)에 의한 평가액.

(적용2) 지분율은 특수관계인 분을 포함하며, 과세기간 중 '지분율 기준'에 해당하게 된 경우(소령 157조⑫←④⑤⑥) 직전사업연도 종료일에 '지분율'이 위의 비율 미만이었으나, 그 후 주식을 취득함으로써 위의 비율 이상이 된 경우에는 그 취득일로부터 대주주로 봄.(2023년부터 상장법인 非최대주주는 특수관계인 지분을 제외)

(적용3) 벤처기업의 범위: 「벤처기업육성에 관한 특별조치법」 2조①에 따른 벤처기업(소령 167조의8①나목)

(적용4) 중소기업과 중견기업의 범위: 소액주주·대주주에 따른 과세여부와 세율적용 시 판단.(소령 157조의2)

1. 중소기업은 양도일의 직전 사업연도 종료일(신설법인은 양도일) 현재 「중소기업기본법」에 의한 중소기업.

2. 중견기업은 양도일 현재 조세특례제한법 시행령 4조①에 따른 중견기업을 말함.

*4 보유중인 타법인(B)지분가액뿐만 아니라 "B가 '지배하고 있는 자회사(C)'지분"까지 합산(2020년 양도부터). 'B지분가액×[(B보유 부동산 가액+C지분가액×C보유 부동산 비율)÷B자산총액]'을 합산(소령 158조⑦)

*5 2025년부터 양도소득세가 아니라 '금융투자소득세'를 과세하고 세율은 20%(3억원 초과분 25%) 적용함→폐지

제1장
제2장
제3장
제4장
제5장
제6장
제7장
제8장
제9장
제10장
제11장
제12장
제13장
제14장

04 양도소득세의 비과세

양도소득세에 대한 세금혜택은 크게 비과세와 감면으로 구분된다. 비과세는 소득세법 89조에서, 감면은 조세특례제한법에서 열거하고 있으나, 감면 배제 등의 규정은 소득세법 90·91조 및 조세특례제한법 129조(양도소득세의 감면 배제)·133조(양도소득세 및 증여세 감면의 종합한도)에서 규정하고 있다.

[비과세 또는 감면의 배제 및 제한]

구분	내용	소득세법	조특법
감면세액 계산	감면세액 계산 산식	90조	–
미등기 양도자산	비과세 및 감면 배제	91조①	129조②
실지거래가액 허위 기재(취득·양도 모두 적용)*1~*4	아래 중 적은 금액을 비과세·감면에서 차감 －비과세를 배제했을 경우 산출세액(감면은 감면세액) －실지거래가액과 매매계약서상 거래가액 차액	91조②	129조①
양도소득세 감면 종합한도*5	해당 과세기간별: 1억원 5년 과세기간: 2억원(농지대토는 1억원)	–	133조

*1 다음의 부동산 관련자산이 적용대상임(소법 31조②, 조특법 129조①)

　1. 토지 및 건물(건물부속시설물과 구축물 포함)(소법 94조①1호)

　2. 부동산을 취득할 수 있는 권리, 지상권, 전세권과 등기된 임차권(소법 94조①2호)

*2 2011.7.1. 이후최초로 매매계약하는 분부터 적용(2010.12.27. 개정 소법 부칙 1조·9조, 조특법 부칙 1조·48조)

*3 지방자치단체에는 실지거래가액을 허위로 신고하였으나 납세지 관할세무서장에게는 양도소득 과세표준을 실지거래가액에 맞게 신고하는 경우에도 양도소득세의 비과세 및 감면을 배제함.(법규－410, 2012.4.20.)

*4 과태료 부과(「부동산 거래신고 등에 관한 법률」 28조, 「시행령」 20조 〈별표3〉 2. 다. 참조)

　실거래가액 대비 허위기재금액의 비율에 따라 실지거래가액의 2~10% 과태료 부과: 직접거래시 공동신고이므로 양도·양수자에게 모두 부과하며, 중개업소를 통한 거래는 공인중개사가 신고하며 허위신고 시 동액의 과태료 부과. 허위기재금액의 비율이 10% 미만이면 실지거래가액의 2%, 10~20% 4%, 20~30% 5%, 30~40% 7%, 40~50% 9%, 50% 이상이면 10%(2023.10.19.부터 과태료 부과율 인상)

　과태료 부과 제척기간: 위반일로부터 5년이 경과한 경우 과태료 부과 못함.(「질서위반행위규제법」 19조)

*5 장기임대주택감면 등(이 절 뒷부분(2)의 끝부분 '감면요약표')에는 종합한도를 적용하지 않음.

　해당 토지의 일부를 양도한 날부터 소급하여 1년 이내에 토지를 분할하여 그 일부를 양도하거나 토지의 지분을 양도한 후, 그 양도한 날로부터 2년 이내에 나머지 토지나 그 지분의 전부·일부를 동일인·배우자에게 양도하는 경우에는 1개 과세기간에 양도가 모두 이루어진 것으로 보아 감면 종합한도를 적용.(조특법 133조②, 2024.1.1. 양도분부터 적용)

(보충1)미등기자산(소법 104조③, 소령 168조)

미등기자산이란 토지, 건물, 부동산에 관한 권리를 취득한 자가 취득에 관한 등기를 하지 않고 양도하는 것을 말한다. 다만, 아래의 자산은 미등기자산으로 보지 않는다.

1. 장기할부조건으로 취득한 자산으로서 그 계약조건상 양도 당시 그 자산의 취득에 관한 등기가 불가능한 자산

2. 법률의 규정 또는 법원의 결정에 의하여 양도 당시 그 자산의 취득에 관한 등기가 불가능한 자산

3. 농지의 교환·분합(소법 89조①2호), 대토 농지(조특법 70조①), 8년 이상 자경농지(조특법 69조①)

4. 비과세 대상인 1세대 1주택으로서 「건축법」에 따른 건축허가를 받지 아니하여 등기가 불가능한 자산

5. 「도시개발법」에 따른 도시개발사업이 종료되지 아니하여 토지 취득등기를 하지 아니하고 양도하는 토지

6. 건설업자가 「도시개발법」에 따라 공사용역 대가로 취득한 체비지를 토지구획환지처분공고 전에 양도하는 토지

(보충2)상속에 의한 소유권이전등기를 하지 아니한 자산으로서 「공익사업을 위한 토지 등의 취득 및 보상에 관한 법률」에 따라 사업시행자에게 양도하는 것: 2018.2.13. 이후 양도분부터는 미등기 양도자산에 포함됨.(5호 삭제)

[미등기 양도자산에 대한 세법상 불이익]

1. 양도소득세 비과세와 감면 배제(소법 91조①, 조특법 129조②)
2. 세율을 70% 적용(소법 104조①10호, ③)
3. 양도소득기본공제 배제(소법 103조①1호)
4. 장기보유특별공제 배제(소법 95조②)
5. 필요경비 개산공제율 축소(소령 163조⑥)
   토지·건물: 등기자산 7%, 미등기자산 0.3%
   지상권, 전세권, 등기된 부동산임차권: 등기자산 7%, 미등기자산 1%
   부동산을 취득할 수 있는 권리, 주식 또는 출자지분, 기타자산: 1% 동일 적용
   ☞미등기 주택이라도 토지가 등기됐으면 토지는 1세대 1주택 비과세 됨.(조심 2023중9825, 2024.1.11. 결정)

감면은 일정한 절차와 양식에 따라 신청을 하여야 적용하며, 비과세는 일정한 경우에만 절차·신청이 필요하다.(감면·비과세 신청이 늦어진 경우 감면·비과세 사실이 확인되면 추후라도 감면·비과세 가능함) 즉, 양도소득세 1세대 1주택 비과세를 적용받기 위해서는 거주주택 비과세 관련서류(장기임대주택·장기어린이집: 소령 155조⑳~㉔), 1세대 1주택 특례적용신고서(조합원입주권 소유자: 소령 156조의2⑫~⑭ ; 분양권 소유자: 소령 156조의3⑨~⑪), 농어촌주택 관련 비과세특례신고서(일반주택: 소령 155조⑬⑭ ; 조합원입주권: 소령 156조의2⑭ ; 분양권: 소령 156조의3⑪)를 제출해야 한다. 그리고 '납세자의 협력의무'(국기법 81조의17, 지기법 79조)도 있으므로, 만일 양도소득세 납부에 대한 안내문을 받았을 경우 비과세일지라도 해명자료를 제출하는 건 당연하다.

소득세법에서 열거한 비과세 양도소득은 다음과 같다.(소법 89조①)

1. 파산선고에 의한 처분으로 발생하는 소득
2. 일정한 요건에 해당하는 농지의 교환 또는 분합(分合)으로 발생하는 소득
3. 일정한 요건에 해당하는 1세대가 1주택의 양도로 발생하는 소득
4. 일정한 요건을 갖춘 1세대 1조합원입주권의 양도로 발생하는 소득
5. 「지적재조사에 관한 특별법」에 따른 경계의 확정으로 면적이 감소되어 지급받는 조정금

[입증책임]입증으로 목적을 달성하고자 하는 측에서 그 사실에 대한 입증책임이 있음.

1세대 1주택 양도소득세 비과세요건을 충족하고 있다는 사실에 관하여는 납세의무자에게 입증책임이 있지만(대법원 2005.12.23. 선고 2005두8443 판결 등), 공부상 용도가 주택이 아닌 오피스텔을 사실상 주거용으로 사용하였다는 점에 관한 입증책임은 과세관청에 있다. 즉, 납세의무자가 1주택을 제외한 나머지 건물의 공부상의 용도가 주택이 아니라는 점만 입증하면, 나머지 건물을 '사실상 주거용으로 사용하였다는 점'은 과세관청이 입증하여야 한다. (서울고법 2022누49221, 2022.12.13. 선고 ; 대법 2023두31140, 심리불속행 확정)

---

(1)파산선고에 의한 비과세(소법 89조①1호)

법원의 파산선고에 의한 처분으로 발생하는 소득은 「채무자의 회생 및 파산에 관한 법률」에 따라 파산에 관련된 채권자에게 분배되어야 하므로, 양도소득세를 과세하지 아니한다.

(2)1세대 1주택과 부수토지 비과세(소법 89조①3호)

1)1세대가 1주택을 소유하는 경우로서 일정한 요건을 충족하는 주택

①일반적인 경우

A. 비과세요건

　　1세대 1주택 비과세는 양도자가 '비거주자'인 경우에는 적용되지 않으며(소법 121조②), 비과세는 다음 6가지 요건을 모두 충족하여야 적용된다.(소법 89조①3호 가목, 121조②, 소령 154조①~⑧)

요건	내용	
1. 신분요건	1세대를 구성한 거주자	
2. 1주택 요건	양도일 현재 국내에 1주택 보유	
3. 보유기간 및 거주기간 요건	2년 이상 보유[*1]	일반적인 주택(아래 이외): 취득 당시 비조정지역 주택
	3년 이상 보유[*1]	비거주자가 해당 주택을 3년 이상 계속 보유하고 그 주택에서 거주한 상태로 거주자로 전환된 자가 그 주택을 양도 (이 기간도 보유기간에 통산함. 소령 154조⑧2호)
	2년 이상 보유[*1] 및 2년 이상 거주 (취득당시 중과대상 조정대상지역[*2] 주택, 2017년 8·2 부동산 대책)	**2년 거주요건은 2017.8.3. 이후 취득 분부터 적용**(소령 154조①본문, 2017.9.19. 개정 부칙 2조②) 2021.1.1. 양도 분부터 보유기간(임차기간 불포함) 중 2년 거주(소령 154조⑤, 2019.2.12. 개정 부칙 1조3호)
	3년 이상 보유[*1] 및 2년 이상 거주 (2017년 8·2 부동산 대책)	취득당시 양도세 중과대상 조정지역에 있었던 비거주자가 해당 주택을 3년 이상 보유하고 그 주택에서 거주한 상태로 거주자로 전환된 자가 그 주택을 양도 (이 기간도 보유 및 거주기간에 통산함. 소령 154조⑧2호)
4. 등기요건	양도 시 미등기 양도자산이 아닐 것	
5. 양도가액 요건	고가주택(12억원 초과)은 12억원(2021.12.7. 까지 9억원) 초과분에 대해서는 과세(소령 160조)	
6. 부수토지 요건	건물 정착면적의 도시 외지역은 10배[도시지역은 5배, 2022년부터 수도권 주거·상업·공업지역은 3배(녹지지역은 5배)] 이내 토지	

[*1] 보유기간 계산 강화(소령 154조⑤, 2021.1.1. 이후 양도분부터 적용. 2019.2.12. 개정 부칙 1조3호)⇒폐지
- 해당주택의 취득일부터 기산⇒1세대가 1주택 이상을 보유한 경우 다른 주택들을 모두 처분(양도, 증여, 주거용→업무용 용도변경을 말함)하고 최종적으로 1주택만 보유하게 된 날부터 새로 기산. 다만, 일시적 2주택자 또는 상속·동거봉양 등 부득이한 사유로 인해 1주택 비과세를 받는 주택, 2021.1.1. 현재 1세대 1주택은 제외.
  거주기간(조정대상지역)도 최종 1주택을 보유하게 된 날부터 새로 기산.(기획재정부 재산세제과−35, 2021.1.14)
  ⇒보유·거주기간 재기산제도 폐지(소령 154조⑤단서 삭제, 2022.5.10. 양도분부터 적용)
- 2022.5.9.까지 양도분에 대해서도 특례주택 양도 후 일반주택 양도할 경우, 일반주택 취득일부터 보유기간 계산함(기획재정부 재산세제과−895, 2022.8.5.)
  특례주택(조특법상 감면주택, 소득세법상 상속주택·장기임대주택 등)과 일반주택(거주주택)을 보유한 경우로서, 특례주택을 (과세여부 불문) 양도한 후 일반주택을 양도하는 경우 '일반주택(거주주택) 취득일'을 기산일로 하여 1세대1주택 비과세 보유기간을 계산한다. 또한 조특법에 따라 해당 거주자의 소유주택으로 보지 않는 주택은 구 소령(2022.5.31. 개정 전 소령 154조⑤)에서 규정한 2주택 이상을 보유한 1세대인지 여부를

판단할 경우에도 해당 거주자의 소유주택으로 보지 않는다.

*2 조정대상지역: ☞계약일·잔금일 모두 조정대상지역인 경우를 말함(국세청 '양도소득세 월간 질의' 1·82번 사례)

조정대상지역(「주택법」 63조의2에 따라 국토교통부장관이 공고)뿐만 아니라 지정지역('투기지역'이며 소법 104조의2에 근거하여 기획재정부장관이 공고)·투기과열지구(「주택법」 63조에 따라 국토교통부장관이 공고)는 후술하는 10 세율(중과세율) 부문에서 상세 해설함.(서울 전역은 2016.11.3. 일괄 지정→이후 단계별 해제)

B. 1세대의 범위

'1세대'란 '**거주자 및 그 배우자**'(법률상 이혼을 하였으나 생계를 같이하는 등 사실상 이혼한 것으로 보기 어려운 관계에 있는 사람을 포함, 2019.1.1. 이후 양도분부터 적용)가 그들과 같은 주소 또는 거소에서 생계를 같이하는 거주자 및 그 배우자의 직계존비속(그 배우자를 포함한다) 및 형제자매를 말하며, 취학, 질병의 요양, 근무상 또는 사업상의 형편으로 본래의 주소 또는 거소에서 일시 퇴거한 사람을 포함해 함께 구성하는 가족단위를 말한다.(소법 88조6호)

다만, 아래의 어느 하나에 해당하는 경우에는 배우자가 없어도 1세대로 본다.(소령 152조의3)

1. 해당 거주자의 나이가 30세 이상인 경우

2. 배우자가 사망하거나 이혼한 경우

3. 소득세법상 소득이 「국민기초생활 보장법」에 따른 기준 중위소득의 40% 수준 이상으로서 소유하고 있는 주택 또는 토지를 관리·유지하면서 독립된 생계를 유지할 수 있는 경우. 다만, 미성년자의 경우를 제외하되, 미성년자의 결혼, 가족의 사망 등의 사유로 1세대의 구성이 불가피한 경우에는 그러하지 아니하다.

[1세대의 범위](소통 88-0…4 ← 구 89-154…1)
①생계를 같이하는 가족의 주민등록상 현황과 사실상 현황이 다른 경우에는 사실상 현황에 따른다.
②부부가 각각 세대를 달리 구성하는 경우에도 동일한 세대로 본다.
[부부가 각각 단독세대를 구성하거나 가정불화로 별거한 경우에도 같은 세대로 봄](양도집 88-152의3-3)
[대지·건물을 세대원이 각각 소유하고 있는 경우에도 1세대 1주택으로 봄](소통 89-154…6)
[교회소유 1주택 양도 시 비과세 여부](양도집 89-154-1)
소득세법에 따라 1거주자로 보는 교회가 주택을 양도하는 경우에는 1세대 1주택 비과세 규정이 적용되지 않는다.{1세대는 '거주자'인(소법 88조6호) 자연인과 관련한 개념.}

C. 1주택 판정

[전월세 신고제(임대차 신고제) 2021.6.1. 시행](「부동산거래신고법」 2장의2, 과태료는 2년→4년 유예)
–신고대상: 수도권과 시지역의 보증금 6000만원 또는 월세 30만원을 초과하는 임대차거래
–신고효과: 확정일자 효과 부여, 주거용 오피스텔 등 과세 현실화(1세대 1주택 판정) 등

1. 주택여부 판정

ⓐ**주택 정의 명확화**(2024년부터): 주택은 '세대원이 독립된 주거생활을 할 수 있는 구조', 즉 세대별로 구분된 각각의 공간마다 별도의 출입문, 화장실, 취사시설이 설치되어 있는 구조라야 주택이다. 따라서 고시원·기숙사의 경우 취사시설이 없고 욕실이 개별적으로 설치되지 않은 경우에는 실제로 주거용으로 사용되고 있더라도 주택으로 보지 않는다.(소법 88조7호, 소령 152조의4 신설)

ⓑ**실질과세 원칙**: 1세대 1주택 판정시 주택이란 용도구분에 관계없이 사실상 주거용으로 사용하는 건물을 말한다. 다만, 그 용도가 불분명한 경우에는 공부상의 용도에 의한다.(양도집 89-154…2)

ⓒ**무허가주택**의 비과세 가능 여부: 건축허가를 받지 않거나, 불법으로 건축된 주택이라 하더라도 주택으로 사용할 목적으로 건축된 건축물인 경우에는 건축에 관한 신고여부, 건축완성에 대한 사용검사나 사용승인에 불구하고 주택에 해당되며, 1주택만 소유한 경우에는 1세대 1주택 비과세 규정을 적용받을 수 있다.(양도집 89-154-6)

ⓓ 미등기 건물의 1세대 1주택 비과세여부: 1세대 1주택 비과세요건을 충족하였을 경우에도 미등기상태로 양도한 경우에는 양도소득에 대한 소득세가 과세되며, 이 경우 미등기양도제외자산(소령 168조)에 해당하는 무허가건물 등은 1세대1주택으로 비과세된다.(소통 91-0…1)

ⓔ한울타리 내 **농가주택과 창고** 등이 있는 경우: 사회통념상 농·어업에 필수적인 것으로 인정되는 범위 내의 축사·퇴비사 및 농기구용 창고 등도 농가주택의 일부분으로 보아 1세대 1주택 비과세 여부를 판단한다.(양도집 89-154-10)

ⓕ**오피스텔**도 실제사용 용도에 따라 주택인지 여부를 사실판단한다.(재-재산 46101-40, 2003.2.18.) 용도가 불분명한 오피스텔은 공부상 용도에 따라 판단한다.(조심 2022서0052, 2022.10.27. 결정)

ⓖ공실인 **오피스텔**의 주택 여부: 주택 양도일 현재 공실로 보유하는 오피스텔의 경우 내부시설 및 구조 등을 주거용으로 사용할 수 있도록 변경하지 아니하고 건축법상의 업무용으로 사용승인된 형태를 유지하고 있는 경우에는 주택으로 보지 않으며, 내부시설 및 구조 등을 주거용으로 변경하여 항상 주거용으로 사용 가능한 경우에는 주택으로 본다.(양도집 89-154-13)

ⓗ**전기·수도시설이 철거된 재건축아파트**의 주택 여부: 1세대 1주택 양도소득세 비과세 제도의 취지 및 소득세법 89조②의 입법취지와 조문체계 등에 비추어, 전기·수도시설이 철거된 경우에도 주거용으로서의 잠재적 기능을 여전히 보유한 상태인 재건축아파트는 '주택'에 해당된다.(양도집 89-154-8)

ⓘ주택을 **일시적으로 다른 용도로 사용**하고 있는 경우: 일시적으로 주거가 아닌 다른 용도로 사용되고 있다 하더라도 그 구조·기능이나 시설 등이 본래 주거용으로서 주거용에 적합한 상태에 있고 주거기능이 그대로 유지·관리되고 있어 언제든지 주택으로 사용할 수 있는 건물은 주택으로 본다.(양도집 89-154-9)

ⓙ보유중인 **상가를 용도 변경하여 주택**으로 사용하는 경우: 1세대 1주택자가 소유하던 상가를 용도 변경하여 주택으로 사용하는 때에는 주택으로 용도 변경한 때에 다른 주택을 취득한 것으로 보아 일시적인 1세대 2주택 비과세 특례 규정을 적용한다.(양도집 89-155-7)

ⓚ**펜션**: 펜션을 숙박용역 용도로만 제공하는 경우 주택에 해당하지 않으나 세대원이 해당 건물로 거소 등을 이전하여 주택으로 사용하는 경우에는 겸용주택으로 본다. (양도집 89-154-11)

ⓛ**별장**: 별장 또는 일반건축물로 재산세가 과세되었는지 여부와 관계없이, 그 주택이 '상시 주거'에 사용하지 않았으면 주택이 아니라 별장이다.(재일 46014-2001, 1996.9.) 아파트·연립주택 등은 별장 용도로 사용하였다고 하더라도 '언제든 주택'으로 사용 가능하면 주택에 해당한다.(대법 2018두41051, 2018.7.12. ; 2018두45220, 2018.7.27. 선고 ; 조심 2019서2400, 2019.12.30. 결정)

ⓜ공장 내 **합숙소**의 주택 여부: 사용인의 생활을 위하여 공장에 딸린 건물을 합숙소로 사용하고 있는 경우 해당 합숙소는 주택으로 보지 아니한다.(양도집 89-154-12)

2. 판정 기준일

ⓐ주택의 판정 기준일: 주택에 해당하는지 여부는 '양도일(주택 매매계약일 이후 해당 계약에 따라 주택을 주택 외의 용도로 용도변경하여 양도하는 경우에는 매매계약일. 2025.2.28. 개정) 현재를 기준'으로 판단한다.(소령 154조①, 159조의4)

ⓑ매매특약이 있는 주택의 1세대 1주택 비과세 판정 변천사

2022.10.20.까지 '매매계약일 현재를 기준': 매매계약 후 양도일 이전에 '매매특약'에 의하여 1세대 1주택에 해당하는 주택을 멸실한 경우에는 '매매계약일 현재를 기준'으로 한다.(즉, 1세대 1주택규정 적용이 가능)
{소통 89-154…12(삭제)} ; 양도집 89-154-3}

2022.10.21.부터 '잔금청산일 현재 현황 기준': 기획재정부는 매매특약에 의하여 잔금청산 전 주택을 상가로 용도변경한 경우 잔금청산일 현재 현황에 따라 양도물건을 판정하는 것으로 유권해석을 변경(재산세제과-1322, 2022.10.21.)한 데 이어, 특약에 의해 잔금청산일 전에 주택을 철거하는 경우에도 잔금청산일(양도일) 기준으로 양도물건을 판정하는 것으로 유권해석을 변경(재산세제과-1543, 2022.12.20.)했다.
2025.2.28. 계약 체결분부터(부칙 20조) '용도변경 특약'에 한정하여 '매매계약일 현재를 기준'
(보충)특별한 사정을 고려하여 '매매계약일 기준'을 인정한 심판례: 조심 2024중1920, 2024.6.11. 결정)
☞ '(8년·3년) 이상 자경농지에 대한 양도소득세 감면'에는 매매특약을 고려, 비과세됨.(조특령 66조⑤)

ⓒ주택신축을 위한 나대지를 보유하고 있는 경우: 1세대 1주택을 보유한 자가 다른 주택을 신축하고자 매입한 낡은 주택을 헐고 나대지 상태로 보유하고 있는 기간 동안에, '종전'의 주택을 양도하는 경우 1세대 1주택 비과세를 적용받을 수 있다.(양도집 89-155-5)

ⓓ매수자의 등기지연으로 1세대 2주택이 된 경우: 1세대 1주택을 양도하였으나 동 주택을 매수한 자가 소유권이전등기를 하지 아니하여 1세대 2주택이 된 경우에는, 매매계약서 등에 의하여 1세대 1주택임이 사실상 확인되는 때에는 비과세로 한다.(소통 89-154…5)

3. 부수토지 계산: 주택 멸실 후 나대지 상태로 양도 시는 과세

ⓐ주택정착면적의 기준: 주택정착면적은 건물의 수평투영면적(건물의 위에서 내려다보았을 경우 전체 건물의 그림자면적)을 기준으로 한다.(양도집 89-154-15)

ⓑ2필지로 된 주택에 부수되는 토지의 범위: 지적공부상 지번이 상이한 2필지의 토지 위에 주택이 있는 경우에도 한 울타리 안에 있고 1세대가 거주용으로 사용하는 때에는 주택과 이에 부수되는 토지로 본다.(소통 89-154…7)

ⓒ주택일부의 무허가 정착면적에 부수되는 토지면적 계산: 주택에 부수되는 토지면적은 주택정착면적의 10배{도시지역 내의 토지는 5배. 단, 수도권(녹지지역 제외)은 3배, 2022.1.1. 양도분부터 적용}를 초과하지 아니하는 것으로 주택일부의 무허가 정착면적도 포함하여 계산한다.(소령 154조⑦, 소통 89-154…8)

ⓓ비과세요건을 갖춘 주택의 지분·분할 양도(양도집 89-154-4)

구분		비과세 여부
지분양도		비과세
분할양도	1주택을 2 이상의 주택으로 분할하여 양도 (주택과 토지)	먼저 양도하는 주택과 토지 : 과　세 나중 양도하는 주택과 토지 : 비과세
	주택 전부를 먼저 양도	비과세
	토지 전부를 먼저 양도	과　세

(보충)공익사업에 수용된 경우에는, 분할양도 후 잔존주택을 5년 이내 양도 시 비과세 가능.

4. 1세대 1주택 비과세 판정시 주택 수에서 제외되는 주택(양도집 89-154-5 및 수정보완)

구분		1세대 1주택	적용 조문
주택신축판매업자의 재고주택		제외	소득세법 19조
부동산매매업자의 재고주택		제외	소득세법 19조
장기임대주택(2000.12.31. 이전 임대분)		제외	조세특례제한법 97조
신축임대주택		제외	조세특례제한법 97조의2
지방 미분양주택		제외	조세특례제한법 98조의2
미분양주택		제외	조세특례제한법 98조의3
신축 감면주택		포함	조세특례제한법 99조, 99조의3
농어촌주택		제외	조세특례제한법 99조의4
장기임대주택 (거주주택 요건 강화됨)	장기어린이집(보유요건만 강화)	제외	소득세법 시행령 154조⑩
	장기임대주택: 최초로 거주주택만 비과세(평생 1회로 제한)→ 폐지 (2019부터 과세전환, 2025년 완화)	포함	소득세법 시행령 155조⑳ (거주주택 요건이 '보유' 및 거주로 강화됨, 2019년부터)

D. 공동소유주택의 주택 수 계산

　1주택을 여러 사람이 공동으로 소유한 경우 소득세법 시행령에 특별한 규정이 있는 것 이외는 주택 수를 계산할 때 공동소유자 각자가 그 주택을 소유한 것으로 본다.(소령 154조의2) 그러나 '공동상속주택'의 경우에는 예외적으로 상속지분이 가장 큰 상속인 등 1인만 소유자로 보고 나머지 지분권자들의 주택으로는 보지 않는다.(소령 155조③)

　그리고 1세대 1주택 비과세요건을 갖춘 대지와 건물을 동일한 세대의 구성원이 각각 소유하고 있는 경우에도 이를 1세대 1주택으로 본다.(소통 89-154…6)

E. 다가구주택(「건축법 시행령」〈별표1〉 1호 다목: 3개 층 이하를 주거용, 바닥면적 660㎡이하 19세대 이하 등)

　다가구주택은 한 가구가 독립하여 거주할 수 있도록 구획된 부분을 각각 하나의 주택으로 본다. 다만, 해당 다가구주택을 구획된 부분별로 양도하지 아니하고 하나의 매매단위로 하여 양도하는 경우에는 그 전체를 하나의 주택으로 본다.(소령 155조⑮)

　이 경우 단독주택으로 보는 다가구주택은 그 전체를 하나의 주택으로 보아 고가주택 기준을 적용한다.(소령 156조③)

[부담부증여하는 다가구주택을 하나의 매매단위로 양도 시, 그 전체를 하나의 주택으로 봄]
기재부 조세법령운용과−340, 2022.4.1. ⇐ 종전에는 부담부증여는 증여분을 제외한 주택의 일부를 양도하여 '하나의 매매단위'에 해당하지 않아 공동주택의 양도로 해석.(서면−2020−부동산−4396, 2021.7.20. 등)
[「건축법」상 다가구주택이 아닌 경우 이 특례규정 적용 배제](조심 2018서0684, 2018.4.27. 결정 등 다수)
「건축법 시행령」〈별표1〉에서는 3개층 이하를 주택으로 사용하는 경우(1층의 전부 또는 일부를 필로티 구조로 하여 주차장으로 사용하고 나머지 부분을 주택 이외의 용도로 사용하는 경우에는 층수에 불포함)에 다가구주택 이라고 규정하고 있으므로, 4개 층(옥탑방 포함)을 주택으로 사용하고 있는 쟁점부동산은 1세대 1주택 비과세 특례가 적용되는 다가구주택이 아니라 '다세대주택'임.(조심 2008서0684, 2018.4.27. 등 다수)
다가구주택은 단독주택이고, 아파트·연립주택(바닥면적 660㎡ 초과)·다세대주택(바닥면적 660㎡ 이하, 4개층 이하 주거용 사용, 19세대 초과 가능)은 공동주택임.(「주택법」2조, 「시행령 」2·3조, 「건축법 시행령」〈별표1〉)

F. 겸용주택

하나의 건물이 주택과 주택 외의 부분으로 복합되어 있는 경우와 주택에 딸린 토지에 주택 외의 건물이 있는 경우에는 그 전부를 주택으로 본다.(단, 12억원 초과 고가주택은 주택부분만 주택으로 봄. 2022.1.1. 양도분부터 적용 ☞ 9→12억원 고가주택 인상은 2021.12.8. 양도분부터 적용)

다만, 주택의 연면적이 주택 외의 부분의 연면적보다 적거나 같을 때에는 주택 외의 부분은 주택으로 보지 아니한다. 이 경우에 주택에 딸린 토지는 전체 토지면적에 주택의 연면적이 건물의 연면적에서 차지하는 비율을 곱하여 계산한다.(소령 154조③④)

> 주택면적 〉 주택 이외 면적 ⇒ 전부 주택으로 간주. 단, 12억원 초과 고가주택은 주택부분만 주택으로 봄.
> (소령 160조①본문 괄호, 2022.1.1. 양도분부터 적용, 2020.2.11. 개정 소령 부칙 1조·42조)
> 주택면적 ≤ 주택 이외 면적 ⇒ 주택부분만 주택으로 간주
> **[겸용주택의 고가주택 판정]**(국세청: '양도소득세 월간 질의 Top10', 2022년 4월호, 양도집 89−156−3)
> 주택면적 〉 주택 이외 면적 ⇒ 전체 주택가액 기준. 단, 1세대 1주택 비과세 규정이 적용되지 않는 경우에
> 는 주택 이외의 부분을 제외한 가액 기준(서일 46014−11115, 2003.8.20.)
> 주택면적 ≤ 주택 이외 면적 ⇒ 주택 이외의 부분을 제외한 주택부분 가액 기준

ⓐ하층은 상가, 상층은 거주용인 아파트 건물은 겸용주택으로 보지 아니한다.(소통 89−154…10)
ⓑ겸용주택의 지하실은 실지 사용하는 용도에 따라 판단하는 것이며, 그 사용용도가 명확하지 아니할 경우에는 주택의 면적과 주택 이외의 면적 비율로 안분하여 계산한다.(소통 89−154…11)

G. 보유기간 및 거주기간 요건 및 통산
1. 보유기간 및 거주기간 요건

2년 이상 보유는 주택 및 그에 딸린 토지를 각각 2년 이상 보유한 것을 말하는 것이며, 보유기간은 해당 자산을 취득한 날의 초일을 산입하여 양도한 날까지로 계산한다. 다만, 주택이 아닌 건물을 사실상 주거용으로 사용하거나 공부상의 용도를 주택으로 변경하는 경우 그 보유기간은 해당 자산을 사실상 주거용으로 사용한 날(사실상 주거용으로 사용한 날이 분명하지 않은 경우에는 그 자산의 공부상 용도를 주택으로 변경한 날)부터 양도한 날까지로 하며(소령 154조⑤, 2024.3.1. 시행), 불분명한 경우에는 주민등록등본에 따른 전입일부터 전출일까지의 기간으로 한다.(소령 154조⑥, 양도집 89−154−20)

2. 보유기간 및 거주기간 통산(소령 154조⑧)

1세대 1주택 비과세에 대한 거주기간 또는 보유기간을 계산시 아래 각 호의 기간을 통산한다.

ⓐ거주하거나 보유하는 중에 소실·무너짐·노후 등으로 인하여 멸실되어 재건축한 주택인 경우에는 그 멸실된 주택과 재건축한 주택에 대한 거주기간 및 보유기간

ⓑ비거주자가 해당 주택을 3년 이상 계속 보유하고 그 주택에서 거주한 상태로 거주자로 전환된 경우에는 해당 주택에 대한 거주기간 및 보유기간

ⓒ상속받은 주택으로서 상속인과 피상속인이 상속개시 당시 동일세대인 경우에는 상속개시 전에 상속인과 피상속인이 동일세대로서 '거주'(2018년 신설)하고 '보유'한 기간

> • 상생임대주택에 대한 특례: 1세대 1주택 비과세 판단시 2년 거주요건 면제(←실거주 1년 인정). 주택에 대해 2021.12.20~2026.12.31. 기간 중 임대차계약을 체결하고, 계약금을 수령(소령 155조의3, 2022.2.15. 신설)
> • 같은 세대원간 증여의 경우: 같은 세대원으로서 증여자의 보유 및 거주기간과 증여 후 수증인의 보유 및 거주기간 통산(양도집 89-154-21)
> • 이혼에 따른 재산분할로 취득한 경우: 재산분할 전 배우자가 해당 주택을 취득한 날부터 양도한 날까지 보유 및 거주기간 통산(양도집 89-154-21)
> • 이혼에 따른 위자료로 취득한 경우: 소유권이전등기 접수일부터 양도한 날까지 계산(양도집 89-154-21)
> • 점포를 주택으로 용도변경한 경우: 주택을 점포로 용도 변경하여 사업장으로 사용하다 이를 다시 주택으로 용도 변경한 후 해당 주택을 양도하는 경우, 거주기간 및 보유기간 계산은 해당 건물의 취득일부터 양도일까지의 기간 중 주택으로 사용한 기간을 통산(양도집 89-154-24)
> • 재건축한 주택의 보유 및 거주기간 계산(양도집 89-154-26)

구분	보유 및 거주기간에 포함 여부		
	종전주택	공사기간	재건축주택
소실·노후 등으로 재건축한 경우	포함	포함하지 않음	포함
「도시 및 주거환경정비법」에 따라 재건축한 경우	포함	보유기간에는 포함, 거주기간 포함하지 않음	포함

②보유기간 또는 거주기간 요건을 충족하지 않아도 되는 경우(소령 154조①)

A. 보유기간 및 거주기간 요건을 충족하지 않아도 되는 경우

1. 건설임대주택을 분양받아 양도하는 경우

「민간임대주택에 관한 특별법」에 따른 민간건설임대주택 또는 「공공주택 특별법」에 따른 공공건설임대주택 또는 공공매입임대주택(2022.2.15. 양도분부터 적용)을 취득하여 양도하는 경우로서 해당 건설임대주택 등의 임차일부터 해당 주택의 양도일까지의 기간 중 세대전원이 거주[기획재정부령(소칙 71조③)으로 정하는 취학, 근무상의 형편, 질병의 요양, 그 밖에 부득이한 사유로 '세대의 구성원 중 일부'가 거주하지 못하는 경우를 포함]한 기간이 5년 이상인 경우.

2. 공공사업용으로 양도 및 수용되는 경우

주택 및 그 부수토지(사업인정 고시일 전에 취득한 주택 및 그 부수토지에 한한다)의 전부 또는 일부가 「공익사업을 위한 토지 등의 취득 및 보상에 관한 법률」에 의한 협의매수·수용 및 그 밖의 법률에 의하여 수용되는 경우(그 양도일 또는 수용일부터 5년 이내에 양도하는 그 잔

존주택 및 그 부수토지를 포함).

3. 해외이주 또는 출국으로 양도하는 경우

ⓐ「해외이주법」에 따른 해외이주로 세대전원이 출국하는 경우. 다만, 출국일 현재 1주택을 보유하고 있는 경우로서 출국일부터 2년 이내에 양도하는 경우에 한함.

ⓑ1년 이상 계속하여 국외거주를 필요로 하는 취학 또는 근무상의 형편으로 세대전원이 출국하는 경우. 다만, 출국일 현재 1주택을 보유하고 있는 경우로서 출국일부터 2년 이내에 양도하는 경우에 한함.

4. 1년 이상 거주한 주택을 기획재정부령(소칙 71조③)으로 정하는 취학, 근무상의 형편, 질병의 요양, 그 밖에 부득이한 사유로 양도하는 경우

(보충) 기획재정부령으로 정하는 부득이한 사유(소칙 71조③)

세대의 구성원 중 일부(위 1.의 경우) 또는 세대전원(위 4.의 경우)이 아래의 어느 하나에 해당하는 사유로 다른 시(특별시, 광역시, 특별자치시 및 「제주특별자치도…특별법」에 따라 설치된 행정시를 포함)·군으로 주거를 이전하는 경우(광역시지역 안에서 구지역과 읍·면지역 간에 주거를 이전하는 경우와 특별자치시, 「지방자치법」에 따라 설치된 도농복합형태의 시지역 및 「제주특별자치도…특별법」에 따라 설치된 행정시 안에서 동지역과 읍·면지역 간에 주거를 이전하는 경우를 포함)를 말한다.

ⓐ「초·중등교육법」에 따른 학교(초등학교 및 중학교를 제외, 즉 고등학교만 해당) 및 「고등교육법」에 따른 학교에의 취학

ⓑ직장의 변경이나 전근 등 근무상의 형편

ⓒ1년 이상의 치료나 요양을 필요로 하는 질병의 치료 또는 요양

ⓓ「학교폭력예방 및 대책에 관한 법률」에 따른 학교(초등·중학교도 해당)폭력으로 인한 전학(학교폭력대책자치위원회가 피해학생에게 전학이 필요하다고 인정하는 경우에 한함)

B. 거주기간 요건을 충족하지 않아도 되는 경우

1. 사업자등록과 임대사업자등록을 한 경우→거주기간 특례 폐지(2019년 12·16 부동산 대책)

거주자가 해당 주택을 임대하기 위하여 소득세법 168조①에 따른 등록과 「민간임대주택에 관한 특별법」 5조에 따른 임대사업자등록을 한 경우. 다만, 다음에 해당하면 거주기간 혜택을 적용하지 않는다.

ⓐ「민간임대주택에 관한 특별법」 43조를 위반하여 임대의무기간 중에 해당 주택을 양도하는 경우

ⓑ임대보증금 또는 임대료의 증가율이 5%를 초과하는 경우(2019년 신설)

⇒2019.12.17. 이후 사업자등록·임대사업자등록한 것은 2년 거주요건 부활(2020.2.11.개정,소령 부칙 38조②)

2. 조정대상지역 공고일 이전 매매계약의 체결 및 계약금을 지급한 경우(소령 154조①5호)

거주자가 조정대상지역의 공고가 있은 날 이전에 매매계약을 체결하고 계약금을 지급한 사실이 증빙서류에 의하여 확인되는 경우로서 해당 거주자가 속한 1세대가 계약금 지급일 현

재 주택을 보유하지 아니하는 경우.

2) 1세대가 1주택을 양도하기 전에 2주택 이상을 보유하는 경우로서 일정한 요건에 해당하는 주택

① 비과세 대상의 유형 및 요건

일반적으로 1세대가 2주택 이상을 보유하다 양도하면 1세대 1주택 양도소득세 비과세 규정을 적용받지 못한다. 그러나 아래의 경우에는 1세대 2주택 등이라 하더라도 그 불가피성을 고려하여 1세대가 1주택을 소유한 것으로 보아 양도소득세 비과세 여부를 판단한다.(소령 155조, 양도집 89-155-2)

본 규정은 주택수에 대한 특례이므로 양도하는 종전주택(일반·거주주택)은 앞서 설명한 '1세대 1주택 비과세 기본요건을 충족해야 비과세됨'은 당연하다. 대체취득을 위한 일시적 1세대 2주택 특례의 경우, 종전주택 취득 1년 후 신규주택을 취득하고, 신규주택 취득 후 3년(1·2·5년) 이내에 종전주택을 양도하는 특례는 추가조건인 바, 1세대 1주택 비과세 기본요건인 2년 이상 보유(조정지역에서 2017.8.2.까지 취득, 비조정지역) 또는 2년 이상 보유·거주(조정지역에서 2017.8.3. 이후 취득) 등의 요건을 충족해야 비과세됨은 당연하다.(소통 89-155…1)

유형	비과세특례 적용요건	적용조문
종전주택 + 일반주택	일반주택 취득한 날부터 1년 이상 지난 후 다른 주택을 취득, 다른 주택 취득일로부터 3년(1년, 2년, 5년 등 예외 있음) 이내에 종전주택을 양도하는 경우	소령 155조①⑯⑱
상속주택 + 일반주택	일반주택을 양도하는 경우	소령 155조②
공동상속주택 + 일반주택	일반주택을 양도하는 경우	소령 155조③
일반주택 + 일반주택 (동거봉양 또는 혼인합가)	동거봉양(혼인)합가일부터 10년(5년)이내 먼저 양도하는 주택(2018 개정)	소령 155조④⑤
문화재주택 + 일반주택	일반주택을 양도하는 경우	소령 155조⑥
농어촌주택 + 일반주택	일반주택을 양도하는 경우	소령 155조⑦
수도권 밖 주택 +일반주택	일반주택을 양도하는 경우	소령 155조⑧
장기임대주택 + 거주주택	거주주택을 양도하는 경우	소령 155조⑳
장기어린이집 +거주주택	거주주택을 양도하는 경우	소령 155조⑳
장기저당담보주택 +거주주택	직계존속 동거봉양목적 합가 시 먼저 양도하는 주택	소령 155조의2②
조합원입주권 + 일반주택	조합원입주권 또는 일반주택을 양도하는 경우	소령 156조의2
주택입주권 + 일반주택	일반주택을 양도하는 경우(2021년부터 시행)	소령 156조의3

② 대체취득을 위한 일시적 1세대 2주택 비과세 특례(소령 155조①⑯⑱)

원칙과 예외: 종전 주택 취득 1년 후, 신규 주택 취득 3년 이내	1년	3년	조문
[원칙1]아래 '원칙2' 지역(2주택 모두 조정대상지역)이 아닌 경우 국내에 1주택을 소유한 1세대가 그 주택(종전 주택)을 양도하기 전에 다른 주택을 취득(자가건설 취득 포함)함으로써 일시적으로 2주택이 된 경우: 종전 주택을 취득한 날부터 1년이 지난 후 다른 주택을 취득하고 그 다른 주택을 취득한 날부터 3년 이내에 '2년 이상 보유'한 종전주택을 양도한 경우에 이를 1세대 1주택으로 보아 비과세 적용.	1년	3년	① 전단
[원칙2]조정대상지역 내 '전입요건' 및 '종전주택 양도요건' 강화*: 2년 이내 양도(2018.9.14. 취득부터)→신규주택 취득 후 1년 이내 이사 및 전입신고, 1년 이내 종전주택 양도(2019.12.17. 취득부터 적용. 세대전원 전입요건 예외 인정: 앞 1)②A.4.ⓐ~ⓓ 사유)→2년 이내 양도로 완화. 이사·전입요건은 삭제(2022.5.10. 양도부터)→3년 이내 양도로 완화(2023.1.12. 양도분 부터 적용) 종전주택이 조정대상지역에 있는 상태에서 조정대상지역에 있는 신규주택을 취득(조정대상지역 공고일 이전(공고일 포함)에 신규 주택(취득할 수 있는 권리 포함)을 취득하거나 취득 매매계약을 체결하고 계약금을 지급한 사실이 증빙서류에 의하여 확인되는 경우는 제외)하는 경우에는 2년 이내에 '2년 이상 보유 및 거주'한 종전주택을 양도하여야 이를 1세대 1주택으로 보아 비과세 적용→1년 이내 전입 및 양도(2020.2.11. 이후 양도 분부터 적용). 단, 신규주택에 기존 임차인이 있는 경우 신규주택 취득일로부터 2년을 한도로 전 소유자와 임차인간의 임대차계약 종료시까지 전입기간을 연장함(2019.12.17. 이후 취득분부터 적용. 12·16 부동산 대책) →2년 이내 양도로 완화. 이사·전입요건은 삭제(2022.5.10. 양도분부터 적용) →3년 이내 양도로 완화.(2023.1.12. 양도분부터 적용)	1년	2년 → 1년 → 2년 → 3년	① 전단
[예외1]종전 주택 보유 1년 기준 미적용 혜택 있는 경우 1. 건설임대주택을 분양받아 양도하는 경우 2. 공공사업용으로 협의매수 또는 수용되는 경우(잔존 주택 및 부수토지를 양도일·수용일로부터 5년 이내에 양도하는 것 포함) 3. 기획재정부령(소칙 71조③)으로 정하는 취학, 근무상의 형편, 질병의 요양 등 부득이한 사유로 양도하는 경우(앞 1)②A.4. 참조)	무관	3년	① 후단
[예외2]종전주택 1년 보유 미적용, 3년을 5년으로 연장하는 경우: 수도권에 1주택을 소유한 경우로서(2019.2.12. 이후 양도 분부터 적용), 수도권에 소재한 법인 또는 「국가균형발전 특별법」에 따라 공공기관이 수도권 밖의 지역으로 이전하는 경우로서 법인의 임원과 사용인 및 공공기관의 종사자가 구성하는 1세대가 취득하는 다른 주택이 해당 공공기관 또는 법인이 이전한 시(특별자치시·광역시 및 「제주특별자치도…특별법」에 따라 설치된 행정시를 포함)·군 또는 이와 연접한 시·군의 지역에 소재하는 경우	무관	5년	⑯
[예외3]3년 이내에 종전 주택 양도규정 미적용 혜택 있는 경우: 다른 주택을 취득한 날부터 3년이 되는 날 현재 다음 각 호의 어느 하나에 해당하는 경우로서 해당 각 호의 매각 등의 방법으로 양도하는 경우 1. 한국자산관리공사에 매각을 의뢰한 경우 2. 법원에 경매를 신청한 경우 3. 국세징수법에 따른 공매가 진행 중인 경우 4. 재개발사업, 재건축사업 또는 소규모재건축사업의 시행에 따라 현금으로 청산을 받아야 하는 토지 등 소유자가 사업시행자를 상대로 제기한 현금청산금 지급을 구하는 소송절차가 진행 중인 경우 또는 소송절차는 종료되었으나 해당 청산금을 지급받지 못한 경우 5. 재개발사업, 재건축사업 또는 소규모재건축사업의 토지 등 소유자를 상대로 신청·제기한 수용재결 또는 매도청구소송 절차가 진행 중인 경우 또는 재결이나 소송절차는 종료되었으나 토지 등 소유자가 매도대금 등을 지급받지 못한 경우	1년	무관	⑱

제1장 제2장 제3장 제4장 제5장 제6장 제7장 제8장 제9장 제10장 제11장 제12장 제13장 제14장

* **신규주택**(취득당시 기준)**과 종전주택이 모두 조정대상지역 내에 있을 경우 종전주택 양도 원칙 등**
: 신규주택 취득일로부터 2년(2022.5.10.)→3년(2023.1.12. 양도분부터) 이내에 종전주택 양도로 완화

신규주택 취득시기	'18.9.13. 이전	'18.9.14.~'19.12.16	'19.12.17. 이후('20.2.11.~'22.5.9. 양도)
종전주택 양도기한	3년	2년	1년 이내 양도 및 1년 이내 이사+전입

(보충1)조정대상지역 공고일 이전(공고일 포함)에 신규주택(분양권 포함) 취득(매매계약+계약금지급 입증 포함) 시에는 3년내 종전주택 양도.

(보충2)개정일 전에 신규주택(분양권 포함) 취득(매매계약+계약금지급 입증 포함) 시에는 개정전 기준 적용.

③노부모 봉양을 위한 합가 시 비과세 특례(소령 155조④)

1주택을 보유하고 1세대를 구성하는 자가 1주택을 보유하고 있는 60세 이상의 직계존속(아래의 직계존속을 포함)을 동거봉양하기 위하여 세대를 합침으로써 1세대가 2주택을 보유하게 되는 경우 합친 날부터 10년(2018.2.12.까지 양도분은 5년) 이내에 먼저 양도하는 주택은 이를 1세대 1주택으로 보아 비과세 규정을 적용한다.

1. 배우자의 직계존속을 포함하며, 직계존속 중 어느 한 사람이 60세 미만인 경우를 포함.
2. 「국민건강보험법 시행령」 별표 2(암, 희귀성 질환 등 중대한 질병 등)에 따른 요양급여를 받는 60세 미만의 직계존속(배우자의 직계존속을 포함).(2019년 추가)

④혼인으로 인한 합가시 비과세 특례(소령 155조⑤)

1주택을 보유하는 자가 1주택을 보유하는 자와 혼인함으로써 1세대가 2주택을 보유하게 되는 경우 또는 1주택을 보유하고 있는 60세 이상의 직계존속을 동거봉양하는 무주택자가 1주택을 보유하는 자와 혼인함으로써 1세대가 2주택을 보유하게 되는 경우 각각 혼인한 날부터 5년→10년(2024.11.12. 양도분부터) 이내에 먼저 양도하는 주택은 이를 1세대1주택으로 보아 비과세 규정을 적용한다.

[일시적 대체취득(소령 155조①⑥⑱)**과 혼인 비과세 특례**(소령 155조⑤) **중복적용]**

가. 일반적인 경우: 일시적 대체취득과 혼인 비과세 특례 중복 적용함.

혼인으로 1세대 2주택(A·B주택)이 된 후, 혼인 전 보유하던 주택(B)의 주택재건축사업으로 인하여 조합원입주권을 취득함으로써 1세대 1주택(A)과 1조합원입주권을 소유한 상태에서 새로운 주택(C)을 취득하고, 그 혼인한 날로부터 5년→10년 이내 그리고 새로운 주택을 취득한 날로부터 3년 이내에 해당 조합원입주권을 양도할 때에는 소령 154조①에 따라 비과세를 적용함.(서면-2015-부동산-1200, 2015.8.27.)

나. 혼인 및 대체취득으로 1세대 3주택자인 상태에서 종전주택 양도 시 비과세 적용함

1주택(A주택)을 보유하는 자가 1조합원입주권을 보유한 자와 혼인함으로써 1세대가 1주택과 1조합원입주권을 소유한 상황에서, 이후 공공기관 이전으로 다른 주택(B주택)을 취득하여 일시적으로 1세대 3주택이 된 경우, 혼인한 날로부터 5년→10년 이내에 그리고 B주택을 취득한 날로부터 5년(공공기관 이전의 경우 종전주택 1년 보유 미적용, 3년을 5년으로 연장함. 소령 155조⑯) 이내에 A주택을 양도하는 경우에는 소령 155조에 따른 1세대 1주택의 특례를 적용함.(기획재정부 재산세제과-410, 2016.6.15.)

다. 혼인으로 1세대 2주택이 된 후, 일반주택 취득일 경우에는 특례적용 배제함

2주택 보유자(A·B주택)와 1주택(C주택) 보유자가 혼인하여 혼인 당시 1세대 3주택에 해당하였으나

이 중 1주택(A주택)을 양도한 이후 다시 새로운 주택(D주택)을 취득하여(일시적 대체취득이 아닌 경우임) 다시 1세대 3주택이 된 경우, D주택을 취득한 후 양도하는 나머지 주택(B 또는 C주택)에 대하여는 혼인으로 인한 1세대 1주택 비과세 특례를 적용받을 수 없음.(서면법규과-1246, 2013.11.12.)

☞ **혼인으로 1세대 3주택·조합원입주권·분양권 이상이 된 경우 주택 수 특례**(소령 167조의4⑤, 2021.1.1. 취득한 분양권으로서, 2021.1.1. 양도분부터 적용. 개정 소령 부칙 10조①②)

1주택 또는 1조합원입주권(또는 1분양권) 이상을 보유하는 자가 1주택 또는 1조합원입주권(또는 1분양권) 이상을 보유하는 자와 혼인함으로써 혼인한 날 현재 중과대상 1세대 3주택·조합원입주권·분양권 이상이 된 경우, 그 혼인한 날부터 5년→10년 이내에 해당 주택을 양도하는 경우에는 양도일 현재 양도자의 배우자가 보유한 주택 및 조합원입주권·분양권 수를 차감하여 해당 1세대가 보유한 주택 및 조합원입주권·분양권 수를 계산함. 다만, 혼인한 날부터 5년→10년 이내에 새로운 주택 또는 조합원입주권·분양권을 취득한 경우 해당 주택 또는 조합원입주권·분양권의 취득일 이후 양도하는 주택에는 적용하지 아니함.(위 다.와 같은 논리임.)

⑤상속으로 인한 1세대 2주택 비과세 특례(소령 155조②③)

A. 상속주택과 일반주택의 1세대 2주택 비과세 특례 변천사(소령 155조②)

시행시기	개정내용	개정이유
1998.1.1.	피상속인이 소유하던 1주택에 대해서만 비과세.	다주택 상속 시 협의분할로 각자 비과세를 적용받는 모순 개선
2003.1.1.	1세대 1주택자(무주택자 포함) 상속주택은 비과세⇒과세로 전환 (상속주택 양도 시 취득가액: 상속가액)	대신, 일반주택 양도 시 상속주택은 없는 것으로 간주하여 1세대 1주택 판정.
2008.2.22.	상속주택에 조합원입주권도 포함	조합원입주권을 상속받아 사업시행 완료 후 취득한 '신축주택'
2010.2.18.	동일세대원으로부터 상속받은 주택은 상속주택으로 인정하지 않지만, 동거봉양하기 위해 세대합가인 경우에는 특례 인정. 즉, 합가직계존속을 동거봉양하기 위해 세대를 합친 경우, 합치기 이전부터 보유하던 주택을 양도할 경우에도 비과세특례 적용	동거봉양 활성화를 지원하기 위해, 동일세대 구성원으로부터 세대합가 이전부터 보유하던 주택을 상속받은 경우에도 비과세
2012.2.2.	직계존속 중 어느 한 사람 또는 모두 60세 이상	동거봉양 합가관련 나이 기준 명확화
2013.2.15.	상속받는 시점에서 상속인의 1세대 1주택에 대해서만 비과세특례 적용 사례: 상속개시 당시 동일세대원이 아닌 경우에는 상속주택과 일반주택의 취득순서에 상관없이 비과세요건을 갖춘 일반주택을 양도할 경우 1세대 1주택 비과세 규정을 적용받을 수 있음(부동산-733, 2011.8.22.)	상속받은 주택을 소유한 상태에서, 일반주택을 수차례 취득·양도하는 경우 매번마다 양도세 비과세를 받는 불합리를 개선. 사례: 상속주택을 보유한 상태에서 '일반주택'을 취득하여 양도한 경우는 **후발적 사유**로 과세(국가 승소, 부산고법 2006누2053, 2007.6.15. 선고)
2014.2.21.	일반주택에 조합원입주권도 포함	상속개시 당시 보유한 조합원입주권에 의하여 사업시행 완료 후 취득한 '신축주택'
2018.2.13.	상속개시일부터 소급하여 2년 이내에 피상속인으로부터 증여받은 주택(조합원입주권 포함)은 '일반주택'으로도 보지 않도록 명확히 하여, 상속으로 인한 비과세 특례 적용대상에서 완전 배제	소령 154조에 따른 일반적인 '1세대 1주택' 요건에 따라서만 비과세적용여부가 판정됨. 즉, 상속주택이든(2003년부터 과세) 이 주택이든(일반주택 특례 배제) 먼저 양도 시 무조건 과세됨.
2020.2.11.	상속받은 1주택이 재건축·재개발 등으로 2주택 이상이 된 경우 1주택에 대해서만 적용	1세대1주택 비과세 판정시 제외되는 상속 1주택의 범위 명확화

위와 같은 수차례의 개정을 거쳐 현재의 소득세법 시행령 155조②에서 다음과 같이 규정하고 있다.

【상속받은 주택[조합원입주권·분양권을 상속받아 사업시행 완료 후 취득한 신축주택을 포함하며, 피상속인이 상속개시 당시 2 이상의 주택(상속받은 1주택이 재건축·재개발 등으로 2주택 이상이 된 경우도 해당)을 소유한 경우에는 다음 각 호의 순위에 따른 1주택을 말함]과 그 밖의 주택(상속개시 당시 보유한 주택 또는 상속개시 당시 보유한 조합원입주권·분양권에 의하여 사업시행 완료 후 취득한 신축주택만 해당하며, 상속개시일부터 소급하여 2년 이내에 피상속인으로부터 증여받은 주택 또는 증여받은 조합원입주권·분양권에 의하여 사업시행 완료 후 취득한 신축주택은 제외. 이하 '일반주택'이라 함)을 국내에 각각 1개씩 소유하고 있는 1세대가 일반주택을 양도하는 경우에는 국내에 1개의 주택을 소유하고 있는 것으로 보아 1세대 1주택 비과세 여부를 판단한다.

다만, 상속인과 피상속인이 상속개시 당시 1세대인 경우에는 1주택을 보유하고 1세대를 구성하는 자가 직계존속(배우자의 직계존속을 포함하며, 세대를 합친 날 현재 직계존속 중 어느 한 사람 또는 모두가 60세 이상으로서 1주택을 보유하고 있는 경우만 해당한다)을 동거봉양하기 위하여 세대를 합침에 따라 2주택을 보유하게 되는 경우로서 합치기 이전부터 보유하고 있었던 주택만 상속받은 주택으로 본다.

1. 피상속인이 소유한 기간이 가장 긴 1주택

2. 피상속인이 소유한 기간이 같은 주택이 2 이상일 경우에는 피상속인의 거주기간이 가장 긴 1주택

3. 피상속인이 소유한 기간 및 거주한 기간이 모두 같은 주택이 2 이상일 경우에는 피상속인이 상속개시 당시 거주한 1주택

4. 피상속인이 거주한 사실이 없는 주택으로서 소유한 기간이 같은 주택이 2 이상일 경우에는 기준시가가 가장 높은 1주택(기준시가가 같은 경우에는 상속인이 선택하는 1주택)】(소령 155조②)

> **【대체취득 및 상속 등으로 인하여 1세대 3주택이 된 경우 종전 주택양도에 따른 비과세**
> **(상속주택은 없는 것으로 보고 판단함)】**(소통 89-155…2, 2019.12.23. 개정)
>
> 1. 국내에 1세대 1주택을 소유한 거주자가 종전 주택을 취득한 날부터 1년 이상이 지난 후 새로운 주택을 취득하여 일시 2개의 주택을 소유하고 있던 중 상속, 직계존속을 봉양 또는 혼인하기 위하여 세대를 합침으로써 1세대가 3개의 주택을 소유하게 되는 경우, 새로운 주택을 취득한 날부터 소령 155조①의 종전주택 양도기간 이내에 종전의 주택을 양도하는 경우에는 1세대 1주택의 양도로 보아 1세대 1주택 비과세 여부를 판단한다.
>
> 2. 국내에 1세대 1주택을 소유한 거주자가 상속주택을 취득하여 1세대 2주택이 된 상태에서 상속주택이 아닌 종전 주택을 취득한 날부터 1년 이상이 지난 후 새로운 1주택을 취득함으로써 1세대가 3개의 주택을 소유하게 되는 경우, 새로운 주택을 취득한 날부터 소령 155조①의 종전주택 양도기간 이내에 상속주택이 아닌 종전의 주택을 양도하는 경우에는 1세대 1주택의 양도로 보아 1세대 1주택 비과세 여부를 판단한다.
>
> **【2채의 선순위 상속주택 중 1채를 별도세대에 증여 후 일반주택 양도 시 상속주택 특례적용 가능】**
> 일반주택 1채를 보유한 1세대가 다른 피상속인으로부터 선순위 상속주택을 각각 1채씩 상속받아 선순위 상속주택 2채를 보유한 상태에서, 상속주택 중 1채를 별도세대에 증여한 후 일반주택을 양도하는 경우 (선순위 상속주택이 1채이므로) 상속주택 특례(소령 155조②)를 적용할 수 있음.(기획재정부 재산세제과-1126, 2022.9.14.)
> 🖐 2채의 상속주택을 보유한 상태에서 일반주택을 양도하는 경우에는 상속주택 특례가 적용되지 않음.

【상속주택을 멸실 후 신축한 경우 상속주택으로 간주. 단, 건폐율 이내 부수토지만 인정】

상속받은 농어촌주택을 멸실하고 새로운 주택을 신축한 경우 그 새로운 주택은 상속받은 주택으로 본다.(서면4팀-3113, 2006.9.12.)

다만, 양도소득세를 비과세할 수 있는 주택부수토지의 범위는 '멸실된 상속주택의 정착면적'에 배율[도시외 지역은 10배{도시지역은 5배, 2022.1.1. 양도분부터 수도권 주거·상업·공업지역은 3배{녹지지역은 5배)}]을 곱하여 산정한 면적을 한도로 한다.(서면4팀-2283, 2005.11.23.)

B. 공동상속주택의 소유자 판정(소령 155조③)

공동상속주택[상속으로 여러 사람이 공동으로 소유하는 1주택을 말하며, 피상속인이 상속개시 당시 2 이상의 주택(상속받은 1주택이 재건축·재개발 등으로 2주택 이상이 된 경우도 해당)을 소유한 경우에는 소령 155조②의 순위에 따른 1주택을 말함] 외의 다른 주택을 양도하는 때에는 해당 공동상속주택은 해당 거주자의 주택으로 보지 아니한다. 다만, 상속지분이 가장 큰 상속인의 경우에는 그러하지 아니하며, 상속지분이 가장 큰 상속인이 2명 이상인 경우에는 그 2명 이상의 사람 중 다음 각 호의 순서에 따라 해당 각 호에 해당하는 사람이 그 공동상속주택을 소유한 것으로 본다.

1. 당해 주택에 거주하는 자
2. 최연장자

일반적으로 공동소유 주택은 소유가 각각이 주택을 소유한 것으로 본다.(소령 154조의 2) 그러나 '공동상속주택'의 경우에는 예외적으로 상속지분이 가장 큰 상속인 등 1인만 소유자로 보고 나머지 지분권자들의 주택으로는 보지 않는다. 이 규정 덕분으로 소유자로 보지 않는 상속인들이 1세대 2주택 등으로 인한 세금불이익에서 벗어날 수 있는 것이다.

⑥지정문화재 등으로 인한 1세대 2주택 비과세 특례(소령 155조⑥)

「문화재보호법」에 따른 지정문화재 또는 등록문화재에 해당하는 주택과 일반주택을 국내에 각각 1개씩 소유하고 있는 1세대가 일반주택을 양도하는 경우에는 국내에 1개의 주택을 소유하고 있는 것으로 보아 1세대 1주택 비과세 여부를 판단한다.

⑦농어촌주택으로 인한 1세대 2주택 비과세 특례(소령 155조⑦~⑭)

아래의 어느 하나에 해당하는 주택으로서 「수도권정비계획법」 '수도권' 밖의 지역 중 읍지역(도시지역 안의 지역을 제외) 또는 면지역에 소재하는 주택(농어촌주택)과 그 밖의 주택(일반주택)을 국내에 각각 1개씩 소유하고 있는 1세대가 일반주택을 양도하는 경우에는 국내에 1개의 주택을 소유하고 있는 것으로 보아 1세대 1주택 비과세 규정을 적용한다.

1. 상속받은 주택(피상속인이 취득 후 5년 이상 거주한 사실이 있는 경우에 한함)
2. 이농인(어업에서 떠난 자를 포함)이 취득일 후 5년 이상 거주한 사실이 있는 이농주택
3. 영농 또는 영어의 목적으로 취득한 귀농주택. 다만, 귀농주택에 대해서는 그 주택을 취득한 날부터 5년 이내에 일반주택을 양도하는 경우에 한정하여 적용한다(2016.2.17. 이후 취득분부터 적용).

제1장 제2장 제3장 제4장 제5장 제6장 제7장 제8장 제9장 제10장 제11장 제12장 제13장 제14장

[농어촌주택의 요건](소령 155조⑨~⑪)

구분	농어촌주택의 범위
상속주택	피상속인이 취득 후 5년 이상 거주한 사실이 있는 주택
이농주택	영농 또는 영어에 종사하던 자가 전업으로 인하여 다른 시(「제주특별자치도 …특별법」에 따라 설치된 행정시를 포함)·구(특별시 및 광역시의 구를 말함)·읍·면으로 전출함으로써 거주자 및 그 배우자와 생계를 같이하는 가족 전부 또는 일부가 거주하지 못하게 되는 주택으로서 이농인이 소유하고 있는 주택
귀농주택	영농 또는 영어에 종사하고자 하는 자가 취득(귀농이전에 취득한 것을 포함)하여 거주하고 있는 주택으로서 다음 요건을 모두 갖춘 것 1. 연고지에 소재(단, 2016.2.16. 이전 취득분만 적용) 2. 취득당시에(2019년 개정) 고가주택에 해당하지 않을 것 3. 대지면적이 660㎡ 이내일 것 4. 영농 또는 영어의 목적으로 취득하는 것으로서 다음의 어느 하나에 해당할 것 　가. 1,000㎡ 이상의 농지를 소유하는 자(배우자 포함, 2019년 추가)가 해당 농지소재지에 있는 주택을 취득하는 것일 것 　나. 1,000㎡ 이상의 농지를 소유하는 자(배우자 포함, 2019년 추가)가 해당 농지를 소유하기 전 1년 이내에 해당 농지소재지에 있는 주택을 취 득하는 것일 것 　다. 어업인(「수산업법」에 따른 신고·허가·면허어업자 또는 그 자에게 고용된 어업종사자)이 취득하는 것일 것 5. 세대전원이 이사(기획재정부령으로 정하는 취학, 근무상의 형편, 질병의 요양, 그 밖의 부득이한 사유로 세대의 구성원 중 일부가 이사하지 못하는 경우를 포함)하여 거주할 것 (적용례)귀농으로 인하여 '세대전원'이 농어촌주택으로 이사하는 경우에는 귀농 후 최초로 양도하는 1개의 일반주택에 한하여 적용(소령 155조⑪)

(보충1)귀농주택에 대한 사후관리(소령 155조⑫)

귀농주택 소유자가 귀농일부터 계속하여 3년 이상 영농·영어에 종사하지 아니하거나 그 기간 동안 해당 주택에 거주하지 아니한 경우 그 양도한 일반주택은 1세대1주택으로 보지 아니하며, 해당 귀농주택 소유자는 3년 이상 영농·영어에 종사하지 아니하거나 그 기간 동안 해당 주택에 거주하지 아니하는 사유가 발생한 날이 속하는 달의 말일부터 2개월 이내에 양도소득세를 신고·납부하여야 함.

(보충2)이농주택·일반주택·조합원입주권(또는 분양권)을 각각 1개씩 소유한 경우 일반주택 양도시 특례

이농주택(위 2호)과 일반주택 및 조합원입주권(또는 분양권)을 각각 1개씩 소유하고 있는 1세대가 일반주택을 양도하는 경우에는 일반주택과 조합원입주권(또는 분양권)을 소유하고 있는 것으로 보아 후술하는 ⑫C·D 또는 ⑬A의 규정을 적용함.(소령 156조의2⑪·156조의3⑧. 2021.1.1. 이후 취득한 분양권부터 적용, 소령 부칙 10조)

(보충3)농어촌주택등 2025년 말까지 1채 취득시 고향주택 등은 소유주택에서 제외(조특법 99조의4)

인구감소지역 주택 2024.1.4.~2026.12.31. 취득자에 대한 양도소득세 및 종합부동산세 과세특례(조특법 71조의2)

수도권 밖의 준공 후 미분양주택 2024.1.10.~2025.12.31. 취득자에 대한 양도소득세 및 종합부동산세 과세특례(조특법 98조의9)

⑧**실수요목적으로 수도권 밖 지방주택 취득으로 인한 1세대 2주택 비과세 특례**(소령 155조⑧)

'부득이한 사유'(소칙 71조③)로 취득한 수도권 밖에 소재하는 주택과 일반주택을 국내에 각각 1개씩 소유하고 있는 1세대가, 부득이한 사유가 해소된 날부터 3년 이내에 일반주택을 양도하는 경우에는 국내에 1개의 주택을 소유하고 있는 것으로 보아 1세대 1주택 비과세 여부를 판단한다.

(보충)기획재정부령으로 정하는 부득이한 사유(소칙 71조③)

세대의 구성원 중 일부 또는 세대전원이 아래의 어느 하나에 해당하는 사유로 다른 시(특별시, 광역시, 특별자치시 및 「제주특별자치도…특별법」에 따라 설치된 행정시를 포함)·군으로 주거를 이전하는 경우(광역시지역 안에서 구지역과 읍·면지역 간에 주거를 이전하는 경우와 특별자치시, 「지방자치법」에 따라 설치된 도농복합 형태의 시지역 및 「제주특별자치도…특별법」에 따라 설치된 행정시 안에서 동지역과 읍·면지역 간에 주거를 이전하는 경우를 포함)를 말한다.

ⓐ「초·중등교육법」에 따른 학교(초등학교 및 중학교를 제외, 즉 고등학교만 해당) 및 「고등교육법」에 따른 학교에의 취학

ⓑ직장의 변경이나 전근 등 근무상의 형편

ⓒ1년 이상의 치료나 요양을 필요로 하는 질병의 치료 또는 요양

ⓓ「학교폭력예방 및 대책에 관한 법률」에 따른 학교(초·중·고등학교 모두 해당)폭력으로 인한 전학(학교폭력 대책자치위원회가 피해학생에게 전학이 필요하다고 인정하는 경우에 한함)

⑨(5년 이상)장기임대주택사업자의 거주주택 비과세 특례

[등록임대사업제 제도 대폭 축소]{2020.8.18. 양도 분부터 적용(8.18. 소법, 10.7. 시행령 개정), 7·10 부동산 대책} 단기임대(4년) 및 '아파트' 장기일반 매입임대(8년)는 폐지하고, 그 외 장기임대는 의무기간을 8→10년으로 연장함.(85㎡ 이하 APT는 2023년 복원). 기존 등록된 폐지유형 임대주택은 임대의무기간이 끝나면 자동 말소되고 {자진말소 가능하며 의무임대기간 1/2 충족시 세금추징 않음}, 말소 때까지는 기존의 세금혜택 유지.

A. 장기임대주택을 보유한 상태에서 본인 거주주택 양도 시 비과세 특례(소령 155조⑳전단)

　장기임대주택(5년 이상 민간매입·건설임대주택 및 10년 이상 준공공임대주택 등으로서 임대개시일 현재 기준시가 6억원(수도권 밖 3억원) 이하 등 소령 167조의3①2호에 따른 주택.11(2)②B 참조)과 그 밖의 1주택을 국내에 소유하고 있는 1세대가 아래의 요건을 충족하고 해당 1주택('거주주택')을 양도하는 경우에는 국내에 1개의 주택을 소유하고 있는 것으로 보아 1세대 1주택 비과세 여부를 판단한다. 단, 2019.2.12. 이후 취득 분부터는 생애 한 차례만 거주주택을 최초로 양도하는 경우에만 적용한다.{즉 과거에 임대사업자로서 거주주택 비과세를 한 번이라도 받았다면, 2019.2.12. 이후 취득 분부터는 비과세 제외한다는 뜻임(기재부 재산세제과-192, 2020.2.18.), 2019.2.12. 개정 소령 부칙 7조}→ 2025.2.28. 양도분부터 삭제

1. 거주주택: 보유기간 중(2019.2.12. 이후 취득 분부터 적용. 2019년 개정 소령 부칙 7조) 거주기간(직전거주주택보유주택의 경우에는 소법 168조에 따른 사업자등록과 「민간임대주택에 관한 특별법」에 따른 임대사업자 등록을 한 날 이후의 거주기간을 말함)이 2년 이상일 것(거주주택 비과세는 조정·비조정지역 불문)☞ 12억원 초과분은 일반과세되며 장기보유특별공제 가능{뒤 07(3)1 참조}

2. 장기임대주택: 양도일 현재 소법 168조에 따른 사업자등록을 하고, 장기임대주택을 「민간임대주택에 관한 특별법」에 따라 민간임대주택으로 등록하여 임대하고 있으면서 임대보증금 또는 임대료의 증가율이 5%를 초과하지 않을 것.(2019.2.12. 이후 주택임대차계약을 체결·갱신하는 분부터 적용, 2019.2.12.개정 소령 부칙 6조) 이 경우 임대료 등의 증액 청구는 임대차계약의 체결 또는 증액 후 1년 이내에는 하지 못하고, 임대보증금과 월임대료를 상호 간에 전환하는 경우에는 같은 법 44조④의 전환율{한국은행 기준금리+2.0%(2020.9.28.까지 3.5%를 가산), 「주택임대차보호법 시행령」9조②}을 준용한다.(2020.2.11. 이후 갱신하는 분부터 적용)

만일 1세대가 장기임대주택의 임대기간요건을 충족하기 전에 거주주택을 양도하는 경우에도 비과세 특례를 적용하지만, 이후 임대기간요건을 충족하지 못할 경우 그 사유발생월 말부터 2개월 이내에 양도소득세를 신고·납부하여야 한다.(소령 155조㉑㉒) 그리고 폐지유형 임대등록이 '자동말소'(4년 단기임대 만료, 재건축·재개발, 아파트 장기임대 등 사유)되거나 '의무임대기간(「민간임대주택에 관한 특별법」 43조)의 1/2 이상 임대 후 자진말소'시 임대등록말소(2호 이상 임대시 최초로 등록말소되는 경우를 말함) 후 5년내 1거주주택을 양도하면 비과세 특례를 적용한다.{소령 155조㉓, 2020.8.18. 양도 분부터 적용(2020.10.7. 개정 소령 부칙 3조), 2020년 7·10 부동산 대책}

B. 장기임대주택을 거주주택으로 전환한 주택에 2년 이상 거주 시 비과세 특례

(소령 154조⑩, 155조⑳후단)

거주주택이 다음의 요건에 모두 해당하는 경우에는 직전거주주택의 양도일 후의 기간(즉, 최종적으로 1주택을 보유한 기간, 2019.2.12. 취득분부터 적용)분에 대해서만 국내에 1주택을 보유한 것으로 보아 1세대 1주택 비과세 규정을 적용한다.(소령 154조⑩, 2019.2.12. 개정)

1. 「민간임대주택에 관한 특별법」에 따라 임대주택으로 등록한 사실이 있을 것
2. 해당 주택이 '직전거주주택보유주택'일 것(2019.2.12. 취득 분부터 적용. 개정 소령 부칙 7조)

즉, 해당 거주주택이 「민간임대주택에 관한 특별법」에 따라 민간임대주택으로 등록한 사실이 있고 그 보유기간 중에 양도한 다른 거주주택('직전거주주택', 즉 양도한 다른 거주주택이 둘 이상인 경우에는 가장 나중에 양도한 거주주택을 말함)이 있는 거주주택('직전거주주택보유주택', 즉 직전거주주택에 거주 시 보유하던 주택. 단, 1주택 외의 주택을 모두 양도한 후 1주택을 보유하게 된 경우에 한정함→ 2025.2.28. 양도분부터 삭제)인 경우에는 직전거주주택의 양도일 후의 기간분에 대해서만 국내에 1개의 주택을 소유하고 있는 것으로 보아 1세대 1주택 비과세 규정을 적용한다. 단, 2019.2.12. 이후 취득분부터는 다른 주택들을 모두 양도한 후 최종적으로 1주택을 보유하게 된 경우에 한정하여 이 특례를 적용한다.(155조⑳후단) (2019.2.12. 현재 거주하고 있는 주택 및 이 날 이전에 취득매매계약을 체결하고 계약금을 지급한 사실이 증빙서류에 따라 확인되는 주택은 종전규정에 의함. 2019.2.12. 개정 소령 부칙 12조)→ 2025.2.28. 양도분부터 삭제

[임대주택→거주주택 전환 후 양도 시 비과세 요약](2019.2.12. 이후 취득으로 의무임대기간 충족함)
A주택(거주주택: 장기임대주택사업자라도 최초 1주택은 비과세): 비과세(2년 이상 보유 및 2년 이상 거주 시) ← 2년 이상 거주 →
B주택(직전거주주택): 비과세(최종 1주택 규정 삭제, 2025.2.28. 양도분부터 A주택 양도 이후 기간분은 비과세됨) | ← 임대 → | ← 2년 이상 거주 → |
C주택(직전거주주택보유주택): B주택 양도 이후 기간분 비과세 | ← 임 대 → | ← 2년 이상 거주 → |

⑩장기('가정': 2022.2.15. 삭제하여 범위 확대)어린이집사업자의 거주주택 비과세 특례

A. 장기어린이집을 보유한 상태에서 본인 거주주택 양도 시 비과세 특례(소령 155조⑳ 전단)

장기어린이집(소령 167조의3①8호의2)과 그 밖의 1주택을 국내에 소유하고 있는 1세대가 아래의 요건을 충족하고 해당 1주택('거주주택')을 양도하는 경우에는 국내에 1개의 주택을 소유하

고 있는 것으로 보아 1세대 1주택 비과세 여부를 판단한다.(비과세 횟수 제한 없음)

1. 거주주택: 보유기간 중(2019.2.12. 이후 취득 분부터 적용. 2019.2.12. 개정 소령 부칙 7조) 거주기간 (직전거주주택보유주택의 경우에는 소법 168조에 따른 사업자등록과 「영유아보육법」에 따른 인가를 받은 날 이후의 거주기간을 말함)이 2년 이상일 것

2. 장기어린이집: 양도일 현재 소법 168조에 따라 사업자등록을 하고, 장기어린이집을 운영하고 있을 것

만일 1세대가 장기어린이집의 운영기간요건을 충족하기 전에 거주주택을 양도하는 경우에도 비과세 특례를 적용하지만, 이후 운영기간요건을 충족하지 못할 경우 그 사유발생월 말부터 2개월 이내에 양도소득세를 신고·납부하여야 한다.(소령 155조㉑㉒)

B. 장기어린이집을 거주주택으로 전환한 주택에 2년 이상 거주 시 비과세 특례

(소령 154조⑩, 155조⑳후단)

거주주택이 다음의 요건에 모두 해당하는 경우에는 직전거주주택의 양도일 후의 기간분에 대해서만 국내에 1주택을 보유한 것으로 보아 1세대 1주택 비과세 규정을 적용한다.(소령 154조⑩)

1. 「영유아보육법」에 따른 인가를 받아 가정어린이집으로 사용한 사실이 있을 것

2. 해당 주택이 '직전거주주택보유주택'일 것(2019.2.12. 취득 분부터 적용. 개정 소령 부칙 7조)

즉, 해당 거주주택이 「영유아보육법」에 따른 인가를 받아 장기어린이집(국공립어린이집 포함)으로 사용한 사실이 있고 그 보유기간 중에 양도한 다른 거주주택('직전거주주택', 즉 양도한 다른 거주주택이 둘 이상인 경우에는 가장 나중에 양도한 거주주택을 말함)이 있는 거주주택('직전거주주택보유주택', 즉 직전거주주택에 거주 시 보유하던 주택)인 경우에는 직전거주주택의 양도일 후의 기간분에 대해서만 국내에 1개의 주택을 소유하고 있는 것으로 보아 1세대 1주택 비과세 규정을 적용한다.(155조⑳후단, 그리고, 2019.2.12. 이후 취득 분부터는 다른 주택들을 모두 양도한 후 최종적으로 1주택을 보유하게 된 경우에 한정하여 특례 규정을 적용하는 '장기임대주택'과 달리, 장기어린이집은 종전과 같이 횟수 제한 없이 비과세를 적용한다.)

⑪장기저당담보주택에 대한 비과세 특례(소령 155조의2)

국내에 1주택을 소유한 1세대가 다음의 요건을 모두 갖춘 장기저당담보대출계약을 체결하고 장기저당담보로 제공된 주택('장기저당담보주택')을 양도하는 경우에는 1세대 1주택 비과세의 규정을 적용함에 있어 거주기간의 제한을 받지 아니한다.

1. 계약체결일 현재 주택을 담보로 제공한 가입자가 60세 이상일 것

2. 장기저당담보 계약기간이 10년 이상으로서 만기 시까지 매월·매분기별 또는 그 밖에 기획재정부령이 정하는 방법으로 대출금을 수령하는 조건일 것

3. 만기에 당해 주택을 처분하여 일시 상환하는 계약조건일 것

또한, 1주택을 소유하고 1세대를 구성하는 자가 장기저당담보주택을 소유하고 있는 직계존속

(배우자의 직계존속을 포함)을 동거봉양하기 위하여 세대를 합침으로써 1세대가 2주택을 소유하게 되는 경우 먼저 양도하는 주택에 대하여는 국내에 1개의 주택을 소유하고 있는 것으로 보아 1세대 1주택 비과세의 규정을 적용하되, 장기저당담보주택은 거주기간의 제한을 받지 아니한다.

그러나 1세대가 장기저당담보주택을 계약기간 만료 이전에 양도하는 경우에는 1세대 1주택 비과세의 특례규정을 적용하지 아니한다.

⑫주택과 조합원입주권을 소유한 경우 1세대 1주택의 특례(소령 156조의2)

A. 비과세특례가 적용되는 조합원입주권의 범위(소법 88조9호)

「도시 및 주거환경정비법」에 따른 재건축사업 또는 재개발사업, 「빈집 및 소규모주택 정비에 관한 특례법」에 따른 소규모재건축사업뿐만 아니라 '소규모재개발사업·가로주택정비사업·자율주택정비사업'(2022.1.1. 이후 취득하는 조합원입주권부터 적용)을 시행하는 정비사업조합의 조합원으로서 취득한 것(그 조합원으로부터 취득한 것을 포함, 부수토지 포함)으로 한정한다.

B. '조합입주권(분양권은 비과세 특례 없음) 양도'에 대한 비과세 특례(소법 89조①4호)

조합원입주권을 1개 보유한 1세대[「도시 및 주거환경정비법」에 따른 관리처분계획의 인가일 및 「빈집 및 소규모주택 정비에 관한 특례법」에 따른 사업시행계획인가일(인가일 전에 기존주택이 철거되는 때에는 기존주택의 철거일) 현재 1세대 1주택 양도소득세 비과세요건을 갖춘 기존주택을 소유하는 세대]가 다음의 어느 하나의 요건을 충족하여 양도하는 경우 해당 조합원입주권을 양도하여 발생하는 소득. 다만, 해당 조합원입주권의 양도 당시의 실지거래가액의 합계액이 12억원(소령 155조⑰)을 초과하는 부분에 대해서는 양도소득세를 과세한다.(2022.1.1. 이후 취득한 분양권 소유자에 대한 조합입주권 비과세 배제는 2022.1.1. 이후 취득하는 조합원입주권부터 적용, 소법 부칙 7조)

1. 양도일 현재 다른 주택 또는 2022.1.1. 이후 취득한(소법 부칙 7조③) 분양권을 보유하지 아니할 것

2. 양도일 현재 1조합원입주권 외에 1주택(해당 1조합원입주권과 1주택 외에 2022.1.1. 이후 취득한 다른 분양권을 소유하지 아니한 경우에 한한다)을 소유한 경우로서 해당 1주택 또는 1분양권을 취득한 날부터 3년 이내에 해당 조합원입주권을 양도할 것(3년 이내에 양도하지 못하는 경우로서 소령 155조⑱으로 정하는 사유에 해당하는 경우를 포함)

(보충)다른 주택을 취득한 날부터 3년이 되는 날 현재 다음 어느 하나에 해당하는 경우(소령 155조⑱)

1. 한국자산관리공사에 매각을 의뢰한 경우
2. 법원에 경매를 신청한 경우
3. 국세징수법에 따른 공매가 진행 중인 경우
4. 재개발사업 등의 시행으로 현금으로 청산을 받아야 하는 토지 등 소유자가 사업시행자를 상대로 제기한 현금청산금 지급을 구하는 소송절차가 진행 중인 경우 또는 소송절차는 종료되었으나 해당 청산금을 지급받지 못한 경우
5. 재개발사업, 재건축사업 또는 소규모재건축사업의 시행으로 「도시 및 주거환경정비법」 제73조 또는 「빈집 및 소규모주택 정비에 관한 특례법」 제36조에 따라 사업시행자가 「도시 및 주거환경정비법」 2조9

호 또는 「빈집 및 소규모주택 정비에 관한 특례법」 2조6호에 따른 토지등소유자("토지등소유자")를 상대로 제기한 매도청구소송 절차가 진행 중인 경우 또는 소송절차는 종료되었으나 토지등소유자가 해당 매도대금을 지급받지 못한 경우(2020.2.11. 신설)

C. 조합입주권 외의 '종전주택 양도'에 대한 비과세 특례(소법 89조②단서: C~K 같음)

(일시적 2주택자의 신주택이 입주권으로 전환된 후 종전주택 양도 시에는 적용 배제. 부동산-455, 2010.3.24.)

가. 조합입주권 취득 후 3년 이내에 종전주택을 양도하는 경우(소령 156조의2③)

국내에 1주택을 소유한 1세대가 그 주택('종전주택')을 양도하기 전에 조합원입주권을 취득함으로써 일시적으로 1주택과 1조합원입주권을 소유하게 된 경우, 종전주택을 취득한 날부터 1년 이상이 지난 후에 조합원입주권을 취득하고 그 조합원입주권을 취득한 날부터 3년 이내에 종전주택을 양도하는 경우[3년 이내에 양도하지 못하는 경우로서 기획재정부령(소칙 75조, 위 보충 1~3호와 같음)으로 정하는 사유에 해당하는 경우를 포함]에는 이를 1세대1주택으로 보아 1세대 1주택 비과세 여부를 판단한다.

> **(보충)**종전주택을 취득한 날부터 1년 이상이 지난 후에 조합입주권을 취득하는 요건을 적용하지 않는 경우(소령 156조의2③단서)
>
> 1. 「민간임대주택에 관한 특별법」 2조2호에 따른 민간건설임대주택 또는 「공공주택 특별법」 2조1호의2에 따른 공공건설임대주택을 취득하여 양도하는 경우로서 해당 건설임대주택의 임차일부터 해당 주택의 양도일까지의 기간 중 세대전원이 거주(소칙 71조③에 규정한 취학, 근무상의 형편, 질병의 요양, 그 밖에 부득이한 사유로 세대의 구성원 중 일부가 거주하지 못하는 경우를 포함. 앞 ⑧ 참조)한 기간이 5년 이상인 경우(소령 154조①1호)
> 2. 주택 및 그 부수토지(사업인정 고시일 전에 취득한 주택 및 그 부수토지에 한함)의 전부 또는 일부가 「공익사업을 위한 토지 등의 취득 및 보상에 관한 법률」에 의한 협의매수·수용 및 그 밖의 법률에 의하여 수용되는 경우(그 양도일 또는 수용일부터 5년 이내에 양도하는 그 잔존주택 및 그 부수토지를 포함)(소령 154조①2호 가목)
> 3. 1년 이상 거주한 주택을 소칙 71조③(앞 ⑧ 참조)에 규정한 취학, 근무상의 형편, 질병의 요양, 그 밖에 부득이한 사유로 양도하는 경우(소령 154조①3호)

나. 조합입주권 취득 후 3년 지난 후 종전주택을 양도하는 경우(소령 156조의2④)

국내에 1주택을 소유한 1세대가 그 주택을 양도하기 전에 조합원입주권을 취득함으로써 일시적으로 1주택과 1조합원입주권을 소유하게 된 경우, 조합원입주권을 취득한 날부터 3년이 지나 종전주택을 양도하는 경우로서 다음의 요건을 모두 갖춘 때에는 이를 1세대 1주택으로 보아 비과세 여부를 판단한다.

1. 재개발사업 등에 따라 취득하는 주택이 완성된 후 3년(←2년, 2023.1.11.까지) 이내에 그 주택으로 세대전원이 이사[소칙 75조의2(71조③ 준용. 앞 ⑧ 참조)이 정하는 취학, 근무상의 형편, 질병의 요양 그 밖의 부득이한 사유로 세대의 구성원 중 일부가 이사하지 못하는 경우를 포함]하여 1년 이상 계속하여 거주할 것
2. 재개발사업 등에 따라 취득하는 주택이 완성되기 전 또는 완성된 후 3년(←2년, 2023.1.11.까지) 이내에 종전의 주택을 양도할 것
3. 종전주택 취득 후 1년 이상이 지난 후에 조합원입주권 취득(2022.2.15. 취득 입주권부터 적용)

D. 주택에 대한 재개발사업 등의 시행기간 동안 거주하기 위하여 '대체주택'을 취득·양도한 경우 비과세 특례(소령 156조의2⑤)

다음의 요건을 모두 갖추어 대체주택을 양도하는 때에는 이를 1세대 1주택으로 보아 비과세 여부를 판단한다. 이 경우 보유기간 및 거주기간의 제한을 받지 아니한다.

1. 재개발사업 등의 사업시행인가일 이후 대체주택을 취득하여 1년 이상 거주할 것
2. 재개발사업 등의 관리처분계획 등에 따라 취득하는 주택이 완성된 후 3년(←2년, 2023.1.11.까지) 이내에 그 주택으로 세대전원이 이사[소칙 75조의 2(71조③ 준용, 앞 ⑧ 참조)으로 정하는 취학, 근무상의 형편, 질병의 요양, 그 밖에 부득이한 사유로 세대원 중 일부가 이사하지 못하는 경우를 포함]하여 1년 이상 계속하여 거주할 것. 다만, 주택이 완성된 후 2년 이내에 취학 또는 근무상의 형편으로 1년 이상 계속하여 국외에 거주할 필요가 있어 세대전원이 출국하는 경우에는 출국사유가 해소(출국한 후 3년 이내에 해소되는 경우만 해당함)되어 입국한 후 1년 이상 계속하여 거주하여야 함.
3. 재개발사업 등의 관리처분계획 등에 따라 취득하는 주택이 완성되기 전 또는 완성된 후 3년(←2년, 2023.1.11.까지) 이내에 대체주택을 양도할 것

> 기획재정부는 대체주택에 대해 비과세 받으려면 양도시점이 아니라 대체주택을 '취득하는 시점'을 기준으로 1세대1주택이어야 한다고 해석을 변경.(기획재정부 재산세제과−1270, 2023.10.23.)

E. 상속받은 조합원입주권과 '일반주택'을 국내에 각각 1개씩 소유하고 있는 1세대가 일반주택을 양도하는 경우(소령 156조의2⑥)

상속받은 조합원입주권(피상속인이 상속개시 당시 주택 또는 분양권을 소유하지 아니한 경우의 상속받은 조합원입주권만 해당하며, 피상속인이 상속개시 당시 2 이상의 조합원입주권을 소유한 경우에는 다음 각 호의 순위에 따른 1조합원입주권만 해당함)과 그 밖의 주택(상속개시 당시 보유한 주택 또는 상속개시 당시 보유한 조합원입주권·분양권에 의하여 사업시행 완료 후 취득한 신축주택만 해당하며, 상속개시일부터 소급하여 2년 이내에 피상속인으로부터 증여받은 주택 또는 조합원입주권·분양권에 의하여 사업시행 완료 후 취득한 신축주택은 제외함. '일반주택'이라 함)을 국내에 각각 1개씩 소유하고 있는 1세대가 일반주택을 양도하는 경우에는 국내에 1개의 주택을 소유하고 있는 것으로 보아 1세대 1주택 비과세 여부를 판단한다. 다만, 상속인과 피상속인이 상속개시 당시 1세대인 경우에는 1주택을 보유하고 1세대를 구성하는 자가 직계존속(배우자의 직계존속을 포함하며, 세대를 합친 날 현재 직계존속 중 어느 한 사람 또는 모두가 60세 이상으로서 1주택을 보유하고 있는 경우만 해당함)을 동거봉양하기 위하여 세대를 합침에 따라 2주택을 보유하게 되는 경우로써 합치기 이전부터 보유하고 있었던 주택이 조합원입주권으로 전환된 경우에만 상속받은 조합원입주권으로 본다.

1. 피상속인이 소유한 기간(주택 소유기간과 조합원입주권소유기간을 합한 기간을 말함)이 가장 긴 1조합원입주권
2. 피상속인이 소유한 기간이 같은 조합원입주권이 2 이상일 경우에는 피상속인이 거주한 기간(주택에 거주한 기간을 말함)이 가장 긴 1조합원입주권
3. 피상속인이 소유한 기간 및 피상속인이 거주한 기간이 모두 같은 조합원입주권이 2 이상일

경우에는 상속인이 선택하는 1조합원입주권

F. 상속주택(상속주택 또는 무주택자의 조합입주권·분양권)과 일반주택·조합입주권을 각각 1
개씩 소유하고 있는 1세대가 '일반주택'을 양도하는 경우 비과세 특례(소령 156조의2⑦)
　다음 1.호의 주택 또는 2.호의 조합원입주권 또는 4.호의 분양권과 상속 외의 원인으로 취득
한 주택("일반주택") 및 상속 외의 원인으로 취득한 조합원입주권을 국내에 각각 1개씩 소유하고
있는 1세대가 일반주택을 양도하는 경우에는 국내에 일반주택과 상속 외의 원인으로 취득한 조합
원입주권을 소유하고 있는 것으로 보아 위 C·D의 규정을 적용한다. 이 경우 C의 규정을 적용받
는 일반주택은 상속개시 당시 보유한 주택(상속개시일부터 소급하여 2년 이내에 피상속인으로부터 증여받
은 주택 또는 조합원입주권이나 분양권에 의하여 사업시행 완료 후 취득한 신축주택은 제외)으로 한정한다.

1. 상속받은 주택[피상속인이 상속개시 당시 2 이상의 주택을 소유한 경우에는 소령 155조②(앞 ⑤A 참조)
　의 순위에 따른 1주택에 한함]
2. 피상속인이 상속개시 당시 주택 또는 분양권을 소유하지 아니한 경우의 상속받은 조합원입주권
　(피상속인이 상속개시 당시 2 이상의 조합원입주권을 소유한 경우에는 위 E의 순위에 따른 1조합원입주권에 한함)
3. 공동상속조합원입주권의 경우에는 다음의 순서에 따라 소유한 것으로 본다.
　ⓐ상속지분이 가장 큰 상속인
　ⓑ해당 공동상속조합원입주권의 재개발사업, 재건축사업 또는 소규모재건축사업의 관리처
　　분계획등의 인가일(인가일 전에 주택이 철거되는 경우에는 기존 주택의 철거일) 현재 피
　　상속인이 보유하고 있었던 주택에 거주했던 자
　ⓒ최연장자
4. 피상속인이 상속개시 당시 주택 또는 조합원입주권을 소유하지 아니한 경우의 상속받은 분
　양권[피상속인이 상속개시 당시 2 이상의 분양권을 소유한 경우에는 소령 156조의3④의 순위(1. 피상속인
　이 소유한 기간이 가장 긴 1분양권, 2. 피상속인이 소유한 기간이 같은 분양권이 2 이상일 경우에는 상속인
　이 선택하는 1분양권)에 따른 1분양권에 한함, 이어지는 ⑬B 참조)(2021년 신설)
5. 공동상속분양권의 경우에는 다음의 순서에 따라 소유한 것으로 본다.(2021년 신설)
　ⓐ상속지분이 가장 큰 상속인
　ⓑ최연장자

G. 동거봉양하기 위하여 세대를 합칠 경우 '최초양도주택' 비과세 특례(소령 156조의2⑧)
　아래 1.에 해당하는 자가 2.호에 해당하는 자를 동거봉양하기 위하여 세대를 합침으로써 1세대
가 1주택과 1조합원입주권, 1주택과 2조합원입주권, 2주택과 1조합원입주권, 2주택과 2조합원
입주권 등을 소유하게 되는 경우 합친 날부터 10년 이내에 먼저 양도하는 주택('최초양도주택')이
3.~5.에 따른 주택 중 어느 하나에 해당하면 이를 1세대 1주택으로 보아 비과세 여부를 판단한다.

제1장 제2장 제3장 제4장 제5장 제6장 제7장 제8장 제9장 제10장 제11장 제12장 제13장 제14장

1. 다음 각 목의 어느 하나를 소유하고 1세대를 구성하는 자
   ⓐ1주택
   ⓑ1조합원입주권 또는 1분양권
   ⓒ1주택과 조합원입주권 또는 분양권 1개
2. 다음의 어느 하나를 소유하고 있는 60세 이상의 직계존속(배우자의 직계존속 포함, 직계존속 중 어느 한 사람이 60세 미만인 경우를 포함)
   ⓐ1주택
   ⓑ1조합원입주권 또는 1분양권
   ⓒ1주택과 조합원입주권 또는 분양권 1개
3. 합친 날 이전에 위 1.ⓐ 또는 2.ⓐ에 해당하는 자가 소유하던 주택
4. 합친 날 이전에 위 1.ⓒ 또는 2.ⓒ에 해당하는 자가 소유하던 주택. 다만, 다음의 어느 하나의 요건을 갖춘 경우에 한한다.
   ⓐ합친 날 이전에 소유하던 조합원입주권(합친 날 이전에 최초양도주택을 소유하던 자가 소유하던 조합원입주권을 말함. '합가전 조합원입주권')이 관리처분계획 등의 인가로 인하여 최초 취득된 것('최초 조합원입주권')인 경우에는 최초양도주택이 그 재개발사업 등의 시행기간 중 거주하기 위하여 사업시행인가일 이후 취득된 것으로서 취득 후 1년 이상 거주하였을 것
   ⓑ합가전 조합원입주권이 매매 등으로 승계취득된 것인 경우에는 최초양도주택이 합가전 조합원입주권을 취득하기 전부터 소유하던 것일 것
   ⓒ최초양도주택이 합가전 분양권을 취득하기 전부터 소유하던 것일 것(2021년 신설)
5. 합친 날 이전에 1.나. 또는 2.나.에 해당하는 자가 소유하던 1조합원입주권 또는 1분양권에 의하여 관리처분계획 등 또는 사업시행 완료에 따라 합친 날 이후에 취득하는 주택

H. 혼인으로 세대를 합칠 경우 '최초양도주택' 비과세 특례(소령 156조의2⑨)
　아래 1.에 해당하는 자가 1.호에 해당하는 자와 혼인함으로써 1세대가 1주택과 1조합원입주권, 1주택과 2조합원입주권, 2주택과 1조합원입주권, 2주택과 2조합원입주권 등을 소유하게 되는 경우 혼인한 날부터 10년(←5년, 2024.11.11.까지) 이내에 먼저 양도하는 주택('최초양도주택')이 2.~4.에 따른 주택 중 어느 하나에 해당하면 이를 1세대 1주택으로 보아 비과세 여부를 판단한다.
1. 다음의 어느 하나를 소유하는 자
   ⓐ1주택
   ⓑ1조합원입주권 또는 1분양권
   ⓒ1주택과 조합원입주권 또는 분양권 1개
2. 혼인한 날 이전에 1.ⓐ에 해당하는 자가 소유하던 주택
3. 혼인한 날 이전에 1.ⓒ에 해당하는 자가 소유하던 주택. 다만, 다음 의 어느 하나의 요건을 갖

준 경우에 한한다.

ⓐ혼인한 날 이전에 소유하던 조합원입주권(혼인한 날 이전에 최초양도주택을 소유하던 자가 소유하던 조합원입주권을 말함. '혼인전 조합원입주권 등')이 최초 조합원입주권인 경우에는 최초 양도주택이 그 재개발사업 등의 시행기간 중 거주하기 위하여 사업시행인가일 이후 취득된 것으로서 취득 후 1년 이상 거주하였을 것

ⓑ혼인전 조합원입주권이 매매 등으로 승계취득된 것인 경우에는 최초양도주택이 혼인전 조합원입주권을 취득하기 전부터 소유하던 것일 것

ⓒ최초양도주택이 합가 전 분양권을 취득하기 전부터 소유하던 것일 것(2021년 신설)

4. 혼인한 날 이전에 1.ⓑ에 해당하는 자가 소유하던 1조합원입주권 또는 1분양권에 의하여 관리처분계획 등 또는 사업시행 완료에 따라 혼인한 날 이후에 취득하는 주택

I. 지정문화재 등 주택과 일반주택·조합입주권이 있는 경우(소령 156조의2⑩)

지정문화재 도는 등록문화재에 해당하는 주택(소령 155조⑥, 앞⑥ 참조)에 해당하는 주택과 일반주택 및 조합입주권을 국내에 각각 1개씩 소유하고 있는 1세대가 일반주택을 양도하는 경우에는 국내에 일반주택과 조합입주권을 소유하고 있는 것으로 보아 위 C, D의 규정을 적용한다.

J. 농어촌주택 중 이농주택과 일반주택·조합입주권이 있는 경우(소령 156조의2⑪)

농어촌주택 중 이농주택(소령 155조⑦2호, 앞 ⑦ 참조)과 일반주택 및 조합입주권을 국내에 각각 1개씩 소유하고 있는 1세대가 일반주택을 양도하는 경우에는 국내에 일반주택과 조합입주권을 소유하고 있는 것으로 보아 위 C, D의 규정을 적용한다.

K. 조합원입주권 소유자 1세대1주택 특례적용신고서 제출(소령 156조의2⑫)

위 A~J의 규정을 적용받고자 하는 자는 조합원입주권 소유자 1세대1주택 특례적용신고서를 양도소득세 과세표준 신고기한 내에 다음 각 호의 서류와 함께 제출하여야 한다.

1. 주민등록증 사본(주민등록표에 의하여 확인할 수 없는 경우에 한한다)

2. 조합원입주권으로 전환되기 전의 주택의 토지 및 건축물대장등본. 다만, D(F~H의 규정에 따라 D를 적용받는 경우를 포함)의 규정을 적용받는 자에 한한다.

3. 그 밖에 기획재정부령(소칙 103조①)이 정하는 서류

L. 과세사유 발생 시 말일부터 2개월 이내에 자진 신고·납부(소령 156조의2⑬⑭)

위 C.2 또는 D의 규정을 적용받은 1세대(F 규정에 따라 C.나 또는 D의 규정을 적용받은 1세대를 포함)가 C.나.1 또는 C.나.2의 요건을 충족하지 못하게 된 때에는 그 사유가 발생한 날이 속하는 달의 말일부터 2개월 이내에 주택 양도당시 C.나 또는 D를 적용받지 아니할 경우에 납

부하였을 세액을 양도소득세로 신고·납부하여야 한다.

⑬주택과 분양권을 소유한 경우 1세대1주택의 특례(소법 89조②단서, 소령 156조의3, 2021년 신설)
[분양권 관련 1세대1주택 비과세 판정(소법89조②, 소령 156조의3) 및 중과세율 적용은 2021.1.1. 이후 공급
계약, 매매·증여 등으로 취득한 분양권부터 적용함, 2020.8.18. 개정 소법 부칙 4조]
A. 분양권 외의 종전주택 양도에 대한 비과세 특례(앞 ⑫C와 유사)
가. 종전주택 취득 1년 후 분양권 취득, 분양권 취득 후 3년 이내 '종전주택' 양도(소령 156조의3①②)
　　국내에 1주택을 소유한 1세대가 그 주택('종전의 주택')을 양도하기 전에 분양권을 취득함으로써 일시적으로 1주택과 1분양권을 소유하게 된 경우 종전의 주택을 취득한 날부터 1년 이상이 지난 후에 분양권을 취득하고 그 분양권을 취득한 날부터 3년 이내에 종전의 주택을 양도하는 경우[3년 이내에 양도하지 못하는 경우로서 소칙 75조(1. 한국자산관리공사에 매각을 의뢰한 경우, 2. 법원에 경매를 신청한 경우, 3. 국세징수법에 따른 공매가 진행 중인 경우)로 정하는 사유에 해당하는 경우를 포함]에는 이를 1세대1주택으로 보아 비과세 여부를 판단한다.
(보충)종전주택을 취득한 날부터 1년 이상이 지난 후 분양권을 취득하는 요건을 적용하지 않는
　　경우(소령 156조의3②단서, 앞 ⑫C가.보충과 같음)
나. 분양권 취득 후 3년이 지나 '종전주택'을 양도하는 일정한 경우(소령 156조의3③)
　　국내에 1주택을 소유한 1세대가 그 주택을 양도하기 전에 분양권을 취득함으로써 일시적으로 1주택과 1분양권을 소유하게 된 경우 분양권을 취득한 날부터 3년이 지나 종전의 주택을 양도하는 경우로서 다음 각 호의 요건을 모두 갖춘 때에는 이를 1세대1주택으로 보아 비과세 여부를 판단한다.
1. 주택에 대한 공급계약에 따라 취득하는 주택이 완성된 후 3년(←2년, 2023.1.11.까지) 이내에 그 주택으로 세대전원이 이사[소칙 75의2(71조③ 준용, 앞 ⑧ 참조)이 정하는 취학, 근무상의 형편, 질병의 요양 그 밖의 부득이한 사유로 세대의 구성원 중 일부가 이사하지 못하는 경우를 포함]하여 1년 이상 계속하여 거주할 것
2. 주택에 대한 공급계약에 따라 취득하는 주택이 완성되기 전 또는 완성된 후 3년(←2년, 2023.1.11.까지) 이내에 종전의 주택을 양도할 것
3. 종전주택 취득 후 1년 이상이 지난 후에 조합원입주권 취득(2022.2.15. 취득 입주권부터 적용)

B. 상속받은 분양권과 일반주택을 국내에 각각 1개씩 소유하고 있는 1세대가 '일반주택'을 양
　　도하는 경우(소령 156조의3④, 앞 ⑫E와 유사)
　　상속받은 분양권[피상속인이 상속개시 당시 주택 또는 조합원입주권을 소유하지 않은 경우의 상속받은 분양권만 해당하며, 피상속인이 상속개시 당시 2 이상의 분양권을 소유한 경우에는 다음 각 호의 순위에 따른 1분양권만 해당하고, 공동상속분양권(상속으로 여러 사람이 공동으로 소유하는 1분양권을 말함)의 경우에는 아래 C.5호에 해당하는 사람이 그 공동상속분양권을 소유한 것으로 봄]과 그 밖의 주택(상속개시 당시 보유

한 주택 또는 상속개시 당시 보유한 조합원입주권 또는 분양권에 의하여 사업시행 완료 후 취득한 신축주택만 해당하며, 상속개시일부터 소급하여 2년 이내에 피상속인으로부터 증여받은 주택 또는 조합원입주권이나 분양권에 의하여 사업시행 완료 후 취득한 신축주택은 제외함. '일반주택')을 국내에 각각 1개씩 소유하고 있는 1세대가 일반주택을 양도하는 경우에는 국내에 1개의 주택을 소유하고 있는 것으로 보아 비과세 여부를 판단한다. 다만, 상속인과 피상속인이 상속개시 당시 1세대인 경우에는 1주택을 보유하고 1세대를 구성하는 자가 직계존속(배우자의 직계존속을 포함하며, 세대를 합친 날 현재 직계존속 중 어느 한 사람 또는 모두가 60세 이상으로서 1주택을 보유하고 있는 경우만 해당)을 동거봉양하기 위하여 세대를 합침에 따라 2주택을 보유하게 되는 경우로써 합치기 이전부터 보유하고 있었던 분양권만 상속받은 분양권으로 본다(아래 C.4호에서 같다).

ⓐ피상속인이 소유한 기간이 가장 긴 1분양권

ⓑ피상속인이 소유한 기간이 같은 분양권이 2 이상일 경우에는 상속인이 선택하는 1분양권

C. 일반주택 및 상속 외의 원인으로 취득한 분양권을 국내에 각각 1개씩 소유하고 있는 1세대가 '일반주택'을 양도하는 경우(소령 156조의3⑤, 앞 ⑫F와 유사)

제1호의 주택 또는 제2호의 조합원입주권 또는 제4호의 분양권과 상속 외의 원인으로 취득한 주택('일반주택') 및 상속 외의 원인으로 취득한 분양권을 국내에 각각 1개씩 소유하고 있는 1세대가 일반주택을 양도하는 경우에는 국내에 일반주택과 상속 외의 원인으로 취득한 분양권을 소유하고 있는 것으로 보아 위 A의 비과세규정을 적용한다. 이 경우 위 A의 비과세규정을 적용받는 일반주택은 상속개시 당시 보유한 주택(상속개시일부터 소급하여 2년 이내에 피상속인으로부터 증여받은 주택 또는 조합원입주권이나 분양권에 의하여 사업시행 완료 후 취득한 신축주택은 제외)으로 한정한다.

1. 상속받은 주택. 이 경우 피상속인이 상속개시 당시 2 이상의 주택을 소유한 경우에는 소령 155조②(앞 ⑤A 참조)의 순위에 따른 1주택에 한한다.

2. 피상속인이 상속개시 당시 주택 또는 분양권을 소유하지 아니한 경우의 상속받은 조합원입주권. 이 경우 피상속인이 상속개시 당시 2 이상의 조합원입주권을 소유한 경우에는 소령 156조의2⑥(앞 ⑫E 참조)의 순위에 따른 1조합원입주권에 한한다.

3. 공동상속조합원입주권의 경우에는 다음의 순서에 따라 해당하는 사람이 소유한 것으로 본다.

ⓐ상속지분이 가장 큰 상속인

ⓑ해당 공동상속조합원입주권의 재개발사업, 재건축사업 또는 소규모재건축사업의 관리처분계획등의 인가일(인가일 전에 주택이 철거되는 경우에는 기존 주택의 철거일) 현재 피상속인이 보유하고 있었던 주택에 거주했던 자

ⓒ최연장자

4. 피상속인이 상속개시 당시 주택 또는 조합원입주권을 소유하지 아니한 경우의 상속받은 분양권. 이 경우 피상속인이 상속개시 당시 2 이상의 분양권을 소유한 경우에는 위 B의 순위에

따른 1분양권에 한한다.

5. 공동상속분양권의 경우에는 다음 각 목의 순서에 따라 해당 각 목에 해당하는 사람이 그 공동상속분양권을 소유한 것으로 본다.
　ⓐ상속지분이 가장 큰 상속인
　ⓑ최연장자

D. 동거봉양하기 위하여 세대를 합치거나 혼인한 경우(소령 156조의3⑥, 앞 ⑫G·H와 유사)

　1주택 또는 1분양권 이상을 보유한 자가 1주택 또는 1분양권 이상을 보유한 자를 동거봉양하기 위하여 세대를 합친 경우 또는 1주택 또는 1분양권 이상을 보유한 자가 1주택 또는 1분양권 이상을 보유한 자와 혼인한 경우로써 1세대가 1주택과 1분양권, 1주택과 2분양권, 2주택과 1분양권 또는 2주택과 2분양권 등을 소유하게 되는 경우는 소령 156조의2⑧항(앞 ⑫G 참조) 또는 ⑨항(앞 ⑫H 참조)의 규정에 따른다.

E. 지정문화재 등 주택과 일반주택·분양권이 있는 경우(소령 156조의3⑦, 앞 ⑫I와 유사)

　지정문화재 또는 등록문화재에 해당하는 주택(소령 155조⑥)에 해당하는 주택과 일반주택 및 분양권을 국내에 각각 1개씩 소유하고 있는 1세대가 일반주택을 양도하는 경우에는 국내에 일반주택과 분양권을 소유하고 있는 것으로 보아 위 A의 규정을 적용한다.

F. 농어촌주택 중 이농주택과 일반주택·분양권이 있는 경우(소령 156조의3⑧, 앞 ⑫J와 유사)

　농어촌주택 중 이농주택(소령 155조⑦2호)과 일반주택 및 분양권을 국내에 각각 1개씩 소유하고 있는 1세대가 일반주택을 양도하는 경우에는 국내에 일반주택과 분양권을 소유하고 있는 것으로 보아 위 A의 규정을 적용한다.

G. 분양권 소유자 1세대1주택 특례적용신고서 제출(소령 156조의3⑨, 앞 ⑫K와 유사)

　위 A~F의 규정을 적용받고자 하는 자는 분양권 소유자 1세대1주택 특례적용신고서를 양도소득세 과세표준 신고기한 내에 다음 각 호의 서류와 함께 제출하여야 한다.
　ⓐ주민등록증 사본(주민등록표에 의하여 확인할 수 없는 경우에 한한다)
　ⓑ주택 공급계약서　　ⓒ그 밖에 기획재정부령이 정하는 서류

H. 과세사유 발생 시 말일부터 2개월 이내에 자진 신고·납부(소령 156조의3⑩⑪, 앞 ⑫L과 유사)

　위 A.나.의 규정을 적용받은 1세대(C·E·F의 규정에 따라 A.나.의 규정을 적용받은 1세대를 포함)가 A.나.1호의 요건을 충족하지 못하게 된 때에는 그 사유가 발생한 날이 속하는 달의 말일부터 2개월 이내에 양도소득세 차액을 신고·납부하여야 한다.

[주택에 대한 조세특례제한법상 양도소득세 감면 및 특례 요약](*1은 '비거주자'도 해당)

구분	법조문	취득시기 등	내용
인구감소지역주택	71조의2	2024.1.4.~2026.12.31	공시가 4억 이하, 양도·종부세 특례
장기임대주택	97조	1986.1.1.~2000.12.31	5호 이상 국민주택을 5년 이상 임대
신축임대주택	97조의2	1999.8.20.~2001.12.31	2호 이상 국민주택(1호 신축주택 포함해야)
장기일반민간임대주택*2	97조의3	2014.1.1.~2020.12.31. (2027.12.31.까지 연장)	국민주택규모 이하, 8년간 의무임대 매입임대 2020, 건설임대 2024년까지 등록분에 한함.
장기임대주택 장특공제*1*2	97조의4	2014.1.1. 신설	기준시가 6억원(수도권 밖 3억) 이하
장기일반민간임대주택*3	97조의5	2015.1.1.~2018.12.31	국민주택, 10년간 의무임대, 100% 감면
임대회사 현물출자	97조의6	2015.1.1.~2017.12.31	현물출자 대가는 전액 주식이어야 함
임대업자에게 토지 양도	97조의7	2016.1.1.~2018.12.31	10% 세액감면
서울시 밖의 미분양주택	98조	1995.11.1.~1998.12.31.	미분양 국민주택을 취득하여, 5년 이상 보유·임대 후 양도 시 세율 특례
수도권 밖의 미분양주택	98조의2	2008.11.3.~2010.12.31.	분양평수제한 없음. 단기양도라도 누진세율 적용, 주택수 무제한 적용
서울시 밖의 미분양주택*4	98조의3	2009.2.12.~2010.2.11.	수도권 과밀억제권역: 149㎡(대지 660). 지방: 주택(대지)평수제한 없음
비거주자가 주택 취득*1	98조의4	2009.3.16.~2010.2.11.	미분양주택: 5년내 100%(60%) 감면 일반주택: 10% 감면
수도권 밖의 미분양주택*1*4	98조의5	2010.5.14.~2011.4.30.	5년간 세액의 60~100% 감면 단기양도 시 누진세율 적용
준공후미분양주택*1	98조의6	2011.3.29. 미분양, 2011 임대차계약 체결	사업주체 등: 2년 이상 임대 거주자 등: 5년 이상 임대 주택 연면적: 149㎡(45평) 이하
미분양주택	98조의7	2012.9.24.~2012.12.31.	취득가액 9억원 이하. 최초 계약자에 한함.
준공후미분양주택	98조의8	2015.1.1.~2015.12.31.	6억원, 연면적 135㎡ 이하, 5년간 50% 공제
수도권 밖 준공후미분양주택	98조의9	2024.1.10.~2025.12.31.	6억원, 전용 85㎡ 이하, 양도·종부세 특례
신축주택	99조	1998.5.22.~1999.12.31.	고가주택 제외, 5년간 양도세 면제
신축·미분양주택*1	99조의2	2013.4.1.~2013.12.31.	6억원 또는 85㎡ 이하 주택, 5년간 면제
신축주택	99조의3	2001.5.23.~2003.6.30.	국민주택(수도권 외), 5년간 면제
농어촌·고향주택	99조의4	2003.8.1.~2025.12.31.	취득기준시가 3억원(한옥은 4억) 이내, 3년 보유

*2 중복적용 배제 규정 추가(2019.1.1. 이후 양도분부터, 조특법 97조의3② 신설)

　장기일반민간임대주택 등에 대한 장기보유특별공제 특례(8~10년: 50%, 10년 이상: 70% 인정, 조특법 97조의3)와 임대주택에 대한 장기보유특별공제 추가 공제(6년 이상 임대 시에는 2~10% 추가 인정, 조특법 97조의4)에 대해 중복적용 배제. 장기보유특별공제 특례는 임대사업자 등록 이후의 임대기간으로 한정하고(조특령 97조의3④, 2020년 7·10 부동산 대책), 공동명의 1호 임대시(지분양수도 후 포함)에도 적용(기획재정부 재산세제과−766, 2020.9.3.)

*3 2020.8.18. 「민간임대주택법」 개정으로 '아파트'는 장기일반민간주택(8년→10년 강화)에서 제외하고(법 2조 5호), 단기임대주택(4년)은 폐지 및 장기로 전환이 불가하므로(부칙 5조), 이들은 10년 임대기간을 충족할 수 없어 특례적용 불가능.(2020.7.11.부터 적용, 7·10 부동산 대책)→85㎡ 이하 APT 10년 임대는 2023년 복원?

*4 농어촌특별세도 비과세함. 나머지는 '감면세액×20%'의 농특세는 부담함(농특세법 4조, 농특세령 4조⑥1호).

(보충)이 표의 감면은 양도소득세 감면 종합한도(해당과세기간 1억원, 5년 과세기간 2억원) 적용제외.(조특법 133조)

(3)농지의 교환 또는 분합(分合)으로 인한 비과세(소법 89조①2호)

  농지의 교환이라 함은 합리적인 농지관리 및 경작을 위하여 자기의 농지와 타인의 농지를 서로 바꾸는 것을 말하며, 농지의 분합이라 함은 농지의 일부를 타인에게 주고 타인 소유 농지의 일부를 자기 소유로 합병하는 행정처분을 말한다.

  '농지'란 (지목이) 논, 밭, 과수원으로서 지적공부(地籍公簿)의 지목과 관계없이 실제로 경작에 사용되는 토지를 말한다. 이 경우 농지의 경영에 직접 필요한 농막, 퇴비사, 양수장, 지소(池沼), 농도(農道) 및 수로(水路) 등에 사용되는 토지를 포함한다.(소법 88조 8호) 일례로 직접 공부상의 지목에 관계없이 실제로 경작에 사용되는 과수원을 포함한다.(조특통 69-66…1)

【농지의 정의】(「농지법」)

 2조(정의) "농지"란 다음 각 목의 어느 하나에 해당하는 토지를 말한다.

 가. 전·답, 과수원, 그 밖에 법적 지목을 불문하고 실제로 농작물 경작지 또는 대통령령으로 정하는 다년생식물 재배지로 이용되는 토지. 다만, 「초지법」에 따라 조성된 초지 등 대통령령으로 정하는 토지는 제외한다.

> 「농지법」 2조1호 가목 본문에서 "대통령령으로 정하는 다년생식물 재배지"란 다음 각 호의 어느 하나에 해당하는 식물의 재배지를 말한다.(「농지법 시행령」 2조①)
> 1. 목초·종묘·인삼·약초·잔디 및 조림용 묘목
> 2. 과수·뽕나무·유실수 그 밖의 생육기간이 2년 이상인 식물
> 3. 조경 또는 관상용 수목과 그 묘목(조경목적으로 식재한 것을 제외한다)

 나. 가목의 토지의 개량시설과 가목의 토지에 설치하는 농축산물 생산시설로서 대통령령으로 정하는 시설의 부지

---

1)비과세를 위한 금액요건(소령 153조①본문)
  교환 또는 분합하는 쌍방 토지가액의 차액이 가액이 큰 편의 1/4 이하인 경우를 말한다.

2)교환·분합하는 사유(소령 153조 ① 각호)
1. 국가 또는 지방자치단체가 시행하는 사업으로 인하여 교환 또는 분합하는 농지
2. 국가 또는 지방자치단체가 소유하는 토지와 교환 또는 분합하는 농지
3. 「농어촌정비법」「농지법」「한국농어촌공사 및 농지관리기금법」「농업협동조합법」에 의하여 교환 또는 분합하는 농지
4. 경작상 필요에 의하여 교환하는 농지. 다만, 교환에 의하여 새로이 취득하는 농지를 3년 이상 농지소재지에 거주하면서 경작하는 경우에 한한다.

[농지소재지란](소령 153조③)

'농지소재지'라 함은 아래의 어느 하나에 해당하는 지역을 말함(따라서 1호 또는 2호의 경우에는 30km 요건과 무관하게 재촌 간주). 경작개시 당시에는 당해 지역에 해당하였으나 행정구역의 개편 등으로 이에 해당하지 아니하게 된 지역을 포함함.

1. 농지가 소재하는 시(「제주특별자치도 설치 및 국제자유도시 조성을 위한 특별법」에 따라 설치된 행정시를 포함)·군·구(자치구인 구를 말함) 안의 지역
2. 제1호의 지역과 연접한 시·군·구 안의 지역
3. 농지로부터 직선거리 30km(2015.2.2. 이전 양도분은 20km) 이내에 있는 지역: 해당 농지의 소재지로부터 농지소유자의 거주지(시·군·구의 경계선 아님)까지의 거리를 기준으로 함(대법 2010두3794, 2010.6.24. 선고)

[3년 경작기간의 특례]

1. 새로운 농지의 취득후 3년 이내에 「공익사업을 위한 토지 등의 취득 및 보상에 관한 법률」에 의한 협의매수·수용 및 그 밖의 법률에 의하여 수용되는 경우에는 3년 이상 농지소재지에 거주하면서 경작한 것으로 본다.(소령 153조⑤)
1-2. 농지 교환·분합 및 대토 후 수용 시의 경작기간 통산 여부

   농지 교환·분합(소법 89조①2호) 및 농지대토(조특법 70조)의 규정에 의하여 농지를 교환·분합 및 대토한 경우로서 새로이 취득하는 농지가 「공익사업을 위한 토지 등의 취득 및 보상에 관한 법률」에 의한 협의매수·수용 및 그 밖의 법률에 의하여 수용되는 경우에 있어서는 교환·분합 및 대토 전의 농지에서 경작한 기간을 당해 농지에서 경작한 기간으로 보아 '자경농지에 대한 양도소득세 감면'의 규정을 적용한다.(조특령 66조⑥, 1994.12.31. 신설)
2. 새로운 농지 취득 후 3년 이내에 농지 소유자가 사망한 경우로서 상속인이 농지소재지에 거주하면서 계속 경작한 때에는 피상속인의 경작기간과 상속인의 경작기간을 통산한다.(소령 153조⑥)

(보충)자경기간의 판정 시 타소득으로 인한 경작기간 불인정 규정 적용제외

1. 관련규정(조특령 66조⑭을 2014.2.21. 신설하여 2014.7.1. 이후 양도분부터 시행, 2020.2.11. 확대)
2. 농지의 교환 또는 분합으로 인한 비과세에는 적용 않음

   위 규정은 '조세특례제한법'에 있는 제한이므로 원칙적으로 소득세법에서 별도로 준용하는 조문이 없으면 적용되지 않는다. 일례로 '비사업용 토지'(농지) 판정 시에는 소령 168조의8①에서 조특령을 준용하도록 2016년 개정하여 2016.2.17. 이후 양도분부터 적용되지만, 농지의 교환·분합으로 인한 비과세에서는 별도의 적용조문이 없기 때문.

3)비과세 제외되는 농지(소령 153조④)

정책목적상 농지라 하더라도 개발이익 등이 기대되는 특정한 경우에는 일정기간이 지나면 세법상 농지로 보지 않으므로 세금 혜택을 받을 수 없다.

1. 주거지역·상업지역·공업지역 안의 농지로서 이들 지역에 편입된 날부터 3년이 지난 농지
2. 환지예정지

또한 농지 양도소득세 비과세를 규정한 소득세법과 제반 감면을 규정한 조세특례제한법 간에 일부 차이가 있는 바, 이 내용은 이어지는 05절에서 해설한다.(소령 153조④, 소칙 70조, 조특령 66조④, 조특칙 27조③④⑤)

05 양도소득세의 감면(조세특례제한법)

농지 등에 대한 양도소득세 등 감면에 대해서는 종합한도가 적용되며[1년간 1억원 및 5년간 2억원(농지대토는 1억원), 조특법 133조], 농어촌특별세의 과세여부(감면세액의 20% 또는 비과세)도 다르다. 이를 요약하면 아래 표와 같다.

구분	조특법	종합한도	농특세 과세
8년(3년) 이상 자경농지에 대한 양도세 감면	69조	O	X
8년 이상 축사용지(축사 포함)에 대한 양도세 감면	69조의2	O	X
8년 이상 어업용 토지 등(건물 포함)에 대한 양도세 감면	69조의3	O	X
10년 이상 자경산지에 대한 양도세 감면	69조의4	O	X
4년 이상 자경한 농지대토에 대한 양도세 감면	70조	O	X
공익사업용 토지 등(건물 포함)에 대한 양도세 감면	77조	O	O*
대토보상(공익사업용 토지로 보상)에 대한 양도세 과세특례	77조의2	O	O
개발제한구역 지정에 따른 매수대상 토지 등에 대한 양도세 감면	77조의3	O	O
국가에 양도하는 산지 등에 대한 양도세 감면(2023년부터 일몰종료)	85조의10	O	O
영농자녀 등이 증여받는 농지 등에 대한 증여세 감면(5년간 1억원)	71조	O	X

* 조특법 69조①에 따른 거주자가 직접 경작한 토지(8년 이상 경작요건은 적용 않음)는 비과세.(농특령 4조①1호)

그러나 농지라 하더라도 개발이익 등이 기대되는 아래의 경우에는 일정기간이 지나면 세법상 농지로 보지 않으므로 세금 혜택을 받을 수 없다. 또한 농지 양도소득세 비과세를 규정한 소득세법과 제반 감면을 규정한 조세특례제한법 간에 일부 차이가 있는 바, 이를 일괄적으로 정리하면 다음과 같다.(소령 153조④, 소칙 70조, 조특령 66조④, 조특칙 27조③④⑤)

[주거지역 등으로 편입된 '농지'('어업용 토지 등'과 '산지' 포함)에 대한 세법상 적용]

구분		소법	조특법
주거지역 등으로 편입된 농지	**[원칙]**편입 후 3년이 지난 농지는 농지로 보지 않음. 양도일 현재 특별시·광역시(광역시에 있는 군을 제외)·특별자치시(특별자치시에 있는 읍·면지역 제외)·특별자치도(「제주특별자치도…특별법」에 따라 설치된 행정시의 읍·면지역 제외) 또는 시지역(읍·면지역 제외)에 있는 농지 중 「국토의 계획 및 이용에 관한 법률」에 의한 주거지역·상업지역·공업지역 안의 농지로서 이들 지역에 편입된 날부터 3년이 지난 농지: 농지 불인정	O	O
	[예외1]대규모개발사업지역에 편입된 후 3년 지난 경우: 농지 인정 사업시행지역 안의 토지소유자가 1천명 이상이거나 사업시행면적이 100만㎡(「택지개발촉진법」에 의한 택지개발사업 또는 「주택법」에 의한 대지조성사업의 경우로서 당해 개발사업시행면적이 10만㎡) 이상인 대규모개발사업지역 안에서 대규모개발사업의 시행으로 인하여 주거지역·상업지역·공업지역에 편입된 농지로서 사업시행자의 단계적 사업시행 또는 보상지연으로 이들 지역에 편입된 날부터 3년이 지난 경우: 농지 인정	O	O
	[예외2]사업시행자가 공공기관인 경우: 보상 지연 등 사유에 기인 사업시행자가 국가, 지방자치단체, 공공기관, 지방직영기업·지방공사·지방공단인 개발사업지역 안에서 개발사업의 시행으로 인하여 주거지역·상업지역·공업지역에 편입된 농지로서 '사업 또는 보상이 지연된 경우로서 그 책임이 해당 사업시행자에게 있다고 인정되는 사유'에 해당하는 경우: 농지 인정	O	O

		X	O
	[예외3]대규모개발사업지역에서 단계적 사업시행 등으로 3년 경과시 주거지역·상업지역 및 공업지역에 편입된 농지로서 편입된 후 3년 이내에 대규모개발사업이 '시행되고', 대규모개발사업 시행자의 단계적 사업시행 또는 보상지연으로 이들 지역에 편입된 날부터 3년이 지난 경우: 농지 인정(대규모개발사업지역 안에 있는 경우로 한정함)	X	O
환 지 예 정 지	[원칙]환지예정지 지정일부터 3년이 지난 농지는 농지로 보지 않음 「도시개발법」 또는 그 밖의 법률에 따라 환지처분 이전에 농지 외의 토지로 환지예정지를 지정하는 경우에는 그 환지예정지 지정일부터 3년이 지난 농지: 농지 불인정	O	O
	[예외]환지청산금에 해당하는 부분: 3년이 경과하더라도 농지로 인정	X	O

(보충)대규모개발사업이 이미 시행된 경우[예외3] 및 환지청산금[예외]의 규정은 '영농을 계속'하도록 장려하기 위한 '농지의 교환 또는 분합에 따른 양도소득세 비과세'에서 적용될 여지가 없어 소득세법에서는 규정하지 않고 있음.

(1)자경농지에 대한 양도소득세의 감면(조특법 69조)

농지 소재지 거주자가 8년 이상 자경한 농지를 양도하는 경우에 그 양도소득세의 100%를 세액감면한다. 단, 경영이양 직접지불보조금의 대상이 되는 농지를 한국농어촌공사 또는 농업법인에 2026년 12월 31일까지 양도하는 경우에는 자경기간 요건이 3년으로 단축된다.

1)주체

'양수인'은 원칙적으로 제한이 없으나, 경영이양 직접지불보조금(조특령 66조③)의 대상이 되는 농지를 양도하여 3년 이상 자경요건을 요구하는 경우('3년 이상 자경요건')에는 한국농어촌공사 또는 농업법인(영농조합법인 및 농업회사법인)에게 양도한 경우에 한한다.(조특법 69조①, 조특령 66조②)

그러나 '양도인'은 아래의 요건을 갖추어야 한다.(조특령 66조①)

소득세법상 거주자	농지 양도일 현재 거주자(소법 1조의2①1호)이어야 함. 단, 비거주자가 된 날로부터 2년 이내에 양도하는 경우에는 감면을 허용함. 양도일 현재 농지이고 당해 농지 보유기간 동안에 8년(3년) 이상 농지소재지에 거주하면서 자기가 직접 경작한 사실이 있는 경우를 말하므로, 양도일 현재 농지소재지에 거주하지 아니한 경우에도 감면대상이 됨(조특통 69-0…4)
재촌요건	자경기간 동안 다음의 어느 하나에 거주하여야 함(따라서 1호 또는 2호의 경우에는 30km 요건과 무관하게 재촌 간주). 경작개시 당시에는 당해 지역에 해당하였으나 행정구역의 개편 등으로 이에 해당하지 아니하게 된 지역을 포함함. 1. 농지가 소재지 동일한 시(세종·제주·서귀포시 포함)·군·구(자치구를 말함) 2. 그와 연접한 시·군·구: 행정구역상 동일한 경계선을 사이에 두고 서로 붙어 있는 것을 말함(서면4팀-2568, 2007.1.19.)

	3. 해당 농지로부터 직선거리 30km(2015.2.2. 이전 양도분은 20km) 이내: 해당 농지의 소재지로부터 농지소유자의 거주지(시·군·구의 경계선 아님)까지의 거리를 기준으로 함(대법2010두3794, 2010.6.24.)

2)특례대상 자산(농지)

①농지의 범위

농지는 전·답으로서 지적공부상의 지목에 관계없이 실지로 경작에 사용되는 토지로 하며, 농지경영에 직접 필요한 농막·퇴비사·양수장·지소·농도·수로 등을 포함한다.(조특칙 27조①) 일례로 직접 공부상의 지목에 관계없이 실제로 경작에 사용되는 과수원을 포함한다.(조특통 69–66…1)

②제외되는 농지(조특령 66조④)

1. 주거지역·상업지역·공업지역 안의 농지로서 이들 지역에 편입된 날부터 3년이 지난 농지
2. 환지예정지

③농지 판정 시기(조특령 66조⑤)

농지의 판정은 원칙적으로 소득세법상 양도 시기 규정(소령 162조)에 따른 양도일 현재를 기준으로 한다.(조특령 66조⑤)

양도일 현재 실제로 경작에 사용되는 토지를 (농지가액이 아닌) 대지가액에 상당하는 가액으로 양도하거나, 또는 양도 후 건축용 대지로 사용하기 위하여 매각되는 경우에도 양도일 현재 농지로 본다. 단, 특례에서 제외되는 농지(조특령 66조④1·2호)에 해당하는 경우에는 적용되지 않는다.(조특통 69–0…2)

[예외적 판정시기](조특령 66조⑤단서 각호)

구분	판정시기
1. 양도일 이전에 매매계약조건에 따라 매수자가 형질변경, 건축착공 등을 한 경우(2012.2.2. 신설)	매매계약일 현재의 농지 기준
2. 환지처분 전에 해당 농지가 농지 외의 토지로 환지예정지 지정이 되고 그 환지예정지 지정일부터 3년이 경과하기 전의 토지로서 토지조성공사의 시행으로 경작을 못하게 된 경우	토지조성공사 착수일 현재의 농지 기준
3. 「광산피해의 방지 및 복구에 관한 법률」, 지방자치단체의 조례 및 지방자치단체의 예산에 따라 광산피해를 방지하기 위하여 휴경하고 있는 경우	휴경계약일 현재의 농지 기준

3)자경기간 동안 직접 경작할 것

취득일로부터 양도일까지 8년 이상 자경한 농지이어야 한다. 단, 3년 이상 자경요건 농지의

경우에는 3년 이상이어야 한다.(조특령 66조④본문)

①직접 경작

다음의 어느 하나에 해당하는 것을 말한다.

1. 거주자가 그 소유농지에서 농작물의 경작 또는 다년생식물의 재배에 상시 종사하는 것
2. 거주자가 그 소유농지에서 농작업의 1/2 이상을 자기의 노동력에 의하여 경작 또는 재배하는 것.

> **[자경농지의 범위]**(조특통 69-0···3)
> ①'8년 이상 자역농지 감면'을 적용받을 수 있는 자경농지는 농지소재지에 거주하면서 자기가 직접 경작한 농지로서, 위탁경작·대리경작·임대차한 농지는 제외한다.
> ②종중 소유농지를 종중원 중 일부가 농지소재지에 거주하면서 직접 농작물을 경작하는 경우에는 자경농지로 본다.
>
> **[종중의 시제비용 충당 등을 위한 종중원 경작은 대리경작이 아님]**(조심 2016중3961, 2017.1.23. 결정)
> 종중원들이 쟁점 농지의 소재지에 거주하면서 쟁점농지에서 직접 농작물을 경작한 사실에 대해서 이견이 없는 점, 쟁점농지에서 농사를 지은 종중원들이 종중에 지급한 금원은 '종중의 시제비용' 등에 충당하기 위한 용도로 사용되었음이 종중결산서에 나타나는 점 등에 비추어 청구종중이 쟁점농지를 대리경작하였다기보다는 종중의 책임 하에 쟁점농지를 '자경'하였다고 봄이 합리적이다.
>
> **[종중의 책임 없이 단순히 종중원이 경작한 것은 대리경작·위탁경작에 해당]**(국가 승소, 대법 2016두38754, 2016.7.14. 선고)
> 종중의 책임과 계산 아래 농지를 경작하는 경우에는 '직접 경작'으로 볼 수 있으나, '영농비용' 등에 대한 종중의 책임과 계산 없이 단순히 대리경작·위탁경작을 한 경우는 직접 경작에 해당한다고 볼 수 없다.
>
> **[부모와 함께 경작한 경우 자경 인정]**(국가 패소, 대법 2010두10860, 2010.9.30. 선고)
> 농지 양도 당시 농지소재지에서 거주하지 않았지만 농지를 취득한 후 8년 이상 농지소재지에서 중·고등학교 재학기간 동안, 생계를 같이하는 가족과 거주하면서 가족과 함께 상시 벼 등의 경작에 종사하여 왔으므로, 8년 이상 자경농지를 직접 경작한 경우에 해당한다.

②자경기간의 계산

A. 자경기간의 판정(조특령 66조⑭, 2014.2.21. 신설: 2014.7.1. 이후 양도분부터 적용)

경작한 기간 중 해당 피상속인(그 배우자 포함) 또는 거주자 각각에 대하여 다음의 과세기간은 제외한다.

1. 사업소득금액(농업·임업에서 발생하는 소득, 부동산임대업 소득과 비과세 농가부업소득은 제외)과 근로소득 총급여액의 합계액이 3700만원 이상인 과세기간. 단, 사업소득금액이 음수인 경우에는 해당 금액을 0으로 봄.
2. 사업소득 총수입금액(농업·임업에서 발생하는 소득, 부동산임대업 소득과 비과세 농가

부업소득은 제외)이 복식부기의무자 수입금액(소령 208조⑤2호, 제2장 06(4)2)④' 참조) 이상인 경우(2020년 귀속분부터 시행. 2020.2.11. 개정)

[자경판정 시 연간 3700만원, 복식부기의무자 수입금액 등 기간 제외: 각 세법별 비교]

1. 조특법상 농지 등 양도소득세 감면(조특법 69조, 조특령 66조⑭) 등: 2014.2.21.신설, 2020.2.11. 강화
2. 조특법상 농지 등 증여세 감면(조특법 71조, 조특령 68조⑪) 등: 2014.2.21. 신설, 2020.2.11. 강화
3. 상증법상 영농상속공제(상증법 18조②2호, 상증령 16조④): 2015.2.3. 신설, 2020.2.11. 강화
4. 농지 비사업용 토지 판정시(소법 104조의3①1호, 소령 168조의8②): 2016.2.17.신설, 2020.2.11. 강화
   (소령 168조의8②에 의해 조특령 66조⑭ 준용)
5. **농지의 교환·분합에 대한 양도소득세 비과세(소법 89조①2호): 규정 없어 미적용.**

B. 이전 기간을 승계하는 경우(조특령 66조⑥)

교환 등 농지가 협의매수· 수용된 경우	농지 교환·분합(소법 89조①2호) 및 농지대토(조특법 70조)의 규정에 의하여 농지를 교환·분합 및 대토한 경우로서 새로이 취득하는 농지가 「공익사업을 위한 토지 등의 취득 및 보상에 관한 법률」에 의한 협의매수·수용 및 그 밖의 법률에 의하여 수용되는 경우에 있어서는 교환·분합 및 대토 전의 농지에서 경작한 기간을 당해 농지에서 경작한 기간으로 본다.(조특령 66조⑥, 1994.12.31. 신설)
환지된 농지	환지된 농지는 환지 전 자경기간도 합산함.(조특통 69-0…1①)

C. 새로이 기간이 개시되는 경우

수증	증여받은 농지는 수증일 이후 수증인이 경작한 기간으로 계산.(조특통 69-0…1) 배우자로부터 증여받은 농지라도 증여일(등기접수일)부터 계산.(상증-467, 2013.8.12.)
교환	(일반적인) 교환으로 인하여 취득한 농지는 교환일 이후 경작한 기간으로 계산함.

D. 상속받은 농지의 계산 방법

상속인이 1년 이상 경작시 승계	상속인이 상속받은 농지를 농지소재지에 거주하면서 1년 이상 계속하여 경작하는 경우, 아래의 기간은 상속인이 경작한 기간으로 봄(조특령 66조⑪). 사업·근로소득 발생 시의 자경 제외규정(조특령 66조⑭) 적용됨. 1. 피상속인이 취득하여 경작한 기간(직전 피상속인의 경작기간으로 한정) 2. 피상속인이 배우자로부터 상속받아 경작한 사실이 있는 경우에는 피상속인의 배우자가 취득하여 경작한 기간
예외적 승계	상속인이 상속받은 농지를 1년 이상 계속하여 경작하지 아니하더라도 ⓐ상속받은 날부터 3년이 되는 날까지 양도하거나[*] ⓑ「공익사업을 위한 토지 등의 취득 및 보상에 관한 법률」 및 그 밖의 법률에 따라 협의매수 또는 수용되는 경우로서, 상속받은 날부터 3년이 되는 날까지 다음의 어느 하나에 해당하는 지역으로 지정되는 경우(상속받은 날 전에 지정된 경우 포함)에는 피상속인의 경작기간(조특령 66조⑪)을 상속인이 경작한 기간으로 봄.(조특령 66조⑫) 사업·근로소득 발생 시의 제외규정(조특령 66조⑭) 적용. 1. 「택지개발촉진법」에 따라 지정된 택지개발지구 2. 「산업입지 및 개발에 관한 법률」에 따라 지정된 산업단지 3. 1호·2호 외의 지역으로서 공공주택지구 등 열거된 지역(조특칙 27조⑦)

---

* 상속받은 농지에 대한 피상속인의 경작기간 합산 여부(서면5팀-347, 2007.1.29.)

상속받은 농지의 경작기간을 계산함에 있어 피상속인이 당초 취득하여 경작한 기간은 상속인이 경작한 기간으로 보는 것이나, 상속인이 상속받은 농지를 경작하지 아니한 경우에는 상속받은 날부터 3년이 되는 날까지 양도하는 경우에 한하여 피상속인이 취득하여 경작한 기간을 상속인이 경작한 기간에 합산하는 것임.

E. '직불제'라는 정부시책을 따르기 위해 휴경한 기간도 자경으로 인정

2020년 5월부터 종전 농업 직불금제가 '공익형 직불제'로 통합 개편돼 시행됐다. 농업계의 최대 현안이었던 공익형 직불제가 첫발을 내딛게 됐다. 정부는 쌀에 편중됐던 농업 구조를 개편하고 영세 농가에 대한 지원을 더 확대할 수 있을 것으로 기대된다.

자경기간을 계산할 때 '직불제'라는 정부시책을 따르기 위해 휴경한 기간도 자경으로 인정한다. 직불금을 타인명의로 받았을 경우에는 자경이 아님을 인정하는 것이 되는 것은 당연하지만 (과세관청은 '직불금 수령자 명단'을 이용하여 '직접 경작' 여부를 확인함. 직불금을 타인이 수령한 경우 '직접 경작'으로 인정되지 않음, 대법 2015두39927, 2015.4.30. 선고), 본인 명의로 받았다고 해서 무조건 자경으로 인정되는 것도 아니다. 나머지 사항이 감면요건에 충족되어야만 비로소 자경으로 보게 되는 것이다.

4) 세액감면

농지의 양도로 인하여 발생하는 소득에 대해서는 양도소득세의 100%를 세액감면 한다. 다만 주거지역 등에 편입일 또는 환지예정지 지정일 이후에 발생하는 개발이익에 대해서는 양도소득세를 과세한다.(조특법 69조①단서, 조특령 66조⑦)

이 세액감면에 대해서는 농어촌특별세도 비과세한다.(농특령 4조①1호)

(2)축사용지에 대한 양도소득세의 감면(조특법 69조의2)

축산에 사용하는 축사와 이에 딸린 토지('축사용지') 소재지에 거주하는 거주자가 8년 이상 직접 축산에 사용한 축사용지를 '폐업'을 위하여 2025년 12월 31일까지 양도함에 따라 발생하는 소득에 대하여는 양도소득세의 100% 세액감면한다.

다만, 해당 토지가 주거지역 등에 편입되거나 「도시개발법」 또는 그 밖의 법률에 따라 환지처분 전에 해당 축사용지 외의 토지로 환지예정지 지정을 받은 경우에는 주거지역등에 편입되거나, 환지예정지 지정을 받은 날까지 발생한 소득에 대하여만 양도소득세 100% 세액감면한다.(조특법 69조의2①)

만일, 양도소득세를 감면받은 거주자가 해당 축사용지 양도 후 5년 이내에 축산업을 다시 하는 경우에는 감면받은 세액을 추징한다. 다만, 상속 등 일정한 경우에는 그러하지 아니한다.(조특법 69조의2②)

기타 상세한 내용은 자경농지 양도소득세 감면(조특법 69조)과 유사하다.(조특령 66조의2)

(3)어업용 토지 등에 대한 양도소득세의 감면(조특법 69조의3)

어업용 토지 등 소재지 거주자가 8년 이상 직접 어업에 사용한 어업용 토지와 건물을 양도하는 경우에 그 양도소득세의 100%를 감면하는 제도이다.(2018년 신설)
본 특례는 농업인과의 형평 등을 감안하여 신설된 규정인 바, 상세한 내용은 자경농지 양도소득세 감면(조특법 69조)과 유사하다.

1)주체

양수인은 제한이 없으며, 양도인은 「수산업·어촌 발전 기본법」에 따른 어업인으로서 소득세법상 거주자이어야 하며 재촌요건을 충족해야 한다.(조특령 66조의3①)

2)특례대상 자산(어업용 토지 등)

①어업용 토지 등의 범위
'어업용 토지 등'이란 육상해수양식어업·육상양식어업 및 수산종자생산업에 직접 사용되는 토지 및 건물을 말한다.(조특령 64조④)
어업용 토지 등은 지적공부상의 지목에 관계없이 실지로 양식 또는 수산종자생산에 사용한 토지와 건축물을 말한다.(조특칙 27조의3①)

②제외되는 어업용 토지 등(조특령 66조의3③)
 1. 주거지역·상업지역·공업지역 안의 어업용 토지 등으로서 이들 지역에 편입된 날부터 3년이 지난 어업용 토지 등
 2. 환지예정지

③어업용 토지 등 판정 시기(조특령 66조의3④)
어업용 토지 등의 판정은 원칙적으로 소득세법상 양도 시기 규정(소령 162조)에 따른 양도일 현재를 기준으로 한다. 매매계약일 현재의 어업용 토지 등 기준 및 토지조성공사 착수일 현재의 어업용 토지 등 기준을 예외적 판정시기로 한다.

3)자영기간 동안 직접 어업에 종사할 것

①직접 어업에 종사

다음의 어느 하나에 해당하는 방법으로 사용한 어업용 토지 등을 사용하여야 한다.(조특령 66조의3②)
1. 거주자가 그 소유 어업용 토지 등에서 육상해수양식어업·육상양식어업 및 수산종자생산업(이하 '양식 등'이라 함)에 상시 종사하는 것
2. 거주자가 그 소유 어업용 토지 등에서 양식 등의 1/2 이상을 자기의 노동력에 의하여 수행하는 것

②자영기간의 계산
취득일로부터 양도일까지 8년 이상 자영한 어업용 토지 등이어야 한다.(조특령 66조의3③)
－사업·근로소득 발생기간의 제외규정이 적용됨(조특령 66조의3⑩→66조⑭)
－교환 등 업용 토지 등이 협의매수·수용된 경우에는 이전기간을 승계함(조특령 66조의3⑤)
－상속인이 1년 이상 자영 시 자영기간을 승계함(조특령 66조의3⑥⑦)

4) 세액감면

어업용 토지 등의 양도로 인하여 발생하는 소득에 대해서는 양도소득세의 100%를 세액감면한다. 다만 주거지역 등에 편입일 또는 환지예정지 지정일 이후에 발생하는 개발이익에 대해서는 양도소득세를 과세한다.(조특법 69조의3①단서, 조특령 66조의3)
이 세액감면에 대해서는 농어촌특별세도 비과세한다.(농특령 4조①1호)

(4)자경산지에 대한 양도소득세의 감면(조특법 69조의4)

산지 소재지 거주자가 10년 이상 직접 경영한 산지를 양도하는 경우에 자경기간에 따라 그 양도소득세의 10~50%를 감면하는 제도이다.(2018년 신설)
본 특례는 농업인과의 형평 등을 감안하여 신설된 규정인 바, 상세한 내용은 자경농지 양도소득세 감면(조특법 69조)과 유사하다.

1)주체

양수인은 제한이 없으며, 양도인은 「산림자원의 조성 및 관리에 관한 법률」에 따른 산림계획인가를 받은 「임업 및 산촌 진흥촉진에 관한 법률」에 따른 임업인으로서 소득세법상 거주자이어야 하며 재촌요건을 충족해야 한다.(조특령 66조의4①)

2)특례대상 자산(산지)

①산지의 범위

「산지관리법」에 따른 보전산지로서 지적공부상의 지목에 관계없이 실지로 임업에 사용한 토지와 건축물을 말한다.(조특령 66조의4①, 조특칙 27조의4①)

②제외되는 산지(조특령 66조의4③)

　1. 주거지역·상업지역·공업지역 안의 산지로서 이들 지역에 편입된 날부터 3년이 지난 산지

　2. 환지예정지

③산지 판정 시기(조특령 66조의4④)

산지의 판정은 원칙적으로 소득세법상 양도 시기 규정(소령 162조)에 따른 양도일 현재를 기준으로 한다. 매매계약일 현재의 산지 기준 및 토지조성공사 착수일 현재의 산지 기준을 예외적 판정시기로 한다.

3)자경기간 동안 직접 임업에 종사할 것

①직접 임업에 종사

다음의 어느 하나에 해당하는 방법으로 사용한 산지를 경영하여야 한다.(조특령 66조의4②)

1. 거주자가 그 소유 산지에서 임업에 상시 종사하는 것

2. 거주자가 그 소유 산지에서 임작업의 1/2 이상을 자기의 노동력에 의하여 수행하는 것

②자경기간의 계산

취득일로부터 양도일까지 10년 이상 자경한 산지이어야 한다.(조특령 66조의4③)

－사업·근로소득 발생기간의 제외규정이 적용됨(조특령 66조의4⑩→66조의⑭)

－교환 등 업용 토지 등이 협의매수·수용된 경우에는 이전기간을 승계함(조특령 66조의4⑤)

－상속인이 1년 이상 자영 시 자영기간을 승계함(조특령 66조의4⑥⑦)

4) 세액감면

산지의 양도로 인하여 발생하는 소득에 대해서는 아래 표에 따라 양도소득세를 세액감면한다. 다만 주거지역 등에 편입일 또는 환지예정지 지정일 이후에 발생하는 개발이익에 대해서는 양도소득세를 과세한다.(조특법 69조의4①단서, 조특령 66조의4⑧)

이 세액감면에 대해서는 농어촌특별세도 비과세한다.(농특령 4조①1호)

직접 경영한 기간	감면율	직접 경영한 기간	감면율
10년 이상 20년 미만	10%	40년 이상 50년 미만	40%
20년 이상 30년 미만	20%	50년 이상	50%
30년 이상 40년 미만	30%		

(5)농지대토에 대한 양도소득세의 감면(조특법 70조)

농지 소재지 거주자가 4년 이상 자경한 농지를 경작상 필요에 의하여 다른 농지로 대토(代土)하는 경우에 그 양도소득세의 100%를 세액감면하는 제도다.

1)주체, 농지, 자경기간 계산 등

농지 소재지 거주자가 4년 이상 자경한 농지(종전농지)를 경작상 필요에 의하여 양도하고 1년 이내에 따른 농지(신규농지)를 취득한 후, 종전농지 경작기간과 합하여 8년 이상 재촌·자경하여야 한다.

아래 표처럼 상세한 내용은 자경농지 양도소득세 감면(조특법 69조)과 유사하다.

주체(양도인)	양도인은 대토 전의 농지 양도일 현재 거주자(소법 1조의2①1호)이어야 하며, 자경기간 동안 농지소재지에 거주하여야 함(조특령 67조①)
특례대상 자산(농지)	농지의 범위(조특칙 27조①), 제외되는 농지(조특법 70조②, 조특령 67조⑧, 조특칙 27조⑤)
자경기간의 계산	직접경작의 의미(조특령 67조②), 사업·근로소득 발생기간의 제외규정(조특령 67조⑥ 단→66조⑭)
자경 등 확인	소유 사실, 재촌·자경 및 농지인 사실의 확인(조특칙 27조②)

2)종전농지는 4년 이상 자경할 것

취득일로부터 종전농지의 양도일까지 4년 이상 자경한 농지를 대토하여야 한다.(조특령 67조③)

그리고 이 자경요건뿐만 아니라, 재촌요건도 모두 농지 양도일 현재를 판정기준으로 함에 유의하여야 한다.(부동산거래-869, 2011.10.13.)

3)대토 후 경작 개시할 것

①대토

대토기한	대토 시 종전농지를 선양도하는 경우에는 선양도일부터 1년 이내에 신규농지를 취득(취득원인이 상속·증여인 경우 제외)하거나(선양도 후취득), 신규농지를 선취득하는 경우에는 1년 이내에 종전농지를 양도(선취득 후양도)하여야 함.(조특령 67조③) 다만 선양도 후취득하는 대토 방식의 경우 「공익사업을 위한 토지 등의 취득 및 보상에 관한 법률」에 따른 협의매수·수용 및 그 밖의 법률에 따라 수용되는 경우에는 기한을 2년으로 함.
경작목적	신규농지는 종전농지와 비교하여 아래의 면적요건 또는 가액요건 중 하나를 충족하여야 함. 가. 신규농지 면적이 종전농지 면적의 2/3 이상일 것 나. 신규농지 가액이 종전농지 가액의 1/2 이상일 것

②신규농지의 경작 개시

원칙: 개시기한 1년	대토가 완성되는 시점이 경작개시기한의 기산일이 됨. 가. 선양도 후취득의 경우: 신규농지 취득일로부터 1년 이내 경작 개시 나. 선취득 후양도의 경우: 종전농지의 양도일로부터 1년 이내에 신규농지의 경작을 개시
예외: 개시기한 2년	아래의 부득이한 사유가 있는 경우에는 경작개시기한을 1년에서 2년으로 연장 가. 1년 이상의 치료나 요양을 필요로 하는 질병의 치료 또는 요양을 위한 경우 나. 「농지법 시행령」에 따른 농지개량을 하기 위하여 휴경하는 경우 다. 자연재해로 인하여 영농이 불가능하게 되어 휴경하는 경우

4)신규농지와 합산하여 8년 이상 재촌·자경할 것

①원칙

신규농지의 경작을 개시한 후 신규농지소재지에 거주하면서 계속하여 경작한 기간과 종전농지 경작기간을 합산한 기간이 8년 이상이어야 한다.(조특령 67조③본문 단서 및 2호)

사업·근로소득 발생기간의 제외 규정이 적용된다.(조특령 67조⑥후단→66조⑭)

②예외

수용 등	신규농지를 취득한 후 4년 이내에 「공익사업을 위한 토지 등의 취득 및 보상에 관한 법률」에 따른 협의매수·수용 및 그 밖의 법률에 따라 수용되는 경우에는 4년 동안 농지소재지에 거주하면서 경작한 것으로 봄(조특령 67조④)
상속의 경우	신규농지를 취득한 8년 합산기간이 지나기 전에 농지 소유자가 사망한 경우로서 상속인이 재촌·자경한 때에는 피상속인의 경작기간과 상속인의 경작기간을 통산함(조특령 67조⑤)

5) 세액감면

농지의 대토로 인하여 발생하는 소득에 대해서는 양도소득세의 100%를 세액감면한다. 다만 주거지역 등에 편입일 또는 환지예정지 지정일 이후에 발생하는 개발이익에 대해서는 양도소득세를 과세한다.(조특법 70조①단서, 조특령 67조⑦)

이 세액감면에 대해서는 농어촌특별세도 비과세한다.(농특령 4조①1호)

6)사후관리

양도소득세의 감면을 적용받은 거주자가 대토요건 위배 등 의무위반 사유가 발생하여 세액감면 요건을 충족하지 못하는 경우에는 그 사유가 발생한 날이 속하는 달의 말일부터 2개월 이내에 감면받은 양도소득세를 납부하여야 하며(조특법 70조④), 이자상당가산액도 납부하여야 한다.(조특령 67조⑪)

이 경우 경작기간의 계산 등에 관하여는 수용 등과 상속의 경우 8년 합산기간 요건 산정 시의 특례(조특령 67조④⑤)를 적용한다.(조특령 67조⑩)

(보충)이자상당가산액 인하: 추징 시 (납부지연가산세 계산방식처럼, 국기법 47조의4) 기간별 각각 계산하고, 2022.2.15. 이후 기간에 대해서는 1일당 10만분의 22(연 8.03%)를 적용함.(←1일당 10만분의 25(연 9.125%), 2022.2.15. 개정 조특령 부칙 21조)

(6)공익사업용 토지 등에 대한 양도소득세의 감면(조특법 77조)

2년 이상 보유한 토지 등을 공익사업 시행자 또는 정비구역의 사업시행자에게 2026년 12월 31일(2~3년 단위로 계속 연장 추세임) 이전에 양도하거나 수용되는 경우('지정 후 양도'라 함), 그 양도소득세에 대해 과세특례를 부여하는 제도다.

또한 사업시행자로 지정되기 전의 사업자에게 2년 이상 보유한 토지 등을 '2015년 12월 31일 이전'에 양도하고 그 양도일로부터 5년 이내에 그 사업자가 사업시행자로 지정받은 경우('지정 전 양도'라 함)에도 동일한 과세특례 혜택이 지원된다.

1)주체

사업시행자에게 지정 후 양도 등을 하는 경우 과세특례의 주체에 대해 법률상 명백한 규정을 두고 있지 않다.(조특법 77조①) 반면, 지정 전 사업자에게 양도하는 경우에는 거주자가 과세특례의 주체임을 확실하게 규정하고 있다.(조특법 77조②)

하지만 '양도소득세(개인의 세금)에 대한 특례'이므로 법인은 특례의 주체가 될 수 없으며, 영농조합법인은 제외한다.(서면법령 법인-2457, 2016.9.8.)

2)2년 이상 보유토지 등

거주자 등이 2년 이상 보유한 토지 또는 건축물이어야 한다.

양도일 등	지정 후 양도	사업시행자에게 양도 또는 수용되는 경우에는 해당 토지 등이 속한 사업지역에 대한 사업인정고시일(사업인정고시일 전에 양도하는 경우에는 양도일)이 거주자의 2년 보유기간 계산의 기산점임.(조특법 77조①)
	지정 전 양도	지정 전 사업자에게 양도하는 경우에는 지정되기 전의 사업자에게 양도한 날이 2년 계산의 기산일임.(조특법 77조②)
취득일(납세자 유리)		상속받거나 배우자 등 양도소득세의 이월과세 규정(소법 97조의2①)이 적용되는 증여받은 토지 등은, 해당 토지 등의 취득일을 피상속인 또는 증여자가 해당 토지 등을 취득한 날로 소급함.(조특법 77조⑨)

3)사업시행자에게 양도 또는 수용(조특법 77조①)

공익사업용 토지 등의 양도(1호)	「공익사업을 위한 토지 등의 취득 및 보상에 관한 법률」(토지보상법)이 적용되는 공익사업에 필요한 토지 등을 그 공익사업의 시행자에게 양도하는 경우. '공익사업'은 토지보상법에 따라 토지 등을 수용할 수 있는 사업(토지구획정리사업·재개발사업·농지개량사업을 포함)을 말함.(조특통 77-0…3)
정비구역 토지 등의 양도(2호)	「도시 및 주거환경정비법」(도시정비법)에 따른 정비구역(정비기반시설을 수반하지 아니하는 정비구역은 제외)의 토지 등을 같은 법에 따른 사업시행자에게 양도하는 경우.
토지 등의 수용(3호)	토지보상법이나 그 밖의 법률에 따른 토지 등의 수용으로 인하여 발생하는 소득. '토지 등의 수용'에는 토지보상법 및 기타 법률에 따른 사업인정고시일 이후 협의에 의하여 매매계약이 체결되어 양도한 경우를 포함.(조특통 77-0…2)

4)지정 전 사업자에게 양도

공익사업의 시행자 및 정비구역의 사업시행자(조특법 77조①1·2호)로 지정되기 전의 사업자(지정 전 사업자)에게 양도하는 경우에는 아래 요건을 충족해야 한다.(조특법 77조②)
1. 2년 이상 보유한 공익사업용 토지 등 및 정비구역 토지 등을 '2015년 12월 31일 이전'에 양도할 것. 다만, 지정 전 양도의 경우에는 수용은 포함되지 않음.
2. 해당 토지 등의 양도일이 속하는 과세기간의 과세표준신고(예정신고 포함)를 법정신고기한 까지 할 것
3. 지정 전 사업자가 그 양도일로부터 5년 이내에 사업자로 지정받을 것

5)세액감면(조특법 77조①)

구분		세액감면율
현금보상(원칙)		10%
일반보상채권으로 수령		15%
만기보유 보상채권으로 수령	3년 이상~5년 미만 만기	30%
	5년 이상 만기	40%

(보충1)지정 전 사업자에게 양도하는 경우 감면할 세액의 계산은, 감면율 등이 변경되더라도 양도 당시의 법률에 따름.(조특법 77조②단서)

(보충2)농어촌특별세는 감면세액의 20% 과세함. 단, 앞 (1)자경농지에 대한 양도소득세 감면 규정에 따른 거주자(조특법 69조①)가 직접 경작한 토지(8년 이상 경작요건은 적용하지 않음)는 비과세.(농특령 4조①1호)

6)사후관리

①사업시행자

다음의 어느 하나에 해당하는 경우 해당 사업시행자는 감면된 세액에 상당하는 금액을 그 사유가 발생한 과세연도의 과세표준신고를 할 때 소득세 또는 법인세로 납부하여야 하며(조특법 77조③), 이자상당액(2022.2.9.부터 연 8.03%←연 9.125%)을 가산한다.(조특법 77조⑤에 의한 조특법 66조⑥ 및 조특령 63조⑨ 준용)

1. 앞 3)1호에 따른 공익사업의 시행자가 사업시행인가 등을 받은 날부터 3년 이내에 그 공익사업에 착수하지 아니하는 경우
2. 앞 3)2호에 따른 사업시행자가 1년까지 「도시 및 주거환경정비법」에 따른 사업시행계획인가를 받지 아니하거나, (사업계획상의 공사완료일까지, 조특령 72조⑤) 그 사업을 완료하지 아니하는 경우

상기 의무 위반사유에 따라 감면세액 등을 추징받은 공익사업시행자 등이 소유토지 등을 새로이 지정된 공익사업시행자 등에게 다시 양도함으로써 발생하는 소득에 대하여는 감면이 적용된다.(조특통 77-0…1)

②양도인

만기보유특약을 체결하고 30%(5년 이상 만기인 경우 40%)의 세액을 감면받은 양도인이 그 특약을 위반하게 된 경우, 즉 중도 매도한 경우에는 즉시 감면받은 세액 중 양도소득세의 15%(5년 이상 만기인 경우 25%){2019.1.1. 이후 양도분부터 적용. 종전은 10%(5년 이상 만기인 경우 20%)를 추징했음}를 징수하며, 이자상당액(2022.2.9.부터 연 8.03%←연 9.125%)을 가산한다.(조특법 77조④⑤)

(7)대토보상에 대한 양도소득세 과세특례(조특법 77조의2)

①40%(←2019년 까지는 15%) 세액감면 또는 양도소득세 과세이연 선택

거주자가 「공익사업을 위한 토지 등의 취득 및 보상에 관한 법률」에 따른 공익사업의 시행으로 해당 사업지역에 대한 사업인정고시일(사업인정고시일 전에 양도하는 경우에는 양도일)부터 소급하여 2년 이전에 취득한 토지 등을 2026년 12월 31일 이전에 해당 공익사업의 시행자에게 양도함으로써 발생하는 양도차익으로서, 토지 등의 양도대금을 해당 공익사업의 시행으로 조성한 토지로 보상('대토보상')받는 부분에 대해서는 양도소득세의 40%(←2019년 까지는 15%) 세액감면 받거나 양도소득세의 과세를 이연 받을 수 있다.

②이 특례는 해당 공익사업시행자가 대토보상 명세를 국세청에 통보하는 경우에만 적용한다.

③사후관리

양도소득세를 감면받거나 과세이연 받은 거주자는 다음의 어느 하나에 해당하는 경우 감면받거나 과세이연 받은 세액 및 이자상당가산액(2022.2.15.부터 연 8.03%←연 9.125%)을 양도소득세로 납부하여야 한다.
1. 대토보상받기로 한 보상금을 현금으로 받는 경우 등 규정위반 사유가 발생하는 경우
2. 대토보상으로 취득하는 토지에 관한 소유권이전등기의 등기원인이 대토보상으로 기재되지 아니하는 경우

④이 세액감면에 대해서는 20%의 농어촌특별세를 과세한다.(농특령 4조①1호)

(8)개발제한구역 지정에 따른 매수대상 토지 등에 대한 양도소득세의 감면

(조특법 77조의3)

①개발제한구역 내의 토지 매수청구 등(조특법 77조의3①)

「개발제한구역의 지정 및 관리에 관한 특별조치법」(토지보상법)에 따라 지정된 개발제한구역 내의 해당 토지 등을 토지매수의 청구 또는 협의매수를 통하여 2025년 12월 31일까지 양도함으로써 발생하는 소득에 대해서는 다음에 따른 세액을 감면한다.
1. '개발제한구역 지정일 이전에 해당 토지 등을 취득'하여 취득일부터 매수청구일 또는 협의매수일까지 해당 토지 등의 소재지에서 거주하는 거주자가 소유한 토지 등: 양도소득세의 40%에 상당하는 세액

2. 매수청구일 또는 협의매수일부터 20년 이전에 취득하여 취득일부터 매수청구일 또는 협의 매수일까지 해당 토지 등의 소재지에서 거주하는 거주자가 소유한 토지 등: 양도소득세의 25%에 상당하는 세액

②개발제한구역에서 해제된 해당 토지 등이 수용되는 경우(조특법 77조의3②)

　개발제한구역에서 해제된 해당 토지 등을 「공익사업을 위한 토지 등의 취득 및 보상에 관한 법률」(토지보상법) 및 그 밖의 법률에 따른 협의매수 또는 수용을 통하여 2025년 12월 31일까지 양도함으로써 발생하는 소득에 대해서는 다음에 따른 세액을 감면한다.

　다만, 개발제한구역 해제일부터 1년(개발제한구역 해제 이전에 「경제자유구역의 지정 및 운영에 관한 법률」에 따른 경제자유구역의 지정 등이 된 경우에는 5년) 이내에 토지보상법 및 그 밖의 법률에 따라 사업인정고시가 된 경우에 한정한다.

1. '개발제한구역 지정일 이전에 해당 토지 등을 취득'하여 취득일부터 사업인정고시일까지 해당 토지 등의 소재지에서 거주하는 거주자가 소유한 토지 등: 양도소득세의 40%에 상당하는 세액

2. 사업인정고시일부터 20년 이전에 취득하여 취득일부터 사업인정고시일까지 해당 토지 등의 소재지에서 거주하는 거주자가 소유한 토지 등: 양도소득세의 25%에 상당하는 세액

③위의 감면규정을 적용하는 경우 상속받은 토지 등은 피상속인이 해당 토지 등을 취득한 날을 해당 토지 등의 취득일로 본다.(조특법 77조의3③)

④이 세액감면에 대해서는 20%의 농어촌특별세를 과세한다.(농특령 4조①1호)

(9)국가에 양도하는 산지에 대한 양도소득세의 감면(조특법 85조의10)

　거주자가 「산지관리법」에 따른 산지(「국토의 계획 및 이용에 관한 법률」에 따른 도시지역에 소재하는 산지는 제외함)로서 2년 이상 보유한 산지를 2022년 12월 31일 이전에 「국유림의 경영 및 관리에 관한 법률」에 따라 국가에 양도함으로써 발생하는 소득에 대해서는 양도소득세의 10%에 상당하는 세액을 감면한다.(2023년부터 일몰종료)

　이 세액감면에 대해서는 20%의 농어촌특별세를 과세한다.(농특령 4조①1호)

제1장
제2장
제3장
제4장
제5장
제6장
제7장
제8장
제9장
제10장
제11장
제12장
제13장
제14장

[중소기업 간의 통합에 대한 양도소득세의 이월과세](조특법 31조)

양도가액 특례와 50% 세액감면 중 선택(1997년까지)⇒이월과세로 단순화(1998년 전환분부터)

1. 적용대상 '중소기업간 통합'이란?: 아래의 3가지 유형이 있음.

중소기업(개인 A)	+	중소기업(법인 B)	⇒	신설법인(C)
중소기업(개인 A)	+	중소기업(개인 B)	⇒	신설법인(C)
중소기업(개인 A)	+	중소기업(법인 B)	⇒	통합법인(B)

통합 후 법인은
①통합 전 주된 사업용 자산을 모두 보유(승계)하여야 하고
②기존 사업주가 통합 후 법인의 주요 주주가 되어야 함.

(보충)'합병(合併)'과의 차이점은?

'통합'은 '개인기업+법인기업' 또는 '개인기업+개인기업'이 '법인'이 되는 방식 말하는 데 비해, '합병'은 '법인+법인'이 통합되는 방식이다. 합병은 흡수합병(Merger)과 신설합병(Consolidation)이 있다. 그리고 「상법」에서는 합병에 대한 법인형태의 제한을 두고 있는 바, 그 내용은 이렇다. "합병을 하는 회사의 일방 또는 쌍방이 주식회사, 유한회사 또는 유한책임회사인 경우에는 합병 후 존속하는 회사나 합병으로 설립되는 회사는 주식회사, 유한회사 또는 유한책임회사이어야 한다."(상법 174조②)

2. 양도소득세가 이월되는 사업용 고정자산의 범위

해당 사업에 직접 사용하는 사업용 유형자산(토지·건물 등)과 무형자산(특허권·영업권 등)

3. '양도소득세 이월과세'란?

'이월과세(移越課稅)'란 개인이 해당 사업에 사용되는 사업용고정자산 등("종전사업용고정자산등")을 현물출자(現物出資) 등을 통하여 법인에 양도하는 경우 이를 양도하는 개인에 대해서는 소득세법 94조에 따른 양도소득세를 과세하지 아니하고, 그 대신 이를 양수한 법인이 그 사업용고정자산 등을 양도하는 경우 개인이 종전사업용고정자산등을 그 법인에 양도한 날이 속하는 과세기간에 '다른 양도자산이 없다고 보아 계산'한 소득세법 104조에 따른 양도소득 산출세액 상당액을 법인세로 납부하는 것을 말함.(조특법 2조①6호)

(보충)다른 양도자산과 합산하지는 않지만, 증여에 따른 이월과세 및 우회양도 부당행위계산부인은 적용됨.

사업용 고정자산을 배우자·직계존비속으로부터 증여받은 후 5년(2023년 증여분부터는 10년) 이내 법인전환하는 경우에는 필요경비 계산특례(즉 '증여한 자의 취득가액'을 적용하는 이월과세 방식, 소법 97조의2)를 적용한 세액을 법인전환에 대한 이월과세액으로 보며(법규-182, 2014.3.4.), 특수관계자에게 증여받은 재산을 5년(2023년 증여분부터는 10년) 이내에 현물출자하여 법인전환하는 경우에는 증여자가 직접 현물출자한 것으로 보아 계산한 세액(우회양도 부당행위계산부인 '양도간주', 소법 101조②)을 이월과세액으로 봄(서면4팀-1328, 2008.5.30.).

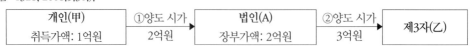

①개인(甲)→법인(A) 양도 시
개인(甲)에게는 양도소득세를 과세하지 않고, 법인(A)은 고정자산의 시가를 취득가액으로 장부에 기장.

②법인(A)→제3자(乙) 양도 시

　　법인의 양도차익분 1억원(3억원−2억원)은 각 사업연도 소득에 대한 법인세로, 종전 개인의 양도차익 1억원(2억원−1억원)에 상당하는 양도소득세 상당액을 법인(A)이 법인세로 납부함(이월과세).

③법인(A)의 사업폐지 또는 주주(甲)의 주식처분 시

　　개인의 양도차익분 1억원에 대한 양도소득세를 개인(갑)에게 추징함(사후관리).

(보충)'과세이연'과의 차이점은?

'과세이연(課稅移延)'이란 공장의 이전 등을 위하여 개인이 해당 사업에 사용되는 사업용고정자산 등('종전사업용고정자산 등')을 양도하고 그 양도가액으로 다른 사업용고정자산 등('신사업용고정자산 등')을 대체 취득한 경우 종전사업용고정자산 등의 양도에 따른 양도차익에 대해서는 양도소득세를 과세하지 아니하되, 신사업용고정자산 등을 양도할 때 신사업용고정자산 등의 취득가액에서 과세이연금액을 뺀 금액을 취득가액으로 보고 양도소득세를 과세하는 것을 말한다.(조특법 2조①7호)

이월과세와의 차이점은 이연된 세액을 (법인세가 아니라) 개인이 양도소득세로 납부함.

4. 이월된 양도소득세 추징(사후관리)(조특법 31조⑦, 조특령 28조⑨⑩)

이월과세를 적용받은 내국인이 사업용 고정자산을 양도한 날부터 5년 이내에 다음의 어느 하나에 해당하는 사유가 발생하는 경우에는 해당 내국인은 사유발생일이 속하는 달의 말일부터 2개월 이내에 이월과세액(통합법인이 이미 납부한 세액을 제외한 금액)을 양도소득세로 납부하여야 한다.

가. 통합법인이 소멸되는 중소기업으로부터 승계받은 사업을 폐지하는 경우

나. 통합법인이 통합으로 인하여 소멸되는 사업장의 중소기업자로부터 승계받은 사업용고정자산을 1/2 이상 처분하거나 사업에 사용하지 않는 경우. 다만, 다음의 어느 하나에 해당하는 경우에는 그러하지 아니한다.(조특령 28조⑨)

　　ⓐ통합법인이 파산하여 승계받은 자산을 처분한 경우

　　ⓑ통합법인이 적격합병(법법 44조②), 적격분할(법법 46조②), 적격물적분할(법법 47조①), 현물출자(법법 47조의2①)의 방법으로 자산을 처분한 경우

　　ⓒ통합법인이 「채무자 회생 및 파산에 관한 법률」에 따른 회생절차에 따라 법원의 허가를 받아 승계받은 자산을 처분한 경우

다. 내국인이 통합으로 취득한 통합법인의 주식 또는 출자지분의 50% 이상을 처분하는 경우

　　처분은 주식 또는 출자지분의 유상이전, 무상이전, 유상감자 및 무상감자(주주 또는 출자자의 소유주식 또는 출자지분 비율에 따라 균등하게 소각하는 경우는 제외)를 포함한다. 다만, 다음의 어느 하나에 해당하는 경우에는 그러하지 아니하다.(조특령 28조⑩)

　　ⓐ이 규정을 적용받은 해당 내국인이 사망하거나 파산하여 주식 또는 출자지분을 처분하는 경우

　　ⓑ해당 내국인이 적격합병(법법 44조②)이나 적격분할(법법 46조②)로 주식 또는 출자지분을 처분하는 경우

　　ⓒ해당 내국법인이 주식의 포괄적 교환·이전(조특법 38조) 또는 주식의 현물출자(조특법 38조의2)의 방법으로 과세특례를 적용받으면서 주식 또는 출자지분을 처분하는 경우

　　ⓓ해당 내국인이 「채무자 회생 및 파산에 관한 법률」에 따른 회생절차에 따라 법원의 허가를 받아 주식 또는 출자지분을 처분하는 경우

　　ⓔ해당 내국인이 법령상 의무를 이행하기 위하여 주식 또는 출자지분을 처분하는 경우

　　ⓕ해당 내국인이 가업의 승계를 목적으로 해당 가업의 주식 또는 출자지분을 증여하는 경우로서 수증자가 가업승계에 따른 증여세 과세특례(조특법 30조의6)를 적용받은 경우

[법인전환에 대한 양도소득세의 이월과세](조특법 32조)

양도가액 특례와 50% 세액감면 중 선택(1997년까지)⇒이월과세로 단순화(1998년 전환분부터)

1. 적용대상 '법인전환' 방법?: 아래의 2가지 유형이 있음.

①현물출자

　개인사업자가 사용 중인 사업용 고정자산(예: 토지·건물)을 신설 중인 법인에 현물로 출자하는 방법

②사업양수도

　개인사업자가 법인설립 후 사업에 관한 모든 권리(자산 포함)와 의무를 설립된 법인에게 양도

2. 이월과세 적용 요건

새로 설립된 법인의 자본금이 전환하는 사업장의 순자산가액{영업권=0이며(조특통 32-29…2①), 과소계상 퇴직부채 등 부외부채는 추가 반영(조심 2016지1220, 2017.6.29. 결정)} 이상인 경우에만 적용

기존의 소비성서비스업에 대한 업종제한에 추가하여, 2021년부터는 사업용 고정자산이 주택 또는 주택을 취득할 수 있는 권리인 경우는 제외한다.(조특법 32조①단서)

다주택자가 법인을 통하여 양도소득세 중과 규정을 회피하는 것을 방지하기 위하여 출자 등을 통하여 법인으로 전환할 경우 이월과세 특례 적용이 가능한 고정자산의 범위에서 주택 또는 주택을 취득할 수 있는 권리(주택입주권·조합원입주권 등)를 제외함.{2020.12.29. 조특법 개정이유: 마. 1) 참조}

즉, 사업용 고정자산이 아닌 건설 중인 자산, 해당 사업에 직접 사용하지 않는 토지, 재고자산(주택신축판매업자의 미분양 주택 등)은 이월과세 적용대상이 아니다. 2021년부터는 주택 또는 주택입주권·조합원입주권 등은 사업용 고정자산이더라도 제외된다.

3. 법인전환 시 이월과세제도 및 사후관리

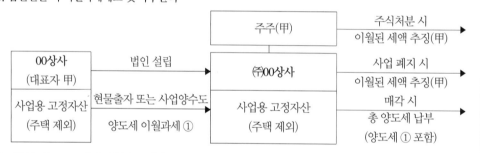

4. 이월된 양도소득세 추징(사후관리)(조특법 32조⑤, 조특령 29조⑥⑦)

설립된 법인의 설립등기일부터 5년 이내에 일정한 사유가 발생하는 경우에는 이월과세를 적용받은 거주자가 사유발생일이 속하는 달의 말일부터 2개월 이내에 이월과세액(해당 법인이 이미 납부한 세액을 제외한 금액)을 양도소득세로 납부하여야 한다.{세부적인 사유는 위 '중소기업 간의 통합'과 같음}

(법인전환으로 취득한 주식의 50% 이상을 처분하였는지 여부는 법인 전체가 아닌 거주자 각자를 기준으로 판단함. 서면법령해석재산 2017-1453, 2017.10.27.)

5. 법인전환 후 비상장주식 평가 시 이월된 양도소득세는 사후관리기간(5년) 경과 후 부채에 가산

　(조심 2017서4460, 2017.11.21.→조심 2019서4569, 2020.5.20. 결정 ; 기획재정부 재산-125, 2021.2.4.)

비상장주식 평가시(순자산가액 계산) 양도소득세를 자산에서 차감하는 채무에 가산하지 않는 것으로 결정하다가 평가기준일 현재 사후관리기간(5년)이 경과하여 세금의 납부의무자가 법인으로 확정된 경우 부채 가산항목에 해당하는 것으로 결정(조심 2019서4569, 2020. 5. 20.)하였고, 기획재정부(재산-125, 2021. 2.4.)에서도 같은 해석.

06 양도 또는 취득의 시기

(1)일반적인 경우(소법 98조, 소령 162조)

구분	취득 및 양도 시기
대금청산일이 분명한 경우	1. 해당 자산의 대금을 사실상 청산한 날 2. 소유권이전등기(등록 및 명의개서 포함, 이하 이 표에서 같음)가 빠른 경우: 　등기부·등록부·명부 등에 기재된 등기접수일 대금청산일: 원칙적으로 거래대금 전부를 지급한 날을 말하지만, 그 전부를 이행하지 않았어도 사회통념상 거의 지급되었다고 볼 만한 정도의 대금지급이 이행된 날을 포함함.(양도집 98-162-3)
대금청산일이 불분명한 경우	소유권이전등기 접수일·인도일 또는 사용수익일 중 빠른 날
장기할부조건*	소유권이전등기 접수일·인도일 또는 사용수익일 중 빠른 날
자기가 건설한 건축물	「건축법」에 따른 사용승인서 교부일. 다만, 사용승인서 교부일 전에 사실상 사용하거나 임시사용승인을 받은 경우에는, 사실상 사용일 또는 임시사용승인일 중 빠른 날로 하고, 건축허가를 받지 아니하고 건축하는 건축물은 그 사실상 사용일.
상속 및 증여	상속개시일 또는 증여를 받은 날(증여 등기접수일, 상증통 31-24…1)
점유 시효취득	해당 부동산의 점유를 개시한 날
공익사업 수용의경우	원칙: 잔금청산일, 등기접수일, 수용개시일 중 빠른 날 예외(소유권 소송으로 보상금 공탁시): 소유권 관련 소송 판결 확정일
미완성 자산	해당 목적물이 완성 또는 확정된 날
환지처분 시	환지 전의 토지 취득일. 다만, 환지처분으로 교부받은 토지면적이 권리면적보다 증가 또는 감소된 경우에는 환지처분 공고일의 다음 날
특정주식	주주 1인과 기타주주가 주식 등을 수회에 걸쳐 양도하는 경우 양도 시기: 50% 이상이 되는 날 ; 취득시기: 주식 등 실제 취득일
교환의 경우	가액차이가 없으면 교환성립일. 차액 정산이 있을 경우는 청산일, 불분명한 경우는 교환등기 접수일
현물출자	공동사업　공동사업에 출자한 날 또는 등기접수일 중 빠른 날 법인　법인설립·증자 등기를 한 때(대법 98두7558, 2000.6.23. 선고)
대물변제	소유권이전등기 접수일
조건부매매	조건성취일(소유권이전등기 후 합의해제로 말소한 경우라도 사실상 조건부매매로 보아 양도로 보지 않은 사례: 조심 2022서1757, 2022.5.12. 결정 ; 대법 90누1991, 1990.7.13. 선고)
소유권 환원	법원의 무효관결로 소유권이 환원될 경우, 그 자산의 당초 취득일
소송 취득	소유권이전 관결로 취득시, 잔금청산일(국심 91서1290, 1991.9.11. 결정)
상속세 물납	물납재산 취득시기: 상속개시일 ; 물납재산 양도 시기: 물납허가통지일
취득시기가 불분명한 경우	양도한 자산의 취득시기가 불분명한 경우: 먼저 취득한 자산을 먼저 양도한 것으로 봄.(소령 162조⑤)

* 장기할부조건: 자산의 양도로 인하여 해당 자산의 대금을 월·연부 기타의 부불방법에 따라 수입하는 것 중
아래의 요건을 갖춘 것을 말함.(소칙 78조②)

1. 계약금을 제외한 해당자산의 양도대금을 2회 이상으로 분할하여 수입할 것
2. 양도한 자산의 소유권이전등기(등록 및 명의개서를 포함) 접수일·인도일 또는 사용수익일 중 빠른 날의 다음날부터 최종 할부금의 지급기일까지의 기간이 1년 이상인 것

[양도소득세와 취득세의 취득시기 차이]

구분		양도소득세	취득세
일반 매매		사실상 대금청산일: 대금청산일이 분명한 경우	사실상 잔금지급일: 사실상 잔금지급일이 확인되는 경우
		소유권이전등기 접수일· 인도일 또는 사용수익일 중 **빠른 날:** 대금청산일이 불분명한 경우	**계약상 잔금지급일:** 사실상 잔금지급일이 확인되지 않는 경우 단, 계약상 잔금지급일이 명시되지 아니한 경우 계약일로부터 60일이 경과한 날
등기를 먼저 한 경우		등기부·등록부·명부 등에 기재된 **등기접수일**	등기일·등록일: 취득일 전에 등기·등록을 한 경우
장기할부, 연부취득		소유권이전등기 접수일· 인도일·사용수익일 중 **빠른 날** (장기할부: **1년 이상** 할부)	사실상 연부금 지급일: 연부란 **2년 이상**에 걸쳐 분할 지급하는 것.(지법 6조20호)
자가 건축	허가	빠른 날(사용승인서 교부일, 사실상 사용일, 사실상 사용가능일)	
	기타	사실상 사용일	빠른 날(사실상 사용일, 사실상 사용가능일)
상속 증여	상속	상속개시일	상속 또는 유증개시일
	증여	증여받은 날(등기접수일)	**계약일**(지령 20조①본문)
시효취득		점유개시일(소령 162조①6)	시효완성일(「민법」 245조, 247조 준용) →등기일·등록일(지령 20조⑫, 2023년 시행)

(2)토지거래허가구역의 경우

토지거래허가구역의 양도·취득시기는 '양도 또는 취득의 시기' 조문이 아니라 '예정·확정신고납부' 조문에서 다음과 같이 단서로 규정하고 있을 뿐이다.(소법 105조①, 110조①)

> **[관련 법조문: 양도소득세 예정·확정신고납부]**
> (소법 105조①·110조①, 2017.12.19. 개정 소법 부칙 7조)
> "토지거래허가구역내의 토지로서 허가 전에 잔금청산한 경우: 허가일(해제일, 2018.1.1. 이후 해제분부터 적용)이 속한 달의 말일부터 2개월 이내에 예정신고납부하고, 허가일의 다음연도 5.31.까지 확정신고납부함."

토지거래허가구역의 양도·취득시기는 실무적용상 상당히 복잡하다. 그러나 판례·유권해석들도 일정한 기준이 있는 바, 이를 간략하게 정리하면 다음과 같다.

1)허가일 이전에 매매대금이 지급되고 오로지 허가만을 기다리는 경우:
허가일에 거래요건이 성사되지만, 양도·취득시기는 잔금청산일로 소급됨

① 매매계약이 확정적으로 무효가 되는 경우(본 건 거래 성사 불가): 경매절차로 제3자에게 소유권이 이전돼버린 경우(대법 2016두45981, 2016.9.29. 선고)

매매계약대상 부동산이 토지거래허가가 나지 않은 상태에서 경매절차로 제3자에게 소유권이 이전됨으로써(본 건 매매계약은 성사되기 불가능해져버렸으므로), 이 매매계약은 확정적으로 무효가 된다.

② 허가일 이전에 매매대금이 지급되고 오로지 허가만을 기다리는 경우: 일단 '양도가 아니며' 허가를 득하면 양도·취득시기는 잔금청산일로 소급됨

1. 토지거래허가구역 내에서의 매매계약 등 거래계약은 과세관청의 허가를 받아야만 효력이 발생하므로, 매매대금이 먼저 지급되어 양도인이 이를 보관하고 있다 하더라도 자산의 양도에 해당되지 아니한다.(양도집 88-151-3)

2. 토지거래계약 허가구역 내에 있는 토지를 매수하고 잔금을 지급한 후 토지거래계약 허가를 받거나 토지거래계약 허가구역에서 해제된 경우 사실상 토지를 취득한 시점은 '토지거래허가를 받거나' '토지거래허가구역에서 해제된 때'라고 보아야 한다.

따라서 원고가 토지거래허가를 받지 아니한 채 이 사건 각 조합에게 이 사건 현장인수계약에 따른 현장인수대금을 지급한 것만으로 이 사건 각 토지를 취득하였다고 판단하여 이루어진 이 사건 부과처분은 위법하다.(대법 2013두18018, 2014.1.23. 선고)

3. 「국토이용관리법」상의 토지거래허가구역 내에서의 매매계약 등 거래계약은 관할관청의 허가를 받아야만 그 효력이 발생하며, 허가를 받기 전에는 물권적 효력은 물론 채권적 효력도 발생하지 아니하여 무효라 할 것이고, 소득세법은 양도소득에 있어 자산의 양도라 함은 그 자산이 유상으로 사실상 이전되는 것을 말한다고 규정하고 있어 경제적인 측면에서만 양도소득을 파악하여 이득의 지배관리나 향수를 하고 있는 지위에 있는 것만으로 양도소득이 있다고 판단하여서는 아니 된다.

따라서 토지거래허가를 받지 아니한 상태에서 단지 그 매매대금이 먼저 지급되어 매도인이 이를 보관하고 있다 하여 이를 두고 양도소득의 과세대상인 자산의 양도에 해당한다거나 자산의 양도로 인한 소득이 있었다고 할 수는 없다.(국가 패소, 대법 98두5811, 2000.6.13. 선고)

4. 「국토이용관리법」상 토지거래허가구역 내의 토지에 관하여 장차 허가를 받을 것을 전제로 매매계약을 체결하여 그 대금을 청산한 다음 허가를 받아 소유권이전등기를 마친 경우에, 비록 그 매매계약은 허가를 받을 때까지는 법률상 미완성의 법률행위로서 소유권 등 권리의 이전에 관한 계약의 효력이 전혀 발생하지 아니하지만 일단 허가를 받으면 그 계약은 소급하여 유효한 계약이 된다.

따라서 양도소득 산정의 기준이 되는 토지의 양도 시기는 소득세법의 각 규정에 의하여 대금청산일이 분명한 이상 등기접수일이 아니라 '대금청산일'이라고 할 것이다.(국가 패소, 대법 97누12754, 1998.2.27. ; 97누5145, 1997.6.27. 선고 ; 재경부 재산 46014-2198, 1998.1.20.)

제1장 제2장 제3장 제4장 제5장 제6장 제7장 제8장 제9장 제10장 제11장 제12장 제13장 제14장

> **[허가일 이전에 매매대금이 지급되고 오로지 허가만 기다리는 경우의 양도소득세 정리]**
>
> **1. 양도·취득 시기는 원칙적으로 잔금청산일로 소급하여 적용함**
>
> 토지거래허가구역 내에서 허가를 받기 전에 양도대금을 청산한 경우에도 거래계약의 효력은 발생하지 아니하지만, 그 이후 허가를 받은 경우에는 그 계약은 소급하여 유효한 계약이 됨.
> 따라서 허가일이 아니라 잔금청산일을 기준으로 양도가액, 장기보유특별공제, 세율 등을 적용함.(서면4팀-3734, 2006.11.10.)
>
> **2. 양도소득세 예정·확정신고기한은 허가일(해제일)을 기준으로 적용함**
>
> 토지거래허가일(또는 해제일)이 속하는 달의 말일부터 2개월을 예정신고기한으로 하고, 허가일이 속하는 연도의 다음연도 5월 31일을 확정신고기한으로 함.(소법 105·110조①괄호)
>
> **3. 양도소득세 부과제척기간의 기산일은 허가일(해제일)을 기준으로 적용함**
>
> 토지거래허가구역 내의 토지거래계약에 따른 매매대금이 청산된 후 토지거래계약이 확정적으로 유효하게 된 경우, 양도소득세 부과 제척기간의 기산일:
> 자산의 양도에 따른 양도소득세 부과의 제척기간은 원칙적으로 그 과세표준확정신고 기한이 종료하는 시점의 다음날인 자산의 양도 시기 다음 연도 6월 1일부터 진행한다. 하지만, 토지거래허가구역 내의 토지거래계약이 허가를 받지 아니하여 무효의 상태에 있다면 단지 매매대금이 먼저 지급되어 양도인이 이를 보관하고 있다 하여도 이를 두고 양도소득세 과세대상인 자산의 양도에 해당한다거나 자산의 양도로 인한 소득이 있었다고 할 수 없으므로, 이와 같은 경우의 양도인은 소득세법 110조① 소정의 당해 연도의 양도소득금액이 있는 거주자가 아니어서 과세표준확정신고 의무가 없고, 그 후 토지거래허가구역의 지정이 해제되는 등의 사유로 토지거래계약이 확정적으로 유효가 될 때에 양도인에게 비로소 자산의 양도로 인한 소득이 있게 되는 것이다. 따라서 양도인은 토지거래계약이 확정적으로 유효가 된 다음 연도 5월 1일~5월 31일까지 과세표준확정신고를 하여야 하고, 양도소득세 부과의 제척기간은 그 다음날부터 진행한다.(국가 승소, 대법 2001두9776, 2003.7.8. 선고)

2)허가일 이전에 매매대금이 지급되고 단순히 허가를 기다리는 수준을 넘어선 경우: 허가 여부에 불문하고 거래가 성사된 것으로 보아, 양도·취득시기는 잔금청산일임

토지거래허가를 받지 않은 상태라도, 양도대금수수뿐만 아니라 **소유권이전등기까지 마친 경우: 일단 '양도에 해당하며'** 양도·취득시기는 잔금청산일이다.

1. 토지거래허가구역 내의 토지를 허가 없이 매도한 경우 그 매매계약 및 전매계약이 무효라고 하더라도 소유권이전등기가 말소되지 아니한 채 남아 있고 매매대금도 매수인 또는 제3자에게 반환되지 아니한 채 그대로 보유하고 있는 때에는 예외적으로 매도인 등에게 양도소득세를 과세할 수 있다.(양도집 88-151-4)

2. 토지거래허가를 받지 않고 미등기전매를 한 경우에도 제3자 명의로 소유권이전등기가 마쳐졌고 매매대금도 반환되지 않았다면 양도소득세 과세대상이다.(국가 승소, 대법 2016두40764, 2016.8.25. 선고)

3. 「국토계획법」(「국토의 계획 및 이용에 관한 법률」)이 정한 토지거래허가구역 내 토지를 매도하고 대금을 수수하였으면서도 토지거래허가를 배제하거나 잠탈할 목적으로 매매가 아닌 증여가 이루어진 것처럼 가장하여 매수인 앞으로 증여를 원인으로 한 이전등기까지 마친 경우 또는 토지거래허가구역 내 토지를 매수하였으나 그에 따른 토지거래허가를 받지 않고 이전등기를 마치지도 않은 채 토지를 제3자에게 전매하여 매매대금을 수수하고서도 최초 매도인이

제3자에게 직접 매도한 것처럼 매매계약서를 작성하고 그에 따른 토지거래허가를 받아 이전 등기까지 마친 경우, 이전등기가 말소되지 않은 채 남아 있고 매도인 또는 중간 매도인이 수수한 매매대금도 매수인 또는 제3자에게 반환하지 않은 채 그대로 보유하고 있는 때에는 예외적으로 매도인 등에게 자산의 양도로 인한 소득이 있다고 보아 양도소득세 과세대상(미등기 양도자산으로 과세: 국심 2009중254, 2009.5.13. 결정)이 된다고 보는 것이 타당하다.(국가 승소, 대법 2010두23644, 2011.7.21. 선고)

4. 매도인이 제3자에게 직접 매도한 것처럼 매매계약서를 작성하고 그에 따른 토지거래허가를 받아 이전등기까지 마친 경우에, 그 등기가 말소되지 아니한 채 남아 있고 중간의 매도인이 수수한 매매대금도 제3자에게 반환하지 아니한 채 그대로 보유하고 있을 때에는, 예외적으로 '중간의 매도인'에게 자산의 양도로 인한 소득이 있다고 보는 것이다.(국가 승소, 대법 2011두29229, 2014.1.29. 선고)

(보충)토지거래허가구역내에서 토지를 매각하고 매각대금을 수령한 경우, 법인세법상 그 처분손익의 귀속시기는 토지거래허가일이 아닌 대금청산일이 속하는 사업연도임: 토지거래허가구역 내 토지의 양도와 관련한 양도시기에 대하여 양도소득세 규정과 달리 법인세법상으로는 별도의 예외 규정이 없는 점 등을 고려하여 대금청산일을 처분손익의 귀속시기로 판단하였으며 만약에 토지거래가 불허되어 매매계약이 해제되면 경정청구 등의 절차를 통해 구제받을 수 있으므로 납세자 입장에서 부당하지 않다고 보았음.

법인세법상 익금이란 법인의 순자산을 증가시키는 거래로 인하여 발생하는 수익의 총액으로, 어떤 소득이 부과소득이 되는지 여부는 이를 경제적인 측면에서 보아 현실로 이득을 지배·관리하면서 이를 향수하고 있고 담세력이 있는 것으로 판단되면 족하고, 그 소득을 얻게 된 원인관계에 대한 법률적 평가는 반드시 적법·유효한 것이어야 하는 것은 아닌 점(대법 95누7758, 1995.11.10. 선고), 청구법인이 쟁점토지 양도에 따른 쟁점금액을 수취하여 그 이득을 지배·관리 및 향수하고 있는 한 과세소득으로 보아야 하는 점, 소득세법 105조①1호 단서에서 '양도소득 과세표준 예정신고를 토지거래계약허가를 받기 전에 대금을 청산한 경우에는 그 허가일이 속하는 달의 말일부터 2월로 한다'고 규정하였더라도, 법인세법에서 별도의 규정이 없는 한 양도소득세 규정을 법인세에 적용하기 어려운 점, 쟁점토지에 관한 토지거래가 불허되거나 매매계약이 해제되면 국세기본법 45조의2②에 따라 후발적 경정청구를 제기할 수 있어 구제절차 또한 마련되어 있는 점 등에 비추어 쟁점토지의 매매대금을 수령한 이상 토지거래 허가 여부와 상관없이 쟁점금액의 귀속사업연도는 법인세법 시행령 68조①3호에 따라 대금청산일이 속하는 2017~2019사업연도에 해당한다 할 것임.(조심 2022서133, 2022.04.19. 결정)

(3) 취득시기의 의제(소법 98조, 소령 162조⑦)

구분	의제 취득시기
부동산, 부동산에 관한 권리, 기타자산	1984.12.31. 이전 취득 자산은 1985.1.1.
상장 및 비상장주식(기타자산 주식은 제외)	1985.12.31. 이전 취득 자산은 1986.1.1.

07 양도차익의 계산

거주자의 양도소득세계산의 큰 흐름은 다음과 같다.

- 양도차익 = 양도가액 - 필요경비(취득가액 + 기타필요경비)
- 양도소득금액 = 양도차익 - 장기보유특별공제
- 양도소득과세표준 = 양도소득금액 - 감면대상 양도소득금액 - 양도소득 기본공제
- 양도소득산출세액 = 양도소득과세표준 × 세율
- 양도소득결정세액 = 양도소득산출세액 - 세액공제 및 세액감면
- 양도소득총결정세액 = 양도소득결정세액 + 가산세
- 납부할세액 = 총결정세액 - 기납부세액

양도차익 계산 시 적용되는 대원칙은 아래 표와 같다.(소법 100조)

구분	내용
동일기준 적용원칙 (①항)	• 양도가액을 실지거래가액(부당행위계산부인에 따른 시가, 상속·증여재산가액 및 매매사례가액·감정가액이 적용되는 경우 그 매매사례가액·감정가 액 등을 포함)[*1]에 따를 때에는 취득가액도 실지거래가액(부당행위계산부인에 따른 시가, 상속·증여재산가액 및 매매사례가액·감정가액이 적용되는 경우 그 매매사례가액·감정가액 등을 포함)으로 함. • 양도가액을 기준시가에 따를 때에는 취득가액도 기준시가에 따름.[*2]
일괄취득 ·양도시 안분계산 (②항)	• 원칙: 구분 기장 • 예외(구분이 불분명한 경우[*3]): 취득 또는 양도 당시의 기준시가 등으로 안분계산(按分計算)함. 이 경우 공통되는 취득가액과 양도비용은 해당 자산의 가액에 비례하여 안분계산함.

[*1] 양도가액은 환산규정(취득가액으로 환산)이 적용되지 않음.

[*2] 취득가액을 기준시가 또는 환산취득가액에 의하는 경우 필요경비개산공제 적용.

단, 필요경비개산공제는 '환산가액'이 아니라 취득당시 '기준시가'에 일정률을 곱하여 적용함.

[*3] 토지와 건물 등을 함께 취득하거나 양도한 경우로서 그 토지와 건물 등을 구분 기장한 가액이 안분계산한 가액과 30% 이상 차이가 있는 경우에는 가액 구분이 불분명한 경우로 보아 안분가액을 적용함.(소법 100조③)

(보충)장부가액을 부인하고 환산취득가액을 적용하기 위한 조건

납세자는 양수도 거래 당사자로서 매매계약서·영수증·대금지급자료 등을 직접 소지하고 있거나 손쉽게 구하여 실가를 증명할 수 있을 것으로 기대되므로 과세관청은 반드시 증빙서류에 의하지 않더라도 해당 장부의 기재를 실가라고 볼 수 있는 상당한 사정을 입증하면 족하고, 그러한 상당한 사정이 입증된 때에는 장부가액을 부인하려는 납세자 측에서 장부의 기재가 실가에 대한 다른 증빙자료를 제시하거나 장부를 실제와 달리 기재한 납득할 만한 이유를 밝혀 장부가액을 실가로 인정할 수 없는 사정을 입증하여야 한다.(조심 2018구4561, 2019.10.8. ; 2018중3471, 2019.4.2. ; 2018광595, 2018.6.15. ; 서울고법 2013누53389, 2014.5.28. 등)

그리고 복식부기의무자로서 종합소득세 신고 시 부동산 취득가액 및 감가상각비를 계상한 재무상태표 등 결산서를 스스로 작성하여 첨부한 이상 그러한 취득가액은 명백한 근거 없이 부인하기 어려우며, 과세관청은 납세자가 작성한 장부의 기재내용을 실지 취득가액이라고 볼 수 있는 상당한 사정을 증명하면 족하고, 그러한 상당한 사정이 증명된 때에는 장부가액을 부인하려는 납세자가 장부가액을 실지취득가액으로 인정할 수 없는 사정

을 증명하여야 한다.(조심 2018중3404, 2018.11.5. ; 2011중1610, 2011.9.14. 등)

(1)양도가액

1) 일반적인 경우(소법 96조)

구분		양도가액
원칙		실지거래가액[*1]
특수관계인에게 고가 양도	법인세법상 특수관계 법인에게 시가보다 높은 가액을 양도하여 해당 거주자에게 배당·상여·기타소득으로 소득처분된 경우	시가(즉, 소득처분에 따라 종합소득세로 과세되므로 시가만 양도가액으로 간주)
	법인세법상 특수관계 법인 외의 자에게 시가보다 높은 가액을 양도하여 해당 거주자에게 증여재산가액으로 하는 금액이 있는 경우	양도가액 – 증여재산가액[*2]
부당행위계산부인 거래에 해당할 경우(소법 101조) (특수관계인과의 거래로서 저가 양도, 고가 양수) **부당행위 여부={시가~대가의 차액}-Min{시가의 5%, 3억원}** **적용 시 {시가~대가의 차액} 전체를 과세.** [앞 02(1)2)④ 참조]		시가: 상중법상 재산의 평가규정(상중법 60~64조, 상중령 49~59조, 조특법 101조) 을 준용하여 평가한 가액

*1 매수자 부담 양도소득세도 양도가액에 포함(소통 97-0…4, 대법 2012두19540, 2012.12.13. 선고 등 다수)

　　단, 매매약정 조건 없이 매매계약 체결 후 양수자가 대신 납부한 양도소득세는 증여임.(서면4팀-2093, 2007.7.9.)

　　매수자 부담 양도소득세는 양도가액에 최초 1차 계산세액만 합산(국심 90서101, 1990.3.23. 결정)

　　→2024.11.7.부터 증여세 대납액(T)처럼 Gross-Up함.(기획재정부 조세정책과-2048, 2024.11.07.)

☞ 참고로, 증여자가 증여세 대납 시 증여세가 다시 발생하므로(연대납세의무자로서 대납은 제외), '세금효과를 반영한 증여세 대납(T)'의 계산은 Gross-Up함.(서일 46014-11458, 2003.10.16.)

　　[당초증여가액+T-증여재산공제액]×증여세율×(1-0.03: 신고세액공제율)=T[제6장 02(5)2)② 참조]

*2 **증여재산가액: 상중법상 특수관계 여부에 따라 다음과 같이 계산함(상증법 35조)**

　　특수관계인 경우: {시가~대가의 차액}-Min{시가의 30%, 3억원}

　　특수관계가 아닌 경우(정당한 사유가 있는 경우는 제외): {시가~대가의 차액}-3억원

2)등기부기재가액으로 추정하여 결정하는 경우(소법 114조⑤)

①등기부기재가액에 의한 결정규정(소법 114조⑤)

　　자산의 양도로 양도가액 및 취득가액을 '실지거래가액'에 따라 양도소득 과세표준 '예정신고' 또는 '확정신고'를 하여야 할 자('신고의무자')가 그 신고를 하지 아니한 경우로서 양도소득 과세표준과 세액 또는 신고의무자의 실지거래가액 소명(疏明) 여부 등을 고려하여 납세지 관할 세무서장 또는 지방국세청장은 「부동산등기법」 68조에 따라 등기부에 기재된 거래가액('등기부 기재가액')을 실지거래가액으로 추정하여 양도소득 과세표준과 세액을 결정할 수 있다.

　　다만, 등기부 기재가액이 실지거래가액과 차이가 있음을 확인한 경우에는 그러하지 아니하다.

> 1. **실거래가액 등기 의무화**: 「부동산등기법」68조(종전 57조④)
>   2006.1.1. 이후 매매계약을 체결하여 2006.1.1. 이후 등기를 신청하는 분부터 적용
> 2. **실거래가격 신고의무화**: 「부동산 거래신고 등에 관한 법률」3조(←종전 「공인중개사법」)
>   부동산 매매계약 체결일부터 30일(←60일. 2018년 9·13 부동산 대책의 일환으로 법안이 발의되어
>   2020.2.21. 계약 분부터 적용) 이내 관할 시·군·구에 신고의무
>   : 거래 당사자가 공동으로 신고해야 하며 공인중개사 개입돼 있으면 공인중개사가 신고.
>   주택거래신고지역 공동주택도 30일로 같음(←60일←15일 규정 폐지, 「주택법」 2015.7.24.)
> 3. **허위신고에 대한 과태료**: 「부동산 거래신고 등에 관한 법률」 시행령 20조 별표3
>   부동산 등의 실거래가액 대비 허위기재금액의 비율에 따라 실지거래가액의 2~10% 과태료 부과.(**04** 참조)
>   과태료 부과 제척기간: 위반일로부터 5년이 경과한 경우 과태료 부과 못함.(「질서위반행위규제법」 19조)

(보충1)주택거래 신고제도(2004년 3월 시행→2015.7.24. 폐지됨): 현재는 '부동산' 거래 후 30(←60)일 이내.
(보충2)「공인중개사의 업무 및 부동산 거래신고에 관한 법률」 분할⇒공인중개사의 업무는 기존의 「공인중개
사법」으로 이관하고 「부동산 거래신고에 관한 법률」로 개명되었고(2014.1.28. 제정→2014.7.29. 시행), 다시
「부동산 거래신고 등에 관한 법률」로 개명되었음.(2016.1.19. 개정→1년 후인 2017.1.20. 시행)

②등기부기재가액에 의한 결정요건(소령 176조⑤)

다음의 어느 하나에 해당하는 경우 '등기부 기재가액'을 실지거래가액으로 추정하여 양도소
득 과세표준과 세액을 결정할 수 있다.

1. 등기부기재가액을 실지거래가액으로 추정하여 계산한 납부할 양도소득세액이 300만원 미
   만인 경우
2. 등기부기재가액을 실지거래가액으로 추정하여 계산한 납부할 양도소득세액이 300만원 이
   상인 경우로서 다음의 요건을 모두 충족하는 경우
   가. 확정신고필요서류(소령 173조②)의 서류를 첨부하여 기한후신고(국기법 45조의3)를 하지 아
       니할 경우 등기부기재가액을 실지거래가액으로 추정하여 양도소득과세표준과 세액을 결
       정할 것임을 신고의무자에게 통보하였을 것
   나. 신고의무자가 가목에 따른 통보를 받은 날부터 30일 이내에 기한후신고를 하지 않았을 것

3)추계조사 결정·경정(소법 114조⑦)

①추계결정·경정 규정(소법 114조⑦)

양도가액 또는 취득가액을 실지거래가액에 따라 정하는 경우로서 장부나 그 밖의 증명서류
에 의하여 해당 자산의 양도 당시 또는 취득 당시의 실지거래가액을 인정 또는 확인할 수 없는
경우에는 양도가액 또는 취득가액을 매매사례가액, 감정가액, 환산가액(실지거래가액·매매사
례가액 또는 감정가액을 환산한 '취득가액'. 즉 취득가액만 환산함) 또는 기준시가 등에 따라 추계
조사하여 결정 또는 경정할 수 있다.

②추계결정·경정 요건(소령 176조의2①)

　다음의 어느 하나에 해당하는 경우 추계결정·경정을 한다.

1. 양도 또는 취득당시의 실지거래가액의 확인을 위하여 필요한 장부·매매계약서·영수증 기타 증빙서류가 없거나 그 중요한 부분이 미비된 경우
2. 장부·매매계약서·영수증 기타 증빙서류의 내용이 매매사례가액, 감정평가업자가 평가한 감정가액 등에 비추어 거짓임이 명백한 경우

③추계결정·경정 방법(소령 176조의2③)

　추계결정·경정은 다음의 방법을 순차로 적용(신주인수권의 경우에는 제3호를 적용하지 않음)하여 산정한 가액에 의한다.

　다만, 1호에 따른 매매사례가액 또는 2호에 따른 감정가액이 특수관계인과(소령 98조①)의 거래에 따른 가액 등으로서 객관적으로 부당하다고 인정되는 경우에는 해당 가액을 적용하지 않는다.

1. 양도일 또는 취득일 전후 각 3개월 이내에 해당 자산(주권상장법인의 주식등은 제외)과 동일성 또는 유사성이 있는 자산의 매매사례가 있는 경우 그 가액
2. 양도일 또는 취득일 전후 각 3개월 이내에 해당 자산(주식 등은 제외)에 대하여 둘 이상(기준시가 10억원 이하의 부동산에 대해서는 1개의 감정가액도 인정, 상증령 49조⑥이 2018.4.1.부터 신설되었으므로, 본 규정도 2020.2.11. 개정)의 감정평가업자가 평가한 것으로서 신빙성이 있는 것으로 인정되는 감정가액(감정평가기준일이 양도일 또는 취득일 전후 각 3개월 이내인 것에 한함)이 있는 경우에는 그 감정가액의 평균액
3. 환산한 취득가액: 양도당시 실지거래가액·매매사례가액·감정가액으로 환산
4. 기준시가

(2)양도소득의 필요경비 계산

1)양도소득 필요경비의 구분 및 적용(소법 97조①, 100조①)

구분	취득가액이 분명한 경우	취득가액이 불분명한 경우
취득가액	실지취득가액. 단, 그 재산에 대한 감가상각비를 사업소득 등의 계산 시 필요경비에 산입하였거나, 산입할 금액이 있는 경우 이를 공제한 것을 취득가액으로 함	다음을 순차적으로 적용함. 1. 매매사례가액 2. 감정가액 3. 환산취득가액 4. 기준시가
기타 필요경비	1. 자본적 지출액(소령 163조③) 2. 양도비용(소령 163조⑤)	필요경비개산공제액 (소령 163조⑥)

제1장 제2장 제3장 제4장 제5장 제6장 제7장 제8장 제9장 제10장 제11장 제12장 제13장 제14장

2)취득가액 및 필요경비 계산(소법 97조, 100조①)

취득가액 계산방법	취득가액 및 기타 필요경비의 산정
①실지취득가액으로 계산하는 경우(등기부 기재 가액 포함)(2009.1.1. 이후 생산자물가지수에 의한 환산취득가액 포함)	{취득에 소요된 실지거래가액*−이미 필요경비로 인정된 감가상각비}+자본적 지출액+양도비용
②매매사례가액, 감정가액, 환산가액(생산자물가지수에 의한 환산가액 제외)으로 계산하는 경우	{취득당시 매매사례가액, 감정가액, 환산취득가액−이미 필요경비로 인정된 감가상각비}+필요경비개산공제액
③기준시가로 계산하는 경우	취득당시 기준시가+필요경비개산공제액

* '저가양수'로 인하여 동일인에게 상속세·증여세가 과세되었거나 법인세법상 상여·배당 등으로 소득처분이 된 경우 이중과세 조정: 소령 163조⑩, 이어지는 3)①E 참조.[논리는 앞 **02**(1)2)④ 참조]

(보충1)[환산취득가액+개산공제금액]이 **[자본적 지출액+양도비용]**보다 적은 경우:
납세자 선택에 따라 [환산취득가액+개산공제금액] 대신 [자본적 지출액+양도비용]으로 하여 소득금액을 계산할 수 있음.(소법 97조②)

(보충2)건물환산취득가액 적용 가산세 신설(소법 114조의2 및 지법103조의 9−지방소득세. 2018년부터 적용)
적용대상: 1. 건물을 신축하여 취득한 후 5년 이내에 양도 시 건물 취득가액을 환산가액으로 적용하는 경우
        2. 건물을 증축(85㎡ 초과 증축에 한함)한 후 5년 이내에 양도 시 건물 취득가액을 환산가액으로 적용하는 경우(국세·지방세 모두 2020년 양도분부터 적용)
        3. 감정가액을 취득가액으로 하는 경우(국세는 2020년, 지방세는 2021년 양도분부터 적용)
가산세: 환산취득가액(건물분)×5%(환산취득가액 적용을 통한 세금부담 회피를 방지하기 위해 신설)

3)실지취득가액으로 계산하는 경우

①취득가액

A. 일반적인 경우(소령 163조①②)

취득에 든 실지거래가액은 다음의 금액을 합한 것으로 한다.

1. 소득세법 시행령 89조①을 준용하여 계산한 아래의 취득원가에 상당하는 가액{현재가치할인차금(양도자산의 보유기간 중에 그 현재가치할인차금의 상각액을 각 연도의 사업소득금액 계산 시 필요경비로 산입하였거나 산입할 금액이 있는 때에는 이를 공제한 금액)과 부가가치세(부가법 10조①에 따른 자가공급, 10조⑥에 따른 폐업 시 잔존재화에 대한 부가가치세를 말함)를 포함하되 부당행위계산에 의한 시가초과액을 제외함}

  ⓐ타인으로부터 매입한 자산은 매입가액에 취득세·등록면허세 기타 부대비용을 가산한 금액

  ⓑ자기가 행한 제조·생산 또는 건설 등에 의하여 취득한 자산은 원재료비·노무비·운임·하역비·보험료·수수료·공과금(취득세와 등록면허세를 포함)·설치비 기타 부대비용의 합계액

  ⓒ위 ⓐⓑ의 자산으로서 그 취득가액이 불분명한 자산과 ⓐⓑ 자산 외의 자산은 해당 자산의 취득당시의 시가(법령 89조 준용하여 계산한 금액)에 취득세·등록면허세 기타 부대비용을 가산한 금액

[자산취득 시 징수된 부가가치세 등의 필요경비 산입여부](소통 97-0…5)
취득등기 시 납부한 취득세에 대한 교육세와 아파트 분양 시 그 분양사업자가 거래징수한 부가가치세는 양도차익계산 시 필요경비로 산입함.
이 경우 아파트를 분양받은 자가 부가가치세법상 일반과세사업자로서 사업용으로 분양받은 경우에는 그 부가가치세는 필요경비로 산입 불가.(매입세액 공제되기 때문)
[양도차익계산 시 취득가액에 산입하는 필요경비의 범위](소통 97-0…3)
①취득세는 납부영수증이 없는 경우에도 양도소득금액계산 시 필요경비로 인정한다. 다만, 지방세법 등에 의하여 취득세가 감면된 경우의 당해 세액은 공제하지 아니한다.
②양도차익계산 시 산입되는 취득가액에는 취득 시 쟁송으로 인한 명도비용·소송비용·인지대 등 취득에 소요된 모든 비용을 포함한다. 이 경우 소송비용은 「민사소송법」이 정하는 소송비용과 변호사의 보수 등 자산의 소유권을 확보하기 위하여 직접 소요된 일체의 경비를 말한다.

---

2. 취득에 관한 쟁송이 있는 자산에 대하여 그 소유권 등을 확보하기 위하여 직접 소요된 소송비용·화해비용 등의 금액(그 지출한 연도의 각 소득금액의 계산에 있어서 필요경비에 산입된 것을 제외한 금액)

3. 당사자 약정에 의한 대금지급방법에 따라 취득원가에 이자상당액을 가산하여 거래가액을 확정하는 경우 당해 이자상당액은 취득원가에 포함한다. 다만, 당초 약정에 의한 거래가액의 지급기일의 지연으로 인하여 추가로 발생하는 이자상당액은 취득원가에 포함하지 아니한다.

4. 합병으로 인하여 소멸한 법인의 주주가 합병 후 존속하거나 합병으로 신설되는 법인(합병법인)으로부터 교부받은 주식의 1주당 취득원가에 상당하는 가액은 합병 당시 해당 주주가 보유하던 피합병법인의 주식을 취득하는데 든 총금액(법인세법 16조①5호의 의제배당은 더하고 같은 호의 합병대가 중 금전이나 그 밖의 재산가액의 합계액은 뺀 금액)을 합병으로 교부받은 주식수로 나누어 계산한 가액으로 한다.

B. 상속 또는 증여받은 재산인 경우(소령 163조⑨)

상속 또는 증여(부담부 증여로 받은 채무액 부분도 포함, 상증법 33~42조의3에 따른 증여는 제외)로 취득한 자산의 취득가액은 상속개시일 또는 증여일 현재 상속세 및 증여세법 60조~66조의 규정에 따라 평가한 가액(결정·경정 시 그 가액, 2020.2.11. 신설)을 취득당시의 실지거래가액으로 본다.

다만, 다음 각 호의 어느 하나에 해당하는 경우에는 각 호의 구분에 따라 계산한 금액으로 한다.

1. 「부동산 가격공시에 관한 법률」에 따라 1990년 8월 30일 개별공시지가가 고시되기 전에 상속 또는 증여받은 토지의 경우에는 상속개시일 또는 증여일 현재 상속세 및 증여세법 60조~66조의 규정에 의하여 평가한 가액과 기준시가 중 많은 금액

2. 2000년 12월 31일 건물의 기준시가가 고시되기 전에 상속 또는 증여받은 건물의 경우에는 상속개시일 또는 증여일 현재 상속세 및 증여세법 60조~66조의 규정에 의하여 평가한 가액과 기준시가 중 많은 금액

상속·증여로 취득한 자산의 실지거래가액에 의한 양도차익 산정 시 그 취득가액은 상속세 및 증여세법상 평가액으로 하며, 양도·취득 당시의 기준시가에 의해 **환산취득가액으로 할 수 없음.**(서면4팀-2250, 2005.11.17.) 또한 양도소득세 계산시 취득가액 산정을 위해 상속개시일로부터 6개월이 지나 소급 감정평가한 가액은 상증법상 평가액으로 볼 수 없음.(심사양도 2013-0236, 2014.3.18.)
- **상속재산에 대한 감정평가서가 평가기간이 경과한 후라도 법정결정기한(신고기한부터 상속세는 9개월, 증여세는 6개월) 이내에 작성되었다면 평가심의위원회 심의를 통해 시가로 인정가능.**{재재산-92, 2021.01.27. ; 제6장 05 (1)3)③ 상증령 49조①본문 단서 참조}

납세자가 법정신고기한 이내에 시가를 확인 할 수 없어 기준시가로 신고한 이후 납세자 또는 과세관청이 상속개시일을 가격 산정기준일로 하고, 감정가액평가서작성일을 평가기간이 경과한 후부터 법정결정기한 사이로 하여 (2개 감정기관에서, 상증령 49조①2호) 감정평가받은 가액을 평가심의위원회에 회부하는 경우, 평가심의위원회 심의대상이 되는 것이며 심의를 통해 시가로 인정 가능함.
- **상속신고를 하지 않은 경우에도 '시가가 존재'하면 시가를 취득가액으로 할 수 있음.**(조심 2019인1749, 2019.925. ; 2008광31, 2008.6.30. 결정)

청구인이 제시하는 상속개시일 전후 6개월 이내에 해당하는 원어민의 토지취득 사례 여부 및 그 가액을 조사·확인하고 이를 쟁점 토지의 취득가액으로 인정하여 양도소득세의 과세표준 및 세액을 경정함.

　즉, 상속세 신고 시 유사거래가액이나 감정평가액 등으로 신고했을 경우에는 그 신고가액이 취득가액이 되지만, 그렇지 않았을 경우에는 상속개시당시(사망일) 기준시가(토지는 개별공시지가)를 취득가액으로 하여 양도소득세를 계산하는 것이다. 개별공시지가는 시가에 훨씬 못 미치는 경우가 대부분이므로 그 만큼 양도소득세의 부담은 늘어나게 된다.

C. 관할세무서장이 실지거래가액을 확인한 경우(소법 97조⑦, 소령 163조⑪, 소칙 79조③)

　자산을 양도한 거주자가 부동산 취득 시「부동산 거래신고 등에 관한 법률」3조①에 따른 부동산의 실제거래가격을 관할세무서장이 확인한 경우에는 이를 그 거주자의 취득당시 실지거래가액으로 본다. 다만, 실제거래가격이 전소유자의 부동산양도소득과세표준 예정신고 또는 확정신고 시의 양도가액과 동일한 경우에 한한다.

D. 의제일 전에 취득한 자산의 취득당시 실지거래가액(소법 97조②1호 나목)

　의제취득일 전에 취득한 자산(상속·증여받은 자산을 포함)에 대하여 매매사례가액, 감정가액, 환산취득가액을 적용함에 있어서 의제취득일 현재의 취득가액은 다음의 가액 중 많은 금액으로 한다.
1. 의제취득일 현재 매매사례가액, 감정가액, 환산취득가액
2. 취득당시의 실지거래가액, 매매사례가액, 감정가액이 확인되는 경우로서 당해 자산(상속·증여받은 자산을 포함)의 실지거래가액, 매매사례가액, 감정가액과 그 가액에 취득일부터 의제취득일까지 보유기간 동안의 생산자물가상승률을 곱하여 계산한 금액을 합산한 가액

E. 해당 자산과 관련하여 상속세·증여세가 과세되었거나 소득처분이 된 경우 이중과세 조정: '저가 양수'인 경우 소득귀속자가 동일인이므로 취득가액에 가감(소령 163조⑩)[논리는 앞 02 (1)2)④E 참조]
1. 상속세 및 증여세법 3조의2②(영리법인이 상속받은 경우 해당 법인의 주주 등인 상속인 또는 그 직계비속이 부담하는 일정액의 상속세, 2014.1.1. 상속받은 분부터 적용), 33~45조의5의 규정에 따라 상

속세나 증여세를 과세받은 경우에는 해당 상속재산가액이나 증여재산가액(상증법 45조의
3~45조의5의 규정에 따라 증여세를 과세받은 경우에는 증여의제이익) 또는 그 증·감액을 취득가액에
더하거나 뺀다.

2. 법인세법 2조12호에 따른 특수관계인(외국법인을 포함)으로부터 취득한 경우로서 거주자의 상
여·배당 등으로 처분된 금액이 있으면 그 상여·배당 등으로 처분된 금액을 취득가액에 더한다.

② 자본적 지출액(소법 97조①2호, 소령 163조③, 소칙79조)

자본적 지출액은 다음의 어느 하나에 해당하는 것으로서 그 지출에 관한 적격증명서류(소령 160조
의2②)를 수취·보관하거나, 실제 지출사실이 금융거래 증명서류에 의하여 확인되는 경우를 말한다.

1. 양도자산을 취득한 후 쟁송이 있는 경우에 그 소유권을 확보하기 위하여 직접 소요된 소송비
용·화해비용 등의 금액으로서 그 지출한 연도의 각 소득금액의 계산에 있어서 필요경비에
산입된 것을 제외한 금액

【위약금의 필요경비 산입 여부】(소통 97-0…6)

부동산매매계약의 해약으로 인하여 지급하는 위약금 등은 양도차익계산 시 필요경비로 공제하지 아니한다.

2. 「공익사업을 위한 토지 등의 취득 및 보상에 관한 법률」이나 그 밖의 법률에 따라 토지 등이
협의 매수 또는 수용되는 경우로서 그 보상금의 증액과 관련하여 직접 소요된 소송비용·화
해비용 등의 금액으로서 그 지출한 연도의 각 소득금액의 계산에 있어서 필요경비에 산입된
것을 제외한 금액. 이 경우 증액보상금을 한도로 한다.

3. 양도자산의 용도변경·개량 또는 이용편의를 위하여 지출한 비용(재해·노후화 등 부득이한
사유로 건물을 재건축한 경우 그 철거비용을 포함. 2020.2.11. 양도 분부터 적용)

4. 「개발이익환수에 관한 법률」에 따른 개발부담금(개발부담금의 납부의무자와 양도자가 서로
다른 경우에는 양도자에게 사실상 배분될 개발부담금상당액을 말함)

5. 「재건축초과이익 환수에 관한 법률」에 따른 재건축부담금(재건축부담금의 납부의무자와 양
도자가 서로 다른 경우에는 양도자에게 사실상 배분될 재건축부담금상당액을 말함)

6. 「하천법」·「댐건설 및 주변지역지원 등에 관한 법률」 그 밖의 법률에 따라 시행하는 사업으
로 인하여 해당사업구역 내의 토지소유자가 부담한 수익자부담금 등의 사업비용

7. 토지이용의 편의를 위하여 지출한 장애철거비용(묘지이장비용 포함, 소통 97-0…9)

8. 토지이용의 편의를 위하여 해당 토지 또는 해당 토지에 인접한 타인 소유의 토지에 도로를
신설한 경우의 그 시설비(국가 등에 기부채납한 도로건설비도 해당. 소통 97-0…7)

9. 토지이용의 편의를 위하여 해당 토지에 도로를 신설하여 국가 또는 지방자치단체에 이를 무
상으로 공여한 경우의 그 도로로 된 토지의 취득당시 가액

10. 사방사업에 소요된 비용 등

양도하는 토지 위에 나무재배를 위하여 소요된 비용 등은 필요경비로 산입하지 아니한다.(소통 97-0…3③)

> **【 건물 철거 비용의 필요경비 산입 】**(소통 97-0…8)
> 토지만을 이용하기 위하여 토지와 건물을 함께 취득한 후 해당 건물을 철거하고 토지만을 양도하는 경우 철거된 건물의 취득가액과 철거비용의 합계액(에서 철거 시설물의 처분가액을 차감)을 양도자산의 필요경비로 산입한다. 다만, 그 양도차익을 기준시가로 산정하는 경우에는 철거된 건물의 취득당시의 기준시가에 3%(미등기 0.3%)를 가산한 금액을 양도하는 토지의 필요경비로 산입한다.

③양도비용(소법 97조①3호, 소령 163조⑤)

　양도비용은 다음의 어느 하나에 해당하는 것으로서 그 지출에 관한 적격증명서류를 수취·보관하거나 실제 지출사실이 금융거래 증명서류에 의하여 확인되는 경우를 말한다.

1. 자산을 양도하기 위하여 직접 지출한 비용으로서 다음 각 목의 비용

　ⓐ증권거래세법에 따라 납부한 증권거래세

　ⓑ양도소득세과세표준 신고서 작성비용 및 계약서 작성비용

　ⓒ공증비용, 인지대 및 소개비

　ⓓ매매계약에 따른 인도의무를 이행하기 위하여 양도자가 지출하는 명도비용(2018년 신설)

> **[상권분석 등 컨설팅비용은 공제불가(?)]**(법규 재산 2013-217, 2013.7.23.)
> 양도비용은 해당자산의 필요경비로 공제하는 것이나, 부동산 매도를 위해 상권조사·지가상승요소분석·매도가격 타당성분석·매매진행컨설팅 등을 의뢰하여 지급한 컨설팅 비용은 양도비 등에 포함되지 아니함. ☞ 판례는 적정액이 실제 지급된 경우에만 공제인정(대법 2014두14198, 2015.3.12. 선고)

2. 자산을 취득함에 있어서 법령 등의 규정에 따라 매입한 국민주택채권 및 토지개발채권을 만기 전에 양도함으로써 발생하는 매각차손. 이 경우 금융기관 외의 자에게 양도한 경우에는 동일한 날에 금융기관에 양도하였을 경우 발생하는 매각차손을 한도로 한다.

4)실지취득가액을 모르는 경우

①취득가액(소법 97조①1호 나목)

　1순위(매매사례가액) ⇒ 2순위(감정가액) ⇒ 3순위(환산취득가액)

②필요경비개산공제(소령 163조⑥)

　취득가액을 매매사례가액, 감정가액, 환산취득가액, 기준시가로 하는 경우에 자본적 지출액과 양도비용 대신 필요경비개산공제를 적용할 수 있다.

자산	기준금액	등기자산	미등기자산
토지	취득당시 개별공시지가	3%	0.3%
오피스텔 및 상업용 건물(부수토지 포함), 주택	취득당시 기준시가	3%	0.3%
위 이외의 건물	취득당시 기준시가	3%	0.3%
지상권, 전세권, 등기된 부동산임차권	취득당시 기준시가	7%	1%
부동산을 취득할 수 있는 권리, 주식 또는 출자지분, 기타자산	취득당시 기준시가	1%	

(참고)필요경비개산공제는 '환산취득가액'이 아니라 **취득시 '기준시가'에 공제율**을 곱하여 계산함.

(3)양도차익 계산의 특례

1)고가주택(고가 조합원입주권 포함)에 대한 양도차익 등의 계산(소령 160조)

1세대 1주택으로서 비과세대상에서 제외되는 고가주택(실지거래가격 12억원(2021.12.7.까지 9억원)을 초과하는 주택 및 조합입주권을 말하며, 2022년 양도분부터 고가주택의 주택 이외의 부분은 주택으로 보지 않음)에 해당하는 자산의 양도차익 및 장기보유특별공제액은 다음의 산식으로 계산한 금액으로 한다. 이 경우 해당 주택 또는 이에 부수되는 토지가 그 보유기간이 다르거나 미등기 양도자산에 해당하거나 일부만 양도하는 때에는 12억원에 해당 주택 또는 이에 부수되는 토지의 양도가액이 그 주택과 이에 부수되는 토지의 양도가액의 합계액에서 차지하는 비율을 곱하여 안분계산한다.

1. 고가주택에 해당하는 자산에 적용할 양도차익

$$일반\ 양도차익 \times \frac{양도가액 - 12억원}{양도가액}$$

2. 고가주택에 해당하는 자산에 적용할 장기보유특별공제액

$$일반\ 장기보유특별공제액 \times \frac{양도가액 - 12억원}{양도가액}$$

> 일시적 1세대 2주택과 장기임대주택을 보유한 1세대 3주택 자가 고가주택을 양도할 때, 일시적 1세대 2주택 특례 및 거주주택 비과세 특례가 중복 적용되어 비과세 적용된 경우, 12억원 초과분에 대한 세율 및 장기보유특별공제는 어떻게 적용하는지?
> (종전)3주택 중과세율(기본세율+20%, 2021.6.1.부터는 +30%)이 적용되며, 장기보유특별공제는 배제됨.
> {「주택세금 100문100답」(국세청, 2020.9.) 양도소득세 13번 사례}
> ☞2021년부터 3주택 중과세율이 적용되지 않으며, (1세대 1주택자의 '높은') 장기보유특별공제도 적용됨.
> [1세대 3주택 이상 중과세 제외 대상으로, '일시적 3주택자 비과세 특례'(소령 167조의3①13호, 뒤 ❶(2)②K 참조)와 '일시적 2주택자 비과세 특례'{소령 167조의10①14호→15호(2023.2.28. 신설), 뒤 ❶(2)④G 참조}를 적용받는 주택을 신설하였음. 2021.2.17. 양도분부터 적용]

2)부담부 증여에 대한 양도차익 등의 계산(소령 159조①)

부담부 증여의 경우 양도로 보는 부분에 대한 양도차익을 계산함에 있어서 그 취득가액 및 양도가액은, 해당자산의 가액에 증여가액 중 채무액에 상당하는 부분이 차지하는 비율을 곱하여 계산한 가액으로 한다. 이 경우, 양도가액이 기준시가이면 취득가액도 기준시가로 환산한다.

$$채무액에\ 상당하는\ 양도차익 = 해당\ 자산의\ 양도차익 \times \frac{채무액}{증여자산가액}$$

(보충)'고가주택의 판정': 그 주택(부수토지 포함)의 전체 이전, 그 일부 이전, 부담부 증여 이전 등 이전방식에 관계없이 '1주택의 전체가액'을 기준으로 한다. 따라서 부담부 증여로 이전된 주택이 1세대 1주택 비과세 요건을 갖춘 경우에는 고가주택의 양도차익 산식에 따라, 부담부 증여분 양도차익→과세되는 고가주택분 양도차익→과세분 장기보유특별공제액 등을 계산한다.(서면4팀-1526, 2004.9.24.)

330 | 제3장 양도소득세

3)주택재개발·주택재건축사업 등 관련 입주권의 양도차익(소령 166조①③④⑤)

재개발사업, 재건축사업 또는 소규모재건축사업 등을 시행하는 정비사업조합의 조합원이 당해 조합에 기존건물과 그 부수토지를 제공(건물 또는 토지만을 제공한 경우를 포함)하고 취득한 입주자로 선정된 지위를 양도하는 경우 그 조합원의 양도차익은 다음의 산식에 의하여 계산한다.

1. 청산금을 납부한 경우 양도차익:

  관리처분계획인가 후 양도차익+관리처분계획인가 전 양도차익

  ⓐ관리처분계획인가 후 양도차익:

    [양도가액-(기존건물과 그 부수토지의 평가액+납부한 청산금)-필요경비]

  ⓑ관리처분계획인가 전 양도차익:

    [기존건물과 그 부수토지의 평가액-기존건물과 그 부수토지의 취득가액-필요경비]

2. 청산금을 지급받은 경우 양도차익:

  관리처분계획인가 후 양도차익+관리처분계획인가 전 양도차익

  ⓐ관리처분계획인가 후 양도차익:

    [양도가액-(기존건물과 그 부수토지의 평가액-지급받은 청산금)-필요경비]

  ⓑ관리처분계획인가 전 양도차익:

    [(기존건물과 그 부수토지의 평가액-기존 건물과 그 부수토지의 취득가액-필요경비)]

$$\times \frac{\text{기존건물과 그 부수토지의 평가액-지급받은 청산금}}{\text{기존건물과 그 부수토지의 평가액}}$$

[장기보유특별공제 기간계산](소령 166조⑤1호)

관리처분계획인가 전 양도차익(위 1.ⓑ와 2.ⓑ 분)에 대하여 장기보유특별공제를 적용하며, 그 기간은 기존건물과 그 부수토지의 취득일부터 관리처분 등 계획인가일까지이다.

---

4)주택재개발·주택재건축사업 등 조합원의 신축주택 양도차익(소령 166조②~⑦)

재개발사업, 재건축사업 또는 소규모재건축사업 등을 시행하는 정비사업조합의 조합원이 해당 조합에 기존건물과 그 부수토지를 제공하고 관리처분계획등에 따라 취득한 신축주택 및 그 부수토지를 양도하는 경우 양도차익은 다음 산식에 따라 계산한다.

A. 실지거래가액으로 하는 경우(소령 166조②)

1. 청산금을 납부한 경우: 청산금납부분 양도차익+기존건물분 양도차익(관리처분계획인가 후 양도차익의 기존건물분+관리처분계획인가 전 양도차익)

  ⓐ관리처분계획인가 후 양도차익의 청산금납부분:

$$\text{관리처분계획인가 후 양도차익} \times \frac{\text{납부한 청산금}}{\text{기존건물과 그 부수토지의 평가액} + \text{납부한 청산금}}$$

ⓑ관리처분계획인가 후 양도차익의 기존건물과 부수토지분:

$$\text{관리처분계획인가 후 양도차익} \times \frac{\text{기존건물과 그 부수토지의 평가액}}{\text{기존건물과 그 부수토지의 평가액} + \text{납부한 청산금}}$$

ⓒ관리처분계획인가 전 양도차익:

[기존건물과 그 부수토지의 평가액－기존건물과 그 부수토지의 취득가액－필요경비]

2. 청산금을 지급받은 경우: 관리처분계획인가 후 양도차익＋인가 전 양도차익

ⓐ관리처분계획인가 후 양도차익:

[양도가액－(기존건물과 그 부수토지의 평가액－지급받은 청산금)－필요경비]

ⓑ관리처분계획인가 전 양도차익:

[(기존건물과 그 부수토지의 평가액－기존 건물과 그 부수토지의 취득가액－필요경비)]

$$\times \frac{\text{기존건물과 그 부수토지의 평가액} - \text{지급받은 청산금}}{\text{기존건물과 그 부수토지의 평가액}}$$

B. 기준시가로 하는 경우(소령 166조⑦)

기준시가에 의한 양도차익은 다음 각호의 구분에 따라 계산한 양도차익의 합계액(청산금을 수령한 경우에는 이에 상당하는 양도차익을 차감한다)으로 한다.

1. 기존건물과 그 부수토지의 취득일부터 관리처분계획 등 인가일 전일까지의 양도차익:

관리처분계획 등 인가일 전일 현재의 기존건물과 그 부수토지의 기준시가 － 기존건물과 그 부수토지의 취득일 현재의 기존건물과 그 부수토지의 기준시가 － 기존건물과 그 부수토지의 필요경비

2. 관리처분계획 등 인가일부터 신축건물의 준공일 전일까지의 양도차익:

신축건물의 준공일 전일 현재의 기존건물의 부수토지의 기준시가 － 관리처분계획 등 인가일 현재의 기존건물의 부수토지의 기준시가

3. 신축건물의 준공일부터 신축건물의 양도일까지의 양도차익:

신축건물의 양도일 현재의 신축건물과 그 부수토지의 기준시가 － 신축건물의 준공일 현재의 신축건물과 그 부수토지의 기준시가(신축주택의 양도일 현재 오피스텔 및 상업용 건물에 대한 국세청 고시가액, 「부동산 가격공시에 관한 법률」에 따른 개별주택가격 및 공동주택가격이 있는 경우에는 소령 164조⑥⑦의 규정을 준용하여 환산한 기준시가) － 신축건물과 그 부수토지(기존건물의 부수토지보다 증가된 부분에 한함)의 필요경비

[장기보유특별공제 기간계산](소령 166조⑤2호)

청산금납부분 양도차익과 기존건물분 양도차익에 대하여 장기보유특별공제를 적용하며, 청산금을 납부한 경우 그 기간은 다음과 같이 계산한다.

가. 청산금납부분 양도차익에서 장기보유특별공제액을 공제하는 경우의 보유기간:
　　관리처분계획 등 인가일부터 신축주택과 그 부수토지의 양도일까지의 기간

나. 기존건물분 양도차익에서 장기보유특별공제액을 공제하는 경우의 보유기간:
　　기존건물과 그 부수토지의 취득일부터 신축주택과 그 부수토지의 양도일까지의 기간

제1장
제2장
제3장
제4장
제5장
제6장
제7장
제8장
제9장
제10장
제11장
제12장
제13장
제14장

08 기준시가의 산정 (소법 99조, 소령 164조)

구분		기준시가
토지와 건물	1)토지	①개별공시지가(최초 고시한 1990.8.30. 이전의 것은 시가표준액으로 환산) ②지정지역: 배율방법(개별공시지가×국세청장이 고시한 배율) ③개별공시지가가 없는 토지: 지목, 이용 상황 등이 유사한 인근 토지를 표준지로 보고 비교표에 따라 평가
	2)건물 (아래 제외)	건물의 신축가격, 구조, 용도, 위치, 신축연도 등을 고려하여 매년 1회 이상 국세청장이 산정·고시하는 가액{국세청 홈택스→기준시가 조회→양도/(취득)}
	3)오피스텔 및 상업용 건물*	건물에 딸린 토지를 공유로 하고 건물을 구분소유하는 것으로서 건물의 용도·면적 및 구분소유하는 건물의 수(數) 등을 고려하여 일정 오피스텔 및 상업용 건물(이에 딸린 토지를 포함)에 대해서는, 건물의 종류·규모·거래상황·위치 등을 고려하여 매년 1회 이상 국세청장이 토지와 건물에 대하여 일괄하여 산정·고시하는 가액
	4)주택	「부동산 가격공시에 관한 법률」에 따른 개별주택가격 및 공동주택가격. 다만, 공동주택가격의 경우에 같은 법 17조 ① 단서에 따라 국세청장이 결정·고시한 공동주택가격이 있을 때에는 그 가격에 따르고, 개별주택가격 및 공동주택가격이 없는 주택의 가격은 납세지 관할 세무서장이 인근 유사주택의 개별주택가격 및 공동주택가격을 고려하여 시행령으로 정하는 방법에 따라 평가한 금액
	5)직전기준시가	새로운 기준시가가 고시되기 전에 취득 또는 양도하는 경우, 직전 기준시가에 의함(소령 164조③)
부동산을 취득할 수 있는 권리		(취득일 또는 양도일까지)의 불입한 금액 + 취득일 또는 양도일 현재의 프리미엄 상당금액(소령 165조①)
지상권·전세권 및 등기된 부동산임차권		원칙: 상증령 51조①을 준용하여 평가한 가액(소령 165조②) 특례: 기준시가가 아래가액보다 낮은 경우에는 아래 가액을 반영하여 양도 당시 기준시가를 계산한다. 1.「공익사업을 위한 토지 등의 취득 및 보상에 관한 법률」에 따른 협의매수·수용 및 그 밖의 법률에 따라 수용되는 경우의 그 보상액과 보상액 산정의 기초가 되는 기준시가 중 적은 금액 2.「국세징수법」에 의한 공매와 「민사집행법」에 의한 강제 경매 또는 저당권 실행을 위하여 경매되는 경우의 그 공매 또는 경락가액
상장주식(기타자산 중 해당주식 포함)		양도일 또는 취득일 전·후 1개월 동안에 공표된 매일의 최종시세가액의 평균액
비상장주식(기타자산 중 해당주식 포함)		상증법 63조①1호 나목(비상장주식 평가)을 준용하여 평가한 가액.
신주인수권		상증령 58조의2②을 준용하여 평가한 가액(소령 165조⑦)
기타자산 중 영업권		상증령 59조②을 준용하여 평가한 가액(소령 165조⑧2호)
시설물이용권(주식 외)		지방세법에 따라 고시한 시가표준액
신탁 수익권 (2021년 신설)		상증법 65조①을 준용하여 평가한 가액.(소법 99조①8호, 소령 165조⑫)

* (2025.1.1. 시행) 오피스텔 및 상업용 건물 기준시가 조회(세종시는 2019년부터 고시)

고시대상: 전국 오피스텔 및 수도권(서울·경기·인천), 5대 지방광역시, 세종특별자치시에 소재하는 3,000㎡ 또는 100개호 이상인 상업용 건물(국세청 홈택스→상담·불복·기타→기타→기준시가 조회→상업용 건물/오피스텔)

[취득시 기준시가의 산정 등](토지와 주택은 국토교통부에서, 나머지는 국세청에서 주관함)

1)토지

「부동산 가격공시에 관한 법률」에 따라 1990년 8월 30일 개별공시지가가 고시되기 전에 취득한 토지의 취득당시의 기준시가는 다음 산식에 의하여 계산한 가액으로 한다. 이 경우 다음 산식 중 시가표준액은 법률 제4995호(1995.12.6.)로 개정되기 전의 지방세법상 시가표준액을 말한다.(소령 164조④)

$$1990.1.1.을 기준으로 한 개별공시지가 \times \frac{취득당시의 시가표준액}{1990.8.30. 현재의 시가표준액과 그 직전에 결정된 시가표준액의 합계액을 2로 나누어 계산한 가액}$$

2)건물(토지와 건물을 일괄 고시하는 3)오피스텔·상업용 건물과 4)주택은 제외}

기준시가가 고시되기 전에 취득한 건물의 취득당시의 기준시가는 다음 산식에 의하여 계산한 가액으로 한다.(소령 164조⑤)

$$국세청장이 해당 자산에 대하여 최초로 고시(2001.1.1.)한 기준시가^{*1} \times 해당 건물의 취득연도 \cdot 신축연도 \cdot 구조 \cdot 내용연수 등을 고려하여 국세청장이 고시한 기준율^{*2}$$

*1 건물 기준시가 산정: 토지를 제외한 건물만의 가격을 사용

1995.12.31.까지	1996~2000년	2001.1.1.부터
지방세법상 과세시가표준액으로 평가 (가감산특례 적용)	가감산특례 적용 배제	국세청고시 건물 기준시가

*2 건물기준시가 산정방법(2001.1.1. 국세청 기준시가 최초고시)

기준시가=건물 연면적(㎡, 집합건물의 경우 전용면적+공용면적)×㎡당 금액

㎡당 금액=건물신축가격기준액×구조지수×용도지수×위치지수×경과연수별 잔가율×개별건물의 특성에 따른 조정률(양도 시에는 적용하지 않고, 상속·증여 시에만 적용함)

3)오피스텔 및 (대규모) 상업용 건물

기준시가가 고시되기 전에 취득한 오피스텔(이에 딸린 토지를 포함), 상업용 건물(이에 딸린 토지를 포함)의 취득당시의 기준시가는 다음 산식에 따라 계산한 가액으로 한다. 이 경우 해당 자산에 대하여 국세청장이 최초로 고시한 기준시가 고시당시 또는 취득당시의 2)건물의 기준시가가 없는 경우에는 2)의 규정을 준용하여 계산한 가액에 따른다.(소령 164조⑥)

$$국세청장이 해당 자산에 대하여 최초로 고시한 기준시가^{*1*2} \times \frac{취득당시의 1)가액+2)가액 합계액}{해당 자산에 대하여 국세청장이 최초로 고시한 기준시가 고시당시의 1)가액+2)가액 합계액(취득당시의 가액과 최초로 고시한 가액이 동일한 경우에는 5)의 규정을 준용하여 계산한 가액으로 함}$$

*1 건물 기준시가 산정: 토지를 제외한 건물만의 가격을 사용(참고로 아래 표는 상업용 건물 기준시가 연혁임)

2000.12.31.까지	2001~2004년	2005.1.1.부터
토지: 개별공시지가 (1990.8.31.까지는 토지등급) 건물: 지방세법상 과세시가표준액	토지: 개별공시지가 건물: 국세청 기준시가	국세청고시 상업용 건물 기준시가 (토지+건물)

*2 2005.1.1. 시행 상업용 건물 및 오피스텔에 대한 기준시가 고시대상(2004.12.31. 국세청)

고시대상 건물: 오피스텔: 전체

상업용 건물: 건물 연면적 합계 3,000㎡(907.5평) 또는 100개호 이상

고시대상 지역: 수도권(서울·경기·인천), 5대 지방광역시, 세종특별자치시(2019년부터)

4)주택

「부동산 가격공시에 관한 법률」에 따른 개별주택가격 및 공동주택가격(이들에 부수되는 토지를 포함)이 공시되기 전에 취득한 주택의 취득당시의 기준시가는 다음 산식에 의하여 계산한 가액으로 한다. 이 경우 당해 주택에 대하여 국토교통부장관이 최초로 공시한 주택가격 공시당시 또는 취득당시의 2)건물의 가액이 없는 경우에는 2)의 규정을 준용하여 계산한 가액에 의한다.(소령 164조⑦)

국토교통부장관이 해당 주택에 대하여 최초로 공시한 주택가격[*1,*2] ×	취득당시의 1)가액+2)가액 합계액
	해당 주택에 대하여 국토교통부장관이 최초로 공시한 주택가격 공시당시의 1)가액+2)가액 합계액 {취득당시의 가액과 최초로 공시한 주택가격 공시당시의 가액이 동일한 경우에는 5)의 규정을 준용하여 계산한 가액으로 함}

*1 공동주택 등 최초공시 연혁(토지와 주택은 국토교통부, 나머지는 국세청에서 주관함)

고시대상 건물	지역	면적	최초고시일
아파트	전국	모든 아파트(주상복합건물 내 아파트 포함)	1983.2.28.(강남 등 일부지역) 점차 전국으로 확대
대형 연립주택	전국	전용면적 165㎡(50평) 이상	건물: 1989.6.24. 토지+건물: 1996.7.1.
단독·다가구·다세대· 중소형 연립	전국	아파트·대형연립을 제외한 모든 주택	2005.4.30.(2005.7.13.부터 시행, 소법 99조①1호 라목)
상업용 건물·오피스텔	수도권·광역시	• 오피스텔: 구분소유된 것 • 상업용 건물: 3,000㎡(907.5평) 또는 100호 이상 구분소유된 것	2005.1.1. (참고로 기타건물은 건물에 대해서만 2001.1.1.부터 고시)

*2 주택가격 공시조회

1. 공동주택

   아파트·대형연립: 국세청 홈택스(2005.5.2.까지 고시분), 국토교통부(2006.4.28.부터 고시분)

   다세대·중소형 연립: 지방자치단체 또는 국토교통부 홈페이지

2. 단독주택: 지방자치단체 홈페이지(다가구주택·겸용주택 포함) 또는 국토교통부 홈페이지

5)양도당시의 기준시가와 취득당시의 기준시가가 동일한 경우

보유기간 중 새로운 기준시가가 고시되지 아니함으로써 1)~4)의 양도당시의 기준시가와 취득당시의 기준시가가 동일한 경우에는 소득세법 시행규칙 80조에 따라 계산한 가액을 양도당시의 기준시가로 한다.(소령 164조⑧)

6)보상가액·공매가액 등에 따른 양도당시 기준시가 조정

다음에 해당하는 가액이 1)~4)의 가액보다 낮은 경우에는 그 차액을 차감하여 양도 당시 기준시가를 계산한다.(소령 164조⑨)

1. 「공익사업을 위한 토지 등의 취득 및 보상에 관한 법률」에 따른 협의매수·수용 및 그 밖의 법률에 따라 수용되는 경우의 그 보상액과 보상액 산정의 기초가 되는 기준시가 중 적은 금액
2. 「국세징수법」에 의한 공매와 「민사집행법」에 의한 강제경매 또는 저당권실행을 위하여 경매되는 경우의 그 공매 또는 경락가액

09 양도소득금액 (소법 95조, 102조)

양도소득금액 = 양도차익 - 장기보유특별공제

(1)장기보유특별공제(소법 95조, 소령 159조의4)

1)장기보유특별공제의 배제(양도일을 기준으로 판단)

①미등기 양도자산(소법 104조③)
②양도소득세 중과대상 주택(조합원입주권 포함)[*](소법 104조⑦)
  1. 조정대상지역에 있는 주택으로서 대통령령(소령 167조의10)으로 정하는 1세대 2주택에 해당하는 주택
  2. 조정대상지역에 있는 주택으로서 1세대가 주택과 조합원입주권 또는 분양권을 각각 1개씩 보유한 경우의 해당 주택. 다만, 대통령령(소령 167조의11, 11(2)⑤ 참조)으로 정하는 장기임대주택 등은 제외한다.
  3. 조정대상지역에 있는 주택으로서 대통령령(소령 167조의3, 11(2)② 참조)으로 정하는 1세대 3주택 이상에 해당하는 주택
  4. 조정대상지역에 있는 주택으로서 1세대가 주택과 조합원입주권 또는 분양권을 보유한 경우로서 그 수의 합이 3 이상인 경우 해당 주택. 다만, 대통령령(소령 167조의4, 11(2)③ 참조)으로 정하는 장기임대주택 등은 제외한다.

[*] 보유기간 2년 이상인 조정대상지역 내 주택을 2022.5.10.~2026.5.9.(1년→4년간 연장) 양도 시 기본세율 적용(중과세 배제), 장기보유특별공제 적용(3년 이상 보유).

2)장기보유특별공제의 대상 및 공제율(양도일을 기준으로 판단)

장기보유특별공제는 토지와 건물의 보유기간이 3년 이상인 것 및 조합원입주권(조합원으로부터 취득한 것은 제외)에 대하여 그 자산의 양도차익(조합원입주권을 양도하는 경우에는 「도시 및 주거환경정비법」에 따른 관리처분계획 인가 및 「빈집 및 소규모주택 정비에 관한 특례법」에 따른 사업시행계획인가 전 토지분 또는 건물분의 양도차익으로 한정)에 다음 표에 따른 보유기간·거주기간별 공제율을 곱하여 계산한 금액을 합한다. 즉, 과세되는 1세대 1주택(이에

딸린 토지를 포함)에 해당하는 자산의 경우에는 더 높은 공제율을 적용한다.

장기보유특별공제 대상 자산이면 동일한 연도에 수회 양도한 경우에도 요건을 충족한 경우에는 횟수에 관계없이 자산별로 각각 공제한다.

보유기간/거주기간 (xx년 이상~yy년 미만)		장기보유특별공제율[*1]			
		1세대 1주택(2021년~)[*2*3]		1세대 1주택 외의 자산[*3]	
		보유기간 (1년 4%)	거주기간 (1년 4%)	2018년까지 양도 (1년 3% 적용)	2019년부터 양도 (1년 2% 적용)
3~4년 보유	2~3년 거주	12%	8%	10%	6%
	3~4년 거주		12%		
4 ~ 5년 보유		16%	16%	12%	8%
5 ~ 6년 보유		20%	20%	15%	10%
6 ~ 7년 보유		24%	24%	18%	12%
7 ~ 8년 보유		28%	28%	21%	14%
8 ~ 9년 보유		32%	32%	24%	16%
9 ~ 10년 보유		36%	36%	27%	18%
10 ~11년 보유		40%	40%	30%	20%
11 ~ 12년 보유					22%
12 ~ 13년 보유					24%
13 ~ 14년 보유					26%
14 ~ 15년 보유					28%
15년 이상 보유					30%

*1 주택으로 용도변경 시, '각 용도기간별 보유·거주기간별 공제율을 합산(❶+❷)(소법 95조⑤⑥, 2025년 시행)

  ❶보유기간 공제율=비주택 보유기간에 대한 일반 공제율+주택 보유기간에 대한 1세대 1주택 공제율

  ❷거주기간 공제율=주택 거주기간에 대한 1세대 1주택 공제율

(보충)2024년까지는 아래의 공제율을 적용함.(소통 95-0…1【주택부수토지가 주택보다 보유기간이 긴 경우】)

        Max{❶전체 보유기간에 대해 일반 공제율, ❷'용도변경일~양도일'에 대해 1세대 1주택 공제율}

*2 '높은' 장기보유특별공제율이 적용되는 1세대 1주택의 범위(소령 159조의4)

  1. 1세대 1주택 비과세 요건을 갖추지 못하여 과세되는 1세대 1주택(예: 고가주택).

  2. 소령 155조(일시적 2주택, 상속, 동거봉양, 혼인, 농어촌주택), 155조의2(장기저당담보주택), 156조의2(주택과 조합원입주권을 소유) 및 그 밖의 규정에 의하여 2주택 이상이지만 1세대 1주택으로 보는 경우.

  3. 2020년 양도분부터는 '보유기간 중' 거주기간이 2년 이상이어야 함.(2018.10.23. 개정 소령 부칙 1조 단서). 해당 1주택이 소령 155조③본문에 따른 공동상속주택인 경우 거주기간은 공동상속주택을 소유한 것으로 보는 사람이 거주한 기간으로 판단한다.(소령 159조의4 단서)

    2021년부터 보유기간과 거주기간 각각에 대해 1년 4%씩 장기보유특별공제율 적용

  4. 비거주자가 국내에 소유하는 1주택 또는 1조합입주권을 양도할 경우에는 1세대 1주택 외의 자산에 대한 공제율을 적용.(소법 121조②단서, 양도집 95-159의4-5)

*3 '장기보유특별공제율 적용' 시 보유기간을 취득일부터 기산함(소법 95조④)

취득유형	기산일
상속받은 부동산	상속개시일
증여받은 부동산	증여등기일
재산분할 부동산	이혼 전 배우자가 취득한 날
이월과세대상 부동산	당초 증여자가 취득한 날

취득유형		기산일
가업상속공제 적용 비율에 해당하는 자산		피상속인이 해당자산을 취득한 날(2014.1.1. 이후 상속받아 양도하는 분부터 적용, 2014.1.1. 개정 소법 부칙 12조)
2016.1.1. 이전에 취득하여 보유하고 있는 비사업용 토지*		2016.1.1.~2016.12.31. 양도분: 2016.1.1. 2017.1.1. 이후 양도분: 취득일
우회양도에 대한 부당행위계산 대상 부동산		당초 증여자가 취득한 날
도시정비법에 따른 재개발·재건축	원 조합원	종전주택 취득일, 단 청산금납부분은 관리처분계획인가일
	승계조합원	신축완성주택의 취득시기(사용승인서교부일 등)

* 2017.1.1부터 비사업용 토지에 대한 장기보유특별공제 사실상 효과 발생(소법 95조②④, 2016.12.20. 개정)

(2)양도소득금액의 구분계산 등(소법 102조)

1)장기보유특별공제액의 공제방법

장기보유특별공제액은 그 자산의 양도차익 범위 내에서 공제하며, 과세기간에 자산별로 양도차익과 양도차손이 발생하는 때에는 먼저 각 자산별로 양도차익에서 장기보유특별공제액을 공제하여 양도소득금액을 계산한 후, 양도소득금액에서 양도차손을 공제한다.(소법 102조②)

2)양도소득금액의 양도자산별 구분계산

양도소득금액은 아래의 그룹별로 구분하여 계산한다. 이 경우 소득금액을 계산할 때 발생하는 양도차손은 다른 그룹의 소득금액과는 통산하지 않는다.(소법 102조①)

그룹	대상자산
1그룹	부동산, 부동산에 관한 권리, 기타자산
2그룹	주식
3그룹	파생상품

(보충)거주자의 국외자산에서 발생한 결손금은 국내자산의 양도차익과 통산불가.(서면4팀-962, 2005.6.16.)

3)양도차손의 통산 등(소령 167조의2)

구분	내용
감면소득금액이 없는 경우	양도차손은 아래 자산의 양도소득금액에서 순차로 공제한다. 1. 양도차손이 발생한 자산과 같은 세율 적용받는 자산의 양도소득금액 2. 양도차손이 발생한 자산과 다른 세율을 적용받는 자산의 양도소득금액. 이 경우 다른 세율을 적용받는 자산의 양도소득금액이 2 이상인 경우에는 각 세율별 양도소득금액의 합계액에서 당해 양도소득금액이 차지하는 비율로 안분하여 공제함.
감면소득금액이 있는 경우	순양도소득금액(감면소득금액을 제외한 부분을 말함)과 감면소득금액이 차지하는 비율로 안분하여 당해 양도차손을 공제한 것으로 보아 감면소득금액에서 당해 양도차손 해당분을 공제한 금액을 소득세법 90조의 규정에 의한 감면소득금액으로 본다.

제1장
제2장
제3장
제4장
제5장
제6장
제7장
제8장
제9장
제10장
제11장
제12장
제13장
제14장

10 양도소득과세표준 (소법 92조②, 103조)

양도소득과세표준 = 양도소득금액 - 양도소득 기본공제

구분	양도소득 기본공제의 내용
공제대상	미등기자산을 제외한 모든 자산(국내, 국외 자산 모두 가능)
공제금액 (소법 103조①)	양도소득이 있는 거주자에 대해서는 그룹별(부동산 관련 자산, 주식, 파생상품)로 해당 과세기간의 양도소득금액에서 각각 연 250만원을 공제함.
양도소득금액의 적용순서 (소법 103조②)	1. 같은 그룹의 자산을 연중 2회 이상 양도하였을 경우에는 먼저 양도한 자산의 양도소득금액에서부터 공제함. 2. 2 이상의 양도자산 중 어느 자산을 먼저 양도하였는지의 여부가 불분명한 경우에는 납세자에게 유리한 양도소득금액에서부터 공제함.(양도집 103-0-1) 3. 과세소득과 감면소득이 있는 경우 양도소득기본공제는 과세소득금액에서 먼저 공제하고, 미공제분은 감면소득금액에서 공제함.

(보충)국내주식과 해외주식의 손익 통산, 양도소득 기본공제도 통합하여 1회만 적용.(2020.1.1.부터 적용)

국내주식은 국내주식 간, 해외주식은 해외주식 간 손익통산만 가능했으나, 2020.1.1. 양도 분부터는 국내주식과 해외주식의 과세대상을 일괄 규정하고(소법 94조①3호 다목 신설), 손익도 통산함. 단 양도세 과세대상인 주식거래만 통산 대상이므로, 국내 상장주식의 소액주주 거래는 손실이 나더라도 해외주식의 이익과 손익통산 불가. 또한 연 250만원의 양도소득 기본공제도 국내주식과 해외주식에 대해 각각 공제하였으나, 2020.1.1. 양도분부터는 통합하여 1회만 공제함.

[장기보유특별공제와 양도소득 기본공제의 비교]

구분	장기보유특별공제	양도소득 기본공제
공제대상	거주자 · 비거주자의 국내자산	거주자 · 비거주자의 국내 · 외 소득
공제자산	토지, 건물, 조합원입주권	양도소득세 과세대상인 모든 자산
보유기간	3년 이상 보유 시	보유기간 불문
공제배제	미등기양도 및 조정대상지역 2주택 이상	미등기 양도자산
공제금액	보유기간에 따른 공제율	일정금액 한도 내
공제방법	요건 충족 시 양도할 때마다 공제	소득별로 각각 연 250만 원 공제

(보충1)비거주자에 대한 양도소득세 과세방법(소법 121조②)

양도소득이 있는 비거주자에 대해서는 거주자와 같은 방법으로 분류하여 과세한다. 다만 1세대 1주택 비과세 (소법 89조 3호) 및 1세대 1주택에 대한 높은 장기보유특별공제율(소법 95조② 표 외의 부분 단서)은 적용하지 않는다(즉, 일반 장기보유특별공제율은 적용 가능).

(보충2)비거주자에 대한 양도소득세 기본공제는 거주자와 동일하게 적용

비거주자의 국내원천 양도소득의 과세표준계산 시 '양도소득 기본공제'는 거주자와 동일하게 적용됨.

(국심 2002중3170, 2003.4.3. 결정)

11 양도소득세 산출세액 (소법 93조1호, 104조)

양도소득세 산출세액 = 양도소득과세표준 × 양도소득세 세율

하나의 자산이 아래의 세율 중 둘 이상에 해당할 때에는 해당 세율을 적용하여 계산한 양도소득 산출세액 중 큰 것을 그 세액으로 한다.(소법 104조①단서)

(1)일반세율

대상자산(양도일 기준)		보유기간[*1]	종전→2021.6.1.부터 세율
토지, 건물, 부동산에 관한 권리 (중과세율 대상 제외)	미등기자산	불문	70%
	주택[*2]과 조합원입주권	1년 미만	40%→70%[*3]
		1년~2년	기본세율→60%[*3]
		2년 이상	기본세율
	그 외 자산(분양권 등 포함)	1년 미만	50%, 주택분양권은 70%[*3]
		1년~2년	40%, 주택분양권은 60%[*3]
		2년 이상	기본세율, 주택분양권은 60%[*3]
기타자산 (중과세율 대상 제외)	영업권, 특정시설물이용권, 특정주식, 특정법인 주식	불문	기본세율
일반주식[*5]	중소기업[*4] 주식 / 소액주주	불문	10%
	중소기업[*4] 주식 / 대주주	불문	20%(과세표준 3억원 초과분은 25%. 2018 개정, 2020년 시행)
	중소기업 외 주식 / 소액주주	불문	20%
	중소기업 외 주식 / 대주주	1년 미만	30%
	중소기업 외 주식 / 대주주	1년 이상	20%(과세표준 3억원 초과분은 25%. 2018 개정, 2018년 시행)
파생상품[*6]	코스피 200선물·옵션·ELW 등	불문	10%(탄력세율)

(보충1)조합원입주권 및 주택분양권의 세율은 각각 조정대상지역을 불문하고 일반세율·중과세율에 차이가 없음

(보충2)비거주자의 상장주식 양도소득세는 지분율 25% 이상(특수관계인 포함) 소유 시에만 과세.(소령 179조⑪) 조세조약 체결국(96개국)인 경우에는 거주지국에서 과세되므로 비거주자의 국내 주식 양도소득세는 한국에서 비과세.(각 조세조약)

[*1] 보유기간의 계산(소법 104조②)

보유기간은 해당 자산의 취득일부터 양도일까지로 함. 다만, 아래의 경우에는 취득일에 대한 특례임.

1. 상속받은 자산은 피상속인이 그 자산을 취득한 날

2. 배우자 또는 직계존비속으로부터 증여받은 재산에 이월과세가 적용되는 경우(소법 97조의2①)에는 증여자가 그 자산을 취득한 날

3. 법인의 합병·분할(물적분할 제외)로 인하여 분할·합병의 상대방 법인으로부터 새로 주식 등을 취득한 경우에는 피합병법인, 분할법인 또는 소멸한 분할·합병의 상대방 법인의 주식 등을 취득한 날

*2 주택에는 주택정착면적의 10배[도시지역은 5배, 2022부터 수도권은 3배(녹지지역은 5배)] 이내의 부수토지를 포함.(소령 167조의5)

*3. 2019년 12·16 부동산 대책 및 2020년 7·10 부동산 대책

*4 중소기업과 중견기업의 범위: 주식에 대한 과세여부와 세율적용 시 판단.(소령 157조의2)

　　1. 중소기업은 직전 사업연도(신설법인은 양도일) 현재 「중소기업기본법」에 의한 중소기업을 말함.

　　2. 중견기업은 양도일 현재 조세특례제한법 시행령 4조①에 따른 중견기업을 말함.

*5 2025년 귀속분부터 소액주주·대주주 상장주식 및 비상장주식 양도차익은 모두 금융투자소득으로 분류과세. 상장주식·비상장주식(중소기업·중견기업 주식을 장외매매거래로 양도하는 경우에 한함)의 양도차익 중 5천만원, 기타 비상장주식은 250만원 초과분을 과세.(소법 87조의18) 세율은 과세표준 3억원까지는 20%, 3억원 초과분은 25%.→폐지

*6 2025년부터 '금융투자소득'으로 분류과세 하며, 금융투자소득은 5년간 이월공제 허용→폐지

(2) 중과세율(2018년 양도 분부터 적용, 2017.12.19. 개정 소법 부칙 1·2조)

: 보유기간 2년 이상인 조정대상지역 내 주택을 2022.5.10.~2026.5.9. 양도 시 기본세율 적용(중과세 배제)

대상자산(양도일 기준)		보유기간	2021.6.1.부터 세율*4
조정대상지역 내 주택 *1 [조합입주권의 양도 세율은 조정대상지역 불문하고 앞 (1) 일반세율을 적용함]	1세대 3주택 (주택 수 계산시 조합원입주권 및 2021.1.1. 이후 취득한 분양권 포함) 이상 보유 시 주택 양도	1년 미만	Max{70%, 기본세율+30%}*3
		1년~2년	Max{60%, 기본세율+30%}*3
		2년 이상	기본세율+30%*3
	1세대 2주택 (주택 수 계산시 조합원입주권 및 2021.1.1. 이후 취득한 분양권 포함) 보유 시 주택 양도	1년 미만	Max{70%, 기본세율+20%}*3
		1년~2년	Max{60%, 기본세율+20%}*3
		2년 이상	기본세율+20%*3
조정대상지역 내 주택의 입주자로 선정된 지위(조합원입주권을 제외한 일반분양권)*1		1년 미만	50%→70%*3
		1년 이상	50%→60%*3
비사업용 토지 [부동산 80%이상 법인과 과점주주 주식 중 '비사업용토지≥자산총액×50%'인 경우 기타자산(주식) 포함. 단 지정·일반지역 불문하고 +10%만 가산함. 소령 167조의 7]	지정지역 토지*2 (2018.1.1. 이후 양도분부터 적용)	1년 미만	Max{50%, 기본세율+20%}
		1년 이상 2년 미만	Max{40%, 기본세율+20%}
		2년 이상	기본세율+20%
	일반지역 토지	1년 미만	Max{50%, 기본세율+10%}
		1년 이상 2년 미만	Max{40%, 기본세율+10%}
		2년 이상	기본세율+10%
자산총액 중 법인세법상 비사업용토지의 비율이 50% 이상인 특정주식		불문	기본세율+10%

*1 조정대상지역 내 입주권전매 50% 세율적용은 2018.1.1.부터, 2~3주택에 대하여 10~20% 세율가산은 2018.4.1.부터 적용함.(2017.12.19. 개정 소법 부칙 1조1호)

조정대상지역 내 다주택자 중과 시 주택수에 조합원입주권(기존) 및 분양권(2021년 양도 분부터 적용)도 포함(2019년 12·16 부동산 대책).

분양권이 관련된 1세대1주택 비과세 판정 및 중과세율 판정시 보유주택수 계산에는 '2021.1.1.' 이후 공급계약, 매매·증여 등으로 취득한 분양권부터 적용함(2020.8.18. 개정 소법 부칙 4조). 다만, '조합원입주권 양도에 대한 비과세 특례'(소법 89조①4호) 판정 시에는 '2022.1.1.' 이후 취득한 분양권부터 적용함(2021.12.8. 개정 소법 부칙 7조③)

*2 지정지역 공고일 이전에 매매계약을 체결하고 계약금을 지급받은 사실이 증빙서류에 의하여 확인되는 경우, 비사업용 토지 세율도 '+20%'가 아니라 '+10%' 적용(소법 104조④3호, 부칙 8조, 2020년 양도분부터 적용)

*3. 2019년 12·16 부동산 대책 및 2020년 7·10 부동산 대책

*4 과세표준 구간별 세액계산식: '산출세액=과세표준(총액)×세율−누진공제액'(소법 104조①8·9호, ④⑦)

과세표준	기본세율	기본세율+10%	기본세율+20%	기본세율+30%	누진공제액(공통)
1400만원 이하	6%	16%	26%	36%	−
1400만원~5000만원	15%	25%	35%	45%	1,260,000
5000만원~8800만원	24%	34%	44%	54%	5,760,000
8800만원~1억5000만원	35%	45%	55%	65%	15,440,000
1억5000만원~3억원	38%	48%	58%	68%	19,940,000
3억원~5억원	40%	50%	60%	70%	25,940,000
5억원~10억원	42%	52%	62%	72%	35,940,000
10억원 초과(2021년부터)	45%	55%	65%	75%	65,940,000

(보충)2개 이상의 주택을 같은 날에 양도하는 경우에는 당해 거주자가 선택하는 (유리한) 순서에 따름:
1세대 1주택 비과세 판정(소령 154조⑨), 1세대 3주택 중과세(소령 167조의3⑥), 1세대 3주택·조합원입주권·분양권 중과세(소령 167조의4④), 1세대 2주택 중과세(소령 167조의10②), 1세대 2주택·조합원입주권·분양권 중과세(소령 167조의11③), 양도소득 기본공제도 같음(양도집 103-0-1).
1세대 3주택 이상인 자가 동일한 날에 1주택은 증여하고 1주택은 양도하는 경우에는 거주자의 선택에 의해 양도 또는 증여의 순서를 판단함.(서면4팀 - 1805, 2005.9.30.)

①조정대상지역(「주택법」63조의2①1호)

주택가격, 청약경쟁률, 분양권 전매량 및 주택보급률 등을 고려하였을 때 주택 분양 등이 과열되어 있거나 과열될 우려가 있는 지역을 말한다.

구분	지정지역(투기지역)*1	투기과열지구	조정대상지역*2
근거법	소득세법 104조의2	주택법 63조	주택법 63조의2
지정권자	기획재정부장관	국토교통부장관	국토교통부장관
규제강도	최강	강	중, 최강(세금)
규제내용	1. 토지: 현재는 없음 2. 주택(딸린 토지 포함): 양도소득세 중과 및 기타 불이익, 종합부동산세 추가 과세 등	1. 「주택법」64조에 따른 분양권 전매 제한 2. 「도시 및 주거환경정비법」에 따른 재개발·재건축사업 조합원자격 제한 3. 기타 관계법령상 제한	1. 「주택법」64조에 따른 분양권 전매 제한 2. 주택(딸린 토지 포함): 양도소득세 중과 및 종합부동산세 추가 과세 등 3. 기타 관계법령상 제한
2023.1.5. ~현재	1회 공고: 4개 지역	1회 공고: 4개 지구	1회 공고: 4개 지역
검색방법 (키워드 검색가능)	Home〉전체메뉴〉 지정지역 공고 또는 Home〉법령〉 고시·공고·지침	1. Home〉정보마당〉법령정보〉행정규칙(훈령·예규·고시) 2. 키워드 '조정대상지역 주택법 63조의2' 3. 키워드 '투기과열지구 주택법 63조' 등 검색	

*1 소득세법상 '지정지역' 법령조문: 소법 104조④ 및 104조의2, 소령 168조의3~168조의5
*2 소득세법상 '조정대상지역' 법령조문: 「주택법」 63조의2①을 원용하여 규정하고 있음.

(소법 89조①3호 가목, 104조⑦, 소령 154조①②)

(보충1)주택거래 신고제도(2004년 3월 시행→2015.7.24. 폐지됨): 현재는 부동산거래 후 30(←60)일 이내 신고.
(2020.2.21. 계약 분부터 30일로 개정)

(보충2)「공인중개사의 업무 및 부동산 거래신고에 관한 법률」 분할: 공인중개사의 업무는 기존의 「공인중개사법」으로 이관하고 「부동산 거래신고에 관한 법률」로 개명되었고(2014.1.28. 제정→2014.7.29. 시행), 다시 「부동산 거래신고 등에 관한 법률」로 개명되었음.(2016.1.19. 개정→1년 후인 2017.1.20. 시행)

[참고 1. 규제지역 지정 현황(2023.1.5.~현재 기준)](2017.8.2.까지 지정된 조정대상지역은 분양권 전매제한 등은 공고일로부터 적용되지만, 양도소득세에서는 2017.8.3. 지정된 것으로 봄. 2017년 8·2 부동산 대책) 강남3구(강남, 서초, 송파)와 용산구를 제외한 전 지역을 규제지역·분양가상한제 적용 해제(2023.1.5. 시행) {범례: '000' 표시는 2022.9.26., 'O̶O̶O̶'은 2022.11.14., '000'은 2023.1.5. 전면 해제된 지역}

구분	투기지역(4곳)	투기과열지구(39→30→4곳)	조정대상지역(112→60→29→4곳)
서울	1. 2017.8.3. 공고 (11): 강남·서초·송파·강동·용산·성동·노원·마포·양천·영등포·강서 2. 2018.8.28 공고 (4): 종로·중구·동대문·동작	2017.8.3. 공고: (25)개구 전역 {2019.11.6. 민간택지 분양가상한제 부활(2015년 4월 이후 4년7개월 만)): 강남구 개포동 등 서울의 27개동} 2023.1.5.: 강남3구(강남·서초·송파)와 용산구	2016.11.3. 공고: (25)개구 전역 {2020.6.17. 토지거래허가구역 4곳 지정}[1,2] {2021.4.21. 토지거래허가구역 4곳 지정}[1,3] 2023.1.5.: 강남3구(강남·서초·송파)와 용산구를 제외한 전 지역을 규제지역·분양가상한제 적용 해제
경기		2017.8.3. (1): 과천 2017.9.6. (1): 성남분당 2018.8.28. (2): 광명, 하남 2020.6.19. (10): 수원, 성남수정, 안양, 안산단원, 구리, 군포, 의왕, 용인수지·기흥, 동탄2 2022.7.5. 해제: 안산 단원 중 대부남·동·북동, 선감동, 풍도동 해제	2016.11.3. (6): 과천, 성남(분당·수정), 하남, 고양, 남양주, 화성(동탄2) 2017.6.19. (1): 광명 2018.8.28. (3): 구리, 안양동안, 수원영통(광교) 2018.12.31. (3): 수원팔달, 용인수지·기흥 2019.11.8. 일부 해제(고양·남양주는 일부 해제)[4] 2020.2.21. (4): 수원영통(전역 확대)·권선·장안, 안양만안, 의왕 2020.6.19. (11): 군포, 안성(미양면 등 9곳은 2020.12.18. 해제), 부천, 안산(대도, 선감도, 풍도는 2022.7.5. 해제), 시흥, 용인처인, 오산, 평택, 광주, 양주(백석읍, 남·광적·은현면은 2020.12.18. 해제), 의정부, (3곳 확대): 고양[5], 남양주[5], 화성(제부도, 즉 서신면은 2022.7.5. 해제) 2020.11.20. (1): 김포시(통진읍·월곶면·하성면·대곶면 제외) 2020.12.18. (1): 파주 2021.8.31. (1): 동두천(송내·지행·생연·보산·동두천·상패동)
인천		2020.6.19. (3): 연수, 남동, 서	2020.6.19. (8): 중(을왕, 남북, 덕교, 무의동은 2020.12.18. 해제), 동, 미추홀, 연수, 남동, 부평, 계양, 서
대전		2020.6.19.: 동, 중, 서, 유성 2022.7.5. 모두 해제	2020.6.19. (5): 동, 중, 서, 유성, 대덕

구분	투기지역(4곳)	투기과열지구(39→30→4곳)	조정대상지역(112→60→29→4곳)
부산			2016.11.3.: 해운대, 동래, 수영, 부산진, 남, 연제, 기장(→일광면으로 축소, 2018.8.28.) 2018.12.31. 일부 해제: 남, 연제, 기장(일광면) 2019.11.8. 해제: 부산 전지역 2020.11.20.(5): 해운대, 수영, 동래, 연제, 남구 2020.12.18.(9): 서, 동, 영도, 부산진, 금정, 북, 강서, 사상, 사하. **즉, 중구·기장군 이외 모두 지정**
대구		2017.9.6.: 수성구 2022.7.5. 모두 해제	2020.11.20.(1): 수성구 2020.12.18.: 중, 동, 서, 남, 북, 달서구, 달성군 2022.7.5. 해제: 수성구 이외 모두 해제
울산			2020.12.18.(2): 중, 남구
광주			2020.12.18.(5): 동, 서, 남, 북, 광산
세종	2017.8.3.(1): 세종	2017.8.3.(1): 세종	2016.11.3.(1): 세종
충북			2020.6.19.(1): 청주
충남			2020.12.18.(4): 천안(동남, 서북구), 논산, 공주
경북			2020.12.18.(1): 포항(남구), 경산(2022.7.5. 해제)
경남		2020.12.18. 창원 (의창) 2021.8.30. 일부 해제: 동읍 전체, 감계·무동지구 외의 북면 2022.7.5. 모두 해제	2020.12.18.(1): 창원(성산구, 2021.7.1. 행정구역 변경 전 기준)[6]
전북			2020.12.18.(2): 전주(완산, 덕진구)
전남			2020.12.18.: 여수, 광양, 순천→2022.7.5. 모두 해제

*1 토지거래허가구역 내 허가대상 확대(녹지 200㎡, 기타지역 60㎡ 불변): 실제 허가 시 허가 기준면적의 10%를 적용하고 있음(「부동산 거래신고 등에 관한 법률 시행령」 9조①1호, 2022.2.28. 개정)

허가 기준면적: 주거지역 180→60㎡, 상업지역 200→150㎡, 공업지역 660→150㎡

*2 송파구 잠실동과 강남구 삼성·대치·청담동 4곳을 토지거래허가구역으로 지정: 2020.6.23.부터 5년간(1년씩 재연장) 일정규모(토지지분이 주거지역은 18→6㎡, 상업지역은 20→15㎡ 초과)의 토지거래 시 관할 구청장의 허가를 득해야 하고, 주택은 구입 즉시 입주하여 2년 이상 거주해야 함.(2020년 6·17 부동산 대책)

*3 재건축 아파트값이 급등한 압구정·여의도·목동 등 4곳을 토지거래허가구역으로 지정: 2021.4.27.부터 4년간(1년씩 연장) 지정 ▶압구정 아파트지구 24개 단지 ▶여의도 아파트지구 및 인근 16개 단지 ▶목동 택지개발사업지구 14개 단지 ▶성수전략정비구역 1~4지구 등이다. 압구정 현대·한양아파트, 여의도 장미·한양·대교·삼부·미성아파트, 목동 1~14단지 아파트가 포함됐다.

*4 ~~고양·남양주시 중 조정지역으로 남은 곳(2019.11.8. 해제 후)~~

~~**고양**: 삼송택지지구, 원흥·지축·향동 공동주택지구, 덕은·킨텍스1단계 도시개발지구, 고양관광문화단지(한류월드) ; **남양주**: 다산동, 별내동~~

*5 ~~2020.6.19. 지정 시 고양시는 전부 지정됐고, 남양주시의 비조정대상지역은 화도읍, 수동면 및 조안면 뿐임.~~

*6 ~~2021.7.1. 행정구역 변경 전 기준이므로 의창구→성산구로 편입된 반송행정동(퇴촌동 1개동만 추가 편입됨. 노블파크·트리비앙 등이 있는 대부분의 반송동은 이전부터 성산구였음에 유의), 중앙행정동(대원·두대·삼동·덕정동), 용지행정동(용지·용호·신월 및 반송동 일부 3필지)의 9(=1+4+4)개 동은 조정대상지역 아님.('창원시공보 제326호'(2021.6.15.) 참조) 조정대상지역에 대한 취득세 세율 적용 시에도 같음.~~

[참고 2. 조정대상지역 규제내용]

구분	조정대상지역 규제내용
금융*: LTV DSR DTI 모두 충족 해야 함.	• LTV(주택담보대출비율) 60%(투기과열은 50%)⇒강화⇒생애최초 주택구입 완화(제13장 02 참조) 1. 2019년 12·16 부동산 대책: 투기과열지구에 대해 2019.12.23.부터 적용. 　시가(←종전 공시가) 9억 초과분 20%, 9억 이하분 40%(9억 초과분 분할 계산), 15억 초과분 0%. 2. 2020년 2·20 부동산 대책: 조정대상지역에 대해 2020.3.2.부터 적용. 　시가 9억 초과분 30%, 9억 이하분 50%(9억 초과분 분할 계산). 다만, 서민 실수요자의 　내집마련 지원 상품인 디딤돌대출·보금자리론은 비규제지역처럼 70% 유지. 3. 2022년 10·27 부동산 대책: 무주택자·1주택자(기존 주택 처분조건부) 대상, 12월1일 시행. 　규제지역 내 LTV를 주택가격과 무관하게 50%로 단일화(다주택자는 2023.3.2.부터 LTV 30% 적용) 　투기지역·투기과열지구 내 15억원 초과 APT 주택담보대출 허용(LTV 50% 적용) • DSR(총부채원리금상환비율) 40%(2금융권 50%): 총 대출금이 1억원 초과하는 차주에게 적용 　특례보금자리론(2023.1.30.부터 접수, 이자율 연 3~4%중반 고정금리)은 DSR 미적용 • DTI(총부채상환비율) 50%(투기과열은 40%, 비규제지역은 60%) • 중도금대출발급요건 해제(분양가격 10% 계약금 납부, 세대당 보증건수 1건 제한): 9억→해제
	2주택이상 보유세대는 주택신규구입을 위한 주택담보대출 금지→허용(LTV 30%, 2023.3.2.부터) • 1주택세대는 주택신규구입을 위한 주택담보대출 원칙적 금지→허용(LTV 30%, 2023.3.2.부터) 　(예외)기존주택 2년(투기과열은 1년) 내 처분 및 전입(2020년 2·20 부동산 대책)→모든 규제지역 　　내 주택가격과 무관하게 6개월내 처분 및 전입(2020.7.1. 시행, 2020년 6·17 부동산 대책), 　　무주택 자녀 분가, 부모 별거봉양 등은 예외인정→2년내 처분(2022년 10·27 부동산 대책) • 고가주택(시가 9억 초과) 구입 시 실거주목적 이외 주택담보대출 금지→허용(LTV 30%, 2023.3.2.부터) 　(예외)무주택세대가 구입 후 2년(투기과열은 1년)내 전입, 1주택세대가 기존주택 2년(투기과열은 　　1년)내 처분시→모든 규제지역 내 주택가격과 무관하게 6개월내 처분 및 전입(2020.7.1. 　　시행, 2020년 6·17 부동산 대책)→2년내 처분(2022.8.1. 시행, 6·21 부동산 대책)
	• 갭투자 방지를 위한 전세자금대출보증 이용 제한 강화 　(종전)시가 9억원 초과 주택보유자에 대한 전세대출보증 제한하고(2주택 이상자에 대해서도 　　전세대출 보증 제한), 전세대출을 받은 후 9억원 초과 주택 구입시 대출 즉시 회수 　(개선)투기지역·투기과열지구 내 시가 3억원 초과 아파트(빌라·연립·다세대 주택은 제외) 　　'신규' 구입하는 경우에도 전세대출 보증 제한하고, 전세대출 받은 후 3억원 초과 아파트 　　구입시 전세대출 회수(2020년 6·17 부동산 대책)
세제	• 다주택자 양도세 중과(2주택 +20%p, 3주택 +30%p), 장기보유특별공제 배제, 취득세 중과 • 분양권전매 양도소득세율 50%→2021.6.1.부터 70%(1년 미만), 60%(1년 이상) • 조정대상지역 내 다주택자 중과 시 주택수에 조합원입주권(기존) 및 분양권(2021.1.1. 양도 　분부터 적용)도 포함(2019년 12·16 부동산 대책) • 3주택이상 보유자 종합부동산세 추가과세(2021년부터 +0.2~0.8%p 세율인상) • 일시적 2주택자의 종전주택 양도기간 3년→2년(2018.9.14. 취득부터)→1년 이내 양도 및 　전입으로 강화(2019.12.17. 취득부터)→2년(2022.5.10. 양도부터)→3년(2023.1.12. 양도부터) • 단기임대(4년) 및 '아파트' 장기일반 매입임대(8년)는 폐지하고, 그 외 장기임대는 의무기간을 　8→10년으로 연장함. 2020.7.10.까지 등록(신청)된 폐지유형 임대주택은 임대기간 끝나면 　자동 말소되고(임대의무기간 전에 자진말소 가능), 말소 때까지는 기존의 세금혜택 　유지{양도소득세(법인 포함)는 자진말소시 세법상 임대의무기간 1/2 이상 충족 필요}. 　(2020.8.18. 시행, 7·10 부동산 대책)⇒85㎡ 이상 APT 10년 장기임대 복원(2023년?)
전매 제한	• **주택 분양권 전매제한: 강남 3구·용산 3년, 과밀억제권역 1년, 기타 6개월(2023.4.7.부터)** 소유권이전등기시(투기과열은 최대 5년)까지 분양권 전매제한(2020년 2·20 부동산 대책)→수도권 분양가상한제 적용지역은 2년 추가(2020년 6.17 부동산 대책)→분양가상한제 적용지역 새 아파트 전월세 금지 및 의무거주기간 강화: 매매가액이 시세의 80% 미만이면 공공택지는 5년(민간택지 3년), 80% 이상이면 공공택지는 3년(민간택지 2년). 세종시 공무원 특별공급분: 투기과열지구는 5→8년, 나머진 3~5년('주택법」 57조의2 신설, 2021.2.19. 입주자모집승인 신청분부터 적용)⇒**2023.3.27. 대폭 완화(4.7.시행)** • 오피스텔 분양권 전매제한(소유권 이전등기·사용승인일로부터 1년 중 짧은 기간)

구분	조정대상지역 규제내용
청약	• 1순위 자격요건 강화/일정분리 －청약통장 가입 후 2년 경과 + 납입횟수 24회 이상 －5년 내 당첨자가 세대에 속하지 않을 것, 세대주 일 것 －2주택 소유 세대가 아닐 것(민영) －수도권 투기과열지구·대규모 택지개발지구는 해당지역 1년 거주→2년 거주(2020.4.17. 입주자모집승인 신청분부터, 2019년 12·16 부동산 대책) • 가점제 적용 확대(85㎡이하 75%, 85㎡이상 30%) • 민영주택 재당첨제한(→2020.4.17. 입주자모집승인 신청분부터, 2019년 12·16 부동산 대책) －85㎡이하: 과밀억제권역 5년, 그 외 3년→7년. 분양가상한제·투기과열지구는 10년→3년·1년 －85㎡초과: 과밀억제권역 3년, 그 외 1년→7년. 분양가상한제·투기과열지구는 10년→3년·1년 • 재건축부담금 부과(수도권 투기과열지구 재건축 조합원 2년거주 요건은 철회) (종전)거주와 관계없이 토지 등 소유자에게 조합원 자격이 부여됨. 투기과열지구는 물론이고 조정대상지역(사업시행인가시점 기준)도 1조합원당 1주택분양권만 원칙적으로 인정(2017년 6·19 부동산 대책) (개선)헌법재판소의 재건축 초과이익환수제 '합헌' 결정(2014헌바381, 2019.12.27.)에 따라 한남연립·두산연립부터 재건축부담금 징수하고(「재건축초과이익 환수에 관한 법률」 2020.8.18. 개정), 수도권 투기과열지구의 재건축은 2년 이상 거주해야만 분양 허용하려다 철회(2021.7.12.「도시 및 주거환경정비법」개정 철회).(2020년 6·17 부동산 대책) • 재건축부담금 합리화(2024.3.27.시행): 초과이익 면제금액 3천→8천만원 상향. 초과이익 산정 개시시점을 추진위원회 승인일→조합설립인가일로 조정. 1가구1주택 장기보유자 감면 도입(2022년 9·29 대책) • 오피스텔 거주자 우선분양 분양 100실 이상: 20% 이하 ; 분양 100실 미만: 10% 이하

법인
이용
투기
근절
(2020
6·17
대책)
 	
☞
2023
개정
	• 주택 매매·임대사업자 대출 규제 완화(2023년 부터 적용)
	(종전)모든 지역(규제·비규제지역 모두 포함) 주택 매매·임대사업자(법인·개인사업자 모두 포함)에 대하여 주택담보대출 금지(국토교통부 인정하는 예외 있음). (2020.7.1.부터 적용)
	(개선)규제지역 내 부동산 매매·임대사업자 주택담보대출은 LTV 30%, 비규제지역은 LTV 60%.
	• 종합부동산세 과세 강화(2021년분 종합부동산세부터 적용)
	  1. 법인 보유 주택에 대한 종부세율 인상(종전은 개인·법인 구분 없었음)
	    최고단일세율 적용(일반과세 3%, 중과세율 6%)☞2.7%, 5% 단일최고세율(2023년 개정)
	    단, 법인의 사원용 주택, 기숙사 등에 대한 비과세 특례는 계속 유지.
	  2. 법인 보유 주택에 대한 종부세 공제(6억원 ☞2023년부터 9억원) 및 세부담 상한 적용배제
	  3. 법인의 조정대상지역 내 임대주택에 대해 종부세 과세
	    법인 또는 법인으로 보는 단체의 경우 조정대상지역 공고가 있은 날 이전에 또는 2020.6.17. 이전에 조정대상지역 내에서 「민간임대주택에 관한 특별법」 제5조에 따른 임대사업자등록 및 사업자등록을 신청한 주택에 한해 합산배제
	• 법인에 대한 토지 등 양도소득세율 인상(2021.1.1. 이후 양도 분부터 적용)
	  1. 법인세율(9~24%)+양도세율 10%(→20%로 인상)(사택 등은 제외)
	  2. 법인이 2020.6.18. 이후 8년 이상 장기 임대하는 주택도 과세로 전환(2020년 6·17 부동산 대책)

* 자금조달계획서 제출 대상(「부동산 거래신고 등에 관한 법률 시행령」3조① 별표1, 2022.2.28. 개정)

종류	지역 구분		규제 내용	시행일
주택	규제지역	조정대상지역	3억원→모든 거래 해당	2020.10.27.
		투기과열지구	9억원→모든 거래, 증빙서류도 제출	(6·17 부동산 대책)
	일반지역		법인은 모든 거래, 개인은 6억원 이상 취득 거래	개정 없음
토지 (신설)	수도권, 광역시, 세종시	지분거래	모든 거래 해당	2022.02.28.
		단독거래	1억원 이상 취득 거래	
	나머지 지역	지분, 단독 불문	6억원 이상 취득 거래	

②중과대상 1세대 3주택 이상 중과세율 미적용 양도주택(소령 167조의3)

대상	내용
A. 수도권·광역시·세종시 외 지역 저가주택	특례: A는 주택수에서 제외.(B이하는 주택수에 포함, 해당 건별 중과만 제외). 대상: 수도권·광역시·특별자치시(모두 군·읍·면 지역 제외) 외의 주택으로서, 양도당시 기준시가 3억원 이하의 주택을 말함
수도권 밖 미분양 주택(아파트 포함)	전용면적 85㎡ 이하, 취득가액 6억원 이하(2024.1.10.~2025.12.31. 취득분)
소형신축주택	'24.1.10.~'27.12.31. 준공한 전용면적 60㎡ 이하, 취득가액 6억(비수도권 3억)원 이하인 주택(아파트 제외, 2024.1.10.~2027.12.31. 취득분)
B. 장기임대 주택(「민간임대주택특별법」 개정으로 단기임대주택과 아파트 장기일반매입임대주택은 폐지하고 장기임대 의무기간도 8~10년으로 연장함. 2020.8.18. 이후 「민간임대주택특별법」에 따라 등록하거나 단기를 장기로 전환하는 분부터 적용, 2020년 7·10 부동산 대책)(임대보증금 및 임대료 요건 강화: 임대보증금 및 임대료의 5% 이하 규정은 2019.2.12. 이후 임대차계약 체결 또는 갱신 분부터 적용, 소령 부칙 6조. 1년 이내 증액 불가 및 보증금과 월임대료 전환규정은 2020.2.11.부터 적용, 소령 부칙 16조)⇒양도소득세 중과가 배제되는 임대주택에 의무 임대기간이 6년인 단기민간임대주택(아파트 제외 「민간임대주택법」) 포함.(2025.6.4. 시행)−매입임대: 기준시가 4억(수도권 밖 2억)−건설임대: 기준시가 6억원, 면적은 다와 같음	거주자가 사업자등록과 임대사업자등록을 한 아래 주택: 폐지유형 임대등록 자동말소시(4년 단기임대 만료, 재건축·재개발 등 사유) 임대기간 충족으로 간주하고(☜ 자동말소 시에는 양도기한 불문), 자진말소시에는 의무기간(「민간임대주택에 관한 특별법」 43조) 1/2 이상 임대하고 말소 후 1년 이내 양도시 적용.{2020.8.18. 양도분부터 시행(2020.10.7. 개정 소령 167조의3①2호 사목 신설), 7·10 부동산 대책}
	가. 일반 민간매입임대주택(2018.3.31.까지 사업자등록 등을 한 주택으로 한정): 1호 이상, 5년 이상 임대. 기준시가(임대개시일 현재, 이 표 B에서 같음) 6억원(수도권 밖 3억원) 이하, 임대료 증가율 5% 이하
	나. 기존 민간매입임대주택[기존사업자기준일(2003.10.29.) 이전에 임대주택으로 등록하여 임대하는 것에 한함]: 2호 이상, 5년 이상 임대. 기준시가 3억원 이하
	다. 건설임대주택(2018.3.31.까지 사업자등록 등을 한 주택으로 한정): 대지면적 298㎡ 이하, 주택의 연면적(겸용주택은 주택으로 보는 부분과 주거전용으로 사용되는 지하실 부분의 면적을 포함하고, 공동주택은 전용면적을 말함)이 149㎡ 이하, 2호 이상, 5년 이상 임대 또는 분양전환, 6억원 이하, 임대료 증가율 5% 이하
	라. 미분양 민간매입임대주택[미분양주택민간매입임대주택[미분양주택(「주택법」 54조에 따른 사업주체가 공급하는 주택이 2008.6.10.까지 미분양되어 선착순의 방법으로 공급하는 주택)으로서 2008.6.11.부터 2009.6.30.까지 최초로 분양계약을 체결하고 계약금을 납부한 주택에 한정함]: 아래 요건을 모두 갖춘 주택 1. 대지면적 298㎡ 이하, 주택의 연면적 149㎡ 이하(위와 같음) 2. 5년 이상 임대하는 것일 것 3. 취득 당시 기준시가의 합계액이 3억원 이하일 것 4. 수도권 밖의 지역에 소재할 것 5. 같은 시·군에서 5호 이상일 것: 가목에 따른 매입임대주택이 5호 이상이거나 나목에 따른 매입임대주택이 2호 이상인 경우에는 가목 또는 나목에 따른 매입임대주택과 미분양매입임대주택을 합산하여 5호 이상일 것 6. 2020.7.11. 이후 등록신청(변경신고 포함)한 단기민간임대주택 또는 아파트 장기민간매입임대주택이 아닐 것 7. 단기민간임대주택을 2020.7.11. 이후 장기로 변경신고한 것이 아닐 것
	마. 민간매입임대주택 중 장기일반민간임대주택 등: 10년(←8년) 이상 임대, 기준시가 6억원(수도권 밖 3억원) 이하. 임대료 증가율 5% 이하
	바. 민간건설임대주택 중 장기일반민간임대주택 등: 대지면적 및 주택의 연면적(위 다.와 같음), 2호 이상, 10년(←8년) 이상 임대 또는 분양전환, 기준시가 6→9억원(2025.2. 임대등록분부터)억원 이하, 임대료 증가율 5% 이하
C. 조특법상 감면 대상 장기임대주택	조세특례제한법 97조·97조의2·98조에 따라 양도소득세가 감면되는 임대주택으로서 5년 이상 임대한 국민주택
D. 장기사원용 주택	종업원(특수관계인 제외)에게 10년 이상 무상 제공하는 사용자소유 주택
E. 조특법상 감면대상 주택	조세특례제한법 77조(토지보상·도시정비법 등에 따라 수용·양도), 98조의2~98조의8, 99조~99조의3까지에 따라 양도소득세가 감면되는 주택
F. 문화재주택	소령 155조⑥1호에 해당하는 문화재주택
G. 상속 주택	소령 155조②에 해당하는 상속받은 주택(상속받은 날로부터 5년이 경과하지 아니한 경우에 한정함)

대상	내용
H. 저당권 등 실행으로 취득주택	저당권의 실행으로 인하여 취득하거나 채권변제를 대신하여 취득한 주택으로서 취득일로부터 3년이 경과하지 아니한 주택
I. 어린이집 ('가정' 삭제)	1세대의 구성원이 특별자치도지사·시장·군수·구청장(자치구의 구청장을 말함)의 인가를 받고 사업자등록을 한 후 5년 이상 어린이집(국공립어린이집과 그 외의 어린이집)으로 사용하고, 어린이집으로 사용하지 아니하게 된 날부터 6월이 경과하지 아니한 주택
J. 그 밖의 주택	상기의 주택을 제외하고 1개의 주택(일반주택)만을 소유하고 있는 경우의 그 일반주택
K. 1세대1주택 비과세 특례주택 (일시적 3주택 등)	소령 155조(1세대 1주택의 특례) 또는 조특법에 따라 1세대가 1주택을 소유하고 있는 것으로 보거나 1세대 1주택으로 보아 소령 154조①(보유기간 및 거주요건)이 적용되는 주택으로서 같은 항의 요건을 모두 충족하는 주택.(소령 167조의3①13호 신설) ☞2021.2.17. 양도분부터 비과세 초과분은 일반과세하고 장기보유특별공제 적용.
L. 조정대상 지역 공고 이전에 양도 실행중 주택	조정대상지역 공고일 이전에 양도 매매계약을 체결하고 계약금을 지급받은 사실이 증빙서류에 의해 확인되는 주택(2018.8.28. 이후 양도 분부터 적용, 2018.10.23. 개정 소령 부칙 5조)
M. 4년간 유예규정	보유기간 2년 이상인 주택(2022.5.10.~2026.5.9. 양도분에 적용, 1년→4년간 연장)

(보충)혼인으로 1세대 3주택 이상이 된 경우 특례(소령 167조의3⑨)

1주택 이상을 보유하는 자가 1주택 이상을 보유하는 자와 혼인함으로써 혼인한 날 현재 1세대 3주택 이상에 해당하는 주택을 보유하게 된 경우로서 그 혼인한 날부터 5년 이내에 해당 주택을 양도하는 경우에는 양도일 현재 양도자의 배우자가 보유한 주택 수를 차감하여 해당 1세대가 보유한 주택 수를 계산함. 다만, 혼인한 날부터 5년 이내에 새로운 주택을 취득한 경우 해당 주택의 취득일 이후 양도하는 주택에 대해서는 이를 적용하지 않음.

③중과대상 1세대 3주택·조합원입주권·분양권 이상 중과세율 미적용 양도주택(소령 167조의4)

(2021.1.1. 취득한 분양권으로서, 2021.1.1. 양도분부터 적용. 개정 소령 부칙 10조①②)

대상	내용
A. 수도권·광역시·세 종시 외 지역 저가 주택	**특례:** A는 주택수에서 제외.(B이하는 주택수에 포함, 해당 건별 중과만 제외). **대상:** 수도권·광역시·특별자치시(모두 군·읍·면 지역 제외) 외의 주택으로서, 양도당시 기준시가 3억원 이하의 주택 및 조합입주권·분양권을 말함
수도권 밖 미분양 주택 (아파트 포함) 소형신축주택	전용면적 85㎡ 이하, 취득가액 6억원 이하(2024.1.10.~2025.12.31. 취득분)
	'24.1.10.~'27.12.31. 준공한 전용면적 60㎡ 이하, 취득가액 6억(비수도권 3억)원 이하인 주택(아파트 제외, 2024.1.10.~2027.12.31. 취득분)
B. 위 ② 준용	장기임대주택 등 1세대 3주택 판단 시 제외되는 주택(위 ② B.~I.)
C. 1세대1주택 비과세 특례주택 (일시적 3주택 등)	소령 155조(1세대 1주택의 특례), 156조의2(주택과 조합원입주권의 1세대 1주택 특례), 156조의3(주택과 분양권의 1세대 1주택 특례) 또는 조특법에 따라 1세대가 1주택을 소유하고 있는 것으로 보거나 1세대 1주택으로 보아 소령 154조①(보유기간 및 거주요건)이 적용되는 주택으로서 같은 항의 요건을 모두 충족하는 주택. (소령 167조의4③7호, 2021.2.17. 신설) ☞2021.1.1. 양도분부터 비과세 초과분은 일반과세하고 장기보유특별공제 적용.
D. 그 밖의 주택 등	상기의 주택을 제외하고 1개의 주택(일반주택)만을 소유하고 있는 경우의 그 일반주택. 조정대상지역 공고 이전에 양도실행 중 주택(위 ②L)
E. 4년간 유예규정	보유기간 2년 이상인 주택(2022.5.10.~2026.5.9. 양도분에 적용, 1년→4년간 연장)

(보충)혼인으로 1세대 1주택, 조합원입주권 또는 1분양권 이상이 된 경우 특례(소령 167조의4⑤, 2021.1.1. 취득한 분양권으로서, 2021.1.1. 양도분부터 적용. 개정 소령 부칙 10조①②)

1주택, 1조합원입주권 또는 1분양권 이상을 보유하는 자가 1주택, 1조합원입주권 또는 1분양권 이상을 보유하는 자와 혼인함으로써 혼인한 날 현재 소법 104조⑦4호에 따른 주택과 조합원입주권 또는 분양권의 수의 합이 3 이상이 된 경우 그 혼인한 날부터 5년 이내에 해당 주택을 양도하는 경우에는 양도일 현재 배우자가 보유한 주

제1장 제2장 제3장 제4장 제5장 제6장 제7장 제8장 제9장 제10장 제11장 제12장 제13장 제14장

택, 조합원입주권 또는 분양권의 수를 차감하여 해당 1세대가 보유한 주택, 조합원입주권 또는 분양권의 수를 계산함. 다만, 혼인한 날부터 5년 이내에 새로운 주택, 조합원입주권 또는 분양권을 취득한 경우 해당 주택, 조합원입주권 또는 분양권의 취득일 이후 양도하는 주택에 대해서는 이를 적용하지 않음.(위 ②와 같은 논리임.)

④ 중과대상 1세대 2주택 중과세율 미적용 양도주택(소령 167조의10)

대상	내용
A. 수도권·광역시·세종시 외 지역 저가주택 수도권 밖 미분양 주택 (아파트 포함) 소형신축주택	특례: A는 주택수에서 제외.(B이하는 주택수에 포함, 해당 건별 중과만 제외). 대상: 수도권·광역시·특별자치시(모두 군·읍·면 지역 제외) 외의 주택으로서, 양도당시 기준시가 3억원 이하의 주택을 말함 전용면적 85㎡ 이하, 취득가액 6억원 이하(2024.1.10.~2025.12.31. 취득분) '24.1.10.~'27.12.31. 준공한 전용면적 60㎡ 이하, 취득가액 6억(비수도권 3억)원 이하인 주택(아파트 제외, 2024.1.10.~2027.12.31. 취득분)
B. 위 ② 준용	장기임대주택 등 1세대 3주택 판단 시 제외되는 주택(위 ② B~I)
C. 수도권 밖 소재 주택	취학, 근무상 형편, 질병의 요양 등 목적으로 취득하여 사유해소 후 3년 이내(소령 155조⑧)에 양도하는 수도권 밖에 소재하는 주택
D. 부득이한 사유가 있어 취득한 주택	1세대의 구성원 중 일부가 취학, 근무상의 형편, 질병의 요양, 그 밖에 부득이한 사유(소칙 83조에서 71조③ 준용)로 인하여 다른 시(특별시·광역시·세종시 및 제주특별자치도 행정시 포함)·군으로 주거를 이전하기 위하여 1주택(학교의 소재지, 직장의 소재지 또는 질병을 치료·요양하는 장소와 같은 시·군에 소재하는 주택으로서 취득 당시 기준시가가 3억원을 초과하지 아니하는 것)을 취득함으로써 1세대 2주택이 된 경우의 해당 주택(취득 후 1년 이상 거주하고 해당 사유가 해소된 날부터 3년이 경과하지 아니한 경우에 한정함)
E. 소송 관련 주택	주택의 소유권에 관한 소송이 진행 중이거나 해당 소송결과로 취득한 주택(소송으로 인한 확정판결일부터 3년이 경과하지 아니한 경우에 한정함)
F. 양도 당시 기준시가 1억 원 이하 주택	주택의 양도 당시 기준시가가 1억원 이하인 주택. 다만, 「도시 및 주거환경정비법」에 따른 정비구역(종전의 「주택건설촉진법」에 따라 설립인가를 받은 재건축조합의 사업부지를 포함)으로 지정·고시된 지역 또는 「빈집 및 소규모주택 정비에 관한 특례법」에 따른 사업시행구역에 소재하는 주택(주거환경개선사업의 경우 해당 사업시행자에게 양도하는 주택은 제외)은 제외함.
G. 1세대1주택 비과세 특례주택(일시적 2주택 등통합)	소령 155조(1세대 1주택의 특례) 또는 조특법에 따라 1세대가 1주택을 소유하고 있는 것으로 보거나 1세대 1주택으로 보아 소령 154조①(보유기간 및 거주요건)이 적용되는 주택으로서 같은 항의 요건을 모두 충족하는 주택.(소령 167조의10①15호 2023.2.28. 신설) ☞2021.2.17. 양도분부터 비과세 초과분은 일반과세하고 장기보유특별공제 적용.
H. 그 밖의 주택 등	A~G의 주택을 제외하고 1개의 주택(일반주택)만을 소유하고 있는 경우의 그 일반주택, 조정대상지역 공고 이전에 양도실행 중인 주택(위 ②L)
I. 4년간 유예규정	보유기간 2년 이상인 주택(2022.5.10.~2026.5.9. 양도분에 적용, 1년→4년간 연장)

(보충)아래의 요건에 모두 해당하는 경우, 수도권 조정대상지역 2주택자가 2020.12.31.까지 1주택을 양도하고, '농어촌주택' 또는 '고향주택'을 구입하는 경우 양도소득세 중과규정 적용 배제 및 장기보유특별공제액 적용(조특법 99조의4⑤ 신설. 2019.1.1. 이후 양도분부터 적용, 2019 개정 조특법 부칙 1·2조)

1. 1세대가 수도권 내 「주택법」 63조의2①1호에 따른 조정대상지역에 소재하는 2주택(양도하는 시점의 개별주택가격 및 공동주택가격을 합산한 금액이 6억원 이하인 경우에 한정함)만을 소유하는 경우로서,
2. 2020년 12월 31일까지 그 중 1주택을 양도하고 양도소득세 예정신고 기간 내에 농어촌주택 등을 취득하여,
3. 3년 이상 보유하고 3년 보유기간 내에 최소 2년 이상 거주해야 함.

⑤중과대상 1세대 2주택·조합원입주권·분양권 중과세율 미적용 양도주택(소령 167조의11)

　(2021.1.1. 취득한 분양권으로서, 2021.1.1. 양도분부터 적용. 개정 소령 부칙 10조①②)

대상	내용
A. 수도권·광역시·세종시 외 지역 저가 주택	특례: A는 주택수에서 제외.(B이하는 주택수에 포함, 해당 건별 중과만 제외). 대상: 수도권·광역시·특별자치시(모두 군·읍·면 지역 제외) 외의 주택으로서, 양도 당시 기준시가 3억원 이하의 주택 및 조합입주권·분양권을 말함
수도권 밖 미분양 주택 (아파트 포함)	전용면적 85㎡ 이하, 취득가액 6억원 이하(2024.1.10.~2025.12.31. 취득분)
소형신축주택	'24.1.10.~'27.12.31. 준공한 전용면적 60㎡ 이하, 취득가액 6억(비수도권 3억)원 이하인 주택(아파트 제외, 2024.1.10.~2027.12.31. 취득분)
B. 1세대 1주택 특례 적용받는 주택	소령 156조의2·156조의3(주택과 조합원입주권·분양권을 소유한 경우 1세대 1주택 특례) 또는 조특법에 따라 1세대 1주택으로 보아 소령 154조①(1세대 1주택 비과세)을 적용받는 주택으로서 양도소득세가 과세되는 주택 ☞비과세가 적용되지 않더라도 중과세는 하지 않고 장기보유특별공제 적용
C. 위 준용	중과대상 1세대 2주택 판단 시 제외되는 주택(위 ④B~G, I), 조정대상지역 공고 이전에 양도실행 중 주택(위 ②L), 4년 유예규정(위 ④I)

(3)토지, 건물, 부동산에 관한 권리와 기타자산에 대한 비교과세(소법 104조⑤, 2015년 시행)

　해당 과세기간에 소득세법 94조①의 토지 또는 건물(동항 1호), 부동산에 관한 권리(동항 2호)와 기타자산(동항 4호)을 둘 이상 양도하는 경우 양도소득 산출세액은 다음 중 큰 것으로 한다.(소법 104조⑤본문) 이 경우 아래 2호에 따라 양도소득 산출세액의 금액을 계산할 때 비사업용 토지 및 자산총액 중 비사업용 토지의 비율이 50% 이상인 특정주식은 동일한 자산으로 보고, 한 필지의 토지가 비사업용 토지와 그 외의 토지로 구분되는 경우에는 각각을 별개의 자산으로 보아 양도소득 산출세액을 계산한다.(소법 104조⑤후단. 2017.12.17. 신설)

　산출세액 = Max{과세표준 합계액×기본세율, Σ동일 세율별 과세표준 합계액×해당 양도소득세율}

1. 해당 과세기간의 양도소득과세표준 합계액에 대하여 기본세율(소법 55조①)에 따른 세율을 적용하여 계산한 양도소득 산출세액에서 양도소득세 감면액을 차감한 금액

2. 해당 자산(중과대상 주택 포함)별 양도소득세 세율을 적용하여 계산한 양도소득 산출세액 합계액에서 양도소득세 감면액을 차감한 금액. 다만, 둘 이상의 자산에 대하여 여러 세율(소법 104조①④⑦들의 각 호) 중 (세율이) 동일한 호의 세율이 적용되고, 그 적용세율이 둘 이상인 경우 해당 자산에 대해서는(동일한 세율이 적용되는 자산이 둘 이상인 경우라는 뜻임- 저자 주) 각 자산의 양도소득과세표준을 합산한 것에 대하여 각 해당 호별 세율을 적용하여 산출한 세액 중에서 큰 산출세액의 합계액으로 한다.

(보충)소법 104조⑤후단, 2017.12.17. 신설←아래의 대법원 판례(대법 2012두15371, 2015.10.30. 선고)

하나의 자산이 두 가지 이상의 세율에 해당되는 전제는 대상 자산이 '하나의 자산'임을 전제한 것이며, 한 필지의 토지가 '사업용 토지'와 '비사업용 토지'로 '구분'되는 경우에는 각기 다른 세율을 적용해야 함.

12 　비사업용 토지 (소법 104조의3)

(1)비사업용 토지에 대한 불이익(소법 104조①8호, ④)

비사업용 토지에 대해서는 다음과 같이 높은 세율이 적용되므로 양도소득세 부담이 늘어난다.

첫째, 일반지역의 경우 '기본세율+10%'의 세율을 적용한다(1년 이내인 경우 50%, 1년~2년 미만인 경우 40% 세율을 적용한 금액과 비교하여 큰 금액을 산출세액으로 함).(소법 104조①8호)

둘째, 지정지역의 경우 '기본세율+20%'의 세율을 적용한다(1년 이내인 경우 50%, 1년~2년 미만인 경우 40% 세율을 적용한 금액과 비교하여 큰 금액을 산출세액으로 함).(소법 104조④, 2018.1.1.이후 양도분부터 적용)

(2)비사업용 토지 판정단계 및 지목별 검토사항

1)판정단계

1단계: 토지의 지목 판정
2단계: 무조건 사업용으로 보는 토지인지 확인
3단계: 토지 지목별로 기간기준 해당여부 검토
4단계: 토지 지목별로 비사업용 토지 해당여부 검토

2)비사업용 토지 대상 및 검토사항

대상 토지	비사업용 토지 제외 여부 주요 검토사항
농지	재촌, 자경 간주
임야	공익, 산림보호 육성, 거주 또는 사업상 관련 있는 임야
목장용지	축산업, 기준면적 이내, 거주 또는 사업장 관련 있는 목장용지
주택과 부속토지	주택정착면적의 일정배율(도시지역은 5배, 2022년부터 수도권 중 녹지지역은 5배, 주거·상업·공업지역은 3배) 이내의 부속토지
별장과 부속토지	별장에서 제외되는 농어촌주택
기타 토지	기준면적 및 수입금액비율 기준 적용대상 토지

(3)기간기준

1)기간기준(소령 168조의6, 168조의14②)

①5년 이상 소유한 토지의 기간 기준(양도집 104의3-168의6-2)

비사업용 토지 기간 기준 판정	사업용 토지 기간 기준 판정
아래 1~3 모두 비사업용 토지에 해당하는 경우 1. 양도일 직전 5년 중 2년을 초과하는 기간 2. 양도일 직전 3년 중 1년을 초과하는 기간 3. 토지 소유기간의 40%에 상당하는 기간을 　초과하는 기간 　(일수 계산: 초일불산입 말일산입)	아래 1~3 기간 중 어느 하나가 사업용 토지에 해당하는 경우 1. 양도일 직전 5년 중 3년 이상의 기간 2. 양도일 직전 3년 중 2년 이상의 기간 3. 토지 소유기간의 60%에 상당하는 기간 이상의 　기간 　(일수 계산: 초일불산입 말일산입)

②3년 이상 5년 미만 소유한 토지의 기간 기준(양도집 104의3-168의6-3)

비사업용 토지 기간 기준 판정	사업용 토지 기간 기준 판정
아래 1~3 모두 비사업용 토지에 해당하는 경우 1. 토지 소유기간에서 3년을 차감한 기간을 　초과하는 기간 2. 양도일 직전 3년 중 1년을 초과하는 기간 3. 토지 소유기간의 40%에 상당하는 기간을 　초과하는 기간 　(일수 계산: 초일불산입 말일산입)	아래 1~3 기간 중 어느 하나가 사업용 토지에 해당하는 경우 1. 토지 소유기간에서 3년 이상의 기간 2. 양도일 직전 3년 중 2년 이상의 기간 3. 토지 소유기간의 60%에 상당하는 기간 　이상의 기간 　(일수 계산: 초일불산입 말일산입)

③2년 이상 3년 미만 소유한 토지의 기간 기준(양도집 104의3-168의6-4)

비사업용 토지 기간 기준 판정	사업용 토지 기간 기준 판정
아래 1, 2 기간 모두 비사업용 토지에 해당하는 경우 1. 토지 소유기간에서 2년을 차감한 기간을 　초과하는 기간 2. 토지 소유기간의 40%에 상당하는 기간을 　초과하는 기간 　(일수 계산: 초일불산입 말일산입)	아래 1, 2 기간 중 어느 하나가 사업용 토지에 해당하는 경우 1. 토지 소유기간에서 2년 이상의 기간 2. 토지 소유기간의 60%에 상당하는 기간 　이상의 기간 　(일수 계산: 초일불산입 말일산입)

④2년 미만 소유한 토지의 기간 기준(양도집 104의3-168의6-5)

비사업용 토지 기간 기준 판정	사업용 토지 기간 기준 판정
토지 소유기간의 40%에 상당하는 기간을 초과하는 기간 (일수 계산: 초일불산입 말일산입)	토지 소유기간의 60%에 상당하는 기간 이상의 기간 (일수 계산: 초일불산입 말일산입)

제1장 제2장 제3장 제4장 제5장 제6장 제7장 제8장 제9장 제10장 제11장 제12장 제13장 제14장

2)양도일 의제(소령 168의14②, 소칙 83조의5②)

토지의 양도에 부득이한 사유가 있어 부득이한 사우가 발생한 날 이후에는 일반적으로 토지를 사업에 직접 사용하지 못하므로 부득이한 사유일까지의 기간을 대상으로 비사업용 토지 해당 기간을 판정한다.

구분	부득이한 사유일
「민사집행법」에 따른 경매에 따라 양도된 토지	최초의 경매기일
국세징수법에 따른 공매에 따라 양도된 토지	최초의 공매일
한국자산관리공사에 매각을 위임한 토지	매각을 위임한 날
일간신문에 매각공고 후 1년 이내에 매매계약을 체결한 토지	최초 공고일
매년 매각을 재공고하고 재공고일로부터 1년 이내에 매매계약을 체결한 토지	최초 공고일

3)사업용 기간 간주(소령 168조의14①, 소칙 83조의5①)

토지를 취득한 후 법령에 따라 사용이 금지 또는 제한된 경우 그 기간은 사업용 기간으로 보아 기간기준을 적용한다. 그러나 토지 본래의 용도에 사실상 사용이 제한되지 아니한 경우에는 이 규정이 적용되지 아니한다.

구분	사업용 기간 간주
1. 토지를 취득한 후 법령에 따라 사용이 금지 또는 제한된 토지	사용이 금지 또는 제한된 기간
2. 토지를 취득한 후 「문화재보호법」에 따라 지정된 보호구역 안의 토지	보호구역으로 지정된 기간
3. 위 1~2호에 해당되는 토지로서 상속받은 토지:	상속개시일부터 1~2호에 따라 계산한 기간
4. 토지취득 후 건축허가가 제한으로 건축을 할 수 없게 된 토지	건축허가가 제한된 기간
5. 토지취득 및 건축허가 후 건축자재의 수급조절을 위한 행정지도로 착공이 제한된 토지	착공이 제한된 기간
6. 사업장(임시 작업장을 제외)의 진입도로로서 사도 또는 특정다수인이 이용하는 도로	사도 또는 도로로 이용되는 기간
7. 건축허가를 받을 당시에 공공공지로 제공한 토지	당해 건축물의 착공일부터 공공공지로의 제공이 끝나는 날까지의 기간
8. 지상에 건축물이 정착되어 있지 아니한 토지를 취득하여 사업용으로 사용하기 위하여 건설에 착공(착공일이 불분명한 경우에는 착공신고서 제출일을 기준)한 토지	당해 토지의 취득일부터 2년 및 착공일 이후 건설이 진행 중인 기간(천재지변, 민원의 발생 그 밖의 정당한 사유로 인하여 건설을 중단한 경우에는 중단한 기간을 포함)
9. 저당권의 실행 그 밖에 채권을 변제받기 위하여 취득한 토지 및 청산절차에 따라 잔여재산의 분배로 인하여 취득한 토지	취득일부터 2년
10. 당해 토지를 취득한 후 소유권에 관한 소송이 계속중인 토지	법원에 소송이 계속되거나 법원에 의하여 사용이 금지된 기간

11. 도시개발구역 안의 토지로서 환지방식에 따라 시행되는 도시개발사업이 구획단위로 사실상 완료되어 건축이 가능한 토지	건축이 가능한 날부터 2년
12. 건축물이 멸실·철거되거나 무너진 토지	당해 건축물이 멸실·철거되거나 무너진 날부터 2년
13. 거주자가 2년 이상 사업에 사용한 토지로서 사업의 일부 또는 전부를 휴업·폐업 또는 이전함에 따라 사업에 직접 사용하지 아니하게 된 토지	휴업·폐업 또는 이전일부터 2년
14. 천재지변 등의 사유발생일부터 소급하여 2년 이상 계속하여 재촌·자경한 자가 소유하는 농지로서 농지의 형질이 변경되어 황지가 됨으로써 자경하지 못하는 토지	당해 사유의 발생일부터 2년
15. 당해 토지를 취득한 후 도시계획의 변경 등 정당한 사유로 인해 사업에 사용하지 아니하는 토지	당해 사유가 발생한 기간

4) 기간기준에 관계없이 사업용 토지로 보는 경우(소령 168조의14③, 소칙 83조의5④)

1. 2006.12.31. 이전에 상속받은 농지·임야 및 목장용지로서 2009.12.31.까지 양도하는 토지

1의2. 직계존속·배우자가 8년 이상 토지소재지에 거주하면서 직접 경작한 농지·임야 및 목장용지로서 이를 해당 직계존속·해당 배우자로부터 상속·증여받은 토지. 다만, 양도 당시 「국토의 계획 및 이용에 관한 법률」상 도시지역(녹지지역 및 개발제한구역은 제외) 안의 토지는 제외

2. 2006.12.31. 이전에 20년 이상을 소유한 농지 등으로서 2009.12.31.까지 양도하는 토지

3. 「토지보상법」 등 법률에 따라 협의매수·수용되는 토지로서 다음의 어느 하나에 해당하는 토지

   가. 사업인정고시일이 2006년 12월 31일 이전인 토지

   나. 취득일{상속받은 토지는 피상속인이 해당 토지를 취득한 날을 말하고, 이월과세(소법 97조의2①)를 적용받는 경우에는 증여한 배우자 또는 직계존비속이 해당 자산을 취득한 날을 말함)이 사업인정고시일부터 5년(2021.5.3.까지 사업인정고시된 것은 2년. 2021.5.4. 개정 소령 부칙 1조 단서, 4조. 2021년 3·29 부동산 대책) 이전인 토지

4. 특별시·광역시 및 시지역(도농 복합형태인 시의 읍·면지역 제외) 중 도시지역에 있는 농지로서 다음의 어느 하나에 해당하는 농지

   가. 종중이 소유한 농지(2005.12.31. 이전에 취득한 것에 한함)

   나. 상속에 의하여 취득한 농지로서 그 상속개시일부터 5년 이내에 양도하는 토지

5. 공장의 가동에 따른 소음·분진·악취 등으로 인하여 생활환경의 오염피해가 발생되는 지역 안의 토지로서 그 토지소유자의 요구에 따라 취득한 공장용 부속토지의 인접토지

6. 2006.12.31. 이전에 이농한 자가 이농 당시 소유 농지를 2009.12.31.까지 양도하는 토지

7. 「기업구조조정 촉진법」에 따른 부실징후기업과 채권금융기관협의회가 같은 법 10조에 따라

해당 부실징후기업의 경영정상화계획 이행을 위한 약정을 체결하고 그 부실징후기업이 해당 약정에 따라 양도하는 토지(2008.12.31. 이전에 취득한 것에 한정)

8. 채권은행 간 거래기업의 신용위험평가 및 기업구조조정방안 등에 대한 협의와 거래기업에 대한 채권은행 공동관리절차를 규정한 「채권은행협의회 운영협약」에 따른 관리대상기업과 채권은행자율협의회가 해당 관리대상기업의 경영정상화계획 이행을 위한 특별약정을 체결하고 그 관리대상기업이 해당 약정에 따라 양도하는 토지

9. 「산업집적활성화 및 공장설립에 관한 법률」에 따라 산업시설구역의 산업용지를 소유하고 있는 입주기업체가 산업용지를 관리기관(유관기관을 포함)에 양도하는 토지

10. 「농촌근대화촉진법」에 따른 방조제공사로 인한 해당 어민의 피해에 대한 보상대책으로 같은 법에 따라 조성된 농지를 보상한 경우로서 같은 법에 따른 농업진흥공사로부터 해당 농지를 최초로 취득하여 8년 이상 직접 경작한 농지. 이 경우 농지소재지 거주요건은 적용하지 않음

11. 「채무자의 회생 및 파산에 관한 법률」 242조에 따른 회생계획인가 결정에 따라 회생계획의 수행을 위하여 양도하는 토지(2015.3.13. 이후 양도분부터 적용)

(4)지목별 비사업용 토지

1)농지(소법 104조의3①1호, 소령 168조의8)

①농지의 범위

　'농지'란 논밭이나 과수원으로서 지적공부(地籍公簿)의 지목과 관계없이 실제로 경작에 사용되는 토지를 말한다. 이 경우 농지의 경영에 직접 필요한 농막, 퇴비사, 양수장, 지소(池沼), 농도(農道) 및 수로(水路) 등에 사용되는 토지를 포함한다.(소법 88조8호)

　일반적으로 시지역 중 도시지역 외의 지역에 소재하는 농지로서 재촌하면서 직접 경작한 기간을 사업용 기간으로 보아 비사업용 토지 해당여부를 판정한다.(소법 104조의3①1호)

②판정요령

1. 당해 토지의 실제 '농지' 여부 확인
2. 기준에 관계없이 사업용으로 보는 토지 여부 확인
3. 양도자가 당해 농지를 일정기간 이상 재촌·자경하였는지 여부 및 농지가 시지역 중 도시지역에 소재하는지 여부 확인
4. 재촌·자경으로 간주하는 농지 해당여부 확인(소령 168조의8③1~9호)

③도시지역(녹지지역 및 개발제한구역 제외)에 있는 농지를 재촌·자경한 경우 비사업용 토지 판단(소법 104조의3①1호 나목, 소령 168조의8②)

지역 구분	도시지역 편입일	비사업용 토지 판단
특별시 광역시(군지역 제외) 시지역(읍·면지역 제외)	농지 취득일	비사업용 토지
	편입일로부터 소급하여 1년 미만 재촌·자경	비사업용 토지
	편입일로부터 소급하여 1년 이상 재촌·자경	편입일로부터 3년(2002.2.2. 이전 양도분은 2년)은 사업용 토지로 봄

(보충1)재촌(소령 168조의8②)

농지의 소재지와 동일한 시(세종·제주·서귀포시 포함)·군·구(자치구를 말함), 그와 연접한 시·군·구 또는 해당 농지로부터 직선거리 30km(2015.2.2. 이전 양도분은 20km) 이내에 있는 지역에 주민등록이 되어 있고, 사실상 거주하는 것을 말함.

(보충2)자경요건: 아래의 어느 하나에 해당하는 경우

1. 거주자가 그 소유농지에서 농작물을 경작 또는 다년생식물의 재배에 상시 종사하는 경우

2. 그 소유농지에서 농작업의 1/2 이상을 자기의 노동력에 의하여 경작 또는 재배하는 것

{자경기간의 판정(조특령 66조⑭을 2014.2.21. 신설하여 2014.7.1.이후 양도분부터 시행. 소령 168조의8②에서 조특령을 준용하도록 2016년 개정하여 2016.2.17. 이후 양도분부터 비사업용 토지 판정 시 적용)

경작한 기간 중 해당 피상속인(그 배우자 포함) 또는 거주자 각각에 대하여 다음의 과세기간은 제외

ⓐ사업소득금액(농업·임업에서 발생하는 소득, 부동산임대업 소득과 비과세 농가부업소득은 제외)과 근로소득 총급여액의 합계액이 3700만원 이상인 과세기간. 사업소득금액이 음수인 경우에는 해당 금액을 0으로 봄.

ⓑ사업소득 총수입금액(농업·임업에서 발생하는 소득, 부동산임대업 소득과 비과세 농가부업소득은 제외)이 복식부기의무자 수입금액(소령 208조⑤2호, 제2장 06(4)2)④' 참조) 이상인 경우(2020년 귀속분부터 시행)}

(보충3)도시지역의 정의

특별시·광역시(광역시의 군지역은 제외)·특별자치시(특별자치시의 읍·면지역 제외)·특별자치도(행정시의 읍·면지역 제외) 및 시지역(도농복합형태인 시의 읍·면지역 제외) 중 주거지역·상업지역·공업지역(녹지지역 및 개발제한구역은 제외)을 말함.

④재촌·자경으로 간주하는 농지

「농지법」이나 그 밖의 법률에 따라 소유할 수 있는 농지로서 다음의 어느 하나에 해당하는 농지는 농지소재지에 거주하면서 자경한 것으로 본다.(소령 168조의8③)

1. 「농지법」 6조②2·3(2022년 양도분부터 삭제)·9·10호 가목 또는 다목에 해당하는 아래의 농지

ⓐ「초·중등교육법」 및 「고등교육법」에 따른 학교, 농림축산식품부령으로 정하는 공공단체·농업연구기관·농업생산자단체 또는 종묘나 그 밖의 농업 기자재 생산자가 그 목적사업을 수행하기 위하여 필요한 시험지·연구지·실습지·종묘생산지 또는 과수 인공수분용 꽃가루 생산지로 쓰기 위하여 농지를 취득하여 소유하는 경우

ⓑ주말·체험영농(농업인이 아닌 개인이 주말 등을 이용하여 취미생활이나 여가활동으로 농작물을 경작하거나 다년생식물을 재배하는 것을 말함)을 하려고 농지(2003.1.1. 이후 발급받은 농지취득자격증명으로

356 | 제3장 양도소득세

취득한 농지로서 세대별 소유면적 1,000㎡ 미만의 농지를 말함)를 소유하는 경우(「농지법」6조②3호임. 세법은 2022.1.1. 양도분부터 삭제, 2021.5.4. 개정 소령 부칙 3조. 2021년 3·29 부동산 대책)

ⓒ「한국농어촌공사 및 농지관리기금법」24조②에 따른 농지의 개발사업지구에 있는 농지로서 대통령령으로 정하는 1,500㎡ 미만의 농지나 「농어촌정비법」98조③에 따른 농지를 취득하여 소유하는 경우

ⓓ「한국농어촌공사 및 농지관리기금법」에 따라 한국농어촌공사가 농지를 취득하여 소유하는 경우

ⓔ「공유수면 관리 및 매립에 관한 법률」에 따라 매립농지를 취득하여 소유하는 경우

2. 「농지법」에 따라 상속에 의하여 취득한 농지로서 그 상속개시일부터 3년이 경과하지 아니한 토지

3. 「농지법」6조②5호에 따라 이농당시 소유하고 있던 농지로서 그 이농일부터 3년이 경과하지 아니한 토지

4. 「농지법」6조②7호에 따른 농지전용허가를 받거나 농지전용신고를 한 자가 소유한 농지 또는 농지전용협의를 완료한 농지로서 당해 전용목적으로 사용되는 토지

5. 「농지법」6조②10호 라목~바목에 따라 취득한 농지로서 당해 사업목적으로 사용되는 토지

6. 종중이 소유한 농지(2005.12.31. 이전에 취득한 것에 한함)

7. 소유자(생계를 같이하는 자 중 소유자와 동거하면서 함께 영농에 종사한 자를 포함)가 질병, 고령, 징집, 취학, 선거에 의한 공직취임, 교도소·구치소·보호감호시설에 수용 중인 경우로서 다음 각 목의 요건을 모두 갖춘 토지

   가. 해당 사유 발생일부터 소급하여 5년 이상 계속하여 재촌하면서 자경한 농지로서 해당 사유 발생 이후에도 소유자가 재촌하고 있을 것. 이 경우 해당 사유 발생당시 소유자와 동거하던 생계를 같이하는 자가 농지 소재지에 재촌하고 있는 경우에는 그 소유자가 재촌하고 있는 것으로 봄.

   나. 「농지법」23조에 따라 농지를 임대하거나 사용대할 것

8. 지방세특례제한법 22·41·50조 및 89조에 따른 사회복지법인 등, 학교 등, 종교·제사 단체 및 정당이 그 사업에 직접 사용하는 농지

9. 「한국농어촌공사 및 농지관리기금법」3조에 따른 한국농어촌공사가 8년 이상 수탁(개인에게서 수탁한 농지에 한한다)하여 임대하거나 사용대(使用貸)한 농지

10. 「주한미군기지 이전에 따른 평택시 등의 지원 등에 관한 특별법」에 따라 수용된 농지를 대체하여 「부동산 거래신고 등에 관한 법률 시행령」10조①3호에 따라 취득한 농지로서 해당 농지로부터 직선거리 80km 이내에 있는 지역에 재촌하는 자가 자경을 하는 농지

11. 「농지법」과 그 밖의 법률에 따라 소유할 수 있는 농지로서 기획재정부령이 정하는 농지

2)임야(소법 104조의3①2호, 소령 168조의9)

구분	내용
판정요령	1. 당해 토지의 실제 '임야' 여부 확인 2. 기준에 관계없이 사업용으로 보는 토지 여부 확인 3. 양도자가 임야를 일정기간 이상 재촌하면서 소유하였는지 여부 확인 4. 공익상 필요하거나 산림의 보호·육성을 위하여 필요한 임야 또는 토지의 소유자, 소재지, 이용 상황, 보유기간 및 면적 등을 고려하여 거주 또는 사업과 직접 관련이 있다고 인정할 만한 상당한 이유가 있는 임야에 해당하는지 여부 검토(당해 용도기간 동안을 사업용으로 보는 임야)
재촌요건	임야의 소재지와 동일한 시(세종·제주·서귀포시 포함)·군·구(자치구를 말함), 그와 연접한 시·군·구 '또는' 해당 임야로부터 직선거리 30km(2015.2.2. 이전 양도분은 20km) 이내에 있는 지역에 주민등록이 되어 있고, 사실상 거주하는 자가 소유하는 임야는 사업용 토지에 해당함.
공익상 필요 또는 산림의 보호육성 요건	공익상 필요하거나 산림의 보호·육성을 위하여 필요한 임야로서 법령에서 정한 것에 해당하는 경우에는 사업용으로 사용하는 것으로 간주하며, 사업용으로 사용하는 것으로 간주하는 기간이 기간기준을 충족하는 경우 사업용으로 봄.
거주 또는 사업과 직접관련 요건	토지의 소유자, 소재지, 이용 상황, 보유기간 및 면적 등을 고려하여 거주 또는 사업과 직접 관련이 있다고 인정할 만한 상당한 이유가 있는 임야로서 법령에서 정한 것에 해당하는 경우에는 사업용으로 사용하는 것으로 간주하며, 사업용으로 사용하는 것으로 간주하는 기간이 기간기준을 충족하는 경우 사업용으로 봄.

3)목장용지(소법 104조의3①3호, 소령 168조의10)

구분	내용
판정요령	1. 당해 토지의 실제 '목장용지' 여부 확인 2. 기준에 관계없이 사업용으로 보는 토지 여부 확인 3. 토지의 소유자, 소재지, 이용 상황, 보유기간 및 면적 등을 고려하여 거주 또는 사업과 직접 관련이 있다고 인정할 만한 상당한 이유가 있는 목장용지에 해당하는지 여부 검토(당해 용도기간을 사업용 기간으로 간주)(소령 168조의10②) 4. 양도자가 당해 목장용지를 일정기간 이상 축산업에 사용하였는지, 기준면적을 초과하는지, 목장용지가 도시지역 안에 있는지 여부 확인
목장용지의 범위	축산용으로 사용되는 축사와 부대시설의 토지, 초지 및 사료포(飼料圃)를 말함.

4)주택과 부속토지(소법 104조의3①5호, 소령 168조의12)

주택과 부속토지(지법 106조②)가 실제로 주거용으로 사용하면서 주택의 부수토지가 주택정착 면적의 10배(도시지역은 5배, 2022년부터 수도권 중 녹지지역은 5배, 주거·상업·공업지역은 3배) 이내이면 사업용 토지에 해당한다.

5)별장건물 및 그 부속토지(소법 104조의3①6호, 소령 168조의13)

구분	내용
판정 요령	별장에서 제외되는 농어촌주택 및 그 부속토지인지 여부를 검토 필요.
별장 및 부속토지	별장이란 주거용 건축물로서 상시주거용으로 사용하지 아니하고 휴양, 피서, 위락 등의 용도로 사용하는 건축물과 그 부속토지를 말함. 별장에 부속된 토지의 경계가 명확하지 아니한 경우에는 그 건축물 바닥면적의 10배에 해당하는 토지를 부속토지로 봄.
농어촌주택 및 부속토지	읍 또는 면에 소재하는 농어촌주택의 부속토지는 아래의 요건을 모두 갖춘 경우 별장 및 별장부속토지에서 제외하며, 별장에 부속된 토지의 경계가 명확하지 아니한 경우에는 그 건축물 바닥면적의 10배에 해당하는 토지를 부속토지로 봄. 1. 건물의 연면적이 150㎡ 이내이고 그 건물의 부속토지의 면적이 660㎡ 이내일 것 2. 건물과 그 부속토지의 가액이 기준시가 2억원 이하일 것 3. 조특법 99조의4①1호 가목 1)~4)의 어느 하나에 해당하는 지역을 제외한 지역에 소재할 것: 즉 농어촌주택 중 수도권과 광역시 소재 군지역(접경지역 제외), 도시지역과 허가구역, 투기지역, 관광진흥지역에 소재하는 것은 비사업용 토지 제외대상이 아님.

6)기타 토지(나대지, 잡종지 등)(소법 104조의3①4호, 소령 168조의11)

구분	내용
판정요령	1. 당해 토지의 실제 지목을 검토 2. 기준에 관계없이 사업용으로 보는 토지인지 여부 확인 3. 당해 토지가 일정기간 이상 지방세법 또는 관계법령의 규정에 의하여 재산세가 비과세되거나 면제되는 토지 또는 재산세 별도합산 또는 분리과세 대상 토지(지법 182조①2호 및 3호)인지 여부를 확인 4. 재산세 종합합산대상 토지이지만 토지의 이용 상황, 관계법령의 의무이행여부, 수입금액 등을 감안하여 거주 또는 사업과 관련이 있다고 인정되는 토지는 비사업용에서 제외(당해기간을 사업용으로 간주)(소령 168조의11 본문)
거주 또는 사업과 직접관련 있다고 인정되는 토지	재산세 종합합산대상 토지이지만 토지의 이용 상황, 관계법령의 의무이행여부, 수입금액 등을 감안하여 거주 또는 사업과 관련이 있다고 인정되는 토지는 비사업용에서 제외함. (소령 168조의11 본문) 예)나지(裸地)의 경우(소령 168조의11①13호) 　주택을 소유하지 아니하는 1세대가 소유하는 1필지의 나지로서 일정한 기준에 해당하는 토지 중 660㎡ 이내의 것 　－일정한 기준(소칙 83조의4⑥⑰) 　법령의 규정에 따라 주택의 신축이 금지 또는 제한된 지역에 소재하지 아니하고, 그 지목이 대지이거나 실질적으로 주택을 신축할 수 있는 토지(「건축법」 44조에 따른 대지와 도로와의 관계를 충족하지 못하는 토지를 포함)

13 양도소득세 예정신고 · 확정신고와 납부 (소법 104조의3)

(1)양도소득세 예정신고와 납부(소법 105조 · 106조)

양도소득세 과세대상자산을 양도한 거주자는 양도소득세과세표준을 양도자산별 구분에 따른 기간 이내에 관할 세무서장에게 예정신고하고 양도세액을 납부하여야 한다.(소법 105조 · 106조①) 예정신고납부를 하는 경우 수시부과세액(소법 82조 · 118조)이 있을 때에는 이를 공제하여 납부한다.(소법 106조③)

{거주자의 국외자산에 대한 양도소득세는 이어지는 14절 참조}

1)국내 · 국외자산에 대한 예정신고납부기한 차이

구분	국내자산 예정신고 · 납부기한	국외자산 예정신고 · 납부기한
토지 · 건물, 부동산에 관한 권리, 기타자산	양도일이 속한 말일부터 2개월	좌동
토지거래허가구역내의 토지로서 허가 전에 잔금청산한 경우	허가일(해제일, 2018.1.1. 이후 해제분부터 적용)이 속한 달의 말일부터 2개월	해당 없음
주식 및 출자지분	양도일이 속하는 반기 (2017년까지는 분기) 말일부터 2개월	예정신고의무 없음
부담부 증여의 채무액을 양도간주 부분	양도일이 속하는 달의 말일부터 3개월(2017년 증여일부터 적용)	좌동(주식 및 출자지분 제외)
파생상품	예정신고의무 없음	국내 파생상품에 포함 (2017.12.19. 개정법 부칙 8조)

(보충1)양도차익이 없거나 양도차손이 발생한 경우에도 예정신고를 하여야 함(소법 105조③). 그러나 이는 납세협력규정으로 세액이 없으므로 무신고 시 가산세는 없음.

(보충2)양도소득세 예정신고에 대한 가산세

예정신고를 하지 않으면 산출세액의 20%{부정행위로 신고하지 않을 경우 40%(국제거래에서 발생한 부정행위로 신고하지 않은 경우 60%)}의 무신고가산세(국기법 47조의2) 또는 과소신고 · 초과환급신고가산세(국기법 47조의3) 및 납부지연가산세(1일 22/100,000 즉 연 8.03%, 국기법 47조의4)가 부과됨. 다만, 이렇게 부과된 부분에 대해서는 확정신고와 관련하여 가산세를 적용하지 아니함.(이중적용 배제, 국기법 47조의2⑤, 47조의3⑥)

(보충3)재외국민 · 외국인의 부동산 등 양도신고확인서 제출의무(2020.7.1. 양도분부터 적용)

국내에 있는 토지 · 건물을 양도하는 재외국민 · 외국인은 소유권이전등기 시 '부동산양도신고확인서'를 등기관서장에게 제출해야 함.(소법 108조, 소령 171조 신설)

2)예정신고 산출세액의 계산(소법 107조)

예정신고 시 산출세액을 계산할 때에는 양도소득세율만 적용하고 있으므로, 확정신고와 달리 비교과세를 하지 않는다는 특징이 있다.

즉, 해당 과세기간에 토지, 건물, 부동산에 관한 권리와 기타자산을 둘 이상 양도하는 경우 양도소득 산출세액은 기본세율을 적용한 세액과 양도소득세율을 적용한 세액 중 큰 금액으로 하도록 규정하고 있다.(2015년 양도분부터 적용, 소법 104조⑤) 그러나 예정신고 시에는 양도소득세율만 적용하여 예정신고 · 납부한다.(소법 107조①②)

①과세기간 중 처음 예정신고를 하는 경우(소법 107조①)

거주자가 예정신고를 할 때에는 아래에 따라 계산한 산출세액에서 조세특례제한법이나 그 밖의 법률에 따른 감면세액을 뺀 세액을 납세지 관할 세무서, 한국은행 또는 체신관서에 납부하여야 한다.(소법 106조)

산출세액={양도차익-(장기보유특별공제+양도소득 기본공제}×양도소득세율

②2회 이상의 예정신고를 하는 경우(소법 107조②)

해당 과세기간에 누진세율 적용대상 자산에 대한 예정신고를 2회 이상 하는 경우로서 거주자가 이미 신고한 양도소득금액과 합산하여 신고하려는 경우에는(즉, 예정신고 시 합산신고는 납세자의 선택임-저자 주) 다음의 구분에 따른 금액을 제2회 이후 신고하는 예정신고 산출세액으로 한다.

구분	예정신고 산출세액
기본세율 적용대상 자산	예정신고 산출세액 = {(A + B - C) × D} - E A: 이미 신고한 자산의 양도소득금액 B: 2회 이후 신고하는 자산의 양도소득금액 C: 양도소득 기본공제 D: 기본세율(소법 104조①1호) E: 이미 신고한 예정신고 산출세액
비사업용 토지 및 과다보유주식 등	예정신고 산출세액 = {(A + B - C) × D} - E A: 이미 신고한 자산의 양도소득금액 B: 2회 이후 신고하는 자산의 양도소득금액 C: 양도소득 기본공제 D: '기본세율+10%' 또는 '기본세율+20%'(지정지역 비업무용 토지)' 세율 E: 이미 신고한 예정신고 산출세액
누진세율 (20% · 25%) 적용대상 주식	예정신고 산출세액 = {(A + B - C) × D} - E A: 이미 신고한 자산의 양도소득금액 B: 2회 이후 신고하는 자산의 양도소득금액 C: 양도소득 기본공제 D: 누진세율(20%, 25%: 3억원 초과분)에 따른 세율{소법 104조①11호 가목 2)} E: 이미 신고한 예정신고 산출세액

구분	예정신고 산출세액
신탁 수익권*2 (2021년부터 과세)	예정신고 산출세액 = {(A + B - C) × D} − E A: 이미 신고한 자산의 양도소득금액 B: 2회 이후 신고하는 자산의 양도소득금액 C: 양도소득 기본공제 D: 누진세율(20%, 25%: 3억원 초과분)에 따른 세율(소법 104조①14호) E: 이미 신고한 예정신고 산출세액

*1 지정지역에 있는 비업무용 토지에 대한 예정신고 시 양도소득세율은 '기본세율+20%'

  아래의 논지에 따라 양도소득세율을 '기본세율+20%'로 하여 예정신고·납부하여야 함.

  1. 소법 104조①8·9호에 따른 세율(소법 107조②2호)에는 소법 104조④이 특례로 적용되어야 함.(2018.4.1.
    이후 양도분부터 신설. 입법을 확실하게 보완할 필요 있음)

  2. 예정신고를 정상적으로 하였을 경우 확정신고를 하지 않아도 된다는 규정(소법 110조④)을 유추해석하면
    예정신고 시에도 최종적으로 적용될 세율로 계산해야 함.

*2 2021년부터 양도소득세 과세대상인 '신탁 수익권'의 범위(소법 94조①6호, 소령 159조의4)

  신탁의 이익을 받을 권리(「자본시장과 금융투자업에 관한 법률」 110조에 따른 수익증권 및 189조에 따른 투
  자신탁의 수익권 등은 제외)의 양도로 발생하는 소득. 다만, 신탁 수익권의 양도를 통하여 신탁재산에 대한
  지배·통제권이 사실상 이전되는 경우는 신탁재산 자체의 양도로 봄.

(2)양도소득세 확정신고와 납부(소법 110·111조)

1)확정신고 의무자(소법 110조④, 소령 173조)

  양도소득이 있는 자는 확정신고·납부 의무가 있다. 과세표준이 없거나 결손금이 있는 때에도
신고하여야 한다(소법 110조②, 납세협력규정으로 무신고 시 산출세액이 없으면 가산세는 없음).

  다만, 예정신고를 한 자는 원칙적으로 확정신고 의무는 없으나 아래의 경우에는 확정신고를
하여야 한다.(소령 173조⑤)

1. 당해연도에 누진세율의 적용대상 자산에 대한 예정신고를 2회 이상 한 자가 이미 신고한 양도
  소득금액과 합산하여 신고하지 아니한 경우

2. 당해연도에 토지, 건물, 부동산에 관한 권리 및 기타자산을 2회 이상 양도한 경우로서 양도소
  득 기본공제를 공제함에 있어 (조세특례제한법 등에 따라 감면소득의 공제순위 등이 달라져–
  필자 주) 당초 신고한 양도소득산출세액이 달라지는 경우

3. 당해연도에 주식 등을 2회 이상 양도한 경우로서 양도소득 기본공제를 공제함에 있어 (조세
  특례제한법 등에 따라 감면소득의 공제순위 등이 달라져–저자 주) 당초 신고한 양도소득산출
  세액이 달라지는 경우

제1장 제2장 제3장 제4장 제5장 제6장 제7장 제8장 제9장 제10장 제11장 제12장 제13장 제14장

4. 당해연도에 토지, 건물, 부동산에 관한 권리 및 기타자산을 둘 이상 양도한 경우로서 비교과세(종합소득세와 비교과세, 소법 104조⑤)함에 있어 당초 신고한 양도소득산출세액이 달라지는 경우(2020.2.11. 양도 분부터 적용)

2)확정신고와 납부기한(소법 110조④, 소령 173조)

①원칙: 양도일의 다음 연도 5.1.~5.31.(소법 110조①)

해당 과세기간의 양도소득금액이 있는 거주자는 그 양도소득 과세표준을 그 과세기간의 다음 연도 5월 1일부터 5월 31일까지 신고·납부하여야 한다.

그리고 토지거래계약허가구역에 있는 토지를 양도하고 토지거래계약허가를 받기 전에 대금을 청산한 경우에는 토지거래계약에 관한 허가일(토지거래계약허가를 받기 전에 허가구역의 지정이 해제된 경우에는 그 해제일, 2018년 신설된 규정이지만 조건해제에 따른 거래성취로 보는 것이며 종전 판례의 견해를 법조문에 반영한 것임)이 속하는 과세기간의 다음 연도 5월 1일부터 5월 31일까지 납세지 관할 세무서장에게 신고하여야 한다.

②법인세법상 배당·상여 또는 기타소득으로 처분된 경우(소령 173조③)

확정신고기한이 지난 후에 법인세법에 따라 법인이 법인세과세표준을 신고하거나 세무서장이 법인세과세표준을 결정 또는 경정할 때 익금에 산입한 금액이 배당·상여 또는 기타소득으로 처분됨으로써 확정신고를 한 자가 양도소득금액에 변동이 발생하게 되는 경우, 아래에 속하는 달의 다음 달 말일까지 추가신고 납부(환급신고를 포함)한 때에는 양도소득세 확정신고기한까지 신고·납부한 것으로 본다.
1. 해당 법인(거주자가 통지를 받은 경우에는 해당거주자를 말함)이 소득금액변동통지서를 받은 날
2. 법인세법에 따라 법인이 신고하여 양도소득금액이 변동한 경우에는 해당 법인의 법인세신고기일

③보상금이 변동되어 당초 신고한 양도소득금액이 변동된 경우(소령 173조④)

양도소득과세표준 확정신고를 한 자가 「공익사업을 위한 토지 등의 취득 및 보상에 관한 법률」이나 그 밖의 법률에 따른 토지 등의 수용으로 인한 수용보상가액과 관련하여 제기한 행정소송으로 인하여 보상금이 변동됨에 따라 당초 신고한 양도소득금액이 변동된 경우, 소송 판결 확정일이 속하는 달의 다음 다음 달 말일까지 추가신고·납부한 때에는 양도소득세 확정신고기한까지 신고·납부한 것으로 본다.(2018.2.13. 이후 판결이 확정된 분부터 적용, 2018 개정 소령 부칙 20조)

④양도소득세 비과세 적용 후 비과세 요건을 갖추지 못한 경우

1. 귀농주택 소유자가 귀농일부터 계속하여 3년 이상 영농 또는 영어에 종사하지 아니하거나 그 기간 동안 해당 주택에 거주하지 아니한 경우 그 양도한 일반주택은 1세대1주택으로 보지 아니하며, 해당 귀농주택 소유자는 3년 이상 영농 또는 영어에 종사하지 아니하거나 그 기간 동안 해당 주택에 거주하지 아니하는 사유가 발생한 날이 속하는 달의 말일부터 2개월 이내에 양도소득세로 신고·납부하여야 한다.(소령 155조⑫)

2. 조합원입주권취득으로 인한 일시적 2주택(소령 156조의2④) 및 주택재개발·재건축사업 관련 대체주택(소령 156조의2⑤)의 규정을 적용받은 1세대가 요건을 충족하지 못하게 된 때에는, 그 사유가 발생한 날이 속하는 달의 말일부터 2개월 이내에 양도소득세로 신고·납부하여야 한다.(소령 156조의2⑬)

3. 양도소득세의 감면을 적용받은 거주자가 대토요건 위배 등(대토 전 4년 이상 자경 및 대토 전·후 합산 8년 이상 자경 등) 의무위반 사유가 발생하여 세액감면 요건을 충족하지 못하는 경우에는 그 사유가 발생한 날이 속하는 달의 말일부터 2개월 이내에 감면받은 양도소득세를 납부하여야 하며(조특법 70조 ④), 이자상당가산액(2022.2.15.부터 연 8.03%←연 9.125%)도 납부하여야 한다.(조특령 67조⑪)

(3)양도소득세의 분할납부(소법 112조)

양도소득세 예정신고 자진납부할 세액 또는 확정신고 자진납부할 세액이 각각 1천만원을 초과하는 경우 다음의 분납할 세액을 납부기한 경과 후 2개월 이내에 분납할 수 있다.

납부할 세액	최대 분납가능금액
1천만원 초과 2천만원 이하	납부할 세액 − 1천만원
2천만원 초과	납부할 세액 × 50%

[2016년부터 양도소득세 물납제도 전면 폐지](소법 112조의2, 2015.12.15. 삭제)

토지가 법률에 따라 수용된 경우에 한하여 일정한 요건에 따라 교부받은 토지 등을 채권으로 양도소득세를 물납하고자 하는 규정이 있었으나, 2016.1.1. 양도분부터는 폐지됐다.

14 국외자산에 대한 양도소득세

(1)양도소득의 범위(소법 118조의2)

거주자(해당 자산의 양도일까지 계속 5년 이상 국내에 주소 또는 거소를 둔 자만 해당함)의 국외에 있는 자산의 양도에 대한 양도소득은 해당 과세기간에 국외에 있는 자산을 양도함으로써 발생하는 다음 각 호의 소득으로 한다. 다만, 다음의 소득이 국외에서 외화를 차입하여 취득한 자산을 양도하여 발생하는 소득으로서 환율변동으로 인하여 외화차입금으로부터 발생하는 환차익을 포함하고 있는 경우에는 해당 환차익을 양도소득의 범위에서 제외한다.(소법 118조의2, 소령 178조의2)

구분	내용
토지 또는 건물	모든 토지 및 건물
부동산에 관한 권리	1. 부동산을 취득할 수 있는 권리(건물이 완성되는 때에 그 건물과 이에 딸린 토지를 취득할 수 있는 권리를 포함) 2. 지상권 3. 전세권과 부동산임차권
일반주식*1 (소령 178조의2②) (2020.1.1.부터 국외자산이 아니라 국내 양도소득세 과세대상으로 이관. 소법 94조①3호 다목)	외국법인이 발행한 주식 등(증권시장에 상장된 주식 등과 기타자산에 해당하는 주식 등은 제외)
	내국법인이 발행한 주식 등(국외 예탁기관이 발행한 소령 152조의2에 따른 증권예탁증권을 포함)으로서 증권시장과 유사한 시장으로서 외국에 있는 시장에 상장된 주식 등*2
그 밖의 자산	국외에 있는 기타자산과 부동산에 관한 권리로서 미등기 양도자산

*1 2025년부터 '양도소득'이 아니라 '금융투자소득'으로 분류과세됨→폐지

*2 국외양도자산의 범위에서 파생상품 제외(소법 118조의2 4호, 소령 178조의2④)

국외 파생상품은 국내 파생상품의 양도자산에 포함되어 국외 양도자산의 범위에서 삭제됨.(2018.1.1. 이후 확정신고하는 분부터 적용. 2017.12.19. 개정 소법 부칙 8조)

(2)양도가액(소법 118조의3)

국외자산의 양도가액은 그 자산의 양도 당시의 실지거래가액으로 한다. 다만, 양도 당시의 실지거래가액을 확인할 수 없는 경우에는 양도자산이 소재하는 국가의 양도 당시 현황을 반영한 시가에 따르되, 시가를 산정하기 어려울 때에는 그 자산의 종류, 규모, 거래상황 등을 고려하여 대통령령(소령 178조의3)으로 정하는 방법에 따른다.

(3)양도소득의 필요경비 계산(소법 118조의4)

1)국내 양도자산의 필요경비 준용(소령 178조의4)

국외 양도자산의 필요경비는 국내 양도자산의 규정을 준용한다. 즉, 국외자산의 양도에 대한 양도차익을 계산할 때 양도가액에서 공제하는 필요경비는 다음 각 호의 금액을 합한 것으로 한다.
1. 취득가액: 해당 자산의 취득에 든 실지거래가액. 다만, 취득 당시의 실지거래가액을 확인할 수 없는 경우에는 양도자산이 소재하는 국가의 취득 당시의 현황을 반영한 시가에 따르되, 시가를 산정하기 어려울 때에는 그 자산의 종류, 규모, 거래상황 등을 고려하여 대통령령(소령 163조①② 준용)으로 정하는 방법에 따라 취득가액을 산정한다.
2. 대통령령(소령 163조③각호 준용)으로 정하는 자본적 지출액
3. 대통령령(소령 163조⑤각호 준용)으로 정하는 양도비

2)양도차익의 외화환산(소령 178조의5)

국외 양도자산에 대한 양도차익을 계산함에 있어서 양도가액 및 필요경비를 수령하거나 지출한 날 현재 「외국환거래법」에 의한 기준환율 또는 재정환율에 의하여 계산한다.
이 경우 장기할부조건의 경우에는 동호의 규정에 의한 양도일 및 취득일을 양도가액 또는 취득가액을 수령하거나 지출한 날로 본다.

(4)양도소득세의 세율(소법 118조의5)

구분		세율
토지 또는 건물, 부동산에 관한 권리, 국외에 있는 기타자산과 부동산에 관한 권리로서 미등기 양도자산		기본세율(6~45%)
주식	중소기업	10%
	비중소기업	20%

(5)외국납부세액의 공제(소법 118조의6)

국외자산의 양도소득에 대하여 해당 외국에서 과세를 하는 경우 그 양도소득에 대하여 국외자산 양도소득세액을 납부하였거나 납부할 것이 있을 때에는 다음 각 호의 방법 중 하나를 선택하여 적용받을 수 있다.(소법 118조의6①)

구분	내용
세액공제 방법 방법	외국납부세액공제: Min{①, ②} (한도초과액은 이월공제되지 않음)
	①국외자산 양도소득세액(관련 부가세액 포함, 소령 178조의7①)
	②공제한도액 = 양도소득 산출세액 × $\dfrac{\text{국외자산의 양도소득금액}}{\text{해당 과세기간의 양도소득금액}}$
필요경비 산입	국외자산 양도소득에 대하여 납부하였거나 납부할 국외자산 양도소득세액*을 해당 과세기간의 양도소득금액 계산상 필요경비에 산입하는 방법

(6)양도소득 기본공제(소법 118조의7)

국외에 있는 대상자산의 양도에 대한 양도소득이 있는 거주자에 대해서는 해당 과세기간의 양도소득금액에서 연 250만원을 공제한다. 이 경우 미등기 양도자산에 대해서도 공제한다.

대상자산: 토지와 건물(소법 118조의2 제1호)·부동산에 관한 권리(2호)에 따른 소득, 국외에 있는 기타자산과 부동산에 관한 권리로서 미등기 양도자산(소법 118조의2 제5호)에 따른 소득

(보충)국내주식과 해외주식의 손익 통산, 양도소득 기본공제도 통합하여 1회만 적용.(2020.1.1.부터 적용)

국내주식은 국내주식 간, 해외주식은 해외주식 간 손익통산만 가능했으나, 2020.1.1. 양도 분부터는 국내주식과 해외주식의 과세대상을 일괄 규정하고(소법 94조①다목 신설), 손익도 통산함. 단 양도세 과세대상인 주식거래만 통산 대상이므로, 국내 상장주식의 소액주주 거래는 손실이 나더라도 해외주식의 이익과 손익통산 불가. 또한 연 250만원의 양도소득 기본공제도 국내주식과 해외주식에 대해 각각 공제하였으나, 2020.1.1. 양도분부터는 통합하여 1회만 공제함.

(7)준용규정(소법 118조의 8)

준용규정(( )는 소득세법 조문)	준용하지 않는 규정

1. 비과세 양도소득(89조)
2. 양도소득세액의 감면(90조)
3. 양도소득과세표준 및 세액계산(92·93조)
4. 양도소득금액(장기보유특별공제 제외)(95조)
5. 감가상각비의 취득가액에서 공제(97조③)
6. 양도 또는 취득시기(98조)
7. 양도소득의 부당행위계산(101조)
8. 예정신고(국외자산 중 일반주식 제외),
  확정신고와 자진납부(105~112조)
9. 양도소득세 결정·경정과 징수 및 환급(114~118조)
	1. 양도의 정의(88조)
	2. 미등기 양도자산에 대한 비과세·감면 배제
	  (91조)
	3. 장기보유특별공제(95조)
	4. 증여자산에 대한 이월과세(70조④)
	5. 기준시가(99조)
	6. 국외자산 중 주식에 대한 예정신고
	  (105~107조)

(보충)비거주자의 주식·출자지분은 국내원천소득(유가증권양도소득)으로 과세되는데, 상장주식은 지분율 25% 이상(특수관계인 포함) 소유 시에만 과세됨.(소법 119조11호, 소령 179조⑪) 조세조약 체결국(96개국)인 경우에는 거주지국에서 과세되므로 비거주자의 국내 주식 양도소득세는 한국에서 비과세.(각 조세조약)

15 거주자의 출국 시 국내주식 등에 대한 과세특례

(일명 '국외전출세', 2018.1.1. 이후 출국 시 적용)

①납세의무자(소법 118조의9)

다음의 요건을 모두 갖추어 출국하는 거주자(이하 '국외전출자'라 함)는 출국 당시 소유한 일반주식(상장·비상장 모두 해당, 소법 94조①3호), 과점주주법인 주식(소법 94조①4호 다목) 및 부동산 80%이상 보유법인주식(소법 94조①4호 라목)에 해당하는 주식 등을 출국일에 양도한 것으로 보아 양도소득에 대하여 소득세를 납부할 의무가 있다.

1. 출국일 10년 전부터 출국일까지의 기간 중 국내에 주소나 거소를 둔 기간의 합계가 5년 이상일 것
2. 출국일이 속하는 연도의 직전 연도 종료일 현재 대주주(소령 178조의8)에 해당할 것

(보충)대주주의 범위: 지분율 또는 시가총액 중 어느 하나에 해당하는 자(소령 178조의8에서 소령167조의8 ① 준용. 주식 양도소득세 과세 시 적용되는 대주주와 같음, 앞 '03 양도소득세 과세대상' 편 참조)

ⓐ지분율 기준: 구분별로 1~4% 이상으로 다양

ⓑ시가총액* 기준

2018.4.1.~2020. 3.31.: 15억원(코넥스 시장 10억, 장외 벤처기업 40억) 이상

2020.4.1.~2023.12.31.: 10억원(코넥스 시장 10억, 장외 벤처기업 40억) 이상

2024.1.1. 이후   : 50억원(코넥스 시장 50억, 장외 벤처기업 40억, 비상장주식 10억) 이상

*시가의 범위(소령 178조의9)

시가는 국외전출자의 출국일 당시의 해당 주식 등의 거래가액으로 하며, 거래가액을 정하기 어려운 때에는 다음 금액에 의한다.

1. 주권상장법인의 주식 등: 상장주식의 기준시가
2. 주권비상장법인의 주식 등: 다음의 방법을 순차로 적용하여 계산한 가액

가. 출국일 전후 각 3개월 이내에 해당 주식 등의 매매사례가 있는 경우 그 가액

나. 비상장주식의 기준시가

②과세표준의 계산 및 구조(소법 118조의10)

국외전출에 따른 양도소득과세표준은 종합소득, 퇴직소득 및 양도소득과세표준과 구분하여 다음과 같이 계산한다.

과세표준 = 양도소득금액(양도가액-필요경비) - 양도소득기본공제(연 250만원)

양도소득 산출세액 = 과세표준 × 세율

차감납부세액 = 산출세액 - 감면공제세액(조정공제액, 외국납부세액공제, 비거주자의 국내원천소득 세액공제) + 가산세

③세율(소법 118조의11)

20%(과세표준 3억원 초과분은 25%, 2019.1.1. 이후 출국분부터 적용)

④조정공제(소법 118조의12)

국외전출자가 출국한 후 국외전출자 국내주식 등을 실제 양도한 경우로서 실제 양도가액이 국외전출세의 양도가액보다 낮은 때에는 다음의 계산식에 따라 계산한 세액('조정공제액')을 산출세액에서 공제한다.

(국외전출세의 양도가액 − 실제 양도가액) × 세율(소법 118조의11)

⑤외국납부세액의 공제(소법 118조의13)

국외전출자가 출국한 후 국외전출자 국내주식 등을 실제로 양도하여 해당 자산의 양도소득에 대하여 외국정부(지방자치단체)에 세액을 납부하였거나 납부할 것이 있는 때에는 산출세액에서 조정공제액을 공제한 금액을 한도로 외국납부세액을 산출세액에서 공제한다.

⑥비거주자의 국내원천소득 세액공제(소법 118조의14)

국외전출자가 출국한 후 국외전출자 국내주식 등을 실제로 양도하여 비거주자의 국내원천소득(소법 119조11호)으로 국내에서 과세되는 경우에는 산출세액에서 조정공제액을 공제한 금액을 한도로 산출세액에서 공제한다.

⑦납부유예(소법 118조의16)

국외전출자는 납세담보를 제공하거나 납세관리인을 두는 등 일정 요건(소령 178조의12)을 충족하는 경우에는 국내주식 등을 실제로 양도할 때까지 납세지 관할 세무서장에게 신청하여 양도소득세 납부의 유예를 받을 수 있다.(5년이 원칙이며 유학은 최장 10년 유예. 연 3.5% 이자상당액 가산함, 2024.3.22.개정)

[재외국민·외국인의 부동산 등 양도신고확인서 제출의무](2020.7.1. 양도분부터 적용)

국내에 있는 토지·건물을 양도하는 재외국민·외국인은 소유권이전등기 시 '부동산양도신고확인서'를 등기관서장에게 제출해야 함.(소법 108조, 소령 171조 신설)

제4장
법인세

01 법인세의 개요

(1)법인세의 특징

법인세(corporate income tax)란 법인을 납세의무자로 하고, 법인의 소득을 과세대상으로 하는 조세를 말한다. 법인세는 법인을 납세의무자로 한다는 점에서 개인을 납세의무자로 하는 소득세(individual income tax)와 구분되며, 소득을 과세대상으로 한다는 점에서 재화 또는 용역의 공급을 과세대상으로 하는 부가가치세와 다르다.

소득세법에서 과세대상으로 열거한 소득만이 과세되는 소득세(소득원천설)와 달리, 법인세('순자산증가설' 적용)는 세법에서 과세 제외한다는 특별한 규정이 없는 한 모든 소득에 대해 예외 없이 과세된다(다만, 비영리법인은 수익사업으로 열거된 소득에 대해서만 과세되고, 외국법인은 국내원천소득으로 열거된 소득에 대해서만 과세되기 때문에 이들도 '소득원천설'이 적용된다). 개인(대주주 등 특정주주는 과세)의 상장주식 양도차액은 과세소득으로 열거되어 있지 않으므로 소득세의 납세의무가 없다(2025년부터 '금융투자소득'으로 과세→폐지 증권거래세는 소득에 대한 세금이 아니고 일종의 거래세 성격이다).

구분	소득세	법인세(영리 · 내국법인)
과세 대상	열거된 소득만 과세(열거주의)	순자산증가(즉, 이익)에 대해 모두 과세
채택 학설	소득원천설(所得源泉說)	순자산증가설(純資産增加說)

(2)법인의 종류별 납세의무

1)법인별 납세의무 범위(법법 3 · 4조)

법인세는 매 사업연도마다 납부하는 '각 사업연도소득에 대한 법인세', '토지 등 양도소득에 대한 법인세' 및 해산과 합병 시에 과세되는 '청산소득에 대한 법인세'로 대분된다.

구분		각 사업연도소득	청산소득	토지 등 양도소득	미환류소득
내국법인	영리법인	국내 · 외 모든 소득	과세	과세	상호출자제한 기업집단
	비영리법인	국내 · 외 수익사업소득	–*	과세	–
외국법인	영리법인	국내원천소득	–	과세	–
	비영리법인	국내원천소득 중 수익사업 소득	–	과세	–
국가 및 지방자치단체 등		비과세			

* 비영리내국법인이 청산하면 잔여재산은 국가 등에 귀속되므로 청산소득에 대한 법인세가 과세되지 않음.

2)투자·상생협력촉진세제: 미환류소득에 대한 법인세(조특법 100조의32, 2025년 말 종료)

법인세법상 기업소득환류세제를 일몰종료하고, 조세특례제한법상 투자·상생협력촉진세제를 신설하여 과세를 더 강화하였으나 2023년부터는 상호출자제한 기업집단으로 적용대상을 축소했다.(2018년 귀속분부터: 조특법 100조의32, 2015~2017년: 법법 56조)

2022년까지는 각 사업연도 종료일 현재 자기자본이 500억원을 초과하는 법인(중소기업 제외)과 상호출자제한 기업집단에 속하는 법인을 대상으로 하는 법인세였다. 즉, 기업의 소득이 투자·고용 상생협력 등을 통하여 가계소득으로 흘러들어가는 선순환을 유도하기 위한 목적으로, 투자 등으로 사용하지 아니한 소득에 대해서는 20%를 곱하여 법인세를 추가 과세하는 제도이다. 투자·상생협력촉진세는 각 사업연도소득에 대한 법인세에 합산하여 신고한다.

구분	기업소득환류세제	투자·상생협력촉진세제
추가과세 세율(법①)	미환류소득의 10%	미환류소득의 20%*
기업소득 중 미환류소득 계산 비율 (법②, 영⑤)	투자포함 방식: 80%	투자포함 방식: 65%→70%(2021년 귀속분부터) [소득의 70%-(투자+임금증가+상생 금액)]
	투자제외 방식: 30%	투자제외 방식: 15% [소득의 15%-(임금증가+상생 금액)]
초과환류액의 이월기간(법⑦)	1년	1년→2년(2021년 신고분부터)*
배당 및 토지(법②1호 가목, 영④)	환류 대상(공제 항목)	환류대상 아님(공제항목 아님)
3000억 초과 소득(영④)	과세대상 포함	과세대상 제외
기업소득 차감항목(영④2호 타목)	법인세 등	투자회사 등과 외국기업지배지주회사 배당 신설
임금증가 가중치(법②1호 나목)	1.5~2	1.5~3
환류대상 제외 근로자의 급여(영⑧)	1억 2천만원 이상	7→8천만원 이상(2021년 귀속분부터)
상생협력출연금 가중치(법②1호 다목)	'1'	'3'
출연금 범위(법②1호 다목, 영⑭)	상생보증펀드 등에 대한 출연금 등	금융회사 등의 신용보증기금 등 출연금 신설

* 미환류소득에 대한 법인세=(미환류소득-차기환류적립금-이월된 초과환류액) × 20%
차기환류적립금: 과세대상인 내국법인(계산방식을 무신고한 법인 제외)은 해당 사업연도 미환류소득의 전부 또는 일부를 '다음 2개' 사업연도(←다음 사업연도, 2021.12.31.이 속하는 사업연도 적립분부터 적용, 법 부칙 18조)의 투자·임금 등으로 환류하기 위하여 '차기환류적립금'을 적립하여 공제할 수 있음. 적립금 차기 미환류분에 대해서는 유예한 20%의 법인세뿐만 아니라 이자상당액(2022.2.15.부터 1일 22/100,000, 즉 연 8.03←9.125%)도 납부해야 함.(조특법 100조의32①⑤⑥, 조특령 100조의32㉑)
(보충)법인세(미환류소득×20%) 납부시기: 해당 사업연도→그 다음다음 사업연도(⑥ 및 부칙 20조)
⑥항의 개정규정은 2021.12.31.이 속하는 사업연도 및 그 이후 사업연도에 적립한 차기환류적립금에 대해 적용한다. 이 경우 ①의 개정규정(상호출자제한 기업집단으로 대상 축소)에도 불구하고 종전규정에 따른 법인이 2021.12.31. 및 2022.12.31.이 속하는 사업연도에 적립한 차기환류적립금이 있는 경우에도 ⑥항의 개정규정을 적용한다.

3)법인세 종류별 세액계산 방법

(각 사업연도소득: 법법 13·55조 ; 토지 등 양도소득: 법법 55조의2①⑥ ; 청산소득: 법법 77·83조)

구분	각 사업연도소득	청산소득	토지 등 양도소득[1]
납세의무 성립시기	각 사업연도 종료 시	해산, 합병 시	부동산(주택, 별장, 비사업용 토지)을 양도한 사업연도 종료 시
과세표준의 계산	익금총액 (−)손금총액 각 사업연도소득 (−)이월결손금 (−)비과세소득 (−)소득공제 과세표준	잔여재산 가액 (−)자기자본 총액 과세표준	양도금액 (−)장부금액 과세표준

세율	과세표준	2022년까지→2023년부터	누진공제	등기 후 양도 10% (주택 20%)[2] 미등기 양도 40%
	2억원 이하	10%→9%(2025년부터 부동산 임대주업법인은 19%)		
	2억~ 200억원	20%→19%	2천만원	
	200억~3000억원	22%→21%	4억2천만원	
	3000억원 초과	25%→24%	94억2천만원	

*1 토지 등 양도소득에 대한 법인세 과세대상(법법 55조의2, 법령 92조의2~92조의11)

비사업용 토지, 주택, 별장. 중소기업도 2016 귀속분부터 해당함(2015.12.31. 일몰종료).

*2 법인의 주택·별장(사택 등은 제외, 조합입주권·분양권은 포함) 양도차익에 대해서는 20%(10% 인상)를 적용하고, 2020.6.18. 이후 8년간 장기 임대등록하는 주택도 20% 적용.(2021.1.1. 이후 양도분부터 적용, 2020년 6·17 부동산 대책: 법인을 이용한 갭투자 방지. 2020.8.18. 개정 법법 부칙 1·2조)

「민간임대주택특별법」 개정으로 단기임대주택과 '아파트' 장기일반매입임대주택은 폐지하고 장기임대 의무기간도 8→10년으로 연장함.(2020.8.18. 이후 「민간임대주택특별법」에 따라 등록하거나 단기를 장기로 전환하는 분부터 적용, 2020년 7·10 부동산 대책. 2020.10.7. 개정 법령 부칙 3·4조)

폐지유형 임대등록 '자동말소'시(4년 단기임대 만료, 재건축·재개발 등 사유) 의무임대기간을 충족한 것으로 보며, '의무임대기간(「민간임대주택에 관한 특별법」 43조)의 1/2 이상 임대 후 자진말소'시 임대등록말소 후 1년내 양도하면 과세제외.(2020.8.18. 양도분부터 적용, 7·10 부동산 대책)

민간건설임대주택 중 단기민간임대주택을 양도하는 경우 양도차익에 대해 법인세 추가과세 적용제외(2025.6.4. 시행)

4)최저한세(조특법 132조①③)

①최저한세의 의의

최저한세(minimum tax)란 납세자의 감면 등을 적용받은 후의 세액이 일정 수준에 미치지 못하는 경우 그 미달하는 세액에 대해서는 감면 등을 적용하지 않는 제한규정이다. 모든 소득을 과세대상으로 하는(순자산증가설) 법인은 물론이고(조특법 132조①), 개인의 경우 사업소득에 대한 소득세에 대하여 최저한세를 적용한다(조특법 132조②).

②법인에 대한 최저한세(조특법 132조①③)

내국법인과 국내사업장((Permanent Establishment, PE)이 있거나 국내원천소득이 있는 외국
법인(법법 91조①)이 기본대상이다. 다만, 당기순이익 과세특례(조특법 72조①)를 적용받는 조합법인
등은 제외된다.(조특법 132조①)

최저한세가 적용되어 납부하여야 할 법인세는 다음 중 큰 금액이 된다.

1. 최저한세액 = 각종 감면 전 과세표준 × 최저한세율

2. 각종 감면 후 법인세액

ⓐ최저한세율

과세표준	일반기업	중소기업
100억원 이하	10%	
100억원 초과~1천억원 이하	12%	7%
1천억원 초과	17%	

중소기업에 해당하지 않게 되어 유예기간이 적용된 경우 또는 「중소기업기본법」의 개정으로
중소기업에 해당하지 않게 되어 경과규정이 적용되는 경우(조특령 2조②⑤)에 동 사유 등이 발생
한 과세연도와 그 다음 3개 과세연도에는 중소기업과 동일하게 7%의 최저한세율이 적용된다.(조
특령 126조②) 그리고 중소기업 유예기간이 경과한 후에는 유예기간 이후 1~3년차에는 8%, 4~5
년차에는 9%의 최저한세율을 적용하는 중간구간이 설정되어 있다.(조특법 132조①)

구분	최저한세율	구분	최저한세율
중소기업	7%	유예기간 이후 1~3년차	8%
유예기간(4년)	7%	유예기간 이후 4~5년차	9%
		유예기간 이후 6년차(일반기업)	10~17%

ⓑ각종 감면 전 과세표준

각종 감면 전 과세표준이란 법에서 열거한 최저한세 적용대상인 준비금, 손금산입 및 익금불
산입, 소득공제, 비과세(조특법 132조①1·2호)를 적용하지 아니한 과세표준을 말한다.

각종 감면 전 과세표준 = 법인세 과세표준 + 최저한세 대상 준비금 + 최저한세 대상 비과세소득 +
최저한세 대상 손금산입 및 익금불산입 + 최저한세 대상 소득공제

ⓒ각종 감면 후 법인세액

각종 감면 후 법인세액이란 각종 감면 등을 적용한 후의 법인세액을 말한다. 그러나 최저한
세와 비교하여야 할 항목이므로, 최저한세와 관계없이 적용 가능한 조세지원제도(법인세법상
공제·감면 등 제도와 최저한세 적용대상으로 열거되지 않은 조세특례제한법상 감면 등)는 적
용하지 않은 금액을 말한다. 다시 말해서 최저한세가 적용되지 않는 조세지원항목의 공제를 하
지 않은 상태에서의 감면 후 소득을 계산하여 최저한세와 비교한 후, 그 다음 단계에서 이를 공
제해야 최저한세와 무관하게 납세자에게 그 혜택이 제공되기 때문이다.

만일 최저한세 적용대상으로 열거된 감면 등과 그 밖에 최저한세 대상으로 열거되지 아니한
감면 등이 동시에 적용되는 경우에는, 그 적용 순위는 최저한세 대상으로 열거된 감면 등을 먼
저 적용하여 감면한다.(조특법 132조③) 이 규정은 납세자에게 불리하지만 법이 명시적으로 규정

하고 있기 때문에 따를 수밖에 없다. 하지만 이 원칙을 제외하고는 기업이 임의로 감면배제항목을 선택할 수 있다.(제도46012-10465, 2001.4.7.)

그리고 납세자의 소득세 또는 법인세신고(수정신고 및 경정청구 포함)를 경정하는 경우에는 아래 순서에 따라 감면을 배제한다.(조특령 126조⑤)

　-준비금의 손금산입

　-손금산입 및 익금불산입

　-세액공제(이월공제세액이 있는 경우 나중에 발생한 것부터 적용함. 납세자 불리)

　-법인세 또는 소득세 면제 및 감면

　-소득공제 및 비과세

[최저한세 적용 대상 조세지원제도 유형]

단계	최저한세 적용 대상(조특법 132조①)	
과세표준 계산	준비금(1호)	연구·인력개발준비금의 손금산입
	손금산입 등, 소득공제, 비과세 등(2호)	2호에서 열거한 지원항목들
결정세액 계산	세액공제(3호)	3호에서 열거한 세액공제 항목들
	세액감면(4호)	4호에서 열거한 세액감면 항목들

(보충)생계형 창업중소기업 및 청년창업중소기업의 과밀억제권역 내 창업으로 인한 100% 감면분과 추가 감면은 최저한세 과세대상에서 제외함.(조특법 6조①⑥⑦, 2018.5.29.이 속하는 과세연도분부터 적용함.)

(3)세무조정: 기업회계와 세무회계의 차이

법인세법상 각 사업연도소득은 익금총액(세무상 수익)에서 손금총액(세무상 비용)을 차감한 것을 말하는데, 실무적으로는 법인이 매 사업연도에 결산을 하여 당기순이익을 확정하므로 이 당기순이익에 세무조정을 통하여 기업회계와 세무회계의 차이를 조정함으로써 각 사업연도소득을 산출하게 된다.

[한국의 기업회계기준]

한국의 기업회계기준은 (사)한국회계기준원(Korea Accounting Institute, KAI) 산하회계기준위원회(Korea Accounting Standards Board, KASB)가 제정한 '한국채택국제회계기준'(상장회사 등에 적용되는 IFRS), '일반기업회계기준' 및 '특수분야회계기준' 등으로 구분된다. 이들은 각각 '기준서'와 '해석서'로 구성되며, 기준의 본문은 아니지만 실무적용의 편의를 위하여 관련 실무지침 등도 제공한다.('기업회계기준' 전문 16조)

'일반기업회계기준'은 「주식회사 등의 외부감사에 관한 법률」(외감법)의 적용대상기업 중 '한국채택국제회계기준'에 따라 회계처리하지 아니하는 기업이 적용해야 하는 회계처리기준이다.(즉, 대한민국에서 일반 법인이 따라야 하는 회계처리기준이다.)('기업회계기준' 전문 30조)

그리고 '외감법' 대상이 아닌 법인에게는 「중소기업회계기준」('외감법' 적용대상 법인 중에서도 이연법인세 등 일부 분야는 「일반기업회계기준」을 예외적으로 적용가능)을 적용한다.

제1장 제2장 제3장 제4장 제5장 제6장 제7장 제8장 제9장 제10장 제11장 제12장 제13장 제14장

실무상 세무조정 시 기업회계와 세무회계의 차이는 다음 항목들을 가·감하여 조정하게 된다.

+ 익금산입: 기업회계상 수익이 아니나 세무회계상 익금으로 인정하는 것
− 익금불산입: 기업회계상 수익이나 세무회계상 익금으로 보지 않는 것
− 손금산입: 기업회계상 비용이 아니나 세무회계상 손금으로 인정하는 것
+ 손금불산입: 기업회계상 비용이나 세무회계상 손금으로 보지 않는 것

세무조정이 필요한 이유는 세법의 규정도 원칙적으로 기업회계기준을 존중하고 있으나 조세정책 또는 사회정책적인 목적에서 예외적으로 기업회계기준과 다소 다른 규정(지급이자의 손금불산입 등)을 두고 있기 때문이다.

[세무조정]

기업회계	세무조정	세무회계
수익	(+)익금산입 (세금 ↑) (−)익금불산입(세금 ↓)	⇒ 익금
(−)		(−)
비용	(+)손금산입 (세금 ↓) (−)손금불산입 (세금 ↑)	⇒ 손금
‖		‖
당기순이익		각 사업연도 소득

(보충)소득금액조정합계표(별지 15호 서식) 및 과목별 소득금액조정명세서(별지 15호 부표)
세무조정을 한 사항을 나열한 ‘과목별 소득금액조정명세서’와 ‘소득금액조정합계표’에는 세금의 증가항목인 ‘익금산입 및 손금불산입’과 세금의 감소항목인 ‘손금산입 및 익금불산입’의 2가지로 분류하여 작성함.

기업회계기준과 세법에 의한 차이를 살펴보면 다음과 같다.

1)소득개념의 차이

영리·내국법인에 대한 과세소득의 개념은 기존의 순자산을 잠식하지 않고 자유로이 처분할 수 있는 순자산의 증가분을 소득으로 규정하는 순자산증가설에 의하고 있다.
그러나 기업회계기준에서는 손익거래와 자본거래를 엄격히 구분하여 손익거래에서 발생한 수익과 비용만을 인식하여 이익으로 계상한다. 따라서 자기주식처분이익 등은 자본거래로 보아 기업의 수익으로 계상하지 않고 자본잉여금으로 처리한다.
이와 같이 기업회계와 세무회계의 소득개념에 대한 차이로 인해 기업회계상 당기순이익과 세법상의 소득은 차이가 나는 것이다.

2)손익의 인식기준에 의한 차이

기업회계기준에서는 '발생주의'(↔현금주의)를 원칙으로 하여 수익과 비용을 인식하되, 구체적인 인식방법에 있어서는 수익은 실현주의에 의하고 비용은 '수익·비용 대응의 원칙'(인식된 수익에 대응되는 금액)에 따른다.

반면, 법인세법에서는 손익인식의 기본원칙으로 "내국법인의 각 사업연도의 익금과 손금의 귀속사업연 또는 그 익금과 손금이 확정된 날이 속하는 사업연도로 한다"(법법 40조 ①)라고 규정하여 '권리의무 확정주의'에 따라 손익을 인식하도록 하고 있다.

그러나 세법에서도 손익의 귀속시기의 차이는 일시적인 차이에 불과하므로 세법이 기업회계기준을 적극적으로 수용하면 그 차이가 해소되어 기업의 납세비용과 과세당국의 행정비용이 대폭 절감될 수 있다. 따라서 법인세법에서도 '기업회계기준과 관행의 적용'(법법 43조) 조문에서, 계속성의 원칙이 지켜지는 범위 내에서 법인세법 및 조세특례제한법에서 달리 규정하고 있는 경우를 제외하고는 그 기업회계기준 또는 관행에 따른 회계처리를 인정하고 있다.

'세법 적용의 원칙'이란 과세권 행사, 즉 세법상의 법률효과 발생을 목적으로 한 법의 해석 및 적용의 과정에서 준수되어야 할 원칙을 말하는 것으로, 과세의 공평과 납세자 재산권의 부당침해 방지를 위하여 과세에 관한 기본사항의 하나로 국세기본법(국세)과 지방세기본법(지방세법)에서 규정하고 있다. 세법 적용의 원칙에는 ①세법 해석의 기준: 납세자 재산권의 부당한 침해 금지 ②소급과세 금지 ③세무공무원의 재량의 한계 ④기업회계의 존중 등이 있다. 여기서 '기업회계의 존중'에 대해 이렇게 규정하고 있다. "세무공무원이 세금의 과세표준을 조사·결정할 때 해당 납세자가 계속하여 적용하고 있는 기업회계 기준 또는 관행으로서 일반적으로 공정·타당하다고 인정되는 것을 존중하여야 한다. 다만, 세법에 특별한 규정이 있는 것은 그러하지 아니하다."(국기법 20조, 지기법 22조)

더 나아가 2018년 1월 1일부터는 "'주식회사 등의 외부감사에 관한 법률'에 따른 감사의견, 외부감사 실시내용 등 회계성실도 자료 등을 고려하여 세무조사 대상자를 선정토록"(국기법 81조의6②1호) 하는 규정을 추가하여, 기업회계기준에 따른 회계처리의 중요성을 강조했다.

3)조세정책적 입법에 의한 차이

기업회계의 주목적은 다양한 회계정보이용자들에게 유용한 정보를 제공하는 데 있으므로, 기업회계기준은 정책적 목적을 달성하기 위한 별도의 규정을 두고 있지 않다.
반면에 세법은 조세정책적인 목적으로 입법과정에서 세법상 특전을 부여하거나 불이익을 가하기도 한다. 세법상 특전과 불이익의 예를 들면 다음과 같다.

제1장 제2장 제3장 제4장 제5장 제6장 제7장 제8장 제9장 제10장 제11장 제12장 제13장 제14장

①세법상 특전
- 국세 및 지방세의 과오납금의 환급금에 대한 이자의 익금불산입
- 지주회사가 자회사로부터 또는 내국법인이 다른 내국법인으로부터 받은 수입배당금 중 일정액의 익금불산입 등

②세법상 불이익
- 벌금 등 특정 비용의 손금불산입
- 기부금 및 기업업무추진비 등의 손금인정 한도규정

4)기업투자의 건전화 유도

세법에서는 불완전한 투자를 억제하고 재무구조의 악화를 방지하기 위한 장치로서, 법인의 각 사업연도 소득금액계산에 있어서 이익재원이 아닌 것을 간주익금으로 취급하여 익금에 산입하거나 기업회계상 비용을 손금으로 인정하지 않는 경우도 있다. 그 예는 다음과 같다.
- 부동산임대보증금 등의 간주익금산입과 비업무용 부동산에 대한 지급이자 손금불산입
- 특수관계인에게 업무와 직접 관계없이 가지급금을 지급하는 경우 인정이자 익금산입 및 지급이자 손금불산입 등

5)배당금 또는 분배금의 의제규정에 의한 차이

의제규정이란 본래의 성질은 다르지만 법률관계는 동일한 것으로 취급하는 것을 말한다. 따라서 세법상으로는 공평과세를 위하고 실질내용에 따른 과세를 하려고 할 때 소득계산에 대한 의제규정을 두고 있다.

즉 법인세법에서는 잉여금의 전부 또는 일부를 자본 또는 출자의 금액에 전입함으로써 취득하는 주식 또는 출자의 가액을 배당금 또는 분배금의 의제로 규정하고 이를 세법상 익금에 산입하도록 하고 있다.(법법 16조)

6)결산조정과 신고조정

세무조정은 기업회계상의 당기순이익을 기초로 관련 세법의 규정에 따라 세무조정 사항을 가감하여 세무회계상의 과세소득을 계산하는 절차를 말한다. 세무조정은 결산조정과 신고조정으로 나뉘는데, 결산조정은 법인이 스스로 장부상에 계상하고 결산에 반영해야 손금 또는 익금으로 인정하는 방법을 말하고, 신고조정은 장부상에 계상하지 않고 결산을 마친 후 법인세의 신고 과정에서 세무조정계산서에만 계상함으로써 세무회계상 인정받을 수 있는 방법이다.

- 결산조정: 사업연도 말의 결산을 통하여 장부에 반영하여야 하는 사항(법통 19-19···42 등)
- 신고조정: 결산서상 당기순이익의 기초가 되는 회사장부에 계상함이 없이 법인세 과세표준 및 세액신고서(세무조정계산서)에만 계상해도 되는 사항

[결산조정 항목]

① 감가상각비(즉시상각액 포함)(법법 23조)
  {조특법 부칙 4조(2010.3.12.) 적용자산(2004.1.1. 이후 신고분부터), 국제회계기준 적용법인의 유형자산 및 내용연수 비한정 무형자산은 신고조정 가능(2010.12.30.이 속하는 사업연도부터)}
② 고유목적사업준비금(법법 29조) {단, 외부감사를 받는 비영리법인의 경우 신고조정 가능}
③ 퇴직급여충당금(법법 33조)
④ 대손충당금(법법 34조)
⑤ 구상채권상각충당금(법법 35조)
  {국제회계기준을 적용하는 법인 중 주택도시보증공사에 한해 이익처분에 의한 신고조정 가능}
⑥ 법인세법시행령 19조의2①8~13호의 사유에 해당하는 대손금(법령 19조의2③2호)
⑦ 파손·부패 등의 사유로 인하여 정상가격으로 판매할 수 없는 재고자산의 평가손(법법 42조③1호)
⑧ 천재·지변 등에 의한 고정자산평가손(법법 42조③2호)
⑨ 다음 주식으로서 발행법인이 부도발생, 회생계획인가결정 또는 부실 징후기업이 된 경우 해당 주식 등의 평가손(법법 42조③3호)
  -창업자·신기술사업자가 발행한 주식 등으로서 중소기업창업투자 회사·신기술사업금융업자가 각각 보유하는 주식
  -주권상장 법인이 발행한 주식
  -특수관계 없는 비상장법인이 발행한 주식(2008.2.22.이후 평가분)
⑩ 주식을 발행한 법인이 파산한 경우의 해당 주식 등의 평가손(법법 42조③4호)
⑪ 생산설비의 폐기손(법령 31조⑦)

[신고조정 항목]

① 무상으로 받은 자산의 가액과 채무의 면제 또는 소멸로 인한 부채의 감소액 중 이월 결손금 보전에 충당하여 익금에 산입하지 아니한 금액(법법 18조6호)
② 퇴직보험료·퇴직연금 부담금 등(법령 44조의2)
③ 공사부담금·보험차익·국고보조금으로 취득한 고정자산 가액의 손금 산입(법령 64~66조)
④ 자산의 평가손실의 손금불산입(법법 22조)
⑤ 제 충당금·준비금 등 한도초과액의 손금불산입
⑥ 감가상각비의 손금불산입(법법 23조)
⑦ 건설자금이자의 손금불산입(장부에 과다하게 계상한 경우에는 손금산입)(법법 28조①3호)
⑧ 손익의 귀속 사업연도의 차이로 발생하는 익금산입·손금불산입과 손금산입·익금불산입(법법 40조)
⑨ 조세특례제한법에 의한 준비금(9조에 따른 연구·인력개발준비금이 2013.12.31.로 일몰 종료되어 조특법상 준비금은 현재 없음. 고유목적사업준비금 특례는 존치.)
  (당해 사업연도의 이익처분 시 당해 준비금을 적립한 경우에 한함)

7)소득처분

　법인세법상의 각 사업연도 소득금액은 기업회계상 당기순손익에서 익금산입 및 손금불산입 사항을 가산하고, 손금산입 및 익금불산입 사항을 차감하여 계산한다. 이렇게 익금에 가산된 금액 등이 누구에게 귀속하는가를 확정하는 세법상의 절차를 소득처분이라 한다. 이러한 소득처분은 수익사업이 있는 비영리법인에도 적용된다. 이 소득처분에 따라 법인 자체에게는 법인세가 가감되는 것은 물론이고, 그 귀속자에게는 소득세 등을 추가로 과세하게 된다.

[소득처분 구조]

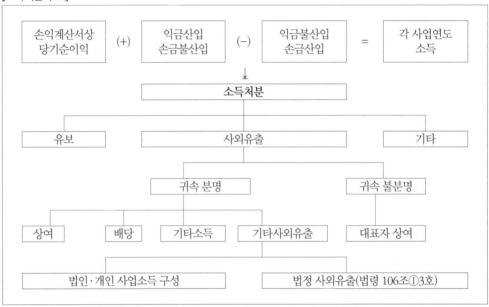

A. 익금산입 및 손금불산입액의 소득처분(법령 106조)

①유보

　각 사업연도 소득금액 계산상 세무조정 금액이 사외로 유출되지 않고 회사 내에 남아있는 것으로, 다음 사업연도 이후의 각 사업연도 소득금액 및 청산소득계산과 기업의 자산가치 평가 등에 영향을 주게 되므로 자본금과 적립금조정명세서(별지 50호)에 그 내용을 기재하여야 한다. 또한 유보금은 자기자본에 포함되므로 청산소득에 대한 법인세의 감소요인이 된다.

예 재고자산평가감 익금산입액, 퇴직급여충당금 한도초과액, 대손충당금 한도초과액, 건설자금 이자 과소계상액, 준비금한도초과액, 감가상각비 한도초과액, 미지급기부금, 이전 기에 손금산입하여 유보된 부분의 익금산입 등

> **[매출누락, 가공경비 등 부당하게 사외 유출된 금액을 회수한 경우 세무조정]**
> 내국법인이 수정신고기한(국기법 45조) 내에 매출누락, 가공경비 등 부당하게 사외 유출된 금액을 회수하고 세무조정으로 익금에 산입하여 신고하는 경우의 소득처분은 사내유보로 한다(경정이 있을 것을 미리 알고 사외 유출된 금액을 익금산입하는 경우에는 이를 적용하지 아니함).(법령 106조④, 2010.2.18.이 속하는 사업연도부터 경정이 있을 것을 미리 알고 사외유출된 금액을 익금산입하는 경우 상여처분하는 사유를 명확하게 규정)
> 세무조사의 통지를 받거나 세무조사에 착수된 것을 알게 된 경우 등 경정이 있을 것을 미리 알고 익금산입한 경우 예시
> – 세무조사의 통지를 받은 경우
> – 세무조사에 착수된 것을 알게된 경우
> – 과세자료 해명안내 통지를 받은 경우
> – 세무공무원이 과세자료·민원 등의 처리를 위해 현지출장·확인업무에 착수한 경우
> – 수사기관의 수사·재판과정에서 확인된 경우
> – 위와 유사한 경우로서 경정이 있을 것을 미리 안 것으로 인정되는 경우

②상여

각 사업연도 소득금액계산상의 세무조정(익금산입 및 손금불산입) 금액이 사외로 유출되어 사용인 또는 임원에게 귀속되었음이 분명한 경우에 행하는 소득처분을 말한다.

또한, 소득이 사외로 유출되었으나 그 귀속이 불분명한 경우(기타사외유출로 처분하는 경우 제외)에는 대표자에게 귀속된 것으로 보아 상여(인정상여)로 처분하는 것이다.

예 매출누락 또는 가공경비 계상액, 채권자 불분명 사채이자 등

> **[대표자]**
> –대표자가 2인 이상인 경우에는 사실상의 대표자를 말함.
> –소액주주가 아닌 주주 등인 임원 및 그와 특수관계인에 있는 자가 소유하는 주식 등을 합하여 당해 법인 발행주식 총수의 30%이상을 소유하고 있는 경우의 그 임원이 법인의 경영을 사실상 지배하고 있는 경우에는 당해 임원을 대표자로 함.(법령 106조①1호 단서).
> –사업연도 중에 대표자가 변경된 경우 대표자 각인에게 귀속된 것이 분명한 경우 대표자 각인에게 구분하여 처분하고, 귀속이 분명하지 않은 경우에는 재직기간의 일수에 따라 구분 계산하여 소득처분함.(법칙 54조)
> **[인정상여의 지급시기]**(소법 135조④)
> –법인세 과세표준을 신고하는 경우: 그 신고일 또는 수정신고일
> –법인세 과세표준을 결정 또는 경정하는 경우: 소득금액 변동통지서를 받은 날
> **[인정상여의 수입시기]**(소령 49조①3호)
> –당해 사업연도중의 근로를 제공한 날: 근로소득세 원천징수 납부

③배당

각 사업연도의 소득금액계산상의 익금산입 및 손금불산입으로 생긴 세무조정소득이 사외에

유출되어 출자자(사용인과 임원 제외)에 귀속되었음이 분명한 경우(기타사외유출로 처분되는 경우 제외)에는 그 출자자에 대한 배당으로 본다.

배당으로 처분된 금액은 출자자의 배당소득에 포함되어 종합소득세가 과세되며(소법 17조①4호), 법인에게는 배당소득세 원천징수의무가 발생한다.

[배당소득의 지급시기](소법 131조②)
- 법인세 과세표준을 신고하는 경우: 그 신고일 또는 수정신고일
- 법인세 과세표준을 결정 또는 경정하는 경우: 소득금액 변동통지서를 받은 날

[배당소득의 수입시기](소령 46조 제2·6호)
- 잉여금 처분에 의한 배당: 당해 법인의 이익잉여금처분결의일
- 법인세법에 의하여 처분된 배당소득: 당해 법인의 당해 사업연도 결산확정일

예 출자자 비용 대납액, 출자자로부터 자산고가매입 등 부당행위계산 부인금액 등

④기타소득

각 사업연도 소득금액계산상의 익금산입 및 손금불산입으로 생긴 세무조정소득이 사외에 유출되어 출자자·사용인·임원 이외의 자에게 귀속되었음이 분명한 경우(기타사외유출로 처분되는 경우는 제외)에는 그 귀속자에 대한 기타소득으로 처분한다.

기타소득으로 처분된 금액은 그 귀속자의 기타소득금액(필요경비 공제 없음)에 포함되며 법인에게는 기타소득세 원천징수의무가 발생한다.

예 출자자, 사용인, 임원 외의 특수관계인에 대한 부당행위계산 부인금액 등

[기타소득의 지급시기](소법 145조의2)
- 법인세 과세표준을 신고하는 경우: 그 신고일 또는 수정신고일
- 법인세 과세표준을 결정 또는 경정하는 경우: 소득금액 변동통지서를 받은 날

[기타소득의 수입시기](소령 50조①)
- 법인세법에 의해 처분된 기타소득은 당해 사업연도 결산확정일

---

⑤기타사외유출

각 사업연도 소득금액계산상의 익금산입 또는 손금불산입으로 생긴 세무조정소득이 사외에 유출되어 법인이나 사업을 영위하는 개인에게 귀속된 것이 분명한 경우로서 그 소득이 내국법인 또는 외국법인의 국내사업장의 각 사업연도 소득이나 거주자 또는 비거주자의 국내사업장의 사업소득을 구성하는 금액과 법인세법시행령 106조①3호 각목의 익금산입 금액은 기타사외유출로 처분한다.

예 법인세·벌금·과료 등의 익금산입액, 기업업무추진비 및 50%한도·10%한도기부금 등의 한도초과액, 업무무관자산 등에 대한 지급이자 손금불산입액 등

⑥기타(잉여금)

각 사업연도 소득계산상 익금산입 및 손금불산입으로 생긴 세무조정소득이 기업 내부에 남아 있으나, 기업회계상 자본과 세무회계상 자본에 차이가 발생하지 아니함에 따라 유보에 해당하지 않는 경우에는 기타(잉여금)로 처분한다.

예 국세 또는 지방세의 과오납금의 환급금에 대한 이자, 기업회계상 자본잉여금에 계상한 자기주식처분이익 등

B. 손금산입 및 익금불산입액 소득처분

손금산입 또는 익금불산입 금액은 그 소득귀속의 확정이 불필요하나 자본금과 적립금 조정명세서의 정리와 다음 사업연도 이후의 소득금액계산에 영향을 주는 항목 등을 명확히 하기 위하여 소득금액조정합계표의 처분란에 다음과 같이 기재하여야 한다.

1. 법인의 장부상에 자산으로 계상되어 있는 금액을 손금산입하거나, 전기에 익금산입하거나 손금불산입하여 유보처분한 금액을 당기에 손금 가산하는 경우는 '유보'로 기재한다.
2. 익금산입 및 손금불산입, 손금산입 및 익금불산입에 따른 소득처분 내용은 소득금액 조정합계표(별지 15호 서식)상에 기재하여 표시된다.

8)법인세 외부조정 신고제도란?

조세감면을 받는 법인 등과 외부회계감사 대상법인 등은 기업회계와 세무회계의 차이가 많이 발생하므로 정확한 과세소득을 자체적으로 계산하기가 쉽지 않다. 이러한 법인이 정확하고 성실한 납세의무 이행을 위하여 법인세를 신고·납부함에 있어 세무사(「세무사법」에 따른 세무사등록부 또는 세무대리인등록부에 등록한 공인회계사·변호사 포함)로부터 세무조정계산을 받아 신고하도록 하는 제도를 '외부조정 신고제도'라 한다. 조정반은 납세의무자가 세무조정계산서의 작성을 세무대리인에게 의뢰할 경우 국세청이 해당 세무사를 지정하는 제도로, 지정 신청은 2명 이상의 세무사 등, 세무법인, 회계법인만 가능하였다.(법법 60조⑨ 및 법령 97조의3, 소법 70조⑥ 및 소령 131조의3, 2016년 신고분부터 적용) 만일, 외부조정 신고대상 법인이 이를 이행하지 아니하는 경우 무신고가산세가 부과된다.(법법 60조⑤⑨, 국기법 47조의2①).

한편, 변호사의 경우 2003.12.31.까지 사법시험에 합격한 사람은 지금은 세무사 업무에 제한이 없다.(2003.12.31. 개정 「세무사법」 부칙 2조①) 다만, 2017.12.26. 「세무사법」이 개정되면서 변호사의 자격이 있는 자에게 세무사의 자격을 자동으로 부여하도록 규정하고 있었던 3조3호가 삭제됨에 따라, 2018.1.1. 부터 변호사의 자격을 취득하는 사람(2004~2017년 세무사 자격을 취득한 변호사 포함)은 세무사의 자격을 자동으로 부여받지 못하게 되었다(부칙 2조).

그리고 세무조정계산서의 작성주체를 「세무사법」에 따른 세무사등록부에 등록한 변호사로

한정하였기 때문에(2015.12.15. 개정 법법 60조⑨, 소법 70조⑥), 현실적으로 변호사(2003년까지 자격을 취득한 변호사는 제외)와 법무법인은 세무사등록부에 등록할 수 없으므로(2016년 시행 법령 97조의3, 소령 131조의3 신설) 2020년부터 임시관리번호를 부여했다.(대법 2018두67152, 2020.2.27. 선고 ; 헌재 2015헌가19, 2018.4.26 ; 2016헌마116, 2018.4.26. 헌법불합치 결정례 등 참조)[1]

그런데 대법원은 "세무조정반 지정 대상서 법무법인 일률 제외는 위법하다"고 판결하여(대법 전원합의체 2019두53464, 2021.9.9. 선고), 법무법인·법무법인(유한)·법무조합도 세무조정반 지정 대상으로 추가했다.(법령 97조의3, 소령 131조의3. 2022.2.15. 개정)

[외부세무조정 대상법인](법령 97조의2①)(단, 조특법 72조에 따른 당기순이익과세를 적용받는 법인은 제외).
1. 직전 사업연도의 수입금액이 70억원(신설법인은 1년 환산) 이상인 법인 및 「주식회사 등의 외부감사에 관한 법률」 2조에 따라 외부의 감사인에게 회계감사를 받아야 하는 법인
2. 직전 사업연도의 수입금액이 3억원(신설법인은 1년 환산) 이상인 법인으로서 법법 29조(고유목적준비금 손금산입) ·30조(책임준비금 손금산입)·31조(비상위험준비금 손금산입)·45조(합병 시 이월결손금 등 공제제한) 또는 조특법에 따른 조세특례(같은 법 104조의8(전자신고에 대한 세액공제)에 따른 조세특례는 제외한다)를 적용받는 법인
3. 직전 사업연도의 수입금액이 3억원(신설법인은 1년 환산) 이상인 법인으로서 해당 사업 연도 종료일 현재 법법 및 조특법에 따른 준비금 잔액이 3억원 이상인 법인
4. 해당 사업연도 종료일부터 2년 이내에 설립된 법인으로서 해당 사업연도 수입금액이 3억원 이상인 법인
5. 직전 사업연도의 법인세 과세표준과 세액에 대하여 법법 66조③단서에 따라 결정 또는 경정 받은 법인
6. 해당 사업연도 종료일부터 소급하여 3년 이내에 합병 또는 분할한 합병법인, 분할법인, 분할신설법인 및 분할합병의 상대방법인
7. 국외에 사업장을 가지고 있거나 법법 57조(외국납부세액공제)⑤에 따른 외국자회사가 있는 법인
8. 정확한 세무조정을 위하여 세무사가 작성한 세무조정계산서를 첨부하려는 법인

---

1) 2020.7.22. 더불어민주당 양경숙 의원(비례대표, 전 대학교수, 행정학 박사, 1962~) 〈세무사법 개정(안) 발의〉→11.11.국회 통과 "'변호사자격으로 세무사자격을 자동으로 취득한 자(2004~2017년)'로 하여금 세무사의 직무를 수행할 수 없도록 규정한 「세무사법」 중 변호사에 관한 부분에 대해 헌법불합치 결정(2015헌가19, 2018.4.26.)을 하면서 2019.12.31. 까지 입법개선을 하도록 하였음. 그러나 국회의 입법 지연으로 「세무사법」 6조의 등록규정 등이 실효되어 국세행정 혼란과 납세자의 세무신고에 차질이 발생할 우려가 크므로 조속한 입법 조치가 필요함. "세무사 자격을 자동 취득한 변호사(2003년까지 합격자)라 하더라도 '회계장부작성'과 '성실신고확인'의 업무를 제외하고 '세무조정계산서 작성' 등을 포함한 나머지 세무대리 업무만 허용해야. 단, 3개월 이상의 실무교육 필수."(양경숙 의원 제안이유) "'변호사 만능주의'만을 주장하는 것은 '직역이기주의'라고 강변.(양경숙 의원, 2021.4.6. 세무사법 개정 토론회)
변호사업계는 "'회계장부작성'과 '성실신고확인'의 업무를 포함한 모든 세무대리 업무의 허용"을 요구하며 이 법안에 대해 격렬하게 반대하고 있지만, 세무업계에서는 2020.12.29. "양경숙 의원이 대표 발의한 「세무사법」 개정(안)이 국회에서 조속히 통과해야 한다"고 호소했다.
지난 20대 국회에서는 변호사 vs 세무사·공인회계사간의 다툼이었다면, 21대 국회에서는 전선이 더욱 확장됐다. 대한변협의 직무 범위를 넓힌 「변호사법」 개정 추진에 6개 전문자격사단체(한국세무사회·한국공인노무사회·대한변리사회·한국관세사회·한국공인중개사협회·한국감정평가사협회)가 2020.11.5. 전문자격사단체협의회를 출범하는 등 공동 대응에 나섰기 때문이다.
마침내 2021년 11월 11일, 양경숙 의원 발의(안)과 변호사업계를 대변하는 양정숙(무소속, 변호사), 전주혜(국민의힘, 변호사) 의원 발의(안) 등 6건 중 양경숙 의원 발의(안) 방식으로 국회 본회의를 통과했다(11.23. 법안 공포). 즉 "(2003년까지 합격하여 세무사자격을 자동 취득한 변호사는 모든 세무사 업무를 할 수 있지만) 2004~2017년까지 변호사 자격으로 세무사 자격을 자동 취득한 변호사에게는 세무대리를 허용하되 기장대행과 성실신고확인 업무를 배제하고 사전교육을 1개월 간 받도록" 하고 있다.

(4)법인세 계산 흐름도

구분	내용		
결산서상 당기순손익			
세무조정	결산조정: 결산에 반영되어야 인정(감가상각비, 대손충당금 등)		
	신고조정: 결산에 반영 없이 세무조정계산서에 반영가능		
(+)익금산입	• 수익의 범위 • 배당금 또는 분배금의 의제		
(-)익금불산입: (법인세법)	• 자본거래로 인한 수익의 익금불산입 • 평가이익 등의 익금불산입 • 지주회사 수입배당금액의 익금불산입 • 수입배당금액의 익금불산입 • 연구개발 관련 출연금 등의 과세특례		
(조세특례제한법)	• 사업전환 무역조정지원기업에 대한 과세특례 • 기업의 금융채무 상환을 위한 자산매각에 대한 과세특례 등		
(-)손금산입	• 손비의 범위 • 기타 특정 손금: 책임준비금 등, 퇴직급여충당금, 대손충당금, 구상채권상각충당금		
(+)손금불산입	• 자본거래 등으로 인한 손금불산입 등 • 지급이자의 손금불산입 • 감가상각비 한도초과액의 손금불산입 • 기업업무추진비의 손금불산입 • 업무용승용차 관련비용의 손금불산입 • 공동경비 분담초과액 손금불산입		
차가감 소득금액	• 기부금 한도초과(법법 24조)		

구분	내용	한도
특례기부금 (구 법정기부금)	국가 등 기증품, 국방헌금, 이재민 구호금품, 문화예술진흥기금 등	소득금액×50%
일반기부금 (구 지정기부금)	지정기부금단체에 지출하는 기부금	소득금액×10% (사회적기업 20%)
비지정기부금	업무무관 무상지출금액, 저가양도 및 고가매입가액	전체 손금불산입

구분	내용		
(±)기부금 한도초과 및 이월액 손금산입	• 기부금 이월공제(2019년 신고분부터는 5→10년으로 연장) 이월공제기간: 특례(50%한도)·일반(10%한도)기부금 10년(2019.1.1. 신고분부터) 2013.1.1. 이후 개시한 사업연도에 지출한 기부금에도 적용. 이월된 기부금을 우선 공제하고 당해연도 기부금을 한도계산함 (2020.1.1. 신고분부터 적용)		
각사업연도 소득금액			
(-)이월결손금	• 공제대상 결손금: 당해 사업연도 개시일 전 10년(2021.1.1. 이후 신고 결손금부터는 15년) 이내에 개시한 사업연도에서 발생한 결손금 중 공제되지 아니한 금액 한도: 소득금액 등의 70%(2018년 귀속), 60%(2019~2022년 귀속), 80%(2023.1.1. 개시 사업연도분부터 적용). 다만, 중소기업과 회생·기업개선계획·사업재편계획 이행 법인 등은 100%. • 중소기업의 결손금 소급공제: 직전사업연도 법인세 한도(법법 72조) 2021년귀속 결손금은 직전 2개 사업연도 소급공제 한시적 허용.(조특법 8조의4)		
(-)비과세소득	• 법인세법상 비과세 소득 • 조세특례제한법상 비과세 소득		

(−)소득공제	• 유동화전문회사 등에 대한 소득공제		
과세표준			
(+)선박표준이익 (조특법 104조의10, 조특령 104조의7)	• 개별선박순톤수 × 톤당 1운항일 이익 × 운항일수 × 사용률 (톤당 1운항일 이익(기준/기준외 선박): 1천톤이하 14원/18.2원, 1천톤초과 1만톤이하 11원/14.3원, 1만톤초과 2만5천톤 이하 7원/9.1원, 2만5천톤 초과 4원/5.2원)		
× 세율	일반 법인세율	9%(2억원), 19%(200억), 21%(3000억), 24%(3000억 초과분)	
	투자·상생협력 촉진세제 (조특법 100조의 32)	사업연도 말 현재자기자본 500억원 초과하는 법인(중소기업 제외)과 상호출자제한 기업집단	
	최저한세 (조특법 132조)	일반기업: 10~17% ; 중소기업: 7~9%	
산출세액			
(−)공제·감면세액	• 세액공제: 외국납부세액공제, 재해손실세액공제, 사실과 다른 회계처리 관련 세액공제 조세특례제한법상 세액공제(연구인력개발비 세액공제 등) • 세액감면: 창업중소기업에 대한 법인세 감면 등		
※ 최저한세의 계산	(조특법 132조)		
(+)가산세	• 국세기본법상 가산세: 무신고·과소신고·납부지연가산세 등 • 법인세법상 가산세: 무기장, 주주 등의 명세서 제출불성실, 지출증명 미수취(2%) 가산세 등 • 중간예납 미납부가산세 • 감면분 추가납부세액(이자상당가산액) *		
총결정세액			
(−)기납부세액	• 원천징수세액 • 중간예납세액, 수시부과세액 등		
차감납부할세액			

* 세액감면·공제 후 요건 미 충족으로 추징시에는 이자상당가산액도 같이 추징함. 이자율은 2가지 종류가 있음.
(유형1)세법규정을 위반한 데 대한 징벌적인 것: 국세는 2022.2.15.부터 연 8.03%←9.125%, 국기령 27조의4 ;
　　지방세는 감면된 취득세 추징시에는 연 8.03%←9.125%,(납부지연가산세율(연 8.03%, 2022.6.7. 개정
　　지기령 34조) 적용, 지특령 123조의2), 투자세액공제의 지방소득세 추징시에는 연 10.95%로 불변(지특
　　령 122조, 2014.3.14. 신설)
(유형2)불가피한 사유를 인정하는 경우: 연 3.5%←2.9%. 국기령 43조의3②, 국기칙 19조의3(지기령 43조② 준용)
 1. 세법규정을 위반한 데 대한 징벌적인 경우: 국세는 연 8.03% 이자율 적용(지방세는 8.03% 또는 10.95%)
　　이자상당가산액 계산: '국세 및 지방세' 추징 시 (납부지연가산세 계산방식처럼, 국기법 47조의4) 기간별 각
　　각 계산하고, 2022.2.15.(지방세는 2022.6.7.) 이후 기간에 대해서는 1일당 10만분의 22(연 8.03%)를 적용함.
　　• 비영리법인 고유목적사업준비금 임의환입(법법 29조⑦)
　　• 보험회사의 책임준비금 미사용분 환입(법법 30조④, 법령 57조⑥)
　　• 차기환류적립금 미환류분 환입(2021.12.31. 적립분부터 환류기간 2년으로 연장, 조특법 100조의32⑤⑥)
　　• 농지 대토에 대한 양도소득세 감면(100%)(조특법 70조, 조특령 67조⑪)
　　• 공익사업용 토지 등에 대한 양도소득세 감면(10~40%)(조특법 77조, 령 77조⑤)
　　• 대토보상에 대한 양도소득세 과세특례(40%(2019년까지는 15%) 감면 또는 과세 이연)(조특법 77조의2)
　　• 개발제한구역 지정에 따른 매수대상 토지 등에 대한 양도소득세 감면(25%·40%)(조특법 77조의3)

- 부동산에 대해 감면받은 취득세 추징시 본세에 가산(지특법 178조, 2020.1.1. 납세의무 성립분부터 적용)
- 지특법 99조(중소기업), 103조(연구인력 설비), 109조(생산성향상시설)~114조(고용창출), 137조(근로자복지 증진시설)의 '투자세액공제'에 따라 개인지방소득세를 공제 후 추징시(2년, 5년 이내 처분·임대)(지특법 175조)

2. 불가피한 사유를 인정하는 경우: 국세·지방세 모두 2024.3.22.부터 개정 적용

국세환급가산금(지방세환급가산금) 이율 연 3.5%←2.9%←1.2%←1.8%←2.1%←1.8%로 이자율 변경

- 외부감사 대상법인의 결산이 신고기한까지 미확정되어 신고기한 종료일 3일 전까지 연장 신청하는 경우 1개월의 범위에서 연장할 수 있으나, 연장기간에 대한 이자상당액[국세환급가산금 이율 연 3.5%(← 연 2.9%). 국기칙 19조의3, 2024.3.22. 개정]을 추가로 납부하여야 한다.(법법 60조⑦⑧)

(보충)상속세 및 증여세 추징 시에도 위 2가지 경우별로 구분하여 적용됨.제6장 07 (2) 1) 참조.

(5)법인세과세표준 신고 및 세액의 납부

1)법인세 신고·납부 기한

①사업연도 종료일 말일부터 3개월. 예외적으로 1개월 연장되는 경우 4개월

법인은 '법인세 과세표준 및 세액신고서'를 작성하여 각 사업연도의 종료일이 속하는 달의 말일부터 3월 이내에 관할세무서에 신고하고 세금을 납부해야 한다.(신고기한의 말일이 공휴일인 경우 그 다음 날까지 신고·납부)

그리고 연결납세제도를 적용받는 법인이나 외부감사 대상법인의 경우 다음과 같은 특례가 있다.

1. 연결납세제도를 적용받는 법인은 4월 30일(12월말 법인의 경우)까지 법인세를 신고·납부하면 된다.
2. 외부감사 대상법인의 결산이 신고기한까지 미확정되어 신고기한 종료일 3일 전까지 연장 신청하는 경우 1개월의 범위에서 연장할 수 있으나, 연장기간에 대한 이자상당액[국세환급가산금 이율 연 2.9%(← 연 1.2%). 국기칙 19조의3, 2023.3.20. 개정]을 추가로 납부하여야 한다.(법법 60조⑦⑧, 법령 97조⑫⑬)
3. 성실신고확인을 받은 소규모법인 등(법법 60조의2, 2018귀속분부터 적용)

②성실신고확인제도(법법 60조의2, 2018.1.1. 개시 사업연도분부터 적용)

소규모법인 등이 법인세를 신고할 때에 장부기장 내용의 정확성 여부, 수입금액 누락, 가공경비 계상 등을 세무대리인에게 확인 받아 그 확인서를 제출하는 제도이다. 세무조사 행정력 등이 부족한 현실을 감안하여 민간의 조세전문가에게 사전 검증하도록 한 것이다.

본 제도는 2018년 귀속분부터 적용하는데 개인사업자의 법인전환 시에는 2018.2.13. 이후 법인으로 전환하는 분부터 적용한다.(개정 법령 부칙 14조)

구분	내용
대상법인	다음의 내국법인. 단, 「주식회사등 외부감사법」에 따른 외부감사를 받은 내국법인은 제외 1. 부동산임대업 주업 법인 등 특정법인: 상시근로자 수가 5명 미만인 소규모법인 등만 해당됨(법령 97조의4②→42조②) 2. 성실신고확인대상자인 개인사업자*가 현물출자 또는 사업양수도 등의 방법으로 법인전환 한 후 3년 이내인 내국법인(법령 97조의4③)
성실신고 확인자	세무사(세무사법에 따라 등록한 공인회계사 포함), 세무법인·회계법인(법령 97조의4①)
선임신고	각 사업연도종료일이 속하는 달의 말일부터 2개월 이내에 납세지 관할 세무서장에게 신고하여야 함.(법령 97조의4⑤)→2022년 성실신고확인분부터(2021년 귀속분 포함) 삭제.
신고기한 연장	성실신고확인서를 제출하는 경우에는 신고기한을 1개월 연장함. 즉, 각 사업연도 종료일이 속하는 달의 말일부터 4개월 이내에 성실신고확인서를 제출.
세액공제	확인비용의 60%를 세액공제(연 150만원 한도).(조특법 126조의6)
가산세	미제출 시 산출세액의 5%를 미제출가산세로 부과함.(법법 76조⑭)
세율인상	부동산 임대주업법인 과세표준 2억원 이하 19%←9%(법법 55조①1호, 2025년부터 적용)

* 이때 그 개인사업자는 법인 설립일이 속하는 연도 또는 직전연도에 성실신고확인대상사업자(소법 70조의2)에 해당하여야 함.(법령 97조의4④)

개인사업자의 성실신고확인에 대한 내용은 '제2장 06 (2)3)' 내용을 참조할 것.

2)법인세 신고 시 꼭 제출해야 할 서류

법인세신고는 법인세 과세표준 및 세액신고서에 다음 서류를 첨부하여야 한다.(법법 60조②)
1. 기업회계기준을 준용하여 작성한 개별 내국법인의 재무상태표·포괄손익계산서
2. 기업회계기준을 준용하여 작성한 이익잉여금처분(결손금처리)계산서
3. 세무조정계산서(법칙 82조①3호)
4. 기타 부속서류 및 현금흐름표, 표시통화재무제표·원화재무제표
5. 피합병법인 등의 재무상태표, 합병·분할로 승계한 자산·부채 명세서 등
(보충1)1~3의 서류를 첨부하지 아니한 경우에는 신고를 하지 아니한 것으로 봄.
(보충2)1·2 및 4의 현금흐름표는 국세정보통신망을 이용하여 표준재무상태표, 표준손익계산서 및 손익계산서 부속명세서를 제출하는 것으로 갈음할 수 있음.

3)법인세 서면신고와 전자신고

①전자신고
법인세 신고방식은 서면신고와 전자신고로 구분된다. "이 경우 「주식회사 등의 외부감사에 관한 법률」 4조에 따른 외부감사대상법인이 전자신고(국기법 2조19호)를 통하여 법인세 과세표준과 세액을 신고하는 때에는 그 신고서에 대표자가 서명날인하여 서면으로 납세지 관할세무

서장에게 제출하여야 한다."(법령 97조①)

서면신고 시에는 모든 세무조정서식을 제출해야 하지만, 전자신고 시에는 일부 서식을 제출하지 않을 수 있다. "전자신고로 법인세과세표준 신고를 한 법인의 경우에는 부속서류 중 시행규칙(법칙 82조③)으로 정하는 서류를 제출하지 아니할 수 있다."(법령 97조⑤)

②전자신고 시 부속서류의 제출기한 연장

"전자신고를 하는 경우 과세표준신고 또는 과세표준수정신고와 관련된 서류 중 일정한 서류에 대해서는 일정한 기준(국기령 1조의3, 국기칙 1조, 국세청 고시)에 따라 10일의 범위에서 제출기한을 연장할 수 있다."(국기법 5조의2③)

즉, 전자신고를 하는 경우에도 다음 법인은 재무상태표·포괄손익계산서·이익잉여금처분계산서(또는 결손금처리계산서)의 부속서류(결산보고서 및 부속명세서를 말함)를 법인세 신고기한 종료 후 10일 이내에 관할세무서에 우편 등의 방법으로 별도로 제출하여야 한다.[법인세 전자신고 시 제출기한을 연장하는 서류 고시 2조·3조(국세청 고시 제2015-60호, 2015.10.1.)]

1. 외부회계감사대상법인
2. 주식회사 외의 법인은 직전 사업연도말 자산총액 100억원 이상인 법인. 단, 비영리법인은 수익사업부문에 한정하여 판정함.
3. 해당 사업연도의 수입금액이 30억원 이상인 법인

③전자신고 시 세액공제

전자신고 시에는 전자신고세액공제(조특법 104조의8)를 받을 수 있다. 그러나, 당해 법인과 세무대리인이 중복으로 공제받을 수는 없다.

1. 일반법인: 납세자 본인이 직접 신고하는 경우 2만원 공제
2. 세무법인·회계법인: 세무법인·회계법인 본인의 법인세 신고월이 속하는 과세연도의 직전 과세연도 동안 납세자를 대리하여 소득세 또는 법인세 1회 및 부가가치세 확정신고 2회를 모두 전자신고한 경우에 납세자 1인당 2만원을 적용하여 법인세에서 공제

[전자신고세액공제 한도액](조특법 104조의8③, 조특령 104조의5⑤)

구분	2018.1.1.~2018.12.31.	2019 ~ 2024	2025.1.1.부터
세무사	400만원	300만원	200→300만원 유지
회계법인·세무법인	1천만원	750만원	500→750만원 유지

(보충1)실제 공제를 받는 연도기준임. 즉, 과세연도 기준이 아니라, 신고하는 연도기준임.
(보충2)전자신고세액공제 대상: 법인세·소득세(양도소득세 추가. 2021.1.1. 전자신고 분부터 적용)는 건당 2만원(→1만원), 부가가치세는 건당 1만원(→5천원).

02 법인세 납세의무자

(1)법인

법인세 납부의무가 있는 법인은 아래와 같이 구분할 수 있다.(법법 2조)

구분	정의
내국법인	본점, 주사무소 또는 사업의 실질적 관리장소가 국내에 있는 법인.
외국법인	본점 또는 주사무소가 외국에 있는 단체(사업의 실질적 관리장소가 국내에 있지 아니하는 경우만 해당)로서 아래 기준(법령 1조②)에 해당하는 법인 (1은 법인격, 2~4는 국내 단체와의 사법적 유사성을 기준으로 정함). 1. 설립된 국가의 법에 따라 법인격이 부여된 단체 2. 구성원이 유한책임사원으로만 구성된 단체 3. 구성원과 독립하여 자산을 소유하거나 소송의 당사자가 되는 등 직접 권리·의무의 주체가 되는 단체 4. 그 밖에 해당 외국단체와 동종 또는 유사한 국내의 단체가 「상법」 등 국내의 법률에 따른 법인인 경우의 그 외국단체
비영리 내국법인	내국법인 중 다음의 어느 하나에 해당하는 법인. 1. 「민법」 32조에 따라 설립된 법인 2. 「사립학교법」이나 그 밖의 특별법에 따라 설립된 법인으로서 「민법」 32조에 규정된 목적과 유사한 목적을 가진 법인조합법인 등(법령 2조①)이 아닌 법인으로서 그 주주·사원 또는 출자자에게 이익을 배당할 수 있는 법인은 제외) 3. 법인으로 보는 단체(국기법 13조)

개인은 국내 거주상황에 따라 거주자(居住者)와 비거주자(非居住者)로 나뉜다. 우리나라를 포함한 대부분의 나라는 '국적지' 기준이 아니라 '거주지' 기준으로 세법을 적용한다. 따라서 외국인이라 하더라도 거주요건(국내에 1년 이상 거주 등)을 충족하면 내국인과 동일하게 세법의 적용을 받게 되는 것이다. 법인은 본점 소재지에 따라 내국법인(內國法人)과 외국법인(外國法人)으로, 사업의 영리성에 따라 영리법인(營利法人)과 비영리법인(非營利法人)으로 나눠진다. 영리법인은 원천을 가리지 않고 이익이 발생된 분에 대해 원칙적으로 납세의무가 있지만(순자산증가설 = 전체이익과세), 비영리법인은 수익사업으로 세법에서 열거한 것과 관련한 이익에 대해서만 납세의무가 있다(소득원천설=열거이익과세).(법법 4조③)

거주자와 내국법인은 국내외원천소득에 대해 한국에서 납세의무가 있다. 이 경우 국외원천소득에 대해 외국에서 부담한 세금은 '외국납부세액공제'로 한국의 세금에서 공제를 하여 국제적 이중과세를 방지하고 있다. 비거주자와 외국법인은 국내원천소득에 대해서만 우리나라에서 납세의무가 있다(마찬가지로 거주자·내국법인의 국외원천소득에 대해 그 외국에서 세금부담을 한다). 우리나라의 과세방식과 마찬가지로, 비거주자·외국법인은 그들의 거주지국·본점소재지국에서 한국의 소득을 포함하여 신고납부를 하고 한국에서 납부한 세금을 '외국납부세액 공제' 방식으로 공제받을 것이다.

그리고 국제거래에 있어서 어느 나라를 거주지국으로 보아야 할지, 어느 나라의 원천소득으로 봐야 할지 등에 대해 국가간 다툼이 생길 수 있는 바, 이를 해결하기 위해 조세조약(「소득에 대한 조세의 이중과세회피와 탈세방지를 위한 협정」)을 맺는다. 2024년 말 현재 한국은 96개국과 조세조약을 맺고 있다.

(2)비영리조직(법인 아닌 단체 포함)에 대한 세법상 취급
(상세한 내용은 제1장 12절 참조)

자연인은 개인으로 법인은 법인으로서 세법의 적용을 받지만, '법인격이 없는 단체'는 상황에 따라 개인으로도 간주되고 법인으로도 간주되기도 하여 세법의 적용을 받게 된다. 이것도 각 세법마다 일률적인 것이 아니고, 세법마다 약간씩 차이를 두고 있다.

1)법인으로 보는 단체

①당연의제법인
당연의제법인은 세법상 특별한 절차가 없이 당연히 법인으로 간주되는 단체를 말한다. 법인 (법인세법에 따른 내국법인 및 외국법인)이 아닌 사단, 재단, 그 밖의 단체('법인 아닌 단체') 중 아래의 어느 하나에 해당하는 것으로서 수익을 구성원에게 분배하지 아니하는 것은 법인으로 보아 국세기본법과 개별세법을 적용한다.(국기법 13조①)
1. 주무관청의 허가 또는 인가를 받아 설립되거나 법령에 따라 주무관청에 등록한 사단, 재단, 그 밖의 단체로서 등기되지 아니한 것
2. 공익을 목적으로 출연(出捐)된 기본재산이 있는 재단으로서 등기되지 아니한 것

②승인의제법인
승인의제법인은 세무서장의 승인을 얻어 법인으로 간주되는 단체를 말한다. 따라서 유사한 업무와 조직을 갖추고 있더라도, 승인 등을 받았는지 여부에 따라 법인 여부도 결정된다는 점이 앞의 당연의제법인과의 차이다.

당연의제법인 외의 '법인 아닌 단체' 중 아래의 요건을 모두 갖춘 것으로서 대표자나 관리인이 관할 세무서장에게 신청하여 승인을 받았을 경우 법인으로 보아 국세기본과 세법을 적용한다.(국기법 13조②)

1. 사단, 재단, 그 밖의 단체의 조직과 운영에 관한 규정(規程)을 가지고 대표자나 관리인을 선임하고 있을 것
2. 사단, 재단, 그 밖의 단체 자신의 계산과 명의로 수익과 재산을 독립적으로 소유·관리할 것
3. 사단, 재단, 그 밖의 단체의 수익을 구성원에게 분배하지 아니할 것

　그리고 승인의제법인은 그 신청에 대하여 관할 세무서장의 승인을 받은 날이 속하는 과세기간과 그 과세기간이 끝난 날부터 3년이 되는 날이 속하는 과세기간까지는 소득세법상 거주자 또는 비거주자로 변경할 수 없다(다만, 위의 요건에 미달하여 승인취소를 받는 경우는 제외).(국기법 13조③)

③세금에 대한 의무의 이행과 대표자 등의 신고

　당연의제법인과 승인의제법인의 국세에 관한 의무는 그 대표자나 관리인이 이행하여야 하며, 대표자나 관리인을 선임하거나 변경한 경우에는 관할 세무서장에게 신고하여야 한다. 만일 신고를 하지 아니한 경우에는 관할 세무서장은 그 단체의 구성원 또는 관계인 중 1명을 국세에 관한 의무를 이행하는 사람으로 지정할 수 있다.(국기법 13조④⑤⑥)

　비영리법인의 경우 '각 사업연도소득에 대한 법인세'는 수익사업으로 세법에서 열거한 것과 관련한 이익에 대해서만 납세의무가 있다(소득원천설=열거이익과세).(법법 4조①1호·③)

　그러나 '토지 등 양도소득에 대한 법인세'(등기 10%, 미등기 40% 세율적용)   의 과세여부는 추가로 판단하게 되는데, 종중이 소유한 농지·임야는 2005.12.31. 이전에 취득한 것은 '토지 등 양도소득' 과세대상이 아니다.(법법 4조①3호·55조의2②3호, 법령 92조의5③4호·92조의6④6호)

④사례 검토

A. 종중의 사례

　가. 고유번호증 발급

　고유번호증은 법인 등기가 되어 있지 않은 단체 중 '독립된 하나의 단체'로 세무서가 승인한 증서다. 고유번호증 신청을 위해서는 종중 규약과 종중구성원 명부 등이 필요하며, 단체명·대표자·주사무소 소재지 등이 고유번호증에 표시되어 발급된다.

　나. 부동산등기용 등록번호 등록증명서

　종중명의로 부동산을 등기하기 위해 지방자치단체에서 발급하는 서류로,「부동산등기법」49조 및「법인 아닌 사단·재단 및 외국인의 부동산등기용 등록번호 부여절차에 관한 규정」8조에 따라 발급되는 것이다.

　위 고유번호증과 이 등록증명서 중 어느 것을 먼저 신청해도 상관없지만, 이 두 증서의 내용이 일치해야 하므로, 뒤에 나머지 증서를 신청할 경우 먼저 발급받은 증서의 사본을 같이 제출해야 한다.

다. 종중에 대한 세법 적용

[종중명의 임야·전답 양도 시, 양도소득세 비과세 적용 여부] (법통 4–3…3 제1호 마목)

토지 특징(처분일부터 소급하여 연속)			세무서 승인받은 종중	세무서 승인 없는 종중
임야	3년 이상 소유(법령 3조②)		비과세	X
	3년 미만 소유		X	X
전답	종중 책임 하에 종원 직접 경작	3년 계속 경작	비과세	X
		3년 미만 경작	X	X
	임대(대리경작)		X	X

(보충1)'토지등 양도소득'에 대한 과세는 별개임: 양도차익의 10%(미등기 양도는 40%)

2005.12.31.까지 취득한 농지·임야에 대해서는 경작 여부를 불문하고 '토지등 양도소득세' 과세제외.(법법 55조의2①3호, 법령 92조의5③4호·92조의6④6호) 이 경우 법률의 규정 등에 의하여 양도당시 취득에 관한 등기가 불가능한 토지 등은 미등기 토지로 보지 않음.(법령 92조의2⑤1호)

(보충2)'(사업소득이 없는) 비영리내국법인'의 자산양도소득세 대한 신고 특례(법법 62조의2)제1장 12 (2)1)④ 참조

[법인으로 보는 단체로 승인을 받은 종중의 임야 양도소득세 납세의무]

(조심 2016중3854, 2017.2.20. ; 조심 2015중0569, 2015.5.7.도 같음)

청구종중의 경우 법인으로 보는 단체로 승인통지를 받은 이후 그 승인취소통지를 받지 아니하여 쟁점토지를 양도할 당시 법인에 해당하는 점 등에 비추어, 처분청이 청구종중을 소득세법상 1거주자로 보아 쟁점토지의 양도에 대하여 양도소득세를 과세한 이 건 처분은 잘못이 있음.

즉, 청구종중이 소득세법상 1거주자로 보아 양도소득세를 신고하였다 하더라도, 세법상 적용은 비영리법인으로 보아야 하며, 종중 묘지가 있는 이 건 임야 매각은 비수익사업이므로 양도소득세의 납세의무가 없다고 판시함.

B. 교회의 사례

[교회의 세법상 인격](대법 97누17261, 1999.9.7. 선고)

법인격 없는 사단은 법인격 없는 재단과는 달리 주무관청의 허가를 받아 설립된 것이 아니라면 세법의 적용에 있어서 법인으로 볼 수 없다 할 것이고, 교회의 재산은 교인들의 총유(總有)에 속하고 교인들은 각 교회활동의 목적범위 내에서 총유권의 대상인 교회재산을 사용·수익할 수 있다 할 것이므로 법인격 없는 재단이라고 볼 수도 없는 것임. 다만, '대표자·관리인이 세무서장에게 승인을 얻은 단체에 해당하는 경우'에는 법인세법상 비영리법인에 해당하게 됨.

2)개인으로 보는 단체

'법인으로 보는 단체' 이외의 단체는 개인으로 보아 소득세법을 적용하며, 상황별로 공동사업자로 보거나 1거주자로 보아 소득세법을 적용한다.

거주자 또는 비거주자로 보는 법인 아닌 단체에 대해서는 다음의 구분에 따라 법을 적용한다.(소법 2조③, 소령 3조의2)

1. 구성원 간 이익의 분배방법이나 분배비율이 정하여져 있거나 사실상 이익이 분배되는 것으로 확인되는 경우에는 공동으로 사업을 영위하는 것으로 보아 구성원별로 과세(공동사업자 방식)
2. 구성원 간 이익의 분배방법이나 분배비율이 정하여져 있지 않거나 확인되지 않는 경우에는 해당 단체를 1거주자 또는 1비거주자로 보아 과세(1거주자 방식)

(보충)동업기업에 대한 조세특례(Partnership Taxation, 조특법 제10절의3: 100조의14~26, 2009.1.1. 시행)
동업기업(민법·상법상 조합, 합명·합자, 회계·법무법인 등)을 도관(導管, Pass-through Entity)으로 보아 동업기업에서 발생한 소득에 대해 동업기업 단계에서는 과세하지 않고, 구성원인 동업자에게 귀속시켜 동업자 별로 과세하는 제도임.

(3)비영리내국법인의 각 사업연도 소득

1)수익사업의 범위

비영리내국법인의 각 사업연도소득은 다음의 사업 또는 수입('수익사업')에서 생기는 소득으로 한다.(법법 4조③)
1. 제조업, 건설업, 도매 및 소매업, 부동산·임대 및 사업서비스업 등 「통계법」 22조에 따라 통계청장이 작성·고시하는 한국표준산업분류에 따른 사업으로서 법령 3조①으로 정하는 것
   [비영리법인(장학재단)이 장기간 숙박영업을 하는 경우: 수익사업에 해당함.]
   비영리내국법인이 운영하는 한국표준산업분류에 의한 각 사업 중 수익이 발생하는 것은 수익사업에 해당하므로, 장학재단이 일정요건을 갖춘 학생들에게 장기간 숙박용역을 제공 하고 그 대가를 받는 것은 수익사업에 해당함.(법인-1391, 2008.12.10.)
2. 이자소득(소법 16조①)
3. 배당소득(소법 17조①)
4. 주식·신주인수권 또는 출자지분의 양도로 인한 수입
5. 유형자산 및 무형자산의 처분으로 인한 수입. 다만, 고유목적사업에 직접 사용하는 자산의 처분으로 인한 법령 3조②으로 정하는 수입은 제외
   [고유목적사업에 직접 사용하던 주차장용 토지 양도수입의 법인세 과세 여부]
   법인격 없는 단체가 국세기본법 23조② 각호의 요건을 갖춘 것으로서 대표자 또는 관리인이 관할세무서장에게 신청하여 승인을 받은 경우에는 해당 단체를 법인으로 보아 국세기본법과 세법을 적용하는 것이며, 비영리내국법인인 교회가 처분일 현재 3년 이상 계속하여 정관에 규정된 고유목적사업에 직접 사용하던 주차장을 처분하여 발생하는 수입에 대하여는 법인세법 3조③5호(2019.1.1.부터 4조③5호)과 같은 법 시행령 2조②(2019.1.1.부터 3조②)에 따라 각 사업연도소득에 대한 법인세가 과세되지 않는 것이나, 교회 주차장이 실제 고유목적사업에 직접 사용되었는지 여부는 사실판단할 사항이다.(법규법인 20174-97, 2014.4.29.)
   [교회 신도들의 사후 매장용 3년 이상 사용 토지라도 고유목적사업에 직접사용 불인정.]

교회가 신도들의 사후 매장을 위해 3년 이상 사용한 토지를 양도하는 경우 해당토지는 법인세법 3조③ (2019.1.1.부터 4조③) 및 동법시행령 2조②(2019.1.1.부터 3조②)에 따른 고유목적사업에 직접 사용한 것으로 볼 수 없음.(법인세제과-12, 2014.1.9.)

6. 자산의 양도로 인한 수입(소법 94조①2·4호)

7. 채권 등의 매매익(법령 3조③)

①수익사업 여부에 대한 구체적 사례

> **【수익사업과 정관상 목적사업과의 관계】**(법인세과-322, 2014.7.16)
> 비영리내국법인이 수행하는 사업이 당해법인의 법령 또는 정관에 규정된 고유목적사업 여부와 관련 없이 「법인세법」4조③ 및 법령 3조①의 규정에 의한 수익사업에 해당하는 경우에는 이를 수익사업으로 보는 것임.

【수익사업에서 생기는 소득의 범위】(법통 4-3-…1, 법집 3-2-1)

가. 수익사업에서 생긴 소득이란 해당 사업에서 생긴 주된 수입금액 및 이와 직접 관련하여 생긴 부수수익의 합계액에서 해당 사업수익에 대응하는 손비를 공제한 소득을 말한다.

나. 수익사업에 해당하는 사업은 그 사업활동이 각 사업연도의 전 기간에 걸쳐 계속하여 행하여지는 사업 외에 상당기간에 걸쳐 계속적으로 행하여지거나 정기적 또는 부정기적으로 상당 횟수에 걸쳐 행하여지는 사업을 포함하며, 이에 포함되는 것을 예시하면 다음과 같다.

    1. 하절기만 운영하는 해수욕장의 장소 임대수입

    2. 큰 행사에 있어서의 물품판매

다. 부수수익이란 수익사업과 관련하여 부수적으로 발생하는 수익을 말하며 이를 예시하면 다음과 같다.

    1. 부산물, 작업폐물 등의 매출액 및 역무제공에 의한 수입 등과 같이 기업회계관행상 영업수입금액에 포함하는 금액

    2. 수익사업과 관련하여 발생하는 채무면제익, 외환차익, 매입할인, 원가차익 및 상각채권추심이익 등

    3. 수익사업과 관련하여 지출한 손금 중 환입된 금액

    4. 수익사업의 손금에 산입한 제준비금 및 충당금 등의 환입액

    5. 수익사업용 자산의 멸실 또는 손괴로 인하여 발생한 보험차익

    6. 수익사업에 속하는 수입금액의 회수지연으로 인하여 받은 연체이자 또는 연체료수입 (수익사업과 관련된 계약의 위약, 해약으로 받는 위약금과 배상금 등을 포함한다)

【수익사업에 속하는 수입】(법통 4-3-…3 제1호, 법집 3-2-2)

1. 학교법인의 임야에서 발생한 수입과 임업수입

2. 학교부설연구소의 원가계산 등의 용역수입

3. 학교에서 전문의를 고용하여 운영하는 의료수입

4. 주무관청에 등록된 종교단체 등의 임대수입

   (부가가치세법 26조①18호에 따라 부가가치세가 면제되는 경우 제외)

5. 전답을 대여 또는 이용하게 함으로써 생긴 소득

6. 정기간행물 발간사업

   (정기간행물 발간사업에는 특별히 정해진 법률상의 자격을 가진 자를 회원으로 하는 법인이 그 대부분을 소속회원에게 배포하기 위하여 주로 회원의 소식, 기타 이에 준하는 내용을 기사로 하는 회보 또는 회원명부

발간사업과 학술, 종교의 보급, 자선, 기타 공익을 목적으로 하는 법인이 그 고유목적을 달성하기 위하여 회보 등을 발간하고 이를 회원 또는 불특정 다수인에게 무상으로 배포하는 것으로서 통상 상품으로 판매되지 아니하는 것은 제외한다.)

7. 광고수입

8. 회원에게 실비 제공하는 구내식당 운영수입

9. 급수시설에 의한 용역대가로 받는 수입

10. 운동경기의 중계료, 입장료

11. 회원에게 대부한 융자금의 이자수입

12. 유가증권대여로 인한 수수료수입

13. 조합공판장 판매수수료수입

14. 교육훈련에 따른 수수료수입

   {비영리법인이 청소년수련원을 설치하고 받는 이용료 수입은 수익사업에서 생긴 소득으로 본다.(법인 46012-3404, 1994.12.14.)}

   {비영리법인이 연수원에 입소한 피교육생으로부터 실비상당액의 교육비를 받아 허가조건대로 강사료 등의 직접교육비 부분에 사용하는 경우에는 수익사업에 해당함. 서이 46012-10058, 2001.8.30.}

15. 「평생교육법」에 의한 학교부설 평생교육기관인 전산정보교육원 등의 운영수입

【비수익사업에 속하는 수입】(법통 4-3-…3 제2호, 법집 3-2-2)

1. 징발보상금

2. 일시적인 저작권의 사용료로 받은 인세수입

3. 회원으로부터 받는 회비 또는 추천수수료

   (간행물 등의 대가가 포함된 경우에는 그 대가상당액 제외)

4. 외국원조수입 또는 구호기금수입

5. 업무와 직접 관계없이 타인으로부터 무상으로 받은 자산의 가액

[학교법인이 무상으로 받은 자산가액 법인세 과세 여부]

   비영리내국법인인 내국법인이 업무와 직접 관계없이 타인으로부터 무상으로 받은 자산을 수익사업에 사용하는 경우, 해당 자산의 가액은 법인세 과세대상에 해당하지 아니한다.(사전법령법인-151, 2016.2.17.)

6. 소액신용대출사업을 영위하는 비영리법인이 소액신용대출사업에 사용할 자금을 금융기관에 일시적으로 예치함에 따라 발생하는 이자수입

7. 비영리법인인 아파트 입주자대표회의가 1차량을 초과하여 주차하는 세대에 아파트 관리비 외 주차장 유지·보수 등 관리 목적으로 별도 징수하는 주차료

8. 자기지분을 초과하여 분양받은 조합원의 추가부담금(재법인-279, 2021.6.4. 예규변경)

[비영리법인이 받는 협찬금 등과 국고보조금의 수익사업 해당 여부]

비영리법인인 사단법인 0000협회가 '제□회 △△대회'를 개최하면서 이 대회의 성공적인 개최를 위해 국가 등으로부터 용역제공 등에 대한 대가관계 없이 지원받은 국고보조금 및 지원금은 법인세법 3조③(2019.1.1.부터 4조③)과 같은 법 시행령 2조①(2019.1.1.부터 3조①)에 따른 수익사업에 해당하지 아니하는 것이며, 행사참가자로부터 받은 학술행사 등록비, 전시부스 임대비·설치비, 광고·홍보용역 제공대가로 일반기업으로부터 받은 후원금 및 협찬금은 수익사업에 해당한다.(사전법령법인-21703, 2015.2.27.) 그러나 전시회를 개최하고 그

행사비용을 회원사로부터 징수하는 금액은 수익사업소득으로 보지 아니한다.(법인 22601-625, 1990.3.12.)

②수익사업 개시신고와 사업자등록

비영리내국법인은 법인세법 4조③에 따른 수익사업에 대하여 각 사업연도소득에 대한 법인세를 납부할 의무가 있는 것이며, 국세기본법 13조②에 따른 법인으로 보는 단체가 부가가치세 과세대상인 수익사업을 새로 시작한 경우에는 납세지 관할세무서장에게 수익사업 개시신고(법법 110조) 및 사업자등록(부가법 8조)을 신청하여야 하며, 이 경우 기존에 발급받은 고유번호증을 납세지 관할세무서장에게 반납하여야 한다.(법인세과-560. 2013.10.15.)

2)유형자산 및 무형자산의 처분에 대한 과세강화(2018년 귀속분부터)

①수익사업의 범위 강화: 수익사업 사용→고유목적사업에 전입 후 양도 시

유형자산 및 무형자산('고정자산')의 처분에 따른 수익사업이란, 해당 고정자산의 처분일(『국가균형발전 특별법』 18조에 따라 이전하는 공공기관의 경우에는 공공기관 이전일을 말함) 현재 3년 이상 계속하여 법령 또는 정관에 규정된 고유목적사업(수익사업은 제외)에 직접 사용한 고정자산의 처분으로 인하여 생기는 수입을 말한다. 이 경우 해당 고정자산의 유지·관리 등을 위한 관람료·입장료수입 등 부수수입이 있는 경우에도 이를 고유목적사업에 직접 사용한 고정자산으로 본다.

그러나 비영리법인이 수익사업에 속하는 고정자산을 고유목적사업에 전입한 후 처분하는 경우에는 전입 시 시가로 평가한 가액을 그 고정자산의 취득가액으로 하여 처분으로 인하여 생기는 수입을 계산한다.(법령 3조②)

[고정자산의 사용 기간별 '고정자산의 처분'에 따른 수익사업 범위]

고유목적 사용기간과 방식			과세내용
3년 미만 사용			처분수입 전액 수익사업
3년 이상 사용	원래부터 고유목적사업으로만 사용		처분수입 전액 과세제외 **비과세 처분수입 = 양도가액－최초 취득 시 취득가액**
	고유목적사업에서 수익사업으로 전출후 전입 시	2018.2.12.까지 전출	처분수입 전액 과세제외 비과세 처분수입 = 양도가액－최초 취득 시 취득가액
		2018.2.13.부터 전출	수익→고유목적 전입 이후 발생한 처분수입만 과세제외 **비과세 처분수입=양도가액－고유목적사업 전입 시 시가**

(보충1)10년 이상 고유목적사업에 직접 사용한 고정자산: 다음의 금액을 비과세 선택 가능

(2025.2.28. 처분분부터 적용, 부칙 2조)

$$해당 자산 처분으로 인하여 생기는 수입 \times \frac{해당 자산을 고유목적사업에 직접 사용한 일수}{해당 자산을 보유한 일수}$$

(보충2)고정자산 처분손실에 대한 손비 인정 가능

고정자산 처분손실이 손금에 해당하는지 여부에 대해서는 법인세법에서 명확히 규정하고 있지 않다. 그러나 특별한 규정이 없는 한 기업회계기준을 준용하는 법인세법의 논지에 따라 "일반적으로 '손비'란 자본 또는 출자의 환급, 잉여금의 처분 및 법인세법에서 규정하고 있는 것을 제외하고는 해당 법인의 순자산을 감소시키는 거래로 인하여 발생하는 손비의 금액"(법법 19조①)으로 규정하고 있음을 유추 적용할 수 있을 것이다. 심판례와 유권해석도 마찬가지인 바, 수익사업에 공하고 있는 차량운반구 등 고정자산의 처분손실은 수익사업을 운영하면서 수익을 얻기 위하여 필수적으로 소요되는 비용에 해당하므로 손금에 해당하는 것으로 해석하고 있다.(국심 85광361, 1985.6.4. ; 법인세과-268, 2009.1.21.)

(보충3)자산의 일부를 수익사업에 사용한 경우의 수익사업의 범위

고정자산 중 일부만을 고유목적사업에 사용하고 일부는 수익사업에 사용하는 경우에는 고유목적사업에 사용한 부분에 한하여 비수익사업으로 본다.(재무법인 46012-216, 1999.12.27.)

일례로 비영리법인에 해당하는 종교법인이 정관에 규정된 고유목적사업을 수행하기 위하여 해당 법인에 소속되어 종교의 보급 기타 교화업무를 전업으로 하는 성직자에게 사택으로 제공하는 부동산은 고유업무에 직접 사용한 고정자산으로 보는 것이나, 교화업무를 전업으로 하는 성직자가 아닌 자가 사택으로 사용하는 부동산은 이에 해당하지 아니한다.(법인-609, 2011.8.25.)

②고정자산의 수익사업 전출·전입에 따른 회계처리 및 세무조정

1. 고정자산 취득 및 수익사업 전출·전입 시 회계처리

구분	고유목적사업 부문	수익사업 부문
취득 시	차)고정자산 10억원 　　　　　대)현금 등 10억원	–
전출 시	차)수익사업 투자 10억원 　　　　　대)고정자산 10억원	차)고정자산 10억원 　　　　　대)수익사업 자본 10억원
전입 시	아래 표와 같이 변경됨	차)수익사업 자본 10억원 　　　　　대)고정자산 10억원

2. 고유목적사업 부문 회계처리 및 세무조정
(수익사업→고유목적사업 전입 시 시가 16억원)

구분	2018.2.12.까지 전출 후→전입	2018.2.13.부터 전출 후→전입
다시 전입 시	차)고정자산 10억원(B/S) 　　　대)수익사업 투자 10억원(B/S)	차)고정자산 16억원(B/S) 　　　대)수익사업 투자　10억원(B/S) 　　　　고정자산 평가익 6억원(P/L)
	세무조정: 없음	세무조정: 평가익 6억원 익금불산입(△유보)
19억 원에 매각 (5년 사용)	차)현금 등 19억원(B/S) 　　　대)고정자산　　　10억원(B/S) 　　　　고정자산처분이익 9억원(P/L)	차)현금 등 19억원(B/S) 　　　대)고정자산　　　16억원(B/S) 　　　　고정자산처분이익 3억원(P/L)
	세무조정: 처분이익 9억원 　　　　 익금불산입(기타) **과세소득: 없음**	세무조정: 처분이익 3억원 익금불산입(기타) 　　　　 평가익 6억원 익금산입(유보) **과세소득: 6억원**

③고정자산 취득비용의 고유목적사업 지출규정 강화: 이어지는 고유목적사업준비금 참조

3)비영리내국법인의 고유목적사업준비금의 손금산입

①고유목적사업준비금 설정

비영리내국법인(법인으로 보는 단체의 경우에는 시행령 56조로 정하는 단체만 해당)이 각 사업연도의 결산을 확정할 때 그 법인의 고유목적사업이나 일반기부금(구 지정기부금, '고유목적사업 등')에 지출하기 위하여 고유목적사업준비금을 손금 계상한 경우에는 손금산입한도의 범위에서 손금에 산입한다.(법법 29조①)

A. 준비금 설정대상 법인

설정대상 법인(법령 56조①)	설정제외 법인(법통 29–56⋯1)
1. 비영리내국법인 2. 일반기부금단체(법법 24조③1호, 법령 39조) 3. 법령에 의하여 설치된 기금 4. 「공동주택관리법」에 따른 공동주택의 입주자대표회의 임차인대표회의* 또는 이와 유사한 기구	1. 당기순이익과세를 적용받는 조합법인(조특법 72조①) 2. 청산 중에 있는 비영리내국법인

＊ 임차인대표회의를 고유목적준비금 설정대상 법인에 추가

저소득층 주거생활 안정을 지원하기 위하여 공동주택의 임차인대표회의에게 고유목적사업준비금 손금산입을 허용함. 2018.2.13. 이후 과세표준을 신고하는 분부터 소급적용함.(2018.2.13. 개정 법령 부칙 10조①)

B. 손금산입한도

다음 산식에 따라 고유목적사업준비금을 손금산입한다. 다만 수익사업에서 결손금이 발생한 경우에는 금융소득금액을 합한 금액에서 그 결손금을 차감한 금액을 한도액으로 한다.

> 손금산입한도액 = 금융소득금액 + (수익사업소득금액 × 50% 또는 80%)

(보충1)수익사업소득금액의 80%까지 손금산입률을 적용하는 법인

「공익법인의 설립·운영에 관한 법률」에 따라 설립된 법인으로서 고유목적사업 등에 지출액 중 50% 이상의 금액을 장학금으로 지출하는 법인의 경우에는 80%를 손금산입률로 함.

(보충2)고유목적사업준비금 설정율을 100%까지 인정하는 법인: 조특법 74조(사립학교 등)

가. 금융소득금액

금융소득금액이란 다음의 이자소득금액, 배당소득금액 및 복지사업 융자금의 이자금액을 합한 금액을 말한다.(법령 29조①)

1. 이자소득금액.(소법 16조① 단, 11호에 따른 비영업대금의 이익은 제외: 이자소득 이외의 수익사업에 포함되기 때문에 이자소득에서 제외한 것임 - 저자 주)

2. 배당소득금액.(소법 17조① 다만, 공익법인의 출연재산에 대한 상속세·증여세 과세가액 불산입 규정(상증법 16조 또는 48조)을 위반함에 따라 상속세 또는 증여세 과세가액에 산입되거나 증여세가 부과되는 주식 등으로부터 발생한 배당소득의 금액은 제외.

3. 특별법에 따라 설립된 비영리내국법인이 해당 법률에 따른 복지사업으로서 그 회원이나 조합원에게 대출한 융자금에서 발생한 이자금액

나. 수익사업소득금액

수익사업소득금액은 다음의 산식에 따라 계산한다.(법령 56조③)

> 수익사업 발생 소득금액−금융소득금액−50%한도기부금 중 손금산입액−이월결손금

(보충)수익사업 발생 소득금액이란?(법법 4조③, 법령 3조)

해당 사업연도의 수익사업에서 발생한 소득금액으로 법정기부금(법법 24조②)과 당기에 계상하는 고유목적사업준비금을 손금산입하기 전의 금액을 말함.

C. 손금산입방법

가. 신고조정 허용법인: 외부회계감사를 받는 비영리법인

외부감사인(「주식회사 등의 외부감사에 관한 법률」 2조7호·9조)의 회계감사를 받는 비영리내국법인이 고유목적사업준비금을 세무조정계산서에 계상하고 그 금액 상당액을 해당 사업연도의 이익처분을 할 때 고유목적사업준비금으로 적립한 경우에는 그 금액을 결산을 확정할 때 손비로 계상한 것으로 본다.(법법 29조②)

나. 결산조정 강제법인: 외부감사대상 이외의 법인

각 사업연도의 결산을 확정할 때 고유목적사업준비금을 손금 계상한 경우에는 손금산입한도의 범위에서 손금에 산입한다.(법법 29조①)

【고유목적사업준비금 한도초과액의 처리】(법통 29−56…3)

한도를 초과하여 손금으로 계상한 고유목적사업준비금으로서 각 사업연도의 소득금액 계산 시 손금불산입된 금액은 그 이후의 사업연도에 있어서 이를 손금으로 추인할 수 없다. 다만, 동 금액을 환입하여 수익으로 계상한 경우에는 이를 이월익금으로 보아 익금에 산입하지 아니한다.

②고유목적사업준비금의 사용

A. 사용의 범위

가. 고유목적사업에 사용

고유목적사업준비금의 사용이란 손금으로 계상한 준비금을 고유목적사업 등에 지출(사용)하는 것을 말한다.(법법 29조①) '고유목적사업'이란 해당 비영리내국법인의 법령 또는 정관에 규정된 설립목적을 직접 수행하는 사업으로서 수익사업(법령 3조①) 외의 사업을 말한다.(법령 56조⑤)

다음의 금액은 고유목적사업에 지출 또는 사용한 금액으로 본다.(법령 56조⑥)

1. 비영리내국법인이 해당 고유목적사업의 수행에 직접 소요되는 유형자산 및 무형자산 취득 비용(법령 31조②에 따른 자본적 지출을 포함) 및 인건비 등 필요경비로 사용하는 금액

【인건비로 인정되는 금액의 제한】(법령 56조⑪)

해당 사업연도에 다음의 어느 하나에 해당하는 법인의 임원 및 직원이 지급받는 총급여액(소법 20조①에 의하며, 이라 하며, 해당 사업연도의 근로기간이 1년 미만인 경우에는 총급여액을 근로기간의 월수로 나눈 금액에 12를 곱하여 계산한 금액으로 계산하되, 1개월 미만의 일수는 1개월로 함)이 8천만원을 초과하는 경우 그 초과하는 금액은 제인건비로 보지 아니한다. 다만, 해당 법인이 과세표준을 신고하기 전에 해당 임원 및 종업원의 인건비 지급규정에 대하여 주무관청으로부터 승인받은 경우에는 인정한다.

ⓐ수익사업(법법 29조①2호)에서 발생한 소득에 대하여 50%를 초과하여 고유목적사업준비금으로 손금산입하는 비영리내국법인

ⓑ학교법인 등 및 사회복지법인(조특법 74조①2호 및 8호)에 해당하여 수익사업에서 발생한 소득에 대하여 50%를 초과하여 고유목적사업준비금으로 손금산입하는 비영리내국법인

ⓒ해당 사업연도 및 직전 5개 사업연도 동안 수익사업에서 발생한 소득의 합계액에서 50%를 초과하여 고유목적사업준비금으로 손금산입하는 비영리내국법인(2025.2.28. 신설)

2. 특별법에 따라 설립된 법인(해당 법인에 설치되어 운영되는 기금 중 법인으로 보는 단체(국기법 13조)를 포함)으로서 건강보험·연금관리·공제사업 및 금융·보험 관련 서비스업 등(법령 3조①8호)을 영위하는 비영리내국법인이 손금으로 계상한 고유목적사업준비금을 법령에 의하여 기금 또는 준비금으로 적립한 금액

3. 의료법인이 지출하는 다음의 어느 하나에 해당하는 금액(세부항목은 법칙 29조의2에서 규정)

ⓐ의료기기 등 일정한 자산을 취득하기 위하여 지출하는 금액

【의료기기 등 고정자산의 범위】(법칙 29조의2①)

– 병원 건물 및 부속토지
– 「의료기기법」에 따른 의료기기
– 「보건의료기본법」에 따른 보건의료정보의 관리를 위한 정보시스템 설비

ⓑ의료 해외진출(「의료 해외진출 및 외국인환자 유치 지원에 관한 법률」 2조1호)을 위하여 일정한 용도로 지출하는 금액

【의료 해외진출을 위한 용도의 범위】(법칙 29조의2②)

– 병원 건물 및 부속토지를 임차하거나 인테리어 하는 경우
– 의료기기 또는 정보시스템 설비를 임차하는 경우

ⓒ일정한 연구개발사업을 위하여 지출하는 금액

【연구개발사업의 범위】(법칙 29조의2③)

자체연구개발사업과 위탁 및 공동연구개발사업을 말함.(조특령 '별표 6' 1호 가목 및 나목에 따름)

4. 농업협동조합중앙회가 계상한 고유목적사업준비금을 회원에게 무상으로 대여하는 금액

5. 농업협동조합중앙회가 상호금융예금자보호기금(「농업협동조합의 구조개선에 관한 법률」)에 출연하는 금액

6. 수산업협동조합중앙회가 상호금융예금자보호기금(「수산업협동조합의 구조개선에 관한 법률」)에 출연하는 금액

7. 신용협동조합중앙회가 동법에 의한 신용협동조합예금자보호기금에 출연하는 금액

8. 새마을금고연합회가 예금자보호준비금에 출연하는 금액

9. 산림조합중앙회가 동법에 의한 상호금융예금자보호기금에 출연하는 금액

10. 제주국제자유도시 개발센터가 업무에 지출하는 일정한 금액

다만, 비영리내국법인이 유형자산 및 무형자산 취득 후 법령 또는 정관에 규정된 고유목적 사업이나 보건업[보건업을 영위하는 비영리내국법인('의료법인'이라 함)에 한정함]에 3년 이상 자산을 직접 사용하지 아니하고 처분하는 경우에는 위 1호 또는 3호의 금액을 고유목적사업에 지출 또는 사용한 금액으로 보지 아니한다.(법령 56조⑥, 2018.2.13. 이후 고정자산을 취득하는 분부터 적용)

나. 기부금의 지출

비영리내국법인이 '일반기부금(구 지정기부금)'을 지출한 경우에는 고유목적사업준비금의 사용에 해당하므로, 이미 설정되어 있는 고유목적사업준비금과 상계하여야 한다.(법법 29조③) 따라서 일반기부금 조항(법법 24조④)에 따라 손금산입할 수 없다.

반면에 비영리내국법인이 '특례기부금(구 법정기부금)'을 지출한 경우에는 고유목적사업준 비금을 사용한 것으로 보지 아니하며 특례기부금으로 지출한 것으로 보아, 특례기부금 한도 내에서 손금산입한다.(법법 24조③)

B. 상계방법

고유목적사업등에 지출한 금액이 있는 경우에는 그 금액을 먼저 계상한 사업연도의 고유목적사업준비금부터 차례로 상계하여야 한다. 이 경우 고유목적사업 등에 지출한 금액이 직전 사업연도 종료일 현재의 고유목적사업준비금의 잔액을 초과한 경우 초과하는 금액은 그 사업연도에 계상할 고유목적사업준비금에서 지출한 것으로 보아 상계한다.(법법 29조③)

【고유목적사업준비금의 잔액을 초과하여 지출하는 금액의 처리】(법통 29-56…7)

이 경우 직전사업연도 종료일 현재의 고유목적사업준비금의 잔액을 초과하여 지출한 금액은 해당 사업연도에 계상할 고유목적사업준비금에서 지출한 것으로 보므로, 해당 사업연도의 고유목적사업준비금의 손금산입범위를 초과하여 지출하는 금액은 손금에 산입하지 않음.

③고유목적사업준비금의 승계 및 일시환입 등

A. 고유목적사업준비금의 승계

고유목적사업준비금을 손금에 산입한 비영리내국법인이 사업에 관한 모든 권리와 의무를 다른 비영리내국법인에 포괄적으로 양도하고 해산하는 경우에는 해산등기일 현재의 고유목적사업준비금 잔액은 그 다른 비영리내국법인이 승계할 수 있다.(법법 29조④)

B. 고유목적사업준비금의 일시환입

손금에 산입한 고유목적사업준비금의 잔액이 있는 비영리내국법인이 다음의 어느 하나에 해

당하게 된 경우 그 잔액은 해당 사유가 발생한 날이 속하는 사업연도의 소득금액을 계산할 때 익금에 산입한다.(법법 29조⑤)

1. 해산한 경우(고유목적사업준비금을 승계한 경우는 제외)
2. 고유목적사업을 전부 폐지한 경우
3. 법인으로 보는 단체가 국세기본법 13조③에 따라 승인이 취소되거나 거주자로 변경된 경우
4. 고유목적사업준비금을 손금에 산입한 사업연도의 종료일 이후 5년이 되는 날까지 고유목적 사업 등에 사용하지 아니한 경우(5년 내에 사용하지 아니한 잔액으로 한정함)
5. 고유목적사업준비금을 고유목적사업 등에 지출하지 않은 경우(2023.1.1. 개시 사업연도부터 적용)

C. 고유목적사업준비금의 임의환입

손금에 산입한 고유목적사업준비금의 잔액이 있는 비영리내국법인은 고유목적사업준비금을 손금에 산입한 사업연도의 종료일 이후 5년 이내에 그 잔액 중 일부를 감소시켜 익금에 산입할 수 있다. 이 경우 먼저 손금에 산입한 사업연도의 잔액부터 차례로 감소시킨 것으로 본다.(법법 29조⑥)

D. 이자상당액 가산

위 B.4호 및 C에 따라 고유목적사업준비금의 잔액을 익금에 산입하는 경우에는 이자상당액을 해당 사업연도의 법인세에 더하여 납부하여야 한다.(법법 29조⑦) 이자상당액은 1호의 금액에 2호의 율을 곱하여 계산한 금액을 말한다.(법령 29조⑦, 2022.2.15. 개정)

1. 당해 고유목적사업준비금의 잔액을 손금에 산입한 사업연도에 그 잔액을 손금에 산입함에 따라 발생한 법인세액의 차액
2. 손금에 산입한 사업연도의 다음 사업연도의 개시일부터 익금에 산입한 사업연도의 종료일 까지의 기간에 대하여 1일 10만분의 22의 율

(보충)이자상당가산액 인하: 추징 시 (납부지연가산세 계산방식처럼, 국기법 47조의4) 기간별 각각 계산하고, 2022.2.15. 이후 기간에 대해서는 1일당 10만분의 22(연 8.03%)를 적용함.(←1일당 10만분의 25(연 9.125%), 2022.2.15. 개정 법령 부칙 8조)

E. 중복적용의 배제

해당 비영리내국법인의 수익사업에서 발생한 소득에 대하여 법인세법 또는 조세특례제한법에 따른 비과세·면제, 준비금의 손금산입, 소득공제 또는 세액감면(세액공제 제외)을 적용받는 경우를 말한다. 다만, 고유목적사업준비금만을 적용받는 것으로 수정신고한 경우는 제외한다.

(법법 29조⑧, 법령 56조⑧)

F. 고유목적사업준비금조정명세서 등

비영리내국법인은 해당 고유목적사업준비금의 계상 및 지출에 관한 명세서를 비치·보관하고 이를 납세지 관할 세무서장에게 제출하여야 한다.(법법 29조⑨) 또한 과세표준 신고와 함께 고유목적사업준비금조정명세서(갑)(을)(별지 27호 서식)를 납세지 관할세무서장에게 제출하여야 한다.(법령 56조⑨)

G. 의료법인의 의료발전회계 구분경리

고유목적사업에 지출 또는 사용한 금액으로 적용받으려는{위 ②A.가.3호, 법령 29조⑥3호에 따라 적용} 의료법인은 손금으로 계상한 고유목적사업준비금상당액을 의료발전회계로 구분하여 경리하여야 한다.(법령 56조⑩)

【의료발전회계의 처리방법】(법통 29-56…6)

①의료법인이 의료기기 등 고정자산(법칙 29조의2)을 취득하기 위하여 지출하는 금액은 해당 법인의 선택에 따라 고유목적사업준비금을 사용한 것으로 경리할 수 있다.

②제①에 따라 지출하는 금액은 의료발전회계로 구분하여야 하며(법령 56조⑩), 이에 대한 세무상 처리방법은 아래와 같다.(수익사업인 의료사업에 대해 예외적으로 고유목적사업준비금을 허용한 경우이므로, 별도로 의료발전준비금으로 관리함-저자 주)

구분	병원회계(수익사업)	의료발전회계
100 전입 시	고유목적사업준비금전입 100 　　　　/ 고유목적사업준비금 100 {손금(준비금전입) 100 / 익금 -}	회계처리 없음
100 구입 시	자산　　　　　　100/ 현금　　　　　100 고유목적사업준비금 100 　　　　/ 의료발전준비금 100 {손금 - / 익금 -}	자산(별도관리) 100 　　　/ 의료발전준비금 100
20 감가상각	감가상각비　　　　20 / 감가상각누계액 20 의료발전준비금　　20 　　　　/ 의료발전준비금환입(익금) 20 {손금(감가상각비) 20 / 익금(환입) 20}	의료발전준비금 20 　　　/ 자산(별도관리) 20
50에 처분	현금　　　　　　50　 / 자산　　　　100 감가상각누계액　　20 유형자산처분손실　30 의료발전준비금　　80 　　　　/ 의료발전준비금환입(익금) 80 {손금(처분손실) 30 / 익금(환입) 80}	의료발전준비금 80 　　　/ 자산(별도관리) 80

(보충)전술한 '2)유형자산 및 무형자산의 처분에 대한 과세강화'(2018년 귀속분부터) 확인

비영리법인의 수익사업에 전출한 고정자산을 고유목적사업에 전입한 후 처분하는 경우에는, 전입 시 시가로 평가한 가액을 그 고정자산의 취득가액으로 하여 처분으로 인하여 생기는 수입을 계산한다.(법령 3조②. 2018.2.13. 이후 수익사업에 전출한 분부터 적용)

03 법인세에서 특히 주목해야 할 사항들

(1)특수관계인 개인으로부터 유가증권 저가매입 시 차액: 매입 시 과세

　법인이 특수관계인인 '개인'으로부터 유가증권을 시가보다 저가로 매입한 경우에는 '매입 시' 시가와 매입가액의 차액을 익금산입(유보 처분)하고(법법 15조②1호), 그 시가를 유가증권의 취득 가액으로 간주한다.(법령 72조③1호)

　　그러나 특수관계인인 법인이나 특수관계인이 아닌 자로부터 유가증권(신주인수권을 포함) 을 저가로 매입한 경우에는 유가증권의 실제매입가액을 유가증권의 취득가액으로 본다.(법통 41-72…1)

①적용범위

　특수관계 있는 개인으로부터 매입한 경우에 한하여 적용되며 특수관계 있는 법인으로부터 매입한 경우에는 이 규정이 적용되지 않는다.

②유가증권

　일반적으로 재산적 가치가 있는 증권으로서 주식·출자금, 채권 등이 해당된다. 따라서 비상 장주식을 특수관계인으로부터 저가양수한 경우에도 본 규정이 적용되므로 유의하여야 한다.

③시가

　시가란 특수관계인이 아닌 제3자 간의 정상적인 거래에 의하여 형성된 객관적인 교환가치를 말하며 유가증권의 시가가 불분명한 경우에는 상속세 및 증여세법을 준용하여 평가한다.

④유가증권에 대한 저가매입 차액의 처리

1. 익금산입시기 : 그 매입일이 속하는 사업연도
2. 저가매입차액의 세무조정: 저가매입차액은 익금산입 '유보' 처분하여 당해 유가증권의 세무계산상의 취득가액에 가산한 후, 동 유가증권 양도 시 손금산입함.

구분	저가매입 차액처리	세무상 자산 취득가액
특수관계있는 개인으로부터 '유가증권'을 저가매입한 경우	익금산입 유보처분 ⇒ 매입 시 과세	시가(저가매입 차액을 유가증권 취득가액에 가산)
기타의 자산 저가매입한 경우	익금으로 보지 아니함 ⇒ 처분 시 과세	취득가액

(2)기부금과 부당행위계산부인 및 소득세·증여세와의 관계

저고가양수도에 대한 세법상 처리가 그렇게 만만하지 않다. '저고가인지 판단기준'(기준금액)도 세법마다 다르며, '제약을 가하는 방법'(세무처리 방법)도 세법마다 제각각인데 더하여, 각 세법이 서로 얽혀 있어 혼란스럽기 짝이 없다. 여기서 우선 큰 틀부터 명쾌하게 정리하고 가도록 하자.

첫째, 저고가양수도로 인하여 '실질적인 기부 효과'가 발생하므로 '타인 간의 거래'에 해당하는 경우에는 기부금으로 간주하여(의제기부금, 법령 35조, 소령 79조①2호) 해당 법인 또는 개인사업자의 소득금액 계산 시 손금인정에 제한을 둔다. 다만, '기타사외유출'로 소득처분하여 이익 귀속자에게까지 곧바로 과세처분을 하지는 않는다.(법통 67-106…6, 제3호)

둘째, '특수관계인 간의 거래'에 해당할 경우에는 부당행위계산부인(법법 52조, 소법 41조) 규정을 적용하여 해당 법인 또는 개인사업자의 소득금액 계산 시 손금인정에 제한을 가하는 것뿐만 아니라, 그 이익 귀속자에게 소득처분하여 귀속자에게 소득세(상여·배당·기타소득)까지 추적하여 과세하게 된다.(법통 67-106…6, 제1·2호 ; 법통 67-106…8)

셋째, 법인세·소득세의 과세와는 별개로, 상증법의 과세요건에 해당하면 증여세까지 과세하게 되는데(상증법 35조), 동일한 소득에 대하여 법인세·소득세와 증여세가 '이중과세'되는 경우까지 발생할 수가 있으므로 이 점을 방지하는 장치를 두고 있다. 즉, "수증자에게 소득세 또는 법인세가 부과되는 경우에는 증여세를 부과하지 않는다"(상증법 4조의2③) "개인 또는 법인 간의 거래에 대하여 부당행위계산부인(소법 101조①, 법법 52조①) 규정이 적용되지 아니하는 경우에는, {비록 상증법상 저고가양수도 인정 '기준금액'을 벗어나더라도 소득세법(2021.2.17. 거래부터 적용)·법인세법상 판단을 수긍하여 - 저자 주} 상증법상 '저고가양수도에 따른 이익의 증여' 규정을 적용하지 아니한다"(상증법 35조③) 등의 규정이다.

이와 같이 저고가양수도와 관련한 내용이 복잡하기도 하지만 빈번하게 발생하기 때문에, 세법의 해석이나 실무처리상 혼란을 겪는 경우가 허다하다. 여기서는 우선 이들에 대한 관계를 명확히 한 다음 기부금을 중심으로 법인세에 대한 해설을 하겠다.

[기부금과 부당행위계산부인 및 소득세·증여세와의 관계]

구분	특수관계인 간 저고가양수도	타인 간 저고가양수도[*1]
해당여부 판단 기준	1. 시가~대가 차이 3억원 이상 2. 시가의 5% 이상 차이	시가의 30% 이상 차이
법인세 과세대상 금액	차액 전체를 과세	차액의 30% 초과분만 과세
법인세 과세 방법	부당행위계산부인(법법 52조)[*3]	의제기부금(법령 35조2호)[*4]
이익 귀속자 소득세 과세	O(상여 등 소득처분에 따라)[*2]	X(기타사외유출로 소득처분)
이익 귀속자 증여세 과세	X(소득세와 증여세 이중과세 배제, 상증법 4조의2③)	△(시가의 30% 이상 차이가 나면, 3억 초과분 과세)

[*1] '타인 간'의 저고가양수도에 따라 증여세 과세 시, 과세되는 금액(상증법 35조②, 상증령 26조)

증여세 과세금액 = 대가와 시가와의 차액 - 3억원

*2 **'특수관계인과 법인 간'의 거래는 부당행위계산 부인규정에 따라 상여·배당·기타소득 등으로 소득처분되어 소득세가 과세되므로**(법령 106조①1호, 법통 67-106…9), **증여세는 과세되지 않는다.**(상증법 4조의2③·35조③) **따라서 증여세가 과세되는 경우는 개인인 특수관계인 간의 거래가 주로 해당될 것이다.**

특수관계인 간 거래 시 증여세 과세금액 = 시가~대가의 차액 - Min{시가×30%, 3억원}

*3 **소득세법상 부당행위계산부인**(소법 41조·101조)**과 이익 귀속자 과세**

소득세법에도 사업소득의 부당행위계산부인(소법 41조), 양도소득의 부당행위계산부인(소법 101조) 규정이 있다. 그러나 사업소득에 대한 소득세 세무조정에서는 대손충당금·감가상각비나 공사진행기준 등 기간귀속 차이 항목에 대해서는 '유보'로 소득처분하여 사후관리를 하지만, 나머지 항목에 대해서는 '인출금 처리' 등으로 세무조정을 하고 끝나버리므로 법인처럼 이익 귀속자에게까지 추적해서 소득처분하지는 않는다.

하지만, 경정 시나 과세관청에서 신고서 검증 시 특정인에게 이익이 귀속된 사실이 발견될 경우, 그 사업자에게 소득세 과세뿐만 아니라 그 이익 귀속자에게 증여세를 과세한다.

*4 **소득세법상 '타인 간'의 저고가양수도에 따른 의제기부금**(소령 97조2호)

소득세법의 기부금 규정에도 법인과 유사하게 의제기부금 규정(소령 97조2호)을 두고 있다. 따라서 경정 시나 과세관청에서 신고서 검증 시 특정인에게 이익이 귀속된 사실이 발견될 경우, 그 사업자에게 소득세 과세뿐만 아니라 그 이익 귀속자에게 증여세를 과세한다.

1)기부금의 범위

기부금, 기업업무추진비(←접대비, 2023년까지), 광고선전비는 다음과 같은 차이가 있다.

구분	업무관련성 여부	상대방
기부금	업무 무관	불특정 다수
기업업무추진비(접대비)	업무 관련	특정 고객
광고선전비	업무 관련	불특정 고객

①본래의 기부금

기부금이란 법인이 특수관계인 외의 자에게 사업과 직접 관계없이 무상으로 지출하는 것으로 재산적 가치가 있는 것을 말한다.(법법 24조①) 만일, 법인이 특수관계인에게 자산을 저가양도·고가매입한 경우에는 부당행위계산 부인(법법 52조) 규정에 따라 시가와 거래가액의 차액을 부인하므로, 의제기부금 규정은 적용되지 않는다. 이례적으로, 법인세법 시행령 39조에 규정하는 단체 등과 특수관계 있는 법인이 동 단체 등에게 각종 시설비, 교육비·연구비 등으로 지출한 기부금이나 장학금은 이를 일반(구 지정)기부금으로 본다.(법통 24-39…4)

②의제기부금('비특수관계인' 간의 저·고가 양·수도)

법인이 '특수관계인 외'의 자에게 정당한 사유 없이 자산을 정상가액보다 낮은 가액으로 양도하거나 정상가액보다 높은 가액으로 매입함으로써 그 차액 중 실질적으로 증여한 것으로 인정되는 금액은 기부금으로 본다. 이 경우 정상가액은 시가에 시가의 30%를 가감한 범위안의 가액으로 한다.(법령 35조) 이 경우 '시가±30%'를 벗어난 차액에 대해서 의제기부금액으로 본다.

그리고 이익을 향유한 '특수관계인 외'의 자에게는 '기타소득' 등으로 소득처분하지 않고 '기타사외유출'로 소득처분하여 소득세까지 추적 과세하지는 않는다. 왜냐하면 기업업무추진비와 특례·일반기부금에 대해서만 무조건 '기타사외유출'로 소득처분 하고(법령 106조①3호 가·나목), 비지정기부금에 대해서는 귀속자가 출자자(출자임원 제외)이면 배당, 사용인(임원 포함)이면 상여, 나머지는 기타사외유출로 소득처분하기 때문이다.(법통 67-106…6)

하지만 소득세 과세는 제외되더라도 다음 규정에 의해 증여세를 과세당할 경우는 있다.

[저가양수·고가매입에 따른 이익의 증여](상증법 35조)

구분	증여대상 요건	증여재산가액(상증령 26조)
특수관계인 거래(①항)	다음의 어느 하나에 해당할 경우 1. 대가와 시가와의 차액이 시가의 30% 2. 거래 차액이 3억원 이상	대가와 시가와의 차액 – Min{시가×30%, 3억원}
비특수관계 거래(②항)	다음에 모두 해당하는 경우 1. 거래의 관행상 정당한 사유가 없음 2. 대가와 시가와의 차액이 시가의 30%	대가와 시가와의 차액 – 3억원

(보충1)소득세·법인세가 과세될 경우 증여세 과세 제외(상증법 4조의2③)

수증자에게 소득세 또는 법인세가 부과되는 경우에는 증여세를 부과하지 않음.

(보충2)소득세법, 법인세법의 부당행위계산부인 규정에 위배 안 되면 증여세 적용제외(상증법 35조③)

재산을 양수하거나 양도하는 경우로서 그 대가가 법법 52조(부당행위계산의 부인) ②에 따른 시가에 해당하여 그 거래에 대하여 부당행위계산부인(소법 101조①, 법법 52조①)이 적용되지 아니하는 경우에는 상증법 35조를 적용하지 아니한다. 다만, 거짓이나 그 밖의 부정한 방법으로 상속세 또는 증여세를 감소시킨 것으로 인정되는 경우에는 그러하지 아니하다.

그리고 법인세(소득세)의 소득처분 규정과 달리 소득귀속자에게 증여세를 과세할 경우에는 비사업자인 특수관계인 간의 거래는 Min{시가×30%, 3억원}을 차감하고, 타인 간의 거래는 3억원을 차감한 금액만을 증여로 본다.(상증법 36조, 상증령 26조)

[기본통칙 등 해석상 의제기부금 항목]

부동산의 무상·저가 임대 (적용)	법인이 특수관계인 외의 자에게 해당 법인의 사업과 직접 관계없이 부동산을 무상으로 임대하는 경우에는 시가상당액을 기부금으로 보고, 정당한 사유 없이 정상가액보다 낮은 가액으로 임대하는 경우에는 그 차액을 기부금으로 봄.(법집 24-35-1②)
저율대여 및 고율차입 (제외)	법인이 특수관계 없는 자에게 시중금리 또는 당좌대월이자율보다 낮은 이자율로 금전을 대여하거나 높은 이자율로 차입한 경우 시중금리 등에 의한 이자상당가산액과의 차액에 대하여는 기부금 및 접대비 관련 규정을 적용하지 않음.(서이46012-11622, 2003.9.9. ; 서면2팀-357, 2006.2.16.)

③부당행위계산 부인규정과의 관계('특수관계인' 간의 저·고가 양·수도)(법법 52조, 법령 87~90조)

만일, 법인이 특수관계인에게 자산을 저가양도·고가매입한 경우에는 부당행위계산 부인규정에 따라 시가와 거래가액의 차액을 부인하므로, 의제기부금 규정은 적용되지 않는다.

발생빈도가 높은 거래에 대해 일률적으로 부당행위계산 부인규정을 적용하기가 실무상으로 어려우므로, 세법에서는 일정 범위 내의 특수관계인 간의 변형된 거래를 인정한다. 그러나 고가매입·저가양도·저리대여·고리차용 및 이에 준하는 거래(법령 88조①1·3·6·7·9호)는 시가와 거래가액의 차액이 3억원 이상이거나(금액기준) 시가의 5%에 상당하는 금액 이상인 경우(비율기준)에 한하여 부당행위계산 부인규정을 적용한다.(법령 88조③, 소령 167조③도 같음)

그리고 이 부당행위계산 부인규정은 구체적으로 다음과 같이 적용한다.

1. 3억원 또는 5%를 초과한 경우에 초과한 부분에 한해서만 과세하는 것이 아니라, '시가와 거래가액의 차액 전부'에 대해 소득금액을 재계산한다.

2. 부당행위계산 부인규정 적용을 위한 "시가와 거래가액의 차액이 3억원 이상이거나 시가의 5%에 상당하는 금액 이상인 경우"는 사업연도 또는 전체 거래기간 등의 시가와 거래가액 차액의 합계액을 기준으로 판정할 수 있다.(법인-3074, 2008.10.24.)

부당행위계산 부인규정에 따라 특수관계인에게는 상여·배당·기타소득 등으로 소득처분 되어 소득세가 과세되므로(법령 106조①1호, 법통 67-106…6 ; 67-106…8), 증여세는 과세되지 않는다.(상증법 4조의2③)

또한 "재산을 양수하거나 양도하는 경우로서 그 대가가 법법 52조②에 따른 시가에 해당하여 그 거래에 대하여 부당행위계산부인(소법 101조①, 법법 52조①) 규정이 적용되지 아니하는 경우에는, (비록 상증법상 저고가양수도 인정 '기준금액'을 벗어나더라도 – 저자 주) 상증법상 '저고가양수도에 따른 이익의 증여' 규정을 적용하지 아니한다. 다만, 거짓이나 그 밖의 부정한 방법으로 상속세 또는 증여세를 감소시킨 것으로 인정되는 경우에는 그러하지 아니하다"(상증법 35조③)라고 규정하여 동일한 소득에 대한 '이중과세'를 방지하는 장치를 두고 있다.

2)기부금의 평가 및 귀속시기

①현물기부금의 평가(금전 이외의 자산을 기부한 경우)(법령 36조①, 72조②5의3)

특례기부금	장부가액. 참고로, 2020년부터 개인은 Max{장부가액, 시가}(소득령 81조③)
일반기부금	장부가액. 단, 특수관계인에게 기부한 경우에는 Max{장부가액, 시가}
비지정기부금	Max{장부가액, 시가}

②기부금의 귀속시기: 실제 지출일(현금주의)(법령 36조②③)

가지급금 등으로 계산	그 지출한 사업연도의 기부금으로 하고, 그 이후에는 기부금으로 보지 않음
미지급금 계상	실제로 지출하는 사업연도에 귀속
어음	실제로 어음이 결제된 날(법칙 19조)
수표	일반수표: 수표를 교부한 날에 지출한 것으로 봄(법칙 19조) 선일자수표: 어음과 동일하게 대금결제일(서면2팀-1669, 2006.8.30.)
설립중인 법인 등	내국법인이 정부로부터 인·허가를 받기 이전의 설립중인 공익법인 및 단체 등에 일반기부금을 지출하는 경우에는, 그 법인·단체가 정부로부터 인가·허가를 받은 날이 속하는 사업연도의 기부금으로 함.(서면법인-1937, 2016.1.14.)

3)기부금에 대한 세무조정

①차가감소득금액 계산

특례기부금(구 법정기부금)과 일반기부금(구 지정기부금) 한도초과액을 제외하고, 다른 세무조정을 모두 완료하여 차가감소득금액을 계산한다. 비지정기부금과 기부금의 귀속시기 차이도 차가감소득금액 계산 시 세무조정하여야 한다.

차가감소득금액 = 당기순이익 + 익금산입 및 손금불산입 – 손금산입 및 익금불산입

{차가감소득금액에는 피합병법인과 분할법인(분할 후 존속하는 분할법인 포함)의 합병·분할에 따른 양도차손익은 제외함.}

②특례기부금(구 법정기부금) 시부인 계산

특례기부금 한도액(법법 24조②)	(기준소득금액[1] −이월결손금[2])× 50%
한도초과액(△한도미달액)	특례기부금 지출액 - 특례기부금 한도액
세무조정(법령 106조①3 가목)	한도초과액인 경우: 손금불산입(기타사외유출) 한도미달액인 경우: 세무조정 없음(이월공제 추인)

[1] 기준소득금액 = 차가감소득금액 + 특례기부금 지출액 + 일반기부금 지출액

[2] 이월결손금: 과세표준 계산상 공제하는 이월결손금 전액→각 사업연도 소득의 80% 한도로 이월결손금 공제를 적용받는 법인(법법 13조①단서)은 기준소득금액의 80% 한도(2023.1.1. 개시 사업연도분부터 적용)

③일반기부금(구 지정기부금) 시부인 계산

일반기부금 한도액(법법 24조②)	(기준소득금액 - 이월결손금 - 특례기부금 공제액)×10% (단, 사회적기업은 20%, 2019.1.1.신고부터 적용)
한도초과액(△한도미달액)	일반기부금 지출액 - 일반기부금 한도액
세무조정(법령 106조①3 가목)	한도초과액인 경우: 손금불산입(기타사외유출) 한도미달액인 경우: 세무조정 없음(이월공제 추인)

(보충1)기존의 장학, 학술, 문화·예술단체 등도 2021.1.1. 이후 일반기부금단체로 지정하는 경우부터 국세청장(관할세무서장 포함)(←종전 주무관청에서 변경)의 추천을 받아 기획재정부장관이 지정·고시하여야만 일반기부금단체로 인정. 단, 사회복지법인·의료법인·종교법인 등은 당연기부금단체이므로 지정·고시와 무관(법령 39조①1호 바목 및 상증령 12조, 2018.2.13. 개정 법령 부칙 16조 및 상증령 부칙 12조, 법칙 18조의3)

(보충2)법인이 우리사주조합에 지출하는 기부금은 각 사업연도소득금액에서 이월결손금을 차감한 금액에 30%를 곱한 금액을 한도로 손금산입함.(조특법 88조의4⑬) 그러나 이 기부금에 대해서는 이월공제 규정이 없음.

④한도초과액의 이월공제

특례기부금·일반기부금 한도초과액은 해당 사업연도의 다음 사업연도 개시일부터 10년(2019.1.1. 이후 과세표준을 신고하는 분부터 적용하므로, 12월말 법인의 경우 2018년 귀속 사업연도에 대해서도 적용됨. 2018.12.24. 개정 법법 부칙 4조②) 이내에 끝나는 각 사업연도에 이월하여 공제한다. 이월된 각 사업연도에 있어서 이월된 특례기부금 또는 일반기부금을 우선 손금산입하고, 손금산입한도에 미달하는 금액의 범위에서 당해연도에 지출한 기부금을 손금에 산입한다.(이월된 기

부금 우선 공제는 2020.1.1. 이후 신고분부터 적용. 법법 24조④)

구분	이월공제 기간
특례기부금·일반기부금	2019.1.1. 신고분부터: 10년, 2018.12.31.까지 신고분: 5년
우리사주조합기부금	이월공제 없음

(보충)기부금 이월공제{2019년 신고분(2018년 귀속분도 해당)부터는 5→10년으로 연장}

이월공제기간: 특례기부금·일반기부금 한도초과액은 10년간 이월공제하며, 2019.1.1. 이후 과세표준을 신고하는 분부터 적용. 그리고 2013.1.1. 이후 지출한 기부금에 대해서도 적용(2018.12.24. 개정 법법 부칙 4조②)

⑤기부금 영수증 및 기부금영수증 발급합계표 등

기부금영수증 보관의무	기부금을 지출한 법인이 손금산입하는 경우에는 기부금영수증(별지 63호의3 서식)을 (기부처에서) 받아 보관해야 함.(법령 39조④)
제출서식	특례기부금과 일반기부금을 구분하여 작성한 기부금영수증 발급합계표(별지 22호 서식) 및 기부금조정명세서(별지 21호 서식)(법령 37조③)

(3)외국납부세액공제(법법 57조, 법령 94조)

1)국제적 이중과세의 방지

내국법인의 각 사업연도의 소득금액에 국외원천소득이 포함된 경우에는 원천지국과 거주지국에서 법인세가 이중과세되므로 이를 조정하기 위하여 외국납부세액의 '세액공제제도'와 '필요경비(손금)산입제도'를 두고 있었다.(법법 57조①, 법령 94조③)

그러나 2021.1.1. 이후 개시하는 사업연도분부터 '필요경비산입제도'를 폐지하여 '세액공제제도'만 가능하다.

해외소득에 대하여는 일단 해당 외국의 법에 따라 세금을 납부해야 하는데, 해외소득을 내국법인의 소득에 그대로 합산하여 국내에서도 세금을 부과하면 일정한 소득이 해외에서 발생했다는 이유만으로 해당 법인은 이중으로 세금을 납부하는 문제가 발생할 수 있다. 법인세법·소득세법은 이런 문제를 해결하기 위해 외국에 납부하였거나 납부할 법인세액을 국내에서 납부할 법인세액에서 공제할 수 있도록 규정하고 있다.

'외국납부세액공제'는 산출세액에서 국외원천소득이 당해 과세연도의 과세표준금액에서 차지하는 비율을 곱하여 산출한 금액을 한도로 인정하고 있다. 그런데 국외원천소득은 있으나 국내사업소득의 결손으로 산출세액이 없는 경우나 어느 국가에서는 이익이 발생했지만 다른 국가에서는 결손이 나서 전체적으로 국외원천소득이 결손인 경우 등에는 세액공제의 혜택을 받을 수 없으므로 2020년 귀속분까지는 '손금산입 방법'도 선택할 수 있도록 하였었다. 그러나 2021.1.1. 이후 개시하는 사업연도부터는 '손금산입 방법'을 폐지해버렸다.

또한 공제한도액을 초과하는 외국납부세액은 해당 과세기간의 다음 과세기간부터 10년(←5년. 2021.1.1. 이후 신고시 5년 경과되지 않은 분부터는 10년으로 연장하고, 공제기간 내 미공제 외국납부세액 이월액은 공제기간 종료 다음 과세연도에 손금산입) 이내에 종료하는 각 과세기간에 이월하여 그 이월되는 과세기간의 공제한도 범위 내에서 공제받을 수 있다.(소법 57조②)

2)공제대상 외국납부세액의 범위와 방법

①직접외국납부세액(Ordinary Tax Credit)(법법 57조①, 법령 94조①)

직접외국납부세액이란 외국정부(지방자치단체 포함)에 의하여 과세된 다음의 세액(가산세 및 가산금은 제외)을 말한다. 다만, 상호합의절차(「국제조세조정에 관한 법률」 10조①)에 따라 내국법인의 소득이 감액조정된 금액 중 국외특수관계인에게 반환되지 아니하고 내국법인에게 유보되는 금액에 대하여 외국정부가 과세한 금액을 제외한다.(법령 94조①)

1. 초과이윤세 및 기타 법인의 소득 등을 과세표준으로 하여 과세된 세액
2. 법인의 소득 등을 과세표준으로 하여 과세된 세의 부가세액
3. 법인의 소득 등을 과세표준으로 하여 과세된 세와 동일한 세목에 해당하는 것으로서 소득 외의 수익금액 기타 이에 준하는 것을 과세표준으로 하여 과세된 세액

②간주외국납부세액(Tax Sparing Credit)(법법 57조③)

개요	간주외국납부세액이란 국외원천소득이 있는 내국법인이 조세조약의 상대국에서 해당 국외원천소득에 대하여 법인세를 감면받은 세액 상당액은 그 조세조약으로 정하는 범위에서 세액공제의 대상이 되는 외국법인세액으로 본다.(법법 57조③) 이 제도는 개발도상국에서의 감면효과가 한국에서 투자한 기업에 유지되도록 하여 개발도상국에 대한 투자를 촉진하기 위한 목적이다. 즉, 세금감면혜택을 받은 내국법인에게 귀속시키기 위한 규정이다. 만일 이 규정이 없다면 외국에서 감면받은 대신 한국에서 세금을 납부하는 결과가 되므로(기 납부한 외국납부세액이 없으므로) 이 모순을 해결하기 위한 규정이다.
요건	간주외국납부세액에 대해 세액공제 등을 적용하기 위해서는 조세조약의 범위 내여야 하고, 상대국의 법률 또는 조세조약에 의한 감면이어야 하지만, 당초부터 법인세가 비과세되는 경우에는 제외한다.(법통 57-0…3) 간주외국납부세액 적용대상세액은 내국법인이 외국에서 직접 공제·감면받은 법인세액을 의미하므로, 외국자회사가 공제·감면받은 세액은 공제대상에 해당되지 않는다.(재국조-11, 2010.1.11.)
조정	간주외국납부세액은 실제 납부한 세액이 아니므로 회계처리 및 세무조정이 필요 없는 항목이다.
제한세율관계	내국법인이 중국자회사의 2008.1.1. 이후 형성된 잉여금을 재원으로 지급받은 배당소득에 대해 한·중 조세조약 10조②에 따른 제한세율을 적용받은 경우, 같은 조약 23조③(같은 조약 제2의정서 5조로 개정된 것)과 간주외국납부세액공제가 적용되지 아니한다.(재국조협력-189, 2015.4.27.) {이유: 조세조약상 제한세율은 양 국가 간 과세권 배분의 성격이어서, 제한세율의 적용은 중국에서 과세권의 포기 없이 과세된 경우이기 때문. ⇒대법원은 뒤집음}

(보충)제한세율과 간주외국납부세율에 대한 법원의 판단

법원에서는 5% 제한세율을 적용받아 중국에 직접 납부한 세액은 직접외국납부세액공제를 적용하고, 간주외국납부세율 10%와 제한세율 5%와의 차이는 간주외국납부세액공제를 적용받을 수 있다고 판시함.(대법 2014두38019, 2014.10.15. ; 서울고법 2013누53402, 2014.5.28. ; **대법 2017두59727, 2018.3.13. 선고 외 다수)**

③간접외국납부세액공제(Indirect Foreign Tax Credit)(법법 57조④)

내국법인의 각 사업연도의 소득금액에 외국자회사로부터 받는 수입배당금액이 포함되어 있는 경우 그 외국자회사의 소득에 대하여 부과된 외국법인세액 중 그 수입배당금액에 대응하는 금액은 세액공제되는 외국법인세액으로 본다.(법법 57조④)

이 목적은 소득세법에 규정되어 있는 배당세액공제(소법 17조③·56조, 소령 116조의2)와 같은 취지로 국제거래에서 이중과세를 방지하기 위한 목적이다. 제2장 종합소득세 05 (3)1) 참조

외국납부세액에 대한 '세액공제방식'의 경우에는 간접외국납부세액을 배당확정일이 속하는 사업연도에 익금산입('기타' 소득처분)한 후 외국납부세액공제를 한다.(법법 15조②2호) 이때 세액공제 한도 내에서 실제 공제받은 간접외국납부세액 공제금액이 아니라 간접외국납부세액 상당액 총액을 익금산입한다.(법규과-411, 2012.4.20.) 반면에 외국납부세액에 대해 '손금산입방식'(2021년 폐지)을 선택한 경우에는 간접외국납부세액을 익금산입하지 않는다.

한편, 이중과세 조정을 위해 내국법인이 해외자회사로부터 받는 배당소득에 대해서는 95% 익금불산입하는 규정이 신설됐다.(2023.1.1. 이후 배당받는 분부터 적용. 법법 18조의4 신설, 15·21·41·57·57의2 개정)

[외국자회사 세전이익의 귀속자별 분포](세율: t)

간 접 외 국 납 부 세 액 에 대 한 세액공제방식은, D 상당액을 익금산입하여 법인세를 산출 후 D금액을 세액공제.

(세후이익)	(법인세)
A (사내유보)	B (법인세)
C (배당액)	D (법인세)

간접외국 납부세액 = 외국자회사 배당액 × $\dfrac{\text{외국자회사 법인세액}}{\text{외국자회사 소득금액} - \text{외국자회사 법인세액}}$

자회사 세전이익 × {1 − t(법인세율)} = 자회사 세후이익
자회사 세전이익 = 1/(1−t) × 자회사 세후이익
{1/(1−t) = (1−t+t)/(1−t) = 1 + t/(1−t)이므로}
't/(1−t)'가 배당가산(Gross-up)이 된다.
't/(1−t)'의 분자·분모에 '외국자회사 소득금액'을 각각 곱하면 ➡

$$= \dfrac{\text{외국자회사 소득금액} \times t}{\text{외국자회사 소득금액} - \text{외국자회사 소득금액} \times t}$$

$$= \dfrac{\text{외국자회사 법인세액}}{\text{외국자회사 소득금액} - \text{외국자회사 법인세액}}$$

배당세액공제의 논리는 실제 배당액은 C이지만 만일 '자회사가 법인세를 부담'(t세율)하지 않았더라면 'C+D(Gross-up)' 금액이 배당됐을 것이므로, 자회사가 법인세로 납부한 D금액을 '배당소득자인 한국 모회사가 납부한 법인세로 간주'한다는 뜻이다.
한국 모회사 측면에서는 'D(Gross-up)' 금액이 클수록 유리하다.(T: 모회사 법인세율)
1. Gross-up 적용하지 않을 경우의 모회사 법인세 = C(자회사배당액) × 법인세율(T)
2. Gross-up 적용할 경우의 모회사 법인세 = {C(자회사 배당액) + D}×법인세율(T) − D
= C(자회사 배당액)×T − D×(1−T)
따라서 'Gross-up을 적용'하면 'D×(1−T)'만큼 모회사 법인세가 감소하기 때문에 D, 즉 배당가산액 (Gross-up)이 클수록 유리해지는 것이다.

(보충)**해외자회사 요건 완화**(2023.1.1. 이후 배당받는 분부터 적용. 법법 57조④⑤, 법령 94조⑨)

지분율 10%(←25%) 이상(해외자원개발사업 자회사는 5%), 배당기준일(←확정일) 현재 6개월 이상 보유.
해외자회사 배당금에 대해 익금불산입이 적용되지 않는 경우에 한해 적용.

(4)디지털세(Digital Tax 또는 Google Tax)

1)디지털세 논란

디지털세(일명 '구글세')란 다국적 IT기업의 독과점 및 조세회피 문제를 해결하기 위해 부과하는 세금과 이들이 사용하는 콘텐츠에 대해 부과하는 이용 요금을 통틀어 일컫는 말이다. 처음 논쟁이 구글을 대상으로 시작되어 '구글세'라 부르기도 하지만, 구글·페이스북·에어비앤비 등 글로벌 정보통신기술(Information and Communication Technology, ICT) 기업들에 대한 과세문제도 동일한 연장선상에 있다.

구글(Google)은 지식재산권 관련 세금 제도가 미약한 아일랜드에 있는 자회사가 상당수 지식재산권을 보유하게 하고, 세계 각국에서 벌어들인 수익을 지적재산권에 대한 로열티 명분으로 이 자회사에 몰아줌으로써 법인세를 적게 내는 방식을 쓰는 대표적인 글로벌 정보통신기술(ICT) 기업이다.

이에 따라 독일·스페인은 다국적기업에 콘텐츠 저작권료 혹은 사용료를 세금 형태로 징수하고, 영국은 해외 수익 이전에 대해 더 높은 법인세율을 적용하는 방식으로 '디지털세'를 매기고 있다.

그러나 다음과 같은 수많은 난관들이 있어 디지털세 과세는 결코 쉽지 않다.

첫째, 특정 국가와 해외 본사와의 거래를 분류하는 게 현실적으로 어려운 데다, 특정 국가 내에 서버가 없는 구글 등에게 직접 과세할 수도 없다.

둘째, 국제적인 통상마찰 문제가 대두되어, 역으로 보복적 과세를 당할 가능성이 높다. 따라서 국제적인 합의와 공조가 선행되어야 한다는 제약이 크다.

셋째, 국가 간에 체결되어 있는 '조세조약'(「소득에 대한 조세의 이중과세회피와 탈세방지를 위한 협정」)이 국내세법보다 우선 적용되기 때문에, 국내세법 개정만으로는 효과가 적고 조세조약의 개정이 수반되어야만 과세가 가능하다.

2)한국의 디지털세

①법인세·소득세 과세의 어려움

한국에서도 '디지털세' 과세를 위한 방안을 모색했으나 역시 수많은 난제에 부딪혔다. 특히, 국내에 진출한 해외기업 대부분은 '공시(公示)'나 '외부감사' 의무가 없는 유한회사로 운영되고 있어 국내 매출액 규모나 수익 구조를 파악하기 어렵다는 점도 문제다. 그러나 2020년부터는 유한회사도 일정규모 이상인 경우 외부감사 대상으로 법을 정비한 것은 그나마 다행이다.[『주식회사 등의 외부감사에 관한 법률』(일명 '외감법'), 2019.11.1. 이후 개시하는 사업연도부터 적용, 외감법 4조, 외감령 5조][2]

2023년 총수입 5조원 초과 기업의 법인세 평균 부담액은 국내 법인은 2639억원이었다. 이에 반해 외국인투자법인(주주가 외국인인 내국법인) 2008억원, 외국법인(본점이 외국에 있는 법인) 141억원이었다. 경제협력개발기구(OECD) 법인세 통계 분석 결과, 한국에서 글로벌 다국적기업이 내는 법인세수 비중은 7%로 OECD 평균 22%의 1/3수준이다. 구글코리아는 법인세로 155억원만 냈는데, 이는 네이버가 낸 법인세의 3.1%에 불과하다. 구글 서버가 해외에 있다는 이유로 국내에서 발생한 앱스토어·인앱 결제 등 매출을 해외 본사 수익으로 돌렸기 때문이다. 디지털세는 영업장 위치와 관계없이 기업 매출에 따라 세금을 부과하는 별도 세목을 말한다. 138개 국가가 2025년을 발효를 목표로 추진 중이지만 미국의 반대로 현재 답보상태다.

또한 넷플릭스코리아는 2023년 8233억원의 매출액을 기록했지만, 이 중 84.52%인 약 6960억 원을 매출원가 명목으로 미국 본사에 보냈다. 이 같은 이유로 영업이익은 120억원에 그쳐 36억원의 법인세를 납부했다.

②부가가치세 과세(2019.7.1. 공급하는 분부터)

우선 2019년 7월 1일부터 해외 IT기업에 부가가치세를 과세하도록 세법이 개정됐다. '디지털세'에 대한 과세의 첫발을 내디딘 것이다. 하지만 법인세·소득세에 대한 과세는 앞으로도 수많은 난관에 봉착할 것으로 보여 그리 만만하지가 않다. 부가가치세의 관련 규정은 다음과 같다.

[전자적 용역을 공급하는 국외사업자의 용역 공급과 사업자등록 등에 관한 특례]

(2018.12.31. 개정 부가법 53조의2. 2019.7.1. 공급분부터 적용, 부칙 9조)

비거주자 또는 외국법인(부가법 52조①)이 정보통신망을 통하여 이동통신단말장치 또는 컴퓨터 등으로 국내에 제공하는 용역으로서 다음의 어느 하나에 해당하는 용역('전자적 용역')을 공급하는 경우에는 국내에서 해당 전자적 용역이 공급되는 것으로 본다.

1. 게임·음성·동영상 파일 또는 소프트웨어 등 대통령령(부가령 96조의2)으로 정하는 용역

2. 광고를 게재하는 용역

3. 「클라우드컴퓨팅 발전 및 이용자 보호에 관한 법률」 2조3호에 따른 클라우드컴퓨팅서비스

4. 재화 또는 용역을 중개하는 특정 용역　　5. 그 밖에 1~4호와 유사한 특정 용역

국외사업자가 다음의 어느 하나에 해당하는 제3자(비거주자 또는 외국법인을 포함)를 통하여 국내에 전자적 용역을 공급하는 경우(국내사업자의 용역 등 공급 특례에 관한 53조가 적용되는 경우는 제외)에는 그 제3자가 해당 전자적 용역을 국내에서 공급한 것으로 본다.

1. 정보통신망 등을 이용하여 전자적 용역의 거래가 가능하도록 오픈마켓이나 그와 유사한 것

---

2) 《매일경제》 2020.4.27. 〈신외감법 비웃는 외국계 기업: 실적공개 피하려 꼼수〉 ; 《동아일보》 2020.12.9.
　　2020년부터 유한회사까지 감사보고서 공시대상이 확대되자 일부 외국계 기업들이 회사등기를 유한회사·주식회사에서 유한책임회사로 변경하는 편법을 동원하고 있다. 아디다스코리아, 월트디즈니컴퍼니코리아, 이베이코리아(옥션·G마켓), 딜리버리히어로코리아(배달의민족), 마이크로소프트5673코리아, 구찌코리아 등이다.

을 운영하고 관련 서비스를 제공하는 자

2. 전자적 용역의 거래에서 중개에 관한 행위 등을 하는 자로서 구매자로부터 거래대금을 수취하여 판매자에게 지급하는 자

3. 그 밖에 1·2호와 유사하게 전자적 용역의 거래에 관여하는 일정한 자

③관련 보도자료

글로벌 최저한세가 도입됨에 따라 국제조세조정에 관한 법률에 규정(국조법 제5장, 60~84조)을 신설하여 2024년 1월 1일 이후 개시하는 사업연도 분부터 적용한다.

조세회피를 방지하기 위해 "구글─페북─삼성, 2023년부터(☞2024~25년으로 연기) 해외에 법인세 낸다"는 보도자료와(《동아일보》 2021.10.11.), 2019.7.1. 공급하는 분부터 부가가치세를 과세하는 것에 대한 보도자료(《중앙일보》 2018.12.11.), 글로벌 ICT 기업들의 '승자독식(The Winner-Take-All)'에 대한 비판·개혁을 강조하는 글을 소개하고 이 부분의 해설은 마친다.

〈구글─페북─삼성, 2023년부터 해외에 법인세 낸다〉(《동아일보》 2021.10.11. ; 2023.11.9. 등)

"매출─이익 기준 넘는 다국적기업, 초과이익의 25% 세금으로 내야"

"자국에 내던 세금 해외에 나눠 내, 글로벌 법인세 최저세율도 15%로"

[글로벌 법인세 합의안 주요 내용]

구분	글로벌 법인세 과세권 배분(필라1): 2025년 시행	글로벌 최저세율 도입(필라2): 2024년 시행
대상기업	연결매출액 200억 유로(약 27조원) 및 이익률 10% 이상 다국적 기업(금융업, 채굴업 제외)	연결매출액 7500만 유로(약 1조원) 이상 다국적 기업(국제해운업 제외)
과세내용	글로벌 이익 중 통상이익(10%)을 넘는 초과이익의 25%를 시장 소재국에서 과세	최저한세 15% 적용

구글, 페이스북, 넷플릭스 등 매출액과 영업이익률이 일정 수준을 넘는 다국적 기업은 2023년부터 초과이익의 25%에 대한 세금을 매출이 발생한 국가들에 나눠 내야 한다. 한국에서 매출을 올리면서도 사업장이 없다는 이유로 세금을 제대로 내지 않던 글로벌 기업에 정부가 세금을 더 물릴 수 있게 되는 것이다. 국내 기업 중에는 삼성전자가 마찬가지로 매출을 낸 해외 국가에 세금을 내게 된다.

우선 다국적 기업이 고정 사업장 없이 매출을 올리는 국가들에 나눠주는 세금의 비율은 25%로 확정됐다. 적용 대상은 연결매출액이 200억 유로(약 27조 원) 이상이면서 영업이익률이 10% 이상인 다국적 기업이다. 대상 기업은 앞으로 글로벌 이익 중 통상이익(10%)을 넘는 초과이익의 25%에 대한 세금을 매출 발생국에 나눠서 내야 한다. 특정 기업의 매출이 100만 유로 이상인 국가만 세금을 나눠 받을 수 있다. 다만 국내총생산(GDP) 규모가 400억 유로 이하인 나라는 국내 매출이 25만 유로만 넘어도 세금을 받을 수 있다.

글로벌 법인세 논의는 당초 글로벌 정보통신기술(ICT) 기업을 겨냥해 '디지털세'라는 이름으로 출발했지만 논의 과정에서 금융업과 채굴업을 제외한 대부분의 업종으로 대상이 확대됐다.

이번 합의로 한국에서 큰돈을 벌고도 제대로 세금을 내지 않던 구글, 넷플릭스 등 글로벌 기업들에 대해 정부가 세금을 추가로 걷을 수 있게 됐다. 기본소득당 용혜인 의원이 국세청에서 받은 자료에 따르면 구글, 마이크로소프트, 아마존, 페이스북, 애플 등 19개 글로벌 기업이 지난해 국내에서 낸 법인세는 1539억 원에 불과했다. 이는 국내 빅테크(대형 기술 기업) 네이버 한 곳이 지난해 국내에서 낸 법인세의 36%가량이다.

국내 기업 가운데는 삼성전자가 글로벌 법인세를 적용받을 것으로 보인다. 삼성전자의 지난해 매출은

237조 원, 영업이익률 15.1%였다. 이를 토대로 추산하면 지난해 매출의 10%(약 23조7000억 원)를 초과한 이익은 12조3132억 원이다. 초과이익의 25%인 3조783억 원에 대한 과세권을 한국을 포함한 국가들이 나눠 갖는다. SK하이닉스도 연매출 기준을 충족하지만 연도별 영업이익률 변동 폭이 커 적용 여부는 불확실하다. 참여국들은 7년간 이대로 운영한 뒤 매출액 기준을 100억 유로로 낮추기로 해 영향을 받는 한국 기업은 더 늘어날 것으로 전망된다.

기업으로선 자국에 내던 세금을 해외에 나눠 내기 때문에 전체 세 부담은 큰 차이가 없다는 것이 정부의 설명이다. 기업이 이중으로 세금을 부담하지 않게 정부는 해외에 낸 세금만큼 국내 법인세에서 공제해줄 방침이다. 그 대신 기업들이 여러 국가에 세금을 납부하는 과정에서 납세협력비용은 발생할 수 있다. 재계 관계자는 "글로벌 법인세 개편이 어떤 영향을 미칠지 예의주시하고 있다"고 말했다.

글로벌 법인세 최저세율도 15%로 확정했다. 특정 국가가 기업에 물리는 세율이 15%보다 낮으면 그 차이만큼 다른 국가에서 세금을 더 거둘 수 있는 제도다. 각국이 다국적 기업을 유치하려 법인세율을 낮추는 경쟁이 잦아들 것으로 기대된다. 최저세율 적용 대상은 연결매출액 7억5000만 유로(약 1조 원) 이상인 다국적기업이다. 국제해운업은 제외된다.

한국은 법인세율(지방세 포함 최고 27.5%)이 높은 편이라 최저한세 도입으로 큰 영향을 받지 않을 것으로 예상된다. 이상호 한국경제연구원 경제정책팀장은 "글로벌 최저세율인 15%를 하회하는 헝가리·아일랜드 등에 진출한 국내 기업들이 추가로 세금 부담을 질 것으로 보인다"고 밝혔다.

〈첫발 내디딘 '구글세'…내년 7월부터 해외 IT기업에 부가가치세 부과〉(《중앙일보》 2018.12.11.)

내년 7월부터 구글·페이스북·에어비앤비 등 글로벌 정보통신기술(ICT) 기업들도 한국에서 인터넷·공유숙박 등의 서비스 수익에 대해 부가가치세를 내야 한다. 해외 디지털 기업들의 각종 서비스 수익에 세금을 부과하는 부가가치세법 일부 개정안이 지난 2018년 12월 8일 국회 본회의를 통과했다.

이번에 통과된 법안은 이들 외국 ICT 기업들의 기업과 소비자간(B2C) 거래에 부가가치세를 부과하는 것이다. 구체적으로는 해외 ICT기업의 인터넷 광고, 클라우드 컴퓨팅 서비스, 공유경제 서비스, O2O(온·오프라인 거래) 서비스 등이 부가가치세 부과 대상이다. 박 의원은 "이번에 합의되지 못한 해외 디지털 기업과 국내 사업자 간의 기업 간(B2B) 거래에 대한 과세 문제도 계속 논의할 것"이라고 강조했다.

해외 ICT 기업들에 물리는 일명 '구글세'는 그동안 뜨거운 감자였다. 구글세로 불리게 된 데는 구글이 한국을 포함한 세계 각국에서 올리는 높은 매출에 비해 턱없이 적은 세금을 내며 조세 회피를 하고 있다는 지적 때문이었다.

구글은 한국에서 2016년 기준으로 앱스토어인 구글플레이에서 4조4656억원의 매출을, 유튜브를 통해서도 한 해 4000억원 이상의 광고 매출을 올린 것으로 업계에선 보고 있다. 그러나 2016년 구글이 낸 법인세는 200억원이 넘지 않는 것으로 알려졌다.

지난 10월 국정감사에서도 국내에 구글세를 도입해야 한다는 주장이 잇따라 나왔다. 박영선 더불어민주당 의원에 따르면 연간 매출이 1조원이 넘는데도 법인세를 한 푼도 내지 않은 외국계 기업은 13곳이 넘는 것으로 집계됐다. 국정감사에 출석한 존 리 구글코리아 대표는 한국에서의 매출액 규모나 납세 내용 등에 대해서는 모르쇠로 일관했다. 이후 정치권에서 여야 가리지 않고 구글세 도입 법안을 발의하기 시작했다.

이번 부가가치세 법안 통과로 해외 ICT 기업들에 법인세를 부과하는 논의에도 속도가 붙을 것으로 보인다. 구글코리아 등이 "납세 의무를 다하고 있다"고 주장하는 이유도 현행법상 국내 자회사를 통해 발생하는 일부 소득에 대한 법인세 의무만 다하면 되기 때문이다. 글로벌 ICT 기업이 한국에 고정 사업장이나 고정 서버가 없다는 이유에서다.

<사악해진 빅테크 그 이후>[3]

- **글로벌 ICT 기업들의 '승자독식(The Winner-Take-All)' 현상**(p.10)

정보와 네트워크를 활용할 방법을 찾아낸 기업들이 막대한 부를 독식하고 있다. 이른바 FAANG(페이스북, 애플, 아마존, 넷플릭스, 구글의 머리글자이며, '팡'이라고 함)이라고 불리는 미국 5대 기술기업의 시가총액은 프랑스 전체 경제규모를 능가할 정도다. 사용자 수를 놓고 보면, 페이스북의 사용자 수는 세계 최대인 중국 인구보다도 많다.

- **글로벌 ICT 기업들은 '데이터'와 '관심'이라는 우리의 값비싼 재료를 공짜로 활용**(p.16)

거대 플랫폼들은 '데이터'와 '관심'이라는 우리들의 값비싼 재료를 공짜로 활용하여 돈을 벌고 있다. 따라서 이들의 수입은 그들만의 것이 아니라 우리 모두가 공유해야만 한다.

- **새로운 이익 공유 방식의 필요성**(아래는 p.399~415 참조)

구글과 페이스북은 두 자릿수의 이익을 기록하고 있다. 원자재, 즉 우리에 관한 데이터(뿐만 아니라 '관심')를 공짜로 얻기 때문이다. 하지만 우리의 개인 정보에 대한 소유권은 우리에게 있어야 한다. '디지털 석유 추출 기업들'('데이터'를 '새로운 석유'에 빗댄 표현)이 우리의 개인 정보를 사용했다면 우리에게도 보상을 제공해야 한다. 플랫폼 기업, 데이터 브로커 기업, 신용카드 회사, 의료 업체로 구성된 4개 범주의 데이터 수집 기업들이 매출의 일정 부분을 이용해 인터넷을 사용하는 모든 국민에게 정해진 비용을 지급할 수도 있을 것이다. 혹은 데이터 추출 기업들에 매출의 일정부분을 내도록 강제해 교육과 인프라에 투자하는 공공 펀드를 조성하는 방법도 생각해볼 만하다.

- **재무제표에 데이터의 가치를 명확하게 공시할 필요**

데이터가 지구상에서 가장 가치 있는 상품임에도 불구하고 데이터를 거래하는 기업들은 재무제표에 데이터의 가치를 명확하게 공시할 필요가 있다. 현재 재무제표에 데이터의 가치는 '영업권(goodwill)'이라는 항목에 슬쩍 끼워져 있으며, 아예 데이터의 가치 자체를 표시하지 않는 경우도 많다.

또한 민간 기업이 아닌 공공 부문이 일부 데이터 자산을 보관하며, 민간 부문에서 활동하는 기업들이 모두 평등하게 데이터에 접근할 수 있도록 허용하고 시민들에게 데이터를 현금화하는 방식에 대한 통제권을 더 많이 부여하는 방법도 고민해볼 필요가 있다.

- **디지털 조세 제도의 필요성**

금융기업과 마찬가지로 기술기업은 데이터나 정보 등 조세피난처로 쉽게 옮겨놓을 수 있는 무형의 자산을 이용해 엄청난 돈을 벌어들인다. 세계적인 세제 개혁을 촉구하는 학자들과 정책 입안자들로 구성된 '국제 법인세 개혁을 위한 독립위원회(ICRICT)'를 이끌고 있는 조지프 E. 스티글리츠(2001년 노벨경제학상, 컬럼비아대 교수)는 "기존의 조세제도는 유형자산을 이용해 돈을 버는 기업보다 무형자산을 보유한 기업에, 규모가 작은 현지 기업보다는 다국적기업에 유리하다"고 지적한다. 조세피난처를 통한 조세회피를 저지하는 방법으로 전 세계가 다국적 기업에 동일한 세율을 적용하는 것을 제안했다.

영국은 디지털세를 통과시키겠다고 선언했고, EU회원국 재무장관들은 조세 개혁론자들의 주장과 같이 이윤이 아니라 매출은 근거로 과세하는 방안을 지지하고 있다. 민주주의가 제 기능을 발휘하기 위해서는 승자들이 독식한 부를 어떤 방식으로든 전 국민들이 향유할 수 있는 시스템이 마련되어야만 한다.

---

3) 『돈 비 이블, 사악해진 빅테크 그 이후(Don't be evil, 2019)』 라나 포루하, 세종서적, 2020.11.30.

제5장
부가가치세의 핵심

01 부가가치세의 논리(일반과세 · 영세율 · 면세)

구 분	매입액	생산비용 (부가가치)	공급액	부가가치세 거래징수 및 납부			부가가치세의 최종 부담액
				부가가치세 징수액	거래징수당한 부가가치세액	차감납부액	
갑	–	200	200	20	–	20	–
을	200	400	600	60	20	40	–
병	600	100	700	70	60	10	–
정	700	–	–	–	70	–	70
계		700	–	–	–	70	70

(1)甲 · 乙 · 丙 모두 일반사업자, 丁은 최종소비자인 경우(기본)

구 분	지 위	매출세액	매입세액	차 액	차액처리
甲	일반사업자	20	–	20	세무서에 납부
乙	일반사업자	60	20	40	세무서에 납부
丙	일반사업자	70	60	10	세무서에 납부
丁	최종소비자	–	70	△70	丁이 부담함

(보충)부가가치세를 별도 언급하지 않고 용역대가를 정했을 경우, 부가가치세 부담주체

상거래 상 부가가치세를 별도로 언급하지 않고 용역대가를 정했을 경우, 그 '용역대가에는 부가가치세가 포함'되어 있다고 보는 것이 관례이다.

(근거1)세액이 별도 표시되지 아니한 대가의 공급가액{부가통 29–61…1(←구 13–48–1) ; 부가집 29–0–4}

사업자가 재화 또는 용역을 공급하고 그 대가로 받은 금액에 공급가액과 세액이 별도 표시되어 있지 아니한 경우와, 부가가치세가 포함되어 있는지가 분명하지 아니한 경우에는 그 대가를 받은 금액에 100/110을 곱한 금액을 공급가액으로 한다(즉, 그 대가의 10/110은 부가가치세이다).

(근거2)대법원 판례(물품대금) 대법 2016다20671, 2016.9.28. 선고.

(2)甲 · 乙은 일반사업자, 丙은 영세율사업자, 丁은 최종소비자인 경우

구분	지 위	매출세액	매입세액	차 액	차액처리
甲	일반사업자	20	–	20	세무서에 납부
乙	일반사업자	60	20	40	세무서에 납부
丙	영세율사업자	–	60	△60	세무서에서 환급받음
丁	최종소비자	–	–		丁도 세금부담 없음

(보충)최종소비자의 세금부담이 전혀 없으므로 영세율은 완전면세라 함.

(3)甲·乙은 일반사업자, 丙은 면세업자, 丁은 최종소비자인 경우

구 분	지 위	매출세액	매입세액	차 액	차액처리
甲	일반사업자	20	–	20	세무서에 납부
乙	일반사업자	60	20	40	세무서에 납부
丙	면세업자	(보충)	60	△60	세무서에서 환급 불가
丁	최종소비자	–	(보충)		(보충)

(보충1)면세업자인 丙은 자기가 부담한 매입세액 60을 매출원가에 산입할 수밖에 없으므로 결국 이 금액은 최종소비자인 丁에게 전가시킬 수밖에 없는 바, 공급대가(부가가치세액을 포함한 금액)는 760이 된다.

그러나 최종소비자인 丁은 丙이 일반과세자라면 70의 부가가치세를 부담하지만, 丙이 면세업자인 관계로 사실상 60의 부가가치세를 부담하는 결과가 된다. 즉, 면세업자인 丙이 창출한 부가가치(100)에 대한 부가가치세 10만큼의 부담이 줄어든 것이다. 그래서 면세를 부분면세라고 한다.

(보충2)부가가치세에서 '면세업자'는 권리가 아니고 '의무'이므로 임의로 포기 불가.

일반적으로 세금의 '면세'는 납세자에게 유리한 측면의 '권리'이므로 본인의 판단에 따라 얼마든지 포기할 수 있다. 그러나 부가가치세에서의 '면세'는 권리가 아니라 '의무'이므로 자의적으로 포기할 수 없다. 부가가치세의 '면세' 대상인 재화·용역은 주로 인간생활의 기초적·필수적인 것들인 바, 미가공 식료품, 수돗물, 도서·잡지·방송, 금융·보험용역, 주택임대, 연탄, 의료·보건용역, 교육용역, 일정한 인적용역, 예술창작품·예술행사·문화행사, 종교·자선·학술단체가 공급하는 것 등이다(토지의 공급도 면세인데 이것은 부가가치가 창출될 수 없다는 경제적인 논리로 면세하는 경우이므로 그 취지가 다름).

이와 같은 면세항목을 공급하는 면세업자가 공급받는 소비자를 위해 희생하라는 일종의 '강제적 노블레스 오블리주'이다. '면세포기'가 가능한 경우에 대한 구체적인 것은 부가가치세법 28조에서 규정하고 있다.

[면세의 포기(부가법 28조)]부가가치세가 면제되는 재화 또는 용역의 공급으로서 다음 각 호에 해당하는 것에 대하여는 부가가치세법 시행령(57·58조)으로 정하는 바에 따라 면세의 포기를 신고하여 부가가치세의 면제를 받지 아니할 수 있다. 그리고 면세의 포기를 신고한 사업자는 신고한 날부터 3년간 부가가치세를 면제받지 못한다.

　　1. 영세율의 적용 대상이 되는 것
　　2. 학술 및 기술의 연구·발표를 주된 목적으로 하는 단체가 그 연구와 관련하여 실비 또는 무상으로 공급하는 재화·용역의 공급
　　3. 특정한 정부업무대행단체(조특령 106조⑦)

(보충3)면세업자는 부가가치세법상 사업자로 보지 않으므로 '사업자등록'도 부가가치세법이 아니라 소득세법·법인세법에 따르며(소법 168조, 법법 111조), 세금계산서를 발급할 수 없고(부가법 32조①), 대신 소득세법·법인세법에 따라 '계산서'를 발급한다.(소법 163조, 법법 121조)

(보충4)면세거래를 과세거래로 보아 계산서 대신 세금계산서를 발행한 경우 가산세 여부?

부가가치세법 및 법인세법상 계산서미발급가산세(법법 75조의8)를 적용하지 않음.{법인, 기재부 법인세제과−1279, 2019.9.18., 종전 가산세 적용대상이라는 유권해석(국세청 법인세과−211, 2010.3.11.) 변경}

다만, 공급받은 자는 면세분 거래에 대하여 수취한 세금계산서로 매입세액공제를 받은 경우는 신고불성실가산세, 납부지연가산세 및 합계표불성실가산세가 적용됨.

02 사업자등록과 개인기업·법인기업 선택

사업자등록 시 유의사항으로 크게 다음과 같은 것들이 있다.

첫째, 영업허가업종(건설업·음식점·학원·병원 등)인지를 검토하여 먼저 영업허가증을 받아야 한다. 영업허가업종인 경우에는 원칙적으로 영업허가증을 제출해야만 사업자등록이 가능하기 때문이다.

둘째, 사업개시일로부터 20일 이내에 사업자등록을 신청하여야 한다. 사업개시일은 재화·용역의 공급개시일, 재화의 제조개시일, 광물의 채취개시일을 의미한다. 한편 사업개시전이라도 사업자등록을 할 수 있으므로 가능한한 빨리 등록하는 것이 유리하다.

부가가치세가 면제되는 면세사업자의 경우에도 소득세법(168조)·법인세법(111조)의 규정에 따라 사업자등록을 하여야 한다. 부가가치세의 과세사업과 면세사업을 겸업하는 사업자는 부가가치세법에 따른 사업자등록증을 발급받아야 한다. 이 경우 해당 사업자는 소득세법·법인세법에 따른 사업자등록을 별도로 하지 않아도 된다.(부가집 8-11-1③) 그리고 기존의 면세업자가 과세사업을 겸업할 경우에는 사업자등록 정정신고서를 세무서에 제출하면 사업자등록신청을 한 것으로 본다.(부가령 11조⑩)

[사업자등록 신청 절차](부가가치세법 8조)

1. 사업자등록은 사업장마다 하여야 하므로, 사업장이 여럿이면 각각의 사업장마다 별도로 사업자등록을 하여야 함. (주사업장 총괄 납부제도: 신고는 사업장마다, 납부는 주사업장에서 일괄납부. 부가법 51조) 다만 '사업자 단위과세'(부가법 8조③④)를 신청할 경우에는 해당 사업자의 본점 또는 주사무소 관할 세무서장에게 사업자등록신청을 일괄적으로 할 수 있음. '사업자 단위 과세 사업자'가 되면 본점 또는 주사무소에서 '사업자'단위(사업장 단위가 아님)로 부가가치세의 모든 업무를 처리할 수 있음. 따라서 예정신고, 확정신고, 조기환급신고, 수정신고 및 경정청구 등 부가가치세의 모든 신고·납부 업무를 본점이나 주사무소에서 처리할 수 있음.(부가령 90③·91조②)
2. 사업개시전 또는 사업을 시작한 날로부터 20일 이내에 구비서류를 갖추어 관할세무서 또는 가까운 세무서 민원봉사실에 신청하여야 함.
3. 사업자등록신청서는 사업자 본인이 자필로 서명하여야 함.
4. 대리인이 신청할 경우 대리인과 위임자의 신분증을 필히 지참하여야 하며 사업자등록 신청서에 사업자 본인 및 대리인 모두 인적사항을 기재하고 자필 서명하여야 함.
5. 2인 이상의 사업자가 공동사업을 하는 경우 사업자등록신청은 공동사업자 중 1인을 대표자로 하여 대표자 명의로 신청해야 함.
6. 홈택스에 가입되어 있고 공인인증서가 있으면 세무서에 방문하지 않고 인터넷을 통하여 사업자등록 신청 및 구비서류 전자제출이 가능하며 사업자등록이 완료되면 사업자등록증 발급도 가능함.
{참조: "홈택스(https://www.hometax.go.kr)〉신청/제출〉사업자등록신청/정정 등"}

제1장 제2장 제3장 제4장 제5장 제6장 제7장 제8장 제9장 제10장 제11장 제12장 제13장 제14장

[사업자등록번호 부여기준]{부가가치세 사무처리규정(국세청 훈령) 7조 및 국세청 내부지침}

사업자등록번호는 세무서코드, **개인·법인 구분코드**(2자리), 일련번호, 검증번호로 되어 있음.

1. 개인구분코드

- 과세사업자는 01~79, 면세사업자는 90~99
- 법인 아닌 단체: 종교단체는 89, 기타 단체(아파트관리사무소 등) 및 다단계판매원은 80

2. 법인성격코드

- 영리법인 본점은 81, 86, 87, 88, 지점은 85, 비영리법인(법인간주단체 포함) 본점·지점은 82
- 국가, 지방자치단체, 지방자치단체조합은 83, 외국법인 본·지점 및 연락사무소는 84

셋째, 개인사업자의 경우에는 동업자가 있다면 공동사업자로서의 등록을 검토한다. 현행 소득세법은 8단계 초과누진세율(6~45%, 2021년 귀속분부터 10억원 이상은 45% 세율)을 적용하고 있다. 따라서 소득을 동업자의 수로 나누어 세율을 적용하면 단일소득자로 계산한 세금보다 절감되기 때문이다. 그러나 공동사업자는 거래 등에 있어서 불편할 수 있고, 공동사업자 사이에 불협화음이 생기는 경우가 허다하므로 종합적으로 고려해야 한다.

[개인기업과 법인기업 비교]

구분	개인기업	법인기업
표면 세율	6~45% 8단계 초과누진세율	9~24% 4단계 초과누진세율
대표자 급여	소득세 계산 시 비용 산입 불가	법인세 계산 시 비용 산입 가능
대표자에게 소득 귀속	소득세 과세 후 소득은 전액 대표자에게 귀속되므로 별도로 배당 등의 절차가 필요 없음	법인세 과세 후 소득은 법인 귀속. 대표자에게는 급여·배당 등을 통해 귀속(귀속 시 다시 소득세 과세)
가공경비, 매출누락 등	종합소득세 추징으로 종결. (부가가치세 등은 별도)	법인세와 소득세 각각 추징(양벌규정) (부가가치세 등은 별도)
회계처리	비교적 자유로움	상대적으로 엄격하게 처리
세무조사	매출액이 클 경우 대상가능성 ↑	매출액에 따른 세무조사대상 가능성 ↓
영업 측면	법인보다는 신뢰성 ↓	매출처에서 법인을 요구하는 경우 ↑
대규모 성장	개인기업 법인전환 특혜 있음	법인분할, 자회사 설립 등 가능
유리한 경우	개인적 소요자금이 많이 필요한 경우(유학비 송금, 병원비 부담, 개인 취미생활 등)	사업체의 성장에 주안점을 두는 경우 (법인세 세율은 소득세율보다 낮으므로, 세후 사내유보금 ↑)

넷째, 법인설립등기 후(개인사업자는 사업 준비단계)부터 사업 개시일까지 발생하는 비용은 창업비(개업비 포함)로 인정받기 때문에 관련된 증빙을 철저히 챙긴다. 그러나 발생한 모든 비용이 창업비로 인정되는 것은 아니므로, 세법에서 규정하고 있는 제반 규정을 숙지하거나 전문가와 상의하도록 한다.

다섯째, 개인사업자의 경우에는 사업자등록 시 사업자의 유형을 결정하여야 한다. 부가가치세가 과세되는 사업자는 매출액의 규모에 따라 간이과세자와 일반과세자로 구분되며, 부가가치세 계산방법이 다르다.

03 일반과세자와 간이과세자 비교(현금영수증 등)

간이과세자는 연간 공급대가가 1억 400만원(2024.7.1.부터)←8000만원(←4,800만원, 2020년까지) 미만인 개인사업자만 가능하다. 간이과세자는 소규모이므로 회계장부의 처리 등에 상대적으로 융통성이 큰 편이고, 부가가치세 과세기간도 6개월(일반과세자)이 아니라 1년이므로 부가가치세 확정신고를 다음연도 1월 25일까지 연 1회만 하면 된다는 편리성이 있다(예정신고납부는 세무서의 고지에 의해 7월 25일까지 납부하면 됨). 물론 납세자의 선택에 따라 간이과세자를 포기하고 일반과세자로 전환할 수도 있다.(국세청 고시 2021-31호 2021.7.1. 시행 간이과세 배제기준, 국세청 2021.6.29. 참조)

[간이과세자: '연간 공급대가' 예상액이 '1억 400만원←8,000만원 미만'인 '개인사업자'](부가법 61조)

다만, 아래 사업자는 연간 공급대가 예상액이 1억 400만원 미만이라도 간이과세를 적용받을 수 없음.

- 광업, 제조업{과자점, 떡방앗간, 양복·양장·양화점, 그 밖에 매출비중·거래유형 등을 고려하여 주로 최종소비자에게 직접 재화를 공급하는 사업으로서 국세청장이 인정하여 고시하는 것(국세청 고시 2018-42호 간이과세를 적용받을 수 있는 제조업, 국세청 2018.8.24. 참조)은 가능}
- 도매업(소매업을 겸영하는 경우를 포함하되, 재생용 재료 수집 및 판매업은 제외함) 및 상품중개업
- 부동산매매업
- 대규모 부동산임대업: 직전연도 공급대가 합계액이 4,800만원 이상의 사업
- 과세유흥장소: 직전연도 공급대가 합계액이 4,800만원 이상의 사업
- 전문직사업자(변호사, 심판변론인, 변리사, 법무사, 공인회계사, 세무사, 경영지도사, 기술지도자, 감정평가사, 손해사정인업, 통관업, 기술사, 건축사, 도선사, 측량사업,공인노무사업, 약사업, 한약사업, 수의사업 등)
- 전기·가스·증기·수도업
- 건설업(도매·실내장식 및 내장 목공사업, 배관 및 냉·난방공사업 등은 간이과세 적용 가능)
- 전문·과학·기술 서비스업, 사업시설 관리·사업지원 및 임대 서비스업(사진촬영업, 복사업 등은 가능)
- 국세청장이 정한 간이과세 배제기준에 해당되는 사업자
- 현재 일반과세자로 사업을 하고 있는 자가 새로이 사업자등록을 낸 경우(다만, 개인택시, 용달, 이·미용업은 간이과세 적용 가능)
- 일반과세자로부터 포괄양수 받은 사업

[신규사업자 및 미등록사업자의 간이과세 적용(간이과세배제대상 제외)](부가법 61조③⑤)

- 간이과세 적용신고: 신규로 사업을 개시한 개인사업자는 사업을 개시한 날이 속하는 연도의 공급대가 합계액이 1억 400만원(←8,000만원)에 미달할 것으로 예상되면 사업자등록 신청 시 간이과세적용신고서를 제출해야 함. 사업자등록 신청서에 연간공급대가예상액과 그 밖의 참고사항을 적어 제출한 경우에는 간이과세적용신고서를 제출한 것으로 봄.
- 사업자등록을 하지 아니한 개인사업자로서 사업을 시작한 날이 속하는 연도의 공급대가 합계액이 간이과세기준금액에 미달하면 최초의 과세기간에는 간이과세자로 함.

[일반과세자와 간이과세자 비교]

구분	일반과세자	간이과세자
적용대상	간이과세자 이외의 사업자	'연간 공급대가'가 '1억 400만원 미만'인 '개인사업자'(전문직사업자 등 배제업종은 불가)
납부세액	매출액×10%(0%) − 매입세액	공급대가×업종별부가가치율×10%(0%)[*1]
세금계산서, 영수증 등 발급구분	1. 세금계산서 교부 원칙 [전자(세금)계산서 의무발급 대상 확대] 모든 법인사업자 및 직전연도 공급가액 1억원(→8천만원, 2024.7.1. 시행)이상인 개인사업자(부가령 68조) 2. 현금영수증도 세금계산서로 간주 (부가법 32②, 영 68⑤) 3. 단, 주로 사업자가 아닌 자에게 재화·용역을 공급하는 자는 영수증만 발급 (영수증발급대상자, 부가령 73①) 4. 금전등록기로 발행한 것은 영수증 간주 (부가법 36④) 5. 신용카드매출전표도 영수증 간주 (부가법 36⑤) 6. 세금계산서 발급의무 면제되는 경우 (부가법 33조)	1. 세금계산서 교부 원칙, 다만 신규사업자 및 직전연도 공급대가 4,800만원 미만인 사업자는 영수증만 교부.(부가법 36조①1호) 2. 현금영수증도 영수증으로 간주 (가입의무: 소법 162조의3, 법법 117조의2) 3. 신용카드매출전표도 영수증 간주 (부가법 36조⑤) 4. 영수증 발급의무 면제되는 경우 (부가법 33조 준용) 〈현금영수증가맹점 가입의무〉: 소비자상대업종 경영하는 다음 사업자(소령 210조의3) • 직전연도 수입금액 2,400만원 이상 • 의료업·수의사업·약사업(소령 147조의3) • 전문직사업자(부가령 109조②7호) • 현금영수증 의무발행업종(소령 별표 3의3)
과세기간	1기: 1.1.~6.30.(7.25.확정신고) 2기: 7.1.~12.31.(1.25.확정신고)	1월 1일~12월 31일(1년)(1.25. 확정신고)
신고납부[*2][*3]	예정신고납부: 4.25. 및 10.25. 확정신고납부: 7.25. 및 1.25.	예정고지납부: 세무서의 고지서로 7.25.이내 확정신고납부: 납세자 자진 익년 1.25.이내
장점	세금계산서 교부되므로 거래가 용이하고 매입세액 전액공제됨	• 납부세액이 감소되며, 기장이 간편함. • 의제매입세액 공제 가능(부가법 65조)
단점	매입세액이 적은 경우에는 세금이 많을 수 있으며 기장이 번거로움	일반영수증을 교부받은 사업자는 적격증빙불비가산세(2%) 부담(세금계산서, 신용카드 매출전표를 발급받은 일반사업자는 매입세액 공제되고, 현금영수증은 적격증빙 인정)
비고	1역년의 공급대가 합계액이 8,000만원 미달할 경우: 익년 7.1.~익익년 6.30.은 간이과세자로 변경(부가법 62조①)	간이과세 포기 가능(부가법 70조, 부가령 110⑦) • 일반과세자 될 달의 전달 말일까지 신청 • 간이과세를 포기한 사업자는 포기 후 3년까지는 간이과세자 규정을 적용받지 못함

*1 간이과세자의 매입세금계산서 등에 대한 0.5% 매입세액공제 및 미 수취시 0.5% 가산세(부가법 63조③, 68조의2②)
간이과세자가 다른 사업자로부터 세금계산서 등을 발급받아 매입처별 세금계산서합계표 또는 신용카드매출전표 등을 납세지 관할 세무서장에게 제출하는 경우에는, 다음의 금액을 납부세액에서 공제한다. 다만, 공제되지 아니하는 매입세액(부가법 39조)은 그러하지 아니하다.(2021.7.1.부터 시행)
1. 해당 과세기간에 세금계산서 등을 발급받은 재화·용역의 공급대가(부가가치세 포함, 부가법 2조4호)×0.5%
2. 간이과세자가 과세사업과 면세사업 등을 겸영하는 경우에는 부가령 111조⑦에 따라 계산한 금액
*2 간이과세자의 해당연도 공급대가가 4800만원(←3000만원, 2020까지) 미만이면 납부의무 면제(부가법 69조①)
*3 개인사업자 및 소규모 법인사업자(2021.1.1. 이후 결정분부터 적용)에 대한 예정고지(부가법 48조③)
개인사업자뿐만 아니라 소규모 법인사업자(직전 과세기간 공급가액 1억5천만 원 미만)에 대해서는 '직전 과세기간 납부세액×50%'를 4월 10일과 10월 10일까지 고지하여 25일까지 징수함. 다만 징수금액이 50만원(←30만원) 미만이면 징수하지 않음.(부가법 66조①, 2022.1.1. 이후 결정분부터 적용)

한편, 2021.1.1. 이후 개시 과세기간 분부터 '간이과세자' 납부의무 기준금액을 해당연도 공급대가 4,800만원 (←3,000만원)으로 확대.(부가법 69조)

(보충1)세금계산서 발급의무 면제(일반과세자에게 적용)(부가법 33조)

1. 택시운송, 노점 또는 행상을 하는 자가 공급하는 재화·용역
2. 무인자동판매기를 이용하여 재화·용역을 공급하는 자
3. 소매업 또는 미용, 욕탕 및 유사 서비스업을 경영하는 자가 공급하는 재화 또는 용역(다만, 소매업의 경우에는 공급받는 자가 세금계산서 발급을 요구하지 아니하는 경우로 한정함)
4. 전력이나 도시가스를 실제로 소비하는 자(사업자가 아닌 자로 한정함)를 위하여 「전기사업법」에 따른 전기사업자 또는 「도시가스사업법」에 따른 도시가스사업자로부터 전력이나 도시가스를 공급받는 명의자
5. 도로 및 관련시설 운영용역을 공급하는 자(다만, 공급받는 자로부터 세금계산서 발급을 요구받은 경우는 제외)
6. 간주공급 재화(판매목적으로 타사업장 반출은 제외)
7. 부동산 임대용역 중 간주임대료
8. 공인인증서를 발급하는 용역(공급받는 자가 사업자로서 세금계산서 발급을 요구하는 경우는 제외)
9. 영세율이 적용되는 일정 재화·용역
10. 간편사업자등록(부가법 53조의2③)을 한 사업자가 국내에 공급하는 전자적 용역
11. 그 밖에 국내사업장이 없는 비거주자 또는 외국법인에 공급하는 재화 또는 용역. 다만, 그 비거주자 또는 외국법인이 해당 외국의 개인사업자 또는 법인사업자임을 증명하는 서류를 제시하고 세금계산서 발급을 요구하는 경우는 제외함.
12. 일반과세자가 신용카드매출전표 등을 발급한 경우

(보충2)영수증 발급대상 사업자의 범위(부가령 73조①)

1. 소매업
2. 음식점업(다과점업을 포함)
3. 숙박업
4. 미용, 욕탕 및 유사 서비스업
5. 여객운송업
6. 입장권을 발행하여 경영하는 사업
7. 부가가치세가 과세되는 미용성형수술
8. 부가가치세가 과세되는 수의사의 동물진료용역
9. 무도학원과 자동차운전학원
10. 간편사업자등록을 한 사업자가 국내에 전자적 용역을 공급하는 사업
11. 간이과세 배제되는 전문직사업자와 행정사업(사업자에게 공급하는 것은 제외)
12. 우정사업조직이 소포우편물을 방문·접수하여 배달하는 용역
13. 공인인증서를 발급하는 사업(공급받는 자가 사업자로서 세금계산서 발급을 요구하는 경우는 제외)
14. 주로 사업자가 아닌 소비자에게 재화 또는 용역을 공급하는 사업으로서, 다음 사업(부가칙 53조)
   • 도정업과 떡류 제조업 중 떡방앗간
   • 양복점업, 양장점업 및 양화점업
   • 주거용 건물공급업(주거용 건물을 자영건설하는 경우를 포함)
   • 운수업과 주차장 운영업   • 부동산중개업

제1장
제2장
제3장
제4장
제5장
제6장
제7장
제8장
제9장
제10장
제11장
제12장
제13장
제14장

- 사회서비스업과 개인서비스업 • 가사서비스업
- 도로 및 관련시설 운영업 • 자동차 제조업 및 자동차 판매업
- 주거용 건물 수리·보수 및 개량업
- 그 밖에 제이와 유사한 사업으로서 세금계산서를 발급할 수 없거나 발급하는 것이 현저히 곤란한 사업

(보충3)현금영수증가맹점 가입의무: 주로 사업자가 아닌 소비자에게 재화·용역을 공급하는 사업자로서, 소비자상대업종을 경영하는 다음 사업자(소법 162조의3, 소령 210조의3, 법법 117조의2, 법령 159조의2)

①직전연도 수입금액 2,400만원 이상

②의료업·수의사업·약사업(소령 147조의3)

③전문직사업자(부가령 109조②7호. 변호사·변리사·법무사·공인회계사·세무사 등)

③현금영수증 의무발행업종(소령 별표 3의3 〈현금영수증 의무발행업종〉 소령 210조의3①4호, ⑨ 관련)

1. 사업서비스업(변호사·공인회계사·세무사·변리사·건축사·법무사·공인노무사 등)

2. 보건업(병원·의원·한의원·치과의원·수의업 등)

3. 숙박 및 음식점업(유흥주점, 일반 및 생활 숙박시설운영업, 출장 음식 서비스업)

4. 교육 서비스업(각종 학원, 기타 스포츠 교육기관, 기타 교육지원 서비스업, 청소년 수련시설 운영업 등)

5. 그 밖의 업종(골프장·골프연습장운영업, 장례식장·예식장업, 부동산 중개·대리업, 부동산 투자자문업, 실내건축공사업(도배만 하는 경우 제외), 마사지업 등)

[현금영수증 의무발행업종 13개 추가하여 2024년은 총 125개 업종 해당](2024.1.1. 공급분부터 적용)

정육점 등 육류소매업, 대형마트, 백화점, 체인화 편의점, 서적·신문 및 잡지류 소매업, 주차장 운영업, 통신장비 수리업, 곡물·곡분 및 가축사료 소매업, 보일러 수리 등 기타 가정용품 수리업, 여객 자동차 터미널 운영업, 자동차 중개업, 기타 대형 종합 소매업, 이사화물 운송주선사업

[현금영수증 의무발행업종 13개 추가하여 2025년은 총 138개 업종 해당](2025.1.1. 공급분부터 적용)

여행사업, 기타 여행보조 및 예약 서비스업, 수영장운영업, 스쿼시장 등 기타 스포츠시설 운영업, 실외경기장 운영업, 실내경기장 운영업, 종합스포츠시설 운영업, 볼링장운영업, 스키장운영업, 의복 액세서리 및 모조 장신구 소매업, 컴퓨터 및 주변기기 수리업, 앰뷸런스 서비스업, 애완동물 장묘 및 보호서비스업

[현금영수증가맹점 제외 사업자](소칙 95조의4)

①현금영수증가맹점 가입하기 곤란한 사업자(①항)

1. 택시운송사업자

2. 읍·면지역에 소재하는 소매업자 중 사업규모·시설·업황 등을 고려하여 국세청장이 지정하는 사업자

3. 법법 117조의2③ 단서에 따라 현금영수증을 발급하는 사업자(대규모 점포 POS시스템 설치자 등)

② 소매업종 중 다음 중 하나에 해당하는 소비자상대업종(②, 소령 별표 3의2 소매업란)

1. 노점상업·행상업

2. 무인자동판매기를 이용하여 재화 또는 용역을 공급하는 자동판매기운영업

3. 자동차소매업(중고자동차 소매업은 제외)

4. 우표·수입인지소매업 및 복권소매업

③제조업종 중 다음 중 하나에 해당하는 소비자상대업종(②, 소령 별표 3의2 제조업란)

1. 과자점업, 도정업 및 제분업(떡방앗간을 포함)

2. 양복점업, 양장점업 및 양화점업

(보충4)현금영수증 발급의무 위반에 따른 불이익

①현금영수증 발급 불성실가산세(소법 81조⑪, 법법 75조의6②)

 1. 현금영수증 의무발행기준(건당 10만원 이상)에 해당하는 거래에 대해, 위반 시 20%(소법 81조⑪3호, 법법 75조의6②3호 신설. 2018년까지는 「조세범 처벌법」 15조에서 50%의 과태료를 부과했음.)

 2. 현금영수증 가맹점으로 가입하지 않은 경우: 미가입기간 수입의 1%

 3. 현금영수증 발급거부 및 사실과 다른 발행: 건별 발급거부금액 또는 차이금액의 5%(5,000원 미달 시 5,000원)

②현금영수증 미발급자 등 신고 포상금(국기법 84조의2)

1. 현금영수증의 발급을 거부하거나 사실과 다르게 발급한 현금영수증가맹점을 신고한 자(건당 5천원 미만 결제는 제외)

[신용카드·현금영수증 포상금 지급금액(연간 200만원 한도)]

신용카드·현금영수증 결제 거부금액	지급금액
5천원~ 5만원	1만원
5만원~250만원	거부금액의 20%
250만원 초과	50만원

2. 현금영수증가맹점은 건당 10만원 이상을 공급할 경우 무조건 현금영수증을 발급해야 하는데, 이를 위반한 사업자를 신고한 자에게는 연간 20억원(탈루세액의 15~5% 구간별 계산)을 한도로 포상금 지급

(보충5)신용카드 등 사용금액 소득공제(2025.12.31.까지 연장, 조특법 126조의2)

현금영수증 제도란 소비자가 현금과 함께 현금영수증 전용카드, 카드, 휴대폰번호 등을 제시하면 가맹점은 현금영수증을 발급하고 현금결제 건별 내역은 국세청에 통보되는 제도이다. 현금영수증 이용 시 혜택에는 신용카드·직불카드·선불카드와 합산하여 일괄적으로 소득공제 혜택이 적용된다.

즉, 근로소득이 있는 거주자(일용근로자 제외)가 법인(외국법인 국내사업장 포함) 또는 사업자(비거주자의 국내사업장 포함)로부터 재화·용역을 공급받고 지급한 사용카드 등 사용금액(중고차 구입금액 중 10% 포함)의 연간 합계액이(연간 소득금액이 100만원 이하인 배우자 또는 직계존비속 명의의 신용카드 등 사용금액도 포함 가능), 총급여액의 25%를 초과하는 경우 그 초과금액에 다음의 비율에 해당하는 금액을 공제한다. (현금영수증 등 사용내역은 국세청 홈택스에서 조회·발급이 가능함)

구분	공제율	비고
①도서·공연·박물관·미술관·영화관람료 사용분(2023.4~12) 수영장·체력단련장 시설 이용료(2025.7.1.~ 사용분)	30(40)%	총급여 7천만원 이하자만 적용
②대중교통 이용분	40(80)%	2022.7.1~2023.12.31 이용분은 80%
③전통시장 사용분	40(80)%	2024.7.1.~12.31. 사용분은 80%
④현금영수증·체크카드 사용분(위 ①~③ 제외)	30%	
⑤신용카드 사용분(위 ①~④ 제외)	15%	
전년보다 5% 이상 증가 사용액의 10%(2023년 사용분은 20%) 추가공제(한도 100만원)		

〈공제한도〉 급여수준 및 항목별 차등→통합, 단순화(2023년부터)

과세연도		2024년		2025년부터	
총급여		7천만원 이하	7천만원 초과	7천만원 이하	7천만원 초과
기본공제 한도		300만원	250만원	300만원	250만원
추가 공제 한도	도서 등	300만원	–	300만원	–
	대중교통		200만원		200만원
	전통시장				
	전년 대비 증가분	100만원		100만원	

(보충6)간이과세자로 변경되는 경우의 재고품 등 매입세액 가산(부가법 64조)

(예)건물을 매입할 때에는 일반과세자로 하여 매입세액공제를 받은 후 간이과세자로 변경되는 경우 등

부가가치세 납부세액 계산방식이 일반과세자는 '매출액×10%(영세율 0%) − 매입세액', 간이과세자는 '공급대가×업종별부가가치율×10%(영세율 0%)'이다. 그런데 일반과세자로서 매입세액(매입액×10%) 공제를 받은 재고품 등이 남아 있는 상태에서 간이과세자로 변경되는 경우에는, 공제받은 매입세액을 간이과세자로서 매입한 방식으로 조정이 필요하다. 즉 간이과세자가 매입한 것처럼 보아 공제받은 매입세액을 다시 환수하는 조정을 하는 것이다.

따라서 일반과세자가 간이과세자로 전환된 경우 전환일 현재 보유하고 있는 다음의 자산으로서 일반과세자로서 매입세액 공제를 받은 것(사업양도에 의하여 사업양수인이 양수한 자산으로서 사업양도인이 매입세액 공제를 받은 것 포함)은 납부세액에 가산한다.

①계산대상(부가령 112조①)

• 재고품: 상품, 제품(반제품 및 재공품 포함), 재료(부재료 포함)

• 건설 중인 자산

• 감가상각자산: 건물과 구축물(취득 후 10년 이내의 것만 해당), 기타의 감가상각자산(취득 후 2년 이내의 것만 해당)

②계산구조(부가령 112조②③, 2021.7.1. 이후 재화·용역을 공급하는 분부터 적용)

  1. 매입한 자산

구분	공제율
재고품	취득가액*1×10%×(1−0.5%×110/10)
건설 중인 자산	건설 중인 자산 관련 공제받은 매입세액×(1−0.5%×110/10)
감가상각자산	취득가액×10%×(1−0.5%×110/10)×(1−상각률*2×경과된 과세기간 수)

    *1 재고품 등의 취득가액은 장부 또는 세금계산서에 의하여 확인되는 금액으로 함. 다만, 장부 또는 세금계산서가 없거나 기장이 누락된 경우 해당 재고품 등의 가액은 시가에 의함.(부가령 112조②)

    *2 건물과 구축물은 5%, 기타의 감가상각자산은 25%(부가령 112조③)

  2. 자가건설·제작한 자산

    매입세액공제액×(1−부가가치율)×(1−상각률*3×경과된 과세기간 수)

    자가건설·제작한 감가상각자산의 경우에는 건설·취득시 발급받은 세금계산서에 의하여 공제받은 매입세액을 기준으로 재고납부세액을 계산함.

③재고품의 신고·조사·승인통지(부가령 112조⑤)

  1. 과세유형 변경일이 속하는 과세기간의 직전 과세기간의 확정신고와 함께 재고품과 감가상각자산을 사업장 관할 세무서장에게 신고하여야 함.

  2. 신고를 받은 관할 세무서장은 재고금액을 조사·승인하고 승인기간 경과 후 90일 이내에 통지하여야 함. 기한 내에 통지를 하지 아니한 때에는 신고한 재고금액을 승인한 것으로 봄.

④재고납부세액의 납부방법(부가령 112조⑦)

  재고납부세액은 간이과세자로 변경된 날이 속하는 과세기간에 대한 확정신고를 할 때 납부세액에 더하여 납부한다.

04 불성실 사업자등록에 대한 제재

(1)사업자등록을 하지 않은 경우의 불이익

1. 미등록시에는 세금계산서 등을 교부하지 못하므로 거래 위축
2. 미등록가산세 부과: 공급가액의 1%(부가법 60조①1호)
3. 세금계산서 미발급가산세: 공급가액의 2%(부가법 60조②2호)

   세금계산서 미발급·위장발급 등 2% 가산세가 적용되는 경우 등록관련가산세(1%, 위 2)는 중복적용하지 않음.(부가법 60조⑨3호)
4. (일반과세자라 하더라도) 등록전의 부가가치세 매입세액을 매출세액에서 공제받지 못하고
5. 조세범처벌법에 의한 처분을 받을 수 있고(포탈세액 5억원 이상 등)
6. 현금영수증 발급의무 위반에 따른 가산세 추가부담.

> **[현금영수증 미발급 가산세]**(소법 81조⑪, 법법 75조의6②, 2019.1.1. 시행)
>
> 사업자가 다음 각 호의 어느 하나에 해당하는 경우에는 다음 각 호의 구분에 따른 금액을 해당 과세기간의 결정세액에 더한다.
>
> 1. 소법 162조의3①(법법 117조의2①)을 위반하여 현금영수증가맹점으로 가입하지 아니하거나 그 가입 기한이 지나서 가입한 경우: 가입하지 아니한 기간(미가입기간)의 수입금액(현금영수증가맹점 가입 대상인 업종의 수입금액만 해당하며, 계산서 및 부가법 32조에 따른 세금계산서 발급분 등 수입금액은 제외)의 1%.
> 2. 현금영수증 발급을 거부하거나 사실과 다르게 발급하여 소법 162조의3⑥(법법 117조의2⑥) 후단에 따라 관할 세무서장으로부터 통보받은 경우(현금영수증의 발급대상 금액이 건당 5천원 이상인 경우만 해당하며, 아래 3호에 해당하는 경우는 제외, 2019.1.1. 시행): 통보받은 건별 발급거부 금액 또는 사실과 다르게 발급한 금액(건별로 발급하여야 할 금액과의 차액을 말함)의 5%(건별로 계산한 금액이 5천원에 미달하는 경우에는 5천원으로 함)
> 3. 현금영수증 의무발행기준애 해당하는 경우: 소법 162조의3④(법법 117조의2④)을 위반하여 현금영수증을 발급하지 아니한 경우(「국민건강보험법」에 따른 보험급여의 대상인 경우 등은 제외): 미발급금액의 20%(착오나 누락으로 인하여 거래대금을 받은 날부터 7일 이내에 관할 세무서에 자진 신고하거나 현금영수증을 자진 발급한 경우에는 10%)

(보충)현금영수증 의무발행기준: 건당 10만원(부가가치세 포함. 소법 162조의3④, 법법 117조의2④)

현금영수증가맹점으로 가입하여야 하는 사업자 중 〈현금영수증 의무발행업종〉(소령 별표 3의3)을 영위하는 사업자는 건당 거래금액(부가가치세액을 포함)이 10만원 이상인 재화 또는 용역을 공급하고 그 대금을 현금으로 받은 경우에는 상대방이 현금영수증 발급을 요청하지 아니하더라도 현금영수증을 발급하여야 한다. 다만, 사업자등록을 한 자에게 재화 또는 용역을 공급하고 계산서 또는 세금계산서를 교부한 경우에는 현금영수증을 발급하지 아니할 수 있다.

현금영수증 의무발행기준(건당 10만원 이상)에 해당하는 거래에 대해, 현금영수증 발급의무 위반에 따른 50%라는 과태료 폭탄에 대한 헌법재판소의 합헌결정은 있었지만(전원재판부 2013 헌바56, 2015.7.30.: 2014년 7월부터는 건당 30만원→10만원 이상으로 의무발행기준이 강화됐는데 이 결정은 종전 30만원 기준에 대한 것임), 그간 민원이 빗발치는 등의 문제를 개선하기 위해 2019년부터는 「조세범 처벌법」 15조에서 개별세법으로 이관하여 <u>50%의 과태료를 20%의 가산세로 부과한다.</u>(소법 81조⑪3호, 법법 75조의6②3호 신설)

(2)타인의 명의를 빌려 사업자등록을 한 경우

다른 사람이 사업을 하는데 명의를 빌려주면 다음과 같은 불이익을 받게 되므로, 주민등록증을 빌려주거나 주민등록등본을 떼어 주는 행위는 절대로 하지 않는 것이 좋다.

①명의대여사업자의 처벌 형량 강화

실질사업자가 밝혀지더라도 명의를 빌려준 책임을 피할 수는 없다. 명의대여자도 실질사업자와 함께 조세포탈범, 체납범 또는 질서범으로 처벌받을 수 있는 것이다.

조세의 회피 또는 강제집행의 면탈을 목적으로 자신의 성명을 사용하여 타인에게 사업자등록을 할 것을 허락하거나 자신 명의의 사업자등록을 타인이 이용하여 사업을 영위하도록 허락한 자는 1년 이하의 징역 또는 1천만원 이하의 벌금에 처한다.

조세의 회피 또는 강제집행의 면탈을 목적으로 타인의 성명을 사용하여 사업자등록을 하거나 타인 명의의 사업자등록을 이용하여 사업을 영위한 자는 2년 이하의 징역 또는 2천만원 이하의 벌금에 처한다.(조범법 11조)

②명의를 빌려간 사람이 내야 할 세금을 대신 내게 됨

명의를 빌려주면 명의대여자 명의로 사업자등록이 되고 모든 거래가 이루어진다. 그러므로 명의를 빌려간 사람이 세금을 신고하지 않거나 납부를 하지 않으면 명의대여자 앞으로 세금이 고지된다.

물론, 실질사업자가 밝혀지면 그 사람에게 과세를 한다. 그러나 실질사업자가 따로 있다는 사실은 명의대여자가 밝혀야 하는데, 이를 밝히기가 쉽지 않다. 특히 명의대여자 앞으로 예금통장을 개설하고 이를 통하여 신용카드매출대금 등을 받았다면 금융실명제 하에서는 본인이 거래한 것으로 인정되므로, 실사업자를 밝히기가 더욱 어렵다.

③소유 재산을 압류당할 수도 있음

명의를 빌려간 사람이 내지 않은 세금을 명의대여자가 내지 않고 실질사업자도 밝히지 못한다면, 세무서에서는 체납된 세금을 징수하기 위해 명의대여자의 소유재산을 압류하며, 그래도 세금을 내지 않으면 압류한 재산을 공매처분하여 세금에 충당한다.

④건강보험료 부담이 늘어남

지역가입자의 경우 소득과 재산을 기준으로 보험료를 부과한다. 그런데 명의를 빌려주면 실지로는 소득이 없는데도 소득이 있는 것으로 자료가 발생하므로 건강보험료 부담이 대폭 늘어나게 된다.

⑤금융거래상 제약 및 출국제한 등 불이익

체납사실이 금융기관에 통보되어 대출금 조기상환 요구 및 신용카드 사용정지 등 금융거래상 각종 불이익을 받고, 여권 발급과 출국이 제한될 수 있다.

또한 명의대여 사실이 국세청 전산망에 기록·관리되어 본인이 실제 사업을 하려 할 때 불이익을 받을 수 있다.

제1장
제2장
제3장
제4장
제5장
제6장
제7장
제8장
제9장
제10장
제11장
제12장
제13장
제14장

[출국금지의 요청](국징법 113조, 지징법 8조)

국세청장(지방자치단체장)은 정당한 사유 없이 5천만원 이상(지방세는 2018.6.27.일부터 3천만원)의 조세를 체납한 자 중 아래에 해당하는 사람으로서, 관할 세무서장(지방자치단체장)이 압류·공매, 담보 제공, 보증인의 납세보증서 등으로 조세채권을 확보할 수 없고, 강제징수를 회피할 우려가 있다고 인정되는 사람에 대하여 법무부장관에게 출국금지를 요청하여야 한다.

1. 배우자 또는 직계존비속이 국외로 이주(국외에 3년 이상 장기체류 중인 경우를 포함한다)한 사람

2. 출국금지 요청일 현재 최근 2년간 미화 5만 달러 상당액 이상을 국외로 송금한 사람

3. 미화 5만 달러 상당액 이상의 국외자산이 발견된 사람

4. 국세기본법(지방세기본법)에 따라 명단이 공개된 고액·상습체납자

5. 출국금지 요청일을 기준으로 최근 1년간 체납된 국세가 5천만원 이상인 상태에서 사업 목적, 질병 치료, 직계존비속의 사망 등 정당한 사유 없이 국외 출입 횟수가 3회 이상이거나 국외 체류 일수가 6개월 이상인 사람

6. 국세징수법 30조(지방세징수법 39조)에 따라 사해행위(詐害行爲) 취소소송 중이거나 국세기본법(지방세기본법)에 따라 제3자와 짜고 한 거짓계약에 대한 취소소송 중인 사람

[고액·상습체납자 등의 명단 공개]

①국세의 경우(국징법 114조←국기법 85조의5)

국세청장은 비밀유지(국기법 81조의13, 국조법 57조)에도 불구하고 아래에 해당하는 자의 인적사항 등을 공개할 수 있다. 다만, 체납된 국세가 이의신청·심사청구 등 불복청구 중에 있거나 최근 2년간 체납액의 50%(←30%, 2021년 명단 공개분부터 확대적용) 이상을 납부한 경우, 회생계획인가로 회생계획에 의해 세금을 납부하고 있는 경우, 재산상황과 미성년자 여부 등을 고려하여 실익이 없는 경우에는 공개하지 아니한다.

1. 체납발생일부터 1년이 지난 국세가 2억원(5억원→2016.3.1. 3억원→2017.1.1. 2억원으로 범위 확대) 이상인 체납자의 인적사항, 체납액 등

2. 불성실기부금수령단체의 인적사항, 국세추징명세 등

3. 조세포탈범(「조세범 처벌법」에 따른 포탈세액 등이 연간 2억원 이상인 자)의 인적사항, 포탈세액 등 (2014년 귀속분부터 시행) 등

②지방세의 경우(지징법 11조. 2016년까지는 지기법 140조)

지방자치단체장은 비밀유지(지기법 86조)에 불구하고 체납 발생일로부터 1년이 지난 조세(결손처분하였으나 지방세징수권 소멸시효가 완성되지 아니한 지방세 포함)가 1천만원 이상(종전 3천만원→2016.1.1. 1천만원으로 범위 확대→2021.1.1. 지방자치단체별 기준에서 광역내 합산. 2022.2.3. 전국 합산으로 범위 확대. 지징법 11조의2제2호, 2020.12.29. 개정 지징법 부칙 2조②)

[탈세제보 포상금](국기법 84조의2, 지기법 146조)

국세청장은 탈세제보자에게 20억원(결정적 제보자에게는 40억원: 2018년 이후 자료를 제공하는 분부터 30억원에서 인상 ; 체납자의 은닉재산을 신고한 자에게는 30억원: 2022년 이후 신고하는 분부터 20억원에서 인상)의 범위에서 포상금(추징세액의 5~20%)을 지급할 수 있다.(지방세는 1억원 한도)

제6장
상속세 및 증여세

01 「민법」의 상속·증여 관련 중요내용

(1)상속인의 순위

우선권	피상속인과의 관계	상속인 해당여부	비고
1순위	직계비속과 배우자 (태아 포함)	언제나 최우선적으로 상속인에 해당	계모자·적모서자 사이에는 상속권 없음
2순위	직계존속과 배우자	1순위 직계비속이 없는 경우 상속인에 해당	이혼한 부모 및 양부모도 해당
3순위	형제자매	1, 2순위가 없는 경우 상속인에 해당	이성동복형제(배다른 형제) 도 해당
4순위	4촌 이내의 방계혈족	1, 2, 3순위가 없는 경우 상속인에 해당	형제자매의 직계비속은 3순위 상속인

(핵심)배우자의 상속순위 및 상속지분(민법 1003조·1009조②)

1. 피상속인의 직계비속이 있는 경우: 직계비속과 같은 순위이며 법정지분은 50% 할증됨.
2. 피상속인의 직계존속이 있는 경우: 직계존속과 같은 순위이며 법정지분은 50% 할증됨.
3. 직계비속·직계존속이 모두 없을 경우: 배우자가 단독상속.(형제자매 등 3·4순위는 X)

①배우자

피상속인(사망자 등)의 배우자는 피상속인의 '직계비속'과 피상속인의 '직계존속'인 상속인이 있는 경우에는 그 상속인과 같은 순위로 공동상속인이 되고 그 상속인이 없는 때에는 단독상속인이 된다.(민법 1003조①) 피상속인의 배우자는 피상속인의 직계비속과 공동상속하지만, 직계비속이 없고 피상속인의 직계존속이 살아있으면 그 직계존속과 공동상속한다. 직계비속과 직계존속이 모두 없는 경우에는 배우자가 단독상속한다.(민법 1003조②)

따라서 피상속인의 배우자는 피상속인의 형제자매보다 우선하여 재산을 상속한다. 그만큼 배우자의 상속권한이 가장 크며, 법정상속분 배분율에 있어서도 직계비속·직계존속 상속분의 50%를 가산한다.(민법 1009조②) 재혼한 배우자라도 '법률상' 배우자이므로 피상속인 생존 시 배우자가 작성한 '상속포기각서'는 효력이 없으므로(민법 1041조. 상속포기각서는 피상속인 사후에 상속인이 작성한 것만 법률상 효과가 있음), 재산권을 제한하려면 피상속인의 유언 등의 방법을 사용할 수밖에 없다.

여기서 배우자란 혼인신고를 한 '법률상'의 배우자를 말하며, 사실혼 관계의 배우자는 「민법」 상 상속권이 인정되지 않는다. 그런데 사실혼 부부도 부부 간의 동거의무, 부양의무 협조의무 및 정조의무 등을 부담하므로, 배우자가 외도를 한 경우 그로 인해 사실혼 관계가 파탄되었다면 배우자와 외도 상대방에게 사실혼 관계 부당파기에 따른 위자료를 청구할 수 있으며, 헤어지면서 재산분할을 청구할 수도 있다.

하지만 사실혼 부부로 생활하던 중 배우자 일방이 사망하게 될 경우에는 남겨진 배우자는 난감한 상황에 처할 수 있다. 사실혼 배우자는 상속권이 없으므로 사망한 배우자의 재산을 상속받을 수 없을 뿐만 아니라 사실혼 배우자의 사망으로 혼인관계는 종료되었으므로 재산분할을 받을 수도 없기 때문이다. 다만, 특별연고자로서 상속재산의 전부 또는 일부를 분여받을 수는 있다.(민법 1057조의2) 법원 역시 "사실혼관계에 있었던 당사자들이 생전에 사실혼관계를 해소한 경우 재산분할청구권을 인정할 수 있으나, 사실혼관계가 일방 당사자의 사망으로 인하여 종료된 경우에는 그 상대방에게 재산분할청구권이 인정된다고 할 수 없다. 사실혼 관계가 일방 당사자의 사망으로 인하여 종료된 경우에 생존한 상대방에게 상속권도 인정되지 아니하고 재산분할청구권도 인정되지 아니하는 것은 사실혼 보호라는 관점에서 문제가 있다고 볼 수 있으나, 이는 사실혼 배우자를 상속인에 포함시키지 않는 우리의 법제에 기인한 것으로서 입법론은 별론으로 하고 해석론으로서는 어쩔 수 없다고 할 것이다"(대법 2005두15595, 2006.3.24. 선고 〈증여세부과처분취소〉)라고 판단하고 있다. 즉, 현재의 법과 판례에 따르면 사망한 배우자의 상속인들과 원만히 협의되어 재산을 받게 되면 다행이지만, 그렇지 않을 경우 남겨진 배우자는 경제적으로 큰 어려움을 겪을 수 있다. 이에 따라 사실혼 배우자의 사망 직전에 혼인신고를 하거나, 재산분할 소송을 제기하는 경우도 있는데, 남겨진 배우자는 배우자의 사망으로 인한 혼란을 채 극복하기도 전에 길고 힘든 법적 분쟁을 겪게 된다. 따라서 사실혼의 경우 배우자의 갑작스러운 '사망'에 대해 미리 대비하는 것이 매우 중요하다.

[사실혼 배우자에 대한 재산권 문제 정리]

①사실혼의 개념: 법률상 혼인신고만 하지 않았을 뿐, 사실상 부부였음이 증명돼야 함.
  1. 주관적으로 혼인할 의사가 있었고, 객관적으로 부부공동생활이라고 인정될 만한 혼인생활의 실체가 존재한다면 사실혼 관계가 성립(대법 86므70, 1987.2.10. 선고)
  2. 실무에서는 경제적인 공동생활체 유지 여부가 최대의 다툼 사항임.
  3. 사실혼 관계 입증증거: **생활비 사용내역**, 결혼식 사진, 신혼여행 유무, 주민등록상 주소지일치 여부, 보험가입 유무 등
②배우자가 '**사망**'했을 경우, 사실혼 배우자의 권리 유무
  1. 법정상속권(민법 1003조) 불인정: 헌법재판소 2020헌바494, 2024.3.28. ; 2013헌바119, 2014.8.28. 결정 (단, 상속인이 없을 경우 상속재산에 대한 권리가 인정되는 예외적인 경우는 있음)
  2. 재산분할청구권 불인정: 법률혼 배우자에게마저 불인정(대법 94므246, 1994.10.28. 선고)
  3. 특별연고자로서 재산분여는 가능(민법 1057조의2)
  4. 유족연금(국민연금·공무원연금 등)이나 임대차 관계에 있어 보호를 받을 수는 있음
③배우자가 '**생존**'해 있을 경우, 사실혼 배우자의 권리 유무
  1. 재산분할청구권 인정: 사실혼이 성립된 이후 부부공동 노력을 통하여 형성된 재산이 존재한다면, 이에 대하여 법률혼에 준하여 재산분할청구가 가능(대법 94므1584, 1995.3.28. 선고)

2. 위자료 청구 가능: 상대방의 귀책사유로 인하여 사실혼 관계가 파탄·종료되었다면, 위자료(정신적 고통에 대한 손해배상)청구가 가능함.(대법 97므544, 1998.8.21. 선고)

3. 우리나라 법은 사실혼에 대한 별도의 법은 존재하지 않지만, 사실상 관례와 실무에서 사실혼 배우자는 법률혼 배우자에 준하는 보호를 하고 있다(다만, 중혼은 제외).

④'중혼(重婚)'인 경우: 법률상 배우자가 있는 상태에서 제3자와 사실혼 관계를 유지하는 경우, 이를 중혼적 사실혼이라 한다. 우리나라의 법체제하에서는 법률혼을 우선하기 때문에 **사실혼은 보호하지 않는 것이 원칙**이다. 그러나 다음과 같은 **예외**는 있다.

"비록 중혼적 사실혼 관계일지라도, 전 혼인이 법률혼이라 하더라도 사실상 이혼상태에 있다는 등의 특별한 사정이 있다면 법률혼에 준하는 보호를 할 필요가 있다. 법률상 배우자와의 혼인이 아직 해소되지 않은 상태에서 갑과 혼인의 의사로 실질적인 혼인생활을 하고 있는 을은, 갑이 가입한 부부운전자한정운전 특별약관부 자동차보험계약상의 '사실혼관계에 있는 배우자에 해당한다.'"(대법 2009다64161, 2009.12.24. 선고)

⑤**사망 직전에 사실혼 배우자로부터 받은 재산, "증여 아닌 위자료!"**(조세심판원)

쟁점금액은 사실혼관계 해소에 따른 위자료(정신적·물질적 보상의 대가)이므로 증여세 과세 대상 아님 (조심 2021서1157, 2021.8.6. 결정, 여러 매체 2021.11.1. 보도)

②제1순위 상속인(직계비속)(민법 1000조①1호)

　제1순위의 상속인은 피상속인의 직계비속(태아 포함)이다. 직계비속이 여러 명 있을 경우 촌수가 같으면 같은 순위로 상속되고, 촌수가 다르면 촌수가 가까운 직계비속이 먼저 상속인이 된다. 예를 들어 자녀가 여러 명일 경우 이들은 같은 순위가 되며, 자녀와 손자·손녀가 있을 경우에는 자녀가 우선하여 상속인이 된다.

　자녀가 모두 상속개시 전에 상속권을 잃든가 상속개시 후에 상속권을 포기하면 손자·손녀가 직계비속으로 상속인이 된다. 만일 피상속인의 직계비속인 자녀 중에서 사망자가 있을 경우 그의 자녀(즉 피상속인의 손자·손녀)가 대습상속(代襲相續)을 하게 되며, 자녀가 전원 사망하거나 결격자가 된 경우에도 손자·손녀는 본위상속(本位相續)을 하는 것이 아니라 대습상속을 하게 된다. "피상속인의 자녀가 상속개시 전에 전부 사망한 경우 피상속인의 손자·손녀는 본위상속이 아니라 대습상속을 한다고 봄이 상당하다."(대법 99다13157, 2001.3.9. 선고. '본위상속설'이 아니라 '대습상속설' 채택. 판례가 이유를 자세히 밝히지는 않았지만, 상속의 원칙적 규정인「민법」1000조에 대하여 예외인「민법」1001조를 일종의 특별규정으로 볼 수 있어 당연한 결론으로 보인다. 아버지 대의 모든 자녀가 할아버지보다 먼저 사망한 우연한 사정이 개입되었다고 하여 손자·손녀 입장에서 상속받는 재산의 크기가 달라지는 것은 공평에 반한다는 이유를 들 수도 있을 것이다.)

　그러나 만약 피상속인의 자녀 모두가 '상속포기'를 한 경우에는 손자·손녀는 대습상속이 아니라 본위상속을 하게 되어, 각자 1/n만큼씩 균등하게 상속받게 된다.

["태아에도 상속세 공제해야"…26년만에 입장 바꾼 조세심판원](여러 매체 2022.1.28.)

"조세행정·관행에 따라 태아에 대해 상속공제를 적용하지 않았지만, 시대흐름과 사회·경제적인 인식 변화를 반영해 태아에 대한 상속공제를 적용하는 것으로 결정"(조심 2020부8164, 2022.1.26. 결정)

☞ 세법도 자녀공제(1인당 5000만원), 미성년자공제(1000만원×19세까지 연수)공제 적용.(2023년 시행)

제1장 제2장 제3장 제4장 제5장 제6장 제7장 제8장 제9장 제10장 제11장 제12장 제13장 제14장

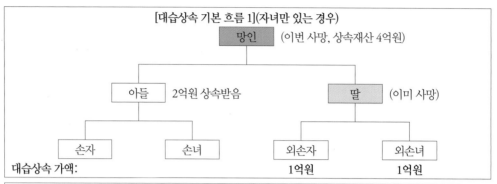

[대습상속 기본 흐름 1](자녀만 있는 경우)

망인 (이번 사망, 상속재산 4억원)

아들 2억원 상속받음   딸 (이미 사망)

손자   손녀   외손자   외손녀

대습상속 가액: 1억원   1억원

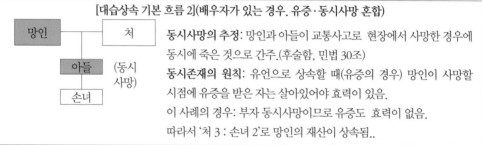

[대습상속 기본 흐름 2](배우자가 있는 경우. 유증·동시사망 혼합)

망인   처

아들 (동시 사망)

손녀

동시사망의 추정: 망인과 아들이 교통사고로 현장에서 사망한 경우에 동시에 죽은 것으로 간주.(후술함, 민법 30조)

동시존재의 원칙: 유언으로 상속할 때(유증의 경우) 망인이 사망할 시점에 유증을 받은 자는 살아있어야 효력이 있음.

이 사례의 경우: 부자 동시사망이므로 유증도 효력이 없음.

따라서 '처 3 : 손녀 2'로 망인의 재산이 상속됨..

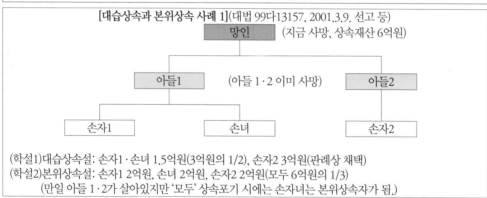

[대습상속과 본위상속 사례 1](대법 99다13157, 2001.3.9. 선고 등)

망인 (지금 사망, 상속재산 6억원)

아들1 (아들 1·2 이미 사망)   아들2

손자1   손녀   손자2

(학설1)대습상속설: 손자1·손녀 1.5억원(3억원의 1/2), 손자2 3억원(판례상 채택)
(학설2)본위상속설: 손자1 2억원, 손녀 2억원, 손자2 2억원(모두 6억원의 1/3)
　(만일 아들 1·2가 살아있지만 '모두' 상속포기 시에는 손자녀는 본위상속자가 됨.)

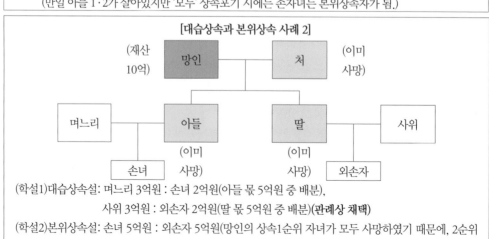

[대습상속과 본위상속 사례 2]

(재산 10억)   망인   처 (이미 사망)

며느리   아들 (이미 사망)   딸 (이미 사망)   사위

손녀   외손자

(학설1)대습상속설: 며느리 3억원 : 손녀 2억원(아들 몫 5억원 중 배분),
　　　　　사위 3억원 : 외손자 2억원(딸 몫 5억원 중 배분)**(판례상 채택)**
(학설2)본위상속설: 손녀 5억원 : 외손자 5억원(망인의 상속1순위 자녀가 모두 사망하였기 때문에, 2순위 직계비속인 손녀·외손자에게 1/n로 배분)

제
1
장

제
2
장

제
3
장

제
4
장

제
5
장

제
6
장

제
7
장

제
8
장

제
9
장

제
10
장

제
11
장

제
12
장

제
13
장

제
14
장

1991년 1월 1일부터 시행되고 있는 개정「민법」에 따르면, 직계비속에 대해서는 자연혈족이건 법정혈족이건, 혼인 중 또는 혼인 외의 출생자이건, 또 기혼·미혼이건, 혹은 같은 호적 내에 있건 혼인·분가·입양 등에 의하여 다른 호적에 있건 그 상속순위에는 아무런 차별이 생기지 아니한다.

[계모자관계(繼母子關係) 및 적모서자관계(嫡母庶子關係)] 1991.1.1. 폐지

①용어(아래 도표 참조)

1. 계모자관계: 이혼·사망 등으로 친모와 혼인관계를 종료한 아버지의 새 아내(즉, 친자들의 계모)와 친자 사이의 관계. 즉, 자의 부가 자의 모가 아닌 다른 여자와 혼인한 경우에 그 여자(계모)와 전처 출생자 사이의 관계

2. 적모서자관계: 아버지의 본부인(정실, 법정 배우자)과 서자와의 관계

②「민법」규정 삭제(구 민법 773·774조)

이런 법정친자관계는 당사자의 의사에 반하게 되는 문제점이 있고, 특히 적모서자관계는 부계적 봉건사회에 있어서의 '첩제도' 잔존물이라는 비난까지 더해져 법정모자관계가 폐지되고 단지 인척관계로만 남게 되었다. [1][2]

③「민법」적용

「민법」에 특별한 규정이 없게 됐으므로 계모자·적모자 사이에서는 상속권도 발생하지 않는다. 따라서 남편이 사망하고 전처(종전 아내) 소생과 후처(전처 자식의 계모)만이 남았을 경우 그 상속재산은 전처 자식과 계모가 공동상속하지만, 그 후 계모가 재혼하지 않고 사망하면 계모에게 상속되었던 유산은 모두 그 계모의 친가(親家)에 상속된다.

---

1) 『퇴근길 인문학 수업(전환): 지금과 다른 시선으로 나를 보기』, 백상경제연구원, 한빛비즈, 2018, p.19~20.

[남녀가 평등했던 조선의 부부 애정사](정창권 교수)

오늘날 우리는 '처가살이'하면 무능력한 남자를 떠올리는 등 부정적인 시선으로 바라보고 있다. 하지만 조선 중기까지만 해도 우리나라 사람들은 남자가 여자 집으로 가서 혼례를 올리고 그대로 눌러 사는 장가와 처가살이가 일반적이었다. 다시 말해 딸이 사위와 함께 친정부모를 모시고 살았다. 그리하여 가족 관계에서 아들과 딸을 가리지 않았고, 친족 관계에서 본손과 외손을 구분하지 않았다. 이른바 부계와 모계가 대등한 구조를 갖추고 있었던 것이다.이에 따라 재산을 아들과 딸이 균등하게 상속받았고, 조상의 제사도 서로 돌려가며 지내는 윤회봉사를 했다. 남녀의 권리와 의무가 동등했던 것이다. 나아가 여성의 바깥출입도 비교적 자유로웠을 뿐 아니라 학문과 예술 활동도 장려되었다. 조선 전기의 설씨 부인, 조선 중기의 신사임당·송덕봉·허난설헌·황진이·이매창·이옥봉 등 명실상부한 여성 예술가들이 대거 등장한 것도 이 때문이다.

2) 『조선의 부부에게 사랑법을 묻다』 정창권, 푸른역사, 2015, p.19, 68~79.

[남편 이응태의 사후 원이 엄마는 재가했다]

우리는 흔히 '조선시대 여성사' 하면 완고한 가부장제와 한 맺힌 여성사만을 떠올리지만, 그것은 17세기 이후 특히 18세기 중반 이후에야 비로소 형성된 것이었다. 다시 한 번 강조하지만 현재 우리가 생각하는 가부장제 사회는 5천 년 한국 역사에서 최근의, 그리고 비교적 짧은 기간의 현상이었다.(p.19) '원이 엄마'가 쓴 '어찌 나를 두고 먼저 가십니까?'(음력 1586년 6월 1일)라는 내용의 편지 이야기는 유명하다. 남편이 30세에 요절해버리자, 자식과 홀로 남게 된 부인(여성비하 용어지만 편지 내용으로만 보면 '미망인'이 맞다)이 남편에게 남긴 구구절절한 편지다.

1998년 4월 경북 안동시 정상동 일대의 택지조성 공사 중 미라가 된 16세기(1586년, 선조 때)에 묻힌 한 남성의 관을 발견했다. 30살의 나이로 사망한 관의 주인공 이응태는 유서 깊은 고성 이씨의 자손으로, 그의 가슴 위에는 임신한 아내가 태어나지 않은 아이의 아빠에게 쓴 감동적인 편지가 놓여 있었던 것이다.

(…) 이응태의 아버지는 편지에서 이응태와 그의 장인의 안부를 동시에 묻고 있다. 다시 말해 원이 엄마는 시집살이를 한 게 아니라, 친정 생활을 하고 있었던 것이다.(p.68~79)

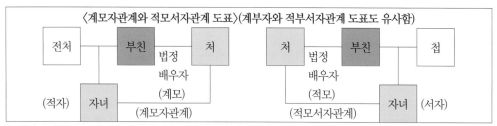

(보충1)서얼(庶孼): 서얼은 양반의 자손 가운데 첩(妾)과의 사이에서 나온 자손을 말하는 것으로, 양인(良人)의 신분에 속하는 첩이 낳은 서자(庶子)와 천민(賤民)에 속하는 첩이 낳은 얼자(孼子)를 함께 이르는 말이다.(적모서자관계에서 '서자'는 '서얼'을 통칭함.)

(보충2)"체외수정해 얻은 자녀, 낳아준 대리모가 母"(?)(서울가정법원 항고심 2018브15, 2018.5.9. 선고
← 1심도 서울가정법원 2018가13, 2018.2.14. 선고)

한국은 대리모를 법률적으로 금지한다. "출생신고서에 기재된 모(乙)의 인적사항과 출생증명서에 기재된 모(丙)의 인적사항이 일치하지 아니하므로 甲의 출생신고를 수리하지 아니한 처분은 적법하고, 이른바 '자궁(출산)대리모'는 우리 법령의 해석상 허용되지 아니하므로 이러한 대리모를 통한 출산을 내용으로 하는 계약은 선량한 풍속 기타 사회질서에 위반하는 것으로서 「민법」 103조에 따라 무효"(판결요지)

독일과 프랑스는 대리모를 원칙적으로 금지한다. 주에 따라 금지 또는 허용하는 국가로는 미국과 호주가 있다. 영국의 경우 비상업적인 대리모만 허용한다. 상업적 목적으로 시술할 경우 의료인 및 의료기관은 법에 따라 처벌받는다.

(보충3)"혼인중 태어난 자녀, 아버지와 유전자 달라도 원칙적으로는 친자"−무증자증인 A씨가 신청한 '**친생자관계 부존재 확인 소송'에서**(대법원 2016므2510, 2019.10.23. 선고)

−타인 정자로 인공수정에 동의했다면 친생자로 봐야.(첫째 아들의 경우)

−(별거 등 특별한 사유가 없는 한)아내의 혼외자를 뒤늦게 알았어도 혈연과 무관하게 가족관계에 해당함.(36년 전 판결 유지. 둘째아들의 경우)

(보충4)상속세 및 증여세법에서 '혼인 외 출생자의 생모'로부터 증여받은 경우 증여재산 공제

직계존속(10년간 5천만원, 수증자가 미성년자이면 2천만원 공제)이 아니라 기타 친족(10년간 1천만원 공제)으로 보아 증여재산 공제를 적용한다.(상속증여세 집행기준 53-0-4, 7호)

③제2순위 상속인(직계존속)(민법 1000조①2호)

　제2순위의 상속인은 피상속인의 직계존속이다. 직계존속이 여러 명인 경우에는 그들 중 촌수가 같으면 같은 순위이며, 촌수가 다르면 최근친이 우선상속인이 된다. 예를 들어 부모와 조부모가 있으면 부모에게 우선순위가 있다. 직계존속은 부계이건 모계이건 양가(養家) 측이건 생가(生家) 측이건 차등이 없으므로, 친생부모와 양부모가 있을 경우에는 같은 순위로 상속인이 된다.

　1991년 개정 「민법」에서는 적모와 계모와의 법정모자관계가 폐지되었으므로 이들은 직계존속이 아니다.

　직계존속에 대해서는 '대습상속'이 인정되지 않는다. 따라서 피상속인의 어머니가 이미 사망하고 아버지만 있을 때에는 아버지만이 상속자가 되며, 어머니의 직계존속은 대습상속을 할 수 없다.

그리고 양부모가 사망하고 양자가 유산을 상속받은 후 처와 직계비속 없이 사망한 경우에, 일반 양자의 상속재산은 전부 '친생부모가 상속'받으며, 양조부모가 생존해 있더라도 상속받을 수 없다. 그러나 친양자(민법 908조의2~908조의8)인 경우에는 친가와의 관계가 완전히 단절되므로, 양조부모가 전부 상속받는다.

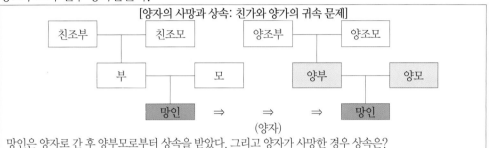

[양자의 사망과 상속: 친가와 양가의 귀속 문제]

망인은 양자로 간 후 양부모로부터 상속을 받았다. 그리고 양자가 사망한 경우 상속은?

일반양자인 경우: 친부모는 1촌 직계존속이고 양조부모는 2촌 직계존속이므로, 친부모가 모두 상속받음.

친양자(완전양자, full adoption)인 경우: 친가와 완전 단절되므로 양조부모가 전부 상속.

친양자는 호주제 폐지와 함께 도입된 제도로, 이 경우 기존의 친부모와의 친자관계가 완전히 소멸되며, 실제로 양가의 친생자와 같이 취급되는 양자를 말함. 일정 요건을 갖추어 가정법원에 청구.(민법 908조의2~908조의8)

(보충)상속세 및 증여세법에서는 일반양자와 친양자에 대해 별도로 구분하지 않음.

즉, "출양자인 경우에는 양가 및 생가에 대해 모두 직계존비속 관계가 성립한다"(상증통 53-46…2②1호)는 규정 이외에는 양자에 관한 유권해석이 없음.

④제3순위 상속인(형제자매)(민법 1000조 ①3호)

형제자매는 남녀의 성별, 기혼·미혼의 차별, 호적이 같은지 여부, 자연혈족·법적혈족의 차별, 동복·이복형제자매의 차별이 없다. 형제자매가 여러 명인 경우에는 같은 순위로 상속인이 되며, 형제자매의 직계비속은 대습상속이 인정된다.

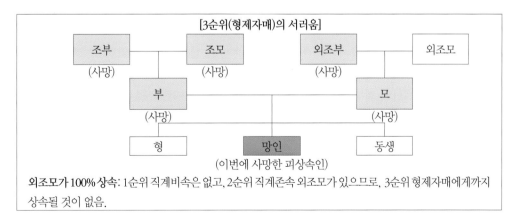

[3순위(형제자매)의 서러움]

외조모가 100% 상속: 1순위 직계비속은 없고, 2순위 직계존속 외조모가 있으므로, 3순위 형제자매에게까지 상속될 것이 없음.

⑤제4순위 상속인(4촌 이내의 방계혈족)(민법 1000조①4호)

피상속인의 3촌부터 4촌(1991년 개정 전 민법은 8촌 이내)의 방계혈족은 피상속인의 배우자·직계비속·직계존속·형제자매가 없는 경우에만 상속인이 되고 촌수가 같으면 공동상속인이 된다.

이 경우 방계혈족이면 되는 것이고 남녀의 성별, 기혼·미혼의 차별, 호적이 같은지 여부, 부계·모계에 따른 차등은 없다.

방계혈족이라 함은, 자기의 형제자매의 직계비속, 직계존속의 형제자매 및 그 형제자매의 직계비속을 말한다.(민법 768조)

⑥특별연고자(特別緣故者)

1990년까지는 구「민법」에 따라 상속인의 존재를 알 수 없어 상속인 수색공고가 있은 후 공고기간 내에 상속권을 주장하는 자가 없을 때에는 상속재산을 국가에 귀속시키도록 하였다.(민법 1058조)

이에 따라 피상속인과 생계를 같이하고 있던 자인 사실혼 배우자나 사실상의 양자, 피상속인의 요양을 간호한 자, 기타 피상속인과 특별한 연고가 있던 자는 법률상 상속인이 아니기 때문에 피상속인의 재산을 상속받을 수 없었다. 이러한 불합리한 점을 개선하기 위해 1991.1.1.부터는 「민법」을 개정하여 특별연고자의 재산분여를 신설하였다.

즉, 상속인 수색공고기간 내에 상속권을 주장하는 자가 없을 경우에 가정법원은 피상속인과 생계를 같이하고 있던 자, 피상속인의 요양간호를 한 자, 기타 피상속인과 특별한 연고가 있던 자의 청구에 의하여 상속재산의 전부 또는 일부의 분여를 할 수 있도록 규정하였다.(민법 1057조의2)

특별연고자의 범위에는 사실혼관계의 배우자, 사실상의 양자, 장기간 피상속인의 요양간호에 종사한 자 등이 주가 될 것이지만, 특별연고자의 지위는 가정법원의 자유재량에 의한 심판에 의해 결정된다.

재산분여를 원하는 특별연고자는 상속인 수색공고기간(1년 이상임, 민법 1057조)이 만료된 후 2개월 이내에 가정법원에 재산분여청구를 해야 한다. 이러한 재산분여의 청구가 인정되면 청구인에게 상속재산의 전부 또는 일부가 분여된다. 재산분여의 정도는 재산분여의 정당성을 참작하여 가정법원의 판단에 의해 결정된다.

하지만 특별연고자는 법정상속인은 아니므로 상속채무 등의 의무는 승계하지 않는다.

⑦국가

상속인이 될 수 있는 자는 앞에서 설명한 여섯 가지 경우에 한정하며, 이러한 상속인이 없을 경우에는 상속인 부존재 상태가 되어 그 재산은 국가에 귀속하게 된다.(민법 1058조)

(2) 대습상속(代襲相續)(민법 1001조, 1003조②)

① 대습상속의 의의

상속인이 될 직계비속 또는 형제자매가 상속개시 전에 사망하거나 결격자가 된 경우에, 그 직계비속이 있을 때에는 그 직계비속이 사망자 등의 순위에 갈음하여 상속인이 되며(민법 1001조), 상속개시 전에 사망 또는 결격된 자의 배우자도 그 직계비속과 함께 같은 순위로 공동상속인이 되며, 그 상속인이 없을 때에는 단독상속인이 된다(민법 1003조②).

직계존속에 대해서는 '대습상속'이 인정되지 않는다. 따라서 피상속인의 어머니가 이미 사망하고 아버지만 있을 때에는 아버지만이 상속자가 되며, 어머니의 직계존속(외조부모)은 대습상속을 할 수 없다.

대습상속제도를 인정한 이유는 본래 선순위의 상속권을 가져야 할 자가 사망 등으로 상속권을 상실한 경우에 그 사람의 배우자·직계비속에게 그 사람에 갈음하여 같은 순위로 상속시키는 것이 합리적이기 때문이다.

② 대습상속의 요건

대습상속의 요건은 다음과 같다.

1. 상속인이 상속개시 전에 사망하거나 결격자가 되어야 한다. 상속포기는 상속개시 전에는 할 수 없으므로 대습상속의 사유가 되지 않는다.
2. 대습상속인은 피대습자의 배우자나 직계비속이어야 한다. 현행 「민법」에서는 대습상속에도 남녀의 차이가 없으므로 아내뿐만 아니라 남편도 아내의 대습상속인이 된다. 따라서 아내의 사망 후 남편이 재혼만 하지 아니하면(중혼은 인정되지 않으므로 재혼하면 사망한 아내와의 부부관계가 소멸됨), 장인의 유산을 상속받을 수 있다.

[세대생략 상속·증여에 대한 할증과세](상증법 27조, 57조①)

상속세는 10~50%(30억원 초과분)의 5단계 초과누진세율로 과세하지만 세대생략 상속·증여에 대해서는 다음의 세금을 추가로 과세함.

① 세대를 건너뛴 상속에 대한 할증과세(상증법 27조): 세대생략 가산율**(대습상속 제외)**

30%. 단, 피상속인의 자녀를 제외한 직계비속이면서 미성년자에 해당하는 상속인 또는 수유자가 받을 경우에는 상속재산가액이 20억원을 초과하는 경우에는 40%.

② 세대를 건너뛴 증여에 대한 할증과세(상증법 57조①): 세대생략 가산율**(대습증여 제외)**

(즉, 최근친인 직계비속이 사망하여 그 사망자의 최근친인 직계비속이 증여받는 경우에는 할증규정을 적용하지 않음)

수증자가 증여자의 자녀가 아닌 직계비속인 경우에는 증여세 산출세액의 30%. 단, 수증자가 증여자의 자녀가 아닌 직계비속이면서 미성년자에 해당하는 경우로서 증여재산가액이 20억원을 초과하는 경우에는 40%.

제1장 제2장 제3장 제4장 제5장 제6장 제7장 제8장 제9장 제10장 제11장 제12장 제13장 제14장

〈과세이유〉상속받은 후 다시 상속이 개시되면(즉 상속인이 피상속인이 되는 경우) 상속재산을 포함하여 상속세가 다시 과세되므로(물론 10년 이내에 재상속될 경우에는 단기상속 세액공제를 통해 1년에 10%씩 감액하여 100~10%의 율로 이중과세 방지하는 장치는 있음. 상증법 30조), 이를 회피하기 위해 아예 세대를 건너뛴 상속 등에 대한 조세회피를 방지하는 규정임.

(3)동시사망추정(민법 30조)

2인 이상이 동일한 위난으로 사망한 경우에는 동시에 사망한 것으로 추정한다.(민법 30조) 즉 같은 사고로 사망한 경우에는 동시에 사망한 것으로 추정한다는 것으로, 증인이나 다른 증거 등으로 사망 시점 차이를 알기 어려울 경우 동시에 사망한 것으로 추정한다는 규정이다.

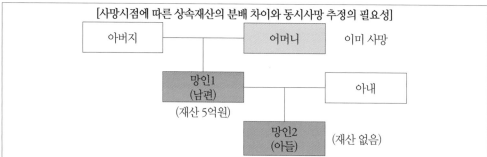

[사망시점에 따른 상속재산의 분배 차이와 동시사망 추정의 필요성]

(Case1)동승한 부자가 교통사고로 아버지는 현장에서 사망, 아들은 며칠 뒤 사망 경우: 5억원 전부 며느리에게 귀속됨(망인1 사망으로 '아내 3억원 : 아들 2억원' 귀속⇒망인 2 사망으로 아들 몫 2억원도 1순위자 직계존속인 며느리(아들의 어머니)에게 귀속됨)

(Case2)동승한 부자가 교통사고로 아들은 현장에서 사망, 아버지는 며칠 뒤 사망 경우: '며느리 3억원 : 시아버지 2억원' 귀속됨(아들(망인2) 사망으로 상속재산은 없음⇒아버지(망인1) 사망으로 2순위자인 직계존속에게 배분될 때 배우자에게도 같은 순위가 인정되는 바, 이때 며느리 3억원 : 시아버지 2억원 비율로 귀속됨)

동시사망 추정의 필요성: 상속에 유리한 경우는, 시아버지 입장에서는 손자(망인2)가 먼저 죽었을 때이고 며느리 입장에서는 남편(망인1)이 먼저 죽었을 때이다. 두 사람의 다툼이 있을 경우 병원기록이나 유력한 목격자 등이 있으면 순서가 밝혀지겠지만 그렇지 않은 경우가 허다하다.

이런 곤란한 경우를 해결하기 위해 법에서는 같은 사고로 죽는 경우에는 동시에 죽은 것으로 추정하도록 규정한 것이다. 즉 아버지(망인1)와 아들(망인2)이 동시에 죽었다고 보는 것이다. 이렇게 되면 위 Case2처럼 **'며느리 3억원 : 시아버지 2억원'**씩 귀속된다.

(보충1)동시사망 추정의 경우에도 대습상속 인정됨(대법 99다13157, 2001.3.9. 선고)

"민법 1001조(대습상속)의 '상속인이 될 직계비속이 상속개시 전에 사망한 경우에는 '상속인이 될 직계비속이 상속개시와 동시에 사망한 것으로 추정되는 경우도 포함하는 것으로 해석" 즉, 상속인과 피상속인이 동시에 사망한 경우에도 대습상속 규정이 적용된다.☞1997년 KAL기 Guam 추락으로 혼자 살아남은 사위가, 장인의 형제자매보다 우선하여 처가의 모든 재산을 상속받음.

(보충2)부부가 동시에 사망한 경우: 상속세는 각각 계산하며, 배우자 상속공제는 배제.(상증통 13-0…2)

(보충3)부부가 시차를 두고 사망한 경우: 상속세는 각각 계산, 선 사망자는 배우자 상속공제를 적용.(상증통 13-0…1)

(4)상속결격(相續缺格) 및 상속권 상실선고(민법 1004조, 1004조의2)

　　피상속인의 유산을 상속인에게 상속시키는 본래의 취지는 피상속인과 상속인 간의 윤리적·경제적인 결합관계 때문에 인정하는 것인데, 이러한 결합관계를 깨뜨리는 비행(非行)이 있는 자에게는 상속권을 박탈하는 것이 상속결격제도이다.[3]

　　상속결격의 법정사유는 다음과 같다.(민법 1004조)

1. 고의로 직계존속, 피상속인, 그 배우자 또는 상속의 선순위나 동순위에 있는 자를 살해하거나 살해하려 한 자
2. 고의로 직계존속, 피상속인과 그 배우자에게 상해를 가하여 사망에 이르게 한 자
3. 사기 또는 강박으로 피상속인의 상속에 관한 유언 또는 유언의 철회를 방해한 자
4. 사기 또는 강박으로 피상속인의 상속에 관한 유언을 하게 한 자
5. 피상속인의 상속에 관한 유언서를 위조·변조·파기 또는 은닉한 자

　　또한 피상속인의 직계존속으로서 다음의 어느 하나에 해당하는 경우에는 상속권을 상실시킬 수 있다.(민법 1004조의2, 헌법불합치 결정(헌재 2020헌가4)일인 2024.4.25.부터 상속개시된 경우에도 적용, 민법 부칙 3조)

1. 피상속인에 대한 부양의무를 중대하게 위반한 경우(미성년자에 대한 부양의무로 한정)
2. 피상속인 또는 그 배우자나 피상속인의 직계비속에게 중대한 범죄행위 또는 심히 부당한 대우를 한 경우

　　상속결격자는 피상속인에 대하여 상속인이 될 수 없음과 동시에 수증결격자도 되므로(민법 1064조) 유증을 받을 수도 없다. 그러나 결격의 효과는 결격자의 일신에만 미치는 것이므로, 결격자의 배우자·직계비속이 '대습상속'하는 데는 아무런 지장이 없다.

☞상속결격자의 배우자·직계비속에게 '대습상속' 불인정 예정(2021.6.18. 정부, 「민법」 개정안 국회제출)→폐기

(5)상속의 효과

①권리의무의 포괄적 승계(민법 1005조)

　　상속인은 상속개시된 때로부터 피상속인의 재산에 관한 포괄적 권리의무를 승계한다. 그러나

---

3)일명 '구하라법': "양육의무 저버린 부모는 자녀 사망시 상속결격 사유"에 추가(2021.6.18. 정부, 「민법」 개정안 국회제출)
　2020년 3월, 고 구하라씨(가수·배우, 1991~2019.11.24. 자살)의 친오빠 구호인씨가 "부양의무를 다하지 않은 부모는 자녀 사망시 상속권을 박탈하라"는 취지의 입법청원을 올렸고 10만 명의 동의를 얻었다. 이것이 속칭 '구하라법'이다.
　'전북판 구하라 사건'에 대한 솔로몬적 판결이 있었다. 전북 전주에 거주하는 A씨(63세)는 1983년 결혼하였으나 1988년 이혼하면서, 당시 5세·3세였던 두 딸을 혼자서 노점상을 하면서 키웠다. 2019.1.29. 소방대원이었던 A씨의 둘째딸(당시 32세)이 구조 과정에서 얻은 '외상후 스트레스 장애'를 원인으로 자살을 하였다. 이에 대해 인사혁신처는 순직을 인정하였다.
　그런데, 32년 동안 한 번도 찾아오지 않았던 생모 B씨가 나타나서 유족급여와 퇴직금 중 8천만 원을 수령해 갔다. 여기에 B씨는 사망 때까지 매달 91만원의 유족연금도 받게 됐다. 이에 A씨와 첫째딸은 "이혼 후 두 딸을 전혀 돌보지 않았던 사람이(장례식에도 불참) 뻔뻔하게 유족급여 등 1억원을 받아갔다"고 주장하며, B씨에게 첫째·둘째딸에 대한 과거 양육비 1억 9천만 원을 청구했다.
　2020.6.12. 전주지법 남원지원(홍승모 판사)은 "부모의 자녀 양육의무는 자녀의 출생과 동시에 발생하고, 양육비도 공동 책임"이라며 "B씨는 이혼할 무렵인 1988년부터 딸들이 성년에 이르기 전날까지의 양육비 7700만원을 지급할 의무가 있다"고 판시했다.

제1장 제2장 제3장 제4장 제5장 제6장 제7장 제8장 제9장 제10장 제11장 제12장 제13장 제14장

피상속인의 일신에 전속한 것은 그러하지 아니하다.(민법 1005조)

그리고 상속재산에 채무가 많아 상속인에게 부담이 되는 경우 권리의무의 승계는 하지만 상속재산의 한도 내에서만 변제책임을 지는 한정승인제도가 있으며, 상속의 포기 규정도 있다.

②공동상속의 의의

상속에 의한 권리의무의 이전은 피상속인의 사망시에 당연히 이루어지므로 공동상속인이 있는 경우에는 일단 공동으로 상속재산을 승계하게 된다. 그러므로 각자의 상속분에 따라 피상속인의 권리의무를 승계하게 되지만, 분할을 할 때까지는 상속재산을 공유로 한다.(민법 1006조)

(6)상속분

상속분은 피상속인의 의사에 따라 정해지는 지정상속분과 법률의 규정에 의해 정해지는 법정상속분이 있다. 결론부터 말하면 「민법」상 상속은 '유언(지정상속, 민법 1115조)→협의상속(협의분할, 민법 1012조)→법정상속(유류분 포함, 민법 1009·1010조, 1112~1118조)'의 순으로 정해진다.

1)지정상속분

피상속인은 유언에 의하여 상속분을 지정할 수 있다. 그러므로 피상속인은 유언에 의해 유증받는 자로 하여금 법정상속분에 우선하여 상속재산을 취득하게 할 수 있다. 그러나 유류분에 반하는 지정을 할 수 없으며, 만약 유류분에 반하는 지정을 하였을 경우에는 침해를 받은 유류분권리자는 반환을 청구할 수 있다.(민법 1115조)

상속채무에 대해서는 그것을 부담할 비율을 유언으로 지정할 수 없다. 따라서 상속채무에 관하여 지정이 있더라도 채권자는 상속분의 지정에는 구속받지 않으며, 공동상속인에 대하여 법정상속에 따른 부담을 청구할 수 있다.

2)법정상속분(민법 1009·1010조)

피상속인이 공동상속인의 상속분을 지정하지 않았을 때에는 그 상속분은 민법이 규정한 법정상속분에 의하게 되는데, 대표적으로 「민법」 1009조의 법정상속분과 「민법」 1010조의 대습상속분이 있다. 특히 1991.1.1.부터 시행된 「민법」에서는 다음과 같이 상속규정을 합리적으로 개정했다.

1. 남녀의 상속비율 균등화
2. 호주상속자 상속분 가산제도 폐지

3. 배우자상속분의 남녀차별을 폐지

같은 순위의 상속인이 여러 명일 때에는 그 상속분은 남녀 구분 없이 균분한다.(민법 1009조①)

사망 또는 결격된 자(피대습상속인)에 갈음하여 상속인이 된 자(대습상속인)의 상속분은 피대습상속인의 상속분에 의한다. 이때 피대습상속인의 직계비속이 여러 명인 때에는 그 상속분은 피대습상속인 상속분의 한도에서 법정상속분에 의하여 정한다.(민법 1010조)

[법정상속분 예시]

피상속인과의 관계	법정상속분	비율
장남, 배우자만 있는 경우	장남 1	2/5
	배우자 1.5	3/5
장남·차남, 장녀, 배우자만 있는 경우	장남 1	2/9
	차남 1	2/9
	장녀 1	2/9
	배우자 1.5	3/9
배우자, 부모만 있는 경우(자녀는 없음)	배우자 1.5	3/7
	부 1	2/7
	모 1	2/7
장남, 배우자, 어머니만 있는 경우	장남 1	2/5
	배우자 1.5	3/5
	어머니 0	2순위

3)특별수익자(증여유증을 받은 자)의 상속분(민법 1008조)

'특별수익자'란 공동상속인 중 피상속인으로부터 재산의 증여 또는 유증을 받은 사람을 말한다. 공동상속인 중에 피상속인으로부터 재산의 증여 또는 유증을 받은 자가 있는 경우에 그 수증재산이 자기의 상속분에 달하지 못한 때에는 그 부족한 부분의 한도에서 상속분이 있다.(민법 1008조)

만일 피상속인으로부터 생전의 증여 또는 유증이 있었음에도 불구하고 이를 고려하지 않게 되면 공동상속인의 상속분에 불공평한 결과를 낳게 되므로, 이러한 특별수익을 상속분의 선급으로 보아 현실의 상속분 산정에서 이를 고려하도록 한 것이다. 특별수익자는 다른 공동상속인의 유류분(遺留分, 민법 1112조)을 침해하지 아니하는 한 증여 또는 유증에 의하여 얻은 재산을 보유할 수 있다.

[특별수익에 해당하는 유증 또는 증여의 예]
- 상속인인 자녀에게 생전에 증여한 결혼 준비자금(주택자금, 혼수비용 등)·지참금
- 상속인인 자녀에게 생전에 증여한 독립자금·사업자금, 생활비 지원금액
- 상속인인 자녀에게 생전에 지급한 학비, 유학자금 등 특별히 많이 든 교육비
  (다만, 대학 이상의 고등교육비용으로 다른 자녀에게는 증여되지 않은 교육비용이어야 함)
- 일정 상속인에게만 유증한 재산

[특별수익에 해당하지 않는 유증 또는 증여의 예]

－보육·양육비, 생일·입학·졸업·결혼축하 선물, 결혼예식비, 용돈, 기타 자잘한 가액

[특별수익자가 있는 경우 상속분의 산정방법]

다음 산식에 따라 계산된 상속가액이 각 상속인이 원래 받을 수 있는 상속분액이 됨.

[(상속재산의 가액 + 각 상속인의 특별수익의 가액) × 각 상속인의 상속분율] － 특별 수익을 받은 경우 그 특별수익의 가액

[특별수익자가 있는 경우 상속분 계산 사례]

⟨사례: A는 가족으로 아내 B와 자녀 C·D가 있는데, 생전에 C에게는 독립자금으로 1억원 상당의 예금을 증여했다. A의 사망 시 상속재산은 6억원(적극재산)인 경우 각자에게 귀속될 상속재산은?⟩

상속재산 6억원에 C에 대한 특별수익 1억원을 더한 뒤 각각의 상속분을 곱하고 특별수익자인 경우에 특별수익을 공제하면, 특별수익자가 있는 경우에 각 상속인이 실제 받을 수 있는 상속액이 계산된다.

　B: (6억원 + 1억원) × 3/7 − 0 = 3억원

　C: (6억원 + 1억원) × 2/7 − 1억원 = 1억원

　D: (6억원 + 1억원) × 2/7 − 0 = 2억원

⟨특별수익의 가액이 상속분을 초과하는 경우에 특별수익자의 반환의무?⟩

공동상속인들 중 특별수익자가 받은 특별수익이 자기의 상속분보다 초과하더라도 그 초과분에 대하여 반환의무를 정한 민법상의 규정도 없을 뿐더러 다액의 특별수익자가 있는 경우에 대하여는 유류분제도에 의하여 다른 공동상속인들이 상속으로부터 배제되는 것을 보호하고 있으므로, (유류분제도에 의하지 않는 한) 그 반환의무가 없다고 보아야 한다.(서울고법 89르2400, 1991.1.18. 선고)

(보충1)여기서 이러한 계산의 기초가 되는 '피상속인이 상속개시 당시에 가지고 있던 재산의 가액'은 상속재산 가운데 적극재산의 전액을 가리킴.(대법 94다16571, 1995.3.10. 선고)

(보충2)특별수익재산의 평가시점: 상속개시일 현재 시점(대법 96스62, 1997.3.21. 선고)

구체적 상속분을 산정할 때에는 상속개시일를 기준으로 상속재산과 특별수익재산을 평가하여 이를 기초로 해야 함.

(보충3)상속세 및 증여세법상 평가시점: 증여일 당시 시점

{상증집 13-0-7(상속세 계산 시 규정), 상증통 47-0…2(증여세 계산 시 규정) 모두 같음}

상속재산가액에 합산하는 사전증여 재산가액은 상속개시일이 아닌 '증여일 현재'의 시가에 따라 평가하며 시가가 불분명한 경우에는 보충적 평가방법에 따라 평가한 가액에 따름.

[상속·증여재산 평가시점:「민법」과 상속세 및 증여세법 비교]

구분	민법	상속세 및 증여세법
사망	상속개시일(사망일)	상속개시일(사망일)
실종선고로 사망	실종기간 만료일(민법 28조)[*1]	실종선고일(상증법 2조2호)
증여	증여계약일(민법 554조)	증여일(등기접수일, 상증법 32조, 60조①, 상증령 24조)
사전증여재산 합산	상속개시일(민법 1008조)[*2]	증여일(상증법 60조④, 상증통 47-0…2, 상증집 13-0-7)

[*1]「민법」상 보통실종의 실종기간은 5년이며, 사망의 가능성이 큰 특별실종의 경우에는 1년임. 즉 전지에 임한 자, 침몰한 선박 중에 있던 자, 추락한 항공기 중에 있던 자 기타 사망의 원인이 될 위난을 당한 자의 생사가 전쟁종지 후 또는 선박의 침몰, 항공기의 추락 기타 위난이 종료한 후 1년간 분명하지 아니한 때는 1년임.(민법 27조)

[*2]금전증여는 "증여액×상속개시연도 GDP디플레이터/증여연도 GDP디플레이터"로 환산(대법 2006다28126, 2009.7.23. 선고)

4) 기여분(寄與分)제도(민법 1008조의2)

상속인 중에 피상속인으로부터 이익을 받은 자가 있는 경우에는 상속분 산정에서 상속인 간의 형평성을 위해 그 사람(특별수익자)의 상속분을 감소시키는 규정이 있는 것과 반대로, 유산증가 등에 기여한 상속인이 있으면 상속분 산정에 있어 그 기여분액을 가산하는 제도이다. 1991.1.1.부터 시행된 현행 「민법」에서 기여분제도가 신설되었다. 당초 '효도 상속분'의 일환으로 "피상속인(망인)을 부양한 상속인의 상속분은 5할(50%)을 가산한다"로 신설하려고 하였으나, 반대의견도 만만치 않아 그 대신에 기여분제도에 그 비슷한 내용을 넣었다.

"'공동상속인 중'에 상당한 기간 동거·간호 그 밖의 방법으로 피상속인을 특별히 부양하거나 피상속인의 재산의 유지 또는 증가에 특별히 기여한 자가 있을 때에는 상속개시 당시의 피상속인의 재산가액에서 공동상속인의 협의로 정한 그 자의 기여분을 공제한 것을 상속재산으로 보고 법정상속분(민법 1009조) 및 대습상속분(민법 1010조)에 의하여 산정한 상속분에 기여분을 가산한 액으로써 그 자의 상속분으로 한다."(민법 1008조의2)

기여분의 결정은 공동상속인의 협의가 우선이지만, 협의가 되지 않을 경우에는 가정법원이 기여자의 청구에 의하여 기여분을 결정한다.

기여분 산정에 있어서도 공동상속인의 협의가 우선이지만, 그렇지 못할 경우 가정법원이 기여분을 결정하는데 이 경우 기여의 시기·방법·정도와 상속재산가액 등 제반 사항을 참작하게 된다. 한편 기여분은 상속개시일의 피상속인 재산가액에서 유증의 가액을 공제한 금액을 넘지 못한다. 예를 들어 상속재산이 5억원이고 유증이 3억원일 경우 기여분의 가액은 2억원(=5억원−3억원)을 넘지 못한다. 이러한 제도를 두는 이유는 기여분보다 유증에 우선순위를 주기 때문이다.

그리고 기여분은 유류분에 우선한다. 즉, 기여분 가액이 상속재산의 상당부분을 차지한다 하더라도 다른 공동상속인의 유류분을 침해하는 것으로 보지 않는다.

(7) 상속재산의 분할

① 유언에 의한 분할(민법 1012조)

피상속인은 유언으로 상속재산의 분할방법을 정하거나 이를 정할 것을 제3자에게 위탁할 수 있고 상속개시의 날로부터 5년을 초과하지 아니하는 기간 내의 그 분할을 금지할 수 있다.(민법 1012조)

유언의 효력은 생전에는 없으며 사망시 발생한다.

제1장 제2장 제3장 제4장 제5장 제6장 제7장 제8장 제9장 제10장 제11장 제12장 제13장 제14장

②협의에 의한 분할(민법 1013조①)

유언에 의한 분할 외에는 공동상속인은 언제든지 그 협의에 의하여 상속재산을 분할할 수 있다.(민법 1013조①)

분할의 협의에는 공동상속인(포괄적 수증자 포함)의 전원이 참가해야 하며, 일부의 상속인만으로 이루어진 협의분할은 무효이다.

③조정 또는 심판에 의한 분할(민법 269조·1013조①)

공동상속인 간에 상속재산 분할협의가 성립되지 않을 때에는 공동상속인은 가정법원에 분할을 청구할 수 있다.(민법 269조, 1013조①)

> **[상속등기 후 다시 협의분할하는 경우 증여세 과세]**(상증법 4조③, 상증령 3조의2)
> 상속개시 후 상속재산에 대하여 등기·등록·명의개서 등으로 각 상속인의 상속분이 확정된 후, 그 상속재산에 대하여 공동상속인이 협의하여 분할한 결과 특정 상속인이 당초 상속분을 초과하여 취득하게 되는 재산은 그 분할에 의하여 상속분이 감소한 상속인으로부터 증여받은 것으로 보아 증여세를 부과한다. 다만, 상속세 과세표준 신고기한 이내에 분할에 의하여 당초 상속분을 초과하여 취득한 경우와 당초 상속재산의 분할에 대하여 무효 또는 취소 등 상증령 3조의2로 정하는 정당한 사유가 있는 경우에는 증여세를 부과하지 아니한다.

(8)상속의 승인·포기 및 재산의 분리

1)상속의 승인(민법 1025~1040조)

①단순승인

상속인이 단순승인을 한 때에는 제한 없이 피상속인의 권리의무를 승계한다.(민법 1025조) 또한 다음 각호의 사유가 있는 경우에는 상속인이 법정단순승인을 한 것으로 본다.(민법 1026조)
1. 상속인이 상속재산에 대한 처분행위를 한 때
2. 상속인이 「민법」 1019조①의 기간 내(상속개시가 있음을 안날 또는 상속채무가 재산을 초과하는 사실을 안 날부터 3개월)에 한정승인 또는 포기를 하지 아니한 때
3. 상속인이 한정승인 또는 포기를 한 후에 상속재산을 은닉하거나 부정소비하거나 고의로 재산목록에 기입하지 아니한 때

②한정승인 및 특별한정승인

상속인은 상속으로 인하여 취득할 재산의 한도에서 피상속인의 채무와 유증을 변제할 것을 조

건으로 상속을 승인할 수 있다.(민법 1028조) 이를 한정승인이라 하며, 이러한 제도가 마련된 이유는 피상속인의 채무가 재산보다 많을 경우에 상속인의 의사를 묻지 않고 채무 전부를 승계시키는 것은 상속인에게 너무 과한 부담이기 때문이다. 그리고 상속인이 여러 명인 때에는 각 상속인은 그 상속분에 응하여 취득할 재산의 한도에서 그 상속분에 의한 피상속인의 채무와 유증을 변제할 것을 조건으로 상속을 승인할 수 있다.(민법 1029조)

상속인이 한정승인을 하는 방법은 상속개시가 있음을 안 날부터 3개월 내에 상속재산의 목록을 첨부하여 법원에 한정승인의 신고를 하여야 한다.(민법 1030조) 한정승인으로 인해 피해를 보는 피상속인의 채권자들에게 미치는 여파도 무시할 수 없으므로, 엄격한 절차를 요한다. 따라서 「민법」에서 정한 규정에 따르지 않은 한정승인 의사표시는 한정승인으로서의 효력이 없다.

한정승인의 규정에 불구하고 상속인은 상속채무가 상속재산을 초과하는 사실을 중대한 과실 없이 3개월 내에 알지 못하고 단순승인[법정단순승인 의제(민법 1026조1호·2호) 포함: 1. 상속인이 상속재산에 대한 처분행위를 한 때, 2. 상속인이 3개월 내에 한정승인 또는 포기를 하지 아니한 때]을 한 경우에는 그 사실을 안 날부터 3개월 내에 한정승인을 할 수 있다.(민법 1019조③)

그리고 상속개시 당시 미성년자인 상속인은 단순승인을 하였더라도 상속채무 초과사실을 안 경우에는 다음 각 호의 구분에 따른 기간 내에 한정승인을 할 수 있다.(민법 1019조④, 2022.12.13. 시행)

1. 성년이 되기 전에 본인이 상속채무 초과사실을 안 경우: 성년이 된 날부터 6개월 내
2. 성년이 된 후에 상속채무 초과사실을 안 경우: 안 날부터 6개월 내

단순승인을 하거나 단순승인으로 간주된 후, 이 조문(민법 1019조③④)에 따라 한정승인할 수 있는 제도를 특별한정승인제도라 부른다.(민법 1019조③ 2002.1.14. 신설, 1998.5.27. 상속분부터 적용) 그리고 특별한정승인을 한 경우 상속재산 중 이미 처분한 재산이 있는 때에는 그 목록과 가액을 함께 제출하여야 한다.(민법 1030조②)

2)상속의 포기(민법 1041~1044조)

상속인이 상속을 포기할 때에는 상속개시가 있음을 안 날부터 3개월 내에 가정법원에 포기의 신고를 하여야 한다.(민법 1041조) 따라서 공동상속인의 경우에도 각 상속인은 단독으로 포기할 수 있다. 유가족들이 모두 책임을 면하기 위해서는 1순위부터 4순위까지 전 범위의 가족들이 상속포기를 해야 한다. 상속을 포기하면 처음부터 상속이 없었던 것으로 본다. 즉, 상속의 포기는 상속개시된 때에 소급하여 그 효력이 있다.(민법 1042조)

상속인이 여러 명인 경우에 어느 상속인이 상속을 포기한 때에는 그 상속분은 다른 상속인의 상속분의 비율로 그 상속인에게 귀속된다.(민법 1043조)

[선순위 상속인의 상속포기시 상속세 납세의무](상증통 3의2-0…1)
①상속세 납세의무자 규정(상증법 3조의2①)을 적용할 때 선순위인 단독 또는 공동상속인 전원이 민법 1019조

에 따라 상속을 포기함으로써 후순위상속인이 재산을 상속받게 되는 경우에는 후순위상속인이 받았거나 받을 상속재산의 점유비율에 따라 상속세를 납부할 의무를 지며, 증여세는 과세하지 아니한다. 이 경우 후순위상속인이 1촌 외의 직계비속인 경우에는 '세대를 건너뛴 상속에 대한 할증과세' 규정도 적용한다.

②선순위 상속인에게 '상속재산에 가산하는 증여재산'(상증법 13조)이 있는 경우에는 그 선순위 상속인이 해당 증여재산의 가액에 상당하는 상속세액에 대하여 납부할 의무를 지며, 다른 상속인들이 납부할 상속세액에 대해서도 연대하여 납부할 의무를 진다.

③상증법 15조에 따라 '상속재산으로 추정'하여 상속세 과세가액에 산입한 금액은 선순위 상속인이 법정상속분으로 상속받은 것으로 추정하여 그 선순위 상속인이 상속세 납세의무를 지며, 다른 상속인들이 납부할 상속세액에 대해서도 연대하여 납부할 의무를 진다.

[수익자를 특정하지 않아도 보험금은 상속인의 고유재산임](보험금의 귀속문제이며, 상속세는 과세됨)

1. 대법 2003다29463, 2004.7.9. 선고
피보험자의 사망에 따른 상속인의 보험금 청구 권리는 보험계약의 효력으로 당연히 생기는 것으로 상속재산이 아니라 상속인의 고유재산이라고 할 것이며, 이는 수익자 지정을 미리 해놓은 경우나, 미처 해놓지 못한 경우도 마찬가지이다.

2. 대법 2000다31502, 2001.12.28. 선고
생명보험의 보험계약자가 스스로를 피보험자로 하면서, 수익자는 만기까지 자신이 생존할 경우에는 자기 자신을, 자신이 사망한 경우에는 '상속인'이라고만 지정하고 그 피보험자가 사망하여 보험사고가 발생한 경우, 보험청구권은 상속인들의 고유재산으로 보아야 할 것이고, 이를 상속재산이라 할 수 없다.

[상속포기를 했더라도 상속인의 사망 보험금을 받을 경우 납세의무는 승계함]

(국기법 24조②: 국세는 2015.1.1. 상속이 개시되는 것부터 적용 ; 지기법 42조②: 지방세는 2021.1.1. 이후 상속이 개시되는 것부터 적용, 2020.12.29.개정 지기법 부칙 3조)

피상속인의 사망으로 인한 보험금청구권은 상속인들의 고유재산이므로(위 판례 참조), 이를 악용하여 「민법」상 상속포기를 하여 사망자의 체납된(또는 체납될) 세금은 승계하지 않고 보험금만 받아가는 모순(조세회피)을 방지하기 위해 신설된 규정이다.

[교통사고 손해배상금은 보험금(고유재산)이 아니라 '상속재산'임에 유의]

교통사고로 사망 시 가해차량이 가입한 보험회사로부터 받는 보상금은 보험금이 아니다. 정확한 명칭은 손해배상금인데 실무에서나 특히 보험회사들이 단지 '보험금'이라고 부를 따름이다. 이 보상금은 손해보험회사로부터 수령하게 되므로 보험금으로 착각하기 쉽지만, 이는 사실 가해자로부터 받아야 할 손해배상금을 보험회사에서 직접 받았을 뿐이다.

따라서 이것은 보험금이 아니라 손해배상금인 바, 고유재산이 아니라 상속재산이다. 만약 망인의 채무가 재산보다 많아 상속을 포기했다면 이 손해배상금도 받을 수는 없다.

만일 손해배상금을 받았을 경우 낭패를 볼 수가 있다. 왜냐하면 법원에 한정승인이나 상속포기신고를 했다 하더라도 상속재산을 소비하면 단순승인이 되어버리기 때문이다. 즉 채무까지 모두 상속을 받게 되는 것이다.(민법 1026조)

[「공무원연금법」상 유족급여는 고유재산임](대법 95누9945, 1996.9. 24. 선고)

3)재산의 분리(민법 1045~1052조)

　　상속을 포기하지 않는 한, 피상속인의 모든 권리의무는 상속인에게 승계되므로 상속인이 본래 가지고 있던 고유재산과 상속재산의 혼합이 이루어지게 된다. 따라서 상속에 의해 재산의 혼합이 생긴 경우 상속재산이 채무초과상태라면 상속인의 고유재산과 관련한 사업에 미치는 파장이 클 수밖에 없으며, 상속인의 고유재산이 채무초과상태라면 유증받은 자나 피상속인의 채권자가 불이익을 받게 된다. 이러한 문제를 해결하기 위해 상속재산과 상속인의 고유재산을 분리시키는 가정법원의 처분을 '재산의 분리'라고 한다.

　　'한정승인'과 '상속포기' 제도는 상속재산이 채무초과인 경우에 상속인을 보호하기 위하여 만들어진 제도인 데 비하여, 상속인의 고유재산이 채무초과인 경우 피상속인의 채권자나 유증을 받은 자를 보호하기 위한 제도가 바로 '재산의 분리'인 것이다.

　　상속채권자나 유증받은 자 또는 상속인의 채권자는 상속개시된 날로부터 3월 내에 상속재산과 상속인의 고유재산의 분리를 법원(가정법원)에 청구할 수 있다. 상속인이 상속의 승인이나 포기를 하지 아니한 동안은 3개월 경과 후에도 재산의 분리를 법원에 청구할 수 있다.(민법 1045조)

[상속재산 파산제도 안내](서울회생법원 홈페이지 slb.scourt.go.kr)

{'상속재산 파산제도'는 1962년 「파산법」 시절부터 도입됐지만 거의 '사문화'되다시피 해 그 이용률이 저조했다. 실제 2016년 서울가정법원이 처리한 한정승인건수 3600여 건 중에서 상속재산파산을 신청해 승인허가를 받은 경우는 불과 8건에 불과했다고 한다.

이처럼 '상속재산파산제도'가 잘 알려지지 않고 유명무실했던 까닭은 상속업무는 가정법원에서, 파산·청산 업무는 회생법원에서 전담하여 이용자 입장에서는 신청이나 과정안내 등을 어디서 관장하는지 알 수 없었기 때문이다.

서울가정법원과 서울회생법원이 과중한 빚을 물려받은 상속인에게 도움을 주기 위한 '상속재산 파산제도' 활성화에 나선 것이다. 두 법원은 2017년 7월 17일부터 서울가정법원에서 '상속 한정승인'을 받은 상속인을 대상으로 서울회생법원에서 상속재산 파산절차를 밟을 수 있다는 안내 서비스를 시작했다. 다음은 서울회생법원 홈페이지의 안내자료.}

1. 상속재산 파산절차

채무초과 상태의 채무자가 사망한 경우, 파산한 채무자의 재산(상속재산)에 대하여 법원에 파산신청을 하여 법원이 선임한 파산관재인을 통하여 상속채무를 정리할 수 있다.

이 제도는 망인의 상속재산 및 상속채무를 정리하는 절차이므로, 상속인의 경제적 신용도에는 아무런 영향을 미치지 않는다.

2. 신청권자

1)"상속채권자, 유증을 받은 자, 상속인, 상속재산관리인 및 유언집행자는 상속재산에 대하여 파산신청을 할 수 있다."(「채무자 회생 및 파산에 관한 법률」 299조①).

2)"상속재산관리인, 유언집행자 또는 한정승인이나 재산분리가 있은 경우의 상속인은 상속재산으로 상속채권자 및 유증을 받은 자에 대한 채무를 완제할 수 없는 것을 발견할 때에는 지체 없이 파산신청을 하여야 한다"고 규정.(채무자회생법 299조②)

3. 신청기간 및 관할

1)상속이 개시된 날로부터 3월 이내 또는 위 기간이 경과하여도 상속인이 상속의 승인이나 포기를 하지 아니

하는 동안 상속개시지를 관할하는 회생법원에 상속재산에 대한 파산신청을 할 수 있다.(채무자회생법 3조)

2)또한 상속이 개시된 날로부터 3월이 경과한 후에도 한정승인 또는 재산분리에 기한 청산절차가 진행되는 중에는 상속재산에 대한 파산신청을 할 수 있다.(채무자회생법 300조, 민법 1045조)

4. 상속재산 파산제도의 장점

1)파산관재인에 의한 상속재산의 효과적인 환가 및 채권자에 대한 공평한 변제가 이루어질 수 있다.

2)한정승인을 한 상속인이 스스로 상속채권자를 파악하고 상속재산의 환가를 통하여 상속채무를 변제하는 등 복잡한 청산절차를 이행해야 하는 어려움이 발생할 수 있는데 이를 상속재산 파산제도를 통해 해소 가능하다.

3)상속인이 상속포기를 하는 경우에는 채권자가 직접 상속재산 파산신청을 함으로써 상속재산 파산제도를 통해 보다 쉽게 채권회수가 가능하다.

[상속포기와 한정승인](민법 제4절: 1019~1040조)

피상속인의 '재산〈빚〉'이면 상속 포기 가능: 승인·포기는 상속개시 안 날로부터 3개월 내.

상속채무가 상속재산을 초과하는 사실을 중대한 과실 없이 3개월 내에 알지 못하고 단순승인(단순승인한 것으로 보는 경우 포함)을 한 경우에는 그 사실을 안 날부터 3월 내에 한정승인을 할 수 있음.(민법 1019조 ③ 2002.1.14. 신설, 1998.5.27. 상속분부터 적용)

사람의 사망으로 '상속'이 발생하면 사망한 사람(피상속인)의 '권리'뿐만 아니라 '의무'도 모두 상속인에게 포괄적으로 승계된다. 즉 상속은 상속인에게 이익을 주기도 하지만 때로는 불이익을 줄 수도 있다. 사망한 피상속인에게 재산이 많았다면 상속인은 그 재산을 상속받으면 된다.

그러나 피상속인에게 재산보다 빚이 더 많은데도 상속인이 이를 상속받았다면 그는 피상속인의 빚(채무)을 갚아야 할 의무를 지게 된다. 이와 같이 빚이 많은 피상속인의 사망으로 그 유가족이 불이익을 받는 것을 방지하기 위해서 민법은 상속인에게 상속을 승인할 것인지 아니면 포기할 것인지 선택할 수 있는 자유를 주고 있다. 이러한 제도가 '한정승인', '상속포기'이다.

'상속포기'란 상속이 개시되어 일단 상속인의 지위에 있게 된 사람이 상속에 따른 승계를 거부하고 처음부터 상속인이 아니었던 것과 같은 효과를 발생시키는 것을 말한다. 이때, 우선순위 상속인이 상속을 포기했다고 하여 그로서 모든 상속관계가 종결되는 것은 아니라는 점을 주의해야 한다. 상속인 중 일부가 상속을 포기하면 그 상속분은 다른 동순위 상속인에게 상속 비율에 따라 귀속되지만, 선순위 상속인 전원이 상속을 포기하면 다음 순위에 있는 사람이 상속인이 된다. 따라서 유가족들이 불이익을 받지 않기 위해서는 사망한 피상속인의 형제·자매를 포함한 상속순위에 있는 수십 명의 가족 모두가 상속 포기 신고를 해야 하는 경우도 종종 발생한다.

이에 비해 '한정승인'이란 사망한 피상속인으로부터 상속받은 재산의 한도에서 피상속인의 채무를 변제할 것을 조건으로 상속을 승인하는 것을 말한다. 예를 들어 상속재산으로 1억원 상당의 토지와 은행 빚 3억원이 있는 경우, 한정승인한 상속인은 1억원의 토지를 매각하여 은행에 변제하면 나머지 2억원의 빚에 대해서는 책임이 없다.

상속포기와 한정승인이 비슷한 법률 효과를 발생시키는 것처럼 보이지만 절차적으로는 많은 차이가 있다. 상속포기의 경우 유가족들이 모두 책임을 면하기 위해서는 1순위부터 4순위까지 전 범위의 가족들이 상속포기 신고를 해야 한다. 그러나 한정승인의 경우에는 선순위자 중 1명만 이를 승인하면 다른 후순위 자들은 상속문제와 관련되지 않아도 된다. 통상 1순위 상속인(배우자는 1순위가 아닌 공동상속인이 되는 사람일 뿐임) 중 1명이 한정승인을 하고, 나머지 1순위자 및 배우자가 상속포기를 하면 다른 친척들이 포기를 할 필요가 없어지게 되는 이점이 있다. ☞ 배우자만 한정승인을 하고 1순위인 자녀들이 모두 상속포기를 했더라도, 2순위인 손자들에게 채무가 이전되지 않는 것으로 판례 변경.(대법 2020그42, 2023.3.23. 선고) 상속의 승인·포기는 상속개시 있음을 안 날로부터 3개월 내에 해야 한다. 3개월 내에 한정승인이나 포기를 하지 아니한 때에는 피상속인의 권리의무를 승계한 것(단순승인)으로 본다. 또한 상속이 개시된 후에야 할 수 있고 상속개시 전에 미리 한 승인·포기는 효력이 없다. 예를 들어 상속개시 전에 자신은 상속을 포기하겠다고 가족들에게 약속한 사람이 있다 하더라도 정작 상속이 개시되었을 때 그가 상속권을 주장하면 법원은 그의 상속권을 인정해 준다.

(9)유류분(遺留分)(민법 1112~1118조)

①유류분제도의 의의

사유재산제도에서 개인은 자기가 소유하는 재산을 생전에 처분할 수도 있고 유언 등에 의해 사후에도 처분할 수 있는 것이 원칙이다. 그러나 본인의 사후에 상속인의 물적 생활기반을 희생시키면서까지 타인에게 증여 또는 유증하려는 피상속인의 자의적인 결정으로부터 상속인을 보호하기 위한 장치가 유류분제도이다. 즉, 상속인이 행한 임의적인 재산처분에 대해 일정한 비율의 제한을 가하여 그 비율만큼은 상속인에게 승계될 수 있도록 보장하려는 것이 유류분제도의 취지이다.

특히 상속재산분할과 상속포기는 피상속인의 사망 시 발생하는 권리이며 상속은 사망 시를 기준으로 개시되기 때문에, 사전 협의나 각서(일례로, 생전에 재산을 증여하면 나중에 이의를 제기하지 않겠다는 각서)는 효력이 없음에 유의해야 한다.

②유류분권자(민법 1112조)

유류분을 가지는 자는 피상속인의 배우자·직계비속·직계존속·형제자매이다. 유류분권을 행사할 수 있는 자는 상속순위상 상속권이 있는 사람이라야 한다. 따라서 제1순위 상속권자인 직계비속과 배우자가 있는 경우 제2순위 상속권자인 직계존속은 유류분권을 행사할 수 없다.

태아도 상속권이 있으므로 출생하면 직계비속으로서 유류분을 가진다. 대습상속인도 피대습상속분의 범위 내에서 유류분을 가진다.(민법 1118조에 의한 1001조 준용)

유류분은 법정상속분을 기반으로 하고 있으므로 상속권의 상실원인인 상속인의 결격, 상속의 포기에 의해 상속권을 잃은 때에는 유류분권도 당연히 잃는다.

☞ 패륜가족(불효자, 자식버린 부모) 유류분은 2025.12.31.까지만 유효(현재 2020헌가4, 2024.4.25. 헌법불합치 결정. 민법 1004조의2 신설. 2024.4.25. 이후 상속분도 적용. 앞 '(4)상속결격 및 상속권 상실선고' 참조]

제1장 제2장 제3장 제4장 제5장 제6장 제7장 제8장 제9장 제10장 제11장 제12장 제13장 제14장

③유류분(민법 1112조)

　상속인의 유류분은 다음 각호에 의한다.

1. 피상속인의 직계비속은 그 법정상속분의 1/2

2. 피상속인의 배우자는 그 법정상속분의 1/2

3. 피상속인의 직계존속은 그 법정상속분의 1/3

4. 피상속인의 형제자매는 그 법정상속분의 1/3(헌재 2020헌가4, 2024.4.25. 위헌 결정)

④유류분의 산정(민법 1113·1114조, 1118조에 의한 1008조 준용)

　유류분은 상속개시일에 피상속인이 가진 재산의 가액에 증여재산 가액을 가산하고 채무를 공제하여 산정한다. 상속재산 및 증여재산 가액의 평가기준시점은 상속개시 시점이므로 상속개시 당시의 가액으로 평가하여야 한다.(대법 93다11715, 1995.6.30. 선고)

[사전 증여재산에 대한 「민법」과 「상속세 및 증여세법」의 차이]

1. 합산기간의 차이

(1)「민법」상 유류분 계산 시 사전증여재산(특별수익, 민법 1008조)의 합산기간.

1. 상속인 특별수익분: 기간제한 없음(10년 이전분도 합산 대상)

2. 상속인 외의 특별수익분: 1년. 단, 증여 당사자 쌍방이 유류분권리자에게 손해를 가할 것을 알고 증여한 경우에는 기간제한 없음.(민법 1118조에 의한 1008조 준용)

(보충) 금전증여는 "증여액×상속개시연도 GDP디플레이터/증여연도 GDP디플레이터"로 환산(대법 2006다28126, 2009.7.23. 선고)

(2)상속세 및 증여세법에서 상속세 계산 시 사전증여재산(상증법 13조) 합산기간

피상속인이 상속개시일 전 10년(상속인 이외의 자는 5년) 이내 상속인에게 증여한 재산을 상속재산에 가산하므로(상증법 13조), 그 증여재산에 대한 증여세산출세액은 상속세산출세액에서 공제한다.(상증법 28조)

2. 사전 증여재산의 평가시점의 차이

(1)「민법」(유류분 산정 시 특별수익 합산): 상속개시일 현재 시점(대법 2004다51887, 2005.6.23. 선고)

유류분 산정 시, 상속재산 및 증여재산 가액의 평가기준시점은 상속개시 시점이므로 상속개시 당시의 가액으로 평가하여야 한다.

천재지변 기타 불가항력으로 증여의 목적물이 멸실된 경우에는 유류분 산정에서 이를 제외하여야 할 것이고(만일 멸실로 인하여 보상금이 지급되었다면 그 보상금 자체를 상속개시 시점의 시가로 환산하여 산정함), 수증자의 행위로 그것이 멸실·소실·변형된 경우에는 원상태대로 존재한다고 보고, 상속개시 시점의 가액으로 평가하여 가산하여야 한다. 물건의 양도 등 원물 반환이 불가능한 경우 가액 산정 기한은 사실심의 변론 종결 시로 보아야 한다.

(2)상속세 및 증여세법: 증여일 당시 시점(증여일 규정: 상증법 32조, 60조④, 상증령 24조)

　　　　　　　{상증집 13-0-7(상속세 계산 시 규정), 상증통 47-0···2(증여세 계산 시 규정) 같음}

1. 상속재산가액에 합산하는 사전증여 재산가액은 상속개시일이 아닌 '증여일 현재'(소유권이전등기·등록신청서 접수일, 상증통 31-24···1)의 시가에 따라 평가하며 시가가 불분명한 경우에는 보충적 평가방법에 따라 평가한 가액에 따른다.

> 2. 상속개시일 전에 부담부 증여한 재산을 상속재산가액에 합산하는 경우 증여재산가액에서 수증자가 인수한 채무를 차감한 증여세 과세가액을 합산한다.

공제되는 채무는 상속채무를 말하며, 사법상의 채무뿐만 아니라 상속으로 인하여 상속인에게 승계되는 피상속인의 조세채무(국기법 24조, 지기법 42조) 등이 포함된다.

유류분 산정 시 가산되는 증여재산은 상속개시 전의 1년간에 행한 것에 한한다.(민법 1114조 본문) 이는 그 이전까지 기간 전에 이루어진 증여까지 유류분 반환청구권의 대상으로 삼을 경우 거래의 안전을 해하므로 1년간의 것만을 대상으로 한 것이다. 상속개시 전 1년간에 행하여진 것이라 함은 증여계약이 체결된 때를 기준으로 하며, 이행이 상속개시 전 1년간에 행하여진 것만을 의미하는 것은 아니다(따라서 유증·사인증여 등도 상속개시 전 1년간에 행하여진 계약 등에 기인하면 포함됨). 증여란 모든 무상처분을 의미하므로 법인설립을 위한 출연행위, 무상의 채무변제 등도 포함된다.

그러나 당사자 쌍방이 유류분권리자에 손해를 가할 것을 알고 증여를 한 때에는 1년 전에 한 것도 가산한다.(민법 1114조 단서) 또한 상속인의 특별수익분은 1년보다 먼저 증여한 것이라 하더라도 모두 산입한다.(민법 1118조에 의해 1008조 준용) 이는 상속재산을 미리 준 것이므로 공동상속인 간의 형평성을 기하기 위한 조처이다.(대법 2017다278422, 2018.7.12. 선고 〈유류분반환〉)

[제3자에게 거액을 사망 1년 이전에 증여했을 경우, 유류분반환청구 대상여부(?)]

1. 민법 규정: 원칙적으로 상속개시 전 1년 이내에 행한 것에 한하여 유류분반환청구를 할 수 있고, 다만 당사자 쌍방이 유류분권리자에게 손해를 가할 것을 알고 증여를 하였다면, 1년 전에 한 것도 유류분반환청구소송 대상이 되며, 자식들은 유류분반환청구소송을 할 수 있다.
2. 제3자증여에 대한 대법원의 판단
 −제3자 증여와 관련하여 대법원은 피상속인이 상속인이 아닌 제3자에게 증여를 한 경우에 '증여 당시 증여 재산의 가액이 증여하고 남은 재산의 가액을 초과'한다는 점
 −'장래 상속개시일에 이르기까지 피상속인의 재산이 증가하지 않으리라는 점' 등을 알고 증여를 하였다면, 유류분권리자에게 손해를 가할 것을 알고 증여를 한 것으로 인정.(**대법 2010다50809, 2012.5.24. 선고 ;** 대법 2000다8878, 2002.4.26. 선고 등)
☞ 따라서 사후에 기부받은 측과 자식들 간의 법적분쟁을 미연에 방지하는 가장 좋은 방책은, '**자녀들과 미리 상의'하여 '증거'**를 남겨두고 제3자(학교·공익법인·사회복지시설·종교단체 등 포함)에게 증여하는 것이다!

[유류분반환 관련 세무처리]

①【유류분권리자에게 증여재산 반환 시 증여세 경정】(상증통 4-0…5)
피상속인의 증여에 의하여 재산을 수증받은 자가 증여받은 재산을 유류분권리자에게 반환하는 경우(민법 1115조), 반환한 재산가액은 당초부터 증여가 없었던 것으로 본다. 따라서 반환한 재산가액에 상당하는 증여세액을 경정하여야 한다.
②유류분반환을 받은 경우 경정청구 가능(국세청 재산상속 46014-778, 2000.6.28.)
피상속인의 법정상속인이 법원의 판결에 의해 유증을 받은 자로부터 유류분을 반환받은 경우 유류분반환 확정판결이 있는 날로부터 6개월 이내에 경정 등을 청구할 수 있으며, 세무서장은 법정상속인이 당해 상속재산을 반환받은 사실이 확인되는 경우 그에 따라 상증법 18~24조(상속공제) 규정이 적용된다.

제1장 제2장 제3장 제4장 제5장 제6장 제7장 제8장 제9장 제10장 제11장 제12장 제13장 제14장

③유류분권리자가 유증받은 부동산 대신 현금으로 반환받은 경우 양도소득세 과세

(국세청 재산상속 46014-778, 2000.6.28.)

법원판결에 의하여 유류분권리자가 유증을 받은 자로부터 당해 유증받은 부동산 대신 현금으로 반환받는 경우, 유류분권리자가 상속받은 재산을 양도한 것으로 보아 양도소득세가 과세된다.(대물변제를 양도로 보는 논리와 같음)

④유류분권리자에게 과소지급한 금액은 증여에 해당함.(조심 2014구0375, 2014.3.18. 결정)

유류분반환 소송결과 유류분권리자들은 유류분 부족액이 확정되었음에도 청구인으로부터 일부만 받고 나머지를 포기한 이상, 차액을 청구인이 증여받은 것으로 보아 과세한 이 건 처분은 정당하다.

⑤유류분의 보전(민법 1115~1117조)

유류분권리자가 증여 및 유증으로 인하여 그 유류분에 부족이 생긴 때에는 부족한 한도에서 그 재산의 반환을 청구할 수 있다.(민법 1115)

유류분 반환청구는 피상속인이 사망한 경우에만 가능하다. 즉 생전에는 망인이 아무리 부당하게 처분(증여 등 사전상속)을 하더라도 그냥 있을 수밖에 없는 것이다.

유류분 반환청구권은 유류분권리자가 상속의 개시와 반환하여야 할 증여 또는 유증을 한 '사실을 안 때'로부터 1년 내(단기소멸시효)에 하지 아니하면 시효에 의하여 소멸한다. 상속이 개시한 때로부터 10년간 반환청구권을 행사할 수 있다.(민법 1117조)

⑥유류분 반환청구 시 반환금액계산에 대한 논쟁

유류분권리자가 유류분반환청구를 하는 경우에 사전증여(특별수익) 또는 유증을 받은 다른 공동상속인이 여러 명이 있을 때, 유류분반환청구의 상대방 및 범위에 관한 학설로는 가액비율설·유류분초과비율설·상속분초과비율설·유류분초과부분면제설 등이 있다.

대법원은 93다11715 판결(1995.6.30. 선고)에서 "유류분권리자는 그 다른 공동상속인들 중 증여 또는 유증을 받은 재산의 가액이 자기 고유의 유류분액을 초과하는 상속인을 상대로 하여 그 유류분액을 초과한 금액의 비율에 따라 반환청구를 할 수 있다"라고 판시하여 유류분초과비율설을 채택하였다. 이 판시는 이후 대법원 95다17885 판결(1996.2.9. 선고), 2010다42624·42631 판결(2013.3.14. 선고) 등에서 반복되면서 확립된 법리가 되었다.

이 판결에 따른 상대방 및 범위는 다음과 같다

1. 유류분반환청구의 상대방

증여 또는 유증을 받은 재산가액이 자기 고유의 유류분액을 초과하는 상속인

2. 유류분반환청구액

청구자 유류분부족액 ×	청구 상대방이 증여·유증받은 재산가액 − 각자 유류분액
	{청구의 상대방 증여·유증받은 재산가액−각자 유류분액} 합계

그런데 이 법리는 상속채무가 없는 사안에서는 논리가 맞지만, 상속채무가 있는 경우에는 불합리한 결과가 도출된다. 따라서 2010다42624·42631 판결(2013.3.14. 선고)의 원심판결〔서울고등법원 2009나16058(본소)·2010나28569(반소), 2010.4.30. 선고〕은 상속채무가 있는 이 사건에서 유류분반환청구의 상대방을 "증여 또는 유증을 받은 재산의 가액에서 '상속채무부담액을 공제'한 금액이 자기 고유의 유류분액을 초과하는 상속인"으로 보고, 그 초과한 비율에 따라 유류분반환을 명하였다. 하지만 대법원은 이를 인정하지 않고("그 유류분권리자를 상대로 별도로 구상권을 행사하여 지급받거나 상계를 하는 등의 방법으로 만족을 얻는 것은 별론"으로 하라고 판시) 일관되게 '상속채무 공제'를 하지 않은 금액, 즉 '증여·유증받은 재산가액 - 유류분액'을 기준으로 유류분반환액을 산정하도록 판시했다.

위 대법원 판결은 『대법원판례해설』(95호, 2014년 상반기, 법원도서관)에서도 다뤄질 정도로 주목을 받고 있는 바(「수증재산이나 수유재산의 가액이 자기 고유의 유류분액을 초과하는 수인의 공동상속인이 유류분권리자에게 반환하여야 할 재산과 그 범위를 정하는 기준 등」 오영준, p.220의 '각주 12'에서 원심판결의 계산방식을 수긍하였음), 향후 이에 대한 귀추가 주목된다. 법은 그 입법취지와 미치는 영향 등 제반 사항을 고려하여 해석되어야 한다. 대법원의 경우 유류분반환액의 계산에서 단번에 깔끔하게 결론지을 수 있는 좋은 방법이 있음에도 불구하고, 법의 취지에도 맞지 않고 합리적인 배분방식도 아닌 것을 굳이 고집하며 예외 없이 해석하는 것에 쉽게 납득이 되지 않는다. 물론 법률은 엄격하게 해석해야 하는 것이지만, 이 사안에서 볼 때 '문언 해석'에 얽매여 더 큰 '입법취지'를 내팽개쳐버렸다는 생각이 강하게 든다. 한마디로 "숲은 보지 못하고 나무만 보는 격"이다. 대법원도 이 사건 판결에서 "그 유류분권리자를 상대로 별도로 구상권을 행사하여 지급받거나 상계를 하는 등의 방법으로 만족을 얻는 것은 별론"이라는 문구를 넣은 것에서 알 수 있듯이, 대법원이 채택하고 있는 방식에 문제가 있다는 점을 자인하고 있다. 문제가 있으면 고쳐야지 또 다른 소송을 통해 다시 해결토록 하는 게 과연 옳은 일일까?

사례를 통해 '상속채무를 공제한 후의 금액'을 기준으로 유류분반환액을 산정해야 하는 필요성을 확인해보자.

(사례)유류분초과비율설(대법원 채택학설)에서의 계산방법별 차이
가. 사전증여재산(특별수익) 및 상속개시 당시 재산·채무 현황

상속인	상속재산			채무 (공동상속)	순재산 (재산−채무)	유류분 금액
	특별수익	상속(유증)	합계			
A자녀	400	500	900	△200	700	100
B자녀	–	300	300	△200	100	100
C자녀	–	–	–	△200	△200	100
합계	400	800	1200	△600	600	순재산×1/3×1/2

공동상속채무: 분할대상 아니며, 법정상속분에 따라 상속(대법 97다8809, 1997.6.24. 선고)

금전채무가 공동상속된 경우, 상속재산 분할의 대상이 될 수 없고(특별한 약정·절차 필요), 이는 상속개시와 동시에 당연히 공동상속인들에게 법정상속분에 따라 상속된 것으로 봄.

나. 유류분 반환을 '순재산(재산-채무) - 유류분' 기준금액 비율로 안분 시

| 상속인 | 유류분 청구 전 재산·채무현황 | | | 유류분 | 유류분 반환·회수 금액 | | 최종 순재산 |
	재산	채무	순재산		기준(순재산-유류분)	금액	
A자녀	900	△200	700	100	600(100%)	△300	400
B자녀	300	△200	100	100	0(0%)	-	100
C자녀	-	△200	△200	100		300	100
합계	1200	△600	600	300		-	600

(보충1)B자녀와 C자녀의 각자 유류분액이 만족되면서 한 번에 계산이 완벽하게 끝났음.

(보충2)A의 최종 순재산 400 = 200(순재산 600×1/3)+200(특별수익의 유류분 반환 후 A지분인 400×1/2)

다. 유류분 반환을 '재산 - 각자유류분' 기준금액 비율로 안분: 대법원 채택

| 상속인 | 유류분 청구 전 재산·채무현황 | | | 유류분 | 유류분 반환·회수 금액 | | 최종 순재산 |
	재산	채무	순재산		기준(재산-유류분)	금액	
A자녀	900	△200	700	100	800(8/10)	△240	460
B자녀	300	△200	100	100	200(2/10)	△60	40
C자녀	-	△200	△200	100		300	100
합계	1200	△600	600	300		-	600

(보충1)유류분반환으로 C는 만족됐으나 이제는 B의 최종순재산이 자기 유류분액에 모자라는 문제가 다시 발생해버렸다.

(보충2)대법원 판결에서는 이 문제에 대해, "그 유류분권리자를 상대로 별도로 구상권을 행사하여 지급받거나 상계를 하는 등의 방법으로 만족을 얻는 것은 별론으로 하고, 그러한 사정을 유류분권리자의 유류분 부족액 산정 시 고려할 것은 아니다"라고 판시하고 있다.

(보충3)대법원 2010다42624·42631 판결(2013.3.14. 선고) 요지

"금전채무와 같이 급부의 내용이 가분인 채무가 공동상속된 경우, 이는 상속개시와 동시에 당연히 공동상속인들에게 법정상속분에 따라 상속된 것으로 봄이 타당하므로, 법정상속분 상당의 금전채무는 유류분권리자의 유류분 부족액을 산정할 때 고려하여야 할 것이나, 공동상속인 중 1인이 자신의 법정상속분 상당의 상속채무 분담액을 초과하여 유류분권리자의 상속채무 분담액까지 변제한 경우에는 유류분권리자를 상대로 별도로 구상권을 행사하여 지급받거나 상계를 하는 등의 방법으로 만족을 얻는 것은 별론으로 하고, 그러한 사정을 유류분권리자의 유류분 부족액 산정 시 고려할 것은 아니다."

(10)'효도계약서'와 '불효자방지법'(= '효도법')
(효도의무를 담은 「민법」 개정안의 별칭)

1)효도를 계약으로 맺어야만 하는 세상

효도를 법으로 정해야만 하는 시대가 돼버렸다. 얼마 전 유명 연예인(신동욱) 효도사기 논란으로 '효도계약서'가 부자에겐 필수품이라는 말과 함께 다시 세간의 이목을 모았다. 참 씁쓸하지만 판단은 각자에게 맡기고, 잠시 세상을 둘러본 다음 일명 '불효자방지법'(='효도법')에 대한 의미와 필요성 등을 알아본다.

자식과 이들에게 물려주는 증여·상속의 문제는 동서고금을 막론하고 고민거리였던 것 같다. 우선 동서양의 대표적인 속담을 소개하면 다음과 같다.

"(자식에게) 재산을 미리 주면 절세하고, 반만 주면 공경하려 노력하고, 안 주면 기부·봉사로 보람 있게 살 수도 있다."(요즘 회자되는 말)

"못된 자식들은 상속을 받을 자격이 없고, 착하고 근면한 자식들은 상속이 필요도 없다. 그러므로 상속은 필요 없다."(중국 속담)

"자식에게 물고기 한 마리를 주면 하루를 살지만, 물고기 잡는 법을 알려주면 평생을 살 수 있다."(유대인 속담)

"수의에는 주머니가 없다."("열심히 일한 당신, 잘 쓰고 가라"는 뜻임. 아일랜드 속담)

마지막에는 누구든지 예외 없이 빈손으로 세상을 떠난다. 자식에게 재산을 물려줬다고 해서 마음은 편하겠지만 그것이 자식의 자립을 막는 장애물이 될 수도 있음을 명심해야 한다. 그리고 부모가 재산을 가지고 있을수록 칼자루는 부모에게 있으니 자의든 타의든 효도를 받는 데는 유리할 것이다. 실제로 미국에서의 조사에 따르면 상속 가능한 재산이 많을수록 자녀와의 접촉이 많아진다고 한다. 특히, 건강이 나빠져서 조만간 상속이 예상되고 자녀에게 곧 구체적인 액수가 할당될 시점에서는 더 많은 접촉이 이루어진다고 한다. 절세(節稅)의 관점에서만 판단하면 미리 증여하는 게 유리하다. 일례로 사망 이전 10년 동안 증여한 재산은 상속세 계산 시 합산하여 누진과세되기 때문에 10년 이전에 증여하는 게 훨씬 유리하다. 하지만 절세로 세금에서 구제되는 대신 자식으로부터는 버림받을 수도 있다.

2)대법원 2015다236141 판결(2015.12.10. 선고)과 '효도계약서' 용어등장[4]

---

4) 『정치 질서의 기원(The Origins of Political Order, 2011)』 프랜시스 후쿠야마, 웅진지식하우스, 2012, p.270.
〈13세기 잉글랜드에서 부모와 자식 사이에 이루어진 '유지 계약'〉
당시 잉글랜드에서는 어리석게도 생전에 자녀에게 재산을 물려준 부모는 그 재산에 대해 아무런 관습적 권리를 주장하지 못했다. 그래서 이런 일이 벌어지지 않도록 부모는 자녀와 '유지 계약'을 맺어 일단 재산을 물려줘도 이후 자신들을 제대로 봉양하도록 했다.

---

① 대법원 2015다236141 판결(2015.12.10. 선고)

대법원의 판결요지로 "부모로부터 재산을 물려받으면서 '충실히 부양의 의무를 다하겠다'는 '계약서'를 작성하고도 이를 이행치 않은 아들에게 '증여계약의 해지 사유'에 해당한다", 특히 「민법」은 '직계 혈족 및 그 배우자 간에는 서로 부양의무가 있다'(민법 974조)고 규정하고 있기 때문에 증여 계약과 상관없이 아들은 부모를 부양할 의무가 있다"고 설명했다.

본 판결에서 부모가 승소할 수 있었던 주된 원인은 '효도계약서'를 작성해두었기 때문이며, 대법원은 부모의 손을 들어준 이유로 '부담부 증여'(민법 561조)에 초점을 맞췄다. '부담부 증여'를 한 경우에는 채무 등 부담 의무가 있는 상대방이 의무를 이행하지 않으면 증여계약이 이행됐더라도 증여자가 증여계약을 해제할 수 있다. '효도계약'이란 법률적 용어는 아니지만, 부모가 생전에 자식에게 재산을 증여하는 대신 부양·간병 등 일정한 의무를 이행할 것을 자식에게 요구하는 내용을 담았는데, 대법원은 이를 '부담부 증여'(쌍무계약)의 일종으로 해석한 것이다.

이 판결은 세간의 화제가 되었으며 '효도계약서'라는 용어까지 등장했다. 만일, 이 사례와 반대로 '효도계약서'가 없다면 증여자인 부모가 증여재산을 되돌려 받기는 쉽지 않다. 「민법」은 일단 증여한 사안에 대해서는 다시 반환받는 것을 제한적으로만 인정하고 있기 때문이다. 그러니 자식에게 재산을 생전에 물려줄 때 심사숙고해서 결정해야 한다. 관련 내용을 검토해본다.

② 「민법」상 증여해지 및 부담부 증여에 대한 규정
가. 「민법」 555조(서면에 의하지 아니한 증여와 해제)
증여의 의사가 서면으로 표시되지 아니한 경우에는 각 당사자는 이를 해제할 수 있다.
나. 「민법」 556조(수증자의 행위와 증여의 해제)
수증자가 증여자에 대하여 다음 각호의 사유가 있는 때에는 증여자는 그 증여를 해제할 수 있다.(민법 556조①)
1. 증여자 또는 그 배우자나 직계혈족에 대한 범죄행위가 있는 때
2. 증여자에 대하여 부양의무(민법 974조) 있는 경우에 이를 이행하지 아니하는 때 증여해제권은 해제원인이 있음을 안 날로부터 6월을 경과하거나 증여자가 수증자에 대하여 용서의 의사를 표시한 때에는 소멸한다.(민법 556조②)
다. 「민법」 557조(증여자의 재산상태변경과 증여의 해제)
증여계약 후에 증여자의 재산상태가 현저히 변경되고 그 이행으로 인하여 생계에 중대한 영향을 미칠 경우에는 증여자는 증여를 해제할 수 있다.
라. 「민법」 558조(해제와 이행완료부분)
전(前) 3조의 규정에 의한 계약의 해제는 이미 이행한 부분에 대하여는 영향을 미치지 아니한다.
마. 「민법」 561조(부담부 증여)
상대부담 있는 증여에 대하여는 본 절의 규정 외에 '쌍무계약'에 관한 규정을 적용한다.

③「민법」 규정의 적용 및 해석

가. 증여계약에 대한 것이며 증여가 이행된 부분에는 적용제한

　위 규정은 증여계약을 이행하는 데 대한 것으로 이미 재산이 넘어가버렸을 경우에는 적용되지 않는다. 즉, 증여하기로 약속은 하였지만 아직 재산을 넘기지 않은 상태에서 위 3가지 사유(민법 556조 2개 및 557조 1개)가 있다면 약속을 취소할 수 있다는 것일 뿐, 이미 넘겨버린 재산을 돌려받을 수 있다는 규정이 아니다. "전 3조의 규정에 의한 계약의 해제는 이미 이행한 부분에 대하여는 영향을 미치지 아니한다"(민법 558조)는 규정은 바로 이 점을 말하는 것이다.

나. 부양의무(민법 556조①2호)는 당사자(부모와 자식) 사이가 아니라, 자식들 서로 간의 의무를 규정한 것임

　부양의무(민법 556조①2호)는 "직계혈족 및 그 배우자 또는 생계를 같이하는 친족 간의 부양의무"(민법 974조)를 가리키는 것인 바, 이 사건과 같이 당사자인 부모와 자식 사이에 적용되는 조항이 아니다.

다. 해석 결론

　첫째, 부모(증여자)가 이미 재산을 넘겨버렸으므로 위 「민법」의 규정을 적용받을 수 없다.

　둘째, '부양의무'도 부모와 자식 사이인 당사자 간에는 적용할 수 없다.

라. 대법원이 본 사건의 판결에 채택한 법리: 부담부 증여

　"상대부담 있는 증여에 대하여는 본 절의 규정 외에 '쌍무계약'에 관한 규정을 적용한다."(민법 561조)

3)'불효자방지법' 발의

①2016년 8월 이명수 의원(자유한국당 충남 아산시 갑 지역구)

　부모가 법원에 자녀의 부양의무 이행을 청구할 수 있도록 하고, 법원의 명령에도 불구하고 자녀가 부양의무를 지키지 않을 경우 증여재산을 환수할 수 있도록 한 「민법」 개정안을 발의했다.

②2016년 9월 민병두 의원(더불어민주당 서울 동대문구 을 지역구, 성추행 사건 '미투' 의혹이 나오자마자 2018년 3월 국회의원직 사퇴발표→2개월 후 철회)

　자녀가 부모로부터 재산을 증여받고도 부양의무를 제대로 이행하지 않거나, 부모를 학대하는 등 패륜(悖倫)행위를 할 경우 증여재산을 반환하도록 한 「민법」 개정안을 재추진했다. 이 법안에는 김영춘·남인순·박남춘 의원뿐만 아니라, 특히 '삼성바이오(일명 '삼바')의 분식회계(이재용 부회장의 지분율을 높이기 위해 2015.7.17. 제일모직과의 편법 합병)'와 '유치원 회계비리 폭로'로 유명한 박용진 의원까지 포함하여 더불어민주당 의원 총 11명이 공동발의자로 참여했다.

　민병두 의원이 대표 발의한 「민법」 개정안에는 자녀에게 증여한 재산을 돌려받을 수 있는 사

유에 '학대'와 '부당한 대우' 등을 추가했다. 이미 증여가 된 경우라도 증여를 해제할 원인을 알게 된지 1년 안에 해제권을 행사하면 재산을 반환받을 수 있도록 했다.

현행 「민법」 규정은 부모에 대한 범죄행위와 부양의무 위반 시에만 증여재산을 돌려받을 수 있으며, 해제권 행사기간도 6개월에 그친다. 그렇지만 개정 발의안도 아래의 2가지 측면에서 볼 때 여전히 부모가 증여재산을 돌려받기가 만만치 않다.

첫째, 부양의무 위반의 경우, 부양을 조건으로 증여했다는 사실의 입증책임이 부모에게 있음

둘째, 중요 절차가 이미 이행된 경우는 아예 반환을 청구할 수 없도록 한 점(민법 558조)

③2018년 2월 발의

'불효자방지법'은 2018년 2월 다시 발의(더불어민주당 박완주·서영교 의원, 자유한국당 이철 규 의원 등이 각각 발의)됐으나 결국 폐기됐다.

④2020년 6월 발의

2020년 6월 17일, 박완주 의원 등 더불어민주당 11명은 '불효자 먹튀방지법'을 다시 공동발의 해 21대 국회에서 귀추가 주목된다. 2020년 개정안의 내용을 보면, 수증자가 증여자 등에 대해 범죄행위를 하거나 부양의무를 이행하지 않는 경우 증여계약을 해제할 수 있도록 한 기존 규정 은 그대로 두고, "증여가 해제될 때 수증자가 증여자에게 이를 원상회복으로 반환할 의무"가 있 다고 규정했다. 또한 "증여가 이미 이행된 부분에 대해 해제의 효력이 미치지 않도록 했던 규정 은 이 같은 경우 적용되지 않도록" 했다.

⑤불효자방지법이 제정될 경우의 효과

만일 「민법」이 불효자방지조항을 넣은 쪽으로 개정된다면 '법적'으로 재산을 돌려주어야 할 자식의 의무가 생긴다. 무엇보다 본 판례와 반대로, 만약 '계약서' 또는 '각서'가 없는 경우에도 훨씬 수월하게 증여재산을 돌려받을 수 있는 근거가 마련된다는 점에서 의의를 찾을 수 있다.

4)'효도계약서'의 요건

①효도계약서에 들어가야 할 필수 3요소
첫째, 증여재산
둘째, 증여의 조건(효도의 내용)
셋째, 조건 불이행 시 증여계약 해제문구

②기타 부대사항
효도계약서에는 부모가 자식에게 증여하는 재산의 가치를 초과하지 않는 조건이라면 자유롭

게 계약 내용으로 담을 수 있다. 증여조건으로 주로 담기는 내용은 정기적인 방문, 생활비·병원비 지원, 손자·손녀 대면권, 부모 사망 시 남은 형제 부양 등이다.

심지어 자녀의 건강을 생각해 술·담배 끊기, 도박 금지 등의 조항까지 들어가는 경우도 있다.

5)주택연금 또는 유언대용신탁의 활용

①주택연금[부부 1인 만 55세(←2020.3.까지 60세) 이상, 공시가 12억원(←9억원, 2023.10.12. 신청분부터 인상) 이하 주택(주거용 오피스텔 포함) 보유자] ☜금융위원회는 2024.12.11., 하나은행·하나생명보험의 '12억원 초과 주택 보유자 대상 민간 주택연금 서비스'를 혁신금융으로 신규 지정하여 허용.

'주택연금이냐 효도냐', 이 둘 중 무엇을 택해야 할까? 우선, 주택의 명의를 미리 자녀에게 이전하고 자녀의 서비스를 기다리는 것은 위험(?)하다. 요즘 사전 증여 관련해서 소송도 증가하고 효도계약서를 쓰는 사람도 늘어나고 있는 걸로 봐서, 효도를 기대하면서 사전증여 하는 방식은 여러 가지 불확실성이 많다는 걸 뜻한다.

그래서 대안으로 나온 게 주택연금(「한국주택금융공사법」 2조8호의2, 9조, 시행령 3조의2②)이다. 상속 가능한 주택자산(주거용 오피스텔 포함)으로 자녀에게 서비스를 얻으려 하기보다는 이를 연금화해서 그 돈으로 시장에서 필요한 서비스를 사는 것이 본인에게나 자녀에게나 모두 좋을 수 있다. 본인의 주체성을 유지하고 있으면 다른 사람들도 존중을 해준다. "숲 속에 있는 수많은 참새보다 손 안에 있는 한 마리 참새가 낫다"는 명언, 노후에 딱 들어맞는 말이 아닐까!

②유언대용신탁[5]

가족 간 갈등 없이 재산을 상속·증여하는 가장 확실한 방법은 유언대용 신탁이다. 신탁자(유언자)가 보험을 제외한 자산을 맡기면 금융사가 재산을 위탁받아 관리하다 사후엔 집행을 책임지는 형태다. 신탁이 발달한 미국·영국 등 선진국에서는 보편적으로 활용하는 방법이다.

유언대용신탁은 금융사가 관리부터 유언집행을 맡기 때문에 편리하다. 하지만 비용 부담이 커서 일반적으로 활용하긴 쉽지 않다. 첫 계약을 할 때 최소 1000만원을 낸 뒤 매년 자산관리 수수료를 내야 한다. 수수료는 재산 규모와 관리 방식에 따라 차이가 있다. 금융자산 수수료는 맡긴 금액의 0.3~1%를 떼간다.

국내에서는 2010년 하나은행의 '리빙트러스트'를 시작으로 은행과 증권사에서 다양한 서비스가 나오고 있다. 요즘 들어 노후에 치매 등으로 갑자기 건강이 나빠질 것을 염려해 재산을 미리 금융사에 신탁으로 맡기려는 추세가 늘고 있다고 한다.

---

5) ⟨40년 만에 뒤흔들린 상속제도…"유언대용신탁은 유류분에서 제외"⟩(2017가합 408489, 2020.1.10 수원지법 성남지원 선고)
사망 3년 전 유언대용신탁에 가입, 이번 판결로 피상속인의 유언에 따라 재산을 상속할 수 있는 길이 열린셈.
☞ 수원고법도 같은 취지로 선고하였으며(수원고법 2020나11380, 2020.10.5. 선고), 대법원에 상고하지 않아 사건 종결됨.

02 상속세 및 증여세법 총칙(제1장)

(1)상속세 · 증여세의 과세대상

1)용어의 정의(상증법 2조)

①상속

상속이란 「민법」 제5편에 따른 상속을 말하며, 다음 각 목의 것을 포함한다.

가. 유증(遺贈): 유증이란 상대방 없는 '단독행위'(동의 불필요)인 유언에 의한 재산의 무상증여를 말함. 사인증여는 '계약'(상호합의)인 점에서 차이가 있지만, 증여자의 사망에 의해 효력이 생기는 점 등 대부분의 내용은 동일하므로 「민법」상 유증에 관한 규정이 사인증여에도 적용됨.(「민법」 562조)

나. 사인증여(死因贈與): 「민법」 562조에 따른 증여자의 사망으로 인하여 효력이 생길 증여

(상속개시일 전 10년 이내에 피상속인이 상속인에게 진 증여채무 및 상속개시일 전 5년 이내에 피상속인이 상속인이 아닌 자에게 진 증여채무의 이행 중에 증여자가 사망한 경우의 그 증여를 포함)

다. 피상속인과 생계를 같이 하고 있던 자, 피상속인의 요양간호를 한 자 및 그 밖에 피상속인과 특별한 연고가 있던 자('특별연고자', 「민법」 1057조의2)에 대한 상속재산의 분여(分與)

라. 유언대용신탁(「신탁법」 59조)과 수익자연속신탁(「신탁법」 60조)

②상속개시일

상속개시일이란 피상속인이 사망한 날을 말한다. 다만, 피상속인의 실종선고로 인하여 상속이 개시되는 경우에는 실종선고일을 말한다.

(보충)「민법」은 실종기간 만료 시(보통 5년, 「민법」 27조) 기준임.(「민법」 28조)

{「민법」상 보통실종의 실종기간은 5년이며, 사망의 가능성이 큰 특별실종의 경우에는 1년임. 즉 전지에 임한 자, 침몰한 선박 중에 있던 자, 추락한 항공기 중에 있던 자, 기타 사망의 원인이 될 위난을 당한 자의 생사가 전쟁종지 후 또는 선박의 침몰, 항공기의 추락 기타 위난이 종료한 후 1년간 분명하지 아니한 때는 1년임.(「민법」 27조)}

③상속재산

상속재산이란 피상속인에게 귀속되는 모든 재산을 말하며, 다음 각 목의 물건과 권리를 포함한다. 다만, 피상속인의 일신(一身)에 전속(專屬)하는 것으로서 피상속인의 사망으로 인하여 소멸되는 것은 제외한다.

가. 금전으로 환산할 수 있는 경제적 가치가 있는 모든 물건

나. 재산적 가치가 있는 법률상 또는 사실상의 모든 권리

④상속인

상속인이란 「민법」 1000~1004조에 따른 상속인을 말하며, 같은 법 1019조①에 따라 상속을 포기한 사람 및 특별연고자를 포함한다.

⑤수유자(受遺者)

수유자란 유증을 받은 자, 사인증여에 의하여 재산을 취득한 자, 유언대용신탁에 의하여 수익권을 취득하거나 신탁재산에 기한 급부를 받는 자, 수익자연속신탁에 의하여 수익권을 취득하는 자를 말한다.

⑥증여

증여란 그 행위 또는 거래의 명칭·형식·목적 등과 관계없이 직접 또는 간접적인 방법으로 타인에게 무상으로 유형·무형의 재산 또는 이익을 이전(현저히 낮은 대가를 받고 이전하는 경우를 포함)하거나 타인의 재산가치를 증가시키는 것을 말한다. 다만, 유증과 사인증여는 제외한다.

⑦증여재산

증여재산이란 증여로 인하여 수증자에게 귀속되는 모든 재산 또는 이익을 말하며, 다음 각 목의 물건, 권리 및 이익을 포함한다.
가. 금전으로 환산할 수 있는 경제적 가치가 있는 모든 물건
나. 재산적 가치가 있는 법률상 또는 사실상의 모든 권리
다. 금전으로 환산할 수 있는 모든 경제적 이익

⑧거주자

거주자란 국내에 주소를 두거나 183일 이상 거소(居所)를 둔 사람을 말하며, 비거주자란 거주자가 아닌 사람을 말한다. 이 경우 비거주자가 국내에 영주를 목적으로 귀국하여 국내에서 사망한 경우에는 거주자로 본다.(상증령 2조②)

⑨수증자(受贈者)

수증자란 증여재산을 받은 거주자(본점이나 주된 사무소의 소재지가 국내에 있는 비영리법인을 포함) 또는 비거주자(본점이나 주된 사무소의 소재지가 외국에 있는 비영리법인을 포함)를 말한다.

⑩특수관계인

특수관계인이란 본인과 친족관계, 경제적 연관관계 또는 경영지배관계 등 시행령(상증령 2조의2)으로 정하는 관계에 있는 자를 말한다. 이 경우 본인도 특수관계인의 특수관계인으로 본다.

제1장 제2장 제3장 제4장 제5장 제6장 제7장 제8장 제9장 제10장 제11장 제12장 제13장 제14장

2)거주자·비거주자의 상속세·증여세 과세대상(상증법 3조, 4조의2, 국조법 21조)

①과세구분

구분	상속세·증여세 과세대상
피상속인(또는 수증자)이 거주자	국내·외에 있는 모든 상속(증여)받은 재산
피상속인(또는 수증자)이 비거주자	국내에 있는 모든 상속(증여)받은 재산
거주자가 비거주자에게 증여	'국외'에 있는 모든 증여받은 재산(국조법 35조)

(보충)국외증여에 대한 증여세 과세특례(국제조세조정에 관한 법률 35조, 상증통 4의2-0…1)
'거주자'가 '비거주자'에게 국외에 있는 재산을 증여(증여자의 사망으로 인하여 효력이 발생하는 증여는 제외. 사인증여는 상속으로 보아 거주자의 상속세 계산시 반영될 것임–저자 주)하는 경우 그 '증여자'는 국조법에 따라 증여세를 납부할 의무가 있다.(2017년부터 국외 예금 등 모두 포함)

거주자 판정을 위한 주소 또는 거소에 대해서는 소득세법 시행령 2조(주소와 거소의 판정), 4조(거주기간의 계산)에 따른다.(상증령 2조, 2015.12.15. 조번 전면개정 전 상증법 1조, 상증령 1·2조)

(보충1)거주자: 국내에 '주소'를 두거나 '183일 이상의 거소'를 둔 사람 규정.(소법 1조의2①1호, 상증법 2조8호)
①변천과정(소득세법상 거주자 개념 중 '거소' 기준)
1. 2014년까지: 국내에 '2과세기간에 걸쳐 1년 이상'의 거소를 둔 자.
2. 2015~2017년: '2과세기간에 걸쳐' 183일 이상(소령 4조③, 2015.2.3. 개정)
   {개정이유: 해외거주를 가장한 탈세 방지를 위하여 미국·영국·독일 등 대부분의 OECD 국가에서 (2과세기간 중) 183일 기준을 적용하고 있는 점 등을 감안하여, 거주자 판정기준을 1년 이상에서 183일 이상으로 **강화**하였음(기획재정부). '2과세기간 중' 183일이란 뜻임, 『2015년 개정세법해설』 국세청, p.119}
3. **2018년부터: '1과세기간 동안' 183일 이상의 거소로 완화**(소령 4조③, 2018.2.13. 개정)
   {개정이유: 재외동포의 국내투자 촉진. '1과세기간 동안' 183일이란 뜻임, 『2018년 개정세법해설』 p.113}
4. 2026.1.1.부터: '계속하여' 183일 이상의 거소를 둔 경우 추가(소령 4조③, 2025년 개정)
②현행규정
1. 소득세법: '1과세기간 동안' 또는 '계속하여' 183일 이상의 거소(소령 4조③, 2026.1.1. 시행)
2. 상속세 및 증여세법: 2016년부터 '1년 이상 거소'→'183일 이상 거소'로 강화(상증법 2조8호, 2015.12.15. 개정 상증법 부칙 1조). 그러나 2018년부터 '1과세기간 동안 183일 이상'의 거소로 다시 완화된 소득세법 규정은 적용되지 않음.(상증령 2조①에서 소령 4조③만은 준용하지 않기 때문)
   상증법에서도 거주자 판정을 위한 주소 또는 거소 등에 대해서는 소령 2조(주소와 거소의 판정)·4조(거주기간의 계산. 단 ③은 제외)·2조의2(거주자 또는 비거주자가 되는 시기)·3조(해외현지법인 등의 임직원 등에 대한 거주자 판정)에 따르며, 추가로 "비거주자가 국내에 영주를 목적으로 귀국하여 국내에서 사망한 경우에는 거주자로 본다."(상증령 2조, 2016.2.5. 개정)

(보충2)주소 등의 판정: 국적이나 외국영주권 등의 형식적인 것보다 실질로 판단(소령 2조①)
주소는 국내에서 생계를 같이하는 가족 및 국내에 소재하는 자산의 유무 등 생활관계의 객관적 사실에 따라 판정한다.⇒해외유학에 따른 '기러기가족'의 경우 국내에 생계를 책임지는 가족이 있으므로 '거주자'로 봄.

②유산세(遺産税) 방식

상속세는 초과누진세율로 과세하므로 피상속인(사망자)을 중심으로 하여 상속재산 전체를 과세단위로 하느냐, 아니면 상속인을 중심으로 각 상속인이 취득하는 상속재산을 과세단위로 하느냐에 따라 조세부담에 차이가 있게 된다. 전자를 유산세(遺産税, estate tax), 후자를 유산취득세(遺産取得税, inheritance tax)라고 부른다.

유산세 방식에서는 상속재산 전체를 과세단위로 하므로 공동유산의 경우에는 상속재산 전체에 대하여 세액을 계산한 후 각 상속인의 상속지분에 따라 세액을 안분계산한다. 유산세 방식은 분할상속으로 인한 조세부담의 회피를 방지할 수 있으며, 세무행정의 집행이 편리하다는 장점이 있다. 상속세를 운영 중인 OECD 23개국 중 4개국(한국, 미국, 영국, 덴마크)만 유산세 방식이고, 나머지 19개국(일본, 독일, 프랑스 등)은 유산취득세 방식이다. 한국도 유산취득세 방식으로 조속히 전환하는 것을 목표로 적극 논의 중이다.

유산취득세 방식은 취득세의 성격으로서 상속인별로 취득하는 재산을 과세단위로 하여 세액을 계산한다. 유산취득세 방식은 상속인이 불로소득으로 재산을 취득한다는 측면에 초점을 둔다.

(2)상속세와 증여세의 관계

상속세는 사망으로 인하여 증여가 이루어질 경우에 과세하는 것이고, 증여세는 생존해 있을 때 증여로 인해 과세되는 세금이다. 상속세와 증여세는 별개의 세목(税目)으로 과세되는 것이 원칙이다. 그러나 상속세가 초과누진세율임을 악용하여 사전증여를 하는 경우 등에는 이를 포함하여 상속세를 계산하는 등 상속세·증여세는 밀접한 관계가 있다.

따라서 상속세 및 증여세법에서 상속세·증여세에 대한 과세를 규정하고 있으며, 증여세 과세와 관련하여 상속세의 규정을 준용하는 경우가 많다.

(3)상속세·증여세와 소득세·법인세와의 관계

1)개인·법인의 상속세·증여세 과세 구분 원칙

개인과 비영리법인은 발생한 소득에 대하여 소득세(비영리법인은 법인세)를 납부하는데, 이때의 과세대상은 해당 세법에 열거된 것만으로 한다(소득원천설). 그러므로 소득세법(또는 법인세법상 비영리법인의 수익사업부문)에서 열거되지 않은 소득에 대해서는 상속세·증여세를 과세하는 것이다.

472 | 제6장 상속세 및 증여세

상속세·증여세는 상속·증여에 따라 무상 이전되는 금전적 가치를 과세대상으로 하기 때문에 일반적으로 상속·증여재산에 대하여는 소득세가 과세되지 않는다(소득세법에 과세소득으로 열거되어 있지 않다). 달리 표현하면 소득세 과세가 누락된 부분에 대한 과세가 상속세·증여세이므로, 상속세·증여세를 소득세·법인세에 대한 보완세라고도 한다.

그러나 영리법인의 경우에는 모든 소득에 대하여 법인세가 먼저 과세되므로(순자산증가설), 상속·증여에 의해 소득이 발생하더라도 상속세·증여세가 과세되기 이전에 각 사업연도소득에 대한 법인세가 과세되는 것이 기본 논리이다.(상증법 3조의2①·4조의2①)

구분		세금부과	과세학설
개인		상속세·증여세 과세	소득원천설
법인	비영리법인	상속세·증여세 과세 단, 공익법인 출연재산 등은 과세제외(상증법 제3절)	소득원천설
	영리법인	법인세 과세됨. 법인세 누락 시 상속세·증여세 과세	순자산증가설

2)소득세·법인세가 과세될 경우 증여세는 과세제외(상증법 4조의2③④)

①영리법인에 대한 과세방법(명의신탁재산의 증여 의제 이외)

증여재산에 대하여 수증자에게 소득세 또는 법인세가 부과되는 경우에는 증여세를 부과하지 아니한다. 소득세 또는 법인세가 소득세법·법인세법 또는 다른 법률에 따라 비과세되거나 감면되는 경우에도 또한 같다.(상증법 4조의2③)

②영리법인의 '주주' 등에 대한 과세방법

영리법인이 증여받은 재산 또는 이익에 대하여 **'법인세가 부과되는 경우'**(법인세가 법인세법 또는 다른 법률에 따라 비과세되거나 감면되는 경우를 포함) 해당 '법인의 주주' 등에 대해서는 상증법 45조의3(특수관계법인과의 거래를 통한 이익의 증여 의제)·45조의4(특수관계법인으로부터 제공받은 사업기회로 발생한 이익의 증여 의제)·45조의5(특정법인과의 거래를 통한 이익의 증여 의제)의 규정에 따른 경우를 제외하고는 증여세를 부과하지 아니한다.(상증법 4조의2④)

상증법상 '증여 추정 및 의제 규정' 중에서는, 상증법 44조(배우자 등에게 양도한 재산의 증여 추정)과 상증법 45조(재산 취득자금 등의 증여 추정)는 법인에게 적용될 경우가 없으므로, 위의 3가지 경우(상증법 45조의3~45조의5)에만 상증법에 따라 '해당법인의 주주 등에게 과세'하는 것이다.

그러나 위 3가지 이외의 증여에 대해 법인세를 과세할 경우에는 부당행위계산부인(법법 52조, 법령 88조) 규정을 적용하여 해당 법인에게 과세하는 것은 물론이고, 이익을 증여받은 주주 등에게는 법인세의 '소득처분'을 통해 소득세 등을 부담하게 된다. 따라서 결론적으로 영리법인이 증여받았을 경우에는 수증법인은 물론이고 해당 주주도 일정한 기준에 따라 납세의무를 부담하게 되는 것이다.

③명의신탁재산의 증여 의제의 경우

A. 명의신탁 증여 의제는 '부의 무상이전'과는 무관한 행정벌(질서벌)

"명의신탁은 경제적 실질이 '부의 무상이전'과는 무관한 전혀 다른 행위이므로 포괄증여 규정에 의하더라도 증여세를 부과할 수 없는 것이 원칙이다. 적어도 구 상증법(2003.12.30. 개정 전)상으로는 명의신탁은 증여와 무관한 것으로서, 명의신탁 그 자체를 규제하여야 할 대상으로 간주하여 규제수단으로써 증여세를 부과하는 것이다. 엄밀히 보자면 이는 일종의 행정벌(질서벌)이지 세금은 아니다. 행정벌에 세금을 과세하면 그 자체가 위헌이라고 볼 여지가 있지만, 이미 헌법재판소(96헌바87, 1998.4.30. 선고)와 대법원(대법 95누9174, 1996.8.20. 선고)은 명의신탁에 대해 행정벌적 성격의 증여세를 부과하더라도 합헌이라고 판단한 바 있다. 또한 증여세를 회피하기 위한 명의신탁만이 아니라 '다른 세금을 회피하기 위한 명의신탁이라 하더라도' 조세회피목적이 있는 이상 증여세를 부과할 수 있다는 것이다."(『상속·증여세 완전포괄주의 도입에 관한 공청회』 서울대학교 법학연구소, 2003.8.21., p.18)

이에 따라 개정(2003.12.30.일자) 상증법에서는, "명의신탁은 재산의 무상이전이 아니라 조세벌 성격으로 과세하는 것이므로"(『2003 개정세법 주요해설』 재정경제부, p.366) '증여 추정 및 증여 의제'라는 별도의 절(3장 2절)로 묶어서 과세하게 된 것이다.

B. 명의신탁의 증여 의제에 대한 납세의무자는 실제소유자

(2019.1.1. 이후 증여로 의제되는 분부터 적용. 단, 명의 미개서분은 종전규정 적용)

방금 살펴본 것처럼, 명의신탁의 증여 의제는 '경제적 실질에 의한 부(富)의 이전'보다는 행정벌(질서벌) 성격이므로 과세방식도 다른 증여와는 다를 수밖에 없다.

따라서 상증법 45조의2(명의신탁의 증여 의제)에 따른 증여세는 영리법인이라 하더라도 실제소유자라면(2018년까지는 명의자라면) 부담하게 된다. 증여세의 납세의무자는 원칙적으로 '수증자'이지만(상증법 4조의2①), 명의신탁 증여 의제에 대해서는 수증자(즉, 명의자)가 아니라 예외적으로(①항에도 불구하고) '실제소유자'(즉, 증여자)를 납세의무자로 개정한 것이다.(상증법 4조의2② 신설)

즉, '명의신탁재산의 증여 의제'(상증법 45조의2)에 대해서는 2018년까지는 명의자에게 과세하고 실제소유자에게는 연대납세의무만 부여하였으나, 조세회피목적으로 명의신탁을 활용하는 주체는 실제소유자라는 점을 감안하여 납세의무자를 실제소유자로 하였으므로 연대납세의무는 규정할 실익이 없어 삭제했다.{상증법 4조의2②에 "①의 규정에도 불구하고(즉, 수증자가 증여세 본래의 납세의무자라는 규정 – 저자 주) 45조의2에 따라 재산을 증여한 것으로 보는 경우(명의자가 영리법인인 경우를 포함)에는 실제소유자가 해당 재산에 대하여 증여세를 납부할 의무가 있다"를 삽입하고 ③부터 1씩 항번이 개정됐다.}

[증여가 의제되는 명의신탁재산에 대한 증여세 납부의무 등에 관한 경과조치]

(2018.12.31. 개정 상증법 부칙)

1. 이미 명의신탁된 재산에 대한 적용: 2019.1.1. 이후 증여의제분부터 적용(3조)

4조의2②·⑥·⑨, 6조②(과세관할을 실지소유자 주소지로 함), 45조의2①·②, 47조①(증여세 과세가액) 및 55조①3호(명의신탁재산을 수증자에 대한 증여세 계산 시 합산재산에서 제외하고, 합산제외자산 증여세 계산 시 공제하던 3천만원을 공제배제)의 개정규정은 이 법 시행 이후 증여로 의제되는 분부터 적용한다.

2. 취득 후 명의개서가 되지 않은 분(명의 미개서)에 대한 적용: 종전규정에 따름(6조)

이 법 시행 전에 실제소유자가 소유권을 취득하였으나 명의개서를 하지 아니하여 이 법 시행 이후 증여로 의제되는 분에 대해서는 4조의2②·⑥·⑨, 6조②, 45조의2①·②, 47조① 및 55조①3호의 개정규정에도 불구하고 종전의 규정에 따른다.

---

3) 영리법인이 상속받은 경우로서, 영리법인의 주주 중 상속인과 직계비속이 있는 경우: 상속인과 직계비속이 일정액의 상속세 납부함

(상증법 3조의2②, 2015.12.15. 조번개정 전 상증법 3조① 단서, 2014.1.1. 이후 상속분부터 적용)

특별연고자 또는 수유자가 영리법인인 경우로서 그 영리법인의 주주 또는 출자자('주주 등') 중 상속인과 그 직계비속이 있는 경우에는 다음에 따라 계산한 지분상당액을 그 상속인 및 직계비속이 상속세를 납부할 의무가 있다.

{영리법인에게 면제된 상속세 - 영리법인이 유증받은 상속재산×10%} × 상속인과 그 직계 비속의 주식 등 비율

[상속받은 영리법인의 주주 등에게 상속세를 과세하는 이유]

영리법인은 순자산증가설에 따라 모든 소득이 법인세로 먼저 과세되기 때문에 상속세를 과세하지 않는 것이 기본 논리이다. 그러나 영리법인은 상속세(10~50%의 5단계 초과누진세율)보다 낮은 법인세(당시 10~25%의 4단계 초과누진세율→2023년분부터 9~24%의 4단계 초과누진세율)만 부담하고 피상속인에게서 상속받은 금전적 이익을 상속인 또는 그의 직계비속이 향유할 수 있으므로 이 모순을 없애기 위해 2014년 1월 1일 상속받은 분부터 과세하는 규정이 신설된 것이다.

하지만 '영리법인이 유증받은 상속재산×10%'(과세표준 2억원까지의 구간에 적용되는 (규정 신설 당시) 법인세 최저세율)만 영리법인이 부담한 법인세로 보아 상속세에서 공제하는 것은 세금 징수의 목적만 앞세우고 있다는 비판을 면하기 어렵다.

[해당 자산과 관련하여 상속세·증여세가 과세되었거나 소득처분된 경우 이중과세 조정: 양도소득세 계산 시 취득가액에 가감](소령 163조⑩1·2호)

1. 상증법 3조의2②, 33~42조의3, 45조의3~45조의5의 규정에 따라 상속세·증여세를 과세받은 경우에는 해당 상속재산가액이나 증여재산가액(상증법 45조의3~45조의5 규정에 따라 증여세를 과세받은 경우에는 증여의제이익을 말함) 또는 그 증·감액을 취득가액에서 더하거나 뺌.(소령163조⑩1호)

2. 특수관계인(외국법인 포함, 법법 2조12호)으로부터 취득한 경우로서 거주자의 상여·배당·기타소득으로 소득처분된 금액이 있으면 그 소득처분된 금액은 취득가액에 더함.(소령 163조⑩2호)

(4)상속세 납세의무

1)상속세 납세의무

①일반적인 경우(상속인 또는 수유자의 경우)(상증법 3조의2①)

　상속인(특별연고자 중 영리법인은 제외) 또는 수유자(영리법인은 제외)는 상속재산(상속재산에 가산하는 증여재산 중 상속인이나 수유자가 받은 증여재산을 포함) 중 각자가 받았거나 받을 재산을 기준으로 계산한 아래의 금액을 상속세로 납부할 의무가 있다.

　즉 다음의 '{가+나}/다'의 금액이다.(상증령 3조①, 상증집 3의2-3-1) <u>상속인 이외의 자에게 5년 이내에 사전증여한 재산을 합산하여 상속세를 계산하지만, 이 상속세 납세의무는 상속인들만이 안분하여 부담하는 구조다.</u>

가. 상속재산에 가산한 상속인·수유자별 사전 증여재산 과세표준

나.

$$\left(\begin{array}{c}\text{상속세}\\\text{과세표준}\end{array} - \begin{array}{c}\text{사전증여재산}\\\text{과세표준}\end{array}\right) \times \dfrac{\begin{array}{c}\text{상속인·수유자별}\\\text{과세가액상당액}\end{array} - \begin{array}{c}\text{가산한 상속인·수유자별}\\\text{증여재산가액}\end{array}}{\text{상속세 과세가액} - \text{사전증여재산가액}}$$

다. (상속세 과세표준 - 상속인·수유자가 아닌 자에게 증여한 사전증여재산 과세표준)

②특별연고자 또는 수유자가 영리법인인 경우(상증법 3조의2②)

　특별연고자 또는 수유자가 영리법인인 경우로서 그 영리법인의 주주 또는 출자자('주주 등') 중 상속인과 그 직계비속이 있는 경우에는 다음에 따라 계산한 지분상당액을 그 상속인 및 직계비속이 상속세를 납부할 의무가 있다.

{영리법인에게 면제된 상속세 - 영리법인이 유증받은 상속재산×10%} × 상속인과 그
직계비속의 주식 등 비율

2)연대납세의무(상증법 3조의2③)

　상속인 또는 수유자 각자가 받았거나 받을 재산을 한도(사전 증여세도 공제. 대법2016두1110, 2018.11.29. 선고)로 상속세를 연대하여 납부할 의무를 진다. 즉, 공동상속의 경우 상속세 징수를 용이하게 하기 위해 납세의무를 확장하여 공동상속인에게 연대납세의무를 지우고 있는 것이다.

(보충)연대납부의무자가 상속세를 대신 납부한 경우 증여세 과세 않음

연대납세의무자로서 각자가 받았거나 받을 상속재산의 한도 내에서 상속인이 납부해야 할 상속세를 대신 납부한 경우 증여세가 부과되지 않음.(서면4팀-2005, 2004.12.9.)

(5)증여세 납부의무

1)증여세 과세대상

①증여세 과세대상 이익(상증법 4조①)

다음의 어느 하나에 해당하는 증여재산에 대해서는 상증법에 따라 증여세를 부과한다.

구분	증여세 과세대상 이익
무상이전인 경우	이전받은 재산 또는 이익
현저한 저가양수·고가양도인 경우	이전으로 발생한 이익. 단, 특수관계인이 아닌 자 간의 거래인 경우에는 거래 관행상 정당한 사유가 없는 경우로 한정.
재산 취득 후 해당 재산가치가 증가한 경우	증가한 이익. 단, 특수관계인이 아닌 자 간의 거래인 경우에는 거래의 관행상 정당한 사유가 없는 경우로 한정.
증여예시규정 및 증여추정인 경우	해당 규정에 의한 재산 또는 이익
기존 증여예시규정과 경제적 실질이 유사한 경우	기존 증여예시규정을 준용하여 계산 가능한 경우의 그 재산 또는 이익

A. 2004.1.1.부터 포괄주의로 전환함에 따른 증여여부 판단(개정 상증법·령 시행일: 모두 2004.1.1.)

가. 법령 규정: 증여세 과세대상(상증법 2조③④, 2003.12.30. 신설)

　　이 법에서 "증여"라 함은 그 행위 또는 거래의 명칭·형식·목적 등에 불구하고 경제적 가치를 계산할 수 있는 유형·무형의 재산을 타인에게 직접·간접적인 방법에 의하여 무상으로 이전(현저히 저렴한 대가로 이전하는 경우를 포함)하는 것 또는 기여에 의하여 타인의 재산가치를 증가시키는 것을 말한다.(상증법 2조③ ☞현 2조6호) 제3자를 통한 간접적인 방법이나 2 이상의 행위 또는 거래를 거치는 방법에 의하여 상속세 또는 증여세를 부당하게 감소시킨 것으로 인정되는 경우에는 그 경제적 실질에 따라 당사자가 직접 거래한 것으로 보거나 연속된 하나의 행위 또는 거래로 보아 제3항의 규정을 적용한다.(상증법 2조④)

　　☞이 조항은 국세기본법의 [실질과세](국기법 14조③, 2007.12.30. 신설)에도 유사하게 반영되었고, 상증법의 [경제적 실질에 따른 과세](상증법 4조의2, 2013.1.1. 신설)로 법조문이 이관된 후 2015.12.15. 상증법 개정시 국세기본법과 중복되어 실익이 없으므로 삭제됐다.

나. 기존 증여예시규정과 경제적 실질이 유사한 경우의 증여의제 적용여부: 불가함

　　[대법 2015두40941 및 2015두41821, 2018.12.13. 선고 ; 대법 2013두13266, 2015.10.15. 선고 등]

　　어떤 거래나 행위가 구 상속세 및 증여세법(2007.12.31. 개정 전, '구 상증법') 2조③(현 상증법 4조①)에서 정한 증여의 개념에 해당하는 경우에는 원칙적으로 증여세를 부과할 수 있다. 그러나 납세자의 예측가능성을 보장하기 위하여 구 상증법 33조부터 42조까지 정해진 개별 증여재산가액 산정 규정이 특정한 유형의 거래나 행위를 규율하면서 그중 일정한 거래나 행위만을 증여세 부과대상으로 한정하고 과세범위도 제한적으로 규정함으로써 증여세 부과의 범위와 한계를 설정한 것으로 볼 수 있는 경우에는, 그 규정에서 증여세 부과대상이나 과세범위에서 제외된 거래나 행위가 구 상증법 2조③(현 상증법 4조①)의 증여의 개념에 해당할 수 있더라도 증여세를 부과할 수 없다.

B. 2016년부터 포괄주의 규정을 보완함에 따른 증여여부 판단

　　(개정시행령 시행일인 2016.2.5.부터 적용. 대법 2019두39635, 2021.10.28. 선고)

가. 법령 규정: 증여세 과세대상(상증법 4조①②, 2015.12.15. 조번 및 내용 개정)

제4조(증여세 과세대상)

①다음 각 호의 어느 하나에 해당하는 증여재산에 대해서는 이 법에 따라 증여세를 부과한다.

1. 무상으로 이전받은 재산 또는 이익

2. 현저히 낮은 대가를 주고 재산 또는 이익을 이전받음으로써 발생하는 이익이나 현저히 높은 대가를 받고 재산 또는 이익을 이전함으로써 발생하는 이익. 다만, 특수관계인이 아닌 자 간의 거래인 경우에는 거래의 관행상 정당한 사유가 없는 경우로 한정한다.

3. 재산 취득 후 해당 재산의 가치가 증가한 경우의 그 이익. 다만, 특수관계인이 아닌 자 간의 거래인 경우에는 거래의 관행상 정당한 사유가 없는 경우로 한정한다.

4. 33조부터 39조까지, 39조의2, 39조의3, 40조, 41조의2부터 41조의5까지, 42조, 42조의2 또는 42조의3에 해당하는 경우의 그 재산 또는 이익

5. 44조 또는 45조에 해당하는 경우의 그 재산 또는 이익

6. 4호 각 규정의 경우와 경제적 실질이 유사한 경우 등 4호의 각 규정을 준용하여 증여재산의 가액을 계산할 수 있는 경우의 그 재산 또는 이익

②'증여의제'(45조의2부터 45조의5까지의 규정)에 해당하는 경우에는 그 재산 또는 이익을 증여받은 것으로 보아 그 재산 또는 이익에 대하여 증여세를 부과한다.

나. 포괄주의에 따른 적용여부: 법률 보완(즉, 상증법 4조①4~6호 및 4조②의 법조문에 열거)하였으나, 개정 법령에 따른 적용 법리는 종전과 같음.(대법 2020두53224, 2024.4.12. 선고)

(보충1)위자료로 받은 재산의 증여재산 포함 여부(상증집 4-0-7)

이혼 등에 의하여 정신적 또는 재산상 손해배상의 대가로 받는 위자료는 조세포탈의 목적이 있다고 인정되는 경우를 제외하고는 이를 증여로 보지 아니한다.

(보충2)사고로 인한 위자료 성격의 보험금은 증여로 보지 않음.(재산상속 46014-120, 2001.2.1. 등)

②영리법인이 증여이익에 대해 해당 법인의 주주등에게 증여세를 과세하는 경우(상증법 4조②, 4조의2④)

영리법인이 '상속'받은 경우로서, 영리법인의 주주 중 상속인과 직계비속이 있는 경우, 상속인과 직계비속이 일정액의 '상속세'를 납부할 의무가 있다.(상증법 3조의2②, 앞 (3)3) 참조)

상속세와 달리, 영리법인이 '증여'받은 재산 또는 이익에 대하여 법인세법에 따른 법인세가 부과되는 경우(법인세가 법인세법 또는 다른 법률에 따라 비과세되거나 감면되는 경우를 포함) 해당 법인의 주주등에 대해서는 다음의 규정에 따른 경우를 제외하고는 '증여세'를 부과하지 않는다.(상증법 4조의2④)

1. '특수관계법인과의 거래를 통한 이익의 증여 의제'(일명 '일감몰아주기 증여세', 상증법 45조의3)

2. '특수관계법인으로부터 제공받은 사업기회로 발생한 이익의 증여 의제'(일명 '일감떼어주기 증여세', 상증법 45조의4)

3. '특정법인과의 거래를 통한 이익의 증여 의제'(상증법 45조의5)

③상속재산의 재분할(상증법 4조③, 상증령 3조의2)

상속개시 후 상속재산에 대하여 등기·등록·명의개서 등('등기 등')으로 각 상속인의 상속분이 확정된 후, 그 상속재산에 대하여 공동상속인이 협의하여 분할한 결과 특정 상속인이 당초 상속분을 초과하여 취득하게 되는 재산은 그 분할에 의하여 상속분이 감소한 상속인으로부터 증여받은 것으로 보아 증여세를 부과한다. 다만, 상속세 과세표준 신고기한 이내에 분할에 의하여 당초 상속분을 초과하여 취득한 경우와 당초 상속재산의 분할에 대하여 무효 또는 취소 등 다음의 정당한 사유(상증령 3조의2)가 있는 경우에는 증여세를 부과하지 아니한다.

1. 상속회복청구의 소에 의한 법원의 확정판결에 따라 상속인 및 상속재산에 변동이 있는 경우
2. 「민법」 404조에 따른 채권자대위권의 행사에 의하여 공동상속인들의 법정상속분대로 등기 등이 된 상속재산을 상속인 사이의 협의분할에 의하여 재분할하는 경우
3. 상속세과세표준 신고기한 내에 상속세를 물납하기 위하여 「민법」 1009조에 따른 법정상속분으로 등기·등록 및 명의개서 등을 하여 물납을 신청하였다가 물납허가를 받지 못하거나 물납재산의 변경명령을 받아 당초의 물납재산을 상속인 사이의 협의분할에 의하여 재분할하는 경우

④증여재산의 반환(상증법 4조④, 상증집 4-0-6)

반환 또는 재증여시기		당초 증여에 대한 증여세 과세여부	반환 증여재산에 대한 증여세 과세여부
금전	금전(시가에 관계없음)	과세	과세
금전 이외	증여세 신고기한 이내(증여일 말일부터 3개월)	과세제외	과세제외
	신고기한 경과 후 3개월 이내	과세	과세제외
	신고기한 경과 후 3개월 후	과세	과세
	증여재산 반환 전 증여세 이미 결정	과세	과세

(보충1)증여받은 재산을 유류분으로 반환하는 경우(상증통 4-0…5)
피상속인의 증여에 따라 증여받은 자가 「민법」 1115조에 따라 증여받은 재산을 유류분권리자에게 반환한 경우 반환한 재산가액은 당초부터 증여가 없었던 것으로 봄.
(보충2)사전증여재산이 아니라 위탁자금 반환으로 보아 과세 제외한 사례(조심 2020부0629, 2020.6.25. 결정)
피상속인 명의로 운용하다가 다시 반환받은 사실이 금융거래내역에서 확인된 경우임.

2)증여세 납세의무

증여세 납세의무는 수증자가 거주자인지 여부에 따라 달라진다.

구분	증여세 과세대상	납세의무자
수증자가 거주자	국내·외에 있는 모든 증여받은 재산	수증자
수증자가 비거주자	국내에 있는 모든 증여받은 재산	수증자
거주자가 비거주자에게 증여	'국외'에 있는 모든 증여받은 재산(국조법 35조)	증여자

(보충)국외증여에 대한 증여세 과세특례(국제조세조정에 관한 법률 35조, 상증통 4의2-0…1)

'거주자'가 '비거주자'에게 국외에 있는 재산을 증여(증여자의 사망으로 인하여 효력이 발생하는 증여는 제외. 사인증여는 상속으로 보아 거주자의 상속세 계산시 반영될 것임–저자 주)하는 경우 그 '증여자'는 국조법에 따라 증여세를 납부할 의무가 있다.(2017년부터 국외 예금 등 모두 포함)

특히, 명의신탁재산의 증여의제(상증법 45조의2)는 증여의제로 보는 시점이 '2019년 1월 1일' 전·후인지에 따라 과세방식이 완전히 달라진다(다만, 2018년까지 취득 후 명의개서를 하지 않은 경우는 종전규정에 의함, 2018.12.31. 개정 상증법 부칙 6조).

구분	2018.12.13.까지 증여의제	2019.1.1.부터 증여의제
증여자	명의신탁자(실제소유자)	명의신탁자(실제소유자)
수증자	명의수탁자	명의수탁자
증여세 납세의무자	명의수탁자	명의신탁자(실제소유자)
동일인 간 10년 합산여부	10년 간 동일인합산 적용	합산배제 증여자산

①증여세 면제(상증법 4조의2⑤)

상증법상 '저가 양수 또는 고가 양도에 따른 이익의 증여'(상증법 35조), '채무면제 등에 따른 증여'(상증법 36조), '부동산 무상사용에 따른 증여'(상증법 37조), '금전 무상대출 등에 따른 증여'(상증법 41조의4조)에 해당하는 경우로서 수증자가 증여세를 납부할 능력이 없다고 인정되고(판단시점은 증여 직전 기준임. 대법 2014두43516, 2016.7.14. 선고), 강제징수를 하여도 증여세에 대한 조세채권을 확보하기 곤란한 경우(2020년 증여 분부터 적용)에는 그에 상당하는 증여세의 전부 또는 일부를 면제한다.

②증여자의 증여세 연대납세의무(상증법 4조의2⑥)

증여자는 다음의 어느 하나에 해당하는 경우에는 수증자가 납부할 증여세를 연대하여 납부할 의무가 있다.

1. 수증자의 주소나 거소가 분명하지 아니한 경우로서 증여세에 대한 조세채권을 확보하기 곤란한 경우

2. 수증자가 증여세를 납부할 능력이 없다고 인정되는 경우로서 체납처분을 하여도 증여세에 대한 조세채권을 확보하기 곤란한 경우

3. 수증자가 비거주자인 경우(1·2와 달리, 수증자의 증여세 납부능력 등과 무관–저자 주)

(보충)수증자가 증여일 현재 비거주자인 경우 증여자가 수증자와 연대하여 증여세를 납부할 의무가 있으며, 증여자가 연대납부의무자로서 수증자의 증여세를 대신 납부하는 경우에는 재차증여에는 해당하지 않는 것이며(상증통 36-0…1① ; 상속증여-19, 2015.1.20.), 연대납세의무를 통지받기 전에 대납해도 재차증여 아님(서면법령재산-3788, 2016.10.25. ; 서면-2019-상속증여-1183, 2019.6.19.).

그러나 연대납세의무자에 해당되지 아니하고 수증자를 대신하여 납부한 증여세액은 '채무면제 등에 다른 증여'(상증법 36조)에 해당하며, 상증법 47조②에 따라 당초 증여재산가액에 가산함(상증통 36-0…1②).

증여세 대납액이 재차증여재산에 해당할 경우 이 대납액에 대한 증여세가 다시 발생하므로, '세금효과를 반영한 증여세 대납액(T)'의 계산식은 다음과 같다.(서일 46014-11458, 2003.10.16.)

[당초증여가액+T-증여재산공제액]×증여세율×(1-0.03: 신고세액공제율)=T

☞참고로, 매수자 부담 양도소득세는 양도가액에 최초 1차 계산세액만 합산(국심 90서101, 1990.3.23. 결정)

→2024.11.7.부터 증여세 대납액(T)처럼 Gross-Up함.(기획재정부 조세정책과-2048, 24.11.07.)

다만, '현저한 저가양수·고가양도인 경우'(상증법 4조①2호) 및 '재산 취득 후 해당 재산가치가 증가한 경우'(3호), '저가 양수 또는 고가 양도에 따른 이익의 증여'(상증법 35조)부터 '특정법인과의 거래를 통한 이익의 증여'(상증법 45조의5)까지 및 '공익법인이 출연받은 재산에 대한 과세가액 불산입 등'(상증법 48조, 출연자가 해당 공익법인의 운영에 책임이 없는 경우 등에만 해당함)에 해당하는 경우는 증여세 연대납세의무를 배제한다.

(6)상속재산 등의 소재지(상증법 5조, 상증집 5-3의4-1)

피상속인이 국내에 주소를 두지 아니하고 사망하여 상속이 개시된 경우, 비거주자는 국내에 있는 상속재산을 취득한 경우에만 상속세의 납세의무를 지게 되므로, 상속재산의 소재지가 국내인지의 여부는 납세의무의 존재 여부와 직접 관련된다.

상속재산의 소재지에 대한 규정은 증여세에도 준용된다.

상속재산 등의 소재지의 판정은 상속개시 또는 증여 당시의 현황에 따른다.(상증법 5조③) 따라서 상속개시일·증여일 이후 소재지가 변경되더라도 고려할 필요가 없다.

상속재산 및 증여재산의 종류	소재지(상속개시 또는 증여 당시)
1. 부동산 또는 부동산에 관한 권리	부동산의 소재지
2. 광업권 또는 조광권	광구의 소재지
3. 어업권 또는 입어권	어장에서 가까운 연안
4. 선박	• 선적(船籍)의 소재지. • 등기·등록 제외 선박은 선박 소유자의 주소지
5.항공기	항공기 정치장의 소재지
6. 주식·출자지분 또는 사채	• 발행 법인의 본점 또는 주된 사무소의 소재지 • 외국법인이 국내에서 발행한 주식 등은 취급 금융기관 영업장 소재지
7. 금전신탁	• 그 금전신탁을 인수한 영업장의 소재지 • 금전신탁 외 신탁재산은 재산소재지
8. 위 6·7 외의 금융자산	그 재산을 취급하는 금융기관 영업장 소재지
9. 금전채권	채무자의 주소지
10. 기타 유형자산 또는 동산	유형자산 소재지 또는 동산이 있는 장소
11. 특허권·상표권 등 권리	그 권리를 등록한 기관의 소재지
12. 저작권·출판권·저작인접권	저작물이 발행되었을 경우 그 발행 장소
13. 1~12 외의 영업에 관한 권리	그 영업장의 소재지
14. 기타의 재산	그 재산 권리자의 주소

[국외재산과 국내재산의 협의분할과 상속세 과세](대법 94누5359, 1994.11.11. 선고)
국내거주자가 아닌 피상속인의 상속재산 중 국내에 있는 재산은 국내상속인들이, 국외에 있는 재산은 국외상속인들이 각각 가지기로 합의하였다면, 상증법 2조②(현행 3조)에 따라 국내에 있는 상속재산에

대하여만 상속세를 부과할 수 있으므로, 상속세 총 세액은 국내에 있는 상속재산을 기준으로 산출하여야 하고 이는 국내에 있는 상속재산을 가지기로 한 국내상속인들이 납부하여야 한다.
(국외거주자들은 그 나라의 세법에 따라 상속세를 납부할 것임. – 저자 주)
[피상속인이 해외이주허가를 받아 출국함으로써 주민등록이 말소되었으나 사망 당시 생활근거지가 국내에 있었다면 상속세법상 국내에 주소를 둔 자로 보아야 함.](대법 89누8064, 1990.8.14. 선고)
[단순한 거주일수 비교나 미국영주권 보유 사실만으로 비거주자로 판정하는 것은 아님]
피상속인이 미국으로 이주하여 영주권을 취득하고 상속개시 전 10년 이내에 국외거주기간이 국내거주지간보다 더 많으나, 1995년 장남과 함께 살기 위해 귀국 후 출입국은 주거형편과 신병치료 목적으로 일시적인 것으로 보이며, 상속재산이 모두 국내에 소재하고 있고 사망 후 배우자의 묘에 합장한 사실이 있는 점으로 보아 상속개시일 현재 피상속인이 국내에 1년 이상 거소(2016년부터 '**183일 이상의 거소**'로 강화. 개정 상증법 1조의2 제1호, 상증령 2조)를 둔 거주자로 봄이 타당하다.(심사 상속 99-27, 1999.5.21.)

(7)과세 관할(상증법 6조)

1)상속세 관할세무서(상증법 6조①)

상속세는 피상속인의 주소지(주소지가 없거나 분명하지 아니한 경우에는 거소지를 말하며, 이하 '상속개시지'라 함)를 관할하는 세무서장(국세청장이 특히 중요하다고 인정하는 것에 대해서는 관할 지방국세청장으로 하며, 이하 '세무서장 등'이라 함)이 과세한다.

다만, 상속개시지가 국외인 경우에는 상속재산 소재지를 관할하는 세무서장 등이 과세하고, 상속재산이 둘 이상의 세무서장 등의 관할구역에 있을 경우에는 주된 재산의 소재지를 관할하는 세무서장 등이 과세한다.

(보충)주된 재산의 소재지: 과세관할별로 계산한 상속재산가액의 합계액이 가장 큰 곳을 말함.(상증통 6-0…2)

2)증여세 관할세무서(상증법 6조②③)

구분	관할세무서
수증자가 거주자	수증자 주소지(없거나 불분명: 거소지) 관할세무서
수증자가 비거주자인 경우 또는 수증자의 주소 및 거소가 불분명	증여자의 주소지 관할세무서
명의신탁재산 증여 의제(상증법 45조의2)의 경우	증여자의 주소지 관할세무서
• 수증자·증여자가 모두 비거주자 • 수증자·증여자 모두 주소·거소가 불분명 • 수증자가 비거주자이거나 주소·거소가 불분명하고, 합병에 따른 이익의 증여, 증자에 따른 이익의 증여, 현물출자에 따른 이익의 증여, 특수관계법인과의 거래를 통한 이익의 증여 의제, 특수관계법인으로부터 제공받은 사업기회로 발생한 이익의 증여 의제	증여재산 소재지 관할세무서

제1장
제2장
제3장
제4장
제5장
제6장
제7장
제8장
제9장
제10장
제11장
제12장
제13장
제14장

03 상속세의 과세표준과 세액의 계산

[상속세 과세가액과 과세표준의 계산](상증법 13·25조, 상증집 7-0-1)

구분	내용
총 상속가액	• 상속재산·간주상속재산·추정상속재산
− 비과세 상속재산가액	• 전사자 등에 대한 비과세 • 금양임야·문화재 등 비과세재산
− 과세가액 불산입액	• 공익법인 출연재산, 공익신탁재산 등
− 공제금액	• 공과금, 장례비, 채무
+ 합산대상 증여재산가액	• 사전증여재산 • 특례적용 증여재산(창업자금·가업승계주식)
= 상속세 과세가액	
− 상속공제	• 기초공제, 기타인적공제, 일괄공제, 배우자공제 • 가업·영농상속공제, 금융재산상속공제, 재해손실공제, 동거주택상속공제
− 감정평가에 관한 수수료	• 감정평가업자에 대한 감정평가수수료 • 신용평가전문기관에 대한 수수료 • 서화·골동품 등 예술품 평가에 대한 감정수수료
= 상속세 과세표준	과세표준 50만원 미만이면 부과 않음(상증법 25조②, 55조②)

(1)상속재산

「민법」상 상속재산은 아니지만 상속세 및 증여세법상 상속재산으로 '간주'하는 재산은 다음과 같다.

1)보험금(상증법 8조, 상증령 4조)

피상속인의 사망으로 인하여 받는 생명보험 또는 손해보험의 보험금으로서 피상속인이 보험계약자인 보험계약에 의하여 받는 것은 상속재산으로 본다. 보험계약자가 피상속인이 아닌 경우에도 피상속인이 실질적으로 보험료를 납부하였을 때에는 피상속인을 보험계약자로 보아 상속재산으로 본다.

이 경우 상속재산으로 보는 보험금은 다음의 금액이다.(상증령 4조)

$$\text{지급받은 보험금의 총 합계액} \times \frac{\text{피상속인이 부담한 보험료의 금액}}{\text{해당 보험계약에 따라 피상속인의 사망시까지}}$$
$$\frac{}{\text{납입된 보험료의 총합계액}}$$

[사망보험금에 대한 조세부담 여부](피상속인=피보험자인 경우)

계약자*	수익자 (자녀 등)	상황	상속세 과세여부	관련규정
상속인	상속인	보험금 수령	과세제외	상증법 8조
피상속인 (사망자)	상속인	보통 보험금	과세	상증법 8조
		사고로 인한 위자료성 보험금	과세제외	재산상속 46014-120, 2001.2.1. 등
		상속포기	과세제외	상증법 8조
		상속포기했지만 보험금은 수령했을 경우(보험청구권은 상속인들의 고유재산이므로 가능)	피상속인의 체납세금은 승계	국기법 24조② 지기법 42조② (2021.1.1. 상속 분부터 적용)

* 보험계약자에는 실질납부자도 포함됨

(보충1)위자료로 받은 재산의 증여재산 포함 여부(상증집 4-0-7)

이혼 등에 의하여 정신적 또는 재산상 손해배상의 대가로 받는 위자료는 조세포탈의 목적이 있다고 인정되는 경우를 제외하고는 이를 증여(상속)로 보지 아니한다.

(보충2)위자료로 지급된 부동산에 대한 증여세 부과는 위헌임.

1. 96헌바14호, 1997.10.30. 결정

협의이혼 시 부부사이에 재산분할 및 위자료의 명목으로 이전된 부동산에 대한 증여세부과처분의 취소가 문제된 사안과 관련하여 헌법재판소는 구 상속세법(1994.12.22. 개정 전) 29조의2①1호 중 "이혼한 자의 일방이 「민법 839조의2」 또는 동법 843조의 규정에 의하여 다른 일방으로부터 재산분할을 청구하여 11조①1호의 규정에 의한 금액을 초과하는 재산을 취득한 경우로서 그 초과 부분의 취득을 포함한다"는 부분이 헌법에 위반된다는 결정을 선고하였으므로, 과세처분의 근거조항인 구 상속세법 29조의2①1호는 그 효력을 상실하게 되었으며, 그 위헌결정은 당해 사건인 이 사건에 소급하여 그 효력이 미친다고 할 것임.

2. 대법 96누4725, 1997.11.28. 선고

따라서, 재산분할 및 위자료 명목의 부동산 이전에 대하여 증여세가 부과되지 않음.

(보충3)보상금 수령권자가 아닌 자가 수령하는 경우 증여세 과세(재산 상속 46014-120, 2001.2.1.)

피상속인이 항공기 사고로 사망하여 그 유족인 상속인이 수령하는 위자료 성격의 보상금에 대해서는 상속세를 과세하지 않으나, 보상금 수령권자가 아닌 자가 수령하는 경우에는 수령권자가 수령하여 타인에게 증여한 것으로 보아 증여세를 과세함.

(보충4)상속재산으로 보는 보험금의 범위(상증통 8-0…1)

상증법 8조①의 보험금에는 소령 25조②2호의 수산업협동조합중앙회 및 조합, 신용협동조합중앙회 및 조합, 새마을금고연합회 및 금고 등이 취급하는 생명공제계약·손해공제계약과 같은 항 3호의 우체국이 취급하는 우체국보험계약에 따라 지급되는 공제금 등을 포함한다.

(보충5)수익자를 특정하지 않아도 보험금은 상속인의 고유재산임(상속세는 과세되지만, 보험금의 귀속문제임)

1. 대법 2003다29463, 2004.7.9. 선고

피보험자의 사망에 따른 상속인의 보험금 청구 권리는 보험계약의 효력으로 당연히 생기는 것으로 상속재산이 아니라 상속인의 고유재산이라고 할 것이며, 이는 수익자 지정을 미리 해놓은 경우나, 미처 해놓지 못한 경우도 마찬가지이다.

2. 대법 2000다31502, 2001.12.28. 선고

생명보험의 보험계약자가 스스로를 피보험자로 하면서, 수익자는 만기까지 자신이 생존할 경우에는 자기 자신을, 자신이 사망한 경우에는 '상속인'이라고만 지정하고 그 피보험자가 사망하여 보험사고가 발생한 경우, 보험청구권은 상속인들의 고유재산으로 보아야 할 것이고, 이를 상속재산이라 할 수 없다.

(보충6)상속포기를 했더라도 상속인의 사망 보험금을 받을 경우 납세의무는 승계함.

납세의무 승계를 피하면서 재산을 상속받기 위하여 피상속인이 상속인을 수익자로 하는 보험계약을 체결하고 상속인은 「민법」 1019조①에 따라 상속을 포기한 것으로 인정되는 경우로서, 상속포기자가 피상속인의 사망으로 인하여 보험금(상속가액으로 보는 상증법 8조의 보험금)을 받는 때에는 상속포기자를 상속인으로 보고, 보험금을 상속받은 재산으로 보아 납세의무 승계규정을 적용한다.(국기법 24조②: 국세는 2015.1.1. 상속이 개시되는 것부터 적용 ; 지기법 42조② 신설: 지방세는 2021.1.1. 상속이 개시되는 것부터 적용)

즉 피상속인의 사망으로 인한 보험금청구권은 상속인들의 고유재산이므로(위 판례 참조), 이를 악용하여 「민법」 상 상속포기를 하여 사망자의 체납된(또는 체납될) 세금은 승계하지 않고 보험금만 받아가는 모순(조세회피)을 방지하기 위해 신설된 규정이다.

(보충7)교통사고 손해배상금은 보험금(고유재산)이 아니라 '상속재산'임에 유의.(대법 2000다31502, 2001.12.28. 선고 판결 참조). **단, 상속·증여세 과세는 않음.**

교통사고로 사망 시 가해차량이 가입한 보험회사로부터 받는 보상금은 보험금이 아니다. 정확한 명칭은 손해배상금인데 실무에서나 특히 보험회사들이 단지 '보험금'이라고 부를 따름이다. 이 보상금은 손해보험회사로부터 수령하게 되므로 보험금으로 착각하기 쉽지만, 이는 사실 가해자로부터 받아야 할 손해배상금을 보험회사에서 직접 받았을 뿐이다.

따라서 이것은 보험금이 아니라 손해배상금인 바, 고유재산이 아니라 상속재산이다. 만약 망인의 채무가 재산보다 많아 상속을 포기했다면 이 손해배상금도 받을 수는 없다.

만일 손해배상금을 받았을 경우 낭패를 볼 수가 있다. 왜냐하면 법원에 한정승인이나 상속포기신고를 했다 하더라도 상속재산을 소비하면 단순승인(「민법」 1026조)이 되어버리기 때문이다. 즉 채무까지 모두 상속을 받게 되는 것이다.

(보충8)보험금 수익자가 세대생략 상속이면 할증과세 됨(서일 46014-11366, 2003.10.1.)

보험계약자의 수익자가 상속인 이외의 자인 경우에는 상속인이 아닌 자가 유증 등을 받은 것으로 보며, 이 경우 수유자가 피상속인의 자녀를 제외한 직계비속인 경우에는 상증법 27조에 의하여 세대를 건너뛴 상속에 대한 할증규정이 적용됨.

(보충9)종신보험 이용한 편법상속·증여에 대한 과세강화: 2004.1.1.부터(상증법 8·34조)

생명보험이나 손해보험에서 보험금 수령인과 보험료 납부자가 다른 경우 보험사고(만기보험금 지급 포함)가 발생한 경우에 일정한 보험금 상당액을 보험금 수령인의 상속재산·증여재산가액으로 (재계산)함. 즉, 보험료를 증여받은 것에 대해서는 증여세를 납부하고, 보험금을 받을 때에 보험료를 초과하여 지급되는 보험금에 대해 다시 상속세·증여세를 과세. **2004년부터 상속세 및 증여세에 대해 열거주의에서 포괄주의로 과세범위를** 근본적으로 확대하였으며, 보험에 대해서도 타인으로부터 '재산'(2003년까지는 '금전')을 증여받아 불입한 보험료(즉, 과거 증여받은 재산 등으로 2004.1.1. 이후 계약한 보험료를 불입할 경우 포함, 부칙 3조)에 대해서도 증여규정이 적용되도록 상증법 34조를 개정했음(『2004년 개정세법해설』 국세청).

(예)미성년자인 자녀가 1억원을 사전증여받아 종신보험에 가입한 뒤 부모의 사망으로 5억원의 보험금을 받을 경우 상속세·증여세 과세문제(상증집 34-0-6 사례도 같은 논지)

1. 2003년까지: 1억원 증여 시 증여세 과세로 종결.

2. 2004년부터 : 1억원 증여 시 증여세 과세, 부모 사망 시 4억원에 대한 상속세 추가과세.

{보험금의 증여 의제는 상증법 34조①에 따라 증여세를 과세하지만, 당해 보험금이 증여자의 사망으로 인하여 지급되는 경우에는 상증법 8조의 규정에 의하여 이를 상속재산으로 봄.(재산세과-616, 2011.12.26. ; 서면4팀-1186, 2007.4.11.)}

2)신탁재산(상증법 9조, 상증령 5조)

피상속인이 '신탁한 재산'은 상속재산으로 본다. 다만, 신탁계약에 의하여 위탁자가 타인을 신탁의 이익의 전부 또는 일부를 받을 수익자로 지정한 경우로서 신탁이익의 증여(상증법 33조)에 따라 증여재산가액으로 하는 경우 그 이익에 상당하는 가액(價額)은 상속재산으로 보지 아니한다.

또한 피상속인이 신탁으로 인하여 타인으로부터 '신탁의 이익을 받을 권리'를 소유하고 있는 경우에는 그 이익에 상당하는 가액을 상속재산에 포함한다. 수익자연속신탁의 수익자가 사망함으로써 타인이 새로 수익권을 취득하는 경우 그 타인이 취득한 신탁의 이익을 받을 권리의 가액은 사망한 수익자의 상속재산에 포함한다.

3)퇴직금 등(상증법 10조, 상증령 6조)

피상속인에게 지급될 퇴직금·퇴직수당·공로금·연금 또는 이와 유사한 것이 피상속인의 사망으로 인하여 지급되는 경우 그 금액은 상속재산으로 본다. 다만, 다음의 어느 하나에 해당하는 것은 상속재산으로 보지 아니한다.

1. 「국민연금법」에 따라 지급되는 유족연금 또는 사망으로 인하여 지급되는 반환일시금
2. 「공무원연금법」, 「공무원 재해보상법」 또는 「사립학교교직원 연금법」에 따라 지급되는 퇴직유족연금, 장해유족연금, 순직유족연금, 직무상유족연금, 위험직무순직유족연금, 퇴직유족연금부가금, 퇴직유족연금일시금, 퇴직유족일시금, 순직유족보상금, 직무상유족보상금 또는 위험직무순직유족보상금
3. 「군인연금법」에 따라 지급되는 유족연금, 유족연금부가금, 유족연금일시금, 유족일시금 또는 재해보상금
4. 「산업재해보상보험법」에 따라 지급되는 유족보상연금·유족보상일시금·유족특별급여 또는 진폐유족연금
5. 근로자의 업무상 사망으로 인하여 「근로기준법」 등을 준용하여 사업자가 그 근로자의 유족에게 지급하는 유족보상금 또는 재해보상금과 그 밖에 이와 유사한 것
6. 「전직대통령예우에 관한 법률」 또는 「별정우체국법」에 따라 지급되는 유족연금·유족연금일시금 및 유족일시금

［「공무원연금법」상의 유족급여는 고유재산이고 상속재산이 아님］

(대법 95누9945, 1996.9. 24. 선고)

1. 「공무원연금법」상의 유족급여는, 같은 법 1조에 명시된 바와 같이, 공무원의 사망에 대하여 적절한 급여를 실시함으로써 공무원에 대한 사회보장제도를 확립하고 그 유족의 경제적 생활안정과 복리향상에 기여함을 목적으로 하여 지급되는 것이므로, 위 유족급여를 지급하는 제도와 공무원의 사망으로 인하여 그 공무원의 상속인이 그 재산을 상속하는 제도와는 그 헌법적 기초나 제도적 취지를 달리함.

2. 구 「공무원연금법」(1995.12.29. 법률 5117호로 개정되기 전의 것) 3조①2호, 28~30조, 42조3·4호, 56~57조, 60조, 61조의2의 규정은 공무원 또는 공무원이었던 자의 사망 당시 그에 의하여 부양되고 있던 유족의 생활보장과 복리향상을 목적으로 하여 민법과는 다른 입장에서 수급권자를 정한 것으로, 수급권자인 유족은 상속인으로서가 아니라 이들 규정에 의하여 직접 자기의 고유의 권리로서 취득하는 것이고, 따라서 그 각 급여의 수급권은 상속재산에 속하지 아니하므로 같은 법 30조①이 정하는 수급권자가 존재하지 아니하는 경우에 상속재산으로서 다른 상속인의 상속의 대상이 되는 것은 아니며, 위 규정이 국민의 재산권보장에 관한 헌법 23조의 규정에 위배되는 것도 아님.

［안심상속 원스톱 서비스: 사망자 재산조회 통합신청］(행정안전부)

정부는 2015년 6월 30일부터 안심상속 원스톱 서비스를 시작했는데 사망신고 후 사망자의 금융내역, 토지·건축물, 자동차, 체납·환급세금, 연금가입 유무 등 상속인에게 상속재산 조회신청을 선제적으로 안내·제공하면서 상속재산 조회 절차를 개별적으로 알아보던 불편이 없어졌다.(행정안전부는 2018년 9월 7일부터 '건설근로자퇴직공제금 가입여부' 및 '건축물 소유여부'를 '안심상속 원스톱서비스' 조회 대상재산에 추가했다. 2018.9.5. 보도자료)

또한 안심상속 원스톱 서비스는 사망자의 재산조회를 자치단체의 사망신고 접수처에서 한꺼번에 신청할 수 있게 돼 여러 군데 방문하던 번거로움이 해소된다. 특히 금융거래의 경우 은행별로 예금 잔액까지 확인할 수도 있다.

안심 상속 원스톱 서비스 신청 자격은 상속인 1순위인 자녀, 배우자, 2순위 부모, 3순위 형제·자매이며 신청 기한은 사망일이 속한 달의 말일부터 6개월 이내에 신청하면 된다. 신청 방법은 전국 시군구 및 읍면동에 방문해 신청하거나 '정부24'에서 온라인 신청도 가능하다.

(2017.8.31.부터 온라인 신청 가능: 정부24 홈페이지 www.gov.kr 대표번호 1588-2188 대한민국 정부 대표포털: 분야별 정부서비스, 민원24, 정책, 기관정보, 어린이정부, 나의생활정보, 민원신청, 고객센터)

조회범위: 조회신청일 기준으로 금융회사에 남아 있는 피상속인 명의의 모든 금융채권·채무·보관금품을 확인할 수 있다. 이 외에도 토지·건축물·자동차 소유, 국민연금 가입 유무, 국세·지방세의 체납액·환급액을 조회할 수 있다.

금융소비자 정보포털인 파인(http://fine.fss.or.kr)을 통해서도 피상속인 금융거래정보를 확인할 수 있다.

처리기간: 신청일로부터 20일 이내에 확인할 수 있다(각 금융협회별로 처리기간이 다름). 토지·건축물·자동차·국세·지방세 정보는 7일 이내에 확인할 수 있다. 신청시에 문자·우편·방문 중 하나를 신청하여 결과를 확인할 수 있다.

(2)상속세 비과세

1)전사자 등에 대한 상속세 비과세(상증법 11조, 상증령 7조)

전쟁이나 사변 또는 이에 준하는 비상사태로 토벌 또는 경비 등 작전업무를 수행 중 사망하거나 해당 전쟁 또는 공무의 수행 중 입은 부상 또는 그로 인한 질병으로 사망하여 상속이 개시되는 경우에는 상속세를 부과하지 아니한다.

2)비과세되는 상속재산(상증법 12조, 상증령 8조)

구분	내용
공공단체 유증	1. 국가, 지방자치단체 또는 공공단체(지방자치단체조합·공공도서관·공공박물관)에 유증(사인증여를 포함)한 재산(상증령 8조①) 2. 정당법에 따른 정당에 유증 등을 한 재산 3. 「근로복지기본법」에 따른 우리사주조합 및 근로복지진흥기금에 유증 등을 한 재산(상증령 8조④)
유증	사회통념상 인정되는 이재구호금품, 치료비 및 불우한 자를 돕기 위하여 유증한 재산(상증령 8조⑤)
증여	상속인이 과세표준 신고기한 이내에 국가, 지방자치단체 또는 공공단체에 증여한 재산
문화재	「문화재보호법」에 따른 국가지정문화재 및 시·도지정문화재와 같은 법에 따른 보호구역에 있는 토지→문화재 장기보존 유도를 위해 '등록'문화재처럼 과세는 하되 징수유예함.(2023.1.1. 상속분부터 적용) ☞「문화재보호법」에 따른 문화재자료 및 국가'등록'문화재와 보호구역에 있는 토지는 상속세를 과세하되 징수유예함.[상증법 74조, 뒤 06(2)4) 참조]
제사 관련 재산	제사를 주재하는 상속인(다수의 상속인이 공동으로 제사를 주재하는 경우에는 그 공동으로 주재하는 상속인 전체를 말함)을 기준으로 한 다음의 재산. 다만, '1호 +2호'의 합계액이 2억원을 초과하는 경우에는 2억원 한도, 3호의 합계액이 1천만원을 초과하는 경우에는 1천만원 한도로 함. 1. 피상속인이 제사를 주재하던 선조의 분묘에 속한 9,900㎡ 이내의 금양임야 2. 분묘에 속한 1,980㎡ 이내의 묘토인 농지 3. 족보와 제구

(보충)부의금, 회사조의금, 사우회조의금 등은 상속재산에 포함되지 않음

피상속인의 사망으로 인하여 문상객으로부터 받는 부의금은 피상속인에게 귀속되는 재산에 해당하지 않으므로 상속재산이 아님. 이 경우 당해 부의금은 상속인이 문상객으로부터 증여받은 재산에 해당하지만, 사회통념상 통상 필요하다고 인정되는 금품에 해당하는 경우에는 상증법 46조5호·상증령 35조④3호(비과세되는 증여재산) 규정에 따라 증여세를 비과세 함.(서면인터넷상담4팀-358, 2005.3.10.)

(3)상속세 과세가액

1)상속세 과세가액(상증법 13조)

[상속세 과세가액의 계산](상증집 7-0-1)

구분	내용
총 상속가액	• 상속재산 · 간주상속재산 · 추정상속재산
− 비과세 상속재산가액	• 전사자 등에 대한 비과세 • 금양임야·문화재 등 비과세재산
− 과세가액 불산입액	• 공익법인 출연재산, 공익신탁재산 등
− 공제금액	• 공과금, 장례비, 채무
+ 합산대상 증여재산가액 　(1및 2는 별개로 합산)	1. 사전증여재산
	2. 특례적용 증여재산(창업자금·가업승계주식)
= 상속세 과세가액	

①사전증여재산의 범위(상증법 13조①)

　상증법은 사전증여를 통한 상속세의 회피를 방지하기 위해 상속인 또는 상속인이 아닌 자에게 다음의 일정기간 이내에 증여한 재산을 상속재산에 가산하여 상속세를 계산하고, 당초 증여 시 납부했던 증여세는 기납부세액으로 공제하는 방식을 취하고 있다.

- 상속개시일 전 10년 이내에 피상속인이 상속인에게 증여한 재산가액
- 상속개시일 전 5년 이내에 피상속인이 상속인이 아닌 자에게 증여한 재산가액

[상속인의 의미](상증집 13-0-3 등)

상증법에서 상속인은 「민법」 규정에 따른 선순위 상속인에 한정하므로, 상속재산의 전부 또는 일부를 받은 자로서 선순위 상속인이 있는 경우 후순위 상속인은 상속인이 아닌 자에 해당함.(상증집 13-0-3)

상속을 포기한 사람도 '상속인'에 포함됨.(재삼 01254-1988, 1991.7.11. ; 대법 93누8092, 1993.9.28. 선고)

[조세특례제한법상 과세특례 중 창업자금, 가업승계주식은 10년과 무관하게 합산됨]

(조특법 30조의5⑪, 30조의6⑤, 상증집 13-0-5)

피상속인 생전에 증여한 조세특례제한법상 창업자금(조특법 30조의5)이나 가업승계주식·출자지분 (조특법 30조의6)은 상속개시시점에 정산하여 과세되기 때문에, 일반적인 사전증여재산과는 달리 피상속인의 상속개시 전 증여시기에 관계없이 상속재산에 가산됨.

다만, 증여세 특례적용 가업승계주식을 증여받은 후 상속이 개시되는 경우, 상속개시일 현재 일정한 요건을 모두 갖춘 경우에는 가업상속공제를 적용받을 수 있음.(조특령 27조의6⑨)

[비거주자가 피상속인(사망자)인 경우 국내재산을 증여한 경우에만 가산](상증법 13조②)

[사전증여재산이 아니라 위탁자금 반환으로 보아 과세제외한 사례](조심 2020부0629, 2020.6.25. 결정)

금융거래내역에 의하면 청구인은 청구인의 자녀 A로부터 입금받은 금액의 일부와 청구인이 본래 보유한 예금액을 피상속인 명의의 계좌로 입금한 후 정기예금 등을 통해 이를 운용하다가 다시 쟁점금액을 반환받아 청구인의 자녀 A의 임대보증금을 반환하는데 사용하는 등 쟁점금액의 원천은 청구인의 예금액과 청구인 자녀 A의 임대보증금인 사실이 확인되는 점 등을 종합하면, 청구인은 피상속인으로부터 쟁점금액을 증여받은 것이 아니라 피상속인 명의의 계좌를 통해 위탁운용하던 자금을 반환받은 것으로 보는 것이 합리적이라 할 것인 바, 이를 사전증여재산이라고 보아 상속세를 과세한 처분은 잘못임.

②상속세 과세가액에 합산하지 않는 증여재산(상증통13-0…4, 상증집 13-0-4)

구분	재산종류	관련규정
증여세 비과세재산	비과세되는 증여재산	상증법 46조
과세가액에 불산입되는 재산	공익법인 등에 출연한 재산	상증법 48조①
	공익신탁한 재산	상증법 52조
	장애인이 증여받은 재산	상증법 52조의2①
합산배제 증여재산	재산취득 후 해당 재산 가치 증가	상증법 31조①3호
	전환사채 등의 주식전환이익, 양도이익(인수이익은 합산)	상증법 40조①2·3
	주식의 상장 등의 이익에 따른 증여	상증법 41조의3
	합병에 대한 상장 등 이익의 증여	상증법 41조의5
	재산취득 후 재산가치 증가에 따른 이익의 증여	상증법 42조의3
	재산취득자금 등의 증여추정(2022년 증여추정분부터 적용)	상증법 45조
	명의신탁재산의 증여의제(2019년 증여의제분부터 적용)	상증법 45조의2
	특수관계법인과의 거래를 통한 이익의 증여의제	상증법 45조의3
	특수관계법인으로부터 제공받은 사업기회로 발생한 이익의 증여의제	상증법 45조의4
조특법상 특례	영농자녀가 증여받은 농지	조특법 71조⑤
비실명 특정채권	「금융실명법」 부칙에 따라 조세특례가 적용되는 특정채권	「금융실명법」 3조 및 부칙 9조

(보충1)사전증여재산가액을 상속세 과세가액에 합산하는 경우(상증집 13-0-5)

1. 상속개시 전 10년 이내에 상속인이 피상속인으로부터 재산을 증여받고, 상속개시 후 민법상 상속포기를 하는 경우에도 당해 증여받은 재산을 상속세 과세가액에 합산한다.

2. 피상속인이 상속개시 전 5년 이내에 영리법인에게 증여한 재산가액 및 이익은 상속인 외의 자에게 증여한 재산가액으로 상속재산에 포함된다. 동 재산가액 및 이익에 대한 상증법에 따른 증여세 산출세액 상당액은 상속세 산출세액에서 공제한다.

3. 증여세 과세특례가 적용된 창업자금과 가업승계한 주식의 가액은 증여받은 날부터 상속개시일까지의 기간이 상속개시일로부터 10년 이내인지 여부와 관계없이 상속세 과세가액에 합산한다.

(보충2)사전증여재산가액을 상속세 과세가액에 합산하지 않는 경우(상증집 13-0-6)

1. 상속개시일 이전에 수증자(상속인, 상속인 아닌 자)가 피상속인으로부터 재산을 증여받고 피상속인의 사망(상속개시일)전에 사망한 경우에는 상속인 등에 해당하지 아니하므로 피상속인의 상속세 과세가액에 사전증여재산가액을 합산하지 아니한다.

2. 피상속인이 상속인에게 증여한 재산을 증여세 신고기한을 경과해 반환받고 사망하여 증여세가 부과된 경우로서, 반환받은 재산이 상속재산에 포함되어 상속세가 과세되는 때에는 사전증여재산에 해당하지 않는다.

3. 명의신탁재산은 원칙적으로 사전증여재산으로 상속재산에 합산하나(2019.1.1. 이후 증여제분은 합산배제) 명의신탁재산으로 증여세가 과세된 재산이 피상속인의 재산으로 환원되거나 피상속인의 상속재산에 포함되어 상속세가 과세되는 경우에는 사전증여재산으로 합산하지 아니한다.(2020.10.28. 삭제)

③사전증여 재산가액의 평가(상증법 60조④, 상증집 13-0-7)

1. 상속재산가액에 합산하는 사전증여 재산가액은 상속개시일이 아닌 '증여일 현재'의 시가에

따라 평가하며 시가가 불분명한 경우에는 보충적 평가방법에 따라 평가한 가액에 따른다.

2. 상속개시일 전에 부담부 증여한 재산을 상속재산가액에 합산하는 경우 증여재산가액에서 수증자가 인수한 채무를 차감한 증여세 과세가액을 합산한다.

[「민법」상 특별수익자(증여·유증을 받은 자)의 상속분(민법 1008조)과 유류분 산정 시, 특별수익에 대한 합산기간 및 가액평가 기준시점] 상증법과 차이점

1. 합산기간의 차이: 무제한 또는 1년

「민법」상 유류분 계산 시 사전증여재산(특별수익, 민법 1008조)의 합산기간.

- 상속인 특별수익분: 기간제한 없음(10년 이전분도 합산 대상)
- 상속인 외의 특별수익분: 1년. 단, 증여 당사자 쌍방이 유류분권리자에게 손해를 가할 것을 알고 증여한 경우에는 기간제한 없음.(민법 1118조에 의한 1008조 준용)

2. 사전 증여재산의 평가기준일의 차이: 「민법」은 상속개시일 기준으로 평가

(민법 1113·1114조, 1118조에 의한 1008조 준용)

유류분은 상속개시일에 피상속인이 가진 재산의 가액에 증여재산 가액을 가산하고 채무를 공제하여 산정한다. 상속재산 및 증여재산 가액의 평가기준시점은 상속개시 시점이므로 상속개시 당시의 가액으로 평가하여야 한다.(대법 93다11715, 1995.6.30. 선고 등)

---

④상속세 과세가액에 합산하는 증여재산에 대한 과세방법(상증통 13-0…3 ; 상증집 13-0-8)

상속세 과세가액에 합산하는 증여재산에 대하여 증여세가 부과되지 아니한 경우에는 해당 증여재산에 대하여 '증여세를 먼저 과세'하고 그 증여재산가액을 상속세 과세가액에 합산하여 상속세를 부과하며 증여세 상당액을 기납부세액으로 공제한다.

2)상속재산의 가액에서 **빼는** 공과금 등(상증법 14조)

[상속세 차감금액의 요약]

구분	피상속인	
	거주자	비거주자
공과금*1	피상속인이 납부하여야 할 공과금	• 국내 소재 상속재산에 대한 공과금 • 국내사업장의 사업상 공과금
장례비용*2	피상속인의 장례비용	공제불가능
공제채무*3	피상속인의 모든 채무(공과금 제외)	• 국내 소재 상속재산을 목적으로 유치권·질권·저당권으로 담보된 채무 • 국내사업장의 사업장 채무

*1 공과금(상증법 14조①②1호, 상증령 9조①, 상증칙 2조의2)

상속개시일 현재 피상속인이 납부할 의무가 있는 것으로서 상속인에게 승계된 조세·공공요금, 국세징수법의 강제징수의 예에 따라 징수할 수 있는 채권 중 세금·가산금 및 강제징수비를 제외한 것을 말함.

*2 장례비용(상증법 14조①1호, 상증령 9조②)

1. 일반장례비용: 500만원 미만인 경우에는 500만원, 500만원~1천만원은 증빙입증금액(1천만원 초과 시 1천만원 한도)으로 함.

2. 봉안시설 또는 자연장지의 사용에 소요된 금액: 증빙입증금액(500만원 한도). 장례일로부터 7일이 경과하여 지급한 49제 사찰시주금은 장례비용으로 인정 불가.(감심 2003-25, 2003.3.25. 결정)

*3 채무(상증법 14조①3호·②2호, 상증령 10조, 상증칙 2조의3)

채무(상속개시일 전 10년 이내에 피상속인이 상속인에게 진 증여채무와 상속개시일 전 5년 이내에 피상속인이 상속인이 아닌 자에게 진 증여채무는 제외)로서 공과금 외의 부채를 말하며, 상속개시 당시 피상속인의 채무로서 상속인이 실제로 부담하는 사실이 증명되는 것을 말함.

3)상속개시일 전 처분재산 등의 상속 추정 등(상증법 15조)

피상속인이 상속개시 전 '1년 이내에 2억원 이상' 또는 '2년 이내에 5억원 이상'의 재산을 처분하거나(3가지 분류별로 판단) 채무를 부담한 경우로서, 상속인이 일정금액 이상을 입증하지 못할 경우 일정한 금액을 상속재산으로 추정한다.

구분	내용
추정대상 (재산 3종류 및 부채)	①재산의 분류(상증령 11조⑤) 1. 현금·예금 및 유가증권(상품권 포함, 상증집 15-11-1) 2. 부동산 및 부동산에 관한 권리 3. 1·2 외의 기타재산 ②채무(건별이 아니라 부담한 채무합계액 기준, 상증집 15-11-3)
추정대상여부 판단기준	추정대상별로 다음 어느 하나에 해당하는 경우 추정상속재산으로 봄 (다음 둘 중 큰 금액)(상증법 15조①) ①상속개시일 전 1년 이내에 2억원 이상 ②상속개시일 전 2년 이내에 5억원 이상
추정상속재산의 계산방법	{재산처분금액·순인출금액 또는 부담한 채무액-용도를 입증한 금액} -Min{처분 등 금액×20%, 2억원}(상증령 11조④)

(보충1)재산의 처분금액 및 인출금액(상증령 11조①)

재산의 처분금액 및 인출금액은 재산종류별로 다음 각호의 구분에 따라 계산한 금액을 합한 금액으로 한다.

1. 피상속인이 재산을 처분한 경우에는 그 처분가액 중 상속개시일 전 1년 또는 2년 이내에 실제 수입한 금액

2. 피상속인이 금전 등의 재산을 인출한 경우에는 상속재산 중 상속개시일 전 1년 또는 2년 이내에 실제 인출한 금전 등. 이 경우 당해 금전 등이 통장 또는 위탁자계좌 등 을 통하여 예입된 경우에는 상속개시일 전 1년 또는 2년 이내에 인출한 금전 등의 합계액에서 당해 기간 중 예입된 금전 등의 합계액을 차감한 금전 등으로 하되, 그 예입된 금전 등이 당해 통장 또는 위탁자계좌 등에서 인출한 금전 등이 아닌 것을 제외한다.

(보충2)용도가 객관적으로 명백하지 아니한 경우(상증령 11조②)

1. 피상속인이 재산을 처분하여 받은 금액이나 피상속인의 재산에서 인출한 금전등 또는 채무를 부담하고 받은 금액을 지출한 거래상대방이 거래증빙의 불비 등으로 확인되지 아니하는 경우

2. 거래상대방이 금전 등의 수수사실을 부인하거나 거래상대방의 재산상태 등으로 보아 금전 등의 수수사실이 인정되지 아니하는 경우

3. 거래상대방이 피상속인의 특수관계인으로서 사회통념상 지출사실이 인정되지 아니하는 경우

4. 피상속인이 재산을 처분하거나 채무를 부담하고 받은 금전 등으로 취득한 다른 재산이 확인되지 아니하는 경우

5. 피상속인의 연령·직업·경력·소득 및 재산상태 등으로 보아 지출사실이 인정되지 아니하는 경우

(보충3)피상속인 채무의 성격별 상속세 과세가액 계산 시 처리

차입일	확실성	피상속인 변제의무	채무 공제	과세가액 산입	관련규정
2년 전	입증되는 채무	확실	O	X	법 14조①3, 영 10조
	의심되는 채무	?	X	O	
2년 내	입증되는 채무	확실	O	X, 사용처 소명 불가 시 산입	법 15조①2호, 법 15조②
	의심되는 채무	?	X	O, 변제의무 없을 시 산입	

세법령: 피상속인이 국가, 지방자치단체 및 금융회사(상증령 10조②) 등이 아닌 자에 대하여 부담한 채무 중 변제의무가 없는 것으로 추정될 경우 상속세 과세가액에 산입함.(상증법 15조②)

4)공익목적 출연재산의 과세가액 불산입

①공익법인 등에 출연한 재산에 대한 상속세 과세가액 불산입(상증법 16조)

상속재산 중 피상속인이나 상속인이 종교·자선·학술 관련 사업 등 공익을 목적을 사업을 하는 자(이하 '공익법인 등')에게 출연한 재산의 가액으로서 상속세과세표준 신고기한(법령상 또는 행정상의 사유로 공익법인 등의 설립이 지연되는 등 대통령령으로 정하는 부득이한 사유가 있는 경우에는 그 사유가 없어진 날이 속하는 달의 말일부터 6개월까지를 말함) 이내에 출연한 재산의 가액은 상속세 과세가액에 산입하지 아니한다.(상증법 16조①) 다만, 사후적 요건을 충족하지 못할 경우에는 상속세를 추징당하며, 가산세도 추가로 부담해야 한다.(상증법 16조④)

과세가액에 산입하지 않는 공익법인 출연주식 지분율은 특정공익법인(2017.7.1. 이후 출연분부터는 상호출자제한기업집단에 속하는 법인과 「독점규제 및 공정거래에 관한 법률 시행령」 3조1호에 따른 동일인관련자의 관계가 아닌 특정공익법인, 2016.12.20. 개정 상증법 부칙1·3조)은 10%, 출연받은 주식 등의 의결권을 행사하지 아니하면서 자선·장학 또는 사회복지를 목적으로 하는 특정공익법인은 20%(2018.1.1. 이후 출연분부터 적용), 나머지 공익법인은 5%를 한도로 한다.(상증법 16조·48조)

[출연재산의 상속세 과세가액 불산입되는 공익법인의 범위](상증령 12조, 상증집 16-12-1)

적용받는 관련법	영위하는 사업의 내용
유아·초·중·고등교육법	학교, 유치원을 설립·경영하는 사업
사회복지사업법	사회복지법인이 운영하는 사업
의료법	의료법인이 운영하는 사업
법인세법 24조③(시행령 39조①1호 각목)	일반(10%한도)기부금 단체 등이 운영하는 고유목적사업
소득세법 시행령 80조①5호	기부금 대상 민간단체가 운영하는 고유목적사업
법인세법 시행령 39조①2호 다목	특정목적 기부금 수령단체가 운영하는 사업
법인세법 24조②	특례(50%한도)기부금을 받아 해당 기부금으로 운영하는 사업
종교의 보급 기타 교화에 현저히 기여하는 사업	

(보충)기존의 장학, 학술, 문화·예술단체 등도 2021.1.1. 이후 일반기부금단체로 지정하는 경우부터 국세청장 (관할세무서장 포함)(←종전 주무관청에서 변경)의 추천을 받아 기획재정부장관이 지정·고시하여야만 일반기 부금단체로 인정. 단, 사회복지법인·의료법인·종교법인 등은 당연기부금단체이므로 지정·고시와 무관(법령 39 조①1호 바목 및 상증령 12조, 2018.2.13. 개정 법령 부칙 16조 및 상증령 부칙 12조, 법칙 18조의3)

②공익신탁재산에 대한 상속세 과세가액 불산입(상증법 17조)

　상속재산 중 피상속인이나 상속인이 「공익신탁법」에 따른 공익신탁으로서 종교·자선·학술 또는 그 밖의 공익을 목적으로 하는 신탁(이하 '공익신탁')을 통하여 공익법인 등에 출연하는 재 산의 가액은 상속세 과세가액에 산입하지 아니한다.(상증법 17조)

　공익신탁은 다음의 요건을 모두 갖춘 것으로 한다.(상증령 14조①)

1. 공익신탁의 수익자가 공익법인 등(상증령 12조)이거나 그 공익법인 등의 수혜자일 것
2. 공익신탁의 만기일까지 신탁계약이 중도해지되거나 취소되지 아니할 것
3. 공익신탁의 중도해지 또는 종료 시 잔여신탁재산이 국가·지방자치단체 및 다른 공익신탁에 귀속될 것

　상속세과세가액에 산입하지 아니하는 공익신탁재산은 상속세과세표준 신고기한까지 신탁을 이행하여야 한다. 다만, 법령상 또는 행정상의 사유로 신탁 이행이 늦어지면 그 사유가 끝나는 날이 속하는 달의 말일부터 6개월 이내에 신탁을 이행하여야 한다.(상증령 14조②)

(4)상속공제

1)상속공제의 개괄

①피상속인의 거주성에 따른 공제가능여부(상증법 18조·20조②)

　피상속인이 거주자이면 기초공제와 그 외 상속공제를 적용받을 수 있으나, 피상속인이 비거주자인 경우에는 기초공제만 적용 가능하다.

②항목별 공제의 종류
- {기초공제(아래 추가공제 제외) + 그 밖의 인적공제} 또는 일괄공제
- 추가공제(가업상속공제, 영농상속공제)
- 배우자상속공제
- 금융재산상속공제
- 재해손실공제
- 동거주택상속공제

③공제 적용의 한도(상증법 24조, 상증집 24-0-1)

[상속세 공제한도액]

상속세 과세가액
  – ⓐ선순위인 상속인이 아닌 자에게 유증·사인증여한 재산가액
  – ⓑ선순위인 상속인의 상속포기로 그 다음 순위의 상속인이 상속받은 재산의 가액
  – ⓒ{상속개시 전 10년(5년) 이내 증여재산가액 - 증여재산공제한도액-재해손실공제액}

(보충1)'공제한도액 계산 시', ⓒ는 상속세 과세가액이 5억원을 초과하는 경우에만 적용함.

(보충2)조세특례제한법상 증여세 특례를 적용받는 창업자금·가업승계주식 등은 상속공제의 한도액을 계산할 때 상속세 과세가액에서 차감하는 증여재산가액으로 보지 않음.(조특법 30조의5⑨·30조의6⑤)

또한, 조세특례제한법상 증여세 특례적용 가업승계주식을 증여받은 후 상속이 개시되는 경우, 상속개시일 현재 일정한 요건을 모두 갖춘 경우에는 가업상속공제를 적용받을 수 있음.(조특령 27조의6⑨)

2)기초공제와 그 밖의 인적공제(상증법 18조, 20조, 21조)

①기초공제(상증법 18조)

구분	대상	공제액
일반적인 경우(기초공제)(상증법 18조)	피상속인이 거주자·비거주자	2억원

②그 밖의 인적공제: 피상속인이 '거주자'인 경우에만 적용(상증법 20조)

A. 공제대상의 범위와 공제액

상속인 및 동거가족이 다음의 어느 하나에 해당하는 경우에는 해당 상속인 및 동거가족 1인당 아래의 금액을 공제한다.(상증법 20조①)

공제내용	공제대상	공제액
자녀공제	피상속인의 자녀*	1인당 5천만원→5억원(2025년부터)
미성년자공제	상속인(배우자 제외) 및 동거가족 중 미성년자	1천만원×19세 도달연수
연로자공제	상속인(배우자 제외) 및 동거가족 중 65세 이상	1인당 5천만원
장애인공제	상속인(배우자 포함) 및 동거가족 중 장애인	1천만원×기대여명 연수

* 태아도 자녀로 인정: 조세심판원 26년만에 변경 결정(조심 2020부8164, 2022.1.26. 결정), 세법도 개정시행

(보충1)동거가족: 상속개시일 현재 피상속인이 사실상 부양하고 있는 직계존비속(배우자의 직계존속 포함) 및 형제자매(상증령 18조①)

(보충2)기대여명 연수: 상속개시일 현재 「통계법」 18조에 따라 통계청장이 승인·고시하는 통계표에 따른 성별·연령별 기대여명의 연수(상증법 20조①4호)

(보충3)연령계산 시 1년 미만의 단수가 있을 경우에는 1년으로 봄(상증법 20조③)

(보충4)대습상속인의 인적공제 여부(상증집 20-18-7)

상속인이 될 자가 상속개시 전 사망·결격 등의 사유로 대습상속 되는 경우 피상속인이 대습상속인(상속인의 직계비속)을 사실상 부양하고 있었다면 그 대습상속인에 대하여 미성년자공제는 받을 수 있으나 자녀공제는 받을 수 없다.

B. 중복공제의 범위(상증법 20조①단서)

그 밖의 인적공제는 원칙적으로 중복적용을 받을 수 없으나 다음의 경우에는 중복적용한다.

해당 인적공제	중복적용 받을 수 있는 인적공제(배우자상속공제 포함)
자녀공제	미성년자공제, 장애인공제
장애인공제	모든 그 밖의 인적공제, 배우자공제

C. 일괄공제(상증법 21조)

구분	내용
일괄공제액	5억원['4)배우자 상속공제'(5~30억원) 등은 별도 항목이므로 추가로 공제]
적용방법	'기초공제(2억원) + 그 밖의 인적공제 합계액'과 비교하여 큰 금액을 선택

(보충1)공동상속인 중 배우자 외의 다른 상속인이 상속을 포기하거나 협의하여 배우자가 혼자 상속받는 경우에도 일괄공제 적용가능.(상증법 21조②) 단, 「민법」 1003조의 단독상속인이면 일괄공제 적용불가(상증통 21-0⋯1)
(보충2)가업상속공제 또는 영농상속공제는 별도로 받을 수 있음.(기획재정부 재산세제과−254, 2018.3.22.)
상속세 신고 시 '기초공제(2억원)'와 그 밖의 인적공제를 합한 금액 또는 '일괄공제' 중 어느 것을 신청하여도 가업상속공제 또는 영농상속공제(해당 요건을 갖춘 경우)를 적용받을 수 있음.(상증법 21조①)
(보충3)기한 내 신고뿐만 아니라 기한 후 신고(국기법 45조의3) 시에도(2020.1.1. 이후 기한 후 신고분부터 적용) 일괄공제 대신 제반 상속공제를 선택할 수 있다.(상증법 21조①단서)

3)추가공제: 피상속인이 '거주자'인 경우에만 적용(상증법 18조의2, 18조의3)

거주자의 사망으로 상속이 개시되는 경우로서 가업상속공제나 영농상속공제의 어느 하나에 해당하는 경우에는 해당 상속공제금액을 상속세 과세가액에서 공제한다. 다만, 동일한 상속재산에 대해서는 가업상속공제와 영농상속공제를 동시에 적용하지 아니한다.(상증법 18조3①단서)
그리고 사후관리 요건 위반 등으로 추징사유가 발생하면 사유발생일의 말일부터 6개월 이내에 해당 상속세와 이자상당액을 신고·납부하여야 한다.(상증법 18조의2⑤, 18조의3⑤) 또한 상속개시 10년 전~사후관리기간 중 탈세·회계부정 기업인에 대해서는 가업상속공제(2020년 상속분부터 적용) 및 영농상속공제(2023년 상속분부터 적용)를 배제하고(상증법 18조의2⑧, 18조의3⑦), 가업승계·영농승계 증여세 과세특례도 배제한다(조특법 30조의6④, 71조③, 2024년 증여분부터 적용).

구분		대상	공제액
추가공제 (상증법)	가업상속공제(상증법 18조의2)	피상속인이 '거주자'인 경우에만 적용하며, 일정한 요건 전제로 함	최대 600/1200억원*
	영농상속공제(상증법 18조의3)		최대 30억원

* 밸류업·스케일업 우수기업의 한도는 1200억원이고, 기회발전특구 이전·창업기업은 한도 없음(2025년부터).

①가업상속공제(상증법 18조의2)

A. 가업상속공제의 개괄

가. 가업상속 재산가액(상증령 15조⑤)

다음의 구분에 따라 가업상속인이 받거나 받을 상속재산의 가액을 말한다.(아래 C.가. 참조)

ⓐ소득세법을 적용받는 가업(개인가업): 가업에 직접 사용되는 토지·건축물·기계장치 등 사업용 자산의 가액에서 해당 자산에 담보된 채무액을 뺀 가액

ⓑ법인세법을 적용받는 가업(법인가업): 가업에 해당하는 법인의 주식 등의 가액(그 법인의 총자산가액을 상증법에 따라 평가한 가액) 중 상속개시일 현재 사업무관자산을 제외한 자산가액이 차지하는 비율을 곱하여 계산한 금액

나. 가업상속공제액: 중견기업/밸류업·스케일업 우수기업/기회발전특구 이전·창업 기업

(상증법 18조의2①,⑪~⑭)

가업상속공제액 = Min{가업상속재산가액, 600억원/ 1200억원/한도 없음, 2025년부터}

피상속인의 사업영위기간별 공제액

1. 피상속인 10년 이상~20년 미만 계속 경영한 경우: 300억원/600억원/한도 없음(2025년부터)

2. 피상속인 20년 이상~30년 미만 계속 경영한 경우: 400억원/800억원/한도 없음(2025년부터)

3. 피상속인 30년 이상 계속 경영한 경우: 600억원/1200억원/한도 없음(2025년부터)

다. 적용기준 및 적용순위(상증칙 5조)

둘 이상의 독립된 가업을 영위한 경우에는 해당 기업 중 계속하여 경영한 기간이 긴 기업의 계속 경영기간에 대한 공제한도를 적용하며, 상속세 과세가액에서 피상속인이 계속하여 경영한 기간이 긴 기업의 가업상속 재산가액부터 순차적으로 공제한다.

B. 가업상속공제의 요건

가. 가업요건(상증령 15조①②)

피상속인이 10년 이상 '계속' 경영한 다음의 하나에 해당하는 기업이어야 한다. 따라서 '피상속인 요건'(아래 나.)인 10년의 기간 중 어느 한 연도라도 20%(상장법인)·40%(비상장법인) 미만의 지분율을 보유한 경우에는 가업상속공제가 적용되지 않는다.(상속증여-1744, 2018.8.7. ; 조심 2012중619, 2012.5.9. 결정 등)

(보충)개인사업자로서 영위하던 가업을 동일업종으로 법인전환하여 피상속인이 법인설립일 이후 계속하여 그 법인의 최대주주 등에 해당하는 경우에는 개인사업자로서 가업을 영위한 기간을 포함하여 계산함.(상증통 18-15…1③) 이 경우 개인사업자로서 제조업에 사용하던 건물 등 일부 사업용 자산을 제외하고 법인전환을 하였더라도, 법인전환 후에 동일한 업종을 영위하는 등 가업의 영속성이 유지되는 경우에는 피상속인이 개인사업자로서 가업을 영위한 기간을 포함하여 계산함.(기획재정부 재산세제과-725, 2019.10.28.)

ⓐ중소기업(상증령 15조①)

 1. 상증령 [별표]에 따른 업종을 주된 사업으로 영위할 것(2022.2.15. 부터 유치원 추가)

 2. 조세특례제한법 시행령 2조①1·3호의 요건을 충족할 것

 3. 자산총액이 5천억원 미만일 것

ⓑ중견기업(상증령 15조②)

 1. 상증령 [별표]에 따른 업종을 주된 사업으로 영위할 것(2022.2.15. 부터 유치원 추가)

 2. 조세특례제한법 시행령 9조④1·3호의 요건을 충족할 것

 3. 상속개시일의 직전 3개 소득세 과세기간 또는 법인세 사업연도의 매출액(사업연도가 1년 미만
   인 사업연도의 매출액은 1년으로 환산)의 평균금액이 5천억원(←4천억원(2022년)←3천억원(2021년까
   지 상속분)) 미만인 기업일 것. 다만, 밸류업 우수기업 등은 매출액 제한 없음(개정 무산)

[피상속인이 상속개시일 현재 가업을 경영하지 않는 경우에도 '가업상속공제' 및 '증여세 과세특례' 가능]

1. 예규 변경: '가업상속공제'(상증법) 및 '가업승계에 대한 증여세 과세특례'(조특법)

1-1. '가업상속공제' 가능(기획재정부 조세법령운용과-571, 2022.5.30.)

가업상속공제를 적용하기 위한 요건의 하나로 대상 가업은 '피상속인이 10년 이상 계속하여 경영한 기업'이
어야 한다고 규정하고 있음. 기존 예규에서 요구하였던 건강상의 불가피한 사유로 경영 일선에서 물러난 것
이 아니더라도 피상속인이 반드시 상속개시일 현재 경영할 필요는 없다는 것. 가업의 기술 경영노하우 전수
를 지원하려는 취지는 피상속인·상속인 요건 및 사후관리를 통해서도 가능한 것이므로, 경영 일선에서 물러
난 사유와 관계없이 피상속인이 "상속개시일 현재" 가업에 종사하지 아니하였더라도 가업상속공제를 적용
할 수 있는 것으로 기존 해석을 변경한 것.(기획재정부 조세법령운용과-571, 2022.5.30.).

1-2. '가업승계에 대한 증여세 과세특례' 가능(서면-2022-상속증여-2304, 2022.7.4.)

'가업의 승계에 대한 증여세 과세특례'(조특법 30조의6) 적용 시 증여자인 부모가 증여일 현재 가업에 종사
하지 아니하였더라도 이유를 불문하고 증여세 과세특례 적용 할 수 있음.

**2. 기존 유권해석: 상속개시일 현재 가업을 경영하지 않는 경우 '가업상속공제'를 원칙적으로 배제-'건강상
   이유'만 예외적으로 인정**

종전 유권해석은 지속적으로 피상속인이 상속개시일 현재 경영하고 있지 않으면 가업상속공제의 대상이 아
니라고 회신.(기획재정부 재산세제과-655, 2010.7.8. ; 재산세과-095, 2012.3.7. 등)

2014년 기획재정부 예규는 피상속인이 건강상의 이유로 상속개시일 현재 불가피하게 가업에 종사하지 못한
경우에도 가업상속공제의 요건 등을 충족한 경우에는 가업상속공제를 적용받을 수 있는 것이라고 예규를
수정하였음.(기획재정부 재산세제과-741, 2014.11. 4.)

피상속인이 상속개시일 현재 10년 이상 계속하여 별표에 따른 업종을 주된 사업으로 영위한 기업을 경영한
경우에 적용하는 것이며, 이때 피상속인이 건강상 불가피한 사유 없이 상속개시일 현재 가업에 종사하지 않
은 경우에는 가업상속공제 적용되지 않음.[서면-2020-상속증여-1177(상속증여세과-622), 2021.9.30. ;
서면-2020-법령해석재산-4808, 2021.8.25. 등]

3. 국세청이 가업승계 세무컨설팅 실시: 가업승계를 지원(각 지방국세청에 가업승계 세정지원팀을 구성)

국세청은 2022년 9월부터 사전 신청기업을 대상으로 가업승계 사전·사후요건을 진단하여, 미비한 부분에 대해서
는 구체적인 방향을 제시하고, 가업승계와 관련한 서면질의는 최우선하여 처리하는 '가업승계 세무컨설팅'을 제공.
세무컨설팅을 받기 위해서는 대표이사가 5년 이상 재직하였거나, 가업승계 사후관리가 진행 중인 중소기업

이 신청하고 컨설팅 대상자로 선정이 되어야 함. 가업상속 실무를 담당하는 세무전문가의 입장에서도 이러한 국세청 세무컨설팅을 적극 활용하면 관련 리스크를 줄일 수 있을 것으로 판단됨.

〔국세청〉국세신고안내〉개인신고안내〉상속세〉가업승계 지원제도〉가업상속공제(가업승계 지원제도 안내. pdf 등)〉

나. 피상속인 요건(상증령 15조③1호)

다음 ⓐ와 ⓑ의 요건을 모두 충족하여야 한다.

다만, 가업상속이 이루어진 후에 가업상속 당시 최대주주 등에 해당하는 자(가업상속을 받은 상속인은 제외)의 사망으로 상속이 개시되는 경우에는 피상속인의 요건을 충족한 것으로 보지 않는다.

ⓐ대표이사 요건

  1. 상속개시일 현재 거주자

  2. 가업(2022.2.15. 상속분부터 한국표준산업분류표 상 대분류 내에서 변경되어도 가업 유지로 인정)의 영위기간 중 대표이사(개인사업자의 경우 대표자, 이하 '대표이사 등')의 재직기간이 아래의 어느 하나에 해당하여야 함.

    −50% 이상의 기간

    −10년 이상의 기간(상속인이 피상속인의 대표이사 등의 직을 승계하여 승계한 날부터 상속개시일까지 재직한 경우로 한정)

    −상속개시일부터 소급하여 10년 중 5년 이상의 기간

ⓑ최대주주 요건

  피상속인이 가업상속대상 법인의 최대주주(특수관계인 포함)이면서 아래의 요건에 충족필요.

  1. 상장법인: 발행주식 총수의 20%(←30%, 2022년까지 상속분) 이상을 10년 이상 계속 보유할 것

  2. 비상장법인: 발행주식 총수의 40%(←50%, 2022년까지 상속분) 이상을 10년 이상 계속 보유할 것

다. 가업상속인 요건(상증령 15조③2호)

  상속인이 다음의 요건을 모두 갖춘 경우. 이 경우 상속인의 배우자가 다음의 요건을 모두 갖춘 경우에는 상속인이 그 요건을 갖춘 것으로 본다.

ⓐ상속개시일 현재 18세 이상일 것

ⓑ상속개시일 전에 2년 이상 직접 가업에 종사(상속개시일 2년 전부터 가업에 종사한 경우로서 상속개시일부터 소급하여 2년에 해당하는 날부터 상속개시일까지의 기간 중 상속인이 법률에 따른 병역의무의 이행, 질병의 요양, 취학상 형편 등 부득이한 사유로 가업에 종사하지 못한 기간이 있는 경우에는 그 기간은 가업에 종사한 기간으로 봄)하였을 것.

  다만, 피상속인이 65세 이전에 사망하거나 천재지변 및 인재 등 부득이한 사유로 사망한 경우에는 2년 제한규정은 적용하지 않는다.

ⓒ상속세과세표준 신고기한까지 임원으로 취임하고, 상속세 신고기한부터 2년 이내에 대표이사 등으로 취임할 것

라. 상속세 납부능력 요건(상증법 18조의2②, 상증령 15조⑥, 2017.12.19. 개정 상증법 및 2018.2.13. 개정 상증령에 따라 2019.1.1. 이후 중견기업의 가업상속분부터 적용)

중견기업의 가업상속을 받을 경우에는 다음의 요건을 추가로 충족하여야만 가업상속공제를 적용받을 수 있다.

ⓐ대상기업 및 대상상속인: 중견기업의 가업상속인

ⓑ요건: 가업상속인의 상속재산(가업상속재산 제외)≤가업상속인의 상속세액×2배

ⓒ가업상속인의 상속재산(가업상속재산 제외): 가업상속인이 받거나 받을 상속재산(상속재산에 가산하는 증여재산 중 가업상속인이 받은 증여재산을 포함)의 가액에서 다음 각 호의 금액을 차감한 금액으로 한다.

1. 해당 가업상속인이 부담하는 채무로서 상증법 10조①에 따라 증명되는 채무의 금액
2. 해당 가업상속인이 받거나 받을 아래의 가업상속 재산가액
 • 개인가업: 가업에 직접 사용되는 토지·건축물·기계장치 등 사업용 자산의 가액에서 해당 자산에 담보된 채무액을 뺀 가액
 • 법인가업: 가업에 해당하는 법인의 주식 등의 가액(그 법인의 총자산가액을 상증법에 따라 평가한 가액) 중 상속개시일 현재 사업무관자산을 제외한 자산가액이 차지하는 비율을 곱하여 계산한 금액

C. 가업상속공제의 사후관리(5년←7년)

사후관리 완화: 2023.1.1. 현재 사후관리 중인 경우에도 개정규정 적용(상증법 부칙 7조②)

가. 가업용 자산유지 요건(상증법 18조의2⑤1호)

가업상속 공제를 받은 후 정당한 사유 없이 해당 가업용 자산을 상속개시일로부터 5년 이내에 40%(←20%(5년 이내에는 10%), 2022년 상속분까지 적용) 이상을 처분한 경우 사후관리 요건을 위배한 것으로 본다.

{2019년부터는 처분한 자산의 처분비율에 따라 비례적으로 추징하도록 법을 탄력성 있게 개정했다.(구 상증법 18조⑥본문 후단 괄호. 2019.1.1. 가업용 자산을 처분하는 분부터 적용, 2018.12.31. 개정 상증법 부칙 4조)}

ⓐ가업용 자산의 범위(상증령 15조⑨): 유류분상속재산을 제외한 아래의 상속재산(상증집 18-15-11)

기업유형	내용
개인가업	가업에 직접 사용되는 토지·건축물·기계장치 등 사업용 자산의 가액에서 해당 자산에 담보된 채무액을 뺀 가액
법인가업	가업에 해당하는 법인의 주식 등으로 상속개시일 현재 해당 법인의 자산평가액을 기준으로 다음과 같이 계산 해당 주식 등의 가액 × (1 − 사업무관자산가액/총자산가액)

(보충)사업무관자산(상증령 15조⑤2호, 상증집 18-15-11)
 • 법인세법상 업무무관자산   • 비사업용 토지, 임대용부동산(임직원 임대주택 제외, 2025년부터)
 • 대여금(임직원 학자금·주택자금 제외, 2025년부터)   • 법인의 영업과 무관한 주식·채권 및 금융상품
 • 과다보유현금(상속개시일 직전 5개 사업연도 말 평균 현금보유액의 150→200% 초과, 2025년부터)

- 국내외 자회사 주식도 기업과 직접 관련(하청 생산 등) 있으면 사업무관자산이 아님(조심 2018서4162, 2020.6.19. 결정 ; 대법 2018 두39713, 2018.7.13. 선고 등). 단순 자회사 주식(기업상속공제 대상 업종)은 사업무관자산임(서면-2022상속증여-750, 2022.5.13.).

ⓑ 가업용 자산 처분비율(상증령 15조⑩)

처분(임대)한 가업자산의 상속개시일 현재 가액/상속개시일 현재 가업자산 가액

ⓒ 사후관리 요건을 위배(자산의 처분)한 것으로 보지 않는 정당한 사유(상증령 15조⑧1호)

1. 법률에 따라 수용 또는 협의 매수되거나 국가 또는 지방자치단체에 양도되거나 시설의 개체(改替), 사업장 이전 등으로 처분되는 경우. 다만, 처분자산과 같은 종류의 자산을 대체 취득하여 가업에 계속 사용하는 경우에 한함.
2. 가업용 자산을 국가 또는 지방자치단체에 증여하는 경우
3. 가업상속 받은 상속인이 사망한 경우
4. 합병·분할, 통합, 개인사업의 법인전환 등 조직변경으로 인하여 자산의 소유권이 이전되는 경우. 다만, 조직변경 이전의 업종과 같은 업종을 영위하는 경우로서 이전된 가업용 자산을 그 사업에 계속 사용하는 경우에 한함.
5. 내용연수가 지난 가업용 자산을 처분하는 경우
6. 업종변경 등에 따른 자산처분 및 재취득 필요시 등(종전 상속분으로 사후관리 중인 경우에도 적용)
7. 가업용 자산의 처분금액을 조세특례제한법 10조에 따른 연구·인력개발비로 사용하는 경우

나. 가업 종사 요건(상증법 18조의2⑤2호)

ⓐ 사후관리 위반 요건

가업상속공제를 적용받은 상속인은 상속개시일로부터 5년(←2020~2022년은 7년, 2019년까지 상속분은 10년) 이상 가업에 종사해야 하며, 다음의 사유가 발생한 경우에는 상속인이 가업에 종사하지 않는 것으로 보아 사후관리 요건을 위배한 것으로 본다.(상증령 15조⑪)

1. 상속인(요건을 갖춘 상속인의 배우자 포함)이 대표이사 등으로 종사하지 아니하는 경우
2. 가업의 주된 업종을 변경하는 경우[한국표준산업분류에 따른 대분류(2024년 이후 업종을 변경하는 분부터 적용)(←중분류(2020.2.11.부터 변경분). 종전 상속분으로 사후관리 중인 경우에도 적용) 내에서 업종을 변경하는 경우(별표에 따른 업종으로 변경하는 경우로 한정함)]
3. 해당 가업을 1년 이상 휴업(실적이 없는 경우를 포함)하거나 폐업하는 경우

ⓑ 사후관리 요건을 위배(가업에 미종사)한 것으로 보지 않는 정당한 사유(상증령 15조⑧2호, 상증칙 6조)

1. 가업상속받은 상속인이 사망한 경우
2. 가업상속 받은 재산을 국가 또는 지방자치단체에 증여하는 경우
3. 상속인이 법률에 따른 병역의무의 이행, 질병의 요양, 취학상 형편 등 부득이한 사유에 해당하는 경우(다만, 부득이한 사유가 종료된 후 가업에 종사하지 아니한 경우는 제외)

다. 지분 유지 요건(상증법 18조의2⑤3호)

ⓐ사후관리 위반 요건

가업상속공제를 적용받은 상속인은 상속개시일로부터 사후관리기간(5년) 동안 상속받은 지분율을 유지해야 하며, 다음의 사유가 발생한 경우에는 사후관리 요건을 위배한 것으로 본다.(상증령 15조⑫)

1. 상속인이 상속받은 주식 등을 처분하는 경우
2. 법인이 유상증자할 때 상속인의 실권 등으로 지분율이 감소한 경우
3. 상속인의 특수관계인이 주식 등을 처분하거나 유상증자할 때 실권 등으로 상속인이 최대주주 등에 해당되지 아니하게 되는 경우

(보충)균등 유상감자를 통해 상속인의 지분율이 유지될 경우 지분유지 요건 위배임

(서면법규과-959, 2013.9.5. ; 재산-16, 2011.1.7. 등)

가업상속공제 후 주식 등을 상속받은 상속인의 지분율이 상속개시일로부터 10년 이내에 균등 유상감자를 하는 경우, 원래 공제받은 금액을 상속개시 당시의 상속세 과세가액에 산입하여 상속세를 부과하는 것임.

(보충)5년 이내에 공동상속인 간 지분양수도로 특정인 지분 감소도 위배임(서면-2022-법규재산-1704, 2023.9.1.)

ⓑ사후관리 요건을 위배(지분율 유지)한 것으로 보지 않는 정당한 사유(상증령 15조⑧3호)

1. 상속인이 상속받은 주식 등을 상증법 73조에 따라 물납(物納)하여 지분이 감소한 경우는 제외하되, 이 경우에도 상속인은 최대주주나 최대출자자에 해당하여야 함.
2. 합병·분할 등 조직변경에 따라 주식 등을 처분하는 경우. 다만, 처분 후에도 상속인이 합병법인 또는 분할신설법인 등 조직변경에 따른 법인의 최대주주 등에 해당하는 경우에 한함.
3. 해당 법인의 사업확장 등에 따라 유상증자할 때 상속인의 특수관계인 외의 자에게 주식 등을 배정함에 따라 상속인의 지분율이 낮아지는 경우. 다만, 상속인이 최대주주 등에 해당하는 경우에 한함.
4. 상속인이 사망한 경우. 다만, 사망한 자의 상속인이 원래 상속인의 지위를 승계하여 가업에 종사하는 경우에 한함.
5. 주식 등을 국가 또는 지방자치단체에 증여하는 경우
6. 「자본시장과 금융투자업에 관한 법률」390조①에 따른 상장규정의 상장요건을 갖추기 위하여 지분을 감소시킨 경우. 다만, 상속인이 최대주주 등에 해당하는 경우에 한함.
7. 주주 또는 출자자의 주식 및 출자지분의 비율에 따라서 무상으로 균등하게 감자하는 경우
8. 「채무자 회생 및 파산에 관한 법률」에 따른 법원의 결정으로 무상감자, 출자전환하는 경우

라. 고용 유지 요건(상증법 18조의2⑤4호)

가업상속공제를 적용받은 이후 다음의 고용유지 요건을 모두 충족해야 하며, 이를 충족하지

못하는 경우에는 사후관리 요건을 위배한 것으로 본다.(상증령 15조⑬⑭)

1. 각 사업연도 고용유지 요건: 2023년부터 삭제

각 사업연도의 정규직 근로자[고용창출투자세액공제(조특법 26조)에 따른 '상시 근로자'(조특령 23조⑩) 규정을 준용하여 완화 ←「통계법」 17조에 따라 통계청장이 지정하여 고시하는 경제활동인구조사의 정규직 근로자] 수의 평균이 상속이 개시된 사업연도의 직전 2개 사업연도의 정규직근로자 수의 평균('기준고용인원')의 80%에 미달하는 경우

2. 누적평균 고용유지 요건

상속이 개시된 사업연도 말부터 사후관리기간(5년) 동안 정규직 근로자 수의 전체 평균이 기준고용인원(상속 직전 2개연도 평균)의 90%(←100%(중견기업의 경우에도 120%→100%로 완화). 2020~2022년 상속분, 종전 상속분으로 사후관리 중인 경우에도 적용)에 미달하는 경우.

['정규직 근로자'(상증법 18조⑥1호 라목)와 '상시 근로자'(조특령 23조⑩) 포함여부]

구분	정규직 근로자	상시 근로자
임원	O	X
근로소득금액 7천만 원 이상자	O	X
최대주주 및 그와 친족관계인 자	O	X
근로소득세 원천징수 미 확인자	X	X
계약기간 1년 미만 근로자	X	X
단기간 근로자	X	X

적용시기: 2020.1.1. 이후 개시하는 사업연도(과세기간) 분부터 적용함.

한편 2020년 추징분부터는, 고용유지요건 판단 시 근로자 인원 기준 외에 총급여액(최대주주 및 친족 등에게 지급분은 제외, 상증령 15조⑭) 기준을 선택적으로 적용할 수 있다. 만일 기업이 고용유지 의무와 관련해 총급여액 기준을 선택할 경우, 2023년부터는 사후관리기간 동안 연평균 총급여액만 상속 당시 기준총급여액(상속 직전 2개연도 평균)의 90%(←100%) 이상이면 된다.(매년 상속 당시 기준총급여액의 최소 80% 유지요건은 2023년부터 삭제)

D. 사후관리요건 미이행 시 불이익 내용(상증법 18조의2⑨)

가업상속공제를 받은 상속인이 사후관리기간(5년) 이내에 정당한 사유 없이 사후관리 요건(앞의 4가지)의 어느 하나에 해당하는 경우에는, 다음과 같은 불이익 처분을 받는다. 즉, 추징사유가 발생한 달의 말일(위 '라. 고용 유지 요건'의 경우에는 해당 소득세 과세기간 또는 법인세 사업연도의 말일)부터 6개월 이내에 해당 상속세와 이자상당액을 신고·납부하여야 한다.

가. 상속세 추가과세(상증법 18조의2⑨)

사후관리요건(4가지)의 어느 하나에 해당하게 되면 가업상속공제를 받은 금액에 해당일까지의

기간(추징해당기간)을 고려하여 기간별 추징률(5년 미만 100%, 상증령 15조⑮, 2023.1.1. 개정)을 곱하여 계산한 금액을 상속개시 당시의 상속세 과세가액에 산입하여 상속세를 과세한다.

나. 추징 해당기간: 이 기간에 따라 위 '기간별 추징률' 적용(상증령 15조⑮1호, 2023.1.1.부터 삭제)

1. 자산처분, 미종사, 지분감소: 상속개시일부터 해당일까지의 기간
2. 각 기간 고용요건 미충족: 상속개시된 사업연도 말일부터 해당일까지의 기간
3. 누적평균 고용요건 미충족: 상속개시된 사업연도 말일부터 각 사업연도의 말일까지 각각 누적하여 계산한 정규직 근로자 수의 전체평균 또는 총급여액이 가업상속 규정의 기준고용인원 또는 기준총급여액의 90% 이상을 충족한 기간 중 가장 긴 기간

다. 이자상당액 추가징수(상증령 15조⑯)

이자상당액 = 상속세 결정세액 × (당초 가업상속재산에 대한 상속세과세표준 신고기한의 다음날부터~추징사유 발생일까지의 일수)/365 × 상속세 부과 당시 국세환급가산금 이율

(3.5% 2024.3.22. 개정←2.9% 2023.3.20.←1.2% 2021.3.16.←1.8% 2020.3.13.←2.1%, 국기칙 19조의3)

(보충)이자상당액 추가징수: 2017.1.1. 이후 개시하는 소득세 과세기간 또는 법인세 사업연도부터 적용함. 가업상속공제를 적용받은 후 사후관리 요건에 위배되어 상속세를 부과하는 경우에도 2016.12.31. 이전의 상속개시분에 대해서는 별도의 이자상당액을 납부하는 규정이 없었으나, 상증법의 개정에 따라 2017년 귀속분부터는 이자상당액까지 추징당하게 됐다. 2016년까지 가업상속공제를 받은 분에 대해서도 2017년 귀속분부터 이자상당가산액을 추징한다. (2016.12.20. 개정 상증법 부칙 4조)

[이자상당액 추가징수 시 적용 이자율 차이]

	특례 종류 및 법령조문	추징 법령조문	적용이자율
상속세 특례	가업상속공제(상증법 18조의2)	상증령 15조⑯	연 3.5%←2.9% (2024.3.22.~)
	영농상속공제(상증법 18조의3)	상증령 16조⑧	
납부유예	가업상속(상증법 72조의2), 가업승계 증여(조특법 30조의7)		
증여세 특례	창업자금 증여세 특례(조특법 30조의5)	조특령 27조의5⑨	연 8.03%←9.125% 인하 (2022.2.15.~)
	가업승계 증여세 특례(조특법 30조의6)	조특령 27조의6⑤	
	영농자녀 증여세 특례(조특법 71조)	조특법 71④, 조특령 63⑨	

(보충 1)추징 시 가업·영농상속공제는 부과 당시 이자율을 일괄 적용하고, 납부유예 및 증여세 특례는 기간별 이자율을 각각 적용함.

(보충 2)이자상당가산액 인하: 추징 시 (납부지연가산세 계산방식처럼, 국기법 47조의4) 기간별 각각 계산하고, 2022.2.15. 이후 기간에 대해서는 1일당 10만분의 22(연 8.03%)를 적용함.←1일당 10만분의 25(연 9.125%), 2022.2.15. 개정 조특령 부칙 21조)

E. 탈세·회계부정 기업의 가업상속공제 혜택 배제(상증법 18조의2⑧, 2020.1.1. 이후 상속분부터 적용)

배제요건:

1. 범죄행위: 상속대상 기업의 경영과 관련한 탈세 또는 회계부정
2. 행위 시기: 상속개시 10년 전부터 사후관리 기간까지의 탈세·회계부정
3. 처벌대상자: 피상속인 또는 상속인

제1장 제2장 제3장 제4장 제5장 제6장 제7장 제8장 제9장 제10장 제11장 제12장 제13장 제14장

4. 처벌 수준: 확정된 징역형 또는 일정 기준 이상 벌금형*

*「조세범처벌법」및 「주식회사 등의 외부감사에 관한 법률」상 가중처벌되는 수준의 탈세(포탈
세액이 3억원 이상이고 포탈세액 등이 납부하여야 할 세액의 30% 이상인 경우 또는 포탈세액이
5억원 이상인 경우)·회계부정(자산총액 5% 이상인 경우로 한정)에 따른 벌금형(상증령 15조⑲)

**(보충)분식회계로 인한 법인세 과다납부액에 대한 경정청구 환급액은 일괄 환급하지 않고, 경정결정 사업연도부터
매년 과다납부액의 20% 한도로 이월하여 공제(2004.1.1. 이후 분식회계처리 분부터 적용, 법법 58조의3)**

F. 양도소득세 이월과세 후 상속세 추징 시 상속세 추징세액의 조정 방법

상속인이 가업상속공제를 적용받은 재산을 양도하면, 피상속인의 보유기간 발생한 재산가치
상승분(=피상속인분 양도차익)을 상속인의 보유기간 발생한 재산가치상승분(=상속인분 양도
차익)을 합산해 양도소득세가 과세된다. 즉, 가업상속공제를 적용받은 재산은 상속 시점이 아
니라 양도 시점까지 '이월'해 상속세 대신 양도소득세로 과세되는 구조다.

가업상속공제를 적용받은 자산에 대한 이월과세와, 이월과세가 적용되어 납부했거나
납부할 양도소득세가 있는 경우(소법 97조의2④), 그 양도소득세 상당액을 상속세 산출세액에서
공제하여 이중과세를 조정하는 규정을 두고 있다.(상증법 18조의2⑩, 상증령 15조㉑)

구분	내용
적용요건	2014.1.1. 이후 상속받아 가업상속공제가 적용된 자산을 양도하는 경우
이월과세 적용방법	1. 양도차익 계산 시 취득가액은 아래 금액을 합하여 계산(소법 97조의2④) 　ⓐ피상속인의 취득가액 × 해당 자산가액 중 가업상속공제적용률 　ⓑ상속개시일 현재 해당 자산가액 × (1 - 가업상속공제적용률)
	2. 장기보유특별공제: 가업상속공제가 적용된 비율에 해당하는 자산(ⓐ)의 경우에는 피상속인이 해당자산을 취득한 날부터 기산함(소법 95조④)
이월과세 후 가업상속공제 요건 위반 시 상 속세 추징세액	**가업상속요건을 위반하여 상속세를 부과할 때 과다납부한 양도소득세 공제:** 가업상속공제요건을 위반하여 상속세를 부과할 때 가업상속공제를 받은 자산의 이월과세 규정에 따라 납부하였거나 납부할 양도소득세가 있는 경우에는, 양도소득세를 과다납부한 결과가 나오기 때문에 아래의 양도소득세 상당액을 상속세 산출세액에서 공제함. 다만, 공제한 해당 금액이 '-'인 경우에는 '0'으로 봄.(상증법 18조의2⑩, 상증령 15조㉑) {이월과세를 적용한 양도소득세(소법 97조의2④ 적용)-이월과세 미적용 양도소득세(소법 97조 적용, 취득가액을 상속개시일 현재의 시가로 계산한 양도소득세를 말함)}×기간별추징률

(보충1)가업상속공제 적용률 = $\dfrac{\text{가업상속공제금액}}{\text{가업상속재산가액합계액}}$

가업상속공제가 적용된 자산별 가업상속공제금액은 가업상속공제금액을 상속개시 당시의 해당 자산별
평가액을 기준으로 안분하여 계산함.(소령 163조의2③)

(보충2)기간별추징률: 5년 이내 100%(상증법 18조의2⑤, 상증령 15조⑮, 2023.1.1. 개정)

G. 중소기업의 가업승계 시 상속세 및 증여세 납부유예(2023년 상속·증여 개시분부터 신설 적용)

가업상속공제의 요건을 충족하는 '중소기업'은 가업상속공제를 적용받거나, 가업상속공
제 대신 상속세 납부유예를 선택하여 적용받을 수 있다. 이어지는 가업승계에 대한 증여세 과

세특례도 마찬가지다. 그리고 납부유예 금액에 대해서는 이자상당가산액(2024.3.22. 개정 연 3.5%←2.9%, 국세환급가산금 이자율, 국기칙 19조의3)을 징수한다.

내용	상속세(상증법 72조의2, 영 69조의2·69조의3)	증여세(조특법 30조의7, 영 27조의7)
선택 사항	가업상속공제 방식과 납부유예 방식 중 선택	저율과세 방식과 납부유예 방식 중 선택
적용 대상	가업상속공제 요건을 충족하는 중소기업으로 **가업상속공제를 받지 않은 기업**	요건충족 중소기업으로 **과세특례를 적용 받지 않은 주식 및 출자지분**
유예 기간	상속받은 가업상속재산을 양도·상속·증여 시점까지	증여받은 가업주식을 양도·상속·증여시점까지
납부유예 가능 세액	상속세 납부세액 × 가업상속재산가액 / 총 상속재산가액	증여세 납부세액 × 가업주식상당액 / 총 증여재산가액
납부 사유	취소사유 발생 **6개월**, 이자상당액 징수 ※❶~❹는 납부유예 상속세 전액 납부, ❺~❻은 납부유예 받은 상속세 중 양도 등 해당분만 납부 ❶정당한 사유 없이 **사후관리요건 위반** ❷**1년 이상 휴업**하거나 **폐업** ❸상속인이 **최대주주 등에 해당하지 않게 되는 경우** ❹상속인 사망으로 **상속**이 개시되는 경우 ❺상속인이 상속받은 가업상속재산(주식 등 제외)을 **양도·증여**하는 경우(단, 40% 미만 양도·증여시 제외) ❻정당한 사유 없이 주식 등을 상속받은 상속인의 **지분이 감소**한 경우 ※❹❺❻의 경우, 상속인이 다음 상속인·수증자에게 재차 가업승계 시 계속 납부유예 적용 가능 (이자상당액 50% 면제)	취소사유 발생 **3개월**, 이자상당액 징수 ※❶~❹는 납부유예 증여세 전액 납부. ❻는 납부유예 받은 증여세 중 양도 등 해당분만 납부 ❶정당한 사유 없이 **사후관리요건 위반** ❷**1년 이상 휴업**하거나 **폐업** ❸수증자가 **최대주주 등에 해당하지 않게 되는 경우** ❹수증자 사망하여 상속이 개시되는 경우 ❺해당사항 없음 ❻정당한 사유 없이 주식 등을 증여받은 수증자 **지분이 감소**한 경우 ※❹❻의 경우 수증자가 다음 상속인·수증자에게 재차 가업승계 시 계속 납부유예 적용 가능(이자상당액 50% 면제)
사후관리	□ **사후관리 기간 : 5년** □ **사후관리 요건** • **(가업종사)**상속인이 **가업에 종사**할 것 *가업에 종사하지 않는 경우란? ❶상속인이 **대표이사가 아닌 경우** ❷**1년 이상 휴업**하거나 **폐업** • **(고용유지)** 5년 통산 **정규직 근로자 수 70% 이상** 또는 **총급여액 70% 이상 유지** • **(지분유지)**상속받은 지분 유지 ※ **업종 유지 요건 없음**	□ **사후관리 기간 : 5년** □ **사후관리 요건** • **(가업종사)**수증자가 **가업에 종사**할 것 *가업에 종사하지 않는 경우란? ❶수증자가 **대표이사가 아닌 경우** ❷**1년 이상 휴업**하거나 폐업 • **(고용유지)** 5년 통산 **정규직 근로자 수 70% 이상** 또는 **총급여액 70% 이상 유지** • **(지분 유지)**증여받은 지분 유지 ※ **업종 유지 요건 없음**

(보충)납부유예 신청 절차

• 납세의무자는 상속세·증여세 과세표준 신고 시 '**납부유예신청서**'를 납세지 관할세무서장에게 제출하여야 하며, 납세담보를 제공해야 함.

• 납세지 관할세무서장은 '과세표준 신고기한 + 결정·경정기한' 이내에 허가 여부를 결정·통지해야 함.

②가업승계에 대한 증여세 과세특례(조특법 30조의6)

본 과세특례와 창업자금에 대한 증여세 과세특례(조특법 30조의5)는 중복적용될 수 없으므로 거주자가 선택해야 한다.(조특법 30조의6⑦)

A. 가업승계에 대한 증여세 과세특례의 개괄: 2023년 증여분부터 대폭 확대

10년 이상 가업을 경영한 부모가 자녀에게 주식 또는 출자지분(주식 등)을 증여하여 해당 가업을 승계한 경우, 증여세 과세가액(300억원·400억원·600억원←100억원 한도)에서 10억원(←5억원)을 공제하고 과세표준 120억{60억(2023년)←30억}원까지의 증여세율은 10%{즉, 과세표준 120억원(=과세가액 130억원−10억원)까지는 10% 세율 적용}, 120억{60억(2023년)←30억} 초과분은 20%로 하여 증여세를 부과한다. 그 후 상속이 개시되는 시점에는 '증여 당시의 가액'을 상속재산에 가산하여 상속세로 정산하는 제도이다.

수증자 (자녀)	→ ②사업 승계	증여세 과세특례 적용 (10억원 공제, 10~20% 세율, 600억원 한도)
↑①주식증여		
증여자 (부모)	→ ③상속 개시	상속세 정산 (증여주식을 상속재산가액에 가산)

B. 주체

과세특례의 주체는 18세 이상의 거주자이며, 증여의 주체는 60세 이상의 부모이어야 한다. 증여 당시 부 또는 모가 사망한 경우에는 그 사망한 부 또는 모의 부모(친조부모 또는 외조부모)를 포함한다.(조특법 30조의6①, 친·외조부모: 30조의5①괄호)

주체	과세특례 요건
증여자	• 증여자인 60세 이상의 부모는 가업을 10년 이상 '계속' 경영하여야 함.[1] • 부모로부터 각각 증여받은 경우에는 증여자인 부 또는 모가 각각 10년 이상 '계속하여' 가업을 경영한 경우이어야 함.(상속증여−32, 2013.4.9.)[2]
수증자	• 수증자는 자녀 1인으로 한정됨.(재산세과−340, 2009.9.29.)→ 자녀 2인 이상이 증여받은 경우에도 합산하여 특례한도 이내에서 본 과세 특례가 적용됨. 각 거주자가 증여받은 주식 등을 1인이 증여받은 것으로 보아 증여세를 부과.(조특법 30조의6②, 2020.1.1. 이후 증여받는분부터 적용) • 최초 가업승계 후의 재차 가업승계: 적용불가→2020년부터 적용(합산하여 한도계산) 수증자가 가업의 승계 후 가업승계 당시 해당주식의 증여자 및 최대주주 또는 최대출자자(상증법 22②, 상증령 19조②)에 해당하는 자(가업승계 당시 해당주식 등의 증여자 및 해당주식 등을 증여받은 자는 제외)로부터 증여받는 경우에는 과세특례의 주체가 될 수 없음. (조특법 30조의6①단서) • 2개의 가업을 승계받는 경우에도 각각을 합산하여 특례한도 내에서만 적용됨.(재산세과−728, 2010.10.5.) • 자녀 1인이 수차례 증여받는 경우에도 각각을 합산하여 특례한도 이내에서본 과세특례가 적용됨.(재산세과−2392, 2008.8.22.)

*1 감면요건(10년 이상 계속 가업유지) 충족여부를 판단하는 기산점은 승계가 시작되는 주식 등을 증여한 시점으로 봄. 따라서 가업을 영위한 기간이 55년이더라도 증여 시점에서 10년 이전의 기간 동안 계속해서 가업을 영위하지 않은 경우에는 특례요건에 위배됨.(감심 2015−167, 2016.5.19. 결정)

*2 '증여자가 증여하는 주식을 10년 이상 보유할 것'은 특례요건이 아니다(대법 2019두44095, 2020.5.28., 선고)
　　중소기업인 甲 주식회사의 대표이사 등으로 재직하면서 10년 이상 계속하여 甲 회사를 경영해 온 乙이 배우자 丙으로부터 甲 회사의 주식 67,023주를 증여받고 다음 날 자신이 보유하던 주식과 丙으로부터 받은 주식을 함께 아들 丁에게 증여하였는데, '丙이 보유했던 주식이 가업승계특례 주식에 해당하지 않는다'라는 이유로 증여세 과세특례를 배제한 사안에서, '증여자가 증여하는 주식을 10년 이상 보유할 것'은 가업승계에 대한 증여세 과세특례(조특법 30조의6①)를 적용하기 위한 요건이라고 할 수 없으므로 원심판단이 정당함.
　　☞ 기획재정부 예규 변경(조세법령운용과-10, 2022.1.5.)←10년 보유해야 함(재산세제과-385, 2014.5.14.)

C. 가업 주식 등의 증여

　　가업승계를 목적으로 해당 기업의 주식 등을 부모가 자녀에게 증여하여야 한다.
　　가업의 범위는 상증법상 가업상속공제의 가업의 범위를 준용한다.(조특법 30조의6①에 의한 상증법 18조의2① 준용. 이 경우 '피상속인'은 '부모'로, '상속인'은 '거주자'로 봄) 따라서 중소기업 및 중견기업[매출액 5천억원←4천억원(2022년)←3천억원(2021년까지 증여분)]미만]에 대해서만 적용한다.(상증령 15조①②)
　　본 특례는 "주식 또는 출자지분을 증여받아 가업승계를 해야 하므로, 개인기업에는 적용될 수 없고 법인기업에만 적용이 가능하다."(서울고법 20123누25332, 2013.2.3. 선고)

D. 가업의 승계

　　가업을 승계하는 경우란 수증자 또는 그 배우자가 증여세 과세표준신고 기한까지 가업에 종사하고 3년(←5년) 이내에 대표이사에 취임하는 경우를 말한다.(조특령 27조의6③2호)
　　이 경우 증여일 이전부터 대표이사에 재직하는 경우도 포함하며(서면상속증여-1132, 2017.9.26. ; 서면법령재산-2596, 2016.12.9.; 재산세과-328, 2010.5.25.), 공동대표이사에 취임하는 경우에도 적용된다(서면상속증여-5733, 2016.12.21. ; 재산세과-2081, 2008.8.1.).

E. 증여세 과세특례

　　10년 이상 가업을 경영한 부모[가업의 영위기간(표준산업분류상 대분류 내 업종변경 기간은 합산) 중 50% 이상 또는 증여일로부터 소급하여 10년 중 5년 이상의 기간에 대표이사로 재직, 2025.2.28. 증여분부터 적용]가 자녀에게 주식 또는 출자지분(주식 등)을 증여하여 해당 가업을 승계한 경우, 증여세 과세가액(600억원←100억원 한도)에서 10억원(←5억원)을 공제하고 과세표준 120억[60억(2023년)←30억]원까지의 증여세율은 10%[즉, 과세표준 120억원까지는 10% 세율 적용], 120억[60억(2023년)←30억]원 초과분은 20%로 하여 증여세를 부과한다.(조특법 30조의6①, 조특령 27조의6③1호)
　　증여세 과세특례의 한도는 가업영위기간에 따라 다르다.(2022년까지는 구분 없이 100억원 한도)
　　1. 부모가 10년 이상 20년 미만 계속하여 경영한 경우: 300억원
　　2. 부모가 20년 이상 30년 미만 계속하여 경영한 경우: 400억원
　　3. 부모가 30년 이상 계속하여 경영한 경우: 600억원

가. 증여가액 계산

증여가액은 가업주식의 가액 중 가업자산 상당액을 기준으로 계산한 금액에 의한다. 이때 가업자산 상당액은 상중법상 가업상속공제의 가업상속재산의 계산방법을 준용한다.(조특령 27조의6⑫에서 상증령 15조⑤2호 준용)

나. 자본거래 증여예시규정 적용 시 특칙(조특령 27조의6⑩)

본 증여세 과세특례 적용대상 주식 등을 증여받은 후 해당 주식 등의 증여에 대한 증여이익(상증법 41조의3에 의한 상장에 따른 이익의 증여, 또는 상증법 41조의5에 의한 합병에 따른 상장 등 이익의 증여)은 증여세 과세특례 대상 주식 등의 과세가액과 증여이익을 합하여 100억원(300·400·600억원 미개정)까지 납세자의 선택에 따라 본 증여세 과세특례를 적용받을 수 있다.

이 경우 증여세 과세특례 적용을 받은 증여이익은 합산배제증여재산 조항(상증법 13조③)에 불구하고 사전증여재산으로 보아 '10년과 관계없이' 상속세 과세가액에 가산한다.

다. 동일인 10년 합산 시 일반증여재산과 별도로 합산.(조특법 30조의6⑤에서 30조의5⑪전단 준용)

가업승계 주식은 가업승계 주식대로, 10년 이내 일반증여재산은 일반증여재산대로 합산한다.

라. 증여세 신고세액공제 적용 제외.(조특법 30조의6⑤에서 30조의5⑪후단 준용)

그러나 증여세 연부연납은 조세특례제한법에서 예외규정이 없으므로 가능하다.

마. 가업승계 과세특례와 창업자금 과세특례는 중복적용 불가함.(조특법 30조의5⑭, 30조의6⑦)

바. 중소기업은 가업승계 증여세 과세특례(저율과세) 대신 납부유예 선택가능하고(조특법 30조의7, 조특령 27조의7), 증여세 과세특례 시 연부연납기간 15년(←5년, 2024년부터, 상증법 71조②2호)

F. 상속세 정산 시 특례

가. 훗날 상속개시 시 가업상속공제가 적용되는 요건(조특령 27조의6⑪)

가업승계 특례적용 주식 등을 증여받은 후 상속이 개시되는 때에 상속재산가액에 가산(10년 기간과 관계없이 무조건 가산함, 조특법 30조의6⑤에서 30조의5⑧⑨ 준용)하여 상속세를 정산하며, 상속개시일 현재 다음의 요건을 모두 갖춘 경우에는 가업상속공제(상증법 18조의2)를 적용한다.

1. 가업(상증법 18조의2①각호 외의 부분 전단)에 해당할 것. 다만, 상증법상 가업상속공제의 요건인 대표이사 재직요건(같은 항 1호 나목)은 적용하지 않음.

2. 수증자가 증여받은 주식 등을 처분하거나 지분율이 낮아지지 아니한 경우로서, 가업에 종사하거나 대표이사로 재직하고 있을 것.

그리고 2020.2.11. 이후 상속분부터 피상속인이 보유한 가업의 주식 등의 전부를 증여하여 최대주주요건(상장법인은 20%, 비상장법인은 40% 이상을 10년 이상 계속 보유. 상증령 15조③1호 가목)을 충족하지 못하는 경우에는 상속인이 증여받은 주식 등을 상속개시일 현재까지 피상속인이 보유한 것으로 보아 최대주주요건을 적용한다.

나. 상속공제 종합한도액 계산 시 유리한 특례(조특법 30조의6⑤에서 30조의5⑨ 준용)

증여세 특례를 적용받는 가업승계주식은 상속공제의 한도액(상증법 24조3호, 아래 식 ©을 계산할 때 상속세 과세가액에 가산한 증여재산가액으로 보지 않는다.

[상속세 공제한도액](상증법 24조, 상증집 24-0-1)

상속세 과세가액
- ⓐ선순위 상속인이 아닌 자에게 유증·사인증여한 재산가액
- ⓑ선순위 상속인의 상속포기로 그 다음 순위의 상속인이 상속받은 재산의 가액
- ©{상속개시 전 10년(5년) 이내 증여재산가액-증여재산공제한도액(상증법53조)-재해손실공제액(상증법54조)}
(보충1)'공제한도액 계산 시', ©는 상속세 과세가액이 5억원을 초과 시에만 적용함.
(보충2)증여세 특례를 적용받는 창업자금(조특법 30조의5)·가업승계주식 등(조특법 30조의6)은 상속공제의 한도액을 계산할 때 상속세 과세가액에서 차감하는 증여재산가액으로 보지 않음.(조특법 30조의5⑨·30조의6⑤)

다. 증여세 기납부세액 공제 시 유리한 특례(조특법 30조의6⑤에서 30조의5⑩ 준용)

상속재산에 가산하는 증여재산에 대한 '증여세 기납부세액 공제'(상증법28조) 시 공제한도액 규정에도 불구하고 실제 납부한 세액을 공제한다.

G. 사후관리

사후관리 완화: 2023.1.1. 현재 사후관리 중인 경우에도 개정규정 적용(단, 대표이사 취임 기한은 종전 규정 적용)(조특법 부칙 35조)

가. 사후관리 미이행 사유(조특법 30조의6③④, 조특령 27조의6⑤~⑨⑬⑭)

주식 등을 증여받은 자가 가업을 승계하지 아니하거나 가업을 승계한 후 주식 등을 증여받은 날부터 5년(←7년) 이내에 정당한 사유 없이 다음의 어느 하나에 해당하게 된 경우에는 그 주식 등의 가액에 대하여 증여세를 부과하고 이자상당액을 추가로 징수한다.

1. 수증자(수증자의 배우자를 포함)가 수증일부터 5년까지 대표이사직을 유지하지 아니하는 경우
2. 한국표준산업분류에 따른 대분류 밖에서 주업을 변경하는 경우(평가심의위원회의 승인을 얻은 경우에는 대분류 밖도 인정)(상증령 15조⑪2호)
3. 해당 가업을 1년 이상 휴업(실적이 없는 경우를 포함)하거나 폐업하는 경우(상증령 15조⑪3호)
4. 증여받은 주식 등의 지분이 줄어드는 경우(조특법 30조의6③2호, 조특령 27조의6⑨)

5. 거주자 또는 부모가 가업의 경영과 관련하여 조세포탈 또는 회계부정 행위(증여일 전 10년 이내 또는 증여일부터 5년 이내의 기간 중의 행위로 한정)로 징역형 또는 일정한 벌금형이 확정된 경우(조특법 30조의6④, 조특령 27조의6⑬⑭. 2024년 증여분부터 적용, 조특법 부칙 38조)

나. 이자상당액 추가징수(조특법 30조의6③④⑧, 조특령 27조의6⑦⑭⑮)

사후관리 요건을 거주자는 사유발생일이 속하는 달의 말일부터 3개월 이내에 납세지 관할 세무서장에게 신고하고 해당 증여세와 이자상당액을 납부하여야 한다. 다만, 이미 증여세와 이자상당액(연 8.03%←9.125%로 인하. 2022.2.15.부터)이 부과되어 납부된 경우에는 그러하지 아니하다.

③창업자금에 대한 증여세 과세특례: 2023년부터 대폭 확대(조특법 30조의5)

18세 이상인 거주자가 창업중소기업을 창업할 목적으로 60세 이상의 부모로부터 창업자금을 증여받아 창업할 경우, 50억원(←30억원)을 한도{10명 이상 신규 고용하는 경우에는 100억원(←50억원) 한도}로 5억원을 공제하고 10% 저율로 증여세를 부과한 후, 상속재산가액에 가산(10년 기간과 관계없이 무조건 가산함, 조특법 30조의5⑧⑨)하여 상속세를 정산한다.

2020년 증여받는 분부터는 대상업종을 확대하였고, 자금사용 기한도 연장하였다. 종전 '증여일로부터 1년 이내 창업, 3년 이내 창업자금으로 사용' 기준을 '2년 이내 창업, 4년 이내 창업자금으로 사용'으로 완화하였다.

추징할 경우에는 증여세와 이자상당액(연 8.03%. 2022.2.15.부터)이 부과된다.(조특령 27조의5⑨)

④영농상속공제(상증법 18조의3)

상속개시 8년 전~사후관리기간 중 탈세·회계부정 기업인에 대해서는 가업상속공제(2020년 상속분부터 적용) 및 영농상속공제(2023년 상속분부터 적용)를 배제한다.(상증법 18조의2⑧, 18조의3⑦)

A. 영농상속공제의 개요

일정한 요건을 갖춘 상속인이 영농[양축(養畜), 영어(營漁) 및 영림(營林)을 포함을 포함하는 것으로서 한국표준산업분류에 따른 농업·어업·임업을 영위하는 경우를 말함]에 사용한 일정한 농지 등을 상속받는 경우 최대 30억원(←2022년 20억원←2016~2021년 15억원←2015년까지는 5억원) 한도 내에서 영농상속재산가액을 추가로 공제받을 수 있는 제도이다.

B. 영농상속공제의 요건
가. 영농의 요건

영농은 양축·영어·영림을 포함을 포함하는 것으로서 한국표준산업분류에 따른 농업·어업·임업을 영위하는 경우를 말한다.(상증령 16조①)

나. 피상속인 요건(상증령 16조②)

피상속인이 다음의 구분에 따른 요건을 갖춘 경우에만 적용한다. 다만, ⓑ에 해당하는 경우로서 영농상속이 이루어진 후에 영농상속 당시 최대주주 등에 해당하는 사람(영농상속을 받은 상속인은 제외)의 사망으로 상속이 개시되는 경우는 적용하지 아니한다.

ⓐ소득세법을 적용받는 영농: 다음의 요건을 모두 갖춘 경우

1. 상속개시일 8년(←2년, 2022년까지 상속분) 전부터 계속하여 직접 영농에 종사할 것

2. 농지·초지·산림지(이하 '농지' 등)가 소재하는 시·군·구(자치구를 말함), 그와 연접한 시·군·구 또는 해당 농지 등으로부터 직선거리 30km 이내(산림지의 경우에는 통상적으로 직접 경영할 수 있는 지역을 포함)에 거주하거나 어선의 선적지 또는 어장에 가장 가까운 연안의 시·군·구, 그와 연접한 시·군·구 또는 해당 선적지나 연안으로부터 직선거리 30km 이내에 거주할 것

(보충)**직접 영농에 종사하는 경우란**(상증령 16조④)

각각 피상속인 또는 상속인이 다음의 어느 하나에 해당하는 경우를 말한다. 다만, 해당 피상속인 또는 상속인의 소득세법에 따른 사업소득금액(농업·임업 및 어업에서 발생하는 소득, 부동산임대업에서 발생하는 소득과 농가부업소득은 제외하며, 그 사업소득금액이 음수인 경우에는 영으로 봄)과 총급여액의 합계액이 3천700만원 이상인 과세기간이 있는 경우 해당 과세기간에는 피상속인 또는 상속인이 영농에 종사하지 아니한 것으로 본다.

1. 소유 농지 등 자산을 이용하여 농작물의 경작 또는 다년생식물의 재배에 상시 종사하거나 농작업의 1/2 이상을 자기의 노동력으로 수행하는 경우

2. 소유 초지 등 자산을 이용하여 「축산법」 2조1호에 따른 가축의 사육에 상시 종사하거나 축산작업의 1/2 이상을 자기의 노동력으로 수행하는 경우

3. 소유 어선 및 어업권 등 자산을 이용하여 「내수면어업법」 또는 「수산업법」에 따른 허가를 받아 어업에 상시 종사하거나 어업작업의 1/2 이상을 자기의 노동력으로 수행하는 경우

4. 소유 산림지 등 자산을 이용하여 「산림자원의 조성 및 관리에 관한 법률」 13조에 따른 산림경영계획 인가 또는 특수산림사업지구 사업에 따라 산림조성에 상시 종사하거나 산림조성작업의 1/2 이상을 자기의 노동력으로 수행하는 경우

ⓑ법인세법을 적용받는 영농: 다음의 요건을 모두 갖춘 경우

1. 상속개시일 8년(←2년, 2022년까지 상속분) 전부터 계속하여 해당 기업을 경영할 것

2. 법인의 최대주주 등으로서 본인과 그 특수관계인의 주식 등을 합하여 해당 법인의 발행주식 총수 등의 50% 이상을 계속하여 보유할 것

다. 공제대상 농지 등(상증령 16조②③)

피상속인이 직접 영농한 일정한 농지·초지·산림지, 어선·어업권 등

라. 영농상속인의 요건(상증령 16조③)

상속인이 상속개시일 현재 18세 이상으로서 다음의 요건을 모두 충족하는 경우(일반인) 또는 영농·영어 및 임업후계자인 경우에 적용한다.

제1장 제2장 제3장 제4장 제5장 제6장 제7장 제8장 제9장 제10장 제11장 제12장 제13장 제14장

ⓐ일반인

  1.소득세법을 적용받는 영농: 다음의 요건을 모두 갖춘 경우

    – 상속개시일 8년(←2년, 2022년까지 상속분) 전부터 계속하여 직접 영농에 종사할 것

    – 피상속인의 거주지역 요건을 상속인도 충족

  2. 법인세법을 적용받는 영농: 다음의 요건을 모두 갖춘 경우

    – 상속개시일 8년(←2년, 2022년까지 상속분) 전부터 계속하여 해당 기업에 종사할 것

    – 상속세과세표준 신고기한까지 임원으로 취임하고, 상속세 신고기한부터 2년 이내에 대표이사 등으로 취임할 것

ⓑ영농·영어 및 임업후계자(상증령 16조③, 상증칙 7조①)

  1.「농어업경영체 육성 및 지원에 관한 법률」10조에 따른 후계농업경영인 및 어업인후계자

  2.「임업 및 산촌 진흥촉진에 관한 법률」 2조4호의 규정에 의한 임업후계자

  3.「초·중등교육법」 및 「고등교육법」에 의한 농업 또는 수산계열의 학교에 재학중이거나 졸업한 자

C. 영농상속공제의 사후관리

    영농상속공제를 받은 상속인이 상속개시일로부터 5년 이내에 영농상속받은 상속인이 사망한 경우 등 정당한 사유(상증령 16조⑥) 없이 일정 조건에 해당하는 경우에는, 다음의 추징대상 상속세 과세가액을 상속개시 당시의 상속세 과세가액에 산입하여 계산한 상속세 추가액과 이자상당가산액(연 3.5%←2.9%, 2024.3.22. 개정 국기칙 19조의3)을 추징사유 발생일의 말일부터 6개월 이내에 신고·납부하여야 한다.(상증법 18조⑥2호, 상증령 16조⑧. 이자상당가산액은 2018.2.13. 이후 상속개시분부터 적용, 2018.2.13. 개정 상증령 부칙 2조)

> • 추징대상 상속세 과세가액 = 영농상속공제액 × 기간별 추징률
> • 이자상당액 = 상속세 추징세액 × (추징사유발생일~상속세과세표준 신고기한일) × 3.5%/365

(보충)[영농상속공제 사후관리에서 인정되는 정당한 사유](상증령 16조③⑥)

1. 영농상속을 받은 상속인이 사망한 경우
2. 영농상속을 받은 상속인이 「해외이주법」에 따라 해외로 이주하는 경우
3. 영농상속 받은 재산이 「공익사업을 위한 토지 등의 취득 및 보상에 관한 법률」, 그 밖의 법률에 따라 수용되거나 협의 매수된 경우
4. 영농상속 받은 재산을 국가 또는 지방자치단체에 양도하거나 증여하는 경우
5. 영농상 필요에 따라 농지를 교환·분합 또는 대토하는 경우
6. 영농상속법인의 주식 등을 처분한 경우 중 다음의 어느 하나에 해당하는 경우. 다만, 주식 등의 처분 후에도 상속인이 최대주주 등에 해당하는 경우로 한정함.
   – 상속인이 상속받은 주식 등을 상증법에 따라 물납(物納)한 경우
   – 합병·분할 등 조직변경에 따라 주식 등을 처분하는 경우. 다만, 처분 후에도 상속인이 합병법인 또는 분할신설법인 등 조직변경에 따른 법인의 최대주주 등에 해당하는 경우에 한함.

7. 토지수용 등의 경우 종전농지 양도 후 대체농지 취득시까지 기간(1년 한도)은 영농에 종사한 것으로 간주.

8. 상속인이 법률의 규정에 의한 병역의무의 이행, 질병의 요양, 취학상 형편 등으로 가업 또는 영농에 직접 종사할 수 없는 사유가 있는 경우. 다만, 그 부득이한 사유가 종료된 후 가업 또는 영농에 종사하지 아니하거나 가업상속 또는 영농상속받은 재산을 처분하는 경우를 제외함.(상증칙 6조)

⑤영농자녀 등이 증여받은 농지 등에 대한 증여세의 감면(조특법 71조)

A. 개괄

3년 이상 재촌자경한 농민 등이 그 직계비속인 영농자녀 등에게 농지·초지 산림지, 어선·어업권, 어업용 토지 등, 염전(2020년 증여분부터 적용) 또는 축사용지를 증여하는 경우에 증여세의 100%를 감면하는 제도이다. 단, 감면한도는 5년간 1억원이다.(조특법 133조②)

그리고 본 감면규정을 적용받은 농지 등은 상속세·증여세 계산 시 사전증여재산 및 상속재산에서 제외되는 특혜까지 있다.(조특법 71조⑥⑦)

B. 주체

재촌자경하는 농민 등(이하 '자경농민등')이 3년 이상 계속하여 농지·초지 산림지, 어선·어업권, 어업용 토지 등, 염전 또는 축사용지(이하 '농지 등')에 재촌자경해야 한다.(조특령68조①)

증여자	재촌요건	농지 등 소재지에 거주하여야 함. 농지 등 소재지의 범위는 자경농민 양도소득세 감면(조특법 69조)의 내용과 같음.
	자경요건	농지 등의 증여일로부터 소급하여 3년 이상 계속하여 직접 영농(양축, 영어 및 영림 포함)하여야 함. 직접 영농 및 사업·근로소득(연간 3700만원 조건) 발생기간의 제외규정을 준용함.(조특령68조⑪→상증령 16조④ 준용)
수증자 요건		수증자(영농자녀 등)의 요건은 다음과 같음.(조특령 68조③) 농지의 증여일 현재 만 18세 이상인 직계비속일 것 증여세과세표준 신고기한(상증법 68조①)까지 재촌요건을 갖추고 증여받은 농지 등에서 직접 영농 등에 종사할 것

C. 특례대상 자산

특례대상자산은 농지 등이며, 해당 농지 등을 영농조합법인·영어조합법인에 현물출자하여 취득한 출자지분을 포함한다.(조특법 71조①) 그러나 농지매각대금 등의 금전은 특례대상에서 제외한다.(조심 2012광2374, 2012.7.12. 결정)

구분	범위 및 면적 제한
농지	「농지법」 2조1호 가목에 따른 토지로서 4만㎡ 이내의 것
초지	「초지법」 5조에 따른 초지조성허가를 받은 초지로서 148,500㎡ 이내의 것
산림지	「산지관리법」 4조①1호에 따른 보전산지 중 산림경영계획을 인가받거나 특수산림사업지구로 지정받아 새로 조림한 기간이 5년 이상인 산림지(채종림, 산림보호구역을 포함)로서 297,000㎡ 이내의 것. 다만, 조림 기간이 20년 이상인 산림지의 경우에는 조림 기간이 5년 이상인 297,000㎡ 이내의 산림지를 포함하여 990,000㎡ 이내의 것으로 함.

축사용지	축사 및 축사에 딸린 토지로서 해당 축사의 실제 건축면적을 「건축법」 55조에 따른 건폐율로 나눈 면적의 범위 이내의 것
어선	「어선법」 13조의2에 따른 총톤수 20톤 미만의 어선
어업권	「수산업법」 2조 또는 「내수면어업법」 7조에 따른 어업권으로서 10만㎡ 이내의 것
염전	「소금산업진흥법」 2조 3호에 따른 염전으로서 6만㎡ 이내의 것
기타	어업용 토지 등: 4만㎡ 이내의 것

(보충1)아래의 주거지역 등에 소재하는 농지 등은 특례대상에서 제외:(조특령 68조④)

1. 주거지역·상업지역·공업지역에 소재하는 농지 등
2. 「택지개발촉진법」에 따른 택지개발지구나 개발사업지구로 지정(조특령 별표 6의2)된 지역에 소재하는 농지 등

(보충2)2 이상의 자녀에게 증여한 경우 면적제한은 증여자를 기준으로 판단함.(서면4팀-1193, 2007.4.11.)

D. 증여세 감면

특례대상 농지 등을 증여하는 경우에는 해당 농지 등의 가액에 대한 증여세의 100%를 감면하되 (조특법 71조①), 감면받을 증여세액은 5년간 1억원을 한도로 한다(조특법 133조②).

E. 사후관리

증여세를 감면받은 농지 등에 대해 5년 이내 양도, 영농자녀등 또는 자경농민등이 영농과 관련하여 조세포탈 또는 회계부정 행위로 징역형 또는 일정한 벌금형이 확정된 경우(2024년 증여분부터 적용) 등의 의무위반사유가 발생하는 경우에는 즉시 그 농지 등에 대한 증여세의 감면세액에 상당하는 금액을 징수하고, 이자상당액(연 8.03%←9.125%로 인하. 2022.2.15.부터)을 가산한다.(조특법 71조②③④)

F. 양도소득세 이월과세

농지 등을 양도하는 경우 증여세를 감면받은 농지 등이 포함되어 있는 경우에는, 증여세를 감면받은 부분과 과세된 부분을 각각 구분하여 양도소득금액을 계산한다.(조특령 68조⑩)

양도소득세를 부과하는 경우 소득세법에도 불구하고 취득시기는 자경농민등(증여자)이 그 농지 등을 취득한 날로 소급되며, 필요경비도 자경농민등의 취득 당시 필요경비로 한다.(조특법 71조⑤) 따라서 장기보유특별공제 적용 시 보유기간도 자경농민등을 기준으로 계산한다.

G. 사전증여재산 및 상속재산 적용제외

사전증여 재산 제외	증여세를 감면받은 농지 등은 추후 자경농민등(그 배우자 포함)이 영농자녀 등에게 별도의 증여를 한 경우, 증여세 계산 시 10년 이내에 합산하는 사전증여재산(상증법 47조②)에서 제외함.(조특법 71조⑦)
상속재산 제외	증여세 과세특례가 적용된 농지 등은 상속세 계산 시 상속가액에 가산하는 증여재산(상증법 3조의2①)으로 보지 않고, 사전증여재산가액(상증법 13조①)에서도 제외하여 상속재산에서 아예 제외함.(조특법 71조⑥)

4)배우자 상속공제: 피상속인이 '거주자'인 경우에만 적용(상증법 19조)

①배우자상속공제액 계산방법(상증법 19조①④)

배우자상속공제는 다음 1.과 2. 중 적은 금액(그 금액이 5억원 이하이면 5억원)을 공제하므로, 최저 5억원과 최고 30억원의 범위 사이에서 적용받을 수 있다.

1. 배우자가 실제 상속받은 금액

(보충)배우자상속공제 적용 시 **'배우자가 실제 상속받은 금액'**에는 배우자가 사전 증여받은 재산가액과 상속인들이 상속받은 것으로 추정하여 상속세과세가액에 산입된 금액은 각각 포함하지 아니함.(조심 2024서560, 2024.7.25. 결정 ; 재재산-566, 2007.5.15. ; 서울행정법원 2002구합4914, 2002.9.4. 선고 등)

2. 한도액: 30억원 한도

{총 상속재산가액+상속개시일 전 10년 이내에 상속인에게 증여한 재산가액 – (채무액+공과금+비과세상속재산가액+과세가액불산입 재산가액+상속인이 아닌 자가 유증 등을 받은 재산가액)} × 배우자에 대한 법정상속비율

– {상속개시일 전 10년 이내에 배우자에게 증여한 재산가액–배우자에 대한 증여재산공제액–재해손실공제액}

(보충1)총 상속재산가액 = 본래의 상속재산(상속·유증·사인증여재산)가액 + 간주상속재산가액+추정상속재산가액

(보충2)배우자에 대한 법정상속비율을 곱하기 전의 금액은 장례비용을 차감하기 전의 금액.

(보충3)공동상속인 중 상속을 포기한 자가 있는 경우에도 배우자에 대한 법정상속비율은 상속포기를 하기 전의 법정상속비율을 적용함.(상증법 19조①계산식)

(보충4)배우자상속공제 대상 배우자는 민법상 혼인으로 인정되는 혼인관계에 의한 배우자를 말하며, 상속개시 당시에 피상속인 배우자가 생존해 있었으나 상속개시 후 상속을 포기하거나 협의분할로 상속재산을 받지 않아도 배우자상속공제를 적용받을 수 있음.(상증법 19조④, 상증통 19-0…1)

(보충5)부부가 같은 날에 사망한 경우 배우자 상속공제(상증집 19-17-6)

1. 동시에 사망한 경우: 부와 모가 동시에 사망하였을 경우 상속세의 과세는 부와 모의 상속재산에 대하여 각각 개별로 계산하여 과세하며, 이 경우 배우자 상속공제는 적용되지 않는다.(상증통 13-0…2)

2. 같은 날에 시차를 두고 사망한 경우: 부와 모가 같은 날에 시차를 두고 사망한 경우 상속세의 과세는 부와 모의 재산을 각각 개별로 계산하여 과세하되 먼저 사망한 자의 상속세 계산 시 배우자 상속공제를 적용하고, 나중에 사망한 자의 상속세 과세가액에는 먼저 사망한 자의 상속재산 중 그의 지분을 합산하고 단기재상속에 대한 세액공제를 한다.(상증통 13-0…1)

②배우자상속재산 분할기한(상증법 19조②③)

배우자 상속공제는 상속세과세표준 신고기한의 다음 날부터 9개월이 되는 날('배우자상속재산분할기한')까지 배우자의 상속재산을 분할(등기·등록·명의개서 등이 필요한 경우에는 그 등기·등록·명의개서 등이 된 것에 한정함)한 경우에 적용한다. 이 경우 상속인은 상속재산의 분할사실을 배우자상속재산분할기한까지 납세지 관할세무서장에게 신고하여야 한다.

다만, 아래의 부득이한 사유(상증령 17조②)로 배우자상속재산분할기한까지 배우자의 상속재산을 분할할 수 없는 경우로서 배우자상속재산분할기한[부득이한 사유가 소(訴)의 제기나 심판청구로 인한 경우에는 소송 또는 심판청구가 종료된 날]의 다음 날부터 6개월이 되는 날(배우자상속재산분할기한의 다음 날부터 6개월을 경과하여 과세표준과 세액의 결정이 있는 경우에는 그 결정일을 말함)까지 상속재산을 분할하여 신고하는 경우에는 배우자상속재산분할기한 이내에 분할한 것으로 본다. 다만, 상속인이 그 부득이한 사유를 배우자상속재산분할기한까지 납세지 관할세무서장에게 신고하는 경우에 한정한다.

1. 상속인등이 상속재산에 대하여 상속회복청구의 소를 제기하거나 상속재산 분할의 심판을 청구한 경우
2. 상속인이 확정되지 아니하는 부득이한 사유 등으로 배우자상속분을 분할하지 못하는 사실을 관할세무서장이 인정하는 경우

5)금융재산 상속공제: 피상속인이 '거주자'인 경우에만 적용(상증법 22조)

상속개시일 현재 피상속인의 순금융재산(금융재산－금융부채)이 있는 경우 순금융재산가액에 따라 다음과 같이 금융재산상속공제를 적용한다.

순금융재산가액	금융재산상속공제액
2천만원 이하	전액
2천만원 초과 1억원 이하	2천만원
1억원 초과 10억원 이하	순금융재산가액 × 20%
10억원 초과	2억원

(보충1)금융재산의 범위(상증법 22조②, 상증령 19조①, 상증칙 8조)
금융재산은 예금·적금·보험·주식(비상장주식 포함)·채권유가증권 등을 말하며(상증령 19조①), 현금·자기앞수표, 최대주주·최대출자자와 그와 특수관계인이 보유한 주식·출자지분과 상속세 법정신고기한까지 신고하지 아니한 타인명의 금융재산(2016년 시행)은 금융재산상속공제대상 금융재산에 포함되지 않음.
(보충2)미수령한 보험금 등은 금융재산에 해당함(재산-899, 2009.3.9.)
상속개시일 현재 미수령한 보험금은 피상속인 본래의 상속재산(해약환급금)이든 간주상속재산이든 모두 상속공제 적용대상임.

6)재해손실 공제: 피상속인이 '거주자'인 경우에만 적용(상증법 23조, 상증집 23-20-1)

상속개시일부터 상속세 과세표준 신고기한 내에 화재·붕괴·폭발·환경오염사고 및 자연재해 등으로 인한 재난으로 인하여 상속재산이 멸실되거나 훼손된 경우에는 상속세 과세가액에서 다음의 금액을 공제한다.
재해손실공제금액 = 재해손실재산가액 － 그 손실가액에 대한 보험금 등의 수령 또는 구상권 등의 행사에 의하여 보전 가능한 금액

7)동거주택 상속공제: 피상속인이 '거주자'인 경우에만 적용(상증법 23조의2)

①동거주택상속공제액(상증법 23조의2①)

동거주택상속공제액 = Min{상속주택가액×100%(2019년 까지는 80%), 6억원(2019년 까지는 5억원)}

(보충)상속주택가액: 주택부수토지가액은 포함하되, 상속개시일 현재 담보된 피상속인의 채무액을 뺀 가액을 말함. 2017.1.1. 이후 상속분부터 채무액을 차감한 주택가액임.

②공제요건

동거주택상속공제를 적용받기 위해서는 다음의 요건을 모두 갖추어야 한다.

A. 동거요건(상증법 23조의2①1호)

피상속인과 상속인{직계비속 및 그 직계비속의 배우자(2022.1.1. 이후 상속세 결정·경정분부터 적용)으로 한정}이 상속개시일부터 소급하여 10년 이상(상속인이 미성년자인 기간은 제외) 계속하여 하나의 주택에서 동거할 것. 다만, 피상속인과 상속인이 다음의 사유에 해당하여 동거하지 못한 경우에는 계속하여 동거한 것으로 보되, 그 동거하지 못한 기간은 동거 기간에 산입하지 아니한다.

1. 징집
2. 「초·중등교육법」에 따른 학교(유치원·초등학교 및 중학교는 제외) 및 「고등교육법」에 따른 학교에의 취학
3. 직장의 변경이나 전근 등 근무상의 형편
4. 1년 이상의 치료나 요양이 필요한 질병의 치료 또는 요양

B. 상속인 요건(상증법 23조의2①3호)

상속개시일 현재 무주택자(피상속인과 공동으로 1주택 보유도 인정. 2020년 상속 분부터 적용)로서 피상속인과 동거한 상속인이 상속받은 주택일 것.

C. 주택요건(상증법 23조의2①2호)

가. 원칙

피상속인과 상속인이 상속개시일부터 소급하여 '10년 이상 계속하여' 1세대를 구성하면서 양도소득세 비과세대상 1세대 1주택(단, 고가주택도 포함)에 해당할 것. 이 경우 무주택인 기간이 있는 경우에는 해당 기간은 전단에 따른 1세대 1주택에 해당하는 기간에 포함한다.

나. 특례

이 경우 1세대가 다음의 어느 하나에 해당하여 2주택 이상을 소유한 경우에도 1세대가 1주택을 소유한 것으로 본다.(상증령 20조의2①)

1. 피상속인이 다른 주택을 취득(자기가 건설하여 취득한 경우를 포함)하여 일시적으로 2주택을 소유한 경

우. 다만, 다른 주택을 취득한 날부터 2년 이내에 종전의 주택을 양도하고 이사하는 경우만 해당.

2. 상속인이 상속개시일 이전에 1주택을 소유한 자와 혼인한 경우. 다만, 혼인한 날부터 5년 이내에 상속인의 배우자가 소유한 주택을 양도한 경우만 해당.

3. 피상속인이 「문화재보호법」 53조①에 따른 등록문화재에 해당하는 주택을 소유한 경우

4. 피상속인이 소득세법 시행령 155조⑦2호에 따른 이농주택을 소유한 경우

5. 피상속인이 소득세법 시행령 155조⑦3호에 따른 귀농주택을 소유한 경우

6. 1주택을 보유하고 1세대를 구성하는 자가 상속개시일 이전에 60세 이상의 직계존속을 동거봉양하기 위하여 세대를 합쳐 일시적으로 1세대가 2주택을 보유한 경우. 다만, 세대를 합친 날부터 5년 이내에 피상속인 외의 자가 보유한 주택을 양도한 경우만 해당.

7. 피상속인이 상속개시일 이전에 1주택을 소유한 자와 혼인함으로써 일시적으로 1세대가 2주택을 보유한 경우. 다만, 혼인한 날부터 5년 이내에 피상속인의 배우자가 소유한 주택을 양도한 경우만 해당.

8. 피상속인, 상속인 또는 상속인의 배우자(2025년 신설)가 피상속인의 사망 전에 발생된 제3자로부터의 상속으로 인하여 여러 사람이 공동으로 소유하는 주택을 소유한 경우. 다만, 피상속인 또는 상속인이 해당 주택의 공동소유자 중 가장 큰 상속지분을 소유한 경우(상속지분이 가장 큰 공동소유자가 2명 이상인 경우에는 해당 주택에 거주하는 자, 최연장자 순으로 소유한 것으로 본다)는 제외한다.

(보충)상속인이 주택부속토지만을 상속받은 경우에도 동거주택 상속공제를 적용할 수 있음

주택은 세대의 구성원이 장기간 독립된 주거생활을 할 수 있는 구조로 된 건축물의 전부 또는 일부 및 그 부속토지이므로, 관련 규정의 문언과 취지 등에 비추어 비록 쟁점토지만을 상속받았다고 하더라도 다른 요건을 모두 충족하였다면 동거주택 상속공제를 적용받을 수 있음(조심 2023서0703, 2023.8.2. 결정) ←부속토지만을 상속받은 경우에는 동거주택 상속공제를 적용불가로 회신한 종전 예규(기획재정부재산세제과-1227, 2022.09.28.),

(5)과세표준과 세율

- 상속세 산출세액 = 상속세 과세표준 × 상속세 세율
- 상속세 산출세액 계 = 상속세 산출세액 + 세대생략가산액(할증세액)

1)상속세의 과세표준 및 과세최저한(상증법 25조)

①상속세 과세표준
- 상속세 과세표준 = 상속세 과세가액 - 상속공제액 - 감정평가수수료
- 상속세 과세표준 50만원 미만이면 상속세를 부과하지 않음.(상증법 25조②)

②상속재산 감정평가수수료(상증법 25조①2호, 상증령 20조의3①)

상속세를 신고·납부하기 위하여 상속재산을 평가하는 데 소요된 다음의 감정평가수수료는 상속세 과세가액에서 공제한다.

구분	한도액
①감정평가업자의 감정평가수수료	500만원
②평가심의위원회가 납세자의 신청을 받아 비상 장주식의 평가를 위하여 신용평가전문기관에 평가를 의뢰한 경우의 그 평가수수료	평가대상법인의 수, 평가를 의뢰한 신용평가전문기관의 수별로 각각 1천만원
③판매용이 아닌 서화·골동품 등 예술적 가치가 있는 유형재산에 대한 전문가감정평가수수료	500만원

(보충)①의 경우는 상속세 납부목적용으로 감정평가를 받고 그 평가된 가액으로 신고·납부하는 경우에 한하여 이를 공제하지만, ②③의 경우에는 그 감정평가된 금액으로 신고·납부하였는지에 관계없이 감정평가를 받은 경우이면 상속세 과세가액에서 공제할 수 있음.(상증령 20조의3②)

2)상속세 세율(상증법 26조)

과세표준	세율	누진공제액
1억원 이하	10%	0원
1억원 초과 5억원 이하	20%	1천만원
5억원 초과 10억원 이하	30%	6천만원
10억원 초과 30억원 이하	40%	1억6천만원
30억원 초과	50%	4억6천만원

3)세대를 건너뛴 상속에 대한 할증과세(상증법 27조)

- 상속세 산출세액 계 = 상속세 산출세액 + 세대생략가산액(할증세액)

- 세대생략가산액(할증세액) =

$$\text{상속세 산출세액} \times \frac{\text{세대생략 상속가액(대습상속 제외)}}{\text{총 상속가액(상속인·수유자 사전증여재산가액 포함)}} \times 30\%(40\%)$$

(보충)세대생략가산율(할증세율, 증여세도 같으며 「민법」상 대습상속인 경우에는 적용제외): 30%. 다만, 피상속인의 자녀를 제외한 직계비속이면서 미성년자에 해당하는 상속인 또는 수유자가 받았거나 받을 상속재산의 가액이 20억원을 초과하는 경우에는 40%.

(6)세액공제

> • 상속세 납부할 세액 =
>   상속세 과세표준 × 상속세 세율 + 세대생략가산액(할증세액)
>   − 문화재자료 등 징수유예액 − 세액공제·감면세액

1)증여세액공제(상증법 28조)

①공제요건 및 방법(상증법 28조①)

피상속인이 상속개시일 전 10년(상속인 이외의 자는 5년) 이내 상속인에게 증여한 재산을 상속재산에 가산하므로(상증법 13조), 그 증여재산에 대한 증여세산출세액은 상속세산출세액에서 공제한다. 다만, 상속세 과세가액에 가산하는 증여재산에 대하여 부과제척기간의 만료로 인하여 증여세가 부과되지 아니하는 경우와 상속세 과세가액이 5억원 이하인 경우에는 공제하지 않는다.('상속공제 적용의 한도'를 계산할 경우에도 상속세 과세가액이 5억원 이하인 경우에는 공제하지 않음. 상증법 24조)

이때 가산하는 증여재산에 대한 평가기준일은 증여일(상증법 32조, 상증령 24조)이다.[상증집 13-0-7(상속세 계산 시 규정), 상증통 47-0…2(증여세 계산 시 규정), 상증통 31-24…1(등기등록을 요하는 자산의 증여일: 소유권이전등기·등록신청서 접수일)]

(보충1)「민법」상 유류분 계산 시 사전증여재산(특별수익, 민법 1008조)의 합산기간.
 1. 상속인 특별수익분: 기간제한 없음(10년 이전분도 합산 대상)
 2. 상속인 외의 특별수익분: 1년. 단, 증여 당사자 쌍방이 유류분권리자에게 손해를 가할 것을 알고 증여한 경우에는 기간제한 없음.(민법 1118조로 1008조 준용)
(보충2)「민법」은 상속분 계산 시 합산하는 사전증여재산의 평가기준일을 상속개시일로 함.(특별수익자 규정: 민법 1008조 ; 유류분 산정 규정: 민법 1112조, 1118조)

②공제한도액(상증법 28조②)

수증자에 따라 한도액이 다음과 같이 각각 다르게 적용된다.

1.상속인·수유자가 아닌 경우

$$\text{상속세 산출세액} \times \frac{\text{증여재산에 대한 증여세 과세표준}}{\text{상속세 과세표준}}$$

2. 상속인·수유자인 경우

$$\text{납부할 상속세 산출세액} \times \frac{\text{상속인·수유자 각자의 증여재산에 대한 증여세 과세표준}}{\substack{\text{상속인·수유자 각자가 받았거나 받을 상속재산} \\ \text{(증여재산 포함)에 대한 상속세 과세표준 상당액}}}$$

[세대생략 증여로 할증과세(상증법 27조)된 후, 상속 시에는 대습상속(「민법」1001조)에 해당할 경우 할증세액을 포함한 세액을 기납부증여세액(상증법 28조)으로 공제함.
 즉, 세대생략 증여에 따른 할증세액도 공제] (대법 2016두54275, 2018.12.13. 선고)

【판결요지】(국가 패소)

증여자의 자녀가 아닌 직계비속에 대한 증여에 해당하여 구 상증세법(2013.3.23. 개정 전의 법을 말함) 57조에 의한 할증과세가 이루어진 이후에 증여자의 사망으로 인한 상속이 개시되어 수증자가 민법 1001조의 대습상속 요건을 갖추어 상속인이 되었다면, 구 상증세법 28조①본문에 따라 상속세산출세액에서 공제하는 증여세액에는 할증과세로 인한 세대생략가산액을 포함한다고 보아야 한다. 그 이유는 다음과 같다.

㉮ 상속세는 재산상속을 통한 부의 세습과 집중의 완화 등을 위하여 마련된 것으로, 구 상증세법 27조는 세대생략으로 인한 과세 상 불균형 등을 방지하기 위하여 상속으로 인한 부의 이전이 세대를 건너뛰어 이루어진 경우 할증과세를 하되, 세대생략에 정당한 사유가 있는 대습상속의 경우는 할증의 대상에서 제외하고 있다. 이러한 상속세의 과세목적과 더불어 상속개시 시점을 기준으로 상속세 과세대상이 원칙적으로 정하여진다는 점 등을 고려하면 미리 증여의 형식으로 부를 세습함으로써 상속세의 부담을 부당하게 감소시키는 행위를 방지할 필요가 있다. 이에 따라 구 상증세법은 57조에서 세대생략상속과 마찬가지로 세대생략 증여에 대해서도 할증과세를 하고 있으며, 13조①1호에서 상속인에 대한 일정한 범위의 사전증여재산을 상속세 과세가액에 가산하도록 하고 있다.

㉯ 한편 상속인은 상속재산 중 각자가 받았거나 받을 재산의 비율에 따라 상속세를 납부할 의무가 있는데, 이는 피상속인의 사망을 계기로 무상 이전되는 재산을 취득한 자에게 실질적 담세력을 고려하여 그 취득분에 따른 과세를 하기 위한 것이므로, 상속세 납부세액을 결정할 때 이를 반영하여야 한다. 구 상증세법 28조가 사전증여재산에 대한 증여세액을 상속세산출세액에서 공제하도록 규정함으로써 사전증여재산을 상속세 과세가액에 가산하여 누진세율에 의한 과세 효과를 유지하면서도 이중과세를 배제하고자 하는 것(대법 2012두720, 2012.5.9. 선고 등 참조)도 역시 같은 취지에서다.

㉰ 따라서 세대를 건너뛴 증여로 구 상증세법 57조에 따른 할증과세가 되었더라도, 그 후 증여자의 사망으로 상속이 개시된 시점에 수증자가 대습상속의 요건을 갖춤으로써 세대를 건너뛴 상속에 대하여 할증과세를 할 수 없게 되어 세대생략을 통한 상속세 회피의 문제가 생길 여지가 없다면, 세대생략 증여에 대한 할증과세의 효과만을 그대로 유지하여 수증자겸 상속인에게 별도의 불이익을 줄 필요가 없다.(2)이러한 법리에 비추어 앞의 사실관계를 살펴보면, 원고 2·원고 3이 소외 1로부터 증여받은 현금에 대하여 구 상증세법 57조에 따라 세대생략가산액을 납부하였고, 증여자인 소외 1의 사망으로 상속이 개시된 때 위 원고들이 증여자이자 피상속인 소외 1의 대습상속인이 된 이상, 상속재산에 가산된 위 원고들이 받은 증여재산에 대한 증여세산출세액과 아울러 세대생략가산액까지 포함하여 상속세산출세액에서 공제함이 타당하다. 따라서 이와 다른 전제에서 이루어진 피고의 이 사건 처분은 위법하다.

(보충)

본 사건 돋보기: 원고 2, 원고 3은 2007.8.10. 조부모로부터 증여를 받은 후, 아래와 같은 증여세액을 납부하였다.

구분	증여가액	과표산출세액(ⓐ)	할증가산액(ⓑ)	총산출세액(ⓐ+ⓑ)
원고 2	5억원	84,000,000	25,200,000	109,200,000
원고 3	3억원	44,000,000	13,200,000	57,200,000

구 상증세법 28조①에 따라 사전 증여재산에 대한 상속세산출세액에서 공제되어야 하는 '증여세액(증여 당시 그 증여재산에 대한 증여세산출세액을 말한다)'은 '과세표준에 세율을 적용한 산출세액'(ⓐ)과 '세대생략가산액'(ⓑ)

을 모두 포함한 증여세산출세액의 합계액을 의미한다. 따라서 피고가 원고 2·원고 3에 대하여 이 사건 처분을 함에 있어서 공제하여야 하는 증여세액은 'ⓐ+ⓑ의 합계액'이 되어야 한다.

그런데 피고는 원고 2·원고 3에 대하여 이 사건 처분을 함에 있어서 원고들이 납부한 증여세액(ⓐ+ⓑ) 중 세대생략가산액(ⓑ)을 제외한 과세표준에 세율을 적용한 산출세액(ⓐ)만을 공제하였다.

위와 같은 피고의 처분은 단지 과세의 편의만을 강조하여 구 상증세법 28조①의 '증여세액'의 의미를 원고들에게 불리한 방향으로 지나치게 축소하여 해석한 것으로서 위법하며, 본 판결에서도 대법원은 하급심들과는 반대로 이 점을 지적한 것이다.

[상속세 산출세액에서 공제할 '상속재산에 가산한 증여재산에 대한 증여세액'의 의미]
배우자 증여재산공제를 받은 후 이혼, 5년 내 증여자 사망하여 합산과세 시(대법 2012두720, 2012.5.9. 선고)
【판결요지】
(1)부부 사이에 토지매입자금을 증여받은 아내 甲이 배우자증여공제액을 뺀 나머지 금액에 대한 증여세를 납부한 후 남편 乙과 이혼하였는데, 이후 乙이 사망하여 丙 등 자식들이 상속인이 되자, 과세관청이 위 증여가 상속개시일 전 5년 이내에 상속인이 아닌 자에게 이루어진 증여라는 이유로 토지매입자금 전체를 상속재산가액에 가산하여 丙 등에게 상속세 부과처분을 한 사안에서, 망인의 상속재산에 가산할 증여재산은 토지매입자금 자체이고 그 가액은 증여 당시 가액인 469,200,000원 전부인데도, 망인이 증여한 토지매입자금에서 배우자증여공제액 3억원을 뺀 나머지 가액만을 상속재산의 가액에 가산하여야 한다고 본 원심판결에 법리오해의 위법이 있다고 한 사례.
(2)구 상속세 및 증여세법(2007.12.31. 개정 전의 것) 28조①은 상속세 산출세액에서 상속재산에 가산한 증여재산에 대한 증여세액(증여 당시의 당해 증여재산에 대한 증여세 산출세액을 말한다)을 공제한다고 규정하였다. 이 규정은 상속개시일로부터 일정한 기간 내에 증여한 재산가액을 상속재산 가액에 가산하도록 한 것에 대한 조정 조항으로, 증여한 재산가액이 상속재산 가액에 가산되어 상속세의 산출기준인 상속세 과세가액으로 되기 때문에 증여세를 고려하지 않는다면 동일한 재산에 대하여 상속세와 증여세를 이중으로 과세하거나 비과세 증여재산에 대한 상속세를 부과하는 결과를 초래하기 때문에 이런 불합리한 점을 제거하기 위하여 두게 된 것이므로, <u>위 조항에서 말하는 증여세액이란 증여재산에 대하여 부과된 또는 부과될 증여세액 혹은 비과세 증여재산의 경우는 과세대상인 것으로 가정하여 산출한 증여세액 상당액을 말한다.</u>
【이 유】 중 4. 한편 구 상증세법 28조①은 상속세 산출세액에서 상속재산에 가산한 증여재산에 대한 증여세액(증여 당시의 당해 증여재산에 대한 증여세 산출세액을 말한다)을 공제한다고 규정하였다. 이 규정은 상속개시일로부터 일정한 기간 내에 증여한 재산가액을 상속재산 가액에 가산하도록 한 것에 대한 조정 조항으로, 증여한 재산가액이 상속재산 가액에 가산되어 상속세의 산출기준인 상속세 과세가액으로 되기 때문에 증여세를 고려하지 않는다면 동일한 재산에 대하여 상속세와 증여세를 이중으로 과세하거나 비과세 증여재산에 대한 상속세를 부과하는 결과를 초래하기 때문에 이런 불합리한 점을 제거하기 위하여 위와 같은 조항을 두게 된 것이므로, 위 조항에서 말하는 증여세액이란 증여재산에 대하여 부과된 또는 부과될 증여세액 혹은 비과세 증여재산의 경우는 과세대상인 것으로 가정하여 산출된 증여세액 상당액을 말한다(대법 77누304, 1979.6.12. 선고 등 참조). 따라서 이 사건과 같이 증여 당시 수증자가 배우자인 관계로 배우자증여공제를 받았다가 상속개시 당시에는 이혼으로 상속인이 아니어서 배우자상속공제를 받을 수 없게 된 경우, 구 상증세법 28조①에 따라 <u>상속세 산출세액에서 공제할 증여세액은 실제로 납부된 증여세액이 아니라 증여한 재산가액에 대하여 배우자증여공제를 하지 아니하였을 때의 증여세 산출세액임</u>을 지적하여 둔다.

2)외국납부세액공제(상증법 29조)

거주자의 사망으로 외국에 있는 피상속인의 상속재산에 대한 외국법령에 따른 상속세를 부과받은 경우에 다음의 금액 중 적은 금액을 상속세 산출세액에서 공제한다.

1. 외국에서 부과된 상속세액
2. 상속세 산출세액 × $\dfrac{\text{해당 외국의 법령에 따른 상속세 과세표준}}{\text{상속세 과세표준}}$

3)단기재상속에 대한 세액공제(상증법 30조)

피상속인의 상속 후 10년 이내에 피상속인의 상속인이나 수유자가 사망하여 상속이 개시된 경우, 그 피상속인의 상속세가 부과된 상속재산[상속재산에 가산하는 증여재산(상증법 13조) 중 상속인이나 수유자가 받은 증여재산을 포함] 중 재(再)상속분에 대한 이전의 상속세 상당액을 상속세 산출세액에서 공제한다.(상증법 30조①)

2020.1.1. 이후 상속개시 분부터 공제대상을 명확하게 했다. 즉, 재상속분 재산가액 및 전의 상속재산가액에 상속세 과세가액에 합산하는 아래의 사전증여재산을 포함하는 것으로 명확하게 규정하였고, 다음 식의 공제세액 계산방식도 개선했다.

– 전의 상속세 부과당시 사전증여재산으로서 상속세 과세가액에 포함됐던 재산이 10년 내 재상속

– 1차 상속 후 2차 상속 전에 사전증여한 재산으로서, 2차 상속 시 상속재산가액에 포함

$$\text{전의 상속세 산출세액} \times \dfrac{\text{재상속분의 재산가액}^{*1} \times \dfrac{\text{전의 상속세 과세가액}}{\text{전의 상속재산가액}^{*2}}}{\text{전의 상속세 과세가액}} \times \text{공제율}^{*3}$$

*1 재상속분의 재산가액 = 전의 상속재산 중 재상속된 재산에 포함된 재산 각각에 대하여 재상속개시일 현재의 상증법에 따라 평가한 가액임. 2019년까지는 '전의 상속세 상당액'을 공제한 후의 금액이었음.(상증법 30조③, 2020년 상속 분부터 삭제)

*2 전의 상속재산가액 한도 삭제(상증법 30조②본문 단서, 2020년 상속개시 분부터 삭제)

2019년까지: 전의 상속재산가액 중 다시 상속된 것이 전의 상속세 과세가액 상당액을 초과할 때에는 그 초과액은 없는 것으로 봄.

*3 공제율: 종전 상속개시일로부터 재상속기간이 1년 지날 때마다 10%씩 체감함.(상증법 30조②2호)

(보충1)단기재상속에 대한 세액공제는 재상속된 재산별로 구분하여 계산함에 유의(상증령 22조)

(보충2)단기재상속에 대한 세액공제 한도 신설(상증법 30조③, 2020년 상속개시 분부터 적용)

'상속세 산출세액−증여세액공제(상증법 28조)−외국납부세액공제(상증법 29조)'를 한도로 세액공제 함.

04 증여세의 과세표준과 세액의 계산

(1)증여재산

1)증여재산 가액 계산의 일반원칙(상증법 31조, 상증령 23조)

구분	증여재산가액
무상이전인 경우	증여받은 재산의 시가. 시가 산정 어려운 경우 보충적 평가방법
현저한 저가양수·고가양도인 경우	시가와 대가와의 차이가 3억원 이상 또는 시가의 30% 이상인 경우로 한정
재산 취득 후 해당 재산가치가 증가한 경우	증가사유 발생 전·후 차액인 재산가치상승금액 재산가치상승금액 = 재산가치 증가사유 발생시점의 재산가액−(취득가액+통상적 가치상승분+가치상승기여분) 재산가치상승금액이 3억원 이상이거나 재산취득가액(취득가액+통상적 가치상승분+가치상승기여분)의 30% 이상인 경우로 한정
증여예시규정 및 증여추정규정인 경우	해당 규정에 의한 재산 또는 이익
기존 증여예시규정과 실질이 유사한 경우	기존 증여예시규정을 준용하여 계산 가능한 경우의 재산 또는 이익

(보충)결혼축의금의 귀속은 특별히 신랑·신부에게 귀속되는 것을 제외하고는 혼주인 부모이므로, 사회 통념을 넘는 금액을 자녀에게 주면 증여세 과세됨.(서울고법 2008누22831, 2010.2.10. 선고 ; 심사증여 2013-0095, 2014.2.21.)

2)증여재산의 취득시기(상증법 32조)

증여재산의 취득시기는 일반적으로 재산을 인도한 날 또는 사실상 사용한 날 등으로 하며(상증법 32조), 구체적인 재산 종류별 증여재산의 취득시기는 다음과 같다.(상증령 24조)

재산구분	증여재산의 취득시기
등기·등록을 요하는 재산	소유권이전 등기·등록신청서 접수일(상증통 31-24…1) 단, 「민법」187조에 따른 등기를 요하지 않는 부동산 취득은 실제로 부동산의 소유권을 취득한 날
증여목적의 수증자 명의로 완성한 건물, 취득한 분양권	사용승인서교부일, 사실상 사용일, 임시사용승인일 중 빠른 날
개발사업의 진행	개발구역으로 지정고시된 날
형질변경	형질변경의 허가일
공유물의 분할	그 분할등기일

재산구분	증여재산의 취득시기
사업의 인가·허가 또는 지하수개발·이용 허가	그 인가·허가일
주식의 상장 및 비상장주식의 등록, 법인 합병	그 상장일(거래소에서 주식이 거래되는 날), 합병등기일
생명·손해보험의 보험금	보험사고의 발생일
기타 타인기여에 의한 증가	재산가치 증가사유가 발생한 날
주식 및 출자지분	객관적으로 확인된 주식 등의 인도일 단, 인도일이 불분명, 인도 전 명의개서 시 명의개서일
무기명채권	이자지급 등으로 취득사실이 객관적으로 확인된 날 단, 불분명 시 이자지급, 채권상환을 청구한 날
위 이외의 재산	인도한 날 또는 사실상 사용일

3) 신탁이익의 증여(상증법 33조)

신탁계약에 의하여 위탁자가 타인을 신탁의 이익의 전부 또는 일부를 받을 수익자로 지정한 경우로서 다음의 어느 하나에 해당하는 경우에는 원본(元本) 또는 수익이 수익자에게 실제 지급되는 날 등을 증여일로 하여 해당 신탁의 이익을 받을 권리의 가액을 수익자의 증여재산가액으로 한다.
1. 원본을 받을 권리를 소유하게 한 경우에는 수익자가 그 원본을 받은 경우
2. 수익을 받을 권리를 소유하게 한 경우에는 수익자가 그 수익을 받은 경우
수익자가 특정되지 아니하거나 아직 존재하지 아니하는 경우에는 위탁자 또는 그 상속인을 수익자로 보고, 수익자가 특정되거나 존재하게 된 때에 새로운 신탁이 있는 것으로 보아 본 규정을 적용한다.

4) 보험금의 증여(상증법 34조)

생명보험이나 손해보험에서 보험금 수령인과 보험료 납부자가 다른 경우 등 다음의 어느 하나에 해당하면서 보험사고(만기보험금 지급의 경우 포함)가 발생한 경우에, 일정한 보험금 상당액을 보험금 수령인의 증여재산가액으로 한다.(상증법 34조①)

구분	증여재산가액
보험금 수령인이 납부한 금액이 없는 경우	보험금 상당액
보험금 수령인이 일부 납부한 경우	보험금 $\times \dfrac{\text{보험금수령인이 아닌 자가 납부한 보험료}}{\text{납부보험료 총 합계액}}$
보험계약기간 안에 보험금 수령인이 타인으로부터 재산을 증여받아 보험료를 납부한 경우*	보험금 $\times \dfrac{\text{타인으로부터 증여받아 납부한 보험료}}{\text{납부보험료 총 합계액}}$ $-$ 타인으로부터 증여받아 납부한 보험료

* **타인으로부터 증여받아 납부한 보험료**는 해당 증여재산가액 계산 시 차감하며, 이때 차감되는 보험료는 증여세 과세대상이 되는 '금전 등'으로 확인되는 보험료를 말함.

(보충)종신보험 이용한 편법상속·증여에 대한 과세강화: 2004.1.1.부터(상증법 8·34조)
생명보험이나 손해보험에서 보험금 수령인과 보험료 납부자가 다른 경우 보험사고(만기보험금 지급 포함)가 발생한 경우에 일정한 보험금 상당액을 보험금 수령인의 상속재산·증여재산가액으로 (재계산)함. 즉, 보험료를 증여받은 것에 대해서는 증여세를 납부하고, 보험금을 받을 때에 보험료를 초과하여 지급되는 보험금에 대해 다시 상속세·증여세를 과세함. **2004년부터 상속세 및 증여세에 대해 열거주의에서 포괄주의로 과세범위를 근본적으로 확대하였으며**, 보험에 대해서도 타인으로부터 '재산'(2003년까지는 '금전')을 증여받아 불입한 보험료(즉, 과거 증여받은 재산 등으로 그 후 계약한 보험료를 불입할 경우 포함)에 대해서도 증여규정이 적용되도록 상증법 34조를 개정했음(『2004년 개정세법해설』국세청).
(예)미성년자인 자녀가 1억원을 사전증여받아 종신보험에 가입한 뒤 부모의 사망으로 5억원의 보험금을 받을 경우 상속세·증여세 과세문제(상증집 34-0-6 사례도 같은 논지)
1. 2003년까지: 1억원 증여 시 증여세 과세로 종결.
2. **2004년부터: 1억원 증여 시 증여세 과세, 부모 사망 시 4억원에 대한 상속세 추가과세.**
{보험금의 증여 의제는 상증법 34조①에 따라 증여세를 과세하지만, 당해 보험금이 증여자의 사망으로 인하여 지급되는 경우에는 상증법 8조의 규정에 의하여 이를 상속재산으로 봄.(재산세과-616, 2011.12.26. ; 서면4팀-1186, 2007.4.11.)}

5)저가양수 또는 고가양도에 따른 이익의 증여(상증법 35조)

저고가양수도에 대한 세법상 처리가 그렇게 만만하지 않다. '저고가인지 판단기준'(기준금액)도 세법마다 다르며, '제약을 가하는 방법'(세무처리 방법)도 세법마다 제각각인데 더하여, 각 세법이 서로 얽혀 있어 혼란스럽기 짝이 없다. 앞의 제4장 법인세법 03(2)에서도 해설하였지만, 복잡한 만큼 여기서 다시 한 번 명쾌하게 정리하고 가도록 하자.

첫째, 저고가양수도로 인하여 '실질적인 기부 효과'가 발생하므로 '타인 간의 거래'에 해당하는 경우에는 기부금으로 간주하여(의제기부금, 법령 35조, 소령 79조①2호) 해당 법인 또는 개인사업자의 소득금액 계산 시 손금인정에 제한을 둔다. 다만, '기타사외유출'로 소득처분하여 이익 귀속자에게까지 곧바로 과세처분을 하지는 않는다.(법통 67-106…6, 제3호)

둘째, '특수관계인 간의 거래'에 해당할 경우에는 부당행위계산부인(법법 52조, 소법 41조) 규정을 적용하여 해당 법인 또는 개인사업자의 소득금액 계산 시 손금인정에 제한을 가하는 것뿐만 아니라, 그 이익 귀속자에게 소득처분하여 귀속자에게 소득세(상여·배당·기타소득)까지 추적하여 과세하게 된다.(법통 67-106…6, 제1·2호 ; 법통 67-106…9)

셋째, 법인세·소득세의 과세와는 별개로, 상증법의 과세요건에 해당하면 증여세까지 과세하게 되는데(상증법 35조), 동일한 소득에 대하여 법인세·소득세와 증여세가 '이중과세'되는 경우까지 발생할 수가 있으므로 이 점을 방지하는 장치를 두고 있다. 즉, "수증자에게 소득세 또는 법인세가 부과되는 경우에는 증여세를 부과하지 않는다"(상증법 4조의2③) "재산을 양수하거나 양도하는 경우로서 그 대가가 법법 52조②에 따른 시가에 해당하여 그 거래에 대하여 부당행위계산부인(소법 101조①, 법법 52조①) 규정이 적용되지 아니하는 경우에는, {비록 상증법상 저고가양수도 인정 '기준금액'을 벗어나더라도 소득세법(2021.2.17. 거래부터 적용)·법인세법상 판단을 수긍하여 – 저자 주} 상증법상 '저고가양수도에 따른 이익의 증여' 규정을 적용하지 아니한다"(상증법 35조③) 등의 규정이다.

　이와 같이 '저고가양수도와 관련한 내용이 복잡하기도 하지만 빈번하게 발생하기 때문에, 세법의 해석이나 실무처리상 혼란을 겪는 경우가 허다하다.

[기부금과 부당행위계산부인 및 소득세·증여세와의 관계]

구분	특수관계인 간 저고가양수도	타인 간 저고가양수도[*1]
해당여부 판단 기준	1. 시가~대가 차이 3억원 이상 2. 시가의 5% 이상 차이	시가의 30% 이상 차이
법인세 과세대상 금액	차액 전체를 과세	차액의 30% 초과분만 과세
법인세 과세 방법	부당행위계산부인(법법 52조)[*3]	의제기부금(법령 35조2호)[*4]
이익 귀속자 소득세 과세	O(상여 등 소득처분에 따라)[*2]	X(기타사외유출로 소득처분)
이익 귀속자 증여세 과세	X(소득세와 증여세 이중과세 배제, 상증법 4조의2③)	△(시가의 30% 이상 차이가 나면, 3억 초과분만 과세)

[*1] '타인 간'의 저고가양수도에 따라 증여세 과세 시, 과세되는 금액(상증법 35조②, 상증령 26조)

　증여세 과세금액 = 대가와 시가와의 차액 – 3억원

[*2] '특수관계인과 법인 간'의 거래는 부당행위계산 부인규정에 따라 상여·배당·기타소득 등으로 소득처분되어 소득세가 과세되므로(법령 106조①1호, 법통 67–106…9), 증여세는 과세되지 않는다.(상증법 4조의2③·35조③) 따라서 증여세가 과세('차액 전체 과세')되는 경우는 개인인 특수관계인 간의 거래가 주로 해당될 것이다.

　특수관계인 간 거래 시 증여세 과세금액 = 시가~대가의 차액 - Min{시가×30%, 3억원}

[*3] 소득세법상 부당행위계산부인(소법 41조·101조)과 이익 귀속자 과세

　소득세법에도 사업소득의 부당행위계산부인(소법 41조), 양도소득의 부당행위계산부인(소법 101조) 규정이 있다. 그러나 사업소득에 대한 소득세 세무조정에서는 대손충당금·감가상각비나 공사진행기준 등 기간귀속 차이 항목에 대해서는 '유보'로 소득처분하여 사후관리를 하지만, 나머지 항목에 대해서는 '인출금 처리' 등으로 세무조정을 하고 끝나버리므로 법인처럼 이익 귀속자에게까지 추적해서 소득처분하지는 않는다. 하지만, 경정 시나 과세관청에서 신고서 검증 시 특정인에게 이익이 귀속된 사실이 발견될 경우, 그 사업자에게 소득세 과세뿐만 아니라 이익 귀속자에게 증여세를 과세한다.

[*4] 소득세법상 '타인 간'의 저고가양수도에 따른 의제기부금(소령 97조2호)

　소득세법의 기부금 규정에도 법인과 유사하게 의제기부금 규정(소령 97조2호)을 두고 있다. 따라서 경정 시나 과세관청에서 신고서 검증 시 특정인에게 이익이 귀속된 사실이 발견될 경우, 그 사업자에게 소득세 과세뿐만 아니라 이익 귀속자에게 증여세를 과세한다.

①법인세법상 기부금과의 관계('비특수관계인' 간의 저·고가양수도)

A. 본래의 기부금

기부금이란 법인이 특수관계인 외의 자에게 사업과 직접 관계없이 무상으로 지출하는 것으로 재산적 가치가 있는 것을 말한다.(법법 24조①) 만일, 법인이 특수관계인에게 자산을 저가양도·고가매입한 경우에는 부당행위계산 부인(법법 52조) 규정에 따라 시가와 거래가액의 차액을 부인하므로, 의제기부금 규정은 적용되지 않는다. 이례적으로, 법인세법 시행령 39조에 규정하는 단체 등과 특수관계 있는 법인이 동 단체 등에게 각종 시설비, 교육비·연구비 등으로 지출한 기부금이나 장학금은 이를 일반기부금(구 지정기부금)으로 본다.(법통 24-39…4)

B. 의제기부금('비특수관계인' 간의 저·고가 양·수도)

법인이 '특수관계인 외'의 자에게 정당한 사유 없이 자산을 정상가액보다 낮은 가액으로 양도하거나 정상가액보다 높은 가액으로 매입함으로써 그 차액 중 실질적으로 증여한 것으로 인정되는 금액은 기부금으로 본다. 이 경우 정상가액은 시가에 시가의 30%를 가감한 범위안의 가액으로 한다.(법령 35조) 이 경우 '시가±30%'를 벗어난 차액에 대해서 의제기부금액으로 본다.

그리고 이익을 향유한 '특수관계인 외'의 자에게는 '기타소득' 등으로 소득처분하지 않고 '기타사외유출'로 소득처분하여 소득세까지 추적 과세하지는 않는다. 왜냐하면 기업업무추진비와 특례(구 법정)·일반(구 지정)기부금에 대해서만 무조건 '기타사외유출'로 소득처분 하고(법령 106조①3호 가·나목), 비지정기부금에 대해서는 귀속자가 출자자(출자임원 제외)이면 배당, 사용인(임원 포함)이면 상여, 나머지는 기타사외유출로 소득처분하기 때문이다.(법통 67-106…6)

C. 상증법상 저가양수 또는 고가양도에 따른 이익의 증여와 기부금

'소득처분'에 따른 소득세 과세는 제외되더라도 다음 규정에 의해 증여세를 과세당할 경우는 있다.

[저가양수·고가매입에 따른 이익의 증여](상증법 35조)

구분	증여대상 요건	증여재산가액(상증령 26조)
특수관계인 거래(①항)	다음의 어느 하나에 해당할 경우 1. 대가와 시가와의 차액이 시가의 30% 2. 거래 차액이 3억원 이상	대가와 시가와의 차액 – Min{시가×30%, 3억원}
비특수관계인 거래(②항)	다음에 모두 해당하는 경우 1. 거래의 관행상 정당한 사유가 없음 2. 대가와 시가와의 차액이 시가의 30%	대가와 시가와의 차액 – 3억원

(보충1)수증자에게 소득세·법인세가 과세될 경우 증여세 과세 제외(상증법 4조의2③)

(보충2)법인세법의 부당행위계산부인 규정에 위배 안 되면 증여세 적용제외(상증법 35조③)
　　　개인과 법인 간에 재산을 양수하거나 양도하는 경우로서 그 대가가 법법 52조(부당행위계산의 부인) ②에 따른 시가에 해당하여 그 법인의 거래에 대하여 부당행위계산부인이 적용되지 아니하는 경우에는 상증법 35조를 적용하지 아니한다. 다만, 거짓이나 그 밖의 부정한 방법으로 상속세 또는 증여세를 감소시킨 것으로 인정되는 경우에는 그러하지 아니하다.

(보충3)특수관계인과 법인 간의 거래는 부당행위계산 부인규정에 따라 상여·배당·기타소득 등으로 소득처분되어 소득세가 과세될 것이므로(법령 106조①1호, 법통 67-106…9), 증여세가 과세되는 경우는 개인인 특수관계인 간의 거래가 주로 해당될 것이다.

　그리고 법인세(소득세)의 소득처분 규정과 달리 소득귀속자에게 증여세를 과세할 경우에는 비사업자인 특수관계인 간의 거래는 Min{시가×30%, 3억원}을 차감하고, 타인 간의 거래는 3억원을 차감한 금액만을 증여로 본다.(상증법 36조, 상증령 26조)

[기본통칙 등 해석상 의제기부금 항목]

부동산의 무상·저가 임대(적용)	법인이 특수관계인 외의 자에게 해당 법인의 사업과 직접 관계없이 부동산을 무상으로 임대하는 경우에는 시가상당액을 기부금으로 보고, 정당한 사유 없이 정상가액보다 낮은 가액으로 임대하는 경우에는 그 차액을 기부금으로 봄.(법집 24-35-1②)
저율대여 및 고율차입 (제외)	법인이 특수관계 없는 자에게 시중금리 또는 당좌대월이자율보다 낮은 이자율로 금전을 대여하거나 높은 이자율로 차입한 경우 시중금리 등에 의한 이자상당가산액과의 차액에 대하여는 기부금 및 접대비 관련 규정을 적용하지 않음.(서이46012-11622, 2003.9.9. ; 서면2팀-357, 2006.2.16.)

②부당행위계산 부인규정과의 관계('특수관계인' 간의 저·고가 양·수도)(법법 52조, 법령 87~90조)

　만일, 법인이 특수관계인에게 자산을 저가양도·고가매입한 경우에는 부당행위계산 부인규정에 따라 시가와 거래가액의 차액을 부인하므로, 의제기부금 규정은 적용되지 않는다.

　발생빈도가 높은 거래에 대해 일률적으로 부당행위계산 부인규정을 적용하기가 실무상으로 어려우므로, 세법에서는 일정 범위 내의 특수관계인 간의 변형된 거래를 인정한다. 그러나 고가매입·저가양도·저리대여·고리차용 및 이에 준하는 거래(법령 88조①1·3·6·7·9호)는 시가와 거래가액의 차액이 3억원 이상이거나(금액기준) 시가의 5%에 상당하는 금액 이상인 경우(비율기준)에 한하여 부당행위계산 부인규정을 적용한다.(법령 88조③)

　그리고 이 부당행위계산 부인규정은 구체적으로 다음과 같이 적용한다.

1. 3억원 또는 5%를 초과한 경우에 초과한 부분에 한해서만 과세하는 것이 아니라, '시가와 거래가액의 차액 전부'에 대해 소득금액을 재계산한다.

2. 부당행위계산 부인규정 적용을 위한 "시가와 거래가액의 차액이 3억원 이상이거나 시가의 5%에 상당하는 금액 이상인 경우"는 사업연도 또는 전체 거래기간 등의 시가와 거래가액 차액의 합계액을 기준으로 판정할 수 있다.(법인-3074, 2008.10.24.)

　부당행위계산 부인규정에 따라 특수관계인에게는 상여·배당·기타소득 등으로 소득처분 되어 소득세가 과세되므로(법령 106조①1호, 법통 67-106…8), 증여세는 과세되지 않는다.(상증법 4조의2③)

　또한 "재산을 양수하거나 양도하는 경우로서 그 대가가 법법 52조②에 따른 시가에 해당하여 그 거래에 대하여 부당행위계산부인(소법 101조①, 법법 52조①) 규정이 적용되지 아니하는 경우에는, (비록 상증법상 저고가양수도 인정 '기준금액'을 벗어나더라도 - 저자 주) 상증법상 '저고가양수도에 따른 이익의 증여' 규정을 적용하지 아니한다. 다만, 거짓이나 그 밖의 부정한 방법으로 상속세 또는 증여세를 감소시킨 것으로 인정되는 경우에는 그러하지 아니하다"(상증법 35조③)라고 규정하여 동일한 소득에 대한 '이중과세'를 방지하는 장치를 두고 있다.

6) 채무면제 등에 따른 증여(상증법 36조)

채권자로부터 채무를 면제받거나 제3자로부터 채무의 인수 또는 변제를 받은 경우에는 그 면제·인수 또는 변제를 받은 날을 증여일로 하여 그 면제 등으로 인한 이익에 상당하는 금액(보상액을 지급한 경우에는 그 보상액을 뺀 금액)을 그 이익을 얻은 자의 증여재산가액으로 한다.

7) 부동산 무상사용에 따른 이익의 증여(상증법 37조)

본 조문은 부동산에 대한 증여규정이고, 부동산과 금전 이외의 재산을 무상제공·차입담보하여 1년간 1천만원 이상의 이익을 증여한 경우에는 '재산사용 및 용역제공 등에 따른 이익의 증여'(상증법 42조)에 따라 증여세를 과세한다.

① 타인 부동산 무상사용에 따른 증여의제(상증법 37조①)

타인(2015년까지는 특수관계인)의 부동산(그 부동산 소유자와 함께 거주하는 주택과 그에 딸린 토지는 제외)을 무상으로 사용함에 따라 이익을 얻은 경우에는 그 무상사용을 개시한 날을 증여일로 하여 그 이익에 상당하는 금액을 부동산 무상 사용자의 증여재산가액으로 한다. 다만, 그 이익에 상당하는 금액이 기준금액(5년 현재가치 합계 1억원, 상증령 27조③) 미만인 경우는 제외한다.

다만, 특수관계인이 아닌 자 간의 거래인 경우에는 거래의 관행상 정당한 사유가 없는 경우에 한정하여 적용한다.

$$\sum_{n=1}^{5} \frac{부동산가액 \times 2\%}{(1+10\%)^n}$$

② 타인 부동산 무상담보 이용에 따른 증여의제(상증법 37조②, 2016년부터 과세)

타인의 부동산을 무상으로 담보로 이용하여 금전 등을 차입함에 따라 이익을 얻은 경우에는 그 부동산 담보 이용을 개시한 날을 증여일로 하여 그 이익에 상당하는 금액(즉, 적정이자(연 4.6%)~실제차입이자 차액)을 부동산을 담보로 이용한 자의 증여재산가액으로 한다. 다만, 그 이익에 상당하는 금액이 기준금액(1년간 1천만원, 상증령 27조⑤) 미만인 경우는 제외한다.

다만, 특수관계인이 아닌 자 간의 거래인 경우에는 거래의 관행상 정당한 사유가 없는 경우에 한정하여 적용한다.

8) 초과배당에 따른 이익의 증여(상증법 41조의2, 2016년부터 신설·적용)

①과세요건: 소득세 우선 과세 후 증여세 추가 과세여부 판단(상증법 41조의2①)

   1. 법인이 이익이나 잉여금을 배당 또는 분배(이하 '배당 등')하는 경우로서 불균등(전부 또는 일부 포기, 지분율 불비례)한 배당이 있을 것

   2. 그 법인의 최대주주 또는 최대출자자(이하 '최대주주 등'. 상증령 15조③을 준용하므로 최대주주의 특수관계인 지분율 합산함에 유의─저자 주)가 본인이 지급받을 배당 등의 금액의 전부 또는 일부를 포기하거나 본인이 보유한 주식 등에 비례하여 균등하지 아니한 조건으로 배당 등을 받음에 따라 그 최대주주 등의 특수관계인이 본인이 보유한 주식 등에 비하여 높은 금액의 배당 등을 받은 경우(배당 또는 분배금을 지급한 날이 증여일임)

   3. 초과배당금액에 대한 증여세액이 초과배당금액에 대한 소득세 상당액보다 적지 않을 것 (2021년부터 삭제하여 소득세를 먼저 과세하고, 증여가액에서 소득세를 공제하는 방식으로 증여세 과세확대)

②증여재산가액(상증법 41조의2②)

   초과배당금액 = 1의 가액 × 2의 비율

   1. 최대주주 등의 특수관계인이 배당 또는 분배(배당)금액 - 본인의 보유주식 상당 배당금액

   2. 최대주주 등의 과소배당금액 ÷ 전체 과소배당금액

③증여세액 계산(상증법 41조의2②③, 상증령 31조의2②, 상증칙 10조의3)

   초과배당금액에 대하여 증여세를 부과받은 자는 해당 초과배당금액에 대한 소득세를 납부할 때{납부할 세액이 없는 경우에는 초과배당금액이 발생한 과세기간의 다음 연도의 종합소득과세표준 신고기한(5월 1일~5월 31일, 성실신고확인대상자는 6월 30일. 2021년 귀속분부터 적용)} 증여세액과 초과배당금액에 대한 실제 소득세액(상증령 31조의2)을 반영한 증여재산가액("정산증여재산가액")에 따른 증여세액과의 차액을 관할 세무서장에게 납부하여야 한다. 다만, 정산증여재산가액이 당초의 증여재산가액보다 적은 경우에는 그 차액에 상당하는 증여세액을 환급받을 수 있다.

[초과배당금액에 대한 증여세액의 의미]

• 초과배당금액에 대한 증여세액은 초과배당금액을 증여재산가액으로 하여 계산된 증여세액을 말함.(서면상속증여-6074, 2017.1.26.)→2021년부터 '초과배당금액－소득세'를 증여재산가액으로 함.

• 초과배당금액에 대한 증여세 계산 시 동일인으로부터 10년 내 증여재산을 합산해서 산출 (상증법 47조② 준용, 서면상속증여-6109, 2017.9.26. 외 다수)

• 제2차 초과배당 시 제1차 초과배당금액의 합산여부
제1차 초과배당 시 증여세액이 소득세상당액보다 적은 경우 증여의제가 적용되지 않으므로 증여재산가액으로 보지 않으며 향후 제2차, 제3차 초과배당 시 합산대상이 아니다.(서면법령재산-4195, 2016.10.25.)→2020년 초과배당분부터 1년 이내분은 합산하여 증여여부 판정.(상증법 43조②)

• '법인'이 초과배당을 받은 경우 그 법인의 개인주주에게 '초과배당에 따른 이익의 증여 규정'(상증법 41조의2)이 아닌 '특정법인과의 거래를 통한 이익의 증여의제'{상증법 45조의5, 후술하는 (2)6) 참조}로 증여세를 과세.(서면법규재산 2022-3155, 2023.3.23. ; 기재부 재산세제과 434, 2019.6.18.)

제1장 제2장 제3장 제4장 제5장 제6장 제7장 제8장 제9장 제10장 제11장 제12장 제13장 제14장

[초과배당에 대한 소득세·증여세 과세와의 차이]

1. 검토사례

법인의 주식을 아버지 60%, 어머니가 30%, 그리고 자식들이 10%를 보유하고 있는 기업에서, 약 100억원을 현금배당하려고 하는데, 즉, 아버지에게 60억, 어머니에게 30억, 자식들에게 10억원의 현금배당을 하려고 계획하다가, 갑자기 아버지·어머니는 배당을 받지 않기로 하고, 자식들만 100억원의 현금 배당을 받았을 경우, 아버지하고 어머니가 원래 받았어야 하는 배당금 90억원을 자식들에게 증여한 것으로 보아, 증여세가 과세되어야 하는지, 아니면 자식들은 그냥 배당을 받은 것이니 배당소득세만 납부하면 되는 것인지에 대한 과세문제이다.

2. 소득세와 증여세의 이중과세 배제(상증법 4조의2③)

세법상 90억원에 대해서 증여세가 부과되면 배당소득으로 소득세는 부과되지 않고, 배당소득으로 소득세가 부과되면 증여세는 과세되지 않는다. 즉, '동일인의 동일 소득'에 대해서는, 증여세이든 소득세이든 하나의 세금만 부과된다. 소득세와 증여세가 이중과세되지는 않는다.

3. 2015년까지 세법상 처리: 초과배당에 대한 소득세가 과세되면 증여세 과세 불가.

【법인이 현금배당을 지급함에 있어 각 주주들이 소유하고 있는 주식의 수에 따라 배당금을 지급하지 않은 경우로서 균등한 조건에 의하여 지급받을 배당금을 초과하는 금액을 소득세법상 배당소득으로 보아 소득세가 과세되는 경우 증여세를 과세하지 않는다는 국세청의 유권해석이 나왔다.

국세청은 최근 초과배당의 증여세 과세여부에 관한 질의에 종전 질의회신문(기획재정부 재산세제과-927, 2011.10.31)을 인용, 이같이 회신했다(상증, 서면-2015-상속증여-0364, 2015.04.24).

이 회신문(기획재정부 재산세제과-927, 2011.10.31)은 "법인이 현금배당을 지급함에 있어 각 주주들이 소유하고 있는 주식의 수에 따라 배당금을 지급하지 않은 경우로서 균등한 조건에 의하여 지급받을 배당금을 초과하는 금액을 소득세법상 배당소득으로 보아 소득세가 과세되는 경우에는 상속세 및 증여세법 2조② (현재 3조의2①, 4조의2①)에 따라 증여세를 과세하지 않습니다"라고 밝히고 있다.】(《국세신문》 2015.8.3.)

4. 2016~2020년 세법상 처리: 초과배당에 대한 증여세 과세(상증법 41조의2 신설)

　: 소득세 우선 과세 후 증여세 추가 과세여부 판단

회사의 최대주주 등이 배당을 받지 않거나 과소배당을 받는 대신 그와 특수관계에 있는 자녀 등 특정주주에게 배당토록 하는 경우, 소득세와 증여세의 이중과세 배제(상증법 4조의2③)에도 불구하고 그 초과배당 받은 금액은 배당을 받지 않거나 과소배당 받은 특수관계 주주로부터 증여받은 것으로 보아 최대주주에게 증여세를 과세하되, 증여세가 소득세 상당액(상증법 규정에 따라 계산)을 초과하는 경우에만 적용하고 이미 과세된 소득세는 세액공제를 함.

5. 2021년부터 세법상 처리: 소득세 과세→증여세 과세→소득세 신고납부시 정산 납부 또는 환급

소득세 과세 후 '증여세'에서 '소득세 상당액'(상증칙 10조의3)을 공제(소득세 상당액과 증여세 중 큰 금액 과세) ⇒소득세 과세 후 '초과배당액−소득세 상당액'을 증여가액으로 보아 증여세 신고납부한 다음, 종합소득세 확정신고 시 '실제소득세'를 공제하여 증여세를 정산하는 방식으로 과세확대

참고로, 「상법」은 이익 배당 역시 주주평등의 원칙에 따라 각 주주가 가진 주식수에 비례하여 지급하여야 한다고 규정하고 있다('주주평등의 원칙', 상법 464조). 그렇지만, 대법원은 주주총회 결의로 차등 배당을 결의할 수는 없지만, 대주주가 스스로 본인이 받을 배당금을 포기하는 건 가능하다고 보고 있다. 즉 대주주에게는 불리하고 일반주주에게는 유리한 차등 배당은 허용하고 있는 것이다. 실무상 이런 형태의 차등 배당은 상당히 많이 있다.

9)증여유형 요약과 적용(상증집 33-0-1, 33-0-2)

①증여유형 요약(상증집 33-0-1, 2016년부터 조문분할된 것은 추가: 상증법 42조~42조의3)

증여유형	요약내용			특수관계
	증여자	수증자	증여이익	
신탁이익의 증여	위탁자	수탁자	원본의 이익, 수익의 이익	X
보험금의 증여	보험료 납부자	보험금 수령인	보험금	X
저가·고가 양도로 이익의 증여(35조)	저가양도자	저가양수자	(시가-대가)-Min{시가×30%, 3억}	△
	고가양수자	고가양도자	(대가-시가)-Min{시가×30%, 3억}	
채무면제 등 증여	채권자 등	채무자	채무면제 등 이익	X
부동산 무상사용에 따른 이익의 증여 (37조)	소유자	부동산 무상사용자 (5년 1억원 초과)	$\sum\limits_{n=1}^{5}\dfrac{부동산가액 \times 2\%}{(1+10\%)^n}$	△
		담보이용 금전차입자 (연간 1천만원초과)	(차입금×적정이자율:연4.6%)-금전 차입 시 지급하였거나 지급할 이자	
합병에 따른 이익의 증여(38조)	주가 과소평가된 법인의 주주	주가 과대평가된 법인 대주주	(합병후 주식가액-합병전 주식가액) × 합병 후 주식수	O
증자에 따른 이익의 증여(39조)	실권자·신주 고가인수자 등	실권주 받은자, 고가신주포기자	(증자 후 1주당 평가액-1주당 인수가액) × 인수 주식수 등	△
감자에 따른 이익의 증여 (39조의2)	감자로 주식수가 감소한 주주	대주주	(1주당평가액-1주당감자대가)× 총감자주식수×대주주감자후지분율× 특수관계인감자수÷총감자주식수	O
현물출자로 이익의 증여(39조의3)	현물출자자 기존주주	특수관계인 주주, 현물출자자	(현물출자 후의 1주당 평가액-1주당 인수가액) × 현물출자자가 인수한 주식수 등	△
전환사채 전환 이익 등 증여(40조)	전환사채 저가양도자	보유·전환· 양도자	(전환주식가액-행사가액) × 교부주식수 - 이자손실분 등	O
초과배당에 따른 이익의 증여 (41조의2)	법인의 최대주주 등	최대주주의 특수관계인	최대주주 등의 불균등배당액 중 귀속분: (배당금액-균등배당액)× $\dfrac{특수관계최대주주 불균등배당액}{과소배당주주전체 불균등배당액}$	O
주식 등 상장 등에 따른 이익의 증여 (41조의3)	비상장 법인의 최대주주 등	최대주주 등으로부터 주식취득자	{A-(B+C)}×증여·취득 주식수 A: 정산기준일 현재 1주당 평가액 B: 증여·취득일 현재 1주당 증여 세 과세가액 또는 취득가액 C: 기업가치 증가 기인 1주당이익	O
금전무상대출 이익증여(41조의4)	무상·저리 대출자	금전대출 받은 자 (연간 1천만원초과)	(대출금액 × 적정이자율:연4.6%) -실제지급한 이자금액	△
합병에 따른 상장 등 이익의 증여 (41조의5)	합병 당사법인의 주식증여자· 유상양도자	피합병된 비상장법인의 주식소유자	{A-(B+C)}×증여·취득 주식수 A: 정산기준일 현재 1주당 평가액 B: 증여·취득일 현재 1주당 증여세 과세가액 또는 취득가액 C: 기업가치 증가 기인 1주당이익	O

534 | 제6장 상속세 및 증여세

증여유형	요약내용			특수관계
	증여자	수증자	증여이익	
재산사용·용역제공 시 증여(42조) :1년 1천만원이상	소유자 (부동산·금전 이외)	무상사용자	무상사용에 따라 얻은 금전적혜택	△
		담보이용자	무상사용재산×적정이율－차입이자	
법인의 조직변경 등에 따른 이익의 증여(42조의2)	• 주식의 포괄적 교환·이전, 사업양수도 등, 법인 조직변경 등 • 변동 전 재산가액 30% 와 3억원 미만 시 제외		• 소유지분이 변동된 경우: (변동 후 지분－변동 전 지분) × 지분변동 후 1주당가액 • 평가가액이 변동된 경우: 변동 후 가액－변동 전 가액	△
재산취득 후 가치증가에 따른 이익의 증여 (42조의3)	• 개발사업 시행, 형질 변경, 지하수개발, 비상장주식 등록 등 • 변동 전 재산가액 30%와 3억원 미만 시 제외		재산가치 상승금액에 대해 과세 재산가치 상승금액 = 해당재산가액－취득가액－통상적 가치증가분－가치상승 기여분	△

②증여유형 적용[상증집 33-0-2, 상증법 43조②(동일거래 1년 합산 증여세 계산)]

증여유형	적용사항			
	무능력자 증여세 면제	증여자 연대납세의무 면제	최대주주 할증평가 배제	동일거래 1년 합산
신탁이익의 증여				
보험금의 증여				
저가·고가 양도에 따른 이익의 증여	O	O		O
채무면제 등에 따른 이익의 증여	O	O		
부동산 무상사용에 따른 이익의 증여	O	O		O
합병에 따른 이익의 증여		O	O	O
증자에 따른 이익의 증여		O	O	O
감자에 따른 이익의 증여		O	O	O
현물출자에 따른 이익의 증여		O	O	O
전환사채 등 주식전환 등에 따른 이익의 증여		O	O	O
초과배당에 따른 이익의 증여(2020년부터 합산)		O		
주식 등 상장 등에 따른 이익의 증여		O		
금전무상대출 등에 따른 이익의 증여	O	O		O
합병에 따른 상장 등 이익의 증여		O		
재산사용 및 용역제공 등에 따른 이익의 증여		O		O
법인의 조직변경 등에 따른 이익의 증여		O		
재산취득 후 재산가치 증가에 따른 이익의 증여		O		
특정법인과 거래를 통한 증여의제(45조의5)		O		O

(보충1)'동일거래 1년 합산' 및 아예 '합산하지 않는 증여재산'은 후술하는 (3)2)② 참조
(보충2)위 상증법상 증여세 등 과세대상이 되는 경우(위 증여유형이든 아래의 증여추정·의제이든) 법인세가 과세되지 않은 경우 증여가액을 법인세(부당행위계산부인 규정 적용)로 추징함. 법인세 과세 시 이익을 증여받은 주주 등은 '소득처분'을 통해 소득세를 부담하게 됨.(상증법 4조의2③~⑥, 법법 52조, 법령 88조①9호 등)

(2)증여 추정 및 증여 의제

1)배우자·직계존비속 간 양도 시 증여 추정(상증법 44조)

①배우자·직계존비속 간 직접양도 시 '증여추정'(상증법 44조①③)

배우자 또는 직계존비속에게 양도한 재산은 양도자가 그 재산을 양도한 때에 그 재산의 가액을 배우자등이 증여받은 것으로 추정하여 이를 배우자등의 증여재산가액으로 한다.(상증법 44조①)

다만, 해당 재산이 아래의 어느 하나에 해당하는 경우에는 양도로 본다.(상증법 44조③)

1. 법원의 결정으로 경매절차에 따라 처분된 경우

2. 파산선고로 인하여 처분된 경우

3. 국세징수법에 따라 공매(公賣)된 경우

4. 「자본시장과 금융투자업에 관한 법률」에 따른 증권시장을 통하여 유가증권이 처분된 경우. 다만, 불특정 다수인 간의 거래에 의하여 처분된 것으로 볼 수 없는 경우는 제외.

5. 배우자등에게 대가를 받고 양도한 사실이 명백히 인정되는 아래의 경우
   - 권리의 이전이나 행사에 등기·등록을 요하는 재산을 서로 교환한 경우
   - 당해 재산의 취득을 위하여 이미 과세(비과세 또는 감면받은 경우를 포함) 받았거나 신고한 소득금액 또는 상속 및 수증재산의 가액으로 그 대가를 지급한 사실이 입증되는 경우
   - 당해 재산의 취득을 위하여 소유재산을 처분한 금액으로 그 대가를 지급한 사실이 입증되는 경우

양도소득세는 '양도차익'에 대해 세금계산을 하는데 비해, 증여세는 '증여가액 전체'에 대해 세금계산을 하므로, 일반적으로는 증여로 볼 때 세금이 더 많다. 따라서 증여세를 회피하기 위해 양도로 가장하는 것을 방지하기 위해 '증여추정' 규정을 둔 것이다. 하지만 배우자 등과의 거래일지라도 위의 단서처럼 확실히 양도로 볼 수 있는 경우에는 양도로 인정한다. 이 경우 증여추정에 대한 입증책임은 과세관청에 있다.(대법 92누5546, 1992.7.28. 선고 등)

②특수관계인에게 양도 후, 특수관계인이 당초양도인의 배우자 등에게 3년 이내에 다시 양도한 경우 '증여추정'('증여추정' 배제 요건은 위 ①과 같음. 상증법 44조②③)

방금 해설한 바와 같이 배우자 등에게 양도할 경우, 증여세를 회피하기 위해 양도로 가장하는 것을 방지하기 위해 '증여추정' 규정을 둔 것이다. 이 규정을 피하기 위해 특수관계인(상증령 2조의2)을 거래에 끼워 넣어 '증여추정'을 피하려는 의도를 방지하기 위하여 본 규정을 둔 것이다.

[제3장 양도소득세] 02 (1) 2)'특수관계인을 이용한 양도' 참조]

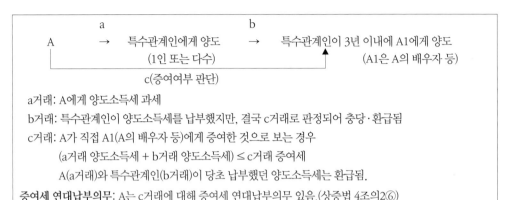

a거래: A에게 양도소득세 과세

b거래: 특수관계인이 양도소득세를 납부했지만, 결국 c거래로 판정되어 충당·환급됨

c거래: A가 직접 A1(A의 배우자 등)에게 증여한 것으로 보는 경우

    (a거래 양도소득세 + b거래 양도소득세) ≤ c거래 증여세

    A(a거래)와 특수관계인(b거래)이 당초 납부했던 양도소득세는 환급됨.

증여세 연대납부의무: A는 c거래에 대해 증여세 연대납부의무 있음.(상증법 4조의2⑥)

(보충)배우자·직계존비속 간 양도 시 양도사실이 입증되어 증여로 추정되지 않은 경우라도 부당행위계산부인(소법 101조①)에 따라 소득세나 저가양수·고가양도에 따른 증여세(상증법 35조)가 과세될 수 있음. 저·고가양수도에 따른 증여는 시가와 대가와의 차액이 시가의 30% 이상이거나 그 차액이 3억원 이상이 되면 증여세가 과세됨.

[배우자·직계존비속 간 증여재산에 대한 필요경비 계산특례(이월과세)](소법 97조의2)

배우자 또는 직계존비속 간에 증여를 이용하여 양도소득세를 회피하는 것을 방지하기 위해 이월과세규정을 두고 있으므로, 이 이월과세 규정은 조세의 부담을 부당히 감소시킬 목적이 없을지라도 적용하기 때문에 아래 '부당행위계산부인' 규정과는 별개로 적용된다. 하지만 이 규정을 적용하여 계산한 양도소득 결정세액이 오히려 적을 경우에는 이 규정을 적용하지 않는 것은 당연하다.(소법 97조의2②3호)

A. 이월과세 적용요건

거주자가 양도일부터 소급하여 10년(←5년, 2022년까지 증여분. 2025년부터 배우자·직계존비속에게 주식등 증여는 1년, 소법 97조의2) 이내에 그 배우자(양도 당시 혼인관계가 소멸된 경우를 포함하되, 사망으로 혼인관계가 소멸된 경우는 제외) 또는 직계존비속으로부터 증여받은 자산의 양도차익을 계산할 때 적용한다.(소법 97조의2①)

이월과세 요건 판단 시 10년은 등기부에 기재된 소유기간에 따라 계산한다.(소법 97조의2③)

B. 이월과세 적용대산자산

이 이월과세가 적용되는 자산의 범위는 다음과 같다.(소령 163조의2①)

1. 토지·건물 또는 특정시설물이용권

2. 부동산을 취득할 수 있는 권리(분양권·조합원입주권 등)(2019년 양도분부터 적용, 소령 163조의2①)

3. 주식 등(2025년 증여분부터 적용)

C. 이월과세 적용방법

1. 양도소득세 납세의무자: 수증자(소법 97조의2①)

2. 취득시기 등: 증여자의 취득시기를 기준으로 양도소득세의 취득가액, 장기보유특별공제의 보유기간, 세율을 판단한다.{소법 95조④(장기보유특별공제 기간), 97조의2①본문, 104조②(세율적용 시 기간)} 그러나 자본적 지출과 양도비용은 이월과세하지 않으므로 수증자의 것을 적용한다.

3. 증여세 산출세액: 증여세 산출세액은 양도자산의 필요경비로 공제한다.(소법 97조의2①단서) 그리고 증여받은 자산의 일부를 양도한 경우에는 다음과 같이 계산한 금액을 양도자산의 필요경비로 본다.

           (소령 163조의2②)

$$\text{양도한 자산에 대한 증여세} = \text{증여세 산출세액} \times \frac{\text{양도한 자산의 증여세 과세가액}}{\text{증여세 과세가액}}$$

[특수관계인에게 증여한 후, 특수관계인이 10년 이내에 양도한 경우

(우회양도 부당행위계산부인 '양도간주')](소법 97조의 2에 따른 '이월과세' 적용시는 제외. 소법 101조②)

거주자가 특수관계인에게 자산을 증여한 후 그 자산을 증여받은 자가 그 증여일부터 10년(←5년, 2022년까지 증여분) 이내에 다시 타인에게 양도한 경우로서, 제1호에 따른 세액이 제2호에 따른 세액보다 적은 경우에는 증여자가 해당 자산을 직접 양도한 것으로 본다. 다만, 양도소득이 해당 수증자에게 실질적으로 귀속된 경우에는 그러하지 아니하다.

1. 증여받은 자의 증여세(상속세 및 증여세법에 따른 산출세액에서 공제·감면세액을 뺀 세액)와 양도소득세 (소득세법에 따른 산출세액에서 공제·감면세액을 뺀 결정세액)를 합한 세액

2. 증여자가 직접 양도하는 경우로 보아 계산한 양도소득세

이 규정에 따라 증여자가 자산을 직접 양도한 것으로 보는 경우 그 양도소득세에 대해서는 증여자와 증여받은 자가 연대하여 납세의무를 진다.(소법 2조의2)

[고가 양수, 저가 양도 등에 대한 부당행위계산부인](소법 101조①)

양도소득이 있는 거주자의 행위 또는 계산이 그 거주자의 특수관계인과의 거래로 인하여 그 소득에 대한 조세 부담을 부당하게 감소시킨 것으로 인정되는 경우에는 그 거주자의 행위 또는 계산과 관계없이 해당 과세기간의 소득금액을 계산할 수 있다.

특수관계인의 범위는 국기령 1조의2①② 및 ③1호상 특수관계인을 말한다.(제2장 02 (1) 2) ④참조)

A. 조세의 부담을 부당하게 감소시킨 것으로 인정되는 경우(소령 167조③)

'조세의 부담을 부당하게 감소시킨 것으로 인정되는 경우'란 아래의 어느 하나에 해당하는 때를 말한다. 다만, 시가와 거래가액의 '차액이 3억원 이상'이거나 '시가의 5%'에 상당하는 금액 이상인 경우로 한정한다. 그리고 2021.1.1. 양도분부터 상장주식을 불특정다수인간 장내거래 시에는 적용하지 않는다.

1. 특수관계인으로부터 시가보다 높은 가격으로 자산을 매입하거나 특수관계인에게 시가보다 낮은 가격으로 자산을 양도한 때

2. 그 밖에 특수관계인과의 거래로 해당 연도의 양도가액 또는 필요경비의 계산 시 조세의 부담을 부당하게 감소시킨 것으로 인정되는 때

B. 부당행위계산 적용 방법(소령 167조④)

특수관계인과의 거래에 있어서 토지 등을 시가를 초과하여 취득(고가양수)하거나 시가에 미달하게 양도(저가양도)함으로써 조세의 부담을 부당히 감소시킨 것으로 인정되는 때에는, 그 취득가액 또는 양도가액을 시가에 의하여 계산한다.

C. 시가의 범위(소령 167조⑤)

시가는 상속세 및 증여세법 60~64조와 동법시행령 49~59조 및 조세특례제한법 101조의 규정을 준용하여 평가한 가액에 의한다.

D. 부당행위계산부인의 적용 배제(소령 167조⑥)

개인과 법인 간에 재산을 양수·양도하는 경우로서 그 대가가 법인세법상 부당행위계산부인 규정이 적용되지 아니하는 경우에는 양도소득 부당행위계산부인 규정을 적용하지 아니한다. 다만, 거짓 그 밖의부정한 방법으로 양도소득세를 감소시킨 것으로 인정되는 경우에는 그러하지 아니하다.

E. 부당행위계산 부인(양도자)과 증여세(수증자)의 이중과세 여부

특수관계인 간의 저가양도로 보아 양도인에게는 양도소득세를 부과하는 동시에, 양수인에게는 증여의제하여 증여세를 부과하는 것은 이중과세에 해당하지 않는다.(대법 2012두10932, 2012.9.13., 2012두3200, 2012.6.14., 2002두12458, 2003.5.13. 선고 등)

(보충1)배우자·직계존비속 간 증여재산에 대한 이월과세 흐름도

[배우자·직계존비속 간 증여재산에 대한 필요경비 계산특례(이월과세) 흐름도]

```
                    a                          b
A        →    배우자 등에게 증여    →    배우자 등이 10년 이내 타인 등에게 양도
                (직계존비속 포함)
         └────────────────────── c ──────────────────────┘
```

a행위: 배우자 등이 증여세를 납부했지만, 결국 c거래로 판정되어 **필요경비**에 산입됨.

b행위: 배우자 등이 양도소득세를 납부했지만, 결국 c거래로 판정되어 재계산하게 됨.

c행위: A가 직접 타인에게 양도한 것처럼 계산하여, '**배우자 등**'에게 양도소득세를 과세

　　　(이월과세규정을 적용하여 계산한 양도소득 결정세액이 이월과세규정을 적용하지 아니하고 계산한 양도소득 결정세액보다 적은 경우 등: 이월과세 적용배제)

　　　(a거래에 대해 배우자 등이 당초 납부했던 증여세는 **필요경비**에 산입됨.)

　　　(이 규정에 의해 당초 증여자가 직접 양도한 것으로 보는 경우, 당초 증여자를 기준으로 취득일·취득가격·보유기간·장기보유특별공제·양도소득기본공제·세율을 적용함.)

양도소득세 연대납부의무: A와 배우자 등이 c거래에 대해 소득세 연대납부의무는 **없음.**

증여세 연대납세의무: A와 배우자 등이 a거래에 대해 증여세 연대납부의무는 **있음.**(상증법 4조의2⑥)

☞주식 등을 배우자·직계존비속으로부터 증여받아 1년 이내에 양도(양도 당시 이혼한 경우를 포함) 시에도 이월과세 적용됨(소법 97조의2, 2025년 증여분부터 적용)

(보충2)우회양도 부당행위계산부인 '양도간주' 흐름도

[우회양도 부당행위계산부인 '양도간주' 흐름도]

```
                    a                          b
A        →    특수관계인에게 증여    →    특수관계인이 10년 이내 타인 등에게 양도
                (1인 또는 다수)
         └────────────────────── c ──────────────────────┘
```

a행위: 특수관계인에게 증여세 과세.

b행위: 특수관계인이 양도소득세를 납부했지만, 결국 c거래로 판정되어 충당·환급됨.

　　　(만일 이 양도소득세를 사실상 증여자인 A가 부담한 경우에는 이를 증여자 A의 기납부세액으로 공제함. 서면5팀 -261, 2006.9.27. 등)

c행위: A가 직접 타인에게 양도한 것으로 보아 '**A**'에게 **양도소득세를 과세**하는 경우

　　　(a거래 증여세 + b거래 양도소득세 〈 c거래 양도소득세)

　　　(a거래에 대해 특수관계인이 당초 납부했던 증여세는 환급됨. 소법 101조③, 헌법재판소의 헌법불합치 결정으로 환급됐음. 헌재 2000헌바28, 2003.7.24.)

　　　(이 규정에 의해 당초 증여자가 직접 양도한 것으로 보는 경우, 당초 증여자를기준으로 취득일·취득가격·보유기간·장기보유특별공제·양도소득기본공제·세율을 적용함.)

양도소득세 연대납부의무: 이 경우 A와 특수관계인이 c거래에 대해 연대납부의무 있음.(소법 2조의2)

(보충3)자산의 고가양도에 따른 소득세와 증여세의 이중과세문제

[상속세 및 증여세법상 보충적 평가액의 시가성과 자산의 고가양도에 따른 소득세와 증여세의 이중과세 문제(대판 2012.6.14, 2012두3200을 중심으로)]

(이중교 연세대로스쿨교수 「저스티스」 통권 제132호, 2012.10, p.291~318 중 '초록')

세법은 자산의 평가에 있어서 객관적으로 거래되는 합리적인 가액, 즉 시가에 따라 과세하는 것을 원칙으로 하고 있으나, 시가를 찾을 수 없다고 하여 과세를 포기할 수 없으므로 그럴 경우에는 상속세 및 증여세법(이하 '상증법') 60조③이 정한 보충적 평가방법에 따라 평가한 가액, 즉 보충적 평가액에 따라 과세하는 체계를 유지하고 있다. 2010.1.1. 개정 전 상증법 하에서는 보충적 평가액이 시가에 해당하는지 여부에 대하여 논란이 있었으나, 최근에 선고된 대판 2012.6.14, 2012두3200(이하 '대상판결')은 최초로 상증세법의 보충적 평가액이 시가에 해당한다고 판단하였다. 비록 보충적 평가액을 시가로 간주하는 명시적 규정이 존재하지 않았으나 상증세법에 의한 재산평가체계상 보충적 평가액이 차지하는 지위와 현실적으로 수행하는 기능을 고려하여 타당한 결론을 도출한 것으로 본다. 2010.1.1. 개정된 상증법 60조③은 아예 보충적 평가액을 시가로 간주하는 규정을 두어 논란의 여지를 없앴다.

상증법상 보충적 평가액의 시가성을 인정하면 대상판결의 사안은 자산을 고가양도한 경우에 해당하여 양도소득세와 증여세의 이중과세가 문제된다. 판례는 특수관계인에게 자산을 저가양도한 경우 양도소득세와 증여세는 납세의무의 성립요건과 시기 및 납세의무자를 서로 달리하는 것이어서 양도인에 대한 양도소득세 부과처분과 양수인에 대한 증여세 부과처분이 이중과세금지원칙에 위배되지 않는다고 일관되게 판시하였다. 그동안 양도소득세와 증여세의 납세의무자가 동일인인 자산의 고가양도의 경우 양도인에 대한 증여세와 양도소득세의 부과처분이 이중과세금지원칙에 위배되는지 여부에 대한 판례는 없었다. 대상판결은 상증법 2조②(현재 3조의2①, 4조의2①)이 양도소득세와 증여세의 중복적용을 배제하는 특별한 규정에 해당하지 않음을 재차 확인하면서 과세관청이 보충적 평가액과 실지양도가액의 차액 부분에 대하여 증여세를 부과하고 그 평가액을 양도가액으로 하여 양도소득세를 부과한 것은 이중과세금지원칙에 위배되지 않는다고 최초로 판시하였다. 양도소득세와 증여세의 납세의무자가 다른 저가양도의 경우와 달리 양도소득세와 증여세의 납세의무자가 동일한 고가양도의 경우 반드시 이중과세의 조정이 필요한 점, 세법상 고가양도의 경우를 특정하여 이중과세를 조정하는 방법을 규정하고 있지 않은 점(☞소법 96조③을 2007.12.31. 신설하여 해결-저자주) 등에 비추어 보면, 상증법 2조②(현재 3조의2①, 4조의2①)에 따라 이중과세를 조정하지 않고 증여의 실질을 가지고 있는 실지양도가액과 시가의 차액부분에 대하여 증여세를 과세하고 보충적 평가액을 양도가액으로 하여 양도소득세를 과세하는 방법으로 이중과세를 조정하였다고 하여 위법하다고 할 수는 없다. 따라서 대상판결의 결론은 타당하나, 과세관청이 이미 이중과세를 조정하는 방법으로 과세처분을 하여 고가양도의 경우 이중과세의 조정이 필요한지 여부에 대한 직접적인 판단이 이루어지지 못한 아쉬움이 있었다.

☞ 고가양도 및 저가양수 시 양도소득세와 증여세의 납세의무자가 동일인이므로 이중과세 조정함(저자 주)
가. 고가양도: 아래 어느 하나에 해당하면 그 가액을 양도실거래가액으로 함.

(소법 96조③, 2007.12.31. 신설)

  1. 특수관계법인에게 고가양도하여 해당 거주자에게 상여·배당 등으로 처분된 금액이 있는 경우
  2. 특수관계법인 외의 자에게 고가양도하여 해당 거주자에게 상증법 35조에 따라 증여세가 과세된 경우: 양도가액-증여재산가액

나. 저가양수: 위 가.와 같은 논리를 적용하여 취득실거래가액으로 함.(소령 163조⑩, 2008.2.22. 신설)
  단, 2호의 경우 대부분의 상속·증여가 적용대상이며, 취득가액=실제취득가액+상속·증여재산가액

2)재산취득자금 등의 증여 추정(상증법 45조)

①증여추정 요건: 다음의 경우에 모두 해당하는 경우

1. 재산 취득자(해외 유출자 포함)의 직업·연령·소득 및 재산 상태 등으로 볼 때 재산을 자력으로 취득하였다고 인정하기 어려운 경우, 또는 채무자의 직업·연령·소득·재산 상태 등으로 볼 때 채무를 자력으로 상환(일부 상환을 포함)하였다고 인정하기 어려운 경우

2. 재산 취득자 또는 채무자가 재산취득 또는 채무상환자금의 출처를 입증하지 못하는 경우

(보충)국세청은 '소득−지출 분석시스템'(Property, Consumption and Income Analysis System: PCI, 2009), FIU(금융정보분석원)정보(2013), 차세대국세행정시스템(NTIS: '엔티스', 2015)을 결합한 정보를 세무조사에 활용하고 있음.

②증여재산가액: 입증하지 못한 금액 전부

　단, 입증되지 아니한 금액이 재산취득 또는 채무상환금액의 20%와 2억원 중 적은 금액에 미달하는 경우에는 증여로 추정하지 않는다.(상증령 34조①) 그러나 증여받은 자금으로 자금출처를 입증하는 경우에는 Min{20%, 2억원} 증여추정 배제규정을 적용하지 않는다.(상증통 45−34…1②)

(보충)[재산취득자금 등의 자금출처 입증금액의 범위](상증통 45−34…1① ; 상증집 45−0−5)

1. 본인 소유재산의 처분사실이 증빙에 의하여 확인되는 경우 그 처분금액에서 양도소득세 등 공과금 상당액(생활비나 교육비, 신용카드 사용액 등도 해당−저자 주)을 차감한 금액

2. 기타 신고하였거나 과세된 소득금액에서 당해 소득에 대한 소득세 등 공과금 상당액을 차감한 금액

3. 농지경작소득

4. 재산취득일 이전에 차용한 부채로서 입증된 금액(단, 원칙적으로 배우자·직계존비속 간 소비대차는 불인정)

5. 재산취득일 이전에 자기재산의 대여로서 받은 전세금 및 보증금

③재산취득자금 등의 증여추정 배제기준(상속증여세 사무처리규정 42조, 2024.5.20. 최종 개정)

{확인: 국세법령정보시스템〉법령〉훈령〉재산〉상속세 및 증여세 사무처리규정(2024.5.20.)}

1. 재산취득일 전 또는 채무상환일 전 10년 이내에 주택과 기타재산의 취득가액(취득세 등 부대비용 포함) 및 채무상환 금액이 각각 아래 기준에 미달하고, 주택·기타재산 취득자금 및 채무상환자금의 합계액이 총액한도 기준에 미달하는 경우에는 상증법 45조①②을 적용하지 않는다.

[증여추정 배제기준](이 금액기준은 2020.7.20. 최종 개정됐으며, 세대주 여부에 따른 구분을 삭제함)

구분	취득재산		채무상환	총액한도
	주택	기타재산		
30세 미만인 자	5천만원	5천만원	5천만원	1억원
30세 이상~40세 미만	1억5천만원	5천만원	5천만원	2억원
40세 이상인 자	3억원	1억원	5천만원	4억원

　적용례: 이 규정은 이 규정 시행 후 최초로 해당업무를 수행하는 것부터 적용한다.(사무처리규정 부칙)

2. 위 1.과 관계없이 취득가액 또는 채무상환금액이 타인으로부터 증여받은 사실이 확인될 경우에는 증여세 과세대상이 된다.

3)명의신탁재산의 증여 의제(상증법 45조의2)

①변천과정

A. 양대 실명제의 도입

김영삼 대통령은 1993년 8월 12일 '금융실명제'를 도입하였고, 2년 후인 1995년 7월 1일부터는 '부동산실명제'까지 전격 도입하여, 우리나라에 뿌리 깊은 관행으로 내려온 차명재산에 대한 제재가 시작되었다. 그 이전에는 차명 등으로 인하여 공평한 조세정의가 실현되지 못하고, 지하경제나 편법과 탈세 등이 난무하였다.

「금융실명 거래 및 비밀보장에 관한 법률」(약칭「금융실명법」)제정(1997.12.31.)

금융실명제는 「금융 실명 거래 및 비밀 보장에 관한 긴급 명령」에 의거, 1993년 8월 12일 이후 모든 금융 거래에 도입된 후, 4년 후 법률로 제정됐다. **김영삼 대통령**(1993.2~1998.2 재임)은 '**부동산실명제**'까지 양대 실명제를 전격적으로 도입했다.

「부동산 실권리자명의 등기에 관한 법률」(약칭「부동산실명법」)제정(1995.7.1. 시행)

(1)명의신탁약정 무효: 1995.7.1. 이후 명의신탁약정은 무효(「부동산실명법」 4조).
　　　　　　　　　　다만, 배우자간·종중 등은 예외인정(「부동산실명법」 8조)
(2)「부동산실명법」상 규제대상: 명의신탁(계약명의신탁, 등기명의신탁)과 장기 미등기
①계약명의신탁(명의신탁약정은 무효임. 그러나 거래상대방이 선의이면 등기는 유효)
　원소유자(매도자)로부터 부동산을 매입 시 원소유자는 명의신탁자가 있다는 사실을 모르는 상태에서 명의수탁자와 직접 계약을 체결하여 명의수탁자에게 등기를 이전해주는 경우임.
　[대법원은 "A씨가 B씨에게 명의만 빌려 소유권 등기를 한 것은 「부동산실명법」을 위반해 무효인 만큼 이 약속을 위반해 아파트를 팔아도 횡령죄가 성립할 수 없다(사기죄만 인정)"고 봤다. 신탁 부동산을 마음대로 처분하면 횡령죄가 성립한다고 판시한 대법원 기존판례를 모두 변경했다. "「부동산실명법」을 위반한 명의신탁은 「형법」상 보호 대상이 아니라는 점을 선언"한 데 의미가 있다. 대법 2016도18761, 2021.2.18. 선고] ☞**중간생략등기형(3자간) 명의신탁도 같음**(대법 2014도6992, 2016.5.19. 선고)
②등기명의신탁(명의신탁약정·등기 모두 무효. 다만, 명의신탁자와의 매매계약은 유효)
　등기명의신탁은 원소유자로부터 명의신탁자가 부동산을 매입하면서 등기만 수탁자명의로 하는 것으로, 일반적으로 2자 간(명의신탁자와 명의수탁자)의 경우보다는 3자 간(원소유자, 명의신탁자와 명의수탁자)에 주로 발생함.
③장기 미등기
　등기신청 지연 기간이 3년을 초과하면 장기 미등기에 해당돼 과태료가 아닌 「부동산 실명법」 위반에 따른 과징금이 부과되는데, 「부동산실명법」 시행(1995.7.1) 이전에 부동산을 사놓고 자신의 명의로 등기하지 않고 있는 장기 미등기 부동산을 가지고 있는 사람은 1998.6.30.까지 실명전환하여야 과징금 부과에서 제외됨.(「부동산실명법」 10조)
(3)과징금 부과: 명의신탁자 등에게 부동산가액의 30% 이내 과징금 부과(법 5조③).
　다만, 조세포탈이나 법령제한 회피목적 아닌 경우 50% 감경(시행령 3조의 2, 별표)
(4)과징금 부과기준: 과징금부과율 합계(아래 1호+2호) × 그 부동산가액(시행령 별표)

---

1. 부동산평가액을 기준으로 하는 과징금 부과율

부동산평가액	과징금 부과율
5억원 이하	5%
5억~30억원	10%
30억원 초과	15%

2. 의무위반 경과기간을 기준으로 하는 과징금 부과율

의무위반 경과기간	과징금 부과율
1년 이하	5%
1년~2년	10%
2년 초과	15%

☞「부동산실명법」을 위반하여 무효인 명의신탁약정에 따라 등기했더라도, 명의신탁자가 명의수탁자를 상대로 그 등기의 말소를 구할 수 있다.(대법 2013다218156 전원합의체 판결, 2019.6.20. 선고)

[양도소득세 부과처분취소](대법원 2016두43091, 2016.10.27. 선고)

【판시사항】

[1] 명의신탁약정이 3자 간 등기명의신탁인지 또는 계약명의신탁인지 구별하는 기준

[2] 구 소득세법 104조①2의3호, 구 소득세법 시행령 167조의3①에서 말하는 '1세대 3주택 이상에 해당하는 주택'인지 판단하는 경우, 3자 간 등기명의신탁관계에서 명의신탁자가 명의신탁한 주택을 명의신탁자가 소유하는 것으로 보아 주택수를 산정하여야 하는지 여부(적극)

【판결요지】

[1] 명의신탁약정이 3자 간 등기명의신탁인지 아니면 계약명의신탁인지의 구별은 계약당사자가 누구인가를 확정하는 문제로 귀결되고, 계약명의자인 명의수탁자가 아니라 명의신탁자에게 계약에 따른 법률효과를 직접 귀속시킬 의도로 계약을 체결한 사정이 인정된다면 명의신탁자가 계약당사자이므로, 이 경우의 명의신탁관계는 3자 간 등기명의신탁으로 보아야 한다.(대법 2010다52799, 2010.10.28. 선고 참조)

[2] 구 소득세법(2009.12.31. 개정되기 전의 것) 104조①2의3호, 구 소득세법 시행령(2009.12.31. 개정되기 전의 것) 167조의3①에서 말하는 '1세대 3주택 이상에 해당하는 주택'인지 여부를 판단할 때, 3자 간 등기명의신탁관계에서 명의신탁자가 명의신탁한 주택은 명의신탁자가 소유하는 것으로 보아 주택수를 산정하여야 한다. 그 이유는 다음과 같다.

위 조항은 투기 목적의 주택 소유를 억제하여 주택 가격의 안정과 주거생활의 안정을 도모하려는 취지에서 양도소득세를 중과세하는 것으로 다주택 보유에 따른 담세력을 근거로 한다.

그런데 3자 간 등기명의신탁의 경우 명의신탁약정과 그에 따른 수탁자 명의의 등기는 무효이나 매도인과 명의신탁자 사이의 매매계약은 여전히 유효하다. 따라서 명의신탁자는 매도인에게 매매계약에 기한 소유권이전등기소유권이전등기를 청구할 수 있고, 소유권이전등기청구권을 보전하기 위하여 매도인을 대위하여 무효인 명의수탁자 명의 등기의 말소를 구할 수도 있다.(대법 2001다61654, 2002.3.15. 선고 참조)

또한 매도인과 명의신탁자 사이의 매매계약이 유효한 이상 명의신탁자로부터 매매대금을 전부 수령한 매도인은 소득세법상 양도소득세 납세의무를 부담하게 되고, 이후 명의신탁자가 자신의 의사에 따라 부동산을 양도할 경우 양도소득에 대한 납세의무는 명의신탁자가 부담하여야 한다.

이와 같이 3자 간 등기명의신탁관계에서는 명의신탁자가 대상 주택을 지배·관리하면서 사실상 이를 처분할 수 있는 지위에 있고 처분에 따른 소득의 귀속주체가 된다는 점에서, 투기 목적의 주택 소유를 억제하려는 위 조항의 입법 취지 등을 고려할 때 위 조항의 적용에서는 명의신탁자가 대상 주택을 소유하는 것으로 봄이 옳다.

[취득세 등 부과처분취소](대법 2012두28414, 2017.7.11. 선고)

【판시사항】

[1] 구 지방세법 105조②(납세의무자 규정으로 현행 지법 7조②)에서 정한 '사실상 취득'의 의미 / 계약명의
신탁에 의하여 부동산의 등기를 매도인으로부터 명의수탁자 앞으로 이전한 경우, 매매대금을 부담한 명의
신탁자에게 취득세 납세의무가 성립하는지 여부(소극, 즉 명의수탁자가 취득세 납세의무자임)

[2] 타인을 통하여 부동산을 매수하면서 매수인 명의를 타인 명의로 하기로 한 경우, 그 명의신탁관계는 계
약명의신탁에 해당하는지 여부(원칙적 적극)

【판결요지】

[2] 명의신탁약정이 3자 간 등기명의신탁인지 아니면 계약명의신탁인지를 구별하는 것은 계약당사자를 확
정하는 문제로서, 타인을 통하여 부동산을 매수하면서 매수인 명의를 그 타인 명의로 하기로 하였다면, 계
약명의자인 명의수탁자가 아니라 명의신탁자에게 계약에 따른 법률효과를 직접 귀속시킬 의도로 계약을
체결하였다는 등의 특별한 사정이 없는 한, 그 명의신탁관계는 계약명의신탁에 해당한다고 보아야 한다.

(대법 자, 2013스133, 2013.10.7. 결정 참조)

B. 1997년부터 개정 상증법(당시 상증법 32조의2→1998.12.28. 41조의2→2003.12.30. 45조의2로 변경)

이와 관련하여 1997.1.1. 이후 적용된 상증법에서는, 부동산실명제 실시에 따라 부동산에 대
하여는 명의신탁 약정이 무효화되었으므로 부동산(토지·건물) 명의신탁에 대한 증여의제 과세
제도를 폐지하였다(대신「부동산실명법」에 따라 과징금 부과).

또한 당시 상증법에서도 조세회피 목적으로 주식을 차명으로 명의개서하는 경우 차명시점에
증여로 의제하여 과세하였다. 그러나 조세회피 목적을 확인하기가 어려워 증여세 과세의 실효
성이 적었다.

이에 따라 부득이하게 실명으로 전환할 수 있는 기회를 주기 위해, 1997.1.1.~1998.12.31. 2
년 동안 유예기간을 설정하고 유예기간 중 실명전환한 과거의 차명주식에 대해 명의신탁에 대
한 증여세를 면제하는 특례를 인정하여 차명주식의 실명전환을 유도하였다.

C. 차명주식이 이루어진 이유

관련법령	타인명의로 주식 등을 취득한 이유
「자본시장법」 등의 소유제한 회피	「자본시장과 금융투자업에 관한 법률」(←「증권거래법」 2007.8.3. 폐지)상 대주주 주식보유비율의 제한, 타법인 주식보유 제한규정을 회피.
「공정거래법」상 소유제한 회피	「독점규제 및 공정거래에 관한 법률」에서는 기업결합을 제한하고 있는 바, 이러한 제한을 회피.
상장요건과 주식장외등록요건 충족	「자본시장법」, '유가증권시장상장규정 및 시행세칙'(KRX, 한국거래소) 및 주식장외 등록 규정상 상장요건이나 주식장외등록요건을 맞추기 위함.
「상법」상 발기인수의 제한	구 「상법」상 주식회사의 발기설립요건인 발기인 총수를 7인 이상으로 맞추기 위함. (1996년 10월 1일 「상법」 개정되어 발기인수 3인으로 축소됨)

과점주주의 제2차 납세의무 회피	국세기본법, 및 지방세법상 비상장법인의 주식을 50% 초과 소유하는 과점주주에 대하여는 제2차 납세의무를 부과하므로 이를 회피.
지방세법상 과점주주의 취득세 납부의무 회피	지방세기본법(지법 7조⑤에 의한 지기법 46조 준용)상 주식 등을 50% 초과 소유하는 과점주주에 대하여는 과점주주가 다시 취득한 것으로 보아 과점주주에게 취득세를 부과.(지법 7조⑤, 지령 11조)

(보충1)과점주주 범위확대 '51% 이상→50% 초과': 국세 2007, 지방세 2008년부터 적용.

국세기본법(국기법 39조), 및 지방세법(지기법 46조)상 비상장법인의 주식을 50% 초과 소유하는 과점주주에 대하여는 제2차 납세의무를 부과하고 있는데, 과점주주 범위가 확대됨.

1. 국세(국기법 39조): 2007년 귀속분부터는 50% 초과. 2006.12.30. 개정 국기법 39조

2. 지방세(지기법 46조): 2008년 귀속분부터는 50% 초과. 2011.1.1.부터 시행된 지방세기본법이 제정된 2010.3.31. 이전의 구 지방세법(2007.12.31. 개정) 22조

(보충2)제2차 납세의무를 벗어나기 위해 차명주식을 이용했지만 실익은 별로 없음

법인세는 과세소득 중 세율을 곱하여 세액계산을 하고, 결손인 경우에는 세금이 없으므로, 정상적인 방식으로 운영할 경우에는 과점주주가 제2차 납세의무를 질 가능성이 희박하다. 그럼에도 불구하고 단지 제2차 납세의무를 회피하기 위하여 차명주주를 두게 되면 훗날 주식을 실명 전환할 경우 엄청난 제약에 부딪치게 되는 바(주식평가액의 상승 등으로 수많은 세금문제가 발생하게 됨), 별로 실익도 없는 규정을 회피하고자 오히려 일만 그르친 결과가 된 경우가 허다하다.

(보충3)과점주주의 취득세 납부의무 회피를 위하여 차명주식 이용하면 오히려 손해임

설립당시 과점주주는 취득세 납세의무가 없으며 훗날 주식지분율이 증가할 경우 증가된 부분에 대해서만 과점주주 취득세를 부담하는 반면, 설립당시 과점주주가 아닌 자가 과점주주가 된 경우에는 지분율 전체에 대해 과점주주 취득세를 부담하는 불이익이 있다.(지법 7조⑤, 지령 11조) 그럼에도 불구하고 법인설립 시 타인명의로 주식을 보유하는 것은 과점주주 취득세 부담 측면에서는 오히려 손해이다.

D. 명의신탁재산의 증여 의제 입법취지

2004년 1월 1일부터 증여세를 완전포괄주의로 과세전환하면서 구 상증법의 조번과 조문제목을 2003년 12월 30일자 개정 상증법에서 대대적으로 정비하였다. 이에 따라 명의신탁 증여의제 조항도 다음과 같이 변경하였다.

'제3자 명의로 등기 등을 한 재산에 대한 증여의제'(상증법 32조의2)

→'명의신탁재산의 증여 의제'(상증법 41조의2 1998.12.28.→45조의2, 2003.12.30. 개정)

【명의신탁은 경제적 실질이 '부의 무상이전'과는 무관한 전혀 다른 행위이므로 포괄증여 규정에 의하더라도 증여세를 부과할 수 없는 것이 원칙이다. 적어도 구 상증법(2003.12.30. 개정 전)상으로는 명의신탁은 증여와 무관한 것으로서, 명의신탁 그 자체를 규제하여야 할 대상으로 간주하여 규제수단으로써 증여세를 부과하는 것이다. 엄밀히 보자면 이는 일종의 행정벌(질서벌)이지 세금은 아니다. 행정벌에 세금을 과세하면 그 자체가 위헌이라고 볼 여지가 있지만, 이미 헌법재판소(96헌바87, 1998.4.30. 결정)와 대법원(대법 95누9174, 1996.8.20. 선고)은 명의신탁에 대해 행정벌적 성격의 증여세를 부과하더라도 합헌이라고 판단한 바 있다. 또한 증여세를 회피하기 위

한 명의신탁만이 아니라 '다른 세금을 회피하기 위한 명의신탁이라 하더라도' 조세회피목적이 있는 이상 증여세를 부과할 수 있다는 것이다.】(『상속·증여세 완전포괄주의 도입에 관한 공청회』서울 대학교 법학연구소, 2003.8.21., p.18)

이에 따라 개정(2003.12.30.일자) 상증법에서는, "명의신탁은 재산의 무상이전이 아니라 조세벌 성격으로 과세하는 것이므로"(『2003 개정세법 주요해설』재정경제부, p.366) '증여 추정 및 증여 의제' 라는 별도의 절(3장 2절)로 묶어서 과세하게 된 것이다.

E. 명의신탁의 증여 의제에 대한 납세의무자는 실제소유자(2019.1.1. 이후 증여로 의제되는 분부터 적용. 단, 장기 명의미개서분은 종전규정 적용)

가. 증여세의 경우

방금 살펴본 것처럼, 명의신탁의 증여 의제는 '경제적 실질에 의한 부(富)의 이전'보다는 행정 벌(질서벌) 성격이므로 과세방식도 다른 증여와는 다를 수밖에 없다.

따라서 상증법 45조의2(명의신탁의 증여 의제)에 따른 증여세는 영리법인이라 하더라도 실 제소유자라면(2018년까지는 명의자라면) 부담하게 된다. 증여세의 납세의무자는 원칙적으로 '수증자'이지만(상증법 4조의2①), 명의신탁 증여 의제에 대해서는 수증자(즉, 명의자)가 아니라 예 외적으로(①에도 불구하고) '실제소유자'(즉, 증여자)를 납세의무자로 개정한 것이다.(상증법 4조의 2② 신설)

즉, '명의신탁재산의 증여 의제'(상증법 45조의2)에 대해서는 2018년까지는 명의자에게 과세하고 실제소유자에게는 연대납세의무만 부여하였으나, 조세회피목적으로 명의신탁을 활용하는 주체 는 실제소유자라는 점을 감안하여 납세의무자를 실제소유자로 하였으므로 연대납세의무는 규 정할 실익이 없어 삭제했다.(상증법 4조의2②에 "①의 규정에도 불구하고(즉, 수증자가 증여세 본래의 납세 의무자라는 규정 – 저자 주) 45조의2에 따라 재산을 증여한 것으로 보는 경우(명의자가 영리법인인 경우를 포함) 에는 실제소유자가 해당 재산에 대하여 증여세를 납부할 의무가 있다"를 삽입하고 ③부터 1씩 항번이 개정됐다.)

특히, 명의신탁재산의 증여의제(상증법 45조의2)는 증여의제로 보는 시점이 '2019년 1월 1일' 전·후인지에 따라 과세방식이 완전히 달라진다(다만, 2018년까지 취득 후 명의개서를 하지 않 은 경우는 종전규정에 의함, 개정 상증법 부칙 6조).

구분	2018.12.13.까지 증여의제	2019.1.1.부터 증여의제
증여자	명의신탁자(실제소유자)	명의신탁자(실제소유자)
수증자	명의수탁자	명의수탁자
증여세 납세의무자	명의수탁자	명의신탁자(실제소유자)
동일인 간 10년 합산여부	10년 간 동일인합산 적용	합산배제 증여자산

(보충)명의신탁 증여의제는 다른 증여와 달리 경제적 측면보다는 행정벌(질서벌) 성격으로 과세된다는 특징이 있는데, 이러한 점을 반영하여 명의신탁 증여의제에 대한 납세의무자를 2019년부터는 실제소유자로 변경했는데, 이미 명의신탁분과 장기미개서분의 적용이 다름.

1. 이미 명의신탁된 재산에 대한 적용: 종전규정 적용(2019.1.1. 이후 증여의제분부터는 개정규정 적용)
   (상증법 4조의2② 포함하여 명의신탁 관련 모든 개정규정, 개정 상증법 부칙 3조)

2. 2018년까지 취득하였으나 명의개서를 하지 않은 재산에 대한 적용: 2019.1.1. 이후 증여의제 되더라도 종전 규정 적용(즉, 납세의무자는 여전히 수증자=명의수탁자임)
   (상증법 4조의2② 포함하여 명의신탁 관련 모든 개정규정, 개정 상증법 부칙 6조)

나. 증여세 이외 국세의 경우

증여세 이외의 세금에 대해서는 종전부터 납세의무자가 명의자가 아니라 실제소유자로 적용되어 왔다. 이는 국세기본법 통칙에도 규정되어 있고 대법원에서도 일관된 견해를 표시하고 있다.

【명의신탁자에 대한 과세】(국기통 14-0…6)

명의신탁부동산을 매각처분한 경우에는 양도의 주체 및 납세의무자는 명의신탁자이다.

[명의신탁 부동산의 공매와 양도소득세의 납부의무자: 명의신탁자](대법 95누4551, 1995.11.10. 선고)

과세관청이 명의신탁 사실을 모르고 부동산의 양도에 따른 양도소득세를 명의수탁자에게 부과한 경우, 명의수탁자가 이를 행정상 쟁송 또는 소송을 통하여 다투지 아니함으로써 형식적으로 명의수탁자의 양도소득세의 납부의무가 확정되었다고 하여 위 부동산의 양도에 따른 명의신탁자의 양도소득세의 납부의무가 소멸하는 것은 아니므로, 과세관청이 위 양도소득세 체납을 이유로 명의신탁재산인 부동산을 공매한 후 그 매득금 중 대부분을 위 체납세액에 충당한 것이라면, 위 부동산의 양도소득인 위 공매대금 중 체납세액에 충당한 금원 상당은 사실상 명의신탁자에게 귀속되었다고 보아야 한다.

[실질과세 원칙상 명의신탁재산의 양도소득세 납세의무자는 명의신탁자임] (대법 93누517, 1993.9.24. 선고)

부동산을 제3자에게 명의신탁한 경우 명의신탁자가 부동산을 양도하여 양도소득이 명의신탁자에게 귀속되었다면, 우리 세법이 규정하고 있는 실질과세의 원칙상 당해 양도소득세의 납세의무자는 양도의 주체인 명의신탁자이지 명의수탁자가 납세의무자가 되는 것은 아니다.

이미 증여세가 과세된 부동산이 양도된 경우에 있어서도 증여세와 양도소득세는 납세의무의 성립요건과 시기 및 납세의무자를 서로 달리하는 것으로서, 과세관청이 각 부과처분을 함에 있어서 납세의무자를 누구로 볼 것인가는 각각의 과세요건에 따라 실질에 맞추어 독립적으로 판단하여야 하고, 당해 부동산의 양도시를 기준으로 당초의 명의자 앞으로의 등기가 명의신탁등기로서 당해 양도행위 및 소득귀속의 주체가 여전히 명의신탁자임이 밝혀졌다면, 실질상의 양도인인 명의신탁자를 양도소득세의 납세의무자로 하는 것이 당연하며, 단지 명의수탁자가 그에게 부과된 증여세를 납부하였다는 이유만으로 다시 위 부동산의 양도에 따른 양도소득세도 명의수탁자에게 부과하여야 한다고 할 수 없다.

---

②명의신탁에 대한 증여세 과세대상(상증법 45조의2①)

권리의 이전이나 그 행사에 등기 등이 필요한 재산('토지와 건물은 제외')의 실제소유자와 명의자가 다른 경우에는 국세기본법 14조에도 불구하고 그 명의자로 등기 등을 한 날(명의개서를 하여야 하는 재산을 명의개서를 하지 않은 경우에는 소유권취득일이 속하는 해의 다음 해 말일 의 다음 날을 말함)에 그 재산의 가액을 실제소유자가 명의자에게 증여한 것으로 본다. 다만, 다음의 어느 하나에 해당하는 경우에는 그러하지 아니하다.

1. 조세 회피의 목적 없이 타인의 명의로 재산의 등기 등을 하거나 소유권을 취득한 실제소유자 명의로 명의개서를 하지 아니한 경우
2. 「자본시장과 금융투자업에 관한 법률」에 따른 신탁재산인 사실의 등기 등을 한 경우
3. 비거주자가 법정대리인 또는 재산관리인의 명의로 등기 등을 한 경우

③증여 의제시기(상증법 45조의2①, 상증령 34조의2)

　그 명의자로 등기 등을 한 날(명의개서를 하여야 하는 재산을 명의개서를 하지 않은 경우에는 소유권취득일이 속하는 해의 다음 해 말일의 다음 날을 말함)에 실제소유자가 명의자에게 증여한 것으로 본다.(상증법 45조의2①, 상증통 45의2-0…4도 같음)

　명의개서를 한 날은 「상법」에 따라 취득자의 주소와 성명을 주주명부(「자본시장과 금융투자업에 관한 법률」에 의한 실질 주주명부 포함)에 기재한 때를 말하며(상증통 45조의2-0…3, 상증집 45의2-0-9), 주주명부 등을 작성하지 않은 경우에는 주식 등 변동상황명세서 제출일을 증여의제일로 본다(대법 2017두32395, 2017.5.11. 선고). 주주명부 또는 사원명부가 작성되지 아니한 경우에는 법인의 납세지 관할세무서장에게 제출한 주주 등에 관한 서류 및 주식등변동상황명세서에 따라 명의개서 여부를 판정하고, 증여일은 소유권이전 처리일(소유권이전 처리일이 불분명한 경우에는 주식등변동상황명세서상 거래일)로 한다.(상증법 45조의2④, 상증집 45의2-0-10)

【장기간 명의개서하지 않은 주식 등의 증여의제 시기】

(상증집 45의2-0-11, 2002.12.18. 개정 상증법 부칙 5조·9조)

주식을 취득한 후 취득자의 명의로 명의개서 하지 않은 경우 증여의제 시기는 다음과 같이 구분된다.

1. 2002.12.31. 이전 취득한 경우(2003.1.1. 취득의제): 소유권 취득일이 속하는 다음연도 말일의 다음 날(즉, 2005.1.1이 의제 증여시기임)
2. 2003.1.1. 이후 취득한 경우: 소유권취득일이 속하는 연도의 다음연도 말일의 다음 날

【'명의신탁 합의'와 '명의개서해태'에 따른 증여의제 시기】

(대법 2020두53378, 2023.9.21. 선고: 1·2심 법원도 같은 결론이었음)

명의신탁 합의: 이후 '명의개서해태'가 있더라도 '명의신탁 합의일'에 증여세 과세요건이 충족되고 그때부터 증여세 부과제척기간이 진행하는 것임.

(단순)명의개서해태: '명의신탁 합의' 없이 '명의개서해태'만 있으면 법정기간(바로 위 규정) 경과 시 증여세 과세요건이 충족되어 그때부터 증여세 부과제척기간이 진행하는 것임.

[명의수탁자 명의로 교부받은 합병신주가 명의신탁 증여의제에 따른 증여세 과세대상이 되는지 여부]
(대법 2016두30644, 2019.1.31. 선고. 납세자 승소)

판결요지: "최초의 명의신탁 주식을 기초로 다시 명의개서 된 다른 주식에 대해 제한 없이 명의신탁 증여의제를 허용하게 되면 최초 증여의제의 효과를 부인하는 결과가 초래되고, 주식이나 그 매입자금이 수탁자에게 증여된 경우에 비하여 지나치게 많은 증여세액이 부과될 수 있는 점 등을 고려할 때, 특별한 사정이 없는 한 재차 명의신탁 증여의제 규정을 적용할 수는 없다."

1. 사실관계

비상장법인인 A주식회사('합병회사')는 2007.12.20. 비상장법인인 B주식회사('피합병회사')를 흡수합병 하였다. 흡수합병에 따른 합병비율은 피합병회사 주식 1주당 이 사건 회사의 주식 0.4주로 결정되었고, 별도로 합병교부금이 지급되거나 자본금이 추가 납입된 사실은 없다.

합병 전에 소외인으로부터 피합병회사의 주식 합계 257,143주('합병구주')를 명의신탁 받았던 원고들은, 합병에 따라 합병구주에 상응하는 이 사건 회사의 신주 합계 102,857주('합병신주')를 배정받아 원고들 명의로 등재를 마쳤다.

원고들은 2008.12.29. 합병신주 합계 30,000주에 관하여 명의신탁을 해지하고 소외인 명의로 실명전환을 하면서, 명의신탁 받았던 '합병구주 합계 75,000주에 대하여만 증여세를 신고·납부'하였다.

서울지방국세청장(피고)의 증여세 조사결과에 따라, 2013.11.경 합병구주에 대한 대가로 교부받은 합병신주 역시 소외인으로부터 명의신탁 받았다고 보아, 상증세법 45조의2②을 적용하여 납세자(원고)들에게 증여세를 부과하였다.

2. 대법원 판결논리

상증법 45조의2의 적용과 관련하여 기존의 명의신탁으로부터 파생되는 명의신탁이 문제되는데, 최근의 대법원은 그 적용 범위를 좁히는 추세이다. 대법원은 종래, (흡수합병과 유사한) 주식의 포괄적 교환에 의한 신주의 취득에 대하여, 구 주식에 대한 대가로 취득한 것이라고 하더라도 주식매수청구권 등을 행사하지 않았으므로 새로운 명의신탁관계가 인정된다고 하면서 명의신탁 증여의제에 따른 과세를 인정하였으나(대법 2013두579120, 2013.8.23. 선고), 최근, 신주는 최초의 명의신탁 주식에 상응하여 배정받은 것일 뿐이므로 별도로 명의신탁 증여의제를 적용할 수는 없다고 판시하여 종래의 판례와 다른 견해를 피력하였다(대법 2012두27787, 2018.3. 29. 선고). 이는 대법 2011두10232 판결(2017.2.21. 선고)의 법리에 기초한 것인데, 이 판례에서 대법원은 "최초의 명의신탁 주식이 매도된 후 그 매도대금으로 다른 주식을 취득하여 다시 동일인 명의로 명의개서한 경우에 대해, '상증법 45조의2는 명의신탁행위를 방지하기 위하여 실질과 세원칙의 예외로서 허용되는 규정'이므로, 조세회피행위를 방지하기 위해 필요하고도 적절한 범위 내에서만 적용되어야 하는 점, 최초의 명의신탁 주식을 기초로 다시 명의개서된 다른 주식에 대해 제한 없이 명의신탁증여의제를 허용하게 되면 최초 증여의제의 효과를 부인하는 결과가 초래되고 주식이나 그 매입자금이 수탁자에게 증여된 경우에 비하여 지나치게 많은 증여세액이 부과될 수 있는 점 등을 고려할 때, 특별한 사정이 없는 한 재차 명의신탁 증여의제 규정을 적용할 수는 없다"고 판시하였다. 본 사건 판결에서도 대법원은 같은 취지로, "명의신탁 증여의제 규정이 제한적으로 적용될 필요성을 설시하면서, 흡수합병에 따라 명의개서된 합병신주에 대하여는 재차 명의신탁 증여의제 규정을 적용할 수는 없다"고 판시하였다. 합병신주는 합병절차에 따라 합병구주를 대체하는 것에 불과하고 새로운 취득자금은 전혀 유입되지 않은 점, 합병구주에 대해 이미 명의신탁 증여의제를 적용하여 증여세가 과세된 점 등을 고려할 때, 합병신주에 대한 증여세 과세를 부인한 것이다.

> 다만, 본 판결이 합병신주를 새로운 명의신탁행위로 인정하면서도 조세회피행위의 방지를 위해 필요한 범위 내에서만 명의신탁 증여의제 규정을 적용하여야 한다는 것을 논거로 증여세 과세를 부인한 점을 고려할 때, 합병에 의해 조세회피에 대한 새로운 유인이 발생할 경우를 전혀 고려하지 아니하고, 조세회피목적의 유무에 대해 전혀 논의하지 않은 것은 아쉬움이 남는다.(발췌:「월간 공인회계사」 2019년 3월호, 법무법인 호산 김홍철 공인회계사·변호사, p.37~39)

④명의신탁재산 증여 의제의 재산가액 계산(상증법 45조의2①)

　명의신탁재산의 가액 평가는 증여의제일 현재의 시가로 평가하지만, 그 재산이 '명의개서를 하여야 하는 재산'인 경우에는 '소유권취득일(증여의제일이 아님)'을 기준으로 평가한다.(상증법 45조의2①, 상증집 45의2-0-12도 같음)

　또한 명의신탁재산이 주식인 경우에는 그 주식의 명의자가 최대주주에 해당하면 그 주식에 대한 증여재산가액 평가 시 할증평가 규정이 적용된다.(재재산 46014-39, 2002.2.15.)

(보충)코스닥시장 명의신탁주식 평가 시 할증규정 적용 배제

2016.2.5. 이후 평가하는 분부터는 "코스닥시장에 상장신청을 한 법인의 실제소유자와 명의자가 다른 경우로서 상증법 45조의2(명의신탁의 증여 의제)에 따라 해당 주식 등의 명의자가 실제소유자로부터 증여받은 것으로 보는 경우, 그 코스닥시장 주식의 평가 시 할증하지 않음."(상증법 63조③, 상증령 53조⑥8호, 2016.2.5. 개정 상증령 부칙 7조)

⑤조세회피목적이 있는지 여부 판단(상증법 45조의2③)

　타인의 명의로 재산의 등기 등을 한 경우 및 실제소유자 명의로 명의개서를 하지 아니한 경우에는 조세 회피 목적이 있는 것으로 추정한다. 다만, 실제소유자 명의로 명의개서를 하지 아니한 경우로서 다음의 어느 하나에 해당하는 경우에는 조세 회피 목적이 있는 것으로 추정하지 아니한다.

1. 매매로 소유권을 취득한 경우로서 종전 소유자가 소득세법에 따른 양도소득 과세표준신고 또는 「증권거래세법」 10조에 따른 신고와 함께 소유권 변경 내용을 신고하는 경우
2. 상속으로 소유권을 취득한 경우로서 상속인이 다음 각 목의 어느 하나에 해당하는 신고와 함께 해당 재산을 상속세 과세가액에 포함하여 신고한 경우. 다만, 상속세 과세표준과 세액을 결정 또는 경정할 것을 미리 알고 수정신고하거나 기한 후 신고를 하는 경우는 제외함.
　- 상증법 67조에 따른 상속세 과세표준신고
　- 국기법 45조에 따른 수정신고
　- 국기법 45조의3에 따른 기한 후 신고

　한편 명의신탁과 관련하여 조세회피목적이 있는지의 여부를 판단함에 있어 그 대상조세는 모든 국세·지방세 및 관세를 말한다.(상증법 45조의2⑥)

　또한 "차명주식에 대해 조세회피목적이 있는 것으로 추정되는 경우, 이러한 추정을 벗어나기 위하여 조세회피목적이 없었다는 점을 (과세관청이 아니라) 명의자가 입증할 책임을 진다."(대법 2003두11810, 2004.3.11. ; 88누4997, 1990.3.27. 선고 등)

제1장 제2장 제3장 제4장 제5장 제6장 제7장 제8장 제9장 제10장 제11장 제12장 제13장 제14장

명의신탁 당시 횡령이라는 은닉과 단기시세차익을 얻기 위한 목적이 있고, 설령 명의신탁으로 조세회피 가능성이 있더라도 명의신탁에 부수하여 사소한 조세경감이 생기는 것에 불과한 경우 명의신탁 증여의제가 적용되지 않음.{대법 2022두45609, 2022.9.29.(심리불속행) ; 대법 2016두51689, 2017.6.19. 선고 등}

⑥ 명의신탁의 해지

A. 명의신탁재산 자체를 신탁해지하여 반환받는 경우: 반환은 증여 아님

상증법 45조의2에 따른 증여에 해당하는 재산의 신탁을 해지하여 그 재산의 실제소유자인 위탁자 명의로 환원하는 경우, 그 환원하는 것은 증여에 해당하지 아니하나(법원의 확정판결에 의하여 신탁해지를 원인으로 소유권이전등기를 하는 경우에는 양도로도 보지 아니함, 소통 88-0…1①), 실제소유자 이외의 자에게 무상으로 명의이전하는 경우에는 그 명의를 이전한 날에 실제소유자가 그 명의를 이전받은 자에게 증여한 것으로 본다.(상증통 45의2-0…2, 서면상속증여-22569, 2015.2.13.)

흡수합병에 따라 교부받은 합병법인의 주식을 실제소유자가 아닌 타인명의로 다시 명의개서를 하는 경우 새로운 명의신탁에 해당한다.(재재산-722, 2013.10.23.)

> **[명의신탁재산을 제3자 명의로 이전 시 다시 증여]**(대법 2011두8765, 2011.9.29. 선고)
> 구 상증법(2007. 12. 31. 개정 전의 것)은 31조④(현 4조④ – 저자 주)에서 "증여를 받은 후 그 증여받은 재산을 당사자 간의 합의에 따라 68조의 증여세 과세표준 신고기한(3월) 내에 반환하는 경우에는 처음부터 증여가 없었던 것으로 본다. 다만 반환하기 전에 과세표준과 세액의 결정을 받은 경우에는 그러하지 아니하다"고 규정하면서,
> 구 상증법 45조의2(현재도 같은 조문 – 저자 주)에서 증여로 의제되는 명의신탁에 대하여 위 규정의 적용을 배제하는 규정을 따로 두고 있지 않고, 증여세 과세표준 신고기한 내에 당사자들 합의에 의하여 증여재산을 반환하는 경우나 명의신탁 받은 재산을 반환하는 경우 모두 그 재산을 수증자 또는 명의수탁자가 더 이상 보유하지 않게 된다는 면에서 실질적으로 다르지 아니한 점 등에 비추어 볼 때,
> 구 상증법 31조④은 증여로 의제된 명의신탁재산에 대하여 명의신탁을 해지하고 반환하는 경우에도 적용된다고 보아야 하고, 이는 명의수탁자가 명의신탁 받은 재산을 명의신탁자 명의로 재산을 반환하는 경우뿐 아니라 명의신탁자의 지시에 따라 제3자 명의로 반환하는 경우도 마찬가지라고 보아야 한다.

B. 명의신탁주식 매도대금의 반환은 다시 증여임

명의신탁재산 자체가 아니라 이를 매도한 매도대금을 반환한 것은, (증여세가 과세된) 명의신탁재산의 반환이 아니라 현금화 과정을 거쳤으므로 새로운 증여로 본다.

> **[명의수탁자가 명의신탁주식의 매도대금을 명의신탁자에게 반환한 경우, 구 상증법 31조④(현 상증법 4조④)의 '증여받은 재산의 반환' 여부(소극)]**(대법 2005두10200, 2007.2.8. 선고)
> 원심은, 원고가 구 상증법 41조의2①(45조의2 – 저자 주)에 의하여 증여받은 것으로 의제되는 재산은 이 사건 명의신탁주식 매수대금이 아닌 이 사건 명의신탁주식 자체이고, 명의수탁자가 명의신탁재산을 처분하여 그 대금을 명의신탁자에게 반환하는 것은 조세회피목적의 명의신탁에서 당연히 예정된 행위인데,

명의수탁자가 명의신탁재산의 처분 대가 또는 가액 상당의 금전을 명의신탁자에게 반환하는 것을 증여받은 재산의 반환으로 보아 증여세를 부과할 수 없다고 해석한다면 명의신탁행위를 증여로 의제하여 과세함으로써 조세회피목적의 명의신탁을 억제하고자 하는 법의 취지가 몰각되게 되므로, 원고의 이 사건 명의신탁주식 매도대금의 반환을 구법 31조④(현행 4조④ – 저자 주)에 규정된 '증여받은 재산의 반환'으로는 볼 수 없다고 판단하였는바, 관계 법령과 기록에 비추어 살펴보면 위와 같은 원심의 판단은 정당하고, 거기에 증여재산의 반환과 증여세 비과세 규정에 관한 법리오해 등의 위법이 없다.

[3개월 이내라도 현금반환 시는 각각 증여임](국심 2004서3011, 2005.12.7. 선고)

1. 청구인 주장:

주식의 명의개서가 있었고 그로부터 3개월(증여세 신고기한) 이내에 실소유자가 당해 주식을 양도하고 그 양도대금을 받았으므로, 당해 주식을 증여세 신고기한 이내에 반환하는 경우에 해당하여 처음부터 증여가 없었던 것으로 보아야 한다.

2. 국세심판원(2008년부터는 조세심판원) 결정:

명의수탁자가 증여받은 것으로 의제되는 것은 명의신탁된 재산 자체이므로, 양도대금의 반환은 증여받은 재산의 반환으로 볼 수는 없다. 또한 명의신탁을 증여의제로 과세하는 법의 취지가 조세회피목적의 명의신탁을 억제하려는 것임을 감안할 때, 조세회피목적의 명의신탁에서 당연히 예정된 행위인 명의신탁재산을 처분하여 그 대금을 명의신탁자가 가져가는 경우까지 증여받은 재산의 반환으로 보아 처음부터 증여가 없었던 것으로 볼 수는 없다.

(보충)증여재산의 반환으로 본 그 이전의 행정심판 사례들은 일부 있으나 적용 불가:

　　감심 2004-13, 2004.2.19. ; 국심 2003서414, 2003.7.28. 등

C. 명의신탁재산으로 증여세가 과세된 후 명의자에게 실제로 증여하는 경우: 다시 증여세 과세함

　명의신탁 증여 의제 규정에 의하여 증여세가 과세된 이후에, 실제소유자가 소유권을 환원하지 아니하고 그 명의자에게 실제로 증여하는 경우 다시 증여세 과세대상이 된다.(서면4팀-610, 2004.5.7.)

D. 지방세법상 과점주주 취득세와 명의신탁 및 명의신탁해지 시 취득시기

[과점주주 간주취득세에서 명의신탁·명의신탁해지에 따른 취득시기](제9장 취득세 02(2)12⑤ 참조)

1. 과세관청과 조세심판원: 명의신탁 사실이 '명백하게 입증'되면 명의신탁시점에 취득한 것으로 보지만, 그렇지 못하면 명의신탁 해지시점에 실소유자가 취득한 것으로 해석

(1)지방세운영과-3127, 2010.7.22.

법인의 주식 또는 지분을 취득함으로써 과점주주가 된 경우에 과점주주 간주취득세 납세의무가 성립된다고 규정하고 있고, 명의신탁 해지로 인하여 주식의 명의를 회복하는 것은 취득에 해당하지 않으므로, 그에 따라 과점주주가 되는 경우에는 과점주주 간주취득세 납세의무가 성립되었다고 볼 수 없으나, 명의신탁임이 명백하게 입증이 되어야 적용할 수 있음.

(2)조심 2016지1274, 2017.2.13. 결정요지(유사 결정례: 감사원 2016심사642, 2016.12.15. ; 감사원 2015심사668, 2016.8.18. ; 조심 2017지0016, 2017.10.30. ; 조심 2016지1282, 2017.8.9. ; 조심 2017지0352, 2016.8.18. 등)

청구인들은 쟁점주식이 명의신탁 되어 있던 것이라는 '사실을 입증할 수 있는 자료를 제출한 사실이 없고', 설령 명의신탁된 주식이었다 하더라도 명의신탁을 해지하고 실제 소유자 명의로 주주명부를 개서하고 주권을 넘겨받았다면 실제 소유자가 당해 주식을 취득한 것으로 보아야 할 것이므로 청구인들은 쟁점주식을 취득하고 과점주주 비율이 증가된 것으로 보아 이 건 경정청구를 거부한 처분은 잘못이 없다고 판단됨.

2. 대법원: (명의신탁 해지 시점이 아니라) 명의신탁을 하는 시점에 실소유자가 사실상 취득한 것으로 해석
(대법 2009두7448, 2010.8.20. ; 대법 2013두17671, 2013.12.12. ; 대법 2014두10943, 2017.6.14. ; 대법 2015두39217, 2015.6.11. ; 대법 2011두26046, 2016.3.10. ; 대법 2018두49376, 2018.11.9. 선고 외 다수)

⑦'명의신탁주식 실제소유자 확인' 제도(국세청 안내자료 원상태로 수록)

  (국세청 홈페이지〉성실신고지원〉증여세〉명의신탁주식 실제소유자 확인안내)

  국세청은 2014년 6월 23일부터 중소기업을 대상으로 '명의신탁주식 실제소유자 확인제도'를 시행함에 따라, 국세청훈령인 '상속세 및 증여세 사무처리규정'에 9조의2를 신설하였다.

  당초에는 확인신청 요건 중 '실제소유자별·주식발행법인별로 실명전환하는 주식가액의 합계액이 30억원 미만일 것'이라는 제한이 있었으나, 2017년 5월 1일자로 실제소유자 확인신청요건 중 '주식가액기준'이 삭제되었다.

[명의신탁주식 실제소유자 확인제도란?]

2001년 7월 23일 이전에는 상법 규정에 따라 발기인이 3명(1996년 9월 30일 이전은 7명) 이상일 경우에만 법인설립이 허용되어 부득이하게 친인척·지인 등 다른 사람을 주주로 등재하는 명의신탁 사례가 많았습니다.

이처럼 명의신탁한 주식을 실제소유자에게 환원하는 경우 관련 증빙을 제대로 갖추지 못해 이를 입증하는 데 많은 불편과 어려움을 겪고 있습니다.

이러한 사정을 고려하여, 일정한 요건을 갖추면 세무조사 등 종전의 복잡하고 까다로운 확인절차 없이 통일된 기준에 따라 납세자가 제출한 증빙서류와 국세청 내부자료 등을 활용하여 간소화된 절차에 따라 실제소유자를 확인해 줌으로써 납세자의 입증부담을 덜어주고 원활한 가업승계와 안정적인 기업경영 및 성장을 지원하기 위해 마련한 제도입니다.

명의신탁주식 실제소유자 확인신청 대상자 요건

* 주주명부에 따른 사람 명의로 등재한 명의신탁주식을 실제소유자 명의로 환원하는 경우 실제소유자가 신청하실 수 있습니다.

* (확인신청 대상자 요건) 아래의 요건을 모두 충족하여야 합니다.

 - 주식발행법인이 2001년 7월 23일 이전에 설립되었고 실명전환일 현재 「조세특례제한법 시행령」 2조에서 정하는 중소기업에 해당할 것

 - 실제소유자와 명의수탁자 모두 법인설립 당시 발기인으로서 법인설립 당시 명의신탁한 주식을 실제소유자에게 환원하는 경우일 것

실제소유자 확인신청 처리 흐름도

① 사전상담

납세자(신청인) → (명의신탁주식 실제소유자 환원 상담) → 가까운 세무서 (재산세과)

확인신청 대상자 요건 및 확인 절차 등을 안내

② 접수 및 담당자 지정

명의신탁주식 확인 신청
※주주명부에 실제소유자로 명의개서 후 신청

〈요건〉
• 2001. 7. 23 이전 설립된 법인으로 조세특례제한법 시행령(§ 2)에서 정하는 중소기업일 것
• 법인설립 당시에 발기인으로서 명의신탁한 주식일 것

〈첨부서류 등〉
• 신청인(실제소유자) 주소지 관할세무서에 제출
• 주식발행법인이 발급한 "주식 명의개서 확인서"와 "중소기업 등 기준검토표" 제출
• 기타 실제소유자임을 입증할 수 있는 증빙서류 (증빙이 없으면 확인서, 진술서 등)를 첨부

-재산세과(접수담당) 접수-
(업무처리 담당자 지정)

③ 실제소유자 확인절차

일반 확인절차

검토표 작성 및 실제소유자 판정

서류검토만으로 실제소유자 인정/불인정

자문위원회 상정
※실제소유자 여부 불분명 또는 실명전환주식가액 20억원 이상

자문위원회 심의
인정/불인정/추가확인처리

업무처리 담당자 — 추가확인처리로 절차변경
실제소유자 인정/불인정

추가 확인절차

과세자료 처리에 준하는 정밀검증절차에 따라 처리
*「상증세사무처리규정」제11조에 따름

〈신고부서〉 우편질문 자료소명
〈조사부서〉 현장확인 / 세무조사

〈이외 추가확인절차가 필요한 경우〉
• 확인신청 요건 미달
• 분할·부분신청
• 취하·반려한 경우로 과세검토 필요시
• 소송 등 권리관계 변동으로 신청

실제소유자 여부 결정
실제소유자 인정/불인정

④ 결과통지

명의신탁주식 확인 신청 처리결과 통지

※후속조치 : 실제소유자 인정 또는 불인정 통지 후에는 세법 규정에 의거 조치
명의신탁재산 증여의제 등 과세여부 검토
실제소유자로 인정한 경우 "차명재산관리프로그램"에 수록

실제소유자 확인신청 및 단계별 절차

사전상담 (필요시)	실제소유자 확인신청 전에 가까운 세무서(재산세과)를 방문하여 신청대상자 요건 해당여부, 확인신청 방법 및 처리절차, 제출할 서류 등을 안내 받을 수 있습니다.
확인신청	신청인은 '명의신탁주식 실제소유자 확인신청서'와 당초 명의신탁 및 실제소유자 환원사실을 입증할 수 있는 증빙서류를 갖추어 신청인의 주소지 관할 세무서에 제출합니다. • 필수 제출서류 ▶중소기업 등 기준검토표(「법인세법 시행규칙」 별지 제51호 서식) ▶주식발행법인이 발행한 주식명의개서 확인서 ▶명의수탁자 인적사항·명의신탁 및 실명전환 경위 등에 관한 확인서 • 임의 제출서류(☞제출하시면 사실관계 확인에 도움이 됩니다) ▶주식대금납입·배당금 수령 계좌 등 금융자료 ▶신탁약정서, 설립당시 정관·실제주주명부, 확정판결문 등
실제소유자 확인절차	신청서 내용과 제출증빙 등을 근거로 실제소유자를 확인하며, 실명전환주식 가액이 20억 원 이상이거나 실제소유자 여부가 불분명한 때에는 명의신탁주식 실명전환자문위원회 자문을 받아 처리합니다. 자문위원회 심의결과 실제소유자 여부가 불분명한 경우에는 명확한 사실관계 확인을 위해 우편질문, 현장확인 등 추가 확인절차를 거쳐 실제소유자 여부를 결정합니다.
결과통지	신청인에게 명의신탁주식 실제소유자 확인신청 처리결과를 통지합니다.

확인처리 결과에 따른 납세의무

• 실제소유자로 인정된 경우에도 당초 명의신탁에 따른 증여세, 배당에 따른 종합소득세 등이 발생할 수 있습니다.
• 실제소유자로 불인정되는 경우에는 거래실질에 따라 다음과 같은 세금이 발생할 수 있습니다.
  − 유상거래인 경우에는 양도소득세 및 증권거래세 등
  − 무상거래인 경우에는 증여세 등

4)특수관계법인과의 거래를 통한 이익의 증여 의제: 일명 '일감몰아주기 증여세'로 불리며 2012년부터 시행됐음(상증법 45조의3)[6]

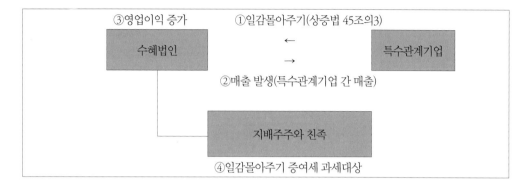

①증여세 과세대상(상증법 45조의3①④, 상증령 34조의3①~⑧)

법인이 다음의 어느 하나에 해당하는 경우에는 그 법인('수혜법인')의 사업연도 매출액(기업회계기준에 따라 계산한 매출액을 말함) 중에서 그 법인의 지배주주(상증령 34조의3①)와 특수관계법인(상증령 2조의2①3호~8호에 해당하는 법인, 상증령 34조의3⑤)에 대한 매출액(「독점규제 및 공정거래에 관한 법률」 14조에 따른 공시대상기업집단 간의 교차거래 등으로서 제3자를 통한 간접적인 방법이나 둘 이상의 거래를 거치는 방법으로 발생한 수혜법인의 매출액을 포함)이 차지하는 비율('특수관계법인 거래비율')이 그 법인의 규모 등을 고려하여 정상거래비율(30%, 중견기업은 40%, 중소기업은 50%, 상증령 34조의3⑦)을 초과하는 경우에 본 규정을 적용한다.

특히, 본 조항에 따라 증여 의제 여부를 판정할 때 정상거래비율(30%, 중견기업은 40%, 중소기업은 50%)을 기준을 삼는다는 뜻이므로, 만일 중소기업의 경우 '특수관계법인 거래비율'이 50% 초과하기 전까지는 이 규정에 따른 증여의제는 없는 것으로 간주하는 것이다.

2023년 1월 1일 이후 신고기한이 도래하는 분부터는, 수혜법인이 사업부문별로 회계를 구분하여 기록하는 등 일정 요건을 갖춘 경우에는 사업부문별로 특수관계법인거래비율 및 세후영업이익 등을 계산할 수 있다.(2022.12.31. 개정 상증법 부칙 3조)

---

6) 《한국경제신문》 2020.2.26. 〈공정거래위원회 '일감몰아주기 심사지침' 제정: '제3자 간접거래'도 제재〉
공정거래위원회가 25일 '특수관계인에 대한 부당한 이익제공행위 심사지침' 시행에 들어갔다. 일명 '일감 몰아주기 심사지침'으로 불리는 이 행정규칙은 공정거래법에 없는 '제3자를 매개로 한 간접거래'도 규제 대상에 포함했다. 특히, 국제조세조정에 관한 법률에서 정한 정상가격산출방법을 적용하겠다는 파격적인 내용까지 들어 있다. 2019.11.13. '안' 공고 후 산업계가 수정을 요구했지만 공정위는 원안대로 시행을 강행했다.
「공정거래법」 23조②은 일감 몰아주기 규제 대상을 △공시 대상 기업집단 소속사 △특수관계인 △특수관계인이 일정 지분 이상 보유한 계열사로 한정하고 있다. 공정위는 여기에 심사지침을 통해 제3자를 매개로 한 간접거래도 추가했다. 공정위 관계자는 "금융상품을 제3자가 인수하게 하고, 이 제3자와 별도 계약을 체결해 간접적으로 총수 일가에 이익을 몰아주는 행위 등도 모두 제재하겠다는 뜻"이라고 설명했다.

가. 중소기업 또는 중견기업인 경우

　법인의 사업연도 매출액 중에서 특수관계법인 거래비율이 정상거래비율을 초과하는 경우

(보충1)중소기업: 조특법 5조①에 따른 중소기업으로서 「독점규제 및 공정거래에 관한 법률」 14조에 따른 공시대
　　상기업집단에 소속되지 아니하는 기업(상증령 34조의3⑥)

(보충2)중견기업: 조특령 9조④에 따른 기업으로서 「독점규제 및 공정거래에 관한 법률」 14조에 따른 공시대상기
　　업집단에 소속되지 아니하는 기업(상증령 34조의3⑥)

나. 법인이 중소기업 또는 중견기업에 해당하지 아니하는 경우: 다음의 어느 하나에 해당하는 경우

　　1. 위 가.에 따른 사유에 해당하는 경우

　　2. 특수관계법인 거래비율이 정상거래비율의 2/3를 초과하는 경우로서 특수관계법인에 대한 매출액이
　　　 법인의 규모 등을 고려한 일정한 금액(1000억원, 상증령 34조의3⑰)을 초과하는 경우(2018년부터 적용)

　또한, 본 규정 적용 시의 매출액은 중소기업인 수혜법인과 중소기업인 특수관계법인 간의 거
래에서 발생하는 매출액 등 아래의 매출액은 제외된다('과세제외매출액'이라 함).(상증법 45조의
3④) 이 경우 다음 각 호에 동시에 해당하는 경우에는 더 큰 금액을 제외한다.(상증령 34조의3⑩)

　　1. 중소기업인 수혜법인이 중소기업인 특수관계법인과 거래한 매출액

　　2. 수혜법인이 본인의 주식보유비율이 50% 이상인 특수관계법인과 거래한 매출액

　　3. 수혜법인이 본인의 주식보유비율이 50% 미만인 특수관계법인과 거래한 매출액에 그 특수
　　　 관계법인에 대한 수혜법인의 주식보유비율을 곱한 금액

　　4. 수혜법인이 지주회사(「독점규제 및 공정거래에 관한 법률」 2조1호의2)인 경우로서 자회사 및 같은
　　　 법 제2조제1호의4에 따른 손자회사(증손회사를 포함)와 거래한 매출액

　　5. 수혜법인이 제품·상품의 수출을 목적으로 특수관계법인(수혜법인이 중소기업 또는 중견기업
　　　 에 해당하지 아니하는 경우에는 국외에 소재하는 특수관계법인으로 한정)과 거래한 매출액

　　6. 수혜법인이 다른 법률상 의무적으로 특수관계법인과 거래한 매출액

　　7. 한국표준산업분류에 따른 스포츠클럽 운영업 중 프로스포츠구단 운영을 주된 사업으로 하
　　　 는 수혜법인이 특수관계법인과 거래한 광고 매출액

　　8. 수혜법인이 '국가 등'이 운영하는 사업에 참여함에 따라, 특정법인(국가 등이나 '공공기금' 또는
　　　 공공기금의 100% 출자법인이 50% 이상 출자한 법인)에 출자한 경우 해당 법인과 거래한 매출액

②증여세 납세의무자(상증법 45조의3①, 상증령 34조의3⑧⑨)

　상기 과세대상 거래에 따른 수혜법인(내국 및 외국법인, 2025.2.28. 개정)의 지배주주(개인 또는 내
국법인)와 그 지배주주의 친족[수혜법인의 발행주식총수 또는 출자총액(자기주식과 출자지분에 한함)에 대
하여 직접 또는 간접으로 보유하는 주식보유비율이 한계보유비율(3%, 중소기업·중견기업은 10%)을 초과하
는 주주에 한정]

③증여이익(상증법 45조의3①~③, 상증령 34조의3⑫)

수혜법인의 지배주주와 그 지배주주의 친족은 다음 계산식에 따라 계산한 이익(증여의제이익)을 각각 증여받은 것으로 본다.(상증법 45조의3①2호)

가. 수혜법인이 중소기업에 해당하는 경우: 증여의제이익

수혜법인의 세후영업이익 × (특수관계법인거래비율 − 50%) × (주식보유비율 − 10%)

나. 수혜법인이 중견기업에 해당하는 경우: 증여의제이익

수혜법인의 세후영업이익 × (특수관계법인거래비율 − 20%) × (주식보유비율 − 5%)

다. 수혜법인이 중소기업 및 중견기업에 해당하지 아니하는 경우:

수혜법인의 세후영업이익 × (특수관계법인거래비율 − 5%) × 주식보유비율

증여의제이익 계산 시 지배주주와 지배주주의 친족이 수혜법인에 직접적으로 출자하는 동시에 일정한 법인을 통하여 수혜법인에 간접적으로 출자하는 경우에는 상기 증여의제이익 계산식에 따라 각각 계산한 금액을 합산하여 계산한다.(상증법 45조의3②, 상증령 34조의3⑪)

증여의제이익은 '수혜법인의 사업연도 단위로 계산'하고, 수혜법인의 해당 사업연도 종료일을 증여시기로 본다.(상증법 45조의3③)

④증여세 과세표준의 신고기한(상증법 45조의3③)

가. 증여세 신고기한 규정

1. 일감몰아주기 증여세: 2012년 개시사업연도부터 시행(2011.12.31. 신설)

"증여의제이익의 계산은 수혜법인의 사업연도 단위로 하고, 수혜법인의 해당 사업연도 종료일을 증여시기로 본다."(상증법 45조의3③)

"'일감몰아주기 증여세'(상증법 45조의3) 및 '특정법인과의 거래를 통한 이익의 증여의제'(상증법 45조의5)에 따른 증여세 과세표준의 신고기한은 법인세 과세표준의 신고기한이 속하는 달의 말일부터 3개월이 되는 날로 한다."(상증법 68조①)

2. 일감떼어주기 증여세: 2016년 개시사업연도부터 시행(2015.12.15. 신설)

"(…)그 사업기회를 제공받은 날이 속하는 사업연도('개시사업연도')의 종료일에 그 수혜법인의 지배주주 등이 증여의제이익을 증여받은 것으로 본다."(상증법 45조의4①)

"증여세 과세표준의 신고기한은 법인세 과세표준의 신고기한이 속하는 달의 말일부터 3개월이 되는 날로 한다."(상증법 45조의4②⑤)

나. 결론: '일감몰아주기 증여세'와 '일감떼어주기 증여세' 모두 법인세 과세표준의 신고기한(법법 60조①)이 속하는 달의 말일부터 3개월이 되는 날이다.(12월 말 법인의 경우, 2023년 귀속분은 2024.4.1.(3.31.이 일요일이므로)의 말일+3개월=2024년 7월말. 2024년 귀속분은 2025년 6월말.)

5)특수관계법인으로부터 제공받은 사업기회로 발생한 이익의 증여 의제:
  일명 '일감떼어주기 증여세'로 불리며 2016년부터 시행됐음(상증법 45조의4)

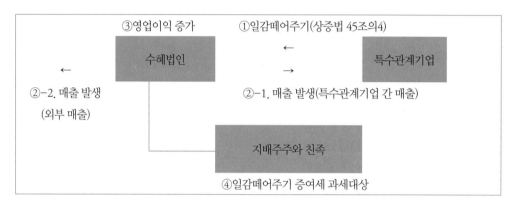

①증여세 과세요건(상증법 45조의4①, 상증령 34조의4①②, 상증칙 10조의8)

지배주주와 그 친족(이하 '지배주주 등', 상증령 34조의3①)의 주식보유비율(직접·간접 보유비율 합산. 45조의3과 45조의5도 같음)이 30% 이상인 법인('수혜법인')이 지배주주와 특수관계(상증령 2조의2①3호~8호에 해당하는 법인, 상증령 34조의4①)에 있는 법인(조특법에 따른 중소기업과 수혜법인의 주식보유비율이 50% 이상인 법인은 제외함)으로부터 시혜법인이 직접 수행하거나 다른 법인이 수행하고 있던 사업기회를 임대차계약·입점계약·대리점계약 및 프랜차이즈계약 등 명칭 여하를 불문한 약정으로 제공받은 경우이다.

이 규정은 2016.1.1. 이후 개시하는 사업연도에 사업기회를 제공받는 경우부터 적용한다.(2015.12.15. 개정 상증법 부칙 4조)

②증여세 납세의무자(상증법 45조의4①③)

그 사업기회를 제공받은 날(사업기회제공일)이 속하는 사업연도(개시사업연도)의 종료일에 그 수혜법인의 지배주주 등이 납세의무자이다.(상증법 45조의4①)

또한 증여의제이익이 발생한 수혜법인의 지배주주 등은 개시사업연도부터 사업기회제공일 이후 2년이 경과한 날이 속하는 사업연도('정산사업연도')까지 수혜법인이 제공받은 사업기회로 인하여 발생한 실제 이익을 반영하여 계산한 금액(정산증여의제이익)에 대한 증여세액과 이미 납부한 증여의제이익에 대한 증여세액(개시사업연도분)과의 차액을 관할 세무서장에게 납부하여야 한다. 다만, 정산증여의제이익이 당초의 증여의제이익보다 적은 경우에는 그 차액에 상당하는 증여세액(이미 납부한 세액을 한도)을 환급받을 수 있다.(상증법 45조의4③)

③증여이익

가. 개시사업연도의 증여의제이익(상증법 45조의4①, 상증령 34조의4)

[{(제공받은 사업기회로 인하여 발생한 개시사업연도의 수혜법인의 이익 × 지배주주 등의 주식보유비율) − 개시사업연도분의 법인세 납부세액 중 상당액} ÷ 개시사업연도의 월수 × 12] × 3 - 배당소득 상당액

(보충1)배당소득 상당액(상증령 34조의4⑤)

지배주주 등이 수혜법인의 사업연도 말부터 해당 증여세 과세표준 신고기한까지 수혜법인으로부터 배당받은 소득이 있는 경우에 해당

배당소득 상당액 = 배당소득 × 해당증여의제이익 ÷ {수혜법인의 사업연도 말일의 배당가능이익(법령 86조의2①) × 지배주주 등의 수혜법인에 대한 주식보유비율}

(보충2)법인세 납부세액 중 상당액(상증령 34조의4④)

[수혜법인의 법인세 산출세액(토지 등 양도소득에 대한 법인세는 제외) − 법인세 공제·감면세액] × [수혜법인 해당 사업부문의 영업이익(세무조정 후의 영업이익임. 상증령 34조의3③) ÷ 수혜법인의 각 사업연도소득금액]

{세무조정 후의 영업이익에서 법인세법에 따른 세무조정 사항(상증령 34조의4③):

감가상각비 손금불산입, 퇴직급여충당금 손금산입, 대손충당금 손금산입, 손익의 귀속사업연도, 자산의 취득가액, 퇴직보험료 등의 손금불산입, 재고자산의 평가규정에 따른 세무조정 사항}

(보충3)지배주주 등 주식보유비율: 개시사업연도 종료일 기준으로 판단(상증법 45조의4④)

나. 정산사업연도의 증여의제이익(상증법 45조의4③, 상증령 34조의4)

[(제공받은 사업기회로 인하여 발생한 개시사업연도~정산사업연도 수혜법인의 이익 합계액) × 지배주주 등의 주식보유비율] − 개시사업연도분~정산사업연도의 법인세 납부세액 중 상당액 - 3년간 배당소득 상당액

(보충1)배당소득 상당액(상증령 34조의4⑥)

지배주주 등이 수혜법인의 사업연도 말부터 해당 증여세 과세표준 신고기한까지 수혜법인으로부터 배당받은 소득이 있는 경우에 해당

3년간 배당소득 상당액 = 개시사업연도 말일~해당 증여세 과세표준 신고기한 종료일 동안 수혜법인으로부터 받은 배당소득 × 정산증여의제이익 ÷ [수혜법인의 개시사업연도 말일~정산사업연도 말일 동안 각 사업연도 말일을 기준으로 각 사업연도 단위로 계산한 배당가능이익(법령 86조의2①)의 합계 × 지배주주 등의 수혜법인에 대한 주식보유비율]

(보충2)법인세 납부세액 중 상당액: 위 가.와 같음(상증령 34조의4④)

(보충3)지배주주 등 주식보유비율: 개시사업연도 종료일 기준으로 판단(상증법 45조의4④)

④증여세 과세표준의 신고기한(상증법 45조의4②⑤)

　개시사업연도(및 2년이 경과한 사업연도에 정산함, 상증법 45조의4③⑤)의 과세표준의 신고기한(법법 60조①)이 속하는 달의 말일부터 3개월이 되는 날이다.{12월 말 법인의 경우, 2023년 귀속분은 2024.4.1.(3.31.이 일요일이므로)의 말일+3개월=2024년 7월말, 2024년 귀속분은 2025년 6월말.}

6)특정법인과의 거래를 통한 이익의 증여 의제(상증법 45조의5)

2015년 이전에는 증여세 예시규정에 있던 규정(구 상증법 41조를 2015.12.15. 삭제)을 본 증여 의제 규정으로 이관하였다. 그리고 2020년 증여 분부터는 결손법인과 흑자법인을 구분하지 않고 지배주주 개념을 30%의 지분율로 통일하였다. (2019년까지는 결손금이 있는 법인과 휴업·폐업 상태인 법인은 지분율과 무관하게 최대주주를, 흑자법인은 50% 이상의 지분율을 기준으로 지배주주를 각각 구분 정의하였었다.)

①증여세 과세요건(상증법 45조의5①, 상증령 34조의5)
지배주주와 그 친족('지배주주 등')이 직접·간접으로 보유하는 주식보유비율이 30% 이상인 법인('특정법인')이 지배주주의 특수관계인과 일정한 거래를 하는 경우에는 거래한 날을 증여일로 하여 본 증여 의제규정을 적용한다.
A. 특정법인(상증법 45조의5①)
지배주주와 그 친족의 주식보유비율이 30% 이상인 법인
B. 지배주주(상증령 34조의3①)
  1. 해당 법인의 최대주주등 중에서 그 법인에 대한 직접보유비율이 가장 높은 자가 개인인 경우에는 그 개인
  2. 해당 법인의 최대주주등 중에서 그 법인에 대한 직접보유비율이 가장 높은 자가 법인인 경우에는 그 법인에 대한 직접보유비율과 간접보유비율을 모두 합하여 계산한 비율이 가장 높은 개인.
C. 특정법인과의 일정한 거래(상증법 45조의5①각호, 상증령 34조의5⑥⑦)
  1. 재산이나 용역을 무상으로 제공하는 것
  2. 재산이나 용역을 통상적인 거래 관행에 비추어 볼 때 현저히 낮은 대가(시가와 대가와의 차액이 시가의 30% 이상이거나 3억원 이상인 경우)로 양도·제공하는 것
  3. 재산이나 용역을 통상적인 거래 관행에 비추어 볼 때 현저히 높은 대가(시가와 대가와의 차액이 시가의 30% 이상이거나 3억원 이상인 경우)로 양도·제공받는 것
  4. 법인세법 52조에 따른 부당행위계산의 부인이 적용되는 자본거래를 통해 이익을 분여하는 것(2025.1.1.부터 적용)
  4. 해당 법인의 채무를 면제·인수 또는 변제하는 것. 다만, 해당 법인이 해산(합병 또는 분할에 의한 해산은 제외) 중인 경우로서 주주 등에게 분배할 잔여재산이 없는 경우는 증여로 보지 않음.
  5. 시가보다 낮은 가액으로 해당 법인에 현물출자하는 것

②증여세 납세의무자(상증법 45조의5①)
그 특정법인의 지배주주 등

③증여의제이익이 1억원 이상인 경우로 한정하여 적용(상증법 45조의5①, 상증령 34조의5⑤)
본 증여의제는 다음 금액이 1억원 이상인 경우로 한정한다.

'특정법인의 이익(=증여재산가액−법인세 상당액) ×그 특정법인의 지배주주 등의 주식보유비율'

④증여세 한도(상증법 45조의5②, 2020년 증여 분부터 적용)

　위 증여세액이 다음 금액을 초과하는 경우 그 초과액은 없는 것으로 본다.

　'지배주주 등이 직접 증여받은 경우의 증여세 상당액−특정법인이 부담한 법인세 상당액'

⑤증여세 과세표준의 신고기한(상증법 68조①)

　'일감몰아주기 증여세'와 '일감떼어주기 증여세' 및 '특정법인과의 거래를 통한 이익의 증여 의제' 모두 법인세 과세표준의 신고기한(법법 60조①)이 속하는 달의 말일부터 3개월이 되는 날이다.

(3)증여세 과세가액

1)비과세되는 증여재산(상증법 46조, 상증령 35조, 상증집 46-35-1)

　다음에 해당하는 금액에 대해서는 증여세를 부과하지 않는다.

1. 국가나 지방자치단체로부터 증여받은 재산의 가액
2. 내국법인의 종업원으로서 우리사주조합에 가입한 자가 해당 법인의 주식을 우리사주조합을 통하여 취득한 경우로서 그 조합원이 소액주주의 기준(1% 미만의 지분을 소유하는 경우로서 주식 등의 액면가액 합계가 3억원 미만, 상증령 29조⑤·35조②)에 해당하는 경우 그 주식의 취득가액과 시가의 차액으로 인하여 받은 이익에 상당하는 가액
3. 「정당법」에 따른 정당이 증여받은 재산의 가액
4. 「근로복지기본법」에 따른 사내근로복지기금이나 우리사주조합 및 근로자복지진흥기금이 증여받은 재산의 가액
5. 사회통념상 인정되는 이재구호금품, 치료비, 피부양자의 생활비, 교육비, 학자금·장학금, 기념품, 축하금·부의금, 혼수용품, 외국으로부터 기증물품, 주택취급보조금, 불우이웃성금
6. 「신용보증기금법」에 따라 설립된 신용보증기금이나 신용보증재단 등 단체(상증령 35조⑤)가 증여받은 재산의 가액
7. 국가, 지방자치단체 또는 공공단체가 증여받은 재산의 가액
8. 장애인을 보험금 수령인으로 하는 보험으로서 장애인보험의 보험금(연간 4천만원 한도)
9. 「국가유공자 등 예우 및 지원에 관한 법률」에 따른 국가유공자의 유족이나 「의사상자 등 예우 및 지원에 관한 법률」에 따른 의사자(義死者)의 유족이 증여받은 성금 및 물품 등 재산의 가액
10. 비영리법인의 설립근거가 되는 법령의 변경으로 비영리법인이 해산되거나 업무가 변경됨에 따라 해당 비영리법인의 재산과 권리·의무를 다른 비영리법인이 승계받은 경우 승계받은 해당 재산의 가액

2)증여세 과세가액(상증법 47조)

증여세 과세가액은 크게 아래의 '세 가지 원칙'을 근간으로 한다.

첫째, 합산배제 증여재산은 합산하지 않는다(증여 건별 계산).

둘째, **'증여자 - 수증자'별로 합산**하는데, 증여자가 '직계존속'인 경우에만 부부는 동일인으로 본다.

셋째, 명의신탁재산의 증여의제(상증법 45조의2)는 증여의제로 보는 시점이 '2019년 1월 1일' 전·후인지에 따라 과세방식이 완전히 달라진다(다만, 2018년까지 취득 후 명의개서를 하지 않은 경우는 종전규정에 의함, 2018.12.31. 개정 상증법 부칙 6조).

구분	2018.12.13.까지 증여의제	2019.1.1.부터 증여의제
증여자	명의신탁자(실제소유자)	명의신탁자(실제소유자)
수증자	명의수탁자	명의수탁자
증여세 납세의무자	명의수탁자	명의신탁자(실제소유자)
동일인 간 10년 합산여부	10년 간 합산 적용됨	합산배제 증여자산

(보충)명의신탁 증여의제는 다른 증여와 달리 경제적 측면보다는 행정벌(질서벌) 성격으로 과세된다는 특징이 있는데, 이러한 점을 반영하여 명의신탁 증여의제에 대한 납세의무자를 2019년부터는 실제소유자로 변경했는데, 이미 명의신탁분과 장기미개서분의 적용이 다름.

1. 이미 명의신탁된 재산에 대한 적용: 종전규정 적용(2019.1.1. 이후 증여의제분부터는 개정규정 적용)
(상증법 4조의2② 포함하여 명의신탁 관련 모든 개정규정, 개정 상증법 부칙 3조)

2. 2018년까지 취득하였으나 명의개서를 하지 않은 재산에 대한 적용: 2019.1.1. 이후 증여의제되더라도 종전규정 적용(즉, 납세의무자는 여전히 수증자, 즉 명의수탁자임)(상증법 4조의2② 포함 모든 개정규정, 2018.12.31. 개정 상증법 부칙 6조)

①증여세 과세가액 계산(상증법 47조, 상중집 47-0-1)

증여재산가액	
과세가액 불산입액	• 공익법인이 출연받은 재산 • 장애인이 증여받은 재산 등
− 부담부 증여 시 채무인수액	• 증여재산이 담보한 채무 • 임대자산인 경우 임대보증금
+ 동일인(직계존속 부부는 동일인)으로부터 10년 이내에 받은 증여재산 (단, 10년 합계 1천만원 이상만 합산)	• 동일인의 범위에는 증여자가 직계존속인 경우에는 그 직계존속의 배우자를 포함 • 합산배제 증여재산가액은 제외
= 증여세 과세가액	

(보충1)그 증여재산에 담보된 채무에는 증여자가 해당 재산을 타인에게 임대한 경우의 해당 임대보증금 포함.

(상증령 36조①)

(보충2)합산하는 증여재산 가액은 각 증여일 현재의 재산가액 기준임.

{상속세 규정: 상증법 60조④, 상증집 13-0-7 ; 증여세 규정: 상증법 47조①, 상증통 47-0…2 모두 같음}

[합산하지 않는 증여재산](상증법 47조①, 상증집 47-0-2)

합산하지 않는 증여재산	관련조문
A. 합산배제증여재산	상증법 47조
− 재산취득 후 해당 재산가치 증가에 따른 증여이익	상증법 31조①3호
− 전환사채 등의 주식전환 등의 이익, 양도이익(인수이익은 합산)	상증법 40조①2·3호
− 주식 또는 출자지분의 상장 등에 따른 이익의 증여	상증법 41조의3
− 합병에 따른 상장 등 이익의 증여	상증법 41조의5
− 재산취득 후 재산가치 증가에 따른 기타 이익의 증여	상증법 42조의3
− 재산취득자금 등의 증여추정(2022년 증여추정분부터 적용)	상증법 45조
− 명의신탁재산의 증여의제(2019년 증여의제분부터 적용)	상증법 45조의2
− 특수관계법인과의 거래를 통한 이익의 증여의제	상증법 45조의3
− 특수관계법인에서 제공받은 사업기회 이익의 증여의제	상증법 45조의4
B. 창업자금	조특법 30조의5
C. 중소기업 가업승계주식 등	조특법 30조의6
D. 영농자녀가 증여받은 농지 등	조특법 71조
E. 직계존속의 배우자 사망	유권해석(재산세과−118, 2012.3.22.)
F. 직계존속의 배우자 이혼	유권해석(서면4팀−3535, 2007.12.11. ; 재산상속46014−271, 2002.10.11.)
G. 계부·계모	상증집 47-36-6①
H. 증여세 비과세재산	상증법 46조
I. 증여세 과세가액 불산입 재산	
− 공익법인 등에 출연한 재산	상증법 48조
− 공익신탁재산	상증법 52조
− 장애인이 증여받은 재산	상증법 52조의2

(보충1)합산배제의 경우 동일한(같은 법조문에 따라 과세되는) 합산배제증여자산끼리도 합산하지 않음.

(보충2)동일거래에 대해 1년 합산하여 증여세를 계산하는 경우(상증법 43조②)

저고가 양수도(비특수관계인인 경우, 시가~대가의 차액이 3억원 이상이거나 시가의 30% 이상인 경우, 법 31조①2호), 저고가 양수도[특수관계인인 경우, 시가~대가의 차액−Min{3억원, 시가의 30%}, 법 35조], 부동산 무상사용애 따른 이익의 증여(법 37조), 합병에 따른 이익의 증여(법 38조), 증자에 따른 이익의 증여(법 39조), 감자에 따른 이익의 증여(법 39조의2), 현물출자에 따른 이익의 증여(법 39조의3), 전환사채 등의 주식전환 등에 따른 이익의 증여(법 40조), 초과배당에 따른 이익의 증여(법 41조의2, 2020.1.1. 이후 초과배당하는 분부터 적용), 금전 무상대출 등에 따른 이익의 증여(법 41조의4), 재산사용 및 용역제공 등에 따른 이익의 증여(법 42조), 특정법인과의 거래를 통한 이익의 증여의제(법 45조의5)

②증여재산 합산과세(상증법 47조②)

해당 증여일 전 10년 이내에 동일인(증여자가 직계존속인 경우에는 그 직계존속의 배우자를 포함)으로부터 받은 증여재산가액을 합친 금액이 1천만원 이상인 경우에는 그 가액을 증여세 과세가액에 가산한다. 다만, 합산배제증여재산의 경우에는 그러하지 아니하다.

[사례](증여재산 합산과세와 증여재산 공제)

성년인 '갑'이 직계존속과 기타 친족으로부터 아래와 같이 증여받은 경우 증여세 과세표준은?

증여일	증여자	증여가액(원)
ⓐ2016. 1. 5.	부	200,000,000
ⓑ2016. 4. 3.	3촌(기타 친족)	20,000,000
ⓒ2016.10. 5.	조부	30,000,000
ⓓ2017. 5. 5.	모	100,000,000
ⓔ2018. 5. 5.	숙모(위 3촌의 배우자, 기타 친족)	30,000,000
ⓕ2019. 2. 2.	이모(기타 친족)	30,000,000

ⓐ2016. 1. 5.: 150,000,000 = 200,000,000 − 직계존속 공제 50,000,000

ⓑ2016. 4. 3.: 10,000,000 = 20,000,000 - 기타친족 공제 10,000,000

ⓒ2016.10. 5.: 30,000,000 = 30,000,000 - 직계존속 공제 0(ⓐ에서 이미 공제)

ⓓ2017. 5. 5.: 250,000,000 = ⓐ150,000,000 + 100,000,000 − 직계존속 공제 0

　(직계존속공제는 ⓐ2016.1.5. 공제로 10년간은 공제불가하며, 직계존속은 배우자를 동일인으로 보기 때문에 부모의 증여가액을 합산하여 과세함. ⓐ2016.1.5. 증여에 대한 증여세 신고 시 세액은 기납부세액으로 공제함)

ⓔ2018. 5. 5.: 30,000,000 = 30,000,000 − 기타친족 공제 0(ⓑ에서 이미 공제)

　(3촌과 숙모는 직계존속이 아니므로 부부라도 ⓑ와 ⓔ의 과세표준을 각각 계산함)

ⓕ2019. 2. 2.: 30,000,000 = 30,000,000 − 기타친족 공제 0(ⓑ에서 이미 공제)

③부담부 증여(負擔附贈與, 상증법 47조③, 159조)

A. 일반적인 관계에서의 부담부 증여(소법 88조①, 소령 151조③)

　부담부 증여란 증여자의 채무를 수증자(受贈者)가 인수하는 경우를 말하는데, 증여가액 중 그 채무액에 해당하는 부분은 양도로 보아 증여자에게 양도소득세를 과세하며, 증여가액 중 채무액을 초과하는 부분은 증여로 보아 수증자에게 증여세가 과세된다.

　이전되는 채무부분을 양도로 보는 것은 대물변제와 같은 논리이다. 즉, 증여자는 채무부분을 수증자에게 이관시킨 것인 바, 이에 해당하는 금액은 유상양도에 해당하며, 수증자 측면에서도 부담한 채무를 초과하는 증여가액만이 실제 증여라고 보는 것이 합당하기 때문이다.

　부담부 증여에 대한 양도차익 계산할 때 양도가액을 기준시가(상증법 61조①②⑤)로 산정한 경우에는 취득가액도 기준시가로 산정한다.(소령 159조①1호)

B. 배우자 또는 직계존비속 간의 부담부 증여(상증법 47조③)

　배우자 또는 직계존비속 간의 부담부 증여{배우자·직계존비속 간 양도 시 증여 추정(상증법 44조) 포함}에 대해서는 수증자가 증여자의 채무를 인수한 경우에도 그 채무액은 수증자에게 인수되지 아니한 것으로 '추정'한다.(예전에는 아예 '간주'로 못 박았으나, 헌법재판소의 위헌판결로 인해 '추정'으로 완화된 것이다. 헌재 91헌가5, 1992.2.25.)

다만, 그 채무액이 국가 및 지방자치단체에 대한 채무 등 객관적으로 인정되는 아래의 경우(상증령 10조①)에는 그러하지 아니하다.(상증령 36조②)

1. 국가 · 지방자치단체 및 금융회사 등에 대한 채무는 해당 채무임을 확인할 수 있는 서류
2. 이 외의 자에 대한 채무는 채무부담계약서, 채권자확인서, 담보설정 및 이자지급에 관한 증빙 등에 의하여 그 사실을 확인할 수 있는 서류

(보충1)부담부 증여 시 채무인수에 대한 입증책임(대법 2002두950, 2003.10.23. 선고)

일반적으로 제3자 앞으로 근저당권이 설정된 부동산을 직계존속으로부터 증여받은 경우 이로써 수증자가 바로 근저당권부 채무를 면책적으로 인수한 것으로 보아 증여재산가액에서 공제되는 채무, 즉 '증여자의 채무로서 수증자가 실제로 부담하는 사실이 입증된 것'이라고 볼 수 없고, 이러한 경우 **'수증자'**가 채무를 면책적으로 인수하였다거나 그 후 수증자 자신이 출재(出財)에 의해 변제하였다는 점에 대한 입증책임을 부담하는 것이다.

(보충2)입증책임: 입증으로 목적을 달성하고자 하는 측에서 그 사실에 대한 입증책임 있음.

1. 배우자 · 직계존비속 간 양도 시 증여 추정(상증법 44조): 과세관청에게 입증책임 있음.
2. 배우자 · 직계존비속 간 부담부 증여(상증법 47조): 수증자에게 입증책임 있음.

(대법 2002두950, 2003.10.23. 선고 등)

[부담부 증여에 대한 세법 적용](취득세도 같은 논리임)

구분	내용		세금 부담
배우자 · 직계존비속 간의 부담부 증여	전체를 증여추정		채무부담분 포함, 전체에 증여세 과세(수증자)
	채무인수액 입증	채무부담분	양도소득세 과세(증여자)
		초과증여부분	증여세 과세(수증자)
기타 자와의 부담부 증여	채무부담분		양도소득세 과세(증여자)
	초과증여부분		증여세 과세(수증자)

(보충1)증여재산을 초과하는 채무를 인수하면, 초과액은 수증자가 증여자에게 증여한 것임.

수증자가 인수한 채무액이 증여재산가액을 초과하는 경우에는 당해 초과하는 금액에 대하여 상증법 36조(채무 면제 등에 따른 증여)에 따라 수증자가 증여자에게 증여한 것으로 본다.(상속증여-2215, 2015.12.1.)

(보충2)부담부 증여와 취득세 납세의무(지법 7조⑪⑫)

"증여자의 채무를 인수하는 부담부 증여의 경우에는 그 채무액에 상당하는 부분은 부동산 등을 유상으로 취득한 것으로 본다. 다만, 배우자 또는 직계존비속으로부터 부동산 등의 부담부 증여의 경우에는 ⑪을 적용한다."

(지법 7조⑫, 2017.12.26. 단서 신설)

즉, 배우자 · 직계존비속 간의 부담부 증여가 아닌 경우에는 원칙적으로 채무인수부분만 유상거래로 인정하지만, 배우자 · 직계존비속 간의 부담부 증여인 경우에는 ⑪에 따라 유상거래분과 무상거래분을 증빙자료 등으로 파악하여 그 실질에 따라 정확히 과세한다는 의미이다.

위 ⑫단서는 2017.12.26.일자로 신설되어 2018.1.1. 이후 납세의무가 성립하는 분부터 적용토록 하고 있으나(개정 지법 부칙 6조), 이미 ⑪항을 확대적용하여 다툼이 있었고 법원의 판단도 개정법의 취지와 같았다.(서울고법 2005누20186, 2006.4.7. 선고 등) 하지만 ⑫단서를 신설하여 적용을 명확히 함에 따라 다툼의 소지를 아예 없앤 것이다.

[부담부 증여의 경우 과세가액 계산]

취득가액 9천만원의 토지를 아들에게 증여하였다. 이 토지의 시가는 3억원이고, 2억원의 은행부채에 대해 담보제공되고 있으며, 이 부채도 아들이 인수하는 조건으로 증여하였다. 이 경우 과세가액의 구분은?

(1)과세가액의 구분

　　3억원 중: 2억원 부분은 양도소득세 과세대상, 1억원 부분은 증여세 과세대상이 됨.

(2)과세가액의 계산

　　①증여세 과세가액: 1억원 (= 3억원 - 2억원)

　　②양도소득세 과세가액: 1억 4천만원 { = 2억원－(9천만원×2억원/3억원)}

---

(4)공익법인 출연재산 등의 과세가액 불산입

1)공익법인이 출연받은 재산에 대한 과세가액 불산입 등(상증법 48조)

①일정한 공익법인이 출연받은 재산은 증여세 과세 제외

(상증법 16조·48조, 상증령 12조, 상증집 48-0-1)

　　비영리법인이 재산을 증여받는 경우 비영리법인에게 증여세가 과세되나, 비영리법인 중 문화의 향상, 사회복지 및 공익의 증진을 목적으로 하는 공익법인이 출연받은 재산가액에 대해서는 증여세 과세가액에 산입하지 않는다.

[유치원은 불완전한 공익법인]

1. 유치원도 공익법인으로 인정(대법 98두15320, 2000.12.8. 선고)

(판결요지)공익법인이 그로 하여금 교육법 소정의 교육기관(유치원)을 운영하게 할 목적으로 출연자가 출연한 재산으로 부동산을 취득하여 그 부동산에서 유치원을 출연자에게 위탁하여 운영하거나 직접 운영하여 온 경우, 출연자가 공익사업에 출연한 재산을 그 출연받은 자가 출연목적에 전부 사용하였다고 보아 증여세 과세가액 산입대상에서 제외한 사례.

(사건의 특수성)「공익법인의 설립·운영에 관한 법률」에 따라 설립된 재단법인인 원고의 대표자 소외 1이 원고로 하여금 구「교육법」(1997.12.13. 법률 5437호「교육기본법」부칙 2조에 의하여 폐지) 규정에 의한 교육기관인 유치원을 운영하게 할 목적으로 1988.1.1. 서울특별시로부터 유치원 건물 및 부지인 이 사건 부동산을 금 500,200,000원에 매수하는 매매계약을 원고 명의로 체결한 특수한 사례이기는 함.

2. 2008년부터 상속세 및 증여세법에「유아교육법」에 따른 유치원을 설립·경영하는 사업도 공익법인으로 추가.(상증령 12조2호, 2008.2.22. 개정)

3. 부동산이 개인명의로 되어 있는 유치원은 완전한 공익법인은 아님(조심 2014서2064, 2014.7.28. 결정)

청구인이 운영하는 유치원의 경우 부동산이 청구인 개인으로 등기되어 있어, 유치원에 출연한 재산으로 보기 어려워 상속세 및 증여세 과세대상에서 제외되는 공익법인에 포함되지 않음.

---

②공익법인이 주식을 출연 받은 경우 보유비율에 따른 증여세 과세가액 불산입 여부

(상증법 48조①·16조②③, 상증령 37조①, 상증집 48-37-1)

공익법인이 내국법인의 주식을 출연 받는 경우로서 당해 출연 받은 주식과 다음의 주식을 합하여 일정한 지분율까지만 공익법인의 증여세과세가액에 불산입하고, 이를 초과하는 경우 초과분은 증여세를 과세한다. 즉 특정공익법인(2017.7.1. 이후 출연분부터는 상호출자제한기업집단에 속하는 법인과 「독점규제 및 공정거래에 관한 법률 시행령」 3조1호에 따른 동일인관련자의 관계가 아닌 특정공익법인, 2016.12.20. 개정 상증법 부칙1·3조)은 10%, 출연받은 주식 등의 의결권을 행사하지 아니하면서 자선·장학 또는 사회복지를 목적으로 하는 특정공익법인은 20%(2018.1.1. 이후 출연분부터 적용), 나머지 공익법인은 5%를 한도로 한다.

1. 출연 받을 당시 공익법인이 보유하고 있는 동일한 내국법인 주식
2. 출연자 및 그와 특수관계인이 다른 공익법인에 출연한 동일한 내국법인의 주식
3. 출연당시 출연자와 특수관계인으로부터 재산을 출연받은 다른 공익법인 등이 출연 당시 보유하고 있는 동일한 내국법인의 주식

[주식 5%(10% 또는 20%) 초과보유가 가능한 공익법인 등 사후관리](2021년 개시 사업연도부터 적용)

(상증법 16조②③·48조⑪⑬, 상증령 13조·40조·41조의2)

가. 해당 공익법인(이 장에서 편의상 '특정공익법인'이라 칭함−저자 주)

특정주식을 5%(10% 또는 20%) 초과하여 출연·취득하고 상속·증여세를 면제받은 공익법인

나. 특정공익법인의 요건(상증법 48조⑪⑬, 상증령 38조⑤⑥·41조의2, 상증칙 13조의2)

1. 해당 공익법인 등의 운용소득(상증령 38조⑤에 따른 운용소득을 말함)의 80% 이상을 직접 공익목적사업에 사용할 것(상증법 48조⑪1호→48조②3호·5호 준용, 상증령 41조의2①④→38조⑤⑥ 준용)
2. 출연재산 순자산 가액의 '1%' 이상을 직접 공익목적사업에 사용할 것(상증법 48조⑪2호, 상증령 41조의2②, 2022년 시행)→1%(3%) 미달시 가산세 200%(상증법 48조②7호가목, 78조⑨, 2024년 시행) 참고로 특정공익법인 '요건'은 아니었지만, '1%(지분율 10% 이상 법인은 3%)' 이상을 미달사용시 10% 가산세 부과는 2018.1.1. 부터 시행되고 있음(상증법 48조②7호·78조⑨, 2016.12.20. 개정 상증법 부칙 9조③)
3. 출연자(재산출연일 현재 해당 공익법인 등의 총출연재산가액의 1%에 상당하는 금액과 2천만원 중 적은 금액을 출연한 자는 제외) 또는 그의 특수관계인이 공익법인 등의 이사 현원(이사 현원이 5명에 미달하는 경우에는 5명으로 봄)의 1/5을 초과하지 아니할 것(상증법 48조⑪3호, 상증령 41조의2③1호)
4. 자기내부거래(상증법 48조③)를 하지 아니할 것(상증법 48조⑪3호, 상증령 41조의2③2호)
5. 법령에서 제한한 광고·홍보(상증법 48조⑩전단)를 하지 아니할 것(상증법 48조⑪3호, 상증령 41조의2③3호)

다. 관할 지방국세청장에게 매년 사후관리 신고제←5년 주기 확인제(상증법 48조⑬, 상증령 41조의2⑦)

라. 사후관리 신고를 하지 않은 경우(사업연도 종료 후 4개월 이내): 가산세 부과(상증법 78조⑭)

자산총액의 0.5%(가산세 1억원 한도규정 적용, 국기법 49조)

마. 종전 '요건'에서 '사후관리 의무'로 전환: 위반시 '가산세'만 부과(←종전 '요건' 및 '가산세' 부과)

외부회계감사, 전용계좌 개설·사용, 결산서류 공시, 장부 작성·비치(10년) 의무 이행(상증법 50조~51조)

---

③주식 5%, 10% 초과보유분 전액 과세가액 불산입하는 경우: 사전허가 및 3년내 처분

(상증법 48조①·16조③~⑤, 상증령 13조⑥~⑨·37조①, 상증집 48−37−2)

다음의 요건을 모두 충족하는 경우, 상호출자제한 기업집단과 특수관계에 있지 아니한

공익법인(설립된 날부터 3개월 이내에 주식 등을 출연받고, 설립된 사업연도가 끝난 날부터 2년 이내에 공익법인이 되는 경우 포함)이 3년 이내 초과 출연 부분을 매각하는 경우 및 공익법인의 설립허가에 관한 법령 등에 따라 출연한 경우에는 주식 등 보유비율에 관계없이 전액 증여세 과세가액에 불산입한다.

가. 공익법인 요건

다음의 공익법인으로서「독점규제 및 공정거래에 관한 법률」제9조에 따른 상호출자제한 기업집단과 특수관계에 있지 아니한 공익법인이어야 한다.

1. 특정공익법인

2. 국가·지방자치단체가 출연하여 설립한 공익법인

3.「공공기관의 운영에 관한 법률」4조①3호에 따른 공공기관이 재산을 출연하여 설립한 공익법인

4. 위 3에 해당하는 공익법인이 재산을 출연하여 설립한 공익법인

나. 출연요건

위 가의 공익법인의 출연자와 특수관계에 있지 아니한 내국법인의 주식을 출연받아야 한다.

다. 주무부장관의 인정요건

주무부장관이 공익법인 등의 목적사업을 효율적으로 수행하기 위하여 필요하다고 인정하는 경우이어야 한다.

(보충)출연자와 특수관계에 있지 않은 내국법인(상증법 48조①·16조③, 상증령 13조⑦·2조의2, 상증집 48-37-3)
공익법인의 출연자와 특수관계에 있지 않은 내국법인은 다음 어느 하나에 해당하지 아니하는 내국법인임.

1. 출연자(출연자가 사망한 경우에는 그 상속인을 말함) 또는 그와 특수관계에 있는 자가 주주인 내국법인으로서 출연자 또는 그와 특수관계에 있는 자가 최대주주인 내국법인

2. 출연자 또는 그와 특수관계에 있는 자(해당 공익법인 등은 제외)가 임원의 현원(5명에 미달하는 경우에는 5명으로 봄) 중 1/5을 초과하는 내국법인으로서 출연자 및 그와 특수관계에 있는 자가 최대주주인 내국법인

3. 출연자 또는 그와 특수관계에 있는 자가 주주 등이거나 임원의 현원 중 1/5을 초과하는 내국법인에 대하여 출연자, 그와 특수관계에 있는 자 및 공익법인 등 출자법인[해당 공익법인 등이 발행주식총수의 5%(특정공익법인 등의 경우에는 10%)를 초과하여 주식 등을 보유하고 있는 내국법인을 말함]이 최대주주인 경우에는 당해 공익법인 등 출자법인

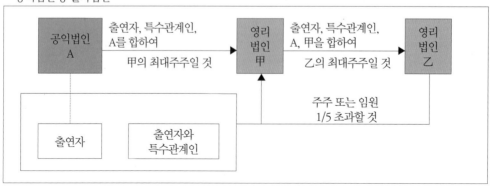

2)공익법인 출연재산의 사후관리(상증법 48조②⑪, 상증령 37조⑥~40조)

①공익법인 출연재산의 사후관리 요약(상증법 48조②⑪, 상증집 48-38-1, 48-40-2)

공익법인이 출연받은 재산에 대하여는 출연시점에 증여세를 과세하지 않고 출연재산 및 수익을 공익사업에 사용하지 않는 등 다음과 같이 사후관리요건에 위배되는 경우 그 위반일에 공익법인 등이 증여받은 것으로 보아 증여세 또는 가산세를 추징한다.

가. 공익목적사업에 사용하지 아니한 경우

나. 주식보유비율을 초과하여 주식을 취득하는 경우

다. 기준금액에 미달하게 공익목적사업에 사용하는 경우

구분	사후관리 증여세 또는 가산세 추징요건	추징방법
공익목적사업에 사용하지 아니한 경우 (상증법 48조② 1호·3호·4호· 6호·8호, ③)	①직접 공익목적사업의 용도 외에 사용한 경우(법 48조②1호 전단)	증여세 추징 (상증법 48조② 본문)
	②출연받은 재산을 출연받은 날부터 3년 이내 및 3년 이후에 계속 직접 공익목적사업에 사용하지 않은 경우(법 48조②1호 후단)	
	③출연받은 재산을 수익용 또는 수익사업용으로 운용하여 그 운용소득을 직접 공익목적사업 외에 사용한 경우(법 48조②3호)	
	④출연받은 재산의 매각대금을 공익목적사업 외에 사용하거나 매각한 날부터 3년이 지난날까지 직접공익목적사업 사용실적이 매각대금의 90%에 미달하는 경우(법 48조②4호, 영 38조④)	
	⑤특정공익법인이 의결권을 행사한 경우(법 48조②6호)	
	⑥공익법인 사업종료시 잔여재산을 국가 등에 귀속시키지 아니한 경우(법 48조②8호, 영 38조⑧1호)	
	⑦직접공익목적사업에 사용하는 것의 혜택이 특정 일부에게만 제공되는 경우(법 48조②8호, 영 38조⑧2호)	
	⑧공익법인의 자기 내부거래(법 48조③, 영 39조)	
주식 5% 초과보유한 경우 공익성 강화(⑪, 78조⑨)	⑨주식보유비율이 5%를 초과하는 경우로서 아래의 요건을 위배할 경우 가산세(아래 ⑫)와 별도로 증여세 추가부과(법 48조⑪, 영 41조의2, 2020.12.22. 신설 법 부칙 3조, 2022.1.1. 개시 사업연도부터 적용) ⓐ운용소득의 80% 이상을 직접 공익목적사업에 사용 ⓑ이사의 구성, 자기 내부거래, 광고·홍보 규정 준수 **증여세 과세대상 금액: 주식 5% 초과보유분**	증여세 추징 (상증법 48조⑪)
주식보유비율 초과하여 주식 취득한 경우(②2호)	⑩출연받은 재산이나 운용소득을 내국법인 주식 등을 취득 하는데 사용하여 출연자 및 공익법인의 주식보유비율이 5%(10% 또는 20%)를 초과하는 경우(법 48조②2호)	증여세 추징 (상증법 48조② 본문)
기준금액에 미달 사용하는 경우(②5호·7호, 78조⑨)	⑪위 ③의 운용소득을 기준금액에 미달하게 사용하거나(영 38조⑤⑥) ④의 매각대금을 매각한 날부터 3년 동안 기준 금액에 미달하게 사용하는 경우(법 48조②5호, 영 38조⑦)	가산세만 추징 (10%)
	⑫공익법인 등(특정공익법인이 아닌 종교법인, 자산 5억원 미만이고 '수입금액+출연받은 가액' 3억원 미만 법인은 제외)이 직접 공익목적사업에 순자산×1%(3%) 미달사용 시(법 48조②7호, 영 38조⑱⑲)*	가산세만 추징 (10%, 200%) (2024년 시행)

* 공익법인 의무지출제도 확대(상증법 48조②7호, 상증령 38조⑱⑲, 2021.1.1. 개시 사업연도부터 적용)

연혁: 성실공익법인(현 특정공익법인)만 1~3% 의무지출 신설(2018.1.1. 시행, 2016.12.20. 개정 상증법 부칙 9조③)→일반공익법인으로 확대(2021.1.1. 시행, 2019.12.31. 개정 상증법 부칙 6조)

1. 특정공익법인 및 기준규모 이상 법인도 대상에 포함. 단, 특정공익법인이 아닌 종교법인(상증령 43조의3①), 자산 5억원 미만이고 '수입금액+출연받은 가액' 3억원 미만 법인(상증령 43조의3②)은 제외.

2. 사용의무액: 순자산의 1% 지출. 단, 지분율 10% 초과 가능 특정공익법인은 3%. 당해연도, 5년 평균 선택가능.
3. 기준자산에 직접 공익목적사업용자산(고유목적사업부문)은 제외, 지출대상에 수익사업용 지출은 제외.
  기준자산=총자산가액−(부채가액+당기순이익). 직전사업연도 종료일의 재무상태표·운영성과표에 의함.
4. 가산세 등: 미달사용액×10%. 단 주식 5% 초과 보유법인은 200%(2024년부터 강화, 상증법 78조⑨)
  ☞ 뒤 ⑥운용소득×80% 요건과 달리, 이 가산세는 결손법인도 적용됨.

(보충)출연받은 재산 사후관리 대상(상증법 48조②단서, 상증령 38조⑨, 상증집 48−38−2)
공익법인이 출연받은 재산의 증여세 추징요건 해당여부를 판단하기 위한 사후관리대상 재산의 범위는 다음과 같다.
1. 출연받은 재산, 운용소득, 출연받은 재산의 매각대금, 공익목적사업이 종료한 경우의 잔여재산을 대상으로 한다.
2. 공익법인의 이사 또는 사용인의 불법행위(출연자 및 그 특수관계인의 불법행위 제외)로 인하여 출연받은 재산 등이 감소된 경우에는 당해 재산가액은 사후관리 대상이 아니다.
3. 분실하거나 도난당한 출연재산가액은 사후관리대상이 아니다.
4. 종교사업에 출연하는 헌금은 출연자별로 출연재산가액을 산정하기 어려우므로 사후관리대상 재산에서 제외한다. 단, 부동산·주식·출자지분을 헌금 등으로 받는 경우에는 사후관리대상 재산에서 제외하지 않는다.(상증집 48−38−3)

[공익법인의 기타 사후관리 규정](상증집 48−40−2)

구분	위반사항	위반 시 제제	적용시기
출연자 등의 이사 취임 (상증법 48조⑧)	출연자 또는 특수관계인이 공익법인의 이사현원의 1/5 초과하여 이사가 되거나 임직원이 되는 경우	이사 및 임직원과 관련하여 지출된 직·간접 경비에 상당하는 금액을 가산세로 부과	이사수를 초과한 이사 및 임직원을 위하여 지출된 경비가 있는 사업연도
주식의 과다보유 (상증법 48조⑨)	「독점규제 및 공정거래에 관한 법률」의 기업집단에 속하는 계열기업 등 특수관계 내국법인의 주식가액이 총재산가액의 30%(특정공익법인 50%) 초과 보유	가산세 부과: 30%(50%) 초과보유주식의 매 사업연도말 현재의 시가 × 5%	30%(50%) 초과 보유한 매사업연도 말
특정기업 광고 (상증법 48조⑩)	특수관계 내국법인의 이익을 증가시키기 위하여 정당한 대가를 받지 아니하고 광고·홍보하는 행위	광고·홍보와 관련하여 직접 지출된 광고매체 이용비용 및 당해 행사비용 전액을 가산세 부과	특수관계의 내국법인을 위하여 광고·홍보한 사업연도
특정공익법인에 해당하지 아니하게 된 경우 (상증법 48조⑪)	①내국법인의 주식을 5% 초과 보유하게 된 경우 ②내국법인의 주식을 5% 초과하여 출연받은 후 특정공익법인에 해당하지 않게 된 경우 ③주식출연비율에 제한이 없는 공익법인이 그 공익법인요건을 갖추지 못하게 되는 경우	다음의 금액을 증여세과세가액에 산입 ①내국법인의 주식을 5% 초과 보유한 날의 초과 주식의 가액 ②사유발생일이 속한 과세기간 또는 사업연도의 종료일의 주식가액	내국법인 주식을 5%초과 보유하게 된 날 또는 성실공익법인 등에 해당 않은 사업연도 말 (상증령 40②)

②직접 공익목적사업에 사용여부 판단

(상증법 48조②1호, 상증령 38조②③, 상증통 48-38…2~4, 상증집 48-38-4)

1. 공익법인이 정관상 공익목적사업에 사용해야 한다.

2. 공익목적사업에 직접 사용하는 시설의 관리비(예: 수선비, 전기료, 전화료) 및 법인세법 시행령 56조⑪(1년 환산 1인당 인건비 8천만원까지만 인정, 2012.2.2. 신설)에 따라 고유목적에 지출한 것으로 보는 금액은 정관상 공익목적사업에 사용한 것으로 본다.

3. 공익법인이 출연재산을 직접공익목적사업에 효율적으로 사용하기 위하여 주무부장관의 허가를 받아 다른 공익법인에 출연한 경우에도 공익목적사업에 사용한 것으로 본다.(상증령 38조②③에도 규정되어 있음)

4. 공익법인의 운용소득으로 수익용 재산을 취득한 금액은 직접 공익목적사업 사용금액으로 보지 아니한다.(상증통 48-38…3, 3호도 같음)

5. 직접공익목적에 사용한 금액이 재원별로 구분할 수 있는 경우에는 실제 구분에 의하고, 구분할 수 없는 경우에는 출연재산의 운용소득, 출연재산의 매각금액, 출연받은 재산, 기타 재산의 순서대로 사용한 것으로 본다.(상증통 48-38…4④도 같음)

6. 증여세 과세가액 불산입 받은 재산가액의 사후관리를 검토할 경우 직접 공익목적사업에 사용한 금액은 다음의 구분에 의하여 확인한다.(상증통 48-38…2도 같음)

출연재산이 현금	출연재산이 현금 외 재산
직접공익목적사업용 재산을 취득하기 위하여 지출한 금액	직접공익목적사업에 사용하는 재산의 금액
직접공익목적 사업비로 지출한 금액	수익사업용 또는 수익용 재산으로 사용되는 재산의 금액
수익사업용 또는 수익용 재산을 취득하기 위하여 지출한 금액	당해 출연재산을 매각하여 수령한 현금을 공익목적사업비 등으로 지출한 금액

③공익법인 재산의 매각대금 범위와 사용기준금액 및 기간별 추징방법

(상증법 48조②4호·5호, 상증령 38조④⑦, 상증집 48-38-7~8)

　출연받은 재산의 매각대금 사용기준금액 사후관리규정을 적용할 경우 당해 출연받은 재산의 매각대금에는 수익용·수익사업용재산의 매각대금, 운용소득으로 취득한 재산의 매각대금, 매각대금으로 취득한 다른 재산의 매각대금을 포함한다.(상증령 38조④, 상증집 48-38-8)

　공익법인이 출연받은 재산의 매각대금을 다음과 같이 사업연도 종료일부터 3년 이내에 직접 공익목적사업에 사용하지 아니할 경우 가산세 또는 증여세를 추징한다. 여기서 매각대금은 매각대금에 의하여 증가한 재산을 포함하되, 해당 재산매각에 따라 부담하는 국세·지방세를 제외한다.(상증령 38조⑦, 상증집 48-38-7)

매각대금 사용기간	매각대금의 최소사용실적	최소사용실적 미달시 추징방법
1년 이내	30%	가산세 부과(미달사용액의 10%)
2년 이내	60%	가산세 부과(미달사용액의 10%)
3년 이내	90%	증여세 추징(미달사용액)(법48조②본문)

④공익법인의 자기 내부거래에 대한 증여세 추징(상증법 48조③, 상증령 39조, 상증집 48-39-1~3)

공익법인이 출연받은 재산, 출연받은 재산을 원본으로 취득한 재산, 출연받은 재산의 매각대금 등을 다음의 자에게 임대차·소비대차·사용대차의 방법으로 사용·수익하게 하는 경우 증여세를 추징한다.(상증집 48-39-1)

1. 출연자 및 그 친족
2. 출연자가 출연한 다른 공익법인
3. 위 1 또는 2에 해당하는 자와 특수관계에 있는 자

다만, 공익법인이 직접 공익목적사업과 관련하여 용역을 제공받고 정상적인 대가를 지급하는 다음의 경우에는 증여세를 과세하지 아니한다.(상증집 48-39-2)

1. 공익법인의 출연자 등이 출연받은 재산을 출연받은 날부터 3개월 이내의 기간만 사용하는 경우
2. 교육기관이 출연받은 연구시험용 건물, 시설·설비 등을 출연자 등과 공동으로 사용하는 경우
3. 공익법인이 의뢰한 연구용역의 대가를 출연자 등에게 지급하거나 공익목적사업 수행과 관련한 경비 등을 출연자 등에게 지급하는 경우

(보충)자기 내부거래 시 정상적인 대가의 범위(상증집 48-39-3, 이자율 수정)

정상적인 대가는 상증령상 시가와 법인세법상 시가로서 부당행위계산 부인이 적용되지 않은 범위에 있는 금액을 말한다.

1. 상증령상 시가

부동산 임대용역부동산가액(상증법상 평가액) × 기획재정부령으로 정하는 율(2%)

2. 법인세법상 시가

(제공하거나 제공받은 자산 시가×50% - 전세금 또는 보증금) × 정기예금이자율(3.5%)

⑤출연받은 재산으로 주식을 취득할 경우 증여세 추징에서 제외되는 경우

(상증법 48조②2호, 상증령 37조⑥, 상증집 48-38-5)

공익법인이 출연받은 재산으로 주식을 취득하여 지분율이 5%(특정공익법인의 경우 10% 또는 20%)를 초과하는 경우에도 증여세가 추징되지 아니하는 경우는 다음과 같다.(상증법 48조②2호 단서)

1. 공익법인(상증집 48-37-1에 해당하는 공익법인)이 출연자와 특수관계에 없는 내국법인의 주식을 취득하는 경우로서 주무부장관이 공익법인 등의 목적사업을 효율적으로 수행하기 위하여 필요하다고 인정하는 경우(상증법 16조③1호)

2. 「공익법인의 설립·운영에 관한 법률」 및 그 밖의 법령에 따라 내국법인 등의 주식을 취득하는

경우(상증법 16조③3호)

3. 「산업교육진흥 및 산학협력촉진에 관한 법률」에 따른 산학협력단이 아래의 요건을 갖춘
주식을 취득하는 경우(상증령 37조⑥)

   – 산학협력단이 보유한 기술을 출자하여 기술지주회사 또는 신기술창업전문회사를 설립할 것

   – 산학협력단이 출자하여 취득한 주식이 기술지주회사 지분의 50% 이상일 것(신기술창업전문회사의 경우: 30% 이상)

   – 기술지주회사 또는 신기술창업전문회사는 자회사 외의 주식 등을 보유하지 아니할 것

⑥ 공익법인의 운용소득 사용기준금액(상증법 48조②5호, 상증령 38조⑤⑥, 상증집 48-38-6)

    공익법인의 수익사업에서 발생한 운용소득을 아래 기준금액 이하로 공익목적사업에 사용한
경우에는 가산세(미달 사용액의 10%, 상증법 78조⑨)를 부과한다. 이때 운용소득의 공익사업에 사용한
실적은 운용소득이 발생한 과세기간 또는 사업연도 종료일부터 1년 이내에 사용한 실적을 말하나
사용실적 및 기준금액을 당해사업연도와 직전 4사업연도의 5년간의 평균금액으로 할 수 있다.

> **운용소득의 사용기준 금액: 운용소득 × 80% = (ⓐ − ⓑ + ⓒ) × 80%(2021.12.31. 귀속분까지는 70%)**
> ⓐ 해당사업연도 수익사업에서 발생한 차가감 소득금액
>   1. 해당 사업연도 수익사업에서 발생한 소득금액 등
> − 2. 출연재산을 매각한 경우 양도차익
> + 3. 고유목적사업준비금(법인세법 29조①)
> + 4. 해당 사업연도 중 고유목적사업으로 지출된 금액으로 손금에 산입된 금액
> + 5 출연재산을 수익의 원천에 사용하여 생긴 소득금액(분리과세된 이자소득 포함)
> = 해당 사업연도의 수익사업에서 발생한 차가감 소득금액
> ⓑ 해당 소득에 대한 법인세 또는 소득세, 농어촌 특별세, 지방소득세, 이월결손금
> ⓒ 직전 사업연도의 운용소득 사용기준금액에 미달사용한 금액 − 가산세

(보충1) 법인세 별도 추징: 고유목적사업준비금 5년 내 미사용 등에는 추가로 익금산입 및 이자상당액 부과(법법 29조⑤~⑦)

(보충2) 공익법인의 인건비는 직접공익목적 사업에 사용한 것으로 보지만 일정한 제한이 있음

가. 공익법인 사용자(대표자 포함)의 인건비는 일단 직접공익목적사업에 사용한 것으로 봄

  1. 2000.12.29. 상증령 38조② 개정: 12월 법인의 경우 2000년 귀속분부터 적용

    개정 전에는 사용인의 인건비 등 관리비는 직접공익목적 사용실적에서 제외하면서, 이 중 의사·교사·사
서·보모 및 전문연구원·간호사·교수 등의 인건비 및 고유목적사업에 직접 사용되는 시설의 수선비·전기
료 등 관리비는 직접 공익목적에 사용된 것으로 보았다.(상증통 48-38…3 제2호, 2008.7.25. 폐지)

    그러나 2000.12.29. 이후 종료하는 사업연도부터는 고유목적사업의 수행을 위한 사용인의 인건비 전액이
직접 공익목적에 사용한 것으로 개정했다. 즉, 공익법인이 고유목적사업준비금을 설정할 경우 인건비 전
액을 손금으로 인정하는 법인세법 시행령 56조⑥과 인건비 범위를 일치시켰다.(『2001년 개정세법해설』

  2. 공익법인의 인건비는 직접 공익목적사업에 사용한 것으로 봄.(상증, 서일46014-10990, 2002.7.30.)

    사용인의 인건비에는 당해 공익법인의 대표자에 대한 인건비가 포함되며, 공익법인이 관리비로 지출한 금
액은 직접공익목적사업에 사용한 것으로 보지 아니하나, 사용인의 인건비로 지출한 금액은 직접공익목적
사업에 사용한 것으로 보는 것임.

나. 그러나 다음과 같은 제한이 있음. 그러므로 아래의 제한사항을 염두에 두어야 함.

  1. 1년간 환산소득 8천만 원까지만 인건비로 인정(법령 56조⑪ 및 상증령 38조②1호를 2012.2.2. 같은 날 신설, 2012 귀속분부터 적용): 상증령에서 법령 56조⑪ 준용

    다만, 해당법인이 해당 사업연도의 법인세과세표준을 신고하기 전에 해당 임원 및 종업원의 인건비지급규정에 대하여 주무관청으로부터 승인을 받은 경우에는 그러하지 아니하다.(법령 56조⑪단서)

  2. 고유목적준비금 한도상 제약: 이자소득·배당소득은 전액, 그 밖의 수익사업 발생소득의 50%(50% 이상을 장학금으로 지출하는 법인은 80%)(법법 29조①)

3)1996년 보유주식의 정리기준(상증법 49조, 상증령 42조, 상증집 49-42-1)

공익법인이 1996.12.31. 현재 내국법인의 주식을 발행주식총수의 5%를 초과하여 보유하고 있는 경우에는 다음 중 어느 하나에 해당하는 기한까지 발행주식총수의 5%를 초과하여 보유하지 않아야 한다.

공익법인이 보유하고 있는 주식의 지분율	기 한
발행주식총수의 5% 초과하고 20% 이하인 경우	1999년 12월 31일까지
발행주식총수의 20% 초과인 경우	2001년 12월 31일까지

(보충)정리기준에서 제외되는 경우

특정공익법인(상증령 42조①), 국가·지방자치단체가 출연하여 설립한 일정한 공익법인 등 및 이에 준하는 공익법인 등(상증령 42조②)에 대해서는 정리기준을 적용하지 않는다.

4)공익법인 등의 세무확인 및 회계감사의무(상증법 50조, 상증령 43조, 상증집 50-43-1~3)

①공익법인에 대한 외부전문가의 세무확인

공익법인 등은 과세기간별 또는 사업연도별로 출연받은 재산의 공익목적사업 사용 여부 등에 대하여 일정 기준에 해당하는 2명 이상의 변호사, 공인회계사 또는 세무사를 선임하여 세무확인('외부전문가의 세무확인')을 받아야 한다. 다만, 자산 규모, 사업의 특성 등을 고려한 일정 공익법인 등은 외부전문가의 세무확인을 받지 아니할 수 있다.(상증법 50조①)

외부전문가의 세무확인 대상에서 제외되는 공익법인은 다음과 같다.(상증령 43조②, 상증집 50-43-2)

1. 과세기간 또는 사업연도의 종료일 현재 재무상태표상 총자산가액의 합계액이 10억원 미만인 공익법인. 다만, 해당 과세기간 또는 사업연도의 수입금액과 그 과세기간 또는 사업연도에 출연받은 재산가액의 합계액이 5억원 이상인 공익법인은 외부전문가의 세무확인 대상이다.

2. 불특정다수인으로부터 재산을 출연받은 공익법인 중 출연자 1인과 그와 특수관계에 있는 자와의 출연재산가액의 합계액이 공익법인이 출연받은 총재산가액의 5%에 미달하는 경우

3. 국가 또는 지방자치단체가 재산을 출연하여 설립한 공익법인으로서 「감사원법」에 의하여 감사원의 회계검사를 받는 공익법인(회계검사를 받는 연도분에 한함)

②외부전문가의 세무확인 보고 및 열람

외부전문가의 세무확인을 받은 공익법인 등은 그 결과를 납세지 관할세무서장에게 보고하여야 한다. 이 경우 관할세무서장은 공익법인 등의 출연재산의 공익목적사업 사용 여부 등에 관련된 외부전문가의 세무확인 결과를 일반인이 열람할 수 있게 하여야 한다.(상증법 50조②)

외부전문가의 세무확인을 받은 공익법인 등은 그 결과를 과세기간 또는 사업연도의 종료일부터 4개월 이내에 해당 공익법인 등을 관할하는 세무서장에게 보고하여야 한다.(상증령 43조⑥)

> 공익법인의 세무대리를 수행하는 자가 속한 법인에 소속된 다른 외부전문가(공인회계사 또는 세무사)는 상증령 43조①6호에 따라 세무확인 배제대상 외부전문가에 해당함.(서면법인 2022-4128, 2022.12.8.)
> →세무확인 배제대상에 해당하지 않음.(기획재정부 재산세제과-865, 2023.7.13.)

③공익법인에 대한 회계감사 및 대형 공익법인 주기적 감사인 지정제도 및 회계감리

공익법인은 과세기간별 또는 사업연도별로 「주식회사 등의 외부감사에 관한 법률」에 따른 회계법인 또는 한국공인회계사회에 등록을 한 감사반에게 회계감사를 받아야 한다.(상증법 50조③)

그러나 다음 어느 하나에 해당하는 경우(가.1~3을 모두 충족하거나 나.1 또는 나.2 법인)에는 그러하지 아니한다. 다만, 특정공익법인(상증령 41조의2⑥)은 예외 없이 회계감사를 받아야 한다.

(상증법 50조③, 상증집 50-43-3, 2021.1.1. 개시 사업연도분부터 적용)

가. 다음의 총자산, 수입금액 및 출연받은 재산의 미만 요건을 모두 충족하는 공익법인(상증령 43조③, 2호·3호는 2020.1.1. 이후 개시하는 사업연도분부터 적용)

  1. 회계감사를 받아야 하는 사업연도(또는 과세기간, 이하 이 항에서 같다)의 직전 사업연도 종료일의 재무상태표상 총자산가액(부동산인 경우 상증법상 평가액이 재무제표상의 가액보다 크면 그 평가한 가액)의 합계액이 100억원 미만

  2. 해당 사업연도의 수입금액과 그 사업연도에 출연받은 재산가액의 합계액이 50억원 미만

  3. 해당 사업연도에 출연받은 재산가액이 20억원 미만

나. 사업 특성을 고려해 정하는 공익법인(상증령 43조④)

  1. 종교의 보급 기타 교화에 현저히 기여하는 사업

  2. 「초·중등교육법」 및 「고등교육법」에 의한 학교, 「유아교육법」에 따른 유치원을 설립·경영하는 사업

한편, 대형 공익법인(자산총계 1천억원 이상 또는 공시대상기업집단 소속인 외부감사대상 공익법인)은 '4년 자유선임+2년 기획재정부 장관이 지정'하고, 기획재정부장관이 회계감리를 실시하여 감사인 등을 제재한다.(상증법 50조④⑤, 상증령 43조의6, 2022.1.1. 이후 개시 사업연도부터 적용)

또한, 사립대학(자산총계 1천억원 이상 또는 재학생 수 2,000명 이상인 학교법인, 「사립학교법 시행령」 14조의2①②)은 '4년 자유선임+2년 교육부 장관이 지정'하고, 교육부장관(한국사학진흥재단에 위탁)이 회계감리를 실시하여 감사인 등을 제재한다.(「사립학교법」 31조④~⑦, 2021.8.10. 개정하여

2022.1.1.이 속한 사업연도부터 적용하며 연속하는 4개 회계연도의 산정은 개정규정이 최초로 적용되기 이전의 회계연도를 포함하여 계산함. 법 부칙 4조)

회계감사를 받은 공익법인 등은 감사인이 작성한 감사보고서를 사업연도 종료일부터 4개월 이내에 관할 세무서장에게 제출하여야 한다. 이 경우 관할 세무서장은 제출받은 감사보고서를 일반인이 열람할 수 있도록 하여야 한다.(상증령 43조⑦. 2022.1.1. 이후 제출·보고하는 경우부터 적용, 부칙 3조)

* 외부회계감사 미이행 시 가산세 부과: (수입금액 + 출연재산가액) × 0.07%

5) 공익법인 등의 전용계좌 개설·사용 의무

(상증법 50조의2, 상증령 43조의4, 상증집 50의2-43의4-1~2)

공익법인 등(종교의 보급 기타 교화에 현저히 기여하는 사업을 영위하는 공익법인 등 제외)은 해당 공익법인 등의 직접 공익목적사업과 관련하여 받거나 지급하는 수입과 지출의 경우로서 다음의 어느 하나에 해당하는 경우에는 직접 공익목적사업용 전용계좌를 사용하여야 한다.

1. 직접 공익목적사업과 관련된 수입과 지출을 대통령령으로 정하는 금융회사 등을 통하여 결제하거나 결제받는 경우
2. 기부금, 출연금 또는 회비를 받는 경우. 다만, 현금을 직접 받은 경우로서 일정한 경우는 제외.
3. 인건비, 임차료를 지급하는 경우
4. 기부금, 장학금, 연구비 등 직접 공익목적사업비를 지출하는 경우. 다만, 100만원을 초과하는 경우로 한정.
5. 수익용 또는 수익사업용 자산의 처분대금, 그 밖의 운용소득을 고유목적사업회계에 전입(현금 등 자금의 이전이 수반되는 경우만 해당)하는 경우

6) 공익법인 등의 결산서류 등의 공시 의무

(상증법 50조의3, 상증령 43조의5, 상증집 50의3-43의5-1~3)

공익법인은 과세기간 또는 사업연도 종료일부터 4개월 이내에 다음의 결산서류 등을 국세청의 인터넷 홈페이지에 게재하는 방법으로 공시하여야 한다.

1. 재무제표(재무상태표, 운영성과표 등)
2. 기부금 모집 및 지출 내용
3. 공익법인의 대표자, 이사, 출연자, 소재지 및 목적사업에 관한 사항
4. 출연재산의 운용소득 사용명세(2019.1.1. 이후 공시 분부터 적용. 5호도 같음)
5. 외부감사대상 공익법인은 감사보고서와 첨부된 재무제표(주석기재사항 포함)
6. 공익법인의 주식의 출연·취득·보유 및 처분사항
7. 공익법인에 주식을 출연한 자와 그 주식 등의 발행법인과의 관계
8. 주식의 보유로 인한 배당현황, 보유한 주식의 처분에 따른 수익현황

9. 외부감사를 받는 공익법인인 경우 출연받은 재산의 공익목적 사용현황

10. 주식보유비율이 5%를 초과하는 특정공익법인의 경우 해당 보유 주식에 대한 의결권 행사 결과

'종교의 보급 기타 교화에 현저히 기여하는 사업을 영위하는 공익법인'(특정공익법인은 공시의무 있음) 외의 모든 공익법인은 공시의무가 있다. 다만, 과세기간 또는 사업연도의 종료일 현재 재무상태표상 총자산가액의 합계액이 5억원 미만이고, 해당 과세기간 또는 사업연도의 수입금액이 3억원 미만인 공익법인은 간편양식을 사용한다.(2020.1.1. 이후 개시 사업연도부터 적용)

위반 시 '자산총액×0.5%'의 가산세(상증법 78조⑪)를 부담하지만, 간편양식 사용 법인은 2022.12.31.까지 개시한 사업연도분의 공시에 대해서는 가산세를 부과하지 않는다.

7)공익법인 등에 적용되는 회계기준(상증법 50조의4, 상증령 43조의6, 상증집 50의4-43의6-1)

공익법인 등(「의료법」에 따른 의료법인 또는 「사립학교법」에 따른 학교법인, 「국립대학법인 서울대학교 설립·운영에 관한 법률」에 따른 국립대학법인 서울대학교, 「국립대학법인 인천대학교 설립·운영에 관한 법률」에 따른 국립대학법인 인천대학교는 제외. 대신 교육부령인 '사학기관재무회계규칙'을 적용함-저자 주)은 회계감사의무 및 결산서류 등의 공시의무를 이행할 때에는 공익법인회계기준 심의위원회의 심의를 거친 회계기준을 따라야 한다.

8)장부의 작성·비치 의무(상증법 51조, 상증령 44조, 상증집 51-44-1)

공익법인 등은 소득세·법인세 사업연도별로 출연받은 재산 및 공익사업 운용 내용과 수익사업 등에 대한 장부와 중요한 증명서류를 작성·비치해야 하며, 사업연도의 종료일부터 10년간 보존하여야 한다.

9)공익신탁재산에 대한 증여세 과세가액 불산입(상증법 52조, 상증령 45조, 상증집 52-45-1~2)

증여재산 중 증여자가 「공익신탁법」에 따른 공익신탁으로서 종교·자선·학술 또는 그 밖의 공익을 목적으로 하는 신탁을 통하여 공익법인 등에 출연하는 재산의 가액은 증여세 과세가액에 산입하지 아니한다.

공익신탁재산에 대한 증여세 과세가액 불산입 규정이 적용되는 공익신탁은 다음의 요건을 모두 갖춘 것으로 한다.

1. 공익신탁의 수익자가 공익법인이거나 그 공익법인의 수혜자일 것
2. 공익신탁의 만기일까지 신탁계약이 중도 해지되거나 취소되지 아니할 것
3. 공익신탁의 중도해지 또는 종료 시 잔여신탁재산이 국가·지방자치단체 및 다른 공익신탁에 귀속될 것

10)장애인이 증여받은 재산의 과세가액 불산입

[2020년부터 자익신탁(장애인이 증여받아 본인을 수익자로 신탁)과 타익신탁(타인이 장애인을 수익자로 신탁) 구분](상증법 52조의2, 상증령 45조의2, 상증집 52의2-45의2-1~5)

장애인이 재산을 증여받고 증여세 과세표준 신고기한까지 다음의 요건을 모두 갖춘 경우에는 그 증여받은 재산가액은 증여세 과세가액에 불산입된다.
　1. 증여받은 재산 전부를 신탁업자에게 신탁할 것.
　2. 장애인이 신탁의 이익 전부를 받는 수익자일 것. 단, 타익신탁은 생존기간에 한함.
　3. 신탁기간이 그 장애인이 사망할 때까지로 되어 있어야 하며 장애인이 사망하기 전에 신탁기간이 끝나는 경우에는 그 신탁기간을 장애인이 사망할 때까지 계속 연장하여야 함.
장애인이 증여받은 재산의 과세가액 불산입 한도: Min{ⓐ, ⓑ}
　ⓐ그 장애인이 살아있는 동안 증여받은 재산가액을 합친 금액(타익신탁도 원본가액 기준)
　ⓑ5억원

(5)증여공제

1)증여재산 공제: 수증자가 '거주자'인 경우에만 적용(상증법 53조, 상증령 46조)

증여세 과세가액은 크게 아래의 '세 가지 원칙'을 근간으로 한다.
첫째, 합산배제 증여재산은 합산하지 않는다(증여 건별 계산).
둘째, **'증여자 - 수증자'별로 합산**하는데, 증여자가 '직계존속'인 경우에만 부부는 동일인으로 본다.
셋째, 명의신탁재산의 증여의제(상증법 45조의2)는 증여의제로 보는 시점이 '2019년 1월 1일' 전·후인지에 따라 과세방식이 완전히 달라진다(다만, 2018년까지 취득 후 명의개서를 하지 않은 경우는 종전규정에 의함, 2018.12.31. 개정 상증법 부칙 6조).

구분	2018.12.13.까지 증여의제	2019.1.1.부터 증여의제
증여자	명의신탁자(실제소유자)	명의신탁자(실제소유자)
수증자	명의수탁자	명의수탁자
증여세 납세의무자	명의수탁자	명의신탁자(실제소유자)
동일인 간 10년 합산여부	10년 간 합산 적용됨	합산배제 증여자산

증여재산공제는 수증자가 '거주자'인 경우에만 적용되며, '증여자 - 수증자'별로 금번 증여분과 과거 10년 이내에 증여분을 합하여 다음과 같이 증여자를 분류하여 증여재산공제를 적용받는다.

증여자	수증자		증여재산공제액		
			2008~2013년	2014~2015년	2016년부터
배우자	배우자		3˙→6억원(2008년)	6억원	6억원
직계존속	직계비속	성년	3천만원	5천만원	5천만원
		미성년	1500만원	2천만원	2천만원
직계비속	직계존속		3천만원	3천만원	5천만원
위 이외의 기타 친족(4촌 이내의 혈족, 3촌 이내의 인척)			5백만원	5백만원	1천만원

˙ 배우자 증여재산공제를 5억→3억원으로 축소(2003년부터)→6억원으로 확대(2008년부터)

추가로 2024년부터는 '혼인·출산 증여재산 공제'(통합한도 1억원)가 신설됐다.(상증법 53조의2)

구분	혼인 증여재산 공제˙	출산 증여재산 공제
증여자	직계존속	직계존속
공제한도	1억원	1억원
증여일	혼인신고일 이전·이후 각 2년 이내(총 4년)	자녀 출생일(입양신고일)부터 2년 이내

* 증여 후 2년 이내 혼인 않거나, 혼인무효 시 수정신고·기한 후 신고 필요. 이자상당액(연 8.03%)은 가산함.

①증여재산 합산 및 증여재산공제

위의 공제금액은 각 증여자 구분별, 즉 배우자·직계존속·직계비속, 기타의 친족별 공제한도를 말한다.(대법 85누716, 1985.1.12. 선고)

예를 들어 3촌 및 이모로부터 증여를 받은 경우, '10년 동안 합하여' 1천만원 한도로 공제하는 것이며, 3촌과 이모의 증여에 대해 각각의 1천만원씩을 공제하는 것이 아니다.

증여재산공제의 규정을 적용할 때 증여세 과세가액에서 공제할 금액은 다음의 어느 하나의 방법에 따른다.(상증령 46조①)

1. 2 이상의 증여가 그 증여시기를 달리하는 경우에는 2 이상의 증여 중 최초의 증여세 과세 가액에서 순차로 공제하는 방법
2. 2 이상의 증여가 동시에 있는 경우에는 각각의 증여세 과세가액에 대하여 안분하여 공제하는 방법

이때 증여세 과세가액이란 그 증여를 받기 전 10년 이내에 동일인(증여자가 직계존속인 경우에는 그 직계존속의 배우자를 포함)으로부터 받은 증여재산 합계액이 1천만원 이상인 경우에는 그 증여당시 가액을 증여세 과세가액에 가산한다.(상증법 32조, 47조②, 60조④, 상증통 47-0…2)

(보충) • 장인·장모는 직계존속이 아니므로 동일인이 아님.(상속증여-3372, 2016.4.26.)

　　　 • 시부모와 며느리 간에도 '혈통'이 아니므로 직계존비속이 아니지만, 외조부모와 외손자녀는 직계존비속에 해당함.(재산상속 46014-1502, 2000.12.16.)

　　　 • 비거주자가 배우자(거주자)로부터 증여받은 경우 배우자 공제 적용불가(심사증여-2014-115, 2015.2.16.)

　　　 • 해외 시민권자인 자녀의 경우 상증령 2조에 따라 제반 사항을 고려하여 거주자로 인정되면 증여재산공제 적용함.(재산세과-76, 2011.2.15.)

[사례](증여재산 합산과세와 증여재산 공제)

성년인 '갑'이 직계존속과 기타 친족으로부터 아래와 같이 증여받은 경우 증여세 과세표준은?

증여일	증여자	증여가액(원)
ⓐ2016. 1. 5.	부	200,000,000
ⓑ2016. 4. 3.	3촌(기타 친족)	20,000,000
ⓒ2016.10. 5.	조부	30,000,000
ⓓ2017. 5. 5.	모	100,000,000
ⓔ2018. 5. 5.	숙모(위 3촌의 배우자, 기타 친족)	30,000,000
ⓕ2019. 2. 2.	이모(기타 친족)	30,000,000

ⓐ2016. 1. 5.: 150,000,000 = 200,000,000 − 직계존속 공제 50,000,000

ⓑ2016. 4. 3.: 10,000,000 = 20,000,000 - 기타친족 공제 10,000,000

ⓒ2016.10. 5.: 30,000,000 = 30,000,000 - 직계존속 공제 0(ⓐ에서 이미 공제)

ⓓ2017. 5. 5.: 250,000,000 = ⓐ150,000,000 + 100,000,000 − 직계존속 공제 0

　(직계존속공제는 ⓐ2016.1.5. 공제로 10년간은 공제불가하며, 직계존속은 배우자를 동일인으로 보기 때문에 부모의 증여가액을 합산하여 과세함. ⓐ2016.1.5. 증여에 대한 증여세 신고 시 세액은 기납부세액으로 공제함)

ⓔ2018. 5. 5.: 30,000,000 = 30,000,000 − 기타친족 공제 0(ⓑ에서 이미 공제)

　(3촌과 숙모는 직계존속이 아니므로 부부라도 ⓑ와 ⓔ의 과세표준을 각각 계산함)

ⓕ2019. 2. 2.: 30,000,000 = 30,000,000 − 기타친족 공제 0(ⓑ에서 이미 공제)

②배우자(상증법 53조1호)

　상증법에서 말하는 배우자란 「민법」상 혼인관계에 있는 법정배우자를 말한다. 그런데 「민법」에서 '사실혼 관계 배우자'를 거의 부부와 동일하게 인정하는 것과 달리, 상증법에서는 '사실상 배우자'를 아예 제외시키고 있으므로 '사실혼 관계 배우자'에 대한 상증법의 견해는 남과 다를 바 없다.(상증법 53조1호, 상증통 53-46…①)

　참고로 「민법」은 '사실혼 관계 배우자'에 대해 상속권(민법 1003조) 이외에는 대부분 배우자로서의 지위와 권한을 인정하고 있다. 다만, 「민법」도 법정배우자가 있는 상태에서의 '사실혼'은 '중혼(重婚)'이 되므로 인정하지 않는다.

③직계존속과 직계비속(상증법 53조2호·3호)

　상증법 등에서 규정하고 있는 배우자의 의미를 먼저 살펴보자.

1. 10년 이내 동일인으로부터 받은 합산증여재산 판단 시(상증법 47조②): 동일인에 "증여자가 직계존속인 경우에는 그 직계존속의 배우자를 포함한다"라고 규정

2. 증여재산 공제 시(상증법 53조2호): "직계존속에는, 수증자의 직계존속과 혼인(사실혼은 제외함) '중'인 배우자를 포함한다"라고 규정

3. 증여재산 공제 시(상증법 53조3호): "직계비속에는, 수증자와 혼인(사실혼은 제외함) '중'인 배우자의 직계비속(사위·며느리는 직계비속이 아님 - 저자 주)을 포함한다"라고 규정

4. 제2차 납세의무 등 판단 시 특수관계인의 범위(국기령 1조의2①3호, 지기령 2조①3호): "사실상 혼인관계에 있는 자를 포함한다"라고 규정

위 2. 증여재산 공제 시 '혼인 중인 배우자를 포함'하는 규정은 2010.1.1. 상증법 개정 시 추가된 것인데, 개정취지를 보면 "재혼가정이 증가하는 최근 사회변화 추세를 감안하고 세법상 통일성을 기하기 위하여 증여재산 공제대상 직계존속의 범위에 계부·계모를 포함"(『2010 개정세법해설』 국세청, 2010)한다고 하면서 계부·계모가 '직계존속 증여재산공제' 대상임을 명확히 하고 있다. 다만, 친모·친부가 사망한 경우에는 '기타친족공제'만 인정한다.(상속증여-5894, 2017.9.12. ; 조심 2014서1899, 2014.9.2. 결정)

또한, 아래의 상증법 기본통칙을 2011.5.20. 신설·개정(2019.12.23. 재개정)하였음에도 불구하고 상증법(아래 통칙과 관계되는 상증법은 2010.1.1. 이미 개정됐음)과 다르거나 혼란스러운 부분이 있어 이를 명확히 할 필요가 있다.

1. 통칙 53-46…1①【증여재산 공제】

"상증법 53조1호에 따른 배우자라 함은 「민법」상 혼인으로 인정되는 혼인관계에 있는 배우자를 말한다.": ☞ 「민법」에서는 '사실혼 관계 배우자'도 상속권이 없는 것 이외에는 거의 인정하고 있지만, 상증법에서는 '사실혼'은 배제시키고 있으므로 이를 명확히 할 필요가 있다.

2. 통칙 53-46…2【직계존비속 판정기준】

ⓐ"직계존비속 여부는 「민법」 768조에 따른 자기의 직계존속과 직계비속인 '혈족'을 말한다."(①항): ☞ 이 통칙 조항은 2010.1.1. 개정된 것인데, '증여재산 공제 시' 계부·계모를 직계존속으로 인정한 상증법 53조2호와 상치되는 규정이다.

{「민법」 768조(혈족의 정의) 자기의 직계존속과 직계비속을 직계혈족이라 하고 자기의 형제자매와 형제자매의 직계비속, 직계존속의 형제자매 및 그 형제자매의 직계비속을 방계혈족이라 한다.}

ⓑ"계모자 또는 적모서자관계는 직계존비속에 해당하지 아니한다."(②4호): ☞ 이 조항도 2010.1.1. 개정하면서 '증여재산 공제 시' 계부·계모를 직계존속으로 인정한 상증법 53조2호와 배치되는 규정이었다. 그러나 이 4호는 2019.12.23. 통칙 개정시 삭제하여 모순을 해결했다.

상증법과는 달리 「민법」은 계부·계모(계조부·계조모 포함)를 친모·친부(친조모·친조부 포함)의 배우자로는 인정하지만 '혈통'이 아니기 때문에 상속권 등에서는 '부모와 자녀' 또는 '조부모와 손자녀'로서의 상속권을 전혀 인정하지 않는다.

개별 법률에서 배우자의 범위에 '사실상 혼인관계' '계부·계모' 등에 대한 의미 부여와 권리·의무에 대한 사항은 당해법률의 입법목적 등에 따라 다를 것이다. 그러므로 「민법」과 상증법의 배우자나 직계존비속에 대한 개념도 다를 수는 있다. 이 두 법률의 차이를 간략하게 알아보자.

구분	「민법」	상속세 및 증여세법
사실혼에 대한 태도	상속권 외는 대부분 부부 인정	부부로 인정하지 않음
재혼이지만 법률상 부부	배우자 상속권 인정	배우자 상속권 인정

구분	「민법」	상속세 및 증여세법
계부·계모(계조부·계조모)*1*2	직계존속 아님(상속권 없음)	직계존속 인정(증여공제가능) 단, 10년 합산에서 제외
이혼한 부모	직계존속 해당(상속권 있음)	
계자부·계사위의 자녀*2	직계비속 아님(상속권 없음)	직계비속 인정(직계존비속공제)
친양자인 경우*2*3	생가와 단절, 양가만 부모인정	별도구분 없음(양쪽 다 인정)
혼인 외 출생자와 생모*4	직계비속임	직계비속 아님(기타친족공제)
대리모 출생자와 대리모*5	생부와 대리모가 직계	직계비속 아님(규정은 없음) ('혼인 외 출생자와 생모'와 유사)

*1 세법상 증여재산 공제 적용 유권해석
- 친부(친모) '사망' 후 재혼하지 않은 계모(계부)로부터 증여받은 경우: 직계존비속공제가 아닌 기타친족공제를 적용(상속증여−5894, 2017.9.12. ; 재산세과−468, 2011.10.7.)←조세심판원도 '혼인 중'에 해당하지 않는다고 판단하여 기타친족공제만 인정.(조심 2014서1899, 2014.9.2. 결정)
- 증여자가 부(모)일 경우 계모(계부)는 동일인 10년 합산대상 아님.(상증집 47−36…6①) 그러나 친부(모)생존 시에는 계모(계부)도 2010년부터 직계존비속으로 인정함.(상증법 53조2호)
- 이혼한 부모로부터 증여받은 경우 '법률상 배우자가 아니므로' 동일인 10년 '합산 배제'되며(서면4팀−3535, 2007.12.11. ; 재산상속 46014−271, 2002.10.11.), 직계존비속공제도 '각각' 적용됨(제도 46013−10027, 2001.3.13.).

*2【직계존비속 판정기준】증여재산 공제(상증법 53조) 적용사항(상증통 53−46…2②)(2019.12.23. 개정)
1. 출양한 자인 경우에는 양가 및 생가에 모두 해당한다.(친양자에 대한 별도 규정이 없어 일단 생가부모와도 직계존비속 관계라고 보아야 할 것임 − 저자 주)
2. 출가녀인 경우에는 친가에서는 직계존속과의 관계(즉, 친정 부모·조부모 밖에는 직계존속이 없다는 뜻 −저자 주), 시가에서는 직계비속과의 관계에만 해당한다(즉, 자식과는 직계존비속이지만, 시부모와는 직계존비속 관계가 아니라는 당연한 규정임 − 저자 주).
3. 외조부모와 외손자는 직계존비속에 해당한다.
4. 계모자 또는 ~~직모서자관계는 직계존비속에 해당하지 아니한다.~~(2019.12.23. 삭제하여 직계존비속 인정)

*3 친양자인 경우: 「민법」상 친양자는 친가와 완전 단절되므로 양조부모가 전부 상속받음.
친양자(완전양자, full adoption)는 호주제 폐지와 함께 도입된 제도로, 이 경우 기존의 친부모와의 친자관계가 완전히 소멸되며, 실제로 양가의 친생자와 같이 취급되는 양자를 말함. 일정 요건을 갖추어 가정법원에 청구. (민법 908조의2~908조의8)

*4 상속세 및 증여세법에서는 '혼인 외 출생자의 생모'로부터 증여받은 경우, 직계존속(10년간 5천만원, 수증자가 미성년자이면 2천만원 공제)이 아니라 기타 친족(10년간 1천만원 공제)으로 보아 증여재산 공제를 적용한다. (상속증여세 집행기준 53−0−4 제7호)

*5 "체외수정해 얻은 자녀, 낳아준 대리모가 母"(서울가정법원 항고심 2018브15, 2018.5.9. 선고)

← 1심도같음. 서울가정법원 2018가13, 2018.2.14. 선고)

④기타 친족(상증법 53조4호)
6촌 이내의 혈족, 4촌 이내의 인척으로부터 증여를 받은 경우를 말한다.

(보충)【친족의 범위】(상증집 53-0-4)

친족의 범위는 배우자와 직계존비속을 제외하고 수증자를 기준으로 다음에 규정된 관계를 말한다.

- 6촌 이내의 부계혈족과 4촌 이내의 부계혈족의 아내
- 3촌 이내의 부계혈족의 남편 및 자녀
- 3촌 이내의 모계혈족과 그 배우자 및 자녀
- 아내의 2촌 이내의 부계혈족 및 그 배우자
- 입양자의 생가(生家)의 직계존속
- 출양자 및 그 배우자와 출양자의 양가(養家)의 직계비속
- 혼인 외의 출생자의 생모

2)준용규정(상증법 54조)

상속세의 재해손실 공제(상증법 23조) 및 재난의 범위 등(상증법 20조)의 규정은 증여세에서 준용한다.

(6)증여세 과세표준과 세율

1)증여세의 과세표준 및 과세최저한(상증법 55조)

구분	증여세 과세표준
명의신탁재산의 증여의제	명의신탁재산가액 – 감정평가수수료
• 특수관계법인과의 거래 이익 증여의제 • 특수관계법인으로부터 제공받은 사업기회로 발생한 이익의 증여의제	증여의제이익 – 감정평가수수료
합산배제 증여재산(위 모든 증여의제 제외)	증여재산가액 - 3천만원 –감정평가수수료
상기 이외	증여세과세가액 -증여재산공제액 - 재해손실공제액 – 감정평가수수료

(보충1)감정평가수수료: 상속세 규정을 준용함.(상증령 20조의3)

(보충2)명의신탁재산 증여의제에 대한 과세표준 개정: 다음의 것은 종전규정에 의함.

[명의신탁재산에 대한 과세표준 계산방법 비교]

구 분	2018.12.31.까지 규정	2019.1.1.부터 규정
합산배제 증여재산 여부	합산대상 증여재산	합산배제 증여재산
과세표준에서 3천만원 공제 여부	공제	공제 불가
납세의무자	명의수탁자(수증자)	명의신탁자(증여자)

1.2018.12.31.까지 증여의제된 명의신탁재산

2.2019.1.1. 이후 증여의제된 명의신탁재산이라도 명의 미개서분(2018까지 취득분 중)

제1장 제2장 제3장 제4장 제5장 제6장 제7장 제8장 제9장 제10장 제11장 제12장 제13장 제14장

{취득 후 명의개서가 되지 않은 분(명의 미개서)에 대한 적용: 종전규정에 따름: 이 법 시행 전에 실제소유자가 소유권을 취득하였으나 명의개서를 하지 아니하여 이 법 시행 이후 증여의제 되는 분에 대해서는 4조의 2②·⑥·⑨, 6조②, 45조의2①·②, 47조① 및 55조①3호의 개정규정에도 불구하고 종전의 규정에 따름.

(개정 상증법 부칙 6조)}

(보충3)증여세 과세최저한: 증여세 과세표준이 50만원 미만이면 증여세를 부과하지 않음.(상증법 55조②)

2)증여세 세율: 상속세 세율과 같음(상증법 26조·56조)

3)직계비속에 대한 증여의 할증과세: 상속세와 같음(상증법 57조)

수증자가 증여자의 자녀가 아닌 직계비속인 경우에는 증여세산출세액에 30%(수증자가 증여자의 자녀가 아닌 직계비속이면서 미성년자인 경우로서 증여재산가액이 20억원을 초과하는 경우에는 40%)에 상당하는 금액을 가산한다. 다만, 증여자의 최근친(最近親)인 직계비속이 사망하여 그 사망자의 최근친인 직계비속이 증여받은 경우(즉「민법」상 대습상속)에는 그러하지 아니하다.

(7)세액공제

1)납부세액공제(상증법 58조)

증여세 과세가액에 가산한 증여재산의 가액(둘 이상의 증여가 있을 때에는 그 가액을 합친 금액)에 대하여 납부하였거나 납부할 증여세액(증여 당시의 해당 증여재산에 대한 증여세산출세액을 말함)은 증여세산출세액에서 공제한다.

다만, 증여세 과세가액에 가산하는 증여재산에 대하여 기간의 만료(국기법 26조의2①4호, ④)로 인하여 증여세가 부과되지 아니하는 경우에는 공제하지 않는다.

$$한도액 = 증여세\ 산출세액 \times \frac{가산한\ 증여재산가액의\ 과세표준}{(금번\ 증여재산가액+기\ 증여재산가액)에\ 대한\ 과세표준}$$

2)외국 납부세액 공제(상증법 59조, 상증령 48조)

타인으로부터 재산을 증여받은 경우에 외국에 있는 증여재산에 대하여 외국의 법령에 따라 증여세를 부과받은 경우에는 그 증여세에 상당하는 금액을 증여세산출세액에서 공제한다.

(보충)거주자가 비거주자에게 국외재산을 증여하더라도 증여세 과세대상이며(국조법 35조), 외국납부세액공제 대상이다. 그러나 국가마다 증여에 대한 과세방법이 다르거나 그 성격이 증여세인지 여부도 확실하지 않은 바, 최근 캐나다에 소재한 국외재산 증여 시 납부한 캐나다 소득세에 대해 외국납부세액공제 대상에 해당하지 않는다고 해석.(서면-2023-법규국조-3283, 2024.05.31.)

05 재산의 평가

(1)평가의 원칙 등(상증법 60조)

1)평가기준일(상증법 60조①)

상속세·증여세는 평가기준일 현재의 시가로 평가하는데, 상속세의 평가기준일은 상속개시일이고 증여세는 증여일이다.

[상속·증여재산 평가시점: 「민법」과 상속세 및 증여세법 비교]

구분	민법	상속세 및 증여세법
사망	상속개시일(사망일)	상속개시일(사망일)
실종선고로 사망	실종기간 만료일(민법 28조)*	실종선고일(상증법 2조2호)
증여	증여계약일(민법 554조)	증여일(등기접수일, 상증법 32조, 60조①, 상증령 24조)
사전증여재산 합산	상속개시일(민법 1008조)	증여일(상증법 60조④, 상증통 47-0…2, 상증집 13-0-7)

* 「민법」상 보통실종의 실종기간은 5년이며, 사망의 가능성이 큰 특별실종의 경우에는 1년임. 즉 전지에 임한 자, 침몰한 선박 중에 있던 자, 추락한 항공기 중에 있던 자, 기타 사망의 원인이 될 위난을 당한 자의 생사가 전쟁종지 후 또는 선박의 침몰, 항공기의 추락 기타 위난이 종료한 후 1년간 분명하지 아니한 때는 1년임.(민법 27조)

2)평가방법(상증법 60조①③)

상속세·증여세가 부과되는 재산의 가액은 상속개시일·증여일 현재의 시가에 따르되, 시가 산정이 어려운 경우 재산의 종류·규모·거래상황 등을 고려하여 보충적 평가방법(상증법 61조~65조)에 의해 평가한다. 그러나 상장주식(상장절차 진행 중인 주식은 제외)이나 가상자산은 실제 매매가액이 아니라 보충적 평가가액을 시가로 본다.

평가방법 적용 시 유의할 사항은 다음과 같다.

첫째, 상장법인(유가증권시장과 코스닥시장, 상증령 52조의2①)의 주식 및 출자지분이나 가상자산(2022.1.1. 시행)은 매매가액 등이 있더라도 이를 시가로 보는 것이 아니라 상증법상 보충적 평가방법에 의한 평가가액을 시가로 본다.(상증법 60조①1호, 63조①1호 가목) ☞ 법인세에서 '부당행위계산의 부인' 시 적용하는 상장주식의 시가는 '거래소 종가'를 원칙으로 함.(법법 52조, 법령 89조①)

둘째, 주식 및 출자지분의 감정가액은 시가로 인정하지 않는다.(상증령 49조①2호 본문 괄호, 상증집 60-49-5①단서)

셋째, 상속재산 가액에 가산하는 증여재산의 가액은 증여일 현재의 시가에 따른다.(상증법 60조④)

3) 시가의 의미 (상증법 60조②)

　시가란 불특정 다수인 사이에 자유로이 거래가 이루어지는 경우에 통상 성립된다고 인정되는 가액을 말하며, 그 외에도 상증법에서는 다음의 경우를 시가로 간주한다.

① 평가기간 이내의 해당 재산에 대한 매매 등의 가액 (상증령 49조①본문 및 ②)

　평가기준일 전후 6개월(증여재산의 경우에는 평가기준일 전 6개월부터 평가기준일 후 3개월까지로 한함. 이하 '평가기간'이라 함. 증여재산은 종전 전후 3개월에서 확대, 2019.2.12. 개정으로 이날 이후 상속·증여분부터 적용) 이내의 기간 중 매매·감정·수용·경매(「민사집행법」에 따른 경매를 말함) 또는 공매가 있는 경우에 그 매매가액, 감정가액의 평균액(기준시가 10억원 이하의 부동산은 1개의 감정평가도 가능함. 상증령 49조⑥을 2018.4.1.부터 시행, 개정 상증령 부칙 1조 단서), 수용가액, 경매가액 또는 공매가액을 말한다. 단, 수의계약이나 특수관계인간 공매 등은 시가로 보지 않는다.

　매매 등의 가액이 평가기간에 해당하는지는 아래의 날을 기준으로 하여 판단한다.(상증령 49조②)

1. 매매: 매매계약일
2. 감정: 가격산정기준일과 감정가액평가서 작성일
3. 수용·경매 또는 공매: 보상가액·경매가액 또는 공매가액이 결정된 날

(보충1) • 감정가액은 2 이상의 감정가액을 평균한 금액으로 함이 원칙이지만, 2018.4.1.부터는 **기준시가 10억원 이하 부동산·분양권**(2025년 추가)**에 대해서는 1개의 감정가액도 시가로 인정함.**

(소령 176조의2③, 상증령 49조⑥)

　　• 5억원 초과 물건에 대해 감정평가법인뿐만 아니라 2019.2.12.부터 개인감정평가사도 감정평가 가능함.(소령 98조③에서 법령 89조②1호(2019.2.12. 개정)를 준용)

　　• 양도소득세 계산시 취득가액 산정을 위해 상속개시일로부터 6개월이 지나 소급 감정평가한 가액은 상증법상 평가액으로 볼 수 없음.(심사양도 2013-0236, 2014.3.18.)

(보충2) 상속·증여로 취득한 자산의 실지거래가액에 의한 양도차익 산정 시 그 취득가액은 상속세 및 증여세법상 평가액으로 하며, 양도·취득 당시의 기준시가에 의해 **환산취득가액으로 할 수 없음.**(서면4팀-2250, 2005.11.17.)

(보충3) **상속신고를 하지 않은 경우에도 '시가가 존재'하면 시가를 취득가액으로 할 수 있음.**

　청구인이 제시하는 상속개시일 전후 6개월 이내에 해당하는 원어민의 토지취득사례 여부 및 그 가액을 조사·확인하고 이를 쟁점 토지의 취득가액으로 인정하여 양도소득세의 과세표준 및 세액을 경정하는 것이 타당하다.(조심 2019인1749, 2019.9.25. ; 2008광31, 2008.6.30. 결정,)

(보충4) 거래된 비상장주식의 액면가액이 다음의 금액 미만인 경우(평가심의위원회의 심의를 거쳐 그 거래가액이 거래의 관행상 정당한 사유가 있다고 인정되는 경우는 제외)에는 시가로 인정하지 않음.(상증령 49조①2호 나목)

Min{액면가액 기준으로 지분율 1%에 해당하는 금액, 3억원}

(보충5) 초고가 아파트, 호화 단독주택도 부동산 감정평가하여 과세←기준시가 공시 없는 비주거용 꼬마빌딩 등만 실시(2020~2024년)(「상속세 및 증여세 사무처리규정」 1조의2 제17호, 2025.1.1. 개정)

1. 추정시가와 보충적 평가액의 차이가 5억원(←10억원) 이상인 경우
2. 추정시가와 보충적 평가액 차이의 비율이 10%이상[(추정시가-보충적평가액)/추정시가]인 경우

②유사사례가액(상증령 49조④)

기획재정부령(상증칙 15조③)으로 정하는 해당 재산과 면적·위치·용도·종목 및 기준시가가 동일하거나 유사한 다른 재산에 대한 매매 등의 가액(상속세 또는 증여세 과세표준을 신고한 경우에는 평가기준일 전 6개월부터 위 ①에 따른 평가기간 이내의 신고일까지의 가액을 말함)이 있는 경우에는 해당 가액을 시가로 본다.

'해당 재산과 면적·위치·용도·종목 및 기준시가가 동일하거나 유사한 다른 재산'이란 다음 각 호의 구분에 따른 재산을 말한다.(상증칙 15조③)

1. 「부동산 가격공시에 관한 법률」에 따른 공동주택가격(새로운 공동주택가격이 고시되기 전에는 직전의 공동주택가격을 말함)이 있는 공동주택의 경우: 다음 각 목의 요건을 모두 충족하는 주택. 다만, 해당 주택이 둘 이상인 경우에는 평가대상 주택과 공동주택가격 차이가 가장 작은 주택을 말한다.
   가. 평가대상 주택과 동일한 공동주택단지(「공동주택관리법」에 따른 공동주택단지를 말함) 내에 있을 것
   나. 평가대상 주택과 주거전용면적(「주택법」에 따른 주거전용면적을 말함)의 차이가 평가대상 주택의 주거전용면적의 5% 이내일 것
   다. 평가대상 주택과 공동주택가격의 차이가 평가대상 주택의 공동주택가격의 5% 이내일 것
2. 제1호 외의 재산의 경우: 평가대상 재산과 면적·위치·용도·종목 및 기준시가가 동일하거나 유사한 다른 재산

③평가심의위원회의 자문을 거친 평가기간 밖의 해당 재산의 매매 등(상증령 49조①본문 단서)

평가기간에 해당하지 아니하는 기간으로서 평가기준일 전 2년 이내의 기간 중에 매매 등이 있거나 평가기간이 경과한 후부터 세액 결정기한(상증령 78조①에 따른 신고기한일로부터 상속세는 9개월 및 증여세는 6개월, 2019.2.12. 신설)까지의 기간 중에 매매 등이 있는 경우에도 평가기준일부터 매매 등이 있는 날까지의 기간 중에 주식발행회사의 경영상태, 시간의 경과 및 주위환경의 변화 등을 고려하여 가격변동의 특별한 사정이 없다고 보아 상속세 또는 증여세 납부의무가 있는 자('납세자'), 지방국세청장 또는 관할세무서장이 신청하는 때에는 평가심의위원회의 심의(상증령 49조의2①)를 거쳐 해당 매매 등의 가액을 확인되는 가액에 포함시킬 수 있다.

(보충)상속재산에 대한 감정평가서가 평가기간이 경과한 후라도 법정결정기한(신고기한부터 상속세는 9개월, 증여세는 6개월) 이내에 작성되었다면 평가심의위원회 심의를 통해 시가로 인정가능.(재재산-92, 2021.01.27.) 납세자가 법정신고기한 이내에 시가를 확인 할 수 없어 기준시가로 신고한 이후 납세자 또는 과세관청이 상속개시일을 가격 산정기준일로 하고, 감정가액평가서 작성일을 평가기간이 경과한 후부터 법정결정기한 사이로 하여 (2개 감정기관에서, 상증령 49조①2호) 감정평가받은 가액을 평가심의위원회에 회부하는 경우, 평가심의위원회 심의대상이 되는 것이며 심의를 통해 시가로 인정 가능함.

④시가의 적용(상증령 49조② 본문 후단)

시가로 보는 가액이 둘 이상인 경우에는 평가기준일을 전후하여 가장 가까운 날에 해당하는 가액(그 가액이 둘 이상인 경우에는 그 평균액)을 적용한다. 다만, 해당 재산의 매매 등의 가액이 있는 경우에는 위 ②의 유사사례가액은 적용하지 아니한다.

[국세청 홈택스에서 '상속·증여재산 스스로 평가하기 서비스' 조회 가능]
{홈택스〉로그인(공동인증서 등 사용)〉조회/발급〉상속·증여재산 평가하기〉상속·증여재산 스스로 평가하기}
2017년 7월 18일부터, 상속·증여재산 평가 온라인 정보제공

납세자가 스스로 상속·증여재산을 평가해 볼 수 있는 '상속·증여재산 스스로 평가하기' 시스템이 온라인상에서 구축돼 2017년 7월 18일부터 이용되고 있다. 납세자가 상속·증여받은 재산에 관한 유사재산 매매사례가액이나 보충적 평가액을 쉽게 확인할 수 없는 불편을 해소하기 위해 재산 평가에 필요한 정보를 최대한 제공한다. 동 서비스는 공동주택 및 오피스텔의 유사재산 매매사례가액 등을 납세자에게 제공하는 한편, 토지·개별주택·일반건물·상장주식별로 시가와 보충적 평가액을 제공한다. 또한, 인터넷으로 간편하게 재산평가심의위원회에 시가인정 심의를 신청할 수 있도록 했다.

상속·증여재산 스스로 평가하기 서비스는 '상속·증여재산 평가정보 조회', '전자신고·납부', '유용한 세금정보'로 구성됐다. 우선 '상속·증여재산 평가정보 조회' 항목에서는 상속·증여재산의 대부분을 차지하는 토지·주택·일반 건물·상장주식별로 평가정보 제공시스템을 구축하고, 당해 재산의 매매가액과 유사재산의 매매사례가액, 기준시가 등 보충적 평가액 등의 조회나 계산이 가능하다.

특히, 국세청이 보유하고 있는 전국의 공동주택과 수도권 및 지방 5대 광역시에 소재하는 오피스텔의 유사재산 매매사례가액을 제공해 납세자가 손쉽게 상속·증여재산의 시가를 확인할 수 있도록 했다.

또한, 평가기간 밖의 유사재산 매매사례가액이 확인되는 경우 인터넷으로 재산평가심의위원회에 시가인정 심의를 신청할 수 있는 서비스도 함께 제공해 납세자의 성실신고를 최대한 지원하게 된다.

'전자신고·납부' 항목에서는 상속·증여재산 평가정보 조회를 통해 확인된 증여재산 가액으로 바로 증여세 전자신고와 납부를 할 수 있도록 하였으며, 2016년 10월부터 제공하고 있는 과거 증여세 결정정보도 제공해 증여세 합산신고가 가능하게 함으로써 납세자의 신고 편의성을 제고했다.

이와 함께 '유용한 세금정보' 항목에서는 납세자 눈높이에 맞춘 다양한 재산 평가와 관련된 정보를 제공하기 위해, 국세법령정보시스템을 연계해 세법과 판례·예규 등 다양한 해석 사례를 찾아볼 수 있도록 했다.

상속·증여재산의 평가나 전자신고 등의 과정에서 발생할 수 있는 궁금증을 신속히 해결할 수 있도록 국세상담센터에 인터넷 상담신청이 가능하도록 했으며 국토교통부장관이 공시하는 주택공시가격, 개별공시지가를 조회하고, 국세청장이 고시하는 상업용 건물 및 오피스텔 기준시가 조회와 일반건물 기준시가 산정방법에 따라 일반건물의 기준시가 계산도 가능하다.

(2)부동산 등의 평가(상증법 61조, 상증령 50조·51조)

구분	기준시가
토지	개별공시지가
오피스텔 및 상업용 건물	국세청장이 산정·고시한 호별 ㎡당 금액 × (전유+공용면적)
주택	• 개별주택: 개별주택가격(없는 경우 유사주택 환산가격) • 공동주택: 공동주택가격(국세청 기준시가)
위 이외의 건물	국세청장이 산정·고시한 가액(국세청 건물기준시가: 홈택스 조회-상속/증여)
시설물, 구축물(토지·건물과 일괄평가 시는 제외)	• 재건축·재취득 예상소요가액-감가상각비 상당액 • 재취득가액 산정이 어려울 때: 지령 4조①의 시가표준액
지상권	(지상권이 설정된 토지가액 × 2%) / $(1+10\%)^n$ n = 평가기준일부터 경과연수

구분	기준시가
부동산 취득권리 및 특정시설물 이용권	• 평가기준일까지 납입한 금액 + 프레미엄 상당액 • 단, 특정시설물이용권 중 지방세 시가표준액이 있는 경우 　(예: 골프회원권)에는 해당 가액(소령 165조⑧3호)
사실상 임대차계약이 체결되거나 임차권이 등기된 자산	Max{①, ②} ① 1년간 임대료/12% + 임대보증금 ② 보충적 평가방법에 의한 평가가액

(3) 유가증권 등의 평가(상증법 63조)

1) 상장주식과 가상자산의 평가(상증법 63조①1호 가목)

① 상장주식 등의 평가(상증법 60조①, 63조①1호 가목)

가. 주권상장법인의 정상거래 주식 등

「자본시장과 금융투자업에 관한 법률」에 따른 증권시장(유가증권시장과 코스닥시장, 상증령 52조의2①)에서 거래되는 주권상장법인의 정상거래 주식 등(상증령 52조의2③)의 경우: 상증법 63조①1호 가목에 규정된 평가방법으로 평가한 가액(상증법 60조①1호)

즉, 평가기준일(평가기준일이 공휴일 등 매매가 없는 날인 경우에는 그 전일) 이전·이후 각 2개월 동안 공표된 매일의 거래소 최종 시세가액(거래실적 유무를 따지지 아니함)의 평균액(증자·합병 등의 사유가 발생한 경우에는 상증령 52조의2②으로 평가). 다만, 합병으로 인한 이익(상증법 38조)을 계산할 때 합병(분할합병을 포함)으로 소멸하거나 흡수되는 법인 또는 신설되거나 존속하는 법인이 보유한 상장주식의 시가는 평가기준일 현재의 거래소 최종 시세가액으로 한다.(상증법 63조①1호 가목)

나. 상장신청을 한 법인의 주식 등

다만, 다음 각 호의 어느 하나에 해당하는 주식 등에 대해서는 해당 법인의 사업성, 거래 상황 등을 고려하여 대통령령(상증령 57조)으로 정하는 방법으로 평가한다.(상증법 60조①1호 괄호, 63조②)

1. 유가증권시장에 상장 추진 기간 중인 법인의 주식: 평가기준일 현재 유가증권 신고(유가증권 신고를 하지 아니하고 상장신청을 한 경우에는 상장신청을 말함) 직전 6개월(증여세가 부과되는 주식 등의 경우에는 3개월)부터 거래소에 최초로 주식 등을 상장하기 전까지의 기간에 대한 평가(상증령 57조①)
   평가가액 = Max{공모기준가, 보충적 방법으로 평가한 가액}

2. 코스닥에 상장 추진 기간 중인 법인의 주식: 평가기준일 현재 유가증권 신고(유가증권 신고를 하지 아니하고 등록신청을 한 경우에는 등록신청을 말함) 직전 6개월(증여세가 부과되는 주식 등의 경우에는 3개월)부터 한국금융투자협회에 등록하기 전까지의 기간에 대한 평가(상증령 57조②)
   평가가액 = Max{공모기준가, 보충적 방법으로 평가한 가액}

제1장 제2장 제3장 제4장 제5장 제6장 제7장 제8장 제9장 제10장 제11장 제12장 제13장 제14장

3. 미상장 주식: 거래소에 상장되어 있는 법인의 주식 중 그 법인의 증자로 인하여 취득한 새로운 주식으로서 평가기준일 현재 상장되지 아니한 주식의 평가(상증령 57조③)

평가가액 = 평가기준일 이전·이후 각 2개월 동안 공표된 매일의 거래소 최종 시세가액(거래실적 유무를 불문)의 평균액 - 배당차액*

* 배당차액 = {1주당 액면가액 × 직전기 배당률 × (신주발행일이 속하는 사업연도의 개시일 ~배당기산일 전일의 일수)/365}

② 가상자산

가상자산(「특정 금융거래정보의 보고 및 이용 등에 관한 법률」('특정금융정보법') 2조3회의 경우: 상증법 65조②(상증령 60조②)에 규정된 평가방법으로 평가한 가액(상증법 60조①2호, 2022.1.1. 시행)

1. 「특정금융정보법률」 7조에 따라 신고가 수리된 가상자산사업자 중 국세청장이 고시하는 가상자산사업자의 사업장에서 거래되는 가상자산: 평가기준일 전·이후 각 1개월 동안에 해당 가상자산사업자가 공시하는 일평균가액의 평균액(상증령 60조②1호)

2. 그 밖의 가상자산: 가목의 가상자산사업자 외의 가상자산사업자 및 이에 준하는 사업자의 사업장에서 공시하는 거래일의 일평균가액 또는 종료시각에 공시된 시세가액 등 합리적으로 인정되는 가액(상증령 60조②2호)

2) 비상장주식의 평가(상증법 63조①1호 나목)

① 비상장주식의 평가 개괄(상증령 54조)

구분	계산방법	
순손익가치(ⓐ)	최근 3년간 순손익액의 가중평균액 ÷ 순손익가치환원율	
순자산가치(ⓑ)	해당법인의 순자산가액(상증법상 평가액) ÷ 발행주식총수	
1주당 주식평가액	일반법인	1주당가액 = Max{(ⓐ×3 + ⓑ×2)÷5, ⓑ×80%}
	부동산과다보유법인 (50% 이상 법인)	1주당가액 = Max{(ⓐ×2 + ⓑ×3)÷5, ⓑ×80%}
	신설·폐업법인 등(상증령 54조④)	1주당가액 = 순자산가치(ⓑ)

(보충1) 순자산가치에 영업권을 반영하지 않는 경우(상증령 55조①③)

순자산가치에 의해서만 평가하는 경우에는 영업권 평가액을 가산하지 않으며(상증령 55조③단서), 순자산가치가 '0' 이하인 경우에는 '0'원으로 함(상증령 55조①).

(보충2) 상증법에서 **부동산과다보유법인**은 소득세법상 '특정법인'(부동산 등 50% 이상인 법인, 소법 94조①4호 다목)을 말하며(상증령 54조①괄호), 소득세법상 '부동산 80% 이상 보유법인'(소법 94조①4호 라목)은 순자산가치로만 평가함(단, 상증법에서는 골프장 등 업종요건 불문, 상증령 54조④3호, 2018.2.13. 개정 시행).

(보충3) 비상장주식의 평가가액 하한선 신설(상증령 54조①단서, 2017.4.1. 이후부터 적용)

2017.4.1. 이후 상속·증여분부터는 비상장주식 등의 평가가액이 최소한 순자산가치의 80% 이상이 되도록

하한선을 신설함. 다만, 2017.4.1.~2018.3.31. 기간 동안 상속·증여되는 비상장주식 등에 대해서는 80%가 아닌 70%를 적용함.(2017.2.7. 개정 상증령 부칙 7조)

②순손익가치 평가(상증령 54조①, 상증칙 17조·17조의3, 상증집 63-56-1)

가. 평가방법

1주당 최근 3년간 순손익액의 가중평균액으로 하여 계산하고, 그 가액이 '0'원 이하인 경우에는 '0'원으로 함. 또한, 사업연도가 1년 미만인 경우 1년으로 환산한 가액으로 한다.

- 1주당 순손익가치 = $\dfrac{\text{1주당 최근 3년간 순손익액의 가중평균액}}{\text{순손익가치환원율(10\%)}}$

- 1주당 최근 3년간 순손익액의 가중평균액 = $\dfrac{A \times 3 + B \times 2 + C \times 1}{6}$

  A: 평가기준일 이전 1년이 되는 사업연도의 1주당 순손익액
  B: 평가기준일 이전 2년이 되는 사업연도의 1주당 순손익액
  C: 평가기준일 이전 3년이 되는 사업연도의 1주당 순손익액

- 각 사업연도의 1주당 순손익액 = $\dfrac{\text{각 사업연도의 순손익액}}{\text{각 사업연도종료일 현재의 발행주식수}}$

나. 각 사업연도 순손익액의 계산(상증령 56조, 상증칙 17조의3, 상증집 63-56-1)

1. 각 사업연도소득금액에 가산할 항목과 차감할 항목(상증령 56조)

가산할 항목	차감할 항목
• 국세 및 지방세 과오납금 환급금 이자 • 수입배당금 익금불산입액 • 법정 및 지정기부금 한도초과액 • 기부금 한도초과액의 이월공제액 손금산입액 • 외화환산이익(법인세 계산 시 해당 이익을 반영하지 않은 금액)(2019년 신설) • 업무용승용차관련 이월 손금산입액(2020년 신설)	• 벌금·과료·과태료·가산금·강제징수비 • 손금으로 인정되지 않는 공과금 • 업무와 관련 없는 지출 • 각 세법상 징수불이행 납부세액 • 기부금, 기업업무추진비, 광고선전비한도초과액 • 지급이자 손금불산입액 • 법인세액(농어촌특별세, 지방소득세 포함) • 손금불산입한 외국법인세액 • 감가상각비 시인부족액 • 외화환산손실(법인세 계산 시 해당 손실을 반영하지 않은 금액)(2019년 신설) • 징벌적 목적의 손해배상금 등 손금불산입액 　　　　　　　　　　　　　　　(2020년 신설) • 업무용 승용차 관련 손금불산입액(2020년 신설)

(보충)위 항목은 "평가기준일 현재 주식가치를 정확히 파악하려는 데 있으므로" 예시적 규정으로 보아야 하며 정확한 손익계산을 위해서는 위 조항에 열거되어 있지 않은 항목도 반영할 수 있다.[대법 2019두30546, 2019.4.25. 선고(이자비용 손금불산입금액 차감) ; 대법 2008두4275, 2011.7.14. 선고(퇴직급여비용 과소계상액 추가 차감) 등] 따라서 결산시 반영하지 않은 퇴직급여나 대손상각비는 그 차액을 순손익 계산시 추가반영하여 주식가치를 평가해야 함.(조심 2021인1211, 2021.08.17. 결정)

2. 적용방법

- 각 사업연도 1주당 순손익액이 '0' 이하인 경우에는 '0' 이하 가액을 그대로 적용한다. (상증령 56조①)
- 각 사업연도 소득금액 계산 시 손금산입된 충당금 및 준비금이 (미사용 등으로 인하여) 일시

환입될 경우에는 그 금액이 환입될 연도를 기준으로 안분한 금액만 가산한다.(상증령 56조④)
- 평가기준일이 속하는 사업연도 전 3년 이내에 유상증자하거나 유상감자한 경우 그 이전 사업연도의 순손익액은 다음과 같이 계산한다.(상증령 56조⑤, 상증칙 17조의3⑥)

{이곳 나.에서 계산한 가액 + ⓐ − ⓑ}

ⓐ 유상증자한 주식 1주당 납입액 × 유상증자 주식수 × 순손익가치환원율(10%)

ⓑ 유상감자한 시 지급한 1주당 금액 × 유상감자 주식수 × 순손익가치환원율(10%)

3. 2개 이상의 신용평가기관 등이 산출한 1주당 추정이익으로 순손익액을 평가할 수 있는 경우
   다음의 요건을 모두 갖춘 경우에는 1주당 최근 3년간의 순손익액의 가중평균액을 신용평가전문기관, 회계법인 또는 세무법인 중 둘 이상이 산출한 1주당 추정이익의 평균가액으로 할 수 있다.(상증령 56조②, 상증칙 17조의3 ☞ 엄격한 열거주의 적용, 조심 2022중5244, 2022.11.15. 결정 등 참조)
   ⓐ일시적이고 우발적인 사건으로 해당 법인의 최근 3년간 순손익액이 증가하는 등 다음의 어느 하나에 해당할 것
   - 기업회계기준의 자산수증이익, 채무면제이익, 보험차익 및 재해손실("자산수증이익 등"이라 한다)의 합계액에 대한 최근 3년간 가중평균액이 법인세 차감전 손익에서 자산수증이익 등을 뺀 금액에 대한 최근 3년간 가중평균액의 50%를 초과하는 경우
   - 평가기준일전 3년이 되는 날이 속하는 사업연도 개시일부터 평가기준일까지의 기간 중 합병 또는 분할을 하였거나 주요 업종이 바뀐 경우
   - 합병에 따른 이익의 증여(상증법 제38조) 규정에 의한 증여받은 이익을 산정하기 위하여 합병당사법인의 주식가액을 산정하는 경우
   - 최근 3개 사업연도중 1년 이상 휴업한 사실이 있는 경우
   - 기업회계기준상 유가증권·유형자산의 처분손익과 자산수증이익 등의 합계액에 대한 최근3년간 가중평균액이 법인세 차감전 손익에 대한 최근 3년간 가중평균액의 50%를 초과하는 경우
   - 주요 업종(당해 법인이 영위하는 사업 중 직접 사용하는 유형고정자산의 가액이 가장 큰 업종을 말한다)에 있어서 정상적인 매출발생기간이 3년 미만인 경우
   - 위와 유사한 경우로서 기획재정부장관이 고시하는 사유에 해당하는 경우(현재 없음)
   ⓑ상속세 및 증여세 과세표준 신고기한까지 1주당 추정이익의 평균가액을 신고할 것
   ⓒ1주당 추정이익의 산정기준일과 평가서작성일이 해당 과세표준 신고기한 이내일 것
   ⓓ1주당 추정이익의 산정기준일과 상속개시일 또는 증여일이 같은 연도에 속할 것

다. 발행주식총수의 계산(상증령 56조③)
   - 각 사업연도 주식수는 각 사업연도 종료일 현재의 발행주식총수이다.
   - 다만, 평가기준일이 속하는 사업연도 전 3년 이내에 증자 또는 감자한 경우, 그 이전 사업연도 종료일 현재 발행주식총수는 다음과 같이 환산한다.(상증칙 17조의3⑤)

ⓐ 증자의 경우 환산주식수

증자 전 각 사업연도말 주식수 × $\dfrac{(증자 직전 사업연도말 주식수+증자주식수)}{증자 직전 사업연도말 주식수}$

ⓑ 감자의 경우 환산주식수

감자 전 각 사업연도말 주식수 × $\dfrac{(감자 직전 사업연도말 주식수-감자주식수)}{감자 직전 사업연도말 주식수}$

3)최대주주(특수관계인 포함)의 주식 등 할증평가(상증법 63조③, 상증집 63-53-2, 조특법 101조)

주식 발행회사의 상장 여부를 불문하고 최대주주 또는 최대출자자(최대주주 등 중에서 보유 주식 등 수가 가장 많은 1인을 말함) 및 그와 특수관계에 있는 주주의 주식은 과점주주 여부에 따라 다음과 같이 할증평가된다. 그러나 2025년부터 할증평가 규정은 삭제됐다.(개정 무산)

최대주주 등의 지분율	할증비율(2019년까지)		할증비율(2020~2022년)		할증비율(2023년 부터)	
	일반법인	중소기업	일반법인	중소기업	일반법인	중소·중견법인
50% 이하	20%	10%	20%	0%	20%	0%
50% 초과	30%	15%				

(보충1)직전 3개년 매출액 평균 5천억원 미만인 중견기업 주식도 할증평가 제외(2023년 상속·증여분부터 적용)
(보충2)보유중인 타법인 주식의 경우 1차 출자분도 할증평가에서 제외(2021년 이전 상속·증여분도 2021년부터 평가시 적용. 즉 2021.2.17.이후 상속·증여세 신고분부터 적용. 상증령 53조⑦4호, 상증령 부칙 8조)

[벤처기업 비상장주식 시가평가 다양화](「벤처기업육성에 관한 특별조치법 시행령」 11조의3)
①주식매수선택권의 부여는 다음의 하나에 해당하는 방법에 따른다.(개정 2022.2.22.)
 1. 주식매수선택권의 행사가격으로 새로 신주를 발행해서 주거나 자기주식을 주는 방법
 2. 주식매수선택권의 행사가격과 주식매수선택권을 행사한 날을 기준으로 상증법 60조를 준용하여 평가한 해당 주식의 시가(時價)와의 차액('행사가격〈시가'인 경우의 차액을 말함)을 현금이나 자기주식으로 주는 방법
②위①항 주식매수선택권의 행사가격(주식매수선택권을 부여한 후 그 행사가격을 조정하는 경우를 포함)은 다음 각 호의 가액(價額) 이상이어야 한다.(개정 2022.2.22.)
 1. 새로 주식을 발행하여 주는 경우에는 다음 각 목의 가액 중 높은 금액
 가. 주식매수선택권을 부여한 날을 기준으로 '상증법 60조'를 준용하여 평가한 '부여 당시 시가'{2022.2.22. 전에 부여된 주식매수선택권의 행사가격 조정을 위하여 해당 주식의 시가를 평가하려는 경우에는 '종전의 규정(보충적 평가방법, 상증령 54조)'에 따름. 개정 시행령 부칙 2조}
 나. 해당 주식의 권면액(券面額)
 2. 현금이나 자기주식으로 주는 경우에는 부여 당시 시가
③행사가격으로 신주를 발행하는 방법으로 주식매수선택권을 부여하는 경우로서 다음의 요건을 모두 갖춘 경우에는 ②1호에도 불구하고 행사가격을 부여 당시 시가보다 낮은 가액으로 할 수 있다.(신설 2016.12.5.)
 1. 주식매수선택권의 행사가격이 해당 주식의 권면액 이상일 것
 2. '시가~행사가격 차액 합계'가 1명마다 5억원 이하일 것
[스톡옵션 행사이익 비과세 확대 및 분할납부 특례](조특법 16조의2 및 16조의3)
비과세 연간이익: 2천만원→3천만원(2020)→5천만원(2022)→연간 2억, 누적한도 5억원(2023년 행사분부터)

제1장 제2장 제3장 제4장 제5장 제6장 제7장 제8장 제9장 제10장 제11장 제12장 제13장 제14장

594 | 제6장 상속세 및 증여세

06 상속세 및 증여세 신고와 납부

(1)상속세와 증여세 신고

1)과세표준신고

①상속세 과세표준신고(상증법 67조)

구분	과세표준 신고기한
원칙	상속개시일이 속하는 달의 말일부터 6개월이 되는 날까지 신고·납부
예외	피상속인 또는 상속인 전원이 외국에 있는 경우에는 상속개시일이 속하는 달의 말일부터 9개월까지 신고·납부

②증여세 과세표준신고(상증법 68조)

구분	과세표준 신고기한
원칙	증여일이 속하는 달의 말일부터 3개월이 되는 날까지 신고·납부
예외	• 비상장주식의 상장 또는 법인의 합병 등에 따른 증여세 과세표준 정산 신고기한은 정산 기준일로부터 3개월 • 특수관계법인과의 거래를 통한 이익의 증여의제 및 특정법인과의 거래를 통한 이익의 증여의제에 따른 증여세 과세표준 신고기한은, 수혜법인 또는 특정법인의 법인세 과세표준 신고기한이 속하는 달의 말일부터 3개월이 되는 날

2)신고세액 공제(상증법 69조)

　　상속세·증여세 과세표준 신고기한까지 상속세·증여세를 신고한 경우에는 다음 산식에 상당하는 금액을 신고세액공제로 계산하여 산출세액에서 공제한다.

　　신고세액공제 = (상속세·증여세 산출세액 계−징수유예액−각종 세액공제·감면세액)×3%

[신고세액공제율 축소 추세: 상속·증여시점별 신고세액공제율]

구분	2016년까지	2017년	2018년	2019.1.1. 이후
신고세액공제율	10%	7%	5%	3%

(보충1)2017.12.19. 개정 상증법에 따라 2018·2019년 신고세액공제율 축소.(부칙 8조)

(보충2)【신고세액공제는 납부를 하지 않더라도 적용가능】(상증통 69-0…1②, 상증집 69-65의2-2, 1호).

단, 증여세를 법정신고기한까지 신고하였더라도 상속세 과세가액에 합산신고하지 않은 증여재산에 대해서는 신고세액공제가 적용되지 않음.(상증집 69-65의2-2 제4호)

(보충3)조세특례제한법상 아래 특례에는 신고세액 적용 불가. 단, 영농자녀 증여세 감면(조특법 71조)은 적용.

가업승계에 대한 증여세 과세특례(조특법 30조의6④), 창업자금에 대한 증여세 과세특례(조특법 30조의5⑩)

(보충4)【신고세액공제 방법】(상증집 69-65의2-2)

1. 상속세 또는 증여세 과세표준 신고기한내 신고만 한 경우에도 신고세액공제를 적용한다.
2. 상속 또는 증여재산의 평가가액의 차이 및 각종 공제액의 적용상 오류 등으로 과세표준을 과다 신고한 경우에는 과다금액을 신고한 과세표준에서 제외하여 계산한 산출세액을 기준으로 한다.
3. 공동상속인이 상속재산 신고 시 각자의 지분별로 각각 신고한 경우에는 상속재산을 합산하여 상속세 신고세액공제를 적용한다.
4. 상속세 신고시 증여재산을 합산하여 신고하지 않은 경우 증여세 신고를 법정기한 내에 하였더라도 그 금액에 대하여 신고세액공제를 적용하지 아니한다.
5. 신고기한내 상속재산 일부를 신고 누락한 경우 신고세액공제는 결정산출세액 중 신고한 과세표준에 대한 산출세액을 기준으로 한다.(기획재정부 재산세제과-118, 2014.2.12.)

(보충5)기타 유권해석과 판례
• 증여받은 토지의 개별공시지가가 증액되어 '증여세 수정신고'를 하더라도 증여세 신고기한 후 추가로 납부해야 할 세액은 '신고세액공제'를 할 수 없음.(서일-46014-10608, 2002.5.8.)
• 상속세 신고세액공제의 기준이 되는 과세표준은 원칙적으로 납세의무자가 신고한 과세표준이고, 다만 거기에서 상속재산의 평가상의 차이 및 각종 공제액의 적용상 오류 등으로 인하여 과다신고한 금액이 제외되는 것임(상증통 69-0…1③도 같음 - 저자 주). 따라서 '사전증여재산'을 '상속개시 전 처분재산'으로 보아 과세표준을 잘못 신고한 경우라도 신고한 **과세표준에 변함이 없는 경우**, 동 사전증여재산가액은 신고세액공제 대상이 됨.(대법 2007두19508, 2009.10.29. 선고)

(2)상속세와 증여세 납부

1)자진납부(상증법 70조)

①자진납부(상증법 70조①, 상증집 70-66-1)

상속세 · 증여세를 신고하는 자는 각 과세표준 신고기한까지 다음의 자진납부세액을 납세지 관할 세무서, 한국은행 또는 우체국에 납부하여야 한다.

상속세 자진납부세액	증여세 자진납부세액
상속세 산출세액 + 세대생략할증과세액 - 문화재 등의 징수유예액 - 증여세액공제액 - 외국납부세액공제액 - 단기상속에 대한 상속공제액 - 신고세액공제액 - 연부연납신청액 - 물납신청액 - 가업승계 시 상속세 납부유예액	증여세 산출세액 + 직계비속에 대한 할증과세액 - 문화재 등의 징수유예액 - 외국납부세액공제액 - 기납부세액공제액 - 신고세액공제액 - 연부연납 신청액 - 물납신청액(2016년부터 증여세 물납제도 폐지) - 가업승계 시 증여세 납부유예액
= 자진납부세액	= 자진납부세액

②분할납부(분납)(상증법 70조②, 상증집 70-66-1)

　납부하여야 할 세액이 1천만원을 초과하는 경우, 납세의무자의 신청에 의하여 그 세액의 일부를 다음과 같은 방법으로 납부기한이 지난 후 2개월 이내에 분납할 수 있다.(상증령 66조②)

납부할 세액	최대 분납 가능금액
1천만원 초과~2천만원 이하	납부할 세액 − 1천만원
2천만원 초과	납부할 세액 × 50%

2)연부연납(年賦延納)(상증법 71·72조)

①연부연납의 요건 및 종류(상증법 71조①②)

　납부세액이 2천만원을 초과하는 경우에는 일정한 요건을 갖춘 신청에 의해 다음과 같이 연부연납을 할 수 있다. 기한 내 신고, 고지분, 수정신고에 대해 모두 연부연납이 가능하다.

구분			연부연납기간	
			2022년까지 상속분	2023년부터
가업상속재산이 없는 경우			10년(2021년 상속분까지는 5년)	
가업상속재산이 있는 경우	가업상속재산가액 / 상속재산가액	〈 50%	가업상속재산 비율의 납부세액을 연부연납 허가일로부터 '10년' 또는 '3년 거치 7년'	'20년' 또는 '10년 거치 10년'
	가업상속재산가액 / 상속재산가액	≥ 50%	가업상속재산 비율의 납부세액을 연부연납 허가일로부터 '20년' 또는 '5년 거치 15년'	
증여세의 경우(2024년부터 가업승계 지원)			5년. 단 가업승계 증여세 특례(조특법 30조의6)는 15년	

(보충1)가업상속재산가액에는 사립유치원에서 직접 교재로 사용하는 교지(校地)·실습지(實習地)·교사(校舍) 등이 포함됨.(상증령 68조⑤) 2022.2.15.부터 유치원은 가업상속대상에 포함.(상증령 15조, 별표)

(보충2)상속재산가액에는 상속인이 아닌 자에게 유증한 재산은 제외함.(상증법 71조②)

(보충3)연부연납 시 각 회의 최소 연부연납세액은 1천만원을 초과해야 함.(상증법 71조②)

(보충4)연부연납기간 중이라도 관할세무서에 서면으로 신청하여, 연부연납세액의 **전부 또는 일부를 일시**에 납부할 수 있음.(상증집 71-67-4)

(보충5)연부연납은 상속인 전부가 신청하는 경우에만 적용하는 것이 원칙이므로, **일부 상속인에 대한 연부연납은 예외 없이 불가**했었다.(기재부 재산세제과−781, 2011.9.22. 및 재산세과−546, 2010.7.26.)

　그러나 2013.2.23. 이후 연부연납 허가신청서(상증칙 24조 별지 11호 서식)를 제출하는 경우로서 공동신청이 곤란하다고 인정되는 예외적인 경우(유류분반환청구소송 등에 따른 일부 상속인의 거부 또는 주소 불명 등)에는 상속인이 상속재산 중 본인분에 대한 상속세를 한도로 연부연납을 신청할 수 있다.(상속증여세과−954, 2015.9.14.)

(보충6)가업상속에 대한 연부연납기간 연장: (2018.1.1. 이후 가업상속받는 분부터 적용)

　2년 거치 5년→3년 거치 7년 ; 3년 거치 12년→5년 거치 15년

(보충7)가업상속에 대한 연부연납 특례 적용대상 확대 및 요건 완화: 가업상속공제 요건보다 완화하여 달리 적용함(상증령 68조③④, 2020.1.1. 이후 상속개시 분부터 적용)

대구분	가업상속공제 요건	가업상속에 대한 연부연납 특례	
		종전	2020년 상속분부터
대상	중소기업 및 매출액 1조원(←3천억원) 이하 중견기업	좌동	매출액 기준 삭제
피 상속인	지분: 10년 이상 최대주주 · 지분(상장 20%, 비상장 40%) 보유	좌동	10년→5년 이상
	대표: 다음 중 어느 하나의 기간 동안 대표이사 등 재직	좌동	좌동
	−가업영위기간 중 50% 이상	좌동	50%→30% 이상
	−10년 이상(상속인이 피상속인의 대표이사 등을 승계하여 상속 시까지 계속 재직 시)	좌동	10년→5년 이상
	−상속개시일로부터 소급하여 10년 중 5년 이상의 기간	좌동	10년중5년→5년중3년
상속인	−상속 전 2년 이상 가업종사	좌동	삭제
	−상속세 신고기한 내 임원 취임, 2년 내 대표이사 취임	좌동	좌동

②연부연납 가능금액(상증령 68조②)

$$\text{상속세 납부세액} \times \frac{(\text{가업상속재산가액} - \text{가업상속공제금액})}{(\text{총 상속재산가액} - \text{가업상속공제금액})}$$

③연부연납 신청 및 허가(상증법 71조④, 상증령 67조)

연부연납 신청대상 세액구분	신청 기한	허가통지 기한
과세표준신고시 납부할 세액	과세표준 신고기한	신고기한 후 9(증여 6)개월
기한 후 신고기한	기한 후 신고일의 월말부터 6개월(증여세는 3개월)	연부연납 신고일의 월말부터 6→9개월(증여세는 3→6개월)
신고 후 무납부에 대한 고지	납부고지서상 납부기한	납부고지서에 의한 납부기한 경과일부터 14일 이내
증여자 연대납세의무 증여세	납부고지서상 납부기한	
연부연납시 납세담보 제공시	연부연납 신청일에 허가한 것으로 간주	

④연부연납 허가취소 사유(상증법 71조④, 상증령 68조⑥)

　납세지 관할세무서장은 연부연납을 허가받은 납세의무자가 다음의 어느 하나에 해당하게 된 경우에는 그 연부연납 허가를 취소하거나 변경하고, 그에 따라 연부연납에 관계되는 세액의 전액 또는 일부를 징수할 수 있다.

1. 연부연납 세액을 지정된 납부기한까지 납부하지 아니한 경우
2. 담보의 변경 또는 그 밖에 담보 보전(保全)에 필요한 관할세무서장의 명령에 따르지 아니한 경우
3. 납기 전 징수사유(국기법 14조①각호)의 어느 하나에 해당되어 그 연부연납기한까지 그 연부연납에 관계되는 세액의 전액을 징수할 수 없다고 인정되는 경우
4. 상속받은 사업을 폐업하거나 해당 상속인이 사업에 종사하지 아니하게 된 경우 등 일정한 사유(상증령 68조⑥)에 해당하는 경우(단, 불가피한 사유가 있으면 제외)

제1장 제2장 제3장 제4장 제5장 제6장 제7장 제8장 제9장 제10장 제11장 제12장 제13장 제14장

ⓐ가업용 자산의 50% 이상을 처분하는 경우.

ⓑ다음의 어느 하나에 해당하는 경우.

– 상속인(배우자를 상속인으로 인정시 배우자)이 대표이사 등으로 종사하지 아니하는 경우

– 해당 사업을 1년 이상 휴업(실적이 없는 경우를 포함)하거나 폐업하는 경우

ⓒ상속인이 최대주주 등에 해당되지 아니하게 되는 경우.

5. 「유아교육법」에 따른 사립유치원에 직접 사용하는 재산을 해당 사업에 직접 사용하지 아니하는 경우 등 일정한(상증령 68조⑦) 경우

ⓐ사립유치원이 폐쇄되는 경우

ⓑ상속받은 사립유치원 재산을 사립유치원에 직접 사용하지 않는 경우

⑤연부연납과 분납과의 관계(상증법 70조②단서)

연부연납을 허가받은 경우에는 분납을 적용하지 않는다.

⑥연부연납에 따른 담보제공(상증법 71조①, 상증령 67조④)

연부연납을 신청하기 위해서는 국세기본법에 따른 담보를 제공해야 한다.

⑦연부연납 가산금(상증법 72조, 상증령 69조)

연부연납으로 납부할 경우에는 각 분할납부세액의 납부일(←연부연납 신청일, 2020.2.11. 전에 연부연납 기간 중에 있는 경우에도 이날 이후 납부분부터 적용 가능) 현재 국세환급가산금 이율[현재 연 3.5%(2024.3.22. 이후부터 적용, 국기칙 19조의3)]을 적용한 연부연납가산금을 추가로 납부해야 한다.

3) 가업승계 시 상속세 및 증여세 납부유예(2023년 상속·증여 개시분부터 신설적용)

가업상속공제의 요건을 충족하는 '중소기업'은 가업상속공제를 적용받거나, 가업상속공제 대신 상속세 납부유예를 선택하여 적용받을 수 있다. 가업승계에 대한 증여세 과세특례도 마찬가지다. 그리고 납부유예 금액에 대해서는 이자상당가산액(연 3.5%, 국세환급가산금 이자율)을 징수한다.

내용	상속세(상증법 72조의2, 영 69조의2·69조의3)	증여세(조특법 30조의7, 영 27조의7)
선택 사항	가업상속공제 방식과 납부유예 방식 중 선택	저율과세 방식과 납부유예 방식 중 선택
적용 대상	가업상속공제 요건을 충족하는 중소기업으로 **가업상속공제를 받지 않은 기업**	요건충족 중소기업으로 **과세특례를 적용받지 않은 주식 및 출자지분**
유예 기간	상속받은 가업상속재산을 양도·상속·증여 시점까지	증여받은 가업주식을 양도·상속·증여시점까지
납부유예 가능 세액	상속세 납부세액 $\times \dfrac{\text{가업상속재산가액}}{\text{총 상속재산가액}}$	증여세 납부세액 $\times \dfrac{\text{가업주식상당액}}{\text{총 증여재산가액}}$

내용	상속세(상증법 72조의2, 영 69조의2·69조의3)	증여세(조특법 30조의7, 영 27조의7)
납부 사유	취소사유 발생 6개월, 이자상당액 징수 ※❶~❹는 납부유예 상속세 전액 납부, ❺~❻은 납부유예 받은 상속세 중 양도 등 해당분만 납부 ❶정당한 사유 없이 **사후관리요건 위반** ❷**1년 이상 휴업하거나 폐업** ❸상속인이 **최대주주 등에 해당하지 않게 되는 경우** ❹상속인 사망으로 **상속이 개시되는 경우** ❺상속인이 상속받은 가업상속재산(주식 등 제외)을 **양도·증여**하는 경우(단, 40% 미만 양도·증여시 제외) ❻정당한 사유 없이 주식 등을 상속받은 상속인의 **지분이 감소**한 경우 ※❹❺❻의 경우, 상속인이 다음 상속인·수증자에게 재차 가업승계 시 계속 납부유예 적용 가능 (이자상당액 50% 면제)	취소사유 발생 3개월, 이자상당액 징수 ※❶~❹는 납부유예 증여세 전액 납부. ❻는 납부유예 받은 증여세 중 양도 등 해당분만 납부 ❶정당한 사유 없이 **사후관리요건 위반** ❷**1년 이상 휴업하거나 폐업** ❸수증자가 **최대주주 등에 해당하지 않게 되는 경우** ❹수증자 사망하여 상속이 개시되는 경우 ❺해당사항 없음 ❻정당한 사유 없이 주식 등을 증여받은 수증자 **지분이 감소**한 경우 ※❹❻의 경우 수증자가 다음 상속인·수증자에게 재차 가업승계 시 계속 납부유예 적용 가능(이자상당액 50% 면제)
사후관리	□ 사후관리 기간 : 5년 □ 사후관리 요건 • (가업종사)상속인이 **가업에 종사**할 것 *가업에 종사하지 않는 경우란? ❶상속인이 대표이사가 아닌 경우 ❷1년 이상 휴업하거나 폐업 • (고용유지) 5년 통산 **정규직 근로자 수 70% 이상** 또는 총급여액 70% 이상 유지 • (지분유지)상속받은 지분 유지 ※ 업종 유지 요건 없음	□ 사후관리 기간 : 5년 □ 사후관리 요건 • (가업종사)수증자가 **가업에 종사**할 것 *가업에 종사하지 않는 경우란? ❶수증자가 대표이사가 아닌 경우 ❷1년 이상 휴업하거나 폐업 • (고용유지) 5년 통산 **정규직 근로자 수 70% 이상** 또는 총급여액 70% 이상 유지 • (지분 유지)증여받은 지분 유지 ※ 업종 유지 요건 없음

(보충)납부유예 신청 절차
• 납세의무자는 상속세·증여세 과세표준 신고 시 '**납부유예신청서**'를 납세지 관할세무서장에게 제출하여야 하며, 납세담보를 제공해야 함.
• 납세지 관할세무서장은 '과세표준 신고기한 + 결정·경정기한' 이내에 허가 여부를 결정·통지해야 함.

4)물납(物納)(상증법 73조)

①물납의 요건 및 종류(상증법 73조①)

납세지 관할 세무서장은 다음의 요건을 모두 갖춘 경우에는 납세의무자의 신청을 받아 물납을 허가할 수 있다. 다만, 물납을 신청한 재산의 관리·처분이 적당하지 아니하다고 인정되는 경우에는 물납허가를 하지 아니할 수 있다.

또한 문화재·미술품 물납은 아래 2와 3의 요건(1의 요건은 제외)을 충족하는 경우에 납세의

무자의 신청을 받아 물납을 허가할 수 있다.(2023년 상속분부터 적용, 상증법 73조의2 신설)[7]

1. 상속재산(상속재산에 가산하는 증여재산 중 상속인 및 수유자가 받은 증여재산을 포함함. 2018.1.1. 이후 물납신청분부터 적용) 중 부동산과 유가증권(국내에 소재하는 부동산 등 물납에 충당할 수 있는 재산으로 한정)의 가액이 해당 상속재산가액의 1/2를 초과할 것

2. 상속세 납부세액이 2천만원을 초과할 것

3. 상속세 납부세액이 상속재산가액[상속재산에 가산하는 증여재산(상증법13조) 불포함] 중 금융재산의 가액을 초과할 것

②관리·처분이 부적당한 재산의 물납(상증령 71조)

세무서장은 물납신청을 받은 재산이 다음에 해당하는 사유로 관리·처분상 부적당하다고 인정하는 경우에는 그 재산에 대한 물납허가를 하지 아니하거나 관리·처분이 가능한 다른 물납대상 재산으로의 변경을 명할 수 있다. 이 경우에는 그 사유를 납세의무자에게 통보하여야 한다.

　A. 부동산

　1. 지상권·지역권·전세권·저당권 등 재산권이 설정된 경우

　2. 물납신청한 토지와 그 지상건물의 소유자가 다른 경우

　3. 토지의 일부에 묘지가 있는 경우

　4. 1호~3호와 유사한 사유로서 관리·처분이 부적당하다고 정하는 경우(상증칙 19조의5①)

　　가. 건축허가를 받지 아니하고 건축된 건축물 및 그 부수토지

　　나. 소유권이 공유로 되어 있는 재산

　　다. 가 및 나와 유사한 것으로서 국세청장이 인정하는 것

---

[7] 《조선비즈》 2021.3.13. 〈"이건희 컬렉션 해외 진출 막자"…뜨거운 감자된 '미술품 물납제'〉
　11조원 상속세 납부를 위해 '이건희 컬렉션'(3조원 이상) 매각으로 미술품 해외유출 우려. 조세회피 수단으로 악용 소지도 높아.
　최근 이재용 삼성전자부회장의 상속세 납부와 맞물려 재계와 미술계에서 '문화재·미술품 물납제'가 화두로 떠올랐다. 현행 상속세 및 증여세법은 부동산과 유가증권에 한해 세금 대납을 허용하고 있는데, 미술계에서 대납 가능 대상을 문화재와 미술품까지 확대하자는 주장이 나온다. ☞ 고(故) 이건희 삼성전자 회장의 유족들이 이 회장의 유산 가운데 1조원을 사회에 환원하기로 했다. 겸재 정선의 '인왕제색도' 등 국보 14건을 포함해 알려진 감정가만 3조원에 달하는 '이건희 컬렉션' 미술품 총 2만3000여점도 국립중앙박물관 등에 기증하기로 했다.
◇ "물납제 도입해 미술품 해외 유출 막아야"…일부선 '삼성 특혜' 반발
　미술계에서는 문화재·미술품 물납제를 도입해 이건희 컬렉션의 해외 반출을 막자는 주장이 나온다. 미술계의 이런 주장은 문화재나 미술품의 해외 반출을 막자는 문화재·미술품 물납제의 본래 취지와도 부합한다. 미술계는 문화재·미술품 물납제를 도입하면 개인이 소유한 문화재와 미술품의 해외 유출을 막고 국가가 이를 관리·전시해 해외 관광객도 유치할 수 있다고 주장한다. 물납제 논의가 본격적으로 시작된 것은 2020년 5월 전형필 전 간송미술문화재단 이사장의 유족들이 보물급 불상 두 점을 경매에 내놓으면서다. 간송 전형필은 일제강점기에 일본으로 유출되는 서화, 도자기, 불상, 석조물, 서적 등 문화재를 사비를 털어 수집한 인물이다. 그런데 유족들이 재단 운영 등에 따른 재정 압박으로 상속받은 불상을 경매로 넘긴 것이다. 당시 미술계에서는 "간송이 어떻게 지킨 문화재인데 해외에 팔릴 상황이 됐다"며 물납제 도입이 필요하다는 목소리를 냈다.
　물납제 도입 주장이 거세지자 일부 시민단체는 이를 '이건희 특별법'이라며 반발하고 나섰다. 경제정의실천시민연합은 최근 성명서를 내고 "가치를 판단하기 쉽지 않은 문화재와 미술품 물납은 조세회피 수단으로 악용될 수 있다"며 "이건희 삼성 회장의 상속세 이슈가 첨예한 상황에서 미술품 등 상속세 물납제 도입 논의는 그 의도가 의심받을 수밖에 없다"고 했다.

B. 유가증권(2020.2.11. 이후 물납신청 분부터 적용)[8]

1. 주식발행 법인의 폐업 등으로 사업자등록이 말소된 경우
2. 주식발행 법인의 해산사유가 발생 또는 회생절차 중에 있는 경우
3. 주식발행 법인의 물납신청일 전 2년 이내 또는 물납신청일부터 허가일까지의 기간이 속하는 사업연도에 결손금이 발생한 경우. 다만, 납세지 관할 세무서장이 한국자산관리공사와 공동으로 물납 재산의 적정성을 조사하여 물납을 허용하는 경우는 제외.
4. 주식발행 법인이 물납신청일 전 2년 이내 또는 물납신청일부터 허가일까지의 기간이 속하는 사업연도에 외부회계감사 대상임에도 불구하고 감사인의 감사보고서가 작성되지 않은 경우
5. 1~4호와 유사한 사유로서 관리·처분이 부적당하다고 정하는 경우(상증칙 19조의5②)
   가. 「자본시장과 금융투자업에 관한 법률」에 따라 상장이 폐지된 주식 등
   나. 가와 유사한 것으로서 국세청장이 인정하는 것

③물납재산의 변경 등(상증령 72조)

1. 물납재산의 변경명령을 받은 자는 통보를 받은 날부터 20일(국외에 주소를 둔 때에는 3개월)이내에 상속재산 중 물납에 충당하고자 하는 다른 재산의 명세서를 첨부하여 납세지관할 세무서장에게 신청하여야 한다.
2. 위 기간 내에 신청이 없는 경우에는 당해 물납의 신청은 그 효력을 상실한다.
3. 물납변경 규정에 의한 물납허가 후 물납재산의 수납일까지의 기간 중 관리·처분이 부적당하다고 인정되는 사유가 발견되는 때에는 다른 재산으로의 변경을 명할 수 있다.

④물납에 충당할 재산의 수납가액(상증령 75조)

물납의 수납가액은 상속재산가액(상속개시일부터 수납기간 중 증자·감자 시에는 재계산)을 원칙으로 하며, 상속재산에 가산하는 상속인 및 수유자가 받은 증여재산의 수납가액은 상속개시일 현재 상증법에 따라 평가한 가액으로 한다.

⑤물납과 연부연납과의 관계(상증령 70조②)

상속세의 연부연납허가를 받은 자가 연부연납기간 중 분납세액[첫 회분 분납세액(중소기업자는

8) 《매일경제》 2024.8.15. 김정환 기자 〈안팔리는 물납주식…상속인이 싸게 되산다〉 비상장주식 실제 매각률 1.9%
기재부 국유재산정책심의위, 넥슨 물납주식 잇단 유찰 여파로 2회 유찰 때 최대 50% 깎아줘
8월 14일 기획재정부는 국유재산 정책심의위원회를 열고 물납주식 매각 활성화 방안을 발표했다. 핵심은 공개매각 과정에서 2회 이상 유찰된 물납주식을 상속인이 최대 50% 할인된 금액에 되살 수 있도록 한다는 것이다. 또 정부는 중소기업과 연매출액 3,000억원 미만 중견기업으로 제한됐던 우선매수제도 대상 기업을 모든 중소기업과 중견기업으로 확대하기로 했다. 이를 위해 10월까지 「국유재산법」 44조의2 등 관련 규정을 개정할 계획이다.
또 2회 이상 유찰된 주식은 주식가치가 물납가보다 높은 경우에 한해 평가액 대비 20~50% 낮은 가격으로 살 수 있도록 한다. 종전까지는 상속인이 무조건 평가액으로 물납주식을 매수해야 해 부담이 컸다. 일반 기업에는 20% 할인율을 적용하고, 자본잠식 상태 등에 빠진 기업은 50%를 감액해준다.

602 | 제6장 상속세 및 증여세

5회분 분납세액)으로 한정하되 연부연납가산금을 제외한 것을 말함)에 대하여, 물납하려는 경우에는 분납세액 납부기한 30일전까지 납세지 관할세무서장에게 신청하여 허가를 받아야 한다.

5)문화재자료 등에 대한 상속세의 징수유예(상증법 74조)

①징수유예의 대상과 금액 계산(상증법 74조①④~⑧, 75조, 상증령 76조①)

납세지 관할세무서장은 상속재산 중 다음 각 호의 어느 하나에 해당하는 재산이 포함되어 있는 경우에는 아래 산식에 따라 계산한 그 재산가액에 상당하는 상속세액의 징수를 유예한다. 징수유예를 받으려는 자는 그 유예할 상속세액에 상당하는 담보를 제공하여야 한다(3호의 국가지정문화재등은 제외).

$$\text{상속세 또는 증여세 산출세액} \times \frac{\text{문화재자료 · 박물관자료 등 가액}}{\text{상속 또는 증여재산 가액}}$$

1. 「문화재보호법」에 따른 문화재자료 및 국가'등록'문화재('문화재자료등'), 보호구역에 있는 일정한 토지(증여세는 징수유예 불가, 상증법 75조)

2. 「박물관 및 미술관 진흥법」에 따라 등록한 박물관자료 또는 미술관자료로서 박물관·미술관 (사립박물관·미술관의 경우에는 공익법인 등에 해당하는 것만을 말한다)에 전시 중이거나 보존 중인 재산('박물관자료등')

3. 「문화재보호법」에 따른 국가 및 시·도'지정'문화재, 보호구역에 있는 일정한 토지('국가지정문화재등')(증여세는 징수유예 불가, 상증법 75조)(☞국가지정문화재등은 아예 상속세 비과세였으나, 2023년 상속분부터 국가'등록'문화재처럼 과세로 전환하되 징수유예함. 상증법 12조2호, 앞 03 (2) 참조)[9]

②징수유예한 상속세 즉시 징수사유(상증법 74조②, 상증령 76조②)

문화재자료등, 박물관자료등 또는 국가지정문화재등을 상속받은 상속인 또는 수유자가 이를 유상으로 양도하거나 일정한 사유(박물관·미술관의 등록취소·폐관, 문화체육관광부에 등록된 박물관·미술관 자료에서 제외되는 경우)로 박물관자료등을 인출(引出)하는 경우에는 즉시 그 징수유예한 상속세를 징수하여야 한다.

③재상속시 징수유예한 상속세액의 부과결정 철회(상증법 74조③)

①항에 따른 징수유예 기간에, 문화재자료등, 박물관자료등 또는 국가지정문화재등을 소유하고 있는 상속인 또는 수유자의 사망으로 다시 상속이 개시되는 경우에는 그 징수유예한 상속세액의 부과 결정을 철회하고 그 철회한 상속세액을 다시 부과하지 아니한다.(재상속인에게 새로운 징수유예 적용함-저자 주)

---

9) 《조선일보》 2022.1.22. 〈상속세 0원에 물려받은 '국보'를 판다고? 간송 왜 이러나: 국보를 경매 내놓은 간송 문화재계 싸늘한 이유〉
문화재청에 따르면 이 국보 불상 2점의 소유자는 재단이 아니라 간송(전형필, 1906~1962)의 손자인 전인건 간송미술관장. 문화재청 관계자는 "간송 소장품 중 현재 국보·보물 등 국가지정문화재 대부분은 간송 후손 세 사람의 공동 소유로 신고됐다"고 한다. 문제는 수십억에 상당하는 국보·보물을 상속세 없이 물려받고서, 이를 제3자에게 판매하는 것이 과연 합당한가 하는 것.

07 상속세·증여세의 결정과 경정

(1)상속세·증여세의 결정·경정(상증법 76~77조, 상증령 78~79조)

상속세·증여세의 법정결정기한은 다음과 같다.
- 상속세: 상속세과세표준 신고기한부터 9개월
- 증여세: 증여세과세표준 신고기한부터 6개월

그리고, 결정된 상속재산의 가액이 30억원 이상인 경우로서 상속개시 후 상속인이 보유한 부동산·주식·금융재산·서화·골동품, 그 밖에 무형재산과 무체재산권 등 재산의 가액이 상속개시 당시에 비하여 크게 증가한 경우에는 상속개시일로부터 5년간 상속인의 재산을 사후관리한다.(상증법 76조)

또한, 세무서장 등은 상증법 76조에 따라 결정한 과세표준과 세액을 상속인·수유자 또는 수증자에게 납부고지서에 과세표준과 세액의 산출근거를 명시하여 통지하여야 한다.(상증법 77조 전단, 상증령 79조) 이 경우 상속인이나 수유자가 2명 이상이면 그 상속인이나 수유자 모두에게 통지하여야 한다.(상증법 77조 후단, 2016.1.1. 이후 통지하는 분부터 적용, 2015.12.15. 개정 상증법 부칙 7조)[10]

(2)상속세·증여세의 가산세 및 상속세·증여세 추징

1)상속세·증여세에 대한 제재조치 개괄

상속세·증여세에서 비과세·과세가액 불산입 등을 적용받은 후 상증법에 규정한 제반 의무요건을 충족하지 못했을 경우 상속세·증여세를 추징당하고 가산세까지 부담하게 된다. 비과세 혜택

---

10) 여러 매체 2020.6.10. 〈조세심판원, 백범 김구 가문 기부금에 18억 증여세…8억으로 감면〉
　백범 김구 선생 가문이 국세청으로부터 부과 받은 증여세 18억원 중 10억원이 줄어든 8억원만 내게 됐다.
　국세청은 지난 2018년 10월 김구 가문에 김구 선생의 차남인 김신 전 공군참모총장(2016.5.19. 사망)이 생전에 해외 대학 등에 기부한 42억원에 대해 상속세(9억원)와 증여세(18억원) 등 27억원의 세금을 부과했다.
　그런데 국세청은 김 전 총장이 해외 대학에 적절한 절차를 밟지 않고 기부했다며 상속세와 증여세를 매겼다. 상속세나 증여세를 감면받을 수 있는 공익재단에 기부한 돈이 아니기 때문에 세법에 따라 과세 대상이 된다는 것이었다.
　조세심판원은 6월 9일(조심 2019서0540 사건) 김 전 총장이 2016년 이후에 기부한 23억원에 대해서는 세금을 내지 않아도 된다고 결정했다. 상속세 및 증여세법 개정으로 2016년 이후 증여분에 대해서는 국세청이 증여세를 납부할 사람에게 관련 사실을 반드시 알려야 하는 '통지 의무'가 생겼기 때문이다. 2015년까지는 국세청이 증여세를 내야 할 사람이 살아있을 때, 세금을 내야 한다는 사실을 통지하지 않았더라도 증여자가 사망하면 자손들이 내야 했다.
　이후 김구 가문은 상속제 전액 과세제외를 주장하며 행정소송을 제기했다.

등을 적용받지 않은 경우라 하더라도 상증법에 따른 과세표준이나 세액계산 등에 누락이나 오류가 있을 경우에는, 상속세·증여세를 추징당하고 가산세까지 부담하게 되는 것은 마찬가지다. 예를 들어 사전증여재산을 증여세 계산 시 또는 상속세 계산 시 합산하지 않았을 경우, 국세기본법에 따라 무신고가산세·신고불성실가산세·납부지연가산세 부과처분을 받게 된다.

특히, 창업자금에 대한 증여세 과세특례(조특법 30조의5), 가업승계에 대한 증여세 특례(조특법 30조의6), 가업상속공제(상증법 18조②1호), 영농상속공제(상증법 18조②2호) 등의 경우에는 해당 규정을 이해하는 것도 어렵지만, 관련 규정을 위반했을 경우 제재조치 또한 복잡하기 그지없다. 이를테면 상속세·증여세 본세를 추징당하는 것은 기본이고, '특례적용일~추징사유 발생일'의 기간에는 이자상당액{창업자금 증여 및 가업승계 증여의 경우에는 징벌적으로 연 8.03%(2022.2.14.까지는 연 9.125%), 가업상속공제 및 영농상속공제는 연 3.5%(←2024.3.21.까지는 연 2.9%←2023.3.19.까지는 연 1.2%←2021.3.15.까지는 연 1.8%)임. 이자상당가산액 계산 시 가업 및 영농상속공제만 일괄적으로 개정 이자율을 적용함.}을 본세에 가산하고, '추징사유 발생일~실제 추징일'의 기간에는 국세기본법에 따른 가산세를 부담(가산세는 이자율별로 각각 계산)하게 되는 것이다.

또한, 공익목적 출연재산의 과세가액 불산입{상증법 16조(상속세), 상증법 제4절(증여세)}의 경우에는, 상증법에 의해서 상속세·증여세 본세를 추징당하는 경우(상속세를 추징할 경우에는 '이자상당가산액'과 방법은 좀 다르지만 실질은 비슷하게, 일정한 재산가액 또는 이익을 상속세과세가액에 가산함. 상증법 16조④, 상증령 13조⑧←⑬을 신설하여 2017.1.1. 이후 출연하는 분부터 적용. 2016.12.30. 개정 상증법 부칙 3조)와, 가산세만 추징하는 경우로 나눠진다. 이 경우에도 국세기본법에 따라서 무신고가산세·신고불성실가산세·납부지연가산세를 부담하는 것은 물론이다.

이렇게 복잡하게 얽혀 있는 제재조치를 크게 분류해보면 다음과 같다.

제재 1: 본세(상속세·증여세) 추징(공익법인 사후관리에서 증여세 추징 시 본세 추징은 하지 않고 상증법상 가산세만 부과하는 경우도 있음)

제재 2: 본세에 추가하여 이자상당액을 가산하여 징수{연 이자율은 증여는 8.03%(2022.2.14.까지는 연 9.125%), 상속은 3.5%(2024.3.21.까지는 연 2.9%)}하는데, 적용기간은 '특례적용일~추징사유 발생일'의 기간임(가업상속 등)

제재 3: 본세에 추가하여 일정한 재산가액 또는 이익을 상속세과세가액에 가산하는데, 적용기간은 '특례적용일~추징사유 발생일'의 기간임{공익목적 출연재산의 과세가액 불산입(상증법 16조)의 경우}

제재 4: 본세는 추징하지 않고 상증법상 가산세를 부과{공익목적 출연재산의 과세가액 불산입{상증법 제4절(증여세)}의 경우 중 일부}

제재 5: 국세기본법상 무신고가산세·신고불성실가산세·납부지연가산세 부담(납부지연가산세 계산 시 가산세율 적용 기산점은, 신고기한일·추징사유 발생일의 익일임. 가산세는 이자율별로 각각 계산함.)

[각 세목별 유사한 가산세는 2007년부터 국세기본법에서 일괄적으로 규정]

가산세(加算稅)란 세법이 규정하는 의무의 성실한 이행을 확보하기 위하여 그 세법에 의하여 산출한 세액에 가산하여 징수하는 금액을 말한다. 세금마다 세액을 계산하는 방식이나 따라야 할 절차가 다를 수밖에 없다. 그러므로 각 세법마다 가산세에 대한 규정을 두고 있다.

그러나 무신고가산세, 과소신고·초과환급신고가산세, 납부지연가산세, 원천징수(특별징수) 등 납부지연가산세는 세목은 달라도 유사성이 있으므로, 국세는 2007년부터(2006.12.30. 국기법 개정) 국세기본법에서, 지방세는 2011년부터 지방세기본법(2010.3.31. 지기법 제정)에서 공통적으로 규정하고 있으며 나머지의 여러 가산세는 당해 세법에서 각각 규정하고 있다.

[국세기본법상 상속세·증여세 관련 가산세 규정]

1. 상속세·증여세에 적용되는 국세기본법상 가산세 종류
(1)무신고가산세(국기법 47조의2①):
　일반무신고가산세 20%, 부정무신고가산세 40%
(2)과소신고·초과환급신고가산세(국기법 47조의3):
　일반과소신고가산세 10%, 부정과소신고가산세 40%
(3)납부지연가산세(국기법 47조의4, 2022.2.15. 개정 국기령 27조의4):
　과소납부세액·초과환급세액 × 경과일수 × 22/100,000(연 8.03%)←25/100,000(연 9.125%)
　{가산금도 가산세로 통합하여 연 8.03%←9.125% 적용.}
　{납부지연가산세 및 원천징수 등 납부지연가산세의 이자율 인하에 관한 경과조치:
　2022.2.15. 전에 납부기한이 지났거나 환급받은 경우로서 2022.2.15. 이후 납부 또는 부과하는 경우 그 납부기한 또는 환급받은 날의 다음 날부터 2022.2.14.까지의 기간에 대한 이자율은 국기령 27조의4의 개정규정에도 불구하고 종전 규정에 따름.}
2. 상속세·증여세 관련 적용 사례들
(1)사전증여재산 상속세·증여세 신고 시 합산규정 위반
(2)세대생략 상속·증여에 대한 상속세·증여세 할증과세 누락
(3)가업상속공제, 공익법인 과세가액 불산입 등의 사후관리 규정 위반 시:
　'특례적용일~추징사유발생일' 기간: 상증법에 따른 이자상당액, 가산세 등 적용
　'추징사유발생일~실제추징일' 기간: 국세기본법상 가산세 적용
(4)과소신고·초과환급신고가산세가 적용되지 않는 경우(국기법 47조의3④1호)
　다음 각 목의 하나에 해당하는 사유로 상속세·증여세 과세표준을 과소신고한 경우
　가. 신고 당시 소유권에 대한 소송 등의 사유로 상속재산 또는 증여재산으로 확정되지 아니하였던 경우
　나. 상증법 18조~23조, 23조의2, 24조, 53조 및 54조에 따른 공제의 적용에 착오가 있었던 경우
　다. 상증법 60조②③ 및 66조에 따라 평가한 가액으로 과세표준을 결정한 경우 및 부담부증여의 양도소득세 과세표준을 과소신고한 경우(2024년 신설. 다만 부정행위로 상속세 및 증여세의 과세표준 및 세액을 신고한 경우는 제외–2023년 상속증여분부터 적용)
　라. 법인세법 66조에 따라 법인세 과세표준 및 세액의 결정·경정으로 상증법 45조의3(특수관계법인과의 거래를 통한 이익의 증여의제), 45조의4(특수관계법인으로부터 제공받은 사업기회로 발생한 이익의

증여의제) 및 45조의5(특정법인과의 거래를 통한 이익의 증여의제)의 규정에 따른 증여의제이익이 변경되는 경우(부정행위로 인하여 법인세의 과세표준 및 세액을 결정·경정하는 경우는 제외함)

(5)증여의제이익에 대해 국세기본법상 납부지연가산세가 적용되지 않는 경우

"위 '라목'의 경우에는 납부지연가산세(법정납부기한의 다음 날부터 납부고지일까지의 기간에 한정함)를 적용하지 않는다."(국기법 47조의4③4호, 2015.1.1. 이후 증여세를 결정·경정하는 분부터 적용함. 2014.12.23. 개정 국기법 부칙 11조)

(6)법정신고기한 이후 상속재산 평가방법 차이에 대한 납부지연가산세 적용 제외

상증법 67조 또는 68조에 따라 상속세 또는 증여세를 신고한 자가 상증법 70조에 따라 법정신고기한까지 상속세 또는 증여세를 납부한 경우로서 앞 (4)다.에 해당하는 경우에는 납부지연가산세(법정납부기한의 다음 날부터 납부고지일까지의 기간에 한정함)를 적용하지 않는다."(국기법 47조의4③6호, 2021.1.1. 이후 결정·경정하는 분부터 적용함. 2020.12.22. 개정 국기법 부칙 5조)

[상속세·증여세에 대한 제재조치 요약표]

적용받은 특례	상속세		증여세		상증법 가산세	국기법 가산세
	본세추징	이자가산액	본세추징	이자가산액		
창업자금 증여세	O	연 8.03%	O	연 8.03%	X	O
가업승계 증여세	O	연 8.03%	O	연 8.03%	X	O
가업상속공제	O	연 3.5%[*1]	관련없음	관련없음	X	O
가업승계 납부유예	O	연 3.5%[*1]	O	연 3.5%[*1]	X	O
영농상속공제	O	연 3.5%[*1]	관련없음	관련없음	X	O
영농자녀증여세(1억)	합산제외	관련없음	O	연 8.03%	X	O
혼인·출산증여재산공제	관련없음	관련없음	O	연 8.03%	X	O
공익법인 출연(증여)	관련없음	관련없음	O	X	O	O
공익법인 출연(상속)	O	재산·이익+[*2]	관련없음	관련없음	△	O
공익법인 보고(상속)					O	O
공익법인 보고(증여)					O	O
나머지 상속·증여	O	X	O	X	X	O

[*1] 국세환급가산금 이율로 추징함(1.8%→2.1%→1.8%→1.2%→2.9%→3.5%. 국기칙 19조의3, 2024.3.22. 개정) 이자상당가산액 계산 시 가업 및 영농상속공제만 일괄적으로 추징 당시의 개정 이자율을 적용함. 이 이외의 상속·증여세 추징 시 이자상당가산액은 (가산세와 환급가산금 계산 방식처럼) 해당 기간별 이자율을 적용하여 각각 계산함.

[*2] 공익목적 출연재산의 과세가액 불산입(상속세)한 후 사후관리 규정에 위배되어 상증법에 의해서 상속세 본세를 추징당하는 경우에는, ('이자상당가산액'과 방법은 좀 다르지만 실질은 비슷하게) 일정한 재산가액 또는 이익을 상속세과세가액에 가산함.(상증법 16조④, 상증령 13조⑧←⑬을 신설하여 2017.1.1. 이후 출연하는 분부터 적용)

(보충)공익목적 출연재산의 과세가액 불산입[상증법 16조(상속세), 상증법 제4절(증여세)]의 경우, 사후관리 위반사유 발생 시 상증법에 의해서 증여세 본세를 추징당하는 경우와 상증법상 가산세만 부과하는 경우로 나눠짐.(상증법과 별도로, 어느 경우이든 국세기본법에 의한 가산세는 모두 부담함.)

2)공익법인 출연재산의 사후관리 요약(상증집 48-38-1, 48-40-2)

공익법인이 출연받은 재산에 대하여는 출연시점에 증여세를 과세하지 않고 출연재산 및 수익을 공익사업에 사용하지 않는 등 사후관리요건에 위배되는 경우 다음의 2가지 형태로 제재를 가한다.

첫째, 가산세를 부과한다.

둘째, 증여세 본세를 추징한다. 가산세 부과는 증여세액의 일정비율을 부과하는 것인 데 비해, 증여세 본세를 추징하는 것은 특례를 적용받아 과세되지 않은 증여세를 추징하는 것이므로 가산세보다 몇 배 더 크다.

사후관리 증여세 또는 가산세 추징요건은,

가. 공익목적사업에 사용하지 아니한 경우

나. 주식보유비율을 초과하여 주식을 취득하는 경우

다. 기준금액에 미달하게 공익목적사업에 사용하는 경우

구분	사후관리 증여세 또는 가산세 추징요건	추징방법
공익목적사업에 사용하지 아니한 경우 (상증법 48조②1호·3호·4호·6호·8호, ③)	①직접 공익목적사업의 용도 외에 사용한 경우(법 48조②1호 전단)	증여세 추징 (상증법 48조② 본문)
	②출연받은 재산을 출연받은 날부터 3년 이내 및 3년 이후에 계속 직접 공익목적사업에 사용하지 않은 경우(법 48조②1호 후단)	
	③출연받은 재산을 수익용 또는 수익사업용으로 운용하여 그 운용소득을 직접 공익목적사업 외에 사용한 경우(법 48조②3호)	
	④출연받은 재산의 매각대금을 공익목적사업 외에 사용하거나 매각한 날부터 3년이 지난날까지 직접공익목적사업 사용실적이 매각대금의 90%에 미달하는 경우(법 48조②4호, 영 38조④)	
	⑤특정공익법인이 의결권을 행사한 경우(법 48조②6호)	
	⑥공익법인 사업종료시 잔여재산을 국가 등에 귀속시키지 아니한 경우(법 48조②8호, 영 38조⑧1호)	
	⑦직접공익목적사업에 사용하는 것의 혜택이 특정 일부에게만 제공되는 경우(법 48조②8호, 영 38조⑧2호)	
	⑧공익법인의 자기 내부거래(법 48조③, 영 39조)	
주식 5% 초과보유한 경우 공익성 강화(⑪, 78조⑨)	⑨주식보유비율이 5%를 초과하는 경우로서 아래의 요건을 위배할 경우 가산세(아래 ⑫)와 별도로 증여세 추가부과(법 48조⑪, 영 41조의2, 2020.12.22. 신설 법 부칙 3조, 2022.1.1. 개시 사업연도부터 적용) ⓐ운용소득의 80% 이상을 직접 공익목적사업에 사용 ⓑ이사의 구성, 자기 내부거래, 광고·홍보 규정 준수 **증여세 과세대상 금액: 주식 5% 초과보유분**	증여세 추징 (상증법 48조⑪)
주식보유비율 초과하여 주식 취득한 경우(②2호)	⑩출연받은 재산이나 운용소득을 내국법인 주식 등을 취득 하는데 사용하여 출연자 및 공익법인의 주식보유비율이 5%(10% 또는 20%)를 초과하는 경우(법 48조②2호)	증여세 추징 (상증법 48조② 본문)

기준금액에 미달 사용하는 경우(⑤호·⑦호, 78조⑨)	⑪위 ③의 운용소득을 기준금액에 미달하게 사용하거나(영 38조⑤⑥) ④의 매각대금을 매각한 날부터 3년 동안 기준 금액에 미달하게 사용하는 경우(법 48조②5호, 영 38조⑦)	가산세만 추징 (10%)
	⑫공익법인 등(특정공익법인이 아닌 종교법인, 자산 5억원 미만이고 '수입금액+출연받은 가액' 3억원 미만 법인은 제외)이 직접 공익목적사업에 순자산×1%(3%) 미달사용 시(법 48조②7호, 영 38조⑱⑲)*	가산세만 추징 (10%, 200%) (2024년 시행)

* **공익법인 의무지출제도 확대**(상증법 48조②7호, 상증령 38조⑱⑲, 2021.1.1. 개시 사업연도부터 적용)

   연혁: 성실공익법인(현 특정공익법인)만 1~3% 의무지출 신설(2018.1.1. 시행, 2016.12.20. 개정 상증법 부칙 9조③)→일반공익법인으로 확대(2021.1.1. 시행, 2019.12.31. 개정 상증법 부칙 6조)

1. 특정공익법인 및 기준규모 이상 법인도 대상에 포함. 단, 특정공익법인이 아닌 종교법인(상증령 43조의3①), 자산 5억원 미만이고 '수입금액+출연받은 가액' 3억원 미만 법인(상증령 43조의3②)은 제외.
2. 사용의무액: 순자산의 1% 지출. 단, 지분율 10% 초과 가능 특정공익법인은 3%. 당해연도, 5년 평균 선택가능.
3. 기준자산에 직접 공익목적사업용자산(고유목적사업부문)은 제외, 지출대상에 수익사업용 지출은 제외.
   기준자산=총자산가액−(부채가액+당기순이익). 직전사업연도 종료일의 재무상태표·운영성과표에 의함.
4. 가산세 등: 미달사용액×10%. 단 주식 5% 초과 보유법인은 200%(2024년부터 강화, 상증법 78조⑨)
   ☞ 뒤 ⑥운용소득×80% 요건과 달리, 이 가산세는 결손법인도 적용됨.

3)상속세·증여세의 가산세(상증법 78조)

상속세 또는 증여세와 관련하여 제반 세법상 의무규정을 위반했을 경우에는 국세기본법상 가산세와 별도로, 공익법인 등에 대해서 상속세 및 증여세법상 여러 종류의 가산세가 적용되는 바, 그 내용은 다음과 같다.

가산세 구분	내용
보고서 미제출 및 불분명 가산세[1]	불분명 해당액의 1%
동일내국법인 주식보유기준 초과가산세	초과보유주식의 매사업연도 말 시가의 5%
세무확인 또는 회계감사 미이행가산세[1][2]	(사업연도 수입금액 + 출연재산가액)의 0.07%
출연자 등 이사 수 기준초과 가산세	1/5초과 이사 등에 지급한 직간접경비 전액
특수관계법인 주식보유기준 초과가산세	초과보유주식의 매사업연도 말 시가의 5%
특수관계기업을 광고·홍보 등 가산세	그 광고·홍보한 행위와 관련한 직접비용
운용소득 사용기준금액 미달사용 가산세	주식 5% 초과 보유 법인: 미달 사용액의 200%(2024년부터 강화)[3] 주식 5% 이하 보유 법인: 미달 사용액의 10%
출연재산매각대금 기준미달 사용가산세	기준미달사용금액의 10%
공익법인 등 전용계좌 미사용·미개설 가산세	전용계좌를 통해 수입하지 않은 금액의 0.5%
결산서류 공시의무 불성실이행 가산세	공시대상 사업연도종료일 자산총액의 0.5%
지급명세서 불성실제출 가산세[1]	미제출·불분명금액의 0.2%(1개월 지연 0.1%)
특정공익법인 의무이행신고 위반 가산세[1]	자산총액의 0.5%(2021년 개시 사업연도부터 적용)

[1] 가산세 한도(국기법 49조)

상증법 78조 관련 가산세 중 다음에 대해서는 그 의무위반의 종류별로 각각 5천만원(「중소기업기본법」 2조 ①에 따른 중소기업이 아닌 경우에는 1억원)을 한도로 한다. 다만, 해당 의무를 고의적으로 위반한 경우에는 한도 특례를 적용하지 아니한다.

보고서 미제출 및 불분명가산세(③), 세무확인서 보고의무 미이행 또는 장부작성·비치의무·회계감사 미이행가산세(⑤), 외부전문가의 세무확인에 대해서만 한도특혜를 적용하고, 외부감사 미이행에 대해서는 한도특혜 적용 제외), 지급명세서 미제출·불분명가산세(⑫⑬), 특정공익법인의 의무이행신고 위반 가산세(⑭)

*2 회계감사 지정대상인 법인이 지정 감사인 이외의 자에게 회계감사를 받을 경우 미이행 가산세 대상임.
  (2023.1.1. 개시 과세연도분부터 적용)

(보충)「중소벤처기업부 소관 비영리법인의 설립 및 감독에 관한 규칙」(2017.7.26. 제정, 2021.10.12. 개정) 등 각 부처 소관, '비영리법인의 설립 및 감독에 관한 규칙' 참조

*3 2024.1.1. 이후 개시하는 사업연도 분부터 적용

  내국법인의 의결권 있는 발행주식총수·출자총액의 5%를 초과하여 주식·출자지분을 출연받은 공익법인이 출연재산가액의 1%에 해당하는 금액 이상을 직접 공익목적사업에 사용하지 아니한 경우 종전에는 '미달지출액의 10% 가산세 + 주식 5% 초과분 증여세'를 부과했으나, 앞으로는 증여세는 부과하지 아니하되 그 미달하는 금액의 200%에 상당하는 가산세를 부과함.[국회 기획재정위원회 상증법(대안) 3. 주요내용 나, 2023.12.01.]

  (단, 2023.12.31.이 속하는 사업연도에 지출의무를 위반한 경우에는 '미달지출액의 10% 가산세 + 주식 5% 초과분 증여세' 또는 '미달지출액의 200% 가산세' 중 선택 가능)

(3) 상속세·증여세 경정 등의 청구 특례(상증법 79조)

1) 상속세에 대한 경정청구(상속재산가액이 현저히 하락 시)(상증법 79조①)

상속세 과세표준 및 세액을 신고한 자 또는 상속세 과세표준 및 세액의 결정 또는 경정을 받은 자에게 다음의 어느 하나에 해당하는 사유가 발생한 경우에는 그 사유가 발생한 날부터 6개월 이내에 결정이나 경정을 청구할 수 있다.

1. 상속재산에 대한 상속회복청구소송 등 사유로 상속개시일 현재 상속인 간에 상속재산가액이 변동된 경우
2. 상속개시 후 1년이 되는 날까지 상속재산의 수용·경매·공매 등 사유로 상속재산의 가액이 크게 하락한 경우

2) 증여세에 대한 경정청구(상증법 79조②)

다음의 어느 하나에 해당하는 경우에는 그 사유가 발생한 날부터 3개월 이내에 결정 또는 경정을 청구할 수 있다.

1. 증여세를 결정 또는 경정받은 자가 부동산무상사용기간 중 부동산소유자로부터 해당 부동산을

상속 또는 증여받거나 일정한 사유로 해당 부동산을 무상으로 사용하지 아니하게 되는 경우
2. 증여세를 결정 또는 경정받은 자가 대출기간 중에 대부자로부터 해당 금전을 상속 또는
   증여받거나 일정한 사유로 해당 금전을 무상으로 또는 적정이자율보다 낮은 이자율로 대출받지
   아니하게 되는 경우
3. 타인의 재산을 무상으로 담보로 제공하고 금전 등을 차입함에 따라 증여세를 결정 또는
   경정받은 자가 재산의 사용기간 중에 재산 제공자로부터 해당 재산을 상속 또는 증여받거나
   일정한 사유로 무상으로 또는 적정이자율보다 낮은 이자율로 차입하지 아니하게 되는 경우

(4)금융재산 일괄조회(상증법 83조)

국세청장(지방국세청장 포함)은 세무서장 등이 상증법 76조에 따른 상속세·증여세를 결정하거
나 경정하기 위하여 조사하는 경우에는 금융회사 등의 장에게 「금융실명거래 및 비밀보장에 관
한 법률」 4조에도 불구하고 다음의 어느 하나에 해당하는 자의 금융재산에 관한 과세자료를 일
괄하여 조회할 수 있다.
1. 직업, 연령, 재산 상태, 소득신고 상황 등으로 볼 때 상속세나 증여세의 탈루 혐의가 있다고
   인정되는 자
2. 납세자별 재산과세자료의 수집·관리(상증법 85조)를 적용받는 상속인·피상속인 또는 증여자·
   수증자('피상속인 등')

[납세자별 재산 과세자료의 수집·관리](상증법 85조, 상증령 87조, 상증칙 23조)
국세청장은 재산 규모, 소득수준 등을 고려하여 다음의 어느 하나에 해당하는 자에 대해서는 상속세 또는 증
여세의 부과·징수 업무를 효율적으로 수행하기 위하여 세법에 따른 납세자 등이 제출하는 과세자료나 과세
또는 징수의 목적으로 수집한 부동산·금융재산 등의 재산자료를 그 목적에 사용할 수 있도록 납세자별로 매
년 전산조직에 의하여 관리하여야 한다.
1. 부동산과다보유자로서 재산세를 일정금액이상 납부한 자 및 그 배우자
2. 부동산임대에 대한 소득세를 일정금액이상 납부한 자 및 그 배우자
3. 종합소득세(부동산임대에 대한 소득세를 제외)를 일정금액이상 납부한 자 및 그 배우자
4. 납입자본금 또는 자산규모가 일정금액이상인 법인의 최대주주 등 및 그 배우자
5. 기타 상속세 또는 증여세의 부과·징수업무를 수행하기 위하여 국세청장이 정하는 아래의 자(상증칙 23조)
   가. 고액의 배우자 상속공제를 받거나 증여에 의하여 일정금액이상의 재산을 취득한 자
   나. 일정금액이상의 재산을 상속받은 상속인(☞ 고액상속인: 30억원 이상, 상증법 76조⑤)
   다. 일정금액이상의 재산을 처분하거나 재산이 수용된 자로서 일정연령이상인 자
   라. 기타 상속세 또는 증여세를 포탈할 우려가 있다고 인정되는 자

제7장
종합부동산세

01 종합부동산세의 의의

(1)종합부동산세의 목적과 재산세와의 관계: 재산세의 보완세 성격

1)재산세의 과세구분에 따라 종합부동산세의 과세대상이 결정됨

　고액의 부동산 보유자에 대하여 종합부동산세를 부과하여 부동산보유에 대한 조세부담의 형평성을 제고하고, 부동산의 가격안정을 도모함으로써 지방재정의 균형발전과 국민경제의 건전한 발전에 이바지함에 있다.(종부법 1조)

　종합부동산세는 과세기준일(매년 6월 1일) 현재 전국의 주택 및 토지를 과세유형별로 구분하여 인별로 합산한 다음 { 인세(人稅)} , 그 공시가격 합계액이 과세기준금액을 초과하는 경우 그 초과분에 대하여 과세되는 세금(국세)이다(2005년 1월 5일부터 시행).

{ 2005.1.1. 종합토지세(지방세)를 폐지하고, 2005.1.5. 종합부동산세(국세)를 신설·시행. 종전에는 토지는 재산세가 아니라 종합토지세로 과세하였고, 종합합산과세대상·별도합산과세대상은 전국의 토지를 합산하여 과세한 다음 시·군·구로 안분하던 방식에서 종합부동산세를 도입하면서 이원화했음.

즉, 토지분 재산세 과세 시 종합합산과세대상·별도합산과세대상도 해당 시·군·구별로만 합산하여 과세하고, 종합부동산세는 전국의 대상 토지를 합산하여 과세하는 방식을 취함. 상세한 내용은 제11장 01(2) 재산세 변천역사 편을 참조할 것 }

　1차로 부동산 소재지 관할 시·군·구에서 '관내 부동산'에 대해 과세유형별로 구분하여 재산세를 부과하고(지법 108조·116조), 2차로 종합부동산세 과세기준금액 초과분에 대하여 주소지(법인은 본점 소재지) 관할 세무서에서 '전국 부동산'에 대해 종합부동산세를 부과한다. 즉, 종합부동산세는 고지서에 의한 '부과·징수를 원칙'으로 하지만(시행초기인 2005~2007년분은 신고납부방식이었지만 2008년분부터는 부과징수방식으로 변경), 예외적으로 납세의무자의 신고에 의하여 납부할 수는 있다.(종부법 16조)

　종합부동산세는 부과·징수를 원칙으로 하므로 무신고가산세는 적용하지 않는다.(무신고가산세 규정에서도 종합부동산세는 제외됨을 명시적으로 규정하고 있음. 국기법 47조의2①본문 괄호) 그러나 납세의무자가 자진해서 종합부동산세는 신고·납부할 경우는 과소신고가산세와 납부지연가산세를 부담하게 된다.(국기법 47조의3 및 47조의4)

　그리고 임대주택 등 합산배제신청(변경 포함) 및 '(부부)공동명의 1주택자 신청서'(2021년부터는 '1주택자인 부부공동명의'에 한하여 1세대 1주택자 방식과 비교하여 유리한 쪽을 선택가능)는 9.16~9.30 관할세무서장에게 제출해야 한다.(종부법 10조의2)

[재산세와 종합부동산세의 비교]

구분		재산세(지방세)	종합부동산세(국세)	
과세관할		부동산 소재지 관할 시·군·구	주소지(본점 소재지) 관할 세무서 총액이 지방교부세 재원(지교법 4조)	
합산대상 지역범위		부동산 소재지 관할자자체별 합산 단, 주택은 건별 세율적용	전국 소재지 부동산을 합산 주택도 합산하여 세율적용	
징수방법(원칙)		보통징수(고지서 발부)	부과징수(고지서 발부)	
신고납부방식 선택		해당사항 없음	12.1.~12.15. 신고납부 가능	
고지서 발부기한		납부개시 5일 전까지	납부개시 5일 전까지	
과세기준일		매년 6월 1일(지법 114조)	매년 6월 1일(종부법 8조)	
세금 납부	토지	9.16.~9.30.	종합 5억↑, 별도합산 80억↑	12.1.~ 12.15
	주택	7.16.~7.31., 9.16.~9.30. 1/2씩	9억 이상(1세대 1주택 11억→12억)↑	
	건축물	7.16.~7.31.	과세대상 아님	
	선박·항공기	7.16.~7.31.		

　　종합부동산세는 지방세법상 재산세 과세대상 재산(토지, 건축물, 주택, 선박, 항공기) 중 주택(주거용 건축물과 그 부속토지)과 토지(종합합산과세대상 토지와 별도합산과세대상 토지)를 과세대상으로 한다. 즉, 지방세법상 재산세 과세대상 중 일반 건축물, 분리과세대상 토지, 선박·항공기 등은 가액의 크기를 불문하고 종합부동산 과세대상에서 제외된다.

　　2022년까지 상시 주거용으로 사용하지 않고 휴양·위락의 용도로 사용되는 별장은「주택법」상 주택의 범위에는 해당하지만(종합부동산세법에서는 주택의 범위에서 제외, 종부법 2조3호), 지방세법상 고율(4%)의 재산세를 부과하므로 종합부동산세(최고 세율 5%, 2022·2021년 6%, 2020·2019년 3.2%, 2018년까지는 2%)를 과세할 실익이 적어 종합부동산세 과세대상에서 제외하였다. 그러나 2023년부터 별장은 재산세를 일반과세하므로 종합부동산세 과세대상으로 세법을 개정했다. 이를 요약하여 살펴보면 다음 표와 같다.

[재산세와 종합부동산세의 과세요약]

구분			재산특성과 재산세율	종합부동산세 세율
토지	종합합산과세		중과세 토지. 0.2~0.5%(1억↑)	1%(15억↓)~ 3%(45억↑)
	별도합산과세		누진과세.　0.2~0.4%(10억↑)	0.5(200억↓)~0.7%(400억↑)
	분리 과세	골프장 등	최고율 과세 토지. 단일세율 4%	과세제외: 재산세로 충분
		전답 등	최저율 과세 토지 (전답 등 0.07%, 기타 0.2%)	과세제외: 조세정책적 차원에서 최저율 분리과세 취지
별장 이외 주택(+토지)			일반누진과세 0.1~0.4%(3억↑)	0.5%(3억↓)~5%(94억↑)
별장(2023년부터 주택으로 과세)			최고율 과세. 단일세율 4%	과세제외: 재산세로 충분
건축물	도시주거지역 공장		0.5%. 대도시 신·증설 1.25%(5년)	과세제외
	기타 공장, 건축물		0.25%	
선박	고급선박		5%(최고율 과세)	
	일반선박		0.3%	
항공기			0.3%	

(보충1)재산세는 '주택별 과세표준×세율'이지만, 종합부동산세는 '주택합산 과세표준×세율'방식으로 산출세액 계산방법이 다름.(지법 113조②③, 종부법 8조①)

(보충2)종합부동산세 과세표준×세율 후, 재산세 해당분, 세부담상한액 등을 공제하여 계산.

1. 주택에 대한 종합부동산세 계산(세부담 상한액 한도로 부과)

　　과세표준×세율 - 재산세상당액 - 60세 이상 1세대1주택자 공제 - 5년 이상 보유자 공제

2. 토지에 대한 종합부동산세 계산(세부담 상한액 한도로 부과)

　　과세표준×세율 - 재산세상당액

(보충3)일정한 요건을 갖춘 주택과 토지는 종합부동산세 과세대상에서 제외됨.

1. 일정한 임대주택·미분양주택·사원주택·기숙사·어린이집용 주택 등(종부법 8조②③)

2. '주택건설사업자'의 주택 건설용 토지(토지를 취득한 후 해당 연도 종합부동산세 과세기준일 전까지 주택건설사업자의 지위를 얻은 자의 토지를 포함) 중 취득일부터 5년 이내에 「주택법」에 따른 사업계획의 승인을 받은 토지(조특법 104조의19)

2)비영리사업자가 소유하고 있는 토지의 경우: 1995.12.31. 전·후 구분

　비영리사업자(지령 22조)가 소유하고 있는 토지가 종합부동산세의 과세대상이 될 것인지 여부는 결국 해당 토지가 지방세법상 재산세 과세표준구분 시 어떻게 분류되는가에 따라 판정되는 것이다. 이렇듯 종합부동산세는 재산세와 불가분의 관계에 있다.(제11장 재산세 03 참조)

[비영리사업자의 범위: 무상취득 취득세 저율과세(3.5→2.8%)법인](지령 22조)

1. 종교 및 제사를 목적으로 하는 단체

2. 「초·중등교육법」 및 「고등교육법」에 따른 학교, 「경제자유구역 및 제주국제자유도시의 외국교육기관 설립·운영에 관한 특별법」 또는 「기업도시개발 특별법」에 따른 외국교육기관을 경영하는 자 및 「평생교육법」에 따른 교육시설을 운영하는 평생교육단체

3. 「사회복지사업법」에 따라 설립된 사회복지법인

4. 지방세특례제한법 22조①에 따른 사회복지법인(단체 포함) 등(2019.12.31. 개정)

5. 「정당법」에 따라 설립된 정당

①1995.12.31. 이전부터 소유하고 있는 토지

가. 2020년분까지 재산세 과세구분

　지령 22조의 비영리사업자(즉 위 1.~5.호 모두 해당)가 1995.12.31. 이전부터 소유하고 있는 토지(회원제골프장용 토지와 고급오락장용 토지는 제외)는 재산세 과세구분 시 분리과세된다.(지법 106조①3호 아목, 지령 102조⑧1호)

나. 2021년부터 개정된 재산세 과세구분(학교법인만 비영리사업자로 간주, 나머지는 제외)

　지령 22조 2호의 비영리사업자(즉 2.호만 해당)가 1995.12.31. 이전부터 소유하고 있는 토지(회원제골프장용 토지와 고급오락장용 토지는 제외)는 재산세 과세구분 시 분리과세된다.(지법 106조①3호 아목, 2020.6.2. 개정 지령 102조⑧1호. 분리과세에서 제외된 1·3·4·5호는 2022년부터 20%씩 줄어든 면적을 분리과세로 인정하므로 2026년부터는 100% 분리과세에서 제외됨, 지령 부칙 3조)

다. 2022년부터 개정된 재산세 과세구분(학교법인이더라도 수익사업에 사용하는 토지는 분리과세 제외)

　지령 22조 2호의 비영리사업자(즉 2.호만 해당)가 1995.12.31. 이전부터 소유하고 있는 토지(회원제골프장용 토지와 고급오락장용 토지는 제외) 중 교육사업에 직접 사용하고 있는 토지는 분리과세한다. 다만, 수익

제1장 제2장 제3장 제4장 제5장 제6장 제7장 제8장 제9장 제10장 제11장 제12장 제13장 제14장

사업에 사용하는 토지는 제외한다.(지법 106조①3호 아목, 2021.12.31. 개정 지령 102조⑧1호).

〈분리과세→종합합산·별도합산과세대상으로 변경되는 토지의 분리과세 일부적용 특례〉(지령 부칙 6조)

분리과세 연도별 비율*	2022	2023	2024	2025	2026	2027	2028	2029
별도합산 변경 토지	100%	90%	80%	60%	40%	20%	–	–
종합합산 변경 토지	100%					70%	40%	10%

* 특례 적용배제: 과세구분이 변경되는 토지 중 「체육시설의 설치·이용에 관한 법률」 10조①1호(등록 체육시설업)에 따른 골프장용 토지, 「관광진흥법」 3조2호의 관광숙박업에 사용하는 토지와 「유통산업발전법」에 따른 대규모점포에 사용하는 토지에 대해서는 이 특례를 적용하지 않음.

②1996.1.1. 이후 취득한 토지: 특례 없어 용도에 따라 종합합산·별도합산·분리과세표준으로 구분

3)농지(전·답·과수원)·목장용지·임야 분리과세: 특정시점 이전 취득분

[농지·목장용지·임야 분리과세 요건: 아래시점 이전 취득 분](지령 102조⑨)

지목	구분	취득시기 요건*	지방세법 시행령 조문
농지	사회복지사업자의 사회복지시설용	1990.5.31. 이전 취득분	102조①2호 라목
	종중 소유 농지		102조①2호 바목
임야	종중 소유 임야		102조②4호
	상수원보호구역		102조②6호
	개발제한구역 임야 등	1989.12.31. 이전 취득분	102조②5호 각목
목장용지	도시지역 소재		102조①3호

* 각 해당 취득시기 이후에 상속받아 소유하는 경우와 법인 합병으로 인하여 취득하여 소유하는 경우를 포함함.(지령 102조⑨괄호) 이 해당시기 이후에 취득한 것은 '종합합산과세대상'임.

(2)종합부동산세의 특징

첫째, 종합부동산세는 부동산 보유 시 과세하는 보유세로서 국세이다.

둘째, 종합부동산세는 재산세의 보완세 성격이므로 재산세와 같이 매년 6월 1일을 과세기준일로 한다.

셋째, 종합부동산세는 전국의 과세대상에 해당하는 일정한 주택 또는 토지가액을 소유자별로 합산하여 과세표준의 크기에 따라 초과누진세율을 적용하는 인세(人稅)이다.

넷째, 종합부동산세는 고지서에 의한 '부과·징수를 원칙'으로 하지만, 예외적으로 납세의무자의 신고에 의하여 납부할 수는 있다.(종부법 16조) 종합부동산세는 부과·징수를 원칙으로 하므로 무신고가산세는 적용하지 않는다.(무신고가산세 규정에서도 종합부동산세는 제외됨을 명시적으로 규정하고 있음. 국기법 47조의2①본문 괄호) 그러나 납세의무자가 자진해서 종합부동산세는 신고·납부할 경우는 과소신고가산세와 납부지연가산세를 부담하게 된다.(국기법 47조의3 및 47조의4)

다섯째, 종합부동산세는 납세자 편익을 고려하여 분할납부(분납)제도를 인정하고 있다. 그러나 물납제도는 2016년부터 폐지됐다.(종부법 19조, 2016.3.2. 삭제)

(3)종합부동산세의 납세지: 소득세법·법인세법을 준용(종부법 4조)

종합부동산세의 납세지는 개인은 소득세법상의 납세지를 준용하며, 법인은 법인세법상의 납세지를 준용한다. 구체적인 내용은 다음과 같다.

구분		납세지
거주자		주소지 원칙. 단, 주소지 없을 경우 거소지
내국법인		등기부상 본점 또는 주사무소 소재지
단체	법인으로 보지 않는 단체	동 단체의 대표자 또는 관리인의 주소지
	법인으로 보는 단체	1순위: 사업장 소재지→2순위: 정관상 주사무소 소재지→3순위: 대표자·관리인의 주소지
비거주자 외국법인	①국내사업장이 있는 경우	국내사업장 소재지
	②국내원천소득 있는 경우	국내원천소득이 발생한 장소
	위 ①②가 모두 없는 경우	주택·토지의 소재지(공시가격이 가장 큰 곳)

(4)종합부동산세법상 용어의 정의

1)세대의 정의(종부법 2조8호, 종부령 1조의2))

①세대와 가족의 개념

'세대'라 함은 주택 또는 토지의 소유자 및 그 배우자가 그들과 동일한 주소 또는 거소에서 생계를 같이하는 가족과 함께 구성하는 1세대를 말한다.

'가족'이라 함은 주택 또는 토지의 소유자와 그 배우자의 직계존비속(그 배우자를 포함) 및 형제자매를 말하며, 취학, 질병의 요양, 근무상 또는 사업상의 형편으로 본래의 주소 또는 거소를 일시퇴거한 자를 포함한다.

②배우자가 없는 때에도 1세대로 보는 경우

다음의 어느 하나에 해당하는 경우에는 배우자가 없는 때에도 이를 1세대로 본다.

1. 30세 이상인 경우
2. 배우자가 사망하거나 이혼한 경우
3. 소득세법 4조에 따른 소득(거주자의 종합소득·퇴직소득·금융투자소득(2025년부터 신설)·양도소득, 비거주자의 국내원천소득)이 「국민기초생활 보장법」에 따른 기준 중위소득의 40% 이상으로서 소유하고 있는 주택 또는 토지를 관리·유지하면서 독립된 생계를 유지할 수 있는 경우. 다만, 미성년자의 경우를 제외하되, 미성년자의 결혼, 가족의 사망 등의 사유로 1세대의 구성이 불가피한 경우에는 그러하지 아니하다.

제1장 제2장 제3장 제4장 제5장 제6장 제7장 제8장 제9장 제10장 제11장 제12장 제13장 제14장

③혼인함으로써 1세대를 구성하는 경우의 특례

　혼인한 날부터 5년 동안은 주택 또는 토지를 소유하는 자와 그 혼인한 자별로 각각 1세대로 본다.

④동거봉양하기 위하여 합가한 경우의 특례

　동거봉양(同居奉養)하기 위하여 합가(合家)함으로써 과세기준일 현재 60세 이상의 직계존속(1. 배우자의 직계존속으로서 60세 이상인 경우, 2. 직계존속(배우자의 직계존속을 포함) 중 어느 한 사람이 60세 미만인 경우,를 포함한다. 2025.2.28. 개정)과 1세대를 구성하는 경우에는, 합가한 날부터 10년 동안(합가한 날 당시는 60세 미만이었으나, 합가한 후 과세기준일 현재 60세에 도달하는 경우는 합가한 날부터 10년의 기간 중에서 60세 이상인 기간) 주택 또는 토지를 소유하는 자와 그 합가한 자별로 각각 1세대로 본다.

2)공시가격(토지 및 주택)의 정의(종부법 2조9호)

①공시된 가격이 있는 경우(종부법 2조9호 본문 = 지법 4조①본문)

　'공시가격'이라 함은 「부동산 가격공시에 관한 법률」에 따라 가격이 공시되는 주택 및 토지에 대하여 동법에 따라 공시된 가액을 말한다.

②공시된 가격이 없는 경우: 지방세법 4조①단서 및 4조②의 가액 준용

　다만, 개별공시지가 또는 개별주택가격이 공시되지 아니한 경우에는 특별자치시장·특별자치도지사·시장·군수 또는 구청장(자치구의 구청장을 말함)이 같은 법에 따라 국토교통부장관이 제공한 토지가격비준표 또는 주택가격비준표를 사용하여 산정한 가액으로 하고, 공동주택가격이 공시되지 아니한 경우에는 특별자치시장·특별자치도지사·시장·군수 또는 구청장이 산정한 가액으로 한다.(지법 4조①단서)

[지방세법 4조①단서의 내용](종부집 2-0-6)

구분	가액
토지	국토교통부장관이 제공한 토지가격비준표를 사용하여 시장·군수·구청장이 산정한 가액
단독주택	국토교통부장관이 제공한 주택가격비준표를 사용하여 시장·군수·구청장이 산정한 가액
공동주택	지역별·단지별·면적별·층별 특성 및 거래가격 등을 참작하여 행정안전부장관이 정하는 기준에 따라 시장·군수·구청장이 산정한 가액

③건축물(가격공시가 되지 않은 주택의 건물부분 포함)의 시가표준액(지법 4조②, 지령 4조①1호)

　위 ①② 이외의 건축물(새로 건축하여 건축 당시 개별주택가격 또는 공동주택가격이 공시되지 아니한 주택으로서 토지부분을 제외한 건축물을 포함) 등의 가격은 종류·구조·용도·경과연수 등 과세 대상별 특성을 고려하여 일정한 기준에 따라 지방자치단체의 장이 결정한 가액으로 한다.(지법 4조②)

일정한 기준이란 과세대상별 구체적 특성을 고려하여 다음의 방식에 따라 행정안전부장관이 정하는 기준을 말하는 바, 건축물의 경우 「소득세법」 99조①1호 나목에 따라 산정·고시하는 건물신축가격기준액(2025년 85←82만원/㎡)에 다음 각 목의 사항을 적용한다.(지령 4조①1호)

　가. 건물의 구조별·용도별·위치별 지수

　나. 건물의 경과연수별 잔존가치율

　다. 건물의 규모·형태·특수한 부대설비 등의 유무 및 그 밖의 여건에 따른 가감산율

④공시가격, 공정시장가액비율, 과세표준의 관계

종합부동산세와 재산세의 과세표준은 다음의 단계를 거쳐 결정된다.

첫째. 공시가격의 결정이다. 공시가격은 「부동산 가격공시에 관한 법률」에 따라, 매년 1월1일을 기준일로 하여 토지(표준지·개별공시지가), 단독주택(표준·개별), 공동주택, 오피스텔·상가 등에 대해 공시한다. 이 공시가격은 시세를 100% 모두 반영하지 않고 있는 실정이며(이를 '공시가격 현실화율'이라고 함), 과세대상별로 공시에 반영된 '현실화율'도 차이가 있어 '불공평 과세'라는 오명을 씻기 어렵다.

따라서 토지와 주택, 단독주택과 공동주택 간에 불공평한 과세문제가 여실히 드러난다. 점차 이를 조정하고는 있지만 조세저항 등도 만만치 않아 그리 쉬운 일이 아니다.

토지와 주택에 대한 공시가격의 전반적인 내용은 아래 표와 같다.

[2025년 공시가격 결정 내용 요약(토지 + 단독주택·공동주택)](「부동산 가격공시에 관한 법률」)

구분		내용(2025년) (2024.11.18. 국토교통부 보도자료)	공시가격 현실화율			
			2020	2021	2022	2023~5
토지	표준지(60만 필지)	'24.12.18. 열람 → 1.24. 확정(국토교통부)	65.5%	68.4%	71.6%	65.5%
	개별필지(3,559만)	'24.12.18. 열람 → 4.30. 확정(시·군·구)	〃	〃	〃	〃
단독 주택	표준(25만 가구)	'24.12.18. 열람 → 1.24. 확정(국토교통부)	53.6%	55.8%	58.1%	53.6%
	개별단독주택(408만)	'25. 3.19. 열람 → 4.30. 확정(시·군·구)	〃	〃	〃	〃
공동주택(1,523만 호)		'25. 3.19. 열람 → 4.30. 확정(국토교통부)	69.0%	70.2%	71.5%	69.0%

(보충) '부동산 공시가격 알리미' 사이트(국토교통부·한국부동산원·한국감정평가사협회 공동)를 통해 열람·이의신청 등을 하며, '부동산 공시가격 콜센터'(1644-2828) 이용가능. 국세청 홈택스(hometax)에서도 자동연결 됨. 또한, '국세청 홈택스→조회/발급→기준시가 조회'에서는 상업용 건물/오피스텔, 골프회원권. 건물 기준시가 (양도 또는 상속·증여)를 확인 또는 계산할 수 있다.

둘째, '(Σ인별 감면후 공시가격− Σ제 공제액) × 공정시장가액비율'이 과세표준이 된다(감면주택의 경우 감면비율만큼 공시가격에서 차감함. 종부법 6조③). 종합부동산세의 '공정시장가액비율'은 토지와 주택이 동일하게 2011~2018년은 80%이고 2019년부터는 매년 5%씩 인상되면 2022년부터 100%가 된다. 하지만 급격한 세금증가로 인한 조세저항을 해소하고자 주택의 공정시장가액비율을 2022년부터 60%로 조정했다.(60~100% 범위, 종부법 8조①, 종부령 2조의4)

[공정시장가액비율 연도별 추이: 재산세와 종합부동산세]

연도	재산세(%)		종부세(%)	지방세 해당법령	종합부동산세	
	주택	기타			해당법령	비고
2005	50	50	100	구법 187, 구영 138	법 8조(주택), 13조(토지)	
2006	50	55	70	2005.12.31 개정 (법 부칙 5조)	2005.12.31. 법률 개정	법률에 적용비율 신설
2007	50	60	80			
2008	55	65	90			
2009	60	70	70	구 지방세법 187조, 구 시행령 138조	2009.2.4. 시행령 2조의4 신설	매년 5%↑ 시행령 2조의4②
2010	60	70	75			
2011~18	60	70	80	현 지방세법 110조, 현 시행령 109조 {2023년도분 1세대 1주택 공정시장가액 공시가 3억 이하: 43% 공시가 3억~6억: 44% 공시가 6억 초과: 45%}	2019.2.12. 시행령 개정	매년 5%↑ 2022까지 (2022년부터 주택은 60%로 조정)
2019	60	70	85			
2020	60	70	90			
2021	60	70	95			
2022	45·60	70	60·100			
2023~	43~45·60	70	60·100			

〈강남 보유세 최대 39%↑…반래퍼(반포래미안퍼스티지, 84.9㎡) 959만→1331만원〉《동아일보》2024.11.20.)
국토부 '부동산 가격 공시 현실화'
강남3구−마포·용산·성동 10~30%대 증가… 아크로리버파크 1161만→1408만원
집값 하락한 지방은 부담 줄어들 듯. 전문가 "공시가격 예측 가능해야"

【아파트 내년 보유세는?… 집값 뛴 서울 최대 40% 가까이 오를듯

정부가 내년 공동주택의 공시가격 현실화율(시세 대비 공시가격 비율)을 69%로 3년 연속 유지한다고 19일 발표했다. 문재인 정부가 2021년부터 적용한 '공시가격 현실화 로드맵' 이전으로 돌아가 세 부담을 최소화하겠다는 취지다. 내년 공시가격은 시세 변동분만 반영해 산정한다. 이에 따라 올해 집값이 가파르게 상승한 서울 및 수도권 주요 단지의 보유세(재산세+종합부동산세) 부담은 늘어날 것으로 전망된다. 특히 신고가 거래와 상승 거래가 이어졌던 서울 강남3구(강남·서초·송파구)와 마용성(마포·용산·성동구) 주요 단지의 내년 보유세는 올해보다 10% 내외에서 최대 40% 가까이 늘어날 것으로 예상된다. 한국부동산원에 따르면 올해 9월 서울 아파트 실거래가지수는 지난해 말 대비 8% 상승했다.】

내년 서울 강남권 주요 단지의 재산세와 종합부동산세 등 보유세 부담이 올해보다 20% 이상 늘어날 것으로 예상된다. 서초구 반포동에선 보유세가 40% 가까이 오르는 곳도 있을 것으로 보인다. 정부가 세 부담 완화를 위해 2023년 공시가격 현실화율(시세 대비 공시가격 비율)을 2020년 수준인 69%로 내린 뒤 2년 연속 동결했지만, 서울 주요 단지 집값 상승세가 가팔랐기 때문이다. 반면 집값이 하락한 지방은 보유세 부담이 줄어들 것으로 보인다.

국토교통부는 19일 중앙부동산가격공시위원회 심의를 거쳐 '2025년 부동산 가격 공시를 위한 현실화 계획 수정 방안'을 마련했다고 밝혔다. 공시가격 현실화율을 올해와 동일한 2020년 수준(공동주택 69.0%, 단독주택 53.6%, 토지 65.5%)으로 묶고 공시가격을 산정할 때 시세 변동분만 반영하겠다는 내용이 핵심이다.

표준지·표준주택 공시가의 열람 및 의견 청취 기간은 내년 1월 8일까지이고, 중앙부동산가격공시위원회 심의를 거쳐 내년 1월 25일 공시된다.

아파트·연립·빌라 등 표준 공동주택 공시가격은 내년 3월에 공개된다.

☞ 주택 보유세 완화: 공정시장가액비율을 재산세는 2023년부터 60%(1세대 1주택의 경우 공시가 3억원 이하는 43%, 3~6억원은 44%, 6억원 초과는 45%), 종부세는 2022년 부터 100→60%로 조정

(보충)공시가액 기준 한국의 '제일 비싼 단독주택'(여러 매체 2024.12.19.)

- 고 이건희 삼성전자 회장의 한남동 단독주택이 최고가(표준단독주택은 아님)
- 이명희 신세계 회장 자택 표준주택 공시가 10년째 1위⋯297억 2000만원
- 재벌가 최고 부촌은 '용산'. 초고가 표준단독주택 TOP 10 중 7채 서울 용산에⋯이명희 신세계 회장, 이해욱 대림산업 회장 자택 1·2위.

순위	소유자	회사	2022	2023	2024	2025	비고
0	이건희	삼성(용산구 한남동)	408억	?	?	?	표준주택 아님
		삼성(용산구 이태원동)	342억	?	?	?	
1	이명희	신세계	311억	280억	286억	297억	2016년부터 표준주택
2	이해욱	대림산업	206억	182억	187억	192억	2019년부터 표준주택
3	승지원	호암재단(삼성 영빈관)	185억	168억	172억	179억	2021년부터 표준주택
4	서경배	아모레퍼시픽	178억	163억	168억	174억	2019년부터 표준주택
5	센츄리	경원세기	178억	161억	165억	171억	표준주택
6	안정호	시몬스침대	169억	150억	154억	158억	표준주택
7	박찬구	금호석유화학	163억	149억	150억	156억	표준주택
8	?	한남동 소재	153억	137억	139억	144억	표준주택
9	박철완	금오석유화학 상무	147억	131억	132억	135억	표준주택
10	이동혁	전 고려해운 회장	140억	127억	130억	135억	표준주택

{참고자료: '25년 표준지·표준주택 공시가격(안) 열람(2024.12.18. 국토교통부 보도자료)→ 참고 3. 2025년 표준단독주택가격 현황→마. 전국 상위 10위 표준단독주택 현황}

2016년 표준주택 된 이래 10년 연속 최고가. 2위는 이해욱 DL그룹 회장의 삼성동 주택

상위 10개 주택 중 7개가 한남동·이태원동

전체 주택 중에서는 고 이건희 회장 한남동 주택이 가장 높을 듯

내년에도 표준단독주택 25만 가구 가운데 공시가격이 가장 비싼 집은 서울 용산구 한남동에 있는 이명희 신세계그룹 회장의 집인 것으로 확인됐다. 전국 단독주택 공시가격을 정하는 기준인 '표준주택'의 내년 공시가격이 올해보다 1.96% 올랐다. 공시가격 현실화율을 2020년 수준으로 하향 조정한 데다 올해 주택가격 변동성이 작아 상대적으로 예년에 비해 상승률이 크지 않았다.

가장 공시가격이 가장 비싼 표준주택은 9년째 이명희 신세계그룹 회장 자택으로 연면적 2,862㎡ 규모다. 표준주택 공시가격 상위 10개 주택 중 7개가 고가주택 밀집 지역인 용산구 한남동과 이태원동에 있는 것으로 조사됐다. 나머지는 강남구 삼성동 2곳, 서초구 방배동 1곳이다. 표준단독주택 중에선 이명희 회장의 집이 가장 비쌌으나 전체 주택 중에서 가장 비싼 집은 고(故) 이건희 삼성전자 회장의 한남동 단독주택이 될 것으로 보인다.

정부는 2025년도 가격공시를 위해 전국 단독주택 408만 가구 중 25만 가구를 표준주택으로 선정해 공시가격 상승률을 발표하고 있다. 국토부에 따르면 내년도 표준주택 공시가격 변동률은 전국 기준 1.96%다. 서울은 이보다 높은 2.86%다. 경기 2.44%, 인천 1.70%, 광주 1.51%, 세종 1.43% 순으로 상승률이 높았고, 제주 -0.49%로 유일하게 하락한 것으로 나타났다.

표준주택 공시가격안은 이날부터 소유자 의견청취 절차에 들어간다. 앞으로 의견청취 절차와 중앙부동산가격공시위원회 심의 등을 거쳐 내년 1월 24일 결정·공시될 예정이다. 발표 직후에는 한 달여간 실소유주로부터 이의신청 절차를 거쳐 공시가격이 확정 고시된다.

제1장 제2장 제3장 제4장 제5장 제6장 제7장 제8장 제9장 제10장 제11장 제12장 제13장 제14장

02 주택에 대한 종합부동산세

(1)주택에 대한 종합부동산세 납세의무자(종부법 7조)

①원칙

　매년 6월 1일 현재 주택분 재산세의 납세의무자로서 국내에 있는 재산세 과세대상인 주택의 공시가격(주거용 건축물+부속토지)을 합산한 금액에서 2023년부터 9억원(←2022·2021년은 6억원을 공제)을 초과하는 자는 종합부동산세를 납부할 의무가 있다. 1세대 1주택의 경우 단독명의(부부공동명의도 이 방식을 선택 가능, 2021년 시행)는 12억원{←2022·2021년은 11억원(=6억+5억)}, 부부공동명의는 '각각' 9억원(←2022·2021년은 6억원)을 공제한다. 단일 최고세율 적용 법인은 공제하지 않는다.(종부법 7조·8조)

　종합부동산세는 보유하고 있는 동안에 매년 부담하는 세금이므로 상대적으로 조세저항이 큰 세목(稅目)이다. 특히 문재인 정부의 후반기인 2020~2021년 동안 공동주택(특히 아파트)의 가격이 급등한 데 더해, 주택에 대한 세율까지 대폭 인상해버렸으므로 종합부동산세의 부담이 기하급수적으로 늘어나자 수도권을 중심으로 아우성이 났다. 그런데 2022년 5월, 윤석열 정부가 들어서자 종합부동산세뿐만 아니라 양도소득세와 법인세 및 상속세·증여세(특히 가업승계 관련) 등 전반적으로 세금 부담을 대폭 완화하는 정책을 발표했다. 이에 대해 '부자감세'라며 거대야당(더불어민주당)에서는 강하게 반대했지만, 여당(국민의힘) 국회의원들은 앞다퉈 여러 감세용 세법개정(안)을 수시로 발의했다.('국회 의안정보시스템'을 검색해보라.) 이러한 지경이 되다보니 종합부동산세를 논리적으로 이해하기는커녕 혼동하는 경우가 비일비재하다. 위 맨 처음 도입부의 여섯 줄만 읽어도 혼란스러웠을 것이다. 상황이 복잡하다보니 관련 세법규정도 난잡할 수밖에 없다. 아래 도표를 보면 큰 흐름을 이해하는 데 그나마 도움이 될 것이다.

[종합부동산세의 큰 흐름: 조세저항으로 인한 종합부동산세 규정의 복잡성(공동주택)]

과세 연도	공시가격 상승률	공정시장 가액비율[*1]	과세표준 인상률[*2]	중위세율[*3] (과표 20억)	공제항목(과세표준 계산 시)		
					기본	1세대1주택	공제계
2020	5.98%	90%(+ 5%)	11.28%	1.4/1.8%	6억	3억	9억
2021	19.05%	95%(+ 5%)	25.00%	1.6/3.6%	6억	5억	11억
2022	17.20%	60%(−35%)	−23.82%	1.6/3.6%	6억	5억	11억
2023~[*4]	−18.61%	60%(+ 0%)	−18.61%	1.3/2.0%	9억	3억	12억

*1 '괄호 숫자'는 전년대비 공정시장가액 증감률(%)임.
*2 '과세표준 인상률'은 '공시가격 상승률×공정시장가액 증감률'임.
　−23.82%(2022년) = (1+17.20%)×(1−35%)−1
*3 '중위세율'은 과세표준 20억원의 일반세율/중과세율(2023년부터 개인 3주택 이상 소유. 단 법인은 5%)임.

*4 2023년분 주택분 종부세 급감: 인원은 119만5천명→41만2천명(1/3), 세액도 3조3천억원→9천억원(1/3)
　　2023년분 주택분 종부세 '중과' 개인 48만3천→2,597명, 세액도 1조8천억→920억원. 1년 만에 99.5% 감소.

한편, 2021년부터는 「신탁법」에 따라 수탁자 명의로 등기·등록된 신탁재산의 경우에는 위탁자(「주택법」 2조11호의 지역주택조합·직장주택조합이 조합원이 납부한 금전으로 매수하여 소유하고 있는 신탁재산의 경우에는 해당 지역주택조합·직장주택조합)를 납세의무자로 하고, 동법에 따른 과세 시 위탁자가 신탁재산을 소유하고 있다고 본다.(종부법 7조② 신설) 그리고 신탁주택의 위탁자가 종합부동산세 등을 체납한 경우로서 그 위탁자의 다른 재산에 대하여 강제징수로도 부족할 경우, 해당 신탁주택의 수탁자는 그 신탁주택으로써 위탁자의 종합부동산세 등을 납부할 의무가 있다.(신탁주택 관련 수탁자의 물적납세의무, 종부법 7조의2 신설)

재산세 납세의무자 규정을 준용하는 종합부동산세(종부법 7조·8조)의 경우, A·B·C 주택을 가진 자가 A주택을 신탁한 경우, A는 수탁자로, B·C는 소유자로 납세의무자가 분리돼 종합부동산세 누진과세를 회피할 수 있었다. 재산세는 주택 건별로 세율을 적용하므로 누진세 회피와는 무관하지만 세액계산 등에서 종합부동산세와 밀접하게 관련되어 있으므로, 이를 방지하고자 2021년부터는 「신탁법」에 따라 수탁자 명의로 등기·등록된 신탁재산의 경우에 '종합부동산세'뿐만 아니라 '재산세'의 납세의무자도 '위탁자'로 변경했다.(종부법 7조② 신설, 지법 107조②5호←107조①3호)

②타인소유 주택의 부속토지만을 소유한 경우에도 합산함(종부집 7-0-2)

주택부속토지만을 소유하는 자에게는 주택분 재산세가 과세되므로, 주택분 재산세 납세의무자로서 주택공시가격을 합산한 금액을 기준으로 한다.

③상속등기하지 아니한 상속주택의 납세의무자(종부집 7-0-3)

과세기준일 이전에 상속이 개시되었으나 상속등기하지 아니한 상속재산의 종합부동산세법에 의한 '재산세 납세의무자'는 지방세법 107②2호(상속지분이 가장 높은 자, 연장자 순차적용)에 의한다.

【주택분 재산세가 부과됐더라도, 오피스텔은 종합부동산세법상 주택 아님】(조심 2023소7068, 2023.9.25. 결정)
종부세법은 '주택'의 정의를 「주택법」에 위임하고 있는데(지방세법 104조3호 준용(종부법 2조3호)☞「주택법」 2조1호 준용), 「주택법」상 오피스텔은 주택이 아닌 '준주택'에 해당(「주택법」 2조4호). 「주택법」은 2010.4.5. '준주택' 개념을 신설하여 오피스텔 등을 별도로 규정했으나, 종부세법은 이를 반영하지 않아 결국 과세근거가 없는 셈임. 또한, 재산세('현황과세의 원칙', 즉 공부상 미등재 또는 사실상 현황이 다른 경우 사실상의 현황에 따라 재산세 부과. 지법 106조③)와 종부세('현황과세의 원칙' 규정이 없음)는 별개의 세목인 만큼 해당 오피스텔을 주거용으로 볼지도 별도로 판단해야 한다는 것.

(2)주택에 대한 종합부동산세 과세표준(종부법 8조)

제1장 / 제2장 / 제3장 / 제4장 / 제5장 / 제6장 / 제7장 / 제8장 / 제9장 / 제10장 / 제11장 / 제12장 / 제13장 / 제14장

1)주택에 대한 과세표준

구분		주택의 종합부동산세 과세표준 계산
단일최고세율 적용대상 법인		주택공시가격 합계×공정시장가액비율*(2021년 시행)
1세대 1주택자가 아닌 경우		(주택공시가격 합계−9억원)×공정시장가액비율*
1세대 1주택자	부부공동명의 방식	각각 적용: (주택공시가격 지분액−9억원×공정시장가액비율*
	단독명의(부부선택 포함)	[(주택공시가격 합계−3억원)−9억원]×공정시장가액비율*

* 공정시장가액비율: 매년 5%씩 인상되어 2022년부터 100%임(단, 주택은 2022년 부터 60%).(종부령 2조의4①)

(보충)재산세에 대한 공정시장가액비율(2009년 귀속분부터 불변. 지령 109조)

가. 주택: 시가표준액의 60%(2022년부터 1세대 1주택 재산세 공정시장가액비율은 45%, 2023년부터 43~45%)

나. 토지 및 건축물: 시가표준액의 70%

①1세대 1주택자가 아닌 경우

주택에 대한 종합부동산세의 과세표준은 납세의무자별로 주택의 공시가격을 합산한 금액에서 9억(←6억)을 공제한(2021년부터 단일 최고세율 적용 법인은 공제 없음) 금액에 부동산 시장의 동향과 재정 여건 등을 고려하여 60%~100%의 범위에서 일정한 공정시장가액비율(종부령 2조의4①)을 곱한 금액으로 한다. 다만, 그 금액이 '0'보다 작은 경우에는 '0'으로 본다.

②1세대 1주택자인 경우(1인 단독소유를 말하지만, 2021년부터는 부부공동명의 선택 가능)

주택에 대한 종합부동산세의 과세표준은 납세의무자별로 주택의 공시가격을 합산한 금액에서 '3억원(←2022·2021년은 5억원)을 공제'한 다음, 9억(←2022·2021년은 6억원)을 공제한 금액에 공정시장가액비율을 곱한 금액으로 한다. 다만, 그 금액이 '0'보다 작은 경우에는 '0'으로 본다.

2)1세대 1주택의 범위(종부법 8조④⑤, 종부령 2조의3, 4조의2 신설)

①원칙

주택의 공시가격을 합산한 금액에서 12억원(←2022·2021년은 11억원(=6억+5억))을 공제하는 1세대 1주택자란 세대원 중 1명만이 주택분 재산세 과세대상인 1주택만을 '소유'한 경우로서 그 주택을 '소유'한 자가 소득세법에 따른 '거주자'를 말한다.(종부령 2조의3) 즉 '거주자' 요건이면 족하고, 실제 거주여부와는 무관하다.(☞그러나 합산배제 임대주택이 있는 경우에는 거주주택에 주민등록 및 실제로 거주하는 경우에 한정하여 적용됨에 유의. 아래 ③참조).

따라서 1세대 1주택일지라도 세대원이 공동으로 소유한 경우는 1세대 1주택으로 보지 않는다. 종합부동산세는 동일한 세대원일지라도 세대별로 과세(양도소득세 방식)하지 않고, 개인별로 과세하므로 이 자체가 과세 혜택인 바, 공동소유에 대해 과세표준 '3억원(←2022·2021년은 5억원)' 추가공제, 연령별·보유기간별 세액공제 혜택까지는 부여하지 않는 것이다.(2021년부터

'1주택자인 부부공동명의'에 한하여 '1세대 1주택자 방식' 선택신청 가능, 종부법 10조의2)

【혼인함으로써 1세대를 구성하는 경우】(종부령 1조의2④)

혼인한 날부터 10년(←5년, 2023년분까지) 동안은 제1항에도 불구하고 주택 또는 토지를 소유하는 자와 그 혼인한 자별로 각각 1세대로 본다.

【동거봉양(同居奉養)하기 위하여 합가(合家)한 경우】(종부령 1조의2⑤)

과세기준일 현재 60세 이상의 직계존속(직계존속 중 어느 한 사람이 60세 미만인 경우 포함)과 1세대를 구성하는 경우에는 합가한 날부터 10년 동안(합가한 날 당시는 60세 미만이었으나, 합가한 후 과세기준일 현재 60세에 도달하는 경우는 합가한 날부터 10년의 기간 중에서 60세 이상인 기간 동안) 주택 또는 토지를 소유하는 자와 그 합가한 자별로 각각 1세대로 본다.
---

②다가구주택의 주택 수 판정(종부령 2조의3①단서)

다가구주택(「건축법 시행령」〈별표 1〉1호 다목)은 1주택으로 보되, 종합부동산세법 시행령 3조에 따른 합산배제 임대주택으로 같은 조 ⑨에 따라 신고한 경우에는 1세대가 독립하여 구분 사용할 수 있도록 구획된 부분(1구)을 각각 1주택으로 본다.(종부집 8-2의3-2)

③합산배제 임대주택(임대주택 외의 거주주택에 주민등록과 실거주하는 경우에 한정)과 합산 배제 사원주택 등 주택 수에서 제외

다음의 주택은 1세대 1주택 판정 시 주택 수에서 제외한다.(종부령 2조의3②)

1. 합산배제 임대주택(종부령 3조①, 단 리츠·펀드 매입임대주택은 제외)으로서 합산배제를 신고한 주택.(2018년부터 적용, 2018.6.5. 개정 종부령 부칙 2조) 다만, 합산배제 임대주택 외의 주택을 소유하는 자가 과세기준일 현재 그 주택에 주민등록이 되어 있고 실제로 거주하고 있는 경우에 한정하여 적용함

2. 합산배제 사원용주택등(종부령 4조①)으로서 합산배제 신고를 한 주택

【1주택과 합산배제주택을 소유한 자의 1세대 1주택자 판정】(종부집 8-2의3-6, 개정사항 수정)

종부령 2조의3②에 따른 '합산배제 임대주택' 및 '합산배제 사원용주택등' '외의' 합산배제주택을 소유한 경우에는, (합산배제는 되더라도) 1세대 1주택자의 장기보유 및 고령자에 대한 세액공제 규정이 적용되지 아니한다.{참고로 종전 집행기준에서 예시로 든 '수도권 밖의 지역에 위치하는 1주택에 대한 합산배제'는 삭제됐고 '합산배제 임대주택' '합산배제 사원용주택등'은 추가됐음. 종부법 8조②2호 단서(2009.1.1.~2011.12.31. 한시적 적용) 및 종부령 2조의3②2호, 4조①6호(2012.2.2. 삭제)}
---

④1주택과 다른 주택(타인 소유)의 부속토지를 함께 소유해도 1세대 1주택임

1주택(주택의 부속토지만을 소유한 경우는 제외)과 다른 주택의 부속토지(주택의 건물과 부속토지의 소유자가 다른 경우의 그 부속토지를 말함)를 함께 소유하고 있는 경우에는 1세대 1주택자로 본다.(종부법 8조④1호)

⑤일시적 2주택, 상속주택, 지방 저가주택에 대한 1세대 1주택자 주택 수 특례(종부법 8조④2~4

호, 종부령 4조의2 신설, 2022년부터 적용)

다음 각 호의 어느 하나에 해당하는 경우에는 1세대 1주택자로 본다.

1. 1세대 1주택자가 1주택을 양도하기 전에 다른 주택을 대체취득하여 일시적으로 2주택이 된 경우(신규주택 취득 후 3년(←2022년은 2년) 내 종전주택 양도하는 경우로 한정)

2. 1주택과 상속주택(소법 88조9호의 조합원입주권 또는 88조10호의 분양권을 상속받아 사업시행 완료 후 취득한 신축주택을 포함. 주택 수 불문하고 전부 적용됨−기획재정부)을 함께 소유하고 있는 경우 상속개시일로부터 5년이 경과하지 않은 경우. 다만, 상속주택이 다음의 요건 중 어느 하나에 해당할 경우에는 기간제한 없이 1주택자로 본다.

   1)지분율에 상당하는 공시가격이 6억원(수도권 밖은 3억원) 이하인 주택

   2)상속주택에 대한 지분율이 40% 이하인 경우

3. 1주택과 다음의 요건에 모두 해당하는 지방 저가주택을 함께 소유하고 있는 경우

   1)과세기준일 현재 공시가격 4억원(2024.1.4.~2026.12.31. 취득분은 4억, 조특법 71조의2 신설) 이하

   2) • 수도권 및 광역시·특별자치시(광역시에 소속된 군, 세종특별자치시의 읍·면에 해당하는 지역을 제외)가 아닌 지역 소재 주택 또는

     • 인구감소지역(「국가균형발전 특별법」 2조)과 접경지역(「접경지역지원 특별법」 2조) 모두에 해당하는 수도권 지역으로서 기획재정부령으로 정하는 지역(강화군·옹진군·연천군)(2023년 시행)

위 각 호에 해당하는 납세의무자는 주택의 보유현황 신고기간(해당 연도 9월 16일부터 9월 30일)까지 관할세무서장에게 '종합부동산세 1주택자 특례(변경)신청서' 및 해당 서류를 관할세무서장에게 제출해야 한다.(종부법 8조⑤, 2022년부터 적용)

또한 만 '60세 이상 고령자' 또는 '5년 이상 장기보유자' 세액공제는 일시적 2주택, 상속주택, 지방 저가주택을 제외한 주택에 해당하는 세액에 대해서만 적용한다.(종부법 9조⑦⑨)

(보충)일시적 2주택, 상속주택 등 종부세 특례기준은?(국세청 Q&A, 2022.9.14.)

1. 일시적 2주택 특례와 관련하여 양도소득세와 달리 종전주택 보유기간, 신규주택 취득시기 등에 대한 제한은 없음.
  🖎 일시적 2주택 특례는 '동일인'이 소유한 경우에 적용되며 배우자가 각각 소유한 경우에는 적용되지 않음에 유의.

2. 주택을 여러 채 상속받은 경우에도 법적 요건을 갖춘 경우 1세대 1주택자 특례를 적용함. 투기 우려를 감안해 1채까지만 추가 보유를 인정하는 지방 저가주택과는 달리, 상속 주택은 불가피하게 다주택자가 되는 점을 감안.

3. 상속받은 지분의 40%가 아니라 전체 주택에서 상속받은 지분이 40% 이하이면 특례를 적용함.

4. 지방 저가주택을 2채 이상 소유하고 있는 경우 1세대 1주택자 특례를 배제함.

5. 일시적 2주택, 상속주택, 지방 저가주택을 함께 보유한 경우 1세대 1주택자 특례를 적용함.

(3)합산배제주택(종부법 8조②③, 종부령 3조·4조)

다음의 주택은 종합부동산세 과세표준에 합산하지 않는다(즉, 종합부동산세 과세제외).(종부법 8조②) 합산배제주택을 보유한 납세의무자는 해당 연도 9월 16일부터 9월 30일까지 납세지 관할세무서장에게 당해 주택의 보유현황을 신고하여야 한다.(종부법 8조③) 다만, 최초로 합산배제 신고를 한 이후부터는 변동이 없는 경우 신고를 하지 않아도 된다.(종부령 3조⑨) 합산배제 신고를 누락한 경우에는 12.1.~12.15.까지 추가로 합산배제 신청하면서 자진신고납부하면 된다.(후술하는 **05** 참조)

1)합산배제 임대주택(종부법 8조②1호, 종부령 3조)

합산배제 임대주택이란 「민간임대주택에 관한 특별법」에 따른 민간임대주택, 「공공주택 특별법」에 따른 공공임대주택 또는 다가구 임대주택으로서 임대기간, 주택의 수, 가격, 규모 등을 감안한 일정 주택(종부령 3조②~④⑥) 등을 말한다.(종부법 8조②1호)

합산배제 임대주택 요건은, 공공주택사업자(「공공주택 특별법」 4조) 또는 임대사업자(「민간임대주택에 관한 특별법」 2조7호)로서 과세기준일 현재 주택임대업 사업자등록(소법 168조 또는 법법 111조)을 한 자가, 과세기준일 현재 임대(①~③, ⑤~⑧의 주택을 임대한 경우)하거나 소유(④의 주택을 소유한 경우)하고 있는 다음의 어느 하나에 해당하는 주택('합산배제 임대주택')을 말한다.(종부령 3조①본문)

이 경우 과세기준일(6월 1일) 현재 임대를 개시한 자가 종합부동산세법 8조③에 따른 합산배제 신고기간(9.16.~9.30.) 종료일까지 임대사업자로서 사업자등록을 하는 경우에는 해당 연도 과세기준일 현재 임대사업자로서 사업자등록을 한 것으로 본다.(종부령 3조①단서)

합산배제 임대주택을 보유한 자가 합산배제 임대주택의 규정을 적용받으려는 때에는 임대주택 합산배제 신고서에 따라 신고하여야 한다. 다만, 최초의 합산배제 신고를 한 연도의 다음 연도부터는 그 신고한 내용 중 변동이 없는 경우에는 신고하지 아니할 수 있다.(종부령 3조⑨)

【신고기한이 경과한 이후 합산배제 신청하는 경우】(종부집 8-3-13)

임대사업자가 합산배제 임대주택을 종합부동산세 신고기한이 경과한 이후에 합산배제를 신청하는 경우에도 합산배제 임대주택 규정이 적용된다.

합산배제 임대주택은 건설임대주택·매입임대주택·기존임대주택으로 구분하고 있다.

【임대주택 유형별 합산배제 요건】(종부집 8-3-2, 개정분 수정)

임대주택유형	주거전용면적	주택가격	주택 수(종부령 3조⑤)	임대기간[*1]
건설임대(공공·민간)[*2]	149㎡ 이하	9/12억원 이하	광역 2호/30호 이상	5년 이상
매입임대	–	6/9억원억원 이하 (비수도권 3/6억원)	전국 1호 이상	5년 이상
기존임대(2005.1.5.이전 임대)	국민주택규모이하	3억원 이하	전국2호/30호 이상	5년 이상
미임대 건설임대(민간)	149㎡ 이하	9억원 이하	–	–
리츠·펀드 매입임대	149㎡ 이하	6억원 이하	비수도권 5호 이상	10년 이상
미분양 매입임대[*2]	149㎡ 이하	3억원 이하	비수도권 5호 이상	5년 이상

제1장 제2장 제3장 제4장 제5장 제6장 제7장 제8장 제9장 제10장 제11장 제12장 제13장 제14장

임대주택유형	주거전용면적	주택가격	주택 수(종부령 3조⑤)	임대기간[*1]
준공공임대주택 등[*2]	149㎡ 이하	9/12억원 이하	광역 2호/30호 이상	8→10년 이상
매입임대주택 중 (준공공임대주택)	–	6/9억원억원이하 (비수도권 3/6억원)	전국 1호/30호 이상	

*1 단기임대(4년) 및 '아파트' 장기일반 매입임대(8년)는 폐지하고, 그 외 장기임대는 의무기간을 8→10년으로 연장함. 2020.7.10.까지 등록(신청)된 폐지유형 임대주택은 임대기간이 끝나면 자동 말소되고(자진말소도 가능) 의무임대기간 미충족시에도 감면세금 추징 않고, 말소 때까지는 기존의 세금혜택 유지[양도소득세(법인 포함)와 달리 자진말소시 의무기간 1/2 충족 불필요].(2020년 7·10 부동산 대책, 2020.8.18. 시행)
　⇒합산배제 임대주택에 의무 임대기간 6년 단기민간임대주택(아파트 제외「민간임대주택법」) 추가.(2025.6.4. 시행)
　－건설임대: 기준시가 6억원. 전용면적이 149㎡ 이하, 2호 이상, 임대료 증가율 5% 이하(종부령 3조①10호)
　－매입임대: 기준시가 4억(수도권 밖 2억)(종부령 3조①11호)
*2 임대주택 수의 합산단위: 건설임대, 미분양 매입임대, 준공공임대주택 적용(종부령 3조⑤)
　주택 수는 같은 특별시·광역시 또는 도에 소재하는 주택별로 각각 합산하여 계산함.
(보충1)임대료 상한 5% 위반 시{「주택세금 100문100답」(국세청, 2020.9.) 종합부동산세 8·9번 사례}
위반한 연도와 그 다음연도(총 2년)에 대해 합산배제 대상에서 제외되는 것임. 또한 기존 합산배제 적용받아 감면된 세액에 대하여 추징하는 것이나, 의무임대기간(5년, 8년)이 지난 임대주택의 경우 기존 감면세액은 추징하지 않는 것임.
(보충2)부속 주차장이 주택분 재산세로 과세된 경우 합산배제 대상임.(종부집 8-3-7)
부속 주차장이 주택분 재산세로 과세된 경우 합산배제 임대주택 규정을 적용받을 수 있음.

①건설임대주택(종부령 3조①1호)
　민간건설임대주택(「민간임대주택에 관한 특별법」 2조2호)과 공공건설임대주택(「공공주택 특별법」 2조 1호의2)으로서 다음의 요건을 모두 갖춘 주택이 2호 이상인 경우 그 주택. 다만, 민간건설임대주택의 경우에는 2018.3.31. 이전에 임대사업자 등록(「민간임대주택에 관한 특별법」 5조)과 사업자등록(소법 168조, 법법 111조)을 한 주택으로 한정한다.
가. 전용면적이 149㎡ 이하로서 2호 이상의 주택의 임대를 개시한 날(2호 이상의 주택의 임대를 개시한 날 이후 임대를 개시한 주택의 경우에는 그 주택의 임대개시일을 말함) 또는 최초로 합산배제신고를 한 연도의 과세기준일의 공시가격이 9억원(2025년부터 30호 이상은 12억원) 이하일 것

> **[민간 건설임대 종부세 합산배제 혜택 확대]**(2022.7.25. 국무회의 의결, 2022년 귀속분부터 적용)
> (종전)민간건설임대주택의 경우 2021.2.17. 이후 임대 등록분부터 종부세 합산배제 요건 완화(공시가격 6억원→9억원 이하, 2021.2.17. 개정 종부령 부칙 2조)
> (개정)2021.2.17. 이전 임대 등록한 민간건설임대주택에 대해서도 완화된 요건 적용(2021.2.17. 이전에 임대 등록을 하였어도 2021.2.17. 이후 사용승인 또는 사용검사확인증을 받은 경우 공공건설임대주택과 같이 완화된 요건 적용)

나. 5년 이상 계속하여 임대하는 것일 것
다. 임대보증금 또는 임대료의 증가율이 5%를 초과하지 않을 것(2019년 신설)
　단, 「공공주택특별법」상 증액이 허용되는 경우(임차인 소득수준 변화 등)는 제외(2022년 신설)

②매입임대주택(종부령 3조①2호)

민간매입임대주택(「민간임대주택에 관한 특별법」 2조3호)과 공공매입임대주택(「공공주택 특별법」 2조 1호의3호)으로서 다음 각 목의 요건을 모두 갖춘 주택. 다만, 민간매입임대주택의 경우에는 2018.3.31. 이전에 임대사업자 등록(「민간임대주택에 관한 특별법」 5조)과 사업자등록(소법 168조, 법법 111조)을 한 주택으로 한정한다.

가. 해당 주택의 임대개시일 또는 최초로 합산배제신고를 한 연도의 과세기준일의 공시가격이 6억(수도권 밖은 3억원)|2025년부터 30호 이상은 9억(수도권 밖은 6억)원| 이하일 것

나. 5년 이상 계속하여 임대하는 것일 것

다. 임대보증금 또는 임대료의 증가율이 5%를 초과하지 않을 것(2019년 신설)

단, 「공공주택특별법」상 증액이 허용되는 경우(임차인 소득수준 변화 등)는 제외(2022년 신설)

③기존임대주택(종부령 3조①3호)

임대사업자의 지위에서 2005.1.5.(종합부동산세 최초 시행일) 이전부터 임대하고 있던 임대주택으로서 다음의 요건을 모두 갖춘 주택이 2호 이상인 경우 그 주택

가. 국민주택 규모 이하로서 2005년도 과세기준일의 공시가격이 3억원 이하일 것

나. 5년 이상 계속하여 임대하는 것일 것

④미임대 민간건설임대주택(종부령 3조①4호)

민간건설임대주택(「민간임대주택에 관한 특별법」 2조2호)으로서 다음의 요건을 모두 갖춘 주택

가. 전용면적이 149㎡ 이하일 것

나. 합산배제신고를 한 연도의 과세기준일 현재의 공시가격이 9억원(2020년까지 6억원) 이하

다. 사용승인을 받은 날(「건축법」 22조) 또는 사용검사(「주택법」 49조) 후 사용검사필증을 받은 날부터 과세기준일 현재까지의 기간 동안 임대된 사실이 없고, 미임대 기간이 2년 이내일 것

⑤리츠·펀드 매입임대주택(비수도권 5호 이상)(종부령 3조①5호)

부동산투자회사(「부동산투자회사법」 2조1호) 또는 부동산간접투자기구(「간접투자자산 운용업법」 27조3호)가 2008.1.1.~2008.12.31. 취득 및 임대하는 매입임대주택으로서 다음의 요건을 모두 갖춘 주택이 5호 이상인 경우의 그 주택

가. 전용면적이 149㎡ 이하로서 2008년도 과세기준일의 공시가격이 6억원 이하일 것

나. 10년 이상 계속하여 임대하는 것일 것

다. 수도권 밖의 지역에 위치할 것

⑥미분양 매입임대주택(비수도권의 특별·광역단위 기준 5호 이상)(종부령 3조①6호)

　매입임대주택[미분양주택(『주택법』54조에 따른 사업주체가 같은 조에 따라 공급하는 주택으로서 입주자모집공고에 따른 입주자의 계약일이 지난 주택단지에서 2008.6.10.까지 분양계약이 체결되지 아니하여 선착순의 방법으로 공급하는 주택을 말함)으로서 2008.6.11.~2009.6.30. 최초로 분양계약을 체결하고 계약금을 납부한 주택에 한정]으로서 다음의 요건을 모두 갖춘 주택.

　이 경우 다음의 요건을 모두 갖춘 미분양 매입임대주택이 5호 이상[위 ②에 따른 매입임대주택이 5호 이상이거나 ③에 따른 매입임대주택이 2호 이상이거나 ⑤에 따른 임대주택이 5호 이상인 경우에는 이들 매입임대주택과 미분양매입임대주택을 합산하여 5호 이상일 것(③에 따른 매입임대주택과 합산하는 경우에는 그 미분양매입임대주택이 같은 특별시·광역시 또는 도 안에 있는 경우에 한정함)]일 것.

　다만, 2020년 7월 11일 이후 ⓐ임대등록 신청한 장기일반민간주택 중 아파트와 단기민간임대주택 ⓑ단기 건설임대주택을 장기 건설임대주택으로 변경 신고한 경우는 제외한다.

가. 전용면적이 149㎡ 이하로서 5호 이상의 주택의 임대를 개시한 날(5호 이상의 주택의 임대를 개시한 날 이후 임대를 개시한 주택의 경우에는 그 주택의 임대개시일) 또는 최초로 합산배제신고를 한 연도의 과세기준일의 공시가격이 3억원 이하일 것

나. 5년 이상 계속하여 임대하는 것일 것

다. 수도권 밖의 지역에 위치할 것

⑦장기일반민간임대주택 등(종부령 3조①7호, 2018.4.1. 신설)

　건설임대주택 중 공공지원민간임대주택(『민간임대주택에 관한 특별법』 2조4호) 또는 장기일반민간임대주택(같은 조 5호)으로서 다음의 요건을 모두 갖춘 주택이 2호 이상인 경우 그 주택

가. 전용면적이 149㎡ 이하로서 2호 이상의 주택의 임대를 개시한 날(2호 이상의 주택의 임대를 개시한 날 이후 임대를 개시한 주택의 경우에는 그 주택의 임대개시일을 말함) 또는 최초로 합산배제신고를 한 연도의 과세기준일의 공시가격이 9억원(2025년부터 30호 이상은 12억원) 이하일 것

나. 10년(←8년) 이상 계속하여 임대하는 것일 것. 이 경우 임대기간을 계산할 때 단기민간임대주택(『민간임대주택에 관한 특별법』 2조6호)을 장기일반민간임대주택 등으로 변경 신고(같은 법 5조③)한 경우에는 종부령 ⑦1호(임대기간은 임대사업자로서 2호 이상 주택 임대를 개시한 날부터 계산함)에도 불구하고 해당 법령(『민간임대주택에 관한 특별법 시행령』 34조①3호) 시점부터 그 기간을 계산한다. 다만, 2020년 7월 11일 이후 단기 건설임대주택을 장기 건설임대주택으로 변경 신고한 경우는 제외한다.(종부령 3조①7호 단서, 2020.10.7. 신설)

(보충)민간임대주택의 임대의무기간 등(『민간임대주택에 관한 특별법 시행령』 34조①)

'임대사업자 등록일 등 일정한 시점이란 다음의 구분에 따른 시점을 말한다.

1. 민간건설임대주택: 입주지정기간 개시일. 이 경우 입주지정기간을 정하지 아니한 경우에는 임대사업자 등록 이후 최초로 체결된 임대차계약서상의 실제 임대개시일을 말함.

2. 민간매입임대주택: 임대사업자 등록일. 다만, 임대사업자 등록 이후 임대가 개시되는 주택은 임대차계약서상의 실제 임대개시일로 함.

3. 단기민간임대주택을 장기일반민간임대주택으로 변경신고한 경우: 다음의 구분에 따른 시점

　가. 단기민간임대주택의 임대의무기간 종료 전에 변경신고한 경우: 해당 단기민간임대주택의 1호 또는 2호에 따른 시점

　나. 단기민간임대주택의 임대의무기간이 종료된 이후 변경신고한 경우: 변경신고의 수리일부터 해당 단기민간임대주택의 임대의무기간을 역산한 날

다. 임대보증금 또는 임대료의 증가율이 5%를 초과하지 않을 것(2019.2.12. 신설)

⑧매입임대주택 중 장기일반민간임대주택 등(종부령 3조①8호, 2018.4.1. 신설)

가. 합산배제 대상주택: 다음의 요건을 모두 갖춘 주택.

1. 해당 주택의 임대개시일 또는 최초로 합산배제신고를 한 연도의 과세기준일의 공시가격이 6억(수도권 밖은 3억원){2025년부터 30호 이상은 9억(수도권 밖은 6억)원} 이하일 것

2. 10년(←8년) 이상 계속하여 임대하는 것일 것. 이 경우 임대기간을 계산할 때 단기민간임대주택을 장기일반민간임대주택 등으로 변경 신고한 경우의 특례는 위 ⑦나와 같음

3. 임대보증금 또는 임대료의 증가율이 5%를 초과하지 않을 것(2019.2.12. 신설)

나. 합산배제 제외주택: 다음 각호의 어느 하나에 해당하는 주택

1. 국내에 주택을 보유한 개인(세대원이 국내에 주택을 보유한 경우를 포함)이 새로이 취득(상속, 재건축 등은 제외)한 조정대상지역(『주택법』 63조의2①1호에 따른 조정대상지역을 말함)에 있는 장기일반민간임대주택[『민간임대주택에 관한 특별법』 2조5호, 조정대상지역의 공고가 있는 날 이전에 주택(주택을 취득할 수 있는 권리를 포함)을 취득하거나 주택을 취득하기 위하여 매매계약을 체결하고 계약금을 지급한 사실이 증빙서류에 의하여 확인되는 경우는 제외]은 제외한다.(2018.10.23. 단서 신설. 2018년 9·13 부동산 대책으로 9월 14일 이후부터 '개인'에 대한 신규혜택 폐지)

2. '법인' 또는 '법인으로 보는 단체'의 경우에는 조정대상지역의 공고가 있는 날 이전에 또는 2020년 6월 17일 이전에 조정대상지역 내에서 임대사업자등록(『민간임대주택에 관한 특별법』 5조) 및 사업자등록을 신청한 주택에 한하여 적용한다.(2021년 시행, 2020년 6·17 부동산 대책)

3. 2020.7.11. 이후 임대등록 신청한 장기일반민간임대주택 중 아파트(7·10 부동산 대책)

4. 2020.7.11. 이후 단기 매입임대주택을 장기 매입임대주택으로 변경 신고한 경우(7·10 대책)

⑨미분양된 『공공주택특별법 시행령』 2조①5호에 따른 분양전환공공임대주택(종부령 3조①9호, 2023년 신설) 다만, 분양전환 전 ① 또는 ②에 해당하고 미분양된 날부터 2년이 경과하지 않은 경우로 한정한다.

⑩임대기간 적용에 대한 특례(종부령 3조⑦⑨)

위 규정들을 적용할 때 합산배제 임대주택의 임대기간의 계산은 다음 각 호에 따른다.

1. ①나목, ③나목 및 ⑦나목에 따른 임대기간은 임대사업자로서 2호 이상의 주택의 임대를 개시한 날(2호 이상의 주택의 임대를 개시한 날 이후 임대를 개시한 주택의 경우에는 그 주택의 임대개시일을 말함)부터, ②나목 및 ⑧가목에 따른 임대기간은 임대사업자로서 해당 주택의 임대를 개시한 날부터, ⑤나목 및 ⑥나목에 따른 임대기간은 임대사업자로서 5호 이상의 주택의 임대를 개시한 날(5호 이상의 주택의 임대를 개시한 날 이후 임대를 개시한 주택의 경우에는 그 주택의 임대개시일을 말함)부터 계산한다.

2. 상속으로 인하여 피상속인의 합산배제 임대주택을 취득하여 계속 임대하는 경우에는 당해 피상속인의 임대기간을 상속인의 임대기간에 합산한다.

3. 합병·분할 또는 조직변경을 한 법인('합병법인 등')이 합병·분할 또는 조직변경전의 법인('피합병법인 등')의 합산배제 임대주택을 취득하여 계속 임대하는 경우에는 당해 피합병법인 등의 임대기간을 합병법인 등의 임대기간에 합산한다.

4. 기존 임차인의 퇴거일부터 다음 임차인의 입주일까지의 기간이 2년 이내인 경우에는 계속 임대하는 것으로 본다.

5. 다음의 어느 하나에 해당하는 사유로 ①~⑧(④은 제외)의 주택이 같은 항의 요건을 충족하지 못하게 되는 때에는 1호에 따른 기산일부터 ①~⑧의 나목에 따른 기간이 되는 날까지는 각각 해당 사유로 임대하지 못하는 주택에 한하여 계속 임대하는 것으로 본다.

   가. 「공익사업을 위한 토지 등의 취득 및 보상에 관한 법률」이나 그 밖의 법률에 따른 협의매수 또는 수용

   나. 건설임대주택으로서 「공공주택 특별법 시행령」 54조②2호에 따른 임차인에 대한 분양전환

   다. 천재·지변, 그 밖에 이에 준하는 사유의 발생

6. ①·⑦에 해당하는 건설임대주택은 1호에도 불구하고 사용승인을 받은 날 또는 사용검사 후 사용검사필증을 받은 날부터 임대의무기간의 종료일(「민간임대주택에 관한 특별법」 43조 또는 「공공주택 특별법」 50조의2)까지의 기간(해당 주택을 보유한 기간에 한정) 동안은 계속 임대하는 것으로 본다.

7. 「도시 및 주거환경정비법」에 따른 주택재건축·재개발사업 또는 「빈집 및 소규모주택 정비에 관한 특례법」에 따른 소규모주택정비사업에 따라 당초의 합산배제 임대주택이 멸실되어 새로운 주택을 취득하게 된 경우로서 관련 서류를 제출한 경우에는 멸실된 주택의 임대기간과 새로이 취득한 주택의 임대기간을 합산한다. 또한 「주택법」에 따른 리모델링을 하는 경우에는 허가일 또는 사업계획승인일 전의 임대기간과 준공일 후의 임대기간을 합산한다. 이 경우 이들 사업으로 새로이 취득한 주택의 준공일부터 6개월 이내에 임대를 개시하여야 한다. (종부령 3조⑨7호, 7조의2)

   즉, 이들 사업으로 새로이 취득하게 될 주택의 임대기간과 멸실된 주택의 임대기간의 합산

을 받으려는 자는 주택이 멸실(리모델링의 경우에는 허가일 또는 사업계획승인일)된 후에 최초로 도래하는 과세기준일이 속하는 과세연도의 주택 보유현황신고기간(9.16.~9.30.)에 일정한 서류를 관할세무서장에게 제출하여야 한다.(종부령 3조⑩)

8. 공공주택사업자(「공공주택 특별법」 4조)가 소유한 임대주택의 경우 1호·4호에도 불구하고 다음의 주택별로 규정한 기간 동안 계속 임대하는 것으로 본다.(2019.2.12. 신설)

   가. ②에 해당하는 공공매입임대주택: 취득일부터 임대의무기간의 종료일(「공공주택 특별법」 50조의2)까지의 기간(해당 주택 보유 기간에 한정)

   나. ③에 해당하는 임대주택: 최초 임대를 개시한 날부터 양도일까지의 기간

⑪다가구주택 특례(종부령 3조②~④⑥)

합산배제 요건에 해당하는 '다가구 임대주택'이라 함은 임대사업자로 보는 자(사업자등록을 한 날에 임대사업자에 해당, 종부령 3조③)가 임대하는 다가구주택(「건축법 시행령」 〈별표 1〉 1호 다목) 또는 다가구주택과 그 밖의 주택을 말한다.(종부령 3조②~④)

다가구주택은 지방세법 시행령 112조에 따른 1구를 1호의 주택으로 본다.(종부령 3조⑥)

【주택임대사업 중 추가로 취득한 다가구주택】(종부집 8-3-11)

「민간임대주택특별법」 6조①항에 의하여 시장·군수 또는 구청장(자치구의 구청장을 말함)에게 임대사업자 등록 및 소득세법 168조에 따른 사업자등록을 한 자가 등록일 이후에 추가로 취득하여 임대하는 주택은 '임대사업자등록사항변경신고'를 한 경우에 합산배제 임대주택 규정이 적용된다.

【부부가 다가구주택과 그 부속토지를 각각 소유한 경우】(종부집 8-3-12)

「건축법 시행령」 〈별표 1〉 1호 다목에서 규정하는 다가구주택의 부속토지는 부부 중 1인이, 건물은 그 배우자가 각각 소유하는 경우 당해 다가구주택의 부속토지는 종합부동산세법 8조의 합산배제 임대주택 규정이 적용되지 아니한다.

---

2)합산배제 기타주택(종부법 8조②2호, 종부령 4조)

종업원의 주거에 제공하기 위한 기숙사 및 사원용 주택, 주택건설사업자가 건축하여 소유하고 있는 미분양주택, 어린이집용 주택, 「수도권정비계획법」 2조1호에 따른 수도권 외 지역에 소재하는 1주택 등 종합부동산세를 부과하는 목적에 적합하지 아니한 것으로서 일정한(종부령 4조) 주택은 '합산배제 사원용 주택 등'으로 본다.(종부법 8조②2호 본문) 이 경우 수도권 외 지역에 소재하는 1주택의 경우에는 2009.1.1.~2011.12.31. 기간 중 납세의무가 성립하는 분에 한한다.(종부법 8조②2호 단서, 종부령 4조①6호를 2012.2.2. 삭제)

합산배제 사원용주택 등[⑫향교 또는 향교재단이 소유한 주택의 부속토지(종부령 4조①13호)는 제외]을 보유한 자가 합산배제 사원용주택 등의 규정을 적용받으려는 때에는 사원용주택등 합산배제 신고서에 따라 신고하여야 한다. 다만, 최초의 합산배제 신고를 한 연도의 다음 연도부터는

그 신고한 내용 중 변동이 없는 경우에는 신고하지 아니할 수 있다.(종부령 4조④)

【합산배제 기타주택】(종부집 8-4-1, 법령 개정분 반영)

구분	합산배제 기타주택 조건
사용자 소유의 사원용 주택	종업원에게 무상 또는 저가(공시가격 10%)로 제공
기숙사	종업원의 주거에 공하고 있는 기숙사
주택건설업자의 미분양주택	재산세 납부의무 성립일부터 5년 이내 주택
어린이집용 주택	5년 이상 계속하여 보육시설로 운영
시공자가 대물변제 받은 미분양주택	재산세 납세의무 성립일부터 5년 이내 주택
연구기관의 연구원용 주택	정부출연기관이 2008.12. 31.현재 보유하는 주택
등록문화재 주택	문화재보호법에 따른 등록문화재
기업구조조정부동산투자회사 등이 취득한 미분양주택	2010.2.11.까지 직접 취득한 미분양주택
	2011.4.30.까지 취득한 서울시 밖의 미분양주택
	2014.12.31.까지 직접 취득한 미분양주택
비수도권 미분양주택	기업구조조정부동산투자회사 등과 매입약정 취득
신탁업자가 취득한 미분양주택	2010.2.11.까지 취득한 미분양주택
	2011.4.30.까지 취득한 비수도권 미분양주택
	2012.12.31.까지 취득한 미분양주택
노인복지주택	노인이 일상생활 편의제공을 목적으로 하는 주택
향교·향교재단 소유 주택 부속토지	주택의 건물과 부속토지의 소유자가 다른 경우
주택매수의 청구에 따라 사업자가 취득하여 보유하는 주택	「송·변전설비 주변지역의 보상 및 지원에 관한 법률」5조
SLB리츠 및 SLB프로그램이 한계연체주택담보대출 차주로부터 매입하는 주택	매입시점에 거주자가 1주택 실거주자로서 매입 당시 공시가격이 5억원 이하인 주택을 5년 이상 임대하고 임대기간종료 후 재매입권리를 부여
공공사업자가 수용한 매입주택	재개발사업 등으로 수용. 2022년 납세의무성립분부터 적용
공적목적 주택 부속토지	공공임대주택 등 주택과 부속토지 소유자가 다른 경우
지분적립형 분양주택 등	공공주택사업자가 소유하는 지분적립형 분양주택 등

①사용자 소유의 사원용 주택(종부령 4조①1호)

종업원에게 무상이나 저가(공시가격 10% 이하, 월세 환산율 연3.5% 종부칙 2조의3)로 제공하는 사용자(근로복지기금에 출연한 사용자의 종업원을 포함, 2025년 개정) 소유의 주택으로서 국민주택규모 이하이거나 과세기준일 현재 공시가격이 6억원(←3억원, 2022년까지) 이하인 주택(근로복지기금이 사용자로부터 출연받은 금전으로 취득하여 소유한 주택을 포함, 2025년 개정). 다만, 다음 각목의 어느 하나에 해당하는 종업원에게 제공하는 주택을 제외한다.

가. 사용자가 개인인 경우에는 그 사용자와의 관계에 있어서 특수관계인(국기령 1조의2①에 따른 친족관계)에 해당하는 자

나. 사용자가 법인인 경우에는 과점주주(국기법 39조2호)

②기숙사(「건축법 시행령」〈별표 1〉 2호 라목)(종부령 4조①2호)

③주택건설업자의 미분양주택(종부령 4조①3호)

과세기준일 현재 사업자등록을 한 다음의 어느 하나에 해당하는 자가 건축하여 소유하는 주택으로서 일정한(종부칙 4조) 미분양 주택

가. 「주택법」 15조에 따른 사업계획승인을 얻은 자

나. 「건축법」 11조에 따른 허가를 받은 자

합산배제 미분양 주택이란 주택을 신축하여 판매하는 자가 소유한 다음 각 호의 어느 하나에 해당하는 미분양 주택을 말한다.(종부칙 4조)

1. 「주택법」 15조에 따른 사업계획승인을 얻은 자가 건축하여 소유하는 미분양 주택으로서 2005.1.1. 이후에 주택분 재산세의 납세의무가 최초로 성립하는 날부터 5년이 경과하지 않은 주택

2. 「건축법」 11조에 따른 허가를 받은 자가 건축하여 소유하는 미분양 주택으로서 2005.1.1. 이후에 주택분 재산세의 납세의무가 최초로 성립하는 날부터 5년이 경과하지 않은 주택.
   다만, 다음 각 목의 요건을 모두 갖춘 주택은 제외한다.(2022.7.27. 삭제, 2022년 귀속분부터 적용)
   가. 「주택법」 54조에 따라 공급하지 아니한 주택
   나. 자기 또는 임대계약 등 권원(權原)을 불문하고 타인이 거주한 기간이 1년 이상인 주택

☞ 「건축법」상 건축허가를 받은 미분양주택에 대해서도 단서를 삭제하여, 「주택법」상 사업계획승인을 얻은 경우와 동등하게 합산배제 혜택을 부여함.

④어린이집용 주택(종부령 4조①4호 · ② · ③)

세대원이 「영유아보육법」에 따라 시장·군수 또는 구청장(자치구의 구청장을 말함)의 인가를 받고 고유번호(소법 168조⑤)를 부여받은 후 과세기준일 현재 5년('의무운영기간') 이상 계속하여 어린이집(국공립어린이집 포함)으로 운영하는 주택(종부령 4조①4호)

다음의 경우에는 어린이집용 주택의 의무운영기간을 충족하는 것으로 본다.(종부령 4조②)

1. 어린이집용 주택의 소유자 또는 어린이집을 운영하던 세대원이 사망한 경우

2. 어린이집용 주택이 「공익사업을 위한 토지 등의 취득 및 보상에 관한 법률」 또는 그 밖의 법률에 따라 협의매수 또는 수용된 경우

3. 그 밖에 천재지변 등 기획재정부령이 정하는 부득이한 사유로 인하여 더 이상 어린이집을 운영할 수 없는 경우

다음의 경우에는 계속하여 어린이집을 운영하는 것으로 본다.(종부령 4조③)

1. 어린이집용 주택에서 이사하여 입주한 주택을 3월 이내에 어린이집으로 운영하는 경우

2. 어린이집용 주택의 소유자 또는 어린이집을 운영하던 세대원의 사망으로 가정어린이집을 운영하지 아니한 기간이 3월 이내인 경우

636 | 제7장 종합부동산세

⑤시공자가 대물변제 받은 미분양주택(종부령 4조①5호)

　주택의 시공자가 ③가목 또는 나목의 자로부터 해당 주택의 공사대금으로 받은 ③에 따른 미분양 주택(해당 주택을 공사대금으로 받은 날 이후 해당 주택의 주택분 재산세의 납세의무가 최초로 성립한 날부터 5년이 경과하지 아니한 주택만 해당함). 다만, ③나목의 자로부터 받은 주택으로서「주택법」54조에 따라 공급하지 아니한 주택인 경우에는 자기 또는 임대계약 등 권원을 불문하고 타인이 거주한 기간이 1년 이상인 주택은 제외한다.(단서 삭제, 2022년 귀속분부터 적용)

⑥연구기관의 연구원용 주택(종부령 4조①7호)

　「정부출연연구기관 등의 설립·운영 및 육성에 관한 법률」에 따른 연구기관 등 정부출연연구기관이 해당 연구기관의 연구원에게 제공하는 주택으로서 2008.12.31. 현재 보유하고 있는 주택

⑦등록문화재에 해당하는 주택(「근현대문화유산법」2조④)(종부령 4조①8호)

⑧기업구조조정부동산투자회사 등이 취득한 미분양주택(종부령 4조①9·14·16호)
A. 2010.2.11.까지 취득한 미분양주택(종부령 4조①9호)

　다음의 요건을 모두 갖춘 기업구조조정부동산투자회사(「부동산투자회사법」2조1호 다목) 또는 부동산집합투자기구(「자본시장과 금융투자업에 관한 법률」229조2호)('기업구조조정부동산투자회사 등')가 2010.2.11.까지 취득(2010.2.11.까지 매매계약을 체결하고 계약금을 납부한 경우를 포함)을 하는 미분양주택(「주택법」54조에 따른 사업주체가 같은 조에 따라 공급하는 주택으로서 입주자모집공고에 따른 입주자의 계약일이 지나 선착순의 방법으로 공급하는 주택을 말함)

가. 취득하는 부동산이 모두 서울특별시 밖의 지역(소법 104조의2에 따른 지정지역은 제외)에 있는 미분양주택으로서 그중 수도권 밖의 지역에 있는 주택수의 비율이 60% 이상일 것
나. 존립기간이 5년 이내일 것

B. 2011.4.30.까지 취득한 서울특별시 밖의 미분양주택(종부령 4조①14호)

　다음의 요건을 모두 갖춘 기업구조조정부동산투자회사등이 2011.4.30.까지 취득(2011.4.30일까지 매매계약을 체결하고 계약금을 납부한 경우를 포함)하는 수도권 밖의 지역에 있는 미분양주택

가. 취득하는 부동산이 모두 서울특별시 밖의 지역에 있는 2010.2.11. 현재 미분양주택으로서
　그중 수도권 밖의 지역에 있는 주택수의 비율이 50% 이상일 것
나. 존립기간이 5년 이내일 것

C. 2014.12.31.까지 취득한 미분양주택(종부령 4조①16호)

　다음의 요건을 모두 갖춘 기업구조조정부동산투자회사 등이 2014.12.31.까지 취득(2014.12.31.까지 매매계약을 체결하고 계약금을 납부한 경우를 포함)하는 미분양주택

가. 취득하는 부동산이 모두 미분양주택일 것
나. 존립기간이 5년 이내일 것

⑨비수도권 미분양주택(종부령 4조①10호)

⑧에 따라 기업구조조정부동산투자회사 등이 미분양주택을 취득할 당시 매입약정을 체결한 자가 그 매입약정에 따라 미분양주택(⑧B의 경우에는 수도권 밖의 지역에 있는 미분양주택만 해당함)을 취득한 경우로서 그 취득일부터 3년 이내인 주택

⑩신탁업자가 취득한 미분양주택(종부령 4조①11·15·17호)

A. 2010.2.11.까지 취득한 미분양주택(종부령 4조①11호)

다음의 요건을 모두 갖춘 신탁계약에 따른 신탁재산으로 「자본시장과 금융투자업에 관한 법률」에 따른 신탁업자가 2010.2.11.까지 직접 취득(2010.2.11.까지 매매계약을 체결하고 계약금을 납부한 경우를 포함)을 하는 미분양주택

가. 주택의 시공자가 채권을 발행하여 조달한 금전을 신탁업자에게 신탁하고, 해당 시공자가 발행하는 채권을 한국주택금융공사의 신용보증을 받아 「자산유동화에 관한 법률」에 따라 유동화 할 것

나. 신탁업자가 신탁재산으로 취득하는 부동산은 모두 서울특별시 밖의 지역에 있는 미분양주택(「주택도시기금법」에 따른 주택도시보증공사가 분양보증을 하여 준공하는 주택만 해당함)으로서 그 중 수도권 밖의 지역에 있는 주택수의 비율(신탁업자가 다수의 시공자로부터 금전을 신탁받은 경우에는 해당 신탁업자가 신탁재산으로 취득한 전체 미분양주택을 기준으로 함)이 60% 이상일 것

다. 신탁재산의 운용기간(신탁계약이 연장되는 경우 그 연장되는 기간을 포함)이 5년 이내일 것

B. 2011년 4월 30일까지 취득한 비수도권 미분양주택(종부령 4조①15호)

다음의 요건을 모두 갖춘 신탁계약에 따른 신탁재산으로 「자본시장과 금융투자업에 관한 법률」에 따른 신탁업자가 2011년 4월 30일까지 직접 취득(2011.4.30.까지 매매계약을 체결하고 계약금을 납부한 경우를 포함)하는 수도권 밖의 지역에 있는 미분양주택

가. 시공자가 채권을 발행하여 조달한 금전을 신탁업자에게 신탁하고, 해당 시공자가 발행하는 채권을 한국주택금융공사의 신용보증을 받아 「자산유동화에 관한 법률」에 따라 유동화할 것

나. 신탁업자가 신탁재산으로 취득하는 부동산은 모두 서울특별시 밖의 지역에 있는 2010.2.11. 현재 미분양주택(「주택도시기금법」에 따른 주택도시보증공사가 분양보증을 하여 준공하는 주택만 해당함)으로서 그중 수도권 밖의 지역에 있는 주택수의 비율(신탁업자가 다수의 시공자로부터 금전을 신탁받은 경우에는 해당 신탁업자가 신탁재산으로 취득한 전체 미분양주택을 기준으로 함)이 50% 이상일 것

다. 신탁재산의 운용기간(신탁계약이 연장되는 경우 그 연장되는 기간을 포함)은 5년 이내일 것

C. 2012.12.31.까지 취득한 미분양주택(종부령 4조①17호)

다음의 요건을 모두 갖춘 신탁계약에 따른 신탁재산으로 「자본시장과 금융투자업에 관한 법률」에 따른 신탁업자가 2012.12.31.까지 직접 취득(2012.12.31.까지 매매계약을 체결하고 계약금을 납부한 경우를 포함)하는 미분양주택(「주택도시기금법」에 따른 주택도시보증공사가 분양보증을 하여 준공하는 주택만 해당함)

가. 시공자가 채권을 발행하여 조달한 금전을 신탁업자에게 신탁하고, 해당 시공자가 발행하는
　　채권을 한국주택금융공사의 신용보증을 받아 「자산유동화에 관한 법률」에 따라 유동화할 것
나. 신탁재산의 운용기간(신탁계약이 연장되는 경우 그 연장되는 기간을 포함)이 5년 이내일 것

⑪ 노인복지주택을 설치한 자가 소유한 해당 노인복지주택(「노인복지법」 32조①3호)(종부령 4조①12호)

⑫ 향교 또는 향교재단이 소유한 주택의 부속토지(주택의 건물과 부속토지의 소유자가 다른 경
　　우의 그 부속토지를 말함)(종부령 4조①13호)
　　{향교 및 종교단체는 해당 단체를 납세의무자로 보아 종합부동산세를 신고납부할 수 있음.
　　　　　　　　　　　　　　　　　　　　　　　　　　　　　　　　　　　　　　　조특법 104조의13}

⑬ 「송·변전설비 주변지역의 보상 및 지원에 관한 법률」 5조에 따른 주택매수의 청구에 따라
　　사업자가 취득하여 보유하는 주택(종부령 4조①18호)

⑭ SLB리츠 및 SLB프로그램이 한계연체주택담보대출 차주로부터 매입하는 주택(종부령 4조①19호)
　　주택도시기금(「주택도시기금법」 3조에)과 한국토지주택공사가 공동으로 출자하여 설립한 부동
산투자회사 또는 일정한 기관이 매입하는 주택으로서 다음의 요건을 모두 갖춘 주택
가. 매입 시점에 거주자가 거주하고 있는 주택으로서 해당 주택 외에 거주자가 속한 세대가 보
　　유하고 있는 주택이 없을 것
나. 해당 거주자에게 매입한 주택을 5년 이상 임대하고 임대기간 종료 후에 그 주택을 재매입할
　　수 있는 권리를 부여할 것
다. 매입 당시 해당 주택의 공시가격이 5억원 이하일 것

⑮ 「주택법」 2조9호에 따른 토지임대부 분양주택의 부속토지(2021년 시행, 종부령 4조①20호)

⑯ 공공사업자가 주택건설용 멸실대상 매입주택(2022년 시행, 종부령 4조①21호)
　　소규모 재개발사업 및 가로·자율주택정비사업, 도심 공공주택 복합사업, 주거재생혁신지구
에서 시행하는 혁신지구재생사업, 공공 직접 시행 정비사업 시행에 따라 공공 사업시행자가 수
용 방식으로 매입한 주택. 다만, 정당한 사유 없이 그 취득일부터 3년이 경과할 때까지 해당 주
택을 멸실시키지 않은 경우는 제외함.(「도시 및 주거환경정비법」 개정 반영)

⑰ 공공건설임대주택(앞 1)①) 또는 공공매입임대주택(앞 1)②)의 부속토지(주택의 건물과 부속토지
의 소유자가 다른 경우의 그 부속토지를 말함)(2023년 시행, 종부령 4조①22호)

⑱장기일반민간임대주택등(앞 1)⑦⑧)의 부속토지(주택의 건물과 부속토지의 소유자가 다른 경우의 그 부속토지를 함)로서 그 소유자가 다음 각 목의 어느 하나에 해당하는 부속토지(2023년 시행, 종부령 4조①23호)

가. 공공주택사업자

나. 공공주택사업자 또는 주택도시기금이 단독 또는 공동으로 직접 출자하여 설립하고 출자지분의 전부를 소유하고 있는 부동산투자회사

⑲전통사찰보존지 내 주택의 부속토지(전통사찰은 주택의 부속토지만 소유한 경우라도) 단, 토지 사용료가 '공시가격×2% 이하'인 경우(2023년 시행, 종부령 4조①24호)

⑳공공주택사업자가 소유하는 지분적립형 분양주택(일부 소유 시에는 해당 지분)(2024년 시행, 종부령 4조①25호)

㉑CR리츠(기업구조조정 부동산투자회사)가 취득한 수도권 밖 미분양주택(2024년 시행, 종부령 4조①26호) 2024.3.28.~2025.12.31.까지 직접 취득(2025.12.31.까지 매매계약을 체결하고 계약금을 납부한 경우를 포함)하는 수도권 밖의 지역에 있는 미분양주택(해당 주택을 취득한 날 이후 해당 주택의 주택분 재산세의 납세의무가 최초로 성립한 날부터 5년이 경과하지 않은 주택으로 한정)

(보충)'주택건설사업자'의 주택 건설용 토지에 대한 합산배제(조특법 104조의19)
'주택건설사업자'의 주택 건설용 토지(토지를 취득한 후 해당 연도 종합부동산세 과세기준일 전까지 주택건설사업자의 지위를 얻은 자의 토지를 포함) 중 취득일부터 5년 이내에 「주택법」에 따른 사업계획의 승인을 받은 토지는 합산배제됨.

(4)주택에 대한 종합부동산세 세율과 세액계산(종부법 9조)

1)주택에 대한 재산세와 종합부동산세율

주택에 대한 종합부동산세는 다음과 같이 납세의무자가 소유한 주택 수에 따라 과세표준(주거용 건축물과 그 부속토지)에 해당 세율을 적용하여 계산한 금액을 '주택분 종합부동산세액'으로 한다.(종부법 9조①②)

주택분 재산세 세율		주택분 종합부동산세 세율(2018년 9·13 대책→2020년 6·17 대책)				
과세표준	세율	과세표준	2019·2020년→2021·2022년		2023년 세율	
			일반세율	중과세율	일반세율	중과세율
6천만원 이하	0.10%	3억원 이하	0.5→0.6%	0.6→1.2%	0.5%	
6천만원~1억5천만원	0.15%	3억원~ 6억원	0.7→0.8%	0.9→1.6%	0.7%	
1억5천만원~3억원	0.25%	6억원~12억원	1.0→1.2%	1.3→2.2%	1.0%	

3억원 초과	0.40%	12억원~25억원	1.4→1.6%	1.8→3.6%	1.3%	2.0
		25억원~50억원			1.5%	3.0
		50억원~94억원	2.0→2.2%	2.5→5.0%	2.0%	4.0
		94억원 초과	2.7→3.0%	3.2→6.0%	2.7%	5.0

(보충)주택 수에 따라 세율을 2원화하여 적용함.

일반세율(1호): 납세의무자가 2주택 이하 소유한 경우(아래 2호 아닌 경우) (종부법 9조①1호)

중과세율(2호): 납세의무자가 3주택 이상을 소유하거나, 조정대상지역(「주택법」 63조의2①1호) 내 2주택을 소유한 경우에 적용(종부법 9조①2호)→조정대상지역 불문하고 3주택 이상 소유(2023년 시행)

법인 세율: 2021년부터 다음의 경우 단일 최고세율 적용(종부법 9조②, 2020년 6·17 부동산 대책)

　[공공주택사업자, 건설임대주택사업자, 재건축·재개발 사업시행자 및 조합, '종중 및 주택공동사용·취약계층 주거지원 목적의 사회적기업'(2022년 추가), 도시개발법」「도시재정비 촉진을 위한 특별법」등 관계 법령에 따라 임대주택 건설·공급 의무가 있는 사업시행자[해당 건설임대주택(2호 이상)과 재산세 비과세 주택, 공공임대주택, 종부세 합산배제 주택만 보유한 경우로 한정, 2023년 추가] 등은 3주택 이상 보유하는 경우에도 일반 누진세율(0.5~2.7%)을 적용. 종부령 4조의4]

　[기타 공익법인등은 2주택 이하는 일반 누진세율(0.5~2.7%), 3주택 이상은 중과 누진세율(0.5~5%)을 적용]

2주택 이하를 소유한 경우: 3%→2.7%(2023년)

3주택 이상을 소유(조정대상지역 내 2주택 소유 불문, 2023년부터): 6%→5%(2023년)

　주택분 종합부동산세액을 계산할 때 적용해야 하는 주택 수는 다음에 따라 계산한다.

　　　　　　　　　　　　　　　　　　　(종부령 4조의3③, 2019.2.12. 신설, 이후 수차례 개정)

1. 1주택을 여러 사람이 공동으로 소유한 경우 공동 소유자 각자가 그 주택을 소유한 것으로 본다. (③1호)

2. 「건축법 시행령」〈별표 1〉1호 다목에 따른 다가구주택은 1주택으로 본다.(③2호)

3. 합산배제 임대주택(종부령 3조① 각 호) 및 합산배제 사원용주택 등(종부령 4조① 각 호)에 해당하는 주택은 주택 수에 포함하지 않는다.(③3호 가목)

4. 상속을 원인으로 취득한 주택(소법 88조9호의 조합원입주권 또는 88조10호의 분양권을 상속받아 사업시행 완료 후 취득한 신축주택을 포함. 주택 수 불문하고 전부 적용됨-기획재정부)으로서 다음의 어느 하나에 해당하는 주택. 이 경우 종합부동산세법 8조③에 따른 주택의 보유현황 신고기간(9.16.~9.30.)에 해당 서류를 관할세무서장에게 제출해야 한다.(③3호 나목 및 ④, 2022년 귀속분부터 적용)

　1)과세기준일 현재 상속개시일부터 5년이 경과하지 않은 주택

　2)지분율이 40% 이하인 주택

　3)지분율에 상당하는 공시가격이 6억원(수도권 밖은 3억원) 이하인 주택

> **【상속등기하지 아니한 상속주택의 납세의무자】**(종부집 7-0-3)
>
> 과세기준일 이전에 상속이 개시되었으나 상속등기하지 아니한 상속재산의 종합부동산세법에 의한 '재산세 납세의무자'는 지방세법 107②2호(상속지분이 가장 높은 자, 연장자를 순차적으로 적용)에 의한다.

5. 타인이 무허가로 점유한 주택의 부속토지(불법점유에 따른 과도한 세 부담 완화)

   토지의 소유권 또는 지상권 등 토지를 사용할 수 있는 권원이 없는 자가 「건축법」 등 관계 법령에 따른 허가 등을 받지 않거나 신고를 하지 않고 건축하여 사용 중인 주택(주택을 건축한 자와 사용 중인 자가 다른 주택을 포함)의 부속토지. 이 경우 주택의 보유현황 신고기간(9.16.~9.30., 종부법 8조③)에 시행규칙으로 정하는 서류를 관할세무서장에게 제출해야 한다.(③3호 다목, 2022년 귀속분부터 적용)

6. 종합부동산세법 8조④2호에 따라 1세대 1주택자로 보는 자가 소유한 일시적 2주택(종부령 4조의2①) 중 신규주택(③3호 라목, 2022년 귀속분부터 적용)

7. 종합부동산세법 8조④4호에 따라 1세대 1주택자로 보는 자가 소유한 지방 저가주택(종부령 4조의2①)(③3호 마목, 2022년 귀속분부터 적용)

8. 2024년 1월 10일~2027년 12월 31일 취득하는 소형 신축주택(아파트 제외)(③3호 바목1), 2024년 시행)

   전용면적 60㎡ 이하, 취득가액 6억(비수도권 3억)원 이하, 2024.1.10.~2027.12.31. 준공된 주택

9. 2024년 1월 10일~2025년 12월 31일 취득하는 미분양 주택(아파트 포함)(③3호 바목2), 2024년 시행)

   전용면적 85㎡ 이하, 취득가액 6억원 이하, 비수도권 소재, 준공 후 분양된 적 없는 준공 주택

2)주택분 재산세 공제와 재산세 세부담 상한액 조정

주택분 과세표준 금액에 대하여 해당 과세대상 주택의 '주택분 재산세로 부과된 세액(지방세법 111조③에 따라 가감조정된 세율이 적용된 경우에는 그 세율이 적용된 세액, 지방세법 122조에 따라 세부담 상한[*2]을 적용받은 경우에는 그 상한을 적용받은 세액을 말함)'은 주택분 종합부동산세액에서 이를 공제한다.(종부법 9조③)

주택분 종합부동산세에서 공제되는 재산세액은 다음과 같이 계산한다.(종부령 4조의3①)

주택분 재산세로 부과된 세액 합계	×	주택분 종합부동산세의 과세표준(종부법 8조①)[*1] × 공정시장가액비율(지령 109조2호) × 표준세율(지법 111조①3호)
		주택을 합산하여 주택분 재산세 표준세율로 계산한 재산세 상당액

*1 1세대 1주택자(단독명의 및 부부공동 선택시): (주택공시가격 합산액−3억원−9억원)×공정가액비율

1세대 1주택자(부부공동명의 방식인 경우 각각 공제): (주택공시가격 지분액−9억원)×공정가액비율

1세대 1주택자 이외: (주택공시가격 합산액−9억원)×공정가액비율(2021년 95%, 2022년 60%).

2021년부터 단일 최고세율 적용법인은 '−9(←6)억원' 공제하지 않음.(2020년 6·17 부동산 대책)

(보충) 재산세 세부담 상한(지법 122조, 지령 118조)

재산세 세부담 상한을 계산 시 구 재산세분(지법 112조①1호)과 구 도시계획세분(도시지역분, 지법 112조①2호, 및 ②)을 각각 구분하여 계산한 후 이를 합산하는 방식으로 적용한다.

구분		2023년까지 세부담 상한액	2024년부터
토지 및 건축물		직전 연도 재산세액 상당액의 150%	150%
주택	공시가격 3억원 이하	직전 연도 재산세액 상당액의 105%	폐지. 대신, 과세표준상한율 (0~5%) 적용
	공시가격 3억원 초과~6억원 이하	직전 연도 재산세액 상당액의 110%	
	공시가격 6억원 초과	직전 연도 재산세액 상당액의 130%	

* 법인(법인으로 보는 단체 포함, 국기법 13조)의 주택 세부담 상한액은 150% 적용(2022~23년 시행)

과세표준은 직전년도 과세표준에서 과세표준상한율(0~5%)을 넘지 못하도록 하되(지법 110조③ 신설), 주택의 세부담상한제는 폐지함(2024년 시행, 2023.3.14.개정)

①주택분 재산세로 부과된 세액의 합계액(위 산식 첫항)(종부집 9-4의3-2)

위 산식의 주택분 재산세로 부과된 세액의 합계액은 납세의무자가 주택분 재산세로 부과받은 세액의 합계금액을 말하므로, 지방세법 111조③에 의하여 가감조정된 세율이 적용된 경우에는 그 세율이 적용된 후의 세액, 지방세법 122조에 의하여 세부담 상한을 적용받은 경우에는 그 상한을 적용받은 후의 세액을 말한다.

구분(2018년 사례)	공시가격	부과된 재산세	비고
A주택	8천만원	48,000원	
B주택	9억원	765,000원	탄력세율 50% 적용
C주택	7억원	525,000원	세액감면 50% 적용

☞ 부과된 재산세 합계액 1,338,000원 = 48,000원 + 765,000원 + 525,000원

②'주택분 과세표준'(위 산식 분자의 앞부분)(종부집 9-4의3-3)

위 산식 분자의 '주택분 과세표준'은 공시가격(재산세가 감면된 경우에는 감면 후 공시가격)의 합계액에서 9억원(←6억)(2021년부터 단일최고세율 적용법인은 공제 없음. 1세대 1주택자는 12억원(=9억+3억), 2021·2022년 11억원(=6억+5억))을 공제한 금액에 종합부동산세 공정시장가액비율을 곱하여 계산한다.

'주택분 과세표준' = {공시가격 합계액-6억원(2018년 기준)})×종합부동산세 공정시장가액비율

☞ 주택분 과세표준 5.84억원 = [0.8억원 + 9억원 + 3.5억원] - 6억원] × 80%(2018년 기준)

- A주택 공시가격 : 8천만원
- B주택 공시가격 : 9억원(탄력세율은 감면이 아니므로 가격 조정하지 아니함)
- C주택 공시가격 : 3.5억원[= 7억원 - (7억원 × 50%)]

③과세표준분 표준세율에 의한 재산세액(종부집 9-4의3-4)

위 산식 분자의 주택분 재산세 표준세율로 계산한 재산세상당액은 앞 ②의 '주택분 과세표준'에 재산세 공정시장가액비율을 곱하여 산정한 금액에, 재산세 표준세율을 곱하여 산정한 재산세액으로, 누진공제액을 차감하지 아니한 금액을 말한다.[*]

재산세액 = '주택분 과세표준' × 재산세 공정시장가액비율 × 재산세 세율

* 법인 또는 법인으로 보는 단체로서 과세표준 계산시 9억원을 공제하지 않는 경우에는 누진공제액을 차감한다.

☞ 재산세 상당액 1,401,600원

{ = 과세표준 5.84억원×재산세 공정가액률 60%(2018년 기준, 지법 109조2호)×0.4%(지법 111조①3호) }

④(감면 후) 주택분 공시가격 합계액(종부집 9-4의3-5)

위 산식 분모의 주택을 합산하여 재산세 표준세율로 계산할 기준금액은 '주택분 공시가격'(재산세가 감면된 경우에는 감면 후 공시가격. 종부법 6조③ 참조)의 합계액을 말한다.

☞ 감면후 공시가격 13.3억원 = 0.8억원 + 9억원 + 3.5억원

- A주택 공시가격 : 8천만원
- B주택 공시가격 : 9억원(탄력세율은 감면이 아니므로 가격 조정하지 아니함)
- C주택 공시가격 : 3.5억원[= 7억원 – (7억원 × 50%)]

⑤주택 과세표준분 표준세율에 의한 재산세액(위 산식 분모)(종부집 9-4의3-6)

위 산식 분모의 주택분 재산세 표준세율로 계산한 재산세상당액은 앞 ④의 '주택공시가격 합산액'에 재산세 공정시장가액비율을 곱하여 산정한 금액에, 재산세 표준세율을 곱하여 산정한 재산세액(누진공제 적용)을 말한다.

재산세액 = 공시가격합산액 × 재산세 공정시장가액비율 × 재산세 세율 – 누진공제액

☞ 재산세액 2,562,000원

= 13.3억원 × 재산세공정가액률 60%× 재산세율 0.4% – 누진공제액 630,000원

3)1세대 1주택자 세액공제

주택분 종합부동산세 납세의무자가 1세대 1주택자에 해당하는 경우의 주택분 종합부동산세액은 위에 따라 산출된 세액에서 연령별 세액공제(종부법 9조⑥⑦) 또는 보유기간별 세액공제(종부법 9조⑧⑨)에 따른 1세대 1주택자에 대한 공제액을 공제한 금액으로 한다. 이 경우 연령별 세액공제와 보유기간별 세액공제는 공제율 합계 80%(2020년까지는 70%)의 범위에서 중복하여 적용할 수 있다.(종부법 9조⑤)

다만 공동소유는 1세대 1주택자로 보지 않으므로 세액공제를 배제하지만, 2021년부터는 '1주택자인 부부공동명의'에 한하여 1세대 1주택자 방식과 비교하여 유리한 쪽을 선택(지분율이 큰 자를 납세의무자로 하고, 해당 납세의무자를 기준으로 연령별·보유기간별 세액공제를 적용함. '공동명의 1주택자 신청서'를 9.16~9.30 관할세무서장에게 제출해야 함)할 수 있다(종부법 10조의2, 종부령 5조의2)

그리고 합산배제 임대주택(종부령 3조①, 단 리츠·펀드 매입임대주택은 제외)으로서 합산배제를 신고한 주택이 있는 경우, (보통의 1세대 1주택자는 '거주자' 요건으로 충분한 것과 달리) 주택을 소유하는 자가 과세기준일 현재 거주주택에 주민등록이 되어 있고 실제로 거주하고 있는 경우

에 한정하여(종부령 2조의3②), 과세표준 계산시 '3억원(←2022·2021년은 5억원) 추가공제'(종부법 8조 ① 및 1세대 1주택자에 대한 연령별·보유기간별 세액공제(종부법 9조⑥~⑨)를 적용한다.(아래 종 부집 8-2의3-6 참조)

【1주택과 합산배제주택을 소유한 자의 1세대 1주택자 판정】(종부집 8-2의3-6, 개정사항 수정)
종부령 2조의3②에 따른 '합산배제 임대주택' 및 '합산배제 사원용주택등' '외의' 합산배제주택을 소유한 경우에는, (합산배제는 되더라도) 1세대 1주택자의 장기보유 및 고령자에 대한 세액공제 규정이 적용되지 아니한다.(참고로 종전 집행기준에서 예시로 든 '수도권 밖의 지역에 위치하는 1주택에 대한 합산배제'는 삭제됐고 '합산배제 임대주택' '합산배제 사원용주택등'은 추가됐음. 종부법 8조②2호 단서(2009.1.1.~2011.12.31. 한시적 적용) 및 종부령 2조의3②2호, 4조①6호(2012.2.2. 삭제))

①연령별 세액공제(종부법 9조⑥⑦, 2022년부터 적용)

과세기준일 현재 만 60세 이상인 1세대 1주택자의 공제액은 산출된 세액에서 다음 각 호에 해당하는 산출세액(공시가격합계액으로 안분하여 계산한 금액을 말한다)을 제외한 금액에 다음 표에 따른 연령별 공제율을 곱한 금액으로 한다.

1. 주택의 건물과 부속토지의 소유자가 다른 경우: 그 부속토지분에 해당하는 산출세액
2. 일시적 2주택에 해당하는 경우: 1주택을 양도하기 전 대체취득한 주택분에 해당하는 산출세액
3. 상속주택에 해당하는 경우: 상속주택분에 해당하는 산출세액
4. 지방 저가주택에 해당하는 경우: 지방 저가주택분에 해당하는 산출세액

연령	공제율(2019년 12·16 부동산 대책)	
	2020년까지	2021년부터
만 60세 이상 만 65세 미만	10%	20%
만 65세 이상 만 70세 미만	20%	30%
만 70세 이상	30%	40%

②보유기간별 세액공제(종부법 9조⑧⑨, 2022년부터 적용)

1세대 1주택자로서 해당 주택을 과세기준일 현재 5년 이상 보유한 자의 공제액도 연령별 세액 공제처럼 산출된 세액에서 앞 ① 각 호에 해당하는 산출세액(공시가격합계액으로 안분하여 계산한 금액을 말한다)을 제외한 금액에 다음 표에 따른 보유기간별 공제율을 곱한 금액으로 한다.

보유기간	공제율	
	공제율(2018년까지)	공제율(2019년부터)
5년 이상 10년 미만	20%	20%
10년 이상	40%	40%
15년 이상	40%	50%

(보충1)재건축·재개발의 경우 주택 보유기간의 산정(종부령 4조의5①)
적용할 때 소실(燒失)·도괴(倒壞)·노후(老朽) 등으로 인하여 멸실되어 재건축 또는 재개발하는 주택에 대하여는 그 멸실된 주택을 취득한 날부터 보유기간을 계산함.
(보충2)'배우자'로부터 상속받은 주택 보유기간의 산정(종부령 4조의5②, 종부집 9-4의3-1)
배우자로부터 상속받은 주택에 대하여는 피상속인이 해당 주택을 취득한 날부터 보유기간을 계산함.

(보충3)'재산분할·위자료' 등으로 취득한 주택의 보유기간 계산(종부집 9-4의3-2)

보유기간별 공제율을 적용함에 있어서 배우자로부터 재산분할 또는 위자료로 취득한 주택에 대하여는 재산분할 등으로 인한 소유권이전등기 접수일로부터 보유기간을 계산함.

(보충4)1주택과 다른 주택의 부속토지를 함께 소유하여 1세대 1주택자로 보는 경우 공제세액 계산

(종부집 9-0-3)

1주택(주택의 부속토지만 소유한 경우 제외)과 다른 주택의 부속토지를 함께 소유하여 1세대 1주택자로 보는 경우에는 다른 주택의 부속토지분에 대한 산출세액(주택의 공시가격 합계액으로 안분하여 계산한 금액)을 제외하고 공제세액을 계산한다.

$$\text{종합부동산세 산출세액} \times \frac{\text{1주택분 주택의 공시가격}}{\text{1주택과 부속토지분 주택의 공시가격 합계액}} \times \text{공제율}$$

4)주택에 대한 종합부동산세 세부담의 상한(종부법 10조)

종합부동산세의 납세의무자가 해당 연도에 납부하여야 할 주택분 재산세액상당액(신탁주택의 경우 납세의무자가 납부하여야 할 주택분 재산세액상당액을 말함)과 주택분 종합부동산세액상당액의 합계액('주택에 대한 총세액상당액')이 해당 납세의무자에게 직전년도에 해당 주택에 부과된 '주택에 대한 총세액상당액'에 다음 각 호의 비율을 곱하여 계산한 금액을 초과하는 경우에는 그 초과하는 세액은 이를 없는 것으로 본다. 그리고 2021년부터 단일 '최고세율 적용 법인의 주택'에 대해서는 세부담 상한을 적용하지 않는다.(2020년 7·10 부동산 대책)

1. 일반세율 적용대상자(2주택 이하를 소유한 경우, 아래 2호 이외): 150%
2. 중과세율 적용대상자[납세의무자가 3주택 이상을 소유한 경우{2022년까지는 조정대상지역「주택법」63조의2①1호) 내 2주택을 소유한 경우에도 적용}]

    가. 납세의무자가 3주택 이상을 소유한 경우: 300%→150%(2023년부터 적용)

    나. 납세의무자가 조정대상지역 내 2주택을 소유한 경우:

    　　200%→300%→300%(2021~22년)→150%(2023년부터 적용)

①해당 연도에 납부하여야 할 '주택에 대한 총세액상당액'(종부령 5조①)

해당 연도에 납부하여야 할 '주택에 대한 총세액상당액'이란 해당 연도의 종합부동산세 과세표준 합산의 대상이 되는 주택('과세표준합산주택')에 대한 1호에 따른 재산세액과 2호에 따른 종합부동산세액의 합계액을 말한다.(종부령 5조①)

1. 지방세법에 따라 부과된 재산세액(지법 112조①1호에 따른 재산세액을 말하며, 지법 122조에 따라 세부담의 상한이 적용되는 경우에는 그 상한을 적용한 후의 세액을 말함)
2. 종합부동산세법 9조에 따라 계산한 종합부동산세액

(보충1)해당연도의 주택분 재산세액(종부집 10-5-2)

해당 연도의 재산세액은 과세표준합산주택에 대하여 「지방세법」의 규정에 의해 부과된 재산세액으로 지방세법 규정에 의하여 재산세 부과시에 세부담 상한이 적용된 경우에는 세부담 상한을 적용한 후 실제 부과된 세액을 말하며, 실제로 부과된 재산세액에는 도시계획세(재산세 도시지역분), 재산세의 부가세(sur-tax)인 지방교육세, 목적세인 공동시설세는 제외.

(보충2)세부담의 상한이 적용되는 주택의 범위(종부집 10-5-8)

세부담의 상한이 적용되는 주택은 해당 연도의 종합부동산세 과세표준 합산의 대상이 되는 주택만 해당하며, 합산배제 임대주택, 재산세 비과세, 재산세 전액면제 등에 의하여 종합부동산세가 과세되지 않는 주택은 포함하지 않는다.

②직전 연도에 해당 '주택에 부과된 주택에 대한 총세액상당액'(종부령 5조②)

　직전 연도에 해당 '주택에 부과된 주택에 대한 총세액상당액'이란 납세의무자가 해당 연도의 과세표준합산주택을 직전 연도 과세기준일에 실제로 소유하였는지의 여부를 불문하고 직전 연도 과세기준일 현재 소유한 것으로 보아 해당 연도의 과세표준합산주택에 대한 1호에 따른 재산세액상당액과 2호에 따른 종합부동산세액상당액의 합계액을 말한다.(종부령 5조②)

1. 재산세액상당액:

　해당 연도의 과세표준합산주택에 대하여 직전 연도의 지방세법(지법 110조③, 111조③, 112조① 2호 및 122조는 제외)을 적용하여 산출한 금액의 합계액

2. 종합부동산세액상당액:

　해당 연도의 과세표준합산주택에 대하여 직전 연도의 산출한 금액(종부법 10조의 세부담 상한액은 제외하며, 1세대 1주택자의 경우에는 직전 연도 과세기준일 현재 연령 및 주택 보유기간을 적용하여 산출한 금액). 이 경우 종합부동산세법 9조③ 중 "세액(지방세법 111조③에 따라 가감조정된 세율이 적용된 경우에는 그 세율이 적용된 세액, 지법 122조에 따라 세부담 상한을 적용받는 경우에는 그 상한을 적용받는 세액을 말함)"을 "세액[지방세법(지법 110조③, 111조③, 112조① 2호 및 122조는 제외)을 적용하여 산출한 세액을 말함]"으로 하여 해당 규정을 적용한다.

③직전 연도와 해당 연도의 과세유형이 다른 경우 등(종부령 5조③④⑤)

　주택의 신축·증축 등으로 인하여 해당 연도의 과세표준합산주택에 대한 직전 연도 과세표준액이 없는 경우에는 해당 연도 과세표준합산주택이 직전 연도 과세기준일 현재 존재하는 것으로 보아 직전 연도 지방세법과 직전 연도 종합부동산세법을 적용하여 과세표준액을 산출한 후 제②항의 규정을 적용한다.(종부령 5조③)

　앞서, 종합부동산세법 시행령 5조②③의 규정을 적용함에 있어서 해당 연도의 과세표준합산주택이 종합부동산세법 6조에 따라 재산세의 감면규정 또는 분리과세규정을 적용받지 아니하거나 적용받은 경우에는 직전 연도에도 동일하게 이를 적용받지 아니하거나 적용받은 것으로 본다.(종부령 5조④)

　해당 연도의 과세표준합산주택이 직전 연도에 합산배제주택(종부법 8조②)에 따라 과세표준합산주택에 포함되지 아니한 경우에는 직전 연도에 과세표준합산주택에 포함된 것으로 보아 종합부동산세법 시행령 5조②를 적용한다.(종부령 5조⑤)

03 토지에 대한 종합부동산세

(1)과세방법(종부법 11조)

토지에 대한 종합부동산세는 국내에 소재하는 토지에 대하여 종합합산과세대상(지법 106조①1호)과 별도합산과세대상(지법 106조②2호)으로 구분하여 과세한다.

(2)토지에 대한 종합부동산세 납세의무자(종부법 12조)

과세기준일 현재 토지분 재산세의 납세의무자로서 다음의 어느 하나에 해당하는 자는 해당 토지에 대한 종합부동산세를 납부할 의무가 있다.
1. 종합합산과세대상인 경우에는 국내에 소재하는 해당 과세대상토지의 공시가격을 합한 금액이 5억원을 초과하는 자
2. 별도합산과세대상인 경우에는 국내에 소재하는 해당 과세대상토지의 공시가격을 합한 금액이 80억원을 초과하는 자

(3)토지에 대한 종합부동산세 과세표준(종부법 13조)

종합부동산세의 과세표준은 종합합산과세대상 토지와 별도합산과세대상 토지로 구분하여 계산하며, 다음의 과세표준 금액이 '0'보다 작은 경우에는 '0'으로 본다.(종부법 13조③)

①종합합산과세대상인 토지에 대한 종합부동산세의 과세표준
종합합산과세대상인 토지에 대한 종합부동산세의 과세표준은 납세의무자별로 해당 과세대상토지의 공시가격을 합산한 금액에서 5억원을 공제한 금액에 부동산 시장의 동향과 재정 여건 등을 고려하여 60%부터 100%의 범위에서 대통령령(종부령 2조의4①)으로 정하는 공정시장가액비율을 곱한 금액으로 한다.(종부법 13조①)

②별도합산과세대상인 토지에 대한 종합부동산세의 과세표준
별도합산과세대상인 토지에 대한 종합부동산세의 과세표준은 납세의무자별로 해당 과세대

상토지의 공시가격을 합산한 금액에서 80억원을 공제한 금액에 부동산 시장의 동향과 재정 여건 등을 고려하여 60%~100%의 범위에서 대통령령(종부령 2조의4②)으로 정하는 공정시장가액비율을 곱한 금액으로 한다.(종부법 13조②)

③공정시장가액비율

　종합합산과세대상 토지와 별도합산과세대상 토지에 적용되는 공정시장가액비율은 다음과 같다.(종부령 2조의4①②, 2022.6.30. 개정)

　　2018년까지: 80%

　　2019년: 85%

　　2020년: 90%

　　2021년: 95%

　　2022년: 100%(주택은 2022년 60%로 다시 인하)

(보충)재산세에 대한 공정시장가액비율(2009년 귀속분부터 불변. 지령 109조)

　가. 주택: 시가표준액의 60%(2023년부터 1세대 1주택에 한하여 재산세 공정시장가액비율은 43~45%)

　나. 토지 및 건축물: 시가표준액의 70%

(4)토지에 대한 종합부동산세 세율 및 세액(종부법 14조)

1)종합합산과세대상 토지에 대한 세율 및 세액

①종합합산과세대상 토지에 대한 종합부동산세 세율(종부법 14조①)

종합합산과세대상 재산세 세율		종합합산과세대상 종합부동산세 세율		
과세표준	세율(개정 없음)	과세표준	2018년까지	2019년부터
5천만원 이하	0.2%	15억원 이하	0.75%	1%
5천만원~1억원	0.3%	15억원~45억원	1.5%	2%
1억원 초과	0.5%	45억원 초과	2.0%	3%

②토지분 재산세액 공제(종부법 14조③)

　종합합산과세대상인 토지의 과세표준 금액에 대하여 해당 과세대상 토지의 토지분 재산세로 부과된 세액(지방세법 111조③에 따라 가감조정된 세율이 적용된 경우에는 그 세율이 적용된 세액, 지방세법 122조에 따라 세부담 상한을 적용받은 경우에는 그 상한을 적용받은 세액을 말함)은 토지분 종합합산세액에서 이를 공제한다.

2)별도합산과세대상 토지에 대한 세율 및 세액

①별도합산과세대상 토지에 대한 종합부동산세 세율(종부법 14조④)

별도합산과세대상 재산세 세율		별도합산과세대상 종합부동산세 세율	
과세표준	세율(개정 없음)	과세표준	세율(개정 없음)
2억원 이하	0.2%	200억원 이하	0.5%
2억원~10억원	0.3%	200억원~400억원	0.6%
10억원 초과	0.4%	400억원 초과	0.7%

②토지분 재산세의 공제(종부법 14조⑥)

별도합산과세대상인 토지의 과세표준 금액에 대하여 해당 과세대상 토지의 토지분 재산세로 부과된 세액(지방세법 111조③에 따라 가감조정된 세율이 적용된 경우에는 그 세율이 적용된 세액, 지법 122조에 따라 세부담 상한을 적용받은 경우에는 그 상한을 적용받은 세액을 말함)은 토지분 별도합산세액에서 이를 공제한다.

3)토지에 대한 종합부동산세 세부담의 상한(종부법 15조)

종합부동산세의 납세의무자가 종합합산(또는 별도합산)과세대상인 토지에 대하여 해당 연도에 납부하여야 할 재산세액상당액과 토지분 종합합산(또는 별도합산)세액상당액의 합계액['종합합산(또는 별도합산)과세대상인 토지에 대한 총세액상당액']으로서 계산한 세액이 해당 납세의무자에게 직전 연도에 해당 토지에 부과된 종합합산(또는 별도합산)과세대상인 토지에 대한 총세액상당액으로서 계산한 세액의 150%를 초과하는 경우에는 그 초과하는 세액에 대하여는 이를 없는 것으로 본다.

①해당 연도에 납부하여야 할 토지에 대한 총세액상당액(종부령 6조①·7조①)

해당 연도에 납부하여야 할 종합합산(또는 별도합산)과세대상인 토지에 대한 총세액상당액이란 해당 연도에 종합부동산세의 과세대상이 되는 종합합산(또는 별도합산)과세토지에 대한 1호에 따른 재산세액과 2호에 따른 종합부동산세액의 합계액을 말한다.
1. 지방세법에 따라 부과된 재산세액(지방세법 112조①1호에 따른 재산세액을 말하며, 지법 122조에 따라 세부담의 상한이 적용되는 경우에는 그 상한을 적용한 후의 세액을 말함)
2. 종합부동산세액

②직전 연도에 해당 토지에 부과된 총세액상당액(종부령 6조②·7조②)

직전 연도에 해당 토지에 부과된 종합합산(또는 별도합산)과세대상인 토지에 대한 총세액상당액이란 납세의무자가 해당 연도의 종합합산(또는 별도합산)과세토지를 직전 연도 과세기준일에 실제로 소유하였는지의 여부를 불문하고 직전 연도 과세기준일 현재 소유한 것으로 보아 해당 연도의 종합합산(또는 별도합산)과세토지에 대한 1호에 따른 재산세액상당액과 2호에 따른 종합부동산세액상당액의 합계액을 말한다.

1. 재산세액상당액:

해당 연도의 종합합산(또는 별도합산)과세토지에 대하여 직전 연도의 지방세법(지법 111조③, 112조①2호 및 122조는 제외)을 적용하여 산출한 금액의 합계액

2. 종합부동산세액상당액:

해당 연도의 종합합산(또는 별도합산)과세토지에 대하여 직전 연도의 종합부동산세를 산출한 금액(종부법 15조는 제외함).

이 경우 종합부동산세법 14조③ 중 "세액(지방세법 111조③에 따라 가감조정된 세율이 적용된 경우에는 그 세율이 적용된 세액, 지법 122조에 따라 세부담 상한을 적용받는 경우에는 그 상한을 적용받는 세액을 말함)"을 "세액[지방세법(지법 111조③, 112조①2호 및 122조는 제외)을 적용하여 산출한 세액을 말한다]"으로 하여 해당 규정을 적용한다.

③토지의 분할·합병·지목변경·신규등록 등의 경우(종부령 6조③·7조③)

토지의 분할·합병·지목변경·신규등록·등록전환 등으로 인하여 해당 연도의 종합합산(또는 별도합산)과세토지에 대한 직전 연도 과세표준액이 없는 경우에는, 해당 연도 종합합산(또는 별도합산)과세토지가 직전 연도 과세기준일 현재 존재하는 것으로 보아 직전 연도 지방세법과 직전 연도 종합부동산세법을 적용하여 과세표준액을 산출한 후 ②의 규정을 적용한다.

04   종합부동산세 비과세 등

(1)법률규정에 따른 비과세(종부법 6조①)

지방세특례제한법 또는 조세특례제한법에 의한 재산세의 비과세·과세면제 또는 경감에 관한 규정(이하 '재산세의 감면규정'이라 함)은 종합부동산세를 부과함에 있어서 이를 준용한다.

(일례)지방세특례제한법 규정: 종교단체 또는 향교에 대한 재산세 면제

종교단체 또는 향교가 과세기준일 현재 해당 사업에 직접 사용(종교단체 또는 향교가 제3자의 부동산을 무상으로 해당 사업에 사용하는 경우를 포함)하는 부동산(대통령령으로 정하는 건축물의 부속토지를 포함)에 대해서는 재산세(지방세법 112조에 따른 '재산세 도시지역분' 부과액을 포함) 및 지방세법 146조③에 따른 지역자원시설세를 각각 면제한다. 다만, 수익사업에 사용하는 경우와 해당 재산이 유료로 사용되는 경우의 그 재산 및 해당 재산의 일부가 그 목적에 직접 사용되지 아니하는 경우의 그 일부 재산에 대해서는 면제하지 아니한다.(지특법 50조②)

> 지특법 시행령 25조(종교 및 제사를 목적으로 하는 단체에 대한 면제대상 사업의 범위 등)
> ①지특법 제50조②본문에서 "대통령령으로 정하는 건축물의 부속토지"란 해당 사업에 직접 사용할 건축물을 건축 중인 경우와 건축허가 후 행정기관의 건축규제조치로 건축에 착공하지 못한 경우의 건축 예정 건축물의 부속토지를 말한다.

〈제사에 직접 사용하는 부동산〉(운영예규 법50-3)
지방세특례제한법 50조②에서 규정하고 있는 "해당사업에 직접 사용하고 있는 부동산"이라 함은 제사에 사용되는 제실 등의 시설이 위치한 부지로서 현실적으로 제사에 직접 사용되고 있는 부동산을 말하며, 분묘토지 및 금양림이나 위토로 사용하는 사유만으로는 제사에 직접 사용하는 부동산이라고 볼 수 없다.

〈교회 인근 주차장 비과세(현재 면제)〉(대법원 2008두1368, 2008.6.12. 선고)
주차장의 경우에도 교회 경내의 부지가 비좁아 별도 부지에 주차장을 마련한 것이 합리적 범위 이내라면 비과세(현재 면제) 대상임.

〈종교단체의 성직자의 사택에 대한 비과세의 범위〉
(내무부 세정 13430-58, 1996.2.6. ; 행자부 세정 13407-815, 2000.6.26.)

가톨릭:신부, 수녀, 수사
교회: 목사, 부목사, 전도사
불교: 승려, 법사

제1장 제2장 제3장 제4장 제5장 제6장 제7장 제8장 제9장 제10장 제11장 제12장 제13장 제14장

(2)조례에 따른 비과세(종부법 6조②)

지방세특례제한법 4조에 따른 시·군의 감면조례에 의한 재산세의 감면규정은 종합부동산세를 부과함에 있어서 이를 준용한다.

(3)감면대상이 있는 경우의 공시가격 계산(종부법 6조③)

재산세의 감면규정을 준용함에 있어서 그 감면대상인 주택 또는 토지의 공시가격에서 그 공시가격에 재산세 감면비율(비과세 또는 과세면제의 경우에는 이를 100%로 봄)을 곱한 금액을 공제한 금액을 공시가격으로 본다.

(4)비과세규정 및 분리과세규정의 배제(종부법 6조④, 종부령 2조)

재산세의 감면규정 또는 분리과세규정에 따라 종합부동산세를 경감하는 것이 종합부동산세를 부과하는 취지에 비추어 적합하지 않은 것으로 인정되는 다음의 경우에는, 종합부동산세를 부과함에 있어서 비과세규정 및 분리과세규정을 적용하지 아니한다.(종부법 6조④)

1. 시·군의 감면조례에 따른 재산세의 감면규정 또는 분리과세규정 중 다음 각 목의 요건을 모두 충족하는 경우로서 행정안전부장관이 기획재정부장관과 협의하여 고시하는 경우(종부령 2조1호)
   ⓐ전국 공통으로 적용되는 것이 아닌 것
   ⓑ해당 규정이 전국적인 과세형평을 저해하는 것으로 인정되는 것
2. 지방세특례제한법 또는 조세특례제한법에 따른 재산세의 비과세, 과세면제 또는 경감에 관한 규정이 '종합부동산세법 3조①8호 각 목 외의 부분 단서 및 나목'{앞 02 (3)1)⑧나. 참조}에 따라 종합부동산세가 합산배제되지 않는 임대주택에 적용되는 경우(종부령 2조2호, 2020.8.7. 개정)

05 종합부동산세의 부과·징수 등

(1)종합부동산세의 부과·징수 등(종부법 16조)

1)원칙: 부과·징수

①관할세무서장은 납부하여야 할 종합부동산세의 세액을 결정하여 해당 연도 12월 1일부터 12월 15일('납부기간'이라 함)까지 부과·징수한다.

②관할세무서장은 종합부동산세를 징수하고자 하는 때에는 납부고지서에 주택 및 토지로 구분한 과세표준과 세액을 기재하여 납부기간 개시 5일 전까지 발부하여야 한다.

2)예외: 신고·납부

①위 원칙에도 불구하고 종합부동산세를 신고납부방식으로 납부하고자 하는 납세의무자는 종합부동산세의 과세표준과 세액을 해당 연도 12월 1일부터 12월 15일까지 관할세무서장에게 신고하여야 한다. 이 경우 위 부과·징수 규정에 따른 결정은 없었던 것으로 본다.

②신고납부방식으로에 따라 신고한 납세의무자는 신고기한 이내에 관할세무서장·한국은행 또는 체신관서에 종합부동산세를 납부하여야 한다.

(2)종합부동산세의 결정·경정(종부법 17조)

①관할세무서장 또는 납세지 관할 지방국세청장은 과세대상 누락, 위법 또는 착오 등으로 인하여 종합부동산세를 새로 부과할 필요가 있거나 이미 부과한 세액을 경정할 경우에는 다시 부과·징수할 수 있다.

②관할세무서장 또는 관할지방국세청장은 신고납부방식을 선택(종부법 16조③)한 자의 신고내용에 탈루 또는 오류가 있는 때에는 해당 연도의 과세표준과 세액을 경정한다.

제1장 제2장 제3장 제4장 제5장 제6장 제7장 제8장 제9장 제10장 제11장 제12장 제13장 제14장

③ 관할세무서장 또는 관할지방국세청장은 과세표준과 세액을 결정 또는 경정한 후 그 결정 또는 경정에 탈루 또는 오류가 있는 것이 발견된 때에는 이를 경정 또는 재경정하여야 한다.

④ 관할세무서장 또는 관할지방국세청장은 ② 및 ③에 따른 경정 및 재경정 사유가 지방세법 115조②에 따른 재산세의 세액변경 또는 수시부과사유에 해당되는 때에는 종합부동산세의 과세표준과 세액을 경정 또는 재경정하여야 한다.

⑤ 관할세무서장 또는 관할지방국세청장은 다음 각 호의 어느 하나에 해당하는 경우에는 경감 받은 세액과 '이자상당가산액'을 추징하여야 한다.(종부법 17조⑤, 종부령 10조②) 다만, 「민간임대주택특별법」상 자동(4년 단기임대 만료, 재건축·재개발 등 사유)·자진 등록말소 시에는 제외.(종부령 10조③, 2020년 7·10 대책)
  1. 과세표준 합산의 대상이 되는 주택에서 제외된 주택 중, 임대주택(종부법 8조②1호) 또는 어린이집용 주택(종부법 8조②2호)이 추후 그 요건을 충족하지 아니하게 된 경우
  2. 일시적 2주택(종부법 8조④2호)에 따라 1세대 1주택자로 본 납세의무자가 추후 그 요건을 충족하지 아니하게 된 경우
  '이자상당가산액'은 다음의 '1호의 기간 × 2호의 율'로 계산한 금액이다.
  1. 합산배제 임대주택 등으로 신고한 매 과세연도의 납부기한 다음 날부터 본항에 따라 추징할 세액의 고지일까지의 기간에
  2. 1일당 10만분의 22(연 8.03%)(2022.2.15.부터 적용)

(3)종합부동산세의 가산세

①무신고가산세: 적용제외(국기법 47조의2①본문 괄호)
　종합부동산세는 고지서에 의한 '부과·징수를 원칙'으로 하지만(시행초기인 2005~2007년분은 신고납부방식이었지만 2008년분부터는 부과징수방식으로 변경), 예외적으로 납세의무자의 신고에 의하여 납부할 수는 있다.(종부법 16조)
　종합부동산세는 부과·징수를 원칙으로 하므로 무신고가산세는 적용하지 않는다.(무신고가산세 규정에서도 종합부동산세는 제외됨을 명시적으로 규정하고 있음. 국기법 47조의2①본문 괄호)

②과소신고가산세·납부불성실가산세: 적용됨(국기법 47조의3 및 47조의4)
　납세의무자가 자진해서 종합부동산세는 신고·납부할 경우는 과소신고가산세와 납부지연가산세를 부담하게 된다.(국기법 47조의3 및 47조의4)

06 종합부동산세의 분납 및 납부유예

(1)종합부동산세의 분납(종부법 20조, 종부령 16조)

①분할납부의 요건(종부법 20조)
관할세무서장은 종합부동산세로 납부하여야 할 세액이 250만원(2018년까지는 500만원)을 초과하는 경우에는 그 세액의 일부를 납부기한이 경과한 날부터 6개월(2018년까지는 2개월) 이내에 분납하게 할 수 있다.

②분할납부의 한도(종부령 16조①)
　분납할 수 있는 세액은 납부하여야 할 세액으로서 다음의 금액을 말한다.
1. 납부하여야 할 세액이 250만원 초과 5백만원 이하인 때에는 해당 세액에서 250만원을 차감한 금액
2. 납부하여야 할 세액이 5백만원을 초과하는 때에는 해당 세액의 50% 이하의 금액

③분할납부 신청(종부령 16조②)
　분납하려는 때에는 종합부동산세의 납부기한 이내에 신청서를 관할세무서장에게 제출하여야 한다.

④수정고지(종부령 16조③)
　관할세무서장은 분납신청을 받은 때에는 이미 고지한 납부고지서를 납부기한 내에 납부하여야 할 세액에 대한 납부고지서와 분납기간 내에 납부하여야 할 세액에 대한 납부고지서로 구분하여 수정 고지하여야 한다.

(보충1)물납의 폐지: 2016년부터 종합부동산세에 대한 물납제도는 폐지됐음.(종부법 19조)
(보충2)농어촌특별세(부가세) 과세: 종합부동산세 납세의무자는 납부세액의 20%에 상당하는 농어촌특별세를 부가해서 납부할 의무가 있다.(농특법 5조①8호)

(2)1세대 1주택자의 종합부동산세 납부유예(종부법 20조의2 신설, 2022년 시행)

①신청과 담보제공 및 허가
　관할세무서장은 다음 각 호의 요건을 모두 충족하는 납세의무자가 주택분 종합부동산세액의 납부유

예를 그 납부기한 만료(12월 15일) 3일 전까지 신청하는 경우 이를 허가할 수 있다. 이 경우 납부유예를 신청한 납세의무자는 그 유예할 주택분 종합부동산세액에 상당하는 담보를 제공하여야 한다.(①항)

1. 과세기준일 현재 1세대 1주택자일 것
2. 과세기준일 현재 만 60세 이상이거나 해당 주택을 5년 이상 보유하고 있을 것
3. 다음 각 목의 어느 하나에 해당하는 소득 기준을 충족할 것
   가. 직전 과세기간의 총급여액이 7천만원 이하일 것(직전 과세기간에 근로소득만 있거나 근로소득 및 종합소득과세표준에 합산되지 아니하는 종합소득이 있는 자로 한정한다)
   나. 직전 과세기간의 종합소득과세표준에 합산되는 종합소득금액이 6천만원 이하일 것(직전 과세기간의 총급여액이 7천만원을 초과하지 아니하는 자로 한정한다)
4. 해당 연도의 주택분 종합부동산세액이 100만원을 초과할 것

관할세무서장은 납부유예 신청을 받은 경우 납부기한 만료일까지 납세의무자에게 납부유예 허가 여부를 통지하여야 한다.(②항)

②납부유예 허가취소 및 이자상당가산액 징수

관할세무서장은 주택분 종합부동산세액의 납부가 유예된 납세의무자가 다음 각 호의 어느 하나에 해당하는 경우에는 그 납부유예 허가를 취소하여야 한다.(③항)

1. 해당 주택을 타인에게 양도하거나 증여하는 경우
2. 사망하여 상속이 개시되는 경우
3. 과세기준일 현재 1세대 1주택자(①1호)의 요건을 충족하지 아니하게 된 경우
4. 담보의 변경 또는 그 밖에 담보 보전에 필요한 관할세무서장의 명령에 따르지 아니한 경우
5. 국세징수법 9조①각 호의 어느 하나에 해당되어 그 납부유예와 관계되는 세액의 전액을 징수할 수 없다고 인정되는 경우
6. 납부유예된 세액을 납부하려는 경우

관할세무서장은 납부유예의 허가를 취소하는 경우 납세의무자(납세의무자가 사망한 경우에는 그 상속인 또는 상속재산관리인을 말한다)에게 그 사실을 즉시 통지하여야 한다.(④항)

관할세무서장은 주택분 종합부동산세액의 납부유예 허가를 취소한 경우에는 해당 납세의무자에게 납부를 유예받은 세액과 이자상당가산액(연 3.5%←2.9% 2024.3.21.까지, 국세환급가산금 이자율, 종부령 16조의2③)을 징수하여야 한다. 다만, 상속인 또는 상속재산관리인은 상속으로 받은 재산의 한도에서 납부를 유예받은 세액과 이자상당가산액을 납부할 의무를 진다.(⑤항)

관할세무서장은 납부유예를 허가한 연도의 납부기한이 지난 날부터 제⑤항에 따라 징수할 세액의 고지일까지의 기간 동안 납부지연가산세(국기법 47조의4)를 부과하지 않는다.(⑥항)

07 과세자료의 제공 등

(1)과세자료의 제공(종부법 21조, 종부령 17조)

[과세자료 및 세액의 통보 일정표]

시장·군수	→	행정안전부 장관	→	국세청장

·주택분 과세자료: 7월 31일까지

·토지분 과세자료: 9월 30일까지

주택분 과세자료: 8월 10일까지 통보
주택분 세액통보: 8월 31일까지 통보

토지분 과세자료: 10월 10일까지 통보
토지분 세액통보: 10월 15일까지 통보

1)시장·군수가 행정안전부장관에게 재산세 과세자료의 제출(종부법 21조①)

시장·군수(재산세는 시·군세이므로 시장·군수가 관할임. 저자 주)는 지방세법에 따른 해당 연도 재산세의 부과자료 중 주택분 재산세의 부과자료는 7월 31일까지, 토지분 재산세의 부과자료는 9월 30일까지 행정안전부장관에게 제출하여야 한다.

다만, 시장·군수는 지방세법 115조②에 따른 재산세의 세액변경 또는 수시부과사유가 발생한 때에는 그 부과자료를 매 반기별로 해당 반기의 종료일부터 10일 이내에 행정안전부장관에게 제출하여야 한다.

2)행정안전부장관이 국세청장에게 통보

①주택분 종합부동산세의 인별 세액 정기통보(8.31.까지)(종부법 21조②)
행정안전부장관은 주택에 대한 종합부동산세의 납세의무자를 조사하여 납세의무자별로 과세표준과 세액을 계산한 후, 매년 8월 31일까지 국세청장에게 통보하여야 한다.

②토지분 종합부동산세의 인별 세액 정기통보(10.15.까지)(종부법 21조③)
행정안전부장관은 토지에 대한 종합부동산세의 납세의무자를 조사하여 납세의무자별로 과세표준과 세액을 계산한 후, 매년 10월 15일까지 국세청장에게 통보하여야 한다.

③수시부과사유가 발생 시 주택 또는 토지에 대한 재산세 및 종합부동산세 통보(반기의 종료일

이 속하는 달의 다음다음 달 말일까지)(종부법 21조④)

　　행정안전부장관은 지방세법 115조②에 따른 재산세의 세액변경 또는 수시부과사유가 발생한 때에는 재산세 납세의무자별로 재산세 과세대상이 되는 주택 또는 토지에 대한 재산세 및 종합부동산세 과세표준과 세액을 재계산하여 매 반기별로 해당 반기의 종료일이 속하는 달의 다음다음 달 말일까지 국세청장에게 통보하여야 한다.

④재산세 부과자료 통보(주택분 8.10.까지, 토지분 10.10.까지)(종부법 21조⑤)

　　행정안전부장관은 위 1)(종부법 21조①)의 규정에 의하여 시장·군수로부터 제출받은 재산세 부과자료를 위 1)의 규정에 정한 날부터 10일 이내에 국세청장에게 통보하여야 한다.

(2)시장·군수의 협조의무(종부법 22조, 종부령 18조)

　　관할세무서장 또는 관할지방국세청장은 종합부동산세의 과세와 관련하여 대통령령이 정하는 바에 의하여 과세물건 소재지 관할 시장·군수에게 의견조회를 할 수 있다.

　　의견조회를 받은 시장·군수는 의견조회 요청을 받은 날부터 20일 이내에 관할세무서장 또는 관할지방국세청장에게 회신하여야 한다.

(3)질문·조사(종부법 23조, 종부령 19조)

　　종합부동산세에 관한 사무에 종사하는 공무원은 그 직무수행상 필요한 때에는 다음의 어느 하나에 해당하는 자에 대하여 질문하거나 당해 장부·서류 그 밖의 물건을 조사하거나 그 제출을 명할 수 있다. 다만, 이 경우 직무상 필요한 범위 외에 따른 목적 등을 위하여 그 권한을 남용해서는 아니 된다.(2018.12.31. 단서 신설)

1. 납세의무자 또는 납세의무가 있다고 인정되는 자
2. 법인세법 109조②3호의 규정에 의한 경영 또는 관리책임자
3. 제1호에 규정하는 자와 거래관계가 있다고 인정되는 자

제8장
농어촌특별세

01 농어촌특별세의 의의

(1)농어촌특별세의 목적

농어촌특별세는 농어업의 경쟁력강화와 농어촌산업기반시설의 확충 및 농어촌지역 개발사업을 위하여 필요한 재원을 확보함을 목적으로 한다.(농특법 1조)

농어촌특별세는 본세에 대한 부가세(surtax) 성격을 가진 국세이다. 농어촌특별세는 크게 다음가 같이 두 가지로 구분하여 과세한다.

첫째, 국세·지방세 등의 감면분에 대해 부과

둘째, 국세·지방세 등 과세분에 대해 부과

(2)농어촌특별세의 과세구분

1)국세·지방세 등의 감면분에 대해 부과하는 경우

'감면'이란 조세특례제한법·관세법·지방세법 또는 지방세특례제한법에 따라 소득세·법인세·관세·취득세 또는 등록에 대한 등록면허세가 부과되지 아니하거나 경감되는 경우로서 다음의 어느 하나에 해당하는 것을 말한다.(농특법 2조①)

1. 비과세·세액면제·세액감면·세액공제 또는 소득공제

2. 조합법인 등에 대한 법인세 특례세율의 적용(조특법 72조①) 또는 이자소득·배당소득에 대한 소득세 특례세율의 적용(조특법 89조① 및 89조의3)

3. 취득세 특례세율의 적용(지법 15조①)

그러나 준비금·충당금·이월과세·분할과세 등의 간접감면은 농특세법상 감면으로 보지 않으므로 이들에 대해서는 농어촌특별세를 과세하지 않는다.

2)국세·지방세 등의 본세에 대해 부과하는 경우

농어촌특별세법에서 '본세'란 다음의 것을 말한다.(농특법 2조②)

1. 조세특례제한법 등에 따라 감면을 받는 소득세 등의 감면세액을 과세표준으로 하는 농어촌

특별세의 경우(농특법 5조①1호·2호)에는, 감면을 받는 해당 소득세·법인세·관세·취득세 또는 등록에 대한 등록면허세 등을 본세로 함.
2. 개별소비세(농특법 5조①4호)·증권거래세(5호)·취득세(6호)·레저세(7호)·종합부동산세(8호) 등의 과세분에 대한 부가세로 과세되는 경우에는, 개별소비세 등을 각각의 본세로 함.

(3) 농어촌특별세의 비과세(농특법 4조)

다음의 어느 하나에 해당하는 경우에는 농어촌특별세를 부과하지 아니한다.
1. 국가(외국정부 포함)·지방자치단체 또는 지방자치단체조합에 대한 감면
2. 농어업인(「농업·농촌 및 식품산업 기본법」의 농업인과 「수산업·어촌 발전 기본법」의 어업인을 말함) 또는 농어업인을 조합원으로 하는 단체(「농어업경영체 육성 및 지원에 관한 법률」에 따른 영농조합법인, 농업회사법인 및 영어조합법인를 포함)에 대한 감면으로서 대통령령(농특령 4조①)으로 정하는 것
   '농특법 4조 2호'에서 말하는 감면이란 다음의 어느 하나에 해당하는 감면을 말한다.
   (농특령 4조①)

   ⓐ조세특례제한법상 영농·영어조합법인 등에 대한 법인세 등의 면제(조특법 66조~67조), 농업회사법인에 대한 법인세 면제(68조), 자경농지·축사용지·어업용토지 등·자경산지에 대한 양도소득세의 감면(69조~69조의4), 농지대토에 따른 양도소득세 감면(70조), 조합법인 등에 대한 법인세 과세특례(72조①), 공익사업용 토지 등에 대한 양도소득세 감면[거주자(조특법 69조① 본문)가 직접 경작한 토지(8년 이상 경작할 것의 요건은 적용하지 아니함)로 한정함](77조) 및 산림개발소득에 대한 세액감면(102조), 어업협정에 따른 어업인에 대한 지원(104조의2), 지방세특례제한법상 부실농협·수협조합으로부터 양수한 재산에 대한 취득세 면제(지특법 57조의3①2호~3호)에 따른 감면
   ⓑ관세법 93조1호에 따른 감면
   ⓒ지방세특례제한법 6조①·②·④, 7조~9조, 10조①, 11조, 12조, 14조①·③ 및 14조의2에 따른 감면
   ⓓ지방세특례제한법 4조의 조례에 따른 지방세 감면 중 ⓐ~ⓒ와 유사한 감면으로서 행정안전부장관이 기획재정부장관과 협의하여 고시하는 것
3. 중소기업에 대한 세액감면·특별세액감면(조특법 6조·7조) 및 지방세특례제한법에 따른 세액감면(지특법 58조의3①·③)
3의2. 주주 등 자산양도에 따른 양도소득세의 감면(조특법 40조)
3의3. 중소기업창업투자조합 등에 대한소득공제에 따른 감면(조특법 16조)

4. 저축 또는 배당에 대한 감면(조특법 86조의3 등)

5. 이자소득 등에 대한 감면 중 비거주자·외국법인에 대한 감면(조특법 21조)

6. 국제협약·국제관례 등에 따른 관세의 감면으로서 일정한 것

7. 증권거래세가 부과되지 아니하거나(증권법 6조) 영의 세율이 적용되는 경우(증권법 8조②)

7의2. 증권거래세가 면제되는 경우(조특법 117조)

8. 지방세법과 지방세특례제한법에 따른 형식적인 소유권의 취득, 단순한 표시변경 등기 또는 등록, 임시건축물의 취득, 천재지변 등으로 인한 대체취득 등에 대한 취득세 및 등록면허세의 감면으로서 일정한 것

9. 일정한 서민주택(수도권과 도시지역은 85㎡, 나머지 읍·면지역은 100㎡ 이하인 주택 및 용도지역별 적용배율 이내의 부수토지. 농특령 4조④, 주택법 2조6호)에 대한 취득세 또는 등록에 대한 등록면허세의 감면

10. 취득세 감면대상인 자경농민의 농지 및 임야에 대한 취득세(지특법 6조①)

10의2. 자동차에 대한 취득세(지법 124조)

10의3. 등록면허세의 감면(지특법 35조①)

10의4. 취득세 중과세를 제외하는 특례 중, 환매기간 내에 매도자가 환매한 경우 그 매도자와 매수자의 취득(지법 15조①1호), 1가구 1주택의 상속으로 인한 취득(추가로 50% 감면) 및 취득세 감면대상인 농지(지특법 6조①)의 취득(지법 15조①2호), 법인의 합병(법법 44조②③)으로 인한 취득(지법 15조①3호)에 따른 취득세

10의5. 공유수면매립에 따른 취득세(지특법 8조④)

11. 일정한 서민주택 및 농가주택(영농종사자가 소유하는 주거용 건물과 부수되는 토지로서 농지소재지와 동일한 시·군·구 또는 연접한 시·군·구 지역에 소재하는 것을 말하며, 소득세법 시행령 156조에 따른 고가주택은 제외함. 농특령 4조⑤)에 대한 취득세

11의2. 공공차관 등에 따른 감면(조특법 20조 및 100조 등)

11의3. 고용특례에 따른 감면(조특법 30조의2 및 30조의4)

11의4. 공적자금 회수를 위한 합병·분할 등에 대한 감면(조특법 121조의24)

12. 기술 및 인력개발, 저소득자의 재산형성, 공익사업 등 국가경쟁력의 확보 또는 국민경제의 효율적 운영을 위하여 농어촌특별세를 비과세할 필요가 있다고 인정되는 경우로서 일정한(농특령 4조⑥) 것

02 농어촌특별세의 과세표준과 세율

(1)과세표준과 세율

호	과세표준	세율
1	조세특례제한법·관세법·지방세법 및 지방세특례제한법에 따라 감면을 받은 소득세·법인세·관세·취득세 또는 등록에 대한 등록면허세의 감면세액	20%
2	조세특례제한법상 감면받은 이자소득·배당소득에 대한 소득세의 감면세액	10%
4	개별소비세법에 따라 납부하여야 할 개별소비세액 가. 골프장 입장행위(동법 1조③4호) 나. 가 이외의 경우	30% 10%
5	자본시장과 금융투자업에 관한 법률에 따른 증권시장으로서 유가증권시장에서 거래된 증권의 양도가액(농특령 5조①)	0.15%
6	취득세(지법 11·12조) 과세표준을 2%*로 적용하여 지방세법·지방세특례제한법·조세특례제한법에 따라 산출한 취득세액(중과세는 중과세율 적용)	10%
7	지방세법에 따라 납부하여야 할 레저세액	20%
8	종합부동산세법에 따라 납부하여야 할 종합부동산세액	20%

* 농어촌특별세에서 취득세 표준세율을 2%로 다르게 간주하는 이유(농특법 5조①6호)

(지방세법상 취득세 표준세율은 등록세 포함분임. 즉 표준세율=구 취득세율+구 등록세율)

2011년 취득세와 등록세가 통합되기 이전에는 취득세에 대해서만 농어촌특별세를 부과하고, 등록세에는 농어촌특별세가 부과되지 않았으므로, 통합 이후에도 종전 취득세에 상당하는 과세분만 농특세를 과세하기 위하여 표준세율을 2%로 간주한 것임.

(보충)취득세가 일부만 감면되는 경우의 농어촌특별세 계산(세정 13407-1031, 2000.8.21.)

취득세가 감면되는 경우에는 '감면되는 세액에 20%를 곱하여 계산한 세액'(농특법 5조①1호)과 '취득세 과세표준에 대해 표준세율을 2%로 적용하여 산출한 취득세액에 10%를 곱하여 계산한 세액'(농특법 5조①6호)의 합계액을 농어촌특별세액으로 함.

[사례: 공익법인의 취득부동산에 대한 용도별 취득관련 세금 분석]

1. 장학재단법인 등의 취득에 대한 경감

장학재단법인은 고유목적용 부동산의 취득에 대해서는 취득(농어촌특별세 포함 2.2%)·등록세(지방교육세 포함 2.4%, 신축 등 원시취득의 경우 0.96%)를 100% 경감하고(농어촌특별세도 비과세), 임대 등 수익사업용 부동산에 대해서는 80%를 경감(지방세특례제한법 45조②)하는 혜택이 있음다만, **취득세 감면분**(등록세분 포함)에 대해서는 감면액의 20%의 농어촌특별세를 부담하고(농특법 5조 ①1호), **취득세 과세분**(등록세분 제외)에 대해서는 10%의 농어촌특별세를 부담함(농특법 5조①6호).
  { 이유: 농어촌특별세법 4조(농특세 비과세)12호 및 농어촌특별세법 시행령 4조⑥5호에 지방세특례제한법 45조②에 따른 감면은 비과세로 열거되어 있지 않기 때문임. }
      (보충)[지방세 감면 특례의 제한: 최소납부제](지특법 177조의2, 2018.1.1. 시행)
지방세특례제한법에 따라 취득세 또는 재산세가 면제(지방세 특례 중에서 세액감면율이 100%인 경우와 세율경감률이 세율 전부를 감면하는 것)되는 경우에는 이 지방세특례제한법에 따른 '취득세' 또는 '재산세'의 면제 규정에도 불구하고 85%에 해당하는 감면율(지법 13조①~④의 세율은 적용하지 아니한 감면율을 말함. 즉, 중과되는 경우에는 일반세율을 적용한 세액의 85%만 감면된다는 뜻임)을 적용한다.

2. 세율 정리(부동산의 경우 2011년부터 취득세로 단일화했지만, 종전의 취득세와 등록세의 세율적용 방식을 구분하여 이해하여야 농어촌특별세도 정확하게 이해할 수 있음)
(1) 소유권 이전(기존 부동산 취득)
  2%(취득본세) + 2%×10%(취득세분 농어촌특별세) = 2.2%
  2%(등록본세) + 2%×20%(등록세분 지방교육세) = 2.4%   합계 4.60%
(2) 소유권 보존(신축 등 원시취득)
  2%(취득본세) + 2%×10%(취득세분 농어촌특별세) = 2.2%
  0.8%(등록본세) + 0.8%×20%(등록세분 지방교육세) = 0.96%   합계 3.16%
(3) 소유권 이전(80% 경감)
  2%×(1−80%) + 2%×(1−80%)×10% + 2%×80%×20% = 0.76%
  (감면 후 취득세) (취득세 본세분 농특세) (취득세 감면분 농특세)
  2%×(1−80%) + 2%×(1−80%)×20% + 2%×80%×20% = 0.80%   합계 1.56%
  (감면 후 등록세) (등록세분 지방교육세) (등록세 감면분 농특세)
(4) 소유권 보존(80% 경감)
  2%×(1−80%) + 2%×(1−80%)×10% + 2%×80%×20% = 0.76%
  (감면 후 취득세) (취득세 본세분 농특세) (취득세 감면분 농특세)
  0.8%×(1−80%) + 0.8%×(1−80%)×20% + 0.8%×80%×20% = 0.32%   합계 1.08%
  (감면 후 등록세) (등록세분 지방교육세) (등록세 감면분 농특세)

(2)개별적인 과세표준 계산방법

①조합법인 등(농특법 5조②)
  조합법인 등(조특법 72조①)의 경우에는 다음 1호에 규정된 세액에서 2호에 규정된 세액을 차감한 금액을 감면을 받는 세액으로 보아 농특세 과세표준(농특법 5조①1호)을 적용한다.

1. 해당 법인의 각 사업연도 과세표준금액에 법인세 세율(법법 55조①)을 적용하여 계산한 법인세액
2. 해당 법인의 각 사업연도 과세표준금액에 조합법인에 대한 특례세율(조특법 72조①)을 적용하여 계산한 법인세액

②비과세 및 소득공제를 받는 경우(농특법 5조③, 농특령 5조②)
　비과세 및 소득공제를 받는 경우에는 그 금액을 과세표준에 산입하여 계산한 세액과 그 금액을 과세표준에서 제외하고 계산한 세액의 차액을 감면받는 세액으로 보아 과세표준(농특법 5조①1호)을 계산한다.

③이자소득·배당소득에 대한 소득세비과세·특례세율 적용 시(농특법 5조④)
조세특례제한법에 따라 이자소득·배당소득에 대한 소득세가 부과되지 아니하거나 소득세특례세율이 적용되는 경우에는 다음 1호에 규정된 세액에서 2호에 규정된 세액을 차감한 금액을 감면 받는 세액으로 보아 농특세 과세표준(농특법 5조①2호)을 적용한다.
1. 이자소득·배당소득에 다음의 어느 하나의 율을 곱하여 계산한 금액
　가. 이자소득의 경우에는 14%
　나. 배당소득의 경우에는 14%
2. 조세특례제한법에 따라 납부하는 소득세액(소득세가 부과되지 아니하는 경우에는 '0'으로 함)

④취득세 중과세에 해당하는 경우(농특법 5조⑤)
　취득세 중과세율 적용대상인 경우(지법 15조②)에 해당하는 경우에는 중과하여 계산한 취득세액을 과세표준(농특법 5조①6호)으로 본다.

03 농어촌특별세의 신고·납부 등

(1)농어촌특별세의 납세지(농특법 6조)

농어촌특별세의 납세지는 해당 본세의 납세지로 한다.

(2)농어촌특별세의 신고·납부의무 등

1)유형별 신고납부 구분

①감면분 신고납부(농특법 7조①)

소득세 등의 감면분(농특법 5조①1호)에 대한 농어촌특별세는 해당 본세를 신고·납부(중간예납은 제외)하는 때에 그에 대한 농어촌특별세도 함께 신고·납부하여야 하며, 신고·납부할 본세가 없는 경우에는 해당 본세의 신고·납부의 예에 따라 신고·납부하여야 한다.

다만, 원천징수의무자가 신고·납부하는 경우(아래 ③)에는 신고·납부의무가 없다.

②연결납세방식을 적용받는 법인은 연결모법인이 신고·납부(농특법 7조②)

법인세법에 따른 연결납세방식을 적용받는 법인의 경우에는 연결모법인(법법 1조9호)이 신고·납부하여야 한다. 이 경우 그 납부의무에 관하여는 연대납세의무 규정(법법 3조③)을 준용한다.

③원천징수의무자의 신고·납부(농특법 7조③)

소득세법에 따른 원천징수의무자가 소득세 등의 감면분(농특법 5조①1호) 또는 이자·배당소득 감면분(농특법 5조①2호)를 적용받는 소득금액을 지급하는 때에는 소득세법의 원천징수의 예에 따라 농어촌특별세를 징수하여 신고·납부하여야 한다.

④과세분 신고·납부(농특법 7조④)

농어촌특별세(농특법 5조①4호~8호)는 해당 본세를 신고·납부하거나 거래징수(증권거래세법 9조에 따른 거래징수를 말함)하여 납부하는 때에 그에 대한 농어촌특별세도 함께 신고·납부하여야 한다.

⑤세액 기재방법(농특령 6조①)

　농어촌특별세를 신고·납부하는 때에는 당해 본세의 신고·납부서에 당해 본세의 세액과 농어촌특별세의 세액 및 그 합계액을 각각 기재하여야 한다.

⑥수정신고 등(농특령 6조②)

농어촌특별세를 수정신고(국기법 45조) 및 추가자진납부(국기법 46조)를 하는 경우 수정신고의 기한·납부방법, 가산세 경감 등은 당해 본세의 예에 의한다.

2)농어촌특별세의 분할납부

①본세의 예에 따른 분납(농특법 9조①)

　농어촌특별세 납세의무자가 본세를 해당 세법에 따라 분납하는 경우에는 농어촌특별세도 그 분납금액의 비율에 의하여 해당 본세의 분납의 예에 따라 분납할 수 있다.

②농어촌특별세 자체기준에 의한 분납(농특법 9조①, 농특령 8조)

　본세가 해당 세법에 따른 분납기준금액에 미달하여 그 본세를 분납하지 아니하는 경우에도 농어촌특별세의 세액이 500만원을 초과하는 경우에는 분납할 수 있다.(농특법 9조①)
　농어촌특별세의 분납은 당해 본세의 분납기간 이내에 다음에 의하여 분납할 수 있다.(농특령 8조)
1. 농어촌특별세의 세액이 1천만원 이하인 때에는 500만원을 초과하는 금액
2. 농어촌특별세의 세액이 1천만원을 초과하는 때에는 그 세액의 50% 이하의 금액

(3)농어촌특별세의 필요경비불산입·손금불산입(농특법 13조)

　소득세법에 따라 필요경비 또는 법인세법에 따라 손금에 산입되지 아니하는 본세에 대한 농어촌특별세는, 소득세법 또는 법인세법에 따른 소득금액계산에 있어서 필요경비 또는 손금에 산입하지 아니한다.

제9장
취득세

01 취득세의 개요 및 성격

(1)취득세의 개요

취득세란 부동산 등을 취득할 경우 취득사실을 전제로 하여 과세되는 세금이다. 2010년까지는 취득재산에 대한 소유권 취득을 공부상에 등기·등록 시에 과세되던 등록세와 취득세를 별도 세목으로 하여 각각 과세하였으나, 2011년 1월 1일부터는 취득을 원인으로 이루어지는 등기·등록은 등록면허세로 과세하지 않고 취득세로 하여 통합 과세된다.

즉, 등록면허세(지법 제3장)에서 '용어의 정의'(지법 23조)를 규정한 내용은 다음과 같다.
"'등록'이란 재산권과 그 밖의 권리의 설정·변경 또는 소멸에 관한 사항을 공부에 등기하거나 등록하는 것을 말한다. 다만, 제2장에 따른 취득을 원인으로 이루어지는 등기 또는 등록은 제외하되, 다음의 어느 하나에 해당하는 등기나 등록은 포함한다."(지법 23조1호)
가. 광업권 및 어업권의 취득에 따른 등록
나. 외국인 소유의 취득세 과세대상 물건(차량, 기계장비, 항공기 및 선박만 해당)의 연부 취득
　　(지법 15조②4호)에 따른 등기·등록
다. 취득세 부과제척기간(지기법 38조)이 경과한 물건의 등기·등록(2018.1.1.부터 시행)
라. 취득세 면세점(취득가액 50만원 이하, 지법 17조)에 해당하는 물건의 등기·등록(2018.1.1.부터 시행)

[지방세의 세목(보통세와 목적세 구분)과 지방자치단체의 세목]

구분		보통세	목적세
특별시 광역시*3	특별시세 광역시세	취득세, 레저세, 담배소비세, 지방소비세, 주민세*2, 지방소득세, 자동차세	지역자원시설세 지방교육세
	구세	등록면허세, 재산세*1	–
도	도세	취득세, 등록면허세, 레저세, 지방소비세	지역자원시설세 지방교육세
	시·군세	담배소비세, 주민세, 지방소득세, 재산세, 자동차세	–
특별자치시 특별자치도	특별자치시세 특별자치도세	취득세, 등록면허세, 레저세, 담배소비세, 지방소비세, 주민세, 지방소득세, 재산세, 자동차세	지역자원시설세 지방교육세

*1 서울특별시 재산세의 2원화: 일부는 직접 귀속, 일부는 형평고려 재배분(지기법 9조)

과세대상	지방세 세목	특별시세	자치구세	법조문
선박·항공기	구 재산세만 과세		O	지기법 9조①
토지·건축물·주택	구 재산세분	50%	50%	지기법 9조②
	구 도시계획세분(현 도시지역분)	O		지기법 9조③

가. 2011.1.1.부터 재산세로 흡수된 종전의 도시계획세(특별시·광역시세였으며, 도 지역은 시·군세였음) 분이 서울특별시에서는 특별시세로 그대로 남고, 광역시에서는 구세로 전환됨.

(구 도시계획세 세율: 0.15%. 다만, 조례에 의해 0.23까지 조정 가능. 2010.12.27. 폐지되기까지의 구 지법 237조 ☞ 현재 '재산세 도시지역분'으로 과세)

나. 종전 재산세만 과세되던 선박·항공기에 대한 분(시·군·구세)은 자치구세로 함.

다. 위 이외의 재산세는 서울특별시세와 자치구세로 공동과세함.(50%:50% 배분)

2008.1.1.부터 서울특별시 자치구 간의 재정불균형 상태를 해소하기 위해 자치구의 재산세를 '특별시 및 구세인 재산세'로 하여 공동과세하도록 했다.(2007.7.20. 구 지법 6조의2 신설. 2008.1.1.부터 시행, 2007.7.20. 개정 지법 부칙 1조 단서 및 2조)

라. 특별시분 재산세의 교부(서울특별시세분 50%도 자치구에 전액 교부함. 즉 서울시는 50%의 재산세를 각 자치구의 형평에 맞게 배분만 하는 역할임.)(지기법 10조)

① 특별시장은 9조 ① ②의 특별시분 재산세 전액을 관할구역의 구에 교부하여야 한다.

② 1항에 따른 특별시분 재산세의 교부기준 및 교부방법 등 필요한 사항은 구의 지방세수(地方稅收) 등을 고려하여 특별시의 조례로 정한다. 다만, 교부기준을 정하지 아니한 경우에는 구에 균등 배분하여야 한다.

③ 1항과 2항에 따라 특별시로부터 교부받은 재산세는 해당 구의 재산세 세입으로 본다.

*2 광역시 주민세의 2원화: 주민세(개인분)은 광역시세, 주민세(사업소분·종업원분)은 구세(지기법 11조)
*3 광역시의 군(郡) 지역에서는 도세를 광역시세로 함.(지기법 8조①본문 단서)

따라서 광역시의 군 지역은 도세처럼 구분한다는 뜻임(도세→광역시세, 시·군세→군세).

구분		보통세	목적세
광역시 (군지역 특례)	광역시세	취득세, 등록면허세, 레저세, 지방소비세	지역자원시설세 지방교육세
	군세	담배소비세, 주민세, 지방소득세, 재산세, 자동차세	–

(보충)세목의 전환·폐지·신설

2000.1.1. 지방세분 교육세(국세)가 지방교육세(지방세)로 전환됨.

2005.1.1. 종합토지세(지방세)를 폐지하고 종합부동산세(국세)를 신설.

2010.1.1. 사업소세·농업소득세를 폐지하고, 종전 '주민세' 중 '소득할 주민세'를 '지방소득세'로 별도 세목을 신설했으며, 지방소비세를 신설(국세인 '부가가치세'의 일부를 지방세로 전환한 것임).

2011.1.1. 지방세법이 지방세기본법·지방세징수법(2017년 분할)·지방세특례제한법·지방세법으로 4분할되면서 종전 16개의 세목을 11개로 간소화하였고 세법 조문체계도 전면 개편. 2010년까지는 취득세와 등록세가 별도 세목이었으며, 이들 각각은 다시 일반세율과 중과세율로 구분하여 세율을 적용하였음. 그러나 2011년부터 취득세는 취득세와 등록세를 취득세로 통합하였고, 다만 면허세 가운데 취득을 원인으로 하는 등록세는 기존의 취득세와 통합하여 취득세로, 취득을 원인으로 하지 않는 등록세는 기존의 면허세와 통합하여 등록면허세로 이름이 바뀌었음.

(2)취득세의 성격

① 지방세 중 도세·특별시세·광역시세

취득세는 취득한 과세대상의 소재지를 관할하는 도·특별시·광역시에서 그 취득자에게 부과하는 조세이다.

② 거래세·유통세·행위세이며 물세(物稅)

취득세는 과세대상 물건의 소유권이 이전되는 거래 단계마다 과세되는 거래세·유통세이며, 그 취득하는 행위에 대하여 과세하는 행위세이고 물세(物稅)이다.

③ 종가세(從價稅)이며 차등비례세율로 과세

취득세는 취득하는 물건의 가액을 과세표준으로 하는 종가세이며, 세율은 과세표준의 크기에 관계없이 동일한 세율을 차등하여 적용(중과세 대상인 경우)하는 차등비례세율이다.

④ 실질주의(實質主義)가 원칙이고, 예외적으로 형식주의(形式主義)를 취함

취득세는 소유권 변동에 관한 법률상 형식적 요건인 등기나 등록을 하지 않은 경우라 하더라도 당해 과세대상 물건에 대하여 사용·수익 또는 처분할 수 있는 지위에 있게 되면 취득으로 보는 실질주의를 택하고 있다.

그렇지만 실질적인 소유권 취득 여부에 관계없이 등기·등록을 한 경우에도 취득으로 간주하는 형식주의도 예외적으로 채택하고 있다.

⑤ 사실상 현황 원칙

취득세는 공부상 현황과 사실상 현황이 다를 경우, 사실상 현황에 따라 취득세를 과세한다.

[행정안전부(행안부)의 명칭 변경연혁]

행정안전부는 새 정부가 들어설 때마다 바뀐 경우가 많아, 이와 관련된 유권해석의 명칭도 같이 바뀜을 참조할 필요가 있다. 개명 연혁은 다음과 같다.(행안부 홈페이지 참조)

2017년 7월~ : 행정안전부(행안부)	2008년 2월~ : 행정안전부(행안부)
2014년 11월~ : 행정자치부(행자부)	1998년 2월~ : 행정자치부(행자부)
2013년 3월~ : 안전행정부(안행부)	1948년 11월~ : 내무부

제1장
제2장
제3장
제4장
제5장
제6장
제7장
제8장
제9장
제10장
제11장
제12장
제13장
제14장

02 취득세의 과세대상(과세객체) 및 취득의 개념

(1)취득세의 과세대상(과세객체)

1)부동산(토지 및 건축물)

① 토지
'토지'란 「공간정보의 구축 및 관리 등에 관한 법률」에 따라 지적공부(地籍公簿)의 등록대상이 되는 토지와 그 밖에 사용되고 있는 사실상의 토지를 말한다.(지법 6조3호)
(보충)지목의 종류(「공간정보의 구축 및 관리 등에 관한 법률」 67조)
지목은 전·답·과수원·목장용지·임야·광천지·염전·대(垈)·공장용지·학교용지·주차장·주유소용지·창고용지·도로·철도용지·제방(堤防)·하천·구거(溝渠)·유지(溜池)·양어장·수도용지·공원·체육용지·유원지·종교용지·사적지·묘지·잡종지로 구분하여 정한다.

②건축물
  '건축물'이란 「건축법」 2조①2호에 따른 건축물(이와 유사한 형태의 건축물을 포함)과 토지에 정착하거나 지하 또는 다른 구조물에 설치하는 레저시설, 저장시설, 도크(dock)시설, 접안시설, 도관시설, 급수·배수시설, 에너지 공급시설 및 그 밖에 이와 유사한 시설(이에 딸린 시설을 포함)로서 대통령령{시설의 범위(지령 5조), 시설물의 종류와 범위(지령 6조)}으로 정하는 것을 말한다.

(지법 6조4호)

(보충)건축물의 분류: 건물, 시설(지령 5조), 시설물(지령 6조)로 개명했음(2011.1.1. 이후)

[주물(主物)과 종물(從物)의 중요성]

1.관련규정
(1)「민법」 100조
물건의 소유자가 그 물건의 상용에 공하기 위하여 자기소유인 다른 물건을 이에 부속하게 한 때에는 그 부속물은 종물이다.(①항) 종물은 주물의 처분에 따른다.(②항)
(2)지방세법상 해석
 ①주물: 지방세법상 과세대상으로 열거된 것
        – 「건축법」 2조①2호에 따른 건축물
        – 토지에 정착하거나 지하 또는 다른 구조물에 설치하는 레저시설·저장시설 등
 ②종물: 지방세법에서 과세대상으로 열거되지 않은 것

---

2. 주물과 종물의 과세상 중요성

(1)주물은 그 자체로 과세대상이지만, 종물은 주물에 포함되어야만 과세

주물은 그 자체만으로도 과세대상이 되지만, 종물은 종물 자체로서는 과세되지 않고 주물에 포함되어 과세된다.

따라서 지방세법에 열거되지 않은 건축물 등이 기존건물에 추가로 설치되거나 건물과는 별도로 설치될 경우에는 과세되지 않고, 신축건물에 딸린 시설물로 설치될 경우에는 주물인 건물의 과세표준에 합산되어 과세되는 것이다. 이를 명확히 하기 위해 "붙박이가구·가전제품 등 건축물과 일체를 이루면서 건축물의 효용을 유지·증대시키기 위한 시설의 설치비용"이 과세표준에 포함되는 것으로 규정하였다.(지령 18조①8호, 2019.12.31. 신설)

(2)적용사례

①도배의 경우 주택 취득 후 다시 도배할 경우에는 과세되지 않음

열거된 과세대상이 아니기 때문이며(종물), 분양·매매 등의 경우에는 아파트 가격에 포함되어 있으므로 결과적으로 주물과 합산되어 과세된 것임.

②샷시 등의 취득세 과세표준의 범위

주택건설업체로부터 아파트를 분양받은 경우 취득세 과세표준은 분양가액이 되는 것이지만, 분양받은 자가 분양받은 당해 아파트의 취득 이전에 베란다 샷시공사를 한 경우와(샷시는 종물이지만 주물에 포함되어 과세), 당해 아파트의 취득 이후에 '개수'에 해당하는 공사를 한 경우('개수'는 지방세법 6조6호에 따라 별개의 취득으로 보기 때문에 과세), 여기에 소요된 금액은 취득세 과세표준에 포함함.

(행자부 세정 13407-21, 2002.1.5.)

취득세의 본질을 고려할 때 아파트의 취득 이후에 추가로 계약을 체결하여 샷시공사를 한 것과 취득 이전에 이미 계약을 체결하여 지급원인이 발생한 경우는 그 취득행위에 차이가 있으므로, 그 후 결과적으로 동일한 유형의 과세대상물건을 취득한 결과가 되었다 하여 이를 동일하게 과세하여야 한다는 청구인의 주장은 취득세의 특성에 비추어 받아들일 수 없음.(감심 제252호, 2008.10.1. 결정)

③아파트 발코니 변경공사의 경우

가. 행자부 세정-217, 2005.12.26.

아파트 발코니 형태변경비용이 취득세 과세표준에 포함되는지 여부는 납세의무성립일인 아파트 건축물의 취득시기[예: 건축업자는 사용승인서(사용검사필증)교부일(지령 20조②), 분양계약자는 사실상 잔금지급일 등(지령 20조⑥)]를 기준으로 과세표준 포함여부가 결정된다.

따라서 취득시기 이전에 발코니 형태변경공사가 완료되었을 경우 이 비용은 아파트 건축물 취득에 소요되는 일체의 비용에 해당되므로 해당 아파트의 취득세 과세표준에 포함되지만(종물로서 주물에 포함되어 과세), 취득시기 이후에 발코니 형태변경공사가 이루어졌을 경우에는 독립적인 취득세 과세대상인 건축물의 건축으로 볼 수 없으므로(종물은 그 자체로 과세대상이 되지는 않으므로 과세제외) 과세표준에 포함되지 않음.

나. 대법 2015두59877, 2016.3.24. 선고

수분양자들이 시공사인 00중공업(주)와 발코니 확장공사계약을 체결하고 발코니를 거실 등으로 용도 변경하는 데 든 비용은 주물의 취득시기에 따라 달라짐.

지방세법은 "건축물 중 조작 설비, 그 밖의 부대설비에 속하는 부분으로서 그 주체구조부와 하나가 되어 건축물로서의 효용가치를 이루고 있는 것에 대하여는 주체구조부 취득자 외의 자가 가설한 경우에

도 주체구조부의 취득자가 함께 취득한 것으로 본다"(지법 7조③)라고 규정하고 있으므로, 수분양자들이 비용을 지급하여 발코니의 용도가 거실 등으로 변경되었어도 사용승인일 이전에 원고가 그와 같은 상태의 아파트를 취득한 이상 그 비용은 과세표준에 포함되어야 함.(주물에 포함되어 과세)

④빌트인, 홈오토메이션, 붙박이가구 등의 과세표준 포함 여부

가. 빌트인의 과세표준 적용범위(행자부 세정-1819, 2006.5.4.)

개인이 법인으로부터 아파트를 분양받은 경우로서 당해 아파트에 설치된 가전제품이 취득세의 과세표준이 되는 취득가격에 포함되는지 여부는, 당해 가전제품이 아파트(건물)에 연결되거나 부착하는 방법으로 설치되어 아파트의 효용과 기능을 다하는 시설로서 '아파트의 상용에 제공'되는 '종물'에 해당되는지 여부에 따라 판단하는 것이 타당함.

나. 빌트인의 과세표준 적용범위(행자부 세정-1230, 2007.4.16.)

다음의 취지 등을 종합적으로 고려할 때 분양아파트 취득시기 이전에 설계·시공되어 아파트와 일체로 유상 취득하는 빌트인 가전제품가액은 아파트 취득에 따른 일체의 비용으로 보아 취득세 과세표준에 포함함.

ⓐ"'취득의 대상이 아닌 물건'(즉 '종물')이라도 그 물건의 위치와 그 위치에 해당하는 건물의 용도, 건물의 형태, 목적, 용도에 대한 관계를 종합하여 건물에 연결되거나 부착하는 방법으로 설치되어 건물의 효용과 기능을 다하기에 필요불가결한 시설물은 건물의 상용에 제공된 종물로 보아야 한다"는 대법원 판례(대법 92다43142, 1993.8.13. 선고)

ⓑ"아파트의 취득시기 이전에 건축설계에 반영되어 아파트와 일체로 분양되는 빌트인 제품은 아파트의 효용과 기능을 다하기에 필요한 시설물에 해당된다고 봄이 타당하다"는 행정자치부의 심사결정

(행자부 심사 2009-1126호, 2006.12.27. ; 2007-78호, 2007.2.26.)

다. 붙박이가구 등 신축건물의 취득세 과세표준의 범위(대법 2009-2511, 2009.4.23. 선고)

ⓐ건물의 신축에 따른 과세표준은 사용승인일을 기준으로 한 건설원가(즉 건축공사비와 그 부대비용의 합계액)라 할 것이고, 건축공사가 도급계약에 의한 경우에는 그 도급계약상 공사대금으로 함이 원칙이나 이 경우에도 '과세목적물의 취득을 위한 것'이 아닌 금액은 과세표준에서 제외되어야 함. 취득세 규정에서 건축물에 부수되는 시설도 건축물에 포함시키도록 되어 있으므로, 위 법조문에서 말하는 부수시설은 건축물에 부속 또는 부착된 물건으로서 그 건축물 자체의 효용을 증가시키는 데 필수적인 시설을 의미한다고 할 것임.

ⓑ붙박이가구, 홈오토메이션 및 세탁기는 오피스텔에 설치되어 오피스텔이 주거용으로서의 기능을 다하게 하는 데 필수적인 시설이라고 할 것이므로, 그 각 제품가격 및 설치·소요비용은 건물에 대한 취득세의 과세표준에 포함시키는 것이 타당함.

ⓒ냉장고 및 에어컨에 대하여 보면 냉장고 및 에어컨이 위와 같은 경위로 오피스텔 내에 설치되었다 하더라도, 그 설치형태가 '탈부착'이 가능하거나 '이동'이 가능하여 오피스텔의 부수시설이라 할 수 없으므로(즉, '주물'과 무관하므로 종물여부를 판단할 필요도 없이 과세 제외한다는 의미임. 저자 주) 이들의 가액은 과세표준에 포함되지 않음.(그러나 천장에 설치되어 탈부착이 불가능한 에어컨의 경우에는 주물을 위한 '종물'로서 과세표준에 포함됨 – 저자 주)

가. 건축법에 따른 건축물(「건축법」 2조①2호)

  '건축물'이란 토지에 정착하는 공작물 중 지붕과 기둥 또는 벽이 있는 것과 이에 딸린 시설물, 지하나 고가(高架)의 공작물에 설치하는 사무소·공연장·점포·차고·창고, 그 밖에 대통령령(용도별 건축물 종류, 건축법 시행령 3조의5 및 〈별표 1〉)으로 정하는 것을 말한다.

  건축법상의 '건물'은 '지붕+벽+기둥', '지붕+벽', '지붕+기둥'의 형태일 것이다.

나. 토지 또는 지하 다른 구조물에 설치하는 '시설'(지령 5조)

  토지 또는 지하 다른 구조물에 설치하는 시설물은 다음의 것을 말한다.

1. 레저시설: 수영장, 스케이트장, 골프연습장(「체육시설의 설치·이용에 관한 법률」에 따라 골프연습장업으로 신고된 20타석 이상의 골프연습장만 해당), 전망대, 옥외스탠드, 유원지의 옥외오락시설(유원지의 옥외오락시설과 비슷한 오락시설로서 건물 안 또는 옥상에 설치하여 사용하는 것을 포함)

2. 저장시설: 수조, 저유조, 저장창고, 저장조(1톤 이하인 LPG 저장조 제외, 2022년 시행) 등의 옥외저장시설(다른 시설과 유기적으로 관련되어 있고 일시적으로 저장기능을 하는 시설을 포함)

3. 도크(dock)시설 및 접안시설: 도크, 조선대(造船臺)

4. 도관시설(연결시설을 포함): 송유관, 가스관, 열수송관

5. 급수·배수시설: 송수관(연결시설을 포함), 급수·배수시설, 복개설비

6. 에너지 공급시설: 주유시설, 가스충전시설, 송전철탑(전압 20만 볼트 미만을 송전하는 것과 주민들의 요구로 「전기사업법」 72조에 따라 이전·설치하는 것은 제외)

7. 잔교(棧橋)(이와 유사한 구조물을 포함), 기계식 또는 철골조립식 주차장, 차량 또는 기계장비 등을 자동으로 세차 또는 세척하는 시설, 방송중계탑(「방송법」 54조①5호에 따라 국가가 필요로 하는 대외방송 및 사회교육방송 중계탑은 제외) 및 무선통신기지국용 철탑

다. 건축물에 딸린 '시설물'(지령 6조)

1. 승강기(엘리베이터, 에스컬레이터, 그 밖의 승강시설)

2. 시간당 20Kw 이상의 발전시설

3. 난방용·욕탕용 온수 및 열 공급시설

4. 시간당 7560Kcal급 이상의 에어컨(중앙조절식만 해당)

5. 부착된 금고

6. 교환시설

7. 건물의 냉난방, 급수·배수, 방화, 방범 등의 자동관리를 위하여 설치하는 인텔리전트 빌딩 시스템 시설

8. 구내의 변전·배전시설

2) 부동산 이외의 과세대상

① 차량

'차량'이란 원동기를 장치한 모든 차량과 피견인차 및 궤도로 승객 또는 화물을 운반하는 모든 기구를 말한다.(지법 6조7호)

차량에는 태양열·배터리 등 전원을 이용하는 기구와 디젤기관차·광차 및 축전차 등이 포함된다.(지예 6-1)

② 기계장비

'기계장비'란 건설공사용, 화물하역용 및 광업용으로 사용되는 기계장비로서「건설기계관리법」에서 규정한 건설기계 및 이와 유사한 기계장비 중 행정안전부령(지칙 3조, 시행규칙〈별표1〉)으로 정하는 것을 말한다.(지법 6조8호)

기계장비에는 단순히 생산설비에 고정부착되어 제조공정 중에 사용되는 공기압축기·천정크레인·호이스트·컨베이어 등은 제외한다.(지예 6-3)

③ 항공기

'항공기'란 사람이 탑승·조종하여 항공에 사용하는 비행기, 비행선, 활공기(滑空機), 회전익(回轉翼) 항공기 및 그 밖에 이와 유사한 비행기구로서 대통령령으로 정하는 것을 말한다.(지법 6조9호)

항공기에는 사람이 탑승, 조정하지 아니하는 원격조정장치에 의한 항공기(농약살포 항공기 등)는 제외된다.(지예 6-6)

④ 선박

'선박'이란 기선, 범선, 부선(艀船) 및 그 밖에 명칭에 관계없이 모든 배를 말한다.(지법 6조10호)

선박에는 해저관광 또는 학술연구를 위한 잠수캡슐의 모선으로 이용하는 부선과 석유시추선도 포함한다.(지예 6-7)

⑤ 입목

'입목'이란 지상의 과수, 임목과 죽목(竹木)을 말한다.(지법 6조11호)

입목에는 집단적으로 생육되고 있는 지상의 과수·임목·죽목을 말한다. 다만, 묘목 등 이식을 전제로 잠정적으로 생립하고 있는 것은 제외한다.(지예 6-4)

(보충)벌채를 전제로 취득한 입목은 원목이라고 할 것이므로 취득세 과세대상에 해당되지 아니함.(대법 2017두 43999, 2017.8.23. 선고)

⑥광업권

'광업권'이란 「광업법」에 따른 광업권을 말한다.(지법 6조12호)

⑦어업권 및 양식업권

'어업권'이란 「수산업법」 또는 「내수면어업법」 등에 따른 어업권을 말한다.(지법 6조13호)

⑧골프회원권 등

다음의 골프회원권·승마회원권·콘도미니엄 회원권·종합체육시설 이용회원권·요트회원권의 가액에는 보증금 및 입회비가 포함된다.(지예 6-5)

가. 골프회원권

'골프회원권'이란 「체육시설의 설치·이용에 관한 법률」에 따른 회원제 골프장의 회원으로 골프장을 이용할 수 있는 권리를 말한다.(지법 6조14호)

나. 승마회원권

'승마회원권'이란 「체육시설의 설치·이용에 관한 법률」에 따른 회원제 승마장의 회원으로 승마장을 이용할 수 있는 권리를 말한다.(지법 6조15호)

다. 콘도미니엄 회원권

'콘도미니엄 회원권'이란 「관광진흥법」에 따른 콘도미니엄과 이와 유사한 휴양시설을 이용할 수 있는 일정한 권리를 말한다.(지법 6조16호)

즉, 취득세 과세대상인 콘도미니엄 회원권이란 「관광진흥법 시행령」 23조①에 따라 휴양·피서·위락·관광 등의 용도로 사용되는 것으로서 회원제로 운영하는 시설을 말한다.(지령 8조)

라. 종합체육시설 이용회원권

'종합체육시설 이용회원권'이란 「체육시설의 설치·이용에 관한 법률」에 따른 회원제 종합체육시설업에서 그 시설을 이용할 수 있는 회원의 권리를 말한다.(지법 6조17호)

마. 요트회원권

'요트회원권'이란 「체육시설의 설치·이용에 관한 법률」에 따른 회원제 요트장의 회원으로 요트장을 이용할 수 있는 권리를 말한다.(지법 6조18호)

그리고 계약기간이 경과된 후 자동적으로 사용기간이 연장되도록 약정한 경우 연장되는 시점에 새로운 회원권의 취득으로 보지 않는다. "콘도미니엄회원권 등을 사용하다가 계약기간 만료로 인하여 재계약하는 경우에는 새로운 취득에 해당된다."(지예 6-5 제2호)라고 두루뭉술하게 규정했던 조항도 2016.1.1. 삭제됐다. 회원권은 사용예정기간이 경과되더라도 입회금 등을 되돌려 받지 않은 경우라면 새로운 권리의 취득으로 볼 수가 없다. 그렇다고 해서 회원권의 재계약을 모두 취득으로 보지 않는다는 뜻은 아니다.

즉, 회원권의 내용에 근본적인 변동(예: 이용자 변경, 이용방법의 변경, 입회금 상환조건의 변경 및 이용기간의 변경)이 없이 단순히 갱신되어 연장되는 경우에만 새로운 취득으로 보지 않는 것이다.(행자부 세정-445, 2008.1.30. ; 행안부 지방세운영-623, 2011.2.10. ; 대법 2016 두63323, 2017.3.30. 선고 등)

(2)취득의 개념과 범위

1)취득의 정의

'취득'이란 매매, 교환, 상속, 증여, 기부, 법인에 대한 현물출자, 건축, 개수(改修), 공유수면의 매립, 간척에 의한 토지의 조성 등과 그 밖에 이와 유사한 취득으로서 원시취득(수용재결로 취득한 경우, 「도시개발법」에 따른 체비지를 취득한 경우 등 과세대상이 이미 존재하는 상태에서 취득하는 경우는 제외), 승계취득 또는 유상·무상의 모든 취득을 말한다.(지법 6조1호)

즉, 취득이라 함은 취득자가 소유권이전등기·등록 등 완전한 내용의 소유권을 취득하는가의 여부에 관계없이 사실상의 취득행위(잔금지급, 연부완납 등) 그 자체를 말하는 것이다.(지예 6-8)

2)취득의 구분

취득세에서 취득의 개념은 과세대상 물건을 사용·수익·처분할 수 있는 권리인 소유권을 취득하는 '사실상 취득'과, 과세대상 물건을 취득하는 것은 아니지만 기존에 소유하는 특정 재산에 일정한 행위를 가함으로써 재산적 가치가 증가되는 경우를 취득으로 보는 '간주(의제)취득'으로 구분할 수 있다. 또한 사실상 취득의 경우에도 기존권리의 승계여부에 따라 승계(承繼)취득(유상취득과 무상취득)과 원시(原始)취득으로 다시 나눈다.

[취득세에서 취득의 구분]

구분			내용
사실상 취득*1	승계 취득	유상승계취득	매매, 교환, 현물출자, 대물변제, 부담부 증여, 법인 합병·분할
		무상승계취득	상속, 증여, 기부, 법인 합병(2023.3.13. 까지, 지법 11조⑤ 신설)
	원시 취득	토지*2	공유수면매립, 간척
		건축물	신축, 증축
		선박	건조
		차량, 기계장비, 항공기	제조, 조립
		광업권, 어업권	출원
		「민법」상 시효취득(245조)	20년간 점유 또는 등기 후 10년간 소유

간주(의제) 취득	토지	지목변경
	택지에 건축물 신축 시	대(垈)의 택지공사 준공으로 사실상 지목변경
	건축물	개수(改修): 자본적지출 해당, 수익적지출 제외
	차량, 건설기계, 선박	종류변경
	과점주주의 주식취득	50% 초과취득(특수관계인 합산)

*1 수용재결로 취득한 경우 등 과세대상이 이미 존재하는 상태에서 취득하는 경우는 원시취득이 아님.

(지법 6조1호 괄호)

*2 「공유수면 관리 및 매립에 관한 법률」에 따른 공유수면의 매립 또는 간척으로 인하여 취득하는 농지에 대한 취득세는 지방세법 11조③3호의 세율에도 불구하고 2021년 12월 31일까지 0.8%를 적용하여 과세한다. 다만, 취득일부터 2년 이내에 다른 용도에 사용하는 경우 그 해당 부분에 대해서는 경감된 취득세를 추징한다.

(지특법 8조④, 2022년부터 일몰 종료)

3)건축의 개념

'건축'이란 「건축법」 2조①8호에 따른 건축을 말한다.(지법 6조5호) '건축'에 대한 구체적인 의미는 다음과 같다.(건축법 시행령 2조)

①신축

'신축'이란 건축물이 없는 대지(기존 건축물이 철거되거나 멸실된 대지를 포함)에 새로 건축물을 축조(築造)하는 것[부속건축물만 있는 대지에 새로 주된 건축물을 축조하는 것을 포함하되, 개축(改築) 또는 재축(再築)하는 것은 제외]을 말한다.

②증축

'증축'이란 기존 건축물이 있는 대지에서 건축물의 건축면적, 연면적, 층수 또는 높이를 늘리는 것을 말한다.

③개축

'개축'이란 기존 건축물의 전부 또는 일부[내력벽·기둥·보·지붕틀(한옥의 경우에는 지붕틀의 범위에서 서까래는 제외) 중 셋 이상이 포함되는 경우를 말한다]를 철거하고 그 대지에 종전과 같은 규모의 범위에서 건축물을 다시 축조하는 것을 말한다.

④재축

'재축'이란 건축물이 천재지변이나 그 밖의 재해(災害)로 멸실된 경우 그 대지에 다음의 요건을 모두 갖추어 다시 축조하는 것을 말한다.

가. 연면적 합계는 종전 규모 이하로 할 것

나. 동(棟)수, 층수 및 높이는 다음의 어느 하나에 해당할 것

    – 동수, 층수 및 높이가 모두 종전 규모 이하일 것

    – 동수, 층수 또는 높이의 어느 하나가 종전 규모를 초과하는 경우에는 해당 동수, 층수 및 높이가 「건축법」관련 법령 등에 모두 적합할 것

⑤이전

  '이전'이란 건축물의 주요구조부를 해체하지 아니하고 같은 대지의 다른 위치로 옮기는 것을 말한다.

4)건축물의 개수(改修)

  '개수'란 다음의 어느 하나에 해당하는 것을 말한다.

가. 「건축법」 2조①9호에 따른 대수선

    [대수선의 범위](건축법 시행령 3조의2)

    다음의 어느 하나에 해당하는 것으로서 증축·개축·재축에 해당하지 아니하는 것을 말한다.

    1. 내력벽을 증설 또는 해체하거나 그 벽면적을 30㎡ 이상 수선 또는 변경하는 것

    2. 기둥을 증설 또는 해체하거나 세 개 이상 수선 또는 변경하는 것

    3. 보를 증설 또는 해체하거나 세 개 이상 수선 또는 변경하는 것

    4. 지붕틀(한옥의 경우에는 지붕틀의 범위에서 서까래는 제외)을 증설 또는 해체하거나 세 개 이상 수선 또는 변경하는 것

    5. 방화벽 또는 방화구획을 위한 바닥 또는 벽을 증설 또는 해체하거나 수선 또는 변경하는 것

    6. 주계단·피난계단·특별피난계단을 증설 또는 해체하거나 수선 또는 변경하는 것

    7. 미관지구에서 건축물의 외부형태(담장을 포함)를 변경하는 것

    8. 다가구주택의 가구 간 경계벽 또는 다세대주택의 세대 간 경계벽을 증설 또는 해체하거나 수선 또는 변경하는 것

    9. 건축물의 외벽에 사용하는 마감재료를 증설 또는 해체하거나 벽면적 30㎡ 이상 수선 또는 변경하는 것

나. 건축물 중 레저시설, 저장시설, 도크(dock)시설, 접안시설, 도관시설, 급수·배수시설, 에너지 공급시설 및 그 밖에 이와 유사한 시설(이에 딸린 시설을 포함)로서 대통령령(지령 5조)으로 정하는 것을 수선하는 것

다. 건축물에 딸린 시설물 중 대통령령(지령 6조)으로 정하는 시설물을 한 종류 이상 설치하거나 수선하는 것

5)토지의 지목변경(구체적인 적용사례는 후술하는 취득시기 편 참조)

①일반적인 경우: 지목변경을 수반하는 경우(지법 7조④후단)

  토지의 지목을 사실상 변경함으로써 그 가액이 증가한 경우에는 취득으로 본다.(지법 7조④후단) 따라서 지목변경에 의한 가액의 증가가 없다면 취득세 납세의무가 없다.

②택지(대지)에 대한 특례: 택지공사가 준공된 토지의 사실상 지목변경(지법 7조⑭. 2015.12.29. 신설하여 2016.1.1.부터 시행, 2019.12.31.개정)

「공간정보의 구축 및 관리 등에 관한 법률」 67조에 따른 대(垈) 중 「국토의 계획 및 이용에 관한 법률」 등 관계 법령에 따른 택지공사가 준공된 토지에 정원 또는 부속시설물 등을 조성·설치하는 경우에는 그 정원 또는 부속시설물 등은 토지에 포함되는 것으로서 토지의 지목을 사실상 변경하는 것으로 보아 토지의 소유자가 취득한 것으로 본다. 다만, 건축물을 건축하면서 그 건축물에 부수되는 정원 또는 부속시설물 등을 조성·설치하는 경우에는 그 정원 또는 부속시설물 등은 건축물에 포함되는 것으로 보아 건축물을 취득하는 자가 취득한 것으로 본다.

(지법 7조⑭, 2019.12.31. 개정)

만일 대지 이외의 토지(전·답·잡종지 등)에 건축물을 신축하면서 그 부속토지에 조경 및 포장공사 등을 할 경우 토지의 실질적 가치가 증가하고 지목변경(전·답·잡종지 등→대지)을 수반하면 위 ①에 따라 지목변경으로 과세된다.

반면, 택지(대지)를 취득하여 조경 또는 포장공사를 하는 경우에는 토지의 실질적인 가액이 상승함에도 불구하고, 형식상으로 지목변경을 수반하지 않아(대지→대지) 간주취득세를 과세하지 못하는 불합리한 점이 발생한다. 이를 개선하기 위해, 2016년부터는 지목변경이 수반되지 않는 경우라도 아파트 등 건축공사에 수반되는 조경공사비와 포장공사비 등은 과세토록 법령을 개정한 것이다. 이 조항은 택지(대지)에 대해서만 적용되므로, 공장용지 등을 분양받아 조경공사·포장공사를 하더라도 본 규정을 적용받지 않는다.

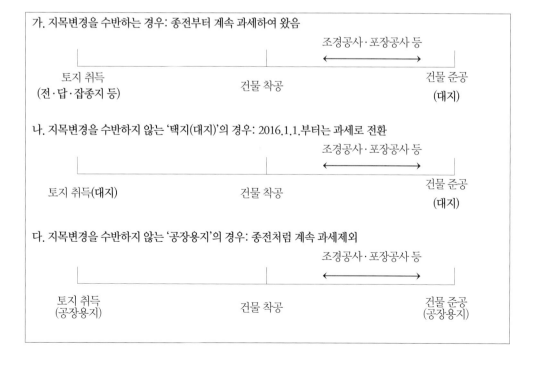

6)선박·차량·기계장비의 종류변경

선박·차량·기계장비의 종류를 변경함으로써 그 가액이 증가한 경우에는 취득으로 본다.(지법 7조④전단)

7)차량·기계장비·항공기 및 '주문을 받아 건조하는 선박'의 승계취득

차량·기계장비·항공기 및 '주문을 받아 건조하는 선박'은 승계취득인 경우에만 취득세 납세의무가 있다.(지법 7조②단서)

(3)취득세 납세의무자

취득세는 부동산, 차량, 기계장비, 항공기, 선박, 입목, 광업권, 어업권, 양식업권, 특정회원권(골프회원권·승마회원권·콘도미니엄회원권·종합체육시설 이용회원권·요트회원권)을 취득한 자에게 부과한다.(지법 7조①)

1)사실상 취득자

①원칙
부동산 등의 취득은 「민법」, 「자동차관리법」, 「건설기계관리법」, 「항공안전법」, 「선박법」, 「입목에 관한 법률」, 「광업법」, 「수산업법」 또는 「양식산업발전법」 등 관계 법령에 따른 등기·등록 등을 하지 아니한 경우라도 사실상 취득하면 각각 취득한 것으로 보고 해당 취득물건의 소유자 또는 양수인을 각각 취득자로 한다.

다만, 차량·기계장비·항공기 및 '주문을 받아 건조하는 선박'은 승계취득인 경우에만 취득세 납세의무가 있다.(지법 7조②)

②양도담보계약해제·명의신탁해지로 취득하는 경우: 그 권리의 인수자
양도담보계약해제·명의신탁해지로 취득하는 경우에는 그 취득의 방법·절차에 불구하고 그 권리의 인수자가 취득하는 것으로 보아 취득세의 납세의무가 있다.(지예 7-1 제1호)

③대위등기 납세의무자: 원 소유자
'갑' 소유의 미등기건물에 대하여 '을'이 채권확보를 위하여 법원의 판결에 의한 소유권보존

등기를 '갑' 명의로 등기할 경우의 취득세 납세의무는 '갑'에게 있다.(지예 7-6 제1호)

　법원의 가압류결정에 의한 가압류등기의 촉탁에 의하여 그 전제로 소유권보존등기가 선행된 경우, 취득세 미납부에 대한 가산세 납세의무자는 소유권보존등기자이다.(지예 7-6 제2호)

④취득 후 합의해제로 재산을 반환하는 경우: 60일 초과 시 각각 취득(개인)

　유상·무상취득을 불문하고 적법하게 취득한 다음에는 그 후 합의에 의하여 계약을 해제하고 그 재산을 반환하는 경우에도, 이미 성립한 조세채권의 행사에 영향을 주지 않는다.(지예 7-1 제2호 본문)

　다만, 무상취득은 취득월 말일부터 3개월(2024년 시행), 유상취득은 60일(취득세 신고납부 기한) 이내 계약해지 사실을 입증하는 경우에는 아예 취득이 없었던 것으로 본다. 이 경우에도 소유권이전등기가 된 경우에는 각각을 취득으로 본다.(지령 20조①)

[계약의 실효와 취득세 납세의무 판단]

1.관련규정

(1)유상승계취득의 경우 취득시기(지령 20조②)

　유상승계취득의 경우에는 다음 각 호에서 정하는 날에 취득한 것으로 본다.

1. 사실상 잔금지급일을 확인할 수 있는 유상승계취득은 그 사실상의 잔금지급일

　유상승계취득의 경우에는 사실상 잔금지급일에 취득한 것으로 보며(지령 20조②1호), 그 전에 등기·등록을 한 경우에는 등기·등록일에 취득한 것으로 본다(지령 20조⑭).

2. 사실상 잔금지급일을 확인할 수 없는 유상승계취득의 경우에는 그 계약상의 잔금지급일

　다만, 해당 취득물건을 등기·등록하지 아니하고 다음의 어느 하나에 해당하는 서류에 의하여 계약이 해제된 사실이 입증되는 경우에는 취득한 것으로 보지 않음.

　가. 화해조서·인낙조서(취득일부터 60일 이내에 계약이 해제된 사실이 입증되는 경우만 해당)

　　{화해조서: 재판상 화해절차로 합의가 이루어진 경우에 그 합의내용을 기재한 조서

　　인낙조서: 민사소송상 피고가 원고의 권리·주장을 긍정하는 진술을 적은 조서}

　나. 공정증서(공증인이 인증한 사서증서를 포함하되, 취득일부터 60일 이내에 공증받은 것만 해당)

　다. 계약해제신고서(취득일부터 60일 이내에 제출된 것만 해당)

　라. 부동산 거래신고 관련 법령에 따른 부동산거래계약 해제 등 신고서(취득일부터 60일 이내에 등록관청에 제출한 경우만 해당)

(2)토지거래허가구역의 경우 효력발생시점 [상세 내용은 '제3장 양도소득세 02 (2)6)' 참조]

　①매매계약이 확정적으로 무효가 되는 경우(본 건 거래 성사 불가): 경매절차로 제3자에게 소유권이 이전돼버린 경우(대법 2016두45981, 2016.9.29. 선고)

　②허가일 이전에 매매대금이 지급되고 오로지 허가만을 기다리는 경우: '양도가 아니며' 허가를 득하거나 허가구역에서 해제된 때를 양도·취득시기로 보아 신고·납부함

　(대법 2013두18018, 2014.1.23. ; 2001두9776, 2003.7.8. ; 98두5811, 2000.6.13. 선고 등)

③허가일 이전에 매매대금이 지급되고 단순히 허가를 기다리는 수준을 넘어선 경우(양도대금 수수뿐만 아니라 소유권이전등기까지 마친 경우 등): '양도에 해당하며' 양도·취득시기는 잔금청산일임 (대법 2016두40764, 2016.8.25. ; 대법 2010두23644, 2011.7.21. ; 대법 2011두29229, 2014.1.29. 선고 등)

2. 취득세 납세의무여부 판단

(1)관계법령에 의해 계약이 무효 또는 취소된 경우: 원 매도자와 매수자 모두 과세제외.

계약체결로 인하여 외형적으로는 유효하게 계약이 성립하였으나, 그 계약내용의 위법부당성 또는 당사자부적격 등의 원인에 의해 그 계약이 무효로 되거나 취소되는 경우에는 그 계약의 효력은 발생되지 않는다.

따라서 매수자뿐만 아니라 원 매도자에게도 취득세 납세의무가 없다. 다만 등록면허세는 등기 또는 등록의 행위에 대해 과세하는 세금이므로 그 등기의 원인이 적법한지를 따지지 않고 형식적으로 판단하는 바, 비록 등기가 된 후에 그 등기가 말소되었다고 하더라도 등기의 효력은 유효한 것이므로 등록면허세의 납세의무(기타등기로 보아 6천원)는 있다.(대법 93누11319, 1993.9.14. 선고 ; 행자부 세정-2077, 2005.8.8.)

(2)'국토계획법'상 토지거래허가구역의 경우: 보통의 경우 허가일(또는 허가구역 해제일)

단지 토지거래허가만 기다리는 경우에는 거래대금을 완납했다고 하더라도 취득한 것으로 볼 수 없으므로, 당해 토지의 취득일은 토지거래허가를 받은 날 또는 토지거래허가구역 지정이 해제된 날이 됨.{위 1(3)의 대법원 판례들 참조. 2018년부터 양도소득세에서는 토지거래허가를 받기 전에 대금을 청산한 경우에는 그 허가일, 또는 그 이전에 허가구역 지정이 해제된 경우에는 그 해제일을 양도일로 보도록 법률로 명확하게 규정했음. 2017.12.19. 개정 소법 105조①1호 단서}

하지만 위 1(3)에서 설명한 바와 같이 단순하게 허가를 기다리는 수준을 넘어선 경우에까지 허가일(또는 해제일)을 기준으로 단순하게 판단해서는 안 됨.

(3)계약을 당사자 간에 합의로 해제한 경우

①사실상 잔금지급일이 확인되는 유상승계취득인 경우: 각각을 취득으로 봄.

사실상 잔금지급일이 확인되는 유상승계취득의 경우 사실상 잔금지급일이 취득일이 되는 것이므로 그날에 취득이 유효하게 성립된 것이며, 이를 합의해제할 경우에는 새로운 취득으로 보아 각각에 대해 취득세 납세의무가 발생함.(대법 2005두4212, 2006.2.9. 선고 ; 조심 2017지0215, 2017.4.14. 결정 등)

②사실상 잔금지급일을 확인할 수 없는 거래로서 취득 이후 60일 경과하여 합의해제를 한 경우: 각각 취득임.

사실상 잔금지급일을 확인할 수 없는 거래인 경우 계약상 잔금지급일을 취득일로 보도록 규정되어 있어, 일반적으로 검인계약서상의 잔금지급일이 취득일이지만 60일 이내에 계약해제사실이 공정증서 등에 의하여 입증되는 경우에는 처음부터 거래가 없었던 것으로 봄.

그러나 60일이 경과했을 경우에는 취득으로 보지 않는다는 특례규정이 없기 때문에, 설령 당사자 간에 합의해제한 사실이 입증된다고 하더라도 각각을 취득으로 봄.(지령 20조②2호에서도 이를 명확하게 규정하고 있음)

③사실상 잔금지급일을 확인할 수 없는 거래로서 취득 이후 60일 이내에 합의해제를 한 경우: 등기여부가 핵심.

가. 등기를 하지 않은 경우: 공정증서 등에 의하여 입증되면 처음부터 없던 거래로 봄.

60일 이내에 계약해제사실이 공정증서 등에 의하여 입증되는 경우에는 처음부터 거래가 없었던 것으로 봄.(지령 20조②2호에서도 이를 명확하게 규정하고 있음)

나. 등기를 한 경우: 공정증서 등에 의하여 입증되더라도 각각을 거래로 봄.

소유권이전등기를 한 후 계약해제로 말소등기를 한 경우에는 비록 공정증서 등에 의해 합의해제사실이 입증된다 하더라도, 소유권이전등기를 하게 되면 등기의 효력에 따라 대항력을 갖추게 되어 취득효력이 발생하는 것이다.

(따라서 '취득의 시기'를 판단할 때에도, 취득일 이전에 등기·등록을 한 경우에는 등기·등록일에 취득한 것으로 규정하고 있음. 지령 20조⑭)

그렇지만 위 2(1)(2)에서 설명한 바와 같이, 사기강박이나 관계법령을 위반하여 무효가 되어 이를 원인으로 소유권이전(환원)등기가 된 경우에는 등기를 한 경우라도 처음부터 거래가 없었던 것으로 보게 된다.

{잔금지급 여부와 등기 시 취득여부 판단(대법 2005두4212, 2006.2.9. 선고):

지방세법 시행령 73조①2호(2011.1.1. 지방세기본법이 시행되기 전의 조문으로 현행 지령 20조②2호에 해당 - 저자 주) 단서는 그 취지가 계약상 잔금지급일(계약상 잔금지급일이 명시되지 아니한 경우에는 계약일로부터 30일이 경과되는 날. 2011.1.1.부터는 60일로 개정됨 - 저자 주)에 실제로 잔금이 지급되지 않은 상태에서 계약이 해제되어 사실상 취득하였다고 보기 어려운 경우까지 계약상 잔금지급일에 취득한 것으로 보아 취득세를 과세하는 것은 불합리하다는 점을 보완하기 위한 것임. 따라서 사실상의 잔금지급이 이루어지거나 같은 조 3항에 의한 등기를 마침으로써 취득이 이루어진 경우에까지 적용할 수는 없음.}

2) 주체구조부 취득자

건축물 중 조작(造作) 설비, 그 밖의 부대설비에 속하는 부분으로서 그 주체구조부(主體構造部)와 하나가 되어 건축물로서의 효용가치를 이루고 있는 것에 대하여는 주체구조부 취득자 외의 자가 가설(加設)한 경우에도 주체구조부의 취득자가 함께 취득한 것으로 본다.(지법 7조③)

즉, 건물주가 아닌 사람이 승강기·보일러·발전기 등 부대설비를 설치{개수(改修)에 해당}하였다 하더라도 그 건물주가 간주취득세 납세의무를 진다.(행안부 지방세운영-3555, 2010.8.13.)

이와 유사한 논리로 부동산 취득 후 임차인이 카지노장·고급미용실·유흥주점 등으로 이용함에 따라 고급오락장으로서 취득세 중과세(구 취득세분 5배 중과세, 지법 13조⑤4호) 대상이 된 경우, 중과세로 인하여 추가 납부하는 취득세의 납세의무자도 임차인이 아니라 건물주이다(당사자 간에 특약으로 부담하기로 약정한 것은, 취득세의 납세의무자에는 영향을 미치지 아니하고 민사상 당사자 간의 별개문제임).(유권해석·판례 등은 후술하는 06(2)4⑤ 사치성재산에 대한 취득세 중과세' 내용을 참조할 것)

[개수의 경우 임차인의 납세의무자 여부 판단과 과세표준의 범위]

승강기 등 일정한 시설물을 하나 이상 설치하는 경우 임대차 여부 및 공사도급계약의 당사자 여부에 관계없이 소유자인 회사가 취득세 납세의무자가 되며, 이건 건축물개수의 취득일은 임차인이 실제로 영업을 개시한 날이 됨.(행자부 세정-505, 2004.2.6.)

[임대차 종료 후 철거될 부분은 건축물 자체의 효용가치 증대에 기여하지 못하므로 과세대상 아님]

(대법 2020두36908, 2020.6.25. 심리불속행 기각←서울고법 2019누595, 2020.2.19. 선고)

1.사실관계

주식회사 AA는 원주시 단계동 1123 토지 지상에 지하 5층, 지상 7층 규모의 건물(이하 '이 사건 부동산'이라 한다) 신축공사를 진행 중이던 2011.10.25. 신탁업자인 원고 BB신탁(납세자)에게 이 사건 부동산 신축공사에 대한 권리·의무 및 지위 일체를 이전하기로 하는 계약을 체결하였다.

원고 BB신탁은 2011.10.25. 이 사건 부동산 중 일부를 CC주식회사에 15년 동안 임대하였고 CC주식회사는 그 무렵부터 임차한 부분에 공사를 하였다. 이 사건 부동산에 관한 사용승인서, 건축물대장에 기재되어 있는 '주용도'는 '판매시설(백화점)'이며, CC주식 회사는 백화점인 '△△점'을 운영하기 위하여 원고와 임대차계약을 체결하고 이 사건 공사를 진행하였다.

피고(처분청)는 CC주식회사가 수행한 공사(이하 '이 사건 공사'라 한다)에 대하여 원고 BB신탁이 이 사건 부동산의 취득가액에서 누락하였다는 이유로 원고에게 취득세 등을 부과하였다.

2. 판결요지

백화점 영업을 목적으로 건축물에 설치한 시설물이라고 하더라도, 그것이 해당 시설물을 설치한 업체 특유의 것이 아니라 백화점 영업을 위하여 통상적으로 필요한 것으로서 향후 동일한 장소를 임차하여 영업할 수 있는 다른 백화점 업체 또한 철거 또는 변경하지 아니하고 그대로 활용하기에 충분하다고 판단될 때에만 '판매시설(백화점)'의 용도를 갖는 건축물의 주체구조부와 일체를 이루어 건축물 자체의 효용가치 증대에 기여하는 시설물에 해당할 수 있고, 그렇지 않다면 다른 백화점 업체의 철거 또는 변경의 대상으로서 건축물 자체의 효용가치 증대에 기여하지 못하거나 오히려 추가 철거비용의 발생 등으로 인하여 효용 가치를 감소시키는 시설물이라고 보아야 할 것이다.

이 사건 임대차계약 18조①에서는 임대차계약이 기간만료로 종료되거나 해지되는 경우, 임대차 목적물을 원상회복한 뒤 임대인에게 명도하여야 하고(다만 사실상 이 사건 부동산에서 분리 반출이 불가능한 것은 제외한다), 임대인과 임차인이 합의 하에 비품 등의 일부 또는 전부를 잔류시킬 수 있음을 정하고 있다. 그러한 시설물은 이 사건 부동산의 주체구조부와 일체를 이루어 건축물 자체의 효용가치 증대에 기여하는 물건이라고 할 수 없다. 그리고 이는 해당 시설물이 별개의 거래상 객체가 되지 못하거나 경제적 효용을 가지지 못한다 하더라도 마찬가지이다.

3)상속인

상속(피상속인이 상속인에게 한 유증 및 포괄유증과 신탁재산의 상속을 포함)으로 인하여 취득하는 경우에는 상속인 각자가 상속받는 취득물건(지분을 취득하는 경우에는 그 지분에 해당하는 취득물건을 말함)을 취득한 것으로 본다. 이 경우 공유물(공동주택의 공유물은 제외) 등의 상속인에게는 연대납세의무(지기법 44조①⑤)가 있다.(지법 7조⑦)

4)주택조합 등의 조합원

①주택조합과 재건축조합·소규모재건축조합

주택조합(「주택법」 11조)과 재건축조합(「도시 및 주거환경정비법」 35조③) 및 소규모재건축조합(「빈집 및 소규모주택 정비에 관한 특례법」 23조)('주택조합 등')이 해당 조합원용으로 취득하는 조합주택용 부동산(공동주택과 부대시설·복리시설 및 그 부속토지를 말함)은 그 조합원이 취득한 것으로 본다. 다만, 조합원에게 귀속되지 아니하는 부동산('비조합원용 일반분양분 부동산'을 말함 – 저자 주)은 제외한다.(지법 7조⑧)

위 단서에 따른 (주택조합 등이 사업추진 중에 조합원으로부터 신탁받은 토지의 면적 중) 과세되는 '비조합원용 일반분양분 부동산'의 취득 면적을 다음 계산식으로 명확히 규정했다.(지령 11조의2, 2021.12.31. 신설)

$$\text{과세면적} = \frac{\text{일반분양분토지의 면적}}{\text{전체토지의 면적}} \times \begin{array}{l}\text{지방세법 7조⑧에 따른 주택조합 등이 사업추진 중에 조합}\\\text{원으로부터 신탁받은 토지의 면적}\end{array}$$

(보충)사업절차상 납세의무 구분: 조합원 소유토지 조합에 신탁(비과세)→미동의자 토지 등 조합 추가취득(과세)→준공 후 일반분양분 건축물(과세) 및 토지(과세: 주택조합 등이 사업추진 중에 조합원으로부터 신탁받은 토지의 면적 중 '비조합원용 일반분양분 부동산' 해당부분)

2009년 1월 1일부터는 주택조합 등이 취득하는 부동산 중 조합원에게 귀속되지 않는 '일반분양분 부동산은 취득세 과세대상에 해당됨을 명확히 규정'함으로써 지방세 과세의 사각지대가 발생하지 않도록 했다. 개정규정은 2009.1.1. 이후 최초로 납세의무가 성립하는 분부터 적용한다.(2008.12.31. 개정 지법 부칙 3조) 개정법령 조문은 다음과 같다.

- 납세의무자(2010.3.31. 지기법 제정으로 전면개편 전 구 지법 105조⑩, 현행 지법 7조⑧)
- 취득세 비과세(구 지법 110조1호, 현행 지법 9조③)
- 취득시기 보완(구 지령 73조⑤ 신설, 현행 지령 20조⑦)

그리고 '신탁'에 따른 취득세 비과세 규정을 동시에 이해할 필요가 있다. 신탁(「신탁법」에 따른 신탁으로서 신탁등기가 병행되는 것만 해당)으로 인한 신탁재산의 취득으로서 다음의 어느 하나에 해당하는 경우에는 취득세를 부과하지 아니한다. 다만, 신탁재산의 취득 중 주택조합 등과 조합원 간의 부동산 취득('**금전신탁(조합원 부담금)으로 조합이 취득하는 부동산**'을 말하며, 조합원용으로 배정될 부분에 대한 조합원용 기존 부동산의 신탁은 비과세임. 왜냐하면 조합원소유 토지를 조합에 이전(신탁)할 경우에는 조합원이 취득한 것으로 보기 때문에(지법 7조⑧본문), 자기소유 토지를 자기가 다시 취득하는 경우로서 과세되지 않는 것임. 다만, 승계조합원은 토지지분에 대한 취득세 납세의무 있음. – 저자 주) 및 '**주택조합 등의 비조합원용 부동산 취득**'은 제외한다.(지법 9조③)

1. 위탁자로부터 수탁자에게 신탁재산을 이전하는 경우
2. 신탁의 종료로 수탁자로부터 위탁자에게 신탁재산을 이전하는 경우
3. 수탁자가 변경되어 신수탁자에게 신탁재산을 이전하는 경우

주택조합 등의 사업진행 과정상 조합과 조합원 간에는 부동산소유권 이전이 빈번하게 발생한다. 예를 들어 사업초기 조합원 소유 토지를 조합에 신탁하는 경우, 사업이 완료된 후 신탁된 토지를 다시 조합원에게 이전하는 경우, 그리고 완성된 주택을 조합이 원시취득한 후 이를 다시 조합원에게 이전하는 경우 등이다. 그런데 이들 각각의 취득행위 시마다 취득세를 부과하게 되면 중복과세 문제와 엄청난 조세저항이 발생할 수 있다. 따라서 "조합이 취득하는 '조합원용 부동산'은 조합원이 취득한 것으로 본다"(지법 7조⑧본문)라고 규정함으로써 이러한 중복과세의 문제를 해결하였다. 주택조합에 대해 이중과세 방지를 명확하게 하기 위한 '납세의무자' 특례규정은 1997.10.1.부터(1997.8.30. 개정) 시행해오고 있다.

그리고 주택조합의 비조합원용 부동산에 대해서는, "다만, 비조합원용 일반분양분 부동산에 대해서는 조합(법인, 도정법 38조)이 취득하는 것으로 본다."(지법 7조⑧본문 단서)라고 규정하여 조합을 납세의무자로 하고 있지만, "주택조합의 '조합원으로부터 취득하는 토지' 중 '비조합원용 부동산'에 대한 '취득시기'를 사용검사를 받은 날(주택법 49조)로 규정"(지령 20조⑦전단)하여 취득세 납부시기를 합리적으로 조정하고 있다.

재건축조합에 대한 납세의무자와 취득시기(지령 20조⑦후단) 규정도 주택조합과 유사하다. 이를 표로 요약하면 아래와 같다.

[주택조합 등이 취득하는 부동산의 납세의무와 취득시기 요약]

구분	조합원용 부동산		비조합원용 부동산	
	납세의무자	취득시기(지령 20조⑦)	납세의무자	취득시기
부동산 등 신탁	조합원: 비과세 (지법 9조③)	주택조합: 사용검사일 재건축: 소유권이전고시 익일	주택조합 재건축조합	조합원용과 같음
금전 신탁	조합원: 과세 (지법 9조③)	주택조합: 사용검사일 재건축: 소유권이전고시 익일	주택조합 재건축조합	잔금일과 등기일 중 빠른 날

(보충1)소유권이전고시: 「도시 및 주거환경정비법」
준공검사(도정법 83조③④)→이전고시(도정법 86조②): 관리처분계획사항 등 분양자 통보
(보충2)2009.1.1. 시행되는 내용의 핵심: 일반분양분 부동산에 대한 취득세 부과근거 마련.
조합원으로부터 신탁받은 토지: 모두 비과세→비조합원용(일반분양용) 부분은 과세로 전환
주택조합 등이 취득하는 부동산 중 조합원에게 귀속되지 않는 일반분양분 부동산이 취득세 과세대상에 해당됨을 명확히 규정함으로써, 지방세 과세의 사각지대가 발생하지 않도록 함.
(행안부 지방세법 개정취지. 2009.1.1. 이후 납세의무성립 분부터 적용, 2008.12.31.개정 지법 부칙 3조)
(보충3)재건축조합에 대한 비과세 적용.(행안부 지방세운영과-1659, 2010.4.23.)
주택조합 등이 '금전신탁'으로 토지를 취득하여 조합아파트를 신축하는 경우에는 토지를 신탁받은 경우와 달리 조합에 당초 취득 시 비조합원용 토지에 해당하는 취득세가 함께 과세되고, 소유권이전고시 시점에는 조합원용과 비조합원용 토지가 확정될 뿐 대지권 변동이 없으므로 취득세 납세의무가 별도로 성립되지 않는 것임.
따라서 재건축조합아파트 사업부지 중 조합원이 신탁한 토지와 조합이 금전신탁 받아 취득한 토지가 혼재되어 있다면 동 조합이 소유권이전고시 익일에 취득하는 비조합원용에 대한 취득세는 비조합원분 전체토지(12,200㎡)에서 토지신탁분(46,256㎡)과 금전신탁분(1,308㎡) 토지면적 비율에 따라 안분한 면적(11,865㎡)으로 과세

하는 것이 타당함.

[본 유권해석의 해설]			
A: 토지신탁분 중 조합원분(비과세)	C: 토지신탁분 중 비조합원분		토지신탁분(46,256㎡)
B: 금전신탁분 중 조합원분	D: 금전신탁분 중 비조합원분		금전신탁분 (1,308㎡)
조합원분(35,364㎡)	비조합원분(12,200㎡)		전체토지 (47,564㎡)

A: 납세의무자는 조합원(비과세됨), 취득시기는 소유권이전고시 익일(재건축)·사용검사일(주택조합)
B: 납세의무자는 조합원, 취득시기는 소유권이전고시 익일(재건축)·사용검사일(주택조합)
C: 납세의무자는 조합, 취득시기는 소유권이전고시 익일(재건축)·사용검사일(주택조합)
D: 납세의무자는 조합, 취득시기는 잔금일과 등기일 중 빠른 날(재건축·주택조합 동일)

(보충4)취득세 등 부과처분취소: 지방세법 개정의 뜻(대법 2011두532, 2013.1.10. 선고)

2008.12.31. 개정된 지방세법(2010.3.31. 전부 개정되기 전의 것. 이하 '개정 법'이라고 함)과 2008.12.31. 개정된 지방세법 시행령(2010.7.6. 개정되기 전의 것. 이하 '개정 시행령'이라고 함) 규정의 문언 내용과 개정 경위, 그리고 '주택조합 등이 조합원으로부터 신탁받은 금전으로 매수하여 그 명의로 소유권이전등기를 마친 조합주택용 부동산'은, 조합원용인지 또는 비조합원용인지를 가리지 아니하고 구 지방세법(2008.12.31. 개정되기 전의 것. 이하 '구법') 110조1호 본문이 적용되는 '신탁등기가 병행되는 신탁재산'에 해당하지 아니하여 그 취득에 대하여는 구법 110조1호 단서의 규정과 관계없이 취득세가 부과되었던 점 등을 고려하면, 개정 법 110조1호 단서가 그 본문 적용의 배제대상으로 '주택조합 등의 비조합원용 부동산 취득'을 추가한 것은 종전의 관련 법령상 취득세 부과대상이 아니었던 "주택조합 등이 조합원으로부터 조합주택용으로 신탁에 의하여 취득하면서 '신탁등기를 병행한 부동산' 중 비조합원용 부동산의 취득"에 대하여 그 본문의 적용을 배제함으로써 취득세 부과대상으로 삼기 위한 것이고, 개정 시행령 73조⑤은 이 경우의 납세의무의 성립시기를 정한 것이다. 따라서 거기에 해당하지 아니하는 "주택조합 등이 조합원으로부터 '신탁받은 금전으로 매수'하여 그 명의로 소유권이전등기를 마친 조합주택용 부동산 중 비조합원용 부동산의 취득"의 경우에는 개정 법 110조1호 단서의 개정과 개정 시행령 73조⑤의 신설에도 불구하고 여전히 주택조합 등이 사실상의 잔금지급일 또는 등기일 등에 이를 취득한 것으로 보아 취득세를 부과하여야 하고, 개정 시행령 73조⑤에서 규정한 '주택법 29조에 따른 사용검사를 받은 날 등'에 주택조합 등이 이를 취득한 것으로 보아 취득세를 부과할 것은 아니다.

(보충5)재건축조합의 신탁재산 취득시기 등(대법 2015두47065, 2015.9.3. 선고)

2008.12.31.까지의 지방세법 규정: 주택재건축조합이 조합원들로부터 위탁받아 취득한 신탁재산 중 조합원용에 해당하는 부분은 조합원이 취득하는 것으로 간주되어 주택재건축조합에 대해서는 취득세가 부과되지 않는 것은 물론이고, 조합원용이 아닌 부분 역시 신탁재산으로서 취득세 부과대상에서 제외되었음.(대법 2006두9320, 2008.2.14. 선고)

2009.1.1.부터 적용되는 지방세법 개정규정:

1. 주택재건축조합이 2009.1.1. 이후 조합원으로부터 신탁받은 토지는 조합원용 부분과 비조합원용 부분을 구분하여 후자에 대해서는 취득세를 과세하게 되었음.

2. 다만, 정비사업의 시행부지 중 비조합원용 부분의 면적은 이전고시 이후 특정되므로 개정 지방세법 시행령 20조⑦(2010.7.6. 개정된 현행 조문)은 비조합원용 부동산의 취득시기를 이전고시 다음 날로 정해 두었으므로, 결국 주택재건축조합은 조합원으로부터 신탁받은 토지 중 이전고시에 의하여 비조합원용 부분으로 정해진 면적에 대해서는 이전고시 다음 날을 취득일로 하여야 함.

(보충6)현금청산 조합원의 신탁용 부동산에 대한 조합의 취득세 납세의무도 없음.

(조심 2014지0812, 2014.11.24. 결정)

재건축조합이 조합원으로부터 경료받은 신탁재산에 관한 소유권이전등기에 대해서는 비록 그 신탁재산인 토지가 후에 일반분양용 집합건물의 대지권의 목적인 토지가 된다고 하더라도 취득세 부과대상이 되지 않는다 할 것이며(대법 2006두18331, 2008.2.14. 선고), 주택조합의 토지 취득행위는 조합원의 각 토지를 주택조합 명의로 각 소유권이전등기를 경료할 때 이루어진 것이며, 그 후에 주택조합의 조합원이 탈퇴하였다 하더라도 탈퇴한 조합원으로부터 주택조합에게 재화의 이전이 새로 일어나는 것은 아니므로 주택조합이 탈퇴한 조합원들로부터 집합건물의 대지권의 목적인 토지를 취득한 것이라고 볼 수 없음(대법 2009두14675, 2009.12.10. 선고).

따라서 조합원 소유토지를 청구법인 명의로 신탁등기한 토지는 조합원용 및 비조합원용을 구별할 것 없이 이미 이전에 취득세 등의 비과세대상 등이 확정되었으므로, 조합원용 분양신청을 하지 아니한 자를 대상으로 현금청산이 되었다 하여 조합이 다시 취득한 것으로 볼 수 없어 다시 취득세를 납부할 의무가 없음.(조심 2013지145, 2013.6.19. 결정도 같은 취지임)

(보충7)당초조합원 지분변경 후 일반분양분에 대한 조합의 납세의무(행자부 세정-3968, 2007.10.1.)

당해 건축물 사용승인서 교부일(2007.8.24.)에 조합원이 조합원용 건축물을 취득한 것으로서 당해 건축물에 대한 취득세 납세의무가 이미 성립된 것이며, 건축물 사용승인서 교부일 이후에 조합원 자격을 재건축조합이 승계하여 일반분양할 경우에는 원시취득자인 조합원으로부터 재건축조합이 승계취득하는 것이므로 그에 따른 취득세를 다시 재건축조합이 납부해야 할 것임.

(보충8)재건축조합원의 지위포기 시 취득세 납세의무(조심 2017지0505, 2017.9.5. 결정)

재건축조합이 임시사용승인을 받아 주택을 취득한 청구인은 동 재건축조합의 조합원의 지위를 유지하고 있었으므로 지방세법 7조⑧에 따라 동 주택을 취득한 것으로 보아야 하고, 그에 따라 취득세 등의 납세의무가 성립한 후에 동 재건축조합원 자격을 포기하였다 하더라도 이미 성립한 납세의무에는 영향을 줄 수 없음.

(보충9)승계조합원의 취득세 납세의무 범위(행안부 지방세운영과-816, 2017.10.30.)

승계조합원은 사업토지에 대한 토지지분을 기존조합원으로부터 승계취득한 것이므로 해당 토지지분에 대한 취득세 납세의무(토지대금+프리미엄)가 있음.

②주택건설 관련 조합별 납세의무 총괄 검토

조합을 통해 주택 등을 건설하는 방법은 재건축조합 및 소규모재건축조합, 재개발조합, 주택조합으로 구분되며, 각각에게 적용되는 근거법령과 세법도 다르다. 우선 이들의 차이를 간략하게 요약하면 아래와 같다.

[주택건설 관련 조합별 차이 요약]

구분	내용	형태	근거법률	지방세법/시행령
재건축조합	도시기반이 양호한 지역	법인	도정법 38조	7조⑧, 9조③ / 20조⑦
소규모재건축	위와 같음	법인	소정법 56조	7조⑧, 9조③ / 20조⑦
재개발조합	도시기반 불량한 지역	법인	도정법 38조	7조④⑯, 지특법 74조 / 20조⑥
소규모재개발	위와 같음	법인	소정법 56조	7조④⑯, 지특법 74조 / 20조⑥
주택조합	지역·직장·리모델링조합	개인	주택법 2장2절	7조⑧ / 20조⑦전단

(보충1) 구 주택건설촉진법은 「도시 및 주거환경정비법」('도정법', 2003.7.1. 시행, 2002.12.30. 제정)과 주택법(2003.11.30. 시행)으로 분할됨. 재건축조합은 2003.7.1.부터는 '도정법' 38조에 의해 법인설립이 강제됐음.

(보충2)주택조합은 '법인' 형태로 설립은 불가하므로 결국 공동사업자 방식을 적용받게 됨.
1. 주택조합(주택법 2조11호)은 법인으로 설립할 수 있다는 규정이 없으므로 법인설립등기를 할 수 없으며, 법인설립등기를 한 것은 등기소 직권으로 말소등기를 함.(대법원 등기 3402-385, 1995.5.18.)
2. 주택조합은 「민법」상 조합이 아닌 비법인사단에 해당하며, 「민법」상 법인에 관한 규정 중 법인격을 전제로 하는 규정을 제외하고 「민법」의 규정을 적용함.(대법 97다49398, 1999.10.22. 선고)
(보충3)나머지 조합은 모두 법인형태만 가능함.(도정법 38조 ; 소정법 56조: 도정법 준용)
　　　조합은 법인으로 한다.(재건축조합은 2003.7.1.부터 제정 도정법에 따라 법인설립 강제)

　　첫째, 주택재개발사업에 대한 지방세 감면은 2011년 1월 1일부터는 지방세특례제한법(지특법 74조)으로 이관하여 비과세에서 감면으로 전환하였다. 도시개발사업은 「도시개발법」에 따라 시행하며, 「도시 및 주거환경정비법」에 따른 정비사업으로서 도시환경정비사업·주택재개발사업·주택재건축사업이 시행되며, 소규모재건축조합은 「빈집 및 소규모주택 정비에 관한 특례법」에 따르며 주택조합(지역·직장·리모델링주택조합)은 「주택법」에 따라 시행된다.
　　지방세법이 지방세 4법{지방세기본법·지방세징수법(2017년 분할)·지방세법·지방세특례제한법}으로 분리되어 2011년 1월 1일부터 시행되면서(법률의 전면개정은 2010.3.31.이지만 시행은 2011.1.1.부터임), 재개발조합에 대한 지방세 감면은 지방세특례제한법으로 이관하였다. 즉 구 지방세법(2010.12.31.까지 시행) 109조③(토지수용 등에 따른 환지 등 취득세 비과세, 현행 지특법 74조①) 및 127조의2②(등록세 비과세, 현행 지특법 74조①)에서 비과세하였으나, 2011.1.1.부터는 지방세특례제한법상 감면규정{50(2019년까지는 75)~100% 감면}을 적용해왔다.
　　그런데 "'도시개발사업'과 '재개발사업'의 시행으로 '환지계획 등에 따른 취득부동산'에 대해서는 취득세를 면제"(지특법 74조①)해오다, 2023년부터는 "「도시개발법」에 따른 도시개발사업과 「도시 및 주거환경정비법」에 따른 정비사업의 시행으로 사업 대상 부동산의 소유자(상속인을 포함)가 환지계획 또는 관리처분계획에 따라 공급받거나 토지상환채권으로 상환받는 건축물은 그 소유자가 원시취득한 것으로 보며, 토지의 경우에는 그 소유자가 승계취득한 것으로 본다. 이 경우 토지는 당초 소유한 토지보다 초과한 면적에 해당하는 부분에 한정하여 취득한 것으로 본다"(지법 7조⑯) 및 "「도시개발법」에 따른 환지 방식에 의한 사업 시행으로 토지의 지목을 사실상 변경한 경우 환지계획에 따른 환지에 대해서는 조합원이, 체비지 또는 보류지에 대해서는 사업시행자가 지목변경에 따라 취득한 것으로 본다"(지법 7조④후단 신설)로 법령을 이관·정비했다.(도시개발사업·주거환경개선사업 관련 사업자 및 취득자에 대한 나머지 감면특례는 여전히 지특법 74조③~⑤에서 규정하고 있음. 03 참조)
　　특히, 감면은 비과세와 달리 감면신청 등 형식적인 절차도 필요하지만, 감면된 세액을 사후에 추징하는 규정도 있어 감면의 요건이 훨씬 까다롭다.
[감면된 취득세의 추징](지특법 178조)
　　부동산에 대한 감면을 적용할 때 지방세특례제한법에서 특별히 규정한 경우를 제외하고는 다음의 어느 하나에 해당하면 그 해당 부분에 대해서는 감면된 취득세를 추징한다.('임대'는 직접사용에서 제외로 명문화, 지특법 2조①8호)

1. 정당한 사유 없이 그 취득일부터 1년이 경과할 때까지 해당 용도로 직접 사용하지 아니하는 경우
2. 해당 용도로 직접 사용한 기간이 2년 미만인 상태에서 매각·증여하거나 다른 용도로 사용하는 경우

[지방세 감면 특례의 제한: 최소납부제](지특법 177조의2)

① 지방세특례제한법에 따라 취득세 또는 재산세가 면제(지방세 특례 중에서 세액감면율이 100%인 경우와 세율경감률이 세율 전부를 감면하는 것)되는 경우에는 이 법에 따른 '취득세' 또는 '재산세'의 면제규정에도 불구하고 85%에 해당하는 감면율(지법 13조①~④의 세율은 적용하지 아니한 감면율을 말함. 즉, 중과되는 경우에는 일반세율을 적용한 세액의 85%만 감면된다는 뜻임)을 적용한다.

다만, 다음 각 호의 어느 하나에 해당하는 경우에는 그러하지 아니하다.

지방세법에 따라 산출한 취득세 및 재산세 세액이 다음의 어느 하나에 해당하는 경우 등

취득세: 200만원 이하(2022년부터 연부취득, 1년 이내 동일인에게 취득, 1년 이내 연접부동산 취득은 합산)

재산세: 50만원 이하(세부담 상한을 적용하기 이전의 산출액을 말함)

[지방세 감면 특례의 제한에 관한 적용례](2017.12.26. 개정 지특법 부칙 7조, 개정 지특법 177조의2)

지방세 감면 특례의 제한(지특법 177조의2①)의 개정규정은 다음 각 호의 구분에 따른 시기부터 적용한다.

1. 74조③4호·5호(현 ④3호, 주거환경개선사업의 취득세 100% 면제): 2019년 1월 1일
2. 74조①(재개발사업의 '환지계획 등에 따른 취득부동산' 취득세 100% 면제): 2020, 2021년만 적용

둘째, 도시개발사업으로 건축한 주택을 환지처분에 의해 취득하는 부동산에 대한 취득시기는 '취득시기' 부문에서 별도로 규정하여 사업초기에 취득세를 부담하는 문제를 해결하고 있다. 즉, "건축물을 건축 또는 개수하여 취득하는 경우에는 사용승인서(「도시개발법」51조①에 따른 준공인가증, 「도시 및 주거환경정비법 시행령」74조에 따른 준공인가증 및 그 밖에 건축 관계 법령에 따른 사용승인서에 준하는 서류를 포함한다)를 내주는 날(사용승인서를 내주기 전에 임시사용승인을 받은 경우에는 그 임시사용승인일을 말하고, 사용승인서 또는 임시사용승인서를 받을 수 없는 건축물의 경우에는 사실상 사용이 가능한 날을 말한다)과 사실상의 사용일 중 빠른 날을 취득일로 본다."(지령 20조⑥, 2019.5.31. 개정)

셋째, 주택조합 및 재건축조합·소규모재건축조합의 '조합원용 부동산' 취득에 대한 과세문제는 특례규정(지법 7조⑧)을 적용받으므로 해결이 된다. 주택조합의 '비조합원용 토지'에 대한 취득시기는 "사용검사를 받은 날(「주택법」49조)로 규정"(지령 20조⑦전단)하여 취득세 납부시기를 합리적으로 조정하고 있다.

넷째, 그러나 재건축조합·소규모재건축조합의 '비조합원용 토지'에 대한 취득시기는 "소유권 이전 고시일의 다음 날"에 그 토지를 취득한 것으로 본다.(지령 20조⑦후단)

5) 시설대여업자

「여신전문금융업법」에 따른 시설대여업자가 건설기계나 차량의 시설대여를 하는 경우로서 대여시설이용자의 명의로 등록하는 경우라도 그 건설기계나 차량은 시설대여업자가 취득한 것으로 본다.(지법 7조⑨)

즉, 취득세에서 소유권자는 리스이용자가 아니고 리스회사이므로, 리스회사에게 취득세 납세의무가 있다. 따라서 건설기계·차량을 리스하는 경우, 리스이용자 명의로 등록하는 경우라 하더라도 리스회사에게 취득세 납세의무가 있다는 것이다.

그러나 선박·항공기의 경우에는 리스회사가 아니라 리스이용자에게 납세의무가 있다.

6)운수업체명의로 등록된 차량의 대금을 사실상 지급한 자(지입차주)

기계장비·차량을 기계장비대여업체 또는 운수업체의 명의로 등록하는 경우(영업용으로 등록하는 경우로 한정함. 2015.7.24. 이후 분부터 적용)라도 해당 기계장비·차량의 구매계약서·세금계산서·차주대장(車主臺帳) 등에 비추어 기계장비·차량의 취득대금을 지급한 자가 따로 있음이 입증되는 경우 그 기계장비·차량은 취득대금을 지급한 자가 취득한 것으로 본다.(지법 7조⑩)

7)수입하는 자

외국인 소유의 취득세 과세대상 물건(차량·기계장비·항공기·선박만 해당함)을 직접 사용하거나 국내의 대여시설 이용자에게 대여하기 위하여 임차하여 수입하는 경우에는 수입하는 자가 취득한 것으로 본다.(지법 7조⑥)

[차량·기계장비·항공기·선박의 납세의무자 정리]

구분	납세의무자	해당규정
제조 등에 의한 경우	승계취득자(단, 선박은 주문건조일 경우 적용)	지법 7②단서
수입할 경우(실수요자)	수입하는 자(실소유자)	지법 7⑥
수입할 경우(리스용)	리스이용자에게 대여용으로 임차·수입하는 자	지법 7⑥

8)신탁재산의 위탁자 지위의 이전

「신탁법」10조에 따라 신탁재산의 위탁자 지위의 이전이 있는 경우에는 새로운 위탁자가 해당 신탁재산을 취득한 것으로 본다. 다만, 위탁자 지위의 이전에도 불구하고 신탁재산에 대한 실질적인 소유권 변동이 있다고 보기 어려운 경우로서 일정한 경우에는 그러하지 아니하다.

(지법 7조⑮. 2015.12.29. 신설하여 2016.1.1.부터 시행, 개정 지법 부칙 1조)

즉, 다음의 어느 하나에 해당하는 경우에는 위탁자 지위의 이전이 없는 것으로 본다.(지령 11조의3←11조의2, 2015.12.31. 신설)

1.「자본시장과 금융투자업에 관한 법률」에 따른 부동산집합투자기구의 집합투자업자가 그 위탁자의 지위를 다른 집합투자업자에게 이전하는 경우

2. 위 1호에 준하는 경우로서 위탁자 지위를 이전하였음에도 불구하고 신탁재산에 대한 실질적인 소유권의

변동이 없는 경우(2022년부터 삭제)

그리고 「신탁법」에 따라 신탁등기가 되어 있는 토지의 지목이 변경된 경우 지목변경에 따른 취득세 납세의무는 '수탁자'에게 있다.(지예 7-8)

[본 조항의 신설 이유: 조세부담 회피사례 방지]

과정: ①甲·乙이 매매계약 체결 → ②잔금지급 전 토지를 甲이 丙에게 신탁이전(취득세 비과세) → ③ 매매대금 지급 후 甲에서 乙로 위탁자 지위이전 → ④신탁종료 후 토지를 丙에서 乙에게 이전(본 조항이 없으면 취득세 비과세됨)
조세부담 회피: 위탁자 지위이전 시 취득세를 부과하지 않을 경우 토지를 甲→乙로 실제로 이전하였음에도 취득세를 과세하지 못하는 문제가 발생함. ⇒ 지법 7조⑮ 신설

참고로 「신탁법」에 따라 위탁자로부터 수탁자에게 신탁재산을 이전하는 경우, 신탁 종료로 인하여 수탁자로부터 위탁자에게 신탁재산을 이전하는 경우, 수탁자가 변경되어 신수탁자에게 신탁재산을 이전하는 경우에는, (형식적인 취득으로 보아) 취득세를 비과세한다.(지법 9조③)

하지만 「신탁법」에 따른 신탁이 아니라 '명의신탁'했을 경우에는 납세의무가 있는 것은 당연하고(보통 수탁자 명의로 납부할 것임), 명의신탁해지로 인하여 소유권이 실지소유자에게 이전되는 경우(납세의무성립 시기는 확정판결 시점이 아니라, 소유권이전등기일 시점임) '부동산'은 무상승계취득의 일종으로 취득세 납세의무가 다시 발생하게 된다.(지예 11-1 제1호) 그러나 주식의 경우에는 명의신탁한 사실이 명백하게 입증되면 당초 명의신탁한 시점에 이미 취득한 것으로 보아 납세의무가 없지만, 그렇지 않을 경우에는 명의신탁해지 시점에 다시 취득한 것으로 보아 납세의무를 부담하게 된다.

여기서는 부동산 명의신탁·명의신탁해지를 해설하고, 이어지는 '과점주주의 간주취득세'('12)'에서 주식의 명의신탁·명의신탁해지를 해설한다.

[명의신탁해지에 따른 취득세 납세의무 여부]

구분	납세의무 여부	관련 유권해석 등
부동산 명의신탁해지	납세의무 있음(판결시점 아니라 등기일시점) (명의신탁해지를 무상승계취득으로 간주)	대법 2005두13360, 2007.5.11. 등 다수
주식명의신탁해지 (과점주주 취득세)	명의신탁한 시점을 취득으로 봄. 설립시 과점주주는 납세의무 없음(단, 명의신탁 입증필수)	대법 2014두10943, 2017.6.14. 등 다수

(보충1)명의신탁 및 명의신탁해지로 인한 취득은 비과세 대상이 아님: 행안부의 운영예규·해석

지방세법 9조③에서 규정한 '신탁'이라 함은 「신탁법」에 의하여 위탁자가 수탁자에게 신탁등기를 하거나, 신탁해지로 수탁자로부터 위탁자에게 이전되거나 수탁자가 변경되는 경우를 말하며, 명의신탁해지로 인한 취득 등은 「신탁법」에 의한 신탁이 아니므로 이에 해당하지 아니한다.(【비과세되는 신탁의 범위】지예 9-3, 2011.7.1. 제정)
「부동산실명법」 13조와 지방세법 104조8호('취득의 개념', 현행 지법 6조1호) 및 110조1호('형식적인 소유권의 취득 등에 대한 비과세' 중 신탁관련 비과세, 현행 지법 9조③)의 규정에 의하면, 부동산의 취득은 취득자가 실질적으로 완전한 내용의 소유권을 취득하는가의 여부에 관계없이 소유권이전형식에 의한 부동산취득의 모든 경우를 의미하는 것인 바, 명의신탁해지로 소유권을 이전하는 경우에는 취득세 납세의무가 있음.(행정자치부 세정 13407-207, 2000.2.24.)

[명의신탁해지 시 세율 적용](지예 11-1 제1호.)
명의신탁해지의 판결에 의하여 소유권을 이전한 경우 소유권 취득대가로 법원의 반대급부지급명령을 받거나 사실상 반대급부를 지급한 사실이 입증되는 경우에는 지방세법 11조①7호의 세율(기타의 유상취득 세율: 농지 3%, 농지 외 4%), 반대급부를 지급하지 않은 경우에는 지법 11조①2호의 세율(무상취득 세율: 비영리사업자 2.8%, 그 외 3.5%)이 적용된다.

(보충2)명의신탁 및 명의신탁해지로 인한 취득시기: 대법원·행안부 동일
가. 명의신탁 시 취득시기: 등기일 보다 잔금지급일이 빠르면 사실상 잔금지급일
구 지방세법 105조②(현행 지법 7조②)은 취득세의 과세객체가 되는 부동산 취득에 관하여 민법 기타 관계 법령에 의한 등기·등록 등을 이행하지 아니한 경우라도 사실상 취득한 때에는 이를 취득한 것으로 본다고 규정하고 있는데, 여기에서 사실상의 취득이라 함은 일반적으로 등기와 같은 소유권 취득의 형식적 요건을 갖추지는 못하였으나 대금의 지급과 같은 소유권 취득의 실질적 요건을 갖춘 경우를 말한다고 할 것이고, 그 사실상의 취득자가 3자간 등기명의신탁 약정에 의하여 수탁자 명의로 소유권이전등기를 경료하고 자신의 명의로는 소유권이전등기를 경료하지 않았다고 하여 달리 볼 것은 아니다.(대법 2005두13360, 2007.5.11. 선고)
나. 명의신탁해지 시 취득시기: 판결시점 아니라 등기일(행자부 세정-4697, 2006.9.26.)
명의신탁관계를 해지한 단계이거나, 명의신탁해지를 원인으로 한 소유권이전등기 청구의 소에서 승소판결을 받고 그로 인한 소유권이전등기를 마치지 아니한 경우에는 '부동산의 취득'에 해당되지 아니함은 물론, 소유권 취득의 실질적인 요건을 갖추었다고 볼 수 없다는 대법원 판례(대법 2000두9311, 2002.7.12. 선고)를 고려할 때, 소유권이전등기 절차이행 청구의 소를 제기하여 승소판결을 받은 경우 당해 부동산의 취득일은 확정판결일이 아니라 소유권이전등기를 한 날로 보는 것이 타당함.

(보충3)토지 명의신탁 시 명의수탁자에게도 취득세 납세의무 있음: 대법원·행안부 동일
그러나 대법원은 '본래 납세의무자'를 명의신탁자로 일관되게 판시하고 있음.(아래 보충 5)
'부동산의 취득'이란 소유권 이전의 형식에 의한 부동산 취득의 모든 경우를 포함하는 것으로서, 명의신탁이나 명의신탁해지로 인한 소유권이전등기를 마친 경우도 여기에 해당되므로, 토지에 대한 명의신탁약정이 체결된 경우에는 명의수탁자도 취득세 납세의무를 부담하는 것으로 판시하고 있는 바(대법 2010두10549, 2010.9.9. 선고), 명의신탁약정에 의하여 수탁자에게 소유권이 이전된 토지의 경우에도 명의수탁자의 부동산 취득 시와 마찬가지로 지방세법 105조⑤(2010.3.31. 지방세기본법 제정으로 법조문이 전면개편되기 전의 조문으로 현행 7조④ - 저자 주)이 규정한 지목의 변경으로 인한 취득세의 납세의무는 명의수탁자에게 있고, 지목변경에 따른 실질적인 경제적 이익의 귀속주체가 명의신탁자라 하더라도 달리 볼 수 없음.(대법 2013두26323, 2014.3.27. 선고)

(보충4)종중과 상속의 경우 명의신탁·명의신탁해지 관련 납세의무: 행안부·조심 같음

가. 현행: 명의신탁·명의신탁해지지에 따른 납세의무 각각 있음.

1. 명의신탁해지에 따른 납세의무(조심 2013지567, 2013.10.17. 결정)

명의신탁이나 명의신탁해지로 인한 소유권이전등기를 마친 경우에도 지방세법 7조①에서 규정한 취득에 해당한다 할 것으로서, 그 소유의 부동산을 종중원에게 명의를 신탁하였다면 종중원이 소유권을 취득하는 것이며, 명의신탁자인 종중이 명의신탁계약을 해지하였다 하더라도 소유권이전등기를 넘겨받을 때까지는 그 부동산은 대외적으로 수탁자인 종중원의 소유에 속한다고 할 것이다.

이 건의 경우 종중원들이 종중인 청구인으로부터 명의신탁을 받아 대외적으로 소유권을 취득한 이 건 토지에 관하여 청구인이 다시 명의신탁해지를 원인으로 하여 소유권이전등기를 마쳤다면, 이로써 청구인들이 완전한 소유권을 행사할 수 있는 상태로 바뀌게 되어 이는 취득세 과세대상이 되는 소유권이전에 의한 부동산의 취득에 해당한다고 할 것이다.

2. 상속취득 이후 명의신탁 해지로 환원 시 (명의수탁자의 상속취득세) 납세의무 있음.

종중원의 사망으로 상속이 개시되어 상속인이 해당 부동산을 상속한 후 종중이 상속인을 상대로 제기한 소송에서, 해당 부동산에 대해서 명의신탁해지를 원인으로 한 소유권이전등기를 이행하라는 법원의 결정이 확정되었다고 하더라도, 적법한 절차에 의한 상속포기 등에 따라 해당 부동산을 상속하지 않았다고 볼 수 있는 특별한 사정이 없는 한 상속인에게 해당 부동산에 대한 취득세 납세의무가 있는 것임.(행정자치부 지방세운영과-196, 2014.12.4.)

나. 종전: 상속취득 이후 명의신탁해지로 환원 시 (명의수탁자의 상속취득세) 납세의무 없음

소유권이전등기는 청구인들의 의사와 무관하게 쟁점토지의 실제 매수인이자 명의신탁자가 명의수탁자와 청구인들을 상대로 제기한 소유권이전등기 청구소송에서 승소함에 따라 매매를 원인으로 명의수탁자로부터 명의신탁자에게로 경료된 명의신탁의 소유권이전등기를 말소하는 원상회복 조치의 결과이고, 관련법령에 따라 부동산 명의신탁은 무효이므로 궁극적으로 토지와 소유권을 명의수탁자로부터 실제 매수인에게로 이전하기 위한 과정의 일환으로 청구인들 앞으로 상속을 원인으로 소유권이전등기된 것에 불과하므로, 이를 취득세 과세대상이 되는 부동산의 취득으로 볼 수는 없음.(조심 2011지0392, 2011.9.6. ; 조심 2010지535, 2010.6.3. 결정)

(보충5)명의신탁해지 시 명의신탁자의 취득세 납세의무 없음.

가. 최근 판례들:

  명의신탁 시점에 이미 납세의무 성립됐으므로 재차 성립 불가함. 대법원·조심 동일

1. 명의신탁 시점에 납세의무 성립함: 납세의무자는 명의신탁자로 해석. 고영한 대법관 등 소수의견은 명의신탁 시는 명의수탁자, 명의신탁해지 시는 명의신탁자로 주장함.(대법 2014두43110, 2018.3.22. 선고)

[다수의견] 구 지방세법(2010.3.31. 개정 전) 105조①②(납세의무자, 현행 7조①②), 111조 ⑦(취득시기, 현행 10조⑦), 구 지방세법 시행령 73조①, ③본문(취득시기, 현행 지령 20조①, ③본문) 규정의 문언 내용과 아울러 구 지방세법 105조②에서 규정한 '사실상 취득'이란 일반적으로 등기와 같은 소유권 취득의 형식적 요건을 갖추지는 못하였으나 대금의 지급과 같은 소유권 취득의 실질적 요건을 갖춘 경우를 말하는 점 등을 종합하여 보면, 매수인이 부동산에 관한 매매계약을 체결하고 소유권이전등기에 앞서 매매대금을 모두 지급한 경우 사실상의 잔금지급일에 구 지방세법 105조②에서 규정한 '사실상 취득'에 따른 취득세 납세의무가 성립하고, 그 후 그 사실상의 취득자가 부동산에 관하여 매매를 원인으로 한 소유권이전등기를 마치더라도 이는 잔금지급일에 '사실상 취득'을 한 부동산에 관하여 소유권 취득의 형식적 요건을 추가로 갖춘 것에 불과하므로, 잔금지급일에 성립한 취득세 납세의무와 별도로 등기일에 구 지방세법 105조①에서 규정한 '취득'을 원인으로 한 새로운

취득세 납세의무가 성립하는 것은 아니다.(대법원 2010두28151, 2013. 3. 14. 선고 판결 참조).

이러한 법리는 매매대금을 모두 지급하여 부동산을 사실상 취득한 자가 3자 간 등기명의신탁 약정에 따라 명의수탁자 명의로 소유권이전등기를 마쳤다가 그 후 해당 부동산에 관하여 자신의 명의로 소유권이전등기를 마친 경우에도 마찬가지로 적용된다고 할 것이다. 그 이유는 다음과 같다.

(1) 명의신탁자가 소유자로부터 부동산을 양수하면서 명의수탁자와 사이에 명의신탁약정을 하여 소유자로부터 바로 명의수탁자 명의로 해당 부동산의 소유권이전등기를 하는 3자 간 등기명의신탁의 경우, 명의신탁자가 매매계약의 당사자로서 매도인과 매매계약을 체결하고 매매대금을 지급하며, 매매계약에 따른 법률효과도 명의신탁자에게 귀속된다. 부동산 실권리자명의 등기에 관한 법률(이하 '부동산실명법'이라 한다.)은 매도인과 명의신탁자 사이의 매매계약의 효력을 부정하는 규정을 두고 있지 아니하므로 그 매매계약이 효력이 없다고 보기 어렵다. 이렇듯 3자 간 등기명의신탁에서 명의신탁자의 매수인 지위는 일반 매매계약에서 매수인 지위와 근본적으로 다르지 않다. 3자 간 등기명의신탁의 명의신탁자에게 구 지방세법 105조②이 적용되지 않는다고 볼 만한 법적 근거도 없다. 따라서 명의신탁자가 부동산에 관한 매매계약을 체결하고 매매대금을 모두 지급하였다면 잔금지급일에 구 지방세법 105조 ②의 '사실상 취득'에 따른 취득세 납세의무가 성립한다.

(2) 명의신탁자가 부동산을 사실상 취득한 이후 자신의 명의가 아니라 명의수탁자 명의로 그 소유권이전등기를 마쳤더라도, 이는 취득세 납세의무가 성립한 이후에 발생한 사정에 불과하다. 더군다나 부동산실명법 4조① 및 ② 본문에 의하여 명의신탁약정과 그에 따른 명의수탁자 명의의 등기는 무효이다. 따라서 명의수탁자 명의의 소유권이전등기를 이유로 이미 성립한 명의신탁자의 취득세 납세의무가 소급하여 소멸한다거나 성립하지 않았다고 볼 수는 없다.

(3) 3자 간 등기명의신탁의 경우 명의신탁약정과 그에 따른 등기는 무효인 반면 매도인과 명의신탁자 사이의 매매계약은 유효하므로, 명의신탁자는 매도인에게 매매계약에 따른 소유권이전등기를 청구할 수 있고, 그 소유권이전등기청구권을 보전하기 위하여 매도인을 대위하여 무효인 명의수탁자 명의 등기의 말소를 구할 수도 있다(대법 2001다61654, 2002.3.15. 선고 판결 참조). 이는 명의신탁자가 명의수탁자 명의로 소유권이전등기를 마쳤다는 이유만으로 명의신탁자의 '사실상 취득'을 부정할 수 없다는 것을 뒷받침한다.

(4) 3자 간 등기명의신탁에서 명의신탁자가 명의수탁자 명의의 소유권이전등기를 말소한 다음 그 부동산에 관하여 매도인으로부터 자신의 명의로 소유권이전등기를 마치더라도, 이는 당초의 매매를 원인으로 한 것으로서 잔금지급일에 '사실상 취득'을 한 부동산에 관하여 소유권 취득의 형식적 요건을 추가로 갖춘 것에 불과하다. 그리고 명의신탁자가 당초의 매매를 원인으로 매도인으로부터 소유권등기를 이전받는 것이 아니라 명의수탁자로부터 바로 소유권등기를 이전받는 형식을 취하였다고 하여 위와 달리 평가할 수도 없다. 따라서 어느 경우이든 잔금지급일에 성립한 취득세 납세의무와 별도로 그 등기일에 새로운 취득세 납세의무가 성립한다고 볼 수는 없다.

이러한 법리는 매매대금을 모두 지급하여 부동산을 사실상 취득한 자가 3자 간 등기명의신탁 약정에 따라 명의수탁자 명의로 소유권이전등기를 마쳤다가 그 후 해당 부동산에 관하여 자신의 명의로 소유권이전등기를 마친 경우에도 마찬가지로 적용된다.

[대법관 고영한, 대법관 김신, 대법관 이기택, 대법관 김재형, 대법관 조재연의 반대의견]

부동산 실권리자명의 등기에 관한 법률 시행 이후 명의수탁자가 3자 간 등기명의신탁 약정에 따라 매도인으로부터 부동산의 등기를 이전받은 경우에도 등기의 효력과 관계없이 명의수탁자에게 구 지방세법 105조①에서 규정한 '취득'을 원인으로 한 취득세 납세의무가 성립한다고 보아야 한다. 그리고 이러한 경우에는 명의신탁자가 부동산에 관한 매매계약을 체결하고 매매대금을 모두 지급하였더라도 구 지방세법 105조②에서 규정한 '사실상 취득'에 따른 취득세 납세의무가 성립한다고 볼 수 없고, 그 후 명의신탁자가 무효인 명의수탁자 명의의 등기를 말소하고 당초 매매계약에 기하여 자기 앞으로 소유권등기를 이전받거나 또는 명의수탁자로부터 직접 자기 앞으로 소유권등기를 이전받는다면 그 등기 시에 명의신탁자에게 구 지방세법 105조①에서 규정한 '취득'을 원인으로 한 취득세 납세의무가 성립한다.

【참조판례】

대법 2003두10343, 2005.1.13. ; 대법 2005두13360, 2007.5.11.(공보 2007상, p.915), 대법 2010두28151, 2013.3.14.(공보 2013상, p.668), 대법 2013두18018, 2014.1.23. 선고 판결

2. 명의신탁 시점에 납세의무 성립함: 납세의무자는 명의신탁자로 해석. (대법 2010두28151, 2013.3.14. 선고)

구 지방세법(1984.12.24. 개정 전, 이하 '법'이라 함) 105조①(납세의무자, 현행 지법 7조①)은 취득세는 부동산 등의 '취득'에 대하여 그 취득자에게 부과한다고 규정하고, 제2항은 부동산 등의 취득에 있어서는 민법 기타 관계 법령에 의한 등기·등록 등을 이행하지 아니한 경우라도 '사실상 취득'한 때에는 이를 취득한 것으로 본다고 규정하고 있다.

그리고 법 111조⑦(취득시기, 현행 지법 10조⑦)의 위임에 따른 구 지방세법 시행령 73조(현행 지령 20조)는 취득세에 있어 취득시기에 관하여 ①에서 유상승계취득의 경우에는 그 계약상의 잔금지급일이나 사실상의 잔금지급일에 취득한 것으로 본다고 규정하고, ③ 본문에서 ①에 의한 취득일 전에 등기 또는 등록을 한 경우에는 그 등기일 또는 등록일에 취득한 것으로 본다고 규정하고 있다.

위와 같은 관련 규정의 문언 내용과 아울러 취득세는 본래 재화의 이전이라는 사실 자체를 포착하여 거기에 담세력을 인정하고 부과하는 유통세의 일종으로 구 지방세법(1984.12.24. 개정 전) 105조①(납세의무자, 현행 지법 7조①)에서 규정한 '취득'이란 소유권 이전의 형식에 의하여 부동산 등을 취득하는 모든 경우를 포함하는 것이고, ②에서 규정한 '사실상 취득'이란 일반적으로 등기와 같은 소유권 취득의 형식적 요건을 갖추지는 못하였으나 대금의 지급과 같은 소유권 취득의 실질적 요건을 갖춘 경우를 말하는 점(대법 2000두7896, 2002.6.28. ; 대법원 2000두9311, 2002.7.12. 선고 판결 등 참조) 등에 비추어 보면, <u>부동산에 관한 매매계약을 체결하고 소유권이전등기에 앞서 매매대금을 모두 지급한 매수인은 계약상 또는 사실상의 잔금지급일에 구 지방세법 105조②에서 규정한 '사실상 취득'에 따른 취득세 납세의무가 성립하는 것이고, 그 후 그 사실상의 취득자가 그 부동산에 관하여 매매를 원인으로 한 소유권이전등기를 마치더라도 이는 잔금지급일에 '사실상 취득'을 한 부동산에 관하여 소유권 취득의 형식적 요건을 추가로 갖춘 것에 불과하므로, 잔금지급일에 성립한 취득세 납세의무와 별도로 그 등기일에 구 지방세법 105조①에서 규정한 '취득'을 원인으로 한 새로운 취득세 납세의무가 성립하는 것은 아니라고 할 것이다.</u> 그리고 이러한 법리는 「부동산 실권리자명의 등기에 관한 법률」('부동산실명법')의 시행 전에 매매대금을 모두 지급하여 부동산을 사실상 취득한 자가 3자 간 등기명의신탁 약정에 따라 명의수탁자 명의로 소유권이전등기를 마쳤다가 그 후 「부동산실명법」 11조에서 정한 유예기간의 경과에 따라 무효가 된 명의수탁자 명의의 소유권이전등기를 말소한 다음 그 부동산에 관하여 당초 매매를 원인으로 하여 그 명의로 소유권이전등기를 마친 경우에도 마찬가지로 적용된다고 할 것이다.

같은 취지에서 원심이, 원고가 1981.5.8. 매도인인 소외 1로부터 이 사건 각 부동산을 매수한 후 늦어도 3자 간 등기명의신탁 약정에 따라 명의수탁자인 소외 2 명의로 소유권이전등기를 마친 1981.6.23.에는 그 매매대금을 모두 지급하여 이를 사실상 취득함으로써 취득세 납세의무가 성립하였고, 원고가 2007.1.2. 「부동산실명법」에서 정한 유예기간의 경과에 따라 무효가 된 소외 2명의의 등기를 말소한 다음 위 매매를 원인으로 하여 원고 명의로 소유권이전등기를 마쳤다고 해서 취득세 납세의무가 새롭게 성립하였다고 볼 수 없다고 판단한 것은 정당하고, 거기에 상고이유에서 주장하는 바와 같은 취득세의 납세의무 성립에 관한 법리오해 등의 위법이 없다.

3. 조세심판원 2010지535, 2013.3.14. 결정도 같은 취지의 결정임.

그러나 조세심판원은 그 이후의 판결에서 다시 명의수탁자(명의신탁 시)뿐만 아니라 명의신탁자(명의신탁해지 시)에게도 납세의무가 있는 것으로 해석함.

명의신탁해지에 따른 납세의무(조심 2013지567, 2013.10.17. 결정){위 (보충 4)가.1. 참조}

나. 종전 관례: 부동산에 대한 명의신탁해지 시 (명의신탁자에게) 취득세 납세의무 있음.

부동산의 명의신탁자가 수탁자명의의 부동산에 관하여 신탁해지를 원인으로 소유권이전등기를 마쳤다면, 이와 같은 부동산의 취득을 취득세 비과세대상인 구 지방세법 110조①4호(현행 지법 9조③) 소정의 취득에 해당한다고 할 수 없고, 새로운 부동산 취득으로 보아야 함. (대법 89누3489, 1990.3.9. 선고)

「**부동산 실권리자명의 등기에 관한 법률**」(약칭「**부동산실명법**」)제정(1995.7.1. 시행)

(1) 명의신탁약정 무효: 1995.7.1. 이후 명의신탁약정은 무효(「부동산실명법」4조).

　　　　　　　다만, 배우자간·종중 등은 예외인정(「부동산실명법」8조)

(2)「부동산실명법」상 규제대상: 명의신탁(계약명의신탁, 등기명의신탁)과 장기 미등기

① 계약명의신탁(명의신탁약정은 무효임. 그러나 거래상대방이 선의이면 등기는 유효)

　원소유자(매도자)로부터 부동산을 매입 시 원소유자는 명의신탁자가 있다는 사실을 모르는 상태에서 명의수탁자와 직접 계약을 체결하여 명의수탁자에게 등기를 이전해주는 경우임.

　[대법원은 "A씨가 B씨에게 명의만 빌려 소유권 등기를 한 것은「부동산실명법」을 위반해 무효인 만큼 이 약속을 위반해 아파트를 팔아도 횡령죄가 성립할 수 없다(사기죄만 인정)"고 봤다. 신탁 부동산을 마음대로 처분하면 횡령죄가 성립한다고 판시한 대법원 기존관례를 모두 변경했다. "「부동산실명법」을 위반한 명의신탁은「형법」상 보호 대상이 아니라는 점을 선언"한 데 의미가 있다. 대법 2016도18761, 2021.2.18. 선고 ☞**중간생략등기형(3자간) 명의신탁도 같음**(대법 2014도6992, 2016.5.19. 선고)

② 등기명의신탁(명의신탁약정·등기 모두 무효. 다만, 명의신탁자와의 매매계약은 유효)

　등기명의신탁은 원소유자로부터 명의신탁자가 부동산을 매입하면서 등기만 수탁자명의로 하는 것으로, 일반적으로 2자 간(명의신탁자와 명의수탁자)의 경우보다는 3자 간(원소유자, 명의신탁자와 명의수탁자)에 주로 발생함.

③ 장기 미등기

　등기신청 지연 기간이 3년을 초과하면 장기 미등기에 해당돼 과태료가 아닌「부동산 실명법」위반에 따른 과징금이 부과되는데,「부동산실명법」시행(1995.7.1) 이전에 부동산을 사놓고 자신의 명의로 등기하지 않고 있는 장기 미등기 부동산을 가지고 있는 사람은 1998.6.30.까지 실명전환하여야 과징금 부과에서 제외됨.(「부동산실명법」10조)

(3) 과징금 부과: 명의신탁자 등에게 부동산가액의 30% 이내 과징금 부과(법 5조③).

　다만, 조세포탈이나 법령제한 회피목적 아닌 경우 50% 감경(시행령 3조의 2, 별표)

(4) 과징금 부과기준: 과징금부과율 합계(아래 1호+2호) × 그 부동산가액(시행령 별표)

　1. 부동산평가액을 기준으로 하는 과징금 부과율

부동산평가액	과징금 부과율
5억원 이하	5%
5억~30억원	10%
30억원 초과	15%

제1장 제2장 제3장 제4장 제5장 제6장 제7장 제8장 제9장 제10장 제11장 제12장 제13장 제14장

2. 의무위반 경과기간을 기준으로 하는 과징금 부과율
   의무위반 경과기간 과징금 부과율
   1년 이하   5%
   1년~2년   10%
   2년 초과   15%

☞「부동산실명법」을 위반하여 무효인 명의신탁약정에 따라 등기했더라도, 명의신탁자가 명의수탁자를 상대로 그 등기의 말소를 구할 수 있다.(대법 2013다218156 전원합의체 판결, 2019.6.20. 선고)

[양도소득세 부과처분취소](대법원 2016두43091, 2016.10.27. 선고)

【판시사항】

[1] 명의신탁약정이 3자 간 등기명의신탁인지 또는 계약명의신탁인지 구별하는 기준

[2] 구 소득세법 104조①2의3호, 구 소득세법 시행령 167조의3①에서 말하는 '1세대 3주택 이상에 해당하는 주택'인지 판단하는 경우, 3자 간 등기명의신탁관계에서 명의신탁자가 명의신탁한 주택을 명의신탁자가 소유하는 것으로 보아 주택수를 산정하여야 하는지 여부(적극)

【판결요지】

[1] 명의신탁약정이 3자 간 등기명의신탁인지 아니면 계약명의신탁인지의 구별은 계약당사자가 누구인가를 확정하는 문제로 귀결되고, 계약명의자인 명의수탁자가 아니라 명의신탁자에게 계약에 따른 법률효과를 직접 귀속시킬 의도로 계약을 체결한 사정이 인정된다면 명의신탁자가 계약당사자이므로, 이 경우의 명의신탁관계는 3자 간 등기명의신탁으로 보아야 한다.(대법 2010다52799, 2010.10.28. 선고 참조)

[2] 구 소득세법(2009.12.31. 개정되기 전의 것) 104조①2의3호, 구 소득세법 시행령(2009.12.31. 개정되기 전의 것) 167조의3①에서 말하는 '1세대 3주택 이상에 해당하는 주택'인지 여부를 판단할 때, 3자 간 등기명의신탁관계에서 명의신탁자가 명의신탁한 주택은 명의신탁자가 소유하는 것으로 보아 주택수를 산정하여야 한다. 그 이유는 다음과 같다.

위 조항은 투기 목적의 주택 소유를 억제하여 주택 가격의 안정과 주거생활의 안정을 도모하려는 취지에서 양도소득세를 중과세하는 것으로 다주택 보유에 따른 담세력을 근거로 한다.

그런데 3자 간 등기명의신탁의 경우 명의신탁약정과 그에 따른 수탁자 명의의 등기는 무효이나 매도인과 명의신탁자 사이의 매매계약은 여전히 유효하다. 따라서 명의신탁자는 매도인에게 매매계약에 기한 소유권이전등소유권이전등기를 청구할 수 있고, 소유권이전등기청구권을 보전하기 위하여 매도인을 대위하여 무효인 명의수탁자 명의 등기의 말소를 구할 수도 있다.(대법 2001다61654, 2002.3.15. 선고 참조)

또한 매도인과 명의신탁자 사이의 매매계약이 유효한 이상 명의신탁자로부터 매매대금을 전부 수령한 매도인은 소득세법상 양도소득세 납세의무를 부담하게 되고, 이후 명의신탁자가 자신의 의사에 따라 부동산을 양도할 경우 양도소득에 대한 납세의무는 명의신탁자가 부담하여야 한다.

이와 같이 3자 간 등기명의신탁관계에서는 명의신탁자가 대상 주택을 지배·관리하면서 사실상 이를 처분할 수 있는 지위에 있고 처분에 따른 소득의 귀속주체가 된다는 점에서, 투기 목적의 주택 소유를 억제하려는 위 조항의 입법 취지 등을 고려할 때 위 조항의 적용에서는 명의신탁자가 대상 주택을 소유하는 것으로 봄이 옳다.

【참조조문】「민법」103조

【참조판례】대법 2010다52799, 2010.10.28. 선고 ; 대법 2001다61654, 2002.3.15. 선고

[취득세 등 부과처분취소](대법 2012두28414, 2017.7.11. 선고)

【판시사항】

[1] 구 지방세법 105조②(납세의무자 규정으로 현행 지법 7조②)에서 정한 '사실상 취득'의 의미 / 계약명의신탁에 의하여 부동산의 등기를 매도인으로부터 명의수탁자 앞으로 이전한 경우, 매매대금을 부담한 명의신탁자에게 취득세 납세의무가 성립하는지 여부(소극, 즉 명의수탁자가 취득세 납세의무자임)

[2] 타인을 통하여 부동산을 매수하면서 매수인 명의를 타인 명의로 하기로 한 경우, 그 명의신탁관계는 계약명의신탁에 해당하는지 여부(원칙적 적극)

【판결요지】

[1] 구 지방세법(2005.8.4. 개정되기 전의 것) 105조에 의하면 취득세는 취득세 과세물건인 부동산 등을 취득한 자에게 부과하고(제1항), 민법 등 관계 법령의 규정에 의한 등기 등을 이행하지 아니한 경우라도 사실상 취득한 때에는 이를 취득한 것으로 보도록 하고 있다(제2항). 여기서 사실상의 취득이란 일반적으로 등기와 같은 소유권 취득의 형식적 요건을 갖추지는 못하였으나 대금의 지급과 같은 소유권 취득의 실질적 요건을 갖춘 경우를 말한다.(대법 98두17067, 1999.11.12. ; 대법 2004두6761, 2006.6.30. 선고 등 참조) 그런데 계약명의신탁에 의하여 부동산의 등기를 매도인으로부터 명의수탁자 앞으로 이전한 경우 명의신탁자는 매매계약의 당사자가 아니고 명의수탁자와 체결한 명의신탁약정도 무효이어서 매도인이나 명의수탁자에게 소유권이전등기를 청구할 수 있는 지위를 갖지 못한다. 따라서 명의신탁자가 매매대금을 부담하였더라도 그 부동산을 사실상 취득한 것으로 볼 수 없으므로, 명의신탁자에게는 취득세 납세의무가 성립하지 않는다.(대법 2012두14804, 2012.10.25. 선고 참조)

[2] 명의신탁약정이 3자 간 등기명의신탁인지 아니면 계약명의신탁인지를 구별하는 것은 계약당사자를 확정하는 문제로서, 타인을 통하여 부동산을 매수하면서 매수인 명의를 그 타인 명의로 하기로 하였다면, 계약명의자인 명의수탁자가 아니라 명의신탁자에게 계약에 따른 법률효과를 직접 귀속시킬 의도로 계약을 체결하였다는 등의 특별한 사정이 없는 한, 그 명의신탁관계는 계약명의신탁에 해당한다고 보아야 한다.

(대법 자 2013스133, 2013.10.7. 결정 참조)

【참조관례】

[1]대법 98두17067, 1999.11.12. ; 대법 2004두6761, 2006.6.30. ; 대법 2012두14804, 2012.10 25. 선고

[2]대법 자 2013스133, 2013.10.7. 선고

☞ 같은 날짜의 다음 대법원 판결도 계약명의신탁의 경우 명의수탁자가 납세의무자임.
　　대법 2014두8803, 2017.7.11. ; 대법 2012두28414, 2017.7.11. 선고

☞ **조세심판원도 같은 취지임:**

계약명의신탁의 경우 명의신탁자는 매도인이나 명의수탁자에게 소유권이전등기를 청구할 수 있는 지위를 갖지 못하며, 장래에 적법한 소유권을 취득할 수 있는 잠재적 가능성이 전혀 존재하지 않으므로 부동산을 사실상 취득하였다고 볼 수 없음.(조심 2015지0856, 2016.3.17. ; 조심 2015지0483, 2015.6.30. ; 조심 2014지0208, 2015.4.14. 결정 등)

9)배우자 또는 직계존비속 간 거래: '증여 간주' 원칙, '유상 취득' 예외 인정

①'증여 간주' 원칙, '유상 취득' 예외 인정

배우자 또는 직계존비속의 부동산 등을 취득하는 경우에는 증여로 취득한 것으로 본다. 다만, 다음의 어느 하나에 해당하는 경우에는 유상으로 취득한 것으로 본다.(지법 7조⑪)(상증법 44조①도 같음 - 저자 주)

1. 공매(경매를 포함)를 통하여 부동산 등을 취득한 경우
2. 파산선고로 인하여 처분되는 부동산 등을 취득한 경우
3. 권리의 이전이나 행사에 등기 또는 등록이 필요한 부동산 등을 서로 교환한 경우
4. 해당 부동산 등의 취득을 위하여 그 대가를 지급한 사실이 다음의 어느 하나에 의하여 증명되는 경우

　가. 그 대가를 지급하기 위한 취득자의 소득이 증명되는 경우

　나. 소유재산을 처분 또는 담보한 금액으로 해당 부동산을 취득한 경우

　다. 이미 상속세 또는 증여세를 과세(비과세 또는 감면받은 경우를 포함) 받았거나 신고한 경우로서 그 상속 또는 수증 재산의 가액으로 그 대가를 지급한 경우

　라. 가목~다목에 준하는 것으로서 취득자의 재산으로 그 대가를 지급한 사실이 입증되는 경우

②증여 간주금액

매매대금 중 거래가 입증되는 금액은 유상취득으로, 입증되지 아니한 금액은 증여로 취득한 것으로 보아야 할 것인 바, 시가인정액에서 입증된 가액을 제외한 금액은 증여로 보아 세율 등을 적용하게 된다.(지법 10조의2⑥, 2023.1.1. 개정 시행)

10)부담부(負擔附) 증여

증여자의 채무를 인수하는 부담부(負擔附) 증여의 경우에는 그 채무액에 해당하는 부분은 부동산 등을 유상으로 취득하는 것으로 본다. 다만, 배우자 또는 직계존비속으로부터의 부동산 등의 부담부 증여의 경우에는 위 증여 규정('9)', 지법 7조⑪)을 적용한다.(지법 7조⑫, 2017.12.26. 단서 신설)}

즉, 배우자·직계존비속 간의 부담부 증여가 아닌 경우에는 원칙적으로 채무인수부분만 유상 거래로 인정하지만, 배우자·직계존비속 간의 부담부 증여인 경우에는, 2018년부터는 위 증여 규정('9)'에 따라 유상거래분과 무상거래분을 증빙자료 등으로 파악하여 그 실질에 따라 정확히 과세한다는 의미이다.(지법 10조의2⑥, 2023.1.1. 개정 시행)

[지침: 특수관계인 간 거래 시 소득금액 인정 범위 지침 통보]

(행자부 지방세운영과−2291, 2016.9.2.)

지방세법 7조⑫에서 증여자의 채무를 인수하는 부담부 증여의 경우에는 그 채무액에 상당하는 부분은 부동산등을 유상으로 취득한 것으로 본다고 규정하고 있으나, 같은 법 7조⑪에서 배우자 또는 직계존비속의 부동산 등을 취득 시 수증자가 소득이 없어 승계받은 채무를 부담할 능력이 없는 등의 경우에는 사실상 채무를 인수받았다고 보기 어려워 유상성을 인정하기 어렵다고 할 것입니다.

다만, 배우자 간의 소득은 공동으로 이룬 것(대법 2000다58804, 2001.5.8. 선고)으로 볼 수 있으므로 아래와 같이 배우자 간·직계존비속 간의 거래에 있어, 배우자의 소득 인정 범위와 관련한 지침을 통보하오니, 지방자치단체 간 세정운영의 혼선이 없도록 조치하여 주시기 바랍니다.

〈배우자 간·직계존비속 간 거래 시 배우자의 소득 인정 범위〉

구분	부부 간 거래	본인과 직계존비속 간 거래
부담부(채무승계) 증여	배우자의 소득도 인정	배우자의 소득도 인정
일반매매	본인소득만 인정	배우자의 소득도 인정

다만, 배우자 간·직계존비속 간 매매형태의 거래인 경우 대금지급 사실 입증 전제. 끝.

양도소득세는 '양도차익'에 대해 세금계산을 하는데 비해, 증여세는 '증여가액 전체'에 대해 세금계산을 하므로, 일반적으로는 증여로 볼 때 세금이 더 많다. 따라서 국세분야에서는 증여세를 회피하기 위해 양도로 가장하는 것을 방지하기 위해 '증여추정' 규정을 둔 것이다. 하지만 배우자 등과의 거래일지라도 위의 단서처럼 확실히 양도로 볼 수 있는 경우에는 양도로 인정한다.{배우자 등과의 거래에 대한 증여추정(상증법 44조①), 배우자 등과의 부담부 증여(상증법 47조③)} 이 경우 증여추정에 대한 입증책임은 과세관청에 있다.(대법 92누5546, 1992.7.28. 선고 등)

그러나 취득세의 경우에는 국세(양도소득세·증여세)와는 달리 유상취득(농지 3% ; 기타 4% ; 주택은 6억원 이하 1%, 6~9억원 평균 2%, 9억원 초과 3%) 등과 무상취득(3.5%) 중 일률적으로 어느 쪽이 유리하다고 단정 짓기는 어렵다. 조세부과가 꼭 세금을 가급적 많이 징수하는 것을 목적으로 하지는 않기 때문에 실질에 맞게 합리적으로 규정한 것이라 판단된다.

참고로 국세의 부담부 증여에 대한 규정은 아래와 같다.

[부담부 증여에 대한 양도소득세·증여세의 적용](취득세와 같은 논리임)

구분	내용		세금 부담
배우자·직계존비속 간의 부담부 증여	전체를 증여추정		채무부담분 포함, 전체에 증여세 과세(수증자)
	채무인수액 입증	채무부담분	양도소득세 과세(증여자)
		초과증여부분	증여세 과세(수증자)
기타 자와의 부담부 증여	채무부담분		양도소득세 과세(증여자)
	초과증여부분		증여세 과세(수증자)

706 | 제9장 취득세

(보충)증여재산을 초과하는 채무를 인수하면, 초과액은 수증자가 증여자에게 증여한 것임.
수증자가 인수한 채무액이 증여재산가액을 초과하는 경우에는 당해 초과하는 금액에 대하여 상증법 36조 (채무면제 등에 따른 증여)에 따라 수증자가 증여자에게 증여한 것으로 본다.(상속증여−2215, 2015.12.1.)

11)상속등기 후의 재분할

상속개시 후 상속재산에 대하여 등기·등록·명의개서(名義改書) 등('등기 등')에 의하여 각 상속인의 상속분이 확정되어 등기 등이 된 후, 그 상속재산에 대하여 공동상속인이 협의하여 재분할한 결과 특정 상속인이 당초 상속분을 초과하여 취득하게 되는 재산가액은 그 재분할에 의하여 상속분이 감소한 상속인으로부터 증여받아 취득한 것으로 본다. 다만, 다음의 어느 하나에 해당하는 경우에는 그러하지 아니하다.(지법 7조⑬)

1. 상속개시일이 속하는 달의 말일부터 6개월(상속인이 외국에 주소를 둔 경우에는 9개월, 지법 20조①) 내에 재분할에 의한 취득과 등기 등을 모두 마친 경우
2. 상속회복청구의 소에 의한 법원의 확정판결에 의하여 상속인 및 상속재산에 변동이 있는 경우
3. 채권자대위권의 행사(「민법」 404조)에 의하여 공동상속인들의 법정상속분대로 등기 등이 된 상속재산을 상속인 사이의 협의분할에 의하여 재분할하는 경우
   (보충)채권자 대위권: 채권자가 자기의 채권을 보전하기 위하여 그의 채무자에게 속하는 권리를 행사할 수 있는 권리를 말함.(「민법」 404조)

12)과점주주의 간주취득세

①과세개요
법인의 주식 또는 지분을 취득함으로써 과점주주(지법 7조⑤←지기법46조2호)가 되었을 때에는 그 과점주주가 해당 법인의 부동산 등(법인이 「신탁법」에 따라 신탁한 재산으로서 수탁자 명의로 등기·등록이 되어 있는 부동산 등을 포함. 2016.1.1. 신설)을 취득(법인설립 시에 발행하는 주식 또는 지분을 취득함으로써 과점주주가 된 경우에는 취득으로 보지 아니함)한 것으로 본다. 이 경우 과점주주는 연대납세의무(지기법 44조①에 따라 '공유물'에 대한 연대납세의무를 말함 - 저자 주)가 있다.(지법 7조⑤)
위 본문 괄호의 개정으로 과점주주의 간주취득세 계산 시 과세표준에 2016.1.1.부터는 '법인'이 「신탁법」에 따라 신탁한 재산으로서 수탁자 명의로 등기·등록이 되어 있는 부동산 등이 포함된다. 이 내용을 법조문에 명시적으로 규정한 이유는 다음과 같다.
첫째, 기존의 지방세 운영 예규(구 통칙)으로 규정하고 있던 내용과 일치시켜 당초의 취지를 명확히 한 것이다. 바로 이 운영 예규다. "「신탁법」에 따라 신탁등기가 되어 있는 토지의 지목이 변경된 경우 지목변경에 따른 취득세 납세의무는 '수탁자'에게 있다."(지예 7-8)

둘째, 당초 취지와 반대되는 대법원 판결(2014.9.4. 선고)에 따라 법조문을 명확하게 보완한 것이다. 바로 다음의 대법원 판례이다.

[신탁재산과 과점주주취득세 과세대상 범위](대법 2014두36266, 2014.9.4. 선고)
법인의 과점주주에 대하여 그 법인의 재산을 취득한 것으로 보아 취득세를 부과하는 것은 과점주주가 되면 해당 법인의 재산을 사실상 임의처분하거나 관리·운용할 수 있는 지위에 서게 되어 실질적으로 그 재산을 직접 소유하는 것과 크게 다를 바 없다는 점에서 담세력이 있다고 보기 때문이다. 그런데 「신탁법」상의 신탁은 위탁자가 수탁자에게 특정의 재산권을 이전하거나 기타의 처분을 하여 수탁자로 하여금 신탁 목적을 위하여 재산권을 관리·처분하게 하는 것이므로, 부동산 신탁에 있어 수탁자 앞으로 소유권이전등기를 마치게 되면 대내외적으로 소유권이 수탁자에게 완전히 이전되고 위탁자와의 내부관계에서 소유권이 위탁자에게 유보되는 것이 아니며, 이와 같이 신탁의 효력으로서 신탁재산의 소유권이 수탁자에게 이전되는 결과 수탁자는 대내외적으로 신탁재산에 대한 관리권을 갖게 된다.(대법 2010다84246, 2011.2.10. 선고판결 참조) 따라서 신탁계약이나 「신탁법」에 의하여 수탁자가 위탁자에 대한 관계에서 신탁 부동산에 관한 권한을 행사할 때 일정한 의무를 부담하거나 제한을 받게 되더라도 그것만으로는 위탁자의 과점주주가 신탁 부동산을 사실상 임의처분하거나 관리·운용할 수 있는 지위에 있다고 보기도 어렵다.
이와 같은 과점주주에 대한 간주취득세 제도의 취지와 신탁의 법률관계 등에 비추어 보면, 어느 법인의 부동산이 「신탁법」에 의한 신탁으로 수탁자에게 소유권이 이전된 후 그 법인의 과점주주가 되거나 그 법인의 주식 또는 지분 비율이 증가된 경우에는 특별한 사정이 없는 한 신탁 부동산을 그 법인이 보유하는 부동산으로 보아 그 법인의 과점주주에게 구 지방세법(2010.3.31. 전부 개정되기 전의 것) 105조⑥(현행 지법 7조⑤) 등에서 정한 간주취득세를 부과할 수는 없다고 봄이 타당하다.

[과점주주에 대한 간주취득세 과세 합헌 결정](헌재 2005헌바45, 2006.6.29. 결정)
1. 구 지방세법(2010.3.31. 전부 개정되기 전의 것) 105조⑥(현행 지법 7조⑤) 중 "법인의 주식 또는 지분을 취득함으로써 과점주주가 된 때에는 그 과점주주는 당해 법인의 부동산·차량·기계장비·입목·항공기·선박·광업권·어업권·골프회원권·콘도미니엄회원권 또는 종합체육시설이용회원권을 취득한 것으로 본다"는 본문 부분(이하 '이 사건 법률조항'이라 함)이 재산권을 침해하는지 여부(소극)
2. 이 사건 법률조항이 비상장법인 설립 후의 과점주주가 된 자를 차별하여 평등권을 침해하는지 여부(소극)

②과점주주의 범위

주주 또는 유한책임사원 1명과 그의 특수관계인 중 일정한 자로서 그들의 소유주식의 합계 또는 출자액의 합계가 해당 법인의 발행주식 총수 또는 출자총액의 50%를 초과(2007.12.31.까지는 51% 이상)하면서 그에 관한 권리를 실질적으로 행사하는 자들을 '과점주주'라 한다.

(과점주주의 범위를 '제2차 납세의무자'와 달리 규정하기 위해 2023년부터 지법 7조⑤←지기법 46조2호)
[51% 이상→50% 초과로 법령 개정에 따른 과세방법에 유의](2007.12.31. 개정 지방세법 부칙 2조②)
과점주주에 대한 정의가 "51% 이상→50% 초과"로 지방세법(구 지법 22조2호)이 개정됨에 따라 새로이 과점주주에 해당되더라도(50% 초과~51% 미만 소유집단), 주식의 취득행위가 없다면 과세할 수가 없다. 그러나 "지법 22조2호(현행 지기법 46조2호) 개정규정의 시행으로 인하여 과점주주가 아니었던 자가 과점주주가 된 경우에는, 이 법 시행 후 최초로 주식 또는 지분을 취득하는 날에 해당 과점주주가 소유하고 있는 해당 법인의 주식 또는 지분을 모두 취득한 것으로 보아 지법 105조⑥(현행 지법 7조⑤)을 적용한다"(2007.12.31. 개정 지법 부칙 2조②)라고

708 | 제9장 취득세

규정하고 있는 바, '50.1%→50.2%' '50.0%→50.2%' 등으로 지분율이 상승하면 과점주주 간주취득세는 50.2% 전체에 대해 납세의무를 부담하게 된다.

그리고 과점주주의 판단은 쌍방관계를 모두 파악해야 한다. 법조문에 한 집단만 과세대상으로 한다는 규정이 없고, 한 회사에 과점주주가 2 이상이 있을 수 없는 바, 각 주주를 기준으로 특수 관계인 집단의 지분 중 과점주주 비율이 가장 높은 집단 하나를 기준으로 간주취득세를 과세하게 된다.(행안부 도세-751, 2008.5.6.도 같은 취지)

[과점주주의 특수관계인 판단방법](행안부 도세-751, 2008.5.6.)

과점주주를 판정함에 있어 어느 주주를 기준으로 하든 그 특정주주의 친족 및 특수관계인의 주식수를 합하여 50% 초과 및 소유주식비율의 증가 여부를 판단하는 것이므로, A개인을 기준으로 하였을 때 E개인은 A개인과 특수관계가 성립되지 않는다 하더라도 C개인을 기준으로 판단하였을 때 C개인과 E개인이 친족 기타 특수관계가 성립되는 경우에는 C개인을 중심으로 판단하여야 함.

따라서 '갑'법인에 있어 C개인과 A개인·B개인·D개인·E개인이 특수관계인이 되는 것이며, 이들 소유합계인 95.4%가 과점주주 주식소유비율이 되는 것임.

{같은 취지의 유권해석들: 행안부 지방세운영과-5116, 2010.10.27. ; 행안부 지방세운영과-2937, 2010.7.12. ; 행안부 세정-304, 2008.1.22. ; 행안부 세정-246, 2008.1.18. ; 행안부 세정-244, 2008.1.18. 등 다수}

A. 비상장법인과 코스닥시장 상장법인만 해당(유가증권시장 상장법인 제외)

주식을 「자본시장과 금융투자업에 관한 법률」에 따른 유가증권시장에 상장한 법인은 제외한다.(지법 7조⑤2호←지기법 46조 본문 및 2호 "이하 '과점주주'"로 규정해놓음)

하지만 코스닥시장 상장법인의 경우에는 과점주주 간주취득세를 2024년 12월 31일까지 면제한다.(지특법 57조의2⑤8호, 2018.12.31. 개정)

[과점주주 간주취득세를 2021.12.31.까지 면제하는 법인]

(지특법 57조의2⑤, 2018.12.31. 개정하여 3년 더 연장. 2014.12.31. 신설된 것임.)

1. 「금융산업의 구조개선에 관한 법률」에 따른 제3자의 인수, 계약이전에 관한 명령 또는 계약이전결정을 받은 부실금융기관으로부터 주식·지분을 취득하는 경우
2. 금융기관이 법인에 대한 대출금을 출자로 전환함에 따라 해당 법인의 주식·지분을 취득하는 경우
3. 「독점규제 및 공정거래에 관한 법률」에 따른 지주회사(「금융지주회사법」에 따른 금융지주회사를 포함하되, 지주회사가 「독점규제 및 공정거래에 관한 법률」 2조3호에 따른 동일한 기업집단 내 계열회사가 아닌 회사의 과점주주인 경우를 제외가 되거나 지주회사가 같은 법 또는 「금융지주회사법」에 따른 자회사의 주식을 취득하는 경우. 다만, 해당 지주회사의 설립·전환일부터 3년 이내에 「독점규제 및 공정거래에 관한 법률」에 따른 지주회사의 요건을 상실하게 되는 경우에는 면제받은 취득세를 추징한다.
4. 「예금자보호법」에 따른 예금보험공사 또는 정리금융회사가 같은 법 36조의5① 및 38조에 따라 주식·지분을 취득하는 경우
5. 한국자산관리공사가 「금융회사부실자산 등의 효율적 처리 및 한국자산관리공사의 설립에 관한 법률」에 따라 인수한 채권을 출자전환함에 따라 주식·지분을 취득하는 경우
6. 「농업협동조합의 구조개선에 관한 법률」에 따른 농업협동조합자산관리회사가 인수한 부실자산을 출자전환함에 따라 주식·지분을 취득하는 경우

7. 조세특례제한법 38조①의 요건을 모두 갖춘 주식의 포괄적 교환·이전으로 완전자회사의 주식을 취득하는 경우. 다만, 같은 법 38조②에 해당하는 경우(38조③에 해당하는 경우는 제외)에는 면제받은 취득세를 추징한다.

8. 「자본시장과 금융투자업에 관한 법률」에 따른 코스닥시장(지특령 28조의2④)에 상장한 법인의 주식을 취득한 경우

B. 과점주주가 된 때의 기준: 주주명부 명의개서일

'과점주주가 된 때'라 함은 잔금지급 여부 등에 불문하고 '주주명부의 명의개서일'을 말한다.

(행심 2005-196, 2005.6.27.)

[과점주주의 취득시기 판단](대법 2011두24842, 2013.3.14. 선고)

구 지방세법(2006.12.30. 개정 전의 것. 즉, 2010.3.31. 지방세기본법 제정으로 법조문이 전면개편되기 전의 법률임 - 저자 주) 22조2호('과점주주' 규정. 현행 지기법 46조2호), 105조⑥('과점주주 간주취득세' 규정. 현행 지법 7조⑤) 규정의 문언 내용과 아울러, 구 지방세법 22조2호에서 말하는 '주주'나 '소유'의 개념에 대하여 구 지방세법이 별도의 정의 규정을 두고 있지 않은 이상 민사법과 동일하게 해석하는 것이 법적 안정성이나 조세법률주의가 요구하는 엄격해석의 원칙에 부합하는 점, 주식은 취득세의 과세대상물건이 아닐 뿐만 아니라, 구 지방세법 22조2호는 출자자의 제2차 납세의무에 관하여 규정하면서 그 이하의 조항에서 말하는 과점주주의 개념을 일률적으로 정의하고 있어서(즉 '이하 같다'로 규정한 것을 말함 -저자 주), 위 규정에서 말하는 '주주'가 되는 시기나 주식의 '소유' 여부를 결정할 때도 취득세에서의 취득시기에 관한 규정이 그대로 적용된다고 보기는 어려운 점 등을 종합하면, 이들 규정에서 말하는 '주주'나 '과점주주'가 되는 시기는 특별한 사정이 없는 한 **'사법상 주식 취득의 효력이 발생한 날'**('주주명부 명의개서일' 등 - 저자 주)을 의미한다.

③과점주주가 보유한 '주식 등의 비율'이 증가·감소될 경우의 적용 기준

A. 최초로 과점주주가 된 경우: 그날에 해당 과점주주가 모두 취득한 것으로 봄. 다만 법인설립 시에는 과세 제외함.

법인의 과점주주가 아닌 주주 또는 유한책임사원이 다른 주주 또는 유한책임사원의 주식 또는 지분('주식 등')을 취득하거나 증자 등으로 최초로 과점주주가 된 경우에는 최초로 과점주주가 된 날 현재 해당 과점주주가 소유하고 있는 법인의 주식 등을 모두 취득한 것으로 보아 과점주주 간주취득세를 부과한다.(지령 11조①)

B. 과점주주의 지분율이 감소되었다가 증가된 경우: 과거 최고비율보다 증가된 지분율 부분만 과세(2016.1.1.부터 적용)

이미 과점주주가 된 주주 또는 유한책임사원이 해당 법인의 주식 등을 취득하여 해당 법인의 주식 등의 총액에 대한 과점주주가 가진 주식 등의 비율('주식 등의 비율')이 증가된 경우에는 그 증가분을 취득으로 보아 과점주주 간주취득세를 부과한다. 다만, 증가된 후의 주식 등의

비율이 해당 과점주주가 이전에 가지고 있던 주식 등의 최고비율보다 증가되지 아니한 경우에는 취득세를 부과하지 아니한다.(지령 11조②. 2015.12.31.까지는 "'당해' 과점주주가 가지고 있던 '5년 이내'의 최고 지분비율"로 규정되어 있었음.)

가. '당해 과점주주'에서 '당해'를 삭제한 의미(2016.1.1.부터 적용)

    ⓐ과세관청의 해석 및 적용

        당해 발행법인의 주식을 취득함에 있어서 기존의 과점주주와 특수관계는 있으나 주식을 소유하지 않은 특수관계인이 새로이 주식을 취득함으로써 과점주주가 되는 경우에, 과점주주의 내부거래에 해당되어 납세의무가 발생하는 것으로 해석.

    ⓑ대법원 판례(대법 2002두1144, 2004.2.27. ; 대법 2007두10297, 2007.8.23. 선고)

        당해 발행법인의 주주가 아니었던 자가 기존의 과점주주로부터 그 주식 또는 지분의 일부를 이전받아 새로이 과점주주에 포함되었다고 하더라도, 일단의 과점주주 전체가 보유한 총주식 또는 지분율에 변동이 없는 한 과점주주 간주취득세의 대상이 아니라고 판결.

    ⓒ'당해'를 삭제한 의미: 대법원 판결 내용을 수용한 것임

        대법원 판례에서는 일관되게 '과점주주 집단 전체의 지분율이 핵심'이며, 특정 특수관계인이 과점주주 집단에 새로 포함된다고 하여 달리 볼 것은 아니라고 판결함에 따라, 대법원 판결과 일치시킨 것임.

나. '5년 이내의 최고 지분비율'에서 '5년 이내'를 삭제한 의미(2016.1.1.부터 적용)

    본 시행령 개정으로 법인설립 시점까지 확장하여 과점비율을 판단하며 지분율이 증가되지 않았을 경우에는 과점주주 간주취득세를 과세하지 않게 된 것이다. 따라서 만일 법인설립 시 과점주주 지분율이 100%였다면, 2016년부터는 이 과점주주 집단은 간주취득세 과세문제에서 벗어난 것이다.

C. 주식양도 등으로 일반주주로 되었다가 다시 과점주주가 된 경우: 과거 최고비율보다 증가된 지분율 부분만 과세(2010.1.1.부터 적용)

    과점주주였으나 주식 등의 양도, 해당 법인의 증자 등으로 <u>과점주주에 해당되지 아니하는 주주 또는 유한책임사원이 된</u> 자가 해당 법인의 주식 등을 취득하여 다시 과점주주가 된 경우에는 다시 과점주주가 된 당시의 주식 등의 비율이 그 이전에 과점주주가 된 당시의 주식 등의 비율보다 증가된 경우에만 그 증가분만을 취득으로 보아 과점주주 간주취득세를 부과한다.(지령 11조③. 2009.12.31.까지는 "'5년 이내'에 다시 과점주주가 된 경우"로 규정되어 있었음.)

[위 B 내용(지령 11조②)과 본 C 내용(지령 11조③)의 차이]

위 B 내용(지령 11조②)은 과점주주가 계속 유지되는 경우에 적용되는 조항이며, 본 C 내용(지령 11조③)은 주식양도 등으로 일반주주가 되었다가 다시 과점주주가 된 경우에 적용되는 조항임. 현행은 둘 모두 '5년 규정'이 삭제되어 구분의 실익이 없음.

그러나 소유주식지분을 전부 매각하는 등으로 주주의 지위를 상실한 후 다시 과점주주가 된 경우에는 취득지분 전체비율로 과세한다.(2018년부터 "과점주주에 해당하지 아니하게 되었다가"를 "위 밑줄"로 변경, 사례 3 참조)

[과점주주 간주취득세 경우별 사례]

시점	과점주주 지분율 변동		변동 후 지분율		간주취득세 과세범위	
〈사례 1: 설립 시 과점주주인 경우〉						
2005.9.1.(설립)	60%		60%		과세제외(설립 시 과세제외)	
2012.5.3.(양도)	△ 20%		40%		–	
2019.6.3.(양수)	30%		70%		10% 과세(=70%-60%)	
〈사례 2: 설립 시 과점주주가 아닌 경우〉						
2005.9.1.(설립)	45%		45%		과세제외	
2012.5.3.(양도)	△ 20%		25%		–	
2019.6.3.(양수)	30%		55%		55% 과세(=과점지분 전체)	
〈사례 3: 과점주주가 매각 후 다시 과점주주가 된 경우〉						
2005.9.1.(양수)	55%		55%		55% 과세	
2012.5.3.(양도)	△54%	△55%	1%	0%	일부 양도	전부 양도
2019.6.3.(양수)	69%	70%	70%	70%	15% 과세	70% 과세
〈사례4: 51% 이상→50% 초과로 법령 개정(2008.1.1. 시행)에 따른 과세방법에 유의〉						
2005.9.1.(설립)	50.1%		50.1%		과세제외	
2019.6.3.(양수)	0.1%		50.2%		50.2% 과세(=과점지분 전체)	

④법인분할 및 합병에 따른 과점주주 간주취득세 납세의무

A. 법인분할: 납세의무 있음

기업의 분할로 인하여 신설되는 법인이 분할되기 전 법인이 소유하고 있던 비상장법인의 주식을 취득하여 과점주주가 된 경우라도 과점주주 취득세 납세의무가 있다.(행자부 세정 13407-342, 2002.4.10.)

B. 법인합병: 납세의무 있음

[합병에 따른 과점주주 간주취득세 납세의무 상세검토]

1. 일련의 과정들

가. 2001.1.29.까지: 납세의무 없음으로 해석(단, 사치성재산이면 과세).

• 2005.12.31.까지 시행한 구 지방세법 105조⑥(현행 7조⑤에 해당)의 규정

"과점주주에 대한 취득세 납세의무성립일 현재 이 법 기타 법령에 의하여 취득세가 비과세 또는 감면되는 부분에 대하여는 과점주주에게 취득세 납세의무가 없다. 다만 취득세 중과세대상인 사치성재산인 경우에는 그러하지 아니하다."(구 지방세법 105조⑥단서)

• 유권해석도 납세의무 없음으로 해석. 다만, 사치성재산이면 과세.

(행자부 세정 13407-673, 2000.5.25. ; 행자부 세정 13407-993, 2000.8.10.)

나. 2001.1.30.부터: 납세의무 있음으로 해석.
- 2001.1.30. 선고 대법원 판결(99누6879)과 유권해석 변경
  - 대법 99누6879, 2001.1.30. 선고: "해당 법인에서 비과세·감면을 받았더라도 이를 곧바로 과점주주에게까지 적용할 수 없다"고 판결.
  - 행자부 세정 13430−382, 2001.10.4.: 과점주주에 대한 납세의무 판단 시 위 대법원 판결에 따르도록 하여, 결국 지방세법에서는 과점주주에 대한 취득세와 관련하여 별도의 비과세·감면규정이 없기 때문에 과점주주에 대한 취득세는 비과세하지 않는다고 해석함.
- 2006.1.1.부터 시행하는 구 지방세법: 과세제외 논란이 됐던 단서까지 삭제함.
  "과점주주에 대한 취득세 납세의무성립일 현재 이 법 기타 법령에 의하여 취득세가 비과세 또는 감면되는 부분에 대하여는 과점주주에게 취득세 납세의무가 없다"는 문구는 삭제하고, "다만 취득세 중과세대상인 사치성재산인 경우에는 그러하지 아니하다"는 단서만 유지(구 지방세법 105조⑥단서)
- 2011.1.1.부터 지방세 4법으로 분할되면서 전면개정 시행한 지방세법 15조② 신설
  "과점주주 간주취득(지법 7조⑤)에 대해 중과기준세율의 3배 또는 5배를 과세한다."
- 2011.1.27. 선고 대법원 판결(2009두20816): 과점주주에 대한 비과세 적용여부에 대한 것인 바, 합병에 따라 과점주주 납세의무가 성립하는지에 대한 판결은 아님.
  "(1)(…) 그렇지만 위와 같은 과점주주의 간주취득도 지방세법 기타 법령의 규정에 의하여 취득세 비과세·감면요건에 해당하게 되면 취득세가 당연히 비과세·감면되며, 그러한 법리는 2005.12.31. 지방세법의 개정으로 105조⑤단서 중 "과점주주에 대한 취득세 납세의무성립일 현재 이 법 및 기타 법령에 의하여 취득세가 비과세·감면되는 부분에 대하여는 그러하지 아니하다"는 부분이 삭제되었다고 하여 달라지지 아니한다.
  (2)따라서, 국가 등에 기부채납 등을 조건으로 취득하여 취득세가 비과세된 부동산을 보유한 법인의 과점주주가 됨으로써 그 부동산을 취득한 것으로 간주되는 경우, 과점주주의 간주취득도 구 지방세법 106조②에서 정한 '국가 등에 기부채납 등을 조건으로 취득한 경우'에 해당하므로 비과세 적용대상이다."
  (본 판결은 위 '대법 99누6879, 2001.1.30. 선고 판결'을 보완하는 의미만 있음.)

2. 결론: 2001.1.30.부터는 납세의무 있음.

⑤과점주주 간주취득세에서 명의신탁·명의신탁해지에 따른 과세여부

[과점주주 간주취득세에서 명의신탁·명의신탁해지에 따른 취득시기 등]
1. 과세관청과 조세심판원: 명의신탁 사실이 '명백하게 입증'되면 명의신탁시점에 취득한 것으로 보지만, 그렇지 못하면 명의신탁 해지시점에 실소유자가 취득한 것으로 해석
(1)과세관청 유권해석
①행자부 지방세운영과−1419, 2015.5.11.
주식의 명의신탁과 관련하여 과점주주 취득세 납세의무에 대해서 살펴보면, 실질적인 주주가 주주명부에 명의대여자 명의로 등재하였다고 하여도 주식을 인수하고 대금을 납부한 실질소유자가 주주가 되며, 단순히 명의만 대여한 자는 명의만을 대여했을 뿐 주주명부에 등재가 주주의 권리를 대외적으로 공시하는 방법도 아니어서 본래 의미의 명의신탁이 인정되지 않으므로 주주명부상 명의대여자를 주주로 볼 수 없어(대법 97다50619, 1998.4.10. 선고 판결 참조), 명의신탁자가 실질적으로 주식의 소유자가 아닌 명의수탁자로부터 주주명부상의 명의만 회복하는 명의신탁해지는 간주취득세 과세대상 주식을 취득한

것으로 볼 수 없다(대법 2009두8601, 2009.8.27. 선고 판결 참조)고 할 것임.

따라서 주식명의신탁 사실이 객관적으로 입증되어 제3자로부터 주식을 매수하기 이 전에 이미 과점주주에 해당한 경우(명의신탁주식을 포함)라면 전체 지분이 아닌 제3자로부터 추가로 취득한 지분에 대해서만 간주취득세 납세의무가 성립한다고 할 것이나, 제3자로부터 주식을 매수하기 이전에 명의신탁 관계에 있었는지에 관하여는 과세관청에서 주식취득 경위와 목적, 명의신탁계약서의 신빙성, 주금납부금액의 출처, 명의수탁자의 주금 납부능력(재산상태 및 소득수준), 명의신탁 당시 취득세 회피목적, 위탁자와 지배관계 등의 사실관계를 면밀히 조사하여 종합적으로 판단할 사항임.

②행안부 지방세운영과−3127, 2010.7.22.

법인의 주식 또는 지분을 취득함으로써 과점주주가 된 경우에 과점주주 간주취득세 납세의무가 성립된다고 규정하고 있고, 명의신탁 해지로 인하여 주식의 명의를 회복하는 것은 취득에 해당하지 않으므로, 그에 따라 과점주주가 되는 경우에는 과점주주 간주취득세 납세의무가 성립되었다고 볼 수 없으나, 명의신탁임이 명백하게 입증이 되어야 적용할 수 있음.

(2)조심 2016지1274, 2017.2.13. 결정요지(유사 결정례: 감사원 2016심사642, 2016.12.15. ; 감사원 2015 심사668, 2016.8.18. ; 조심 2017지0016, 2017.10.30. ; 조심 2016지1282, 2017.8.9. ; 조심 2017지0352, 2016.8.18. 결정 등)

청구인들은 쟁점주식이 명의신탁 되어 있던 것이라는 '**사실을 입증할 수 있는 자료를 제출한 사실이 없고**', 설령 명의신탁된 주식이었다 하더라도 명의신탁을 해지하고 실제 소유자 명의로 주주명부를 개서하고 주권을 넘겨받았다면 실제 소유자가 당해 주식을 취득한 것으로 보아야 할 것이므로 청구인들은 쟁점주식을 취득하고 과점주주 비율이 증가된 것으로 보아 이 건 경정청구를 거부한 처분은 잘못이 없다고 판단됨.

2. 대법원: (명의신탁 해지 시점이 아니라) 명의신탁을 하는 시점에 실소유자가 사실상 취득한 것으로 해석

(대법 2009두7448, 2010.8.20. ; 2009두8601, 2009.8.27. ; 2013두17671, 2013.12.12. ; 2014두10943, 2017.6.14. ; 2015두39217, 2015.6.11. ; 2011두26046, 2016.3.10. ; 2018두49376, 2018.11.9. 2022두 37086, 2022.6.16. 선고 외 다수)

3. 명의신탁 과점주주의 입증책임: 명의자 또는 실제 주주에게 입증책임 있음.

원칙적으로 법령에 규정된 과세요건사실의 존재에 대한 입증책임은 과세관청에 있으나, 과세요건사실로 추정되는 사실이 밝혀지면 상대방이 과세요건사실이 존재하지 않거나 다른 특별한 사정이 있음을 입증하여야 함.(대법 2006두8068, 2008.9.25. ; 대법2006두19501, 2008.10.23. 선고 등)

지방세법상 과점주주에 대한 취득세 과세에서 처분청으로서는 과점비율이 증가된 사실을 주식이동상황 명세서 등 자료에 의하여 이를 입증하면 되고(다만, 위 자료 등에 따른 사람이 주주로 등재된 경우에도 실 은 실제 주주가 따로 있으면서 명의신탁하였다는 등의 사정이 있는 경우에는 단지 그 명의만을 기준으로 과세할 수는 없지만), 이는 그 명의자나 실제 주주가 증명하여야 함.(대법 2003두1615, 2004.7.9. 선고 등) 이 건의 경우 명의신탁을 입증할 수 있는 명확한 증거가 존재한다고 볼 수 없으므로, 쟁점주식을 이전받은 것이 명의신탁 해지에 따라 실질주주인 B가 주주명부상의 명의를 회복한 것에 불과하다는 청구인들의 주장은 인정받기 어렵다.(감사원 2016심사642, 2016.12.15. ; 감사원 2015심사668, 2016.8.18. ; 조심 2017지0016, 2017.10.30. ; 조심 2016지1282, 2017.8.9. ; 조심 2017지0352, 2016.8.18. 결정 등)

제1장
제2장
제3장
제4장
제5장
제6장
제7장
제8장
제9장
제10장
제11장
제12장
제13장
제14장

⑥과점주주 간주취득세 관련 세부 내용들

1. 지분율이 특수하게 증가·감소된 경우

(1)주식소각(감자): 납세의무 없음

①감자로 인하여 과점주주가 된 경우 간주취득세 납세의무 없음.(세정-819, 2006.2.28.)

②주식을 취득함이 없이 불균등감자로 인하여 지분비율이 증가함으로써 과점주주가 된 경우와 그 이후 증자로 인하여 주식은 취득하였으나, 지분비율이 증가하지 않았다면 취득세 납세의무는 없음.(행자부 세정 13407-1080, 2000.9.8.)

(2)자기주식 취득: 납세의무 없음. 추가취득 시 증가비율만 과세

①자기주식 취득 시에는 납세의무 없음(대법 2010두8669, 2010.9.30. 선고)

구 지방세법 22조2호(현행 지기법 46조2호)는 "대통령령이 정하는 친족 기타 특수관계에 있는 자"와 "당해 법인"을 구별하고 있는데, 소외 1 주식회사가 그 규정의 "당해 법인"에 해당하는 것은 문언상 명백하고, 구 지방세법 시행령 6조11호(현행 지기령 2조③④)가 규정하는 특수관계인에 포함되는 법인은 "당해 법인"이 아닌 "당해 법인의 주주인 법인"을 의미한다고 해석해야 하는 것도 문언상 명백하므로, "당해 법인"에 불과한 소외 1 주식회사가 자기주식을 취득함으로써 원고들이 실질적으로 소외 1 주식회사에 대한 100%의 주주지배권을 보유하는 결과가 되었다고 하더라도, 위 법령의 명문규정을 확장해석하여 그때 원고들이 소외 1 주식회사의 과점주주가 되었다고 할 수 없다고 하여 피고의 주장을 배척하였는데, 판단이 옳음.

②자기주식을 취득하면 의결권 없는 주식을 취득한 것이 되어 취득세 납세의무 없음.

(행안부 지방세운영-3593, 2010.8.16.)

지방세법에서 의결권 없는주식은 발행주식 총수에서 제외한다고 규정하고 있으므로 A법인이 주식소각 등을 위하여 자기주식을 취득한 경우라면, 의결권이 없는 주식을 취득한 경우에 해당되므로 주식발행총수에서 제외됨.

대주주 B는 별도로 A법인의 주식을 취득함이 없이 A법인이 주식소각 등을 위해 의결권이 없는 자기주식을 취득함에 따라 주식소유 비율이 50% 초과하게 된 것으로 과점주주 취득세 납세의무는 없으며, 따라서 A법인이 자기주식을 취득한 경우는 의결권이 없는 주식을 취득한 경우에 해당되어 발행주식총수에서 제외되므로 대주주 B가 A법인의 주식을 50% 초과하여 보유하였다 하더라도 대주주 B는 A법인의 주식을 별도로 취득함이 없이 주식비율만 증가된 경우로 과점주주 취득세 납세의무는 없는 것임.

③주식소각 목적이 아니라 하더라도 「상법」이나 「증권거래법」 규정에 의하여 자기주식을 취득하는 경우에는 간주취득세 납세의무가 없음.(행자부 세정 13407-1200, 2000.10.13.)

④자기주식 취득 및 소각으로 지분율 증가 후(과점취득세 납세의무 없음), 주식 추가 취득으로 지분율 증가 시 증가된 지분율만(←자기주식 취득으로 과세 제외됐던 비율까지 포함) 과세됨.

법인의 자기주식 소각으로 인하여 과점주주의 지분율 증가(75%→99%) 후 주식을 추가 취득(1%)하는 경우, 주식 취득 후의 비율 100%에서 주식 취득 전의 비율 99%를 차감한 1%를 적용하는 것이 타당하다고 판단됨(부동산세제과-2138, 2022.7.7.)

(해설)과거 행정안전부 예규(지방세운영과-3860, 2015.12.11.)에서는 주식 취득시점의 과점주주 비율(100%)에서 자기주식을 취득하기 전의 과점주주 지분비율(75%)에 대하여 과점주주 간주취득세를 부담하는 것으로 회신하였다. 그러나 조세심판원에서는 이와 같이 계산할 법령상 근거가 없는 점 등을 들어 주식 취득으로 증가한 비율에 대하여 과점주주 취득세 부과하는 것이 타당한 것으로 판단하였다. 즉, 【처분청은 청구인이 쟁점주식을 취득하여 증가한 과점비율 증가분을 기존 간주취득세를 부담하였던 과점비율(70%)보다 증가한 비율로 보아야 한다는 의견이나, "법인이 자기주식을 취득함으로써 주주가 과점주주가

되는 경우에는 주주가 주식을 취득하기 위한 어떠한 행위가 있었다고 보기 어려운바, '법인의 주식을 취득함으로써 과점주주가 된 때'에 해당되지 아니하는 것"인바, 쟁점법인의 자기주식 취득에 따른 지분비율의 증가(21.8%)에 대해서는 간주취득세 납세의무가 없는 것('대법 2010두8669, 2010.9.30. 선고' 도 같은 뜻임)인 점, 지령 11조②에서 이미 과점주주가 된 주주가 해당 법인의 주식 등을 취득하여 해당 법인의 주식 등의 총액에 대한 과점주주가 가진 주식 등의 비율이 증가된 경우에는 그 증가분을 취득으로 보아 지법 7조⑤에 따라 취득세를 부과한다고 규정하고 있으므로, 취득 후의 보유지분율을 계산함에 있어 총발행주식수와 보유주식수를 의결권이 제한된 자기주식을 제외하여 계산하였다면(100%), 취득 전의 보유지분율도 자기주식을 제외하고 계산(91.8%)하는 것이 합리적인 반면, 법인의 자기주식 취득으로 과점주주 지분비율의 증가가 있은 이후 과점주주가 주식을 추가로 취득한 경우 주식 취득시점의 과점주주 지분비율에서 자기주식 취득 전의 과점주주 지분비율을 차감한 비율을 지분비율 증가분으로 계산할 법령상 근거가 없는 점, 처분청의 계산방식에 따른다면, 대주주가 취득한 주식수와 법인이 취득한 자기주식수가 상이한 경우에 경제적 실질이 같지 아니함에도 모두 동일하게 보유지분 증가분이 계산되는 오류가 발생하는 점 등에 비추어 청구인이 쟁점주식을 취득하여 증가한 과점비율 증가분은 8.2%로 봄이 타당하다고 판단된다.】(조심 2019지1694, 2019.11.28. 결정)

행정안전부도 조세심판원의 결정을 받아들여, 이번 예규에서 법인이 자기 주식을 취득함으로써 주주가 과점주주가 되는 경우에는 그 지분비율이 증가하여 주주가 과점주주가 된 것일 뿐, 주주들이 법인의 주식을 취득한 것이라고 볼 수 없고, 이후 법인이 주식을 취득하여 간주취득세 납세의무가 발생하였는 바, 이 때 취득세 과세대상에 해당하는 증가분은 주식 취득 후의 비율 100%에서 주식 취득 전의 비율 99%를 차감한 1%를 적용하는 것으로 유권해석을 변경하였다.

(3)현물출자로 과점주주가 될 경우: 납세의무 없음(조심 2012지495, 2013.1.24. 결정)

현물출자의 경우 출자자산은 본래 출자자의 지배 아래 있던 것이므로 현물출자를 한 과점주주가 이를 지배할 수 있는 지위를 새롭게 취득하는 것이 아닐 뿐만 아니라 자산의 출자와 주식의 취득이 서로 대가적 관계에 있어 출자자가 주식을 취득하지 못하는 경우 출자한 자산도 법인의 소유가 될 수 없는 것이어서, 과점주주가 당해 법인의 부동산을 취득한 것으로 보아 취득세를 과세함에 있어 과점주주가 주식을 취득하기 위하여 "현물 출자한 당해 부동산은 포함되지 않는 것"이라 할 것인 바,(대법 2012두331, 2012.2.14. 선고)

당해 법인에 현물출자한 쟁점부동산은 과점주주에 대한 취득세를 과세함에 있어 과점주주 성립당시 '당해법 인이 소유하는 부동산'에 포함되지 아니함.

(4)구조조정 과정에서 과점주주가 되는 경우: 납세의무 없음

회생절차 개시(법정관리) 이후에 과점주주가 된 자는 과점주주로서의 주주권을 행사할 수 없게 되는 것이므로 간주취득세 납세의무가 없음.(세정 13407-567, 1998.9.26.)

(5)금산법에 의거한 경영정상화 계획에 따라 과점주주가 된 경우: 납세의무 있음

(대전고법 2005누1648, 2006.6.22. 선고)

(6)시행사의 부도방지를 위해 1인주주로 지분통합 후 시행사를 시공사에 양도한 경우: 납세의무 없음

과점주주는 해당 법인의 재산을 사실상 임의처분하거나 관리·운용할 수 있는 지위에 있게 되어 실질적으로 그 재산을 직접 소유하는 것과 다르지 않다고 보아 위와 같은 조항을 둔 것이다. 그러나 이미 해당 법인이 취득세를 부담하였는데 과점주주에 대하여 다시 동일한 과세물건을 대상으로 간주취득세를 부과하는 것은 이중과세에 해당할 수 있기 때문에, 모든 과점주주에게 간주취득세를 부과해서는 안 되고 의결권 등을 통하여 주주취득세를 부과하는 것으로 위 조항을 제한적으로 해석하여야 한다.

따라서 주주명부에 과점주주에 해당하는 주식을 취득한 것으로 기재되었다고 하더라도 주식에 관한 권리를 실질적으로 행사하여 법인의 운영을 지배할 수 없었던 경우에는 간주취득세를 낼 의무를 지지 않는다고 보아야 한다.(대법 2015두3591, 2019.3.28. 선고)

2. 과점주주에 대한 중과세 적용 방법: 해당 법인이 아니라 과점주주를 기준으로 판단

(1)본점 또는 주사무소의 사업용부동산 중과세: 개인·법인 과점주주 모두에게 적용제외

가. 지방세 기본통칙 7-3 제1호

과점주주에 대한 취득세를 과세함에 있어 대도시 내 법인 본점 또는 주사무소의 사업용부동산 등에 대하여는 중과세를 하지 아니한다.(2011.7.1. 제정)

나. 행자부 세정-1185, 2007.4.12.

과점주주의 간주취득이 중과세대상에 해당되는지 여부는 해당 과점주주를 기준으로 판단하여야 하는 것이지 법인을 기준으로 판단할 것이 아니므로, 본점 사업용부동산 등 취득세 중과세 물건이 있는 주식발행법인의 주주가 '개인 또는 법인'이라고 하더라도 과세요건성립 당시에 본점 사업용부동산이 있을 경우, 주식발행법인과 과점주주는 별개의 권리의무자이므로 과점주주 간주취득세 과세 시에는 대도시 내 본점 또는 주사무소의 사업용부동산에 대하여는 중과세(3배하여 6.8% = 2.8% + 2%×2배)를 할 수 없음.

다. 행자부 세정 13407-69, 1999.1.321. ; 내무부 세정 13407-1311, 1996.2.3. 등

과점주주의 간주취득세 납세의무에 있어 과점주주가 '개인'인 경우에는 과점주주 취득세 납세의무 성립당시 법인의 비업무용 토지(구 지법 112조②)와 본점 또는 주사무소의 사업용부동산(구 지법 112조③)이 있다 하더라도 그 물건에 대하여는 중과세율이 적용되지 않음.

(2)고급주택, 고급오락장 등 사치성재산에 대한 중과세: 개인인 과점주주 취득세에도 적용

과점주주는 주식발행법인 소유의 취득세 과세대상물건을 취득한 것으로 보기 때문에 일반과세대상물건에 대하여는 중과기준세율(즉, 취득세분 일반세율 2%)이 적용되나, 과세대상물건 중에서 고급주택·고급오락장 등 중과세대상물건이 있는 경우에는 중과세 세율(5배)를 적용하여야 함.(대법 2000두3375, 2001.9.4. 선고)

(3)골프장 중과세와 간주취득세 중과세 여부: 개인·법인 과점주주 모두에게 적용제외

가. 골프장은 신설·증설 시에만 과세하므로, 과점주주 간주취득세 중과세는 없음

골프장의 경우 골프장을 신설하거나 증설하는 경우에 한하여 취득세를 중과세하는 것인 바(구 지법 112조②본문 단서, 현행 지법 13조⑤본문 단서), 과점주주의 경우 이미 신설 또는 증설한 골프장을 간주취득한 것이므로 중과세대상에서 제외함.(대법 2000두3375, 2001.9.4. 선고)

나. 과점주주가 된 이후 회원제골프장이 조성된 경우라도, 과점주주 취득세 중과세 없음

회원제골프장은 그 시설을 갖추어 체육시설업 등록을 하는 경우와 등록을 하지 않더라도 사실상 골프장으로 사용하는 경우에 취득세 중과세대상이 될 뿐이므로, 비록 A가 '갑'법인의 과점주주가 된 이후 '갑'법인이 소유 토지를 회원제골프장으로 조성하였다고 하여 '갑'법인이 운영하는 회원제골프장을 등록하였다거나 사실상 사용하였다고 볼 수는 없는 바, 과점주주인 A에 대하여 취득세를 중과세할 수는 없는 것임.

(행자부 세정-1031, 2007.4.4.)

3. 과점주주에 대한 비과세·감면 적용: 해당 법인이 아니라 과점주주를 기준으로 판단

(1)해당법인은 취득세 비과세·감면적용 받았으나 과점주주는 과세되는 경우

가. 영농법인의 과점주주에 대한 감면적용 배제

청구법인과 주식발행법인은 각각의 법인격을 가진 별개의 법인으로서 청구법인의 주식을 취득할 당시 주식발행법인은 부동산에 대한 소유권을 그대로 유지하면서 부동산을 영농 등에 사용하고 있으므로, 그 지배회사인 청구법인이 같은 목적으로 부동산을 취득하였다고 볼 수는 없음.(조심 2016지0888, 2016.9.28.)

나. 과점주주의 감면 적용범위

'취득세가 비과세 또는 감면되는 경우'라 함은 과점주주의 간주취득이 지방세법 또는 기타 법령의 규정에 의한 비과세 또는 감면요건에 해당하는 경우라 할 것이므로, 해당 법인이 부동산 등을 취득하면서 취득세를 면제받았다고 하여 바로 과점주주로 된 자의 취득세 납세의무도 면제되는 것은 아님.

(조심 2010지0934, 2010.10.11. 결정)

다. 산업단지에 최초 취득으로 인하여 취득세를 면제받은 후 과점주주가 되었을 경우, 과점주주에 대한 취득세 납세의무가 성립함.(내무부 세정 13407-691, 1997.6.28.)

라. 법인전환에 따른 현물출자로 취득하는 사업용 재산에 대하여 주식발행법인이 취득하는 경우에는 취득세를 면제하는 것이나, 법인전환 이후 과점주주의 간주취득이 성립되었을 경우에는 취득세 납세의무가 있음.(내무부 세정 13407-221, 1996.2.24.)

(2)국가 등에 기부채납 하는 부동산의 비과세는 과점주주 간주취득세에도 적용됨

국가 등에 기부채납 등을 조건으로 취득하여 취득세가 비과세된 부동산을 보유한 법인의 과점주주가 됨으로서 구 부동산을 취득한 것으로 간주되는 경우에는, 기부채납 등의 효력을 과점주주에게 부인할 수 없는 이상 그 간주취득 역시 국가 등에 기부채납 등을 조건으로 취득한 경우에 해당한다고 보아 비과세 함.

(대법 2009두20816, 2011.1.27. 선고)

☞ 국가 등에 기부채납 하는 것을 조건으로 부동산 등을 취득하는 경우에 '누구에게나 비과세'되는 것이므로 '대물적인 비과세대상'에 해당하는 것이다. 따라서 대물적인 비과세의 경우 취득의 주체가 과점주주로 간주되는 부분이라고 하더라도 비과세 대상으로 보아야 한다.

4. 해당 법인의 취득세 과세표준에 포함하여야 과점주주의 취득세 과세대상에도 포함됨

(1)연부취득의 경우

연부취득(대금을 2년 이상 분할 지급하는 것, 지법 6조20호) 중인 물건에 대하여는 연부 취득시기가 도래된 부분에 한하여 해당 법인에게 납세의무가 있으므로, 과점주주 취득세 과세대상여부 판단 시에도 마찬가지임.

(지예 7-3 제2호)

(2)미완성건물이 간주취득세 과세 대상인지 여부: 취득시기 미도래 시 제외

건설 중인 건축물 등 취득세 과세대상으로 성립하기 전의 물건은 과점주주 간주취득세 대상에서 제외됨.

(조심 2021지0885, 2021.11.23. 결정)

(3)토지거래허가구역의 경우: 해당 법인이 취득한 것으로 간주되는 분만 과세대상임

일반적인 경우에 토지거래허가구역의 경우 취득시기는 다음과 같음.

－토지거래허가 후 잔금청산할 경우: 잔금청산일 기준

－토지거래허가 전에 잔금청산한 경우: 토지거래허가일 또는 허가구역 지정 해제일

－그러나 단순히 허가를 기다리는 수준을 넘어선 경우에는 허가 전이라도 양도·취득이 된 것으로 간주함에 유의. ☞ 앞 02(3)④ '취득세 납세의무자' 중 [계약의 실효와 취득세 납세의무 판단] 내용 참조할 것

5. 혼인으로 인하여 과점주주가 될 경우: 취득세 납세의무 없음(주식 추가취득이 아님)

'갑'을 포함한 특수관계인들이 소유한 주식의 비율이 50%를 초과하지 않아 과점주주에 해당하지 않았으나, '갑'과 '을'이 혼인함에 따라 특수관계인이 되면서 이들 특수관계인들이 소유한 주식의 비율이 50%를 초과 (90%)하게 되어 과점주주가 된 경우, 법인의 주식을 추가로 취득함으로써 과점주주가 된 것이 아니므로 간주취득세 납세의무가 없음.(행정안전부 지방세운영-598, 2009.2.9.)

6. 조합출자자는 무한책임사원의 성격이 강하여 과점주주에는 해당하지 않음

영농조합법인 조합원은 무한책임사원의 성격이 강하다고 볼 수 있으므로 과점주주에는 해당하지 않음.

(행정안전부 지방세운영-3312, 2011.7.12.)

제1장 제2장 제3장 제4장 제5장 제6장 제7장 제8장 제9장 제10장 제11장 제12장 제13장 제14장

7. 주식취득일과 부동산 취득일이 동일한 경우: 주식과 부동산을 취득한 '선후관계(날짜가 아니라 시각)'에 따라 과세여부 판단함

제목: 과점주주가 되는 날과 부동산 취득일이 동일한 경우의 과점주주 취득세 납세의무 판단

과점주주가 된 시기와 취득시기 간 선후관계에 따라 취득세 부담 범위가 달라지는데 단순한 일자 비교만으로 선후관계를 판정해야 할 합리적인 이유가 없고, 이를 인정할 법적 근거도 없다 할 것이므로, '시각'이 아닌 '날'을 기준으로 과점주주가 된 시기나 취득시기를 정한 것으로 해석할 수 없다 할 것이므로 해당 부동산에 대한 간주 취득세 납세의무는 없다고 사료됨.(부동산세제과-2064, 2021.7.29. ; 부동산세제과-681, 2024.2.20.)

(해설)'과점주주가 된 때'라 함은 잔금지급 여부 등에 불문하고 '주주명부의 명의개서일'을 말하는데(행심 2005-196, 2005.6.27. ; 대법 2011두24842, 2013.3.14. 선고), 같은 날에 취득대금을 완납했을 경우 부동산 취득시각(잔금지급시각 또는 등기일 중 빠른 시각)보다 주식 취득시각(잔금지급시각이 아니라 주주명부의 명의개서시각)이 앞설 경우 결국 과점주주 간주취득세는 과세되지 않을 것임.

(참고)부동산을 먼저 취득한 것으로 보아 과세로 해석한 종전 유권해석

주식취득일과 동일한 날짜에 사실상 잔금을 지급하여 부동산을 취득한 경우라면, 주식발행법인이 취득한 부동산에 대해 과점주도 납세의무가 있음.(지방세담당관-767, 2003.8.8.)

8. 과점주주의 간주취득 면세점: 과점주주의 구성 주주 개별적으로 면세점 적용함.

취득가격이 50만원 이하인 때에는 취득세를 부과하지 않으므로, 과점주주의 간주취득에 있어 소재지별로 간주취득가액이 50만원 이하일 경우에는 면세점에 해당하여 취득세를 부과하지 아니함.

(내무부 세정 13407-596, 1997.6.9.)

9. 과점주주가 영업양수도로 전부를 취득 시 과점주주 취득세 부분은 이중과세임

과점주주 간주취득세가 부과된 후 그 과점주주가 영업양수도 방식으로 법인의 자산 전부를 실제 취득하고 취득세를 납부하였다면, 그중 과점주주가 이미 납부한 간주취득세 상당액 부분은 동일한 물건의 취득에 대한 이중과세에 해당함.

{그러나 본 사건의 경우 이중납부된 세액이 부당이득에 해당하지 않는다고 판시함:

"법인의 주식을 취득하여 간주취득세를 납부한 과점주주가 그 후 영업양수도의 방식으로 법인의 자산 전부를 실제 취득하고 취득세를 신고·납부함으로써 간주취득세 상당액을 이중납부한 사안에서, 그 취득세의 신고행위는 법 해석상 논란이 있는 부분에 대하여 납세의무자가 납세의무가 있는 것으로 오인한 것에 불과할 뿐 하자가 객관적으로 명백하여 당연무효라고 할 수 없으므로, 이중납부된 세액이 부당이득에 해당하지 않는다."}(대법 2006다81257, 2009.4.23. 선고)

⑦과점주주 간주취득세의 납세지

과점주주에 대한 간주취득세 납세지는 지방세법에 특별히 규정된 것은 없으나, 주식발행법인의 소재지가 아니라 취득세 과세대상 물건 소재지의 특별시·광역시·도(시·군·구를 통해 징수, 지징법 17조)가 된다. 즉, 과점주주에 대한 취득세는 당해물건 소재지별로 납세하되, 회원권의 경우 회원권관할 특별시·광역시·도가 납세지가 된다.

[과점주주의 납세지 판단](내무부 세정 13407-893, 1997.7.31.)

과점주주로서의 납세의무가 성립하였다면 납세의무성립일 현재 취득세 과세물건에 대해서만 취득세 납세의무가 성립하고, 납세지는 당해물건 소재지 특별시·광역시·도가 됨.

03 취득세 비과세

(1)국가 등에 대한 비과세

국가 또는 지방자치단체(다른 법률에서 국가 또는 지방자치단체로 의제되는 법인은 제외), 지방자치단체조합, 외국정부 및 주한국제기구의 취득에 대해서는 취득세를 부과하지 아니한다. 다만, 대한민국 정부기관의 취득에 대하여 과세하는 외국정부의 취득에 대해서는 취득세를 부과한다.(지법 9조①)

(2)국가 등에 기부채납에 대한 비과세

국가, 지방자치단체 또는 지방자치단체조합('국가 등')에 귀속 또는 기부채납(「사회기반시설에 대한 민간투자법」 4조3호에 따른 방식으로 귀속되는 경우를 포함. 이하 '귀속 등'이라 함)을 조건으로 취득하는 부동산 및 사회기반시설(「사회기반시설에 대한 민간투자법」 2조1호)에 대해서는 취득세를 부과하지 아니한다. 다만, 다음의 어느 하나에 해당하는 경우 그 해당 부분에 대해서는 취득세를 부과한다.(지법 9조②)
1. 국가 등에 귀속 등의 조건을 이행하지 아니하고 타인에게 매각·증여하거나 귀속 등을 이행하지 아니하는 것으로 조건이 변경된 경우
2. 국가 등에 귀속 등의 반대급부로 국가 등이 소유하고 있는 부동산 및 사회기반시설을 무상으로 양여 받거나 기부채납 대상물의 무상사용권을 제공받는 경우

[기부채납용 부동산 등에 대한 감면](지특법 73조의2)
(2016.1.1. 지방세법 개정으로 반대급부가 있는 기부채납에 대해서는 비과세를 배제하였으나, 지특법 73조의2를 동시에 신설하여 2018.12.31.까지 한시적으로 100% 감면토록 한 후, 다시 2018.12.24.과 2021년 말 개정하여 아래와 같이 적용함)
①지방세법 9조②에 따른 부동산 및 사회기반시설 중에서 국가 등에 귀속 또는 기부채납(귀속 등)의 반대급부로 국가 등이 소유하고 있는 부동산 또는 사회기반시설을 무상으로 양여받거나 기부채납 대상물의 무상사용권을 제공받는 조건으로 취득하는 부동산 또는 사회기반시설에 대해서는 다음 각 호의 구분에 따라 감면한다.
  1. 2020년 12월 31일까지 취득세를 면제한다.
  2. 2021.1.1.~ 2024.12.31.는 취득세의 50%를 경감한다.
②제①항의 경우 국가 등에 귀속 등의 조건을 이행하지 아니하고 타인에게 매각·증여하거나 국가 등에 귀속 등을 이행하지 아니하는 것으로 조건이 변경된 경우에는 그 감면된 취득세를 추징한다.

[취득대가로 국가 등에 이전하는 경우 기부채납 비과세 여부]
용도폐지된 행정재산이 아닌 일반재산을 양여하는 조건인 대물변제 계약만을 체결하고 토지매매대금의 변제를 위해 건물을 신축하여 이전하는 경우라면, 「국유재산법」상 기부채납에 해당하지 아니하므로 취득세 비과세 대상이 아님.(행자부 지방세운영과-2041, 2015.7.8.)

(3) 「신탁법」에 따른 신탁등기된 신탁재산

① 신탁등기된 신탁재산에 대한 비과세(지법 9조③)

신탁(「신탁법」에 따른 신탁으로서 신탁등기가 병행되는 것만 해당)으로 인한 신탁재산의 취득으로서 다음의 어느 하나에 해당하는 경우에는 취득세를 부과하지 아니한다. 다만, 신탁재산의 취득 중 주택조합 등과 조합원 간의 부동산 취득'금전신탁(조합원 부담금)으로 조합이 취득하는 부동산'을 말하며, 조합원용으로 배정될 부분에 대한 조합원용 기존 부동산의 신탁은 비과세임. 왜냐하면 조합원소유 토지를 조합에 이전(신탁)할 경우에는 조합원이 취득한 것으로 보기 때문에(지법 7조⑧본문), 자기소유 토지를 자기가 다시 취득하는 경우로서 과세되지 않는 것임. 다만, 승계조합원은 토지지분에 대한 취득세 납세의무 있음. - 저자 주 및 '주택조합 등의 비조합원용 부동산 취득'은 제외한다.(지법 9조③)

1. 위탁자로부터 수탁자에게 신탁재산을 이전하는 경우
2. 신탁의 종료로 수탁자로부터 위탁자에게 신탁재산을 이전하는 경우
3. 수탁자가 변경되어 신수탁자에게 신탁재산을 이전하는 경우

[주택조합 등이 취득하는 부동산의 납세의무와 취득시기 요약]

구분	조합원용 부동산		비조합원용 부동산	
	납세의무자	취득시기(지령 20조⑦)	납세의무자	취득시기
부동산 등 신탁	조합원: 비과세 (지법 9조③)	주택조합: 사용검사일 재건축: 소유권이전고시 익일	주택조합 재건축조합	조합원용과 같음
금전 신탁	조합원: 과세 (지법 9조③)	주택조합: 사용검사일 재건축: 소유권이전고시 익일	주택조합 재건축조합	잔금일과 등기일 중 빠른 날

그리고, 이 조문에 따른 비과세는 '「신탁법」에 따른 신탁'인 경우에 적용되는 것이므로, '명의신탁·명의신탁해지'에 따른 과세문제는 앞에서 다뤘던 '취득세 납세의무자'02 (3)8)} 부분을 참조하기 바란다.

[명의신탁 및 명의신탁해지로 인한 취득은 비과세 대상이 아님]
지방세법 9조③에서 규정한 '신탁'이라 함은 「신탁법」에 의하여 위탁자가 수탁자에게 신탁등기를 하거나, 신탁해지로 수탁자로부터 위탁자에게 이전되거나 수탁자가 변경되는 경우를 말하며, 명의신탁해지로 인한 취득 등은 「신탁법」에 의한 신탁이 아니므로 이에 해당하지 아니한다.(【비과세되는 신탁의 범위】지예 9-3)

② 재개발조합: 도시개발사업 등에 대한 감면(지특법 74조, 조특법 77조)

조합을 통해 주택 등을 건설하는 방법은 재건축조합 및 소규모재건축조합, 재개발조합, 주택조합으로 구분되며, 각각에게 적용되는 근거법령과 세법도 다르다.

[주택건설 관련 조합별 차이 요약]

구분	내용	형태	근거법률	지방세법/시행령
재건축조합	도시기반이 양호한 지역	법인	도정법 38조	7조⑧, 9조③ / 20조⑦
소규모재건축	위와 같음	법인	소정법 56조	7조⑧, 9조③ / 20조⑦
재개발조합	도시기반이 불량한 지역	법인	도정법 38조	7조④⑯, 지특법 74조 / 20조⑥
소규모재개발	위와 같음	법인	소정법 56조	7조④⑯, 지특법 74조 / 20조⑥
주택조합	지역·직장·리모델링조합	개인	주택법 2장2절	7조⑧ / 20조⑦전단

지방세법이 지방세 4법{지방세기본법·지방세징수법(2017년 분할)·지방세법·지방세특례제한법}으로 분리되어 2011년 1월 1일부터 시행되면서(법률의 전면개정은 2010.3.31.이지만 시행은 2011.1.1.부터이), 재개발조합에 대한 지방세 감면은 지방세특례제한법으로 이관하였다. 즉 구 지방세법(2010.12.31.까지 시행) 109조③(토지수용 등에 따른 환지 등 취득세 비과세, 현행 지특법 74조①) 및 127조의2②(등록세 비과세, 현행 지특법 74조①)에서 비과세하였으나, 2011.1.1.부터는 지방세특례제한법상 감면규정{50(2019년까지는 75)~100% 감면}을 적용받는다.

그런데 "'도시개발사업'과 '재개발사업'의 시행으로 '환지계획 등에 따른 취득부동산'에 대해서는 취득세를 면제"(지특법 74조①)해오다, 2023년부터는 "「도시개발법」에 따른 도시개발사업과 「도시 및 주거환경정비법」에 따른 정비사업의 시행으로 사업 대상 부동산의 소유자(상속인을 포함)가 환지계획 또는 관리처분계획에 따라 공급받거나 토지상환채권으로 상환받는 건축물은 그 소유자가 원시취득한 것으로 보며, 토지의 경우에는 그 소유자가 승계취득한 것으로 본다. 이 경우 토지는 당초 소유한 토지보다 초과한 면적에 해당하는 부분에 한정하여 취득한 것으로 본다"(지법 7조⑯) 및 "「도시개발법」에 따른 환지 방식에 의한 사업 시행으로 토지의 지목을 사실상 변경한 경우 환지계획에 따른 환지에 대해서는 조합원이, 체비지 또는 보류지에 대해서는 사업시행자가 지목변경에 따라 취득한 것으로 본다"(지법 7조④후단 신설)로 법령을 이관·정비했다.(도시개발사업·주거환경개선사업 관련 사업자 및 취득자에 대한 나머지 감면특례는 여전히 지특법 74조③~⑤에서 규정하고 있음.)

[감면된 취득세의 추징](지특법 178조)

부동산에 대한 감면을 적용할 때 지방세특례제한법에서 특별히 규정한 경우를 제외하고는 다음의 어느 하나에 해당하면 그 해당 부분에 대해서는 감면된 취득세를 추징한다.('임대'는 직접사용에서 제외로 명문화, 지특법 2조⑱호)

1. 정당한 사유 없이 그 취득일부터 1년이 경과할 때까지 해당 용도로 직접 사용하지 아니하는 경우
2. 해당 용도로 직접 사용한 기간이 2년 미만인 상태에서 매각·증여하거나 다른 용도로 사용하는 경우

[지방세 감면 특례의 제한: 최소납부제](지특법 177조의2)

①지방세특례제한법에 따라 취득세 또는 재산세가 면제(지방세 특례 중에서 세액감면율이 100%인 경우와 세율경감률이 세율 전부를 감면하는 것)되는 경우에는 이 법에 따른 '취득세' 또는 '재산세'의 면제규정에도 불구하고 85%에 해당하는 감면율(지법 13조①~④의 세율은 적용하지 아니한 감면율을 말함. 즉, 중과되는 경우에는 일반세율을 적용한 세액의 85%만 감면된다는 뜻임)을 적용한다.

다만, 다음 각 호의 어느 하나에 해당하는 경우에는 그러하지 아니하다.
지방세법에 따라 산출한 취득세 및 재산세 세액이 다음의 어느 하나에 해당하는 경우 등
취득세: 200만원 이하(2022년부터 연부취득, 1년 이내 동일인에게 취득, 1년 이내 연접부동산 취득은 합산)
재산세: 50만원 이하(세부담 상한을 적용하기 이전의 산출액을 말함)

[지방세 감면 특례의 제한에 관한 적용례](2017.12.26. 개정 지특법 부칙 7조, 개정 지특법 177조의2)
지방세 감면 특례의 제한(지특법 177조의2①)의 개정규정은 다음 각 호의 구분에 따른 시기부터 적용한다.
1. 74조③4호·5호(현 ④3호, 주거환경개선사업의 취득세 100% 면제): 2019년 1월 1일
2. 74조①(재개발사업의 '환지계획 등에 따른 취득부동산' 취득세 100% 면제): 2020, 2021년만 적용

가. 도시개발사업(「도시개발법」)의 사업시행자가 취득하는 체비지 또는 보류지에 대한 감면
취득세를 2025년 12월 31일까지 75% 경감(2019년 12월 31일까지는 100% 면제)한다.(지특법 74조③)

나. 주거환경개선사업(「도시 및 주거환경정비법」)의 시행에 따라 취득하는 주택
다음 각 호의 구분에 따라 취득세를 2025년 12월 31일까지 감면한다. 다만, 그 취득일부터 5년 이내에 사치성재산(구 취득세분 5배 중과세, 지법 13조⑤)이 되거나 관계 법령을 위반하여 건축한 경우에는 감면된 취득세를 추징한다.(지특법 74조④)
1. 사업시행자가 주거환경개선사업의 대지조성을 위하여 취득하는 주택: 75% 경감
2. 사업시행자가 사업의 시행으로 취득하는 체비지 또는 보류지: 75% 경감
3. 주거환경개선사업의 정비구역지정 고시일 현재 부동산의 소유자가 스스로 개량하는 방법으로 취득하는 주택 또는 주거환경개선사업의 시행으로 취득하는 전용면적 85㎡ 이하의 주택: 취득세 면제

다. 재개발사업(「도시 및 주거환경정비법」)의 시행에 따라 취득하는 부동산
다음 각 호의 구분에 따라 취득세를 2025년 12월 31일까지 경감한다. 다만, 그 취득일부터 5년 이내에 사치성재산(구 취득세분 5배 중과세, 지법 13조⑤)에 따른 과세대상이 되거나 관계 법령을 위반하여 건축한 경우에는 감면된 취득세를 추징한다.(지특법 74조⑤)
1. 사업시행자가 재개발사업의 대지조성을 위하여 취득하는 부동산: 50(2020년 부터)←75% 경감
2. 사업시행자가 관리처분계획에 따라 취득하는 주택: 50(2020년 부터)←75% 경감
3. 재개발사업의 정비구역지정 고시일 현재 부동산의 소유자가 재개발사업의 시행으로 취득하는 주택(같은 법에 따라 청산금을 부담하는 경우에는 그 청산금에 상당하는 부동산을 포함)을 취득함으로써 1가구 1주택이 되는 경우(일시적으로 2주택이 되는 경우 3년 이내에 1주택 조건)
   - 60㎡ 이하의 주택: 75(2020년 부터)←100% 경감
   - 60㎡ 초과 85㎡ 이하의 주택: 50(2020년 부터)←100% 경감

라. 체비지 또는 주택에 대한 감면 배제 및 추징

체비지(가. 및 나.2)와 관리처분계획에 따라 취득하는 주택(다.2)에 대해서는 일반인에게 분양하여 사업의 경비에 충당하는 경우에 한하여 취득세를 경감한다. 다만, 취득일부터 1년 이내에 정당한 사유 없이 일반인에게 분양하지 아니하거나 다른 용도에 사용하는 경우 그 해당 부분에 대해서는 경감된 취득세를 추징한다.(지특법 74조⑥. 2023.1.1. 이후「도시개발법」상 환지계획인가 또는「도시 및 주거환경정비법」상 관리처분계획인가를 받은 사업부터 적용, 개정 법 부칙 9조)

마. 공익사업용 토지 등에 대한 양도소득세의 감면(조특법 77조)

2년 이상 보유한 토지 등을 공익사업 시행자 또는 정비구역의 사업시행자에게 2026년 12월 31일(3년 단위로 계속 연장 추세임) 이전에 양도하거나 수용되는 경우('지정 후 양도'라 함), 그 양도소득세에 대해 과세특례{10~40% 감면, 제3장 양도소득세 05 (6) 참조}를 부여하는 제도다.

(4)동원대상지역 내의 토지의 수용·사용에 관한 환매권의 행사로 매수

동원대상지역(「징발재산정리에 관한 특별조치법」 또는 「국가보위에 관한 특별조치법 폐지법률」 부칙 ②) 내의 토지의 수용·사용에 관한 환매권의 행사로 매수하는 부동산의 취득에 대하여는 취득세를 부과하지 아니한다.(지법 9조④)

(5)임시용 건축물

임시흥행장·공사현장사무소 등{골프장·고급주택 등 취득세 5배 중과세되는 사치성재산(지법 13조⑤)은 제외} 임시건축물의 취득에 대하여는 취득세를 부과하지 아니한다. 다만, 존속기간이 1년을 초과하는 경우에는 취득세를 부과한다.(지법 9조⑤)

(6)공동주택의 개수

공동주택(「주택법」 2조3호)의 개수{대수선(「건축법」 2조①9호)은 제외}로 인한 취득 중, 취득 당시 주택의 시가표준액(공동주택가격)이 9억원 이하의 주택(지령 12조의2)과 관련된 개수로 인한 취득에 대해서는 취득세를 부과하지 아니한다.(지법 9조⑥)

제1장 제2장 제3장 제4장 제5장 제6장 제7장 제8장 제9장 제10장 제11장 제12장 제13장 제14장

(7)상속개시 이전에 사실상 소멸된 차량

다음 각호의 어느 하나에 해당하는 일정한 차량(지령 12조의3①에 의해 지령 121조②4호·5호·8호 준용)에 대해서는 상속에 따른 취득세를 부과하지 아니한다.(지법 9조⑦)

1. 상속개시 이전에 천재지변·화재·교통사고·폐차·차령초과(車齡超過) 등으로 사용할 수 없는 자동차세가 비과세되는 차량

2. 상속개시일로부터 3개월→상속개시일이 속하는 달의 말일부터 6개월(외국에 주소를 둔 상속인이 있는 경우에는 9개월) 이내에 일정한 사유로 상속 이전 등록하지 않은 상태에서 폐차 말소된 차량(2022.1.1. 시행)

비과세를 받으려는 자는 그 사유를 증명할 수 있는 서류를 갖추어 시장·군수·구청장에게 신청하여야 한다.(지령 12조의3②)

(참고)[임대용 공동주택·오피스텔에 대한 취득세 감면](지방세특례제한법 31조)[*1]

구분	건축주	최초취득자[*2]
공동주택 감면		
1. 전용면적 60㎡ 이하 공동주택	전액 면제[*3]	전액 면제[*3]
2. 「민간임대주택에 관한 특별법」 또는 「공공주택 특별법」에 따라 10년 이상의 장기임대 목적으로 전용면적 60㎡ 초과 85㎡ 이하인 '장기임대주택'을 20호(戶) 이상 취득하거나, 20호 이상의 장기임대주택을 보유한 임대사업자가 추가로 장기임대주택을 취득하는 경우(추가로 취득한 결과로 20호 이상을 보유하게 되었을 때에는 그 20호부터 초과분까지를 포함)	50% 경감	50% 경감
오피스텔 감면	적용 제외	감면 적용

*1 「민간임대주택특별법」 개정으로 단기임대주택과 아파트 장기일반매입임대주택은 폐지하고 장기임대 의무기간도 8→10년으로 연장함(2020년 7·10 부동산 대책).
⇒ 85㎡ 이하 APT 10년 이상 장기임대는 복원(2023년부터?)
임대용 부동산 취득일로부터 60일 이내에 사업자등록을 하여야 함.
*2 취득 당시의 가액이 3억원(수도권은 6억원)을 초과하는 경우 감면 제외(지특법 31조②단서, 2020.8.12. 신설)
*3 최소납부제 적용으로 85%만 감면함(취득세 200만원 이하는 제외).[지특법 177조의2. 제13장 02 (2)2) 참조]

(보충1)감면된 취득세 추징(지특법 31조③, 2025.1.1. 개정)
다음 각 호의 어느 하나에 해당하는 경우에는 감면된 취득세를 추징한다.

1. 토지를 취득한 날부터 정당한 사유 없이 2년 이내에 임대형기숙사 또는 공동주택의 건축에 착공하지 아니하는 경우

2. 「공공주택 특별법」 50조의2①에 따른 임대의무기간 내에 대통령령으로 정한 경우가 아닌 사유로 임대형기숙사, 공동주택 또는 오피스텔을 임대 외의 용도로 사용하거나 매각·증여하는 경우

(보충2)재산세 감면은 제11장 재산세 05 참조)

04 취득시기

[양도소득세와 취득세의 취득시기 차이]

구분		양도소득세	취득세
일반 매매		사실상 대금청산일: 대금청산일이 분명한 경우	사실상 잔금지급일: 사실상 잔금지급일이 확인되는 경우
		소유권이전등기 접수일·인도일 또는 사용수익일 중 **빠른 날**: 대금청산일이 불분명한 경우	계약상 잔금지급일: 사실상 잔금지급일이 확인되지 않는 경우 단, 계약상 잔금지급일이 명시되지 아니한 경우 계약일로부터 60일이 경과한 날
등기를 먼저 한 경우		등기부·등록부·명부 등에 기재된 등기접수일	등기일·등록일: 취득일 전에 등기·등록을 한 경우
장기할부, 연부취득		소유권이전등기 접수일·인도일·사용수익일 중 **빠른 날** (장기할부: **1년 이상** 할부)	사실상 연부금 지급일: 연부란 **2년 이상**에 걸쳐 분할 지급하는 것.(지법 6조20호)
자가 건축	허가	빠른 날{사용승인서 교부일, 사실상 사용일, 사실상 사용가능일}	
	기타	사실상 사용일	빠른 날{사실상 사용일, 사실상 사용가능일}
상속 증여	상속	상속개시일	상속 또는 유증개시일
	증여	증여받은 날(등기접수일)	**계약일**(지령 20조①본문)
시효취득		점유개시일(소령 162조①6)	시효완성일(「민법」 245조, 247조 준용) →등기일·등록일(지령 20조⑫, 2023년 시행)

(1)취득시기 총괄(지법 10조⑧→10조의7(2023.1.1.부터 시행), 지령 20조)

1)유상승계취득(지령 20조)

①사실상 잔금지급일과 등기·등록일 중 **빠른 날** 기준(지령 20조②1호·⑭)

유상승계취득의 경우에는 사실상 잔금지급일에 취득한 것으로 보며(지령 20조②1호), 그 전에 등기·등록을 한 경우에는 등기·등록일에 취득한 것으로 본다(지령 20조⑭).

만일 일부 잔금을 미지급한 상태에서 매매계약에 따라 권리·의무를 양도한 경우 원칙적으로 납세의무가 없지만, 사실상 취득한 상태로 볼 정도인 경우에는 전매양도자도 취득세 납세의무를 지게 된다. 즉, "건축물 사용승인 이후 극히 미미한 소액을 남기고 대부분의 잔금을 납부한 경우는 대부분의 잔금을 납부한 시점이 취득시기가 된다."(조심 2015지0171, 2015.3.16. 결정 ; 행심 2006-1128, 2006.12.27. 결정 ; 대법 2006두15301, 2006.12.21. 선고 등 다수)

②계약상 잔금지급일과 등기·등록일 중 빠른 날 기준(지령 20조②2호·⑭)

　사실상의 잔금지급일을 확인할 수 없는 유상승계취득의 경우에는 그 계약상의 잔금지급일(계약상 잔금지급일이 명시되지 아니한 경우에는 계약일로부터 60일이 경과한 날)에 취득한 것으로 보며(지령 20조②2호), 그 전에 등기·등록을 한 경우에는 등기·등록일에 취득한 것으로 본다(지령 20조⑭).

③연부(年賦)취득: 사실상 연부금 지급일과 등기·등록일 중 빠른 날(지령 20조⑤·⑭)

　연부로 취득하는 것(취득가액의 총액이 면세점인 50만원 이하는 제외)은 그 사실상의 연부금 지급일을 취득일로 보며(지령 20조⑤), 그 전에 등기·등록을 한 경우에는 등기·등록일에 취득한 것으로 본다(지령 20조⑭).

　'연부'란 매매계약서상 연부계약 형식을 갖추고 일시에 완납할 수 없는 대금을 ('계약상'이 아니라 '사실상' 기준 -저자 주) 2년 이상에 걸쳐 일정액씩 분할하여 지급하는 것을 말한다.(지법 6조20호) 따라서 "연부취득이란 '실제' 그 대금을 2년 이상에 걸쳐 지급하는 것을 의미하는 것으로서 당초 매매계약 체결 시 대금을 2년 이상에 걸쳐 지급하기로 하였다 하더라도 실제 대금을 2년 이내에 지급한 경우에는 연부취득으로 볼 수 없고"(조심 2018지0059, 2018.4.26. ; 조심 2017지0267, 2017.7.7. ; 조심 2017지185, 2017.5.31. 등), "법인 소유의 할인점에 대하여 매매대금을 20년에 걸쳐 매매예약 계약을 체결하고 매매예약 가등기를 경료한 다음, 법인은 선급임대료를 할인점이 매매대금으로 분할 지급하는 형식으로 상계 처리하는 사실을 알 수 있는 바, 법인이 매월 상계 처리하는 선수임대료와 선급임차료는 자금의 흐름이나 성격상 단순한 임대료 등의 개념이 아니라 임대료와 매매대금의 성격이 혼재된 계약으로 보아야 한다(즉, 연부계약을 명시적으로 체결하지는 않았지만 사실상 연부계약과 같은 성격이므로 이를 연부취득으로 보아야 한다는 취지임)."(조심 2015지0116, 2015.10.29. 결정)

(보충)종전 행자부 유권해석이나 심사결정: 연부의 판단을 계약서상 기준이라는 견해

'연부'란 매매계약서상 연부계약 형식을 갖추고 일시에 완납할 수 없는 대금을 2년 이상에 걸쳐 일정액씩 분할하여 지급하는 것을 말하는 것으로서, 연부취득은 그 계약의 내용에 따라 연부금액을 지급할 때마다 납세의무가 성립된다 할 것이므로, 그 이후에 연부계약의 변경 없이 나머지 대금을 모두 지급한 것은 분할하여 지급할 수 있는 기한의 이익을 포기하고 그 이행시기를 앞당긴 것에 불과하다 할 것임.(행자부 심사 2003-69, 2003.3.19. 결정)

　일시취득 조건으로 취득한 부동산에 대한 대금지급방법을 연부계약형식으로 변경한 경우에는 계약변경 시점에서 그 이전에 지급한 대금에 대한 취득세의 납세의무가 발생하며, 그 이후에는 사실상 매 연부금지급일마다 취득세를 납부하여야 한다.(지예 7-5)

　연부취득 시 연부금 지급 시마다 취득세 납세의무를 부여한 이유는 사실상 소유권을 취득한 것으로 보는 것은 아니지만, 조세채권을 조기에 확보할 목적인 것이다. 따라서 연부금을 지급하는 도중에 해약이 된 경우에는 중도금지급 중에 해약된 것과 같이 취득이 이루어지지 아니한 상태가 되므로 기납부한 취득세는 환급된다. 즉, 연부취득 중에 계약이 해지되거나 제3자 명의로 경개계약을 하는 경우에는 기납부한 취득세를 환급하는 것이지만, "당초 매수인이 계약을 해지하지 아니한 채 제3자와 공동으로 당초 계약에 관한 권리의무를 승계하기로 하였을 뿐 다른 연부계약 조건에 변경이 없는 경우라면 이미 납부한 취득세는 환급되지 않는다."(행자부 세정-629, 2007.3.15.)

[선수협약(先受協約)과 연부취득(年賦取得)의 차이]

1.취득시기에 대한 원칙: 취득세 과세대상이 존재한 이후에 취득시기를 판정함

(1)원칙: 취득세 과세대상이 존재하지 않는 경우(건축 중인 경우 등)에는 취득시기를 논할 필요가 없음.

(대법원 판례) 미완성건물이 취득세 과세대상이 되는 취득시기(대법 2018두33845, 2018.7.11. 선고)

건축물에 관한 등기는 완공 후 사용승인을 받고 대장이 작성된 다음 이루어지는 것이 일반적이다. 따라서 사용승인서를 받을 수 없고 사실상 사용할 수 없는 미완성건축물을 매수해 소유권이전등기를 마쳤더라도, 이와 무관하게 그 이후의 '사용승인일'과 '사실상의 사용일' 중 빠른 날이 취득일이 된다.

(2)취득세 과세대상이 존재하는 경우에 대금지급 방법 등에 따라 연부취득 등 규정적용

취득세 과세대상이 존재하는 상태에서 취득시기가 관건이 되며, 보통은 잔금지급일(등기·등록일이 빠른 경우에는 빠른 날)이 취득시기가 되지만, 예외적으로 대금지급 기간이 2년 이상인 연부취득의 경우에는 매 연부금 지급일(등기·등록일이 빠른 경우에는 빠른 날)을 취득시기로 본다는 의미임.

(3)선수협약의 경우: 조건부 협약 또는 가계약의 성격임

취득세 과세대상이 존재하지 않는 상태에서 2년 이상의 기간을 정한 선수협약이라 하더라도, 취득시기는 취득세 과세대상이 완성된(지방세법상 준공 등 취득시기 충족) 후에 판정하게 됨. 즉, 선수협약은 '준공 등을 조건부로 하는 계약'이므로 조건 성취 후에 취득시기를 논하게 되는 것이다.

2. 적용 사례

(1)건축 중인 건물을 분양받아 잔금을 미리 완납한 경우의 취득시기: 사용일 등

임시사용 승인일·사실상 사용일·사용승인서 교부일 이전에 건축주가 입주자로부터 잔금을 받은 경우에는, 임시사용 승인일·사실상 사용일·사용승인서 교부일(중 빠른 날)이 원시취득일(건축주의 경우)과 승계취득일(분양받은 자)이 된다.(지예 7-2 제5호)

(2)선수대금을 완납했을 경우: 취득대상인 토지조성이 완료된 후 대금정산일이 취득일임

분양계약·조성계약 등의 계약내용이 계약체결시점에 대상 토지가 없는 경우와 택지조성 중인 경우에는 가계약으로 보아야 하므로, 선수대금을 완납하였다 하더라도 취득이 된 것이 아니며 취득대상인 토지조성이 완료된 후 대금정산일이 취득일이다.(세정 13430-439, 2001.10.18.)

(3)공동주택(아파트)를 분양받는 경우: 연부취득 규정을 적용하지 않음

공동주택(아파트)를 분양받는 경우 그 분양대금을 납부하는 기간을 2년 이상 두고 있다 하더라도 그 계약의 목적물인 건물이 존재하지 아니할 뿐만 아니라 대지권(『집합건물의 소유 및 관리에 관한 법률』)은 건물의 전용부분이 존재하지 아니하는 한 의미가 없으므로, 공동주택 분양·취득에 있어서는 연부취득에 관한 규정을 적용할 수 없다.(행자부 세정-3481, 2007.8.24.)

> (4)선수협약은 과세대상이 완성된 후 본계약으로 대체한 후에 연부취득 여부를 적용함
>
> 선수협약(가계약)은 계약당시 계약목적물이 존재하되 위치·면적 등이 불확정되어 추후 반드시 정산하도록 본계약을 체결하게 되는 것이므로, 용지매매계약서상 토지의 지번이 가(假)지번 상태이고 조성사업 후 정산한다는 약정이 있는 경우라면, 선수협약에 해당되어 선수금대금 지급방법을 연부형식으로 2년 이상에 걸쳐 납부하였다 하더라도 연부계약에 해당하지 않는다.
>
> 다만 본계약을 대체 체결하면서 대금지급기간을 2년 이상으로 하여 연부계약으로 취득한 경우에는 그 본계약일로부터 연부취득에 해당하는 것이다.(행자부 지방세정팀-1636, 2005.7.13.)

④차량·기계장비·항공기 및 주문을 받아 건조하는 선박의 경우(지령 20조③)

　차량·기계장비·항공기 및 선박의 경우에는 다음 각 호에 따른 날을 최초의 취득일로 본다.

1. 주문을 받거나 판매하기 위하여 차량 등을 제조·조립·건조하는 경우:
　실수요자가 차량 등을 인도받는 날과 계약서상의 잔금지급일 중 빠른 날

　차량·기계장비를 할부로 취득하는 경우에는 할부금 지급시기와 관계없이 실수요자가 인도받는 날과 등록일 중 빠른 날이 취득시기가 된다.(지예 7-2 제2호)

2. 차량 등을 제조·조립·건조하는 자가 그 차량 등을 직접 사용하는 경우:
　차량 등의 등기 또는 등록일과 사실상의 사용일 중 빠른 날

⑤수입에 따른 취득(지령 20조④)

　수입에 따른 취득은 해당 물건을 우리나라에 반입하는 날(보세구역을 경유하는 것은 수입신고필증 교부일)을 취득일로 본다.

　다만, 차량·기계장비·항공기 및 선박의 실수요자가 따로 있는 경우에는 실수요자가 인도받는 날과 계약상의 잔금지급일 중 빠른 날을 승계취득일로 보며, 취득자의 편의에 따라 수입물건을 우리나라에 반입하지 아니하거나 보세구역을 경유하지 아니하고 외국에서 직접 사용하는 경우에는 그 수입물건의 등기 또는 등록일을 취득일로 본다.

2)무상취득(지령 20조①·⑭)

　무상취득의 경우에는 그 계약일(상속 또는 유증으로 인한 취득의 경우에는 상속 또는 유증 개시일을 말함)에 취득한 것으로 보며(지령 20조①), 그 전에 등기·등록을 한 경우에는 등기·등록일에 취득한 것으로 본다(지령 20조⑭).

[무상승계취득의 경우별 취득시기 비교]

구분	국세	지방세
증여(기부·출연)	증여일(등기·등록신청서 접수일)	계약일과 등기·등록일 중 빠른 날
상속취득	상속개시일	상속개시일

이혼 재산분할	배우자 명의로 당초 취득일	소유권이전등기·등록일(지령 20⑬)
양도담보	소유권이전등기·등록일(변제충당일)	소유권이전등기·등록일(변제충당일)
시효취득	점유개시일(소령 162조①6호)	시효완성일(「민법」 245조, 247조 준용) →등기일·등록일(지령 20조⑫, 2023년 시행)
합병·분할	합병·분할등기일	합병·분할기일(관례 및 유권해석)
명의 신탁	부동산	명의신탁일(납세의무: 명의수탁자)	명의신탁일(납세의무: 명의수탁자)
	주식	명의신탁일(납세의무: 명의수탁자)	명의신탁일(납세의무: 명의수탁자)
명의 신탁 해지	부동산	상속세 및 증여세 제재조치 없음 (부동산실명법상 제재조치 받음)	소유권이전등기일 (대법원판례: 당초 명의신탁일)
	주식	• 명의신탁 입증시: 명의신탁일 • 명의신탁 불분명: 신탁해지일	• 명의신탁 입증시: 명의신탁일 • 명의신탁 불분명: 신탁해지일

(보충)[양도소득세 부과처분취소](대법원 2016두43091, 2016.10.27. 선고)

【판시사항】 구 소득세법 104조①2의3호, 구 소득세법 시행령 167조의3①에서 말하는 '1세대 3주택 이상에 해당하는 주택'인지 판단하는 경우, 3자 간 등기명의신탁관계에서 명의신탁자가 명의신탁한 주택을 명의신탁자가 소유하는 것으로 보아 주택수를 산정하여야 하는지 여부(적극)

【판결요지】 3자 간 등기명의신탁의 경우 명의신탁약정과 그에 따른 수탁자 명의의 등기는 무효이나 매도인과 명의신탁자 사이의 매매계약은 여전히 유효하다. 따라서 명의신탁자는 매도인에게 매매계약에 기한 소유권이전등소유권이전등기를 청구할 수 있고, 소유권이전등기청구권을 보전하기 위하여 매도인을 대위하여 무효인 명의수탁자 명의 등기의 말소를 구할 수도 있다.(대법 2001다61654, 2002.3.15. 선고 참조)

또한 매도인과 명의신탁자 사이의 매매계약이 유효한 이상 명의신탁자로부터 매매대금을 전부 수령한 매도인은 소득세법상 양도소득세 납세의무를 부담하게 되고, 이후 명의신탁자가 자신의 의사에 따라 부동산을 양도할 경우 양도소득에 대한 납세의무는 명의신탁자가 부담하여야 한다.

3)취득한 것으로 보지 아니하는 경우: 유상승계취득 중 ②와 무상취득

①관련규정

위 유상승계취득 중 사실상의 잔금지급일을 확인할 수 없는 경우(②)와 무상취득의 경우에 한하여, 다음의 경우에는 취득한 것으로 보지 아니한다.

즉, 해당 취득물건을 등기·등록하지 아니하고 다음의 어느 하나에 해당하는 서류에 의하여 계약이 해제된 사실이 입증되는 경우에는 취득한 것으로 보지 아니한다.(지령 20조②2호·①)

1. 화해조서·인낙조서{해당 조서에서 취득일부터 60일(무상취득은 취득월 말일부터 3개월, 즉 취득세 신고기한. 2024년 시행) 이내에 계약이 해제된 사실이 입증되는 경우만 해당}

   (보충)화해조서: 재판상 화해절차로 합의가 이루어진 경우에 그 합의내용을 기재한 조서.

   　　　인낙조서:「민사소송법」상 피고가 원고의 권리·주장을 긍정하는 진술을 적은 조서.

2. 공정증서{공증인이 인증한 사서증서를 포함하되, 취득일부터 60일(무상취득은 취득월 말일부터 3개월) 이내에 공증받은 것만 해당}

3. 계약해제신고서{취득일부터 60일(무상취득은 취득월 말일부터 3개월) 이내에 제출된 것만 해당}

4. 부동산 거래신고 관련 법령에 따른 부동산거래계약 해제 등 신고서(취득일부터 60일 이내에 등록관청에 제출한 경우만 해당)

②본 규정에 대한 이해

사실상의 잔금지급일이 확인되는 유상승계취득의 경우 사실상 잔금지급 자체가 취득행위로 간주되므로, 60일 이내에 계약을 합의해제하였더라도 취득세 납세의무는 여전히 존재한다. 또한 본 규정의 적용대상인 무상취득 등의 경우에도 소유권이전등기를 한 후 계약해제로 말소등기를 한 경우에는, 비록 공정증서 등에 의해 계약해제 사실이 입증된다고 하더라도 취득세 납세의무는 여전히 존재한다. 왜냐하면 소유권이전등기를 하게 되면 등기의 효력에 따라 대항력을 갖추게 되어 재판에 의해 원인무효판결을 받지 아니하는 한 등기명의자가 사실상 소유자로 추정력을 갖게 되는 바, 취득세 납세의무를 부담하게 하는 것이다.

그리고 관계법령을 위반하여 계약이 취소된 경우, 토지거래허가구역의 경우 토지거래허가와 관련한 취득시기 등 복잡한 문제도 체계적으로 이해할 필요가 있다.

상세한 내용은 앞의 '취득세 납세의무자'{'02(3)1)④} 부분에서 설명한 [계약의 실효와 취득세 납세의무 판단] 편을 참조하기 바란다.

4)부동산의 원시취득

①건축물을 건축 또는 개수

건축물을 건축 또는 개수하여 취득하는 경우에는 사용승인서를 내주는 날(사용승인서를 내주기 전에 임시사용승인을 받은 경우에는 그 임시사용승인일을 말하고, 사용승인서 또는 임시사용승인서를 받을 수 없는 건축물의 경우에는 사실상 사용이 가능한 날)과 사실상의 사용일 중 빠른 날을 취득일로 본다.(지령 20조⑥본문)

아파트·상가 등 구분등기대상 건축물을 원시취득함에 있어 1동의 건축물 중 그 일부에 대하여 임시사용승인을 받거나 사실상 사용하는 경우에는, 그 임시사용승인을 받은 부분 또는 사실상 사용하는 부분과 그렇지 않은 부분을 구분하여 취득시기를 각각 판단한다.(지예 7-2 제7호) 따라서 준공검사필증 교부일 이전에 분양자가 잔금을 지급하고 특정한 동 호실에 입주한 경우, 취득시기는 분양자 입주일(잔금을 미리 지급했으므로 사실상 사용일인 입주일이 취득시기라는 의미)이 된다.

②도시개발사업으로 건축한 주택을 환지처분에 의해 취득{앞 '02(3)4)' 참조}

위 ①의 사용승인서에 「도시개발법」 51조①에 따른 준공검사 증명서, 「도시 및 주거환경정비법 시행령」 74조에 따른 준공인가증 및 그 밖에 건축 관계 법령에 따른 사용승인서에 준하는 서류를 포함한다"라고 규정하여, 취득시기를 위 ①과 일치시켰다.(지령 20조⑥괄호, 2019.5.31. 개정)

즉, 도시개발사업(지특법 74조에 의해 75~100% 감면됨)으로 건축한 주택을 '환지처분'에 의해 취득하는 것에 대한 취득시기는 본 '취득시기' 부문에서 별도로 규정하여 사업초기에 취득세를 부담하는 문제를 해결하고 있는 것이다.

③주택조합 등의 조합원에 귀속되지 아니하는 토지 취득{앞 '02 (3)4)' 참조}

[주택조합 등이 취득하는 부동산의 납세의무와 취득시기 요약]

구분	조합원용 부동산		비조합원용 부동산	
	납세의무자	취득시기(지령 20조⑦)	납세의무자	취득시기
부동산 등 신탁	조합원: 비과세 (지법 9조③)	주택조합: 사용검사일 재건축: 소유권이전고시 익일	주택조합 재건축조합	조합원용과 같음
금전 신탁	조합원: 과세 (지법 9조③)	주택조합: 사용검사일 재건축: 소유권이전고시 익일	주택조합 재건축조합	잔금일과 등기일 중 빠른 날

　즉, 도시개발사업으로 건축한 주택을 '환지처분'에 의해 취득하는 것, 주택조합의 '비조합원용 부동산'에 대한 취득, 재건축조합(소규모재건축조합 포함)의 '비조합원용 부동산'에 대한 취득시기는 본 '취득시기' 부문에서 별도로 규정하여 사업초기에 취득세를 부담하는 문제를 해결하고 있다.

[주택건설 관련 조합별 차이 요약]

구분	내용	형태	근거법률	지방세법/시행령
재건축조합	도시기반이 양호한 지역	법인	도정법 38조	7조⑧, 9조③ / 20조⑦
소규모재건축	위와 같음	법인	소정법 56조	7조⑧, 9조③ / 20조⑦
재개발조합	도시기반이 불량한 지역	법인	도정법 38조	7조④⑯, 지특법 74조 / 20조⑥
소규모재개발	위와 같음	법인	소정법 56조	7조④⑯, 지특법 74조 / 20조⑥
주택조합	지역·직장·리모델링조합	개인	주택법 2장2절	7조⑧ / 20조⑦전단

A. 주택조합의 주택건설사업

　주택조합(「주택법」 11조)이 주택건설사업을 하면서 조합원으로부터 취득하는 토지 중 조합원에게 귀속되지 아니하는 토지를 취득하는 경우에는 사용검사를 받은 날에 그 토지를 취득한 것으로 본다.(지령 20조⑦전단)

　위 도시개발사업으로 건축한 주택을 '환지처분'에 의해 취득하는 것과 마찬가지로, 주택조합은 '조합원용 부동산' 취득에 대한 '납세의무자' 판단 시에는 이 조항의 특례규정(지법 7조⑧)을 적용받으므로 자동적으로 해결이 되며, '비조합원용 부동산'에 대한 취득시기는 본 규정에 따라 취득세 납부시기를 합리적으로 조정하고 있다. 주택조합의 경우 이 이외에는 지방세 특례조항이 없으므로 일반조합과 같이 세법을 적용한다.

B. 재건축조합 또는 소규모재건축조합

　재건축조합(「도시 및 주거환경정비법」 35조③)이 재건축사업을 하거나 소규모재건축조합(「빈집 및 소규모주택 정비에 관한 특례법」 23조②)이 소규모재건축사업을 하면서 조합원으로부터 취득하는 토지 중 조합원에게 귀속되지 아니하는 토지를 취득하는 경우에는 소유권이전 고시일의 다음

날에 그 토지를 취득한 것으로 본다.(지령 20조⑦후단)

재건축조합(소규모재건축조합 포함)의 '비조합원용 부동산'에 대한 취득시기도 본 '취득시기' 부문에서 별도로 규정하여 사업초기에 취득세를 부담하는 문제를 해결하고 있다(조합원용 부동산은 지법7조⑧에 의해 조합원이 취득한 것으로 보기 때문에 별도로 규정할 필요가 없음).

④매립·간척 등으로 토지의 취득

관계 법령에 따라 매립·간척 등으로 토지를 원시취득하는 경우에는 공사준공인가일을 취득일로 본다. 다만, 공사준공인가일 전에 사용승낙·허가를 받거나 사실상 사용하는 경우에는 사용승낙일·허가일 또는 사실상 사용일 중 빠른 날을 취득일로 본다.(지령 20조⑧)

5)간주취득의 경우

①지목변경

가. 일반적인 경우

토지의 지목변경에 따른 취득은 토지의 지목이 사실상 변경된 날과 공부상 변경된 날 중 빠른 날을 취득일로 본다. 다만, 토지의 지목변경일 이전에 사용하는 부분에 대해서는 그 사실상의 사용일을 취득일로 본다.(지령 20조⑩)

사실상 지목변경 시기는 토지의 지목을 변경하려는 자가 당초 의도한대로 토지의 형질이나 이용상태가 변경된 때를 말한다.(지예 7-2 제4호) 건축공사가 수반되는 지목변경의 경우에는 해당 토지가 건축물의 부속토지로서의 기능에 공여될 수 있는 시점에 지목변경이 이루어졌다고 보아야 한다. 즉, "'토지의 지목을 사실상 변경'한다는 것은 토지의 주된 용도를 사실상 변경하는 것을 말하는데, 그 변경이 있는지 여부는 토지의 형질변경 유무뿐만 아니라 상하수도공사·도시가스공사·전기통신공사 유무를 비롯하여 여러 사정을 종합하여 객관적으로 판단하여야 한다. 잡종지에 주택을 건설하는 경우 토지 위에 주택을 완공함으로써 비로소 대지로 지목변경이 이루어졌다고 보아야 한다."(대법 2005두12756, 2007.7.13. 선고) 같은 취지로, "과세대상 토지가 당초 전 또는 임야에서 대지로 지목이 변경되어 가액이 증가되고 토지사용승낙일 이후 건축물을 건축한 것을 전제로 한 지목변경에 대한 취득시기는, 지목이 사실상 변경된 날과 토지사용승낙일 중 빠른 날로, 납세의무자는 지목변경 당시의 토지소유자인 택지개발사업시행자로 보는 것이 타당하다."(행자부 지방세운영과-2527, 2014.8.1.)

[취득세부과처분취소: 지목변경 간주취득세의 취지](대법 97누15807, 1997.12.12. 선고)

【판시사항】

[1] 지목이 사실상 변경된 후에 토지를 취득하여 그 변경된 지목에 맞게 공부상 지목을 변경한 것이 구 지방세

> 법 제105조 제5항 소정의 간주취득에 해당하는지 여부(소극)
> [2] 택지조성사업을 실시하여 얻어진 나대지를 취득하고 그에 대한 취득세를 납부한 이상 이후 그 공부상 지목을 공장용지에서 대(垈)로 변경하였더라도 그 지목변경시점을 기준으로 다시 취득세를 부과할 수 없다고 한 사례
>
> 【판결요지】
> [1] 토지의 지목이 사실상 변경된 것을 취득세의 과세대상인 간주취득으로 보기 위하여는 우선 그 토지의 주된 사용목적 또는 용도에 따라 구분되는 지목이 사실상 변경되었을 뿐만 아니라 그로 인하여 가액이 증가되어야 하므로, 이미 그 지목이 사실상 변경된 후에 토지를 취득한 것이라면 비록 취득 후 변경된 사실상의 지목에 맞게 공부상의 지목을 변경하였다고 할지라도 이로써 당해 토지소유자가 취득세 과세물건을 새로이 취득한 것으로 간주할 수 없고, 또한 토지를 취득한 후 그 현상을 전혀 변경시키지 아니한 채 그대로 보유하고 있다가 그 공부상의 지목을 실질에 맞게 변경하였다고 할지라도 공부상의 지목이 변경되었다는 사유만으로 당해 토지 소유자가 그 변경 시점에서 취득세 과세물건을 새로이 취득한 것으로 취급할 수는 없다.
> [2] 택지조성사업을 실시하여 얻어진 나대지를 공개입찰의 방식으로 취득한 후 그 현상을 변경하지 아니한 채 보유하고 있다가 그 위에 2층 건물을 신축하기 위하여 지목변경을 신청하자 당일로 그 공부상의 지목이 종전의 공장용지에서 '대'로 변경되었다면, 토지를 취득할 당시 그 상태가 사실상 대지이었고 그에 관한 취득세를 납부한 이상 공부상의 지목이 그 후에 '대'로 변경되었다고 하더라도 그때를 기준으로 하여 다시 취득세를 부과할 것이 아님에도 불구하고 위 공부상의 지목변경으로 인하여 토지가액의 증가분이 발생하였음을 전제로 다시 취득세 및 그에 부수한 농어촌특별세를 부과한 과세처분은 위법하다고 한 사례.

나. 택지(대지)에 대한 특례: 택지공사가 준공된 토지의 사실상 지목변경(지법 7조⑭. 2015.12.29. 신설하여 2016.1.1.부터 시행, 2019.12.31.개정)

{이 규정을 신설한 의미는 전술한 취득의 개념 '2(2)5)' 내용 참조할 것}

「공간정보의 구축 및 관리 등에 관한 법률」 67조에 따른 대(垈) 중 「국토의 계획 및 이용에 관한 법률」 등 관계 법령에 따른 택지공사가 준공된 토지에 정원 또는 부속시설물 등을 조성·설치하는 경우에는 그 정원 또는 부속시설물 등은 토지에 포함되는 것으로서 토지의 지목을 사실상 변경하는 것으로 보아 토지의 소유자가 취득한 것으로 본다. 다만, 건축물을 건축하면서 그 건축물에 부수되는 정원 또는 부속시설물 등을 조성·설치하는 경우에는 그 정원 또는 부속시설물 등은 건축물에 포함되는 것으로 보아 건축물을 취득하는 자가 취득한 것으로 본다. (지법 7조⑭, 2019.12.31. 개정)

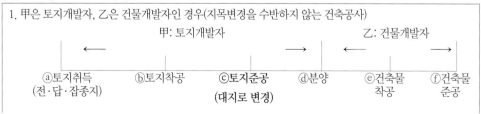

1. 甲은 토지개발자, 乙은 건물개발자인 경우(지목변경을 수반하지 않는 건축공사)

甲: 토지개발자   乙: 건물개발자

ⓐ토지취득 　ⓑ토지착공 　ⓒ토지준공 　ⓓ분양 　ⓔ건축물 　ⓕ건축물
(전·답·잡종지)　　　　(대지로 변경)　　　　　착공　　준공

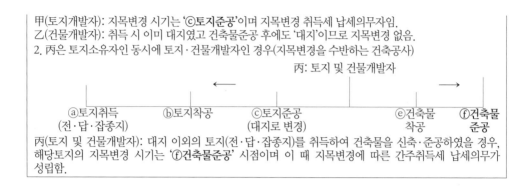

甲(토지개발자): 지목변경 시기는 '©토지준공'이며 지목변경 취득세 납세의무자임.
乙(건물개발자): 취득 시 이미 대지였고 건축물준공 후에도 '대지'이므로 지목변경 없음.

2. 丙은 토지소유자인 동시에 토지·건물개발자인 경우(지목변경을 수반하는 건축공사)

丙: 토지 및 건물개발자

ⓐ토지취득   ⓑ토지착공   ©토지준공   ⓔ건축물   ⓕ건축물
(전·답·잡종지)   (대지로 변경)   착공   준공

丙(토지 및 건물개발자): 대지 이외의 토지(전·답·잡종지)를 취득하여 건축물을 신축·준공하였을 경우, 해당토지의 지목변경 시기는 'ⓕ건축물준공' 시점이며 이 때 지목변경에 따른 간주취득세 납세의무가 성립함.

대지 이외의 토지(전·답·잡종지 등)에 건축물을 신축하면서 그 부속토지에 조경 및 포장공사 등을 할 경우 토지의 실질적 가치가 증가하고 지목변경(전·답·잡종지 등→대지)을 수반하면 위 '가'에 따라 지목변경으로 과세된다.

위의 경우 종전에는 조경·도로포장 등의 공사비를 모두 지목변경 비용에 포함하여 취득세를 과세하였으나, 2020.1.1.부터는 지목변경에 수반되는 것은 종전처럼 과세하고(2% 또는 중과세), 건축물 건축에 수반되는 것은 신축 건축물의 원시취득 비용에 포함하여 과세한다(2.8% 또는 중과세).(지법 7조⑭, 2019.12.31.개정)

②차량·기계장비·선박의 종류변경

차량·기계장비·선박의 종류변경에 따른 취득은 사실상 변경한 날과 공부상 변경한 날 중 빠른 날을 취득일로 본다.(지령 20조⑨)

(2)사례별 취득시기

구분	취득시기
건설중인 골프장회원권 등(지예 7-4)	회원권대금 완납 후에 당첨자 결정이 된 때에는 당첨자결정일이며, 그 반대일 경우에는 잔금지급일
가등기 원인으로 본등기 한 경우	본등기일
어음·수표로 잔금지급 시	어음·수표 결제일과 등기·등록일 중 빠른 날
승소판결을 받은 경우	소유권이전등기일(국세: 잔금청산일이 원칙임)
대물변제	사실상 취득일과 소유권이전등기일 중 빠른 날
현물출자로 법인설립 시	법인설립등기일(지예 7-2 제3호)
교환	교환등기일과 잔금지급일 중 빠른 날
수용	수용보상금수령일과 소유권이전등기일 중 빠른 날
공탁(지방세정팀-1108, 2005.6.10.)	공탁물수령일과 소유권이전등기일 중 빠른 날

05 취득세 과세표준

개정개요

2022년까지 취득분	2023년부터 취득분
□ 취득세 과세표준 ○ 과세표준을 "신고한 가액" 적용 　- 신고가액이 없거나, 시가표준액보다 신고가액이 적은 경우 : 시가표준액 　- 유상취득 : 사실상 취득가격 일부인정 　- 무상취득 : 시가표준액(시가 불인정)	□ 취득세 과세표준 체계 개선 ○ 취득원인별로 조문체계를 명확히 함 　- 유상·무상·원시·과세특례·간주취득 順 ○ 실제거래가액 신고 인정 및 무상취득시 시가* 도입 적용 　* 매매사례가액·감정가액·공매가격 등

조	항	조문 내용	조	조문 내용
10조	①	■ **과세표준 원칙 : 취득당시의 가액**	10조	■ **과세표준 원칙 : 취득당시의 가액**
	②	■ **취득당시의 가액** 　- 납세자가 신고한 가액. 다만, 개인이 시가표준액보다 적게 신고한 경우 시**가표준액** 　※ 무상취득은 시가표준액	10조의2	■ **무상취득** 　1) 원칙 : 시가인정액 　2) 예외 : 시가표준액 　3) 부담부증여 : 채무 외(무상취득) 　　+ 채무액(유상취득)
	③	■ **원시취득** 　- (원칙) 신고한 가액 　- (예외) 시가표준액 ■ **개수·지목변경·구조변경 취득 과표** 　- (원칙) 증가한 가액 　- (예외) 시가표준액	10조의3	■ **유상취득(부동산등 승계)** 　1) 원칙 : 사실상의 취득가격 　2) 예외 : 시가표준액
			10조의4	■ **원시취득(신축·증축·재축 등)** 　1) 원칙 : 사실상의 취득가격 　2) 예외 : 시가표준액
	④	■ **과점주주 간주취득 과표** 　1. 원칙 : 원가* 　* 법인장부상 부동산등 가액 × 주식지분	10조의5	■ **과세표준 특례에 따른 취득** ① **차량·건설기계 취득** 　1) 유상 : 사실상의 취득가격 　2) 무상 : 시가표준액 ② **법인 합병·분할, 대물변제·교환·양도담보 등 취득** 　1) 원칙 : 시가인정액 　2) 예외 : 시가표준액
	⑤	■ **사실상 취득가격 ②단서 인정** 　- 국가, 지자체로부터 취득 　- 외국으로부터 수입 　- 판결문, 법인장부 입증가격 　- 공매 취득		
	⑥	■ **개인 건축·대수선 과표②단서 인정** 　- 법인장부상 90%입증시 인정	10조의6	■ **간주취득** ① 개수·지목·구조변경 　1. 원칙 : 사실상의 취득가격 　2. 예외 : 시가표준액 ② 과점주주 　1. 원칙 : 원가* 　* 법인장부상 부동산등 가액 × 주식지분
	⑦	■ **사실상 취득가격②단서 일부** 　- 실거래 및 국세조사가액 통보, 신고가액보다 높은 경우 추징, 적은 경우 환급 적용 않함		

개정이유

○ 취득원인별로 납세자가 과세표준을 이해하기 쉽도록 과세표준 원칙, 유상·무상·원시·과세특례*·간주 취득 순으로 구분 재편

제1장
제2장
제3장
제4장
제5장
제6장
제7장
제8장
제9장
제10장
제11장
제12장
제13장
제14장

* 대물변제, 교환, 양도담보 및 법인의 합병·분할 등의 취득시 세부사항을 규정
    – 유상취득과 원시취득 과표를 개인·법인 모두 "사실상의 취득가격"을 적용하여 형평성 제고
    – 무상취득은 "시가인정액"을 적용하여 세부담 형평성 제고
    (2022년까지는 납세자 신고여부 불문하고 무조건 시가표준액임. 조심 2021지2709, 2022.6.29. 결정)

(1)과세표준 총괄: 유상승계취득은 사실상취득가격 적용(2023.1.1. 시행)

취득세의 과세표준은 취득 당시의 가액으로 한다. 다만, 연부(年賦)로 취득하는 경우에는 연부금액(매회 사실상 지급되는 금액을 말하며, 취득금액에 포함되는 계약보증금을 포함)으로 한다.(지법 10조)
부동산, 차량, 기계장비 또는 항공기는 특별한 규정이 있는 경우를 제외하고는 해당 물건을 취득하였을 때의 사실상의 현황에 따라 부과한다. 다만, 취득하였을 때의 사실상 현황이 분명하지 아니한 경우에는 공부(公簿)상의 등재 현황에 따라 부과한다.(지법 10조의5, 지령 13조, 18조의3)

1)유상승계취득의 경우 과세표준(지법 10조의3①)

부동산등을 유상거래(매매 또는 교환 등 취득에 대한 대가를 지급하는 거래)로 승계취득하는 경우 취득당시가액은 취득시기 이전에 해당 물건을 취득하기 위하여 '다음 각 호의 자'(2024.4.1. 시행)가 거래 상대방이나 제3자에게 지급하였거나 지급하여야 할 일체의 비용으로서 '사실상취득가격'으로 한다.(지법 10조의3①)
　ⓐ납세의무자
　ⓑ「신탁법」에 따른 신탁의 방식으로 해당 물건을 취득하는 경우에는 같은 법에 따른 위탁자
　ⓒ그 밖에 해당 물건을 취득하기 위하여 비용을 지급하였거나 지급하여야 할 다음의 자(지령 18조③)
　−납세의무자의 특수관계인(소득세법 101조① 또는 법인세법 52조에 따른 특수관계인, 지령 14조①1호)
　−납세의무자의 해당 물건 취득을 지원하기 위하여 보조금 등 명칭과 관계없이 비용을 지급한 자
　−건축물의 준공 전에 건축주의 지위를 양도한 자
　−그 밖에 납세의무자를 대신하여 해당 물건을 취득하기 위해 비용을 지급했거나 지급해야 할 자
사실상 취득가격이란 취득시기를 기준으로 해당 물건을 취득하기 위하여 거래 상대방 또는 제3자에게 지급했거나 지급하여야 할 직접비용과 다음의 어느 하나에 해당하는 간접비용의 합계액으로 한다. 다만, 취득대금을 일시급 등으로 지급하여 일정액을 할인받은 경우에는 그 할인된 금액으로 하고, 법인이 아닌 자가 취득한 경우에는 제1호·2호·7호의 금액을 제외한 금액으로 한다.(지령 18조①)
　1. 건설자금에 충당한 차입금의 이자 또는 이와 유사한 금융비용(유형·재고·투자자산 등 불문−저자 주). 다만, 법인이 아닌 자가 취득하는 경우는 취득가격에서 제외한다.(2023년 시행)
　(보충)기업회계기준의 건설자금이자 규정(유형자산에만 적용)

가. 「일반기업회계기준」과 「한국채택국제회계기준」(기준 '전문 제30조')

「일반기업회계기준」(이하 '기준'이라 함)은 (사)한국회계기준원이 제정한 것으로, 「주식회사 등의 외부감사에 관한 법률」(외감법)의 적용대상기업 중 「한국채택국제회계기준」(상장회사 등에 적용되는 IFRS)에 따라 회계처리하지 아니하는 기업이 적용해야 하는 회계처리기준이다.(즉, 대한민국에서 일반 법인이 따라야 하는 회계처리기준이다) 그리고 '외감법' 대상이 아닌 법인에게는 「중소기업회계기준」('외감법' 적용대상 법인 중에서도 이연법인세 등 일부 분야는 「일반기업회계기준」을 예외적으로 적용가능)을 적용한다.

나. 유형자산의 취득원가(기준 '제10장 유형자산'의 문단 10.8)

유형자산의 취득원가는 구입원가 또는 제작원가 및 경영진이 의도하는 방식으로 자산을 가동하는 데 필요한 장소와 상태에 이르게 하는 데 직접 관련되는 지출 등으로 구성된다. 여기에는 설치비 및 설치장소 준비를 위한 지출, 자본화대상인 차입원가, 취득세·등록세 등 유형자산의 취득과 직접 관련된 제세공과금 등이 해당된다.

다. 차입원가의 자본화(즉, 건설자금이자)(기준 '제18장 차입원가자본화'의 문단 18.4)

유형자산·무형자산·투자부동산·재고자산(제조과정이 1년 이상 소요되는 경우에 한함)의 취득을 위한 자금에 차입금이 포함된다면 이러한 차입금에 대한 차입원가는 취득에 소요되는 원가로 회계처리할 수 있다. 이들 자산의 취득과 관련된 차입원가는 그 자산을 취득하지 않았다면 부담하지 않을 수 있었던 원가이기 때문에 취득원가를 구성하며, 그 금액을 객관적으로 측정할 수 있는 경우에는 해당 자산의 취득원가에 산입할 수 있다.

라. 차입원가의 자본화 기간(즉, 건설자금이자 계상 종료일)(기준 '제18장 차입원가자본화'의 문단 18.14)

해당자산을 의도된 용도로 사용하거나 판매가능한 상태에 이르게 하는 데 필요한 대부분의 활동이 완료된 시점에 차입원가의 자본화를 종료한다.

2. 할부 또는 연부(年賦) 계약에 따른 이자 상당액 및 연체료.

다만, 법인이 아닌 자가 취득하는 경우는 취득가격에서 제외한다.

(보충1)각 연부금 지급 시 발생한 이자비용의 취득가격 포함여부(법인만 해당 -저자 주)

'연부'란 연부계약 형식을 갖추고 2년 이상에 걸쳐 대금을 분할·지급하는 취득을 말하는데(지법 6조20호), '연부취득이 완료된 시점까지 발생'한 건설자금이자는 취득세 과세표준에 포함됨.(행자부 지방세운영과-2290, 2016.9.2.)

(보충2)연부금 지급 후 발생한 차입금 등 이자는 과세표준에서 제외(조심 2020지3831, 2022.1.26. - 인용)

취득세는 과세물건을 사실상 취득하는 때 납세 의무가 성립하고, 그 과세표준은 취득 당시 가액으로 하되 연부취득 시에는 각 연부금액으로 하며, 그 취득가액은 취득 이전에 지급하였거나 지급하여야 할 직·간접비용의 합계액으로 하도록 관련 법령에서 규정하고 있다.

청구법인은 총 8차에 걸친 연부금의 납부로 쟁점토지를 취득하면서 각 차수 사이에 발생한 차입금 이자(쟁점이자)를 간접비용으로 하여 과세표준에 포함하는 내용의 취득세 신고를 하였다가, 쟁점이자가 취득시기 후에 발생한 비용이어서 과세표준에 포함될 수 없다는 이유로 그 상당액만큼의 환급을 구하는 경정청구를 하였으나, 처분청은 쟁점이자가 쟁점토지를 최종적으로 취득하기 이전에 발생한 비용이라는 이유로 거부하였다. 조세심판관합동회의는 관련 법령상 연부취득의 취득시기를 각 연부금 지급일로 규정하고 있어서 연부취득이 경우 진금지급일을 취늑일로 보는 일반적인 취득과 다르게 각 연부금 지급일에 그 지급액 상당만큼 취득한 것으로 보아야 하고, 그렇다면 쟁점이자는 각 연부금 취득시기 후에 발생한 비용으로서 과세표준에 포함될 수 없다 판단하였다.

(보충3)할부와 연부의 차이(「할부거래에 관한 법률」 약칭 '할부법')

가. 목적: '할부계약'이란 계약의 명칭·형식이 어떠하든 재화나 용역(일정한 시설을 이용하거나 용역을 제공받을 수 있는 권리를 포함)(이하 '재화 등')에 관한(…) 계약(2개월 이상의 기간에 걸쳐 3회 이상 나누어 지급하는 계약)을 말한다.(할부법 2조)

나. 적용제외: 성질상 이 법을 적용하는 것이 적합하지 아니한 것으로서, 농산물·수산물·축산물·임산물·광산물로서 「통계법」 22조에 따라 작성한 한국표준산업분류표상의 '제조업'에 의하여 생산되지 아니한 것 등(할부법 3조, 할부령 4조1호)

다. 결론: 할부거래는 연부취득과 구분되며, 부동산의 경우에는 할부법이 적용되지 않는다.

3. 농지보전부담금(「농지법」)·대체산림자원조성비(「산지관리법」), 미술작품설치비용(「문화예술진흥법」, 문화예술진흥기금 출연으로 대신하는 경우에는 출연금액. 2020년 시행) 등 관계 법령에 따라 의무적으로 부담하는 비용

(보충)농지전용부담금·대체농지조성비 등은 과세표준에 포함, 개발부담금은 제외.

사실상 취득가격의 범위에는 지목변경에 수반되는 농지전용부담금·대체농지조성비·대체산림조림비는 과세표준에 포함되지만, 취득일 이후에 공사의 완료로 인하여 수익이 전제가 되는 「개발이익 환수에 관한 법률」에 의한 개발부담금은 제외됨.(지예 10-1 제3호)

4. 취득에 필요한 용역을 제공받은 대가로 지급하는 용역비·수수료(건축 및 토지조성공사로 수탁자가 취득하는 경우 위탁자가 수탁자에게 지급하는 신탁수수료를 포함. 2022년 시행)

5. 취득대금 외에 당사자의 약정에 따른 취득자 조건 부담액과 채무인수액

(보충)학교용지부담금 등의 과세표준 포함 여부: 발생주의·권리의무 확정주의로 판단.

학교용지부담금은 취득세 과세표준에 포함하여야 할 것이며, 이 외 다른 부담금도 취득시기 이전에 지급원인이 발생·확정되며(발생주의·권리의무 확정주의 - 저자 주), 관계법령에 따라 의무적으로 부담하는 경우에 해당한다면, 취득가격에 포함하여야 할 것임. 한편, 학교용지를 취득하여 기부채납함으로써 학교용지부담금을 면제받는다고 하더라도, 해당 기부채납비용은 본 건물의 취득을 위하여 '의무적으로 부담하는 비용'에 해당하므로 취득가격에 포함하여야 할 것임.(행자부 지방세운영과-3861, 2015.12.11.)

6. 부동산을 취득하는 경우 매입한 국민주택채권(「주택도시기금법」 8조)을 해당 부동산의 취득 이전에 양도함으로써 발생하는 매각차손.

이 경우 '금융회사 등' 외의 자에게 양도한 경우에는 동일한 날에 금융회사 등에 양도하였을 경우 발생하는 매각차손을 한도로 한다.

[매각하지 않고 보유 시에는 국민주택채권 매입비용 전체가 과세표준에 포함됨]

주택법에서 건물취득등기를 하기 위해서는 채권매입이 필수적으로 필요하다고 규정하고 있으므로 국민주택채권 매입비용은 간접 취득가격에 포함되는 것이 타당하지만, 건물 취득시점에 그 채권을 매각한 경우라면 당초 채권매입가격에서 매각당시의 시가와의 차액인 매각차손만이 간접취득가격으로 보는 것이 타당함.(감심 2007-168, 2007.12.20.)

7. 공인중개사에게 지급한 중개보수.

다만, 법인이 아닌 자가 취득하는 경우는 취득가격에서 제외한다.(2019년 시행)

[법인의 등기를 대행하여 발생하는 법무사 수수료는 취득세 과세표준에 포함되지 않음]

법무사의 등기대행 수수료는 취득시기 이전에 발생한 비용에 해당하지 않는 점, 잔금 지급 전에 등기를

이행한다 하더라도 등기를 대행하여 발생하는 법무사 수수료는 취득을 위해 발생하는 비용이 아니라 등기 관련 비용에 해당하는 점 등을 종합해 볼 때, 등기를 대행하여 발생하는 법무사 수수료는 취득세 과세표준에 포함되지 않음. (지방세운영-23, 2018.1.4. 본 해석 변경은 2018.1.4. 이후 납세의무 성립분부터 적용함.)

종전에는 유권해석상 법무사 수수료도 취득 부대비용으로 보았음:
법인이 부동산 취득과 관련하여 소요된 법무사 비용은 건물 취득에 필요한 용역을 제공받은 대가로 지급하는 용역비 등에 해당되고, 법무사 업무가 취득시기 이전에 발생되는 점 등을 종합적으로 고려하면 과세표준에 포함됨. (감심 2007-168, 2007.12.20. 등)

8. 붙박이가구·가전제품 등 건축물과 일체를 이루면서 건축물의 효용을 유지·증대시키기 위한 시설의 설치비용(2020년부터 적용)

9. 정원·조경·도로포장 등 부속시설물 등 이와 유사한 시설에 대한 공사비용. 이 경우 건축물 건축에 수반되는 비용은 건축물 취득가액으로(원시취득세율 2.8%), 지목변경에 수반되는 경우 지목변경 비용에 포함함(간주취득세율 2.0%).(지법 7조⑭ 2020년부터 적용)

10. 1호~9호의 비용에 준하는 비용

그러나 다음의 어느 하나에 해당하는 비용은 사실상 취득가격에 포함하지 아니한다.(지령 18조 ②. 아래 1호~3호는 2010.1.1. 신설된 규정임, 구 지령 82조의2②)

1. 취득하는 물건의 판매를 위한 광고선전비 등의 판매비용과 그와 관련한 부대비용

2. 「전기사업법」, 「도시가스사업법」, 「집단에너지사업법」, 그 밖의 법률에 따라 전기·가스·열 등을 이용하는 자가 분담하는 비용

[기반시설 부담금과 설치공사비는 취득가액에 포함됨](대법 2016두56654, 2022.10.27. 선고)
실시계획에 의한 기반시설을 설치하지 않거나 관계법령 등에 따른 기반시설 부담금을 납부하지 않으면 토지 사용 승인을 받을 수 없고 지목변경 신청도 할 수 없는 점, 해당 비용 등을 택지조성원가에 포함하여 회수하는 점을 감안했을 때 기반시설 부담금(하수도원인자부담금 및 폐기물처리시설설치부담금)과 기반시설 설치공사비(상하수도, 가스, 전기, 통신시설 개설공사 등에 소요된 비용)는 택지개발사업자의 지목변경 취득세 과세표준에 포함됨.

3. 이주비, 지장물 보상금 등 취득물건과는 별개의 권리에 관한 보상 성격으로 지급되는 비용

(보충1)분묘이장비는 취득세 과세표준에서 제외됨.(행자부 세정-5508, 2006.11.8.)
분묘이장비 등은 취득의 대상이 아닌 물건 또는 권리에 대한 비용으로 보아 토지의 취득가액에서 제외된 것이므로 토지 취득 후 지목변경을 하더라도 당해 비용은 토지의 지목변경에 소요된 비용으로 볼 수 없음.

(보충2)문화재발굴비용은 취득세 과세표준에서 제외(행자부 세정-4565, 2006.9.20.)
문화재발굴비용은 「문화재보호법」 44조④에 따라 당해 공사의 시행자가 부담한 것으로, 아파트를 취득하는 데 발생한 비용이 아니므로 신축아파트의 과세표준에서 제외함.

(보충3)세입자합의금도 취득가액과는 무관함.(행자부 세정 13407-504, 2001.5.11.)
경락부동산의 소유권이전등기를 경료한 후 경락금액과는 별개로 해당 부동산의 세입자 등에게 별도 합의금을 지급한 경우라면 그 명도합의금은 당해 부동산의 취득가액과는 무관함.

(보충4)지역발전기금은 과세표준에서 제외됨.(행자부 세정-6414, 2006.12.21.)

석유비축시설 설치의 원활한 추진을 위하여 주역주민들에게 지급한 장학금, 지역발전기금 및 상수도기반시설 조성비는 당해 석유비축시설의 취득가격이 아니라 지역주민에게 지급된 비용이므로 취득가격에서 제외함.

(보충5)골프장 건설용 토지 취득 시 이주비·지장물철거보상비 등도 본 규정(2010.1.1. 신설)에 따라 과세표준에서 제외됨.

4. 부가가치세

(보충1)면세분 부가가치세가 법인장부상 계상되어 있더라도 무조건 과세표준에서 제외되는 것임. 부가가치세의 논리상 기업회계기준에서 취득가액으로 계상하는 것과는 별개임.

(보충2)취득부대비용에 대한 부가가치세도 제외됨.(조심 2016지0103, 2016.12.15. 결정)

부동산컨설팅보수·금융자문수수료·법률자문료·회계 및 세무자문료에는 부가가치세가 포함되어 있으므로 부가가치세는 취득세 과세표준에서 제외하는 것임.

(보충3)경락금액 중 취득가액에서 제외되는 범위.(행자부 세정 13407-373, 2000.3.10.)

경락으로 취득하는 경우에는 사실상의 취득가격인 경락가액(연체료 포함)이 취득세 과세표준이 되지만, 취득세 과세대상 물건이 아닌 기계기구·광고탑 등에 대한 가액과 부가가치세는 취득세 과세표준에서 제외됨.

5. 1호~4호의 비용에 준하는 비용

(보충1)조형물제작설치비(의무금액 이외분)·견본주택건축비 등은 과세표준에 포함되지 않음.

건물의 신축 도급가액에 포함되어 있는 조형물제작설치비(「문화예술법」 9조에 따른 의무금액은 2020년부터 과세표준에 포함됨)·준공청소비·견본주택건축비, 분양을 위한 광고비 등은 취득세 과세대상인 당해 건축물을 취득하기 위한 제반 비용으로 볼 수 없으므로 과세표준에 포함되지 않음.(세정-1280, 2005.6.21.)

(보충2)일괄도급을 준 경우 시행사에서 발생한 급여·접대비 등의 취득세 과표 포함여부.

시행사가 시공사에 신축공사 관련 일괄도급을 위임하였다고 하더라도, 시행사에서 발생한 비용이 해당 부동산 취득과 관련성이 있다면(신축건물의 판매와 관련된 비용은 제외), 취득시기까지 발생한 비용은 취득세 과세표준에 포함됨.(행자부 지방세운영과-1845, 2016.7.14.)

(보충3)신축공사 가설재 감가상각비는 취득세 과세표준에 포함됨.

공사원가명세서상 공사경비로 인식한 감가상각비의 경우 해당 신축공사와 관련된 비용에 해당하는 것으로 보아 취득세 과세표준에 포함됨.(행안부 지방세운영과-415, 2017.4.24.)

(보충4)철거비, 부지 정지공사 관련비용은 과세표준에 포함됨.

기존 건축물을 철거하고, 부지 조성공사 등을 거쳐 건축공사를 진행하는 경우 부지 정지공사 비용은 건축공사와 불가분의 관계에 있는 일련의 건축공사의 일부라고 볼 수 있으므로 신축건물의 과세표준에 포함됨.(행자부 지방세운영과-1552, 2016.6.17.)

(보충5)기존 건축물을 철거하고 새 건축물을 건축할 경우 기존건축물 가액의 처리 비교

1. 「일반기업회계기준」상 유형자산 취득원가 및 건축물 철거관련 규정

구분		기업회계기준	법인세법	지방세법(취득세)
토지·건축물 겸용으로 취득시		토지·건축물 배분	좌동	좌동
토지만 이용목적으로 취득시		철거비 포함 토지원가	좌동	좌동
기존 건축물	토지사용목적 철거	철거비 포함 기간비용	좌동	좌동
	용도변경목적 수선	수선비는 자본적지출·수익적지출 구분 처리	좌동	좌동

가. 유형자산의 취득원가(기준 '제10장 유형자산'의 문단 10.8)

유형자산의 취득원가는 구입원가 또는 제작원가 및 경영진이 의도하는 방식으로 자산을 가동하는 데 필요한 장소와 상태에 이르게 하는 데 직접 관련되는 지출 등으로 구성된다. 여기에는 설치비 및 설치장소 준비를 위한 지출, 자본화대상인 차입원가, 취득세·등록세 등 유형자산의 취득과 직접 관련된 제세공과금 등이 해당된다.

나. 토지 사용을 위해 기존 건물을 철거하는 경우(기준 '제10장 유형자산'의 문단 10.13)

건물을 신축하기 위하여 사용중인 기존 건물을 철거하는 경우 그 건물의 장부금액은 제거하여 처분손실로 반영하고, 철거비용은 전액 당기비용으로 처리한다.

다만 새 건물을 신축하기 위하여 기존 건물이 있는 토지를 취득하고 그 건물을 철거하는 경우 기존 건물의 철거 관련 비용에서 철거된 건물의 부산물을 판매하여 수취한 금액을 차감한 금액은 토지의 취득원가에 포함한다.

다. 취득 후의 원가: 자본적 지출(성능 증가로 취득원가에 가산)과 수익적 지출(현상유지용 지출로 비용처리)

(기준 '제10장 유형자산'의 문단 10.14)

유형자산의 취득 또는 완성 후의 지출이 성능 증가를 가져올 경우(생산능력 증대, 내용연수 연장, 상당한 원가절감 또는 품질향상을 가져오는 경우)에는 자본적 지출로 처리하고, 그렇지 않은 경우(수선유지를 위한 지출)에는 발생한 기간의 비용으로 인식한다.

2. 법인세법상 유형자산 취득원가 및 건축물 철거관련 규정

가. 유형자산의 취득원가(서이 46012-10549, 2001.11.16.)

토지만을 사용할 목적으로 건축물이 있는 토지를 취득하여 그 건축물을 철거하거나, 자기 소유의 토지상에 있는 임차인의 건축물을 취득하여 철거하는 경우, 철거한 건축물의 취득가액과 철거관련 비용에서 철거건물의 부산물판매수익을 차감한 잔액을 신규로 취득한 해당 토지의 자본적 지출로 처리한다.

나. 기존건축물의 용도변경 등 목적(서면2팀-2631, 2004.12.15.)

기존 건축물의 용도변경·개량·확장·증설 등과 같이 토지만을 사용하기 위한 목적의 철거가 아닌 경우, 기존 건축물의 장부가액 및 철거비용은 2001년 11월 1일이 속하는 사업연도분부터 수익적지출로 처리하여야 한다.

(법통 23-31…1 제1호, 2001.11.1. 개정)

다. 기존 건축물 철거 시 해당 건축물 취득가액 및 철거비용의 세무처리

기존에 보유하던 건축물을 임대하다가 새로운 건축물을 신축하기 위해 기존 건축물을 철거하는 경우 기존 건축물의 장부가액과 철거비용은 수익적 지출로(기간비용 처리), 토지만을 사용할 목적으로 건축물이 있는 토지를 취득한 후 일시 임대하다가 기존 건축물을 철거하는 경우 기존 건축물의 취득가액과 철거비용은 자본적 지출(법령 31조②)로 처리하는 것임.(서면법령법인-4835, 2016.12.29.)

법인이 감가상각자산에 대한 자본적 지출에 해당하는 금액을 손금으로 계상한 경우에는 이를 감가상각한 것으로 보아 상각범위액을 계산한다(즉시상각 의제).(법령 31조①)

2)특수관계인 간 거래 중 부당행위계산에 해당하는 경우 과세표준(지법 10조의3②③)

지방자치단체의 장은 특수관계인 간의 거래로 부당행위계산(그 취득에 대한 조세부담을 부당하게 감소시키는 행위 또는 계산을 한 것으로 인정되는 경우)에는 위 1)에도 불구하고 시가인정액[지법 10조의2① 및 지령 14조. 이어지는 (3) 참조]을 취득당시가액으로 결정할 수 있다.(지법 10조의3②③)

부당행위계산은 특수관계인으로부터 시가인정액보다 '낮은' 가격으로 부동산을 취득한 경우로서 시가인정액과 사실상취득가격의 차액이 3억원 이상이거나 시가인정액의 5%에 상당하는

금액 이상인 경우로 한다.(지령 18조의2)

①과세표준 계산 시 부당행위계산부인 규정의 적용

특수관계인(소법 101조① 및 소령 98조①, 법법 52조를 준용. 지령 14조①1호) 간의 거래가 아니거나, 특수관계인 간의 거래이더라도 부당행위계산부인 규정에 해당되지 아니하는 경우에는 실거래가액을 취득세 과세표준으로 한다.

한편, 부동산거래신고서를 제출·검증을 받는 경우에 '적정' 이외의 판정인 '부적정'·'판정보류'·'판정불가'를 받게 되면 부당행위계산부인 규정이 적용된다.(2020~2022년 시행된 구 지법 10조⑦)

(보충1)「부동산 거래신고 등에 관한 법률」규정

가. 목적

부동산(토지 및 건축물) 거래 등의 신고 및 허가에 관한 사항을 정하여 건전하고 투명한 부동산 거래질서를 확립하고 국민경제에 이바지함을 목적으로 한다.(법 1조)

나. 부동산 거래의 신고(신고대상)

거래당사자(개업공인중개사가 거래계약서를 작성·교부한 경우에는 해당 개업공인중개사가 신고)는 다음의 어느 하나에 해당하는 계약을 체결한 경우 그 실제 거래가격 등 일정 사항을 거래계약의 체결일부터 60일 이내에 부동산 등의 소재지를 관할하는 시장·군수 또는 구청장에게 공동으로 신고하여야 한다. 다만, 거래당사자 중 일방이 국가 등이면 국가 등이 신고를 하여야 한다.(법 3조)

1. 부동산(토지 및 건축물)의 매매계약

2. 「택지개발촉진법」, 「주택법」 등 법률에 따른 부동산에 대한 공급계약

3. 다음의 어느 하나에 해당하는 지위의 매매계약

ㄱ. 2호에 따른 계약을 통하여 부동산을 공급받는 자로 선정된 지위

ㄴ. 「도시 및 주거환경정비법」상 관리처분계획의 인가 및 「빈집 및 소규모주택 정비에 관한 특례법」상 사업시행계획인가로 취득한 입주자로 선정된 지위

다. 신고 내용의 검증

국토교통부장관은 신고 받은 내용, 「부동산 가격공시에 관한 법률」에 따라 공시된 토지 및 주택의 가액, 그 밖의 부동산 가격정보를 활용하여 부동산거래가격 검증체계를 구축·운영하여야 한다.(법 5조①)

신고관청은 신고를 받은 경우 ①항에 따른 검증체계를 활용하여 그 적정성을 검증하여야 한다.(법 5조②)

신고관청은 ②항에 따른 검증 결과를 해당 부동산의 소재지를 관할하는 세무관서의 장에게 통보하여야 하며, 통보받은 세무관서의 장은 해당 신고 내용을 국세 또는 지방세 부과를 위한 과세자료로 활용할 수 있다.(법 5조③)

라. 과태료 부과「부동산거래신고법」28조, 「시행령」20조〈별표3〉2. 다. 참조」

실거래가액 대비 허위기재금액의 비율에 따라 실지거래가액의 2~10% 과태료 부과: 직접거래시 공동신고이므로 양도·양수자에게 모두 부과하며, 중개업소를 통한 거래는 공인중개사가 신고하며 허위신고 시 동액의 과태료 부과. 허위기재금액의 비율이 10% 미만이면 실지거래가액의 2%, 10~20% 4%, 20~30% 5%, 30~40% 7%, 40~50% 9%, 50% 이상이면 10%(2023.10.19.부터 과태료 부과율 인상)

과태료 부과 제척기간: 위반일로부터 5년이 경과한 경우 과태료 부과 못함.(「질서위반행위규제법」19조)

(보충2) '적정'으로 판정받지 아니한 부동산거래신고가액의 과세표준 적용 방법

가. 실거래신고가액과 시가표준액 중 높은 금액(행자부 세정-186, 2006.1.17.)

구 「공인중개사의 업무 및 부동산 거래신고에 관한 법률」(현행 「부동산 거래신고 등에 관한 법률」로 이관했음. 2014.1.28. 제정→2014.7.29. 시행)에 따라 신고된 토지의 실지거래가액에 대하여 '부동산거래관리시스템'의 검증결과 '적정'으로 판단될 경우 당해 실거래가신고가액을, '적정'으로 판단되지 않을 경우에는 실거래신고가액과 시가표준액(개별공시지가) 중 높은 금액이 취득세 등의 과세표준이 되는 것임.

나. 부동산거래가격 검증으로 '적정' 판정이 된 경우, 훗날 실거래가액이 밝혀지더라도 그 증액된 가액으로 취득세를 추징할 수 없음(대법 2008두17783, 2011.6.10. 선고)

구 「공인중개사의 업무 및 부동산 거래신고에 관한 법률」 28조의 문언 내용과 입법 취지에 비추어 볼 때 여기서 '검증'이란 부동산거래가격 검증체계에 의하여 일정한 기준에 따라 토지 또는 건축물의 매매당사자가 실제 거래가격으로 신고한 가액이 적정한지만을 판정하는 절차일 뿐 신고가액이 실제 거래가격인지 확인하거나 신고가액과 다른 실제 거래가격을 밝혀내는 절차는 아니라 할 것이므로, 구 지방세법 111조⑤5호(현행 지법 10조⑤5호)의 규정은 토지 또는 건축물의 매매당사자가 실제 거래가격으로 신고한 가액이 부동산거래가격 검증체계에 의하여 적정하다고 판정된 경우 신고가액이 실제 거래가격과 다르다고 볼 특별한 사정이 없는 한 그 신고가액을 사실상의 취득가격으로 보아 취득세의 과세표준으로 한다는 뜻으로 해석하여야 하고, 부동산거래신고를 받은 시장·군수 또는 구청장이 위 검증절차와는 무관하게 실지조사 등을 통하여 신고가액(3천만원)과 다른 실제 거래가격(6억3천만원)을 밝혀냈다고 해서 그 가격을 취득세의 과세표준으로 할 수 있다는 뜻으로까지 확대해석 해서는 안 된다.(원고 승소, 경남 함안군 패소)

☞ 2020년부터는 지방자치단체 조사결과 및 국세청 통보자료에 의해 확인된 금액이 더 큰 경우 그 확인된 금액을 과세표준으로 함.(구 지법 10조⑦, 2019.12.31. 개정)→2023년부터는 사실상 취득가액 원칙

②법인세법상 부당행위계산부인 규정: 취득세 과세표준에서는 '아래 둘째' 규정의 논리가 적용됨

저고가양수도에 대한 세법상 처리가 그렇게 만만하지 않다. '저고가인지 판단기준'(기준금액)도 세법마다 다르며, '제약을 가하는 방법'(세무처리 방법)도 세법마다 제각각인데 더하여, 각 세법이 서로 얽혀 있어 혼란스럽기 짝이 없다. 이미 법인세 제4장 03 (2) 와 상속세 및 증여세 제6장 04 (1)5) 에서 해설하였으므로, 여기서는 큰 틀만 간략하게 정리하겠다.

첫째, 저고가양수도로 인하여 '실질적인 기부 효과'가 발생하므로 '타인 간의 거래'에 해당하는 경우에는 기부금으로 간주하여(의제기부금, 법령 35조, 소령 79조①2호) 해당 법인 또는 개인사업자의 소득금액 계산 시 손금인정에 제한을 둔다. 다만, '기타사외유출'로 소득처분하여 이익 귀속자에게까지 곧바로 과세처분을 하지는 않는다.(법통 67-106…6, 제3호)

둘째, '특수관계인 간의 거래'에 해당할 경우에는 부당행위계산부인(법법 52조, 소법 41조) 규정을 적용하여 해당 법인 또는 개인사업자의 소득금액 계산 시 손금인정에 제한을 가하는 것뿐만 아니라, 그 이익 귀속자에게 소득처분하여 귀속자에게 소득세(상여·배당·기타소득)까지 추적하여 과세하게 된다.(법통 67-106…6, 제1·2호 ; 법통 67-106…8)

셋째, 법인세·소득세의 과세와는 별개로, 상증법의 과세요건에 해당하면 증여세까지 과세하게 되는데(상증법 35조), 동일한 소득에 대하여 법인세·소득세와 증여세가 '이중과세'되는

경우까지 발생할 수가 있으므로 이 점을 방지하는 장치를 두고 있다. 즉, "수증자에게 소득세 또는 법인세가 부과되는 경우에는 증여세를 부과하지 않는다"(상증법 4조의2③) "법인의 거래에 대하여 부당행위계산부인(법법 52조①) 규정이 적용되지 아니하는 경우에는, (비록 상증법상 저고가양수도 인정 '기준금액'을 벗어나더라도 법인세법상 판단을 수긍하여 – 저자 주) 상증법상 '저고가양수도에 따른 이익의 증여' 규정을 적용하지 아니한다"(상증법 35조③) 등의 규정이다.

이와 같이 '저고가양수도'와 관련한 내용이 복잡하기도 하지만 빈번하게 발생하기 때문에, 세법의 해석이나 실무처리상 혼란을 겪는 경우가 허다하다. 이처럼 법인세법·소득세법에서 부당행위계산부인을 하는 논지를 준용하여, 지방세의 취득세 과세표준 계산 시에도 부당행위 계산부인 규정을 둔 것이다.

다만, 취득세 과세표준 결정 시의 부당행위계산부인 규정은 '타인 간 저고가양수도'가 아니라 '특수관계인 간 저고가양수도'에만 적용되므로 상증법상 저고가양수도는 고려할 필요가 없다.

[기부금과 부당행위계산부인 및 소득세·증여세와의 관계]

구분	특수관계인 간 저고가양수도	타인 간 저고가양수도[*1]
해당여부 판단 기준	1. 시가~대가 차이 3억원 이상 2. 시가의 5% 이상 차이	시가의 30% 이상 차이
법인세 과세대상 금액	차액 전체를 과세	차액의 30% 초과분만 과세
법인세 과세 방법	부당행위계산부인(법법 52조)[*3]	의제기부금(법령 35조2호)[*4]
이익 귀속자 소득세 과세	O(상여 등 소득처분에 따라)[*2]	X(기타사외유출로 소득처분)
이익 귀속자 증여세 과세	X(소득세와 증여세 이중과세 배제, 상증법 4조의2③)	△(시가의 30% 이상 차이가 나면, 3억 초과분 과세)

[*1] '타인 간'의 저고가양수도에 따라 증여세 과세 시, 과세되는 금액(상증법 35조②, 상증령 26조)

증여세 과세금액 = 대가와 시가와의 차액 – 3억원

[*2] '특수관계인과 법인 간'의 거래는 부당행위계산 부인규정에 따라 상여·배당·기타소득 등으로 소득처분되어 소득세가 과세되므로(법령 106조①1호, 법통 67-106…9), 증여세는 과세되지 않는다.(상증법 4조의2③·35 조③) 따라서 증여세가 과세되는 경우는 개인인 특수관계인 간의 거래가 주로 해당될 것이다.

특수관계인 간 거래 시 증여세 과세금액 = 시가~대가의 차액 - Min{시가×30%, 3억원}

[*3] 소득세법상 부당행위계산부인(소법 41조·101조)과 이익 귀속자 과세

소득세법에도 사업소득의 부당행위계산부인(소법 41조), 양도소득의 부당행위계산부인(소법 101조) 규정이 있다. 그러므로, 그 사업자에게 소득세 과세뿐만 아니라 그 이익 귀속자에게 증여세를 과세한다.

[*4] 소득세법상 '타인 간'의 저고가양수도에 따른 의제기부금(소령 97조2호)

소득세법의 기부금 규정에도 법인과 유사하게 의제기부금 규정(소령 97조2호)이 있음.

따라서 경정 시나 과세관청에서 신고서 검증 시 특정인에게 이익이 귀속된 사실이 발견될 경우, 그 사업자에게 소득세 과세뿐만 아니라 그 이익 귀속자에게 증여세를 과세함.

③법인세법·소득세법상 부당행위계산부인 규정에서의 시가의 의미

시가란 불특정 다수인 사이에 자유로이 거래가 이루어지는 경우에 통상 성립된다고 인정되는 가액을 말한다. 시가는 '매매사례가액을 우선 적용'하고, 시가가 불분명할 경우에는 감정가액, 상증법상 보충적 평가액을 순차적으로 적용토록 규정하고 있다.(법령 89조①②)

1. 매매사례가액

해당 거래와 유사한 상황에서 해당 법인이 특수관계인 외의 불특정 다수인과 계속적으로 거래한 가격 또는 특수관계인이 아닌 제3자 간에 일반적으로 거래된 가격이 있는 경우에는 그 가격을 말한다.

2. 감정가액

감정평가업자(2018.2.13. 이후 감정하는 분부터는 개인 감정평가사도 포함하여 확대됨. 개정 법령 부칙 12조)의 감정가액을 말하며, 감정가액이 둘 이상인 경우에는 그 감정한 가액의 평균액으로 한다. 종전에는 ('감정평가업자' 중 감정평가법인이 아닌 개인) 감정평가사의 감정은 감정한 가액이 5억원 이하인 경우로 한정하였으나, 2019.2.12. 이후 감정평가하는 분부터는 그 상한을 폐지하여 감정한 가액이 5억원을 초과하는 경우에도 (개인) 감정평가사를 통한 시가 평가를 할 수 있도록 확대하였다.(법령 89조②1호 단서, 2019.2.12. 개정 법령 부칙 11조)

3. 상증법상 보충적 평가액

상속세·증여세가 부과되는 재산의 가액은 상속개시일·증여일 현재의 시가에 따르되, 시가 산정이 어려운 경우 재산의 종류·규모·거래상황 등을 고려하여 보충적 평가방법에 의해 평가한다. 다음은 상증법상 규정이다.

가. 평가기간 이내의 해당 재산에 대한 매매 등의 가액(상증령 49조②)

평가기준일 전후 6개월(증여재산의 경우에는 평가기준일 전 6개월부터 평가기준일 후 3개월까지로 한함. 이하 '평가기간'이라 함. 증여재산은 종전 전후 3개월에서 확대, 2019.2.12. 개정으로 이날 이후 상속·증여분부터 적용)이내의 기간 중 매매·감정·수용·경매(「민사집행법」에 따른 경매를 말함) 또는 공매가 있는 경우에 그 매매가액, 감정가액의 평균액(기준시가 10억원 이하의 부동산은 1개의 감정평가액도 가능함, 2018.2.13. 개정되어 2018.4.1.부터 시행, 개정 상증령 부칙 1조 단서), 수용가액, 경매가액 또는 공매가액을 말한다.

나. 유사사례가액(상증령 49조④)

해당 재산과 면적·위치·용도·종목 및 기준시가가 동일하거나 유사한 다른 재산에 대한 매매 등의 가액(상속세 또는 증여세 과세표준을 신고한 경우에는 평가기준일 전 6개월부터 위 가에 따른 평가기간 이내의 신고일까지의 가액을 말함)이 있는 경우에는 해당 가액을 시가로 본다.

다. 평가심의위원회의 자문을 거친 평가기간 밖의 해당 재산의 매매 등(상증령 49조①)

라. 시가의 적용(상증령 49조②)

시가로 보는 가액이 둘 이상인 경우에는 평가기준일을 전후하여 가장 가까운 날에 해당하는 가액(그 가액이 둘 이상인 경우에는 그 평균액)을 적용한다. 다만, 해당 재산의 매매 등의 가액이 있는 경우에는 위의 유사사례가액은 적용하지 아니한다.

마. 부동산 등의 평가(상증법 61조, 상증령 50조·51조)

구분	기준시가
토지	개별공시지가
오피스텔 및 상업용 건물*	국세청장이 산정·고시한 호별 ㎡당 금액 × (전유+공용면적)
주택	• 개별주택: 개별주택가격(없는 경우 유사주택 환산가격) • 공동주택: 공동주택가격(국세청 기준시가)
위 이외의 건물	국세청장이 산정·고시한 가액(국세청 건물기준시가)
시설물, 구축물(토지·건물과 일괄평가 시는 제외)	• 재건축·재취득 예상소요가액−감가상각비 상당액 • 재취득가액 산정이 어려울 때: 지령 4조①의 시가표준액
지상권	(지상권이 설정된 토지가액 × 2%) / $(1+10\%)^n$ n = 평가기준일부터 경과연수
부동산 취득권리 및 특정시설물 이용권	• 평가기준일까지 납입한 금액 + 프리미엄 상당액 • 단, 특정시설물이용권 중 지방세 시가표준액이 있는 경우 (예: 골프회원권)에는 해당 가액(소령 165조⑧3호)
사실상 임대차계약이 체결되거나 임차권이 등기된 자산	Max{① + ②} ① 1년간 임대료/12% + 임대보증금 ② 보충적 평가방법에 의한 평가가액

* (2024.1.1. 시행) 오피스텔 및 상업용 건물 기준시가 조회(세종시는 2019년부터 고시)

고시대상: 전국 오피스텔 및 수도권(서울·경기·인천), 5대 지방광역시, 세종특별자치시에 소재하는 3,000㎡ 또는 100개호 이상인 상업용 건물(국세청 홈택스→상담·불복·기타→기타→기준시가 조회→상업용 건물/오피스텔)

(2)무상취득의 경우 과세표준: 시가인정액 원칙(2023.1.1. 시행)

1)시가인정액을 적용하는 경우(지법 10조의2①)

①시가인정액

부동산등을 무상취득하는 경우 취득당시가액은 취득시기 현재 불특정 다수인 사이에 자유롭게 거래가 이루어지는 경우 통상적으로 성립된다고 인정되는 가액, 즉 '시가인정액'(매매사례가액, 감정가액, 공매가액 등 시가로 인정되는 가액)으로 한다.(지법 10조의2①)

시가인정액이란 '평가기간'(취득일 전 6개월부터 취득일 후 3개월 이내의 기간)에 취득 대상이 된 부동산 등에 대하여 매매, 감정, 경매(「민사집행법」에 따른 경매를 말함) 또는 공매한 사실이 있는 경우의 가액으로서 다음 각 호의 구분에 따라 해당 호에서 정하는 가액을 말한다.(지령 14조①)

1. 취득한 부동산 등의 매매사실이 있는 경우: 그 거래가액.

다만, 특수관계인(소법 101조① 및 소령 98조①, 법법 52조를 준용)과의 거래 등으로 그 거래가액이 객관적으로 부당하다고 인정되는 경우는 제외한다.

2. 취득한 부동산 등에 대하여 둘 이상의 공신력 있는 감정기관이 평가한 감정가액이 있는 경우: 그 감정가액의 평균액.

다만, 다음 각 목의 가액은 제외하며, 해당 감정가액이 시가표준액(지법 4조)에 미달하는 경우나 시가표준액 이상인 경우에도 지방세심의위원회(지기법 147조①)의 심의를 거쳐 감정평가 목적 등을 고려하여 해당 감정가액이 부적정하다고 인정되는 경우에는 지방자치단체의 장이 다른 감정기관에 의뢰하여 감정한 가액으로 하며, 그 가액이 납세자가 제시한 감정가액보다 낮은 경우에는 납세자가 제시한 감정가액으로 한다. (2024.1.1. 개정)

가. 일정한 조건이 충족될 것을 전제로 해당 부동산등을 평가하는 등 취득세의 납부 목적에 적합하지 않은 감정가액

나. 취득일 현재 해당 부동산등의 원형대로 감정하지 않은 경우 그 감정가액

3. 취득한 부동산 등의 경매 또는 공매 사실이 있는 경우: 그 경매가액 또는 공매가액

(보충)공매방법의 취득범위(행자부 세정 13407-507, 2000.4.14.)

'공매방법의 취득'에서 공매라 함은 국가기관이 강제권한에 기하여 행하는 매매로서 국세징수법 및 지방세법에 따라 압류재산을 환가하기 위한 매각과 「민사소송법」에 따른 경매 등을 의미하는 것이므로, 주택조합연합회에서 부동산매각 경쟁입찰에 의하여 취득하는 것은 공매방법에 의한 취득에 해당하지 않음.

납세자가 취득세 신고를 할 때 감정가액을 과세표준으로 신고하려는 경우에는 둘 이상의 감정기관에 감정을 의뢰하고 그 결과를 첨부하여야 한다. 다만 다음 각 호의 경우에는 하나의 감정기관도 가능하다.(지법 10조의2③, 지령 14조의3①)

1. 시가표준액이 10억원 이하인 부동산 등
2. 법인 합병·분할 및 조직 변경을 원인으로 취득하는 부동산 등

지방자치단체의 장은 감정기관이 평가한 감정가액이 다른 감정기관이 평가한 감정가액의 80%에 미달하는 등 일정한 사유에 해당하는 경우에는 1년의 범위에서 기간을 정하여 해당 감정기관을 시가불인정 감정기관으로 지정할 수 있다. 시가불인정 감정기관으로 지정된 감정기관이 평가한 감정가액은 그 지정된 기간 동안 시가인정액으로 보지 아니한다.(지법 10조의2④⑤, 지령 14조의3②~⑦)

②평가기간 이내의 유사거래가액 여부에 대한 판단

취득한 부동산 등에 대한 위 거래가액 등이 평가기간 이내의 가액인지에 대한 판단은 다음 각 호의 구분에 따른 날을 기준으로 하며, 시가인정액이 둘 이상인 경우에는 취득일 전후로 가장 가까운 날의 가액(그 가액이 둘 이상인 경우에는 평균액)을 적용한다.(지령 14조②)

1. 취득한 부동산등의 매매사실이 있는 경우: 매매계약일
2. 공신력 있는 감정기관이 평가한 감정가액이 있는 경우: 가격산정기준일과 감정가액평가서 작성일

3. 경매 또는 공매 사실이 있는 경우: 경매가액 또는 공매가액이 결정된 날

③지방세심의위원회를 통한 평가기간을 벗어난 매매가액 등 인정

　납세자 또는 지방자치단체의 장은 위 규정에도 불구하고 다음 각 호의 경우에는 지방세심의위원회에 해당 매매 등의 가액을 매매가액 등으로 인정하여 줄 것을 심의 요청할 수 있다.(지령 14조③)

1. 취득일 전 2년 이내의 기간 중 평가기간에 해당하지 않는 기간에 매매 등이 있거나

2. 평가기간이 지난 후에도 취득세 신고·납부기한의 만료일부터 6개월 이내의 기간 중에 매매 등이 있는 경우

　이 심의요청을 받은 지방세심의위원회는 취득일부터 위 ②항 각 호의 날까지의 기간 중에 시간의 경과와 주위환경의 변화 등을 고려할 때 가격변동의 특별한 사정이 없다고 인정하는 경우에는 매매가액 등으로 심의·의결할 수 있다.(지령 14조④)

④ 유사 부동산 등의 시가인정액 준용

　위 ①~③의 규정에 따라 시가인정액으로 인정된 가액이 없는 경우에는 취득한 부동산 등의 면적, 위치, 종류 및 용도와 시가표준액(지법 4조)이 동일하거나 유사하다고 인정되는 다른 부동산 등(지칙 4조의3④)의 위 ①항 각 호에 따른 가액(취득일 전 1년부터 신고·납부기한의 만료일(지법 20조①)까지의 가액으로 한정한다)을 해당 부동산 등의 시가인정액으로 본다.(지령 14조⑤, 2024.1.1. 개정 시행)

⑤자본적지출액 가산

　시가인정액을 산정할 때 위 ②항 각 호의 날이 부동산 등의 취득일 전인 경우로서 같은 항 같은 호의 날부터 취득일까지 해당 부동산 등에 대한 자본적지출액(소령 163조③에 따른 자본적지출액을 말함)이 확인되는 경우에는 그 자본적지출액을 위 ①항 각 호의 가액에 더할 수 있다.(지령 14조⑦)

[부동산에 대한 시가표준액](지법 4조, 지령 3조·4조)

1. 공시가격이 있는 경우: 토지 및 주택에 대한 시가표준액은 「부동산 가격공시에 관한 법률」에 따라 공시된 가액(價額)으로 한다.(지법 4조①본문)

2. 공시된 가격이 없는 경우: 지방세법 4조①단서 및 4조②에 따른 가액

　다만, 개별공시지가 또는 개별주택가격이 공시되지 아니한 경우에는 특별자치시장·특별자치도지사·시장·군수 또는 구청장(자치구의 구청장을 말함)이 같은 법에 따라 국토교통부장관이 제공한 토지가격비준표 또는 주택가격비준표를 사용하여 산정한 가액으로 하고, 공동주택가격이 공시되지 아니한 경우에는 특별자치시장·특별자치도지사·시장·군수 또는 구청장이 산정한 가액으로 한다.(지법 4조①단서, 지령 3조)

[지방세법 4조①단서의 내용]

구분	가액
토지	국토교통부장관이 제공한 토지가격비준표를 사용하여 시장·군수·구청장이 산정한 가액
단독주택	국토교통부장관이 제공한 주택가격비준표를 사용하여 시장·군수·구청장이 산정한 가액
공동주택	지역별·단지별·면적별·층별 특성 및 거래가격 등을 참작하여 행정안전부장관이 정하는 기준에 따라 시장·군수·구청장이 산정한 가액

3. 새로 건축하여 건축 당시 주택가격이 공시되지 아니한 주택 등 건축물(지법 4조②)

위 1. 및 2. 외의 건축물(새로 건축하여 건축 당시 개별주택가격 또는 공동주택가격이 공시되지 아니한 주택으로서 토지부분을 제외한 건축물을 포함) 등의 가격은 종류·구조·용도·경과연수 등 과세대상별 특성을 고려하여 일정한 기준에 따라 지방자치단체의 장이 결정한 가액으로 한다.(지법 4조②)

즉, 일정한 기준이란 과세대상별 구체적 특성을 고려하여 다음의 방식에 따라 행정안전부장관이 정하는 기준을 말하는 바, 건축물의 경우 「소득세법」 99조①1호 나목에 따라 산정·고시하는 건물신축가격기준액(2025년 85←82만원/㎡)에 다음 각 목의 사항을 적용한다.(지령 4조①1호)

가. 건물의 구조별·용도별·위치별 지수

나. 건물의 경과연수별 잔존가치율

다. 건물의 규모·형태·특수한 부대설비 등의 유무 및 그 밖의 여건에 따른 가감산율

2)시가인정액과 시가표준액을 비교하여 적용하는 경우(지법 10조의2②)

위 1)에도 불구하고 다음 각 호의 경우에는 해당 가액을 취득당시가액으로 한다.

1. 상속에 따른 무상취득의 경우: 시가표준액(지법 4조)

2. 시가표준액이 1억원 이하의 부동산 등을 무상취득(상속 제외)하는 경우: 시가인정액과 시가표준액 중에서 납세자가 정하는 가액

3. 제1호 및 제2호에 해당하지 아니하는 경우: 시가인정액으로 하되, 시가인정액을 산정하기 어려운 경우에는 시가표준액

3)부담부 증여의 경우(지법 10조의2⑥)

증여자의 채무를 인수하는 부담부 증여(지법 7조⑪⑫)의 경우 채무부담액(유상으로 취득한 것으로 보는 채무액에 상당하는 부분)에 대해서는 유상승계취득에서의 과세표준(지법 10조의3)을 적용하고, 취득물건의 시가인정액에서 채무부담액을 뺀 잔액에 대해서는 무상취득에서의 과세표준을 적용한다.(지법 10조의2⑥)

부담부 증여의 경우 채무부담액의 범위는 시가인정액을 그 한도로 한다.(지령 14조의4①)

채무부담액은 취득자가 부동산등의 취득일이 속하는 달의 말일부터 3개월 이내에 인수한 것을 입증한 채무액으로서 다음 각 호의 금액으로 한다.(지령 14조의4②)

1. 등기부등본으로 확인되는 부동산 등에 대한 저당권, 가압류, 가처분 등에 따른 채무부담액
2. 금융기관이 발급한 채무자 변경 확인서 등으로 확인되는 금융기관의 금융채무액
3. 임대차계약서 등으로 확인되는 부동산 등에 대한 임대보증금액
4. 그 밖에 판결문, 공정증서 등 객관적 입증자료로 확인되는 취득자의 채무부담액

(3) 원시취득의 경우 과세표준: 2023.1.1. 시행(지법 10조의4)

부동산 등을 원시취득하는 경우 취득당시가액은 사실상취득가격으로 한다.

다만, 법인이 아닌 자가 건축물을 건축하여 취득하는 경우로서 사실상취득가격을 확인할 수 없는 경우의 취득당시가액은 시가표준액(지법 4조)으로 한다.(지법 10조의4)

(4) 무상취득·유상승계취득·원시취득의 경우 과세표준에 대한 특례: 2023.1.1. 시행(지법 10조의5)

① 차량 또는 기계장비를 취득하는 경우(지법 10조의5①②)

무상취득 과세표준(지법 10조의2) 및 유상승계취득 과세표준(지법 10조의3) 규정에도 불구하고 차량 또는 기계장비를 취득하는 경우 취득당시가액은 다음 각 호의 구분에 따른 가격 또는 가액으로 한다.(지법 10조의5①)

1. 차량 또는 기계장비를 무상취득하는 경우: 시가표준액(지법 4조②)
2. 차량 또는 기계장비를 유상승계취득하는 경우: 사실상취득가격.

다만, 사실상취득가격에 대한 신고 또는 신고가액의 표시가 없거나 그 신고가액이 시가표준액(지법 4조②)보다 적은 경우 취득당시가액은 시가표준액으로 한다.

3. 차량 제조회사가 생산한 차량을 직접 사용하는 경우: 사실상취득가격

위 규정에도 불구하고 천재지변·화재·교통사고 등으로 피해를 입은 차량 또는 기계장비를 취득하여 그 사실상취득가격이 시가표준액보다 낮은 경우, 그 차량 또는 기계장비의 취득당시가액은 사실상 취득가액으로 한다.(지법 10조의5②, 지령 18조의3)

② 특수한 취득의 경우(지법 10조의5③)

무상취득 과세표준(지법 10조의2), 유상승계취득 과세표준(지법 10조의3), 원시취득 과세표준(지법 10조의4) 규정에도 불구하고 다음 각 호의 경우 취득당시가액은 다음 각 호의 가액으로 한다.(지령 18조의4)

1. 대물변제, 교환, 양도담보 등 유상거래를 원인으로 취득하는 경우:

   다음 각 목의 구분에 따른 가액. 다만, 특수관계인으로부터 부동산 등을 취득하는 경우로서 부당행위계산(지법 10조의3②)을 한 것으로 인정되는 경우 취득당시가액은 시가인정액으로 한다.

   가. 대물변제: 대물변제액(대물변제액 외에 추가로 지급한 금액이 있는 경우에는 그 금액을 포함). 다만, 대물변제액이 시가인정액을 초과하는 경우 시가인정액으로 한다.

   나. 교환: 교환을 원인으로 이전받는 부동산 등의 시가인정액과 이전하는 부동산 등의 시가인정액(상대방에게 추가로 지급하는 금액과 상대방으로부터 승계받는 채무액이 있는 경우 그 금액을 더하고, 상대방으로부터 추가로 지급받는 금액과 상대방에게 승계하는 채무액이 있는 경우 그 금액을 차감) 중 높은 가액

   다. 양도담보: 양도담보에 따른 채무액(채무액 외에 추가로 지급한 금액이 있는 경우 그 금액을 포함). 다만, 그 채무액이 시가인정액을 초과하는 경우 시가인정액으로 한다.

2. 법인의 합병·분할 및 조직변경을 원인으로 취득하는 경우:☞유상승계취득임(지법 11조⑤, 2023.3.14. 신설)

   시가인정액. 다만, 시가인정액을 산정하기 어려운 경우 시가표준액으로 한다.

3. 「도시 및 주거환경정비법」 2조8호의 사업시행자, 「빈집 및 소규모주택 정비에 관한 특례법」 2조①5호의 사업시행자 및 「주택법」 2조11호의 주택조합이 취득하는 경우

   가. 2023.1.1.~2023.3.13. 취득분: 다음 계산식에 따라 산출한 가액

공시 지가	×	일반분양분 토지의 면적	×	주택조합 등이 조합원으로부터 신탁받은 토지면적 전체 토지의 면적

   나. 2023.3.14. 이후 취득분: 다음 계산식에 따라 산출한 가액

   지방세법 7조⑧단서("주택조합등이 조합원용으로 취득하는 조합주택용 부동산(공동주택과 부대시설·복리시설 및 그 부속토지를 말함)은 그 조합원이 취득한 것으로 본다. 다만, '비조합원용 부동산'은 제외(즉, 과세)"}에 따른 비조합원용 부동산 또는 체비지·보류지를 취득한 경우 ☞조합·사업시행자가 취득하는 체비지·보류지 중 일반분양분에 대한 토지취득세 과세 시, 취득하는 체비지·보류지의 토지면적에서 사업진행 중 취득한 토지면적에 해당하는 면적은 차감됨을 명확화 함.

   > 가액= A × [B −(C × B / D)]
   > A: 해당토지(즉, 비조합원용 부동산 또는 체비지·보류지)의 ㎡당 **'분양가액'**
   > B: 해당토지의 면적
   > C: 사업시행자 또는 주택조합이 사업진행 중 취득한 토지면적(조합원으로부터 신탁받은 토지 제외)
   > D: 해당 사업 대상 토지의 전체면적

   (보충1)보류지: 도시개발사업에서 환지로 정하지 않고 보류한 토지를 의미.

   (보충2) 체비지: 환지방식으로 시행하는 개발사업에서 사업시행자가 사업에 필요한 경비를 충당하기 위하여 매각·처분할수 있는 토지. 보류지 중에서 공동시설 설치를 위한 용지를 제외한 부분, 즉 매각·처분할수 있는 토지가 체비지임.

4. 1호~3호의 규정에 준하는 경우로서 시행령으로 정하는 경우(지령 18조의4①4호·②, 2023.3.14. 신설)

   가. 「도시개발법」에 따른 도시개발사업의 시행으로 인한 사업시행자의 체비지·보류지의 취득

   ☞지목변경이 수반되는 경우에는 지목변경에 따른 취득가액을 공제

> 가액= A × [B −(C × B / D)] − E
>
> A: 해당토지(사업시행자의 체비지·보류지)의 ㎡당 '**분양가액**'
>
> B: 해당토지의 면적
>
> C: 사업시행자가 사업진행 중 취득한 토지면적(조합원으로부터 신탁받은 토지 제외)
>
> D: 해당사업 대상 토지의 전체면적
>
> E: 지방세법 7조④후단에 따른 토지의 지목변경에 따른 취득가액

나. 지방세법 7조⑯후단("「도시개발법」에 따른 도시개발사업과 「도시 및 주거환경정비법」에 따른 정비사업의 시행으로 해당 사업의 대상이 되는 부동산의 소유자(상속인을 포함)가 환지계획 또는 관리처분계획에 따라 공급받거나 토지상환채권으로 상환받는 건축물은 그 소유자가 원시취득한 것으로 보며, 토지의 경우에는 그 소유자가 승계취득한 것으로 본다. 이 경우 토지는 당초 소유한 토지보다 초과한 면적에 해당하는 부분에 한정하여 취득한 것으로 본다")에 따른 조합원의 토지 취득 ☜ 초과면적에 ㎡당 '분양가액'을 곱한 가액을 과세표준으로 함(지목변경이 수반된 경우에는 지목변경에 따른 취득가액을 공제).

> 가액= (A × B) − C
>
> A: 해당토지(조합원이 당초 소유한 토지보다 초과 취득한 토지)의 ㎡당 '**분양가액**'
>
> B: 해당토지의 면적
>
> C: 지방세법 7조④후단에 따른 토지의 지목변경에 따른 취득가액

(5)취득으로 보는 경우(간주취득)의 과세표준: 2023.1.1. 시행(지법 10조의6)

1)일반적인 간주취득의 과세표준(지법 10조의6①②)

①사실상취득가격

다음 각 호의 경우 취득당시가액은 그 변경으로 증가한 가액에 해당하는 사실상취득가격으로 한다.(지법 10조의6①)

1. 토지의 지목을 사실상 변경한 경우
2. 선박의 선질(船質)·용도·기관·정원·최대적재량이나 차량 또는 기계장비의 원동기·승차정원·최대적재량·차체를 변경한 경우(지령 18조의5)

> **[골프장 지목변경 관련 과세표준 포함여부]**
>
> **1. 과세표준 전반**
>
> **(1)회원제골프장 공사와 관련한 취득세**(행자부 행심 99−398호, 1999.6.30. 결정)
>
> • 저류조시설은 골프코스 내에 위치한 해저드로서 골프장으로 구분등록된 시설이므로 중과세 대상임.
> • 스프링클러는 골프장 내 잔디의 생육을 위하여 설치한 급배수시설에 해당되는 것이므로 그 헤드부분만을 떼어내 별도의 기계장치로 보아 취득세 과세대상에서 제외할 수는 없는 것임.
> • 리프트·변압기·경보시스템·수변전시설 등은 취득세 과세대상인 '건물과 구축물의 특수한 부대설비

(2011.1.1. 이후는 '시설물'로 명칭 변경됐음. 지령 6조)'에 해당함.

- 조명타워 시설은 골프장의 이용도를 높이고, 골프장 이용객의 편의를 제공하는 시설임에는 틀림없으나, 그 시설이 체육용지로의 지목변경에 포함되는 성질의 것이 아니며, 달리 취득세 과세대상으로 볼 수 있는 근거도 없으므로 조명타워 설치비용은 과세대상에서 제외함.
- 골프장에 설치한 에스컬레이터는 골프장 이용객의 편의를 제공하는 시설이기는 하나 그 시설이 건물 또는 구축물에 부착된 것이 아니라 코스와 클럽하우스 간 이동에 설치된 것이므로 '건물과 구축물의 특수한 부대설비'로 볼 수 없음은 물론, 골프장의 지목변경을 위하여 설치한 시설로 볼 수도 없어 그 설치비용은 과세표준에서 제외함.
- 개업비는 골프장 공사와 관련하여 지출된 비용과 건설현장이 아닌 본사에서 발생한 회원권 판매비용 등의 일반관리비로 나눌 수 있는데, 이 중 골프장 공사와 관련하여 소요된 비용만을 취득세 중과세 대상에 포함시킨 점은 타당함.

(2)골프장 지목변경 과세표준의 범위(조심 2014지09864, 2017.5.10. 결정)

- 통로BOX공사비·교량공사비는 골프코스와 연계되어 시공된 구조물로서 지방세법상 별도의 취득세 과세대상이 아니라 지목변경과 관련된 비용에 해당함.
- 배수공사는 별도 과세대상인 급배수시설로 분류되어 있지는 않지만, 골프코스 조성에 필요한 공사이므로 지목변경에 따른 비용에 해당함.
- 스프링클러 공사는 급수시설로서 '별도의 과세대상'에 해당하므로 지목변경과는 관련이 없음.
- 옥외전기공사는 과세대상이 아니어서 과세표준에 포함되지 아니함.

(3)골프장용 부동산의 지목변경 시 과세표준(대법 2013두26996, 2014.4.10. 선고)

입목의 취득가액도 토지의 지목변경으로 인한 가액증가에 소요된 비용으로서 지목변경에 따른 간주취득의 과세표준에 포함됨.

(4)골프장의 부유분수와 오수처리장치도 과세표준에 포함.(행심 2008-34, 2008.1.28.)

- 분수는 그 자체로는 취득세 과세대상은 아니지만, 연못에 설치됨으로써 연못의 일부를 이루어 연못의 효용과 기능을 다하기에 필요한 '종물'로서 과세대상임.
- 오수처리장치는 골프장의 필수시설로서 구축물과 일체를 이루는 부대시설로서 과세함.
  다만, 이 사건처럼 구축물과 일체가 되어 구축물의 효용가치를 증가시키지 않고 구축물 내부에 설치된 기계장치에 불과한 경우에는 과세표준에서 제외함.)

2. 과세표준에 포함되는 간접비용

(1)임직원 인건비, 감정평가비용, 근저당 설정비 등(조심 2014지0799, 2016.8.25. 결정)

골프장의 조성 관련 업무를 수행한 임직원의 인건비는 골프장 취득을 위한 간접비용으로 과세표준에 포함되고, 골프장 건설을 위한 자금 대출을 목적으로 담보물가액을 감정평가한 수수료와 근저당 설정비용도 간접비용으로서 과세표준에 포함됨.

(2)골프장 과세표준에 포함되는 범위(대법 2013두5517, 2013.9.12. 선고)

골프장 건설과정에서 투입한 접대비, 인근주민에 대한 찬조금, 공사경비 항목(급여·복리후생비·교통비·차량유지비·통신비·수도광열비·도서인쇄비 등), 운영을 위한 코스관리비, 컨설팅 비용 등은 골프장 신설에 따른 취득세 과세표준에 산입되어야 함.

②사실상취득가격을 확인할 수 없는 경우

사실상취득가격을 확인할 수 없는 경우의 취득당시가액은 다음 각 호의 구분에 따른다.(지령 18조의6)

1. 토지의 지목을 사실상 변경한 경우:

토지의 지목이 사실상 변경된 때를 기준으로 가목의 가액에서 나목의 가액을 뺀 가액

　가. 지목변경 이후의 토지에 대한 시가표준액(해당 토지에 대한 개별공시지가의 공시기준일이 지목변경으로 인한 취득일 전인 경우에는 인근 유사토지의 가액을 기준으로 「부동산 가격공시에 관한 법률」에 따라 국토교통부장관이 제공한 토지가격비준표를 사용하여 시장·군수·구청장이 산정한 가액을 말한다)

　나. 지목변경 전의 토지에 대한 시가표준액(지목변경으로 인한 취득일 현재 해당 토지의 변경 전 지목에 대한 개별공시지가를 말한다. 다만, 변경 전 지목에 대한 개별공시지가가 없는 경우에는 인근 유사토지의 가액을 기준으로 「부동산 가격공시에 관한 법률」에 따라 국토교통부장관이 제공한 토지가격비준표를 사용하여 시장·군수·구청장이 산정한 가액을 말한다)

2. 선박, 차량, 기계장비의 용도 등을 변경한 경우: 시가표준액(지법 4조②)

③건축물을 개수하는 경우: 원시취득 과세표준(지법 10조의4) 규정을 적용(지법 10조의6③)

2)부동산 등의 일괄취득 시 과세표준(지령 19조)

①1순위: 신축·증축의 경우, 주택 부분과 주택 외 부분 안분은 '연면적' 비율기준

(지령 19조③, 2016.12.30. 신설)

아래 ② 및 ③에도 불구하고 신축 또는 증축으로 주택과 주택 외의 건축물을 한꺼번에 취득한 경우에는 다음 각 호의 계산식에 따라 주택 부분과 주택 외 부분의 취득 당시의 가액을 구분하여 산정한다.

1.주택부분 취득가격

$$\text{전체 취득 당시의 가액} \times \frac{\text{건축물 중 주택 부분의 연면적}}{\text{건축물 전체의 연면적}}$$

2. 주택 외 부분 취득가격

$$\text{전체 취득 당시의 가액} \times \frac{\text{건축물 중 주택 외 부분의 연면적}}{\text{건축물 전체의 연면적}}$$

②2순위: 신축·증축 이외의 경우, 주택 부분과 주택 외 부분 안분은 '시가표준액' 비율기준

(지령 19조②, 2015.12.31. 신설)

주택·건축물과 그 부속토지를 한꺼번에 취득한 경우에는 다음의 계산식에 따라 시가표준액 비율로

안분계산하여 주택 부분과 주택 외 부분의 취득 당시의 가액을 구분하여 산정한다.(지령 19조②)

1. 주택부분

    전체 취득 당시의 가액 × $\dfrac{\text{주택 부분의 시가표준액(건축물 가액 + 부속토지 가액)}}{\text{건축물과 부속토지 전체의 시가표준액}}$

2. 주택 외 부분

    전체 취득 당시의 가액 × $\dfrac{\text{주택 외 부분의 시가표준액(건축물 가액+ 부속토지 가액)}}{\text{건축물과 부속토지 전체의 시가표준액}}$

③3순위(기타의 경우): 각 과세물건별 시가표준액 비율로 안분

    부동산등을 한꺼번에 취득하여 각 과세물건의 취득 당시의 가액이 구분되지 않는 경우에는 한꺼번에 취득한 가격을 각 과세물건별 시가표준액 비율로 나눈 금액을 각각의 취득 당시의 가액으로 한다.(지령 19조①)

(보충)토지 및 건축물 일괄취득 시 과세표준 안분계산: 시가표준액 비율로 안분함.

한꺼번에 취득하여 취득가격이 구분되지 아니하는 경우로 보아, 일괄취득하면서 지급한 32억원을 토지와 건축물 시가표준액 비율로 나눈 금액을 각각의 취득가격으로 함.(행안부 지방세운영과−685, 2017.10.17.)

법인세법에서도 일괄취득 시 토지와 건물가액 구분이 불분명한 경우에는 시가에 비례하여 안분계산함.(법령 72조②)

3)과점주주의 간주취득세의 과세표준

①과세개요(지법 7조⑤)

    법인의 주식 또는 지분을 취득함으로써 과점주주(지기법 46조2호)가 되었을 때에는 그 과점주주가 해당 법인의 부동산 등(법인이「신탁법」에 따라 신탁한 재산으로서 수탁자 명의로 등기·등록이 되어 있는 부동산 등을 포함. 2016.1.1. 신설)을 취득(법인설립 시에 발행하는 주식 또는 지분을 취득함으로써 과점주주가 된 경우에는 취득으로 보지 아니함)한 것으로 본다. 이 경우 과점주주는 연대납세의무(지기법 44조)가 있다.(지법 7조⑤)

    위 본문 괄호의 개정으로 과점주주의 간주취득세 계산 시 과세표준에 2016.1.1.부터는 '법인'이「신탁법」에 따라 신탁한 재산으로서 수탁자 명의로 등기·등록이 되어 있는 부동산 등이 포함된다. 이 내용을 법조문에 명시적으로 규정한 이유는 다음과 같다.

    첫째, 기존의 지방세 통칙으로 규정하고 있던 내용과 일치시켜 당초의 취지를 명확히 한 것이다. 바로 이 통칙이다. "「신탁법」에 따라 신탁등기가 되어 있는 토지의 지목이 변경된 경우 지목변경에 따른 취득세 납세의무는 '수탁자'에게 있다."(지예 7-8)

    둘째, 당초 취지와 반대되는 대법원 판결(대법 2014두36266, 2014.9.4. 선고)에 따라 법조문을

명확하게 보완한 것이다.(전술한 02(3)12) 납세의무자 편 중 '과점주주 간주취득세' 내용 참조할 것)

②과점주주의 간주취득세의 과세표준(지법 10조④→10조의6④)

과점주주가 취득한 것으로 보는 해당 법인의 부동산 등에 대한 과세표준은 그 부동산 등의 총가액을 그 법인의 주식 또는 출자의 총수로 나눈 가액에 과점주주가 취득한 주식 또는 출자의 수를 곱한 금액으로 한다.

$$취득세 = 취득세과세대상\ 재산\ 총가액 \times \frac{과점주주의\ 주식\cdot출자\ 수}{해당\ 법인의\ 주식\cdot출자\ 총수} \times 세율(2\%\ 또는\ 중과세율)$$

이 경우 과점주주는 조례로 정하는 바에 따라 과세표준 및 그 밖에 필요한 사항을 신고하여야 한다.(지법 10조④→10조의6④)

③과점주주의 간주취득세의 과세표준 사례별 적용
A. '과점주주 성립당시'의 법인의 장부가액을 기준으로 과세표준 계산함
- 법인의 장부가액 및 자산재평가한 금액 기준임.(대법 83누103, 1983.12.13. 선고)
  가. 과점주주는 과점주주가 된 때에 법인의 재산을 취득한 것으로 의제되고, 이에 따른 취득세의 과세표준은 위 취득의제 당시의 그 법인의 재산총액을 기준으로 산정하여야 할 것이고, 이 경우 과세표준을 당해 법인의 결산서, 기타 장부 등에 의한 과세대상 자산총액을 기초로 산출하는 경우에는 취득의제 당시의 장부가액을 기준으로 과세표준액을 산출하여야 한다.
  나. 자산재평가법에 의한 재평가액에 대한 효력의 발생시점은 정부결정이 있는 날이 아니고, 재평가일로 소급되는 것이나, 재평가에 대한 정부의 결정이 있음으로써 비로소 그 효력이 발생하는 것이므로 재평가일 이후 재평가에 대한 정부결정이 있기까지 과점주주의 재산취득이 의제된 경우에도, 그 취득의제 당시의 장부가액을 기준으로 과세표준액을 산출함이 마땅하고, 자산재평가 결정의 소급효에 따라 증액된 장부가액을 기준으로 할 것은 아니다.
- 법인의 장부가액은 감가상각누계액을 차감한 가액임.(내무부 세정 01254-8753, 1987.7.20.)
- 감가상각을 계상하지 않은 경우에는 그 계상하지 않은 장부가액임.
  (대법 2007두11399, 2008.3.14. 선고 ; 행자부 심사 2001-63, 2001.2.27. ; 행자부 세정 13430-999, 2000.8.14.)
- 법인의 장부가액은 취득제세금을 포함한 가액임.
              (행자부 세정 13407-36, 2001.1.9. ; 행자부 심사 2000-386, 2000.5.30.)
  과점주주 간주취득세 납세의무성립 당시 취득세 또는 농어촌특별세가 취득 부대비용으로서 해당 자산의 취득가액으로 계상되어 있는 경우에는, 그 취득제세금이 포함된 자산가액을 기준으로 과세표준을 계산함.
- 자기주식 취득·소각으로 과세 제외된 후 추가취득 시 합산지분율로 과세되지만, 추가취득분의 과세표준은 자기주식 취득 후 추가 취득한 취득세과세대상 물건만 해당함.(행자부 세정운영과-3860, 2015.12.11.)
  즉, "자기주식 취득 등으로 동일시 된 시점 이후에 추가로 취득한 자산에 대해서는 그 시점의 과점비율을 상회하는 비율에 한하여 납세의무가 있다고 할 것임."
B. 계정과목에 관계없이 취득세과세대상 재산가액을 기준으로 과세함

- 재고자산인 미분양주택도 과세대상임.(행안부 지방세운영-2649, 2008.12.23.)
- 재고자산인 분양원가명세서 중 재료비 계정의 '용지'도 과세대상임.(지방세담당관-56, 2004.1.6.)
공사진행중에 있고 아파트 분양계약은 완료하였으나 아파트 용지의 소유권이 분양자에게 이전되지 않고 용지계정에서 재료비 계정으로 일부 대체된 경우에도, 과세표준은 취득가액을 기준으로 함.
- 금융리스든 운용리스든 납세의무자는 리스회사이므로, 리스이용자 법인의 과세대상이 아니며(비록 금융리스자산으로 자산계정에 있다 하더라도) 리스이용자 법인 과점주주 간주취득세의 과세표준에도 포함되지 않음.(행자부 세정 13407-881, 2000.7.8.)
이 유권해석은 「여신전문금융업법」에 따른 시설대여업자가 건설기계·차량의 시설대여를 하는 경우로서 대여시설이용자의 명의로 등록하는 경우라도 그 건설기계나 차량은 시설대여업자가 취득한 것으로 본다"(지법 7조⑨)는 규정에 따른 해석인 바, 같은 논리로 리스이용자에게 납세의무가 있는 선박·항공기의 경우에는 금융리스든 운용리스든 리스이용자 법인의 과점주주 간주취득세 과세표준에 포함됨.
- 골프장 소유법인의 '구축물' 계정도 과세대상임.(조심 2012지128, 2013.2.7. 결정)
과점주주 성립당시 법인의 장부상 '구축물' 계정과목에 포함된 금액은 골프장 지목변경을 위해 지출된 비용이 아니라 골프장 시설비로 보아야 하고, 쟁점금액이 골프장 시설의 효용가치 제고와 기능유지를 위하여 필수적으로 소요되어 자산 가치를 증가시키는 측면이 있을 뿐만 아니라 골프장의 운영 및 유지관리에 사용되는 토지와 건축물의 상용에 제공될 종물(從物)로 보아 취득세 과세대상 물건이라 할 것임. 또한 기업회계기준과 상법 및 법인세법에 따라 의무적으로 작성된 법인장부인 이상 이를 신뢰하여야 하므로 쟁점금액이 법인장부상 취득원가로 자산총액에 포함되어 계상된 만큼 취득세 과세표준에 포함됨.(행자부 심사결정 제2007-213호, 2007.4.30. 및 대법 83누103, 1983.12.13. 선고도 같은 뜻임)
따라서 법인의 과점주주 성립당시 법인장부상 과세대상 자산총액을 기초로 산출한 과세표준은 정당함.

C. '과점주주 성립당시' 법인의 취득시기를 준용하여 과세표준 계산함

- 연부취득 중인 재산에 대한 과점주주의 과세표준 적용: 취득시기 도래분만 과세대상.
(행안부 지방세운영-1260, 2008.9.17.)
비상장법인이 선박을 연부로 취득하고 매회 연부금을 지급하고 있는 상태에서 당해법인의 과점주주 지분이 증가된 경우에는 과점주주 취득세 납세의무 성립시점까지 선박대금으로서 지급한 연부금액이 과점주주 취득에 과세대상에 포함됨.
- 토지거래허가구역 내 토지취득과 과점주주의 납세의무(행안부 지방세운영-1407, 2007.4.26.)
토지거래허가구역 내 토지 취득에 따른 잔금을 완납하였다 하더라도 토지거래허가를 받지 아니한 경우에는 해당 법인이 취득한 것을 볼 수 없으므로, 해당 법인의 주주가 과점주주가 되었다 하더라도 그 부분에 대하여는 과점주주 간주취득세 납세의무가 없음.(잔금을 완납하고 단순히 토지거래허가만을 기다리는 경우에는 토지거래허가일 또는 토지거래허가구역 지정 해제일을 취득시기로 보지만, 허가만 기다리는 수준을 넘어서 진도가 많아 나가버린 경우에는 취득으로 본다는 것이 대법원의 판결요지임에 유의. '취득세 납세의무자를 해설한 02(3)1④ [계약의 실효와 취득세 납세의무 판단] 편 참조)

06 취득세 세율

(1)일반세율

1)부동산 취득의 세율

①세율표(지법 11조①)

구분	법률조문	통합취득세[*1]	중과기준세율	구 등록세분
유상취득(신탁이전 포함) (아래 유상취득 이외)	11조①7가	농지 3.0%	2%	1.0%
	11조①7나	기타 4.0%	2%	2.0%
무상취득[*2](상속 이외) (2023.3.14.부터 합병·분할은 유상취득임)	11조①2본문	3.5%	2%	1.5%
	11조①2단서	비영리 2.8%	2%	0.8%
상속	11조①1가	농지 2.3%	2%	0.3%
	15조①2가	무주택 가구 주택 0.8%	0%	0.8%
	11조①1나	기타 2.8%	2%	0.8%
원시취득	11조①3호	2.8%	2%	0.8%
공유·합유·총유물 분할	11조①5~6	2.3%	2%	0.3%
주택 유상승계취득[*3] (2020.8.12.부터 적용) (법인·다주택세대 별도중과)	11조①8호	6억 이하 1.0%	2% (농특법 5조①6호)	통합취득세 ×1/2 (지법 151조①)
		6억~9억 누진세율[*4]		
		9억 초과 3.0%		
간주취득	15조②	2.0%	2%	−

*1 통합취득세율 = 구 취득세율 + 구 등록세. 2011.1.1. 시행 현행법령(2010.3.31. 개정)
*2 '조정대상지역' 내에서 '시가표준액 3억원' 이상의 주택을 증여로 무상취득 하는 경우 취득세 12%(총 13.4%)로 중과세. 다만, 합병, 재산분할, 1세대 1주택자가 소유한 주택을 배우자·직계존비속이 무상취득한 경우는 제외(지법 13조의2②, 지령 28조의6, 2020.8.12. 취득 분부터 적용. 2020년 7·10 부동산 대책)
   기존 취득세 3.5%(→12%)+농특세 0.2%(→1.0%)+지방교육세 0.3%(→0.4%)=4%⇨13.4%로 인상
⇒중과세율을 6%로 인하, 1·2주택자가 증여시 일반세율(3.5%) 과세(2022.12.21.부터 소급적용, 법률 미개정)
*3 다주택자·법인(국기법 13조에 따른 법인으로 보는 단체 포함)의 주택 '유상승계' 취득세율 인상
   (겸용주택은 주택과 상가를 기준시가로 안분하여 주택분에 대해서만 적용. 제14장 12 종합사례 참조).
   2020.7.10.까지 매매계약(공동주택 분양계약 포함)을 체결하고 해당 계약금을 지급한 사실 등이 증빙서류에 의하여 확인되는 경우 종전세율 적용.(2020.8.12. 개정 지법 부칙 6·7조, 7·10 부동산 대책)
[개인 취득세율]신규취득 주택을 기준으로 판단(비조정지역 2주택자가 조정지역 추가취득시 12%로 중과세)
(2020.8.12.~2022.12.20. 취득분 중과세율→2022.12.21. 이후 취득분 중과세율, 현재 법률 미개정)

세대별 주택수	1주택	2주택(일시적 2주택 제외)	3주택	4주택부터
조정대상지역 밖	1~3%	1~3%	8%→4%	12%→6%
조정대상지역 내	1~3%	8%→1~3%	12%→6%	12%→6%

　1주택을 소유한 세대가 일시적으로 2주택이 된 경우에 신규 주택 취득은 중과세를 적용하지 않음. 다만, 종전 주택을 3년{종전·신규 주택 모두 조정대상지역 소재 시 1년→2년(2022.5.10.~2023.1.11.)→3년(2023.1.12.부터)} 이내에 처분 멸실하여야 하는데, 조합원입주권·주택분양권은 입주가능한 준공일부터 계산.(지령 28조의5)

[세대의 기준](지령 28조의3, 2020.8.12. 신설)

①주택 취득 등 중과(지법 13조의2①~④항) 규정을 적용할 때 1세대란 주택을 취득하는 사람과 「주민등록법」 7조에 따른 세대별 주민등록표 또는 「출입국관리법」 34조①에 따른 등록외국인기록표 및 외국인등록표에 함께 기재되어 있는 가족(동거인은 제외한다)으로 구성된 세대를 말하며 주택을 취득하는 사람의 배우자 (사실혼은 제외하며, 법률상 이혼을 했으나 생계를 같이 하는 등 사실상 이혼한 것으로 보기 어려운 관계에 있는 사람을 포함한다), 취득일 현재 미혼인 30세 미만의 자녀 또는 부모(주택을 취득하는 사람이 미혼이고 30세 미만인 경우로 한정한다)는 주택을 취득하는 사람과 같은 세대별 주민등록표 또는 등록외국인기록표 등에 기재되어 있지 않더라도 1세대에 속한 것으로 본다.

②위 ①항에도 불구하고 다음 각 호의 어느 하나에 해당하는 경우에는 각각 별도의 세대로 본다.

　1. 부모와 같은 세대별 주민등록표에 기재되어 있지 않은 30세 미만의 자녀로서 소득세법 4조에 따른 소득이 「국민기초생활 보장법」 2조 제11호에 따른 기준 중위소득의 40% 이상이고, 소유하고 있는 주택을 관리·유지하면서 독립된 생계를 유지할 수 있는 경우. 다만, 미성년자인 경우는 제외한다.

　2. 취득일 현재 65세 이상의 직계존속(배우자 직계 포함. 어느 한 사람이 65세 미만인 경우를 포함)을 동거봉양하기 위하여 30세 이상의 자녀, 혼인한 자녀 또는 1호에 따른 소득요건을 충족하는 성년 자녀가 합가한 경우

　3. 취학 또는 근무상의 형편 등으로 세대전원이 90일 이상 출국하는 경우로서 「주민등록법」 10조의3①본문에 따라 해당 세대가 출국 후에 속할 거주지를 다른 가족의 주소로 신고한 경우

[법인(비영리법인 포함) 취득세율] 주택수·지역 불문 12%→6%?(2022.12.21.부터 적용, 지법 13조의2①1호)

부동산 매매·임대업 법인은 현물출자에 따른 취득세 감면(75%) 배제.(지특법 57조의2④)

[주택 수 판단 범위](지법 13조의3, 지령 28조의4, 2020.8.12. 개정 지법 부칙 3조)

- 신탁된 주택은 '위탁자'의 소유로 봄.
- 시가표준액이 1억(지방은 2억)원을 초과하는 주택, 주거용 오피스텔은 모두 포함. 단, 주거용 오피스텔이라도 일단 재산세 과세대장상 용도대로 취득세율 적용함[「주택세금 100문100답」(국세청, 2020.9.) 취득세 사례2,8~12 참조)].
- (주택·오피스텔) 분양권·입주권 자체가 취득세 과세대상은 아니며, 추후 실제 주택 등을 취득하는 시점에 해당 주택 등에 대한 취득세가 부과되는 바, 세율은 '분양권·입주권 취득당시 주택수'를 기준으로 적용함.
  단, 조합원입주권을 취득한 '승계조합원'은 토지지분에 대해 취득세 납세의무가 있으며(행안부 지방세운영과-816, 2017.10.30.), 준공시 건물분에 대한 원시취득세 부담(승계취득이 아니므로 다주택자 중과세 않음).
- 공유지분이나 부속토지만(1억원 초과)을 소유·취득하는 경우 각자 해당(단, 동일세대원이 공유 시는 1채로 봄)
- 상속주택·분양권 등은 5년 동안 주택 수에서 제외(5년 이후에는 지분이 가장 큰 자의 소유로 봄)
  또한 2020.8.11.까지 상속을 원인으로 취득한 주택, 조합원입주권, 주택분양권 또는 오피스텔에 대해서는 2020.8.12. 이후 5년 동안 주택 수 산정 시 소유주택 수에서 제외.(2020.8.12. 개정 지령 부칙 3조)
- **중과세 적용 시 주택 수**(지법 13조의3, 지령 28조의4) 및 **중과제외 주택**(지법 13조의2, 지령 28조의2) 요약

호번	구분	주택 수 제외	중과 제외
1	시가표준액 1억원 이하인 주택(법인도 해당. 단, 정비구역[#1] 등은 중과)	O	O
2. 가[#2]	공공주택사업자(지방공사, LH 등)의 공공임대주택	O	O
2. 나	「공공주택 특별법」상 지분적립형·이익공유형 분양주택	O	O

호번	구분	주택 수 제외	중과 제외
2의2	공공주택사업자가 2. 나목의 주택을 환매하여 취득하는 주택	O	O
2의3	공공주택사업자로부터 현물보상으로 취득하는 주택	X	O
3~4	노인복지주택#2, 국가등록문화재주택	O	O
5#2	공공지원민간임대주택으로 공급하기 위한 주택	O	O
6#2	장기어린이집(국공립어린이집으로 전환한 경우 포함)	O	O
7	주택도시기금 리츠가 환매조건부로 취득하는 일정한 주택	세대와 무관	O
8	재개발·재건축·주택사업용 멸실 목적으로 취득하는 주택	O	O
9	주택시공사가 공사대금으로 받은 미분양 주택	O	O
10	농·수·임협, 새마을금고, 은행 등이 저당권 실행으로 취득한 주택	세대와 무관	O
11	비규제지역 농어촌주택(대지 660㎡, 건물연면적 150㎡ 이하, 건축물 시가표준액이 6500만원 이내일 것. 즉 별장 제외기준)	O	O
12#2#3	사원용주택(전용면적 60㎡ 이하인 공동주택·다가구주택에 한함)	O	O
13	적격물적분할로 분할신설법인이 취득하는 미분양 주택	세대와 무관	O
14	리모델링주택조합이 「주택법」 22조②으로 취득하는 주택	세대와 무관	O
15	가. 「주택법」상 토지임대부 분양주택 공급용 취득 주택 나. 위 가목 주택을 분양받은 자로부터 환매 취득하는 주택	세대와 무관	O

#1 「도시 및 주거환경정비법」상 정비구역(구 「주택건설촉진법」상 재건축조합 포함)으로 지정·고시된 지역 또는는 「빈집 및 소규모주택 정비에 관한 특례법」상 사업시행구역에 소재하는 주택

#2 정당한 사유 없이 취득일부터 2년(3·6·12호는 1년)이 경과할 때까지 해당용도로 공급 또는 사용하지 않거나, 해당용도로 공급 또는 사용한 기간이 3년 미만인 상태에서 매각·증여하거나 다른 용도로 사용하는 경우는 제외.

#3 2020.8.12. 취득분부터 '주택에 대한 취득세 중과' 규정이 신설되어(지법 13조의2 및 13조의3, 지령 28조의2~28조의6), 종전 '구 등록세분 3배 중과세 (제외)규정'(지법 13조②③, 지령 26조②)에서 이관해왔음.

*4 주택 유상승계취득의 6~9억 구간 1~3% 누진세율(←2%) 체계 도입(2020.1.1. 취득분부터 적용)

Y(세율, %)=$\frac{2}{3}$X-3(단, X: 억원 단위의 과세표준이며 백만원 단위까지 소수점 계산)

낮은 취득세율을 적용받기 위해 거래가격을 5.9억이나 8.9억 원으로 허위 신고하는 '다운계약서' 방지.

(신설)아래의 주택(전용면적 60㎡ 이하)을 2024.1.10.~2027.12.31.(3. 미분양 아파트는 2025.12.31.)에 취득하는 경우 중과세 대상 주택수에서 제외하고, '해당 주택을 제외'한 주택 수 기준으로 취득세 중과세율 적용(지령 28조의4②, ⑥7~9호)

1. 신축 소형주택(취득가액 6억, 비수도권 3억원)을 건축주로부터 최초 취득 시(아파트 제외, 오피스텔 포함)
2. 기축 소형주택(취득가액 6억, 비수도권 3억원)을 취득 후 임대등록 시(아파트 제외, 오피스텔 포함)
3. 수도권 외 준공 후 미분양 아파트 취득 시(전용면적85㎡, 취득가액 6억원 이하 아파트만 해당)

(보충1)배우자 또는 직계존비속 간 거래: '증여 간주' 원칙, '유상 취득' 예외 인정

배우자 또는 직계존비속의 부동산 등을 '취득'하는 경우에는 증여로 취득한 것으로 본다. 다만, 일정요건을 충족하는 경우에는 유상으로 취득한 것으로 본다.(지법 7조⑪)

또한 배우자 또는 직계존비속으로부터의 부동산 등의 '부담부 증여'의 경우에도 일정요건을 충족한 경우에만 유상취득으로 인정한다.(지법 7조⑫){전술한 **02** (2)9)~10) 참조}

(보충2)부가세(附加稅, sur-tax)인 농어촌특별세와 지방교육세 과세방법

1. 농어촌특별세: 취득세 과세분의 10%, 취득세·등록면허세 감면분의 20%(농특법 5조①6호)

- 취득세 과세분: 2% 세율(구 취득세분)을 적용한 취득세(감면시 감면 후 과세분)×10%(=구 취득세분×10%)
- 주택 유상승계취득: 0.2%(=2% 취득세율×10%) 과세(『2023 주택과 세금』 국세청, 2023.4.14., p.23·54)
- 취득세분 중과시 농어촌특별세도 중과세함.(농특법 5조⑤)
- 취득세 감면분: 취득세(구 등록세분 포함) 감면세액×20%(= 구 취득·등록세 감면세액×20%)
- 등록에 대한 등록면허세 감면분: 감면세액×20%

2. 지방교육세: 취득세 중 구 등록세 과세분과 등록면허세 과세분의 20%(지법 151조①)

- 일반취득(간주취득 제외) 과세분: '통합취득세율−2%'×20%(=구 등록세분×20%)
- 주택 유·무상 취득:

  누진세율(11조①8호) 적용대상: 50% 즉 '통합취득세율 적용세액'×50%를 구 등록세로 간주

  중과세율(지법 13조의2) 적용대상: '4%(11조①7호 나목 세율)−2%', 즉 2%를 구 등록세로 간주
- 취득세(구 등록세분) 중과세 대상인 경우: 주택이외

  '통합취득세율−2%'를 적용한 산출세액×20%×300%(구 등록세중과는 3배뿐임)
- 취득세 감면율을 정하는 경우: '통합취득세율−2%'를 적용한 산출세액×20%×감면율
- 등록에 대한 등록면허세: 등록분 납부세액×20%

(보충3)국민주택채권 매입 여부와 금액은 「주택도시기금법」8조, 시행령 8조②(별표) 참조

　　할인율 조회: 주택도시기금 홈페이지→청약/채권→제1종국민주택채권→채권매도단가/수익률/할인율

②농지의 범위

농지는 각각 다음의 토지로 한다. {지령 21조. 제3장 04(3), 294쪽 '농지의 정의' 참조}

1. 취득 당시 공부상 지목이 논, 밭 또는 과수원인 토지로서 실제 농작물의 경작이나 다년생식물의 재배지로 이용되는 토지. 이 경우 농지 경영에 직접 필요한 농막(農幕)·두엄간·양수장·못·늪·농도(農道)·수로 등이 차지하는 토지 부분을 포함한다.

【농지의 범위】(지예 11…시행령 21-1)

토지에 일시적·잠정적으로 토지에 농작물 등을 심어둔 경우에는 그러하지 아니하다.

2. 취득 당시 공부상 지목이 논, 밭, 과수원 또는 목장용지인 토지로서 실제 축산용으로 사용되는 축사와 그 부대시설로 사용되는 토지, 초지 및 사료밭

③부동산 교환은 유상승계취득 세율적용(지예 11-2)

부동산을 상호 교환하여 소유권이전등기를 하는 것은 유상승계취득에 해당하므로 지방세법 11조①7호의 세율(기타의 유상취득 세율: 농지 3%, 농지 외 4%)을 적용하여야 한다.

④무상취득(상속 이외)의 경우

가. 비영리사업자의 범위(지령 22조)

비영리사업자란 각각 다음의 어느 하나에 해당하는 자를 말한다.

1. 종교 및 제사를 목적으로 하는 단체

제1장 제2장 제3장 제4장 제5장 제6장 제7장 제8장 제9장 제10장 제11장 제12장 제13장 제14장

2. 「초·중등교육법」 및 「고등교육법」에 따른 학교, 「경제자유구역 및 제주국제자유도시의 외국교육기관 설립·운영에 관한 특별법」 또는 「기업도시개발 특별법」에 따른 외국교육기관을 경영하는 자 및 「평생교육법」에 따른 교육시설을 운영하는 평생교육단체

3. 「사회복지사업법」에 따라 설립된 사회복지법인

4. 지방세특례제한법 22조①에 따른 사회복지법인 등(양로원·보육원·모자원·한센병자치료보호 시설 등 사회복지사업을 목적으로 하는 단체 및 한국한센복지협회 등)

5. 「정당법」에 따라 설립된 정당

나. 합유자 소유권 이전 시(지예 11-4)

부동산 합유자 중 일부가 사망하여 잔존 합유재산의 변동이 있는 경우에는 지방세법 11조①2호의 무상취득세율을 적용한다.

다. 명의신탁의 해지, 합병 등

【부동산 취득의 세율】(지예 11-1)

1. 명의신탁해지의 판결에 의하여 소유권을 이전한 경우 소유권 취득대가로 법원의 반대급부지급명령을 받거나 사실상 반대급부를 지급한 사실이 입증되는 경우에는 지방세법 11조①7호의 세율(기타의 유상취득 세율: 농지 3%, 농지 외 4%), 반대급부를 지급하지 않은 경우에는 지법 11조①2호의 세율(무상취득 세율: 비영리사업자 2.8%, 그 외 3.5%)이 적용된다.

2. 법인의 흡수합병으로 인하여 피합병법인의 부동산을 합병법인의 명의로 하는 소유권이전은 지법 11조①2호의 규정에 의거 3.5%의 세율이 적용된다.☞ 2023.3.14. 부터 유상취득 세율적용(지법 11조⑤ 신설). 다만, 적격합병의 경우 구 취득세분은 과세하지 않고(지법 15조 '세율의 특례') 구 등록세분도 50·60% 감면함(지특법 57조의2①).

3. 민법상의 사단법인이 존립기간의 만료, 정관에 정한 해산사유의 발생, 설립허가의 취소(행정관청 등) 등의사유로 인하여 동 법인을 해산하고 법인격이 다른 새로운 법인을 설립하여 해산법인소유의 부동산을 취득하는 경우에는, 지법 11조①2호의 세율(무상취득 세율: 비영리사업자 2.8%, 그 외 3.5%)이 적용된다.

⑤건축물을 건축(신축과 재축은 제외) 또는 개수: 원시취득 세율 적용

건축물을 건축(신축과 재축은 제외) 또는 개수로 인하여 건축물 면적이 증가할 때에는 그 증가된 부분에 대하여 원시취득으로 보아 2.8% 세율(지방세법 11조①3호)을 적용한다.(지법 11조③)

⑥공유부동산 또는 공유물 분할

공유부동산은 그 취득지분의 가액을 과세표준으로 하여 각각의 세율을 적용한다.(지법 11조②)

【공유토지를 단독소유로 취득 시 세율】(지예 11-3)

공유로 되어 있는 부동산을 분할등기하는 경우에 있어 자기소유지분에 대하여는 지방세법 11조①5호의 세율(공유물 분할: 2.3%)을 적용하고, 자기 소유지분 초과분에 대하여는 지방세법 11조①7호의 세율(기타의 유상취득 세율: 농지 3%, 농지 외 4%)을 적용한다.

⑦유상거래 주택에 대한 적용 특례

가. 주택 신·증축 후 별도 부속토지 매입은 유상거래 주택 세율적용 배제

주택을 신축 또는 증축한 이후 해당 주거용 건축물의 소유자(배우자 및 직계존비속을 포함)가 해당 주택의 부속토지를 취득하는 경우에는 유상거래 주택 세율(지법 11조①8호)을 적용하지 아니한다.(지법 11조④, 2016.1.1.부터 시행)

나. 주택의 범위에 형식주의를 가미(지법 11조①8호, 2015.7.24.부터 시행)

1. 종전「건축법」에 따라 건축허가 또는 신고 없이 건축한 주택에도 적용

　주택[「주택법」2조1호에 따른 주택으로서「건축법」에 따른 건축물대장·사용승인서·임시사용승인서 또는 「부동산등기법」에 따른 등기부에 주택으로 기재「건축법」(법률 제7696호로 개정되기 전의 것)에 따라 건축 허가 또는 건축신고 없이 건축이 가능하였던 주택(법률 제7696호「건축법」일부개정법률 부칙 3조에 따라 건축허가를 받거나 건축신고가 있는 것으로 보는 경우를 포함)으로서 건축물대장에 기재되어 있지 아니한 주택의 경우에도 건축물대장에 주택으로 기재된 것으로 봄]된 주거용 건축물과 그 부속토지를 말함]을 취득하는 경우에는, 유상거래 주택으로 보아 1%~3%의 세율을 적용한다.

2. 어린이집, 공동생활가정·지역아동센터, 노인복지시설에도 적용

　2019.1.1.부터 유상거래 주택에 대한 적용 특례를 적용받는다. 즉 이들은 2018.12.31.까지는 일반세율(4%)을 적용받았으나, 2019년부터는 주택으로 보아 취득세 특례(1%~3%)를 적용하여 보육시설 설립 등에 따른 취득세 부담을 완화했다.(지법 11조①8호 { } 삭제, 2019.1.1.부터 적용)

3. 지분으로 주택 취득 시 과세범위

　이 경우 지분으로 취득한 주택의 취득 당시의 가액은 다음의 계산식에 따라 산출한 전체 주택의 취득 당시의 가액으로 하여 세율을 적용한다.

$$전체주택의\ 취득당시\ 가액 = 취득지분의\ 취득당시\ 가액 \times \frac{전체\ 주택의\ 시가표준액}{취득\ 지분의\ 시가표준액}$$

4. 다가구주택 취득 시 세율 적용: 각 공유자가 소유하는 특정부분 기준

[취득세 등 부과처분 취소](대법 2013두8295, 2013.9.26. 선고)

"각 세대가 하나의 건축물 안에서 각각 독립된 주거생활을 영위할 수 있는 구조로 된 주택으로서 사회관념상 독립한 거래의 객체가 될 정도의 주택에 관하여 그 위치와 면적이 특정되고 구조상·이용상 독립성이 있는 일부분을 2인 이상이 각각 구분소유하기로 하는 약정을 하고 등기만은 편의상 각 구분소유의 면적에 해당하는 비율로 공유지분등기를 함으로써 공유자들 사이에 상호 명의신탁관계에 있는 이른바 구분소유적 공유관계가 성립한 경우에는 구 지방세특례제한법 40조의2의 취득세 경감비율 및 구 농어촌특별세법 4조9호의 농어촌특별세 비과세 여부는 각 공유자가 소유하는 특정부분에 대한 취득가액 및 그 주거전용면적을 기준으로 판단하여야 할 것이다."

2)부동산 외의 취득(지법 12조)

　다음의 선박 및 기계장비가 공유물일 때에는 그 취득지분의 가액을 과세표준으로 하여 세율을 적용한다.(지법 12조②)

①선박

가. 등기·등록 대상인 선박(나목에 따른 소형선박은 제외)

상속으로 인한 취득: 2.5%

상속으로 인한 취득 외의 무상취득: 3%

원시취득: 2.02%

수입에 의한 취득 및 주문 건조에 의한 취득: 2.02%

그 밖의 원인으로 인한 취득: 3%

나. 소형선박

소형선박: 2.02%(총톤수 20톤 미만인 기선 및 범선, 총톤수 100톤 미만인 부선. 「선박법」1조의2②)

「수상레저안전법」30조에 따른 동력수상레저기구: 2.02%

다. 가목 및 나목 외의 선박: 2%

②차량

가. 비영업용 승용자동차: 7%(경자동차는 4%)

나. 그 밖의 자동차

비영업용: 5%(경자동차는 4%)

영업용: 4%

「자동차관리법」에 따른 이륜자동차: 2%

다. 가목 및 나목 외의 차량: 2%

③기계장비

3%(「건설기계관리법」에 따른 등록대상이 아닌 기계장비는 2%)

④항공기

가. 「항공안전법」7조 단서에 따른 항공기: 2%

나. 그 밖의 항공기: 2.02%(최대이륙중량 5,700kg 이상인 항공기는 2.01%)

⑤입목: 2%

광업권 또는 어업권: 2%

골프회원권, 승마회원권, 콘도미니엄 회원권, 종합체육시설 이용회원권 또는 요트회원권: 2%

(2)중과세율

1)취득세 중과세율 적용 요약

①개괄적 설명

2010년까지는 취득세와 등록세가 별도 세목이었으며, 이들 각각은 다시 일반세율과 중과세율로 구분하여 세율을 적용하였다. 그러나 2011년부터는 취득세와 등록세를 취득세로 통합하였고, 다만 면허세 가운데 취득을 원인으로 하는 등록세는 기존의 취득세와 통합하여 취득세로, 취득을 원인으로 하지 않는 등록세는 기존의 면허세와 통합하여 등록면허세로 이름이 바뀌었다.

특히 (통합)취득세에서는 종전의 일반세율에 배율을 적용하던 배율방식에서 탈피하여, 표준세율에 가감산하는 방식으로 변경했다. 하지만 통합에 따른 추가적인 세금부담 없이 종전 수준을 유지하도록 종전의 취득세와 등록세의 세율을 산술적으로 합산하여 규정하였다.

또한 세법조문도 다음과 같이 배열하였다.

첫째, 중과세 대상은 '지방세법 13조(과밀억제권역 내 취득 등 중과)'에서 규정하고, 사치성재산(취득세분 5배 중과세)을 증축·개축·개수하거나(취득 후 5년이 경과하였더라도 사치성재산이 되면 증가된 건축물가액이 중과세 대상임. 단, 토지는 취득 후 5년이 경과했으면 중과세 불가), 과밀억제권역 내에서의 법인본점·공장 중과세(3배)와 대도시 내 법인·공장 중과세(3배) 대상이 취득 후 '5년 이내'에 중과세 되는 경우의 추징방법에 대한 세부적인 규정은 '지방세법 16조(세율적용)'에서 규정하고 있다.

즉 지방세법 13조①은 종전 취득세 중과세(3배) 및 등록세 일반과세 항목, 13조②은 종전 취득세 일반과세 및 등록세 중과세(3배) 항목, 13조⑤은 종전 취득세 중과세 중 사치성재산(5배) 및 등록세 일반과세 항목, 13조⑥은 종전 취득세 중과세(3배) 및 등록세 중과세(3배) 항목, 13조⑦은 종전 취득세 중과세 중 사치성재산(5배) 및 등록세 중과세(3배) 항목에 대한 것이다.

둘째, 종전 취득세와 등록세 중 어느 하나만 과세되던 항목(종전 취득세만 비과세되던 합병이나 1세대1주택 상속 등, 종전 취득세만 과세되던 과점주주 간주취득세 등)은 '지방세법 15조(세율의 특례)'에서 규정하고 있다.

그런데 현행의 가감산 방식이 산술적 논리는 맞지만 다소 혼란스러운 면이 있기 때문에, 오히려 종전의 방식대로 이해를 하는 게 더 단순하고 쉽다. 즉 구 취득세·등록세를 다음과 같이 3가지로 크게 구분하여 수식을 맞추면 현행 중과세 세율과 같을 수밖에 없기 때문이다.

첫째, 사치성 재산은 취득세 5배 중과세(지법 13조⑤)

둘째, 과밀억제권역(지법 13조①)·대도시(지법 13조②) 내의 일정 부동산 취득은 3배 중과세{취득세만 3배 중과세(지법 13조①), 등록세만 3배 중과세(지법 13조②), 취득세·등록세 모두 3배 중과세(지법 13조⑥)되는 경우로 구분}

셋째, 취득세 5배 중과세 및 등록세 3배 중과세(지법 13조⑦)

중과세 경우별로 여러 조합의 (통합)취득세 중과세율이 도출되지만, 우선 신·증설을 하여 중과세 적용대상이 되는 경우를 가정하여(설명의 편의상, 토지 승계취득은 무시) 도표로 설명하면 아래와 같다.

[중과세 비교표: 종전의 배율방식, 현행의 표준세율에 가감산하는 방식]

중과세대상 (지법 13조 각항)		2010.12.31.까지 세율체계(신·증설 경우)			2011.1.1.부터 세율체계 (표준세율 2.8%)
		취득세(2%)	등록세(0.8%)	합계	
①과밀억제권 (취득세 3배)	본점	6%(3배 중과)	0.8%	6.8%	6.8% (표준세율 + 4%*1)
	공장				
②대도시 내 (등록세 3배)	법인	2%	2.4%(3배 중과)	4.4%	4.4% (표준세율×3 - 4%*1)
	공장				
③사치성재산		10%(5배 중과)	0.8%	10.8%	10.8%(표준세율 + 8%*1)
④: ①② 동시적용		6%(3배 중과)	2.4%(3배 중과)	8.4%	8.4%(표준세율×3)
⑤: ②③ 동시적용		10%(5배 중과)	2.4%(3배 중과)	12.4%	12.4% (표준세율×3 + 4%*1)*2

*1 중과기준세율(2%, 구 취득세분 일반세율): 2%를 중과기준세율로 하며 '표준세율×배수 ± 중과기준세율× 배수' 방식으로 (통합)취득세 법조문에서 중과세율을 규정하고 있음.

〈다양한 중과세 세율을 간단하게 이해하는 논리〉

1차 '표준세율×배수' 결정: '구 등록세분 중과세' 배수를 적용.

2차 ± 중과기준세율×배수' 결정: '구 취득세분 중과세' 배수와 1차 배수와의 차이배수.

*2 '사치성재산'으로 구 취득세분 5배 중과세대상과 구 등록세분 3배 중과세대상에 모두 해당되는 경우의 특례: '중과기준세율×6배'를 가산

단, 취득세 중과세대상 주택(12% 또는 8% 세율적용, 지법 13조의2①②)이 구 등록세분 3배 중과세(주택은 일률적으로 12% 세율을 적용함, 지법 13조②본문 괄호)와 고급주택에도 해당될 경우에는 '그 중과세율 (즉 12%)+중과기준세율(2%)×4배'(합계 20%)를 그 세액으로 한다.(지법 13조의2③·16조⑥2호, 2020.8.12. 개정)

(보충)부가세(附加稅, sur-tax)인 농어촌특별세와 지방교육세 과세방법

1. 농어촌특별세: 취득세 과세분의 10%, 취득세·등록면허세 감면분의 20%(농특법 5조①6호)

• 취득세 과세분: 2% 세율(구 취득세분)을 적용한 취득세(감면시 감면 후 과세분)×10%(= 구 취득세분×10%).

• 취득세분 중과시 농어촌특별세도 중과세함.(농특법 5조⑤)

• 취득세 감면분: 취득세(구 등록세분 포함) 감면세액×20%

　　　　　(= 구 취득·등록세 감면세액×20%)

• 등록에 대한 등록면허세 감면분: 감면세액×20%

2. **지방교육세**: 취득세 중 구 등록세 과세분과 등록면허세 과세분의 20%(지법 151조①)

• 일반취득(간주취득 제외) 과세분: '통합취득세율−2%'×20%(=구 등록세분×20%)

• 주택 유·무상 취득:

누진세율(11조①8호) 적용대상: 50% 즉 '통합취득세율 적용세액'×50%를 구 등록세로 간주

중과세율(지법 13조의2) 적용대상: '4%(11조①7호 나목 세율)−2%', 즉 2%를 구 등록세로 간주

• 취득세(구 등록세분) 중과세 대상인 경우: 주택이외

'통합취득세율−2%'를 적용한 산출세액×20%×300%(구 등록세중과는 3배뿐임)

• 취득세 감면율을 정하는 경우: '통합취득세율−2%'를 적용한 산출세액×20%×감면율

• 등록에 대한 등록면허세: 등록분 납부세액×20%

②세율 적용(지법 16조)

가. 취득 후 5년 이내에 중과세 대상이 되면 취득세를 추징함
　　취득한 후 5년 이내에 해당 토지나 건축물이 다음의 어느 하나에 해당하게 된 경우에는 중과세율을 적용하여 취득세를 추징한다.(지법 16조①)
1. 지법 13조①에 따른 과밀억제권역 내 본점·주사무소의 사업용 부동산
　(본점·주사무소용 건축물을 신축하거나 증축하는 경우와 그 부속토지만 해당함)
2. 지법 13조①에 따른 과밀억제권역 내 공장의 신·증설용 부동산
3. 지법 13조⑤에 따른 별장(2023.3.14.부터 삭제), 골프장, 고급주택 또는 고급오락장
4. 지법 13조②에 따른 대도시 법인·공장의 신·증설용 부동산(지법 16조④)

나. 취득 후 5년이 경과하였더라도 사치성재산이 되면 증가된 건축물가액이 중과세 대상임. 단, 토지는 취득 후 5년이 경과했으면 중과세 불가
　　고급주택, 골프장 또는 고급오락장용 건축물을 증축·개축 또는 개수한 경우와 일반건축물을 증축·개축 또는 개수하여 고급주택 또는 고급오락장이 된 경우에 그 증가되는 '건축물의 가액'에 대하여 적용할 취득세의 세율은 중과세율(지법 13조⑤)로 한다.(지법 16조②)
　　단, 토지는 취득 후 5년이 경과했으면 중과세할 수 없고 증축·개축 또는 개수로 그 증가되는 '건축물의 가액'에 대해서만 중과세하는 것이다. 마찬가지 논리로 회원제 골프장용 토지는 취득 후 5년이 경과하면 중과세에서 제외되지만, 골프장 건설에 따른 지목변경은 토지 취득일로부터 5년 경과여부와 관계없이 사실상의 지목변경에 따른 취득세 중과세 대상이 된다{지목변경일로부터 60일(2018.12.31.까지는 30일) 이내에 중과세율을 적용한 세액을 신고납부함. 지법 20조②}.

다. 사업용 과세물건의 소유자와 공장(지법 13조①의 과밀억제권역 내 공장을 말함)을 신·증설한 자가 다를 때: 과세물건 소유자를 납세의무자로 봄
　　지방세법 13조①에 따른 공장 신설 또는 증설의 경우에, 사업용 과세물건의 소유자와 공장을 신설하거나 증설한 자가 다를 때에는, 그 사업용 과세물건의 소유자가 공장을 신설하거나 증설한 것으로 보아 같은 항의 세율을 적용한다.
　　다만, 취득일부터 공장 신설 또는 증설을 시작한 날까지의 기간이 5년이 지난 사업용 과세물건은 제외한다.(지법 16조③)

라. 둘 이상의 세율이 해당되는 경우에는 그중 높은 세율을 적용함.(지법 16조⑤) 단, 중과세 대상 주택과 사치성재산은 중복적용(지법 13조의2③·16조⑥2호, 2020.8.12. 시행)
　　이 조항은 (통합)취득세의 세부 세목인 구 취득세분과 구 등록세분 각각을 기준으로, 둘 이상의

세율적용 대상이 될 경우 그중 높은 세율을 적용한다는 뜻이다. 즉, 일반과세율과 중과세율이 적용될 경우에는 중과세율로 과세하며, 중과세율 내에서도 취득세의 경우 5배 중과세율과 3배 중과세율이 적용될 경우에는 5배 중과세율을 적용한다는 규정이다.

다만, 취득세 중과세대상 주택(유상취득 12% 또는 8% 세율적용(지법 13조의2①), 무상취득 12% 세율적용(지법 13조의2②))이 고급주택에도 해당될 경우에는 '그 중과세율(지법 13조의2①②)+중과기준세율(2%)×4배'(즉 20% 또는 16%)를 그 세액으로 한다.(지법 13조의2③·16조⑥2호, 2020.8.12. 개정)

마. 구 취득세분 중과세와 구 등록세분 중과세가 동시에 적용될 경우의 특례

2010년까지는 취득세·등록세를 별도 세목으로 하여 지방세법에서 규정하였으므로 각 세목에 대한 중과세 내용만 규정하면 별 문제가 없었다. 그러나 2011년부터 구 등록세분이 취득세로 통합되면서 (통합)취득세 중과세를 적용하는 규정이 좀 복잡해졌다.

위 라.의 규정에 따라 "둘 이상의 세율적용 대상이 되면 그중 높은 세율을 적용한다"(지법 16조⑤)고 해서 문제가 해소되지 않는다. 예를 들어, 취득세(구 취득세분) 3배 중과세(지법 13조①)와 취득세(구 등록세분) 3배 중과세(지법 13조②)가 동시에 적용될 경우, 이 둘 모두를 중과세해야 함에도 위 라.의 규정만으로는 해결이 안 된다(둘 중 하나만 중과세할 수밖에 없는 문제가 발생함). 따라서 이 문제를 해결하기 위해 아래의 별도조항이 필요한 것이다.

즉, "취득한 부동산이 구 취득세분 3배 중과세대상(즉, 과밀억제권역 내 법인 본점·주사무소용 부동산(지법 16조①1호에서 13조①1호 전단 준용) 또는 공장 신·증설용 사업용 과세물건(지법 16조①2호에서 13조①1호 후단 준용))과 구 등록세분 3배 중과세대상(즉, 대도시 법인·공장의 신·증설용 부동산(지법 16조④에서 13조② 준용))에 모두 해당되는 경우, 구 취득세분 5배 중과세대상인 사치성재산(지법 16조①3호에서 13조⑤ 준용)과 구 등록세분 3배 중과세대상에 모두 해당하는 경우에는 위 라.의 규정에도 불구하고 별도의 규정(지법 13조⑥⑦)을 적용하여 취득세를 추징한다."(지법 16조⑥)

1. 구 취득세분 3배 중과세대상과 구 등록세분 3배 중과세대상에 모두 해당되는 경우에는 '표준세율×3배'로 함(지법 13조⑥1호)

   즉, 표준세율(2.8%, 4% 등)은 '구 취득세분+구 등록세분' 세율을 합산한 세율이므로 '표준세율×3배'(8.4%, 12% 등)로 과세하면 취득세·등록세 각각 3배 중과세 목적은 자동적으로 달성된다.

2. 구 취득세분 5배 중과세대상(다만, 고급주택은 아래 3.에서 별도로 규정)과 구 등록세분 3배 중과세대상에 모두 해당되는 경우에는 '표준세율×3배 + 중과기준세율(2%)×2배'로 함(지법 13조⑦본문)

   즉, '표준세율×3배'(8.4%, 12% 등)로 과세하면 취득세·등록세의 3배 중과세 목적은 달성되고, 이에 '중과기준세율(2%)×2배'(4%)를 더하면(12.4%, 16% 등) 사치성재산에 대한 구 취득세분 5배 중과세 목적까지 달성되는 것이다.

3. '고급주택'으로 구 취득세분 5배 중과세대상과 구 등록세분 3배 중과세대상에 모두 해당되는

경우에는 '주택에 대한 해당세율(지법 11조①8호) + 중과기준세율(2%)×6배'로 함(지법 13조⑦단서). 즉, '주택에 대한 해당세율(지법 11조①8호)'(1%·평균 2%·3%) 만큼은 우선 과세하고[사실 이 표준세율은 일반유상취득 세율에 50%의 감면을 적용한 것이다. 즉, 주택 해당세율의 과세표준 중간영역(6억원~9억원)의 표준세율은 평균 2%인데, 일반유상취득의 표준세율(4%)의 50%에 해당한다], 이에 '중과기준세율(2%)×6배'를 더하면(총 부담세율은 13%·14%·15%가 됨), '4배 몫'으로 고급주택에 대한 구 취득세분 5배 중과세 목적이, '2배 몫'으로 구 등록세분 3배 중과세 목적이 달성되는 것이다 ['중과기준세율(2%)×6배'를 가산하므로 중과세할 경우에는 50%의 감면혜택을 부여하지 않고 구 취득세분(2%)의 4배와, 구 등록세분(일반유상취득 2%로 중과기준세율과 세율이 같음)의 2배만큼 추징하는 것이다]. 다만, 취득세 중과세대상 주택[유상취득 12% 또는 8% 세율적용(지법 13조의2①), 무상취득 12% 세율적용(지법 13조의2②)]이 구 등록세분 3배 중과세(주택은 일률적으로 12% 세율을 적용함, 지법 13조② 본문 괄호)와 고급주택에도 해당될 경우에는 '그 중과세율(즉 12%)+중과기준세율(2%)×4배'(합계 20%)를 그 세액으로 한다.(지법 13조의2③·16조⑥2호, 2020.8.12. 개정)

2)과밀억제권역 내 본점·주사무소 및 공장 신·증설에 대한 중과세(지법 13조①)

①중과세 세율(구 취득세분 3배 중과세)

가. 신·증설 세율: 취득세 2% ; 등록세 0.8%

중과세대상 (지법 13조 각항)		2010.12.31.까지 세율체계(신·증설 경우)			2011.1.1.부터 세율체계 (표준세율 2.8%)
		취득세(2%)	등록세(0.8%)	합계	
①과밀억제권	본점 공장	6%(3배 중과)	0.8%	6.8%	6.8% (표준세율 + 4%)

나. 각 경우별 세율: 취득세 2% ; 등록세는 신·증설 0.8%, 승계취득 2.0%

중과세대상 (지법 13조 각항)		2010.12.31.까지 세율체계(각 경우별 가정)			2011.1.1.부터 세율체계 (표준세율 2.8%, 4.0%)
		취득세(2%)	등록세(0.8, 2%)	합계	
①과밀억제권 (취득세 3배)	본점	신·증축: 6%	신·증축: 0.8%	6.8%	6.8%
	공장	승계취득: 6%	승계취득: 2.0%	8.0%	8.0%(승계취득분)*
②대도시 내 (등록세 3배)	법인	신·증설: 2%	신·증설: 2.4%	4.4%	4.4%
	공장	승계취득: 2%	승계취득: 6.0%	8.0%	8.0%(승계취득분)*
③: ①② 동시적용 (표준세율×3배)		신·증설: 6%	신·증설: 2.4%	8.4%	8.4%
		승계취득: 6%	승계취득: 6.0%	12.0%	12.0%(승계취득분)*
도시형업종 공장 신·증설		신·증설: 2%	신·증설: 0.8%	2.8%	2.8%
		승계취득: 2%	승계취득: 2.0%	4.0%	4.0%
비도시형 업종 공장 신·증설	취득 5년 후	신·증설: 2%	신·증설: 0.8%	2.8%	2.8%
		승계취득: 2%	승계취득: 2.0%	4.0%	4.0%
	취득 5년 내	신·증설: 6%	신·증설: 2.4%	8.4%	8.4%(=2.8%×3배)
		승계취득: 6%	승계취득: 6.0%	12.0%	12.0%(=4.0%×3배)*

* 부속토지도 중과세 대상임: 부속토지(신·증설 5년 전후 취득분에 한함)는 승계취득에 대한 등록세율을 적용함. 과밀억제권 내 본점·주사무소용 신·증축에 따른 부동산(지법 13조①전단 괄호), 과밀억제권 내 공장 신·증설에 따른 사업용 과세물건(지법 13조①후단, ⑧→지칙 7조), 대도시 내 법인설립 및 지점설치·전입에 따른

부동산(지법 13조②1호), 대도시 내 공장 신·증설에 따른 부동산(지법 13조②2호, ⑧→지칙 7조)을 말함.

[취득세·등록세 3배 중과세 해당지역 총괄표]

{구 취득세분 3배 중과세(지법 13조①)**와 구 등록세분 3배 중과세**(지법 13조②)**, 등록면허세 3배 중과세**(지법 28조②~⑤) **관련}**

구분(수도권)		본사 등, 본·지점 설치		공장 신·증설 중과세 지역	
		구 취득세	구 등록세	구 취득세	구 등록세
과밀억제권역 밖(「수도권정비법」)*1		인천 남동 국가산업단지와 반월특수지역 등			
과밀억제권역 내	산업단지(「산집·공장설립법」)	O*2			
	유치지역(「산집·공장설립법」)	O	O		
	공업지역(「국토계획법」)	O	O		
	공장 중과세 대상지역 도시형 업종	O	O	△*3	*4
	공장 중과세 대상지역 비도시 업종	O	O	O	O

*1「수도권정비계획법」6조, 시행령 9조 〈별표1〉 내용: 구 취득세·등록세에 모두 적용

　인천 남동 국가산업단지와 반월특수지역 등은 과밀억제권역에서 이미 제외되어 있음.

*2 산업단지에 대한 규정

• 「산업집적활성화 및 공장설립에 관한 법률」2조14호: 구 등록세 중과 제외에만 적용

　(구 등록세 중과세 제외되는) '산업단지'란 「산업입지 및 개발에 관한 법률」6~8조에 따라 지정·개발된 국가산업단지·일반산업단지·도시첨단산업단지 및 농공단지를 말함.

• 대도시의 정의 = 과밀억제권역 내 - 산업단지: 지법 13조②단서 괄호, 아래의 유권해석

　대도시라 함은 동일한 지역으로서 과밀억제권역에서 산업단지(「산업집적활성화 및 공장설립에 관한 법률」 적용)를 제외한 지역을 말함.(행자부 세정-2695, 2004.8.24.)

*3 공장 신·증설에 대한 중과세(구 취득세분)에서는 '도시형 업종'에 대한 제외규정이 없음. 다만, '도시형 공장' ('도시형 업종'보다는 범위가 훨씬 좁음. 「산업집적활성화 및 공장설립에 관한 법률」28조, 「산집령」34조 및 〈별표 4〉)에 대해서는 중과세하지 않음.('지칙 7조①전단 괄호'→지법 13조⑧에 따라 13조①에도 적용)

*4 공장 신·증설에 대한 중과세(구 등록세분)에서는 '대도시 중과 제외 업종'(일명 '도시형 업종', 지령 26조①· 〈별표 2〉)에 대해서는 중과세하지 않음.(지법 13조②본문 후단)

(보충1)지역의 범위: 수도권 〉 과밀억제권역 〉 대도시 〉 공장 중과세 대상지역

• 과밀억제권역 내 = 수도권 - 과밀억제권역 밖

• '대도시'의 정의 = 과밀억제권역 내 - 산업단지. 대도시 정의: 지법 13조②본문 괄호.

• 공장 중과세 대상지역 = 과밀억제권역 내 - 산업단지 - (유치지역 + 공업지역)

　⇒ 대상지역 중: '도시형 업종'(대도시 중과 제외 업종, 지령 26조①)은 모두 등록세 중과세 제외하나 취득세는 '도시형 공장'만 중과세 제외하며, '비도시형 업종'은 취득세·등록세 모두 중과세 대상임.

(보충2)각 세목별 공장의 범위: 토지분 재산세 공장〉취득세 중과대상〉건물분 재산세 공장

• 토지분 재산세 공장(지칙 52조): 공장건축물 + 옥외 기계장치·저장시설 + 부대시설(복리시설 '포함')

• 취득세 중과대상 공장(지칙 7조): 공장건축물 + 옥외 기계장치·저장시설 + 부대시설(복리시설 '제외')

• 건물분 재산세 공장(건물분 시가표준액 조정기준):

공장건축물(물품의 제조·가공·수리에 계속적으로 이용되는 건축물)

②과밀억제권역 내 법인 본점·주사무소의 '사업용 부동산'에 대한 중과세(지법 13조①전단)

[법인 본점·주사무소 사업용 부동산에 대한 구 취득세분 3배 중과세(과밀억제권역 내, 지법 13조①본문 전단)와 법인 본·지점 설치 및 대도시 전입용 부동산에 대한 구 등록세분 3배 중과세(대도시 내, 지법 13조②1호 및 ③) 비교]

내용	구 취득세분 3배(지법 13조①본문 전단)	구 등록세분 3배(지법 13조②1호 및 ③)
①중과세 대상지역	과밀억제권역 내 모든 지역	대도시(과밀억제권역 중 산업단지 제외)
②취득 방법(토지 이외)	원시취득만 해당(본점 신·증축)	원시·승계취득 모두 중과
③대상 과세객체	사업용 부동산, 직접사용 기준	사업용 부동산, 소유 기준
④사용용도	본점·주사무소 사업용 용도	법인·본지점 설치, 대도시 전입용
⑤취득 및 사용시기	본점·주사무소 신·증축용 취득 취득 후 5년 내에 본점용 사용	법인·본지점 설치시 직접사용기준 설치·전입 후 5년간 모든 부동산
⑥사원주거용 주택: 중과X	기숙사, 합숙소, 사택	60㎡이하 공동주택과 부속토지
⑦기타 중과제외	복리후생시설(연수·체육시설 등)	사원주거용 주택 외에는 중과세
⑧세율적용(한쪽 중과 시)	표준세율+중과기준세율(2%)×2	표준세율×3-중과기준세율(2%)×2
⑨세율적용(모두 중과 시)	'표준세율×3'(지법 13조⑥). 표준세율 = 구 취득세분+구 등록세분	

가. 중과세 내용(구 취득세분 3배 중과세)

　과밀억제권역(「수도권정비계획법」 6조)에서 법인 본점이나 주사무소의 사업용으로 신축하거나 증축하는 건축물(「신탁법」에 따른 수탁자가 취득한 신탁재산 중 위탁자가 신탁기간 중 또는 신탁종료 후 위탁자의 본점이나 주사무소의 사업용으로 사용하는 부동산을 포함)과 그 부속토지를 취득하는 경우의 취득세율은 '표준세율(지법 11조·12조에 따른 각 경우별 표준세율)+중과기준세율(2%)×2'를 적용한다.(지법 13조①전단)

나. 중과세 대상지역: 과밀억제권역(「수도권정비계획법」 6조) 전지역

> **[과밀억제권역]**(「수도권정비계획법 시행령」 9조 〈별표 1〉, 2017.6.20. 개정)
>
> 1. 서울특별시
> 2. 인천광역시[강화군, 옹진군, 서구 대곡동·불로동·마전동·금곡동·오류동·왕길동·당하동·원당동, 인천경제자유구역(경제자유구역에서 해제된 지역을 포함) 및 남동 국가산업단지는 제외]
> 3. 의정부시 4. 구리시 5. 남양주시(호평동, 평내동, 금곡동, 일패동, 이패동, 삼패동, 가운동, 수석동, 지금동 및 도농동만 해당) 6. 하남시 7. 고양시 8. 수원시 9. 성남시 10. 안양시 11. 부천시 12. 광명시 13. 과천시 14. 의왕시 15. 군포시 16. 시흥시[반월특수지역(반월특수지역에서 해제된 지역을 포함)은 제외]

다. '본점·주사무소의 사업용 부동산'의 범위

　'본점·주사무소의 사업용 부동산'이란 법인의 본점 또는 주사무소의 사무소로 사용하는 부동산과 그 부대시설용 부동산(기숙사, 합숙소, 사택, 연수시설, 체육시설 등 복지후생시설과 예비군병기고 및 탄약고는 제외)을 말한다.(지령 25조)

라. '본점·주사무소의 사업용 부동산'의 중과세 요건

1. 신·증축만 해당

본점·주사무소용 신축하거나 증축하는 건축물과 그 부속토지만 해당한다.(지법 16조①1호) 따라서 기존 건축물을 승계취득하여 본점·주사무소로 사용할 경우는 중과세 대상에 해당하지 않는다.(행자부 세정 13407-1040, 2000.8.28. 등)

2. 위탁자의 본점·주사무소의 사업용 부동산도 해당(지법 13조①본문 전단 괄호)

신탁회사(수탁자) 명의로 신탁등기가 되어 있더라도 당초 건물주(위탁자)가 본점·주사무소 사업용으로 사용할 경우에는 중과세 대상이 된다.

3. 부동산 취득 후 5년 이내에 본점·주사무소 사업용으로 사용(지법 16조①1호·2호)

일반 부동산을 취득한 후 5년 이내에 본점·주사무소 사업용 부동산이 된 경우 중과세 된다.

【중과세 대상 본점에 해당하는지 여부 예시】(지예 13-2)

1. 중과세 대상에 해당하는 경우

①도시형 공장을 영위하는 공장의 구내에서 본점용 사무실을 증축하는 경우

②본점의 사무소전용 주차타워를 신·증축하는 경우

③임대한 토지에 공장을 신설하여 운영하다가 동 토지 내에 본점 사업용 건축물을 신·증축하는 경우

④건축물을 신·증축한 후 5년 이내에 본점의 부서 중 일부 부서가 입주하여 사무를 처리하는 경우

⑤대도시내에 본점을 가지고 있던 법인이 대도시내에 건축물을 신·증축하여 기존 본점을 이전하는 경우

2. 중과세 대상에 해당하지 않는 경우

①병원의 병실을 증축 취득하는 경우

②운수업체가 「자동차운수사업법」에 의한 차고용 토지만을 취득하는 경우

③임대업자가 임대하기 위하여 취득한 부동산과 당해 건축물을 임차하여 법인의 본점용으로 사용하는 경우

---

③과밀억제권역 내 공장 신·증설을 위한 '사업용 과세물건'에 대한 중과세(지법 13조①후단)

[공장 신·증설용 '사업용 과세물건'에 대한 구 취득세분 3배 중과세(과밀억제권역 내, 지법 13조①본문 후단)와 공장 신·증설용 '부동산'에 대한 구 등록세분 3배 중과세(대도시 내, 지법 13조②2호 및 ③) 비교]

내용	구 취득세분 3배(지법 13조①본문 후단)	구 등록세분 3배(지법 13조②2호 및 ③)
①중과세 대상지역	과밀억제권(산단·유치·공업지역 밖)	대도시(취득세분과 같음)
②중과제외 업종	도시형 공장만 중과제외	도시형 업종은 모두 중과제외
③대상 과세객체	사업용 과세물건(차량·기계 포함)	관련 모든 부동산(토지+건물)
④취득 방법: 토지 외	원시취득만 해당(공장 신·증설)	원시·승계취득 모두 중과
⑤세율적용(한쪽 중과 시)	표준세율 + 중과기준세율(2%)×2	표준세율×3-중과기준세율(2%)×2
⑥세율적용(모두 중과 시)	'표준세율×3'(지법 13조⑥) (표준세율 = 구 취득세분+구 등록세분)	

가. 중과세 내용(구 취득세분 3배 중과세)

과밀억제권역(산업단지·유치지역 및 공업지역은 제외)에서 공장을 신설하거나 증설하기 위하여 '사업용 과세물건'을 취득하는 경우의 취득세율은 '표준세율(지법 11조·12조에 따른 각 경우별

표준세율)+중과기준세율(2%)×2'를 적용한다.(지법 13조①후단)

나. 공장 신·증설 시 중과세 대상지역: 위 '2)①나. 취득세·등록세 3배 중과세 해당지역 총괄표' 참조
　　과밀억제권역 중 산업단지·유치지역(「산업집적활성화 및 공장설립에 관한 법률」) 및 공업지역(「국토의
　　계획 및 이용에 관한 법률」)을 제외한 지역

다. 공장의 범위(지칙 7조①)
1. 공장의 규모
　　생산설비를 갖춘 건축물의 연면적(옥외에 기계장치 또는 저장시설이 있는 경우에는 그 시설의
수평투영면적을 포함)이 500㎡ 이상인 것을 말한다. 이 경우 건축물의 연면적에는 해당 공장의
제조시설을 지원하기 위하여 공장 경계 구역 안에 설치되는 부대시설(식당, 휴게실, 목욕실, 세탁장,
의료실, 옥외 체육시설 및 기숙사 등 종업원의 후생복지증진에 제공되는 시설과 대피소, 무기고, 탄약고 및
교육시설은 제외)의 연면적을 포함한다.(지칙 7조①)
2. 공장의 범위
　　지방세법 시행규칙 별표 2에 규정된 업종의 공장. 단, 도시형 공장(「산업집적활성화 및 공장설립에
관한 법률」 28조)은 제외함.(지칙 7조①전단)

라. 공장 중과세 적용기준(지칙 7조②)
1. 중과세 대상 사업용 과세물건
　ⓐ공장용 건축물과 그 부속토지
　ⓑ공장을 신·증설한 날부터 5년 이내에 취득하는 공장용 차량 및 기계장비. 이때의 증설은
　　건축물 연면적의 20% 이상을 증설하거나 건축물 연면적 330㎡를 초과하여 증설하는 경우만
　　해당한다.
2. 다음의 어느 하나에 해당하는 경우에는 중과세 대상에서 제외함
　ⓐ기존 공장의 기계설비 및 동력장치를 포함한 모든 생산설비를 포괄적으로 승계취득하는 경우
　ⓑ해당 과밀억제권역에 있는 기존 공장을 폐쇄하고 해당 과밀억제권역의 다른 장소로 이전
　　한 후 해당 사업을 계속 하는 경우. 다만, 타인 소유의 공장을 임차하여 경영하던 자가 그
　　공장을 신설한 날부터 2년 이내에 이전하는 경우 및 서울특별시 외의 지역에서 서울특별시로
　　이전하는 경우에는 그러하지 아니함
　ⓒ기존 공장(승계취득한 공장을 포함)의 업종을 변경하는 경우
　ⓓ기존 공장을 철거한 후 1년 이내에 같은 규모로 재축(건축공사에 착공한 경우를 포함)하는 경우
　ⓔ행정구역변경 등으로 새로 과밀억제권역으로 편입되는 지역은 편입되기 전에 「산업집적
　　활성화 및 공장설립에 관한 법률」 13조에 따른 공장설립 승인 또는 건축허가를 받은 경우

제1장 제2장 제3장 제4장 제5장 제6장 제7장 제8장 제9장 제10장 제11장 제12장 제13장 제14장

　ⓕ부동산을 취득한 날부터 5년 이상 경과한 후 공장을 신설하거나 증설하는 경우

　ⓖ차량 또는 기계장비를 노후 등의 사유로 대체취득하는 경우. 다만, 기존의 차량 또는 기계장비를 매각하거나 폐기처분하는 날을 기준으로 그 전후 30일 이내에 취득하는 경우만 해당함.

3. 공장의 증설에 해당하는 경우

　ⓐ공장용으로 쓰는 건축물의 연면적 또는 그 공장의 부속토지 면적을 확장하는 경우

　ⓑ해당 과밀억제권역 안에서 공장을 이전하는 경우에는 종전의 규모를 초과하여 시설하는 경우

　ⓒ레미콘제조공장 등 차량 또는 기계장비 등을 주로 사용하는 특수업종은 기존 차량 및 기계장비의 20% 이상을 증가하는 경우

【중과대상 여부에 관한 공장의 예시】(지예 13-3)

1. 중과세대상에 해당하는 경우

①기존공장의 승계취득 시 기계설비를 제외한 공장대지 및 건물과 동력장치만을 양수한 경우는 포괄승계취득으로 보지 아니한다.

②동일 대도시권 내에서 기존공장의 시설 일체를 매각하고 이전하는 경우 이전지에서는 공장의 신설로 본다.

2. 중과세대상에 해당하지 않는 경우

①기존 공장의 토지, 건축물, 생산설비를 포괄적으로 그대로 승계하거나 시설규모를 축소하여 승계하는 경우

②타인 소유의 토지와 건축물에 설치된 공장을 (취득하면서 각각의 소유자가 달라), 그 토지와 건축물은 임대인으로부터, 그 기계장치는 소유자로부터 취득한 경우

---

3)대도시 내 법인설립과 지점 설치·전입 및 공장 신·증설에 대한 중과세

(지법 13조② 및 ③)

①중과세 세율(구 등록세분 3배 중과세)

가. 신·증설 세율: 취득세 2% ; 등록세 0.8%

중과세대상 (지법 13조 각항)		2010.12.31.까지 세율체계(신·증설 경우)			2011.1.1.부터 세율체계 (표준세율 2.8%)
		취득세(2%)	등록세(0.8%)	합계	
②대도시 내 (등록세 3배)	법인	2%	2.4%(3배 중과)	4.4%	4.4% (표준세율×3 - 4%)
	공장				

나. 각 경우별 세율: 취득세 2% ; 등록세는 신·증설 0.8%, 승계취득 2.0%

중과세대상 (지법 13조 각항)		2010.12.31.까지 세율체계(각 경우별 가정)			2011.1.1.부터 세율체계 (표준세율 2.8%, 4.0%)
		취득세(2%)	등록세(0.8, 2%)	합계	
①과밀억제권 (취득세 3배)	본점	신·증축: 6%	신·증축: 0.8%	6.8%	6.8%
	공장	승계취득: 6%	승계취득: 2.0%	8.0%	8.0%(승계취득분)*

중과세대상 (지법 13조 각항)		2010.12.31.까지 세율체계(각 경우별 가정)			2011.1.1.부터 세율체계 (표준세율 2.8%, 4.0%)
		취득세(2%)	등록세(0.8, 2%)	합계	
②대도시 내 (등록세 3배)	법인 공장 주택	신·증설: 2% 승계취득: 2%	신·증설: 2.4% 승계취득: 6.0%	4.4% 8.0%	4.4% 8.0%(승계취득분)* 12%(2020.8.12.부터 적용)
③사치성재산 (취득세 5배)		10%(5배 중과) (원시·승계취득)	원시취득: 0.8% 승계취득: 2.0%	10.8% 12.0%	10.8% 12.0%(승계취득분)
④: ①②동시적용 (표준세율×3배)		신·증설: 6% 승계취득: 6%	신·증설: 2.4% 승계취득: 6.0%	8.4% 12.0%	8.4% 12.0%(승계취득분)*
⑤: ②③동시적용 (표준세율×3+2%×2)		10%(5배 중과) (원시·승계취득)	신·증설: 2.4% 승계취득: 6.0%	12.4% 16.0%	12.4% 16.0%(승계취득분)*
⑥: ②주택과 ③동시적용 (고급주택)		10%(5배 중과) (원시·승계취득)	신·증설: 2.4% 승계취득: 6.0%	12.4% 16.0%	20%(2020.8.12. 부터 적용) =12%+2%×4배(지법 13조의2③)
도시형업종 공장 신·증설		신·증설: 2% 승계취득: 2%	신·증설: 0.8% 승계취득: 2.0%	2.8% 4.0%	2.8% 4.0%
비도시형 업종 공장 신·증설	취득 5년 후	신·증설: 2% 승계취득: 2%	신·증설: 0.8% 승계취득: 2.0%	2.8% 4.0%	2.8% 4.0%
	취득 5년 내	신·증설: 6% 승계취득: 6%	신·증설: 2.4% 승계취득: 6.0%	8.4% 12.0%	8.4%(=2.8%×3배) 12.0%(=4.0%×3배)*

* 중과세 대상에는 부속토지도 포함됨: 부속토지(지점 설치·전입 및 공장 신·증설 5년 전후 취득분에 한함)는
승계취득에 대한 등록세율을 적용함.

과밀억제권 내 본점·주사무소용 신·증축에 따른 부동산(지법 13조①전단 괄호), 과밀억제권 내 공장 신·
증설에 따른 사업용 과세물건(지법 13조①후단, ⑧→지칙 7조), 대도시 내 법인설립 및 지점설치·전입에 따른
부동산(지법 13조②1호), 대도시 내 공장 신·증설에 따른 부동산(지법 13조②2호, ⑧→지칙 7조)을 말함.

(보충)[지방세 중과세율 적용 배제 특례](지특법 180조의2①. 3년 단위로 연장: 2021.12.28. 개정)

다음의 어느 하나에 해당하는 부동산의 취득에 대해서는 지방세법에 따른 취득세를 과세할 때 2024년 12월 31
일까지 '구 등록세분 3배 중과세'(지법 13조②본문 및 ③)세율을 적용하지 아니한다.

1. 부동산투자회사(「부동산투자회사법」 2조1호)가 취득하는 부동산

2. 부동산집합투자기구(「자본시장과 금융투자업에 관한 법률」 229조2호)의 집합투자재산으로 취득하는 부동산

3. 프로젝트금융투자회사(유동화 전문회사(법법 51조의2①1~8호) 및 유사한 투자회사)가 취득하는 부동산

②대도시 내 법인설립, 지점 설치·전입 시 '부동산'에 대한 중과세(지법 13조②1호 및 ③)

가. 중과세 내용(구 등록세분 3배)

1. 구 등록세분 3배 중과세(주택 이외)

　중과세대상 부동산(「신탁법」에 따른 수탁자가 취득한 신탁재산을 포함하고, 중과여부는
위탁자를 기준으로 판단(지령 27조⑥). 2020.1.1. 취득분부터 적용)에 대한 취득세는 '표준세율×3-
중과기준세율(2%)×2'를 적용한다.

2. 주택은 12% 세율로 중과세(2020.8.12. 개정, 2020.8.12. 취득분부터 적용)

주택에 대한 취득세는 12% 세율(지법 13조의2①1호)을 적용한다.(2%만 구 등록세분임, 지법 151조①1호 나목) {2013.8.28.~2020.8.11. 취득분은 '표준세율+중과기준세율(2%)×2배(등록세분)'로 중과세하였음}

3. 일반과세 하는 경우

ⓐ'대도시 중과 제외 업종'(도시형 업종, 지령 26조①)에 직접 사용할 목적으로 취득하는 부동산

ⓑ법인의 '사원주거용 목적 부동산'(사원에 대한 분양·임대용으로 직접 사용할 목적으로 취득하는 주거용 부동산을 말함)(지법 13조②본문 단서 후단→13조의2①, 2020.8.12. 조문 이관하여 중과 제외 유지)

'주거용 부동산'이란 1구(1세대가 독립하여 구분 사용할 수 있도록 구획된 부분을 말함)의 건축물의 연면적(전용면적)이 60㎡ 이하인 공동주택 및 부속토지를 말함.(지령 26조②→28조의2 제12호, 2020.8.12. 이관)

나. 중과세 대상지역: 위 '2)① 취득세·등록세 3배 중과세 해당지역 총괄표' 참조

대도시 지역: 과밀억제권역(「수도권정비계획법」 6조) 중 산업단지(「산업집적활성화 및 공장설립에 관한 법률」)를 제외한 지역을 말함{등록면허세 3배 중과세 여부 판단 시(지법 28조②~⑤)에도 이 '대도시'의 개념을 적용함}

다. 대도시 내 중과세 대상 부동산의 범위(지령 27조③)

1. 모든 부동산

대도시에서 법인을 설립(휴면법인을 인수하는 경우를 포함)하거나 지점 또는 분사무소를 설치하는 경우 및 법인의 본점·주사무소·지점 또는 분사무소를 대도시 밖에서 대도시로 전입(서울특별시 외의 지역에서 서울특별시로의 전입도 대도시로의 전입으로 봄)함에 따라 대도시의 부동산을 취득(그 설립·설치·전입 이후의 부동산 취득을 포함)하는 경우 중과세 대상이 된다.(지법 13조②1호)

[휴면법인의 정의와 인수의 정의](지령 27조①②)

'휴면(休眠)법인'이란 다음의 어느 하나에 해당하는 법인을 말한다.(지령 27조①)

1. 「상법」에 따라 해산한 법인('해산법인')
2. 「상법」에 따라 해산한 것으로 보는 법인('해산간주법인')
3. 부가가치세법 시행령 13조에 따라 폐업한 법인('폐업법인')
4. 법인 인수일 이전 1년 이내에 「상법」에 따른 계속등기를 한 해산법인 또는 해산간주법인
5. 법인 인수일 이전 1년 이내에 다시 사업자등록을 한 폐업법인
6. 법인 인수일 이전 2년 이상 사업 실적이 없고, 인수일 전후 1년 이내에 인수법인 임원의 50% 이상을 교체한 법인

'휴면법인의 인수'는 위의 어느 하나에 해당하는 법인에서 최초로 그 법인의 과점주주가 될 때 이루어진 것으로 본다.(지령 27조②)

주의할 점은, 설립·설치·전입 이전의 취득분과, 이후의 취득분에 따라 중과세대상 부동산의 범위가 달라진다. 즉, 설립 '이후 5년 이내에 취득'하는 거의 모든 부동산은 중과세대상이

되므로 중과세 범위가 훨씬 넓다.

ⓐ설립·설치·전입 이전의 취득분 중 중과세대상

법인 또는 사무소·사업장('사무소 등')이 그 설립·설치·전입 이전에 법인의 본점·주사무소·지점 또는 분사무소의 용도로 '직접 사용하기 위한 부동산' 취득.

[사무소·사업장의 범위](지칙 6조)

'사무소 또는 사업장'이란 사업자등록대상 사업장(사업자단위 과세 적용 사업장의 종된 사업장을 포함)으로서 인적 및 물적 설비를 갖추고 계속하여 사무 또는 사업이 행하여지는 장소를 말한다. 다만, 다음 각 호의 장소는 제외한다.

1. 영업행위가 없는 단순한 제조·가공장소
2. 물품의 보관만을 하는 보관창고
3. 물품의 적재와 반출만을 하는 하치장

ⓑ설립·설치·전입 이후의 취득분 중 중과세대상

법인 또는 사무소 등이 설립·설치·전입 이후 5년 이내에 하는 업무용·비업무용 또는 사업용·비사업용의 '모든 부동산' 취득.

2. 종업원 복리후생시설도 중과세 대상

법인의 본점·주사무소 사업용 부동산 중과세(지법 13조①본문 전단)의 경우에는 종업원 복리후생시설은 중과세에서 제외되지만, 대도시 내 법인설립 등 중과세(지법 13조②1호)의 경우에는 중과세 제외대상으로 규정하는 별도조항이 없으므로 모든 부동산이 중과세대상이다.

3. 원시취득·승계취득을 불문하고 중과세

법인의 본점·주사무소 사업용 부동산 중과세(지법 13조①전단)의 경우에는 본점·주사무소의 신축·증축의 경우에만 중과세되지만, 대도시 내 법인설립 등 중과세(지법 13조②1호)의 경우에는 부동산의 승계취득뿐만 아니라 해당 대도시에서 법인의 본점을 이전하고 그 자리에 지점을 설치함에 따른 부동산 취득에 대해서도 중과세한다.(지예 13-4)

【중과세대상에 해당되는 지점】(지예 13-4)

1. 설립 후 5년이 경과된 법인이 임차하여 사용하던 본점을 이전하고 그 자리에 지점을 설치한 후 동 임차 건물을 취득하는 부동산은 취득세 중과대상에 해당된다.
2. 법인이 자연인으로부터 영업 일체를 양수하여 그 사업장 위에 지점을 설치한 후 종전과 동일한 사업을 영위하는 경우, 그 지점과 관련한 부동산 취득은 취득세 중과대상에 해당된다.

라. 대도시 내 중과세에서 제외되는 경우 요약

1. '대도시 중과 제외 업종'(도시형 업종, 지령 26조①)에 직접 사용할 목적으로 취득하는 부동산

(지법 13조②본문 단서 괄호)

2. 법인의 '사원주거용 목적 부동산'(사원에 대한 분양·임대용으로 직접 사용할 목적으로 취득하는 주거용 부동산 중 전용면적 60㎡ 이하인 공동주택 및 부속토지)(지법 13조②본문 단서 후단→13조의2①, 지령 26조②→28조의2 제12호, 2020.8.12. 이관하여 중과 제외 유지)

3. 채권을 보전·행사할 목적으로 취득하는 부동산(지령 27조③)

4. 분할등기일 현재 5년 이상 계속하여 사업을 한 대도시의 내국법인이 법인의 분할 (법법 46조②1호 가목~다목의 요건을 갖춘 경우만 해당)로 법인을 설립하는 경우(지령 27조④)

5. 대도시에서 설립 후 5년이 경과한 법인('기존법인')이 다른 기존법인과 합병하는 경우에는 중과세 대상으로 보지 아니함. 만일, 기존법인이 대도시에서 설립 후 5년이 경과되지 아니한 법인과 합병하여 기존법인 외의 법인이 합병 후 존속하는 법인이 되거나 새로운 법인을 신설하는 경우에는 합병 당시 기존법인에 대한 자산비율에 해당하는 부분을 중과세 대상으로 보지 아니함.(이 경우 자산비율은 자산을 평가하는 때에는 평가액을 기준으로 계산한 비율로 하고, 자산을 평가하지 아니하는 때에는 합병 당시의 장부가액을 기준으로 계산한 비율함.)(지령 27조⑤)

【중과세대상에 해당되지 않는 지점】(지예 13-5)

1. 본점 이외의 장소에서 경리, 인사, 연구, 연수, 재산관리업무 등 대외적인 거래와 직접적인 관련이 없는 내부적 업무만을 처리하고 있는 경우는 지점이 아닌 본점에 해당된다.
2. 공유 부동산을 분할함에 따른 취득은 중과세 대상에 해당되지 아니한다.(당초 지분 초과분은 중과)

---

③대도시 내 공장 신·증설에 대한 중과세(지법 13조②2호 및 ③)

가. 중과세 내용(구 등록세분 3배)

위 ②대도시 내 법인설립, 지점 설치·전입 시 '부동산'에 대한 중과세와 같다. 따라서 아래 원칙이 과세내용의 요지이다.

1. 구 등록세분 3배 중과세(주택 이외)
2. 주택은 12% 세율로 중과세(2020.8.12. 개정, 2020.8.12. 취득분부터 적용)

주택에 대한 취득세는 12% 세율(지법 13조의2①1호)을 적용한다.(2%만 구 등록세분임, 지법 151조①) {2013.8.28.~2020.8.11. 취득분은 '표준세율+중과기준세율(2%)×2배(등록세분)'로 중과세하였음}

3. 일반과세하는 경우

ⓐ'대도시 중과 제외 업종'(도시형 업종, 지령 26조①)에 직접 사용할 목적으로 취득하는 부동산

ⓑ법인의 '사원주거용 목적 부동산'(사원에 대한 분양·임대용으로 직접 사용할 목적으로 취득하는 주거용 부동산 중 전용면적 60㎡ 이하인 공동주택 및 그 부속토지)(지법 13조②본문 단서 후단→13조의2①, 지령 26조②→28조의2 제12호, 2020.8.12. 이관하여 중과 제외)

나. 중과세 대상지역: 위 '2)① 취득세·등록세 3배 중과세 해당지역 총괄표' 참조

대도시(=과밀억제권역-산업단지. 지법 13조②본문 단서 괄호) 지역 중 유치지역과 공업지역을 제외한 지역이다. 즉, 과밀억제권역(「수도권정비계획법」 6조) 중 산업단지(「산업집적활성화 및 공장설립에 관한 법률」), 유치지역(「산업집적활성화 및 공장설립에 관한 법률」) 및 공업지역(「국토의 계획 및 이용에 관한 법률」)을 제외한 지역을 말한다.(지법 13조②2호)

다. 공장의 범위(지칙 7조①)

위 2)③과밀억제권역 내 공장 신·증설을 위한 '사업용 과세물건'('도시형 공장'만 중과세 제외됨)과 달리, 여기서는 '도시형 업종'은 모두 중과세를 하지 않는다.

라. 공장 중과세 적용기준(지칙 7조②)

위 2)③과밀억제권역 내 공장 신·증설을 위한 '사업용 과세물건'(차량·기계 포함)에 대한 중과세와 달리, 여기서는 '부동산'만 중과세된다.

마. 대도시 내 공장 신·증설에 따른 중과세 대상 부동산의 범위(지령 27조③)

위 '2)③과밀억제권역 내 공장 신·증설에 따른 중과세 대상'(구 취득세분 3배 중과세, 지법 13조① 후단)과는 아래와 같은 차이가 있다(2개 축소: 첫째·둘째 ; 1개 확대: 셋째).

첫째, 2)③과밀억제권역 내에서는 '사업용 과세대상'(부동산+차량+기계장비)에 대해 중과세 하지만, 여기서는 '부동산'(토지+건물)에 대해서만 중과세 한다.

둘째, 2)③과밀억제권역 내에서는 '도시형 공장'만이 중과대상에서 제외되지만('지칙 7조①전단 괄호'→지법 13조⑧에 따라 13조①에도 적용), 여기서는 '대도시 중과 제외 업종'('도시형 업종', 지령 26조①)에 직접 사용할 목적으로 취득하는 부동산(지법 13조②단서 괄호)으로 중과세 제외대상 범위를 확대하고 있다.

셋째, 2)③과밀억제권역 내에서는 공장 신·증설이 중과세 대상이므로, 공장의 승계취득, 공장의 이전 및 공장의 업종변경에 따른 '사업용 과세대상'의 취득에 대해서는 중과세하지 않는다. 그러나 여기서는 이런 원인으로 취득하는 부동산에 대해서도 중과세한다.(지령 27조③후단)

바. 대도시 내 공장 신·증설에 따른 중과세 대상에서 제외되는 경우 요약
1. '대도시 중과 제외 업종'(도시형 업종, 지령 26조①)에 직접 사용할 목적으로 취득하는 부동산 (지법 13조②본문 단서 괄호)
2. 법인의 '사원주거용 목적 부동산'(사원에 대한 분양·임대용으로 직접 사용할 목적으로 취득하는 주거용 부동산 중 전용면적 60㎡ 이하인 공동주택 및 그 부속토지)(지법 13조②본문 단서 후단→13조의2①, 지령 26조②→28조의2 제12호, 2020.8.12. 이관하여 중과 제외 유지)
3. 채권을 보전·행사할 목적으로 취득하는 부동산(지령 27조③)

사. 중과세 제외업종에 대한 추징

'대도시 중과 제외 업종'의 법인이 취득한 부동산이라 하더라도 다음의 경우는 중과세로 추징한다.(지법 13조③)
1. 정당한 사유 없이 부동산 취득일부터 1년(주택건설업은 3년, 지령 27조③)이 경과할 때까지 대도시 중과 제외 업종에 직접 사용하지 아니하는 경우

2. 정당한 사유 없이 그 취득일부터 1년이 경과할 때까지 해당 용도에 직접 사용하지 않거나 해당 용도로 직접 사용한 기간이 3년 미만인 상태에서 매각·증여하거나 다른 용도로 사용하는 주택 등(지법 13조③1호 나목, 지령 26조③→지법 13조의2①, 지령 28조의2 제12호 각목, 2020.8.12. 이관)
3. 부동산 취득일부터 1년 이내에 다른 업종이나 다른 용도에 사용·겸용하는 경우
4. 부동산 취득일부터 2년 이상 해당 업종 또는 용도에 직접 사용하지 아니하고 매각하는 경우
5. 부동산 취득일부터 2년 이상 해당 업종 또는 용도에 직접 사용하지 아니하고 다른 업종이나 다른 용도에 사용·겸용하는 경우

4) 사치성재산에 대한 취득세 중과세(지법 13조⑤)

① 중과세 세율(구 취득세분 5배 중과세)

가. 신·증설 세율: 취득세 2% ; 등록세 0.8%

중과세대상 (지법 13조 각항)	2010.12.31.까지 세율체계(신·증설 경우)			2011.1.1.부터 세율체계 (표준세율 2.8%)
	취득세(2%)	등록세(0.8%)	합계	
⑤사치성재산	10%(5배 중과)	0.8%	10.8%	10.8%(표준세율+8%)

나. 각 경우별 세율: 취득세 2% ; 등록세는 신·증설 0.8%, 승계취득 2.0%

중과세대상 (지법 13조 각항)		2010.12.31.까지 세율체계(각 경우별 가정)			2011.1.1.부터 세율체계 (표준세율 2.8, 4.0%)
		취득세(2%)	등록세(0.8, 2%)	합계	
①과밀억제권 (취득세 3배)	본점	신·증축: 6%	신·증축: 0.8%	6.8%	6.8%
	공장	승계취득: 6%	승계취득: 2.0%	8.0%	8.0%(승계취득분)[*1]
②대도시 내 (등록세 3배)	법인	신·증설: 2%	신·증설: 2.4%	4.4%	4.4%
	공장	승계취득: 2%	승계취득: 6.0%	8.0%	8.0%(승계취득분)[*1]
	주택				12%(2020.8.12.부터 적용)
③사치성재산 (취득세 5배)		10%(5배 중과) (원시·승계취득)	원시취득: 0.8% 승계취득: 2.0%	10.8% 12.0%	10.8% 12.0%(승계취득분)[*1]
④: ②③ 동시적용 (표준세율×3+2%×2)[*2]		10%(5배 중과) (원시·승계취득)	신·증설: 2.4% 승계취득: 6.0%	12.4% 16.0%	12.4% 16.0%(승계취득분)
⑤: ②주택과 ③ 동시적용 (고급주택)		10%(5배 중과) (원시·승계취득)	신·증설: 2.4% 승계취득: 6.0%	12.4% 16.0%	20%(2020.8.12.부터 적용) =12%+2%×4배(지법 13조의2③)

*1 중과세 대상에는 부속토지도 포함됨: 부속토지(사치성재산 5년 전후 취득분에 한함)는 승계취득에 대한 등록세율을 적용함.(지법 16조①②)
*2 고급주택 5배 중과세(구 취득세분)와 대도시 내 법인설립 및 공장 신·증설에 대한 3배 중과세(구 등록세분)에 모두 해당될 경우의 특례(지법 13조⑦단서)
  1. 과밀억제권역 내 본점과 공장 신·증설에 대한 구 취득세분 3배 중과세(지법 13조①)와 중복 시: 모두 '구 취득세분'으로 높은 세율인 고급주택 5배 중과세만 적용(지법 16조⑤)
  2. 대도시 내 법인설립 및 공장 신·증설에 대한 구 등록세분 3배 중과세(지법 13조②)와 중복 시:
    '고급주택'으로 '구 취득세분' 5배 중과세대상과 '구 등록세분' 3배 중과세대상에 모두 해당되는 경우에는 '

주택에 대한 해당세율(지법 11조①8호) + 중과기준세율(2%)×6배'로 함(지법 13조⑦단서)

즉, '주택에 대한 해당세율(지법 11조①8호)'(1%·2%·3%) 만큼은 우선 과세하고(사실 이 표준세율은 일반유상취득 세율에 50%의 감면을 적용한 것이다. 즉, 주택 해당세율의 과세표준 중간영역(6억원~9억원)의 표준세율은 2%인데, 일반유상취득의 표준세율(4%)의 50%에 해당한다), 이에 '중과기준세율(2%)×6배'를 더하면(총 부담세율은 13%·14%·15%가 됨), '4배 몫'으로 고급주택에 대한 구 취득세분 5배 중과세 목적이, '2배 몫'으로 구 등록세분 3배 중과세 목적이 달성되는 것이다(중과기준세율(2%)×6배'를 가산하므로 중과세할 경우에는 50%의 감면혜택을 부여하지 않고 구 취득세분(2%)의 4배와, 구 등록세분(일반유상취득 2%로 중과기준세율과 세율이 같음)의 2배만큼 추징하는 것이다).

3. 주택취득 중과(12% 또는 8%, 지법 13조의2①②), 고급주택 구 취득세분 5배 중과, 대도시 내 법인설립 및 공장 신·증설 구 등록세분 3배 중과(주택은 12%를 적용, 지법 13조②본문 괄호)에 모두 해당될 경우: '주택에 대한 해당세율(12%) + 중과기준세율(2%)×4배'로 함. 즉, 20%가 적용됨.(지법 13조의2③)

다. 사치성재산에 대한 지방세법령 규정: 구 취득세분 5배 중과세 및 주택 취득세 강화

'사치성재산'을 취득하는 경우(고급주택 등을 구분하여 그 일부를 취득하는 경우를 포함)의 취득세는 '표준세율(지법 11조·12조)+중과기준세율(2%)×4'를 그 세액으로 한다.(지법 13조⑤본문 전단)

다만, 취득세 중과세대상 주택(유상취득 12% 또는 8% 세율적용(지법 13조의2①), 무상취득 12% 세율적용(지법 13조의2②)]이 고급주택에도 해당될 경우에는 '그 중과세율(지법 13조의2①②)+중과기준세율(2%)×4배'(즉 20% 또는 16%)를 그 세액으로 한다.(지법 13조의2③·16조⑥2호, 2020.8.12. 개정)

고급주택 등을 구분하여 그 일부를 취득하는 경우는 골프장·고급주택·고급오락장 또는 고급선박을 2명 이상이 구분하여 취득하거나 1명 또는 여러 명이 시차를 두고 구분하여 취득하는 경우를 말한다.(지령 28조①)

골프장은 그 시설을 갖추어 체육시설업의 등록(시설을 증설하여 변경등록하는 경우를 포함.「체육시설의 설치·이용에 관한 법률」)을 하는 경우뿐만 아니라 등록을 하지 아니하더라도 사실상 골프장으로 사용하는 경우에도 적용하며, 고급주택·고급오락장에 부속된 토지의 경계가 명확하지 아니할 때에는 그 건축물 바닥면적의 10배에 해당하는 토지를 그 부속토지로 본다.(지법 13조⑤본문 후단)

②별장(2023.3.14. 취득분부터 사치성재산에서 삭제)

가. 정의 및 중과세 대상(지법 13조⑤1호)

주거용 건축물로서 늘 주거용으로 사용하지 아니하고 휴양·피서·놀이 등의 용도로 사용하는 건축물과 그 부속토지를 말하며, 읍 또는 면에 있는 일정한 범위와 기준에 해당하는 농어촌주택과 그 부속토지는 제외한다.

나. 별장의 범위에서 제외하는 농어촌주택과 그 부속토지의 범위(지령 28조②)
1. 대지면적이 660㎡ 이내이고 건축물의 연면적이 150㎡ 이내일 것
2. 건축물의 가액(건축물 시가표준액을 말함)이 6천500만원 이내일 것
3. 다음의 어느 하나에 해당하는 지역에 있지 아니할 것

ⓐ광역시에 소속된 군지역 또는 수도권지역(서울특별시·인천광역시·경기도, 「수도권정비계획법」
2조1호). 다만, 접경지역(「접경지역지원법」 2조1호)과 자연보전권역(「수도권정비계획법」) 중 행정
안전부령(지방세법 시행규칙)으로 정하는 지역(현재 없음)은 제외함.
ⓑ도시지역(「국토의 계획 및 이용에 관한 법률」 6조) 및 허가구역(「부동산 거래신고 등에 관한 법률」 10조)
ⓒ지정지역(=투기지역)(소득세법 104조의2① 에 따라 기획재정부장관이 지정)
ⓓ관광단지(조세특례제한법 99조의4①1호 가목 5, 조특령 99조의4④)

다. 별장에 대한 중과세 적용 사례

별장 중 개인이 소유하는 별장은 본인 또는 그 가족 등이 사용하는 것으로 하고, 법인 또는 단체가 소유하는 별장은
그 임직원 등이 사용하는 것으로 하며, 주거와 주거 외의 용도로 겸용할 수 있도록 건축된 오피스텔 또는 이와 유사한
건축물로서 사업장으로 사용하고 있음이 사업자등록증 등으로 확인되지 아니하는 것은 별장으로 본다.(지령 28조③)

【별장, 고급주택 등】(지예 13-1)

1. 주거용으로 사용할 수 있는 오피스텔 등의 건축물을 상시 업무용으로 활용하지 않으면서, 휴양·피서·
   위락 등의 용도로 사용하는 경우 별장에 해당된다.
2. 주거용 건축물의 부속토지라 함은 당해 주택과 경제적 일체를 이루고 있는 토지로서 사회통념상 주거생활
   공간으로 인정되는 대지를 뜻하므로, 이 경우 당해 토지의 필지수 또는 사용자수가 다수인지의 여부와는
   무관하다.
3. 소유자 이외의 자가 주택을 임차하여 별장으로 사용하는 경우에는 중과세대상이다.
4. '구내의 토지'라 함은 통상 담장 또는 울타리 등으로 경계가 구획된 토지를 의미하며, 고급오락장 등이
   건물의 일부에 소재하고 있는 경우 중과세율을 적용할 공용면적은 다음 산식에 의한다.

   중과대상 공용면적 = 전체 공용면적×{중과대상 전용면적/(중과대상 전용면적+중과제외대상 전용면적)}

---

③골프장

가. 정의 및 중과세 대상

「체육시설의 설치·이용에 관한 법률」에 따른 회원제 골프장용 부동산 중 구분등록의 대상이
되는 토지와 건축물 및 그 토지 상(上)의 입목이 중과세 대상이다.(지법 13조⑤2호)

그러므로 회원제 골프장이라 하더라도 구분등록대상이 아닌 수영장·테니스장·골프연습장
등은 중과세대상이 아니다.

```
[회원제 골프장의 토지 및 골프장 안의 건축물 구분등록 대상]
                                    (「체육시설의 설치·이용에 관한 법률 시행령」 20조③)
 1. 골프코스(티그라운드·페어웨이·러프·해저드·그린 등을 포함)
 2. 주차장 및 도로
 3. 조정지(골프코스와는 별도로 오수처리 등을 위하여 설치한 것은 제외)
 4. 골프장의 운영 및 유지·관리에 활용되고 있는 조경지(골프장 조성을 위하여 산림훼손, 농지전용 등으로
    토지의 형질을 변경한 후 경관을 조성한 지역을 말함)
 5. 관리시설(사무실·휴게시설·매점·창고와 그 밖에 골프장 안의 모든 건축물을 포함 하되, 수영장·테니스장
    ·골프연습장·연수시설·오수처리시설 및 태양열이용설비 등 골프장의 용도에 직접 사용되지 아니하는
    건축물은 제외) 및 그 부속토지
 6. 보수용 잔디 및 묘목·화훼 재배지 등 골프장의 유지·관리를 위한 용도로 사용되는 토지
```

나. 적용기준

골프장은 그 시설을 갖추어 체육시설업의 등록(시설을 증설하여 변경등록하는 경우를 포함. 「체육시설의 설치·이용에 관한 법률」)을 하는 경우뿐만 아니라 등록을 하지 아니하더라도 사실상 골프장으로 사용하는 경우에도 적용한다.(지법 13조⑤본문 후단) 따라서 회원제 골프장을 등록하지 아니하고 시범라운딩 등을 통해 운영하더라도 중과세 대상이 된다.(회원제 골프장이 중과세를 피하기 위해 등록을 하지 않은 채 시범라운딩 연장 등의 방식으로 사실상 편법 영업하는 사례를 방지하기 위한 규정임. 2005.12.31. 구 지법 112조②본문 단서 신설)

[시범라운딩의 의미]

'시범라운딩'이라 함은 골프장을 개장하기에 앞서 코스 등을 점검하고 기타 미비점을 보완하기 위해 골프장을 개방하는 것으로서, 이와 같은 목적에 그치지 않고 다수의 일반인에게 개방하여 회원모집을 위한 홍보의 수단으로 활용하거나(대법 2008두7175, 2008.8.21. 선고), 그린피와 카트피, 캐디피 등을 유료로 받는 등 실질적인 이익을 취하는 경우(조심 2011지172, 2012.3.7.), 일시적이 아닌 반복적·지속적으로 이루어지는 경우(행안부 지방세운영과−2425, 2008.12.5.)에는 사실상 골프장으로 사용된다고 보는 것이 타당하다고 할 것임.

다. 회원제 골프장의 승계취득

회원제 골프장으로 등록하는 경우에 중과세하므로, 회원제 골프장을 승계취득하는 경우에는 중과세 대상이 되지 않는다.

회원제 골프장용 토지는 취득 후 5년이 경과하면 중과세에서 제외되지만, 골프장 건설에 따른 지목변경은 토지 취득일로부터 5년 경과여부와 관계없이 사실상의 지목변경에 따른 취득세 중과세 대상이 된다{지목변경일로부터 60일(2018.12.31.까지는 30일) 이내에 중과세율을 적용한 세액을 신고납부함. 지법 20조②}.

④고급주택

가. 정의 및 중과세 대상

주거용 건축물 또는 그 부속토지의 면적과 가액이 일정 기준을 초과하거나 해당 건축물에 67 ㎡ 이상의 수영장 등 부대시설을 설치한 주거용 건축물과 그 부속토지가 중과세 대상이다.

다만, 주거용 건축물을 취득한 날부터 60일(2018.12.31.까지는 30일)[상속으로 인한 경우는 상속개시일이 속하는 달의 말일부터, 실종으로 인한 경우는 실종선고일이 속하는 달의 말일부터 각각 6개월(납세자가 외국에 주소를 둔 경우에는 각각 9개월)] 이내에 주거용이 아닌 용도로 사용하거나 고급주택이 아닌 용도로 사용하기 위하여 용도변경공사를 착공하는 경우는 제외한다.

(지법 13조⑤3호)

나. 고급주택의 요건

고급주택으로 보는 주거용 건축물과 그 부속토지는 다음의 어느 하나에 해당하는 것으로 한다. 다만, 주거용 건축물(공동주택 포함)과 그 부속토지의 취득 당시 시가표준액(개별주택가격 또는 공동주택가격)이 9억원(←2020년까지는 6억원)을 초과하는 경우만 해당한다[다만, 아래 4호는 9억원(←2020년까지는 6억원) 조건 적용제외].(지령 28조④)

1. 1구의 건축물의 연면적(주차장면적은 제외)이 331㎡를 초과하는, [건축물의 가액(시가표준액) 이 9천만원을 초과하는, 2021.1.1. 취득분부터 삭제. 개정 지령 부칙 5조] 주거용 건축물과 부속토지

2. 1구의 건축물의 대지면적이 662㎡를 초과하는, [건축물의 가액(시가표준액)이 9천만원을 초과하는, 2021.1.1. 취득분부터 삭제. 개정 지령 부칙 5조] 주거용 건축물과 부속토지

3. 1구의 건축물에 엘리베이터(적재하중 200kg 이하의 소형엘리베이터는 제외)가 설치된 주거용 건축물과 부속토지(공동주택과 부속토지는 제외)

4. 1구의 건축물에 에스컬레이터 또는 67㎡ 이상의 수영장 중 1개 이상의 시설이 설치된 주거용 건축물과 부속토지(공동주택과 부속토지는 제외)

5. 1구의 공동주택(여러 가구가 한 건축물에 거주할 수 있도록 건축된 다가구용 주택을 포함하되, 이 경우 한 가구가 독립하여 거주할 수 있도록 구획된 부분을 각각 1구의 건축물로 봄)의 건축물 연면적(공용면적은 제외)이 245㎡(복층형은 274㎡로 하되, 한 층의 면적이 245㎡를 초과하는 것은 제외)를 초과하는 공동주택과 부속토지

【전용면적에 포함되는 발코니 범위】(지예13…시행령 28-1)

「건축법」상 발코니 및 노대가 접한 가장 긴 외벽으로부터 1.5m를 초과하는 발코니 및 노대 부분은 주거전용 면적으로 삽입하여 연면적을 판단하여야 한다.

[발코니 확장 면적을 고급주택 기준 연면적에 포함 여부]

공동주택의 전용면적이 245㎡ 이내이면서 거실 등으로 확장된 발코니 면적이 「건축법」상 연면적에서 제외되는 합법적인 서비스면적(1.5m 이내)에 해당 시 지방세법상 고급주택에 해당하지 아니함.

(행안부 지방세운영과-281, 2017.8.30.)

⑤고급오락장

가. 정의 및 중과세 대상

도박장, 유흥주점영업장, 특수목욕장, 그 밖에 이와 유사한 용도에 사용되는 일정한 건축물과 그 부속토지가 중과세 대상이다.

다만, 고급오락장용 건축물을 취득한 날부터 60일(2018.12.31.까지는 30일)[상속으로 인한 경우는 상속개시일이 속하는 달의 말일부터, 실종으로 인한 경우는 실종선고일이 속하는 달의 말일부터 각각 6개월(납세자가 외국에 주소를 둔 경우에는 각각 9개월)] 이내에 고급오락장이 아닌 용도로 사용하거나 고급오락장이 아닌 용도로 사용하기 위하여 용도변경공사를 착공하는 경우는 중과세에서 제외한다.(지법 13조⑤4호)

나. 고급오락장의 요건

다음의 어느 하나에 해당하는 용도에 사용되는 건축물과 그 부속토지가 취득세 중과세 대상이다.

이 경우 고급오락장이 건축물의 일부에 시설되었을 때에는 해당 건축물에 부속된 토지 중 그 건축물의 연면적에 대한 고급오락장용 건축물의 연면적 비율에 해당하는 토지를 고급오락장의 부속토지로 본다.(지령 28조⑤)

1. 당사자 상호간에 재물을 걸고 우연한 결과에 따라 재물의 득실을 결정하는 카지노장(「관광진흥법」에 따라 허가된 외국인전용 카지노장은 제외)
2. 사행행위 또는 도박행위에 제공될 수 있도록 자동도박기[파친코, 슬롯머신(slot machine), 아케이드 이퀴프먼트(arcade equipment) 등을 말함]를 설치한 장소
3. 머리와 얼굴에 대한 미용시설 외에 욕실 등을 부설한 장소로서 그 설비를 이용하기 위하여 정해진 요금을 지급하도록 시설된 미용실
4. 유흥주점영업(「식품위생법」상 허가대상)으로서 다음의 어느 하나에 해당하는 영업장소(공용면적 포함한 영업장 면적이 100㎡를 초과하는 것만 해당)
   ⓐ손님이 춤을 출 수 있도록 객석과 구분된 무도장을 설치한 영업장소(카바레·나이트클럽·디스코클럽 등을 말함)
   ⓑ유흥접객원(남녀를 불문하며, 임시로 고용된 사람을 포함)을 두는 경우로, 별도로 반영구적으로 구획된 객실의 면적이 영업장 전용면적의 50% 이상이거나 객실 수가 5개 이상인 영업장소(룸살롱, 요정 등을 말함)

다. 고급오락장에 대한 취득세 중과세 적용사례
1. 취득세 중과세 납세의무자도 임차인이 아니라 건물주

{건물주가 해당 부동산의 본래 납세의무자이며, 건축물 개수(改修) 시 주체구조부 소유자를 납세의무자로 규정(지법 7조③)한 것과도 일맥상통함}

[유흥주점에 대한 중과세 적용 판단](행자부 세정–1896, 2006.5.10.)

상가건물을 신축하여 분양하면서 분양받은 자가 잔금을 완납하기 전에 분양받은 건물에 유흥주점 설치허가를 받은 경우에는 분양하는 자가 소유하는 상가건물에 유흥주점이 설치된 것이므로 상가건물을 분양하는 자에게 취득세 중과세 납세의무가 발생하는 것이고, 분양받은 자가 잔금을 완납하고 소유권을 이전한 경우에는 부동산 취득당시 유흥주점을 설치한 것이 되는 것이므로 분양받은 자에게 취득세 중과세 납세의무가 발생하는 것임.

[유흥주점에 대한 중과세대상 요건](대법 91누11889, 1992.4.28. 선고)

부동산을 취득할 당시 무도유흥음식점시설을 갖추고 그 영업허가를 받아 영업을 하였고, 그 현황이 객관적으로 영업장으로서의 실체를 갖추고 있었다면 특별한 사정이 없는 한 이는 소정의 무도유흥음식점 영업장소에 해당한다고 볼 것이고, 건물주 본인이 실지로 그 건물에서 영업을 하였는지 여부는 상관없음. 건물 소유자가 아닌 임차인이 그 시설을 한 경우에도 중과세의 대상이 된다고 볼 것이며 설령 취득자가 의류판매장으로 사용할 목적으로 건물을 취득하였다고 하여도 취득 당시의 사실상의 현황이 위와 같은 것이었다면 마찬가지라고 할 것이고, 취득자가 무도유흥음식점으로 인하여 어떠한 경제적 이익을 누린 바 없었다든가, 무도유흥음식점을 경영하던 제3자로부터 소송을 통하여 이를 명도 받으면서 그동안의 밀린 임대료나 부당이득금을 받지 못하고, 돈을 더 지급하고 명도받았다고 하여도 마찬가지임.

[임차인이 무단으로 용도변경 시 유흥주점 중과세](조심 2015지1774, 2016.8.11.)

재산세의 과세대상 물건이 공부상 등재현황과 사실상의 현황이 다른 경우에는 사실상 현황에 따라 재산세를 부과하는 것이고, 처분청의 현지 확인조사 결과, 재산세 과세기준일(6.1.) 현재 이 건 부동산의 구조·배치상황·영업형태 등이 고급오락장의 실체를 갖춘 하나의 영업장(객실 수 6개, 영업장 면적 283.71㎡)으로서 지방세법령에서 규정하는 재산세 중과세율(4%) 적용 대상인 유흥주점으로 사용된 사실이 확인되었으며, 이 건 부동산의 관리책임은 소유자인 청구인에게 있는 바, 처분청이 이 건 부동산을 하나의 고급오락장으로 보아 중과세율을 적용한 것은 타당함.

2.임차인의 무단 용도변경으로 고급오락장이 된 경우, 여러 사정을 고려하여 중과세 여부를 판단함: 대법원의 일관된 판결요지

[임차인이 무단으로 용도 변경하여 고급오락장이 된 경우라도 중과세 제외하는 경우]
(대법 2016두60041, 2017.2.23. 선고. 공보 미수록)

건축물이 고급오락장으로 이용될 경우란 그 소유자가 직접 고급오락장을 설치하는 경우는 물론 그로부터 사용승락을 받은 제3자가 이를 설치하는 경우까지 포함한다 할 것이나, 다만 건물을 임차 받은 자가 취득자의 의사에 기하지 아니하고 고급오락장을 설치한 경우에는 그 취득자가 그 후 이를 추인하였다거나 그 시설을 그대로 유지하여 그로 인한 경제적 이익을 누리는 등으로 그 설치를 용인하였다고 볼 만한 특별한 사정이 없는 한 그 취득자에게 중과세율에 의한 취득세를 추징할 수 없다고 할 것이므로(대법 2002다35089, 2005.10.25. ; 대법 92누13271, 1993.6.8. ; 대법 92누5621, 1993.1.26.선고 등 참조),

영업상의 임차인이 원고(건축물 소유자)의 의사에 기하지 아니하고 쟁점 장소를 객실로 개조하여 영업장이 고급오락장에 해당되게 된 것이고, 나아가 이러한 사정을 알고도 추인하거나 고급오락장을 그대로 유지하여 경제적 이익을 누리는 등으로 그 설치를 용인하였다고 볼 수 없으므로, 중과세율에 의한 취득세를 추징할 수 없음.

[임차인이 무단으로 용도 변경하여 고급오락장이 된 경우라도 중과세 제외하는 경우]
(대법 2015두48556, 2015.11.12. 선고. 공보 미수록)

취득세가 중과세되는 고급오락장으로서의 유흥주점 영업장에 해당하는지 여부는 현황을 객관적으로 판단하여 유흥주점 영업장으로서의 실체를 갖추고 있는지에 달려 있고(대법 2007두10303, 2008.2.15. 선고 판결 참조), 건물주 본인이 실지로 그 건물에서 영업을 하였는지 여부는 상관없고, 소유자가 아닌 임차인이 그 시설을 한 경우에도 중과세의 대상이 된다고 볼 것이며, 설령 취득자가 다른 용도로 사용할 목적으로 건물을 취득하였다고 하여도 취득 당시의 사실상 현황이 위와 같은 것이었다면 마찬가지임(대법 91누11889, 1992.4.28. 선고 판결 참조).

다만, 취득세 중과세 규정의 입법취지가 사치·향락적 소비시설의 유통을 억제하고자 하는 데 있는 점 등을 고려하면, 취득당시의 현황이 고급오락장이더라도 취득 전후의 객관적 사실에 비추어 취득자가 이를 취득한 후 곧바로 고급오락장이 아닌 다른 용도로 이용하고자 함을 명확히 알 수 있을 뿐만 아니라 취득자가 취득 후 짧은 기간 안에 실제 고급오락장이 아닌 용도로 사용하기 위해 그 현황을 변경시킨 경우까지 취득세를 중과세할 수는 없음(대법 2002두23938, 2012.2.9. 선고 판결 참조. 공보 미수록).

3. 취득세 중과세 적용 후 고급오락장 외의 업종으로 변경 시 환급불가
[중과세기준일 현재 중과세된 것은 이후 일반용으로 용도변경 하여도 환급 불가]
(행자부 세정−1195, 2006.3.23.)

유흥주점 허가를 받고 취득세의 중과세 납세의무가 성립된 이후 고급오락장 영업을 포기하거나 중과세 대상이 아닌 업종으로 용도를 변경하다 하더라도, 이미 중과세 납세의무가 발생된 취득세는 소급하여 소멸되지 아니함.

⑥고급선박

비업무용 자가용 선박으로서 시가표준액이 3억원을 초과하는 선박이 취득세 중과세 대상이다.(지법 13조⑤5호) 다만, 실험·실습 등의 용도에 사용할 목적으로 취득하는 것은 제외한다.
(지령28조⑥)

(3)탄력세율

지방자치단체의 장은 조례로 정하는 바에 따라 취득세의 세율을 50%의 범위에서 가감할 수 있다.(지법 14조)

(4)세율의 특례

1)형식적인 취득: 구 등록세분만 적용(구 취득세분 비과세 항목)(지법 15조①)

①적용세율

일반과세 대상: '표준세율 - 중과기준세율(2%, 구 취득세분 일반세율)'

'주택 유상승계취득'인 경우에는 해당세율(지법 11조①8호)×1/2

중과세(지법 13조②, 즉 구 등록세분 3배 중과세 대상): '일반과세 세율×300%'

②대상 취득

1. 환매등기를 병행하는 부동산의 매매로서 환매기간 내에 매도자가 환매한 경우의 그 매도자와 매수자의 취득
2. 상속으로 인한 취득 중 다음의 어느 하나에 해당하는 취득
   - 대통령령으로 정하는 1가구 1주택의 취득(0.8%=2.8%-2%)

     ☞ '무주택 가구가 상속' 받는 경우를 말함.(지방세 심사 2002-203, 2002.5.27. 결정)

     '대통령령으로 정하는 1가구 1주택'이란 상속인(「주민등록법」상 재외국민은 제외)과 같은 법에 따른 세대별 주민등록표에 함께 기재되어 있는 가족(동거인은 제외)으로 구성된 1가구(상속인의 배우자, 상속인의 미혼인 30세 미만의 직계비속 또는 상속인이 미혼이고 30세 미만인 경우 그 부모는 각각 상속인과 같은 세대별 주민등록표에 기재되어 있지 아니하더라도 같은 가구에 속한 것으로 본다)가 국내에 1개의 주택[주택(지법 11조①8호에 따른 주택을 말한다)으로 사용하는 건축물과 그 부속토지를 말하되, 지법 28조④에 따른 고급주택은 제외한다]을 소유하는 경우를 말한다.(지령 29조①)

     1주택을 여러 사람이 공동으로 소유하는 경우에도 공동소유자가 각각 1주택을 소유하는 것으로 보고, 주택의 부속토지만을 소유하는 경우에도 주택을 소유하는 것으로 본다.(지령 29조②)

     1주택을 여러 사람이 공동으로 상속받는 경우에는 지분이 가장 큰 상속인을 그 주택의 소유자로 본다. 이 경우 지분이 가장 큰 상속인이 두 명 이상일 때에는 지분이 가장 큰 상속인 중 그 주택에 거주하는 사람, 나이가 가장 많은 사람의 순서에 따라 그 주택의 소유자를 판정한다.(지령 29조③)

     [주택 수는 생계를 같이 하는지와 관계없이 주민등록표상 동일세대원 등재 여부로 판단]

     상속개시일 현재 청구인의 부(父)와 생계를 같이 하는지에 관계없이 동일세대원으로 주민등록표에 등재되어 있는 이상, 청구인의 부가 주택을 보유한 상태에서 청구인이 이 건 주택을 상속받은 것은 1가구 2주택에 해당함.(조심 2012지0139, 2012.4.3. 외 다수)

     [처제가 동일세대원이더라도 만일 생계를 달리하고 있다면 처제의 보유주택은 제외하고 1가구 1주택 판정]

     「민법」상 "배우자의 형제자매는 생계를 같이하는 경우에 한하여 가족"으로 봄.(조심 2023방4294, 2024.2.6. 인용)
   - 지방세특례제한법 6조①에 따라 취득세의 감면대상이 되는 농지의 취득(0.3%=2.3%-2%)
3. 법인의 합병으로 인한 취득(법법 44조②③에 해당하는 경우).

   다만, 법인의 합병으로 인하여 취득한 과세물건이 합병 후에 취득세 중과세대상(지법 16조) 과세물건에 해당하게 되는 경우 또는 합병등기일부터 3년 이내에 적격합병 위배 사유(법법 44조의3③)가 발생하는 경우에는 본 세율특례를 적용하지 않음.
4. 공유물·합유물의 분할 또는 부동산의 공유권 해소를 위한 지분이전(「부동산 실권리자명의 등기에 관한 법률」 2조1호 나목)으로 인한 취득(등기부등본상 본인 지분을 초과하는 부분의 경우에는 제외함)

5. 건축물의 이전으로 인한 취득. 다만, 이전한 건축물의 가액이 종전 건축물의 가액을 초과하는 경우에 그 초과하는 가액에 대하여는 적용제외.

6. 재산분할(「민법」834조, 839조의2, 840조)로 인한 취득

7. 그 밖의 형식적인 취득 등 대통령령으로 정하는 취득

2)등기·등록 대상이 아닌 취득: 구 취득세분만 적용(지법 15조②)

①적용세율

일반과세 대상: '중과기준세율(2%, 구 취득세분 일반세율)'

3배 중과세(지법 13조①, 즉 구 취득세분 3배 중과세): '중과기준세율×300%'

5배 중과세(지법 13조⑤, 즉 구 취득세분 5배 중과세): '중과기준세율×500%'

②대상 취득

1. 개수로 인한 취득. 다만, 개수로 면적이 증가하여 원시취득세율(즉 2.8%)을 적용하는 경우는 제외하며, 이 경우 과세표준은 증가한 가액으로 함.

2. 선박·차량·기계장비 및 토지의 가액 증가. 과세표준은 증가한 가액임.

3. 과점주주의 취득.

4. 외국인 소유의 취득세 과세대상 물건(차량, 기계장비, 항공기 및 선박만 해당)을 임차하여 수입하는 경우의 취득(연부로 취득하는 경우로 한정)

   (보충)이 이외의 연부취득에 대해서는 중과기준세율(2%)이 아니라 통합취득세율(4% 등)을 적용함.

5. 시설대여업자(「여신전문금융업법」)의 건설기계 또는 차량 취득

6. 사실상 취득자의 기계장비 또는 차량 취득(지입차주의 지입차량 등 취득). 다만, 기계장비 또는 차량을 취득하면서 기계장비대여업체 또는 운수업체의 명의로 등록하는 경우로 한정함.

7. 토지의 지목변경으로 인한 취득(지법 7조⑭본문 적용대상 취득)(2020년부터 적용)

8. 그 밖에 레저시설의 취득 등 일정한 취득

   ⓐ레저·저장·도크(접안)·급배수·에너지공급·기타 시설의 취득

   ⓑ무덤과 이에 접속된 부속시설물의 부지로 사용되는 토지로서 지목이 묘지를 취득

   ⓒ임시건축물(지법 9조⑤단서)의 취득

   ⓓ건설기계나 차량을 등록한 대여시설이용자(「여신전문금융업법」33조①)가 그 시설대여업자로부터 취득하는 건설기계 또는 차량의 취득

   ⓔ건축물을 건축하여 취득하는 경우로서 그 건축물에 대하여 소유권의 보존 등기 또는 소유권의 이전 등기에 대한 등록면허세 납세의무가 성립한 후, 취득시기가 도래하는 건축물의 취득(즉, 대위등기 등으로 등록면허세만 먼저 납부하고, 건물을 추후 준공하여 취득하는 경우 등이 그 예임)

07 취득세의 부과와 징수

(1)도세(道稅)의 징수위임 및 납세지

1)도세 징수의 위임

①징수위임

시장·군수·구청장은 그 시·군·구 내의 특별시세·광역시세·도세('시·도세')를 징수하여 특별시·광역시·도('시·도')에 납입할 의무를 진다. 다만, 특별시장·광역시장·도지사('시·도지사')는 필요한 경우 납세자에게 직접 납부고지서를 발급할 수 있다.(지징법 17조①)

시장·군수·구청장(자치구의 구청장을 말함)이 징수하는 그 시·군·구(자치구를 말함) 내의 특별시세·광역시세·도세에 대하여 체납처분을 하는 경우에 드는 비용은 시·군·구의 부담으로 하고, 체납처분 후에 징수되는 체납처분비는 시·군·구의 수입으로 한다.(지징령 24조①)

②징수교부금

시·도세 징수의 비용은 시·군·구가 부담하고, 시·도지사는 교부율과 교부기준에 따른 시·도의 조례로 정하는 바에 따라 그 처리비용으로 시·군·구에 징수교부금을 교부하여야 한다. 다만, 해당 지방세와 함께 징수하는 시·도세와 특별시분 재산세를 해당 지방세의 고지서에 병기하여 징수하는 경우에는 징수교부금을 교부하지 아니한다.(지징법 17조②)

교부율(시·군·구에서 징수하여 특별시·광역시·도에 납입한 징수금액에 대한 각 시·군·구별 분배 금액의 합계액의 비율을 말함)은 3%로 한다.(지징령 24조②)

시·군·구별 교부기준(징수교부금으로 확정된 특별시세·광역시세·도세 징수금의 일정부분을 각 시·군·구에 분배하는 기준을 말함)은 각 시·군·구에서 징수한 특별시세·광역시세·도세 징수금액의 3%로 한다.(지징령 24조③)

2)취득세의 납세지(지법 8조)

취득세의 납세지는 다음과 같으며, 납세지가 분명하지 아니한 경우에는 해당 취득물건의 소재지를 그 납세지로 한다.

같은 취득물건이 둘 이상의 지방자치단체에 걸쳐 있는 경우에는 시가표준액 비율에 따라 소재지별로 안분(按分)한다.

1. 부동산: 부동산 소재지
2. 차량: 「자동차관리법」에 따른 등록지. 다만, 등록지가 사용본거지와 다른 경우에는 사용본거지를 납세지로 하고, 철도차량의 경우에는 해당 철도차량의 청소, 유치(留置), 조성, 검사, 수선 등을 주로 수행하는 철도차량기지의 소재지를 납세지로 함.
3. 기계장비: 「건설기계관리법」에 따른 등록지
4. 항공기: 항공기의 정치장(定置場) 소재지
5. 선박: 선적항 소재지. 단, 동력수상레저기구는 주소지, 선적항이 없는 소형선박 등은 정계장
6. 입목: 입목 소재지
7. 광업권: 광구 소재지
8. 어업권: 어장 소재지
9. 골프회원권, 승마회원권, 콘도미니엄 회원권, 종합체육시설 이용회원권 또는 요트회원권: 골프장·승마장·콘도미니엄·종합체육시설 및 요트 보관소의 소재지

(2) 취득세의 신고·납부

1) 일반적인 신고·납부기한(지법 20조①)

① 일반거래
취득세 과세물건을 취득한 자는 그 취득한 날부터 60일 이내에 신고·납부하여야 한다.

② 토지거래계약에 관한 허가구역
토지거래계약에 관한 허가구역에 있는 토지를 취득하는 경우로서 토지거래계약에 관한 허가(「부동산 거래신고 등에 관한 법률」 11조)를 받기 전에 거래대금을 완납한 경우에는 그 허가일이나 허가구역의 지정 해제일 또는 축소일부터 60일 이내에 신고·납부하여야 한다.

③ 무상으로 취득하는 경우(2023.1.1. 시행) 및 부담부증여(2024.1.1. 시행)
취득일이 속하는 달의 말일부터 3개월 이내에 신고·납부하여야 한다.

④ 상속이나 실종선고로 취득하는 경우
상속으로 취득하는 경우는 상속개시일이 속하는 달의 말일부터, 실종으로 인한 경우는 실종선고일이 속하는 달의 말일부터 각각 6개월(외국에 주소를 둔 상속인이 있는 경우에는 각각 9개월) 이내에 신고·납부하여야 한다.

2) 중과세 대상이 된 경우 신고·납부 기한(지법 20조②)

① 중과기준일부터 60일(2018.12.31.까지는 30일) 이내에 추가로 신고·납부

취득세 과세물건을 취득한 후에 중과세율의 적용대상이 되었을 때에는 중과기준일부터 60일 이내에 중과세율을 적용하여 산출한 세액에서 이미 납부한 세액(가산세는 제외)을 공제한 금액을 신고·납부하여야 한다.

② 중과기준일

1. 본점 또는 주사무소의 사업용 부동산을 취득한 경우(지법 13조①전단): 사무소로 최초로 사용한 날.

2. 공장의 신·증설을 위하여 '사업용 과세물건'을 취득하거나(과밀억제권역 내. 지법 13조①후단) 공장의 신·증설에 따라 '부동산'을 취득한 경우(대도시 내. 지법 13조②2호): 그 생산설비를 설치한 날. 다만, 그 이전에 영업허가·인가 등을 받은 경우에는 영업허가·인가 등을 받은 날.

3. 법인설립, 본지점 설치·전입에 따른 부동산 취득(대도시 내. 지법 13조②14호)이 다음 각 목의 어느 하나에 해당하는 경우: 해당 사무소 또는 사업장을 사실상 설치한 날.
 • 대도시에서 법인을 설립하는 경우
 • 대도시에서 법인의 지점 또는 분사무소를 설치하는 경우
 • 대도시 밖에서 법인의 본점·주사무소·지점 또는 분사무소를 대도시로 전입하는 경우

4. '대도시 중과 제외 업종'(지법 13조②본문 단서)에 직접 사용할 목적으로 부동산을 취득하거나, 법인이 사원에 대한 분양 또는 임대용으로 직접 사용할 목적으로 사원 주거용 목적 부동산을 취득한 후 중과세 대상에 해당하는 경우에는 그 사유가 발생한 날.

5. 골프장·고급주택·고급오락장 및 고급선박을 취득한 경우(지법 13조⑤):
 ⓐ 건축물을 증축하거나 개축하여 고급주택이 된 경우:
　그 증축 또는 개축의 사용승인서 발급일. 다만, 그 밖의 사유로 고급주택이 된 경우에는 그 사유가 발생한 날.
 ⓑ 골프장:
　「체육시설의 설치·이용에 관한 법률」에 따라 체육시설업으로 등록(변경등록을 포함)한 날. 다만, 등록을 하기 전에 사실상 골프장으로 사용하는 경우 그 부분에 대해서는 사실상 사용한 날.
 ⓒ 건축물의 사용승인서 발급일 이후에 관계 법령에 따라 고급오락장이 된 경우:
　그 대상 업종의 영업허가·인가 등을 받은 날.
　다만, 영업허가·인가 등을 받지 아니하고 고급오락장이 된 경우에는 고급오락장 영업을 사실상 시작한 날.
 ⓓ 선박의 종류를 변경하여 고급선박이 된 경우:

사실상 선박의 종류를 변경한 날.

3)일시적2주택기간 내에 종전주택 미처분 시 60일 이내에 신고납부(지법 20조③, 2023년 신설)

주택을 취득하고 일시적 2주택으로 신고하였으나 그 취득일로부터 '일시적2주택기간' 내에 '종전 주택을 처분하지 못하여 1주택으로 되지 아니한 경우에는, 일시적2주택기간이 경과한 날부터 60일 이내에 중과세율[지법 13조의2①2호 또는 13조의2③(지법 16조⑥2호에 해당하는 경우)]을 적용하여 산출한 세액에서 이미 납부한 세액(가산세는 제외)을 공제한 금액을 세액으로 하여 신고하고 납부하여야 한다.

4)비과세·감면 등을 받은 후 부과대상 또는 추징대상이 된 경우(지법 20조④)

취득세를 비과세, 과세면제 또는 경감 받은 후에 해당 과세물건이 취득세 부과대상 또는 추징대상이 되었을 때에는 그 사유 발생일부터 60일(2018.12.31.까지는 30일) 추징세액[경감받은 경우에는 이미 납부한 세액(가산세는 제외)을 공제한 세액을 말함]을 신고·납부하여야 한다.

5)신고·납부기한 이내에 등기·등록을 할 경우(지법 20조⑤)

취득세 신고·납부기한 이내에 재산권과 그 밖의 권리의 취득·이전에 관한 사항을 공부(公簿)에 등기하거나 등록[등재(登載)를 포함]하려는 경우에는 '등기 또는 등록 신청서를 등기·등록관서에 접수하는 날'(종전 '등기 또는 등록을 하기 전'에서 개정. 2019.1.1. 시행)까지 취득세를 신고·납부하여야 한다.

6)면세점(지법 17조)

취득가액이 50만원 이하일 때에는 취득세를 부과하지 아니한다.
토지나 건축물을 취득한 자가 그 취득한 날부터 1년 이내에 그에 인접한 토지나 건축물을 취득한 경우에는 각각 그 전후의 취득에 관한 토지나 건축물의 취득을 1건의 토지 취득 또는 1구의 건축물 취득으로 보아 면세점 규정을 적용한다

(3)취득세의 보통징수

1)원칙: 신고납부, 예외: 보통징수(징수방법: 지법 18조 ; 신고납부: 20조 ; 보통징수: 21조)

취득세의 징수는 신고납부의 방법으로 한다.(지법 18조)

취득세 납세의무자가 신고 또는 납부의무를 다하지 아니한 경우에는 취득세의 산출세액 또는 부족세액에 가산세(지방세기본법 53조~55조)를 합한 금액을 세액으로 하여 보통징수의 방법으로 징수한다.(지법 21조①)

그러나 취득세 납세의무자가 신고기한(지법 20조) 내에 취득세를 시가인정액으로 신고 또는 신고·납부한 후 당초 신고한 시가인정액과 다른 시가인정액으로 수정신고하거나, 지방자치단체장이 다른 시가인정액으로 부과하는 경우에는 지방세기본법 53~54조의 규정에 따른 가산세를 징수하지 아니한다.(지법 21조③, 2023.1.1. 시행)

2)일반가산세

①무신고가산세(지기법 53조)

가. 부정행위가 없는 경우

납세의무자가 법정신고기한까지 과세표준 신고를 하지 아니한 경우에는 그 신고로 납부하여야 할 세액(지방세기본법과 지방세관계법에 따른 가산세와 가산하여 납부하여야 할 이자 상당 가산액이 있는 경우 그 금액은 제외, '무신고납부세액'이라 함)의 20%를 가산세로 부과한다.

나. 부정행위가 있는 경우

사기나 그 밖의 부정한 행위로 법정신고기한까지 과세표준 신고를 하지 아니한 경우에는 무신고납부세액의 40%를 가산세로 부과한다.

②과소신고·초과환급신고가산세(지기법 54조)

가. 부정행위가 없는 경우

　　과소신고납부세액 등 × 10%

나. 부정행위가 있는 경우(ⓐ+ⓑ)

　ⓐ부정과소신고가산세

　　부정과소신고납부세액 등 × 40%

　ⓑ일반과소신고가산세

　　일반과소신고납부세액 등 × 10%

③납부지연가산세(지기법 55조)

가. 가산세 계산액(ⓐ+ⓑ+ⓒ)

　ⓐ과소납부세액·초과환급세액 × 경과일수 × 22/100,000(연 8.030%←연 9.125%)

　　{2018.12.31.까지는 3/10,000, 2022.6.6.까지는 25/100,000. 개정규정은 2022.6.7.부터 시행함, 지기령 34조}

ⓑ법정납부기한까지 미납·과소납부세액 × 3%(즉, 구 가산금 상당액)

ⓒ납세고지서에 따른 납부기한이 지난 날부터 1개월이 지날 때마다 0.75%→0.66%/월

(2024.1.1.부터 인하, 지기법 55조①4호←지징법 31조①, 즉, 구 중가산금 상당액)

나. 가산세 한도액

2015.5.18. 이후 부과하는 분부터 납부지연가산세(2020년까지는 납부불성실·환급불성실 가산세)는 과소납부·초과환급 세액의 75%를 한도로 한다.(지기법 55조①단서)

④가산세 감면 등(지기법 57조)

1. 정당한 사유가 있을 경우 가산세 부과 제외

정부(지방자치단체장)은 세법에 따라 가산세를 부과하는 경우, 그 부과의 원인이 되는 사유가 기한연장 사유에 해당하거나 납세자가 의무를 이행하지 아니한 데 대한 정당한 사유가 있는 때에는 해당 가산세를 부과하지 아니한다.(국기법 48조①, 지기법 57조①)

【가산세 감면배제】(국기집 48-0-3)

조세포탈을 위한 증거인멸 목적 또는 납세자의 고의적인 행동에 의하여 기한연장 사유(국기법 6조 ①)가 발생한 경우에는 가산세 감면규정을 적용하지 아니한다.

【정당한 사유에 해당여부】(국기집 48-0-2)

A. 정당한 사유에 해당하는 경우

ⓐ법률의 오해나 부지를 넘어 세법해석상의 의의(疑意)가 있는 경우(대법 2002두66, 2002.8.23. 선고)

ⓑ행위 당시에는 적법한 의무 이행이었으나 사정 변경으로 인해 소급적으로 부적법한 것이 되어 외관상 의무 이행이 없었던 것처럼 된 경우(대법 86누460, 1987.10.28. 선고)

B. 정당한 사유로 보지 아니한 사례

ⓐ세법의 부지·착오

ⓑ세무공무원의 잘못된 설명을 믿고 그 신고납부 의무를 이행하지 아니하였다 하더라도, 그것이 관계법령에 어긋나는 것임이 명백한 경우

[정당한 사유에 해당여부(취득세)]

A.**【정당한 사유에 해당하는 경우】**(지기예 57-2, 2016.3.18. 신설, 2019.5.31.법조문개정)

ⓐ납세자가 수분양자의 지위에서 과세물건을 취득하고 법정신고기한까지 과세표준신고서를 제출하였으나 추후 분양자의 공사비정산 등으로 인해 수정신고를 하는 경우에는, 이에 따른 과소신고가산세와 납부지연가산세를 부과하지 않는다.

ⓑ납부지연가산세를 가산하여 납부의 고지를 하였으나 기재사항 누락으로 위법한 부과처분이 되어 당초의 고지를 취소하고 다시 고지를 하는 경우에는 추가로 늘어나는 기간에 대한 납부지연가산세는 부과하지 아니한다.

B. 정당한 사유로 보지 아니한 사례(조심 20145지1089, 2015.10.27.)

공사비정산 등으로 수정신고를 하는 경우에는 정당한 사유가 있는 것이므로 가산세를 감면하는 것이 타당할 것으로 판단되나, 건축물의 공사비 증액분과 관련한 취득세액을 경정 통지하기 전에 그 과세표준과 세액을 수정신고 하였다고 하더라도, 이러한 사실만으로 가산세를 면할 만한 정당한 사유가 있다고 보기 어렵다.

제1장 제2장 제3장 제4장 제5장 제6장 제7장 제8장 제9장 제10장 제11장 제12장 제13장 제14장

2. 수정신고에 대한 가산세 감면

수정신고에 대한 가산세는 과소신고가산세에 대해서만 감면하는 것이며, 과세표준과 세액을 경정할 것을 미리 알고 과세표준수정신고서를 제출한 경우에는 감면하지 아니한다. 감면율은 다음과 같이 수정신고한 시점이 지연될수록 줄어든다.(국기법 48조②1호, 지기법 57조②1호)

수정신고 한 시점	2019년까지 감면율	2020년부터 감면율
법정신고기한 경과 후 1개월 이내		90%
법정신고기한 경과 후 1개월~3개월 이내	50%	75%
법정신고기한 경과 후 3개월~6개월 이내		50%
법정신고기한 경과 후 6개월~1년 이내	20%	30%
법정신고기한 경과 후 1년~1년6개월 이내	10%	20%
법정신고기한 경과 후 1년6개월~2년 이내		10%

3. 기한 후 신고에 대한 가산세 감면

기한 후 신고에 대한 가산세는 과소신고가산세에 대해서만 감면하는 것이며, 과세표준과 세액을 경정할 것을 미리 알고 기한후과세표준신고서를 제출한 경우에는 감면하지 아니한다. 감면율은 기한 후 신고한 시점이 지연될수록 줄어든다.(국기법 48조②2호, 지기법 57조②2호)

기한 후 신고 한 시점	2019년까지 감면율	2020년부터 감면율
법정신고기한 경과 후 1개월 이내	50%	50%
법정신고기한 경과 후 1개월~3개월 이내	20%	30%
법정신고기한 경과 후 3개월~6개월 이내		20%

4. 해당 가산세의 50%를 감면하는 경우(국기법 48조②3호, 지기법 57조②3호)

ⓐ과세전적부심사 결정·통지기간에 그 결과를 통지하지 아니한 경우(결정·통지가 지연됨해당 기간에 부과되는 가산세만 해당)

ⓑ세법에 따른 제출, 신고, 가입, 등록, 개설의 기한이 지난 후 1개월 이내에 해당 세법에 따른 제출 등의 의무를 이행하는 경우(제출 등의 의무위반에 대하여 세법에 따라 부과되는 가산세만 해당)

ⓒ세법에 따른 예정신고기한 및 중간신고기한까지 예정신고 및 중간신고를 하였으나 무신고·과소신고·초과환급신고한 경우로서 확정신고기한까지 과세표준을 수정하여 신고한 경우(과세표준과 세액을 경정할 것을 미리 알고 과세표준신고를 하는 경우는 제외)

{양도소득에 대한 개인지방소득세 예정신고기한 이후 확정신고기한까지 과세표준신고 및 수정신고한 경우에도 이 조항에 따라 감면됨. '지방세'에만 적용되는 경우임.}

3)중가산세(지법 21조②)

납세의무자가 취득세 과세물건을 사실상 취득한 후 취득세 신고를 하지 아니하고 매각하는 경우에는 산출세액에 80%를 가산한 금액을 세액으로 하여 보통징수의 방법으로 징수한다.

다만, 등기·등록이 필요하지 아니한 과세물건 등 일정한 과세물건에 대하여는 중가산세를 적용하지 아니한다.(지령 37조)

1. 취득세 과세물건 중 등기 또는 등록이 필요하지 아니하는 과세물건(골프회원권, 승마회원권, 콘도미니엄 회원권, 종합체육시설 이용회원권 및 요트회원권은 제외. 즉 이들은 중가산세 적용대상임)
2. 지목변경, 차량·기계장비 또는 선박의 종류 변경, 주식 등의 취득 등 취득으로 보는 과세물건

4)법인장부 등의 작성과 보존(지법 22조의2)

취득세 납세의무가 있는 법인은 취득 당시의 가액을 증명할 수 있는 장부와 관련 증거서류를 작성하여 갖춰 두어야 한다.

지방자치단체의 장은 취득세 납세의무가 있는 법인이 장부의 작성·보존의무를 이행하지 아니하는 경우에는 산출된 세액 또는 부족세액의 10%를 징수하여야 할 세액에 가산한다.

(4)등기자료의 통보 및 취득세의 납부확인 등

1)등기자료의 통보(지법 22조)

①미납부·과소납부 시 다음달 10일까지 통보(등기·등록관서의 장)
등기·등록관서의 장은 취득세가 납부되지 아니하였거나 납부부족액을 발견하였을 때에는 다음 달 10일까지 납세지를 관할하는 지방자치단체의 장에게 통보하여야 한다.(지령 38조)

②등기·등록을 마친 경우 7일 내에 통보(등기·등록관서의 장)
등기·등록관서의 장이 등기·등록을 마친 경우에는 취득세의 납세지를 관할하는 지방자치단체의 장에게 그 등기·등록의 신청서 부본(副本)에 접수연월일 및 접수번호를 기재하여 등기·등록일부터 7일 내에 통보하여야 한다.

다만, 등기·등록사업을 전산처리하는 경우에는 전산처리된 등기·등록자료를 통보하여야 한다.

③ 자동차 등록 시 다음 달 10일까지 통보(등록사무 처리 지방자치단체장)
자동차의 사용본거지를 관할하지 아니하는 지방자치단체의 장이 자동차의 등록사무(신규등록, 변경등록 및 이전등록을 말함)를 처리(「자동차관리법」 5조)한 경우에는 자동차의 취득가격 등을 다음 달 10일까지 자동차의 사용본거지를 관할하는 지방자치단체의 장에게 통보하여야 한다.

제1장 제2장 제3장 제4장 제5장 제6장 제7장 제8장 제9장 제10장 제11장 제12장 제13장 제14장

2) 취득세 납부확인 및 비과세 확인(지령 36조, 지칙 12조)

① 취득세 납부확인(지령 36조)

가. 취득세 과세물건을 등기·등록 시 취득세 영수필 통지서 등 첨부

납세자는 취득세 과세물건을 등기·등록하려는 때에는 등기·등록 신청서에 취득세 영수필 통지서(등기·등록관서의 시·군·구 통보용) 1부와 취득세 영수필 확인서 1부를 첨부하여야 한다.

다만, 행정기관 간에 취득세 납부사실을 전자적으로 확인할 수 있는 경우에는 그러하지 아니하다.(지령 36조①)

나. 전산정보처리조직을 이용하여 등기하는 경우

전산정보처리조직을 이용하여 등기를 하려는 때(「부동산등기법」 24조①2호)에는 취득세 영수필 통지서(등기·등록관서의 시·군·구 통보용)와 취득세 영수필 확인서를 전자적 이미지 정보로 변환한 자료를 첨부하여야 한다.

다만, 행정기관 간에 취득세 납부사실을 전자적으로 확인할 수 있는 경우에는 그러하지 아니하다.(지령 36조②)

다. 선박의 취득에 따른 등기·등록을 신청하는 경우

납세자는 선박의 취득에 따른 등기·등록을 신청하려는 때에는 등기·등록 신청서에 제1항에 따른 취득세 영수필 통지서(등기·등록관서의 시·군·구 통보용) 1부와 취득세 영수필 확인서 1부를 첨부하여야 한다.

이 경우 등기·등록관서는 행정정보의 공동이용을 통하여 선박국적증서를 확인하여야 하며, 신청인이 확인에 동의하지 아니하면 그 사본을 첨부하도록 하여야 한다.(지령 36조③)

라. 등기·등록관서는 시·군·구의 세입징수관에게 7일 이내에 송부

등기·등록관서는 등기·등록을 마친 때에는 취득세 영수필 통지서(등기·등록관서의 시·군·구 통보용) 등에 소인·확인 등을 한 다음, 납세지를 관할하는 시·군·구의 세입징수관에게 7일 이내에 송부하여야 한다.

다만, 전자적 방법으로 그 정보를 송부할 수 있다.

② 취득세 비과세 확인(지칙 12조)

지방세법, 지방세특례제한법 또는 조세특례제한법에 따라 취득세의 비과세 또는 감면으로 취득세 납세의무가 있는 부동산 등을 취득하여 등기·등록하려는 경우에는 그 부동산 등의 납세지를 관할하는 시장·군수·구청장의 취득세 비과세 또는 감면 확인을 받아야 한다.

제10장
등록면허세

01 등록면허세의 개요 및 특징

(1)등록면허세의 개요

2010년까지는 취득세와 등록세가 별도 세목이었으며, 이들 각각은 다시 일반세율과 중과세율로 구분하여 세율을 적용하였다. 그러나 2011년부터 지방세법이 지방세기본법·지방세징수법·지방세 특례제한법 ·지방세법으로 4분할되면서 종전 16개의 세목을 11개로 간소화하였고 세법조문체계도 전면 개편되었다.

2011년부터 취득세는 취득세와 등록세를 취득세로 통합하였고, 다만 면허세 가운데 취득을 원인으로 하는 등록세는 기존의 취득세와 통합하여 취득세로, 취득을 원인으로 하지 않는 등록세는 기존의 면허세와 통합하여 등록면허세로 이름이 바뀌었다.

등록면허세는 다시 '등록에 대한 등록면허세'와 '면허에 대한 등록면허세'로 구분되는데, 후자는 종전의 면허세 내용과 유사하고 단순하므로 본서는 전자에 대한 해설만 다룬다. '등록에 대한 등록면허세'는 주로 다음과 같은 항목에 대한 지방세이다.

1. 취득으로 보지 않는 등기·등록에 대한 과세
 • 지상권·저당권·지역권·전세권·임차권·가압류·가등기 등
 • 법인등기, 상호등기, 신탁재산등기, 공장재단·광업재단등기 등
 • 상표·영업허가 등록
 • 지적재산권(저작권·출판권·특허권·실용신안권 등) 등록
2. 취득세와 등록면허세의 납세의무 차이에 따른 모순점 보완
 • 광업권·어업권 등 등록:
 −취득세율 2.0%(지법 12조①6호)인 바, 구 취득세분만 취득세 부담.
 −따라서 별도로 등록면허세 납부대상으로 하여 구 등록세분 과세.
 −단, 광업권에 출원 대해서는 취득세 및 등록세를 면제함.(지특법 62조)
 • 지법 15조②4호에 따른 외국인 소유의 취득세 과세대상 물건(차량, 기계장비, 항공기 및 선박만 해당함)의 연부 취득에 따른 등기 또는 등록:
 −취득세율 2.0%(지법 15조②4호)의 특례세율로, 구 취득세분 취득세만 부담.
 −전체가액이 아닌 연부금액에 대해서만 수입자가 연부형식으로 취득세 부담.(지법 7조⑥)
 −따라서, 수입차량 등을 국내에서 운행하려면 반드시 등록을 해야 하는 바, 이때 차량 등 전체가액에 대해 등록면허세(구 등록세분)를 부과한다는 의미임.

3. 취득세 부과제척기간 경과한 물건에 대한 등기·등록

4. 취득세 면세점(50만원, 지법 17조) 이하 물건에 대한 등기·등록 등

(2)등록세의 특징

①도세, 자치구세 및 광역시세(광역시의 군 지역)

등록면허세는 재산권 기타 권리의 설정·이전·변경·소멸에 관한 사항을 공부에 등록(등재를 포함)하는 경우에 그 등기·등록을 하는 자에게 부과하는 도세이며, 서울특별시는 자치구세이고, 광역시에서는 자치구세(군 이외 지역)·광역시세(군 지역)의 2가지로 분류된다.

[등록면허세와 재산세의 세목분류상 특례]

구분		등록면허세	재산세[2]
특별시		자치구세	특별시세, 자치구세
광역시	군 이외 지역	자치구세	자치구세
	군 지역	광역시세[1]	군세[1]
도		도세	시·군세

[1] 광역시의 군(郡) 지역에서는 **도세를 광역시세로 함**.(지기법 8조①본문 단서)

따라서 광역시의 군 지역은 도세처럼 구분한다는 뜻임(도세→광역시세, 시·군세→군세).

[2] 서울특별시 재산세의 2원화: **일부는 직접 귀속, 일부는 형평고려 재배분**(지기법 9조)

②형식주의 과세

등록에 대한 '등록면허세'는 등기·등록을 하는 행위 자체가 반드시 합법적이고 정당성이 있느냐에 무관하게 외형상 형식적인 등기 또는 등록행위를 납세의무로 보아 과세하는 형식주의를 취하고 있다.

③종가세·종량세, 정률세·정액세

등록면허세의 과세표준 결정은 과세대상 물건의 가액이나 채권금액 등으로 표시하는 종가세(정률세율 적용)와 과세물건의 단위(건수) 등으로 표시하는 종량세(정액세율 적용)로 되어 있다.

④최저세액

등록면허세는 부동산등기의 경우 산출세액이 6,000원 미만인 경우 그 세액을 6,000원으로 한다.(지법 28조①1호 마목)

02 등록면허세(등록분)의 과세대상 및 비과세 등

(1)등록면허세(등록분)의 과세대상

'등록'이란 재산권과 그 밖의 권리의 설정·변경 또는 소멸에 관한 사항을 공부에 등기하거나 등록하는 것을 말한다. 다만, '취득세편'의 취득을 원인으로 이루어지는 등기 또는 등록은 제외하되, 다음의 어느 하나에 해당하는 등기나 등록은 포함한다.(지법 23조)

가. 광업권 및 어업권의 취득에 따른 등록(∵ 취득세 2.0%만 부담했으므로)

나. 외국인 소유의 취득세 과세대상 물건(차량, 기계장비, 항공기 및 선박만 해당)의 연부 취득에 따른 등기·등록(∵ 연부금납부분의 취득세 2.0%만 부담했으므로 등록 시 전체가액에 대해 '구 등록세분'에 해당하는 등록면허세를 부과함.)

(보충)이 이외의 연부취득에 대해서는 중과기준세율(2%)이 아니라 통합취득세율(4% 등)을 적용함.

다. 취득세 부과제척기간(지방세기본법 38조)이 경과한 물건의 등기·등록(2018.1.1.부터 시행)

라. 취득세 면세점(50만원 이하. 지법 17조)에 해당하는 물건의 등기·등록(2018.1.1.부터 시행)

(2)등록면허세(등록분)의 납세의무자

재산권과 그 밖의 권리의 설정·변경 또는 소멸에 관한 사항을 공부에 등기·등록을 하는 자(즉, 등기명의자=등기권리자)는 등록면허세를 납부할 의무를 진다.(지법 24조)

【등록면허세 납세의무가 있는 경우】(지예 23-2)

1. 등기·등록이 된 이후 법원의 판결 등에 의해 그 등기·등록이 무효 또는 취소가 되어 등기·등록이 말소된다 하더라도 이미 납부한 등록면허세는 과오납으로 환급할 수 없다.

2. 지방세 체납처분으로 그 소유권을 국가·지방자치단체명의로 이전하는 경우에 이미 그 물건에 전세권·가등기·가압류 등으로 되어 있는 것을 말소하는 대위적 등기와 성명의 복구나 소유권의 보존 등 일체의 채권자 대위적 등기에 대하여는 그 소유자가 등록면허세를 납부하여야 한다.

【대위등기의 납세의무자 등】(지예 7-6)

1. '갑' 소유의 미등기건물에 대하여 '을'이 채권확보를 위하여 법원의 판결에 의한 소유권보존등기를 '갑' 명의로 등기할 경우의 취득세 납세의무는 '갑'에게 있다.

2. 법원의 가압류결정에 의한 가압류등기의 촉탁에 의하여 그 전제로 소유권보존등기가 선행된 경우, 취득세 미납부에 대한 가산세 납세의무자는 소유권보존등기자이다.

제1장 제2장 제3장 제4장 제5장 제6장 제7장 제8장 제9장 제10장 제11장 제12장 제13장 제14장

804 | 제10장 등록면허세

(3)등록면허세(등록분)의 비과세

①국가 등에 대한 비과세(지법 26조①)

　국가, 지방자치단체, 지방자치단체조합, 외국정부 및 주한국제기구가 자기를 위하여 받는 등록 또는 면허에 대하여는 등록면허세를 부과하지 아니한다. 다만, 대한민국 정부기관의 등록 또는 면허에 대하여 과세하는 외국정부의 등록 또는 면허의 경우에는 등록면허세를 부과한다.

②기타 비과세(지법 26조②)

1. 「채무자 회생 및 파산에 관한 법률」상 법원사무관등의 촉탁 또는 등기소의 직권으로 이루어지거나 같은 법 26조①에 따른 등기 및 제27조에 따른 등록
2. 행정구역의 변경, 주민등록번호의 변경, 지적(地籍) 소관청의 지번 변경, 계량단위의 변경, 등기 또는 등록 담당 공무원의 착오 및 이와 유사한 사유로 인한 등기·등록으로서 주소, 성명, 주민등록번호, 지번, 계량단위 등의 단순한 표시변경·회복 또는 경정 등기·등록
3. 무덤과 이에 접속된 부속시설물의 부지로 사용되는 토지로서 지적공부상 지목이 묘지인 토지에 관한 등기(지령 40조①)

03   등록면허세(등록분)의 과세표준

등록면허세(등록분)의 과세표준은 종가세(부동산가액 또는 채권금액 등이 과세표준)와 종량세(건수 등이 과세표준)로 나뉜다.

(1)부동산가액 등을 과세표준으로 하는 경우

1)원칙: 등록 당시 신고가액

부동산, 선박, 항공기, 자동차 및 건설기계의 등록에 대한 등록면허세의 과세표준은 등록 당시의 가액으로 한다.(지법 27조①) 등록 당시의 가액은 조례로 정하는 바에 따라 등록자의 신고에 따른다.(지법 27조②전단)

만일, 등록면허세의 신고서상 금액과 공부(公簿)상의 금액이 다를 경우에는 공부상의 금액을 과세표준으로 한다.(지예 27-1)

2)예외: 등록 당시 시가표준액

신고가 없거나 신고가액이 시가표준액보다 적은 경우에는 시가표준액을 과세표준으로 한다.(지법 27조②후단)

3)특례: 사실상 취득가액(최우선 적용)

다음 각 목(지법 23조1호 각목)에 따른 취득을 원인으로 하는 등록[23조1호다목(취득세 부과제척기간이 경과한 물건의 등기·등록)에 따른 취득을 원인으로 하는 경우는 제외, 2024.1.1. 시행]의 경우 지방세법 10조의2~10조의6까지의 규정에서 정하는 취득당시가액을 과세표준으로 한다. 다만, 등록 당시에 자산재평가 또는 감가상각 등의 사유로 그 가액이 달라진 경우에는 변경된 가액을 과세표준으로 한다.(지법 27조③)

이 경우에는 취득세와 마찬가지로 시가표준액 하한선 한도규정을 적용하지 아니한다.

> "등록"이란 재산권과 그 밖의 권리의 설정·변경 또는 소멸에 관한 사항을 공부에 등기하거나 등록하는 것을 말한다. 다만, 지방세법 제2장에 따른 취득을 원인으로 이루어지는 등기 또는 등록은 제외하되(☞구 등록세분까지 포함하여 취득세로 과세됨.−저자 주), 다음 각 목의 어느 하나에 해당하는 등기나 등록은 포함한다.(지법 23조 1호)

가. 광업권·어업권 및 양식업권의 취득에 따른 등록

나. 외국인 소유의 취득세 과세대상 물건(차량, 기계장비, 항공기 및 선박만 해당)의 연부 취득(지법 15조②4호)에 따른 등기 또는 등록

다. 취득세 부과제척기간이 경과한 물건(지기법 38조)의 등기 또는 등록

라. 취득세 면세점(취득가액이 50만원 이하, 다만 토지나 건축물을 취득한 자가 그 취득한 날부터 1년 이내에 그에 인접한 토지나 건축물을 취득한 경우에는 각각 그 전후의 취득에 관한 토지나 건축물의 취득을 1건의 토지 취득 또는 1구의 건축물 취득으로 보아 면세여부 판단함. 지법 17조)에 해당하는 물건의 등기 또는 등록

①자산재평가·감가상각 등으로 가액이 달라진 경우: 등록당시 변경된 가액

　등록 당시에 자산재평가 또는 감가상각 등의 사유로 그 가액이 달라진 경우에는 변경된 가액을 과세표준으로 한다.(지법 27조③) '변경된 가액'이라 함은 등기·등록일 현재의 법인장부 또는 결산서 등으로 증명되는 가액을 말한다.(지령 42조①)

가. 자산재평가(2000.12.31. 재평가신고 분까지만 적용, 자산재평가법 41조)

　구 자산재평가법에 의한 자산재평가의 경우 '재평가일~재평가결정일' 기간에 등기 시에는 재평가 전의 가액이 과세표준이 된다.(대법 86누103, 1983.12.13. 선고)

　만일 기업회계상 임의평가에 의한 자산재평가를 한 경우 그 평가증액 금액도 과세표준에 포함되므로, 재평가금액이 과세표준이 된다. 그러나 법인세법(법법 42조)에서는 임의평가증으로 보아(「보험업법」 등 타 법률에 의한 재평가는 인정) 세법상 평가증으로 보지 않는다.{손금산입 △유보, 익금산입 기타(또는 잉여금)로 세무조정함.}

나. 감가상각

　과세대상 물건의 취득가액에서 감가상각누계액을 차감한 장부가액을 과세표준으로 한다. 감가상각비를 연말에 반영하는 경우 연중에 등기·등록을 할 경우의 과세표준은 감가상각비가 반영되기 전의 장부가액이 과세표준이 된다(월·분기별 결산 등으로 장부에 반영됐을 경우에는 기 반영된 기준의 장부가액).

　'감액'에 대해서는 별도의 규정이 없으므로 감액되기 전의 장부가액이 과세표준이 된다.

②주택의 토지와 건축물의 구분이 되지 않는 경우: 가액비율로 안분함

　주택의 토지와 건축물을 한꺼번에 평가하여 토지나 건축물에 대한 과세표준이 구분되지 아니하는 경우에는, 한꺼번에 평가한 개별주택가격을 토지나 건축물의 가액 비율로 나눈 금액을

각각 토지와 건축물의 과세표준으로 한다.(지령 42조②)

(2)채권금액을 과세표준으로 하는 경우

①개요

채권금액으로 과세액을 정하는 경우에 일정한 채권금액이 있을 때에는 채권금액(신청서상의 금액)을 과세표준으로 한다. 다만, 일정한 채권금액이 없을 때에는 채권의 목적이 된 것의 가액 또는 처분의 제한의 목적이 된 금액을 그 채권금액으로 본다.(지법 27조④)

경매신청서에 기재된 채권금액으로 하여 임의경매개시결정 등기를 경료한 사실이 확인되는 이상, 그 후 채권금액을 경정하였다고 하더라도 이미 성립한 등록면허세 납세의무에는 아무런 영향을 미치지 아니한다.(조심 2011지0507, 2012.4.20. 결정)

만일, 채권·채무관계가 없는 경우는 채권금액이 아니라, 처분이 제한된 '부동산의 가액'을 과세표준으로 한다.(행자부 세정-1615, 2004.6.15.)

②사례별 내용

1. 채권금액에는 기재된 이자도 포함됨

경매신청 시 청구금액에 채권원금뿐만 아니라 이자까지 기재하여 신청하였다면, 이자금액도 과세표준에 포함된다.(대법 2003두12097, 2004.11.11. 선고)

2. 같은 채권등기에 대한 목적물이 여러 개인 경우: 1건으로 간주함

'1건'이란 등기 또는 등록대상 건수마다를 말한다. 「부동산등기법」 등 관계 법령에 따라 여러 개의 등기·등록대상을 한꺼번에 신청하여 등기·등록하는 경우에도 또한 같다.(지령 41조3호) 따라서 수개의 부동산에 대하여 1건의 경매·가압류·가처분 신청 시 과세표준 적용은 '1건'으로 본다.(행자부 세정 13430-177, 2001.2.15.)

즉, 같은 채권을 위한 저당권의 목적물이 종류가 달라 둘 이상의 등기 또는 등록을 하게 되는 경우에 등기·등록관서가 이에 관한 등기 또는 등록 신청을 받았을 때에는 채권금액 전액에서 이미 납부한 등록면허세의 산출기준이 된 금액을 뺀 잔액을 그 채권금액으로 보고 등록면허세를 부과한다.(지령 46조①) 이 경우에 그 등기·등록 중 공장재단 또는 광업재단 등기(지법 28조①5호)에 해당하는 것과 그 밖의 것이 포함될 때에는, 먼저 공장재단 등에 해당하는 등기 또는 등록에 대하여 등록면허세를 부과한다.(지령 46조②)

3. 같은 채권등기에 대한 담보물을 추가할 경우: 기타 등기·등록세율 적용

같은 채권을 위하여 담보물을 추가하는 등기 또는 등록에 대해서는 그 밖의 등기·등록의 세율로 등록면허세를 각각 부과하므로(지령 47조), 별도로 과세표준을 고려할 필요가 없다.

4. 전세권·임차권 설정·이전 시 과세표준

  (「주택임대차보호법」「상가건물 임대차보호법」은 제1장 10(2)2)' 내용을 참조할 것)

가. 전세권 설정·이전 시 과세표준: 전세금액(세율은 0.2%)

  전세권이란 당사자 간 계약에 의하여 전세금을 지급하고 타인의 부동산을 일정기간 그 용도
에 따라 사용·수익한 후, 그 부동산을 반환하고 전세금을 반환받을 권리를 말한다.(민법 303조
① 현행 「민법」상 전세권은 등기를 한 전세권에 한하고, 등기를 하지 아니한 경우는 「민법」
상 임차권으로서 임대차계약에 관한 규정이 적용된다. 그러나 「주택임대차보호법」 또는 「상
가건물 임대차보호법」에 의하여 보호를 받을 수는 있다.

  전세권의 설정·이전 시 등록면허세의 과세표준은 전세금액(세율은 0.2%)으로 하며, 임차기
간의 종료로 임차기간 연장과 동시에 증액등기를 하는 경우 증액분에 대하여 0.2%의 세율을
적용한다.(내무부 세정 13407-1424, 1996.12.12.) 만일 전세금액 변동 없이 전세권 존속기간을 변
경등기 하는 것은 그 밖의 등기(지법 28조①1호 마목)로 보아 건당 6,000원을 적용한다.

나. 임차권 설정·이전 시 과세표준: 월임대차금액(부가가치세는 제외)

  임차권이란 임대차계약에 의하여 임차인이 임차물을 일정기간 그 용도에 따라 사용·수익할
수 있는 권리를 말한다. 현행 「민법」상 임차권은 채권으로 분류하고 있으나 임차권을 등기할
수 있도록 하여 물권화하고 있다. 임차권을 등기하지 아니하면 물권적 권리를 누릴 수는 없
지만, 현행 「주택임대차보호법」 또는 「상가건물 임대차보호법」에 의하여 임차권 등기를 하
지 아니한 경우에도 일정금액 이내에서는 우선변제를 받을 수 있다.

  임차권 설정·이전 시 등록면허세의 과세표준은 임차보증금을 제외한 월임대차금액만 과세
표준으로 하는 것이며(행자부 세정-1301, 2004.5.25.), 여기서 월임대차금액은 부가가치세를 제
외한 금액을 말한다. 따라서 임차권 등기의 경우 임차보증금은 과세표준에 영향을 주지 아니
한다. 또한 임차료를 연(年)단위 또는 분기별로 지급하기로 계약을 하였을 경우, '월 임대차
금액'이 과세표준이므로 월할로 환산해야 한다.

다. 전세권 등에 저당권을 설정하는 경우: 채권금액(0.2% 세율 적용)

{지법 28조①다목2), 지예 28-3 제2호}

5. 지역권 설정 등기의 과세표준: 요역지가액

  '요역지(要役地)'란 지역권 설정 시 편익을 받은 토지를 말하며, '승역지(承役地)'는 편익을
제공하는 토지를 말한다.(지예 28-1)

(3)건수를 과세표준으로 하는 경우

①개요

말소등기, 지목변경등기, 표시변경등기(저당권설정등기 시 채무자표시변경 등), 건축물의 구조변경등기 등은 매 1건을 과세표준으로 하는 종량세이며, 이 경우 세율은 일정금액으로 표시하는 정액세율을 적용한다.(지법 28조①마목)

구분	등록행위
소멸등기	말소등기, 별실등기 등
변경등기	구조변경, 용도변경, 지목변경, 채무자변경(지예 28-2) 등
합병등기	토지의 합필등기, 건축물의 합병등기 등

②사례별 내용

1. 같은 채권을 위하여 담보물을 추가하는 등기 또는 등록에 대해서는 그 밖의 등기·등록의 세율로 등록면허세를 각각 부과하므로(지령 47조), 별도로 과세표준을 고려할 필요가 없다.

2. 매 1건의 범위(지예 28-4)

ⓐ저당권말소 등기 시 동일한 채권액에 대해 수개의 필지·차량·기계장비 등에 근저당이 설정되어 있을 경우는, 매 필지별 또는 대상물건 건별로 과세하여야 한다.

ⓑ동일인이 소유한 토지 및 단독주택의 주소변경 등기 시 토지등기부와 건물등기부가 분리되어 있는 경우는 그 밖의 등기 2건으로 과세하여야 한다.

ⓒ상호·목적·임원 등기 등 각종 변경등기신청을 하나의 등기부에 동시 신청하는 경우에도, 변경사항 건별로 각각의 등록면허세를 합산하여 납부한다. 다만, 동일한 변경사항 수개를 동일 등기부에 동시에 신청하는 경우에는 1건의 등록면허세만 납부한다.

ⓓ토지 1필지가 분할되어 2필지가 되는 경우와 2필지가 합병되어 1필지로 되는 경우, 각각 2건의 기타등기로 과세하여야 한다.

04 등록면허세(등록분)의 세율

다음은 등록면허세(등록분) 본세에 대한 사항이며, 아래의 2가지 부가세(附加稅)를 추가로 부담하게 된다.
　지방교육세: 등록면허세 납부세액의 20%(지법 151조①2호)
　농어촌특별세: 등록면허세 감면세액의 20%(농어촌특별세법 5조①)

(1)부동산과 그 권리 등에 대한 등기 세율

등록면허세(등록분) 중 '부동산 등기'에 대한 과세표준과 '표준세율'은 다음과 같으며, 산출한 세액이 '그 밖의 등기·등록 세율'(건당 6천원)보다 적을 때에는 이를(건당 6천원) 적용한다.(지법 28조①본문 단서)

지방자치단체의 장은 조례가 정하는 바에 따라 '부동산 등기'에 대한 등록면허세의 세율을 표준세율의 50% 범위 안에서 가감할 수 있다.(지법 28조⑥)

구분			과세표준	세율	비고	법조문
소유권 보존(건축물 면적 증가 포함)			부동산 가액	0.8%		28조①1가
소유권 이전	유상	주택	부동산 가액	1.0%	2018 신설	28조①1나1)
		기타		2.0%	농지 불문	28조①1나1)
	무상	상속		0.8%		28조①1나2)
		기타		1.5%	비영리 불문	28조①1나2)
소유권 이외 물권과 임차권 설정 및 이전	지상권		부동산 가액	0.2%		28조①1다1)
	지역권		요역지 가액			28조①1다3)
	전세권*		전세금액			28조①1다4)
	임차권		월임대차금액			28조①1다5)
	저당권*		채권금액			28조①1다2)
경매신청						28조①1라1)
가압류						28조①1라2)
가처분						28조①1라3)
가등기	담보가등기				2015.7.24.부터	28조①1라4)
	소유권이전 등 청구권 보존		부동산 가액			28조①1라4)
그 밖의 등기			건당	6천원	과세최저한	28조①1마

* 전세권 등에 저당권을 설정하는 경우: 채권금액(0.2% 세율 적용)(지법 28조①다목2), 지예 28-3 제2호)

(보충)【부동산등기의 세율】(지예 28-12)

1. 취득시효를 원인을 소유권에 관한 등기를 하는 경우에는 취득세 표준세율 3.5%(지법 11조①2호)를 적용하나, 자기소유 미등기 부동산에 대한 시효취득에 따른 소유권보존등기를 하는 경우에는 0.8%(지법 28조①1호 가목)의 세율을 적용한다.

2. 피합병법인 명의로 된 근저당권을 합병법인 명의로 근저당권자 변경등기 하는 경우는 '소유권 이외 물권과 임차권 설정 및 이전'(지법 28조①1호 다목)의 세율이 적용된다.

3. 주택건설사업자가 주택건설용 토지에 대한 소유권이전등기를 필한 후 이를 다시 주택건설사업자가 자기명의로 주택 동호별로 지분등기를 경료하는 경우에는 '그 밖의 등기'(지법 28조①1호 마목)의 세율(건당 6천원)이 적용된다.

4. 건축물의 개수로 인하여 건물면적의 '증가 없이' 이미 등기된 주요 구조부사항의 표시를 위한 변경등기를 하는 경우에는 '그 밖의 등기'(지법 28조①1호 마목)의 세율이 적용된다. 건물면적이 증가하면 '소유권 보존'(지법 28조①1호 가목)의 세율(0.8%)이 적용됨

5. 등기당시에 착오로 인하여 실제상의 건물 등 표시를 잘못 등기하였다가 다시 정정등기함이 판결에 의하여 명백하게 입증될 경우에는 '그 밖의 등기'(지법 28조①1호 마목)의 세율이 적용된다.

(2)공장재단 및 광업재단 등기

①「공장 및 광업재단 저당법」(약칭 '공장저당법')상 용어의 정의 등

공장: 영업을 하기 위하여 물품의 제조·가공, 인쇄, 촬영, 방송 또는 전기나 가스의 공급 목적에 사용하는 장소를 말한다.(법 2조1호)

공장재단: 공장에 속하는 일정한 기업용 재산으로 구성되는 일단(一團)의 기업재산으로서 소유권과 저당권의 목적이 되는 것을 말한다.(법 2조2호)

광업재단: 광업권과 광업권에 기하여 광물을 채굴·취득하기 위한 각종 설비 및 이에 부속하는 사업의 설비로 구성되는 일단의 기업재산으로서 소유권과 저당권의 목적이 되는 것을 말한다.(법 2조3호)

공장 토지의 저당권: 공장 소유자가 공장에 속하는 토지에 설정한 저당권의 효력은 그 토지에 부합된 물건과 그 토지에 설치된 기계, 기구, 그 밖의 공장의 공용물에 미친다.(법 3조)

공장 건물의 저당권: 공장 소유자가 공장에 속하는 건물에 설정한 저당권에 관하여는 '토지'(법 3조) 규정을 준용한다.(법 4조)

②공장재단 및 광업재단 등기에 대한 세율

과세원인	과세표준	세율	법조문
저당권 설정 또는 이전등록	채권금액	0.1%*	28조①5가
그 밖의 등기·등록	매 1건당	9천원	28조①5나

* 위 규정에 따라 산출한 세액이 '그 밖의 등기·등록 세율'(건당 9천원)보다 적을 때에는 '그 밖의 등기·등록 세율'(건당 9천원)을 적용한다.(지법 28조①본문 단서)

(3)법인등기에 대한 세율

등기·등록 구분		과세표준	세율	법조문
영리법인 설립	설립과 납입	납입 주식금액·출자가액	0.4%*	28조①6가1)
합병 존속법인	자본·출자증가	납입액, 출자가액	0.4%*	28조①6가2)
비영리법인	설립과 납입	납입 출자총액·재산가액	0.2%*	28조①6나1)
설립·합병	자본·출자증가	출자총액·재산가액		28조①6나2)
재평가적립금	자본·출자증가	증가금액	0.1%*	28조①6다
본점·주사무소 이전		건당	112,500원	28조①6라
지점·분사무소 설치		건당	40,200원	28조①6마
그 밖의 등기		건당	40,200원	28조①6바

* 28①6가.~다.까지의 세액이 112,500원 미만일 경우 112,500원으로 함.(지법 28②괄호)

(보충)법인등기에 대한 세율적용(지령 43조)

1. 법인이 본점이나 주사무소를 이전하는 경우 구(舊) 소재지에는 '그 밖의 등기'(지법 28조①6호 바목)에 따라, 신(新) 소재지에는 같은 호 '라목'에 따라 각각 등록면허세를 납부하여야 한다.

2. 법인이 지점이나 분사무소를 설치하는 경우 본점 또는 주사무소 소재지에는 '지법 28조⑥6호 바목'에 따라, 지점 또는 분사무소의 소재지에는 같은 호 '마목'에 따라 각각 등록면허세를 납부하여야 한다.

3. '지법 28조①6호 바목'에 해당하는 등기로서 같은 사항을 본점과 지점 또는 주사무소와 분사무소에서 등기하여야 하는 경우에는 각각 한 건으로 본다.

4. 「상법」606조에 따라 주식회사에서 유한회사로 조직변경의 등기를 하는 경우 또는 같은 법 607조⑤에 따라 유한회사에서 주식회사로 조직변경의 등기를 하는 경우에는 '지법 28소①6호 바목'에 따른 등록면허세를 납부하여야 한다.

(보충)국민주택채권 매입 여부와 금액은 「주택도시기금법」 8조, 시행령 8조(별표) 참조

(4)대도시 내 법인등기에 대한 중과세(3배)

1)중과세 대상 법인등기

다음의 어느 하나에 해당하는 등기를 할 때에는 그 세율을 표준세율의 300%로 한다.

1. 대도시에서 법인을 설립(설립 후 또는 휴면법인을 인수한 후 5년 이내에 자본 또는 출자액을 증가하는 경우를 포함)하거나 지점이나 분사무소를 설치함에 따른 등기

2. 대도시 밖에 있는 법인의 본점이나 주사무소를 대도시로 전입(전입 후 5년 이내에 자본 또는 출자액이 증가하는 경우를 포함)함에 따른 등기.

이 경우 전입은 법인의 설립으로 보아 세율을 적용함.

대도시의 범위: 과밀억제권역 중 산업단지를 제외한 지역. 법인설립에 대한 취득세(구 등록세 분) 3배 중과세 지역인 '대도시'와 같음.(지법 13조②단서 괄호)

2)중과세 대상에서 제외되는 경우

①최저자본기준을 위한 자본증가등기

법인의 등기로서 관계 법령의 개정으로 인하여 면허나 등록의 최저기준을 충족시키기 위한 자본 또는 출자액을 증가하는 경우에는 그 최저기준을 충족시키기 위한 증가액은 중과세 대상으로 보지 아니한다.(지령 45조①)

② 대도시에 설치가 불가피하다고 인정되는 '대도시 중과 제외 업종'

다만, '대도시 중과 제외 업종'으로 법인등기를 한 법인이 정당한 사유 없이 그 등기일부터 2년 이내에 대도시 중과 제외 업종 외의 업종으로 변경하거나 대도시 중과 제외 업종 외의 업종을 추가하는 경우 그 해당 부분에 대하여는 중과세를 적용한다.(지법 28조②단서, ③)

③적격분할

분할등기일 현재 5년 이상 계속하여 사업을 경영한 대도시 내의 내국법인이 법인의 분할(법법 46조②1호 가목~다목의 요건을 모두 갖춘 '적격분할'로 한정)로 인하여 법인을 설립하는 경우

(지령 45조②)

④대도시에서 설립 후 5년이 경과한 법인('기존법인') 간 합병 등

대도시에서 설립 후 5년이 경과한 법인('기존법인')이 다른 기존법인과 합병하는 경우에는 중과세 대상으로 보지 아니하며, 기존법인이 대도시에서 설립 후 5년이 경과되지 아니한 법인과 합병하여 기존법인 외의 법인이 합병 후 존속하는 법인이 되거나 새로운 법인을 신설하는 경우에는 합병 당시 기존법인에 대한 자산비율에 해당하는 부분을 중과세 대상으로 보지 아니한다.

이 경우 자산비율은 자산을 평가하는 때에는 평가액을 기준으로 계산한 비율로 하고, 자산을 평가하지 아니하는 때에는 합병 당시의 장부가액을 기준으로 계산한 비율로 한다.(지령 45조③)

제1장
제2장
제3장
제4장
제5장
제6장
제7장
제8장
제9장
제10장
제11장
제12장
제13장
제14장

05 등록면허세(등록분)의 부과와 징수

(1)등록면허세(등록분)의 납세지(지법 25조)

①납세지

1. 부동산 등기: 부동산 소재지

2. 선박 등기 또는 등록: 선적항 소재지

3. 자동차 등록: 「자동차관리법」에 따른 등록지

   다만, 등록지가 사용본거지와 다른 경우에는 사용본거지

4. 건설기계 등록: 「건설기계관리법」에 따른 등록지

5. 항공기 등록: 정치장 소재지

6. 법인 등기: 본점·지점 또는 주사무소·분사무소 등의 소재지

7. 상호 등기: 영업소 소재지

8. 광업권 및 조광권 등록: 광구 소재지

9. 어업권 등록: 어장 소재지

10. 저작권, 출판권, 저작인접권, 컴퓨터프로그램 저작권, 데이터베이스 제작자의 권리 등록: 저작권자, 출판권자, 저작인접권자, 컴퓨터프로그램 저작권자, 데이터베이스 제작권자 주소지

11. 특허권, 실용신안권, 디자인권 등록: 등록권자 주소지

12. 상표, 서비스표 등록: 주사무소 소재지

13. 영업의 허가 등록: 영업소 소재지

14. 지식재산권담보권 등록: 지식재산권자 주소지

15. 그 밖의 등록: 등록관청 소재지

②납세지 적용방법

1. 같은 등록에 관계되는 재산이 둘 이상의 지방자치단체에 걸쳐 있어 등록면허세를 지방자치단체별로 부과할 수 없을 때에는 등록관청 소재지를 납세지로 한다.

2. 같은 채권의 담보를 위하여 설정하는 둘 이상의 저당권을 등록하는 경우에는 이를 하나의 등록으로 보아 그 등록에 관계되는 재산을 처음 등록하는 등록관청 소재지를 납세지로 한다.

3. 납세지가 분명하지 아니한 경우에는 등록관청 소재지를 납세지로 한다.

(2) 등록면허세(등록분)의 신고납부(지법 30조)

1) 일반적인 신고·납부기한(지법 30조①)

등록을 하려는 자는 과세표준에 세율을 적용하여 산출한 세액을 등록을 하기 전까지 납세지를 관할하는 지방자치단체의 장에게 신고하고 납부하여야 한다.

2) 중과세 대상이 된 경우 추징세액 신고납부기한(지법 30조②)

① 등록시점에 중과세 대상인 경우
등록을 하기 전에 신고·납부한다.

② 등기 등을 한 후에 중과세사유가 발생한 경우
등록면허세 과세물건을 등록한 후에 해당 과세물건이 중과세 세율의 적용대상이 되었을 때에는 중과세사유발생일부터 60일(2018.12.31.까지는 30일) 이내에 중과세 세율을 적용하여 산출한 세액에서 이미 납부한 세액(가산세는 제외)을 공제한 금액을 세액으로 하여 납세지를 관할하는 지방자치단체의 장에게 신고·납부하여야 한다.

3) 비과세·감면 후 부과대상·추징대상이 된 경우 신고납부기한(지법 30조③)

법령에 따라 등록면허세를 비과세, 과세면제 또는 경감받은 후에 해당 과세물건이 등록면허세 부과대상 또는 추징대상이 되었을 때에는 그 사유 발생일부터 60일(2018.12.31.까지는 30일) 이내에 해당 과세표준에 세율(일반세율 또는 중과세 세율)을 적용하여 산출한 세액[경감받은 경우에는 이미 납부한 세액(가산세는 제외)을 공제한 세액을 말함]을 납세지를 관할하는 지방자치단체의 장에게 신고·납부하여야 한다.

4) 신고납부기한까지 납부만 한 경우 신고납부로 봄(지법 30조④)

신고의무를 다하지 아니한 경우에도 등록면허세 산출세액을 등록을 하기 전까지(또는 중과세 등에 따른 신고기한까지) 납부하였을 때에는 신고를 하고 납부한 것으로 본다. 이 경우 무신고가산세(지기법 53조) 및 과소신고가산세(지기법 54조)를 부과하지 아니한다.

5)등록면허세(등록분)의 납부확인 및 납부부족액 통보(지령 49조·50조)

①등록면허세(등록분)의 납부확인(지령 49조)

　납세자는 등기 또는 등록하려는 때에는 등기 또는 등록 신청서에 등록면허세 영수필 통지서(등기·등록관서의 시·군·구 통보용) 1부와 등록면허세 영수필 확인서 1부를 첨부하여야 한다. 다만, 「전자정부법」 36조①에 따라 행정기관 간에 등록면허세 납부사실을 전자적으로 확인할 수 있는 경우에는 그러하지 아니하다.

②등록면허세(등록분)의 납부부족액 통보(지령 50조)

　등기·등록관서의 장은 등기 또는 등록 후에 등록면허세가 납부되지 아니하였거나 납부부 족액을 발견한 경우에는 다음 달 10일까지 납세지를 관할하는 시장·군수·구청장에게 통보하여야 한다.

(3)등록면허세(등록분)의 보통징수 및 가산세(지법 32조, 지기법 53조~55조)

1)등록면허세(등록분): 원칙 신고납부, 예외 보통징수(지법 32조)

　등록면허세 납세의무자가 신고 또는 납부의무를 다하지 아니하면 산출한 세액 또는 그 부족세액에 지방세기본법 53조부터 55조까지의 규정에 따라 산출한 가산세를 합한 금액을 세액으로 하여 보통징수의 방법으로 징수한다.

2)등록면허세(등록분)의 가산세(지기법 53조~55조)

　지방세기본법상 가산세의 내용은 관련되는 모든 지방세에 적용되는 것이므로, 상세한 내용은 전술한 취득세편 제9장 07 (3)라을 참조하면 된다.
　무신고가산세(지기법 53조), 과소신고·초과환급신고가산세(지기법 54조), 납부지연가산세(지기법 55조), 특별징수 납부지연가산세(지기법 56조)가 있으며, 일정한 요건에 해당할 경우 가산세 감면(지기법 57조) 규정을 적용받을 수도 있다.
　한편, 등록면허세에 대해서는 취득세와 달리 중가산세(산출세액의 80% 가산함. 지법 21조②)에 대한 규정은 없다.

제11장
재산세

제1장
제2장
제3장
제4장
제5장
제6장
제7장
제8장
제9장
제10장
제11장
제12장
제13장
제14장

01 재산세의 의의

(1) 재산세와 종합부동산세의 관계: 종합부동산세는 재산세의 보완세 성격

고액의 부동산 보유자에 대하여 종합부동산세를 부과하여 부동산보유에 대한 조세부담의 형평성을 제고하고, 부동산의 가격안정을 도모함으로써 지방재정의 균형발전과 국민경제의 건전한 발전에 이바지함에 있다.(종부법 1조)

종합부동산세는 과세기준일(매년 6월 1일로 재산세와 동일) 현재 전국의 주택 및 토지를 과세유형별로 구분하여 인별로 합산한 다음{인세(人稅)}, 그 공시가격 합계액이 과세기준금액을 초과하는 경우 그 초과분에 대하여 과세되는 세금(국세)이다(2005년 1월 5일부터 시행).

{2005.1.1. 종합토지세(지방세)를 폐지하고, 2005.1.5. 종합부동산세(국세)를 신설·시행. 종전에는 토지는 재산세가 아니라 종합토지세로 과세하였고, 종합합산과세대상·별도합산과세대상은 전국의 토지를 합산하여 과세한 다음 시·군·구로 안분하던 방식에서 종합부동산세를 도입하면서 이원화했음.

즉, 토지분 재산세 과세 시 종합합산과세대상·별도합산과세대상도 해당 시·군·구별로만 합산하여 과세하고, 종합부동산세는 전국의 대상 토지를 합산하여 과세하는 방식을 취함.}

1차로 부동산 소재지 관할 시·군·구에서 '관내 부동산'에 대해 과세유형별로 구분하여 재산세를 부과하고(지법 108조·116조), 2차로 종합부동산세 과세기준금액 초과분에 대하여 '전국 부동산'에 대해 주소지(법인은 본점 소재지) 관할 세무서에서 종합부동산세를 부과한다. 즉, 종합부동산세는 고지서에 의한 '부과징수를 원칙'으로 하지만, 예외적으로 납세의무자의 신고에 의하여 납부할 수는 있다.(종부법 4조·16조)

[재산세와 종합부동산세의 비교]

구분		재산세(지방세)	종합부동산세(국세)	
과세관할		부동산 소재지 관할 시·군·구	주소지(본점 소재지) 관할 세무서 총액이 지방교부세 재원(지교법 4조)	
합산대상 지역범위		부동산 소재지 관할지자체별 합산 단, 주택은 건별 세율적용	전국 소재지 부동산을 합산 주택도 합산하여 세율적용	
징수방법(원칙)		보통징수(고지서 발부)	부과징수(고지서 발부)	
신고납부방식 선택		해당사항 없음	12.1.~12.15. 신고납부 가능	
고지서 발부기한		납부개시 5일 전까지	납부개시 5일 전까지	
과세기준일		매년 6월 1일(지법 114조)	매년 6월 1일(종부법 8조)	
세금 납부	토지	9.16.~9.30.	종합 5억↑, 별도합산 80억↑	12.1.~ 12.15
	주택	7.16.~7.31., 9.16.~9.30. 1/2씩	9억 이상(1세대 1주택 11억→12억)↑	
	건축물	7.16.~7.31.	과세대상 아님	
	선박·항공기	7.16.~7.31.		

종합부동산세는 지방세법상 재산세 과세대상 재산(토지, 건축물, 주택, 선박, 항공기) 중 주택(주거용 건축물과 그 부속토지)과 토지(종합합산과세대상 토지와 별도합산과세대상 토지)를 과세대상으로 한다. 즉, 지방세법상 재산세 과세대상 중 일반 건축물, 분리과세대상 토지, 선박·항공기 등은 가액의 크기를 불문하고 종합부동산 과세대상에서 제외된다.

2022년까지 상시 주거용으로 사용하지 않고 휴양·위락의 용도로 사용되는 별장은 「주택법」상 주택의 범위에는 해당하지만(종합부동산세법에서는 주택의 범위에서 제외, 종부법 2조3호), 지방세법상 고율(4%)의 재산세를 부과하므로 종합부동산세(최고 세율 5%, 2022·2021년 6%, 2020·2019년 3.2%, 2018년까지는 2%)를 과세할 실익이 적어 종합부동산세 과세대상에서 제외하였다. 그러나 2023년부터 별장은 재산세를 일반과세하므로 종합부동산세 과세대상으로 세법을 개정했다. 이를 요약하여 살펴보면 다음 표와 같다.

[재산세와 종합부동산세의 과세요약]

구분			재산특성과 재산세율	종합부동산세 세율
토지	종합합산과세		중과세 토지. 0.2~0.5%(1억↑)	1%(15억↓)~ 3%(45억↑)
	별도합산과세		누진과세. 0.2~0.4%(10억↑)	0.5(200억↓)~0.7%(400억↑)
	분리 과세	골프장 등	최고율 과세 토지. 단일세율 4%	과세제외: 재산세로 충분
		전답 등	최저율 과세 토지 (전답 등 0.07%, 기타 0.2%)	과세제외: 조세정책적 차원에서 최저율 분리과세 취지
별장 이외 주택(+토지)			일반누진과세 0.1~0.4%(3억↑)	0.5%(3억↓)~5%(94억↑)
별장(2023년부터 주택으로 과세)			최고율 과세. 단일세율 4%	과세제외: 재산세로 충분
건축물	도시주거지역 공장		0.5%. 대도시 신·증설 1.25%(5년)	과세제외
	기타 공장, 건축물		0.25%	
선박	고급선박		5%(최고율 과세)	
	일반선박		0.3%	
항공기			0.3%	

(보충1)재산세는 '주택별 과세표준×세율'이지만, 종합부동산세는 '주택합산 과세표준×세율'방식으로 산출세액 계산방법이 다름.(지법 113조②③, 종부법 8조①)

(보충2)종합부동산세 과세표준×세율 후, 재산세 해당분, 세부담상한액 등을 공제하여 계산.

1. 주택에 대한 종합부동산세 계산(세부담 상한액 한도로 부과)

   과세표준×세율 - 재산세상당액 - 60세 이상 1세대 1주택자 공제 - 5년 이상 보유자 공제

2. 토지에 대한 종합부동산세 계산(세부담 상한액 한도로 부과)

   과세표준×세율 - 재산세상당액

(보충3)일정한 요건을 갖춘 주택과 토지는 종합부동산세 과세대상에서 제외됨.

1. 일정한 임대주택·미분양주택·사원주택·기숙사·어린이집용 주택 등(종부법 8조②③)

2. '주택건설사업자'의 주택 건설용 토지(토지를 취득한 후 해당 연도 종합부동산세 과세기준일 전까지 주택건설사업자의 지위를 얻은 자의 토지를 포함) 중 취득일부터 5년 이내에 「주택법」에 따른 사업계획의 승인을 받은 토지(조특법 104조의19)

제
1
장

제
2
장

제
3
장

제
4
장

제
5
장

제
6
장

제
7
장

제
8
장

제
9
장

제
10
장

제
11
장

제
12
장

제
13
장

제
14
장

(2)재산세의 변천역사

재산세는 1894년 지세(地稅, 당시는 국세였음)에 기원을 두고 있으며, 그 후 많은 변천을 거쳐 오늘에 이르고 있는데, 큰 흐름은 아래 표와 같다.

과세대상		1987까지*1	1988부터	1990부터*3	2005부터*5
토지 (1894)	정상	재산세	재산세	종합토지세	재산세+종부세(전국합산, 국세)
	유휴	재산세	재산세*2	종합토지세	재산세+종부세(전국합산, 국세)
건축물(1909)	주택	재산세 (주택통합)	재산세 (주택통합)	재산세 (주택통합)	재산세+종부세(전국합산, 국세)*4
	기타				재산세(주택: 독립과세대상으로 분리)
선박(1908)		재산세	재산세	재산세	재산세
항공기(1985)		재산세	재산세	재산세	재산세

*1 1962년: 종전의 지세·가옥세(家屋稅), 광세(鑛稅), 선세(船稅)를 재산세(지방세)로 통합

　1973년: 고급주택, 별장, 골프장, 고급선박, 법인의 비업무용토지와 대도시 내 신설공장에 대해 중과세하는 규정 신설

　1974년: 사치성재산에 대한 세율인상 및 공한지 중과제도 신설(1·14 긴급조치)

　1976년: 농지·임야도 재산세 과세대상으로 추가

　1985년: 항공기를 재산세 과세대상에 추가

　1986년: 공한지(空閑地)에 대해 시·도내 공지합산제도 도입

　1987년: 토지·건물분에 대한 재산세 납기 변경

　1988년: 토지과다보유세 신설로 공한지와 법인 비업무용토지의 재산세 중과제도 폐지

*2 1988.4.1. 토지과다보유세(지방세) 신설: 재산세와 별개 세목으로 신설(내무부)

*3 1990.1.1. 종합토지세(지방세) 신설: 토지과다보유세(지방세)는 종합토지세에 흡수되어 폐지됐고, '토지'도 재산세 과세대상에서 없애고 종합부동세 과세대상으로 이동.

　「토지초과이득세법」(국세, 1998.12.29. 폐지) 「택지소유상한에 관한 법률」(초과소유부담금 부과, 1998.9.19. 폐지) 「개발이익환수에 관한 법률」(개발부담금 부과, 세금은 아님)과 함께 '4대 토지공개념법'이 시행됐지만, 현재는 2개만 남아 있음.

*4 2005.1.1. 종합토지세(지방세)를 폐지하고, 2005.1.5. 종합부동산세(국세)를 신설·시행.

　　　'재산세'에서 '주택'을 별도의 과세대상으로 하여 건축물에서 분리.

　　　'토지'를 재산세 과세대상에 다시 추가하여, 종합부동산세와 연계시킴.

*5 2011.1.1. 도시계획세를 폐지하여 재산세로 통합: 폐지된 도시계획세의 세액은 현재 '재산세 도시지역분'이라는 이름으로 재산세에 포함되어 종전과 같이 과세되고 있음.

　도시계획세는 도시계획구역 내 일정토지와 건축물이 과세대상임.(지법 112조)

　2023년부터 별장을 취득세 및 재산세 중과세 대상에서 삭제(지법 13조⑤, 16조①② 및 111조①)

　도시지역의 급격한 부동산 가격 상승과 소득수준의 향상으로 인해 농어촌지역에 소재한 별장을 특정 계층만이 소유하는 고급 사치성재산으로 보지 않는 의식변화를 고려하여 별장에 대한 취득세 및 재산세 중과를 폐지함.

(3)재산세의 특징

①시·군·자치구세가 원칙이나 서울특별시와 광역시(군 지역)는 특례 있음

재산세는 과세물건의 소재지를 관할하는 시장·군수 또는 구청장이 과세하는 시·군·자치구세가 원칙이지만, 서울특별시와 광역시(군 지역)는 다른 지역과 달리 적용하는 특례규정이 있다.

광역시의 군(郡) 지역에서는 도세를 광역시세로 하는 특례(도세→광역시세, 시·군세→군세)가 모든 지방세에 대해 공통적용되지만(지기법 8조①본문 단서), '서울특별시'의 재산세는 다시 서울특별시세와 자치구세로 배분하는 '2원화 특례'(지기법 9조)까지 있다. 이를 표로 살펴보면 다음과 같다.

[등록면허세와 재산세의 세목분류상 특례]

구분		등록면허세	재산세[2]
특별시		자치구세	특별시세, 자치구세
광역시	군 이외 지역	자치구세	자치구세
	군 지역	광역시세[1]	군세[1]
도		도세	시·군세

[1] 광역시의 군(郡) 지역에서는 도세를 광역시세로 함.(지기법 8조①본문 단서)

따라서 광역시의 군 지역은 도세처럼 구분한다는 뜻임(도세→광역시세, 시·군세→군세).

[2] 서울특별시 재산세의 2원화: 일부는 직접 귀속, 일부는 형평고려 재배분(지기법 9조)

과세대상	지방세 세목	특별시세	자치구세	법조문
선박·항공기	구 재산세만 과세		O	지기법 9조①
토지·건축물·주택	구 재산세분	50%	50%	지기법 9조②
	구 도시계획세분(현 도시지역분)	O		지기법 9조③

가. 2011.1.1.부터 재산세로 흡수된 종전의 도시계획세(특별시·광역시세였으며, 도 지역은 시·군세였음)분이 서울특별시에서는 특별시세로 그대로 남고, 광역시에서는 구세로 전환됨.(구 도시계획세 세율: 0.15%. 다만, 조례에 의해 0.23까지 조정 가능. 2010.12.27. 폐지되기까지의 구 지법 237조 ☞ 현재 '재산세 도시지역분'으로 과세)

나. 종전 재산세(시·군·구세)만 과세되던 선박·항공기에 대한 분은 자치구세로 함.

다. 위 이외의 재산세는 서울특별시세와 자치구세로 공동과세함.(50%:50% 배분)

2008.1.1.부터 서울특별시 자치구 간의 재정불균형 상태를 해소하기 위해 자치구의 재산세를 '특별시 및 구세인 재산세'로 하여 공동과세하도록 했다.(2007.7.20. 구 지법 6조의2 신설. 2008.1.1.부터 시행, 2007.7.20. 개정 지법 부칙 1조 단서 및 2조)

라. 특별시분 재산세의 교부(서울특별시세분 50%도 자치구에 전액 교부함. 즉 서울시는 50%의 재산세를 각 자치구의 형평에 맞게 배분만 하는 역할임.)(지기법 10조)

①특별시장은 9조①②의 특별시분 재산세 전액을 관할구역의 구에 교부하여야 함.

②1항에 따른 특별시분 재산세의 교부기준 및 교부방법 등 필요한 사항은 구의 지방세수(地方稅收) 등을 고려하여 특별시의 조례로 정한다. 다만, 교부기준을 정하지 아니한 경우에는 구에 균등 배분하여야 함.

③1항과 2항에 따라 특별시로부터 교부받은 재산세는 해당 구의 재산세 세입으로 봄.

②보통징수방법에 의한 부과징수

　재산세는 보통징수방법에 의하여 부과징수하므로 가산세가 없지만, 납부기한 내 납부하지 아니하면 가산금(국세는 가산세로 통합됐음) 등이 적용되어 부담금액이 늘어난다.

③물납 및 분납제도 인정

　재산세는 납세자의 편의제도인 물납 및 분납제도를 시행하고 있다.

④소액징수면제제도와 세부담상한제도 시행

　재산세는 소액징수면제제도와 세부담상한제도를 두고 있다.

⑤인세(人稅, 토지분)와 물세(物稅, 토지분 이외)의 형식이 혼재

　재산세는 소유하고 있는 재산을 중심으로 과세하는 '물세'의 성격이 강하지만, '토지분 재산세'는 토지를 용도별로 관할구역(시·군·구) 단위로 합산하는 '인세'의 성격을 띠고 있다.

⑥응능과세(應能課稅) 형식을 가미한 응익과세(應益課稅)

　재산세는 그 재산으로 인하여 예상되는 수익창출력에 대하여 과세하는 '응익과세(應益課稅)'의 성격과, 일부토지에 대해서는 소유자별로 합산하여 '응능과세(應能課稅)'하는 인세의 성격도 지니고 있다.

⑦수익세(收益稅)

　재산세는 재산을 보유하고 있을 때(6월 1일 기준) 매년 과세되는 조세이며, 이로 인해 수익이 발생한다고 보아 과세하는 수익세이다.

　반면 취득세·등록면허세는 재산의 소유권 등의 이전이나 등기·등록에 대해 과세하는 것이므로 유통세(流通稅)에 속한다고 볼 수 있다.

제1장
제2장
제3장
제4장
제5장
제6장
제7장
제8장
제9장
제10장
제11장
제12장
제13장
제14장

02 재산세 과세대상

(1)토지

취득세 과세대상 토지와 동일하다. 즉, '토지'란「공간정보의 구축 및 관리 등에 관한 법률」에 따라 지적공부의 등록대상이 되는 토지와 그 밖에 사용되고 있는 '사실상의 토지'를 말한다.(지법 104조1호)

'사실상의 토지'라 함은 매립·간척 등으로 준공인가 전에 사실상으로 사용하는 토지 등 토지대장에 등재되어 있지 않는 토지를 포함한다.(지예 104-1)

(2)건축물

①재산세 과세대상 건축물의 범위

'건축물'에서 '주택'은 제외되며('주택'은 2005년부터 별도의 과세대상으로 독립했기 때문), 취득세 과세대상 중 '건물+시설(구축물, 지령 5조)'만 재산세 과세대상이고 '부수시설물(지령 6조)'은 재산세 과세대상이 아니다.(지법 104조2호→지법 6조4호 인용)

[건축물의 범위](지법 6조4호)
'건축물'이란「건축법」2조①2호에 따른 건축물(이와 유사한 형태의 건축물을 포함)과 토지에 정착하거나 지하 또는 다른 구조물에 설치하는 레저시설, 저장시설, 도크(dock)시설, 접안시설, 도관시설, 급수·배수시설, 에너지 공급시설 및 그 밖에 이와 유사한 '시설'(이에 딸린 시설을 포함)로서 대통령령(시행령 5조)으로 정하는 것을 말한다.

[시설의 범위](지령 5조)
1. 레저시설: 수영장, 스케이트장, 골프연습장(「체육시설의 설치·이용에 관한 법률」에 따라 골프연습장업으로 신고된 20타석 이상의 골프연습장만 해당), 전망대, 옥외스탠드, 유원지의 옥외오락시설(유원지의 옥외오락시설과 비슷한 오락시설로서 건물 안 또는 옥상에 설치하여 사용하는 것을 포함)
2. 저장시설: 수조, 저유조, 저장창고, 저장조(1톤 이하인 LPG저장조 제외, 2022년 시행) 등의 옥외저장시설(다른 시설과 유기적으로 관련되어 있고 일시적으로 저장기능을 하는 시설을 포함)
3. 도크(dock)시설 및 접안시설: 도크, 조선대(造船臺)
4. 도관시설(연결시설을 포함): 송유관, 가스관, 열수송관
5. 급수·배수시설: 송수관(연결시설을 포함), 급수·배수시설, 복개설비
6. 에너지 공급시설: 주유시설, 가스충전시설, 송전철탑(전압 20만 볼트 미만을 송전하는 것과 주민들의 요구로「전기사업법」72조에 따라 이전·설치하는 것은 제외)

7. 잔교(棧橋)(이와 유사한 구조물을 포함), 기계식 또는 철골조립식 주차장, 차량 또는 기계장비 등을 자동으로 세차 또는 세척하는 시설, 방송중계탑(「방송법」에 따라 국가가 필요로 하는 대외방송 및 사회교육방송 중계탑은 제외) 및 무선통신기지국용 철탑(지령 5조②)

②건축물의 구체적인 범위(지령 103조)
1. 건축허가를 받았으나 「건축법」 18조에 따라 착공이 제한된 건축물
2. 「건축법」에 따른 건축허가를 받거나 건축신고를 한 건축물로서 같은 법에 따른 공사계획을 신고하고 공사에 착수한 건축물[개발사업 관계법령에 따른 개발사업의 시행자가 개발사업 실시계획의 승인을 받아 그 개발사업에 제공하는 토지(분리과세대상 토지는 제외)로서 건축물의 부속토지로 사용하기 위하여 토지조성공사에 착수하여 준공검사 또는 사용허가를 받기 전까지의 토지에 건축이 예정된 건축물(관계 행정기관이 허가 등으로 그 건축물의 용도 및 바닥면적을 확인한 건축물을 말함)을 포함함].
   다만, 과세기준일 현재 정당한 사유 없이 6개월 이상 공사가 중단된 경우는 제외함.
3. 가스배관시설 등 다음의 지상정착물(지칙 51조)
   ⓐ가스배관시설 및 옥외배전시설
   ⓑ「전파법」에 따라 방송전파를 송수신하거나 전기통신역무를 제공하기 위한 무선국 허가를 받아 설치한 송수신시설 및 중계시설

(3) 주택

①재산세 과세대상 주택의 범위
'주택'이란 "세대의 구성원이 장기간 독립된 주거생활을 할 수 있는 구조로 된 건축물 및 그 부속토지"(「주택법」 2조1호 준용)를 말한다. 이 경우 토지와 건축물의 범위에서 주택은 제외한다.(지법 104조3호)

즉, 주택은 그 부속토지를 포함한 전체 가액에 공정시장가액비율 60%(1세대 1주택은 2022년 45%, 2023년부터 43~45%. 지령 109조)을 곱한 금액을 과세표준으로 한다. 주택에 대한 재산세 세율은 별장(2022년까지는 4% 단일비례세율, 2023년부터 중과세 대상에서 삭제하고 일반주택으로 과세)과 일반주택(4단계 초과누진세율)으로 구분되며, 2021년부터 일반주택은 다시 '일반세율(0.10~0.40% 4단계 초과누진세율)이 적용되는 주택'과 '특례세율(일반세율보다 0.05% 낮음)이 적용되는 1세대1주택(시가표준액 9억원 이하)'으로 나뉜다.(지법 110조①본문, 111조의2, 113조③)

그리고, 주택이 없는 토지는 주택 부속토지가 아니라 일반토지로 보아, 그 현황에 따라 별도합산과세대상 또는 종합합산과세대상 토지로 분류되는 것이다. "과세기준일 현재 건축물 또는 주택이

사실상 철거·멸실된 날(사실상 철거·멸실된 날을 알 수 없는 경우에는 공부상 철거·멸실된 날)부터 6개월이 지나지 아니한 건축물 또는 주택의 부속토지는 '별도합산과세대상' 토지로 한다. 이 경우 「건축법」 등 관계 법령에 따라 허가 등을 받아야 하는 건축물 또는 주택으로서 허가 등을 받지 않은 건축물 또는 주택이거나 사용승인을 받아야 하는 건축물 또는 주택으로서 사용승인(임시사용승인을 포함)을 받지 않은 경우는 '종합합산과세대상' 토지로 한다."(지령 103조의2)

② 주거용과 주거 외의 용도를 겸하는 건물에서 주택의 범위(지법 106조②)

1. 1동(棟)의 건물이 주거와 주거 외의 용도로 사용되고 있는 경우에는 주거용으로 사용되는 부분만을 주택으로 본다. 이 경우 건물의 부속토지는 주거와 주거 외의 용도로 사용되는 건물의 면적비율에 따라 각각 안분하여 주택의 부속토지와 건축물의 부속토지로 구분한다.

2. 1구(構)의 건물이 주거와 주거 외의 용도로 사용되고 있는 경우에는 주거용으로 사용되는 면적이 전체의 50% 이상인 경우에는 주택으로 본다.

3. 「건축법」 등 관계 법령에 따라 허가 또는 사용승인 등을 받아야 할 건축물로서 허가 또는 사용승인(임시사용승인을 포함) 등을 받지 아니하고 주거용으로 사용 중인 건축물의 면적이 전체 건축물 면적의 50% 이상인 경우에는 그 건축물을 주택으로 보지 아니하고 그 부속토지는 종합합산 과세대상 토지로 본다.(2022년 시행)

4. 주택 부속토지의 경계가 명백하지 아니한 경우에는 그 주택의 바닥면적의 10배에 해당하는 토지를 주택의 부속토지로 본다.(지령 105조)

【오피스텔을 주거용으로 사용하는 경우 재산세 과세방법】(지예 104-2)

오피스텔은 「건축법」상 일반 업무시설에 해당하므로 일반적으로 건축물로 과세하나, 현황과세의 원칙에 따라 주거용(주민등록, 취학여부, 임대주택 등록 여부 등)으로 사용하는 경우에 한해 주택으로 과세한다. 이 경우 해당 건물부분과 그 부속토지부분을 각각 구분하여 산출한 시가표준액의 합을 주택의 시가표준액으로 보아 이 금액에 주택분 공정시장가액 비율을 적용한 금액을 과세표준으로 한다.

③ 다가구주택

다가구주택(「건축법 시행령」〈별표 1〉1호 다목)은 1가구가 독립하여 구분 사용할 수 있도록 분리된 부분을 1구의 주택으로 본다. 이 경우 그 부속토지는 건물면적의 비율에 따라 각각 나눈 면적을 1구의 부속토지로 본다.(지령 112조)

【1구의 주택】(지예 111…시행령112-1)

'1구의 주택'이라 함은 소유상의 기준이 아니고 점유상의 독립성을 기준으로 판단하되, 합숙소·기숙사 등의 경우에는 방 1개를 1구의 주택으로 보며, 다가구주택은 침실·부엌·출입문이 독립되어 있어야 1구의 주택으로 본다.

[「건축법」상 다가구주택이 아닌 경우 이 특례규정 적용 제외됨]

「건축법 시행령」〈별표1〉에서는 3개층 이하를 주택으로 사용하는 경우(1층의 전부 또는 일부를 필로티 구조로 하여 주차장으로 사용하고 나머지 부분을 주택 이외의 용도로 사용하는 경우에는 층수에 불포함)에 다가구주택이라고 규정하고 있으므로, 4개 층(옥탑방 포함)을 주택으로 사용하고 있는 쟁점부동산은 (1세대 1주택 비과세 등) 특례가 적용되는 다가구주택이 아니라 '다세대주택'임.(조심 2008서0684, 2018.4.27. 등 다수)

다가구주택은 단독주택이고, 아파트·연립주택(바닥면적 660㎡ 초과)·다세대주택(바닥면적 660㎡ 이하, 4개 층 이하를 주거용으로 사용, 19세대 초과 가능)은 공동주택임.(「주택법」 2조, 「주택법시행령」2·3조, 「건축법시행령」〈별표1〉)

④주택에 대한 세율적용 방법: 개별 주택별로 세율 적용함(합산배제)

　주택에 대한 재산세는 주택별로 재산세의 세율을 적용한다.(지법 113조②)

　주택을 2명 이상이 공동으로 소유하거나 토지와 건물의 소유자가 다를 경우 해당 주택에 대한 세율을 적용할 때 해당 주택의 토지와 건물의 가액을 합산한 과세표준에 재산세의 세율을 적용한다.(지법 113조③) 이렇게 주택별 전체가액(부속토지 포함)을 과세표준으로 하여(공정시장가액비율 60·45% 적용 후) 누진세율을 적용하여 산출세액을 계산한 다음, 각 소유자별 과세표준 비율로 안분하여 부과하게 된다.

(4)항공기와 선박: 취득세의 과세대상과 동일

①항공기(지법 104조4호→지법 6조9호)

　'항공기'란 사람이 탑승·조종하여 항공에 사용하는 비행기, 비행선, 활공기(滑空機), 회전익(回轉翼) 항공기 및 그 밖에 이와 유사한 비행기구로서 대통령령으로 정하는 것을 말한다.

(지법 6조9호)

　항공기에는 사람이 탑승, 조정하지 아니하는 원격조정장치에 의한 항공기(농약살포 항공기 등)은 제외된다.(지예 6-6)

②선박(지법 104조5호지→법 6조10호)

　'선박'이란 기선, 범선, 부선(艀船) 및 그 밖에 명칭에 관계없이 모든 배를 말한다.(지법 6조10호)

　선박에는 해저관광 또는 학술연구를 위한 잠수캡슐의 모선으로 이용하는 부선과 석유시추선도 포함한다.(지예 6-7)

제1장
제2장
제3장
제4장
제5장
제6장
제7장
제8장
제9장
제10장
제11장
제12장
제13장
제14장

03　재산세 과세대상 토지의 구분

(1)재산세 과세대상 토지의 3대구분 원칙

재산세 과세대상인 토지는 크게 분리과세대상·별도합산과세대상·종합합산과세대상 토지로 3구분하며, 토지의 시가표준액(지법 4조①②)에 공정시장가액비율(토지는 70%. 지령 109조)을 곱한 가액을 각 구분별·관할지방자치단체별로 합산한 금액(분리과세대상은 토지별 과세)이 과세표준이 된다.(지법 110조①본문)

02(3)에서 전술한 바와 같이, 토지와 건축물의 범위에서 주택은 제외한다.(지법 104조3호) 즉, 주택은 그 부속토지를 포함한 전체 가액에 공정시장가액비율(주택은 60, 43~45%. 지령 109조)을 곱한 금액을 과세표준으로 한다. 주택에 대한 재산세 세율은 별장(4% 단일비례세율, 2023년 삭제)과 일반주택(4단계 초과누진세율)으로 구분되며, 2021년부터 일반주택은 다시 '일반세율(0.10~0.40% 4단계 초과누진세율)이 적용되는 주택'과 '특례세율(일반세율보다 0.05% 낮음)이 적용되는 1세대1주택(시가표준액 9억원 이하)'으로 나뉜다.(지법 110조①본문, 111조의2, 113조③)

그리고, 주택이 없는 토지는 주택 부속토지가 아니라 일반토지로 보아, 그 현황에 따라 별도합산과세대상 또는 종합합산과세대상 토지로 분류되는 것이다.

토지를 3구분하는 대원칙은 아래 표와 같다.

과세취지	과세대상 토지분류	해당토지
조세혜택 부여	분리과세 (저율의 단일세율)	0.07%(최저율과세): 전·답·과수원·목장용지·임야 0.2%(기타 저율과세): 공장용지, 공공목적용지 등
일반과세	별도합산과세	0.2%(2억원 이하)~0.4%(10억원 초과) 초과누진세율 적용
중과세	종합합산과세	0.2%(5천만원 이하)~0.5%(1억원 초과) 초과누진세율 적용
징벌적 과세	분리과세	5% 단일세율적용: 회원제골프장·고급오락장용 토지

토지를 용도별로 구분해보면 아래 표와 같이 윤곽을 이해할 수 있다.

토지용도	분리과세	별도합산과세	종합합산과세
공장용 부속토지	공장입지기준면적 이내(저율) : 시골(읍·면지역)소재 공장 (산업단지·공업지역 포함) : 개발제한구역 지정 전 취득	용도지역별 적용배율 내(도시 3~7, 기타 7배) : 도시소재 공장	분리과세 이외분 별도합산 이외분
공기업목적	①각 해당 목적용 토지 ②한국토지주택공사(영102⑦ 12): 1997.12.31.이전 소유분	N/A	분리과세 이외분
비영리사업자 (영 22조 2호)[*1]	1995.12.31.이전 소유분 분리과세→용도별 구분과세	1996.1.1.이후 소유분: 토지 상황에 따라 분리과세·별도합산과세·종합합산과세됨.	

농지·임야, 목장용지*2	개인, 관련법인 고유목적용 (도시지역은 녹지, G–Belt만)	N/A	분리과세 이외분
일반(상업) 건축물용 부속토지	N/A	용도지역별 적용배율 내 ①골프장·고급오락장건물 ②건물 〈 부속토지×2%	별도합산 이외분
철거·멸실 시 (일반용, 주택용 불문)	N/A	철거·멸실 후 6개월 이내 단, 허가·사용승인(임시사용승인 포함)분에 한함.	①6개월 경과 ②무허가 또는 사용미승인
차고, 운전학원, 야적장·컨테이너	N/A	①최저기준면적×배율 ②운전학원용:시설구역 내 ③부설주차장:기준면적 내	별도합산 이외분
특수목적용 물류·관광등	N/A	해당목적 사용 토지 (견인차 보관토지 포함)	별도합산 이외분
고급오락장	고율분리과세토지(5% 세율)	N/A	N/A
회원제 골프장	구분등록대상: 코스·도로 등 토지, 사무실 부속토지(5%)	구분등록대상 이외: 연습장·연수시설 등 부속토지	별도합산 이외분
주택용	별장·일반주택으로 구분하여 부속토지도 건축물과 합산하여 과세함.→2023년부터 주택 통합 별장: 4% 고율과세→2023년 삭제. 주택: 0.1%(6천만원 이하)~0.4%(3억원 초과) 누진세율		

*1 [비영리사업자가 1995.12.31. 보유한 토지 과세구분](지령 102조⑧1호)

[비영리사업자의 범위: 무상취득 취득세 저율과세(3.5→2.8%)법인](지령 22조)

1. 종교 및 제사를 목적으로 하는 단체
2. 「초·중등교육법」 및 「고등교육법」에 따른 학교, 「경제자유구역 및 제주국제자유도시의 외국교육기관 설립·운영에 관한 특별법」 또는 「기업도시개발 특별법」에 따른 외국교육기관을 경영하는 자 및 「평생교육법」에 따른 교육시설을 운영하는 평생교육단체
3. 「사회복지사업법」에 따라 설립된 사회복지법인
4. 지방세특례제한법 22조①에 따른 사회복지법인(단체 포함) 등(2019.12.31. 개정)
5. 「정당법」에 따라 설립된 정당

①1995.12.31. 이전부터 소유하고 있는 토지

가. 2020년분까지 재산세 과세구분

지령 22조의 비영리사업자(즉 위 1.~5.호 모두 해당)가 1995.12.31. 이전부터 소유하고 있는 토지(회원제골프장용 토지와 고급오락장용 토지는 제외)는 재산세 과세구분 시 분리과세된다.(지법 106조①3호 아목, 지령 102조⑧1호)

나. 2021년부터 개정된 재산세 과세구분(학교법인만 비영리사업자로 간주, 나머지는 제외)

지령 22조 2호의 비영리사업자(즉 2.호만 해당)가 1995.12.31. 이전부터 소유하고 있는 토지(회원제골프장용 토지와 고급오락장용 토지는 제외)는 재산세 과세구분 시 분리과세된다.(지법 106조①3호 아목, 2020.6.2. 개정 지령 102조⑧1호. 분리과세에서 제외된 1·3·4·5호는 2022년부터 20%씩 줄어든 면적을 분리과세로 인정하므로 2026년부터는 100% 분리과세에서 제외됨, 지령 부칙 3조)

다. 2022년부터 개정된 재산세 과세구분(학교법인이더라도 수익사업에 사용하는 토지는 분리과세 제외)

지령 22조 2호의 비영리사업자(즉 2.호만 해당)가 1995.12.31. 이전부터 소유하고 있는 토지(회원제골프장용 토지와 고급오락장용 토지는 제외) 중 교육사업에 직접 사용하고 있는 토지는 분리과세한다. 다만, 수익

사업에 사용하는 토지는 제외한다.(지법 106조①3호 아목, 2021.12.31. 개정 지령 102조⑧1호).

〈분리과세→종합합산·별도합산과세대상으로 변경되는 토지의 분리과세 일부적용 특례〉(지령 부칙 6조)

분리과세 연도별 비율*	2022	2023	2024	2025	2026	2027	2028	2029
별도합산 변경 토지	100%	90%	80%	60%	40%	20%	–	–
종합합산 변경 토지	100%					70%	40%	10%

* 특례 적용배제: 과세구분이 변경되는 토지 중 「체육시설의 설치·이용에 관한 법률」 10조①1호(등록 체육시설업)에 따른 골프장용 토지, 「관광진흥법」 3조2호의 관광숙박업에 사용하는 토지와 「유통산업발전법」에 따른 대규모점포에 사용하는 토지에 대해서는 이 특례를 적용하지 않음.

②1996.1.1. 이후 취득한 토지: 특례 없어 용도에 따라 종합합산·별도합산·분리과세표준으로 구분

*2 농지(전·답·과수원)·목장용지·임야 중 분리과세대상: 특정시점 (아래 표) 이전 취득분

[농지·목장용지·임야 중 분리과세 요건: 특정시점 이전 취득 분](지령 102조⑨)

지목	구분	취득시기 요건	지방세법 시행령 조문
농지	사회복지사업자의 사회복지시설용	1990.5.31. 이전 취득분	102조①2호 라목
	종중 소유 농지		102조①2호 바목
임야	종중 소유 임야		102조②4호
	상수원보호구역		102조②6호
	개발제한구역 임야 등	1989.12.31. 이전 취득분	102조②5호 각목
목장용지	도시지역 소재		102조①3호

☞ 각 해당 취득시기 이후에 상속받아 소유하는 경우와 법인 합병으로 인하여 취득하여 소유하는 경우를 포함함.(지령 102조⑨괄호)
  이 해당시기 이후에 취득한 것은 종합합산과세대상임.

(2)분리과세대상(지법 106조①3호)

과세기준일 현재 납세의무자가 소유하고 있는 토지 중 용도, 면적 등 현황이 변경되어 분리과세 대상 토지의 범위에 포함·제외되는 경우에는 과세기준일로부터 15일 이내에 증거자료를 갖추어 분리과세대상 토지 적용을 신청할 수 있다.(지령 102조⑪, 2022년 시행)

①공장용지로서 다음에 해당하는 토지(지령 102조①1호)

1. 시골(읍·면)지역 및 도시(산업단지·공업지역에 한함)에 있는 공장용지

시골(읍·면)지역 및 도시(산업단지·공업지역에 한함)에 있는 공장용 건축물의 부속토지(건축 중인 경우를 포함하되, 과세기준일 현재 정당한 사유 없이 6개월 이상 공사가 중단된 경우는 제외)로서 공장입지기준면적(지방세법 시행규칙 50조 〈별표 6〉) 범위의 토지(지령 102조①1호)

다만, 「건축법」 등 관계 법령에 따라 허가 등을 받아야 할 건축물로서 허가 등을 받지 아니한 공장용 건축물 또는 사용승인을 받아야 할 건축물로서 사용승인(임시사용승인을 포함)을 받

지 아니하고 사용 중인 공장용 건축물의 부속토지는 제외한다.(지령 102조①1호 단서)
2. 개발제한구역의 지정이 있기 이전에 부지취득이 완료된 것으로서 '공장입지기준면적' 범위의 토지(지역요건 무관)(지령 102조④)

②농지(전·답·과수원)로서 다음에 해당하는 토지(지령 102조①2호)
1. 전·답·과수원('농지')으로서 과세기준일 현재 실제 영농에 사용되고 있는 개인이 소유하는 농지. 다만, 특별시·광역시(군 지역은 제외)·특별자치시·특별자치도 및 시지역(읍·면 지역은 제외)의 도시지역의 농지는 개발제한구역과 녹지지역(『국토의 계획 및 이용에 관한 법률』 6조 1호에 따른 도시지역 중 같은 법 36조①1호 각 목의 구분에 따른 세부 용도지역이 지정되지 않은 지역을 포함)에 있는 것으로 한정함.
2. 농업법인(『농지법』 2조)이 소유하는 농지로서 과세기준일 현재 실제 영농에 사용되고 있는 농지. 다만, 특별시·광역시(군 지역은 제외)·특별자치시·특별자치도 및 시지역(읍·면 지역은 제외)의 도시지역의 농지는 개발제한구역과 녹지지역에 있는 것으로 한정함.
3. 한국농어촌공사가 농가에 공급하기 위하여 소유하는 농지
4. 관계 법령에 따른 사회복지사업자가 복지시설 소비목적용으로 소유하는 농지(다만, 1990.5.31. 이전 취득분에 한함, 지령 102조⑨)
5. 법인이 매립·간척으로 취득한 농지로서, 과세기준일 현재 실제 영농에 사용되고 있는 해당 법인 소유농지. 다만, 특별시·광역시(군 지역은 제외)·특별자치시·특별자치도 및 시지역(읍·면 지역은 제외)의 도시지역의 농지는 개발제한구역과 녹지지역에 있는 것으로 한정함
6. 종중이 소유하는 농지(단, 1990.5.31. 이전 취득분에 한함, 지령 102조⑨)

③목장용지로서 다음에 해당하는 토지(지령 102조①3호)
　개인이나 법인이 축산용으로 사용하는 도시지역 안의 개발제한구역·녹지지역과 도시지역 밖의 목장용지로서 과세기준일이 속하는 해의 직전 연도를 기준으로 〈축산용 토지 및 건축물의 기준〉을 적용하여 계산한 토지면적의 범위에서 소유하는 토지(다만, 도시지역의 목장용지는 1989.12.31. 이전 취득분에 한함, 지령 102조⑨)

④임야로서 다음에 해당하는 토지(지령 102조②)
1. 특수산림사업지구(『산림자원의 조성 및 관리에 관한 법률』 28조)로 지정된 임야와 보전산지(『산지관리법』 4조①1호)에 있는 임야로서 산림경영계획의 인가(『산림자원의 조성 및 관리에 관한 법률』 13조)를 받아 실행 중인 임야.
　다만, 도시지역의 임야는 제외하되, 도시지역으로 편입된 날부터 2년이 지나지 아니한 임야와 보전녹지지역(『국토의 계획 및 이용에 관한 법률』 30조)의 임야로서 산림경영계획의 인가를 받

아 실행 중인 임야를 포함.

2. 지정문화재(「문화재보호법」2조②) 및 보호구역 안의 임야

3. 공원자연환경지구(「자연공원법」에 따라 지정)의 임야

4. 종중이 소유하고 있는 임야

    (다만, 1990.5.31. 이전 취득분에 한함, 지령 102조⑨)

5. 다음의 어느 하나에 해당하는 임야

 가. 개발제한구역의 임야(단, 1989.12.31. 이전 취득분에 한함, 지령 102조⑨)

 나. 군사기지 및 군사시설 보호구역 중 제한보호구역의 임야 및 그 제한보호구역에서 해제된
    날부터 2년이 지나지 아니한 임야

 다. 접도구역(「도로법」에 따라 지정)의 임야

 라. 철도보호지구(「철도안전법」45조)의 임야

 마. 도시공원(「도시공원 및 녹지 등에 관한 법률」2조3호)의 임야

 바. 도시자연공원구역(「국토의 계획 및 이용에 관한 법률」38조의2)의 임야

 사. 홍수관리구역(「하천법」12조)으로 고시된 지역의 임야

6. 상수원보호구역(「수도법」)의 임야

    (다만, 1990.5.31. 이전 취득분에 한함, 지령 102조⑨)

⑤국가 및 지방자치단체 지원을 위한 특정목적 사업용 토지. 다만, 5% 중과세율이 적용되는 골
프장용·고급오락장용 토지 등은 제외함(지령 102조⑤)

1. 국가나 지방자치단체가 국방상의 목적 외에는 그 사용 및 처분 등을 제한하는 공장 구내의
토지

2. 「국토의 계획 및 이용에 관한 법률」, 「도시개발법」, 「도시 및 주거환경정비법」, 「주택법」 등
('개발사업 관계법령')에 따른 개발사업의 시행자가 개발사업의 실시계획승인을 받은 토지로
서 개발사업에 제공하는 토지 중 다음 각 목의 어느 하나에 해당하는 토지

 가. 개발사업 관계법령에 따라 국가나 지방자치단체에 무상귀속되는 공공시설용 토지

 나. 개발사업의 시행자가 국가나 지방자치단체에 기부채납하기로 한 기반시설(「국토의 계획 및
    이용에 관한 법률」2조6호의 기반시설)용 토지

3. 군용화약류시험장용 토지(허가받은 용도 외의 다른 용도로 사용하는 부분은 제외)와 그 허
가가 취소된 날부터 1년이 지나지 아니한 토지

4. 한국농어촌공사가 타인에게 매각할 목적으로 일시적으로 취득(「혁신도시 조성 및 발전에 관한
특별법」43조③에 따라 국토교통부장관이 매입)하여 소유하는 종전부동산

5. 한국수자원공사가 국토교통부장관이 수립하거나 승인한 실시계획에 따라 취득한 토지로서
발전·수도·공업 및 농업 용수의 공급 또는 홍수조절용으로 직접 사용하고 있는 토지

⑥에너지·자원의 공급 및 방송·통신·교통 등의 기반시설용 일정토지

다만, 5% 중과세율이 적용되는 골프장용·고급오락장용 토지 등은 제외하고, 5호 및 7호~9호의 토지는 같은 호에 따른 시설 및 설비공사를 진행 중인 토지를 포함함.(지령 102조⑥)

1. 과세기준일 현재 계속 염전으로 실제 사용하고 있거나 계속 염전으로 사용하다가 사용을 폐지한 토지. 다만, 염전 사용을 폐지한 후 다른 용도로 사용하는 토지는 제외.

2. 광업권이 설정된 광구의 토지로서 산업통상자원부장관으로부터 채굴계획 인가를 받은 토지(채굴 외의 용도로 사용되는 부분이 있는 경우 그 부분은 제외)

3. 한국방송공사의 소유 토지로서 업무에 사용되는 중계시설의 부속토지

4. 면허 또는 인가를 받은 자가 계속하여 사용하는 여객자동차터미널 및 물류터미널용 토지

5. 전기사업자가 전원개발사업 실시계획에 따라 취득한 토지 중 발전시설 또는 송전·변전시설에 직접 사용하고 있는 토지(「전원개발촉진법」 시행 전에 취득한 토지로서 담장·철조망 등으로 구획된 경계구역 안의 발전시설 또는 송전·변전시설에 직접 사용하고 있는 토지를 포함)

6. 기간통신사업자가 기간통신역무에 제공하는 전기통신설비를 설치·보전하기 위하여 직접 사용하는 토지(한국전기통신공사가 1983.12.31. 이전에 등기 또는 등록을 마친 것만 해당함)

7. 「집단에너지사업법」 2조 6호에 따른 집단에너지공급시설용 토지

8. 한국가스공사가 제조한 가스의 공급을 위한 공급설비에 직접 사용하고 있는 토지

9. 한국석유공사가 정부의 석유류비축계획에 따라 석유를 비축하기 위한 석유비축시설용 토지와 비축의무자(「석유 및 석유대체연료 사업법」 17조)의 석유비축시설용 토지, 송유관설치자의 석유저장 및 석유수송을 위한 송유설비에 직접 사용하고 있는 토지 및 비축의무자(「액화석유가스의 안전관리 및 사업법」 20조)의 액화석유가스 비축시설용 토지

10. 한국철도공사가 직접 사용하기 위하여 소유하는 철도용지

11. 항만공사가 소유하고 있는 항만시설용 토지 중 일정사업용 토지. 다만, 수익사업(지령 107조→법법4③ 준용)에 사용되는 부분은 제외.

⑦국토의 효율적 이용을 위한 개발사업용 일정토지. 다만, 5% 중과세율이 적용되는 골프장용·고급오락장용 토지 등은 제외하고, 9호 및 11호에 따른 토지 중 취득일로부터 5년이 지난 토지로서 용지조성사업 또는 건축을 착공하지 아니한 토지는 제외함.(지령 102조⑦)

1. 「공유수면 관리 및 매립에 관한 법률」에 따라 매립하거나 간척한 토지로서 공사준공인가일(공사준공인가일 전에 사용승낙이나 허가를 받은 경우에는 사용승낙일 또는 허가일을 말함)부터 4년이 지나지 아니한 토지

2. 한국자산관리공사 또는 농업협동조합자산관리회사가 타인에게 매각할 목적으로 일시적으로 취득하여 소유하고 있는 토지

3. 농어촌정비사업 시행자가 같은 법에 따라 다른 사람에게 공급할 목적으로 소유하고 있는 토지

4. 도시개발사업의 시행자가 그 도시개발사업에 제공하는 토지(주택건설용 토지와 산업단지용 토지로 한정)와 토지구획정리사업의 시행자가 그 토지구획정리사업에 제공하는 토지(주택 건설용 토지와 산업단지용 토지로 한정) 및 경제자유구역 또는 해당 단위개발사업지구에 대한 개발사업시행자가 그 경제자유구역개발사업에 제공하는 토지(주택건설용 토지와 산업단 지용 토지로 한정). 다만, 다음의 기간 동안만 해당함.

  가. 도시개발사업 실시계획을 고시한 날부터 도시개발사업으로 조성된 토지가 공급 완료(매수자의 취득일을 말함)되거나 공사 완료 공고가 날 때까지

  나. 토지구획정리사업의 시행인가를 받은 날 또는 사업계획의 공고일(토지구획정리사업의 시행자가 국가인 경우로 한정함)부터 토지구획정리사업으로 조성된 토지가 공급 완료(매수자의 취득일을 말함)되거나 공사 완료 공고가 날 때까지

  다. 경제자유구역개발사업 실시계획 승인을 고시한 날부터 경제자유구역개발사업으로 조성된 토지가 공급 완료(매수자의 취득일을 말함)되거나 준공검사를 받을 때까지

5. 산업단지개발사업의 시행자가 산업단지개발실시계획의 승인을 받아 산업단지조성공사에 제공(조성공사 후 미분양된 토지 포함)하고 있는 토지. 다만, 산업단지조성공사 착공일부터 다음에 해당하는 날까지로 한정한다.

  가. 분양·임대 계약이 완료(준공인가 전에 계약이 체결된 경우를 말함)되거나 사업시행자가 직접 사용하는 토지: 토지 공급 완료일(매수자의 취득일, 임대차 개시일 또는 사업시행자의 건축공사 착공일 등 해당 용지를 사실상 사용하는 날을 말함)과 준공인가일 중 빠른 날

  나. 조성공사 완료 후 미분양된 토지: 토지 공급 완료일과 준공인가일 후 5년이 경과한 날 중 빠른 날

6. 한국산업단지공단이 타인에게 공급할 목적으로 소유하고 있는 토지(임대한 토지를 포함)

7. 「주택법」에 따라 주택건설사업자 등록을 한 주택건설사업자(주택조합 및 고용자인 사업주체와 「도시 및 주거환경정비법」 또는 「빈집 및 소규모주택 정비에 관한 특례법」에 따른 사업시행자를 포함)가 주택을 건설하기 위하여 같은 법에 따른 사업계획의 승인을 받은 토지로서 주택건설사업에 제공되고 있는 토지(「주택법」상 지역주택조합·직장주택조합이 조합원이 납부한 금전으로 매수하여 소유하고 있는 「신탁법」에 따른 신탁재산의 경우에는 사업계획의 승인을 받기 전의 토지를 포함)

8. 중소기업진흥공단이 같은 법에 따라 중소기업자에게 분양하거나 임대할 목적으로 소유하고 있는 토지

9. 지방공사가 타인에게 주택이나 토지를 분양하거나 임대할 목적으로 소유하고 있는 토지(임대한 토지를 포함)

10. 한국수자원공사가 소유하고 있는 토지 중 다음의 어느 하나에 해당하는 토지(임대한 토지는 제외)

  가. 개발 토지 중 타인에게 공급할 목적으로 소유하고 있는 토지

나. 친수구역 내의 토지로서 친수구역조성사업 실시계획에 따라 주택건설에 제공되는 토지 또는 친수구역조성사업 실시계획에 따라 공업지역으로 결정된 토지

11. 한국토지주택공사가 같은 법에 따라 타인에게 토지나 주택을 분양하거나 임대할 목적으로 소유하고 있는 토지(임대한 토지를 포함) 및 유동화전문회사가 한국토지주택공사가 소유하던 토지를 자산유동화 목적으로 소유하고 있는 토지

12. 한국토지주택공사가 소유하고 있는 비축용 토지 중 다음의 어느 하나에 해당하는 토지

가. 공공개발용으로 비축하는 토지

나. 국토교통부장관이 우선 매입하게 함에 따라 매입(「한국토지주택공사법」 12조④)한 토지(유동화전문회사 등에 양도한 후 재매입한 비축용 토지를 포함)

다. 국토교통부장관이 매입하게 함에 따라 매입(「혁신도시 조성 및 발전에 관한 특별법」 43조③)한 종전부동산

라. 매수(「부동산 거래신고 등에 관한 법률」 15조·16조)한 토지

마. '공익사업'을 위하여 취득하였으나 해당 공익사업의 변경 또는 폐지로 인하여 비축용으로 전환된 토지

바. 비축용 토지로 매입한 후 공익사업에 편입된 토지 및 해당 공익사업의 변경 또는 폐지로 인하여 비축용으로 다시 전환된 토지

사. 국가·지방자치단체 또는 공공기관으로부터 매입한 토지

아. 2005.8.31. 정부가 발표한 부동산제도 개혁방안 중 토지시장 안정정책을 수행하기 위하여 매입한 비축용 토지

자. 1997.12.31. 이전에 매입한 토지

⑧지역경제 발전, 공익성 등을 고려하여 분리과세하는 토지. 다만, 5% 중과세율이 적용되는 골프장용·고급오락장용 토지 등은 제외함.(지령 102조⑧)

1. 비영리사업자(지령 22조 2호. 2021년부터 교육관련 비영리사업자로 축소)가 1995.12.31. 이전부터 소유하고 있는 토지

2. 농업협동조합, 농협경제지주회사 및 그 자회사, 수산업협동조합, 산림조합 및 엽연초생산협동조합(조합 중앙회 포함)이 과세기준일 현재 구판사업에 직접 사용하는 토지와 유통자회사에 농수산물 유통시설로 사용하게 하는 토지 및 「한국농수산식품유통공사가 농수산물 유통시설로 직접 사용하는 토지. 다만, 대규모점포로 사용하는 토지는 제외(2021년부터 적용)

3. 「부동산투자회사법」에 따라 설립된 부동산투자회사가 목적사업에 사용하기 위하여 소유하고 있는 토지

4. 지정된 산업단지(「산업입지 및 개발에 관한 법률」)와 유치지역(「산업집적활성화 및 공장설립에 관한 법률」) 및 산업기술단지(「산업기술단지 지원에 관한 특례법」)에서 다음의 어느 하나에 해당하는

　용도에 직접 사용되고 있는 토지

　가. 「산업입지 및 개발에 관한 법률」에 따른 지식산업·문화산업·정보통신산업·자원비축시설용 토지 및 이와 직접 관련된 교육·연구·정보처리·유통시설용 토지

　나. 폐기물 수집운반·처리 및 원료재생업, 폐수처리업, 창고업, 화물터미널이나 그 밖의 물류시설을 설치·운영하는 사업, 운송업(여객운송업 제외), 산업용기계장비임대업, 전기업, 농공단지에 입주하는 지역특화산업용 토지, 가스공급시설용 토지 및 집단에너지공급시설용 토지

　다. 「산업기술단지 지원에 관한 특례법」에 따른 연구개발시설 및 시험생산시설용 토지

　라. 관리기관이 산업단지의 관리, 입주기업체 지원 및 근로자의 후생복지를 위하여 설치하는 건축물의 부속토지[수익사업용(지령 107조→법법4③ 준용)으로 사용되는 부분은 제외]

5. 지식산업센터의 설립승인을 받은 자가 지식산업센터를 신축하거나 증축하여 시설용으로 직접 사용(재산세 과세기준일 현재 60일 이상 휴업 중인 경우는 제외)하거나 분양 또는 임대하기 위한 토지(지식산업센터의 설립승인을 받은 후 최초로 재산세 납세의무가 성립한 날부터 5년 이내로 한정하고, 증축의 경우에는 증축에 상당하는 토지 부분으로 한정함)

6. 지식산업센터를 신축하거나 증축하여 설립한 자로부터 최초로 해당 지식산업센터를 분양받은 입주자(중소기업자로 한정)로서 사업에 직접 사용(재산세 과세기준일 현재 60일 이상 휴업 중인 경우와 타인에게 임대한 부분은 제외)하는 토지(지식산업센터를 분양받은 후 최초로 재산세 납세의무가 성립한 날부터 5년 이내로 한정)

7. 특구관리계획(「연구개발특구의 육성에 관한 특별법」 34조)에 따라 원형지로 지정된 토지

8. 인천국제공항공사가 소유하고 있는 공항시설용 토지 중 해당사업에 사용하거나 사용하기 위한 토지. 다만, 국제업무지역·공항신도시·물류단지(수익사업용에 한정)·지원시설용(수익사업용에 한정) 토지 등은 제외(2021년부터 적용)

9. 부동산집합투자기구(집합투자재산의 80%를 초과하여 부동산에 투자하는 전문투자형 특정 사모집합투자기구 포함) 또는 종전의 부동산간접투자기구가 목적사업에 사용하기 위하여 소유하고 있는 토지 중 별도합산과세대상(지법 106조①2호)에 해당하는 토지(2020.6.2. 개정 부칙 3조 참조)

10. 전시회 개최에 필요한 시설용(「전시산업발전법 시행령」 3조1호 및 2호) 토지

11. 전통사찰보존지 및 향교재산 토지. 다만, 수익사업("이나 '유료'로: 2022년부터 삭제)에 사용되는 토지는 제외(본 11호는 2020.6.2. 신설되어 2021년부터 적용)

⑨회원제 골프장용 토지와 고급오락장용 일정토지(고율분리과세)

(지령 102조③→지법 13조⑤2호·4호 준용)

1. 골프장: 「체육시설의 설치·이용에 관한 법률」에 따른 '회원제 골프장'용 부동산 중 '구분등록의 대상'이 되는 토지(지법 13조⑤2호)

2. 고급오락장: 도박장, 유흥주점영업장, 특수목욕장, 그 밖에 이와 유사한 용도에 사용되는 건축물의 부속토지. 다만, 고급오락장용 건축물을 취득한 날부터 60일(2018.12.31.까지는 30일) [상속의 경우는 상속개시일이 속하는 달의 말일부터, 실종의 경우는 실종선고일이 속하는 달의 말일부터 각각 6개월(납세자가 외국에 주소를 둔 경우에는 각각 9개월)] 이내에 고급오락장이 아닌 용도로 사용하거나 고급오락장이 아닌 용도로 사용하기 위하여 용도변경공사를 착공하는 경우는 제외함.(지법 13조⑤4호)

(3)별도합산과세대상(지법 106조①2호)

　다음의 각 경우별 별도합산과세대상 여부를 판정 시, 과세기준일 현재 건축물 또는 주택이 사실상 철거·멸실된 날(사실상의 날을 알 수 없는 경우에는 공부상 철거·멸실된 날)부터 6개월이 지나지 아니한 건축물 또는 주택의 부속토지는 별도합산과세대상이다.(멸실되지 아니한 주택의 부속토지는 주택건물과 합산하여 과세되므로 토지의 과세구분을 논할 필요가 없음.)

　이 경우「건축법」등 관계 법령에 따라 허가 등을 받아야 하는 건축물 또는 주택으로서 허가 등을 받지 않은 건축물 또는 주택이거나 사용승인을 받아야 하는 건축물 또는 주택으로서 사용승인(임시사용승인을 포함)을 받지 않은 경우는 제외한다.(즉, 종합합산과세대상이 됨)

(지법 106조①2호 다목, 지령 103조의2)

1)건축물의 부속토지(공장용, 기타용)(지법 106조①2호 가목, 지령 101조①②, 103조)

　여기서 건축물의 범위에는 다음 각 호의 건축물을 포함한다.(지령 103조)

1. 건축허가를 받았으나「건축법」18조에 따라 착공이 제한된 건축물
2.「건축법」에 따른 건축허가를 받거나 건축신고를 한 건축물로서 같은 법에 따른 공사계획을 신고하고 공사에 착수한 건축물[개발사업 관계법령에 따른 개발사업의 시행자가 '소유'(공부상 준공이 되지 않았더라도 분양 등 소유권 이전 후에는 별도합산과세 적용 배제−행안부 해석, 2020년부터 적용)하고 있는 토지로서 같은 법령에 따른 개발사업 실시계획의 승인을 받아 그 개발사업에 제공하는 토지(분리과세하여 5% 중과세율이 적용되는 골프장용·고급오락장용 토지는 제외)로서 건축물의 부속토지로 사용하기 위하여 토지조성공사에 착수하여 준공검사 또는 사용허가를 받기 전까지의 토지에 건축이 예정된 건축물(관계 행정기관이 허가 등으로 그 건축물의 용도 및 바닥면적을 확인한 건축물을 말함)을 포함]. 다만, 과세기준일 현재 정당한 사유 없이 6개월 이상 공사가 중단된 경우는 제외한다.
3. 가스배관시설, 옥외배전시설, 방송전파·전기통신 송수신시설·중계시설

제1장 제2장 제3장 제4장 제5장 제6장 제7장 제8장 제9장 제10장 제11장 제12장 제13장 제14장

①공장용 건축물의 부속토지(지령 101조①1호)

다음의 공장용 건축물의 부속토지는 별도합산과세대상이다. 다만, 「건축법」 등 관계 법령에 따라 허가 등을 받아야 할 건축물로서 허가 등을 받지 아니한 건축물 또는 사용승인을 받아야 할 건축물로서 사용승인(임시사용승인을 포함한다)을 받지 아니하고 사용 중인 건축물의 부속토지는 제외한다.

특별시·광역시(군 지역은 제외)·특별자치시·특별자치도 및 시지역(다음의 어느 하나에 해당하는 지역은 제외)의 공장용 건축물의 부속토지로서 공장용 건축물의 바닥면적(건축물 외의 시설의 경우에는 그 수평투영면적을 말함)에 용도지역별 적용배율을 곱하여 산정한 범위의 토지

가. 읍·면지역

나. 「산업입지 및 개발에 관한 법률」에 따라 지정된 산업단지

다. 「국토의 계획 및 이용에 관한 법률」에 따라 지정된 공업지역

[용도지역별 적용배율](지령 101조②)

용도지역별		적용배율
도시지역	1. 전용주거지역	5배
	2. 준주거지역·상업지역	3배
	3. 일반주거지역·공업지역	4배
	4. 녹지지역	7배
	5. 미계획지역	4배
도시지역 외의 용도지역		7배

②비공장용 건축물의 부속토지(지령 101조①2호)

다음의 건축물(공장용 건축물은 제외)의 부속토지는 별도합산과세대상이다. 다만, 「건축법」 등 관계 법령에 따라 허가 등을 받아야 할 건축물로서 허가 등을 받지 아니한 건축물 또는 사용승인을 받아야 할 건축물로서 사용승인(임시사용승인을 포함한다)을 받지 아니하고 사용 중인 건축물의 부속토지는 제외한다.

건축물의 부속토지 중 다음의 어느 하나에 해당하는 건축물의 부속토지를 '제외'한 건축물의 부속토지로서 건축물의 바닥면적(건축물 외의 시설의 경우에는 그 수평투영면적을 말함)에 용도지역별 적용배율(위 표)을 곱하여 산정한 면적 범위의 토지는 별도합산과세대상이다.

가. 5% 중과세율이 적용되는 골프장용·고급오락장용 토지(지법 106조①3호 다목) 안의 건축물의 부속토지

나. 건축물의 시가표준액이 해당 부속토지의 시가표준액의 2%에 미달하는 건축물의 부속토지 중 그 건축물의 바닥면적을 제외한 부속토지(즉, 건축물의 가액이 미미하므로 그 바닥면적만 별도합산과세로 인정한다는 취지임)

2)차고용 토지, 보세창고용 토지, 시험·연구·검사용 토지, 물류단지시설용 토지 등 공지상태(空地狀態)나 해당 토지의 이용에 필요한 시설 등을 설치하여 업무 또는 경제활동에 활용되는 일정한 토지(지법 106조①2호 나목, 지령101조③)

1. 여객자동차운송사업 또는 화물자동차 운송사업의 면허·등록 또는 자동차대여사업의 등록을 받은 자가 그 면허·등록조건에 따라 사용하는 차고용 토지로서 자동차운송 또는 대여사업의 최저보유차고면적기준의 1.5배에 해당하는 면적 이내의 토지

2. 건설기계사업의 등록을 한 자가 그 등록조건에 따라 사용하는 건설기계대여업, 건설기계정비업, 건설기계매매업 또는 건설기계폐기업의 등록기준에 맞는 주기장 또는 옥외작업장용 토지로서 그 시설의 최저면적기준의 1.5배에 해당하는 면적 이내의 토지

3. 「도로교통법」에 따라 등록된 자동차운전학원의 자동차운전학원용 토지로서 같은 법에서 정하는 시설을 갖춘 구역 안의 토지

4. 해양수산부장관 또는 시·도지사가 지정하거나 고시한 야적장 및 컨테이너 장치장용 토지와 세관장의 특허를 받는 특허보세구역 중 보세창고용 토지로서 해당 사업연도 및 직전 2개 사업연도 중 물품 등의 보관·관리에 사용된 최대면적의 1.2배 이내의 토지

5. 자동차관리사업의 등록을 한 자가 그 시설기준에 따라 사용하는 자동차관리사업용 토지(자동차정비사업장용, 자동차해체재활용사업장용, 자동차매매사업장용 또는 자동차경매장용 토지만 해당)로서 그 시설의 최저면적기준의 1.5배에 해당하는 면적 이내의 토지

6. 한국교통안전공단이 자동차의 성능 및 안전도에 관한 시험·연구의 용도로 사용하는 토지 및 자동차검사대행자로 지정된 자, 같은 법 제44조의2에 따라 자동차 종합검사대행자로 지정된 자, 지정정비사업자로 지정된 자 및 종합검사 지정정비사업자로 지정된 자, 건설기계 검사대행 업무의 지정을 받은 자 및 운행차 배출가스 정밀검사 업무의 지정을 받은 자가 자동차 또는 건설기계 검사용 및 운행차 배출가스 정밀검사용으로 사용하는 토지

7. 물류단지(「물류시설의 개발 및 운영에 관한 법률」 22조) 안의 토지로서 물류단지시설용 토지 및 공동집배송센터(「유통산업발전법」 2조16호)로서 행정안전부장관이 산업통상자원부장관과 협의하여 정하는 토지

8. 특별시·광역시(군 지역은 제외)·특별자치시·특별자치도 및 시지역(읍·면 지역은 제외)에 위치한 레미콘 제조업용 토지[산업단지(「산업입지 및 개발에 관한 법률」) 및 공업지역(「국토의 계획 및 이용에 관한 법률」)에 있는 토지는 제외]로서 공장입지기준면적 이내의 토지

9. 경기 및 스포츠업을 경영하기 위하여 사업자등록을 한 자의 사업에 이용되고 있는 체육시설용 토지(비회원제 골프장업 중 '대중형 골프장'으로 지정·이용 중인 토지에 한정. 2023년부터 축소, 2023.5.30. 개정)로서 사실상 운동시설에 이용되고 있는 토지

10. 관광사업자(「관광진흥법」)가 시설기준(「박물관 및 미술관 진흥법」)을 갖추어 설치한 박물관·미술관·동물원·식물원의 야외전시장용 토지

11. 부설주차장 설치기준면적(「주차장법 시행령」 6조) 이내의 토지[5% 중과세율이 적용되는 골프장용·고급오락장용 토지(지법 106조①3호 다목) 안의 부설주차장은 제외]. 다만, 전문휴양업·종합휴양업 및 같은 항 제5호에 따른 유원시설업에 해당하는 시설의 부설주차장으로서 교통영향평가서의 심의 결과에 따라 설치된 주차장의 경우에는 해당 검토 결과에 규정된 범위 이내의 주차장용 토지를 말함.

12. 설치·관리허가(「장사 등에 관한 법률」 14조③)를 받은 법인묘지용 토지로서 지적공부상 지목이 묘지인 토지

13. 다음 각 목에 규정된 임야. (「체육시설의 설치·이용에 관한 법률」에 따른 회원제골프장용 토지의 임야도 2020년부터는 별도합산과세대상으로 완화함)

　가. 스키장 및 골프장용 토지 중 원형이 보전되는 임야

　나. 관광단지 안의 토지와 전문휴양업·종합휴양업 및 유원시설업용 토지 중 환경영향평가의 협의 결과에 따라 원형이 보전되는 임야

　다. 준보전산지에 있는 토지 중 산림경영계획의 인가를 받아 실행 중인 임야. 다만, 도시지역의 임야는 제외함.

14. 종자업 등록을 한 종자업자가 소유하는 농지로서 종자연구 및 생산에 직접 이용되고 있는 시험·연구·실습지 또는 종자생산용 토지

15. 해당법령에 따라 면허·허가를 받은 자가 소유하는 토지로서 양식어업 또는 수산종자생산업에 직접 이용되고 있는 토지

16. 「도로교통법」에 따라 견인된 차를 보관하는 토지로서 같은 법에서 정하는 시설을 갖춘 토지

17. 폐기물 최종처리업 또는 폐기물 종합처리업의 허가를 받은 자가 소유하는 토지 중 폐기물 매립용에 직접 사용되고 있는 토지

(4)종합합산과세대상(지법 106조①1호)

과세기준일 현재 납세의무자가 소유하고 있는 토지 중 별도합산과세대상 또는 분리과세대상이 되는 토지를 제외한 토지는 종합합산과세대상이다.

다만, 다음의 어느 하나에 해당하는 토지는 종합합산과세대상으로 보지 아니한다.(즉, 별도합산과세대상으로도 보지 않으므로 사실상 재산세 과세제외){2019.12.3. 이후 납세의무 성립분부터 삭제. ☞ 지방세특례제한법상 재산세가 면제되는 토지는 최소납부제(지특법 177조의2) 적용으로 85%까지만 감면함. 제13장 01 참조}

　가. 지방세법 또는 관계 법령에 따라 재산세가 비과세되거나 면제되는 토지

　나. 지방세법 또는 다른 법령에 따라 재산세가 경감되는 토지의 경감비율에 해당하는 토지

04 재산세 납세의무자와 납세지

(1)재산세 납세의무자(지법 107조)

1)원칙적인 납세의무자: 사실상 소유자(신탁재산은 위탁자)(지법 107조①②)

①과세기준일 현재(매년 6월 1일, 지법 114조) 사실상 소유자

재산세 과세기준일 현재 재산을 사실상 소유하고 있는 자는 재산세를 납부할 의무가 있다.

'사실상 소유하고 있는 자'라 함은 취득의 시기(지령 20조)가 도래되어 해당 토지를 취득한 자를 말하며, 재산의 소유권 변동신고(지법 120조①)를 하는 경우에는 '공부상 소유자'가 아니라 '사실상 소유자'를 납세의무자로 한다.(지예 107-1)

②공유재산인 경우

그 지분에 해당하는 부분에 대해서는 그 지분권자. 만일, 지분의 표시가 없는 경우에는 지분이 균등한 것으로 본다.

③주택의 건물과 부속토지의 소유자가 다를 경우

그 주택에 대한 산출세액을 건축물과 그 부속토지의 시가표준액 비율로 안분계산한 부분에 대해서는 그 소유자

④「신탁법」에 따라 수탁자 명의로 등기·등록된 신탁재산의 경우

「신탁법」 2조에 따른 수탁자의 명의로 등기·등록된 신탁재산의 경우에는 위탁자(「주택법」 2조 11호의 지역주택조합·직장주택조합이 조합원이 납부한 금전으로 매수하여 소유하고 있는 신탁재산의 경우에는 해당 지역주택조합·직장주택조합을 말함). 이 경우 위탁자가 신탁재산을 소유한 것으로 본다.

여기서 '신탁재산'은 「신탁법」에 의한 경우를 의미하므로, 명의신탁은 이에 해당되지 아니한다.(지예 107-5)

신탁재산에 대한 납세의무자는 2013년까지는 사실상 소유자(즉, 위탁자)였으나, 2014년부터 수탁자로 변경됐다. 그 이유는 조세의 공평과세보다는 '징세 효율성'을 더 중시했기 때문이며, 이로 인해 부동산 명의를 관리하는 수탁자에게 '종합부동산세'의 납세의무가 전가되는 모순이 드러났다. 재산세 납세의무자 규정을 준용하는 종합부동산세(종부법 7조·8조)의 경우, A·B·C 주택을 가진 자가 A주택을 신탁한 경우, A는 수탁자로, B·C는 소유자로 납세의무자가 분리돼 종합부동산세 누진과세를 회피할 수 있었다. 재산세는 주택 건별로 세율을 적용하므

로 누진세 회피와는 무관하지만 세액계산 등에서 종합부동산세와 밀접하게 관련되어 있으므로, 이를 방지하고자 2021년부터는 「신탁법」에 따라 수탁자 명의로 등기·등록된 신탁재산의 경우에 '종합부동산세'뿐만 아니라 '재산세'의 납세의무자도 '위탁자'로 변경했다.(종부법 7조②신설, 지법 107조②5호←107조①3호 개정)

2) 예외적인 납세의무자(지법 107조②)

① 과세기준일 현재(매년 6월 1일) 공부상 소유자

매매 등의 사유로 소유권이 변동되었는데도 신고하지 아니하여 사실상의 소유자를 알 수 없을 때에는 공부상 소유자

② 상속재산의 주된 상속자

상속이 개시된 재산으로서 상속등기가 이행되지 아니하고 사실상의 소유자를 신고하지 아니하였을 때에는 주된 상속자

'주된 상속자'란 「민법」상 상속지분이 가장 높은 사람으로 하되, 상속지분이 가장 높은 사람이 두 명 이상이면 그중 나이가 가장 많은 사람으로 한다.(지칙 53조) 상속등기가 되지 아니한 때에는 상속자가 지분에 따라 신고하면 신고된 지분에 따른 납세의무가 성립하고, 신고가 없으면 지칙 53조 규정에 의하여 주된 상속자에게 납세의무가 있다.(지예 107-7)

③ 종중재산의 공부상 소유자

공부상에 개인 등의 명의로 등재되어 있는 사실상의 종중재산으로서 종중소유임을 신고하지 아니하였을 때에는 공부상 소유자

④ 국가 등과 연부계약 체결하고 사용권을 무상으로 받은 경우: 매수계약자

국가, 지방자치단체, 지방자치단체조합과 재산세 과세대상 재산을 연부(年賦)로 매매계약을 체결하고 그 재산의 사용권을 무상으로 받은 경우에는 그 매수계약자

이 경우 '국가 등으로부터 연부취득'한 것에 한하므로, 국가 등 이외의 자로부터 연부취득 중인 때에는 매수인이 무상사용권을 부여받았다 하더라도 국가 등 이외의 자가 납세의무자가 된다.(지예 107-2)

⑤ 도시개발사업·재개발사업의 경우 사업시행자

「도시개발법」에 따라 시행하는 환지(換地) 방식에 의한 도시개발사업 및 「도시 및 주거환경정비법」에 따른 정비사업(재개발사업만 해당함)의 시행에 따른 환지계획에서 일정한 토지를 환지로 정하지 아니하고 체비지 또는 보류지로 정한 경우에는 사업시행자

⑥외국인 소유의 항공기·선박을 임차하여 수입하는 경우에는 수입하는 자(2019.1.1.부터 시행)

⑦파산선고 이후 종결까지의 파산재단인 경우 공부상 소유자(2022.1.1.부터 시행)

3)사실상 및 공부상 소유자를 확인할 수 없는 경우: 그 사용자(지법 107조③)

'소유권의 귀속이 분명하지 아니하여 사실상 소유자를 확인할 수 없는 경우'라 함은, 소유권의 귀속 자체에 분쟁이 생겨 소송 중에 있거나, 공부상 소유자의 행방불명 또는 생사불명으로 장기간 그 소유자가 관리하고 있지 않는 경우 등을 의미한다.(지예 107-6)

4)납세관리인 지정(지기법 139조)

1. 국내에 주소 또는 거소를 두지 아니하거나 국외로 주소 또는 거소를 이전하려는 납세자는 지방세에 관한 사항을 처리하기 위하여 납세관리인을 정하여야 한다.
2. 납세관리인을 정한 납세자는 지방자치단체의 장에게 신고하여야 한다. 납세관리인을 변경하거나 해임할 때에도 또한 같다.
3. 지방자치단체의 장은 납세자가 납세관리인 신고를 하지 아니하면 납세자의 재산이나 사업의 관리인을 납세관리인으로 지정할 수 있다.
4. 재산세의 납세의무자는 해당 재산을 직접 사용·수익하지 아니하는 경우에는 그 재산의 사용자·수익자를 납세관리인으로 지정하여 신고할 수 있다.
5. 지방자치단체의 장은 재산세의 납세의무자가 재산의 사용자·수익자를 납세관리인으로 지정하여 신고하지 아니하는 경우에도 그 재산의 사용자·수익자를 납세관리인으로 지정할 수 있다.

(2)재산세 납세지(지법 108조)

1. 토지: 토지의 소재지
2. 건축물: 건축물의 소재지
3. 주택: 주택의 소재지
4. 선박: 「선박법」에 따른 선적항의 소재지. 다만, 선적항이 없는 경우에는 정계장(定繫場) 소재지(정계장이 일정하지 아니한 경우에는 선박 소유자의 주소지)
5. 항공기: 「항공안전법」에 따른 등록원부에 기재된 정치장의 소재지(「항공안전법」에 따라 등록을 하지 아니한 경우에는 소유자의 주소지)

05 재산세의 비과세(지법 109조)

(1)국가, 지방자치단체 관련 비과세

①국가 등 소유의 재산

국가, 지방자치단체, 지방자치단체조합, 외국정부 및 주한국제기구의 소유에 속하는 재산에 대하여는 재산세를 부과하지 아니한다.

다만, 다음의 어느 하나에 해당하는 재산에 대하여는 재산세를 부과한다.

1. 대한민국 정부기관의 재산에 대하여 과세하는 외국정부의 재산
2. 국가 등과 연부계약 체결하고 사용권을 무상으로 받은 경우(지법 107조②4호)에 해당하여 매수계약자에게 납세의무가 있는 재산

②국가, 지방자치단체 등이 1년 이상 공용 또는 공공용으로 사용하는 재산

국가, 지방자치단체 또는 지방자치단체조합이 1년 이상 공용 또는 공공용으로 사용(1년 이상 사용할 것이 계약서 등에 의하여 입증되는 경우를 포함)하는 재산에 대하여는 재산세를 부과하지 아니한다.

다만, 다음의 어느 하나에 해당하는 경우에는 재산세를 부과한다.

1. 유료로 사용하는 경우
2. 소유권의 유상이전을 약정한 경우로서 그 재산을 취득하기 전에 미리 사용하는 경우(2019년 신설)

(2)용도구분에 따른 비과세

다음 각 호에 따른 재산(사치성재산은 제외)에 대하여는 재산세를 부과하지 아니한다. 다만, 수익사업에 사용하는 경우와 해당 재산이 유료로 사용되는 경우의 그 재산(3호 및 5호의 재산은 제외) 및 해당 재산의 일부가 그 목적에 직접 사용되지 아니하는 경우의 그 일부 재산에 대하여는 재산세를 부과한다.

1. 도로(같은 법 2조2호에 따른 도로의 부속물 중 도로관리시설, 휴게시설, 주유소, 충전소, 교통·관광안내소 및 도로에 연접하여 설치한 연구시설은 제외. 2020년부터 적용)·하천·제방·구거·유지 및 묘지(지령 108조①)
2. 산림보호구역 등 공익상 재산세를 비과세하는 일정 토지(지령 108조②)

가. 군사기지 및 군사시설 보호구역 중 통제보호구역에 있는 토지.

　다만, 전·답·과수원 및 대지는 과세함.

나. 산림보호구역 및 지정된 채종림·시험림

다. 공원자연보존지구의 임야

라. 백두대간보호지역(「백두대간 보호에 관한 법률」 6조)의 임야

3. 임시로 사용하기 위하여 건축된 건축물로서 재산세 과세기준일 현재 1년 미만의 것

4. 비상재해구조용, 무료도선용, 선교(船橋) 구성용 및 본선에 속하는 전마용(傳馬用) 등으로 사용하는 선박

5. 행정기관으로부터 철거명령을 받은 건축물 등 재산세를 부과하는 것이 적절하지 아니한 건축물 또는 주택(「건축법」 2조①2호에 따른 건축물 부분으로 한정함)으로서 일정한 것.

　즉, 재산세를 부과하는 해당 연도에 철거하기로 계획이 확정되어 재산세 과세기준일 현재 행정관청으로부터 철거명령을 받았거나 철거보상계약이 체결된 건축물 또는 주택을 말한다. 이 경우 건축물 또는 주택의 일부분을 철거하는 때에는 그 철거하는 부분으로 한정한다.(지령 108조③)

[임대용 공동주택·다가구주택·오피스텔에 대한 재산세(도시지역분 포함) 감면](지특법 31조, 31조의3)

대상(공동주택, 오피스텔)	임대주택(31조④⑤)*1	장기임대주택(31조의3)*2
전용면적 40㎡ 이하	30년 이상 임대목적: 면제*3 30년 미만 임대목적: 50% 경감	재산세 면제*3 (다가구주택도 적용)
전용면적 40㎡ 초과~60㎡ 이하	재산세 50% 경감	재산세 75% 경감
전용면적 60㎡ 초과~85㎡ 이하	재산세 25% 경감	재산세 50% 경감
감면 제외되는 경우	공시가액(지법 4조①) 또는 시장·군수가 산정한 가액이 3억원(수도권은 6억원(민간건설임대주택·공공건설임대주택은 9억원, 2022.1.1. 시행))을 초과하는 공동주택과 시가표준액이 2억원(수도권은 4억원)을 초과하는 오피스텔	

*1 적용대상: 2020.7.11.부터 단기임대주택과 아파트 장기일반매입임대주택 등은 제외(지특법 31조④본문)
주택건설사업자, 임대사업자(「민간임대주택에 관한 특별법」 2조7호), 공공주택사업자(「공공주택 특별법」 4조) 등이 국내에서 임대용 공동주택 또는 오피스텔을 과세기준일 현재 2세대 이상 임대 목적으로 직접 사용하는 경우

*2 적용대상: 2020.7.11.부터 단기임대주택과 아파트 장기일반매입임대주택 등은 제외(지특법 31조의3①)
「민간임대주택에 관한 특별법」 2조4호에 따른 공공지원민간임대주택 및 2조5호에 따른 장기일반민간임대주택을 임대하려는 자가 국내에서 임대 목적의 공동주택·오피스텔을 2세대 이상, 또는 다가구주택(모든 호수의 전용면적이 40㎡ 이하인 경우만 해당)을 과세기준일 현재 임대 목적에 직접 사용하는 경우

*3 최소납부제 적용으로 85%만 감면함(재산세 50만원 이하는 제외).[지특법 177조의2, 제13장 02 (2)2) 참조]
(보충)감면된 재산세의 추징(지특법 31조⑤, 31조의3②, 지특령 13조④, 13조의2③, 2025.1.1. 개정)
다음 각 호의 어느 하나에 해당하는 경우에는 그 감면 사유 소멸일부터 소급하여 5년 이내에 감면된 재산세를 추징한다.

1. 「주택법」 49조 또는 「건축법」 22조에 따른 사용검사 또는 임시사용승인을 받기 전에 임대형기숙사, 다가구주택, 공동주택 또는 오피스텔을 건축 중인 토지를 매각·증여하는 경우

2. 「민간임대주택에 관한 특별법」 43조①에 따른 임대의무기간 내에 대통령령으로 정한 경우가 아닌 사유로 임대형기숙사, 다가구주택, 공동주택 또는 오피스텔을 매각·증여하거나 같은 법 6조에 따라 임대사업자 등록이 말소된 경우

846 | 제11장 재산세

06 재산세의 과세표준

(1)과세표준의 적용원칙

①토지의 과세표준

　재산세 과세대상인 토지는 크게 분리과세대상·별도합산과세대상·종합합산과세대상 토지로 3구분하며, 토지의 시가표준액(지법 4조①②)에 공정시장가액비율(토지는 70%. 지령 109조)을 곱한 가액을 각 구분별·관할지방자치단체별로 합산한 금액(분리과세대상은 토지별 과세)이 과세표준이 된다.(지법 110조①본문)

　즉, 토지에 대한 재산세는 다음에서 정하는 바에 따라 세율을 적용한다.(지법 113조①)

1. 종합합산과세대상: 납세의무자가 소유하고 있는 해당 지방자치단체 관할구역에 있는 종합합산과세대상이 되는 토지의 가액을 모두 합한 금액을 과세표준으로 하여 세율(초과누진세율)을 적용한다.

2. 별도합산과세대상: 납세의무자가 소유하고 있는 해당 지방자치단체 관할구역에 있는 별도합산과세대상이 되는 토지의 가액을 모두 합한 금액을 과세표준으로 하여 세율(초과누진세율)을 적용한다.

3. 분리과세대상: 분리과세대상이 되는 해당 토지의 가액을 과세표준으로 하여 세율(과세대상 성격별 차등 비례세율)을 적용한다.

②건축물(주택은 제외하여 별도항목으로 과세)의 과세표준

　해당 건축물 시가표준액 × 공정시장가액비율(건축물은 70%. 지령 109조)

③주택의 과세표준

　전술한 바와 같이, 토지와 건축물의 범위에서 주택은 제외한다.(지법 104조3호) 즉, 주택은 그 부속토지를 포함한 전체 가액에 공정시장가액비율 60%(1세대1주택은 2022년 45%, 2023년부터 43~45%. 지령 109조)을 곱한 가액을 과세표준으로 하기 때문이며, 별장(2022년까지는 4% 단일 비례세율, 2023년부터 중과세 대상에서 삭제하고 일반주택으로 과세)과 일반주택(01.~0.4% 4단계 초과누진세율)으로 구분되고, 2021년부터 일반주택은 다시 '일반세율(0.10~0.40% 4단계 초과누진세율)이 적용되는 주택'과 '특례세율(일반세율보다 0.05% 낮음)이 적용되는 1세대1주택(시가표준액 9억원 이하)'으로 나뉜다.(지법 110조①본문, 111조의2, 113조③)

주택에 대한 재산세는 주택별로 세율을 적용한다.(지법 113조②) 주택을 2명 이상이 공동으로 소유하거나 토지와 건물의 소유자가 다를 경우 해당 주택에 대한 세율을 적용할 때 해당 주택의 토지와 건물의 가액을 합산한 과세표준에 세율을 적용한다.(지법 113조③) 이렇게 주택별 전체가액(부속토지 포함)을 과세표준으로 하여(공정시장가액비율 60, 43~45% 적용 후) 누진세율을 적용하여 산출세액을 계산한 다음, 각 소유자별 과세표준 비율로 안분하여 부과하게 된다.

④선박·항공기의 과세표준

선박·항공기의 재산세 과세표준은 과세기준일 현재의 시가표준액으로 한다.(지법 110조②) 즉, 선박·항공기는 시가표준액을 기준으로 100% 과세하므로 공정시장가액비율이 없다.

(2)시가표준액(지법 110조→지법 4조①② 준용)
[제7장] 종합부동산세도 지법 4조①②을 준용함, 종부법 2조9호)

1)토지 및 주택의 시가표준액

①공시된 가격이 있는 경우: 공시가격(지법 4조①본문)

'공시가격'이라 함은 「부동산 가격공시에 관한 법률」에 따라 가격이 공시되는 주택 및 토지에 대하여 동법에 따라 공시된 가액을 말한다.

②공시된 가격이 없는 경우: 지방세법 4조①단서 및 4조②에 따른 가액

다만, 개별공시지가 또는 개별주택가격이 공시되지 아니한 경우에는 특별자치시장·특별자치도지사·시장·군수 또는 구청장(자치구의 구청장을 말함)이 같은 법에 따라 국토교통부장관이 제공한 토지가격비준표 또는 주택가격비준표를 사용하여 산정한 가액으로 하고, 공동주택가격이 공시되지 아니한 경우에는 특별자치시장·특별자치도지사·시장·군수 또는 구청장이 산정한 가액으로 한다.(지법 4조①단서)

[지방세법 4조①단서의 내용]

구분	가액
토지	국토교통부장관이 제공한 토지가격비준표를 사용하여 시장·군수·구청장이 산정한 가액
단독주택	국토교통부장관이 제공한 주택가격비준표를 사용하여 시장·군수·구청장이 산정한 가액
공동주택	지역별·단지별·면적별·층별 특성 및 거래가격 등을 참작하여 행정안전부장관이 정하는 기준에 따라 시장·군수·구청장이 산정한 가액

2)건축물(가격공시가 되지 않은 주택의 건물부분 포함)의 시가표준액

(지법 4조②, 지령 4조①1호)

위 1) 이외의 건축물(새로 건축하여 건축 당시 개별주택가격 또는 공동주택가격이 공시되지 아니한 주택으로서 토지부분을 제외한 건축물을 포함) 등의 가격은 종류·구조·용도·경과연수 등 과세대상별 특성을 고려하여 일정한 기준에 따라 지방자치단체의 장이 결정한 가액으로 한다.(지법 4조②)

일정한 기준이란 과세대상별 구체적 특성을 고려하여 다음의 방식에 따라 행정안전부장관이 정하는 기준을 말하는 바, 건축물의 경우 「소득세법」 99조①1호 나목에 따라 산정·고시하는 건물신축가격기준액(2025년 85←82만원/㎡)에 다음 각 목의 사항을 적용한다.(지령 4조①1호)

가. 건물의 구조별·용도별·위치별 지수
나. 건물의 경과연수별 잔존가치율
다. 건물의 규모·형태·특수한 부대설비 등의 유무 및 그 밖의 여건에 따른 가감산율

3)선박·항공기의 시가표준액

①선박(지법 4조②, 지령 4조①2호)

선박의 종류·용도 및 건조가격을 고려하여 톤수 간에 차등을 둔 단계별 기준가격에 해당 톤수를 차례대로 적용하여 산출한 가액의 합계액에 다음 각 목의 사항을 적용한다.
가. 선박의 경과연수별 잔존가치율
나. 급랭시설 등의 유무에 따른 가감산율

②항공기(지법 4조②, 지령 4조①6호)

항공기의 종류별·형식별·제작회사별·정원별·최대이륙 중량별·제조연도별 제조가격 및 거래가격(수입하는 경우에는 수입가격)을 고려하여 정한 기준가격에 항공기의 경과연수별 잔존가치율을 적용한다.

(3)공시가격, 공정시장가액비율, 과세표준의 관계

종합부동산세와 재산세의 과세표준은 다음의 단계를 거쳐 결정된다.
첫째. 공시가격의 결정이다. 공시가격은 「부동산 가격공시에 관한 법률」에 따라, 매년 1월 1일을 기준일로 하여 토지(표준지·개별공시지가), 단독주택(표준·개별), 공동주택, 오피스텔·상가 등에 대해 공시한다. 이 공시가격은 시세를 100% 모두 반영하지 않고 있는 실정이며(이를 '공시가격 현실화율'이라고 함), 과세대상별로 공시에 반영된 '현실화율'도 차이가 있어 '불공평 과세'라는 오명을 씻기 어렵다.

따라서 토지와 주택, 단독주택과 공동주택 간에 불공평한 과세문제가 여실히 드러난다. 점차 이를 조정하고는 있지만 조세저항 등도 만만치 않아 그리 쉬운 일이 아니다.

[2025년 공시가격 결정 내용 요약(토지 + 단독주택·공동주택)](「부동산 가격공시에 관한 법률」)

구분		내용(2025년) (2024.11.18. 국토교통부 보도자료)	공시가격 현실화율			
			2020	2021	2022	2023~5
토지	표준지(60만 필지)	'24.12.18. 열람 → 1.24. 확정(국토교통부)	65.5%	68.4%	71.6%	65.5%
	개별필지(3,559만)	'24.12.18. 열람 → 4.30. 확정(시·군·구)	〃	〃	〃	〃
단독 주택	표준(25만 가구)	'24.12.18. 열람 → 1.24. 확정(국토교통부)	53.6%	55.8%	58.1%	53.6%
	개별단독주택(408만)	'25. 3.19. 열람 → 4.30. 확정(시·군·구)	〃	〃	〃	〃
공동주택(1,523만 호)		'25. 3.19. 열람 → 4.30. 확정(국토교통부)	69.0%	70.2%	71.5%	69.0%

(보충) '부동산 공시가격 알리미' 사이트(국토교통부·한국부동산원·한국감정평가사협회 공동)를 통해 열람·이의 신청 등을 하며, '부동산 공시가격 콜센터'(1644-2828) 이용가능. 국세청 홈택스(hometax)에서도 자동연결 됨. 또한, '국세청 홈택스→조회/발급→기준시가 조회'에서는 상업용 건물/오피스텔, 골프회원권, 건물 기준시가 (양도 또는 상속·증여)를 확인 또는 계산할 수 있다.

둘째, '(Σ공시가격−Σ제 공제액) × 공정시장가액비율'이 과세표준이 된다. 재산세의 '공정시장 가액비율'은 2009년부터 주택은 60%{다만, 2022년부터 1세대 1주택(시가표준액이 9억원을 초 과하는 주택을 포함)은 시가표준액의 45%, 2023년부터 43~45%}이고 토지·기타건축물은 70% 로 불변이다.(구 지법 187조·구 지령 138조, 현 지법 110조·현 지령 109조) 종합부동산세는 토지와 주택 이 동일하게 2011~2018년은 80%이고 2019년부터는 매년 5%씩 인상되면 2022년부터 100%가 된다. 하지만 급격한 세금증가로 인한 조세저항을 해소하고자 주택의 종합부동산세 공정시장가 액비율을 2022년부터 60%로 조정했다.(60~80% 범위, 종부법 8조①, 종부령 2조의4)

[공정시장가액비율 연도별 추이: 재산세와 종합부동산세]

연도	재산세(%)		종부세 (%)	지방세 해당법령	종합부동산세	
	주택	기타			해당법령	비고
2005	50	50	100	구법 187, 구영 138	법 8조(주택), 13조(토지)	
2006	50	55	70	2005.12.31 개정 (법 부칙 5조)	2005.12.31. 법률 개정	법률에 적용비율 신설
2007	50	60	80			
2008	55	65	90			
2009	60	70	70	구 지방세법 187조, 구 시행령 138조	2009.2.4. 시행령 2조의4 신설	매년 5%↑ 시행령 2조의4②
2010	60	70	75			
2011~18	60	70	80	현 지방세법 110조, 현 시행령 109조 {2023년도분 1세대 1주택 공정시장가액 공시가 3억 이하: 43% 공시가 3억~6억: 44% 공시가 6억 초과: 45%}		
2019	60	70	85		2019.2.12. 시행령 개정	매년 5%↑ 2022까지 (2022년부터 주택은 60% 로 조정)
2020	60	70	90			
2021	60	70	95			
2022	45·60	70	60·100			
2023~	43~45·60	70	60·100			

07 재산세의 세율

(1)재산세의 표준세율(지법 111조①②)

1)토지

별도합산과세대상·종합합산과세대상 토지는 시·군·구의 관할구역 안에 소재하는 토지만을 합산(공시가격의 70% 적용)하여 세율을 적용하고, 분리과세대상 토지는 해당토지의 가액(공시가격의 70% 적용)을 과세표준으로 하여 세율을 적용한다.

①종합합산과세대상 토지: 초과누진세율

과세표준	세율
5천만원 이하	0.2%
5천만원 초과~1억원 이하	100,000원 + 5천만원 초과금액 × 0.3%
1억원 초과	250,000원 + 1억원 초과금액 × 0.5%

②별도합산과세대상 토지: 초과누진세율

과세표준	세율
2억원 이하	0.2%
2억원 초과~10억원 이하	400,000원 + 2억원 초과금액 × 0.3%
10억원 초과	2,800,000원 + 10억원 초과금액 × 0.4%

③분리과세대상 토지: 차등 비례세율

과세대상 토지	세율
회원제 골프장, 고급오락장용 토지: 최고율 과세(징벌적 과세)	5.00%
농지(전·답·과수원)·목장용지·임야: 최저율 과세(최고의 특혜 부여)	0.07%
그 밖의 토지: 저율 과세(높은 특혜 부여)	0.20%

[토지에 대한 재산세의 경감율 적용](지특법 179조)

지방세특례제한법 또는 다른 법령에서 토지에 대한 재산세의 경감 규정을 둔 경우에는 경감대상 토지의 과세표준액에 해당 경감비율을 곱한 금액을 경감한다.

2)건축물과 주택

①건축물(주택 이외): 차등 비례세율

과세대상 건축물		내용	세율
일반 건축물		상가·사무실 등	0.25%
공장용 건축물	특정지역 외	**특정지역**: 특별시·광역시(군 제외), 자치시·자치도·시(읍·면 제외)의 주거지역 및 조례로 규제지역	0.25%
	특정지역 내(2배)^{*1}		0.50%
	공장 신·증설(5배)^{*2}	대도시(산업단지, 유치·공업지역 제외) 5년간	1.25%
사치성재산의 건축물		회원제 골프장용^{*3}, 고급오락장용 건축물	4.00%

*1 '공장용 건축물'이란 〈별표 2〉에 규정된 업종의 공장(도시형 업종 '포함')(지칙 55조)

생산설비를 갖춘 건축물의 연면적(옥외에 기계장치 또는 저장시설이 있는 경우에는 그 시설물의 수평투영면적을 포함)이 500㎡ 이상인 것을 말함. 이 경우 건축물의 연면적에는 해당 공장의 제조시설을 지원하기 위하여 공장 경계구역 안에 설치되는 부대시설(식당, 휴게실, 목욕실, 세탁장, 의료실, 옥외 체육시설 및 기숙사 등 종업원의 후생복지증진에 제공되는 시설과 대피소, 무기고, 탄약고 및 교육시설은 제외)의 연면적을 포함.

*2 '공장용 건축물'이란 〈별표 2〉에 규정된 업종의 공장(도시형 업종 '제외')(지칙 56조)

*3【회원제골프장에 대중골프장이 병설된 경우 재산세 부과방법】(지예 111−1)

재산세가 중과되는 회원제골프장에 대중골프장을 병설 운영하는 경우의 골프장용건축물에 대한 재산세 부과는 회원제골프장과 대중골프장으로 사용승인된 각각의 토지면적에 따라 안분하여 중과세율(4%)과 일반세율(0.25%)을 적용한다.

②주택

별장: 4% 단일비례세율→2023년부터 중과세 대상에서 삭제하고 주택으로 과세

주택: 초과누진세율

1. 일반세율

과세표준	세율
6천만원 이하	0.10%
6천만원 초과~1억5천만원 이하	60,000원 +　　6천만원 초과금액 × 0.15%
1억5천만원 초과~3억원 이하	195,000원 + 1억5천만원 초과금액 × 0.25%
3억원 초과	570,000원 +　　3억원 초과금액 × 0.40%

2. 시가표준액 9억원 이하 1세대 1주택자 특례세율(=일반세율−0.05%)

과세표준	세율(공시가격 9억원 이하 1세대 1주택자)
6천만원 이하	0.05%
6천만원 초과~1억5천만원 이하	30,000원 +　　6천만원 초과금액 × 0.10%
1억5천만원 초과~3억원 이하	120,000원 + 1억5천만원 초과금액 × 0.20%
3억원 초과	420,000원 +　　3억원 초과금액 × 0.35%

(보충)이 특례세율은 2021~2026년까지 6년 동안만 한시적으로 적용(지법 111조의2, 부칙 2조)

이 특례세율의 적용요건은 다음과 같다.(지법 111조의2)

가. 1세대 1주택의 해당여부를 판단할 때「신탁법」에 따라 신탁된 주택은 위탁자의 주택 수에 가산한다.

나. 지법 111조③에 따라 지방자치단체의 장이 조례로 정하는 바에 따라 가감한 세율을 적용한 세액이 이 특례세율을 적용한 세액보다 적은 경우에는 특례세율을 적용하지 아니한다.

다.「지방세특례제한법」에도 불구하고 동일한 주택이 이 특례세율과「지방세특례제한법」에 따른 재산세 경감 규정(같은 법 92조의2에 따른 자동이체 등 납부에 대한 세액공제는 제외한다)의 적용 대상이 되는 경우에는 중복하여 적용하지 아니하고 둘 중 경감 효과가 큰 것 하나만을 적용한다.

라. 1세대 1주택 판정시 제외되는 주택(지령 110조의2①②④⑤)

1. 종업원에게 무상이나 저가로 제공하는 사용자 소유의 주택으로서 과세기준일 현재 다음 각 목의 어느 하나에 해당하는 주택. 다만, 특수관계인 중 '친족관계'(지기령 2조①)에 있는 사람에게 제공하는 주택은 제외한다.

  ⓐ지방세법 4조①에 따른 시가표준액이 3억원 이하인 주택

  ⓑ면적이 국민주택규모(「주택법」 2조 6호) 이하인 주택

2. 기숙사(「건축법 시행령」 별표 1 제2호 라목)

3. 과세기준일 현재 사업자등록을 한 다음 각 목의 어느 하나에 해당하는 자가 건축하여 소유하는 미분양 주택으로서 재산세 납세의무가 최초로 성립한 날부터 5년이 경과하지 않은 주택. 다만, ⓐ목의 자가 건축하여 소유하는 미분양 주택으로서「주택법」54조에 따라 공급하지 않은 주택인 경우에는 자기 또는 임대계약 등 권원을 불문하고 다른 사람이 거주한 기간이 1년 이상인 주택은 제외한다.

  ⓐ「건축법」제11조에 따른 허가를 받은 자

  ⓑ「주택법」제15조에 따른 사업계획승인을 받은 자

4. 세대원이「영유아보육법」13조에 따라 인가를 받고 소득세법 168조⑤에 따른 고유번호를 부여받은 이후 어린이집(가정·국공립어린이집으로 전환된 것 포함)으로 운영하는 주택

5. 주택의 시공자(「주택법」제33조제2항에 따른 시공자 및「건축법」2조 16호에 따른 공사시공자를 말함)가 3호ⓐ목 또는 ⓑ목의 자로부터 해당 주택의 공사대금으로 받은 같은 호에 해당하는 주택(과세기준일 현재 해당 주택을 공사대금으로 받은 날 이후 해당 주택의 재산세의 납세의무가 최초로 성립한 날부터 5년이 경과하지 않은 주택으로 한정함). 다만, 3호ⓐ목의 자로부터 받은 주택으로서「주택법」54조에 따라 공급하지 않은 주택인 경우에는 자기 또는 임대계약 등 권원을 불문하고 다른 사람이 거주한 기간이 1년 이상인 주택은 제외한다.

6.「문화재보호법」에 따른 지정문화재 또는 등록문화재에 해당하는 주택

7.「노인복지법」에 따른 노인복지주택

8. 과세기준일 현재 상속개시일로부터 5년이 경과하지 않은 상속주택(조합원입주권 또는 주

택분양권을 상속받아 사업시행 완료 후 취득한 신축주택을 포함)

9. 혼인 전부터 소유한 주택으로서 과세기준일 현재 혼인일로부터 5년이 경과하지 않은 주택. 다만, 혼인 전부터 각각 최대 1개의 주택만 소유한 경우로서 혼인 후 주택을 추가로 취득하지 않은 경우로 한정한다.

10. 세대원이 소유하고 있는 토지 위에 정당한 권원이 없는 자가 「건축법」에 따른 허가·신고 등(다른 법률에 따라 의제되는 경우를 포함)을 받지 않고 건축하여 사용(건축한 자와 다른 자가 사용하고 있는 경우를 포함) 중인 주택(부속토지만을 소유하고 있는 자로 한정한다)

11. 주택의 공유지분이나 부속토지만을 소유해도 각각 1개의 주택으로 보아 주택 수를 산정한다. 다만, 1개의 주택을 같은 세대 내에서 공동소유하는 경우에는 1개의 주택으로 본다.(지령 110조의2④)

12. 위 11.에도 불구하고 상속이 개시된 재산으로서 상속등기가 이행되지 아니한 공동소유 상속주택의 경우에는 주된 상속자(지법 107조의2②호)에 따른 납세의무자가 해당 상속 주택을 소유한 것으로 본다. 다만, 상속개시일로부터 5년이 경과한 주택에 한한다.(지령 110조의2⑤)

마. 세대에 대한 개념(지령 110조의2①본문 및 ③)

1. 1세대 1주택이란 과세기준일 현재 세대별 주민등록표에 함께 기재되어 있는 가족(동거인은 제외)으로 구성된 1세대가 국내에 1개의 주택을 소유하는 경우 그 주택을 말한다.

2. 배우자, 19세 미만의 직계비속, 부모(주택의 소유자가 19세 미만인 경우에 한정)는 주택 소유자와 같은 세대별 주민등록표에 기재되어있지 않더라도 같은 세대로 본다.

3. 위 1.에도 불구하고 다음 각 호의 어느 하나에 해당하는 경우에는 별도의 세대로 보아 1세대 1주택 여부를 판단한다.

－65세 이상의 직계존속(배우자의 직계존속 포함. 부모 중 어느 한 사람이 65세 미만인 경우를 포함)를 동거봉양(同居奉養)하기 위하여 19세 이상의 자녀 또는 혼인한 자녀가 합가(合家)한 경우

－취학 또는 근무상의 형편 등으로 세대전원이 90일 이상 출국하는 경우로서 「주민등록법」 10조의3①본문에 따라 해당 세대가 출국 후에 속할 거주지를 다른 가족의 주소로 신고한 경우

3) 선박·항공기

과세대상		내용	세율
선박	고급 선박	비업무용 자가용 선박으로서 시가표준액이 3억원을 초과하는 선박이 취득세 중과세 대상임.(지법 13조⑤5호) 다만, 실험·실습 등의 용도에 사용할 목적으로 취득하는 것은 제외함.(지령28조⑥)	5.0%
	그 밖의 선박	기선, 범선, 부선(艀船) 및 그 밖에 명칭에 관계없이 모든 배를 말함. (지법 6조10호) 선박에는 해저관광 또는 학술연구를 위한 잠수캡슐의 모선으로 이용하는 부선과 석유시추선도 포함됨.(지예 6-7)	0.3%
항공기		사람이 탑승·조정하지 않는 농약살포용 등은 제외(지예 6-6)	0.3%

(2)재산세의 탄력세율(지법 111조③)

지방자치단체의 장은 특별한 재정수요나 재해 등의 발생으로 재산세의 세율 조정이 불가피하다고 인정되는 경우 조례로 정하는 바에 따라 표준세율의 50%의 범위에서 가감할 수 있다. 다만, 가감한 세율은 해당 연도에만 적용한다.

(3)재산세 도시지역분(지법 112조)

2011년부터 도시계획세(특별시·광역시세였으며, 도 지역은 시·군세였던 도시계획세분이 서울특별시에서는 특별시세로 그대로 남고, 광역시에서는 구세로 전환됨)를 재산세와 통합하면서 종전의 도시계획세 세액을 기존대로 유지할 수 있도록 재산세에 특례규정을 신설하였는데, 이것이 재산세 도시지역분이다.

따라서 시·군·구 내 도시지역의 경우 표준세율을 적용한 재산세 외에 별도의 세율(0.14%, 구 도시계획세 세율: 0.15%. 다만, 조례에 의해 0.23까지 조정 가능. 2010.12.27. 폐지되기까지의 구 지법 237조)을 적용한 재산세를 추가로 합산하여 부과하는 것이다.

1)과세대상

지방자치단체의 장은 도시지역(「국토의 계획 및 이용에 관한 법률」 6조1호) 중 해당 지방의회의 의결을 거쳐 고시한 지역('재산세 도시지역분 적용대상 지역') 안에 있는 일정한 토지, 건축물 또는 주택('토지 등')에 대하여는 조례로 정하는 바에 따라 과세한다.(지법 112조①, 지령 111조1호, 지칙 57조)

①토지

재산세 과세대상 토지 중 전·답·과수원·목장용지·임야를 제외한 토지와 「도시개발법」에 따라 환지 방식으로 시행하는 도시개발구역의 토지로서 환지처분의 공고가 된 모든 토지(혼용방식으로 시행하는 도시개발구역 중 환지 방식이 적용되는 토지를 포함)

1. 「도시개발법」에 따라 환지 방식으로 시행하는 도시개발구역(혼용방식으로 시행하는 도시개발구역 중 환지 방식이 적용되는 토지를 포함) 외의 지역 및 환지처분의 공고가 되지 아니한 도시개발구역: 전·답·과수원·목장용지 및 임야를 제외한 모든 토지

2. 환지처분의 공고가 된 도시개발구역: 전·답·과수원·목장용지 및 임야를 포함한 모든 토지

3. 「국토의 계획 및 이용에 관한 법률」에 따른 개발제한구역: 지상건축물, 지령 28조에 따른 별장 또는 고급주택, 골프장, 유원지, 그 밖의 이용시설이 있는 토지

②건축물

　재산세 과세대상 건축물

③주택

　재산세 과세대상 주택.

　다만, 개발제한구역에서는 사치성재산 취득세 중과세대상인 별장 또는 고급주택(과세기준일 현재의 시가표준액을 기준으로 판단함)만 해당.

④과세대상 제외(지법 112조③)

1. 재산세 도시지역분 적용대상 지역 안에 있는 토지 중「국토의 계획 및 이용에 관한 법률」에 따라 지형도면이 고시된 공공시설용지
2. 개발제한구역으로 지정된 토지 중 지상건축물, 골프장, 유원지, 그 밖의 이용시설이 없는 토지
3. 개발제한구역 내 주택에 대해서는 별장으로 사용하거나 고급주택에 해당될 때만 과세함(지예 112-1)

2)세율

　재산세(제1호)에 재산세 도시지역분(제2호)을 합산하여 산출한 세액을 재산세액으로 부과할 수 있다.

1. 재산세 과세표준에 재산세 세율을 적용하여 산출한 세액
2. 재산세 토지 등의 과세표준에 0.14%를 적용하여 산출한 세액

　지방자치단체의 장은 해당 연도분의 재산세 도시지역분(제2호)의 세율을 조례로 정하는 바에 따라 0.23%를 초과하지 아니하는 범위에서 다르게 정할 수 있다.(지법 112조②)

(4)재산세 부가세(附加稅)와 병기세목(併記稅目)

①재산세 부가세(附加稅)

　재산세에 추가하여 재산세액(도시지역분 재산세액은 제외)의 20%를 지방교육세로 부과한다.(지법 151조①6호)

②재산세 병기세목(併記稅目)

　소방분에 대한 지역자원시설세의 납기와 재산세의 납기가 같을 때에는 재산세의 납부고지서에 나란히 적어 고지할 수 있다.(지령 139조)

제1장
제2장
제3장
제4장
제5장
제6장
제7장
제8장
제9장
제10장
제11장
제12장
제13장
제14장

08 재산세의 부과·징수

(1)과세기준일(지법 114조)

매년 6월 1일

(2)납기(지법 115조)

재산세의 (정기분) 납기는 다음과 같다.

구분	정기분 재산세 납기
건축물	매년 7.1.~7.31.
토지	매년 9.1.~9.30.
주택	매년 7.16.~7.31.: 해당연도 부과·징수할 세액의 50% 매년 9.16.~9.30.: 해당연도 부과·징수할 세액의 50% 다만, 해당연도에 부과할 세액이 20만원 이하인 경우는 조례가 정하는 바에 따라 납기를 7.16.~7.31.까지 한꺼번에 부과·징수할 수 있다.
선박	매년 7.16.~7.31.
항공기	매년 7.16.~7.31.

지방자치단체의 장은 과세대상 누락, 위법 또는 착오 등으로 인하여 이미 부과한 세액을 변경하거나 수시부과하여야 할 사유가 발생하면 수시로 부과·징수할 수 있다.

(3)징수방법(지법 115조, 지칙 58조)

재산세는 관할 지방자치단체의 장이 세액을 산정하여 보통징수의 방법으로 부과·징수한다.

재산세를 징수하려면 토지, 건축물, 주택, 선박 및 항공기로 구분한 납부고지서에 과세표준과 세액을 적어 늦어도 납기개시 5일 전까지 발급해야 한다.

재산세의 과세대상 조사, 과세대상별 합산방법, 세액산정, 그 밖의 부과절차와 징수방법 등은 다음 각 호에 따른다.(지칙 58조)

1. 시장·군수·구청장은 신고의무가 있는 자의 신고 또는 직권으로 매년 과세기준일 현재 모든 재산을 조사하고, 과세대상 또는 비과세·감면대상으로 구분하여 재산세 과세대장에 등재하여야 한다.

2. 시장·군수·구청장은 1호에 따라 조사한 재산 중 토지는 종합합산과세대상 토지, 별도합산 과세대상 토지와 분리과세대상 토지로 구분하고 납세의무자별로 합산하여 세액을 산출하여 야 한다.

3. 시장·군수·구청장은 납기개시 5일 전까지 납세의무자에게 납부고지서를 발급하여 재산세 를 징수하여야 한다.

4. 납부고지서를 발급하는 경우 토지에 대한 재산세는 한 장의 납세고지서로 발급하며, 토지 외 의 재산에 대한 재산세는 건축물·주택·선박 및 항공기로 구분하여 과세대상 물건마다 각각 한 장의 납부고지서로 발급하거나, 물건의 종류별로 한 장의 고지서로 발급할 수 있다.

(4)재산세 물납 및 분할납부(지법 117조·118조)

1)재산세 물납(지법 117조, 지령 113~115조)

①물납의 요건 및 대상

지방자치단체의 장은 재산세의 납부세액이 1천만원을 초과하는 경우에는 납세의무자의 신청을 받아 해당 지방자치단체의 관할구역에 있는 부동산에 대하여만 물납을 허가할 수 있다.(지법 117조)

지방세 물납대상이 되는 납부세액이 1천만원 초과 범위 판단은 다음과 같다.(지예 117-1 제1호①)

1. 동일 시·군·구 안에서 재산세의 납부세액을 합산하여 1천만원 초과여부를 판단한다. 이 경 우 동일 시·군·구의 범위는 「지방자치법」에 따른다.

2. 1천만원 초과 여부는 재산세액(도시지역분 세액을 포함)에 병기 고지되는 지역자원시설세· 지방교육세를 제외한다.

②물납신청 및 허가(지령 113조)

1. 재산세를 물납(物納)하려는 자는 일정 서류를 갖추어 그 납부기한 10일 전까지 납세지를 관 할하는 시장·군수·구청장에게 신청하여야 한다.

2. 물납신청을 받은 시장·군수·구청장은 신청을 받은 날부터 5일 이내에 납세의무자에게 그 허가 여부를 서면으로 통지하여야 한다.

3. 물납허가를 받은 부동산을 관련법령으로 정하는 바에 따라 물납하였을 때에는 납부기한 내 에 납부한 것으로 본다.

③관리처분이 부적당한 부동산의 처리(지령 114조)

1. 시장·군수·구청장은 물납신청을 받은 부동산이 관리·처분하기가 부적당하다고 인정되는 경우에는 허가하지 아니할 수 있다.
2. 불허가 통지를 받은 납세의무자가 그 통지를 받은 날부터 10일 이내에 해당 시·군·구의 관할구역에 있는 부동산으로서 관리·처분이 가능한 다른 부동산으로 변경 신청하는 경우에는 변경하여 허가할 수 있다.
3. 변경하여 허가한 부동산을 관련법령으로 정하는 바에 따라 물납하였을 때에는 납부기한 내에 납부한 것으로 본다.

【관리처분이 부적당한 부동산의 범위】(지예 117-1 제2호②)

1. 당해 부동산에 저당권 등의 우선순위 물권이 설정되어 처분하여도 배당의 실익이 없는 경우
2. 당해 부동산에 임차인이 거주하고 있어 부동산 인도 등에 어려움이 있는 경우
3. 물납에 제공된 부동산이 소송 등 다툼의 소지가 있는 경우

(참고: 상속증여세의 경우)[관리·처분이 부적당한 재산의 물납](상증령 71조, 제6장 06(2)3) 참조)

세무서장은 물납신청을 받은 재산이 다음에 해당하는 사유로 관리·처분상 부적당하다고 인정하는 경우에는 그 재산에 대한 물납허가를 거부하거나 관리·처분이 가능한 다른 물납대상재산으로의 변경을 명할 수 있다.

A. 부동산
 1. 지상권·지역권·전세권·저당권등 재산권이 설정된 경우
 2. 물납신청한 토지와 그 지상건물의 소유자가 다른 경우
 3. 토지의 일부에 묘지가 있는 경우
 4. 1호~3호와 유사한 사유로서 관리·처분이 부적당하다고 기획재정부령이 정하는 경우(공유재산 등)
B. 유가증권(폐업, 해산, 회생절차, 2년 연속 결손법인 등)(2020.2.11.부터 적용)

④물납허가 부동산의 평가(지령 115조)

물납을 허가하는 부동산 가액은 재산세 '과세기준일 현재의 시가'로 한다.

1. 1순위 적용: 부동산의 평가방법(상증법 61조①3호)이 따로 있어 국세청장이 고시한 가액이 증명되는 경우에는 그 고시가액을 시가로 본다.(지령 115조②)
2. 2순위 적용: 시가는 다음의 어느 하나에서 정하는 가액에 따른다. 다만, 수용·공매가액 및 감정가액 등으로서 행정안전부령(지칙 60조)에서 시가로 인정되는 것은 시가로 본다. (지령 115조①)
 • 토지 및 주택: 시가표준액
 • 토지 및 주택 외의 건축물: 시가표준액

[시가로 인정되는 부동산 가액](지칙 60조)

재산세의 과세기준일 전 6개월부터 과세기준일 현재까지의 기간 중에 확정된 가액으로서 다음의 어느 하나에 해당하는 것을 말한다. 다만, 시가로 인정되는 가액이 둘 이상인 경우에는 재산세의 과세기준일부터 가장 가까운 날에 해당하는 가액에 의한다.

 1. 해당 부동산에 대하여 수용 또는 공매사실이 있는 경우: 그 보상가액 또는 공매가액
 2. 해당 부동산에 대하여 둘 이상의 감정평가업자(「감정평가 및 감정평가사에 관한 법률」)가 평가한 감정가

　　액이 있는 경우: 그 감정가액의 평균액
3. 국가·지방자치단체·지방자치단체조합으로 부터의 취득(지법 10조⑤1호) 및 판결문 법인장부에 의해 취득가액이 입증되는 취득(3호)으로서 그 사실상의 취득가격이 있는 경우: 그 취득가격

2) 재산세 분할납부(지법 118조, 지령 116조)

① 분할납부의 요건
　　지방자치단체의 장은 재산세의 납부세액이 250만원(2019년까지는 500만원)을 초과하는 경우에는 납부할 세액의 일부를 납부기한이 지난 날부터 2개월 이내에 분할납부하게 할 수 있다.

② 분할납부 세액의 기준
1. 납부할 세액이 500만원(2019년까지는 1천만원) 이하인 경우: 250만원(2019년까지는 500만원)을 초과하는 금액
2. 납부할 세액이 500만원(2019년까지는 1천만원)을 초과하는 경우: 그 세액의 50% 이하의 금액
　　지방세 분납대상이 되는 납부세액의 초과 범위 판단은 다음과 같다.(지예 118-1제1호①)
1. 동일 시·군·구별로 재산세의 납부세액을 합산하여 250만원(2019년까지는 500만원) 초과 여부를 판단한다. 이 경우 동일 시·군·구의 범위는 「지방자치법」에 따른다.
2. 250만원(2019년까지는 500만원) 초과 여부는 재산세액(도시지역분 세액을 포함)에 병기 고지되는 지역자원시설세·지방교육세를 제외한다.
3. 재산세가 분납대상에 해당할 경우 지방교육세도 함께 분납 처리한다.

③ 분할납부신청 및 수정 고지
1. 분할납부신청자는 재산세의 납부기한까지 신청서를 시장·군수·구청장에게 제출하여야 한다.
2. 관할청은 이미 고지한 납부고지서를 납부기한 내에 납부하여야 할 납부고지서와 분할납부기간 내에 납부하여야 할 납부고지서로 구분하여 수정 고지하여야 한다.

(5) 납부유예(지법 118조의2, 2023년 신설)

　　지방자치단체의 장은 다음 각 호의 요건을 모두 충족하는 납세의무자가 지방세법 111조의2에 따른 1세대 1주택의 재산세액(해당 재산세를 징수하기 위해 함께 부과하는 지방세를 포함한다)의 납부유예를 그 납부기한 만료 3일 전까지 신청하는 경우 이를 허가할 수 있다. 이 경우 납부유예를 신청한 납세의무자는 그 유예할 주택 재산세에 상당하는 담보를 제공하여야 한다.

제1장 제2장 제3장 제4장 제5장 제6장 제7장 제8장 제9장 제10장 제11장 제12장 제13장 제14장

1. 과세기준일 현재 지방세법 111조의2에 따른 1세대 1주택의 소유자일 것
2. 과세기준일 현재 만 60세 이상이거나 해당 주택을 5년 이상 보유하고 있을 것
3. 다음 각 목의 어느 하나에 해당하는 소득 기준을 충족할 것
    가. 직전 과세기간의 총급여액이 7천만원 이하일 것(직전 과세기간에 근로소득만 있거나 근로소득 및 종합소득과세표준에 합산되지 아니하는 종합소득이 있는 자로 한정한다)
    나. 직전 과세기간의 종합소득과세표준에 합산되는 종합소득금액이 6천만원 이하일 것(직전 과세기간의 총급여액이 7천만원을 초과하지 아니하는 자로 한정한다)
4. 해당 연도의 납부유예 대상 주택에 대한 재산세의 납부세액이 100만원을 초과할 것
5. 지방세, 국세 체납이 없을 것

(6)소액징수면제(지법 119조)

고지서 1장당 재산세로 징수할 세액이 2천원 미만인 경우에는 해당 재산세를 징수하지 아니한다.
이 경우 재산세 고지서상에 병기고지된 세액을 제외한 재산세만을 기준으로 한다.(지예 119-1)

(7)신탁재산, 향교 및 종교단체에 대한 특례(지법 119조의2, 119조의3)

①신탁재산 수탁자의 물적납세의무(지법 119조의2)
신탁재산의 위탁자가 재산세·가산금 또는 체납처분비("재산세 등"이라 함)를 체납한 경우로서 그 위탁자의 다른 재산에 대하여 체납처분을 하여도 징수할 금액에 미치지 못할 때에는 해당 신탁재산의 수탁자는 그 신탁재산으로써 위탁자의 재산세 등을 납부할 의무가 있다.

②향교 및 종교단체에 대한 특례(지법 119조의3)
개별 종교단체·향교 명의의 토지가 각 개별 종교단체·향교 재산임을 입증하는 경우에는 개별 종교단체·향교별로 구분하여 재산세를 합산하여 과세할 수 있다.(2020년부터 적용, 지법 119조의3, 지령 116조의2)

(8)신고의무 및 과세대장 등재(지법 120조·121조)

①신고의무

다음의 어느 하나에 해당하는 자는 과세기준일부터 15일(2021년까지는 10일) 이내에 그 소재지를 관할하는 지방자치단체의 장에게 그 사실을 알 수 있는 증거자료를 갖추어 신고하여야 한다.

1. 재산의 소유권 변동 또는 과세대상 재산의 변동 사유가 발생하였으나 과세기준일까지 그 등기·등록이 되지 아니한 재산의 공부상 소유자
2. 상속이 개시된 재산으로서 상속등기가 되지 아니한 경우에는 주된 상속자
3. 사실상 종중재산으로서 공부상에는 개인 명의로 등재되어 있는 재산의 공부상 소유자
4. 「신탁법」에 따라 수탁자 명의로 등기된 신탁재산의 수탁자
5. 1세대 1주택 해당 여부를 판단할 때 주택 수 산정에서 제외되는 주택의 소유자(2022년 신설)
6. 공부상 현황과 사실상의 현황이 다르거나 사실상의 현황이 변경되어 과세대장에 그 사실을 등재하려는 경우에는 해당 재산의 공부상 소유자(2022년 신설)

②직권등재

신고가 사실과 일치하지 아니하거나 신고가 없는 경우에는 지방자치단체의 장이 직권으로 조사하여 과세대장에 등재할 수 있다. 시장·군수·구청장은 무신고 재산을 과세대장에 등재한 때에는 그 사실을 관계인에게 통지하여야 한다.(지령 117조) 시장·군수·구청장은 직권으로 재산세 과세대장에 등재한 때에는 그 재산의 납세의무자에게 직권등재 사실을 통지하여야 한다.(지칙 63조)

③공부상 현황에 따른 부과

재산세의 과세대상 물건이 공부상 등재 현황과 사실상의 현황이 다른 경우에는 사실상 현황에 따라 재산세를 부과한다. 다만 공부상 등재 현황과 달리 이용함으로써 재산세 부담이 낮아지는 경우는 공부상 등재 현황에 따라 부과한다.(지법 106조③, 지령 105조의2)

④재산세 과세대장의 비치 등

지방자치단체는 재산세 과세대장을 비치하고 필요한 사항을 기재하여야 한다. 이 경우 해당 사항을 전산처리하는 경우에는 과세대장을 갖춘 것으로 본다.

재산세 과세대장은 토지, 건축물, 주택, 선박 및 항공기 과세대장으로 구분하여 작성한다.

제1장 제2장 제3장 제4장 제5장 제6장 제7장 제8장 제9장 제10장 제11장 제12장 제13장 제14장

(9)세부담 상한(지법 122조, 지령 118조)

재산세 세부담 상한을 계산 시 구 재산세분(지법 112조①1호)과 구 도시계획세분(도시지역분, 지법 112조①2호 및 ②)을 각각 구분하여 계산한 후 이를 합산하는 방식으로 적용한다.

1)세부담 상한액(지법 122조)

구분		2023년까지 세부담 상한액	2024년부터
토지 및 건축물		직전 연도 재산세액 상당액의 150%	150%
주택	공시가격 3억원 이하	직전 연도 재산세액 상당액의 105%	폐지. 대신, 과세표준상한율 (0~5%) 적용
	공시가격 3억원 초과~6억원 이하	직전 연도 재산세액 상당액의 110%	
	공시가격 6억원 초과	직전 연도 재산세액 상당액의 130%	

*1 법인(법인으로 보는 단체 포함, 국기법 13조)의 주택 세부담 상한액은 150% 적용(2022~23년 시행)

주택의 과세표준은 직전년도 과세표준에서 과세표준상한율(0~5%)을 넘지 못하도록 하되(지법 110조③ 신설), 주택의 세부담상한제는 폐지함(2024년 시행, 2023.3.14. 개정)

*2 세부담 상한액 적용과정(지령 118조 본문)

①재산세분·도시지역분 각각의 직전연도 세액상당액을 산출

②재산세분·도시지역분 각각의 현연도 세액산출

③재산세분·도시지역분 각각에 대해 세부담 상한 적용: Min [①×{105~150%}, ②]

④세부담 상한 적용 후 각각의 세액을 합산. 재산세 결정세액: [재산세분 + 도시지역분]

*3 해당 연도의 토지·건축물 및 주택에 대하여 비과세·감면규정이 적용되지 아니하거나 적용된 경우:

직전 연도에도 해당 규정이 적용되지 아니하거나 적용된 것으로 보아 재산세분·도시지역분 각각의 세액 상당액을 계산함.(지령 118조3호)

*4 지역자원시설세에서도 이 규정을 준용(지법 147조②)

소방분(건축물, 선박)에 대한 지역자원시설세는 재산세의 규정 중 과세기준일, 납기, 분할납부(2022년 시행), 세부담 상한(다만, 주택을 포함하여 150%를 일률적으로 적용) 규정을 준용.

(보충)종합부동산세 세부담 상한{종부법 10조(주택), 15조(토지)}

①토지: 전년 대비 150%

②주택: 2019년부터 상한액 대폭 인상(2021년부터 단일최고세율적용 법인은 '세부담 상한' 적용 않음)

1. 일반세율 적용대상자(2주택 이하를 소유한 경우, 아래 2. 적용대상자 이외): 150%

2. 중과세율 적용대상자[납세의무자가 3주택 이상을 소유{2023년부터 조정대상지역(「주택법」 63조의2①1호) 내 2주택을 소유한 경우에는 일반세율 적용}]

가. 납세의무자가 3주택 이상을 소유한 경우: 300%→150%(2023년부터 적용)

나. 납세의무자가 조정대상지역 내 2주택을 소유한 경우: 200%→300%(2021년 적용)→150%(2023년부터 적용)

2)토지에 대한 직전 연도 재산세액 상당액 계산(지령 118조1호)

①해당 연도의 과세대상 토지에 대한 직전 연도 과세표준이 있는 경우:

과세대상 토지별로 직전 연도의 법령과 과세표준 등을 적용하여 산출한 세액. 다만, 해당 연도의 과세대상별 토지에 대한 납세의무자 및 토지현황이 직전 연도와 일치하는 경우에는 직전 연도에 해당 토지에 과세된 세액으로 한다.

②토지의 분할·합병·지목변경·신규등록·등록전환 등으로 해당 연도의 과세대상 토지에 대한 직전 연도의 과세표준이 없는 경우:

해당 연도 과세대상 토지가 직전 연도 과세기준일 현재 존재하는 것으로 보아 과세대상 토지별로 직전 연도의 법령과 과세표준(직전 연도의 법령을 적용하여 산출한 과세표준을 말함) 등을 적용하여 산출한 세액.

다만, 토지의 분할·합병으로 해당 연도의 과세대상 토지에 대한 직전 연도의 과세표준이 없는 경우에는 다음의 구분에 따른 세액으로 한다.

가. 분할·합병 전의 과세대상 토지에 비하여 면적 또는 지분의 증가가 없는 경우:

직전 연도에 분할·합병 전의 토지에 과세된 세액 중 해당 연도에 소유하고 있는 면적 또는 지분에 해당되는 세액

나. 분할·합병 전의 과세대상 토지에 비하여 면적 또는 지분의 증가가 있는 경우:

분할·합병 전의 과세대상 토지의 면적 또는 지분에 대하여 가.에 따라 산출한 세액과 분할·합병 후에 증가된 과세대상 토지의 면적 또는 지분에 대하여 이곳 ②본문에 따라 산출한 세액의 합계액

③해당 연도 과세대상 토지에 대하여 과세대상 구분의 변경이 있는 경우:

해당 연도의 과세대상의 구분이 직전 연도 과세대상 토지에 적용되는 것으로 보아 해당 연도 과세대상 토지별로 직전 연도의 법령과 과세표준(직전 연도의 법령을 적용하여 산출한 과세표준) 등을 적용하여 산출한 세액.

④해당 연도 과세대상 토지가 정비사업(「도시 및 주거환경정비법」「빈집 및 소규모주택 정비에 관한 특례법」)의 시행으로 주택이 멸실되어 토지로 과세되는 경우로서 주택을 건축 중인 경우:

다음 계산식에 따라 산출한 세액 상당액. 다만, 주택 멸실 후 주택 착공 전이라도 최초로 도래하는 재산세 과세기준일부터 3년 동안은 주택을 건축 중인 것으로 본다.

> 멸실 전 주택에 실제 과세한 세액 × $(1.3)^n$ {n = (과세연도 - 멸실 전 주택에 실제 과세한 연도 -1)}
>
> 다만, 해당 토지에 대하여 위 ②에 따라 산출한 직전 연도 세액 상당액이 더 적을 때에는 ②에 따른 세액 상당액을 말함.

3)주택 및 건축물에 대한 직전 연도 재산세액 상당액 계산(지령 118조2호)

①해당 연도의 주택 및 건축물에 대한 직전 연도의 과세표준이 있는 경우:
  직전 연도의 법령과 과세표준 등을 적용하여 과세대상별로 산출한 세액.
  다만, 직전 연도에 해당 납세의무자에 대하여 해당 주택 및 건축물에 과세된 세액이 있는 경우에는 그 세액으로 한다.

②주택 및 건축물의 신축·증축 등으로 해당 연도의 과세대상 주택 및 건축물에 대한 직전 연도의 과세표준이 없는 경우:
  해당 연도 과세대상 주택 및 건축물이 직전 연도 과세기준일 현재 존재하는 것으로 보아 직전 연도의 법령과 과세표준(직전 연도의 법령을 적용하여 산출한 과세표준) 등을 적용하여 과세대상별로 산출한 세액

③해당 연도의 과세대상 주택 및 건축물에 대하여 용도변경 등으로 낮은 세율(건축물: 0.25%, 지법 111조①2호 다목 ; 주택: 0.1~0.4% 누진세율, 3호 나목) 외의 세율이 적용되거나 적용되지 아니한 경우:
  직전 연도에도 해당 세율이 적용되거나 적용되지 아니한 것으로 보아 직전 연도의 법령과 과세표준(직전 연도의 법령을 적용하여 산출한 과세표준) 등을 적용하여 산출한 세액

④'주택'의 경우에는 위 ①~③에 따라 산출한 세액 상당액이 해당 주택과 주택가격(「부동산 가격공시에 관한 법률」에 따라 공시된 주택가격)이 유사한 인근 주택의 소유자에 대하여 위 ① 단서에 따라 직전 연도에 과세된 세액과 현저한 차이가 있는 경우:
  그 과세된 세액을 고려하여 산출한 세액 상당액

제12장
기타 지방세

01 지방소득세

(1) 지방소득세 연혁

지방소득세는 2010년 신설되었지만, 이때에는 새로운 형태의 세목이 아니라 주민세(소득할)와 사업소세(종업원할)의 명칭을 변경한 것에 불과했다. 따라서 2013년까지 존재했던 지방소득세의 소득분(구 주민세분)은 국세인 법인세·소득세의 10%를 과세하던 부가세(附加稅, surtax)로서의 성격이었다.

그러나 2014년 1월 1일부터 개정·시행된 지방소득세는 지방세법에 따라 과세표준과 세율을 독자적으로 적용하여 세액을 산출하는 독립세 방식으로 변경됐다. 이는 중요한 의미를 내포하는 바, 과세표준과 세액에 대한 결정권(즉, 세무조사권)을 국세청과 별도로 지방자치단체가 가질 수 있는 근거를 마련한 것이다. 그러나 지방소득세의 세율만 보더라도 2014년부터 각 소득 종류별 세율을 지방세법에서 별도로 복잡하게 규정하고 있는데, 그 실질내용은 해당 소득세·법인세 세율의 10%이다. 독립세로 전환되어 불가피한 것인지는 모르겠지만 이것만으로도 매우 혼란스럽다.

(2) 독립세의 의의

[법인세의 경우 예시](소득세의 경우에는 대부분 소득세 규정을 준용함)

독립세 이전(2013.12.31.까지)		독립세 이후(2014.1.1. 이후)	
손익계산서상 당기순이익 (+)익금산입·손금불산입 (−)손금산입·익금불산입 　= 각 사업연도소득 (−)이월결손금 (−)비과세소득 (−)소득공제	법인세	손익계산서상 당기순이익 (+)익금산입·손금불산입 (−)손금산입·익금불산입 　= 각 사업연도소득 (−)이월결손금 (−)비과세소득 (−)소득공제	법인세 영역
= 과세표준 (×)세율 　= 산출세액 (−)세액공제·세액감면 (+)가산세 (+)감면분 추가납부세액(이자상당가산액)* 　= 총부담세액 (−)기납부세액 　= 차감 납부할 세액		= 과세표준 (×)세율 　= 산출세액 (−)세액공제·세액감면 (+)가산세 (+)감면분 추가납부세액* 　= 총부담세액 (−)기납부세액 　= 차감 납부할 세액	지방소득세 영역
총부담세액 × 10%	지방소득세		

* 세액감면·공제 후 요건 미 충족으로 추징시에는 이자상당가산액도 같이 추징함. 이자율은 2가지 종류가 있음.
(유형1)세법규정을 위반한 데 대한 징벌적인 것: 국세는 2022.2.15.부터 연 8.03%←9.125%, 국기령 27조의4 ;
　　　 지방세는 감면된 취득세 추징시에는 2022.2.15.부터 연 8.03%←9.125%[납부지연가산세율(연 8.03%,
　　　 2022.6.7. 개정 지기령 34조) 적용, 지특령 123조의2], 투자세액공제의 지방소득세 추징시에는 연
　　　 10.95%로 불변(지특령 122조, 2014.3.14. 신설)
(유형2)불가피한 사유를 인정하는 경우: 연 3.5%←2.9%. 국기령 43조의3②, 국기칙 19조의3(지기령 43조② 준용)
 1. 세법규정을 위반한 데 대한 징벌적인 경우: 국세는 연 8.03% 이자율 적용(지방세는 8.03% 또는 10.95%)
　　이자상당가산액 계산: '국세 및 지방세' 추징 시 (납부지연가산세 계산방식처럼, 국기법 47조의4) 기간별 각
　　각 계산하고, 2022.2.15.(지방세는 2022.6.7.) 이후 기간에 대해서는 1일당 10만분의 22(연 8.03%)를 적용함.
　　• 비영리법인 고유목적사업준비금 임의환입(법법 29조⑦)
　　• 보험회사의 책임준비금 미사용분 환입(법법 30조④, 법령 57조⑥)
　　• 차기환류적립금 미환류분 환입(2021.12.31. 적립분부터 환류기간 2년으로 연장, 조특법 100조의32⑤⑥)
　　• 농지 대토에 대한 양도소득세 감면(100%)(조특법 70조, 조특령 67조⑪)
　　• 공익사업용 토지 등에 대한 양도소득세 감면(10~40%)(조특법 77조, 령 77조⑤)
　　• 대토보상에 대한 양도소득세 과세특례[40%(2019년까지는 15%) 감면 또는 과세 이연](조특법 77조의2)
　　• 개발제한구역 지정에 따른 매수대상 토지 등에 대한 양도소득세 감면(25%·40%)(조특법 77조의3)
　　• 부동산에 대해 감면받은 취득세 추징시 본세에 가산(지특법 178조, 2020.1.1. 납세의무 성립분부터 적용)
　　• 지특법 99조(중소기업), 103조(연구인력 설비), 109조(생산성향상시설)~114조(고용창출), 137조(근로자복지 증
　　　 진시설)의 '투자세액공제'에 따라 개인지방소득세를 공제 후 추징시(2년, 5년 이내 처분·임대)(지특법 175조)
 2. 불가피한 사유를 인정하는 경우: 국세·지방세 모두 2024.3.22.부터 개정 적용
　　국세환급가산금(지방세환급가산금) 이율 연 3.5%←2.9%←1.2%←1.8%←2.1%←1.8%로 이자율 변경
　　• 외부감사 대상법인의 결산이 신고기한까지 미확정되어 신고기한 종료일 3일 전까지 연장 신청하는 경
　　　 우 1개월의 범위에서 연장할 수 있으나, 연장기간에 대한 이자상당액[국세환급가산금 이율 연 3.5%(←
　　　 연 2.9%). 국기칙 19조의3, 2024.3.22. 개정]을 추가로 납부하여야 한다.(법법 60조⑦⑧)
(보충)상속세 및 증여세 추징 시에도 위 2가지 경우별로 구분하여 적용됨.[제6장 07 (2) 1) 참조]

(3)지방소득세에 따른 지방소득의 분류 및 과세범위(지법 86조·87조)

국세 종류	납세의무자	소득분류	
소득세	거주자	종합소득	이자소득
			배당소득
			사업소득
			근로소득
			연금소득
			기타소득
		퇴직소득	
		양도소득	
		금융투자소득(2025년 시행→폐지)	
	비거주자	소득세법 119조에 따라 구분	

국세 종류	납세의무자	소득분류
법인세	내국법인(영리) 외국법인(영리)	각 사업연도소득
		청산소득
		양도소득(법법 55조의2·95조의2)
		미환류소득(투자·상생협력촉진세제, 조특법 100조의32)
	비영리법인	지법 103조의32에서 규정

(4) 지방소득세의 세율

2014.1.1.부터 지방소득세가 독립세로 전환됨에 따라 세율도 각 소득분류별로 따로 규정하고 있지만, 내용은 소득세법·법인세의 10%다. 마치 소득세법·법인세법에 규정되어 있는 세율에 10%를 적용하여 열거해놓은 세율백화점을 방불케 한다. 세율과 적용방법을 규정해놓은 해당 지방세법 조문은 다음과 같다.

종합소득·퇴직소득(지법 92조), 양도소득(103조의3), 특별징수(103조의13, 이것만은 종전처럼 국세의 10%로 규정), 법인의 각 사업연도소득(103조의20)·연결사업연도소득(103조의35), 토지 등 양도소득과 미환류소득(103조의31), 청산소득(103조의42), 비영리법인(103조의32), 외국법인(103조의48) 등이다.

(5) 지방소득세의 신고·납부

① 종합소득·퇴직소득에 대한 지방소득세(지법 95조)

거주자가 소득세법에 따라 종합소득 또는 퇴직소득에 대한 과세표준확정신고를 하는 경우에는 해당 신고기한까지 종합소득 또는 퇴직소득에 대한 개인지방소득세 과세표준과 세액을 납세지 관할 지방자치단체장에게 확정신고·납부하여야 한다.

② 양도소득에 대한 지방소득세(지법 103조의5 및 103조의7)

거주자가 양도소득과세표준 예정신고(지법 103조의5)·확정신고(지법 103조의7)를 하는 경우에는 해당 신고기한까지 양도소득에 대한 개인지방소득세 과세표준과 세액을 납세지 관할 지방자치단체장에게 신고하여야 한다.

③ 비거주자에 대한 지방소득세(지법 103조의11)

개인지방소득세의 과세표준과 세액을 계산하는 비거주자의 신고와 납부에 관하여는 거주자의 신고와 납부에 관한 규정을 준용한다.

④특별징수한 지방소득세(지법 103조의13)

　특별징수의무자가 개인지방소득세를 특별징수하였을 경우에는 그 징수일이 속하는 달의 다음 달 10일까지 납세지를 관할하는 지방자치단체에 납부하여야 한다. 다만, 원천징수한 소득세를 반기(半期)별로 납부(소법 128조②단서)하는 경우에는 반기의 마지막 달의 다음 달 10일까지 납부할 수 있다.

⑤법인의 각 사업연도소득에 대한 지방소득세(지법 103조의23, 103조의31⑤)

　내국법인은 각 사업연도의 종료일이 속하는 달의 말일부터 4개월 이내에 그 사업연도의 소득에 대한 법인지방소득세의 과세표준과 세액을 납세지 관할 지방자치단체장에게 신고하여야 한다.(미환류소득 포함, 지법103조의31⑤)

⑥연결사업연도소득에 대한 지방소득세(지법 103조의37)

　연결모법인은 각 연결사업연도의 종료일이 속하는 달의 말일부터 5개월 이내에 각 연결사업연도의 소득에 대한 법인지방소득세 과세표준과 연결법인별 법인지방소득세 산출세액을 연결법인별 납세지 관할 지방자치단체장에게 신고하여야 한다.

⑦토지 등 양도소득에 대한 지방소득세(지법 103조의31)

　내국법인이 토지 및 건물('토지 등')을 양도한 때에는 계산한 세액을 토지 등 양도소득에 대한 법인지방소득세로 하여 각 사업연도의 소득에 대한 법인지방소득세에 추가하여 납부하여야 한다.

⑧비영리내국법인에 대한 지방소득세(지법 103조의32)

　법인세법 규정과 유사함.

⑨외국법인에 대한 지방소득세(지법 9절: 103조의47~103조의52)

　법인세법 규정과 유사함.

[지방소득세 소액징수면제](지법 103조의60)
지방소득세(특별징수하는 지방소득세는 제외)의 세액이 2천원 미만일 때에는 이를 징수하지 아니함.

02 주민세

(1)주민세 종합

구분		납세의무자	납세지	과세표준	세율	신고납부 등	면세점
개인분		세대주	주소지	N/A	1만원이하	8.16~8.31	N/A
사업소분	사업자	개인사업자	사업소재지	N/A	5만원	8.1~8.31. (7.1. 기준)	N/A
	법인	법인사업자	사업소재지	N/A	5~20만원[*2]		N/A
	재산분	개인·법인 사업자	사업소재지	사업소 연면적[*1]	250원/㎡		330㎡이하
종업원분		사업주	각사업소별	급여총액	0.5%	익월10일	월1.35억[*3]

*1 사업소 연면적: 건축물 연면적(종업원 복리후생시설 제외) + 기계장치 또는 저장시설(수조, 저유조, 저장창
고 및 저장조) 수평투영면적을 말함.(지법 80조, 지령 78조)

*2 법인균등분 세율(5~20만원): 자본금은 본점기준, 인원은 각 사업소 기준임.(지법 81조②)

*3 최근 1년간 급여총액의 월평균금액이 1억3500만원 이하(50명×270만원)(지법 84조의4)

(2016.1.1. 이후 납세의무성립 분부터 적용. 2015.12.29. 개정 지법 부칙 1조)

(2)주민세의 과세관할:
시·군세, 특별시·광역시세(다만, 광역시의 군 지역은 군세)

주민세는 시·군세, 특별시·광역시세가 원칙이지만, 광역시의 군 지역은 도세만 광역시세로
보기 때문에(지기법 8조①본문 단서) 광역시에서는 광역시세(군 이외 지역)·군세(군 지역)의 2가
지로 분류된다.

[주민세와 재산세의 세목분류상 특례]

구분		주민세	재산세[*2]
특별시		특별시세	특별시세, 자치구세
광역시 광역시	군 이외 지역	광역시세	자치구세
	군 지역	군세[*1]	군세[*1]
도		시·군세	시·군세

*1 광역시의 군(郡) 지역에서는 도세를 광역시세로 함.(지기법 8조①본문 단서)

따라서 광역시의 군 지역은 도세처럼 구분한다는 뜻임(도세→광역시세, 시·군세→군세).

*2 서울특별시 재산세의 2원화: 일부는 직접 귀속, 일부는 형평고려 재배분(지기법 9조)

제1장 제2장 제3장 제4장 제5장 제6장 제7장 제8장 제9장 제10장 제11장 제12장 제13장 제14장

03 지역자원시설세

(1)지역자원시설세의 목적

지역자원시설세는 종전의 공동시설세와 지역개발세를 통합하여 2011년 신설된 '목적세'이며, 징수목적에 따라 다음과 같이 구분한다. 그리고 2021년부터는 과세목적 및 분류체계를 정비하여 개정 시행됐다.(2019.12.31. 개정 지법 11장, 2021.1.1.부터 시행)

①특정자원분 및 특정시설분 지역자원시설세
지역자원시설세는 지역의 부존자원 보호·보전, 환경보호·개선, 안전·생활편의시설 설치 등 주민생활환경 개선사업 및 지역개발사업에 필요한 재원을 확보하기 위하여 부과한다.(지법 141조 전단)

②소방분 지역자원시설세
소방사무에 소요되는 제반비용에 충당하기 위하여 부과한다.(지법 141조 후단)

[개정 개요]

개정 전(2020년까지)		개정 후(2021년부터)	
세금 분류	과세대상	세금 분류	목적
특정부동산분	건축물, 선박	소방분	소방사무
	건축물, 토지	(삭제: 이중부담 우려 등 해소)	
특정자원분	발전용수, 지하수, 지하자원	특정자원분	1. 지역자원 보호·보전 2. 주민생활환경 개선 3. 지역개발
	컨테이너, 원전, 화전	특정시설분	

(2)지역자원시설세의 특징

①특별시·광역시·도에서 부과하는 목적세

②정률세율·정액세율, 초과누진세율, 표준세율 등 다양한 세율체계

③보유세·물세
소방분 지역자원시설세는 공동시설에 대해 혜택을 받는 자를 납세의무자로 하는 수혜자기준

의 조세이며, 보유세·물세에 해당한다.

④보통징수방식과 신고납부방식으로 구분됨

　지역자원시설세 중 소방분은 보통징수방법에 의하고, 특정자원분 및 특정시설분은 신고·납부하는 방식을 취한다.(지법 147조)

(3)지역자원시설세 납세의무자(지법 143조)

①특정자원에 대한 지역자원시설세

1. 발전용수: 흐르는 물을 이용하여 직접 수력발전(양수발전은 제외)하는 자
2. 지하수: 지하수를 개발하여 먹는 물로 제조·판매하거나 목욕용수로 활용하는 등 지하수를 이용하기 위하여 채수(採水)하는 자
3. 지하자원: 지하자원을 채광(採鑛)하는 자

②특정시설분 지역자원시설세

1. 컨테이너: 컨테이너를 취급하는 부두를 이용하여 컨테이너를 입항·출항시키는 자
2. 원자력발전: 원자력을 이용하여 발전을 하는 자
3. 화력발전: 연료를 연소하여 발전을 하는 자

③소방분 지역자원시설세

　건축물 또는 선박의 소유자

(4)지역자원시설세 비과세(지법 145조)

　다음 각 호의 어느 하나에 해당하는 경우에는 특정자원분 및 특정시설분 지역자원시설세를 부과하지 아니한다.

1. 국가, 지방자치단체 및 지방자치단체조합이 직접 개발하여 이용하는 경우
2. 국가, 지방자치단체 및 지방자치단체조합에 무료로 제공하는 경우

　또한, 재산세가 비과세되는 건축물과 선박에 대하여는 소방분 지역자원시설세를 부과하지 아니한다.

(5)지역자원시설세 과세표준과 세율(지법 146조)

지방자치단체의 장은 조례로 정하는 바에 따라 지역자원시설세의 세율을 다음의 표준세율의 50%의 범위에서 가감할 수 있다. 다만, 원자력발전 및 화력발전은 세율을 가감할 수 없다.(지법 146조⑤, 2021년부터 단서 삭제)

1)특정자원 및 특정시설의 과세표준과 세율

구분			과세표준	세율
특정자원	발전용수		발전에 이용된 물	10㎥당 2원
	지하수	먹는 물 판매용으로 채수된 물	채수된 물	㎥당 200원
		목용용수로 채수된 온천수	채수된 온천수	㎥당 100원
		위 이외 지하수	채수된 물	㎥당 20원
	지하자원		채광된 광물가액	0.5%
특정시설	컨테이너		컨테이너 용량	TEU당 15,000원
	원자력발전		발전량	kwh당 1원
	화력발전		발전량	kwh당 0.3원 →0.6원(2024년 시행)

2)소방분의 과세표준과 세율

①건축물과 선박

소방시설에 충당하는 지역자원시설세는 건축물(주택의 건축물 부분을 포함) 또는 선박(소방선이 없는 지방자치단체는 제외)의 가액 또는 시가표준액을 과세표준으로 하여 다음 표의 표준세율을 적용하여 산출한 금액을 세액으로 한다.(지법 146조③1호)

"건축물 및 선박은 재산세 과세대상인 건축물 및 선박으로 하며, 그 과세표준은 재산세 과세표준(지법 110조)에 따른 가액 또는 시가표준액으로 한다. 다만, 주택의 건축물 부분에 대한 과세표준은 '토지부분을 제외한 건축물 시가표준액 등'(지법 4조②항)을 준용하여 지방자치단체의 장이 산정한 가액에 공정시장가액비율(지법 110조①2호)을 곱하여 산정한 가액으로 한다."(지법 146조④)

위 ④항 문단 전단에서는 재산세 과세표준(공정시장가액비율 적용) 또는 시가표준액을 과세표준으로 할 수 있음을 일반론으로 규정한 것이며, 단서에서 구체적으로 '주택'에 대해서만 공정시장가액비율을 적용함을 명시한 것이다. 따라서 주택을 제외한 건축물은 시가표준액(공정시장가액비율 적용 않음)이 지역자원시설세의 과세표준이 된다. 특히, 건축물 중에서 주택부분만 공정시장가액비율을 적용토록 하고 있고, 주택의 시가표준액은 '주택+토지'를 합산한 개념이므로, 건물분만 과세하는 지역자원시설세의 특성상 과세표준도 '주택 과세시가표준액(개별주택공시가격)'을 사용하지 않고 '일반건물 산정방식'(지법 4조②항)을 준용토록 규정한 것이다.

과세표준	세율
600만원 이하	0.04%
600만원 초과~1300만원 이하	2,400원 + 600만원 초과금액의 0.05%
1300만원 초과~2600만원 이하	5,900원 + 1300만원 초과금액의 0.06%
2600만원 초과~3900만원 이하	13,700원 + 2600만원 초과금액의 0.08%
3900만원 초과~6400만원 이하	24,100원 + 3900만원 초과금액의 0.10%
6400만원 초과	49,100원 + 6400만원 초과금액의 0.12%

(보충1)지분별로 소유하는 건축물에 대한 지역자원시설세 과세방법

전체 건축물에 대한 과세표준액에 해당 세율을 적용하여 세액을 산출한 후, 이를 다시 소유자별로 안분하여 과세함.(감심 2003-46, 2003.5.20. ; 행심 2000-311, 2003.3.29.)

(보충2) 다가구주택에 대한 지역자원시설세 과세방법

재산세가 독립된 구획별로 과세되는 다가구주택이라면 지역자원시설세도 독립된 구획별로 과세표준을 산정하여 과세함.(행자부 세정 13407-1090, 2000.9.14.)

②(대형)화재위험 건축물 중과세(2배, 3배)(지법 146조②2호, 2의2호)

1. 저유장, 주유소, 정유소, 유흥장, 극장 및 4층 이상 10층 이하의 건축물 등 일정한 화재위험 건축물에 대해서는 위 ①에 따라 산출한 금액의 200% 세액으로 한다.

2. 대형마트, 복합상영관(위 극장은 제외), 백화점, 호텔, 11층 이상의 건축물 등 일정한 대형 화재위험 건축물에 대해서는 위 ①에 따라 산출한 금액의 300%를 세액으로 한다.

[다른 용도와 겸용되거나 구분 사용되는 경우의 과세표준](지칙 75조)

1. 1구 또는 1동의 건축물(주거용이 아닌 4층 이상의 것은 제외함)이 '화재위험 건축물 중과대상 용도'와 그 밖의 용도에 겸용되고 있을 때에는 그 건축물의 주된 용도에 따라 해당 건축물의 용도를 결정한다. 이 경우 화재위험 건축물 중과대상 용도로 사용하는 건축물에 대한 세율은 그 건축물의 주된 용도에 따라 2배 또는 3배의 세율을 각각 적용한다.

2. 1구 또는 1동의 건축물이 화재위험 건축물 중과대상 용도와 그 밖의 용도로 구분 사용되는 경우에는 그 밖의 용도로 사용되는 부분을 제외한 부분만을 화재위험 건축물 및 대형 화재위험 건축물로 보아 중과세(2배 또는 3배) 세율을 각각 적용한다.

(6)지역자원시설세 비과세 부과·징수 등

1)납세지(지법 144조)

①특정자원분 지역자원시설세

1. 발전용수: 발전소의 소재지

2. 지하수: 채수공(採水孔)의 소재지
3. 지하자원: 광업권이 등록된 토지의 소재지.

　다만, 광업권이 등록된 토지가 둘 이상의 지방자치단체에 걸쳐 있는 경우에는 광업권이 등록된 토지의 면적에 따라 안분.

②특정시설분 지역자원시설세
1. 컨테이너: 컨테이너를 취급하는 부두의 소재지
2. 원자력발전: 발전소의 소재지
3. 화력발전: 발전소의 소재지

③소방분 지역자원시설세
1. 건축물: 건축물의 소재지
2. 선박: 「선박법」에 따른 선적항의 소재지.

　다만, 선적항이 없는 경우에는 정계장 소재지(정계장이 일정하지 아니한 경우에는 선박 소유자의 주소지)

2)부과·징수(지법 147조)

①특정자원분 및 특정시설분 지역자원시설세
1. 특정자원에 대한 지역자원시설세는 신고납부의 방법으로 징수한다.

　다만, 지하수에 대한 지역자원시설세의 경우 조례로 정하는 바에 따라 보통징수의 방법으로 징수할 수 있다.
2. 지역자원시설세를 신고납부하는 경우 납세의무자는 산출세액을 납세지를 관할하는 지방자치단체의 장에게 조례로 정하는 바에 따라 신고하고 납부하여야 한다.
3. 납세의무자(신고납부의무가 있는 경우)가 신고 또는 납부의무를 다하지 아니하면 산출세액 또는 그 부족세액에 가산세를 합한 금액을 세액으로 하여 보통징수의 방법으로 징수한다.

②소방분에 대한 지역자원시설세
1. 소방분 지역자원시설세는 재산세의 규정 중 과세기준일, 납기, 분할납부(소방분 지역자원시설세의 납부 세액이 250만원을 초과하는 경우, 2022년 시행), 세부담 상한(다만, 주택을 포함하여 150%를 일률적으로 적용) 규정을 준용한다.
2. 소방분 지역자원시설세는 관할 지방자치단체의 장이 세액을 산정하여 보통징수의 방법으로 부과·징수한다.(2018.12.31. 신설)

3. 소방분 지역자원시설세를 징수하려면 건축물 및 선박으로 구분한 납세고지서에 과세표준과 세액을 적어 늦어도 납기개시 5일 전까지 발급하여야 한다.(2018.12.31. 신설)

4. 지역자원시설세를 부과할 지역과 부과·징수에 필요한 사항은 해당 지방자치단체의 조례로 정하는 바에 따른다.

5. 컨테이너에 관한 지역자원시설세의 부과·징수에 대한 사항을 정하는 조례에는 특별징수의 무자의 지정 등에 관한 사항을 포함할 수 있다.

3)소액징수면제: 고지서 1장당 2천원 미만(지법 148조)

04 지방교육세

(1)지방교육세의 목적과 성격

지방교육세는 지방교육의 질적 향상에 필요한 지방교육재정의 확충에 드는 재원을 확보하기 위하여 부과하는 '목적세'이다.(지법 149조)

지방교육세는 다음과 같은 특징이 있다.

1. 지방세의 특별시·광역시·도세이다.
2. 세율체계는 비례세율·표준세율이다.
3. 독립적인 세원이 없이 다른 조세에 부가하는 부가세(附加稅, surtax)이다.
4. 본세의 징수방법에 따라서 신고납부방법·보통징수방법으로 구분된다.

(2)지방교육세의 납세의무자(지법 150조)

1. 부동산, 기계장비(덤프트럭·콘크리트믹서트럭은 제외, 지법 124조), 항공기 및 선박의 취득에 대한 취득세의 납세의무자
2. 등록에 대한 등록면허세(덤프트럭·콘크리트믹서트럭은 제외, 지법 124조)의 납세의무자
3. 레저세의 납세의무자
4. 담배소비세의 납세의무자
5. 주민세 개인분의 납세의무자
6. 재산세(도시지역분 재산세액은 제외)의 납세의무자
7. 비영업용 승용자동차에 대한 자동차세[국가, 지방자치단체 및 「초·중등교육법」에 따라 학교를 경영하는 학교법인(목적사업에 직접 사용하는 자동차에 한정)을 제외]의 납세의무자

(3)지방교육세의 과세표준 및 세율(지법 151조)

1)과세표준 및 세율 총괄

지방자치단체의 장은 지방교육투자재원의 조달을 위하여 필요한 경우에는 해당 지방자치단 체의 조례로 정하는 바에 따라 지방교육세의 세율을 표준세율의 50%의 범위에서 가감할 수 있다. 다만, 레저세는 가감할 수 없다.

과세표준	세율
취득세액 (구 등록세분)	20% ☞ 원칙: {취득세 과세표준×(표준세율−2%)} × 20% 　　　유상거래 주택: {취득세 과세표준×(해당 표준세율×50%)} × 20% 20%×3배 중과세 ☞구 등록세분 3배 중과세 대상분(대도시 법인, 공장)
등록면허세액	20%
레저세액	40%
주민세(개인분)	10%(다만, 인구 50만명 이상의 시지역은 25%, 읍·면지역은 10%))
재산세액	20%(도시지역분 재산세는 제외)
자동차세액	30%(덤프트럭·콘크리트믹서트럭은 제외)
담배소비세액	43.99%

* 본세의 가산세액은 과세표준에 산입하지 않음(지령 140조)

2)지방세감면법령에서 취득세를 감면하는 경우

'지방세감면법령'이라 통칭하는 지방세특례제한법·조세특례제한법·지방세감면조례에서 취득세를 감면하는 경우, 다음의 특례에 따른 금액이 지방교육세가 된다.(지법 151조①1호 본문 및 각목)

1. 지방세감면법령에서 취득세의 감면율을 정하는 경우:
   위 총괄부문의 계산방법으로 산출한 지방교육세액을 해당 취득세 감면율로 감면하고 남은 금액
2. 지방세감면법령에서 취득세의 감면율을 정하면서 구 등록세분 중과세(지법 13조①본문 및 ③) 를 적용하지 아니하도록 정하는 경우:
   위 총괄부문의 계산방법으로 산출한 지방교육세액을 해당 취득세 감면율로 감면하고 남은 금액
3. 1. 2. 외에 지방세감면법령에서 지방세법과 다른 취득세율을 정한 경우: 해당 취득세율에도 불구하고 위 총괄부문의 계산방법으로 산출한 지방교육세액. 다만, 세율을 2%로 정하는 경 우에는 과세대상에서 제외함.
4. '구 등록세분 3배 중과세' 규정과 '지방세감면법령에서 취득세의 감면율을 정하는 경우'(위 1.) 이 동시에 적용되는 경우:
   중과세 규정을 적용하여 지방교육세액(3배)을 우선 산출하고, 여기에 해당 취득세 감면율로 감면하고 남은 금액

제1장 제2장 제3장 제4장 제5장 제6장 제7장 제8장 제9장 제10장 제11장 제12장 제13장 제14장

3)종합사례: 공익법인의 취득부동산에 대한 용도별 취득관련 세금 분석

---

1. 장학재단법인 등의 취득에 대한 경감

장학재단법인은 고유목적용 부동산의 취득에 대해서는 취득(농어촌특별세 포함 2.2%)·등록세(지방교육세 포함 2.4%, 신축 등 원시취득의 경우 0.96%)를 100% 경감하고(농어촌특별세도 비과세), 임대 등 수익사업용 부동산에 대해서는 80%를 경감(지방세특례제한법 45조②)하는 혜택이 있음.

다만, **취득세 감면분(등록세분 포함)**에 대해서는 감면액의 20%의 농어촌특별세를 부담하고(농특법 5조①1호), **취득세 과세분(등록세분 제외)**에 대해서는 10%의 농어촌특별세를 부담함(농특법 5조①6호).
{이유: 농어촌특별세법 4조(농특세 비과세)12호 및 농어촌특별세법 시행령 4조⑥5호에 지방세특례제한법 45조②에 따른 감면은 비과세로 열거되어 있지 않기 때문임.}

(보충)[지방세 감면 특례의 제한: 최소납부제](지특법 177조의2, 2018.1.1. 시행)

지방세특례제한법에 따라 취득세 또는 재산세가 면제(지방세 특례 중에서 세액감면율이 100%인 경우와 세율경감률이 세율 전부를 감면하는 것)되는 경우에는 이 지방세특례제한법에 따른 '취득세' 또는 '재산세'의 면제 규정에도 불구하고 85%에 해당하는 감면율(지법 13조①~④의 세율은 적용하지 아니한 감면율을 말함. 즉, 중과되는 경우에는 일반세율을 적용한 세액의 85%만 감면된다는 뜻임)을 적용한다.

2. 세율 정리(부동산의 경우 2011년부터 취득세로 단일화했지만, 종전의 취득세와 등록세의 세율적용 방식을 구분하여 이해하여야 농어촌특별세도 정확하게 이해할 수 있음)

(1) 소유권 이전(기존 부동산 취득)

2%(취득본세) + 2%×10%(취득세분 농어촌특별세) = 2.2%

2%(등록본세) + 2%×20%(등록세분 지방교육세) = 2.4%　　　　　　　　　합계 4.60%

(2) 소유권 보존(신축 등 원시취득)

2%(취득본세) + 2%×10%(취득세분 농어촌특별세) = 2.2%

0.8%(등록본세) + 0.8%×20%(등록세분 지방교육세) = 0.96%　　　　　　합계 3.16%

(3) 소유권 이전(80% 경감)

2%×(1-80%) + 2%×(1-80%)×10% + 2%×80%×20% = 0.76%
(감면 후 취득세) (취득세 본세분 농특세) (취득세 감면분 농특세)

2%×(1-80%) + 2%×(1-80%)×20% + 2%×80%×20% = 0.80%　　　　　합계1.56%
(감면 후 등록세) (등록세분 지방교육세) (등록세 감면분 농특세)

(4) 소유권 보존(80% 경감)

2%×(1-80%) + 2%×(1-80%)×10% + 2%×80%×20% = 0.76%
(감면 후 취득세) (취득세 본세분 농특세) (취득세 감면분 농특세)

0.8%×(1-80%) + 0.8%×(1-80%)×20% + 0.8%×80%×20% = 0.32%　　　합계 1.08%
(감면 후 등록세) (등록세분 지방교육세) (등록세 감면분 농특세)

(4) 신고납부와 부과·징수

1) 신고납부

지방교육세 납세의무자가 취득세, 등록에 대한 등록면허세, 레저세 또는 담배소비세를 신고하고 납부하는 때에는 그에 대한 지방교육세를 함께 신고하고 납부하여야 한다.

2) 부과·징수

1. 지방자치단체의 장이 납세의무자에게 주민세 개인분, 재산세 및 자동차세를 부과·징수하거나 세관장이 담배소비세를 부과·징수하는 때에는 그에 대한 지방교육세를 함께 부과·징수한다.
2. 시장·군수·구청장은 지방교육세를 부과·징수할 때에는 그 과세표준이 되는 지방세의 납부고지서에 해당 지방세액과 지방교육세액 및 그 합계액을 적어 고지하여야 한다.
3. 시장·군수·구청장은 불가피한 사유로 지방교육세만을 부과·징수할 때에는 납부고지서에 지방교육세액만을 고지하되, 해당 지방교육세의 과세표준이 되는 세목과 세액을 적어야 한다.

3) 가산세: 납부지연가산세만 적용(지법 153조)

①신고불성실가산세는 적용 않음

지방교육세를 신고하고 납부하여야 하는 자가 신고의무를 다하지 아니한 경우에도 무신고가산세(지기법 53조) 및 과소신고가산세(지기법 54조)에 따른 가산세를 부과하지 아니한다.

②납부지연가산세는 적용

지방교육세를 신고하고 납부하여야 하는 자가 납부의무를 다하지 아니한 경우에는 산출한 세액 또는 그 부족세액에 납부지연가산세(지기법 55조)를 합한 금액을 세액으로 하여 보통징수의 방법으로 징수한다.

제13장
지방세특례제한법

01 지방세특례제한법과 감면

(1)비과세와 감면의 차이

세금혜택은 크게 비과세와 감면으로 구분된다. 비과세제도의 경우에는 납세의무 성립 자체를 배제하는 것이지만, 감면제도는 일단 납세의무는 성립하되 그 성립한 납세의무를 전제로 한 세금의 납부의무를 전부 혹은 부분적으로 면하게 한다는 점에서 성격상 차이가 있다. 따라서 감면에 대해서는 사후관리(추징규정) 조건이 붙는 경우가 많다.

비과세는 해당 개별세법에서 규정하고 있으며, 감면은 조세특례제한법(국세)·지방세특례제한법(지방세)·감면조례(지방세)에서 규정하고 있다. 감면은 일정한 절차와 양식에 따라 신청을 하여야 적용하며, 비과세는 일정한 경우에만 절차·신청이 필요하다(감면·비과세 신청이 늦어진 경우 감면·비과세 사실이 확인되면 추후라도 감면·비과세 가능함). 다만 비과세인 경우에도 훗날 비과세 여부에 대한 다툼을 예방하기 위해 비과세 관련 자료를 제출할 수 있으며 '납세자의 협력의무'(국기법 81조의17, 지기법 79조)도 있으므로, 만일 양도소득세 납부에 대한 안내문을 받았을 경우 비과세일지라도 해명자료를 제출하는 건 당연하다.

구분	비과세	감면
관련법령	개별세법(소득세법, 지방세법 등)	조특법*, 지특법, 감면조례
신고의무	일부 있음	모두 있음
사후관리(추징규정)	없음	있음과 없음이 혼재

* **외국인투자자 등에 대한 조세특례**(조세특례제한법 5장)

외국인투자자에 대한 법인세·소득세 감면은 2019년부터 폐지했고{2018.12.31.까지 조세감면을 신청한 것까지만 감면, 2018년 개정 조특법 121조의2②, 지특법 153조(지방소득세 감면도 같음)}, 지방세인 취득세·재산세 감면은 2020년부터 폐지했다(2019.12.31.까지 조세감면을 신청한 것까지만 감면, 2019년 개정 조특법 121조의2④).

☞ 외국인투자자에 대한 취득세·재산세 감면은 2020년부터 각 시·도 감면조례에 따라 감면됨.

따라서 조세특례제한법 5장에는 사실상 '(자본재 관련) 관세 등의 면제'(조특법 121조의3)와 '증자의 감면규정'(조특법 121조의4)만 남아 있으며, 나머지 조문은 이미 감면된 조세에 대한 사후관리 등에 관한 규정이다.

(2)지방세특례제한법 규정 개괄

1)지방세특례제한법 구성 체계

구분	법조문*	내용
총칙	1장	목적, 정의 특례의 원칙, 조례에 따른 지방세 감면 등
목적에 따른 감면구분	2장 1절	농어업을 위한 지원
	2장 2절	사회복지를 위한 지원
	2장 3절	교육 및 과학기술 등에 대한 지원
	2장 4절	문화 및 관광 등에 대한 지원
	2장 5절	기업구조 및 재무조정 등에 대한 지원
	2장 6절	수송 및 교통에 대한 지원
	2장 7절	국토 및 지역개발에 대한 지원
	2장 8절	공공행정 등에 대한 지원
지방소득세	3장	종합소득 세액공제·감면, 중소기업 특례, R&D·투자·고용 등
보칙	4장	감면 제외대상, 특례제한, 감면된 취득세 추징, 중복감면 배제 등

* 지방세특례제한법은 227개(= 184조 + '&조'의 43개)의 법조문으로 구성되어 있음.

2) 지방세특례제한법 적용 시 중요 사항(보칙 규정)

① 사치성재산에 대한 감면 제외(지특법 177조)

　지방세특례제한법의 감면을 적용할 때 사치성재산(구 취득세분 5배 중과세, 지법 13조⑤) 부동산 등은 감면대상에서 제외한다.

② 지방세 감면 특례의 제한: 최소납부제(지특법 177조의2)

1. 지방세특례제한법에 따라 취득세 또는 재산세가 면제(지방세 특례 중에서 세액감면율이 100%인 경우와 세율경감률이 세율 전부를 감면하는 것)되는 경우에는 지방세특례제한법에 따른 '취득세' 또는 '재산세'의 면제규정에도 불구하고 85%에 해당하는 감면율(지법 13조①~④의 세율은 적용하지 아니한 감면율을 말함. 즉, 중과되는 경우에는 일반세율을 적용한 세액의 85%만 감면된다는 뜻임)을 적용한다. 다만, 다음 각 호의 어느 하나에 해당하는 경우에는 그러하지 아니하다.

　ⓐ 지방세법에 따라 산출한 취득세 및 재산세의 세액이 다음의 어느 하나에 해당하는 경우

　　취득세: 200만원 이하(2022년부터 연부취득, 1년 이내 동일인에게 취득, 1년 이내 연접부동산 취득은 합산)

　　재산세: 50만원 이하(세부담 상한을 적용하기 이전의 산출액을 말함)

　ⓑ 지방세특례제한법 7~9조, 11조①, 13조③, 16~17조의2, (…), 57조의2②, 57조의3①, 62조, 63조②④, 66조, 73조, 76조②, (…), 92조에 따른 감면

2. 지방자치단체 감면조례로 취득세 또는 재산세를 면제하는 경우에도 위 1. 규정을 따른다. 다만, 조세특례제한법의 위임에 따른 감면은 그러하지 아니하다.

3. 위 2.에도 불구하고 1.의 적용 여부와 적용시기는 해당 지방자치단체의 감면조례로 정할 수 있다.

　[지방세 감면 특례의 제한에 관한 적용례](2017.12.26. 개정 법 부칙 7조, 개정 지특법 177조의2)

지방세 감면 특례의 제한(지특법 177조의2①)의 개정규정은 법(2014.12.31. 개정) 부칙 12조, 법(2015.12.29. 개정) 부칙 5조 및 법(2016.12.27. 개정) 부칙 9조에도 불구하고 다음의 구분에 따른 시기부터 적용한다.

1. 22조의2, 42조②, 43조, 53조, 57조의2⑤·7호, 57조의2④⑤, 60조③1호의2, 70조③, 73조의2, 74조③4·5호(현 ④3호, 주거환경개선사업의 취득세 100% 면제대상 항목), 79조, 80조 및 83조②: 2019년 1월 1일
2. 15조②, 22조①②, 63조⑤, 72조①②, 85조의2②, 88조①, 89조 및 90조: 2020년 1월 1일
3. 74조①(재개발사업의 '환지계획 등에 따른 취득부동산' 취득세 면제): 2020, 2021년만 적용
4. 74조의2①(도심 공공주택 복합사업 및 주거혁신지구재생사업 취득세 면제): 2023년 1월 1일
5. 1호~4호에서 규정한 면제 외의 면제: 2018년 1월 1일

③감면된 취득세의 추징(지특법 178조)

　부동산에 대한 감면을 적용할 때 지방세특례제한법에서 특별히 규정한 경우를 제외하고는 다음의 어느 하나에 해당하는 경우 그 해당 부분에 대해서는 감면된 취득세를 추징한다.('임대'는 직접사용에서 제외로 명문화. 지특법 2조①8호, 2023년 신설)

1. 정당한 사유 없이 그 취득일부터 1년이 경과할 때까지 해당 용도로 직접 사용하지 않는 경우
2. 해당 용도로 직접 사용한 기간이 2년 미만인데 매각·증여하거나 다른 용도로 사용하는 경우

　이 경우 부동산에 대해 감면받은 취득세 추징시 1일당 10만분의 22(연 8.03%←9.125%)의 이자 상당액을 본세에 가산한다.(지특법 178조②, 지특령 123조의2, 2024.1.1. 이후 기간분부터 적용)

> **['정당한 사유 없이'라는 예외규정이 없는 위 2호의 경우에도 정당한 사유를 인정함]**
> 가. 2011.12.31.까지(종전 통합 지방세법 및 2011.1.1. 시행 지방세특례제한법 178조 등)
> 　위 1호와 2호를 구분하지 않고 한 문단으로 규정하여, 실무상 2호의 경우에도 '정당한 사유'를 인정함.
> 나. 2012.1.1.부터 지방세특례제한법 178조(일반적 추징규정) 및 지특법 개별 조문
> 　1호와 2호를 분리하여 '정당한 사유 없이'라는 예외규정이 없는 위 2호의 경우에는 정당한 사유를 인정하지 않고 무조건 추징함.(지방세특례제도과-1532, 2016.7.5. ; 조심 2016지1276, 2017.3.16. ; 조심 2018지0376, 2018.7.9. 등)
> 다. 2019.3.14.부터: 2호의 경우에도 정당한 사유를 인정함(대법 2018두64214, 2019.3.14.-심리불속행으로 기각함 ; 서울고법 2018누56208, 2018.11.6. 선고)
> 　"행정법규 위반에 대하여 가하는 제재조치는 행정법규 위반이라는 객관적 사실에 착안하여 가하는 제재이므로, 위반자의 의무 위반을 탓할 수 없는 정당한 사유가 있는 경우까지 부과할 수 있는 것은 아니다(대법 2002두5177, 2003.9.2. 선고 참조). 따라서 추징에 관하여 '정당한 사유 없이'라는 명문의 규정이 없더라도 납세의무자에게 의무 위반에 대한 책임을 돌릴 수 없는 정당한 사유가 인정되는 경우에는 추징이 허용될 수 없다."[본 사건은 산업단지 등에 감면(지특법 78조)에 대한 관례임]
> 　"위 2호에도 불구하고, 합병의 경우 추징되지 않음."(조심 2019지3577, 2020.3.12. 결정)

④ 토지에 대한 재산세의 경감율 적용(지특법 179조)

　지방세특례제한법 또는 다른 법령에서 토지에 대한 재산세의 경감 규정을 둔 경우에는 경감대상 토지의 과세표준액에 해당 경감비율을 곱한 금액을 경감한다.

⑤중복 특례의 배제(지특법 180조)

동일한 과세대상에 대하여 지방세를 감면할 때 둘 이상의 감면 규정이 적용되는 경우에는 그 중 감면율이 높은 것 하나만을 적용한다. 다만, 73조, 74조, 92조 및 92조의2의 규정과 다른 규정은 두 개의 감면규정(73조, 74조 및 92조 간에 중복되는 경우에는 그중 감면율이 높은 것 하나만을 적용)을 모두 적용할 수 있다.

⑥지방세 중과세율(구 등록세분 3배 중과세) 적용 배제 특례(지특법 180조의2)

다음의 어느 하나에 해당하는 부동산의 취득에 대해서는 지방세법에 따른 취득세를 과세할 때 2024년 12월 31일까지 '구 등록세분 3배 중과세'(지법 13조②본문 및 ③)의 세율을 적용하지 아니한다.

1. 부동산투자회사(「부동산투자회사법」 2조1호)가 취득하는 부동산
2. 부동산집합투자기구(「자본시장과 금융투자업에 관한 법률」 229조2호)의 집합투자재산으로 취득하는 부동산
3. 유동화 전문회사 중 특정법인(법법 51조의2①9호)이 취득하는 부동산

그리고 특정 요건에 해당하는 설립등기(설립 후 5년 이내에 자본 또는 출자액을 증가하는 경우를 포함)에 대해서는 지방세법에 따른 등록면허세를 과세할 때 2024년 12월 31일까지 같은 법 중과세(지법 28조②·③) 세율을 적용하지 아니한다.(2021.12.28. 개정으로 3년 재연장됨)

⑦감면신청 등(지특법 183조)

지방세의 감면을 받으려는 자는 지방세 감면 신청을 하여야 한다. 다만, 지방자치단체의 장이 감면대상을 알 수 있을 때에는 직권으로 감면할 수 있다.

> **["직접 사용"에 대한 정의]**(지특법 2조 8호, 2023년부터 '임대는 제외'로 명문화)
> 부동산·차량·건설기계·선박·항공기 등의 소유자(「신탁법」 2조에 따른 수탁자를 포함하며, 신탁등기를 하는 경우만 해당, 2022.1.1. 시행)가 부동산 등을 사업·업무의 목적이나 용도에 맞게 사용(임대는 제외)하는 것을 말함.

(3)지방세특례제한법 중 보편적으로 적용되는 규정 해설

구 지방세법에서 분할제정(2010.3.31.)된 지방세특례제한법은 2011년부터 시행되며, 227개(= 184조 + '&조'의 43개)의 법조문으로 구성되어 있다. 이중 특정 사업이나 사업자에게 적용되는 것은 제외하고, 일반적으로 적용 가능성이 높은 항목들에 대해서는 절을 달리하여 해당 규정을 해설한다.

02 생애최초 주택 구입에 대한 취득세 감면(농어촌특별세 과세)

(지특법 36조의2를 신설하여 '신혼부부'에 한하여 2019.1.1.부터 시행→지특법 36조의3으로 개정하여
2020.7.10. 취득 분부터 신혼부부에서 대상자를 확대적용, 부칙 4조, 2020년 7·10 부동산 대책)

①감면요건

{최소납부제 적용 ; 농특세는 서민주택(수도권·도시 85㎡, 기타 100㎡ 이하)이면 비과세, 농특령 4조④}

주택 취득일 현재 '본인 및 배우자'(가족관계등록부에서 혼인이 확인되는 외국인 배우자를 포함☞종전 '세대
주 및 세대원'에서 감면대상 확대)가 주택(지법 11조①8호에 따른 주택을 말하므로 오피스텔은 제외됨)을 소유한
사실이 없는 경우로서 주택을 유상거래(부담부증여는 제외)로 취득하는 경우에는 다음 각 호에서 정
하는 바에 따라 2025년 12월 31일까지 취득세를 감면(이 경우 법인의 주택 취득 등 중과(지법 13조의
2)의 세율을 적용하지 않음)한다. 다만, 취득자가 미성년자인 경우는 제외한다.(지특법 36조의3②)

1. 다음 각 호의 주택에 대해서는 취득세 산출세액(지법 11조①8호 세율 적용)이 300만원 이하인 경우
   에는 취득세를 면제하고, 300만원을 초과하는 경우에는 300만원을 공제한다.(지특법 36조의3②)
   가. 다가구주택·도시형생활주택 등 소형주택(아파트 제외)
      소형주택: 전용면적 60㎡이하, 6억원(지방 3억원) 이하의 다가구·다세대·연립·도시형생
      활주택(아파트 제외)
   나. 다가구주택·빌라 등 소형·저가주택(아파트 제외)에 전·월세로 거주하다가 해당 주택을
      취득한 경우에는, 추후 아파트 등 주택 구입 시 생애최초 주택 감면 자격을 계속 유지한다.
      저가주택: 전용면적 60㎡ 이하, 3억 원(지방 2억 원) 이하의 1년 이상 임차·거주하던 주택
      (아파트 제외)(지특법 36조의3③6호)
2. 취득당시가액이 12억원 이하인 주택(제1호에 따른 주택은 제외)에 대해서는 산출세액이 200만원 이
   하인 경우에는 취득세를 면제하고, 200만원을 초과하는 경우에는 산출세액에서 200만원을 공제한다.
   이 경우 2인 이상이 공동으로 주택을 취득하는 경우에는 해당 주택에 대한 제1호에 따른 총 감면
   액은 300만원 이하로 하고, 제2호에 따른 총 감면액은 200만원 이하로 한다.

②'주택을 소유한 사실이 없는 경우'란?(지특법 36조의3③)

1. 상속으로 주택의 공유지분을 소유(주택 부속토지의 공유지분만을 소유하는 경우를 포함)하였
   다가 그 지분을 모두 처분한 경우
2. 도시지역(취득일 현재 도시지역을 말함. 「국토의 계획 및 이용에 관한 법률」 6조)이 아닌 지역에 건
   축되어 있거나 면의 행정구역(수도권은 제외)에 건축되어 있는 주택으로서 다음의 어느 하나에
   해당하는 주택을 소유한 자가 그 주택 소재지역에 거주하다가 다른 지역{해당 주택 소재지역인
   특별시·광역시·특별자치시·특별자치도(관할구역 안에 지방자치단체인 시·군이 없는 경우를

제1장 제2장 제3장 제4장 제5장 제6장 제7장 제8장 제9장 제10장 제11장 제12장 제13장 제14장

말함) 및 시·군 이외의 지역을 말한다으로 이주한 경우. 이 경우 그 주택을 감면대상 주택 취득일 전에 처분했거나 감면대상 주택 취득일부터 3개월 이내에 처분한 경우로 한정함.

ⓐ사용 승인 후 20년 이상 경과된 단독주택

ⓑ85㎡ 이하인 단독주택

ⓒ상속으로 취득한 주택

3. 전용면적 20㎡ 이하인 주택을 소유하고 있거나 처분한 경우.

다만, 전용면적 20㎡ 이하인 주택을 둘 이상 소유했거나 소유하고 있는 경우는 제외.

4. 취득일 현재 시가표준액이 100만원 이하인 주택을 소유하고 있거나 처분한 경우

5. 지방세특례제한법 36조의4①에 따라 전세사기피해주택을 소유하고 있거나 처분한 경우

6. 임차인이 임차하여 1년 이상 거주(「주민등록법」에 따른 전입신고를 하고 계속하여 거주하는 것을 말한다)해 온 주택(아파트는 제외)을 2024.1.1.~2025.12.31. 기간 중에 취득한 경우. 이 경우 전용면적이 60㎡ 이하이며, 취득당시가액이 2억원(수도권은 3억원) 이하인 주택으로서 제①항에 따라 취득세 감면을 적용받은 경우로 한정한다.

③추징사유(지특법 36조의3④, 지특령 17조의3)

취득세를 감면받은 사람이 다음의 어느 하나에 해당하는 경우에는 감면된 취득세를 추징한다.

1. 정당한 사유(지특령 17조의3) 없이 주택을 취득한 날부터 3개월 이내에 상시 거주(취득일 이후 「주민등록법」에 따른 전입신고를 하고 계속하여 거주하거나, 취득일 전에 전입신고를 하고 취득일부터 계속하여 거주하는 것을 말함)를 시작하지 아니하는 경우

2. 주택을 취득한 날부터 3개월 이내에 추가로 주택(주택의 부속토지만을 취득하는 경우를 포함)을 취득하는 경우. 다만, 상속으로 인한 추가 취득은 제외한다.

3. 해당 주택에 상시 거주한 기간이 3년 미만인 상태에서 해당 주택을 매각·증여(배우자에게 지분의 일부 또는 전부를 매각·증여하는 경우는 제외)하거나 다른 용도(임대를 포함)로 사용하는 경우

[생애최초 주택구입 LTV 완화 및 DSR 장래소득 반영하여 확대]
(서민생활 안정을 위한 긴급 민생안정 10대 프로젝트, 2022.5.30. 관계부처합동, 7.20. 금융위 의결)
① (LTV) 생애최초주택구입 가구 LTV 상한 '지역불문' 완화(60~70→80%, 8.1. 시행): 대출한도 4억→6억 확대
② (DSR) 장래소득 증가가 예상되는 **청년층 대출**이 과도하게 제약되지 않도록 **DSR 산정 시 장래소득 반영폭 확대** (2022년 3분기): '총부채원리금상환비율(Debt Service Ratio, DSR)'은 금융소비자의 원리금 상환액을 연 소득의 40% 이내로 제한하는 규제로, 2022년 7월부터 대출액 **1억원(3단계)으로 강화**(←2억원(2단계 2022년 1월부터)←6억원 초과 주택에 대한 주택담보대출 또는 1억원(1단계 2021년 7월 신설) 초과 대출자로 확대 적용됨).
③ (초장기 모기지) **청년·신혼부부 대상 초장기**(최대 50년) 모기지 출시(8월)
* 5억원 대출(금리 4.4%) 가정 시 월상환액 222만원(40년 만기) → 206만원(50년 만기)으로 감소

🖎 출산·양육을 위한 주택 취득에 대한 취득세 감면: 12억원 이하, 500만원(지특법 36조의5) 참조.

03 연구개발 지원을 위한 감면(지특법 46조)(농어촌특별세 비과세)

(1)기업부설연구소용 부동산에 대한 취득세·재산세 경감

1)일반법인(지특법 46조①)

기업부설연구소에 직접 사용하기 위하여 취득하는 부동산(부속토지는 건축물 바닥면적의 7배 이내인 것으로 한정함)에 대해서는 취득세의 35%(신성장동력·원천기술 관련은 50%)를, 과세기준일 현재 기업부설연구소에 직접 사용하는 부동산에 대해서는 재산세의 35%(신성장동력 등은 50%)를 각각 2025년 12월 31일까지 경감한다.

2)중견기업 및 중소기업(지특법 46조③④)

기업부설연구소에 직접 사용하기 위하여 취득하는 부동산에 대해서는 중견기업은 취득세의 50%(신성장동력·원천기술 관련은 65%)[중소기업은 60%(75%)]를, 과세기준일 현재 기업부설연구소에 직접 사용하는 부동산에 대해서는 중견기업·중소기업 동일하게 재산세의 50%(신성장동력·원천기술 관련은 65%)를 2025년 12월 31일까지 경감한다.

(2)상호출자제한기업집단은 과밀억제권역 외에 설치 시 감면(지특법 46조②)

상호출자제한기업집단 등이 과밀억제권역(「수도권정비계획법」 6조①1호) 외에 설치하는 기업부설연구소에 직접 사용하기 위하여 취득하는 부동산에 대해서는 취득세의 35%(신성장동력·원천기술 관련은 50%)를, 과세기준일 현재 기업부설연구소에 직접 사용하는 부동산에 대해서는 재산세의 35%(신성장동력 등은 50%)를 각각 2025년 12월 31일까지 경감한다.

(3)경감된 취득세·재산세 추징(지특법 46조⑤)

1. 토지·건축물을 취득한 후 1년(「건축법」에 따른 신축·증축 또는 대수선을 하는 경우에는 2년) 이내에 기업부설연구소로 인정받지 못한 경우
2. 기업부설연구소 설치 후 4년 이내에 정당한 사유 없이 연구소를 폐쇄하거나 다른 용도로 사용하는 경우

04 기업합병·분할 등에 대한 감면(지특법 57조의2)

(2015.1.1.부터 조세특례제한법 120조에서 지방세특례제한법으로 이관됐음)

(1)적격합병에 따라 양수하는 재산(지특법 57조의2①)**(농어촌특별세 비과세)**

적격합병(법법 44조② 또는 ③)으로서 소비성서비스업을 제외한 사업을 1년 이상 계속하여 영위한 법인 간의 합병에 따라 피합병법인으로부터 양수(讓受)하는 사업용재산을 2027년 12월 31일(3년 연장)까지 취득하는 경우에는 '구 등록세분 취득세'(0.8%·2%. 지법 15조)의 50%(←면제){법인으로서 「중소기업기본법」에 따른 중소기업 간 합병 및 법인이 기술혁신형사업법인과의 합병("중소기업합병등"이라 함)을 하는 경우에는 취득세의 60%}를 경감하되, 중소기업합병등을 제외한 합병에 대해서는 취득세 세율특례(지법 15조①3호)를 적용한 경우에는 경감하지 아니한다.

다만, 합병으로 취득한 사업용재산이 합병 후 지방세법 16조 따른 과세물건에 해당하게 되는 경우 또는 합병등기일부터 3년 이내에 적격합병에 대한 특례요건 추징사유(법법 44조의3③)의 어느 하나에 해당하는 사유가 발생하는 경우(같은 항 각 호 외의 부분 단서에 해당하는 경우는 제외)에는 경감된 취득세를 추징한다.

(보충 1)적격합병에 해당하는 경우 '구 취득세분 취득세'(2%)는 과세하지 않음.(지법 15조 '세율의 특례')
(보충 2)이 특례에 대한 최소납부제 적용시기는 2016.1.1.이지만(2015.12.29. 개정 지특법 177조의2①), 2019.1.1.부터 50% 감면(←면제)으로 축소됐으므로 최소납부제 적용여지가 없음.

(2)농·수·산림조합 등이 합병으로 양수받은 재산(지특법 57조의2②)**(농특세 과세)**

농·수·산림조합, 새마을금고, 신협 등이 합병으로 사업용재산을 취득하는 경우에는 취득세를 2027년 12월 31일(3년 연장)까지 면제하고, 합병으로 양수받아 3년 이내에 등기하는 재산에 대해서는 2027년 12월 31일(3년 연장)까지 등록면허세의 50%(←75%)를 경감한다.

(2016년부터 최소납부제 적용)

(3)기업구조조정 지원 감면(지특법 57조의2③)**(농어촌특별세는 2.호만 과세)**

다음의 어느 하나에 해당하는 재산을 2027년 12월 31일(3년 연장)까지 취득하는 경우에는 취득세의 50%(←75%←면제)를 경감한다. 다만, 1호의 경우 2019년 12월 31일까지는 취득세의

75%를, 2020년 12월 31일까지는 50%를, 2024년 12월 31일까지는 25%를 경감하고, 5호의 경우에는 2027년 12월 31일까지 취득세를 면제한다.(2019.1.1.부터 6호 외에는 최소납부제 적용여지 없음.)

1. 「국유재산법」에 따라 현물출자한 재산(2016년부터 최소납부제 적용)

2. 인적분할(법법 46조②, 물적분할은 법법 47조①)의 요건을 갖춘 분할로 인하여 취득하는 사업용 재산. 다만, 분할등기일부터 3년 이내에 추징사유에 해당하는 경우(같은 항 각 호 외의 부분 단서에 해당하는 경우는 제외)에는 경감받은 취득세를 추징함.(2016년부터 최소납부제 적용)

3. 현물출자(법법 47조의2)에 따라 취득하는 사업용재산. 다만, 취득일부터 3년 이내에 같은 추징 사유가 발생하는 경우(같은 항 각 호 외의 부분 단서에 해당하는 경우는 제외)에는 경감받은 취득세를 추징.(2016부터 최소납부제 적용)

4. 중소기업 간의 통합(조특법 31조)에 따라 설립되거나 존속하는 법인이 양수하는 해당 사업용 재산(부동산 임대·공급업은 제외). 다만, 사업용재산을 취득한 날부터 5년 이내에 추징사유가 발생하는 경우에는 경감받은 취득세를 추징함.(2019년부터 최소납부제 적용이지만 75%로 감면율이 축소되어 적용여지 없음.)

5. 특별법에 따라 설립된 공공기관이 그 특별법의 개정 또는 폐지로 인하여 「상법」상의 회사로 조직 변경됨에 따라 취득하는 사업용재산(2019년부터 최소납부제 적용)

(4) 현물출자 또는 사업양수도에 따른 사업용 고정자산 감면(지특법 57조의2④)
(농어촌특별세 과세)(2015.1.1.부터 조세특례제한법 120조⑤에서 지방세특례제한법으로 이관됐음)

현물출자 또는 사업 양도·양수(조특법 32조)에 따라 2027년 12월 31일(3년 연장)까지 취득하는 사업용 고정자산(2021년 전환법인부터 주택은 제외)에 대해서는 취득세의 50%(←75%←면제)를 경감한다. 다만, 2020년 8월 12일 취득분부터 부동산 임대·공급업은 경감하지 않는다.(2020년 7·10 부동산 대책)

다만, 취득일부터 5년 이내에 다음 각 호의 어느 하나에 해당하는 경우에는 경감 받은 취득세를 추징한다. (2019년부터 최소납부제 적용이지만 50~75% 감면으로 적용여지 없음.)

1. 정당한 사유 없이 해당 사업을 폐업하거나 해당 재산을 처분(임대를 포함)하는 경우

2. 정당한 사유 없이 법인전환으로 취득한 주식 또는 출자지분의 50% 이상을 처분하는 경우

경감 받은 취득세를 추징하지 않는 '정당한 사유'란 다음의 어느 하나에 해당하는 경우를 말한다.(지특령 28조의2③)

1. 해당 사업용 재산이 「공익사업을 위한 토지 등의 취득 및 보상에 관한 법률」 또는 그 밖의 법률에 따라 수용된 경우

2. 법령에 따른 폐업·이전명령 등에 따라 해당 사업을 폐지하거나 사업용 재산을 처분하는 경우

3. 조특령 29조⑦ 각 호의 어느 하나에 해당하는 경우(2018.12.31. 신설)

제1장
제2장
제3장
제4장
제5장
제6장
제7장
제8장
제9장
제10장
제11장
제12장
제13장
제14장

[감면세액이 추징되는 주식 처분이란?](조특령 29조⑦)

추징되는 처분은 주식 또는 출자지분의 유상이전, 무상이전, 유상감자 및 무상감자(주주 또는 출자자의 소유 주식 또는 출자지분 비율에 따라 균등하게 소각하는 경우는 제외한다)를 포함한다. 다만, 다음의 어느 하나에 해당하는 경우에는 그러하지 아니하다.

1. 해당 거주자가 사망하거나 파산하여 주식 또는 출자지분을 처분하는 경우
2. 해당 거주자가 적격합병(법법 44조②)에 따른 합병이나 적격분할(법법 46조②)로 주식 등을 처분하는 경우
3. 해당 거주자가 조특법 38조에 따른 주식의 포괄적 교환·이전 또는 조특법 38조의2에 따른 주식의 현물출자의 방법으로 과세특례를 적용받으면서 주식 또는 출자지분을 처분하는 경우
4. 해당 거주자가 「채무자 회생 및 파산에 관한 법률」에 따른 회생절차에 따라 법원의 허가를 받아 주식 또는 출자지분을 처분하는 경우
5. 해당 거주자가 법령상 의무를 이행하기 위하여 주식 또는 출자지분을 처분하는 경우
6. 해당 거주자가 가업의 승계를 목적으로 해당 가업의 주식 또는 출자지분을 증여하는 경우로서 수증자가 조특법 30조의6에 따른 증여세 과세특례를 적용받은 경우

4. 조특법 32조①에 따른 법인전환으로 취득한 주식의 50% 미만을 처분하는 경우(2018.12.31. 신설)

[현물출자, 사업양도·양수의 조건](조특법 32조, 조특령 29조)

거주자가 고정자산을 현물출자하거나 사업양도·양수의 방법에 따라 법인(부동산 매매·임대 및 소비성서비스업을 경영하는 법인은 제외)으로 전환하는 경우란?(2021년 전환법인부터 주택은 이월과세 제외)

1. 해당 사업을 영위하던 자가 발기인이 되어 순자산가액 이상을 출자하여 법인을 설립하고, 그 법인설립일부터 3개월 이내에 해당 법인에게 사업에 관한 모든 권리와 의무를 포괄적으로 양도하는 것을 말함.(조특령 29조②)
2. 새로 설립되는 법인의 자본금이 순자산가액 이상인 경우에만 적용.(조특법 32조②)
3. 현물출자 또는 사업 양도·양수의 방법으로 취득한 사업용 고정자산의 1/2 이상을 처분하거나 사업에 사용하지 않는 경우 사업의 폐지로 봄. 다만, 다음의 어느 하나에 해당하는 경우에는 그러하지 아니함.(조특령 29조⑥)
   – 전환법인이 파산하여 승계받은 자산을 처분한 경우
   – 전환법인이 법인세법상 적격합병, 적격분할, 물적분할, 현물출자의 방법으로 자산을 처분한 경우
   – 전환법인이 「채무자 회생 및 파산에 관한 법률」에 따른 회생절차에 따라 법원의 허가를 받아 승계받은 자산을 처분한 경우

[법인전환 후 2년(2019.1.1.부터 5년) 내 흡수합병된 경우 추징대상에 해당⇒2019 제외]

{대법 2015두50481, 2015.12.10. 선고⇒적격합병(법법 44조②) 등에 대해 예외 인정, 지특령 28조의2③3호를 2018.12.31. 신설}

쟁점요지: 개인기업을 법인전환하면서 취득세를 감면받고, 2년 내에 법인합병으로 소멸된 경우, 취득세 추징대상인 2년 이내 처분에 해당하는지 여부?

판결요지: 법인전환 후 2년 내 흡수합병된 경우는 추징대상인 처분에 해당함.

(5)과점주주 간주취득세에 대한 감면(지특법 57조의2⑤)**(농어촌특별세 과세)**

다음의 어느 하나에 해당하는 경우에는 과점주주 간주취득세(지법 7조⑤)를 2027년 12월 31일(3년 연장)까지 면제한다.(2019년부터 최소납부제 적용)

1. 「금융산업의 구조개선에 관한 법률」 10조에 따른 제3자의 인수, 계약이전에 관한 명령 또는 같은 법 14조②에 따른 계약이전결정을 받은 부실금융기관으로부터 주식 또는 지분을 취득하는 경우
2. 금융기관이 법인에 대한 대출금을 출자로 전환함에 따라 해당 법인의 주식 또는 지분을 취득하는 경우
3. 지주회사(「금융지주회사법」에 따른 금융지주회사를 포함하되, 지주회사가 동일한 기업집단 내 계열회사가 아닌 회사의 과점주주인 경우를 제외)가 되거나 지주회사가 자회사의 주식을 취득하는 경우. 다만, 해당 지주회사의 설립·전환일부터 3년 이내에 지주회사의 요건을 상실하게 되는 경우에는 면제받은 취득세를 추징한다.
4. 예금보험공사 또는 정리금융회사가 주식 또는 지분을 취득하는 경우
5. 한국자산관리공사가 인수한 채권을 출자전환함에 따라 주식 또는 지분을 취득하는 경우
6. 농업협동조합자산관리회사가 인수한 부실자산을 출자전환함에 따라 주식 또는 지분을 취득하는 경우
7. 조특법 38조①의 요건을 모두 갖춘 주식의 포괄적 교환·이전으로 완전자회사의 주식을 취득하는 경우. 다만, 추징사유에 해당하는 경우(같은 조③에 해당하는 경우는 제외)에는 면제받은 취득세를 추징함.
8. 코스닥증권시장에 상장한 법인의 주식을 취득한 경우(2025.1.1. 삭제)

(6)농협·수협 등의 사업구조개편·분할에 대한 감면(지특법 57조의2⑥⑦⑨⑩)

(7)사업재편계획을 위한 합병 등에 대한 감면(지특법 57조의2⑧)**(농어촌특별세 과세)**

내국법인이 산업 내 과잉공급 해소와 해당 법인의 생산성 향상을 위하여 「기업 활력 제고를 위한 특별법」 10조 또는 12조에 따라 주무부처의 장이 승인 또는 변경승인한 사업재편계획에 의해 합병 등 사업재편을 추진하는 경우 해당 법인에 대한 법인등기에 대하여 등록면허세의 50%를 2027년 12월 31일(3년 연장)까지 경감한다.

05 벤처기업 등에 대한 과세특례(지특법 58조)(농어촌특별세 과세)

(1)벤처기업 집적시설 등에 대한 감면(지특법 58조①)

벤처기업집적시설(『벤처기업육성에 관한 특별조치법』) 또는 신기술창업집적지역을 개발·조성하여 분양 또는 임대할 목적으로 취득(『산업집적활성화 및 공장설립에 관한 법률』 41조에 따른 환수권의 행사로 인한 취득을 포함)하는 부동산에 대해서는 취득세의 35%를, 재산세의 35%(수도권 외의 지역에 소재하는 부동산의 경우에는 60%)(←취득세 및 재산세의 50%, 2023.12.31.까지)를 각각 2026년 12월 31일까지 경감한다.

다만, 그 취득일부터 3년 이내에 정당한 사유 없이 벤처기업집적시설 또는 신기술창업집적지역을 개발·조성하지 아니하는 경우 또는 부동산의 취득일부터 5년 이내에 벤처기업집적시설 또는 신기술창업집적지역의 지정이 취소되거나 5년 이내에 부동산을 다른 용도로 사용하는 경우에 해당 부분에 대해서는 경감된 취득세와 재산세를 추징한다.

(2)벤처기업 집적시설 등 입주자에 대한 중과세 배제(지특법 58조②)

「벤처기업육성에 관한 특별조치법」에 따라 지정된 벤처기업집적시설에 입주하는 자(벤처기업집적시설에 입주하는 자 중 벤처기업에 해당되지 아니하는 자는 제외한다)가 해당 사업에 직접 사용하기 위하여 취득하는 부동산에 대해서는 취득세의 50%를, 과세기준일 현재 해당 사업에 직접 사용하는 부동산에 대해서는 재산세의 50%(수도권 외의 지역에 소재하는 부동산의 경우에는 60%)를 각각 2026년 12월 31일까지 경감한다.(2024.1.1. 개정 시행)

(3)신기술창업집적지역에서 산업용 건축물 신·증축 감면(지특법 58조③)

신기술창업집적지역(『벤처기업육성에 관한 특별조치법』 17조의2)에서 산업용 건축물·연구시설 및 시험생산용 '산업용 건축물 등'을 신축하거나 증축하려는 자(공장용 부동산을 중소기업자에게 임대하려는 자를 포함)가 취득하는 부동산에 대해서는 2026년 12월 31일까지 취득세의 50%를 경감하고, 그 부동산에 대한 재산세의 납세의무가 최초로 성립하는 날부터 3년간 재산세의 50%(수도권 외의 지역에 소재하는 부동산의 경우에는 60%, 2024.1.1. 시행)를 경감한다.

다만, 다음의 어느 하나에 해당하는 경우 그 해당 부분에 대해서는 경감된 취득세 및 재산세를 추징한다.

1. 정당한 사유 없이 그 취득일부터 3년이 경과할 때까지 해당 용도로 직접 사용하지 아니하는 경우
2. 해당 용도로 직접 사용한 기간이 2년 미만인 상태에서 매각·증여하거나 다른 용도로 사용하는 경우

(4)벤처기업에 대한 감면(지특법 58조④)

1. 벤처기업육성촉진지구에서 그 고유업무에 직접 사용하기 위하여 취득하는 부동산에 대해서는 취득세의 50%(←37.5%, 2022.12.31.까지)를 2025년 12월 31일까지 경감한다.
2. 과세기준일 현재 1호에 따른 벤처기업육성촉진지구에서 그 고유업무에 직접 사용하는 부동산에 대해서는 재산세의 35%(←37.5%, 2022.12.31.까지)를 2025년 12월 31일까지 경감한다. 이 경우 지방자치단체의 장이 해당 지역의 재정 여건 등을 고려하여 15%의 범위에서 조례로 정하는 율을 추가로 경감할 수 있다.(2023년 신설)

제1장
제2장
제3장
제4장
제5장
제6장
제7장
제8장
제9장
제10장
제11장
제12장
제13장
제14장

06 지식산업센터 등에 대한 감면(지특법 58조의2)(농어촌특별세 비과세)

(1)지식산업센터를 설립하는 자에 대한 감면(지특법 58조의2①)

지식산업센터(「산업집적활성화 및 공장설립에 관한 법률」 28조의2)를 설립하는 자에 대해서는 다음 각 호에서 정하는 바에 따라 지방세를 경감한다.

1. 2025년 12월 31일까지 '사업시설용'으로 직접 사용하기 위하여 신축 또는 증축하여 취득하는 부동산(신축 또는 증축한 부분에 해당하는 부속토지를 포함)과 사업시설용으로 분양 또는 임대(중소기업을 대상으로 분양 또는 임대하는 경우로 한정함)하기 위하여 신축 또는 증축하여 취득하는 부동산에 대해서는 취득세의 35%를 경감(수도권 외의 지역에서 취득하는 경우에 한함)한다. 다만, 다음의 어느 하나에 해당하는 경우 그 해당 부분에 대해서는 경감된 취득세를 추징한다.
ⓐ정당한 사유 없이 취득일부터 1년이 경과 시까지 착공하지 않은 경우
ⓑ직접 사용하는 부동산에 대해서는 정당한 사유 없이 취득일부터 1년이 경과 시까지 사업시설용으로 직접 사용하지 아니하거나, 해당 용도로 직접 사용한 기간이 4년 미만인 상태에서 매각·증여하거나 다른 용도로 사용하는 경우
ⓒ분양·임대하는 부동산에 대해서는 취득일부터 5년 이내에 중소기업을 대상으로 사업시설용으로 분양·임대하지 않거나 다른 용도로 사용하는 경우
2. 2025년 12월 31일까지 취득하여 과세기준일 현재 사업시설용으로 직접 사용하거나 그 사업시설용으로 분양 또는 임대 업무에 직접 사용하는 부동산에 대해서는 5년간 재산세의 35%를 경감한다.

(2)지식산업센터를 분양받은 입주자에 대한 감면(지특법 58조의2②)

지식산업센터를 신축하거나 증축하여 설립한 자로부터 최초로 해당 지식산업센터를 분양받은 입주자(중소기업 영위자로 한정)에 대해서는 다음 각 호에서 정하는 바에 따라 지방세를 경감한다.

1. 2025년 12월 31일까지 사업시설용으로 직접 사용하기 위하여 취득하는 부동산에 대해서는 취득세의 35%를 경감(수도권 외의 지역에서 취득하는 경우에 한함)한다. 다만, 다음의 어느 하나에 해당하는 경우 그 해당 부분에 대해서는 경감된 취득세를 추징한다.
ⓐ정당한 사유 없이 취득일부터 1년이 경과 시까지 해당 용도로 직접 사용하지 아니하는 경우
ⓑ직접 사용한 기간이 4년 미만인 상태에서 매각·증여하거나 다른 용도로 사용하는 경우
2. 2025년 12월 31일까지 취득하여 과세기준일 현재 사업시설용으로 직접 사용하는 부동산에 대해서는 재산세 납세의무가 최초로 성립한 날부터 5년간 35%를 경감한다.

07 창업중소기업 등에 대한 감면(지특법 58조의3)(농어촌특별세 비과세)

(2015.1.1.부터 조세특례제한법 120조③에서 지방세특례제한법으로 이관됐음.)

(1)창업중소기업 등에 대한 취득세 감면(지특법 58조의3①)

창업(중소기업을 새로 설립하여 창업을 한 기업←「중소기업창업 지원법」 2조1호. '창업으로 보지 아니하는 경우'를 두 법령에서 서로 다르게 규정하고 있어 '창업'의 범위가 상충되므로, 「중소기업창업지원법」상 창업 개념 준용 규정을 삭제하고, '새로 기업을 설립하는' 일반적 개념을 적용하여 법 해석 편의 제고. 「조세특례제한법」도 '창업'에 대한 준용 규정이 없음)을 한 기업으로서 다음의 어느 하나에 해당하는 기업이 '창업일'부터 4년 이내(청년창업기업의 경우에는 5년 이내. 2019.1.1.부터 시행)에 창업일 당시 업종의 사업을 계속 영위하기 위하여 취득하는 부동산에 대해서는 취득세의 75%를 경감한다. 이 경우 2호의 경우에는 벤처기업으로 최초로 확인받은 날('확인일')부터 4년간 경감한다.

1. 2026년 12월 31일까지 수도권과밀억제권역 외의 지역에서 창업한 중소기업('창업중소기업')
2. 2026년 12월 31일까지 벤처기업 중 창업일부터 3년 이내에 벤처기업으로 확인받은 기업('창업벤처중소기업')

[창업의 범위](「중소기업창업지원법 시행령」 2조②)

사업의 범위는 「통계법」 22조①에 따라 통계청장이 작성·고시하는 한국표준산업분류상의 '세분류를 기준'으로 한다. 이 경우 기존 업종에 다른 업종을 추가하여 사업을 하는 경우에는 추가된 업종의 매출액이 총 매출액의 50% 미만인 경우에만 같은 종류의 사업을 계속하는 것으로 본다.

[창업중소기업에 대한 감면요건으로서 창업의 범위](대법 2017두36069, 2017.5.31. 선고)

조세특례제한법상 '창업중소기업'의 개념은 단지 법인설립 등과 같은 창업의 '외형'만을 가지고 볼 것이 아니라, 당해 중소기업의 설립경위, 종전 사업과 신설 중소기업의 구체적인 거래현황, 규모 및 실태 등을 '종합적'으로 참작하여 조세감면의 혜택을 주는 것이 공평의 원칙 등에 부합하는지를 기준으로 실질적으로 판단하여야 한다.

(2)창업중소기업 등에 대한 재산세 감면(지특법 58조의3②)

2026년 12월 31일까지 창업하는 창업중소기업 및 창업벤처중소기업이 해당 사업에 직접 사용(임대는 제외)하는 부동산(건축물 부속토지인 경우에는 공장입지기준면적 이내 또는 용도지역별 적용배율 이내의 부분만 해당함)에 대해서는 창업일(창업벤처중소기업의 경우에는 확인일)부터 3년간 재산세를 면제하고, 그 다음 2년간은 재산세의 50%에 상당하는 세액을 경감한다.

제1장 제2장 제3장 제4장 제5장 제6장 제7장 제8장 제9장 제10장 제11장 제12장 제13장 제14장

(3)창업중소기업 등에 대한 등록면허세 감면(2020년까지 창업시만 감면, 지특법 58조의3③)

다음의 어느 하나에 해당하는 등기에 대해서는 등록면허세를 면제한다.(2021년부터 삭제)
1. 2020년 12월 31일까지 창업하는 창업중소기업의 법인설립 등기(창업일부터 4년 이내에 자본 또는 출자액을 증가하는 경우를 포함)
2. 2020년 12월 31일까지 창업 중에 벤처기업으로 확인받은 중소기업이 그 확인일부터 1년 이내에 하는 법인설립 등기

(4)창업중소기업 등에 대한 중복적용 배제(지특법 58조의3⑤)

창업중소기업으로 지방세를 감면받은 경우에는 창업벤처중소기업에 대한 감면은 적용하지 아니한다.

(5)창업으로 보지 않는 경우(지특법 58조의3⑥)

1. 합병·분할·현물출자 또는 사업의 양수를 통하여 종전의 사업을 승계하거나 종전의 사업에 사용되던 자산을 인수 또는 매입하여 같은 종류의 사업을 하는 경우.
   다만, 종전의 사업에 사용되던 자산을 인수하거나 매입하여 같은 종류의 사업을 하는 경우 그 자산가액의 합계가 사업개시 당시 토지·건물 및 기계장치 등 사업용자산의 총가액에서 차지하는 비율이 30% 이하인 경우는 제외함.
2. 거주자가 하던 사업을 법인으로 전환하여 새로운 법인을 설립하는 경우
3. 폐업 후 사업을 다시 개시하여 폐업 전의 사업과 같은 종류의 사업을 하는 경우
4. 사업을 확장하거나 다른 업종을 추가하는 경우
5. 새로운 사업을 최초로 개시하는 것으로 보기 곤란한 경우

[사업확장과 업종추가의 의미](조심 2013지156, 2014.9.12. 결정)
조세특례제한법상 사업의 확장이나 업종추가에 대한 별도의 법령상의 정의 규정은 없으나, '사업의 확장'이란 중소기업을 설립하여 최초로 사업장을 두고 사업을 영위하다가 동일한 업종의 사업장을 추가하는 경우를 의미한다 할 것이고, '업종의 추가'란 영위하는 사업과 다른 사업을 영위하는 모든 경우를 의미하는 것으로 볼 수 있다.

[사업확장과 업종추가의 범위](조심 2014지0638, 2014.12.13. 결정)
창업이란 중소기업을 새로이 설립하여 새로운 사업을 최초로 개시하는 것을 의미한다고 보는 것이 타당할 것이고, 이러한 창업의 범위에 비추어 '사업의 확장'이란 중소기업을 설립하여 최초로 사업장을 두고 사업장

을 영위하다가 동일한 업종의 사업장을 추가하는 경우를 의미한다 할 것이고, '업종의 추가'란 최초로 영위해 오던 사업과 다른 사업을 영위하는 모든 경우를 의미한다고 보아야 할 것이다. 만일 사업주체가 동일한 경우에는 사업장의 변화에 따라 추가된 사업장이나 업종에 대하여 더 이상 조세감면혜택을 부여하는 것이 조세형평상 불합리하므로 이를 배제하겠다는 의미로 보아야 함.(위 조심 2013지156 참조)

이 경우 원자재를 외주가공업체에 공급하여 임가공 후 완성된 제품이 입고되면 이를 검수하여 공급하는 방식으로 제조활동을 영위한 것으로 나타나고, 사업자등록증상의 업종에 철강재가공업을 추가한 후 부동산을 취득하여 자체 생산공장을 설치하고 계속하여 철강재가공업을 영위한 것은 사업의 확장이나 업종의 추가가 아니라 '창업'으로 보아야 함.

[창업의 범위와 사업확장 판단](조심 2017지0339, 2017.8.9. 결정)

청구법인의 홈페이지에 OOO과 동일하게 1994년에 창업한 것으로 나타나는 점, 양자의 상호가 유사하고 한국표준산업분류상 업종이 기타 가공공작기계 제조업(29229) 등으로 동일하거나 유사한 점, OOO의 직원 대다수가 퇴사 후 곧바로 청구법인으로 재고용된 점, 설립된 OOO이 폐업된 점 등에 비추어 청구법인을 창업한 중소기업이 아니라 개인사업자가 하던 사업을 법인으로 전환하거나 사업을 확장한 것임.

(6)창업중소기업 등에 대한 취득세 추징(지특법 58조의3⑦)

다음의 어느 하나에 해당하는 경우에는 경감된 취득세를 추징한다. 다만, '중소기업 간 통합'(조특법 31조①)을 하는 경우와 '법인전환'(조특법 32조①)을 하는 경우는 제외한다.

1. 정당한 사유 없이 취득일부터 3년 이내에 그 부동산을 해당 사업에 직접 사용하지 아니하는 경우
2. 취득일부터 3년 이내에 다른 용도로 사용하거나 매각·증여하는 경우
3. 최초 사용일부터 계속하여 2년간 해당 사업에 직접 사용하지 아니하고 다른 용도로 사용하거나 매각·증여하는 경우

(7)중소기업 간 통합 또는 법인전환 시 경감기간 승계(지특법 58조의3⑧)

창업중소기업 및 창업벤처중소기업이 경감기간이 지나기 전에 중소기업 간 통합 또는 법인전환을 하는 경우 그 법인은 남은 경감기간에 대하여 재산세 감면을 적용받을 수 있다. 다만, 중소기업 간 통합 및 법인전환 전에 취득한 사업용재산에 대해서만 적용한다.

제1장 제2장 제3장 제4장 제5장 제6장 제7장 제8장 제9장 제10장 제11장 제12장 제13장 제14장

08 창업보육센터용 부동산에 대한 감면(지특법 60조③)(농어촌특별세 과세)

(1)창업보육센터에 대한 취득세 · 재산세 감면(지특법 60조③1호 및 1호의2)

창업보육센터(「중소기업창업 지원법」)에 대해서는 다음에서 정하는 바에 따라 지방세를 감면한다.

1. 창업보육센터사업자의 지정을 받은 자가 창업보육센터용으로 직접 사용하기 위하여 취득하는 부동산에 대해서는 취득세의 50%를, 과세기준일 현재 창업보육센터용으로 직접 사용하는 부동산에 대해서는 재산세의 50%를(수도권 외의 지역에 소재하는 부동산의 경우에는 60%)(←취득세의 75%, 재산세의 50%. 2023.12.31.까지)를 각각 2026년 12월 31일까지 경감한다.

1의2. 학교 등(지특법 41조①)이 창업보육센터사업자의 지정을 받고 창업보육센터용으로 직접 사용하기 위하여 취득하는 부동산(학교 등이 취득한 부동산을 「산업교육진흥 및 산학연협력촉진에 관한 법률」에 따른 산학협력단이 운영하는 경우의 부동산을 포함)에 대해서는 취득세의 75%를, 과세기준일 현재 창업보육센터용으로 직접 사용하는 부동산에 대해서는 재산세(도시지역분 포함)의 100%를 각각 2026년 12월 31일까지 감면한다.(2019년부터 최소납부제 적용. 2017.12.26. 개정 지특법 부칙 7조1호)

(2)창업보육센터에 입주하는 자에 대한 중과세 배제(지특법 60조③2호)

창업보육센터에 입주하는 자에 대하여 취득세, 등록면허세 및 과세기준일 현재 창업보육센터용으로 직접 사용하는 부동산에 대한 재산세를 과세할 때에는 '2023년 12월 31일'까지 수도권의 구 취득세분 · 등록세분 3배 중과세(지법 13조①~④), 등록분 등록면허세 3배 중과세(지법 28조②③) 및 재산세 5배 중과세(지법 111조②) 세율을 적용하지 아니한다.

09 법인의 지방이전에 대한 감면(지특법 79조)(농어촌특별세 비과세)

(1)법인의 본점·주사무소 이전에 대한 취득세·재산세 감면(지특법 79조①)

대도시(과밀억제권역 중 산업단지는 제외)에 본점 또는 주사무소를 설치하여 사업을 직접 하는 법인이 해당 본점 또는 주사무소를 매각하거나 임차를 종료하고 과밀억제권역 외의 지역으로 본점 또는 주사무소를 이전하는 경우에 해당 사업을 직접 하기 위하여 취득하는 부동산에 대해서는 취득세를 2027년 12월 31일(3년 연장)까지 면제하고, 재산세의 경우 그 부동산에 대한 재산세의 납세의무가 최초로 성립하는 날부터 5년간 면제하며 그 다음 3년간 재산세의 50%를 경감한다.(2019년부터 최소납부제 적용. 2017.12.26. 개정 지특법 부칙 7조1호)

다만, 다음 각 호의 어느 하나에 해당하는 경우에는 감면한 취득세 및 재산세를 추징한다.

1. 법인을 이전하여 5년 이내에 법인이 해산된 경우(합병·분할 또는 분할합병으로 인한 경우는 제외)와 법인을 이전하여 과세감면을 받고 있는 기간에 과밀억제권역에서 이전 전에 생산하던 제품을 생산하는 법인을 다시 설치한 경우
2. 해당 사업에 직접 사용한 기간이 2년 미만인 상태에서 매각·증여하거나 다른 용도로 사용하는 경우

(2)법인의 본점·주사무소 이전에 대한 등록면허세 면제(지특법 79조②)

대도시에 등기되어 있는 법인이 대도시 외의 지역으로 본점 또는 주사무소를 이전하는 경우에 그 이전에 따른 법인등기 및 부동산등기에 대해서는 2027년 12월 31일(3년 연장)까지 등록면허세를 면제한다.

(보충)'수도권 밖으로 본사를 이전하는 법인에 대한 세액(국세) 감면'은 조세특례제한법 63조의2 참조.

10 공장의 지방이전에 대한 감면(지특법 80조)(농어촌특별세 비과세)

(1)공장의 지방이전에 대한 취득세·재산세 감면(지특법 80조①본문)

대도시(과밀억제권역 중 산업단지는 제외)에서 공장시설을 갖추고 사업을 직접 하는 자가 그 공장을 폐쇄하고 과밀억제권역 외 지역으로서 공장 설치가 금지·제한되지 아니한 지역으로 이전한 후 해당 사업을 계속하기 위하여 취득하는 부동산에 대해서는 취득세를 2027년 12월 31일(3년 연장)까지 면제하고, 재산세의 경우 그 부동산에 대한 납세의무가 최초로 성립하는 날부터 5년간 면제하고 그 다음 3년간 재산세의 50%를 경감한다.

(2019년부터 최소납부제 적용. 2017.12.26. 개정 지특법 부칙 7조1호)

(2)감면한 취득세·재산세 추징(지특법 80조①단서)

다음의 어느 하나에 해당하는 경우에는 감면한 취득세 및 재산세를 추징한다.
1. 공장을 이전하여 지방세를 감면받고 있는 기간에 대도시에서 이전 전에 생산하던 제품을 생산하는 공장을 다시 설치한 경우
2. 해당 사업에 직접 사용한 기간이 2년 미만인 상태에서 매각·증여하거나 다른 용도로 사용하는 경우

(보충)'수도권 밖으로 공장을 이전하는 법인에 대한 세액(국세) 감면'은 조세특례제한법 63조 참조.

11 이전공공기관 등 지방이전에 대한 감면(지특법 81조)

(1)이전 공공기관 등에 대한 취득세·재산세 등 감면(지특법 81조①②)(농특세 비과세)

이전공공기관(「혁신도시 조성 및 발전에 관한 특별법」 2조2호)이 국토교통부장관의 지방이전계획 승인을 받아 이전할 목적으로 취득하는 부동산에 대해서는 취득세의 50%를 2025년(←2017년) 12월 31일까지 경감하고, 재산세의 경우 그 부동산에 대한 납세의무가 최초로 성립하는 날부터 5년간 재산세의 50%를 경감한다.(지특법 81조①. 2023.1.1. 이후 부동산을 취득하는 경우부터 적용, 부칙 6조)

이전공공기관의 법인등기에 대해서는 2025년(←2016년) 12월 31일까지 등록면허세를 면제한다.(지특법 81조②. 2023.1.1. 이후 이전하는 공공기관의 법인등기부터 적용, 부칙 7조)

(2)이전 공공기관 소속임직원 등에 대한 취득세 감면(농어촌특별세 과세)

1)취득세를 2025년 12월 31일까지 감면(지특법 81조③)

감면대상자가 해당 지역에 거주할 목적으로 주택을 취득함으로써 1가구 1주택이 되는 경우에는 취득세를 2025년 12월 31일까지 감면한다.

①감면 대상자
1. 이전공공기관을 따라 이주하는 소속 임직원
2. 행정중심복합도시로 이전하는 중앙행정기관 및 그 소속기관('중앙행정기관 등')을 따라 이주하는 공무원(1년 이상 근무한 기간제근로자로서 해당 소속기관이 이전하는 날까지 계약이 유지되는 종사자 및 수습으로 근무하는 자를 포함)
3. 행정중심복합도시건설청 및 세종청사관리소 소속 공무원(2019.12.31. 이전에 소속된 경우로 한정함, 2020.1.15. 개정)

②감면 내용
1. 전용면적 85㎡ 이하의 주택: 면제
2. 전용면적 85㎡ 초과 102㎡ 이하의 주택: 75% 경감
3. 전용면적 102㎡ 초과 135㎡ 이하의 주택: 62.5% 경감

제1장 제2장 제3장 제4장 제5장 제6장 제7장 제8장 제9장 제10장 제11장 제12장 제13장 제14장

2)감면된 취득세 추징(지특법 81조④)

취득세를 감면받은 사람이 사망, 혼인, 해외이주, 정년퇴직, 파견근무 또는 부처교류로 인한 근무지역의 변동 등의 정당한 사유 없이 다음의 어느 하나에 해당하는 경우에는 감면된 취득세를 추징한다.

1. 이전공공기관 또는 중앙행정기관 등의 이전일(이전공공기관의 경우에는 이전에 따른 등기일 또는 업무개시일 중 빠른 날을 말하며, 중앙행정기관 등의 경우에는 업무개시일을 말함) 전에 주택을 매각·증여한 경우
2. 주택을 취득한 날부터 3개월 이내에 상시거주(「주민등록법」에 따른 전입신고를 하고 계속하여 거주하는 것을 말함)를 시작하지 아니하는 경우(2023년 개정)
3. 해당 주택에 상시 거주한 기간이 3년 미만인 상태에서 해당 주택을 매각·증여하거나 다른 용도로 사용하는 경우(2023년 개정)

3)감면대상기관 복귀 시 이미 과세된 취득세를 환급(지특법 81조⑤)

이전공공기관, 중앙행정기관 등, 행정중심복합도시건설청 및 세종청사관리소('감면대상기관')의 소속 임직원 또는 공무원(소속기관의 장이 인정하여 주택특별공급을 받은 사람을 포함)으로서 해당 지역에 거주할 목적으로 주택을 취득하기 위한 계약을 체결하였으나 취득 시에 인사발령으로 감면대상기관 외의 기관에서 근무하게 되어 취득세 감면을 받지 못한 사람이 3년 이내의 근무기간을 종료하고 감면대상기관으로 복귀하였을 때에는, 이미 납부한 세액에서 감면을 적용하였을 경우의 납부세액을 뺀 금액을 환급한다.

다만, 위 2)(④항)에 해당하는 경우 감면된 취득세를 추징하고, 이 경우 '복귀한 날'을 같은 항 제2호의 '취득한 날'로 본다.(2022.12.31.까지 감면받은 취득세의 추징에 관하여는 종전의 규정에 따름, 부칙 10조)

제14장
합리적이고 체계적인 절세 사례들

01 창업 시 개인기업과 법인, 어떤 게 유리할까?

(1)개인기업과 법인기업의 유·불리

[개인기업과 법인기업 비교]

구분	개인기업	법인기업
표면 세율	6~45% 8단계 초과누진세율	9~24%(2023년부터 1%p↓) 4단계 초과누진세율
대표자 급여	소득세 계산 시 비용 산입 불가	법인세 계산 시 비용 산입 가능
대표자에게 소득 귀속	소득세 과세 후 소득은 전액 대표자에게 귀속되므로 별도로 배당 등의 절차가 필요 없음	법인세 과세 후 소득은 법인 귀속. 대표자에게는 급여·배당 등을 통해 귀속(귀속 시 다시 소득세 과세)
가공경비, 매출누락 등	종합소득세 추징으로 종결. (부가가치세 등은 별도)	법인세와 소득세 각각 추징(양별규정) (부가가치세 등은 별도)
회계처리	비교적 자유로움	상대적으로 엄격하게 처리
세무조사	매출액이 클 경우 대상가능성 ↑	매출액에 따른 세무조사대상 가능성 ↓
영업 측면	법인보다는 신뢰성 ↓	매출처에서 법인을 요구하는 경우 ↑
대규모 성장	개인기업 법인전환 특혜 있음	법인분할, 자회사 설립 등 가능
유리한 경우	**개인적 소요자금이 많이 필요한 경우** (유학비 송금, 병원비 부담, 개인 취미생활 등)	**사업체의 성장에 주안점을 두는 경우** (법인세 세율은 소득세율보다 낮으므로, 세후 사내유보금 ↑)

 즉, 개인기업과 법인기업 중 어느 형태가 유리한지는 매출규모만으로 판단해서는 안 되며, 개인적인 상황 등 여러 측면을 고려하여야 한다. 일반적으로 해당사업의 '성장'에 주안점을 둘 경우에는 법인 형태가 유리하지만, '개인적인 생활비 등 소요자금'이 많이 필요한 경우에는 개인기업 형태가 유리하다.

(2)개인기업의 경우 단독으로 창업할 것인가 공동사업형태를 취할 것인가?

 개인사업자의 경우에는 동업자가 있다면 공동사업자로서의 등록을 검토한다. 현행 소득세법은 8단계 초과누진세율(6~45%, 2021년 귀속분부터 10억원 이상은 45% 세율)을 적용하고 있다. 따라서 소득을 동업자의 수로 나누어 세율을 적용하면 단일소득자로 계산한 세금보다 절감되기 때문이다.
 그러나 공동사업자는 거래 등에 있어서 불편할 수 있고, 공동사업자 사이에 불협화음이 생기는 경우가 허다하므로 종합적으로 고려해야 한다.
 또한 개인사업자의 경우에는 사업자등록 시 사업자의 유형을 결정하여야 한다. 부가가치세가 과세되는 사업자는 매출액의 규모에 따라 간이과세자와 일반과세자로 구분되며, 부가가치세 계산방법에 많은 차이가 있기 때문이다.

02 법인으로 창업 시 처음부터 과점주주가 돼라

(1)차명주식이 이루어진 이유

관련법령	타인명의로 주식 등을 취득한 이유
「자본시장법」 등의 소유제한 회피	「자본시장과 금융투자업에 관한 법률」(←「증권거래법」 2007.8.3. 폐지)상 대주주 주식보유비율의 제한, 타법인 주식보유 제한규정을 회피.
「공정거래법」상 소유제한 회피	「독점규제 및 공정거래에 관한 법률」에서는 기업결합을 제한하고 있는 바, 이러한 제한을 회피.
상장요건과 주식장외등록요건 충족	「자본시장법」, '유가증권시장상장규정 및 시행세칙'(KRX, 한국거래소) 및 주식장외등록 규정상 상장요건이나 주식장외등록요건을 맞추기 위함.
「상법」상 발기인수의 제한	구「상법」상 주식회사의 발기설립요건인 발기인 총수를 7인 이상으로 맞추기 위함. (1996년 10월 1일 「상법」 개정되어 발기인수 3인으로 축소됨)
과점주주의 제2차 납세의무 회피	국세기본법, 및 지방세법상 비상장법인의 주식을 50% 초과 소유하는 과점주주에 대하여는 제2차 납세의무를 부과하므로 이를 회피.
지방세법상 과점주주의 취득세 납부의무 회피	지방세기본법(지법 7조⑤에 의한 지기법 46조 준용)상 주식 등을 50% 초과 소유하는 과점주주에 대하여는 과점주주가 다시 취득한 것으로 보아 과점주주에게 취득세를 부과.(지법 7조⑤, 지령 11조)

(2)차명주식이 불리한 이유

지난 수십 년간 과점주주(지분율 50% 초과)가 되면 무조건 불리하다는 생각에 사로잡혀 무턱대고 주식지분율을 50% 이하로 하기 위해 타인명의를 이용하는 경우가 허다했다. 그러나 사실 과점주주가 된다고 해서 그렇게 불리할 것도 없다. 오히려 유리한 경우가 훨씬 많은데 그 이유는 다음과 같다.

첫째, 제2차 납세의무를 벗어나기 위해 차명주식을 이용했지만 실익은 별로 없다. 법인세는 과세소득 중 세율을 곱하여 세액계산을 하고, 결손인 경우에는 세금이 없으므로, 정상적인 방식으로 운영할 경우에는 과점주주가 제2차 납세의무를 질 가능성이 희박하다. 그럼에도 불구하고 단지 제2차 납세의무를 회피하기 위하여 차명주주를 두게 되면 훗날 주식을 실명 전환할 경우 엄청난 제약에 부딪치게 되는 바(주식평가액의 상승 등으로 수많은 세금문제가 발생하게 됨), 별로 실익도 없는 규정을 회피하고자 오히려 일만 그르친 결과가 된 경우가 허다하다.

둘째, 과점주주의 취득세 납부의무 회피를 위하여 차명주식 이용하면 오히려 손해이다. 설립 당시 과점주주는 취득세 납세의무가 없으며 훗날 주식지분율이 증가할 경우 증가된 부분에 대해서만 과점주주 취득세를 부담하는 반면, 설립당시 과점주주가 아닌 자가 과점주주가 된 경우에는 지분율 전체에 대해 과점주주 취득세를 부담하는 불이익이 있다.(지법 7조⑤, 지령 11조) 그럼에도 불구하고 법인설립 시 타인명의로 주식을 보유하는 것은 과점주주 취득세 부담 측면에서는 오히려 엄청난 손해이다.

셋째, 차명주식을 보유한 경우에는 그 사실이 발각될 확률이 매우 높아졌다. 요즘은 SNS 등의 미디어도 발달돼 있고, '미투(me too)' 운동 등으로 비리를 고발하는 분위기가 팽배하다. 그러므로 차명사실이 탄로 날 가능성이 매우 높아졌다. 만일 차명사실이 발각될 경우는 '실질과세의 원칙'에 따라 본세는 물론 가산세까지 부담하는 불이익을 피할 수 없다.

실질과세의 원칙은 '경제적 관찰법'이라고도 하며 과세를 함에 있어서 형식과 실질이 다른 경우에는 실질에 따라서 과세해야 한다는 원칙으로서 '소득 귀속자의 실질과세'와 '거래내용의 실질과세'로 나누어볼 수 있다.

①소득귀속자의 실질과세

과세의 대상이 되는 소득·수익·재산·행위 또는 거래의 귀속이 명의일 뿐이고 사실상 귀속되는 자가 따로 있을 때에는 사실상 귀속자를 납세의무자로 하여 세법을 적용한다.(국기법 14조①, 지기법 17조①)

②거래내용의 실질과세

세법 중 과세표준의 계산에 관한 규정은 소득·수익·재산·행위 또는 거래의 명칭이나 형식에 관계없이 그 실질 내용에 따라 적용한다.(국기법 14조②, 지기법 17조②)

따라서 가급적 실제 소유지분에 따라 주주구성을 하는 것이 훨씬 단순하고 세무측면에서도 결과적으로 절세의 일환이 된다고 볼 수 있다.

제1장
제2장
제3장
제4장
제5장
제6장
제7장
제8장
제9장
제10장
제11장
제12장
제13장
제14장

03 사업자명의를 빌려주면 정말 위험하다

다른 사람이 사업을 하는데 명의를 빌려주면 다음과 같은 불이익을 받게 되므로, 주민등록증을 빌려주거나 주민등록등본을 떼어 주는 행위는 절대로 하지 않는 것이 좋다.

①명의대여사업자의 처벌 형량 강화

실질사업자가 밝혀지더라도 명의를 빌려준 책임을 피할 수는 없다. 명의대여자도 실질사업자와 함께 조세포탈범, 체납범 또는 질서범으로 처벌받을 수 있는 것이다.

조세의 회피 또는 강제집행의 면탈을 목적으로 자신의 성명을 사용하여 타인에게 사업자등록을 할 것을 허락하거나 자신 명의의 사업자등록을 타인이 이용하여 사업을 영위하도록 허락한 자는 1년 이하의 징역 또는 1천만원 이하의 벌금에 처한다.

조세의 회피 또는 강제집행의 면탈을 목적으로 타인의 성명을 사용하여 사업자등록을 하거나 타인 명의의 사업자등록을 이용하여 사업을 영위한 자는 2년 이하의 징역 또는 2천만원 이하의 벌금에 처한다.(조범법 11조)

②명의를 빌려간 사람이 내야 할 세금을 대신 내게 됨

명의를 빌려주면 명의대여자 명의로 사업자등록이 되고 모든 거래가 이루어진다. 그러므로 명의를 빌려간 사람이 세금을 신고하지 않거나 납부를 하지 않으면 명의대여자 앞으로 세금이 고지된다.

물론, 실질사업자가 밝혀지면 그 사람에게 과세를 한다. 그러나 실질사업자가 따로 있다는 사실은 명의대여자가 밝혀야 하는데, 이를 밝히기가 쉽지 않다. 특히 명의대여자 앞으로 예금통장을 개설하고 이를 통하여 신용카드매출대금 등을 받았다면 금융실명제 하에서는 본인이 거래한 것으로 인정되므로, 실사업자를 밝히기가 더욱 어렵다.

③소유 재산을 압류당할 수도 있음

명의를 빌려간 사람이 내지 않은 세금을 명의대여자가 내지 않고 실질사업자도 밝히지 못한다면, 세무서에서는 체납된 세금을 징수하기 위해 명의대여자의 소유재산을 압류하며, 그래도 세금을 내지 않으면 압류한 재산을 공매처분하여 세금에 충당한다.

④건강보험료 부담이 늘어남

　지역가입자의 경우 소득과 재산을 기준으로 보험료를 부과한다. 그런데 명의를 빌려주면 실지로는 소득이 없는데도 소득이 있는 것으로 자료가 발생하므로 건강보험료 부담이 대폭 늘어나게 된다.

⑤금융거래상 제약

　체납사실이 금융기관에 통보되어 대출금 조기상환 요구 및 신용카드 사용정지 등 금융거래상 각종 불이익을 받고, 명의대여 사실이 국세청 전산망에 기록·관리되어 본인이 실제 사업을 하려 할 때 불이익을 받을 수 있다.

⑥출국금지의 요청

　국세청장(또는 지방자치단체장)은 정당한 사유 없이 5천만원 이상(지방세는 2018.6.27.일부터 3천만원)의 조세를 체납한 자 중에서, 관할 세무서장(또는 지방자치단체장)이 압류·공매, 담보 제공, 보증인의 납세보증서 등으로 조세채권을 확보할 수 없고, 강제징수를 회피할 우려가 있다고 인정되는 사람에 대하여 법무부장관에게 출국금지를 요청하여야 한다.

(국징법 113조, 지징법 8조)

⑦고액·상습체납자 등의 명단 공개

　국세청장은 비밀유지(국기법 81조의13, 국조법 57조)에도 불구하고 아래에 해당하는 자의 인적사항 등을 공개할 수 있다. 다만, 체납된 국세가 이의신청·심사청구 등 불복청구 중에 있거나 최근 2년간 체납액의 50%(←30%, 2021년 명단 공개분부터 확대적용) 이상을 납부한 경우, 회생계획인가로 회생계획에 의해 세금을 납부하고 있는 경우 등을 고려하여 실익이 없는 경우에는 공개하지 아니한다.(국징법 114조←국기법 85조의5)

1. 체납발생일부터 1년이 지난 국세가 2억원(5억원→2016.3.1. 3억원→2017.1.1. 2억원으로 범위 확대) 이상인 체납자의 인적사항, 체납액 등
2. 불성실기부금수령단체의 인적사항, 국세추징명세 등
3. 조세포탈범(「조세범 처벌법」에 따른 포탈세액 등이 연간 2억원 이상인 자)의 인적사항, 포탈세액 등(2014년부터 시행)
4. 「특정범죄 가중처벌 등에 관한 법률」 8조의2에 따라 세금계산서 교부의무 등을 위반하여 가중처벌된 자(공급가액합계액 30억원 이상)
5. 해외금융계좌정보의 신고의무자(잔액 5억원 초과자임. 국조법 53조①)로서 신고기한 내에 무신고·과소신고 금액이 50억원을 초과하는 자의 인적사항, 신고의무 위반금액 등

지방세의 경우 체납세액이 1천만원이 넘으면 명단공개를 할 수 있다.(지징법 11조, 11조의2)

04 임차인의 사업종목에 따라 임대인의 세금이 달라진다

다음과 같이 임차인이 운영하는 사업 형태에 따라 건물 주인이 부담하는 세금이 엄청나게 달라진다. 이런 점을 감안하지 않고 임대차계약을 체결했을 경우 훗날 세금문제에 대해 서로 다툼이 발생되는 경우가 허다하다.

따라서 만일 임차인이 고급오락장을 경영할 경우에는 중과세되는 세금을 미리 감안하여 임대차계약서를 확실하게 작성할 필요가 있다.

(1)주체구조부 취득자(건물주)에게 취득세 중과세

건축물 중 조작(造作) 설비, 그 밖의 부대설비에 속하는 부분으로서 그 주체구조부(主體構造部)와 하나가 되어 건축물로서의 효용가치를 이루고 있는 것에 대하여는 주체구조부 취득자 외의 자가 가설(加設)한 경우에도 주체구조부의 취득자가 함께 취득한 것으로 본다.(지법 7조③)

즉, 건물주가 아닌 사람이 승강기·보일러·발전기 등 부대설비를 설치{개수(改修)에 해당}하였다 하더라도 그 건물주가 간주취득세 납세의무를 진다.(행안부 지방세운영-3555, 2010.8.13.)

이와 유사한 논리로 부동산 취득 후 임차인이 카지노장·고급미용실·유흥주점 등으로 이용함에 따라 고급오락장으로서 취득세 중과세(구 취득세분 5배 중과세, 지법 13조⑤4호) 대상이 된 경우, 중과세로 인하여 추가 납부하는 취득세의 납세의무자도 임차인이 아니라 건물주이다(당사자 간에 특약으로 부담하기로 약정한 것은, 취득세의 납세의무자에는 영향을 미치지 아니하고 민사상 당사자 간의 별개문제임).

(2)고급오락장에 대한 재산세 중과세(일반건축물 0.25%, 고급오락장 4%)

[건축물(주택 이외)에 대한 재산세 세율](과세기준일: 매년 6월 1일)

과세대상 건축물		내용	세율
일반 건축물		상가·사무실 등	0.25%
공장용 건축물	특정지역 외	**특정지역**: 특별시·광역시(군 제외), 자치시·자치도·시(읍·면 제외)의 주거지역 및 조례로 규제지역	0.25%
	특정지역 내(2배)		0.50%
	공장 신·증설(5배)	대도시(산업단지, 유치·공업지역 제외) 5년간	1.25%
사치성재산의 건축물		회원제 골프장용, 고급오락장용 건축물	4.00%

(3)고급오락장이란?

①정의 및 중과세 대상

도박장, 유흥주점영업장, 특수목욕장, 그 밖에 이와 유사한 용도에 사용되는 일정한 건축물과 그 부속토지가 중과세 대상이다.

②고급오락장의 요건

다음의 어느 하나에 해당하는 용도에 사용되는 건축물과 그 부속토지가 취득세 중과세 대상이다.

이 경우 고급오락장이 건축물의 일부에 시설되었을 때에는 해당 건축물에 부속된 토지 중 그 건축물의 연면적에 대한 고급오락장용 건축물의 연면적 비율에 해당하는 토지를 고급오락장의 부속토지로 본다.(지령 28조⑤)

1. 당사자 상호 간에 재물을 걸고 우연한 결과에 따라 재물의 득실을 결정하는 카지노장(「관광진흥법」에 따라 허가된 외국인전용 카지노장은 제외)

2. 사행행위 또는 도박행위에 제공될 수 있도록 자동도박기[파친코, 슬롯머신(slot machine), 아케이드 이퀴프먼트(arcade equipment) 등을 말함]를 설치한 장소

3. 머리와 얼굴에 대한 미용시설 외에 욕실 등을 부설한 장소로서 그 설비를 이용하기 위하여 정해진 요금을 지급하도록 시설된 미용실

4. 유흥주점영업(「식품위생법」상 허가대상)으로서 다음의 어느 하나에 해당하는 영업장소(공용면적 포함한 영업장 면적이 100㎡를 초과하는 것만 해당)

ⓐ손님이 춤을 출 수 있도록 객석과 구분된 무도장을 설치한 영업장소(카바레·나이트클럽·디스코클럽 등을 말함)

ⓑ유흥접객원(남녀를 불문하며, 임시로 고용된 사람을 포함)을 두는 경우로, 별도로 반영구적으로 구획된 객실의 면적이 영업장 전용면적의 50% 이상이거나 객실 수가 5개 이상인 영업장소(룸살롱, 요정 등을 말함)

05 종중이나 종교단체 등은 고유번호증을 꼭 발급받아라

('고유번호증' 유무가 과세여부 판정 시 1차 관문임: 가장 핵심!)

(1)비영리조직(법인 아닌 단체 포함)에 대한 세법상 취급

다음에 해당하면 세법상 비영리법인으로 보아 수익사업에 대해서만 법인세를 납부할 의무를 진다.

①당연의제법인

당연의제법인은 세법상 특별한 절차가 없이 당연히 법인으로 간주되는 단체를 말한다. 법인(법인세법에 따른 내국법인 및 외국법인)이 아닌 사단, 재단, 그 밖의 단체('법인 아닌 단체') 중 아래의 어느 하나에 해당하는 것으로서 수익을 구성원에게 분배하지 아니하는 것은 법인으로 보아 국세기본법과 개별세법을 적용한다.(국기법 13조①)

1. 주무관청의 허가 또는 인가를 받아 설립되거나 법령에 따라 주무관청에 등록한 사단, 재단, 그 밖의 단체로서 등기되지 아니한 것
2. 공익을 목적으로 출연(出捐)된 기본재산이 있는 재단으로서 등기되지 아니한 것

②승인의제법인

승인의제법인은 세무서장의 승인을 얻어 법인으로 간주되는 단체를 말한다. 따라서 유사한 업무와 조직을 갖추고 있더라도, 승인 등을 받았는지 여부에 따라 법인 여부도 결정된다는 점이 앞의 당연의제법인과의 차이다.

당연의제법인 외의 '법인 아닌 단체' 중 아래의 요건을 모두 갖춘 것으로서 대표자나 관리인이 관할 세무서장에게 신청하여 승인을 받았을 경우 법인으로 보아 국세기본과 세법을 적용한다.(국기법 13조②)

1. 사단, 재단, 그 밖의 단체의 조직과 운영에 관한 규정(規程)을 가지고 대표자나 관리인을 선임하고 있을 것
2. 사단, 재단, 그 밖의 단체 자신의 계산과 명의로 수익과 재산을 독립적으로 소유·관리할 것
3. 사단, 재단, 그 밖의 단체의 수익을 구성원에게 분배하지 아니할 것

그리고 승인의제법인은 그 신청에 대하여 관할 세무서장의 승인을 받은 날이 속하는 과세기간과 그 과세기간이 끝난 날부터 3년이 되는 날이 속하는 과세기간까지는 소득세법상 거주자 또는 비거주자로 변경할 수 없다.(다만, 위의 요건에 미달하여 승인취소를 받는 경우는 제외).(국기법 13조③)

(2)종중의 경우: 토지 등 양도소득에 대해 비과세 혜택을 받기 위한 요건

①고유번호증 발급

'고유번호증'은 법인 등기가 되어 있지 않은 단체 중 '독립된 하나의 단체'로 세무서가 승인한 증서다. 고유번호증 신청을 위해서는 종중 규약과 종중구성원 명부 등이 필요하며, 단체명·대표자·주사무소 소재지 등이 고유번호증에 표시되어 발급된다.

②부동산등기용 등록번호 등록증명서

종중명의로 부동산을 등기하기 위해 지방자치단체에서 발급하는 서류로, 「부동산등기법」 49조 및 「법인 아닌 사단·재단 및 외국인의 부동산등기용 등록번호 부여절차에 관한 규정」 8조에 따라 발급되는 것이다.

위 고유번호증과 이 등록증명서 중 어느 것을 먼저 신청해도 상관없지만, 이 두 증서의 내용이 일치해야 하므로, 뒤에 나머지 증서를 신청할 경우 먼저 발급받은 증서의 사본을 같이 제출해야 한다.

③종중에 대한 세법 적용

가. 세무서 승인에 따라 비영리법인으로 간주

당연의제법인 외의 '법인 아닌 단체'(종중도 여기 해당) 중 일정 요건을 모두 갖춘 것으로서 대표자나 관리인이 관할 세무서장에게 신청하여 승인을 받았을 경우 법인으로 보아 국세기본과 세법을 적용한다.(국기법 13조②)

나. 비영리법인은 수익사업으로 열거된 소득에서 발생한 이익만 과세

비영리법인은 수익사업으로 세법에서 열거한 것과 관련한 이익에 대해서만 납세의무가 있다(소득원천설=열거이익과세).(법법 4조①1호·③)

다. 토지등 양도소득: 앞 나.와 별도로 과세여부 판단

종중이 소유한 농지·임야는 2005.12.31. 이전에 취득한 것은 '토지등 양도소득' 과세대상이 아니다.(법법 4조①3호·55조의2②3호, 법령 92조의5③4호·92조의6④6호)

라. 전답과 임야에 대한 세법 적용의 차이

• 전답을 대여 또는 이용하게 함으로써 생긴 소득은 수익사업

종중명의의 전답을 임대하여 경작하게 하고 수곡을 받아 종중에 사용하더라도 이는 수익사업으로 본다.(법통 4-3…3 제1호 마목) 그러므로 종중 구성원이 경작했을 경우에만 수익사업으로 보지 않는 것이다.

또한 수익사업에 사용된 고정자산의 처분으로 인해 생긴 소득도 수익사업으로 보며, 고유목

적사업에 사용되는 고정자산이라 하더라도 처분일 현재 계속하여 3년 이상 직접 사용했을 경우에만 수익사업에서 제외된다.(법령 3조②) 따라서 종중 구성원이 처분일 현재 3년 이상 계속하여 직접 경작하던 전답을 매각하였을 경우에만 '각 사업연도 소득에 대한 법인세' 계산 시 비수익사업으로 보아 양도소득으로 보지 않는다.

다만, '토지 등 양도소득에 대한 법인세'(등기 10%, 미등기 40%) 과세여부 판단은 별개이다. 물론 위 '가. 세무서 승인에 따라 비영리법인으로 간주' 요건에 충족되어야 하는 전제하에서다. 이 이외의 경우에는 개인으로 보아 양도소득세 납세의무가 발생한다.

• 임야는 별다른 조건이 없어 자유롭다

전답과는 달리 임야에 대해서는 특별한 규정이 없기 때문에, 위 'ⓐ세무서 승인에 따라 비영리법인으로 간주' 요건만 충족된다면(물론 보유한 기간이 3년 이상이어야 함), 종중 묘지가 있는 임야 매각에 따른 양도소득세 납세의무는 없다.

[종중명의 임야·전답 양도 시, 양도소득세 비과세 적용 여부](법통 4-3…1 제1호 마목)

토지 특징(처분일부터 소급하여 연속)			세무서 승인받은 종중	세무서 승인 없는 종중
임야	3년 이상 소유(법령 3조②)		비과세	X
	3년 미만 소유		X	X
전답	종중 책임 하에 종원 직접 경작	3년 계속 경작	비과세	X
		3년 미만 경작	X	X
	임대(대리경작)		X	X

(보충1)'토지등 양도소득'에 대한 과세는 별개임: 양도차익의 10%(미등기 양도는 40%)

2005.12.31.까지 취득한 농지·임야에 대해서는 경작 여부를 불문하고 '토지등 양도소득세' 과세제외.(법법 55조의2①3호, 법령 92조의5③4호·92조의6④6호) 이 경우 법률의 규정 등에 의하여 양도당시 취득에 관한 등기가 불가능한 토지 등은 미등기 토지로 보지 않음.(법령 92조의2⑤1호)

(보충2)'(사업소득이 없는) 비영리내국법인'의 자산양도소득세 대한 신고 특례(법법 62조의2) 제1장 12(2)1)④ 참조.

(3)교회 등에도 같은 논리가 적용됨

[교회의 세법상 인격](대법 97누17261, 1999.9.7. 선고)

법인격 없는 사단은 법인격 없는 재단과는 달리 주무관청의 허가를 받아 설립된 것이 아니라면 세법의 적용에 있어서 법인으로 볼 수 없으며, 교회의 재산은 교인들의 총유(總有)에 속하고 교인들은 각 교회활동의 목적범위 내에서 총유권의 대상인 교회재산을 사용·수익할 수 있다 할 것이므로 법인격 없는 재단이라고 볼 수도 없음. 단, '대표자·관리인이 세무서장에게 승인을 얻은 단체에 해당하는 경우'에는 법인세법상 비영리법인에 해당한다.

06 상속세가 없더라도 신고하라: 훗날 양도차익이 달라짐

상속이 개시될 경우 상속세 신고여부를 결정할 때, 상속세만 고려하여 신고여부를 판단하는 경우가 대부분이지만, 훗날 상속받은 재산을 양도할 경우까지 고려하면 의사결정이 달라져야 한다. 즉, 당장 상속세에 미치는 영향만 고려하여 신고여부를 결정했을 경우, 나중에 양도소득세에 미치는 파급효과가 매우 크기 때문이다. 따라서 상속세가 과세미달이더라도(더 나아가 약간의 상속세를 부담하는 한이 있더라도) 상속세 신고를 하는 게 유리하다.

왜냐하면 상속세 신고를 하지 않았을 경우에는 나중에 양도소득세 계산 시 기준시가를 취득원가로 보지만, 상속세 신고를 했을 경우에는 신고가액을 취득가액으로 보기 때문이다.

(1) 10억 정도의 상속재산에 대해서는 상속세가 거의 없을 것임

상속세 계산 시 다음과 같이 여러 종류의 공제를 인정해주고 있기 때문에 과세미달이 될 가능성이 크다.
- {기초공제(아래 추가공제 제외) + 그 밖의 인적공제} 또는 일괄공제
- 추가공제(가업상속공제, 영농상속공제)
- 배우자상속공제
- 금융재산상속공제
- 재해손실공제
- 동거주택상속공제

① 기초공제(상증법 18조①②)

구분	대상	공제액
일반적인 경우(기초공제)	피상속인이 거주자·비거주자	2억원

② 그 밖의 인적공제: 피상속인이 '거주자'인 경우에만 적용(상증법 20조)

해당 상속인 및 동거가족 1인당 아래의 금액을 공제한다.(상증법 20조①)

공제내용	공제대상	공제액
자녀공제	피상속인의 자녀	1인당 5천만원→5억원(2025년부터)

미성년자공제	상속인(배우자 제외) 및 동거가족 중 미성년자	1천만원×19세 도달연수
연로자공제	상속인(배우자 제외) 및 동거가족 중 65세 이상	1인당 5천만원
장애인공제	상속인(배우자 포함) 및 동거가족 중 장애인	1천만원×기대여명 연수

*태아도 자녀로 인정: 조세심판원 26년만에 변경 결정(조심 2020부8164, 2022.1.26. 결정), 세법도 개정시행

(보충1)일괄공제 5억원(상증법21조)

'기초공제(2억원)+그 밖의 인적공제 합계액' 대신 5억원 공제 가능. 배우자 상속공제는 별도 인정.

(보충2)동거가족: 상속개시일 현재 피상속인이 사실상 부양하고 있는 직계존비속(배우자의 직계존속 포함) 및 형제자매(상증령 18조①)

③**추가공제**: 피상속인이 '거주자'인 경우에만 적용(상증법 18조의2, 18조의3)

　동일한 상속재산에 대해서는 가업상속공제와 영농상속공제를 동시에 적용하지 아니한다.(상증법 18조3①단서)

　또한 상속개시 10년 전~사후관리기간 중 탈세·회계부정 기업인에 대해서는 가업상속공제(2020년 상속분부터 적용) 및 영농상속공제(2023년 상속분부터 적용)를 배제한다.(상증법 18조의2⑧, 18조의3⑦)

구분		대상	공제액
추가공제 (상증법)	가업상속공제(상증법 18조의2)	피상속인이 '거주자'인 경우에만 적용하며, 일정한 요건 전제로 함	최대 600억원
	영농상속공제(상증법 18조의3)		최대 30억원

④**배우자상속공제**: 피상속인이 '거주자'인 경우에만 적용(상증법 19조①④)

　배우자상속공제는 다음 1.과 2. 중 적은 금액(그 금액이 5억원 이하이면 5억원)을 공제하므로, 최저 5억원과 최고 30억원의 범위 사이에서 적용받을 수 있다.

1. 배우자가 실제 상속받은 금액

　(보충)배우자상속공제 적용 시 **'배우자가 실제 상속받은 금액'**에는 배우자가 사전 증여받은 재산가액과 상속인들이 상속받은 것으로 추정하여 상속세과세가액에 산입된 금액은 각각 포함하지 아니함.(재재산-566, 2007.5.15. ; 재재산-537, 2007.5.11. 등)

2. 한도액: 30억원 한도

　{총 상속재산가액+상속개시일 전 10년 이내에 상속인에게 증여한 재산가액(채무액+공과금+비과세상속재산가액+과세가액불산입 재산가액+상속인이 아닌 자가 유증 등을 받은 재산가액)}×배우자에 대한 법적상속비율

　- (상속개시일 전 10년 이내에 배우자에게 증여한 재산가액-배우자에 대한 증여재산공제액-재해손실공제액)

(2)상속 또는 증여받은 재산인 경우의 양도소득세 취득가액(소령 163조⑨)

　상속 또는 증여로 취득한 자산의 취득가액은 상속개시일 또는 증여일 현재 상속세 및 증여세법 60조~66조의 규정에 따라 평가한 가액을 취득당시의 실지거래가액으로 본다.

즉, 상속세 신고 시 유사거래가액이나 감정평가액 등으로 신고했을 경우에는 그 신고가액이 취득가액이 되지만, 그렇지 않았을 경우에는 상속개시당시(사망일) 기준시가(토지는 개별공시지가)를 취득가액으로 하여 양도소득세를 계산하는 것이다. 개별공시지가는 시가에 훨씬 못 미치는 경우가 대부분이므로 그만큼 양도소득세의 부담은 늘어나게 된다.

(보충1) • 감정가액은 2 이상의 감정가액을 평균한 금액으로 함이 원칙이지만, 2018.4.1.부터는 **기준시가 10억원 이하 부동산에 대해서는 1개의 감정가액도 시가로 인정함.**(소령 176조의2③, 상증령 49조⑥)
  • 5억원 초과 물건에 대해 감정평가법인뿐만 아니라 2019.2.12.부터 개인감정평가사도 감정평가 가능함.{소령 98조③에서 법령 89조②1호(2019.2.12. 개정)를 준용}
  • 양도소득세 계산시 취득가액 산정을 위해 상속개시일로부터 6개월이 지나 소급 감정평가한 가액은 상증법상 평가액으로 볼 수 없음.(심사양도 2013-0236, 2014.3.18.)
  • **상속재산에 대한 감정평가서가 평가기간이 경과한 후라도 법정결정기한(신고기한부터 상속세는 9개월, 증여세는 6개월) 이내에 작성되었다면 평가심의위원회 심의를 통해 시가로 인정가능.**(재재산-92, 2021.01.27. ; 제6장 05 (1)3)③ 상증령 49조①본문 단서 참조)
    납세자가 법정신고기한 이내에 시가를 확인 할 수 없어 기준시가로 신고한 이후 납세자 또는 과세관청이 상속개시일을 가격 산정기준일로 하고, 감정가액평가서 작성일을 평가기간이 경과한 후부터 법정결정기한 사이로 하여 (2개 감정기관에서, 상증령 49조①2호) 감정평가받은 가액을 평가심의위원회에 회부하는 경우, 평가심의위원회 심의대상이 되는 것이며 심의를 통해 시가로 인정 가능함.

(보충2) 상속·증여로 취득한 자산의 실지거래가액에 의한 양도차익 산정 시 그 취득가액은 상속세 및 증여세법상 평가액으로 하며, 양도·취득 당시의 기준시가에 의해 **환산취득가액**으로 할 수 없음.(서면4팀-2250, 2005.11.17.)

(보충3) 상속신고를 하지 않은 경우에도 **'시가가 존재'**하면 시가를 취득가액으로 할 수 있음.
  청구인이 제시하는 상속개시일 전후 6개월 이내에 해당하는 원어민의 토지취득사례 여부 및 그 가액을 조사·확인하고 이를 쟁점 토지의 취득가액으로 인정하여 양도소득세의 과세표준 및 세액을 경정하는 것이 타당하다.(조심 2019인1749, 2019.9.25. 결정)
  상속받은 쟁점부동산의 재산가액이 상속공제될 금액에 미달하여 상속세 신고를 하지 아니한 상태에서 쟁점부동산을 양도하여 그 취득가액을 기준시가로, 양도가액을 실지거래가액으로 신고한 경우라 할지라도 쟁점부동산의 상속개시일 당시 '시가가 존재'하는 경우에는 그 '시가'를 취득가액으로 인정하여야 한다.(조심 2008광31, 2008.6.30. 결정)

참고로 토지와 주택에 대한 공시가격의 전반적인 내용은 아래 표와 같다.

[2025년 공시가격 결정 내용 요약(토지 + 단독주택·공동주택)](「부동산 가격공시에 관한 법률」)

구분		내용(2025년) (2024.11.18. 국토교통부 보도자료)	공시가격 현실화율			
			2020	2021	2022	2023~5
토지	표준지(60만 필지)	'24.12.18. 열람 → 1.24. 확정(국토교통부)	65.5%	68.4%	71.6%	65.5%
	개별필지(3,559만)	'24.12.18. 열람 → 4.30. 확정(시·군·구)	〃	〃	〃	〃
단독주택	표준(25만 가구)	'24.12.18. 열람 → 1.24. 확정(국토교통부)	53.6%	55.8%	58.1%	53.6%
	개별단독주택(408만)	'25. 3.19. 열람 → 4.30. 확정(시·군·구)	〃	〃	〃	〃
공동주택(1,523만 호)		'25. 3.19. 열람 → 4.30. 확정(국토교통부)	69.0%	70.2%	71.5%	69.0%

(보충) '부동산 공시가격 알리미' 사이트(국토교통부·한국부동산원·한국감정평가사협회 공동)를 통해 열람·이의신청 등을 하며, '부동산 공시가격 콜센터'(1644-2828) 이용가능.

07 상속포기보다는 한정승인을 고려하라

(1)상속의 효과: 권리의무의 포괄적 승계(민법 1005조)

상속인은 상속개시된 때로부터 피상속인의 재산에 관한 포괄적 권리의무를 승계한다. 그러나 피상속인의 일신에 전속한 것은 그러하지 아니하다.(민법 1005조)

그리고 상속재산에 채무가 많아 상속인에게 부담이 되는 경우 권리의무의 승계는 하지만 상속재산의 한도 내에서만 변제책임을 지는 한정승인제도가 있으며, 상속의 포기 규정도 있다.

(2)상속의 승인·포기

1)상속의 승인(민법 1025~1040조)

①단순승인

상속인이 단순승인을 한 때에는 제한 없이 피상속인의 권리의무를 승계한다.(민법 1025조) 또한 다음 각호의 사유가 있는 경우에는 상속인이 법정단순승인을 한 것으로 본다.(민법 1026조)
1. 상속인이 상속재산에 대한 처분행위를 한 때
2. 상속인이 「민법」 1019조①의 기간 내(상속개시가 있음을 안날 또는 상속채무가 재산을 초과하는 사실을 안 날부터 3개월)에 한정승인 또는 포기를 하지 아니한 때
3. 상속인이 한정승인 또는 포기를 한 후에 상속재산을 은닉하거나 부정소비하거나 고의로 재산목록에 기입하지 아니한 때

②한정승인 및 특별한정승인

상속인은 상속으로 인하여 취득할 재산의 한도에서 피상속인의 채무와 유증을 변제할 것을 조건으로 상속을 승인할 수 있다.(민법 1028조) 이를 한정승인이라 하며, 이러한 제도가 마련된 이유는 피상속인의 채무가 재산보다 많을 경우에 상속인의 의사를 묻지 않고 채무 전부를 승계시키는 것은 상속인에게 너무 과한 부담이기 때문이다. 그리고 상속인이 여러 명인 때에는 각 상속인은 그 상속분에 응하여 취득할 재산의 한도에서 그 상속분에 의한 피상속인의 채무와 유증을 변제할 것을 조건으로 상속을 승인할 수 있다.(민법 1029조)

상속인이 한정승인을 하는 방법은 상속개시가 있음을 안 날부터 3개월 내에 상속재산의 목록을 첨부하여 법원에 한정승인의 신고를 하여야 한다.(민법 1030조) 한정승인으로 인해 피해를 보는 피상속인의 채권자들에게 미치는 여파도 무시할 수 없으므로, 엄격한 절차를 요한다. 따라서 「민법」에서 정한 규정에 따르지 않은 한정승인 의사표시는 한정승인으로서의 효력이 없다.

한정승인의 규정에 불구하고 상속인은 상속채무가 상속재산을 초과하는 사실을 중대한 과실 없이 3개월 내에 알지 못하고 단순승인[법정단순승인 의제(민법 1026조1호·2호) 포함: 1. 상속인이 상속 재산에 대한 처분행위를 한 때, 2. 상속인이 3개월 내에 한정승인 또는 포기를 하지 아니한 때]을 한 경우에는 그 사실을 안 날부터 3개월 내에 한정승인을 할 수 있다.(민법 1019조③)

그리고 상속개시 당시 미성년자인 상속인은 단순승인을 하였더라도 상속채무 초과사실을 안 경우에는 다음 각 호의 구분에 따른 기간 내에 한정승인을 할 수 있다.(민법 1019조④)

1. 성년이 되기 전에 본인이 상속채무 초과사실을 안 경우: 성년이 된 날부터 6개월 내
2. 성년이 된 후에 상속채무 초과사실을 안 경우: 안 날부터 6개월 내

단순승인을 하거나 단순승인으로 간주된 후, 이 조문(민법 1019조③④)에 따라 한정승인할 수 있는 제도를 특별한정승인제도라 부른다.(민법 1019조③ 2002.1.14. 신설, 1998.5.27. 상속분부터 적용) 그리고 특별한정승인을 한 경우 상속재산 중 이미 처분한 재산이 있는 때에는 그 목록과 가액을 함께 제출하여야 한다.(민법 1030조②)

2) 상속의 포기(민법 1041~1044조)

상속인이 상속을 포기할 때에는 상속개시가 있음을 안 날부터 3개월 내에 가정법원에 포기의 신고를 하여야 한다.(민법 1041조) 따라서 피상속인이 생존 시 작성한 상속인의 상속포기각서는 무효이므로 아무런 법률상 효과가 없다.(대법 94다8334, 1994.10.14. 선고)

공동상속인의 경우에도 각 상속인은 단독으로 포기할 수 있다. 유가족들이 모두 책임을 면하기 위해서는 1순위부터 4순위까지 전 범위의 가족들이 상속포기를 해야 한다. 상속을 포기하면 처음부터 상속이 없었던 것으로 본다. 즉, 상속의 포기는 상속개시된 때에 소급하여 그 효력이 있다.(민법 1042조)

상속인이 여러 명인 경우에 어느 상속인이 상속을 포기한 때에는 그 상속분은 다른 상속인의 상속분의 비율로 그 상속인에게 귀속된다.(민법 1043조)

3) 상속포기와 한정승인(민법 제4절: 1019~1040조)

만일 피상속인에게 재산보다 빚이 더 많은데도 상속인이 이를 상속받았다면 그는 피상속인

의 빚(채무)을 갚아야 할 의무를 지게 된다. 이와 같이 빚이 많은 피상속인의 사망으로 그 유가족이 불이익을 받는 것을 방지하기 위해서 민법은 상속인에게 상속을 승인할 것인지 아니면 포기할 것인지 선택할 수 있는 자유를 주고 있다. 이러한 제도가 '한정승인', '상속포기'이다.

'상속포기'란 상속이 개시되어 일단 상속인의 지위에 있게 된 사람이 상속에 따른 승계를 거부하고 처음부터 상속인이 아니었던 것과 같은 효과를 발생시키는 것을 말한다. 이때, 우선순위 상속인이 상속을 포기했다고 하여 그로써 모든 상속관계가 종결되는 것은 아니라는 점을 주의해야 한다. 상속인 중 일부가 상속을 포기하면 그 상속분은 다른 동순위 상속인에게 상속 비율에 따라 귀속되지만, 선순위 상속인 전원이 상속을 포기하면 다음 순위에 있는 사람이 상속인이 된다. 따라서 유가족들이 불이익을 받지 않기 위해서는 사망한 피상속인의 형제·자매를 포함한 상속순위에 있는 수십 명의 가족 모두가 상속 포기 신고를 해야 하는 경우도 종종 발생한다.

이에 비해 '한정승인'이란 사망한 피상속인으로부터 상속받은 재산의 한도에서 피상속인의 채무를 변제할 것을 조건으로 상속을 승인하는 것을 말한다. 예를 들어 상속 재산으로 2억원 상당의 토지와 은행 빚 3억원이 있는 경우, 한정승인한 상속인은 2억원의 토지를 매각하여 은행에 변제하면 나머지 1억원의 빚에 대해서는 책임이 없다.

상속포기와 한정승인이 비슷한 법률 효과를 발생시키는 것처럼 보이지만 절차적으로는 많은 차이가 있다. 상속포기의 경우 유가족들이 모두 책임을 면하기 위해서는 1순위부터 4순위까지 전 범위의 가족들이 상속포기 신고를 해야 한다. 그러나 한정승인의 경우에는 선순위자 중 1명만 이를 승인하면 다른 후순위 자들은 상속문제와 관련되지 않아도 된다. 통상 1순위 상속인(배우자는 1순위가 아닌 공동상속인이 되는 사람일 뿐임) 중 1명이 한정승인을 하고, 나머지 1순위자 및 배우자가 상속포기를 하면 다른 친척들이 포기를 할 필요가 없어지게 되는 이점이 있다.
☞ 배우자만 한정승인을 하고 1순위인 자녀들이 모두 상속포기를 했더라도, 2순위인 손자들에게 채무가 이전되지 않는 것으로 판례 변경.(대법 2020그42, 2023.3.23. 선고)

상속의 승인·포기는 상속개시 있음을 안 날로부터 3개월 내에 해야 한다. 3개월 내에 한정승인이나 포기를 하지 아니한 때에는 피상속인의 권리의무를 승계한 것(단순승인)으로 본다. 또한 상속이 개시된 후에야 할 수 있고 상속개시 전에 미리 한 승인·포기는 효력이 없다. 예를 들어 상속개시 전에 자신은 상속을 포기하겠다고 가족들에게 약속한 사람이 있다 하더라도 정작 상속이 개시되었을 때 그가 상속권을 주장하면 법원은 그의 상속권을 인정해 준다.

한정승인·상속포기는 한번 하고 나면 이를 취소하기 매우 어렵다. 또한 상속인의 다른 채무관계와 얽혀서 매우 복잡해지는 경우도 많다. 따라서 깊이 생각하여 결정해야 한다.

08 상속세 절세는 10년 이전에 사전증여해야 가능하다.
그러나 '효도계약서' 작성도 심각하게 고민해야 한다

(1)상속세 절세만 생각하면 10년 이전에 사전증여해야 함

상속세 및 증여세법에서 상속세 계산 시 사전증여재산을 합산하여 상속세 누진세율을 적용한 다음, 사전증여재산에 대한 증여세액을 공제하는 방식을 취하고 있기 때문에, 합산기간 내에 미리 증여를 했을 경우 오히려 불리해진다. 상속세 및 증여세법에 따르면, 피상속인이 상속개시일 전 10년(상속인 이외의 자는 5년) 이내 상속인에게 증여한 재산을 상속재산에 가산하므로(상증법 13조), 그 증여재산에 대한 증여세산출세액은 상속세산출세액에서 공제한다.(상증법 28조)

그리고 사전증여재산에 대한 「민법」과 「상속세 및 증여세법」의 차이가 있는 바, 크게 2가지이다.

첫째, 합산기간의 차이

「민법」상 유류분 계산 시 사전증여재산(특별수익, 민법 1008조)의 합산기간은 아래와 같이 상속인의 경우 10년 제한규정이 적용되지 않는다.

1. 상속인 특별수익분: 기간제한 없음(10년 이전분도 합산 대상)
2. 상속인 외의 특별수익분: 1년. 단, 증여 당사자 쌍방이 유류분권리자에게 손해를 가할 것을 알고 증여한 경우에는 기간제한 없음.(민법 1118조에 의한 1008조 준용)

둘째, 사전증여재산의 평가시점의 차이

1. 「민법」(유류분 산정 시 특별수익 합산): 상속개시일 현재 시점
2. 상속세 계산 시 사전증여재산의 평가시점은 증여당시의 가액임

(2)'효도계약서'와 '불효자방지법'(= '효도법')
(효도의무를 담은 「민법」 개정안의 별칭)

1)효도를 계약으로 맺어야만 하는 세상

효도를 법으로 정해야만 하는 시대가 돼버렸다. 얼마 전 유명 연예인(신동욱) 효도사기 논란으로 '효도계약서'가 부자에겐 필수품이라는 말과 함께 다시 세간의 이목을 모았다. 자식과 이들에게 물려주는 증여·상속의 문제는 동서고금을 막론하고 고민거리였던 것 같다. 우선 동서양의 대표적인 속담을 소개하면 다음과 같다.

"(자식에게) 재산을 미리 주면 절세하고, 반만 주면 공경하려 노력하고, 안 주면 기부·봉사로 보람 있게 살 수도 있다."(요즘 회자되는 말)

"못된 자식들은 상속을 받을 자격이 없고, 착하고 근면한 자식들은 상속이 필요도 없다."(중국 속담)

"자식에게 물고기 한 마리를 주면 하루를 살지만, 물고기 잡는 법을 알려주면 평생을 살 수 있다."(유대인 속담)

"수의에는 주머니가 없다."("열심히 일한 당신, 잘 쓰고 가라"는 뜻임. 아일랜드 속담)

마지막에는 누구든지 예외 없이 빈손으로 세상을 떠난다. 자식에게 재산을 물려줬다고 해서 마음은 편하겠지만 그것이 자식의 자립을 막는 장애물이 될 수도 있음을 명심해야 한다. 그리고 부모가 재산을 가지고 있을수록 칼자루는 부모에게 있으니 자의든 타의든 효도를 받는 데는 유리할 것이다. 실제로 미국에서의 조사에 따르면 상속 가능한 재산이 많을수록 자녀와의 접촉이 많아진다고 한다. 특히, 건강이 나빠져서 조만간 상속이 예상되고 자녀에게 곧 구체적인 액수가 할당될 시점에서는 더 많은 접촉이 이루어진다고 한다. 절세(節稅)의 관점에서만 판단하면 미리 증여하는 게 유리하다. 일례로 사망 이전 10년 동안 증여한 재산은 상속세 계산 시 합산하여 누진과세되기 때문에 10년 이전에 증여하는 게 훨씬 유리하다. 하지만 절세로 세금에서 구제되는 대신 자식으로부터는 버림받을 수도 있다.

2)대법원 2015다236141 판결(2015.12.10. 선고)과 '효도계약서' 용어등장[1]

대법원의 판결요지로 "부모로부터 재산을 물려받으면서 '충실히 부양의 의무를 다하겠다'는 '계약서'를 작성하고도 이를 이행치 않은 아들에게 '증여계약의 해지 사유'에 해당한다", 특히 "「민법」은 '직계 혈족 및 그 배우자 간에는 서로 부양의무가 있다'(민법 974조)고 규정하고 있기 때문에 증여 계약과 상관없이 아들은 부모를 부양할 의무가 있다"고 설명했다.

본 판결에서 부모가 승소할 수 있었던 주된 원인은 '효도계약서'를 작성해두었기 때문이며, 대법원은 부모의 손을 들어준 이유로 '부담부 증여'(민법 561조)에 초점을 맞췄다. '부담부 증여'를 한 경우에는 채무 등 부담 의무가 있는 상대방이 의무를 이행하지 않으면 증여계약이 이행됐더라도 증여자가 증여계약을 해제할 수 있다. '효도계약'이란 법률적 용어는 아니지만, 부모가 생전에 자식에게 재산을 증여하는 대신 부양·간병 등 일정한 의무를 이행할 것을 자식에게

1) 『정치 질서의 기원(The Origins of Political Order, 2011)』 프랜시스 후쿠야마, 웅진지식하우스, 2012, p.270.
〈13세기 잉글랜드에서 부모와 자식 사이에 이루어진 '유지 계약'〉
당시 잉글랜드에서는 어리석게도 생전에 자녀에게 재산을 물려준 부모는 그 재산에 대해 아무런 관습적 권리를 주장하지 못했다. 그래서 이런 일이 벌어지지 않도록 부모는 자녀와 '유지 계약'을 맺어 일단 재산을 물려줘도 이후 자신들을 제대로 봉양하도록 했다.

요구하는 내용을 담았는데, 대법원은 이를 '부담부 증여'(쌍무계약)의 일종으로 해석한 것이다.

이 판결은 세간의 화제가 되었으며 '효도계약서'라는 용어까지 등장했다. 만일, 이 사례와 반대로 '효도계약서'가 없다면 증여자인 부모가 증여재산을 되돌려 받기는 쉽지 않다. 「민법」은 일단 증여한 사안에 대해서는 다시 반환받는 것을 제한적으로만 인정하고 있기 때문이다. 그러니 자식에게 재산을 생전에 물려줄 때 심사숙고해서 결정해야 한다.

3) '불효자방지법' 발의

①2016년 8월 이명수 의원(자유한국당 충남 아산시 갑 지역구)
②2016년 9월 민병두 의원(더불어민주당 서울 동대문구 을 지역구)
③2018년 2월 발의: 더불어민주당 박완주·서영교, 자유한국당 이철규 의원 등이 각각 발의
④2020년 6월 발의(21대 국회): 박완주 의원 등 더불어민주당 11명 공동발의
⑤불효자방지법이 제정될 경우의 효과

만일 「민법」이 불효자방지조항을 넣은 쪽으로 개정된다면 '법적'으로 재산을 돌려주어야 할 자식의 의무가 생긴다. 무엇보다 본 판례와 반대로, 만약 '계약서' 또는 '각서'가 없는 경우에도 훨씬 수월하게 증여재산을 돌려받을 수 있는 근거가 마련된다는 점에서 의의를 찾을 수 있다.

4) '효도계약서'의 요건

①효도계약서에 들어가야 할 필수 3요소
첫째, 증여재산
둘째, 증여의 조건(효도의 내용)
셋째, 조건 불이행 시 증여계약 해제문구

②기타 부대사항

효도계약서에는 부모가 자식에게 증여하는 재산의 가치를 초과하지 않는 조건이라면 자유롭게 계약 내용으로 담을 수 있다. 증여조건으로 주로 담기는 내용은 정기적인 방문, 생활비·병원비 지원, 손자·손녀 대면권, 부모 사망 시 남은 형제 부양 등이다.

심지어 자녀의 건강을 생각해 술·담배 끊기, 도박 금지 등의 조항까지 들어가는 경우도 있다고 한다.

09 '가업승계 증여세 과세특례'를 적극적으로 고려하라

(1)'가업승계 특례'에 대한 혜택 대폭 확대로 적극적으로 고려할 필요성 대두

2022년까지 상속·증여분에 대해서 '가업승계 증여세 과세특례'는 100억원을 한도로 적용되지만, 만일 사후관리요건 등을 충족하지 못할 경우에는 500억원을 한도로 적용되는 '가업상속공제'를 받지 못하는 불상사가 발생할 수 있었다. 따라서 훗날의 가업상속공제에 미치는 여파를 고려하지 않고 단순히 가업승계 특례에만 초점을 맞출 경우에는 가업상속공제라는 큰 혜택에서 배제될 수 있는 위험을 감수해야 했다.

그러나 2023년 상속·증여분부터는 '가업승계 증여세 과세특례' 및 '가업상속공제'의 한도를 600억원까지 확대하여 일치시켰고 사후관리요건도 대폭 완화했다. 여기에 더해 이에 국세청이 2022년 9월부터 가업승계를 계획하고 있거나 진행하고 있는 중소기업을 대상으로 '가업승계 세무컨설팅'을 최초로 실시해 원활한 가업승계를 지원하고 있다.

가업승계 세무컨설팅은 각 지방국세청에 가업승계 세정지원팀을 구성해 기업별 상황에 맞는 가업승계 관련 컨설팅을 제공하는 서비스다. 가업승계를 준비하고 있는 기업에게는 세제혜택을 받기 위한 준비사항을 사전에 안내하고, 이미 가업을 승계한 기업에게는 의무 준수를 위해 유의할 점을 안내하는 1:1 맞춤형 세정지원제도이다. 이제는 '가업승계 증여세 과세특례'를 적극적으로 고려할 필요가 있다.

'가업승계 증여세 과세특례' 적용 주식 등을 증여받은 후 상속이 개시되는 때에 상속재산가액에 가산(10년 기간과 관계없이 무조건 가산함, 조특법 30조의6⑤에 의한 30조의5⑧⑨⑩ 준용)하여 상속세를 정산하며, 상속개시일 현재 다음의 요건을 모두 갖춘 경우에는 상증법상의 가업상속공제(상증법 18조의2)를 적용한다.

1. 가업(상증령 15조③)에 해당할 것. 다만, 상증법상 가업상속공제의 요건인 대표이사 재직요건(같은 항 1호 나목)은 적용하지 않음.
2. 수증자가 증여받은 주식 등을 처분하거나 지분율이 낮아지지 아니한 경우로서, 가업에 종사하거나 대표이사로 재직하고 있을 것.

(2)가업상속공제 실효성 제고(상증법 18조의2)

① 적용대상 및 공제한도 등 확대

종전(2022년까지 상속분)	개정(2023년 상속분부터)
□ **가업상속공제**[*] **적용대상** *10년 이상 영위한 가업을 상속하는 경우 상속세 과세가액에서 해당 가업상속재산가액을 공제	□ **적용대상 확대**
• 중소기업	• (좌 동)
• 중견기업: 매출액 4천억원 미만	• 중견기업: 매출액 5천억원 미만
□ **공제한도**	□ **공제한도 상향**

가업영위기간	공제한도		가업영위기간	공제한도
10년 이상~20년 미만	200억원		10년 이상~20년 미만	300억원
20년 이상~30년 미만	300억원		20년 이상~30년 미만	400억원
30년 이상	500억원		30년 이상	600억원

종전(2022년까지 상속분)	개정(2023년 상속분부터)
	• 밸류업 우수기업등 공제한도(2025년부터) 밸류업·스케일업 우수기업의 공제한도는 1200억원이고, 기획발전특구 이전·창업기업은 한도 없음(개정 무산)
□ **피상속인 지분요건** • 최대주주[*] & 지분 50% 이상(상장법인 30%) 10년 이상 계속 보유 *주주 등 1인과 특수관계인의 보유주식 등을 합하여 최대주주 또는 최대출자자	□ **피상속인 지분요건 완화** • 최대주주 & 지분 40% 이상(상장법인 20%) 10년 이상 계속 보유

② 사후관리 기간 단축 및 요건 완화

종전(2022년까지 상속분)	개정(2023년 상속분부터)
□ **사후관리 기간** • 7년	□ **사후관리 기간 단축** • 7년 → 5년

□ **사후관리 요건**
• 업종 유지
  – 표준산업분류상 중분류 내 업종변경 허용
	□ **사후관리 요건 완화**
	• 업종 변경 범위 확대
	  – 중분류 → 대분류(안)로 완화 취소

• 고용 유지 : ❶&❷ 유지 ❶(매년) 정규직 근로자 수 80% 이상 또는 총급여액 80% 이상 ❷(7년 통산) 정규직 근로자 수 100% 이상 또는 총급여액 100% 이상	• 고용 유지 완화 ❶(매년) 〈삭 제〉 ❷(5년 통산) 100% → 90% 90% 이상 또는 총급여액 90% 이상

• 자산 유지
  – 가업용 자산의 20%(5년 이내 10%) 이상 처분 제한
	• 자산 유지 완화
	  – 20%(5년 이내 10%) → 40%

• 지분 유지 – 주식 등을 상속받은 상속인의 지분 유지	• 지분 유지 (좌 동)

(특례규정) '23.1.1. 현재 사후관리 중인 경우에도 개정규정 적용

    사후관리요건 위반 등으로 추징사유가 발생하면 사유발생일의 말일부터 6개월 이내에 해당 상속세와 이자상당액을 신고·납부하여야 한다.(상증법 18조의2⑤) 또한 상속개시 10년 전~사후관리기간 중 탈세·회계부정 기업인에 대해서는 가업상속공제(2020년 상속분부터 적용)를 배제한다.(상증법 18조의2⑧)

(3) 가업승계 증여세 과세특례 한도 확대 등(조특법 30조의6, 조특령 27조의6)

수증자 (자녀)	→ ②사업 승계	증여세 과세특례 적용 (10억원 공제, 10~20% 세율, 600억원 한도)
↑①주식증여		
증여자 (부모)	→ ③상속 개시	상속세 정산 (증여주식을 상속재산가액에 가산)

    10년 이상 가업을 경영한 부모가 자녀에게 주식 또는 출자지분(주식 등)을 증여하여 해당 가업을 승계한 경우, 증여세 과세가액(300억원·400억원·600억원←100억원 한도)에서 10억원(←5억원)을 공제하고 과세표준 120억(60억(2023년)←30억)원까지의 증여세율은 10%(즉, 과세표준 120억원까지는 10% 세율 적용), 120억(60억(2023년)←30억원} 초과분은 20%로 하여 증여세를 부과한다. 그 후 상속이 개시되는 시점에는 '증여 당시의 가액'을 상속재산에 가산하여 상속세로 정산하는 제도이다.

종전(2022년까지 증여분)	개정(2023년 증여분부터)
□ 가업승계 증여세 과세특례	□ 과세특례 한도 확대 등

• (요건) 자녀가 부모로부터 가업의 주식등을 증여받아 가업을 승계
  – (대상)
  ❶중소기업 및
  ❷중견기업(매출액 4천억원 미만)
  – (증여자 지분 요건)
    최대주주* 등으로 지분 50%(상장법인 30%) 이상 10년 이상 계속 보유
  * 주주 등 1인과 특수관계인의 보유주식 등을 합하여 최대주주 또는 최대출자자
	• 적용대상 확대 및 지분요건 완화
	  – (대상)
	  ❶중소기업 및
	  ❷중견기업(매출액 5천억원 미만)
	  – (증여자 지분 요건)
	    50%(상장법인 30%) 이상→ 40%(상장법인 20%) 이상

• (특례) 증여세 과세가액
  최대 100억원* 한도로 5억원 공제 후 10~20% 증여세율 적용
  *가업영위기간별 구분 없이 100억원 한도
 	
  – 30억원 이하: 10%,
    30억원 초과: 20%
	• (특례) 증여세 과세가액
	  최대 600억원* 한도(가업상속공제와 동일)로 10억원 공제 후 10~20% 증여세율 적용
	  * 가업영위기간 10년 이상 300억원, 20년 이상 400억원, 30년 이상 600억원
	  – 120억(2023년은 60억)원 이하: 10%,
	    120억(2023년은 60억)원 초과: 20%

• (사후관리) 위반시 증여세 및 이자상당액 부과
  – (사후관리 기간) 7년
  – (가업 유지)
    5년 이내 대표이사 취임 & 7년간 유지
  – (업종유지) '승인' 시 대분류 내 업종변경 허용
    표준산업분류상 중분류 내 업종변경 허용 원칙
 	
  – (지분유지) 증여받은 주식 지분 유지
	• 사후관리 완화
	  – (사후관리 기간) 7년 → 5년
	  – (가업 유지) 대표이사 취임: 5년 → 3년
	                 대표이사직 유지: 7년 → 5년
	  – (업종유지) 대분류 내 업종변경 확대(조특령 27조의6⑥에서 상증령 15조⑪ 준용. 2024년 업종변경분부터 적용, 상증령 부칙 4조)
	  – (좌 동)

(4) 가업승계 시 상속세 및 증여세 납부유예제도 신설(2023년 상속·증여 개시분부터 적용)

내용	상속세(상증법 72조의2, 영 69조의2·69조의3)	증여세(조특법 30조의7, 영 27조의7)
선택 사항	가업상속공제 방식과 납부유예 방식 중 선택	저율과세 방식과 납부유예 방식 중 선택
적용 대상	가업상속공제 요건을 충족하는 중소기업으로 가업상속공제를 받지 않은 기업	요건충족 중소기업으로 과세특례를 적용받지 않은 주식 및 출자지분
유예 기간	상속받은 가업상속재산을 양도·상속·증여 시점까지	증여받은 가업주식을 양도·상속·증여 시점까지
납부유예 가능 세액	$상속세\ 납부세액 \times \dfrac{가업상속재산가액}{총\ 상속재산가액}$	$증여세\ 납부세액 \times \dfrac{가업주식상당액}{총\ 증여재산가액}$
납부 사유	취소사유 발생 6개월, 이자상당액 징수(연 3.5%)	취소사유 발생 3개월, 이자상당액 징수(연 3.5%)
사후관리	5년(가업종사, 지분유지, 70% 고용유지 등) 또는 특정사유 발생 시(상속인 사망 등)	5년(가업종사, 지분유지, 70% 고용유지 등) 또는 특정사유 발생 시(수증자 사망 등)
재차 유예	상속인 사망(상속개시), 상속인 지분감소 등	수증자 사망(상속개시), 수증자 지분감소 등

[국세청 가업승계 세무컨설팅](국세청 보도자료: 여러 매체 2022.6.23.)

국세청이 2022년 9월부터 가업승계를 계획하고 있거나 진행하고 있는 중소기업을 대상으로 '가업승계 세무컨설팅'을 최초로 실시해 원활한 가업승계를 지원하기로 했습니다.

• 가업승계 세무컨설팅에서는 어떤 지원을 할까요?

가업승계 세무컨설팅 대상자로 선정되면 선정일로부터 1년간 가업승계 관련 세무컨설팅을 지원하며, 계속적인 지원을 희망하는 기업은 1년 연장이 가능합니다.

• 요건 진단

정기 컨설팅은 1회 이상, 기업의 요청이 있는 경우에는 수시컨설팅도 가능합니다. 지방청 대면상담, 기업 현장방문 등을 통해 컨설팅 시점을 기준으로 가업승계 세제혜택을 위한 사전요건과 사후요건을 진단하고, 미비한 부분에 대해서는 보완할 사항을 안내하는 등 기업별 상황에 따른 맞춤형 컨설팅을 제공합니다.

• 상시 자문: 컨설팅 대상 기업이 자문요청하면, 구체적 판단사항에 대해 4주 이내에 의견을 드립니다.

• 서면질의 우선처리

• 신청대상: ① 대표이사가 5년 이상 계속 재직   ② 가업승계 이후 사후관리가 진행 중인 중소기업

〈가업승계 세무컨설팅 우선 선정순위〉

○(1순위) 조사모범 및 납세자의 날 표창된 모범납세기업(최근 5년 이내)

○(2순위) 「중소기업 세무컨설팅」 대상 기업

○(3순위) 세금납부를 통해 적립된 세금포인트가 많은 기업

○(4순위) 직전 사업연도 고용인원이 많은 기업

○(5순위) 가업상속 및 가업승계 과세특례를 적용받은 금액이 큰 기업

○(6순위) 중소기업중앙회, 대한상공회의소 추천 기업

• 신청기간 및 방법

1차 접수는 2022.7.1.(금)~8.1.(월)까지 홈택스 또는 기업 대표자 주소지 관할 지방국세청 소득재산세과에 우편, 방문접수를 통해 신청할 수 있습니다. 2차 접수는 추후 안내할 예정입니다.

• 제출서류: 가업승계 세무컨설팅 신청서만 제출하면 되고, 서식은 국세청 누리집에서 조회할 수 있습니다.

제1장 제2장 제3장 제4장 제5장 제6장 제7장 제8장 제9장 제10장 제11장 제12장 제13장 제14장

10 부부공동명의를 하면 유리한 측면이 많다

(1)부부공동명의에 대한 세금효과 요약

부부공동명의로 할 경우 세법상 효과를 살펴보면 다음과 같다.

첫째, 증여세 자금출처조사에서 입증금액이 절반으로 줄어든다.

둘째, 임대소득이 발생할 경우 부부 각각 인별로 세액계산을 하므로 종합소득세가 줄어든다.

셋째, 양도소득세도 인별로 계산하므로 세액이 줄어들 수 있다. 그러나 1세대 1주택 판정 시에는 부부를 1세대로 보므로 부부공동명의로 하더라도 유리한 점은 없다.

넷째, 취득세에서는 별 차이가 없다. 주택의 취득세는 '동일 세대원'이 공유한 경우에는 1인으로 보기 때문에, 1인 명의로 취득하든 부부공동명의로 취득하든 차이가 없다.

다섯째, 일명 '부동산 보유세'로 통칭되는 재산세와 종합부동산세는 개인별로 누진세율을 적용하기 때문에 부부공동명의로 하면 세액이 줄어든다. 종합부동산세 계산 시 주택이 부부공동명의라면 각각 9억원씩(단독명의라면 12억원만)을 공제하여 세액을 계산하므로 유리하다.

그러나 종합부동산세에서는 부부공동명의 주택은 부부 각각 소유로 보므로 1세대 1주택자에 대한 다음의 혜택이 배제되어 오히려 불리할 수도 있다.(2021년부터는 '1주택자인 부부공동명의'에 한하여 1세대 1주택자 방식과 비교하여 유리한 쪽을 선택할 수 있도록 개정했다.)

1. 부부 각각이 다주택자가 되어 중과세율이 적용될 수 있다.
2. 연령별 세액공제(만 60세 이상자, 20~40% 공제) 또는 보유기간별 세액공제(5년 이상
   20~50% 공제)가 배제되는 불이익이 더 클 수 있다.

(2)종합부동산세 개괄

1)종합부동산세와 재산세와의 관계

종합부동산세는 과세기준일(매년 6월 1일) 현재 전국의 주택 및 토지를 과세유형별로 구분하여 인별로 합산한 다음, 그 공시가격 합계액이 과세기준금액을 초과하는 경우 그 초과분에 대하여 과세되는 세금(국세)이다(2005년 1월 5일부터 시행).

1차로 부동산 소재지 관할 시·군·구에서 '관내 부동산'에 대해 과세유형별로 구분하여 재산세를 부과하고(지법 108조·116조), 2차로 종합부동산세 과세기준금액 초과분에 대하여 주소지(법인

은 본점 소재지) 관할 세무서에서 '전국 부동산'에 대해 종합부동산세를 부과한다.

[재산세와 종합부동산세의 비교]

구분		재산세(지방세)	종합부동산세(국세)	
과세관할		부동산 소재지 관할 시·군·구	주소지(본점 소재지) 관할 세무서	
합산대상 지역범위		부동산 소재지 관할지자체별 합산	전국 소재지 부동산을 합산	
징수방법(원칙)		보통징수(고지서 발부)	부과징수(고지서 발부)	
신고납부방식 선택		해당사항 없음	12.1.~12.15. 신고납부 가능	
고지서 발부기한		납부개시 5일 전까지	납부개시 5일 전까지	
과세기준일		매년 6월 1일(지법 114조)	매년 6월 1일(종부법 3조)	
세금납부기한	토지	9.16.~9.30.	종합 5억↑, 별도합산 80억↑	12.1.~12.15.
	주택	7.16.~7.31., 9.16.~9.30. 1/2씩	9억이상(1세대 1주택 11억→12억)↑	
	건축물	7.16.~7.31.	과세대상 아님	
	선박·항공기	7.16.~7.31.		

종합부동산세는 지방세법상 재산세 과세대상 재산(토지, 건축물, 주택, 선박, 항공기) 중 주택(주거용 건축물과 그 부속토지)과 토지(종합합산과세대상 토지와 별도합산과세대상 토지)를 과세대상으로 한다. 즉, 지방세법상 재산세 과세대상 중 일반 건축물, 분리과세대상 토지, 선박 항공기 등은 가액의 크기를 불문하고 종합부동산 과세대상에서 제외된다.

2022년까지 상시 주거용으로 사용하지 않고 휴양·위락의 용도로 사용되는 별장은 「주택법」 상 주택의 범위에는 해당하지만(종합부동산세법에서는 주택의 범위에서 제외, 종부법 2조3호), 지방세법상 고율(4%)의 재산세를 부과하므로 종합부동산세(최고 세율 5%, 2022·2021년 6%, 2020·2019년 3.2%, 2018년까지는 2%)를 과세할 실익이 적어 종합부동산세 과세대상에서 제외하였다. 그러나 2023년부터 별장은 재산세를 일반과세하므로 종합부동산세 과세대상으로 세법을 개정했다. 이를 요약하여 살펴보면 다음 표와 같다.

[재산세와 종합부동산세의 과세요약]

구분			재산특성과 재산세율	종합부동산세 세율
토지	종합합산과세		중과세 토지. 0.2~0.5%(1억↑)	1%(15억↓)~ 3%(45억↑)
	별도합산과세		누진과세. 0.2~0.4%(10억↑)	0.5(200억↓)~0.7%(400억↑)
	분리과세	골프장 등	최고율 과세 토지. 단일세율 4%	과세제외: 재산세로 충분
		전답 등	최저율 과세 토지 (전답 등 0.07%, 기타 0.2%)	과세제외: 조세정책적 차원에서 최저율 분리과세 취지
별장 이외 주택(+토지)			일반누진과세 0.1~0.4%(3억↑)	0.5%(3억↓)~5%(94억↑)
별장(2023년부터 주택으로 과세)			최고율 과세. 단일세율 4%	과세제외: 재산세로 충분
건축물	도시주거지역 공장		0.5%. 대도시 신·증설 1.25%(5년)	과세제외
	기타 공장, 건축물		0.25%	
선박	고급선박		5%(최고율 과세)	
	일반선박		0.3%	
항공기			0.3%	

(보충1)재산세는 '주택별 과세표준×세율'이지만, 종합부동산세는 '주택합산 과세표준×세율'방식으로 산출세액 계산방법이 다름.(지법 113조②③, 종부법 8조①)

(보충2)종합부동산세 과세표준×세율 후, 재산세 해당분, 세부담상한액 등을 공제하여 계산.

2)종합부동산세에서 세대의 정의(종부법 2조8호, 종부령 1조의2)

①세대와 가족의 개념

'세대'라 함은 주택 또는 토지의 소유자 및 그 배우자가 그들과 동일한 주소 또는 거소에서 생계를 같이하는 가족과 함께 구성하는 1세대를 말한다.

'가족'이라 함은 주택 또는 토지의 소유자와 그 배우자의 직계존비속(그 배우자를 포함) 및 형제자매를 말하며, 취학, 질병의 요양, 근무상 또는 사업상의 형편으로 본래의 주소 또는 거소를 일시퇴거한 자를 포함한다.

②1세대 1주택의 범위(종부령 2조의3)

주택의 공시가격을 합산한 금액에서 12억원을 공제하는 1세대 1주택자란 세대원 중 1명만이 주택분 재산세 과세대상인 1주택만을 '소유'한 경우로서 그 주택을 '소유'한 자가 소득세법에 따른 '거주자'를 말한다.(종부령 2조의3) 즉, '거주자' 요건이면 족하고, 실제 거주여부와는 무관하다. (☞합산배제 임대주택이 있는 경우에는 거주주택에 주민등록 및 실제로 거주하는 경우에 한정하여 적용됨에 유의).

따라서 1세대 1주택일지라도 세대원이 공동으로 소유한 경우는 1세대 1주택으로 보지 아니한다. 종합부동산세는 동일한 세대원일지라도 세대별로 과세(양도소득세 방식)하지 않고, 개인별로 과세하므로 이 자체를 과세의 혜택으로 볼 수 있는 바, 공동소유에 대해 과세표준 '3억원 (←2022년은 8억원(=5억+추가 3억), 2021년은 5억원)' 추가공제, 연령별·보유기간별 세액공제 혜택까지는 부여하지 않는 것이다.(2021년부터 '1주택자인 부부공동명의'에 한하여 '1세대 1주택자 방식' 선택적용 가능하며, '공동명의 1주택자 신청서'를 9.16.~9.30. 관할세무서장에게 제출해야 함. 종부법 10조의2)

【부부가 공동으로 1주택을 소유하고 있는 경우】(종부집 8-2의3-7)

부부가 1주택을 공동으로 소유하고 있는 경우 장기보유 및 고령자에 대한 세액공제 규정이 적용되는 1세대 1주택자에 해당하지 아니한다.

(2021년부터 '1주택자인 부부공동명의'에 한하여 1세대 1주택자 방식과 유리한 쪽 선택 가능, 종부법 10조의2)

【비거주자가 1세대 1주택자에 해당하는지 여부】(종부집 8-2의3-5)

1세대 1주택자란 소득세법에 따른 '거주자'를 말하므로(종부령 2조의3①본문), 비거주자는 1세대 1주택자의 추가공제, 장기보유 및 고령자에 대한 세액공제 규정이 적용되지 아니한다.

---

③배우자가 없는 때에도 1세대로 보는 경우

다음의 어느 하나에 해당하는 경우에는 배우자가 없는 때에도 이를 1세대로 본다.

1. 30세 이상인 경우

2. 배우자가 사망하거나 이혼한 경우

3. 소득세법 4조에 따른 소득[거주자의 종합소득·퇴직소득·금융투자소득(2025년 신설→폐지)·양도소득, 비거주자의 국내원천소득]이 「국민기초생활 보장법」에 따른 기준 중위소득의 40% 이상으로서 소유하고 있는 주택 또는 토지를 관리·유지하면서 독립된 생계를 유지할 수 있는 경우. 다만, 미성년자의 경우를 제외하되, 미성년자의 결혼, 가족의 사망 등의 사유로 1세대의 구성이 불가피한 경우에는 그러하지 아니하다.

④혼인함으로써 1세대를 구성하는 경우의 특례

혼인한 날부터 10년(←5년, 2024.11.11.까지) 동안은 주택 또는 토지를 소유하는 자와 그 혼인한 자별로 각각 1세대로 본다.

⑤동거봉양하기 위하여 합가한 경우의 특례

동거봉양(同居奉養)하기 위하여 합가(合家)함으로써 과세기준일 현재 60세 이상의 직계존속(직계존속 중 어느 한 사람이 60세 미만인 경우를 포함)과 1세대를 구성하는 경우에는, 합가한 날부터 10년 동안(합가한 날 당시는 60세 미만이었으나, 합가한 후 과세기준일 현재 60세에 도달하는 경우는 합가한 날부터 10년의 기간 중에서 60세 이상인 기간 동안) 주택 또는 토지를 소유하는 자와 그 합가한 자별로 각각 1세대로 본다.

3)주택에 대한 종합부동산세 과세표준(종부법 8조)

구분		주택의 종합부동산세 과세표준 계산
단일최고세율 적용대상 법인		주택공시가격 합계×공정시장가액비율*(2021년 시행)
1세대 1주택자가 아닌 경우		(주택공시가격 합계−9억원)×공정시장가액비율*
1세대 1주택자	부부공동명의 방식	각각 적용: (주택공시가격 지분액−9억원×공정시장가액비율*
	단독명의(부부선택 포함)	[(주택공시가격 합계−3억원)−9억원]×공정시장가액비율*

* 공정시장가액비율: 매년 5%씩 인상되어 2022년부터 100%임(단, 주택은 2022년부터 60%).(종부령 2조의4①)

(보충1)2021년부터 '최고세율 적용 법인의 주택'에 대해서는 9억원(←6억원) 공제를 하지 않고, 최고세율

    (2.7%←3%, 5%←6%)로 과세하고 '세부담의 상한'도 적용하지 않음.(2020년 6·17 부동산 대책)

(보충2)재산세에 대한 공정시장가액비율(2009년 귀속분부터 불변. 지령 109조)

  가. 주택: 시가표준액의 60%(2022년 1세대 1주택 재산세 공정시장가액비율은 45%, 2023년부터 43~45%)

  나. 토지 및 건축물: 시가표준액의 70%

11 자기주식을 활용한 가지급금 상환과 세금

2011년 4월 14일, 「상법」 개정으로 회사의 자기주식 취득이 완화됨에 따라 자기주식 취득 및 배우자증여공제를 활용하여 세금부담 없이 가지급금 문제를 해결하는 방식의 컨설팅 사례가 많다. 하지만 개별 세법 규정에는 부합할지라도, '실질과세 원칙'(국기법 14조)을 적용하여 전체적인 관점에서 보면 조세 회피로 간주될 여지가 높은 매우 위험한 방법이다.

그리고 2025년부터는 배우자(양도 당시 이혼한 배우자 포함)·직계존비속으로부터 증여받은 주식 등을 1년 이내에 양도할 경우, (증여가액이 아니라) '증여한 배우자의 당초 취득가액'을 필요경비로 공제하므로 배우자끼리 증여를 이용한 절세가 더욱 어렵게 됐다.(소법 97조의2, 2025.1.1. 증여분부터 적용)

(1) 자기주식 취득 관련 상법 등 규정

①상장법인

상장회사의 경우 '자본시장법'에서 배당가능이익이 한도 내에서 자기주식을 취득할 수 있다.(「자본시장과 금융투자업에 관한 법률」 165조의3(자기주식 취득 및 처분의 특례))

②비상장법인

비상장회사의 경우에도 2012년 4월 15일부터 '상법'에서 배당가능이익이 한도 내에서 자기주식을 취득할 수 있도록 조건이 완화됐다.(2011.4.14. 개정 「상법」 341조(자기주식 취득)~342조의3(다른 회사의 주식 취득))

③채권자보호절차 면제

자기주식 소각 시에는 자본금 감소에 관한 다른 규정과 달리, 채권자보호절차나 주권제출공고가 필요 없다.(「상법」 343조(주식의 소각)①단서)

④자본금의 변동 상 특징

배당가능이익으로 취득한 자기주식을 소각하는 경우 발행주식총수는 감소하지만 자본금은 변하지 않는다. 자본금 대신 이익잉여금이 줄어들기 때문이다. 따라서 일반적인 공식인 '자본금=발행주식수×액면가액'이 성립되지 않고 다음 식이 성립될 것이다.

'자본금=발행주식수×액면가액+자기주식 소각금액(줄어든 이익잉여금) 중 액면가액 부분'

(2)자기주식을 활용한 가지급금 상환과 세금문제

①전체흐름도

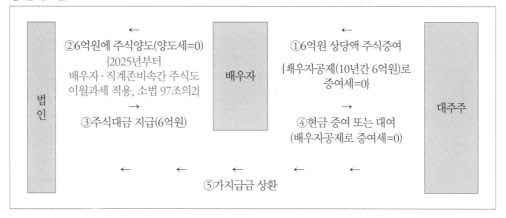

②세금문제

가. 매매거래로 판단될 경우: 매매목적 자기주식 취득

회사는 일정한 시점에 자기주식을 재매각하는 경우이다.

양도자인 주주(위 도표 상 '배우자')에게는 양도소득세와 증권거래세가 과세되지만, 양도소득세는 '0'이 된다(양도가액=취득가액, 즉 6억원이므로). 또한 양도소득세 이월과세 규정(배우자 등에게 증여한 후 배우자 등이 5년 이내에 양도할 경우 당초 증여자를 기준으로 양도소득세를 부과, 소득세법 97조의2)은 '부동산(토지·건물, 특정시설물이용권)'과 '부동산을 취득할 수 있는 권리'만이 대상이므로, 주식의 경우 2022년까지는 적용되지 않는다.[제3장 양도소득세 02 (1) 1) 참조]

[배우자·직계존비속 간 증여재산에 대한 이월과세 흐름도]

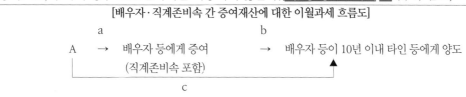

a행위: 배우자 등이 증여세를 납부했지만, 결국 c거래로 판정되어 필요경비에 산입됨.
b행위: 배우자 등이 양도소득세를 납부했지만, 결국 c거래로 판정되어 재계산하게 됨.
c행위: A가 직접 타인에게 양도한 것처럼 계산하여, **'배우자 등'에게 양도소득세를 과세**
　(이월과세규정을 적용하여 계산한 양도소득 결정세액이 이월과세규정을 적용하지 아니하고 계산한 양도소득 결정세액보다 적은 경우 등: 이월과세 적용배제)
　(a거래에 대해 배우자 등이 당초 납부했던 증여세는 **필요경비**에 산입됨.)

　(이 규정에 따라 당초 증여자가 직접 양도한 것으로 보는 경우, 당초 증여자를 기준으로 취득일·취득가격·보유기간·장기보유특별공제·양도소득기본공제·세율을 적용함.)

양도소득세 연대납부의무: A와 배우자 등이 c거래에 대해 소득세 연대납부의무는 **없음.**
증여세 연대납세의무: A와 배우자 등이 a거래에 대해 증여세 연대납부의무는 **있음.**(상증법 4조의2⑥)

또한, 부당행위계산 부인(특수관계인에게 증여 후 10년 이내에 양도(주식 포함), 소법 101조②), 고가·저가 양수·양도문제(부당행위계산 부인(상증법 35조, 법법 52조) 및 의제기부금(법법 24조, 법령 35조)), 특정법인과 거래를 통한 증여의제(상증법 45조의5) 등의 제약조항이 있으므로 유의해야 한다.

나. 자본거래로 판단될 경우: 소각 또는 자본감소 목적 자기주식 취득

주식양도로 보지 않고 의제배당으로 보아 종합소득세(배당소득)를 부담하게 된다.(소법 17조②)

> **[이익소각에 따른 의제배당 계산 시 해당 주식의 취득가액을 차감함]**
> (대법 2016두56998, 2017.2.23. 심리불속행 ; 원심판결 서울고법 2015누67474, 2016.10.5. 선고)
> 법인세법 16조①1호상의 '주식의 소각'에 이익소각을 배제한다는 명시 규정이 없으므로 이익소각도 법인세법상 '주식의 소각'에 해당하며, 이 경우 의제배당으로 보아 과세할 때 '주식을 취득하기 위해 사용한 금액을 초과하는 금액'만 과세대상임

다. 자기주식 취득이 상법상 규정 위반으로 무효가 되는 경우

자기주식 취득이 「상법」상 규정 위반으로 무효가 되는 경우에는 취득대금이 주주에게 지급한 업무무관가지급금이 되므로, 이로 인하여 가지급금이 오히려 증가하게 된다.

최근 판례는, 자본충실의 원칙과 주주평등의 원칙에 비추어볼 때 「상법」에 위반된 자기주식 취득은 당연 무효에 해당하고, 자기주식 취득대금은 업무무관가지급금에 해당하며, 자기주식 취득 행위는 부당행위계산 부인 대상에 해당한다고 판시하고 있다.(대법 2017두63337, 2021.7.29. 선고: 원심판결 서울고법 2017누35631, 2017.8.30. 선고)

③자기주식을 활용한 가지급금 상환과 컨설팅의 한계

실질과세원칙(국세기본법 14조③)에 따라 조세포탈 등으로 보아 거래 전체를 부인하는 바, 오히려 세금문제만 더 커지는 결과가 초래될 수도 있다.

실질과세의 원칙은 '경제적 관찰법'이라고도 하며 과세를 함에 있어서 형식과 실질이 다른 경우에는 실질에 따라서 과세해야 한다는 원칙으로서 '소득 귀속자의 실질과세'와 '거래내용의 실질과세' 및 '경제적 내용의 실질과세'로 나누어진다. 제1장 04 세금부과와 세법 적용의 원칙 (1) 1) 참조

첫째, 소득귀속자의 실질과세에 따르면, 과세의 대상이 되는 소득·수익·재산·행위 또는 거래의 귀속이 명의일 뿐이고 사실상 귀속되는 자가 따로 있을 때에는 사실상 귀속자를 납세의무자로 하여 세법을 적용한다.(국기법 14조①, 지기법 17조①)

둘째, 거래내용의 실질과세에 따르면, 세법 중 과세표준의 계산에 관한 규정은 소득·수익·재산·행위 또는 거래의 명칭이나 형식에 관계없이 그 실질 내용에 따라 적용한다.(국기법 14조②, 지기법 17조②)

셋째, 경제적 내용의 실질과세에 따르면, 제3자를 통한 간접적인 방법이나 둘 이상의 행위 또는 거래를 거치는 방법으로 이 법 또는 세법의 혜택을 부당하게 받기 위한 것으로 인정되는 경우에는 그 경제적 실질 내용에 따라 당사자가 직접 거래를 한 것으로 보거나 연속된 하나의 행위 또는 거래를 한 것으로 보아 세법을 적용한다.(국기법 14조③)

세법 개정, 과세관청의 과세처분 및 사법심의 최근 경향은 다음과 같다.

가. 2025년부터 배우자·직계존비속간 주식 등 증여 후 1년 이내에 양도 시 특례 적용(소법 97조의2)

나. 매매거래를 부인하고 실질과세원칙을 적용한 경우

외견상 여러 거래가 독립적으로 세법의 규정에 부합하더라도, 전체적으로 보아 실질과세원칙을 적용하여 세금을 부과하였다.(조심 2022인6438, 2022.9.15. 결정 등)

다. 배우자 간 증여가 인정되고 의제배당으로 과세가 불가한 경우[2]

대법 2024두42659(심리불속행), 2024.9.12.←수원고법 2023누14332, 2024.4.5.←수원지법 2022구합71586, 2023.7.13. 선고

이번 대법원 판례는 과세관청과 납세자와의 다툼을 어느 정도 해소하는 중요한 판례다. 기존 주주가 배우자에게 주식을 증여하고, 그 주식소각 대가를 배우자를 통해 다시 원 주주에게 흘러 들어간다면 실질과세원칙에 따라 여전히 기존 거래를 부인하고 과세될 수 있는 것이다. 또한, 세금 회피 목적이 외에 다른 사업적·경제적 목적이 전혀 없었다면 여전히 실질에 따라 과세당할 위험은 있다고 할 것이다.

C는 B사의 최대주주이자 대표이사이고, 원고는 C의 배우자이다. 원고는 C에게 B사 주식 583,250,000원(평가액)을 증여, B사는 C의 이 건 주식을 매입소각, C는 소각대금을 가지급금 반제(480,000,000원) 등으로 사용. C는 증여세(∵배우자 증여재산공제 한도인 6억 이내) 및 양도소득세(∵취득가액=양도가액)를 내지 않았다.

대법원은 심리불속행으로 고등법원의 판결을 그대로 인용하였는바, 아래와 같은 이유로 이 사건 거래를 원고가 B사에 직접 이 사건 주식을 양도한 후 주식양도대금은 C에게 증여한 것으로 재구성할 수 없다고 판결하였다.

구분	구체적 사유
1.배우자 증여공제한도 감소	이 사건 증여로 인하여 원고는 증여가액 583,250,000원만큼 배우자 증여공제 한도가 감소하였으므로, 원고가 이 사건 증여로 아무런 손실이 없었다고 볼 수 없다. 원고는 이 사건 주식의 실제 소유자이고, 증여 시 가액 평가가 과소하면 증여세가 부과될 수도 있었다. 주식의 소유관계, 배우자증여공제 한도, 가액 평가의 적절성을 고려하면, 이 사건 증여계약을 진의 아닌 허위로 의사표시를 요소로 하는 법률행위인 '가장행위'라 할 수 없다.
2.상법상 적법한 절차	B사는 임시주주총회 결의를 거쳐 이 사건 주식을 매수하고, 이를 소각하였다. 이 주식양도 역시 상법상 절차를 거친 적법한 것으로 가장행위가 아니다
3. 유효한 법률관계 존중	이 사건 증여 및 양도는 모두 유효한 법률행위로 과세관청은 특별한 사정이 없는 한 그 법률관계를 존중하여야 한다. 피고는 국세기본법 제14조 3항을 근거로 ①이 사건 증여, ②이 사건 주식양도를 모두 부인하고, 이 사건 거래를 ①원고가 B사에 이 사건 주식을 직접 양도, ②원고가 주식양도대금을 C에게 증여한 것으로 재구성하였다. 위 조항은 여러 단계의 거래 형식을 부인하고 실질에 따라 과세대상인 하나의 행위 도는 거래로 보아 과세할 수 있도록 한 것이다. 이 사건과 같이 여러 단계의 거래 형식을 모두 부인하고, 이를 다시 복수의 거래로 재구성하는 경우까지 허용된다고 보기 어렵다.
4. 원고에게이익 귀속 안됨	이 사건 주식의 양도대금 583,250,000원 중 480,000,000원은 C의 B사에 대한 가지급금 반제에 사용되었고, 나머지도 C가 사용하였다. 위 양도대금은 C의 이익으로 귀속되었다. 이 사건 주식의 소각으로 인한 소득이 원고에게 귀속되었다고 보기 어렵다.
5. 독립된 경제적 목적과 실질의 존재	원고는 이 사건 증여는 B사의 지배구조를 단순화하여 C의 지배구조를 강화하기 위한 목적이었고, 이사건 주식양도는 C의 가지급금 등을 상환함으로써 B사의 부채비율을 감소시켜 재무건전성을 위한 목적이었다고 주장한다. 이 사건 증여와 이 사건 양도로 위와 같은 목적이 달성되었다. 이 사건 증여와 이 사건 양도는 각각 독립한 경제적 목적과 실질이 존재한다.

[2]《공인회계사 저널》 2024년 12월호, 〈배우자 증여 후 자기주식 이익소각의 실질과세 가능 여부〉 이동건 교수·CPA, p.89~92.

12 종합사례: 상가주택(겸용주택) 증여세, 양도소득세, 취득세 등 계산

[사례]

2021년 하반기 중에 거주자인 甲은 A상가주택(겸용주택으로 임대 중)을 아들(40세, 자금출처 충분)에게 이전하려고 한다. 여러 시나리오 중 '전체 증여'와 '전체 양도'에 대한 경우를 살펴보자.

甲의 주택 소유현황(모두 조정지역에 소재): A상가주택(부산 동래구, 주택 공시가격 526,000,000), B아파트(서울, 공시가격 10억원), C상가주택(경남 창원시 성산구, 주택공시가격 2.5억원)

A상가주택 상세현황:

단독주택 공시가격: 주택분(건물+토지)에 대한 가격 고시(국토교통부 '부동산 공시가격 알리미')

2005.1.1.(4.30. 고시) 232,000,000원 ; 2021.1.1.(4.30. 고시) 526,000,000원

구분	토지			건물		
	상속취득	증여취득	계	주택(2~4층)	상가(1층)	계
면적(㎡)	153.00	76.00	229.00	368.71	124.65	493.36
취득일자	1992.08.29.	2001.05.04		2001.11.03	2001.11.03	
취득공시지가	145,350,000	61,940,000	207,290,000			
토지안분면적	@950,000	@815,000		171.13[*1]	57.87	229.00
토지취득가액	'92년 공시지가	'00년 공시지가	'01년지가고시전임	154,906,278[*2]	52,383,722	207,290,000

[*1] 건물 연면적 비율로 안분. 주택분 토지면적 171.13㎡=229.00㎡×368.71㎡/493.36㎡

[*2] 토지 안분면적 비율로 안분. 주택분 토지가액 154,906,278=207,290,000×171.13㎡/229.00㎡

(1)상가 및 주택을 모두 증여할 경우: 증여세+취득세=246,890,000원

①증여세 계산(수증자인 아들): 165,408,480원

구분	금액		비고
1. 증여가액		818,414,050	'기준시가=시가'로 가정
주택(건물+토지)		526,000,000[*3]	2021.1.1. 공시가격(단독주택)
상가		292,414,050[*3]	
: 건물가격	105,204,600[*1]		'증여'기준시가(국세청 홈택스)
: 토지가격	187,209,450[*2]		2021.1.1. 공시지가
2. 증여공제		50,000,000	성년 직계비속(상증법 53조, 상증령 46조)
3. 증여세 과세표준		768,414,050	=1. 증여가액 - 2. 증여공제
4. 증여세 산출세액		170,524,215	10~30% 세율
5. 신고세액공제		5,115,726	=4. 산출세액×3%(상증법 69조)
6. 증여세 납부세액		165,408,480	=4. 산출세액 - 5. 신고세액공제

[*1] 증여 건물가액 105,204,600원=124.65㎡×@844,000원(홈택스 '증여기준시가'의 ㎡당 2021.1.1. 금액)

[*2] 증여 토지가액 187,209,450원=상가 토지면적 57.87㎡×@3,235,000원(㎡당 2021.1.1. 공시지가)

[*3] 임대료 환산가액 검증: 임대부동산 평가=Max{보충적 평가액, 임대료 등 환산가액}(상증법 61조⑤, 상증령 50조⑦)

주택가액 검증 526,000,000〉400,000,000{=24,000,000(연간임대료)/12%+200,000,000(보증금)}

상가가액 검증 292,414,050〉200,000,000{=12,000,000(연간임대료)/12%+100,000,000(보증금)}

②취득세 계산(수증자인 아들): 81,481,520원

구분	주택	상가	합계	비고
1. 과세표준	526,000,000	274,938,120	800,938,120	
건물 과세표준	주택 공시가격	87,728,670		위택스 시가표준액 조회

구분	주택	상가	합계	비고
토지 과세표준	주택 공시가격	187,209,450		2021.1.1. 공시지가
2. 취득세율	13.40%	4.00%		
취득세 본세	12.00%	3.50%		주택증여 취득세 12%
농어촌특별세	1.00%	0.20%		=구 취득세분의 10%
지방교육세	0.40%	0.30%		=구 등록세분의 20%
3. 취득세 합계	70,484,000	10,997,520	81,481,520	=1. × 2.

(2)상가 및 주택을 모두 양도할 경우: 양도소득세+취득세=217,487,870원

①양도소득세 계산(양도자인 甲): 198,791,720

구분	주택	상가	합계	비고
1. 양도가액	526,000,000	256,764,150	782,764,150	기준시가 기준
건물가액	주택 공시가격	69,554,700[*1]		국세청 홈택스
토지가액	주택 공시가격	187,209,450[*2]		2021.1.1. 공시지가
2. 취득가액	237,461,635[*3]	97,257,722	334,719,357	기준시가 기준
건물가액	공시가격 환산	44,874,000[*4]		국세청 홈택스
토지가액	공시가격 환산	52,383,722[*5]		공시지가 등
3. 필요경비	7,123,849	2,917,732	10,041,581	=2.×3% 개산공제
4. 양도차익	281,414,516	156,588,697	438,003,213	=1. − (2.+3.)
5. 장기보유특별공제	1세대2주택 배제	46,976,609	46,976,609	상가 30% 공제(15년 이상)
6. 양도 기본공제	2,500,000	–	2,500,000	유리한 쪽 선택
7. 과세표준	278,914,516	109,612,088	388,526,604	=4. − (5.+6.)
8. 세율	기본세율+20%	기본세율		C주택은 주택수에서 제외
9. 산출세액	142,370,419	38,349,331	180,719,750	〉비교과세 130,010,642[*6]
10. 지방소득세			18,071,970	=9. 산출세액×10%
11. 양도소득세 계			198,791,720	

*1 양도 건물가액 69,554,700원=124.65㎡×@558,000원(홈택스 '양도'기준시가의 ㎡당 2021.1.1. 금액)

*2 양도 토지가액 187,209,450원=상가 토지면적 57.87㎡×@3,235,000원(㎡당 2021.1.1. 공시지가)

*3 환산 취득가액 237,461,635=232,000,000(가)×302,390,278(다)/295,435,280(나)

　가. 최초 공시가격 232,000,000원(2005.1.1. 기준, 2005.4.30. 공시)

　나. 공시당시 기준시가 295,435,280원=368.71㎡×@423,000(2005.1.1. 건물)+171.13㎡×@815,000(2004.1.1. 토지)

　다. 취득당시 기준시가 302,390,278원=368.71㎡×@400,000(2001.1.1. 건물)+154,906,278(주택분 토지 취득가액)

*4 취득 건물가액 44,874,000원=124.65㎡×@360,000원(홈택스 '양도'기준시가의 ㎡당 '2001.1.1. 금액)

*5 취득 토지가액 52,383,722원=상가분 토지 취득가액{위 사례 표 참조}

*6 비교과세: Max{180,719,751 ; 130,010,642(=총 과세표준 388,526,604×기본세율)}(소법 104조⑤)

②취득세 계산(유상취득자인 아들): 18,696,150원

구분	주택	상가	합계	비고
1. 과세표준	526,000,000	274,938,120	800,938,120	
건물 과세표준	주택 공시가격	87,728,670		위택스 시가표준액 조회
토지 과세표준	주택 공시가격	187,209,450		2021.1.1. 공시지가
2. 취득세율	1.15%	4.60%		
취득세 본세	1.00%	4.00%		지방세법 11조
농어촌특별세	0.05%	0.20%		=구 취득세분의 10%
지방교육세	0.10%	0.40%		=구 등록세분의 20%
3. 취득세 합계	6,049,000	12,647,150	18,696,150	=1. × 2.

안내 : e메일 주소 등을 알려주시면 연중에 개정사항이 반영된
pdf파일을 메일로 보내드리겠습니다.
성명, 직업(생략 가능), e메일 주소
(e메일 주소 보내실 곳 : ykojsj@nate.com)

2025년 개정판
통으로 읽는 세법
'부동산 세금 + a'에 대한 체계적 이해

1판 발행	2019년 5월 29일
2판 발행	2020년 1월 16일
3판 발행	2021년 1월 22일
4판 발행	2022년 2월 28일
5판 발행	2023년 4월 28일
6판 발행	2024년 1월 26일
7판 인쇄	2025년 2월 21일
7판 발행	2025년 2월 28일

지은이	이상준
펴낸곳	도서출판 들불
	경남 창원시 성산구 중앙대로 227번길 16 교원단체연합 별관 2층
	tel. 055.210.0901 **fax.** 055.275.0170
ISBN	979-11-986157-0-1

◆ 『문학 · 역사 · 철학자들의 여행법』
(경남신문, 2018.10.15, 360쪽, 16,000원)

여행지의 풍경과 맛집 등 '하드웨어'에 초점을 맞춘 대부분의 여행관련 책들과 달리, 이 책은 여행지의 기쁨과 슬픔, 역사와 문화 등 '소프트웨어'에 방점을 찍고 있다. 일례로 '안동 하회마을'의 경우 눈앞에 보이는 양반가의 고택보다는 핍박받았던 노비들의 삶에 주목하고, '제주도 여행'의 경우 한라산이나 산굼부리보다는 아픈 역사인 4·3 사건에 주목한다. '아일랜드 더블린'의 경우 기네스 맥주가 아니라 (영국의 압제 등으로) 100만 명 이상이 굶어죽은 감자대기근에 주목하고 영화 「타이타닉」과 연계시켜 해설한다.

◆ 『교육을 해부한다: 대안교육에서 미국유학까지』
(경남신문, 2018.10.15, 295쪽, 16,000원)

저자는 (재)경상남도미래교육재단, (재)우파장학회 등 여러 장학재단의 임원이며 창원대학교(대학원)에서 겸임교수직을 수행하고 있는 교육자이기도 하다.
그는 '인성'의 중요성을 강조하며, 편협된 지식을 가지고 소위 '멘토'라고 나대는 사이비 지식인들에 대한 날선 비판도 가한다.

◆ 『아! 대한민국: 들불은 피어오르며 운다』
(경남신문, 2018.10.15, 400쪽, 20,000원)

정치 · 경제 · 사회 · 고령화 · 저출산 문제뿐만 아니라 '남북통일'과 '한반도 비핵화' 등 대한민국의 여러 중요한 사안들을 해설하고 있다.

◆ 『햇빛에 가려진 달빛의 역사』
(도서출판 들불, 2020.1.10, 344쪽, 20,000원)

구입문의 : 055)210-0901